Escales

en littérature de jeunesse

La Joie par les livres

Escales

en littérature de jeunesse

ÉDITIONS DU CERCLE DE LA LIBRAIRIE

35, rue Grégoire-de-Tours 75006 Paris
ISBN 978-2-7654-0950-2

Organisation du volume

Une introduction générale donne un aperçu des domaines concernés par cet ouvrage et du travail critique de La Joie par les livres. Chaque chapitre est introduit par un rappel des grandes tendances du genre.

• La sélection des titres comprend onze chapitres. Les dix premiers correspondent à un genre défini (livres d'images, contes, romans, cédéroms…). Nouveauté par rapport à l'édition précédente de ce guide de lecture, le onzième fait exception. Il est consacré aux littératures jeunesse francophones d'Afrique et du Monde arabe, éditées principalement hors hexagone, et organisé par genres à l'intérieur de ces deux sous-chapitres.

• Le choix général s'est effectué sur une base de titres donnés comme disponibles par les éditeurs. Certains d'entre eux considérés comme indispensables mais indisponibles au moment du choix sont signalés en fin de rubriques ; mention est faite aussi de quelques collections qui ont fait leurs preuves mais ont aujourd'hui disparu. La disponibilité est susceptible de modifications, aussi elle s'avère indicative.

• Le travail de sélection a porté sur des titres publiés avant fin 2006, début 2007.

Au sein de chaque genre, l'information est organisée par thème, par âge, puis par ordre alphabétique d'auteurs.

Certaines indications enrichissent les descriptions bibliographiques et la notice critique :

– L'âge des enfants concernés (à moduler selon les lecteurs).

– La date figurant à la suite des mentions d'éditeur, de collection, ou de titres indique celle de la dernière édition disponible (et non pas celle de la première édition).

– L'ISBN à 13 chiffres, sauf pour les titres regroupés par série ou collection.

– Les prix sont indiqués à titre indicatif, sous réserve de modification.

– Des pictogrammes spécifiques comme un ♥ **signalent les ouvrages les plus intéressants, voire indispensables** ; **les premières lectures**, et **d'autres supports** comme les **DVD, les CD audio**.

– Une bibliographie sélective renseigne sur le livre et la lecture, les bibliothèques, les auteurs et les illustrateurs pour la jeunesse, elle est suivie d'une courte liste d'adresses de sites web spécialisés dans ces domaines.

Pour faciliter la recherche trois index sont proposés en fin de volume :

– L'index des auteurs pris dans un sens large : auteurs, illustrateurs, traducteurs, photographes…

– L'index des titres.

– L'index des mots-clés.

Ils renvoient aux numéros des notices. Des regroupements ont été effectués dans la numérotation principalement pour des titres de séries ou de collections.

Les collaborateurs de l'ouvrage

Coordination : Christine Rosenbaum

Coordination des rubriques et rédaction :

Livres d'images : Brigitte Andrieux, Nathalie Beau, Claudine Hervouët
Contes : Evelyne Cevin
Poésie et Théâtre – Romans : Françoise Ballanger
Bandes dessinées : Olivier Piffault
Cédéroms : Georgia Leguem (Cité des sciences et de l'industrie)
Documentaires :
Art : Manuela Barcilon et Catherine Thouvenin
Sciences humaines : Jacques Vidal-Naquet
Sciences et techniques : Christine Rosenbaum
Activités : Catherine Thouvenin
Littératures d'Afrique et du Monde arabe : Marie Laurentin et Hasmig Chahinian

Participation au choix des titres et à la rédaction :

Catherine Bessi, Claire Bongrand, Nadia Boucheta, Marion Caliyannis, Magalie Carré, Nic Diament, Aline Eisenegger, Patricia Gabas, Hélène Giard, Adrian Koss, Denis Laurent, Éliane Meynial, Marie-Ange Pompignoli, Viviana Quiñones, Juliette Robain, Christine Sabatier, de La Joie par les livres – Centre national du livre pour enfants, ainsi que Sophie Barbat (médiathèque d'Issy-les-Moulineaux), Nedjma Debah (Cité des sciences et de l'industrie), Tony Di Maccio (Livres au trésor, Bobigny), Dominique Fourment (Cité des sciences et de l'industrie), Delphine Girard (médiathèque de Bagnolet), Bernard Le Magoarou (bibliothèque municipale, Romainville), Élisabeth Lortic (Les Trois Ourses), Françoise Tenier (bibliothèque L'Heure joyeuse, Paris)

Ont également participé à la sélection :

Nelly Bourgeois (librairie Libralire, Paris), Loïc Clément (BDP Gironde), Michèle Cochet (médiathèque d'Orly), Hélène Dubertret (collège Henri Bergson, Garges), Lise Durousseau (médiathèque de Bagnolet), Viviane Ezratty (bibliothèque L'Heure joyeuse, Paris), Claude Ganiayre, Thérèse Leriche (bibliothèque Benjamin Rabier, Paris), Céline Murcier (Livres au trésor, Bobigny), Catherine Ternaux (CNBDI, Angoulême), Lucile Trunel (BnF), Joëlle Turin, Sophie Van der Linden (Institut Charles-Perrault)

Bibliographie :

Aline Eisenegger, Juliette Robain

Index :

Coordination index des mots-clés : Christine Rosenbaum, Jacques Vidal-Naquet
Mise en pages : Manuela Barcilon, Hasmig Chahinian, Céline Roland, Christine Sabatier

Remerciements :

Merci à Hélène Deleuze, Claude Ganiayre et Nathalie Lefèvre pour leurs relectures attentives. Merci à l'ensemble des éditeurs pour leurs envois réguliers de service de presse et à Electre pour nous avoir renouvelé sa confiance pour cette nouvelle édition.

Sommaire

Introduction 11

Livres d'images 13

14 Imagiers
15 Abécédaires
16 Livres à compter
17 Livres animés
17 Jeux d'images
21 Jeux sur le récit
24 Quotidien
28 L'heure du coucher et autres petits rituels
29 L'heure du jeu
30 En famille
34 À l'école
35 Autour des saisons
36 Noël
37 Du côté des sentiments
40 Les grands moments de la vie
40 La naissance
41 La mort
42 Aventures
48 Suspense
49 Aventures fantastiques
53 Héros de toujours
54 Éclats de rire
58 Un brin de philosophie
62 En société
63 La guerre
64 Documages
66 Quelques titres épuisés

Contes, comptines, chansons et formulettes... 67

68 Sources pour raconter
72 Berceuses, comptines et chansons traditionnelles
75 Contes pour les plus petits
75 Premières histoires
78 Contes de randonnées
80 Anthologies : Contes d'ici et d'ailleurs
82 Contes de tous les continents
82 Afrique
82 Afrique du Nord
84 Afrique noire
87 Madagascar, Île Maurice, La Réunion, Seychelles et Comores
87 Océanie
87 Asie
87 Proche et Moyen-Orient
90 Caucase
91 Asie centrale
91 Asie du Sud
92 Asie de l'Est
94 Asie du Sud-Est
95 Europe
95 Europe centrale et orientale
99 Europe occidentale
109 Amériques
112 Mythes, légendes et épopées
115 Fables
116 Contes et littérature : quand les écrivains se font conteurs
123 Humour et parodie
130 Quelques titres épuisés

Poésie - Théâtre 133

134 Anthologies poétiques
134 Anthologies thématiques
134 Histoire de la poésie, mouvements poétiques
135 Pays

135 Auteurs
136 Poèmes et recueils
139 Chansons
140 Jeux de langage
141 Théâtre

Romans 145

146 Un choix de classiques
150 Histoires courtes et nouvelles
150 Textes illustrés
152 Histoires illustrées : recueils
153 Nouvelles : recueils
154 Humour
158 Merveilleux
160 Fantastique et Fantasy
165 Science-fiction
166 Des animaux qui parlent
170 Animaux dans la nature ou avec les hommes
172 Romans d'aventures
175 Robinsonnades
176 Romans historiques
184 Le monde et ses drames
188 Questions de société
190 En familles
197 Le quotidien
198 Des enfants différents
200 Grandir, c'est difficile
204 Amour et amitié
207 Un coin de philosophie
208 Romans policiers, thrillers
212 Les épuisés

Bandes dessinées 213

214 Enfance
214 Animalier
214 Humour
217 Absurde
218 Sentiments
220 Amour
221 Sagesse
222 Société
222 Sport
223 Aventure
225 Fantastique
227 Fantasy
228 Historique
229 Western
230 Policier et espionnage
231 Anticipation et science-fiction
233 Classiques anglo-saxons
234 Classiques belges
236 Classiques français
237 Classiques japonais
238 Patrimoine
240 Études et manuels

Cédéroms 243

244 Éveil et apprentissage
245 Ludo-éducatif
246 Premières aventures éducatives
247 Jeux d'aventures et d'enquête
249 Jeux d'action
250 Jeux de stratégie et de gestion
251 Activités de création
251 Ludo-culturel
255 Documentaires

Documentaires 259

261 Art

261 Livres artistiques
263 Guides artistiques – Guides de Musées
265 Peinture – Sculpture – Architecture
265 Peinture
265 Imagiers
266 Monographies
268 Sculpture
268 Monographies
269 Généralités
270 Architecture
270 Photographie
271 Arts graphiques – Design et Dessin
272 Mode – Bijoux
272 Musique
273 Danse
273 Cinéma
273 Thèmes
273 Généralités
274 Quelques titres épuisés

275 Sciences humaines

275 Sagesse – Religions
275 Sagesse
276 Religions
277 Religions disparues
278 Judaïsme et Christianisme
280 Islam
281 Religions d'Asie
281 Société
284 Questions de société
285 Droits de l'Homme
287 Citoyenneté
290 Découvrir le Monde : pays et peuples
290 Atlas et annuaires géopolitiques

290 Pays et peuples du monde (par continents)
295 Histoire
296 Archéologie
296 Préhistoire
297 Antiquité
297 Mésopotamie et Palestine
297 Égypte
299 Grèce
300 Rome
301 Gaule
302 Les autres civilisations
302 Moyen Âge
304 Société féodale
305 Les Temps modernes
305 Explorations et découvertes
306 Renaissance et XVIe siècle
307 XVIIe et XVIIIe siècles
308 La Révolution et l'Empire
309 XIXe siècle
311 XXe et XXIe siècles
312 Autour de la Première Guerre mondiale
312 Du Front populaire à la Seconde Guerre mondiale
314 De 1945 à nos jours
316 Collections épuisées

317 Sciences et techniques

317 Histoire des sciences et des techniques
319 Sciences
319 Mathématiques
320 Physique – Chimie
321 Jeux et expériences
322 Univers
322 Astronomie
324 Astronautique
324 Géologie
324 Terre
325 Minéralogie
325 Montagne
325 Volcans
326 Mer
326 Climat
327 Évolution
327 Animaux
328 Hommes
328 Biologie
328 Corps humain
329 Santé
331 Zoologie
333 Invertébrés
333 Insectes
334 Batraciens
334 Reptiles
335 Poissons
335 Oiseaux
337 Mammifères
339 Animaux familiers – Animaux de la ferme
340 Nature
340 Écologie et milieux naturels
342 Environnement et pollution
343 Botanique
344 Agriculture – Alimentation
345 Techniques
346 Énergie
346 Industrie
346 Construction
347 Transports
348 Communication
349 Informatique – Nouvelles technologies
350 Quelques titres épuisés

Activités - Loisirs 351

351 Activités manuelles
352 Avec du papier
353 Dessin et peinture
354 Déguisements, masques et maquillages
354 Cuisine
357 Fêtes
357 Jeux et jouets
358 Mode
358 Nature
359 Sport
360 Divers

Littératures d'Afrique et du Monde arabe 361

361 Afrique
362 Livres d'images
363 Contes
364 Poésie
364 Théâtre
364 Romans
366 Sciences humaines
366 Sciences et techniques
367 Monde arabe
368 Livres d'images
368 Contes
370 Poésie
370 Romans
371 Bandes dessinées
371 Art

371 Sciences humaines
371 Sciences et techniques
372 Où se procurer les ouvrages d'Afrique et du Monde arabe ?
372 Adresses des éditeurs étrangers cités

Bibliographie 375

Index 381
381 Auteurs
409 Titres
441 Mots-clés

Introduction générale

Avec cette deuxième édition *d'Escales en littérature de jeunesse,* La Joie par les livres – Centre national du livre pour enfants propose un ouvrage de référence dont l'objectif est de permettre à tous ceux qui, à titre personnel ou professionnel, sont concernés par la lecture des enfants et des adolescents, de découvrir la diversité et les richesses des propositions éditoriales pour la jeunesse. Ce sont ainsi près de 4 000 titres qui ont été sélectionnés et sont ici présentés, de manière à offrir des repères et faciliter les choix, qu'il s'agisse de constituer un premier fonds de bibliothèque, de renouveler ou rééquilibrer un fonds existant, d'élaborer des bibliographies thématiques ou par âge, de préparer une animation, de décider d'un cadeau à un jeune lecteur…

Cet ouvrage s'inscrit dans la continuité des « guides de lecture » que La Joie par les livres a régulièrement publiés depuis ses débuts, tout en proposant quelques innovations propres à cette édition, motivées par le désir de répondre au mieux aux besoins et à la demande de ses utilisateurs.

Cette sélection s'appuie sur l'expérience de lecture critique qui constitue l'une des principales missions de La Joie par les livres et fonde son expertise : depuis plus de 40 ans, cet organisme public exerce en effet une activité de suivi de l'édition pour la jeunesse dans son exhaustivité. La Joie par les livres reçoit l'ensemble des titres publiés en France pour les enfants et les adolescents par le biais du Dépôt légal, elle acquiert par service de presse, par dons ou par achats les titres d'autres pays francophones et même de nombreux ouvrages en langues étrangères. Elle a ainsi constitué au fil des années une collection, unique en France, de plus de 200 000 ouvrages, tous consultables au Centre de ressources, complétée par un fonds important de livres et périodiques pour adultes qui traitent des différentes questions concernant le livre et la lecture des enfants. Le catalogue de cette collection peut être consulté à distance sur le site <www.lajoieparleslivres.com>.

L'activité critique forme la base de cette mission de conservation et de toutes les actions de promotion de la lecture menées par La Joie par les livres : les livres, journaux, cédéroms sont lus, comparés et analysés au fur et à mesure de leur parution, puis recensés dans différentes publications. C'est ce qui permet à l'ensemble de l'équipe de La Joie par les livres d'avoir une connaissance approfondie des réalités de l'édition pour la jeunesse, de son évolution, de ses acteurs et de proposer ensuite de nombreux outils et services (deux revues spécialisées, des actions de formation, des colloques et journées d'étude, des actions de coopération, un site web, des échanges internationaux, des renseignements bibliographiques, etc.) destinés à faciliter les actions propres de ses usagers. Le présent ouvrage est donc le résultat de ces lectures régulières dont il propose une sélection.

Comment le choix a-t-il été établi ? Sur la base de la disponibilité des titres retenus, il s'est agi à la fois de dresser un panorama reflétant au mieux le foisonnement et la vitalité d'un secteur éditorial en pleine expansion et de mettre en avant ce que cette production offre de meilleur. C'est pourquoi, comme le montre l'organisation en chapitres ici proposée, c'est d'abord sur une répartition entre les différents supports de lecture et types de livres que nous nous sommes appuyés, puisque la caractéristique première de l'édition pour la jeunesse aujourd'hui c'est la variété des lectures qu'elle propose : livres d'images, contes, poésie, théâtre, romans, bandes dessinées, documentaires (sciences humaines, sciences et techniques, art, activités et loisirs), cédéroms… Des groupes de travail spécialisés se sont donc mis en place, avec la collaboration de plusieurs partenaires (libraires, bibliothécaires, enseignants), afin de proposer des titres représentatifs de la diversité des thèmes, des sujets, des démarches et des modes d'expression présents dans chacun de ces domaines. Les textes de présentation que l'on trouvera au début de chaque chapitre explicitent les différents classements et répartitions internes, et ont été conçus pour rendre compte de cette exigence d'offrir un tour d'horizon le plus complet possible. L'ensemble permet de porter un regard sur l'immense diversité qu'offre aujourd'hui le paysage de la littérature de jeunesse.

Ces textes introductifs sont aussi l'occasion de souligner les tendances qui se dégagent dans chacun des secteurs de la production et d'indiquer les critères qui ont présidé au choix. Ces analyses, ainsi formulées à partir des spécificités des différents secteurs, font néanmoins apparaître au total un certain nombre de caractéristiques communes : en particulier la très forte croissance du nombre d'ouvrages publiés, dans une logique de développement accéléré, au point que certains peuvent parfois s'inquiéter d'un risque de « surchauffe » ou de surproduction. Il est vrai que, avec 10 000 titres environ publiés par an, l'édition pour la jeunesse est aujourd'hui – comme l'ensemble de l'édition – dans une situation paradoxale : d'un côté soutenue par une demande elle-même croissante et la dynamique de la création, d'un autre côté soumise à des contraintes commerciales qui entraînent nombre d'éditeurs dans une course aux best-sellers imposée par une concurrence impitoyable.

Face à cette inflation de titres, la démarche critique est plus que jamais nécessaire pour dépister la qualité sous la quantité. C'est ainsi que, au-delà des exigences particulières propres aux différents domaines, un certain nombre de critères communs ont été retenus. D'abord la volonté d'équilibrer les choix en fonction de la date de parution des ouvrages, pour proposer à la fois des titres anciens, voire patrimoniaux (à condition bien sûr qu'ils soient toujours disponibles), ayant depuis longtemps fait leurs preuves auprès des jeunes lecteurs et des œuvres récentes représentatives des perspectives ouvertes par la création actuelle. En accordant ainsi de l'importance à l'histoire et à la durée dans lesquelles s'inscrit la littérature pour la jeunesse, nous avons souhaité offrir une mise en perspective et réagir contre une des dérives qui menacent aujourd'hui la production : la rotation accélérée des ouvrages qui les réduit au statut de produits vite consommés et jetables. Voilà pourquoi nous avons aussi choisi de rappeler à la fin de chaque chapitre quelques-uns des titres actuellement épuisés dont la réédition nous semble particulièrement souhaitable puisqu'ils continuent à toucher les enfants d'aujourd'hui autant que ceux d'hier.

Nous nous sommes également efforcés de choisir les ouvrages d'après les critères qualitatifs qui sont élaborés et constamment reprécisés dans le détail par le travail quotidien de lecture critique, avec les comparaisons, les mises en perspective et les analyses qu'elle implique. On pourrait les résumer en quelques termes : liberté et originalité de création, justesse dans la manière de s'adresser à la curiosité et à la sensibilité des enfants et des adolescents..., bref tout ce qui montre que les auteurs ont su mobiliser leur talent pour s'adresser aux jeunes lecteurs en les prenant au sérieux et en les respectant, sans se laisser enfermer, ni les enfermer, dans un discours formaté, répétitif ou réducteur. Notre démarche critique, fidèle à celle que La Joie par les livres a adoptée depuis toujours, a donc consisté à rechercher les ouvrages qui au sein de la littérature de jeunesse témoignent d'une double exigence : la considérer comme un espace de création à part entière, affranchi des tabous et ouvert à un constant renouvellement des formes, des contenus et des modes d'expression ; prendre en compte les besoins et les capacités des jeunes lecteurs dans une perspective d'éveil culturel sans démagogie ni a priori.

La présente édition apporte un certain nombre d'innovations par rapport à la précédente. Outre le fait qu'elle est publiée en un seul volume réunissant les différents genres et classes d'âge, elle est également enrichie par une sélection d'ouvrages publiés en Afrique francophone et dans le Monde arabe. Le choix a pu être établi grâce aux liens qui se sont tissés depuis plusieurs années entre le secteur interculturel de La Joie par les livres et ses partenaires dans ces pays afin d'y soutenir le développement des actions en faveur de la lecture et notamment de l'édition pour la jeunesse. Celle-ci étant désormais en plein essor, il nous a semblé intéressant de faire connaître largement ses plus belles réussites.

Nous avons également souhaité faire figurer dans notre sélection des documents sonores (CD) qui ont pleinement leur place dans l'univers culturel des enfants et proposent de plus en plus de titres d'excellente qualité. Pour mieux prendre en compte leur diversité (musique, fiction, documentaire), nous avons préféré ne pas les cantonner dans un chapitre à part mais les répartir dans les différents genres où la présence d'un pictogramme permet de les identifier.

Un autre pictogramme signale les titres qui, dans les différents chapitres, sont les plus accessibles et intéressants pour les enfants qui font leurs premiers pas dans la lecture autonome.

Enfin, pour permettre au présent ouvrage de jouer pleinement son rôle d'outil de référence, nous proposons en plus du choix de titres pour enfants, une bibliographie qui rassemble plus de 200 ouvrages pour adultes ainsi qu'un choix de sites web consacrés aux livres pour enfants, étudiés sous différents aspects, à des niveaux plus ou moins spécialisés. Leur lecture permet d'approfondir toutes les questions liées à la littérature de jeunesse, à son évolution et à ses acteurs ainsi qu'à son utilisation et aux diverses façons de la proposer aux enfants et adolescents.

Françoise Ballanger
Rédactrice en chef de la *Revue des livres pour enfants*

Livres d'images

Le meilleur de la production parmi tous les albums disponibles. Quelle gageure !
Alors qu'avons-nous oublié ? Nos jugements sont-ils étayés ? Les enfants partagent-ils nos enthousiasmes ?
Pour répondre le mieux possible à ces questions, nous avons voulu un groupe de travail qui réunisse des personnalités aux expériences professionnelles variées, toutes animées par une exigence de qualité : libraires, bibliothécaires, spécialistes, qui éventuellement pratiquent aussi le métier de parents.
Tous les ouvrages que nous avons sélectionnés sont disponibles… ou l'étaient au moment du choix ! Or nous constatons que malgré la diminution incessante de la durée moyenne de vie des livres, bon nombre de « grands classiques » figurent encore dans les catalogues des éditeurs. Et, s'ils y figurent encore, c'est qu'ils trouvent toujours leur public, à l'instar de *Max et les Maximonstres* ou des *Trois brigands*, qui enthousiasment leurs lecteurs depuis près de quarante ans…
Pourquoi ceux-là ? Qu'ont-ils de si exceptionnel ? Dans cet art de l'album qui consiste à entremêler texte et image – image étant prise au sens le plus large de l'ensemble des signes iconiques : format, illustrations, mise en page, typo… – force est de constater que l'impact est d'autant plus grand que la cohérence de tous les éléments s'impose. Souvenez-vous de l'espace de la double page envahie progressivement par l'image au rythme de la montée de l'emprise sur Max de son sentiment de toute puissance. Petits et plus grands sont envoûtés.
Hélas, certains livres que nous souhaiterions trouver encore, car ils ont fait leur preuve auprès des petits lecteurs, ne sont pas tous présents à l'appel. Vous en trouverez quelques-uns cités à la fin de ce chapitre. Pour la production plus récente, celle qui n'a pas encore subi l'épreuve du temps, nous pouvons les mesurer à l'aune des plus grands.
Pour donner des repères aux lecteurs de cet ouvrage, nous avons pris le parti d'un classement qui mêle formes et thèmes.
Pour commencer viennent les formes traditionnelles du livre d'images pour enfants : les imagiers, les abécédaires, les livres à compter et les livres animés.
Les « Jeux d'images » regroupent des albums dans lesquels la narration est, au moins en partie sinon totalement, prise en charge par l'image et par ses transformations.
Dans les « Jeux sur le récit », les randonnées, les histoires en boucle, jouent sur la structure du récit pour le rythmer et entraîner le lecteur ou celui qui écoute dans la jubilation de la musique des mots, dans le plaisir de l'anticipation.
Beaucoup de livres pour les plus petits traitent de leur « Quotidien ». Ils répondent à leur besoin de s'identifier, de comprendre qu'ils partagent avec d'autres les petits tracas mais aussi les grandes joies.
« Du côté des sentiments », l'amour et l'amitié occupent une place d'honneur même s'ils se teintent parfois de jalousie et de peur de la solitude.
Nous nous sommes étonnés du très grand nombre de livres sur la mort alors que peu de titres retenus évoquent la naissance ou l'arrivée d'un bébé dans la famille.
Qu'on soit enfant, poussin, canard, chat ou chien, vient le jour où il faut partir à « l'Aventure », découvrir le monde et ses dangers réels ou imaginaires. Sans cela, pas question de grandir !
Nous avons choisi de laisser ensemble nos « Héros de toujours », notre cher Babar et sa famille, les Barbapapa, Crasse-Tignasse et Pierre l'Ébouriffé, Madeleine et Éloïse.
Les « Éclats de rire » sont indispensables pour la santé ! Alors, nous avons mis les plus thérapeutiques d'entre eux à part pour qu'ils soient bien identifiés !
De plus en plus souvent, les albums, même pour les petits, proposent des réflexions métaphysiques ou des questions sur l'identité, l'altérité, la différence. Ils accompagnent les enfants dans leur recherche d'« Un brin de philosophie », du sens de la vie et de la mort qu'ils formulent très tôt.
Enfin, les albums sont des créations qui, comme toutes créations, sont inscrites dans leur temps. Ils sont le reflet de nos sociétés et en abordent, à leur façon, les grandes questions :
Les enfants des rues, les sans-papiers, les SDF, le chômage… et les guerres.
La dernière catégorie « Documages » est, comme son nom l'indique, dédiée à des albums documentaires dans lesquels la dimension artistique de l'image ou du texte prime sur les informations purement didactiques.
Plus de six cents titres pour tous les âges, tous les goûts et tous les appétits de lecture que nous espérons vous aider à faire naître et stimuler.

Nathalie Beau

IMAGIERS

♥ **1.** Bruel, Christian ; ill. Claveloux, Nicole : **Nours.**
Une sorte d'imagier pour nous faire partager le quotidien d'un drôle de Nours vert toujours prêt pour l'aventure. Amusez-vous à regarder les planches sur les jouets, la nourriture, les vêtements et tournez vite la page pour découvrir ce qu'en fait Nours pour la plus grande joie des petits qui se reconnaîtront parfaitement.
Être, Alter ego, 2000.
10,37 € ISBN : 978-2-84407-016-6
À partir de 18 mois

♥ **2.** Couprie, Katy ; Louchard, Antonin : **Tout un monde.**
Un imagier novateur qui offre de nombreuses possibilités de lecture et peut s'adresser à tous les publics. Les illustrations en pleine page, extrêmement colorées, aux techniques très diversifiées jouent sur la multiplication des cadrages et incitent le lecteur à retrouver les associations qui ont présidé à leur apparition ou à en inventer.
Thierry Magnier, 1999.
ISBN : 978-2-84420-063-1
Autre titre :
3. Au jardin. 2003.
ISBN : 978-2-84420-230-7
18,30 € chaque À partir de 18 mois

4. Delebecque, François : **Les Animaux de la ferme.**
Une série de huit doubles pages pour découvrir les animaux de la ferme, de la basse-cour à l'écurie, en passant par le poulailler à travers un jeu de silhouettes dessinées et de photos cachées sous des rabats.
Panama, 2006.
14 € ISBN : 978-2-7557-0100-5
À partir de 18 mois

5. Hoban, Tana : **Blanc sur noir.**
La force du contraste du noir et du blanc, le jeu sur le mat et le brillant, la beauté et le caractère épuré des photogrammes de Tana Hoban attirent les tout-petits. Objets de leur vie quotidienne (biberon, clé, gâteau, bavoir...) ou sujets de rêverie (papillon, éléphant, oiseau...), une première approche artistique du monde pour des bébés curieux.
Kaléidoscope, 1994.
ISBN : 978-2-87767-117-0
Autre titre :
6. Noir sur blanc. 1994.
ISBN : 978-2-87767-116-3
6 € chaque À partir de 18 mois

7. Louchard, Antonin : **La Chanson de la petite bête.**
La petite bête découvre, et nous avec elle, à chaque double page, un instrument de musique nouveau. Page de droite, le dessin, page de gauche, le son de l'instrument, et la liste s'allonge par l'addition successive des nouveaux venus. Cet album astucieux sera très amusant à utiliser pour mimer et bruiter avec l'enfant.
PetitPOL, La petite bête, 2004.
6 € ISBN : 978-2-7510-0066-9
À partir de 18 mois

8. Ahlberg, Janet ; Ahlberg, Allan : **Le Livre de tous les bébés.**
La journée de tous les bébés du monde est, à peu de choses près, rythmée de la même façon. Les auteurs leur proposent un imagier plein de détails, de vie et d'humour dans lequel ils retrouveront les gens, les animaux, les objets qui les entourent.
Gallimard Jeunesse, Folio benjamin, 2002.
5,50 € ISBN : 978-2-07-054854-5
À partir de 2 ans

9. Heitz, Bruno : **L'Imagier des bruits.**
Interjections et onomatopées forment le texte d'une randonnée qui entraîne un bestiaire en folie. Péripéties et situations comiques s'enchaînent sans temps mort jusqu'à la chute, et le dessin coloré et vigoureux participe à la réussite de cet album tonique et réjouissant.
Albin Michel Jeunesse, 2005.
10,50 € ISBN : 978-2-226-15605-1
À partir de 2 ans

♥ **10.** Hoban, Tana : **Des couleurs et des choses.**
Premier livre de la grande photographe américaine publié en France. Un imagier pas comme les autres, plutôt un album de photos où, tout en jouant, les enfants découvrent le monde dans lequel ils vivent.
Kaléidoscope, 1990.
10,50 € ISBN : 978-2-87767-020-3
À partir de 2 ans

11. Hoban, Tana : **Exactement le contraire.**
Qu'est-ce qu'une main grande ouverte si ce n'est le contraire d'une main fermée ? Dans cet imagier sans texte, les objets mis en situation par de très belles photographies montrent les contraires. Plusieurs niveaux de compréhension sont possibles, évidences littérales pour les plus petits, sens symbolique pour les plus grands.
Kaléidoscope, 2002.
12,50 € ISBN : 978-2-87767-357-0
À partir de 2 ans

12. Jaffé, Laura ; ill. Jolivet, Joëlle : **Presque tout.**
Vous voulez savoir presque tout ? Alors ouvrez cet album de grand format et explorez les arbres et les fleurs, les fruits et les légumes, le corps humain, les costumes, les engins de chantier... tout cela présenté sous la forme de superbes planches en linogravure. Un monde foisonnant de couleurs et de formes stylisées mais toujours précises.
Seuil Jeunesse, 2004.
18 € ISBN : 978-2-02-058252-0
À partir de 2 ans

♥ **13.** Jolivet, Joëlle ; collab. Grundmann, Emmanuelle : **Zoo logique.**
Par milieux ou par couleurs, par tailles ou par modes de vie, quatre cents animaux nous attendent, malicieusement et précieusement peints sur de larges pages où ils s'emboîtent comme un puzzle. Complété par un glossaire, ce bestiaire est une véritable introduction à la classification animale. Superbe !
Seuil Jeunesse, 2002.
21 € ISBN : 978-2-02-041385-5
À partir de 2 ans

♥ **14.** Ponti, Claude : **L'Album d'Adèle.**
Sur un espace étiré en longueur d'une taille exceptionnelle, objets anciens et figures

caricaturales se côtoient, se rencontrent et se mêlent. Chacun à sa façon raconte sans mots les histoires farfelues du monde des jouets de la petite fille pour qui Claude Ponti explora pour la première fois l'univers de l'album.
Gallimard Jeunesse, 1994.
ISBN : 978-2-07-056297-8
À partir de 2 ans

Autres titres :
15. Adèle et la pelle. 1994.
21 € chaque
ISBN : 978-2-07-056410-1
16. Adèle s'en mêle. 1994.
20 € ISBN : 978-2-07-056355-5
À partir de 5 ans

17. Scarry, Richard : **Le Plus Grand Livre du monde.**
Un livre géant et cartonné sur lequel on peut poser bébé afin qu'il explore quelques-uns des multiples petits dessins pleins de vie, gais et colorés.
Gautier-Languereau, 1999.
24,90 € ISBN : 978-2-217-59001-7
À partir de 2 ans

18. Jouet, Jacques ; Gautray, Isabel : **Je sais nager, monsieur Grenouille.**
Des clichés traditionnels (la rose et le chou) aux jeux d'enfants, des animaux si doux aux paysages urbains, cet imagier souffle un vent nouveau dans les livres pour tout-petits. Le texte joue avec les photographies, permettant aux enfants de laisser libre cours à leur imagination.
Passage piétons, Imagier pour tout-petit, 1999.
12 € ISBN : 978-2-913413-03-0
À partir de 3 ans

♥ **19.** Tullet, Hervé : **Imaginier.**
L'*Imaginier* de Hervé Tullet se présente comme un épais cahier d'écolier avec sa couverture souple et son papier quadrillé. Il y a généralement un mot par double page, dans une écriture manuelle et discrète, et l'image, qui recourt à différentes techniques, en donne la représentation. C'est inventif, beau et parfaitement accessible à de jeunes enfants.
Seuil Jeunesse, 2005.
17 € ISBN : 978-2-02-067301-3
À partir de 3 ans

20. Cox, Paul : **Ces nains portent quoi ???????**
Cet imagier invite à plusieurs niveaux de lecture : les plus jeunes peuvent regarder, nommer, énumérer ce que portent les nains, les plus grands s'amuseront des jeux surréalistes que propose l'auteur. Nous retrouvons ce décalage dans l'illustration : élaboration graphique très sophistiquée pour des crayonnés fluo au caractère enfantin. Un album riche et déroutant.
Seuil, 2001.
19,67 € ISBN : 978-2-02-048189-2
À partir de 4 ans

21. Delebecque, François : **Quel chantier !**
Sous sa couverture vive, chaque page de ce petit album carré propose une illustration en noir et blanc d'un engin de chantier. Et sous des rabats apparaissent la photographie de l'engin en action ainsi qu'une courte phrase expliquant sommairement sa fonction. Un bel album efficace dans sa pédagogie.
Seuil Jeunesse, 2003.
10,50 € ISBN : 978-2-02-053045-3
À partir de 4 ans

22. Louis, Catherine ; ill. Shi, Bo : **Mon imagier chinois.**
Dans ce petit livre au format carré figure, sur la page de gauche, l'idéogramme ancien et celui qu'on utilise aujourd'hui, sa signification et sa prononciation. Sur la page de droite, l'illustration, réalisée en linogravure posée sur un fond de papier coloré, met en évidence la relation entre la forme de l'objet et l'idéogramme. Une belle initiation.
Philippe Picquier, Picquier Jeunesse, 2004.
17 € ISBN : 978-2-87730-733-8
À partir de 5 ans

♥ **23.** Pagni, Gianpaolo : **Tourbillon.**
Chaque double page de ce grand imagier est constituée de deux tableaux figuratifs mais de facture très contemporaine, qui se font face pour évoquer un verbe en images en jouant sur les associations. Et chaque verbe crée son propre univers de couleurs, de mouvements, d'émotions.
Seuil Jeunesse, 2002.
15 € ISBN : 978-2-02-052676-0
À partir de 6 ans

24. Clément, Frédéric : **Magasin zinzin, aux merveilles d'Alys.**
Un catalogue « zinzin » d'objets improbables et rêvés, reliques dérobées aux songes et aux contes. Les mots s'accumulent dans une typographie fantaisiste et se mêlent aux images en un joyeux bric-à-brac de dessins, d'aquarelles, de photos anciennes, de collages. Pour le plaisir d'une lecture qui vagabonde au rythme loufoque de l'inventaire.
Albin Michel Jeunesse, 1995.
22,90 € ISBN : 978-2-226-07101-9
À partir de 9 ans

ABÉCÉDAIRES

25. Brunhoff, Jean de : **L'A.B.C. de Babar.**
Fac-similé de l'édition de 1939. Dans cet abécédaire Babar propose, pour chaque lettre, une planche où figurent des objets commençant par la lettre énoncée.
Hachette Jeunesse, 2006.
18,50 € ISBN : 978-2-01-225079-6
À partir de 2 ans

26. Bataille, Marion : **Livre de lettres.**
Un abécédaire-imagier contemporain, aux couleurs acidulées, aux graphismes variés et aux propositions entraînantes. Dynamique et très original.
Thierry Magnier, 1999.
18,30 € ISBN : 978-2-84420-036-5
À partir de 3 ans

27. Coat, Janik : **Popov et Samothrace.**
Ce bestiaire présente trente-deux animaux en double page. À gauche, ils sont dessinés d'un seul trait avec leur prénom et, à droite, ils sont peints dans leur milieu naturel. La recherche graphique est mise en valeur par la qualité du travail de l'éditeur.
MeMo, Tout-petits MeMômes, 2005.
18 € ISBN : 9782910391669
À partir de 3 ans

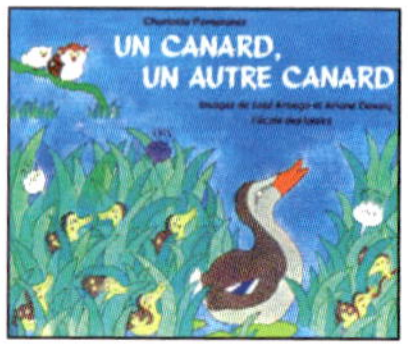

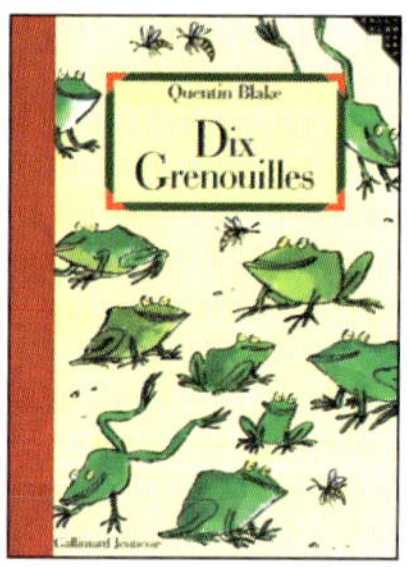

28. Delessert, Étienne : **Jeux d'enfants. A comme alphabet ; Le Goût des chiffres ; Tout en couleur.**

Trois livres en un : un alphabet, un livre à compter, un livre sur les couleurs. L'alphabet raconte les aventures de vingt-six étranges personnages mi-hommes, mi-bêtes, aux prises avec une tarte aux pommes, puis on compte avec gourmandise des fruits qui jaillissent de la page et enfin les couleurs se présentent et se mélangent. C'est simple et magnifique, plein de vie et de couleurs somptueuses.

Gallimard Jeunesse, 2005.

16,50 € ISBN : 978-2-07-057023-2

À partir de 3 ans

29. Hellé, André : **L'Arche de Noé.**

Un superbe abécédaire d'animaux familiers et exotiques mis en images par un artiste de renom qui fut également décorateur et créateur de jouets. Réédité dans le format de l'édition de 1913.

Circonflexe, Aux couleurs du temps, 1999.

22,50 € ISBN : 978-2-87833-246-9

À partir de 3 ans

♥ **30.** Johnson, Stephen T. : **Alphabetville.**

Le paysage urbain est ici composé d'un fascinant assemblage de lignes et de signes plastiques que le lecteur est invité à déchiffrer comme des lettres de l'alphabet. L'image graphique traitée avec une étonnante précision documentaire introduit une confusion troublante entre les modes de représentation.

Circonflexe, Aux couleurs du monde, 1999.

12 € ISBN : 978-2-87833-251-3

À partir de 3 ans

31. Rojankovsky, Feodor : **L'ABC du Père Castor.**

De l'âne au zèbre, cet abécédaire réunit vingt-six animaux magnifiquement représentés et un matériel de jeux éducatifs : loto, lettres de l'alphabet et mots de vocabulaire à découper. C'est ainsi qu'on apprenait à lire avec le Père Castor en 1936, accompagné par l'immense talent de Rojankovsky.

Les Amis du Père Castor (87380 Meuzac) 2001.

23,50 € ISBN : 978-2-08-165403-7

À partir de 3 ans

32. Munari, Bruno : **ABC. Une petite leçon d'anglais.**

Bruno Munari créa en 1960, pour un éditeur américain, cet ABC transformé ici pour la France en première leçon d'anglais. On retrouve dans les petites phrases l'humour loufoque et le graphisme si particulier de Munari et en parcourant les vingt-six lettres on reconnaît des clins d'œil à d'autres titres de l'auteur.

Seuil Jeunesse, 2003.

21 € ISBN : 978-2-02-061074-2

À partir de 6 ans

LIVRES À COMPTER

33. Louchard, Antonin ; ill. Couprie, Katy : **Des milliards d'étoiles.**

Du matin au soir le paysage « s'étoffe » : une maison, deux arbres, trois enfants, quatre vaches... jusqu'au milliard d'étoiles. Un livre à compter où chaque élément peu à peu contribue à la composition du tableau de nuit final.

Thierry Magnier, Tête de lard, 1998.

6,50 € ISBN : 978-2-84420-012-9

À partir de 18 mois

♥ **34.** Pomerantz, Charlotte ; ill. Aruego, José ; Dewey, Ariane : **Un canard, un autre canard.**

Danny le petit hibou apprend à compter avec sa grand-mère, et voilà une maman cane avec ses bébés derrière elle : un canard, un autre canard, un autre canard... Humour, tendresse et joie de vivre portés par une illustration tonique et gaie.

L'École des loisirs, Lutin poche, 1987.

5,50 € ISBN : 978-2-211-01601-8

À partir de 2 ans

♥ **35.** Ravishankar, Anushka ; Rao, Sirish ; ill. Bai, Durga : **Un, deux, trois, dans l'arbre !**

Ce livre à compter au texte poétique et malicieux présente un bestiaire d'animaux issu de la tradition Gond, du nom d'une tribu du nord de l'Inde. Nous avons ainsi à la fois le plaisir d'un genre familier et le dépaysement d'un art raffiné, bien mis en valeur grâce au soin apporté par l'éditeur à sa présentation.

Actes Sud Junior, 2006.

15 € ISBN : 978-2-7427-5916-3

À partir de 2 ans

36. Slaughter, Tom : **1, 2, 3.**

Après *Dessus Dessous*, sur les contraires, Tom Slaughter nous propose un livre à compter : images aux formes très stylisées en papiers découpés, superbes aplats de couleurs vives. Beau, simple, efficace.

Hatier, 2006.

9,90 € ISBN : 978-2-218-75266-7

À partir de 2 ans

♥ **37.** Blake, Quentin : **Dix Grenouilles.**

Le trait enlevé de Quentin Blake donne à ce livre à compter un tel dynamisme que l'on aimerait voir son joyeux bestiaire se peupler de mille autres espèces !

Gallimard Jeunesse, 1997.

12 € ISBN : 978-2-07-059693-5

À partir de 3 ans

38. Hutchins, Pat ; trad. Finkenstaedt, Isabel : **Un chasseur.**

Un nouveau livre à compter aussi drôle qu'original : un chasseur totalement myope traverse la savane d'un pas décidé passant à côté non pas d'un, mais de deux éléphants, trois girafes, quatre autruches... dix perroquets à peine cachés ! Des illustrations pleines de fraîcheur, au graphisme stylisé et aux couleurs lumineuses sur un ciel bleu céruléen. Simple et efficace.

Kaléidoscope, 2003.

12 € ISBN : 978-2-87767-387-7

À partir de 3 ans

♥ **39.** Ramos, Mario : **Maman !**

Un petit garçon appelle désespérément sa mère à son secours. Il traverse chaque pièce de la maison, découvrant tour à tour un hippopotame, deux lions, trois girafes. Mais quelque chose d'autre l'effraie bien plus encore. Quoi donc ? Surprise ! Véritablement enfantin et tellement drôle !

L'École des loisirs/Pastel, 1999.

10,50 € ISBN : 978-2-211-05209-2

À partir de 3 ans

40. Fromental, Jean-Luc ; Jolivet, Joëlle : **365 pingouins.**
Le jour de l'An, un livreur sonne à la porte avec un paquet contenant un pingouin. Qui a bien pu envoyer ce cadeau insolite ? Seul indice : une petite note dans le carton précisant qu'il faut le nourrir quand il a faim. Le lendemain arrive un deuxième pingouin, et ainsi de suite chaque jour. Une idée simple pour réviser l'arithmétique, non ?
Naïve, 2006.
15 € ISBN : 978-2-35021-048-3
À partir de 6 ans

LIVRES ANIMÉS

41. Carle, Éric ; trad. Bourguignon, Laurence : **La chenille qui fait des trous.**
La minuscule chenille sort de l'œuf très affamée et chaque jour son appétit croît, comme le prouvent les trous qui parsèment les pages. L'énumération des jours de la semaine et de multiples gourmandises nous conduisent à la métaporphose attendue... Un classique pour les tout-petits.
Mijade, Cartonnés Éric Carle, 2004.
7,95 € ISBN : 978-2-87142-457-4
À partir de 18 mois

42. Emberley, Ed ; trad. Duval, Élisabeth : **Va-t'en, grand monstre vert !**
Le découpage des pages révèle progressivement le caractère terrifiant du monstre qui, une fois entièrement visible, disparaît par un tour de passe-passe graphique. Qu'il est donc réjouissant de se faire peur !
Kaléidoscope, 1996.
12 € ISBN : 978-2-87767-172-9
À partir de 2 ans

43. Perrin, Martine : **Sur le chemin.**
Cet album carré et cartonné aux couleurs franches est astucieusement découpé pour laisser entrevoir la page suivante qui donne la solution, jeu d'observation et d'association pour les tout-petits. La libellule rencontre la grenouille, la fourmi, l'escargot, avec un effet de surprise garanti.
Milan Jeunesse, 2006.
9 € ISBN : 978-2-7459-1864-2

Autres titres :
44. Méli-mélo. 2003.
11 € ISBN : 978-2-7459-0920-6
45. Qui, où, quoi. 2005.
9 € ISBN : 978-2-7459-1800-0
À partir de 2 ans

46. Browne, Anthony ; trad. Duval, Élisabeth : **À la fête foraine.**
Ce réjouissant album animé nous emmène à la fête foraine. Petit Ours et le gorille sont là, mais aussi des métamorphoses hilarantes, un Frankenstein qui surgit d'une poubelle ou encore des visages à lire dans les deux sens à la manière des illusions d'optique. À regarder attentivement pour rire ou se faire peur.
Kaléidoscope, 2002.
17,50 € ISBN : 978-2-87767-363-1
À partir de 3 ans

♥ **47.** Munari, Bruno : **L'Homme au camion.**
Livre à caches. Marco prend son camion pour apporter un beau cadeau d'anniversaire à son fils... mais le camion tombe en panne. Qu'à cela ne tienne, il va prendre la voiture... qui elle aussi s'arrête brutalement ! Moto, vélo, patins à roulettes, qu'importe : il finira à pied s'il le faut mais le petit garçon aura son cadeau !
Seuil Jeunesse, 2005.
ISBN : 978-2-02-078864-9
Autres titres :
♥ **48. Jamais contents !** 2002.
ISBN : 978-2-02-051360-9
49. Le Magicien vert. 2004.
ISBN : 978-2-02-064001-5
50. Gigi a perdu sa casquette : où peut-elle bien être ? 2005.
ISBN : 978-2-02-078865-6
19,95 € chaque À partir de 3 ans

♥ **51.** Ramos, Mario : **Quand j'étais petit.**
Un album animé réjouissant : neuf animaux anthropomorphisés sont représentés à l'âge adulte avant qu'on ne les découvre, au même endroit, tels qu'ils étaient, petits, grâce à un astucieux découpage. Le décalage entre la mine patibulaire des adultes et l'air insouciant et facétieux des mêmes, autrefois, est d'une grande drôlerie.
L'École des loisirs/Pastel, 1997.
11,50 € ISBN : 978-2-211-04322-9
À partir de 3 ans

52. Whybrow, Ian ; ill. Scheffler, Axel : **Le Monstre Chatouille.**
Attention, le monstre Guili-Guili peut surgir de n'importe où. Dans un train, à la ferme, au zoo ou dans votre lit : gare aux chatouilles ! Un livre animé rempli de tirettes, de roues et d'astuces en tout genre. Des illustrations expressives, dynamiques, malicieuses et pleines de fraîcheur.
Albin Michel Jeunesse, Un livre animé Albin Michel Jeunesse, 2001.
13,90 € ISBN : 978-2-226-11348-1
À partir de 3 ans

♥ **53.** Pienkowski, Jan : **La Maison hantée.**
Réédition d'un des meilleurs albums animés jamais édité. On ne s'en lasse pas !
Nathan Jeunesse, 2005.
19,95 € ISBN : 978-2-09-250787-2
À partir de 5 ans

54. McGuire, Richard ; adapt. Hermeline : **Le Livre fou avec des trous.**
Avec des trous dans les pages, avec des jeux d'images, voire d'optique, l'auteur s'amuse à faire rebondir comme une balle l'imagination du lecteur. Ce livre-jeu, dans le style graphique des années 1950, déborde d'invention et de fantaisie.
Seuil Jeunesse, 1999.
13,90 € ISBN : 978-2-02-034540-8
À partir de 6 ans

JEUX D'IMAGES

♥ **55.** Brown, Margaret Wise ; ill. Hurd, Clement ; trad. Bonhomme, Catherine : **Tout petit, très grand, petites bêtes et éléphants.**
Dans toutes les espèces, de l'insecte à l'éléphant, il y a des tout petits et des très grands. Ces oppositions se succèdent de page en page rythmées par un texte minimaliste et par les superbes illustrations aux aplats de couleurs vives et étonnantes – la mer est verte, le ciel est rouge... Ce livre si moderne a été publié aux États-Unis en 1938.
Circonflexe, Aux couleurs du temps, 2006.
12 € ISBN : 978-2-87833-405-0
À partir de 2 ans

56. Carcano, Bérangère : **La Révolte.**
Ce superbe livre tactile relate la révolte des animaux qui veulent changer de peau. La girafe ne supporte plus ses taches, le guépard en a assez qu'on le prenne pour un léopard… Ils se rhabillent selon leurs souhaits et sont magnifiques ! Les matières à toucher correspondent parfaitement à ce qu'on attend à la lecture des petites comptines, très bien rythmées.
Les Doigts qui rêvent, 2006.
45 € ISBN : 978-2-911782-99-2
À partir de 2 ans

♥ **57.** Douzou, Olivier : **Loup.**
En référence à la comptine bien connue « Loup y-es-tu ?», l'auteur invite le lecteur à regarder apparaître les différentes parties de la tête du loup alors qu'il s'apprête à dévorer autre chose que celui qu'on croit. Images malicieuses assorties du texte de la ritournelle qui s'égrène avec gourmandise.
Éditions du Rouergue, 1995.
8 € ISBN : 978-2-84156-010-3
À partir de 2 ans

58. Mari, Iela : **Les Aventures d'une petite bulle rouge.**
Bulle, ballon, pomme, papillon… On passe d'une figure à une autre grâce à une astucieuse métamorphose formelle. La virtuosité du jeu des transformations crée un sentiment de fascination chez le lecteur.
L'École des loisirs, 1968.
10,50 € ISBN : 978-2-211-01090-0
À partir de 2 ans

♥ **59.** Mari, Iela ; Mari, Enzo : **L'Œuf et la poule.**
De spectaculaires images à l'échelle réelle révèlent le secret d'un œuf de poule fécondé. Un graphisme exceptionnel au service d'une des plus grandes interrogations de l'enfant.
L'École des loisirs, 1970.
10,50 € ISBN : 978-2-211-01112-9
À partir de 2 ans

60. Mari, Iela ; Mari, Enzo : **La Pomme et le papillon.**
Pomme verte, pomme rouge, œuf, chenille et papillon : le cycle de la vie. Un sens plastique incontestable au service de l'aventure de la métamorphose.
L'École des loisirs, 1970.
10,50 € ISBN : 978-2-211-01120-4
À partir de 2 ans

♥ **61.** Munari, Bruno : **I Prelibri.**
Douze petits livres carrés, de matières et de reliures différentes, qui jouent avec les couleurs, les découpes, composent une bibliothèque à ranger soi-même provoquant des rapprochements et des surprises renouvelées. Le livre se met à vivre, surprend, émeut. Une nouvelle appréhension de l'objet-livre est proposée ainsi au petit lecteur par un grand maître du design.
Corraini, 2002, diffusion Les Trois Ourses, 2003.
130 € ISBN : 978-88-87942-66-8
À partir de 2 ans

♥ **62.** Parain, Nathalie : **Ronds et carrés.**
Ce livre paru chez Flammarion en 1932 invite à jouer avec des formes géométriques rouges et noires, à recomposer des images en associant rond, carré, triangle, à stimuler la curiosité et la créativité de l'enfant. Un chef-d'œuvre de cette artiste d'origine russe formée par les grands maîtres du Constructivisme.
Les Amis du Père Castor (87380 Meuzac) 2001.
16,50 € ISBN : 978-2-08-161180-1
À partir de 2 ans

63. Bone, Betty : **Balade.**
Un jeune garçon quitte sa maison de la rue Wurtz, à Strasbourg. Il croise un chien, une dame, trouve une petite figurine de soldat qu'il emporte, traverse le jardin public, cueille quelques fleurs, observe. Le lecteur fait cette balade dans un petit album carré, sans texte, aux images très stylisées qui jouent joliment avec l'espace et les couleurs.
Sorbier, Sans un mot, 2005.
7,50 € ISBN : 978-2-7320-3844-5
À partir de 3 ans

64. Bone, Betty : **La Nuit.**
C'est un petit album, tout en noir et blanc, sur un papier mat qui renforce la douceur et le mystère de cette nuit de pleine lune dans la montagne enneigée. L'histoire de la promenade nocturne d'Ali est doublée d'un beau et subtil jeu graphique. Regardez bien, tournez le livre, la nuit se joue du promeneur…
Éditions du Rouergue, 2005.
11 € ISBN : 978-2-84156-627-3
À partir de 3 ans

65. Brami, Élisabeth ; ill. Brouillard, Anne : **Rêve de lune.**
Page après page, le texte très court, en perpétuelle tension, invite à tourner les pages. Dans la continuité et l'évolution de somptueuses harmonies de couleurs, par l'enchaînement subtil d'un jeu de découpes, les images entraînent le lecteur jusque dans le rêve d'un enfant endormi.
Seuil Jeunesse, 2005.
15 € ISBN : 978-2-02-081735-6
À partir de 3 ans

66. Browne, Anthony ; trad. Finkenstaedt, Isabel : **Ourson et les chasseurs.**
Ourson a beau être petit, lorsqu'il est muni de son crayon magique, il ne peut rien lui arriver… C'est ce que les chasseurs vont découvrir à leurs dépens dans cette sorte de jungle à la manière du Douanier Rousseau, fourmillante de détails surprenants.
Kaléidoscope, 2003.
10 € ISBN : 978-2-87767-394-5
À partir de 3 ans

♥ **67.** Douzou, Olivier : **Jojo la mache.**
« Notre mache, elle s'appelait Jojo », et tout le monde l'aimait. Nous voici témoin du démembrement physique de Jojo jusqu'à sa disparition qui donnera naissance à un ciel étoilé. Dans une atmosphère humoristique et poétique avec des illustrations économes mais fortes, ce livre traite de la vieillesse, de la mort et du souvenir avec délicatesse et sensibilité.
Éditions du Rouergue, 1993.
10,50 € ISBN : 978-2-905209-66-5
À partir de 3 ans

68. Goffin, Josse : **Oh !**
Chaque dessin à déplier en cache un autre. Jeu de formes et de couleurs : les images s'ouvrent, se transforment

et créent la surprise pour la plus grande joie des petits qui peuvent aussi s'amuser à essayer de deviner où l'auteur va les emmener !
Réunion des musées nationaux, 2003.
10 € ISBN : 978-2-7118-4646-7
Autre titre :
69. Ho !
Circonflexe, Aux couleurs du monde, 2005.
12 € ISBN : 978-2-87833-372-5
À partir de 3 ans

70. Haga, Yae : **Le Livre de nuit.**
Album sans texte. Une petite lumière sert de fil conducteur à un enchaînement de petites scènes nocturnes. Lumière d'un réverbère, lumière des étoiles, jusqu'à l'œil du chat qui brille dans la profondeur de la nuit. Beauté des aplats de couleurs sourdes, originalité des cadrages : un album plein de poésie à partager avec un enfant au moment du coucher.
MeMo, Tout-petits MeMômes, 2004.
16 € ISBN : 978-2-910391-57-7
À partir de 3 ans

♥ **71.** Hoban, Tana : **Regarde bien.**
Un jeu visuel à partir de photographies où il s'agit de deviner ce qui va apparaître dans le petit trou rond de la page noire. Du plan rapproché au plan large, les sujets se dévoilent et la surprise est grande puisque ce petit viseur ne montre qu'une infime partie de l'objet. Une jubilation à partager à tout âge.
Kaléidoscope, 1999.
13,60 € ISBN : 978-2-87767-263-4
À partir de 3 ans

72. Munari, Bruno : **Zoo.**
Otarie, zèbre, girafe, ours, singes et porcs-épics... les animaux du zoo s'amusent dans leur cage tandis qu'une tortue indique la sortie... De 1963, date de sa création, à 2003, année de son arrivée en France, *Zoo* garde la magie d'un bestiaire éternel dans l'univers clair, coloré et joyeux de ce grand graphiste du XXe siècle.
Seuil Jeunesse, 2003.
21 € ISBN : 978-2-02-057440-2
À partir de 3 ans

73. Merveille, David : **Le Jacquot de Monsieur Hulot.**
Monsieur Hulot est amoureux et c'est à un perroquet qu'il va confier le soin de déclarer sa flamme. Illustrations pleines de vie sur des pages animées par un système de rabats pour découvrir toute la cocasserie de l'histoire. L'auteur a su restituer dans cet album l'humour et la poésie de Jacques Tati, avec la silhouette, la candeur et l'étourderie de son héros.
Éditions du Rouergue, 2005.
15 € ISBN : 978-2-84156-707-2
À partir de 3 ans

♥ **74.** Pacovská, Květa : **Jamais deux sans trois.**
Dans cet album les chiffres servent de prétexte à un éblouissant exercice de style. L'audace des couleurs, la cocasserie des figures, la modernité de la mise en page multiplient les surprises graphiques.
Seuil Jeunesse, 1996.
22,80 € ISBN : 978-2-02-029912-1
À partir de 3 ans

75. Pacovská, Květa : **Un livre pour toi.**
Dans ce livre somme, qui amplifie et totalise ses recherches plastiques, poétiques et tactiles, Květa Pacovská a exploré les limites du livre-objet. Qu'on choisisse de le déployer ou de le parcourir progressivement, on est projeté dans un univers où « la beauté est une façon de comprendre et l'art un espace de liberté indispensable ».
Seuil Jeunesse, 2004.
35 € ISBN : 978-2-02-067788-2
À partir de 3 ans

76. Pacovská, Květa : **Couleur couleurs.**
Une initiation au monde de la couleur. Toutes les techniques de fabrication les plus sophistiquées pour faire découvrir les couleurs aux enfants.
Seuil Jeunesse, 2000.
21,50 € ISBN : 978-2-02-020511-5
À partir de 3 ans

77. Schoch, Irène : **Je souris toute l'année.**
Cet album cartonné, de très grand format, invite à explorer l'image pour retrouver le narrateur, une souris, au milieu de la foule d'une ville très animée. Ce petit personnage change d'activité au fil des saisons et chaque double page correspond à un mois de l'année. Graphiquement superbe, c'est un album pour tous les âges, à regarder ensemble.
Seuil Jeunesse, 2005.
19,50 € ISBN : 978-2-02-067654-0
À partir de 3 ans

♥ **78.** Anno, Mitsumasa : **Ce jour-là.**
Un cavalier débarque sur le rivage. En chemin il découvre les mutiples richesses du pays qu'il parcourt. L'image, au dessin minutieux, est parsemée de nombreuses allusions culturelles que le lecteur se fera un plaisir de découvrir en suivant le périple du voyageur.
L'École des loisirs, 1978.
11,60 € ISBN : 978-2-211-04715-9
À partir de 4 ans

79. Muller, Gerda : **Devine qui fait quoi : une promenade invisible.**
On ne voit personne, mais des traces de pas nous racontent toute une histoire et les indices glissés un peu partout dans l'image permettent de reconstituer le déroulement de la journée. Un album sans texte à explorer à maintes reprises.
L'École des loisirs/Archimède, 1999.
10,50 € ISBN : 978-2-211-05478-2
À partir de 4 ans

80. Munari, Bruno ; trad. Voline, Marc : **Dans la nuit noire.**
Feuilles transparentes ou opaques, feuilles blanches ou noires, travaillées, déchirées, trouées, creusées, sculptées sont ici assemblées comme les perles d'un collier de couleurs pour le bon plaisir du lecteur ravi. L'aventure de la forme et ses métamorphoses deviennent fascinantes grâce à la rigueur artistique de Bruno Munari.
Seuil Jeunesse, 1999.
22,50 € ISBN : 978-2-02-037793-5
À partir de 4 ans

♥ **81.** Munari, Bruno ; trad. Voline, Marc : **Dans le brouillard de Milan.**
Paru en Italie en 1968, cet ouvrage a été réédité en France. Bravons le brouillard de

la ville, rendu par la superposition de pages en papier calque pour nous rendre dans le monde aux couleurs vives du cirque et de l'enfance. La magie des mots et des pages découpées entraîne le lecteur dans la fête. Pour rentrer, nous traversons le parc envahi par la brume, la tête remplie de rêves colorés.
Seuil Jeunesse, 2000.
21,50 € ISBN : 978-2-02-041692-4
À partir de 4 ans

♥ **82.** Pagni, Gianpaolo : **L'Explorateur.**
Suivons l'explorateur et regardons avec lui dans sa longue-vue un détail, le petit bout d'un animal, visible sur la première double page. Mais quel animal ? La deuxième double page restitue sa silhouette et donne son nom sur un fond qui évoque avec subtilité son milieu naturel. Et c'est toujours très beau. Cet imagier est aussi un livre d'art qui sait rester ludique.
Seuil Jeunesse, 2005.
16 € ISBN : 978-2-02-068682-2
À partir de 4 ans

♥ **83.** Anno, Mitsumasa : **Loup y es-tu ?**
Beaucoup, beaucoup d'animaux cachés dans le sous-bois. Un album devinette sans texte, aux belles illustrations minutieuses.
L'École des loisirs, 1996.
9,90 € ISBN : 978-2-211-06157-5
À partir de 5 ans

♥ **84.** Brouillard, Anne : **Le Pêcheur et l'oie.**
Un pêcheur assis au bord d'un étang attend patiemment. Arrive une oie... Une complicité improbable se crée au fil des pages sans texte, rythmée par l'alternance des vignettes et des illustrations en pleine page. Cet album offre une passionnante lecture de l'image et laisse au lecteur l'impression d'avoir vu un court-métrage.
Seuil Jeunesse, 2006.
ISBN : 978-2-02-085757-4
Autre titre :
85. Le Voyageur et les oiseaux. 2006.
ISBN : 978-2-02-085758-1
11 € chaque À partir de 5 ans

86. Douzou, Olivier : **Luchien.**
Madame Ida est bouleversée : son chien Luchien a disparu. L'auteur a semé des indices pour permettre au lecteur de participer à l'enquête. Avec madame Ida, on le cherche partout, à s'en mettre la tête à l'envers ! Un formidable jeu graphique.
Éditions du Rouergue, 1996.
5,95 € ISBN : 978-2-84156-273-2
À partir de 5 ans

♥ **87.** Douzou, Olivier : **Tricycle.**
Un tricycle se remplit, au fil des pages, d'objets hétéroclites : une canne, une pelote de laine... Le texte énonce les conséquences de ces disparitions : « Papi boite », « Mamie a les nerfs en pelote »... et au lecteur d'imaginer la scène ! Une lecture-rébus jubilatoire pour raconter les tribulations d'un petit kleptomane.
Éditions du Rouergue, 1998.
10,37 € ISBN : 978-2-84156-080-6
À partir de 5 ans

88. Frazier, Craig ; trad. Jusforgues, Pascale : **Stanley part en balade.**
Illustrations qui évoquent les images de synthèse, cadrages impressionnants, nous voilà plongés dans l'univers de Stanley, le fermier, qui, avec l'air le plus sérieux du monde, transforme une journée de travail en balade poétique. Les images, très graphiques, se découpent avec une telle force que l'on aurait presque pu se passer de texte...
Albin Michel Jeunesse, 2006.
ISBN : 978-2-226-16843-6
Autre titre :
89. Stanley tond la pelouse. 2006.
10,50 € chaque
ISBN : 978-2-226-16844-3
À partir de 5 ans

90. Achache, Carole : **Chantiers en cours.**
Jeu des sept erreurs dans un livre de photographies consacrées au thème du chantier. Des images inhabituelles dans les albums et qui demandent ici une lecture d'autant plus attentive que les « erreurs » introduites d'une photo à l'autre ne sont pas faciles à trouver. Original et intéressant.
Thierry Magnier, 2004.
19,80 € ISBN : 978-2-84420-316-8
À partir de 6 ans

♥ **91.** Banyai, Istvan : **Zoom.**
L'œil transformé en objectif se promène à l'intérieur de l'image grâce à un procédé cinématographique de zoom arrière. L'emboîtement jubilatoire des illustrations, le contraste entre la page de droite éclaboussée de couleurs vives et celle de gauche noir d'encre, entraînent le lecteur dans un voyage de la terre à la lune.
Circonflexe, Aux couleurs du monde, 2002.
12 € ISBN : 978-2-87833-309-8
À partir de 6 ans

92. Billout, Guy : **Il y a encore quelque chose qui cloche.**
On retrouve dans ce recueil de planches surréalistes le talent de l'auteur pour dérouter, amuser et forcer le lecteur à se questionner en introduisant dans l'image un détail incongru. Chaque page est accompagnée d'un titre pour tout texte... où chaque mot compte pour aider le lecteur dans sa réflexion. Fascinant !
Seuil Jeunesse, Crapule, 2002.
13,50 € ISBN : 978-2-02-053792-6
À partir de 6 ans

93. Handford, Martin ; trad. Souchon, Monique : **Où est Charlie ?**
De grandes doubles pages fourmillantes de minuscules indices et saturées de petits personnages hauts en couleur parmi lesquels il faut retrouver Charlie. À regarder avec attention. Un succès qui ne se dément pas. D'autres titres proposent de retrouver Charlie dans différents contextes.
Gründ, Où est passé Charlie ?, 1998.
9,95 € ISBN : 978-2-7000-4124-8
À partir de 6 ans

94. Mariotti, Mario : **Main !**
Une véritable partie de football entièrement illustrée par des mains peintes. Doigts de l'auteur ou jambes de footballeur ? Ces drôles de prises de vue troublent le regard jusqu'au coup de sifflet final. Précédemment publié sous le titre *Faute de main*.
Circonflexe, Aux couleurs du monde, 1998.
10,50 € ISBN : 978-2-87833-215-5
À partir de 6 ans

95. Oakley, Graham : **512.**
Trente-deux images découpées permettent de composer 512 images insolites et foisonnantes d'inspiration surréaliste. Réédition sous forme brochée et dans un format plus petit d'un merveilleux pêle-mêle.
Mijade, Petits Mijade, 2002.
5,20 € ISBN : 978-2-87142-280-8
À partir de 6 ans

♥ **96.** Banyai, Istvan : **De l'autre côté.**
Qu'y a-t-il de l'autre côté du rivage ? Que voit le tigre depuis sa cage ? Cet album sans texte, qui présente une succession de scènes multipliant points de vue et cadrages, stimule la curiosité et l'imagination. Les illustrations en noir, blanc et gris, simplement rehaussées de touches rouges et jaunes qui illuminent soudain la page, sont vertigineuses.
Circonflexe, Aux couleurs du monde, 2005.
12 € ISBN : 978-2-87833-364-0
Pour tous à partir de 7 ans

97. Steiner, Joan : **Trompe-l'œil.**
Onze décors (gare, hôtel, fête foraine, etc.) réalisés en volume à partir d'objets totalement hétéroclites – trombones, pistaches, fermetures Éclair, bretzels, pièces de monnaie… – détournés de leur fonction d'origine. Plus de cent objets par double-page sont ainsi à découvrir. À vos loupes !
Circonflexe, Aux couleurs du monde, 1999.
13 € ISBN : 978-2-87833-228-5
À partir de 9 ans

JEUX SUR LE RÉCIT

♥ **98.** Bruel, Christian ; ill. Claveloux, Nicole : **Alboum.**
Les jouets s'amoncellent dangereusement en pile vertigineuse sur la page de droite, quand, sur la page de gauche, ce sont les mots qui s'accumulent et montent à l'assaut dans une joyeuse randonnée, jusqu'au grand BOUM final. On recommence ? Un album à regarder avec les petits pour un grand éclat de rire.
Être, Alter Ego, 1998.
10,37 € ISBN : 978-2-84407-005-0
À partir de 18 mois

99. Louchard, Antonin : **C'est la p'tite bête.**
« T'es qui toi ? Moi ? Ben je suis la p'tite bête » : le texte minimal et rythmé interpelle l'enfant et l'invite à jouer à la p'tite bête qui monte… Les illustrations caricaturales déclenchent le rire tout comme le jeu de doigts dont le livre s'inspire.
Thierry Magnier, Tête de lard, 1998.
6,50 € ISBN : 978-2-84420-007-5
À partir de 18 mois

100. Budde, Nadia ; trad. Bruel, Christian : **Un, deux, trois et toi.**
Une gageure que de traduire cet album qui joue sur les sons et les rythmes. Sur chaque page, trois personnages de la même « famille » et un intrus qui introduit la famille suivante. Le nom du troisième rime avec celui du quatrième, créant ainsi une sorte de comptine inattendue. L'illustration, pleine d'humour, sert le propos.
Être, 2004.
11,90 € ISBN : 978-2-84407-040-1
À partir de 18 mois

101. Barton, Byron ; trad. Reinharez, Isabelle : **La Toute Petite Dame.**
Il était une fois une toute petite dame qui avait un tout petit chat qui avait bu le tout petit peu de lait de la toute petite vache. Par un grand auteur qui sait parler aux tout-petits.
L'École des loisirs, 1996.
11 € ISBN : 978-2-211-03961-1
À partir de 2 ans

102. Jacques, Benoît : **Je te tiens.**
Sur le principe du jeu bien connu qui consiste à tenir son adversaire par la barbichette pour provoquer son fou rire, l'auteur met en scène un petit homme et un ogre affreux qui s'opposent en un duel peu équitable. La violence de l'un est heureusement compensée par l'intelligence et l'humour de l'autre qui triomphera grâce au langage.
Benoît Jacques Books, 2003.
17 € ISBN : 978-2-9508442-8-6
À partir de 2 ans

♥ **103.** Brown, Ruth : **Une histoire sombre, très sombre.**
La traversée d'un drôle de château sur les traces d'un chat noir curieux qui entraîne le lecteur à sa suite. Un refrain ponctue sa marche dans l'atmosphère tendue et mystérieuse qui rend le retournement final inattendu plus qu'agréable. L'illustration confère au récit une tension fascinante.
Gallimard Jeunesse, 1981.
11,50 € ISBN : 978-2-07-056135-3
À partir de 3 ans

♥ **104.** Caputo, Natha ; ill. Belvès, Pierre : **Roule galette.**
Une galette s'ennuie à refroidir, se laisse glisser du bord de la fenêtre et s'enfuit sur le chemin. Elle roule à travers la campagne, chantonne et échappe successivement au lapin, à l'ours, au loup… Mais le renard malin la guette !
Flammarion-Père Castor, Les albums du Père Castor, 2002.
11 € ISBN : 978-2-08-160999-0
À partir de 3 ans

105. Corazza, Lynda : **Ou li bou ni che ?**
À partir du savoureux virelangue « La pie niche haut, l'oie niche bas, l'hibou niche ni haut ni bas, où l'hibou niche ? », Lynda Corazza joue avec les sons et familiarise l'enfant avec les notions d'espace en déplaçant son drôle de hibou dans d'ingénieux montages photographiques.
Éditions du Rouergue, 1997.
10,50 € ISBN : 978-2-84156-079-0
À partir de 3 ans

106. De Boel, Anne-Catherine : **Koulkoul et Molokoloch.**
Une randonnée au ralenti inspirée d'un conte africain : deux paresseux s'endorment, l'un d'entre eux se laisse avaler par un python, qui lui-même est englouti par un crocodile, qui lui-même… Le texte, concis et rythmé, est mis en valeur par de belles illustrations dans les tons brun et ocre.
L'École des loisirs/Pastel, 2002.
13,50 € ISBN : 978-2-211-06713-3
À partir de 3 ans

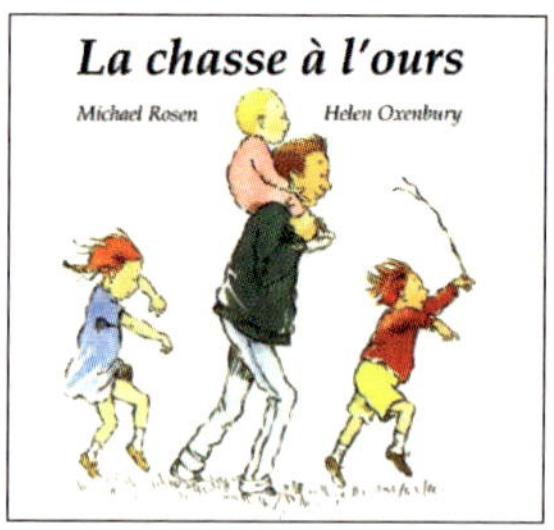

♥ **107.** Delye, Pierre ; ill. Bourre, Martine : **Le P'tit Bonhomme des bois.**
Ce beau travail de collage, avec ses effets de matière, est parfaitement adapté à une randonnée qui nous entraîne à la suite du p'tit bonhomme des bois qui « suit le chemin et ses pensées », sans se rendre compte qu'à son tour, il est suivi par le blaireau, puis le renard, le loup, et encore l'ours. Succès garanti auprès des petits.
Didier Jeunesse, 2003.
11,90 € ISBN : 978-2-278-05383-4
À partir de 3 ans

108. Elzbieta : **Clown.**
Un petit clown énumère tous les objets qu'il avait – ils sont alors représentés dans un jaune chrome – et qu'il croit avoir perdus cette fois ils apparaissent en jaune d'or – avant que la dernière page ne révèle le fin mot de cette histoire en forme de randonnée.
L'École des loisirs, Lutin poche, 1998.
5,50 € ISBN : 978-2-211-05088-3
À partir de 3 ans

109. Elzbieta : **Petit Couci-Couça.**
Elzbieta a réalisé trois petits bijoux de livres avec quelques papiers collés qui donnent une présence très forte à Couci-Couça, avec sa tête ronde et jaune. Les autres traits sont réalisés avec une encre grise comme la typo manuscrite. En guise de texte, des comptines dans l'esprit du « non-sens », rythmées et rimées.
Éditions du Rouergue, Varia, 2004.
11 € ISBN : 978-2-84156-500-9
À partir de 4 ans

♥ **110.** François, Paul ; ill. Butel, Lucile : **La Grande Panthère noire.**
Une poursuite menée tambour battant, par des chasseurs qu'on dit pourtant valeureux et expérimentés, les tourne en ridicule et risque de n'avoir pas de fin.
Flammarion-Père Castor, Livres-CD, 2002.
14,95 € ISBN : 978-2-08-161295-2
À partir de 3 ans

♥ **111.** Lobel, Arnold : **Le Magicien des couleurs.**
Il y a longtemps, très longtemps, les couleurs n'existaient pas. « Il me semble qu'il manque quelque chose à ce monde », disait le magicien. Et s'il devenait bleu ou jaune, ou rouge ? Les effets en seront surprenants... Un grand classique qui a gardé toute sa malice et sa fraîcheur.
L'École des loisirs, 1980.
10,40 € ISBN : 978-2-211-01686-5
À partir de 3 ans

112. Magdalena ; ill. Zaü : **Léon et son croco.**
Un album à la forme originale : un astucieux découpage des pages permet de jouer sur la composition des images qui se transforment au fur et à mesure qu'on les tourne. Les illustrations sont particulièrement réussies dans d'élégantes tonalités aux couleurs de l'Afrique, lieu du récit.
Flammarion-Père Castor, Albums cartonnés, 2001.
12 € ISBN : 978-2-08-160966-2
À partir de 3 ans

113. McKee, David ; trad. Duval, Élisabeth : **Quatre Pommes rouges.**
Ringo le lapin aime jongler avec ses quatre pommes rouges et son plaisir est encore plus grand à l'idée qu'il est le seul à savoir le faire. Mais une jolie randonnée va lui faire remonter toute la longue chaîne de Rubens Cochon à Kiki Chat... car chacun a appris avec son voisin, excepté lui, qui a appris tout seul. Illustration gaie, surprenante, raffinée et beaucoup d'humour.
Kaléidoscope, 2006.
12,50 € ISBN : 978-2-87767-479-9
À partir de 3 ans

114. Miura, Taro : **Des jours pas comme les autres.**
Dans cet imagier pas comme les autres, le mot anglais s'inscrit dans la marge de l'image qui le représente. Sur la page opposée, sur de très beaux fonds de couleurs, s'inscrivent les phrases qui dialoguent avec l'image. Toutes évoquent « le jour où... ». Des images pour imaginer, pour rêver.
La Joie de lire, 2006.
15 € ISBN : 978-2-88258-359-8
À partir de 3 ans

♥ **115.** Rosen, Michael ; ill. Oxenbury, Helen ; trad. Duval, Élisabeth : **La Chasse à l'ours.**
Chasser l'ours, c'est formidable, mais se trouver nez à nez avec lui, c'est autre chose ! Un album rythmé par les redites du texte, les onomatopées et par l'alternance des pages en noir et blanc et en couleurs. Une version animée est parue en 2006 chez le même éditeur avec la première et excellente traduction de Claude Lauriot-Prévost.
Kaléidoscope, 1997.
13,60 € ISBN : 978-2-87767-199-6
À partir de 3 ans

116. Van Laan, Nancy ; ill. Russo, Marisabina ; trad. Duval, Élisabeth : **Le Beau Ver dodu.**
Du ver au chien : qui mange qui ? La succession de gros plans et de panoramiques, la typographie, la mise en pages sont rythmées par un texte de randonnée. De superbes images.
Kaléidoscope, 1990.
10,50 € ISBN : 978-2-87767-022-7
À partir de 3 ans

♥ **117.** Vaugelade, Anaïs : **L'Anniversaire de monsieur Guillaume.**
Pour son anniversaire, monsieur Guillaume décide d'aller déjeuner au restaurant. Un gros rat qui fume, une poule qui écrit, un chat grognon et un cochon d'hiver décident de l'accompagner. Le loup aussi. Une histoire drôle et bien rythmée, soutenue par une illustration gourmande et malicieuse.
L'École des loisirs, 1994.
11,50 € ISBN : 978-2-211-02855-4
À partir de 3 ans

118. Voutch : **Pourquôôâ ?**
Le petit de la grenouille doit aller au lit... Pourquôôâ ? Parce qu'il fait nuit. Pourquôôâ ? Parce que le soleil s'est couché... Pourquôôâ ? Après trop de questions et de réponses de plus en plus loufoques, la mère grenouille craque... comme tout parent le ferait ! Un anti-*Bonsoir Lune* aux dessins caricaturaux et désopilants.
Thierry Magnier, Tête de lard, 2000.
6,50 € ISBN : 978-2-84420-074-7
À partir de 3 ans

♥ **119.** Browne, Anthony ; trad. Duval, Élisabeth : **Une histoire à quatre voix.**
Quatre voix pour raconter la même promenade au parc donnent quatre histoires différentes qui mettent joyeusement en évidence les écarts de points de vue et d'interprétation, d'autant que les illustrations riches en détails cocasses s'amusent aussi à contredire parfois les propos du texte.
Kaléidoscope, 1998.
13,60 € ISBN : 978-2-87767-239-9
À partir de 5 ans

♥ **120.** Le Saux, Alain : **Ma maîtresse a dit qu'il fallait bien posséder la langue française.**
Des expressions prises au pied de la lettre par le dessin insolent d'Alain Le Saux. Fou rire garanti.
Rivages, 2006.
11 € ISBN : 978-2-903059-82-8
Pour tous à partir de 5 ans

♥ **121.** Pef : **La Belle Lisse Poire du prince de Motordu.**
Depuis 1980, ce chef-d'œuvre de Pef, enchante ses lecteurs en leur faisant découvrir que le langage est un matériau avec lequel on peut jouer, inventer. Les illustrations dans l'esprit de la caricature prennent ces mots tordus au pied de la lettre : qui oubliera le troupeau de boutons, le rateau à voile ou le repassage du singe... ?
Gallimard Jeunesse, Folio benjamin, 2001.
5,50 € ISBN : 978-2-07-054806-4
À partir de 5 ans

122. Sis, Peter : **Madlenka.**
Madlenka a une dent qui bouge. Ravie, elle annonce la nouvelle à tous les amis de son quartier de New York. Dans ce grand album aussi carré qu'un pâté de maisons, on tourne le livre et à chaque coin de rue on rencontre d'autres habitants. À travers de petites fenêtres découpées, on découvre leurs univers qui évoquent tous les coins du monde. Une invitation au voyage.
Grasset Jeunesse, 2000.
15,50 € ISBN : 978-2-246-60231-6
À partir de 5 ans

♥ **123.** Voltz, Christian : **Toujours rien ?**
Un jardinier sème et attend, attend... l'oiseau, plus malin, ne dit rien mais prend ! Une leçon de patience illustrée avec des papiers déchirés associés à des matériaux aussi divers que du fil de fer, des morceaux de grillage, de la ficelle, des bouts de tissus et bien d'autres encore, en des formes parfaitement lisibles et adaptées au sujet.
Éditions du Rouergue, 1997.
10,50 € ISBN : 978-2-84156-068-4
À partir de 5 ans

124. Anno, Mitsumasa : **Sur les traces de Don Quichotte.**
Anno nous invite à parcourir l'Espagne en survolant villes et campagnes, mœurs et culture. Carnet de voyage, qui intègre aussi de nombreuses allusions à l'Histoire, à l'art, à la littérature, à Don Quichotte. On ne compte plus les clins d'œil humoristiques et culturels dans cet album sans texte, si évocateur de l'Espagne.
L'École des loisirs, 2004.
ISBN : 978-2-211-07375-2
Autre titre :
125. Le Danemark d'Andersen. 2005.
ISBN : 978-2-211-07883-2
12,50 € chaque À partir de 6 ans

126. Binder, Jean : **À ce moment précis ou La Paix des dimanches.**
Anna et Charlotte lisent *Les Aventures de Zorro*, maman décide d'aller prendre un bain et le chat a entendu quelque chose. L'album se met alors à raconter, à l'aide de vignettes insérées dans l'image, les actions simultanées de chacun des protagonistes à des instants précis. Un style d'illustration au trait affirmé.
L'École des loisirs/Archimède, 2000.
11,90 € ISBN : 978-2-211-05512-3
À partir de 6 ans

127. Heidelbach, Nikolaus : **Un livre pour Élie.**
Élie n'aime que l'action, jusqu'au jour où Léa use d'un ingénieux subterfuge pour le faire entrer dans un livre, au sens propre comme au sens figuré. Le passage du réel au monde imaginaire, processus même d'une lecture d'évasion, est magnifiquement rendu par l'habile mise en pages des illustrations riches en détails cocasses.
Seuil Jeunesse, 1997.
12 € ISBN : 978-2-02-032679-7
À partir de 6 ans

128. Houdart, Emmanuelle : **Monstres malades.**
Le saviez-vous ? Les monstres aussi souffrent de tous les maux ! Symptômes et traitements sont présentés dans de courts textes où le sérieux côtoie l'absurde, les notions scientifiques, la fantaisie. Un album géant aux spectaculaires illustrations en pleine page, hautes en couleur, baroques, drôles et effrayantes.
Thierry Magnier, 2004.
25 € ISBN : 978-2-84420-256-7
À partir de 6 ans

129. Ionesco, Eugène ; ill. Delessert, Étienne : **Contes n° 1 et 2 pour enfants de moins de trois ans.**
Ou l'absurde raconté aux petits. « Papa apprend à Josette le sens juste des mots. La chaise c'est une fenêtre, la fenêtre c'est un porte-plume, les pieds sont des oreilles, la tête c'est le derrière, le derrière, c'est la tête. » Les enfants adorent !
Gallimard Jeunesse, Folio benjamin, 2002.
5,50 € ISBN : 978-2-07-054877-4
À partir de 6 ans

130. Meunier, Henri : **La Famille Ogre.**
Dans une présentation qui évoque le jeu des sept familles, une variation féroce sur le thème du Petit Poucet avec un décalage savoureux entre cette histoire terrifiante d'ogres qui se dévorent en famille et le raffinement de l'illustration et de la présentation. Une fête pour les amateurs d'humour noir, et il y en a parmi les enfants !
L'Atelier du poisson soluble, 2004.
8 € ISBN : 978-2-913741-22-5
À partir de 6 ans

131. Mermet, Daniel ; ill. Galeron, Henri : **L'Île du droit à la caresse.**
« Sur la plage bleue de Trébizonde, on verrait felouquer les grandes coqueloures en chaiselonguant à l'ombre des tourloupes... » Sur le mode de la fable, un

texte inventif et drôle qui est un hymne à la liberté. Des images saugrenues, surprenantes, pleines de couleurs et de chaleur contribuent à la réussite de l'ouvrage.
Panama, 2006.
16 € ISBN : 978-2-7557-0128-9
À partir de 9 ans

132. Queneau, Raymond : **Exercices de style.**
Soixante et onze illustrateurs et graphistes ont illustré le fameux texte de Raymond Queneau, au succès jamais démenti depuis sa sortie en 1947. Grâce à une astucieuse mise en pages, l'ouvrage offre un pêle-mêle fabuleux qui permet à chacun d'inventer à l'infini sa version du moment.
Gallimard Jeunesse, 2002.
39,50 € ISBN : 978-2-07-055202-3
À partir de 13 ans

QUOTIDIEN

133. Angeli, May : **Carotte ou pissenlit ?**
À la ferme, aussi, les animaux éduquent le goût de leurs petits et là au moins les légumes ont la vedette : carottes, pissenlits, salades, fruits, que de saveurs ! Des illustrations pleines de fraîcheur et un texte que l'on peut lire comme un poème.
L'Élan vert, Les petits m, 2006.
12 € ISBN : 978-2-84455-091-0
À partir de 2 ans

♥ **134.** Beucler, André ; ill. Parain, Nathalie : **Mon chat.**
Une petite fille observe le comportement de son chat. Emblématique de l'avant-garde russe dans la composition des planches et l'utilisation de formes simplifiées, ce très bel album a été réédité fidèlement à l'édition originale de 1930 publiée chez Gallimard.
MeMo, La collection des Trois Ourses, 2006.
29 € ISBN : 978-2-910391-90-4
À partir de 2 ans

135. Broutin, Alain ; ill. Stehr, Frédéric : **Calinours va faire les courses.**
Un ours tout rond, tout gai, va faire ses courses dans la forêt. Il y rencontre toutes sortes d'animaux tous prêts à échanger avec lui sa dernière acquisition. Que rapportera-t-il dans son panier ?
L'École des loisirs, 1987.
11,60 € ISBN : 978-2-211-02626-0
À partir de 2 ans

♥ **136.** Bunting, Ève ; ill. Carpenter, Nancy ; trad. Lager, Claude : **Le Petit Bateau de Petit Ours.**
Petit Ours adore son beau petit bateau rouge. Mais le bateau reste petit alors que Petit Ours, lui, grandit. Que faire ? Donner le bateau à un ours encore petit et construire un grand bateau. Un album à la tendresse irrésistible.
L'École des loisirs/Pastel, 2004.
10 € ISBN : 978-2-211-07232-8
À partir de 2 ans

137. Dalrymple, Jennifer : **Jour de ménage pour Mimosa.**
Mimosa est pleine de bonne volonté pour aider Papa et Maman à faire le grand ménage ! Mais laver Gros Léon, son doudou, est-ce une bonne idée ?
L'École des loisirs, 1992.
7,90 € ISBN : 978-2-211-06441-5
À partir de 2 ans

138. Gutman, Anne ; ill. Hallensleben, Georg : **Gaspard & Lisa aux grands magasins.**
Qui n'a jamais eu envie de se laisser enfermer la nuit dans un grand magasin ? Gaspard et Lisa réalisent pour nous ce rêve en nous guidant dans les gigantesques rayons : jouets, lits, piscine gonflable, chapeaux : ils peuvent tout essayer ! Les illustrations à la gouache reflètent parfaitement le foisonnement des objets et des couleurs. Un vrai régal.
Hachette Jeunesse, La fourmi et l'éléphant, 2003.
12,50 € ISBN : 978-2-01-224509-9
À partir de 2 ans

139. Poussier, Audrey : **Mon pull.**
Petit lapin ne veut pas mettre son pull : « il est trop petit, il est moche et en plus il gratte. » Mais ses amis, eux, le trouvent tout à fait à leur goût ! De l'humour à la portée des petits dans ce grand album cartonné aux dessins expressifs.
L'École des loisirs, Loulou et compagnie, 2006.
11 € ISBN : 978-2-211-08369-0
À partir de 2 ans

140. Angeli, May : **Chapeau perdu.**
Une petite fille poursuit à travers champs son chapeau, qu'une bourrasque a emporté. Au fil de la course nous découvrons, à même le sol, l'étrangeté d'une vie animale et végétale. Précision du trait, audace des couleurs, texte sensible et riche d'un récit à la première personne qui place le lecteur au plus près des sensations et des émotions de l'enfant.
Thierry Magnier, 2006.
15 € ISBN : 978-2-84420-406-6
À partir de 3 ans

141. Arrou-Vignod, Jean-Philippe ; ill. Tallec, Olivier : **Rita et Machin.**
Cette série très drôle qui compte cinq titres actuellement met en scène une petite fille quelque peu autoritaire et un chien farceur qui manifeste un goût certain pour l'oisiveté. Quelques phrases de dialogues et un dessin au trait, simplement rehaussé de taches rouges présentent avec cocasserie leurs démêlés quotidiens.
Gallimard Jeunesse, 2006.
5,90 € ISBN : 978-2-07-057393-6
À partir de 3 ans

142. Beskow, Elsa ; adapt. Sineux, Michel : **Paul et son habit neuf.**
Un grand classique plein de charme d'Elsa Beskow, publié à Stockholm en 1912. On y retrouve les thèmes chers à l'auteur : la nature, la vie au village, l'autonomie de l'enfant. Une grande place est donnée à l'image dans la narration. À noter une postface de Michel Defourny sur les aléas de la réception de ce livre selon les époques.
Circonflexe, Aux couleurs du temps, 2003.
13 € ISBN : 978-2-87833-336-7
À partir de 3 ans

143. Bonniol, Magali : **Rien faire.**
Une petite fille nargue son Nours en lui montrant tout ce qu'elle sait faire et dont il est incapable. Mais, lui, sait bouger les oreilles ! Ils tombent néanmoins d'accord sur ce qu'ils

savent le mieux faire ensemble : rien !
L'École des loisirs, 2000.
11,50 € ISBN : 978-2-211-05985-5
À partir de 3 ans

144. Bresner, Lisa ; ill. Kolton, Batia : **Misako.**
Pour la première fois, Misako n'a pas entendu le bruit des socques de l'inconnu qui passe chaque jour dans sa rue. Elle fait le vœu de le retrouver. Onomatopées et expressions japonaises rythment la quête de la petite fille. Les illustrations en aplats, souvent frontales, ont des dominantes de couleurs d'automne. Un livre singulier et envoûtant.
MeMo, 2003.
15 € ISBN : 978-2-910391-42-3
À partir de 3 ans

♥ **145.** Browne, Anthony ; trad. Finkenstaedt, Isabel : **Marcel la mauviette.**
C'est par ce titre que nous avons fait la connaissance de l'inoubliable Marcel, ce chimpanzé doux, rêveur et pacifique. Il a décidé ici de prendre son destin en main, de ne plus se faire appeler « mauviette ». Gymnastique, régime spécial, tout y passe. Mais pourra-t-il changer sa nature profonde ? Les trois autres *Marcel* sont tout aussi savoureux.
Kaléidoscope, 1991.
ISBN : 978-2-87767-056-2
Autres titres :
146. Marcel le champion. 1992.
ISBN : 978-2-87767-060-9
147. Marcel et Hugo. 1991.
ISBN : 978-2-87767-036-4
148. Marcel le magicien. 1995.
ISBN : 978-2-87767-162-0
11 € chaque À partir de 3 ans

149. Burckel, Fabienne : **Le Monde de Lucien.**
À chaque double page, une part de l'environnement quotidien d'un petit garçon apparaît. L'auteur peint à l'aquarelle de menus objets auxquels s'est attaché Lucien, et y ajoute les commentaires du garçon. Nous découvrons ainsi sa façon (souvent drôle) de voir la vie.
Seuil Jeunesse, 2002.
8 € ISBN : 978-2-02-037190-2
À partir de 3 ans

♥ **150.** Chen Chih-Yuan ; trad. Laureillard, Marie : **En allant acheter des œufs.**
La promenade et les jeux d'une petite fille dans les rues de Taïwan. L'auteur restitue ses sensations et ses émotions avec beaucoup de justesse. L'illustration faite de dessins au trait et de collages dans une harmonie de couleurs comme effacées crée avec délicatesse une atmosphère parfaitement enfantine.
Philippe Picquier, Picquier Jeunesse, 2004.
12,50 € ISBN : 978-2-87730-732-1
À partir de 3 ans

♥ **151.** Crowther, Kitty : **Le Réveil.**
Nous découvrons Poka et Mine, ces drôles de petites bêtes dans les menus événements du quotidien. Dans ce titre, comme dans les suivants, le caractère aventureux de la petite Mine et la sagesse de Poka s'opposent subtilement. Délicatesse, humour, sensibilité, tendresse du texte comme de l'illustration.
L'École des loisirs/Pastel, 2005.
ISBN : 978-2-211-07746-0
Autres titres :
152. Les Nouvelles Ailes. 2005.
ISBN : 978-2-211-07836-8
153. Au musée. 2006.
ISBN : 978-2-211-08224-2
154. Au cinéma. 2006.
ISBN : 978-2-211-08226-6
10,50 € chaque À partir de 3 ans

155. Dalrymple, Jennifer : **Viens chez moi, Arouna.**
Dans ce coffret, on retrouve dans son village africain, Arouna, sa gentillesse et la drôlerie des situations qu'elle crée dans trois nouvelles histoires : *La Coiffure d'Arouna, Les Lunettes d'Arouna, Le Cousin de France*. Les illustrations faites d'aplats de couleur cernés d'un trait renforcent l'ambiance naïve du récit.
L'École des loisirs, 1992.
19,10 € ISBN : 978-2-211-02605-5
À partir de 3 ans

156. François, Paul ; Chaplet, Pierre ; ill. Chaplet, Kersti : **Quand Coulicoco dort.**
Quand l'enfant dort, que font ses parents, que font les fourmis, que font les poissons ? Ce sont bien là les questions d'un petit !
Flammarion-Père Castor, Les albums du Père-Castor, 1969.
3,50 € ISBN : 978-2-08-160021-8
À partir de 3 ans

157. Guettier, Bénédicte : **Ben Gué dessine comme un cochon.**
Pauvre Ben Gué, elle a beau s'appliquer, elle ne peut rien faire de propre, elle salit tout ce qu'elle touche, laisse ses empreintes et finit même par faire un trou dans la page quand elle veut réparer les dégâts ; mais c'est normal puisque c'est une cochonne ! Peinture noire sur papier bistre, couverture lie-de-vin. Irrésistible.
Gallimard Jeunesse, 2000.
19,06 € ISBN : 978-2-07-054194-2
À partir de 3 ans

158. Kasano, Yuichi : **Une journée à la plage.**
Déserte, animée, pleine de soleil et de jeux, un peu mystérieuse quand la nuit tombe, c'est la plage des vacances. Une journée racontée en images.
L'École des loisirs, Lutin poche, 1997.
5,50 € ISBN : 978-2-211-04406-6
À partir de 3 ans

159. Kingue Epanya, Christian : **Le Taxi-brousse de Papa Diop.**
Le jeune Sène accompagne souvent son oncle Papa Diop dans son taxi-brousse qui fait le trajet Saint-Louis – Dakar. Il raconte les moments marquants, festifs, tristes ou dangereux, vécus à bord du beau mini-bus rouge. Autant de doubles pages pleines de vie et de couleur, grandes fresques de la vie quotidienne, lumineuses et chaleureuses.
Syros Jeunesse, 2005.
13 € ISBN : 978-2-7485-0279-4
À partir de 3 ans

♥ **160.** Könnecke, Ole ; trad. Seyvos, Florence : **Anton et les filles.**
Anton a un seau, une pelle et une grosse auto, il est fort et courageux mais il ne parvient pas à attirer l'attention des deux filles qui jouent dans le bac à sable. C'est sa fragilité qui les séduira, momentanément sans doute. Économie de traits et

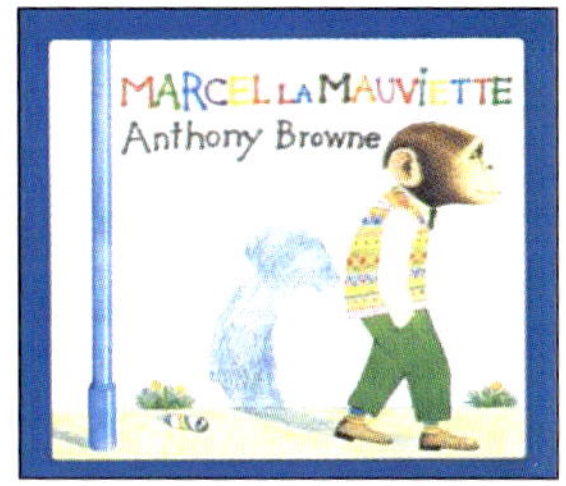

de couleurs, texte tout simple, un récit efficace et tendre.
L'École des loisirs, 2005.
ISBN : 978-2-211-07843-6
Autre titre :
161. Anton est magicien. 2006.
ISBN : 978-2-211-08345-4
12 € chaque À partir de 3 ans

162. Landström, Olof ; Landström, Lena ; trad. Seyvos, Florence : **Nisse va chez le coiffeur.**

Une mère, sympathique et libérée, encourage son petit garçon à devenir autonome et à se moquer du qu'en dira-t-on. Le dessin, aussi peu conventionnel que les personnages, évoque avec justesse le climat affectif qui existe entre la mère et le fils.
L'École des loisirs, 1992.
10,40 € ISBN : 978-2-211-01590-5
À partir de 3 ans

163. McDonnell, Patrick : **Un petit cadeau de rien du tout.**
Déjà connus des amateurs de strips américains, voici Mooch, le chat, et Earl, le chien. Mooch se creuse la tête pour trouver un cadeau à son meilleur ami, Earl. Mais que peut-on offrir à quelqu'un qui a tout ? Rien ? L'image est centrée sur les personnages et le trait, très expressif, est à l'honneur. Beaucoup de sensibilité, de tendresse, d'humour et un brin de philosophie.

Panama, 2005.
14 € ISBN : 978-2-7557-0018-3
À partir de 3 ans

164. Shannon, George ; ill. Aruego, José ; Dewey, Ariane ; trad. Reinharez, Isabelle : **C'est chez moi !**
Un serpent sournois croit pouvoir s'approprier le merveilleux rocher où le lézard s'endort depuis toujours. L'histoire est savoureuse, pleine de malice et d'humour, et les illustrations nous remplissent d'allégresse tant les personnages sont expressifs et les couleurs dynamiques.

L'École des loisirs, 2001.
11 € ISBN : 978-2-211-06293-0
À partir de 3 ans

♥ **165.** Vincent, Gabrielle : **Ernest et Célestine ont perdu Siméon.**
La relation qui unit Célestine, la petite souris, et Ernest, le gros ours, est un modèle de relation adulte-enfant, toute empreinte de respect mutuel et de tendresse. Les incidents, les fêtes, les petits bonheurs et les grands sentiments constituent la trame d'une véritable comédie enfantine. Nul ne résiste au trait léger et expressif de Gabrielle Vincent.
De nombreux titres sont parus dans cette série mais n'existent plus, hélas, qu'en petit format.
Casterman, Les petits albums Duculot, 2003.
5,20 € ISBN : 978-2-203-52501-6
À partir de 3 ans

♥ **166.** Norac, Carl ; ill. Cneut, Carll : **Monstre, ne me mange pas.**
Les illustrations font partager immédiatement la tendresse pleine de fantaisie de la famille cochon, la gourmandise, la peur, la nécessité de ruser... Dans cet univers baroque et fantasmagorique, d'une richesse et d'une beauté graphiques rares, un enfant reste un enfant qu'il soit cochon ou monstre et l'un et l'autre ont des mamans aimantes qui « ont parfois raison d'être un peu sévères ».
L'École des loisirs/Pastel, 2006.
13,50 € ISBN : 978-2-211-08323-2
À partir de 4 ans

167. Carré, Claude ; ill. Fortier, Natalie : **Tu rentres à la maison.**
Le narrateur s'adresse à une petite fille solitaire qui parcourt un long chemin de l'école à la maison, parcours familier de tout enfant mais aussi chemin symbolique, avec ses carrefours dangereux, ses peurs inventées, ses surprises heureuses. L'illustration est en parfaite harmonie avec le texte, tout aussi délicate et sensible.
Actes Sud Junior, Les albums tendresse, 2002.
12 € ISBN : 978-2-7427-3999-8
À partir de 5 ans

168. Crowther, Kitty : **Le Grand Désordre.**
Voici le récit, comme un journal, de six jours de la vie d'Émilienne, avec son chat, son ami marin et son grand désordre – symbole de vie, ravissant, poétique – qu'elle finira par ranger. Le charme et le mystère des fins dessins aux crayons de couleur nous suggèrent de prendre le temps de vivre et les « objets inanimés » ont ici une âme.
Seuil Jeunesse, 2005.
12 € ISBN : 978-2-02-064006-0
À partir de 5 ans

169. Douzou, Olivier ; Pelletier, Ninon : **Bon pour le coiffeur.**
L'incontournable séance de coupe de cheveux est une redoutable épreuve ! Il faut déjouer les pièges, à commencer par l'inévitable faute de français... et, chez le coiffeur donc, patienter interminablement, supporter les bavardages ineptes, découvrir sa nouvelle coupe, très, très courte et attendre (encore !) le retour de Maman, partie faire « quelques courses »...
Éditions du Rouergue, 1999.
10,50 € ISBN : 978-2-84156-180-3
À partir de 5 ans

♥ **170.** Zarcate, Catherine ; ill. Charpentier, Olivier : **Le Buffle et l'oiseau.**
Œuvre originale de cette grande conteuse, ce texte fait l'apologie d'une vie harmonieuse où chacun trouve sa place et son bonheur : le buffle tire, l'homme travaille et l'oiseau chante. Et l'homme doit comprendre que le chant de l'oiseau allège son labeur et qu'il a droit à sa part de grains. Avec les saisons, le rouge de la terre et le bleu de l'eau font place au vert de la rizière. Magnifique !
Syros Jeunesse, 2006.
13,50 € ISBN : 978-2-7485-0486-6
À partir de 5 ans

♥ **171.** Jandl, Ernst ; ill. Junge, Norman ; trad. Bory, Jean-François : **Le Cinquième.**
Dans la salle d'attente il y a l'oiseau mécanique, l'oiseau à roulettes, l'ours en peluche, la grenouille et le cinquième, Pinocchio, le narrateur. Et ils ont tous quelque chose qui cloche... Un album subtil qui dit bien l'angoisse de la visite chez le médecin.
L'École des loisirs, 1998.
11,90 € ISBN : 978-2-211-04857-6
À partir de 6 ans

172. Lestrade, Agnès de ; ill. Yamamoto, Kumiko : **Le Rêve de Léon.**
Le rêve de Léon, c'est d'être un autre. C'est d'être Tom, un enfant parfait dans un environnemenr heureux. Hélas, en contrepoint, l'image dément systématiquement ce personnage inventé. Mais, aux dernières pages, Léon se réconciliera avec lui-même. L'illustration, fine, sensible et expressive, joue significativement sur deux couleurs contrastées.
Tourbillon, Carré libre, 2005.
9,90 € ISBN : 978-2-84801-154-7
À partir de 6 ans

173. McCloskey, Robert ; trad. Ezratty, Viviane : **Un si bel été.**
Ce bel album, publié pour la première fois aux États-Unis en 1947, invite le lecteur à partager des moments merveilleux, qui prennent, grâce au talent de l'auteur, une dimension universelle. Toute la lumière de ce « si bel été » est magnifiquement rendue par les illustrations, qui sont autant de grands tableaux colorés et chaleureux.
Circonflexe, Aux couleurs du temps, 1998.
15 € ISBN : 978-2-87833-210-0
À partir de 6 ans

174. Mwankumi, Dominique : **La Pêche à la marmite.**
Les illustrations lumineuses de cet album nous introduisent dans la chaleur de l'Afrique pour découvrir la vie de Kumi, un enfant d'un village congolais. Le texte aidera à dépasser les clichés. Ce très bel album initiatique laisse transparaître la propre histoire de l'auteur.
L'École des loisirs/Archimède, 1998.
11,30 € ISBN : 978-2-211-04458-5
À partir de 6 ans

175. Nordstrom, Jockum ; trad. Lager, Claude : **Marin et son chien.**
Cette journée de Marin et de son chien est racontée avec une très grande simplicité. Un climat de fantaisie se dégage de cette promenade dans une ville où se côtoient hommes et animaux plus ou moins bizarres, doués de la parole et d'une grande autonomie. Cases et pleines pages alternent au rythme de la promenade.
L'École des loisirs/Pastel, 2005.
13 € ISBN : 978-2-211-07748-4
À partir de 6 ans

♥ **176.** Solotareff, Grégoire ; ill. Lecaye, Olga : **L'Invitation.**
Petit Ours, en vacances chez ses grands-parents, s'ennuie et se plaint d'être toujours seul. Bien sûr, il y a l'écureuil, mais il est bien trop petit. Il part donc dans la forêt rechercher de la compagnie. Les illustrations à la gouache créent une atmosphère chaleureuse. Une histoire toute simple, pleine de tendresse.
L'École des loisirs, 1998.
12,50 € ISBN : 978-2-211-05017-3
À partir de 6 ans

177. Vaugelade, Anaïs : **Courage, Zuza !**
Recueil de trois histoires : *L'Anniversaire*, *L'École*, *Le Chien*. La vie n'est pas toujours facile pour Zuza, heureusement son crocodile l'aide toujours à s'en sortir. L'illustration, en jouant sur la caricature, accentue la dimension psychologique du récit.
L'École des loisirs, 2004.
11,50 € ISBN : 978-2-211-07498-8
À partir de 6 ans

178. Vernette, Véronique : **Chez Adama, mécanique générale.**
L'histoire se passe au Burkina Faso. Le lecteur est convié à passer une journée chez Adama, le garagiste faiseur de miracles, qui dévisse et répare toutes les espèces de véhicules circulant à Ouagadougou. Un voyage dans un univers trépidant et coloré.
Points de suspension, 2001.
10,50 € ISBN : 978-2-912138-20-0
À partir de 6 ans

179. Courgeon, Rémi : **Invisible mais vrai.**
L'histoire d'une amitié entre un petit garçon et un accordeur de piano aveugle. Émile décide d'apprendre les couleurs à son ami pianiste avec des métaphores qui lui inspirent autant de mélodies. Le texte est sobre, les dialogues vivants et l'illustration suggère le handicap avec intelligence et pudeur.
Mango Jeunesse, 2006.
12,50 € ISBN : 978-2-7404-2113-0
À partir de 8 ans

♥ **180.** Courgeon, Rémi : **La Colo.**
Le narrateur ouvre le « journal de colo » qu'il a tenu l'été de ses neuf ans et c'est l'enfant qu'il a été, avec ses plaisirs et ses peurs, qu'il retrouve. Les courts chapitres sont illustrés chacun par une vignette en insert, emblématique, et par une illustration en pleine page, au dessin expressif et souple, aux couleurs en aplats, mise en valeur par le grand format.
Mango Jeunesse, 2005.
15 € ISBN : 978-2-7404-1931-1
À partir de 9 ans

♥ **181.** Poncelet, Béatrice : **Chez Elle ou chez elle.**
Sentiments et impressions d'un enfant séjournant chez les uns et les autres. Les compositions allient collages, peintures, montages photographiques et traduisent des atmosphères qui évoquent des personnalités diverses et les sensations de bien-être ou de malaise ressenties par l'enfant.
Seuil Jeunesse, 1997.
16 € ISBN : 978-2-02-029793-6
À partir de 9 ans

182. Poncelet, Béatrice : **Et la gelée, framboise ou cassis ?**
À l'heure du petit déjeuner, une jeune fille se reflète dans du lait qui lui flétrit les traits. Alors elle songe à la beauté et au temps qui passe. Au fond du bol apparaît la Joconde... Se comparant aux portraits de maître, la jeune fille s'interroge... La prose éclatée d'un monologue intérieur, les images en puzzle, qui mêlent reproduction de tableaux et tasse de thé, évoquent l'âge trouble, les souvenirs du temps passé et la mort à l'horizon. Une œuvre exigeante, qui oblige le lecteur à frayer son chemin entre les lignes. Un beau texte sur la femme en devenir.
Seuil Jeunesse, 2001.
12,50 € ISBN : 978-2-02-050033-3
À partir de 10 ans

♥ **183.** Poncelet, Béatrice : **Semer : en ligne ou à la volée.**
Livre de sagesse, cet album évoque le travail patient du jardinier et sa passion de transmettre à travers la composition complexe de l'illustration – dessin, peinture,

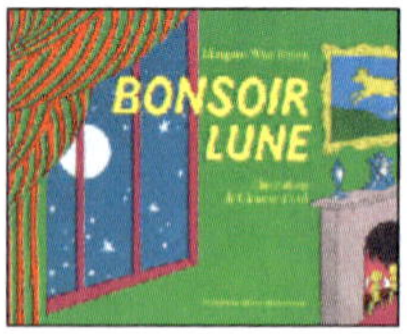

collage, photographie - et la discrétion d'un texte à moitié effacé ou caché.
Seuil Jeunesse, 2006.
16 € ISBN : 978-2-02-084930-2
À partir de 10 ans

L'heure du coucher et autres petits rituels

♥ **184.** Banks, Kate ; ill. Hallensleben, Georg ; trad. Krief, Anne : **Ferme les yeux.**
Petit tigre ne veut pas dormir : « Si je ferme les yeux, je ne pourrai plus voir le ciel », dit-il. Alors sa maman lui parle du monde infini qu'il pourra voir dans ses rêves en fermant les yeux. Le texte simple et rassurant, et les illustrations à la gouache, tendres et expressives, charmeront les petits qui s'endormiront en pleine quiétude.
Gallimard Jeunesse, 2002.
12,50 € ISBN : 978-2-07-053577-4
À partir de 2 ans

185. Banks, Kate ; ill. Hallensleben, Georg ; trad. Krief, Anne : **Si la lune pouvait parler.**
Difficile pour un petit de comprendre qu'ailleurs mille choses se passent pendant qu'il joue ou qu'il dort. Un système de doubles pages permet de représenter en alternance l'enfant dans l'univers douillet de sa chambre et des scènes extérieures situées aux quatre coins du monde. Les illustrations à la gouache reflètent la diversité des paysages et des situations.
Gallimard Jeunesse, Folio benjamin, 2001.
5,50 € ISBN : 978-2-07-054803-3
À partir de 2 ans

186. Berner, Rotraut Susanne : **Bonjour Tommy.**
Maman a beau soulever la couverture, les peluches surgissent peu à peu mais Tommy, lui, reste introuvable. Les détails de ce petit album cartonné sont à lire comme autant de clins d'œil. Un livre qui par sa fraîcheur et son rythme saura plaire aux tout-petits.
Seuil Jeunesse, 2002.
5,50 € ISBN : 978-2-02-052547-3
À partir de 2 ans

♥ **187.** Brown, Margaret Wise ; ill. Hurd, Clement : **Bonsoir Lune.**
Dans sa chambre, le petit lapin, avant de s'endormir, dit bonsoir à tout ce qui l'entoure. Des jolies images rythmées par le bref rituel du salut. Un classique indémodable.
L'École des loisirs, 1983.
10,40 € ISBN : 978-2-211-01028-3
À partir de 2 ans

188. Louchard, Antonin ; ill. Couprie, Katy : **Dodo.**
À la tombée de la nuit, un chat part faire un tour à travers la campagne jusqu'à la ville pour finalement arriver dans une maison où il regarde s'endormir un enfant.
Thierry Magnier, Tête de lard, 2001.
6,50 € ISBN : 978-2-84420-108-9
À partir de 2 ans

♥ **189.** Parain, Nathalie : **Bonjour, bonsoir.**
Réédition en fac-similé d'un titre paru en 1934. À la fois imagier et jeu, ce livre fait sentir à quel point l'art de Nathalie Parain est proche de nous par la modernité des formes, la force du graphisme, le sens des couleurs.
Les Amis du Père Castor (87380 Meuzac) 1998.
16,50 € ISBN : 978-2-08-165401-3
À partir de 2 ans

♥ **190.** Skorpen, Liesel Moak ; ill. Mayer, Mercer ; trad. Bonhomme, Pierre : **Un ours à ma fenêtre !**
On s'étonne que ce petit bijou publié aux États-Unis en 1968 n'ait jamais été traduit jusqu'à ce jour. Un enfant se retrouve face à un intrus qui est entré dans sa chambre, et qui, une fois dans la place, se révèle être un bébé ours perdu et attendrissant. Peut-on le garder ? Un beau récit, simple, tendre, dans une atmosphère qui invite aux rêves.
Circonflexe, Albums Circonflexe, 2005.
11 € ISBN : 978-2-87833-358-9
À partir de 2 ans

191. Sollie, André : **Deux par deux.**
André Sollie est un auteur célèbre aux Pays-Bas. Il nous donne à lire et à regarder ici la rêverie poétique que fait une petite fille avant de s'endormir. Elle dresse l'inventaire de son corps à l'aide de petites comptines simples et belles en commençant par tout ce qui va par deux. Mais elle n'a qu'un nez, et qu'une tête !
Sarbacane, 2005.
14 € ISBN : 978-2-84865-060-9
À partir de 2 ans

♥ **192.** Waddell, Martin ; ill. Firth, Barbara ; trad. Lager, Claude : **Tu ne dors pas, Petit Ours ?**
Que ce soit quand il a peur du noir, quand il veut jouer ou qu'il est fatigué, Petit Ours va voir Grand Ours. Ce dernier fait toujours preuve d'une grande patience et de beaucoup d'affection. Les illustrations enveloppent les histoires dans une douce atmosphère, pleine de chaleur. On se sent en confiance et en sécurité dans les pattes de Grand Ours.
L'École des loisirs/Pastel, 1988.
12,50 € ISBN : 978-2-211-01453-3
À partir de 2 ans

193. Browne, Anthony ; trad. Duval, Élisabeth : **Billy se bile.**
Pauvre Billy rongé par ses angoisses nocturnes, magnifiquement mises en images par l'auteur. Ses parents ont beau tenter de le rassurer, rien n'y fait : Billy se bile. Sa mamie, elle, trouvera le remède. Inspiré d'une coutume guatémaltèque qui consiste à confier, la nuit, ses inquiétudes à de minuscules poupées pour en être délivré, cet album nous ravit par la justesse de sa perception et par la générosité de sa chute.
Kaléidoscope, 2006.
14 € ISBN : 978-2-87767-492-8
À partir de 3 ans

♥ **194.** Crowther, Kitty : **Scritch scratch dip clapote !**
Effrayé par les bruits mystérieux de la nuit, incapable de trouver le sommeil, Jérôme la petite grenouille va chercher son papa. Ensemble ils découvriront qui fait « scritch scratch dip clapote » et s'endormiront paisiblement, réconciliés avec tous ceux qui peuplent l'étang.

Fantaisie et tendresse d'une histoire délicieuse qui nous apprend à apprivoiser nos peurs.
L'École des loisirs, 2002.
11 € ISBN : 978-2-211-06447-7
À partir de 3 ans

195. Erlbruch, Wolf ; trad. Essade-Koller, Elles : **Allons voir la nuit !**
Papa a beau expliquer à son petit garçon qu'il n'y a rien à voir la nuit puisque tout le monde dort, l'image montre bien que, pour les enfants, il en va tout autrement. La balade nocturne est peuplée de personnages rencontrés lors des lectures du soir : Mickey, Alice, etc. Les images oniriques et humoristiques, mêlant collages et dessins, font merveille.
La Joie de lire, Les Versatiles, 2000.
8,50 € ISBN : 978-2-88258-178-5
À partir de 3 ans

196. Grindley, Sally ; ill. Browne, Anthony ; trad. Finkenstaedt, Isabel : **Toc ! Toc ! Qui est là ?**
La petite fille est couchée, son gros ours dans les bras. On frappe à sa porte, « qui est là ? », demande la fillette. Pour ouvrir la porte, c'est simple, on tourne la page et là, tout à tour, apparaissent un horrible gorille, une méchante sorcière, un fantôme, un dragon, un géant. Bizarre, ils portent tous les mêmes charentaises à carreaux !
Kaléidoscope, 2005.
12 € ISBN : 978-2-87767-458-4
À partir de 3 ans

197. Mathis, Jean-Marc : **Du bruit sous le lit.**
Dialogue entre un enfant et un monstre installé sous son lit. Sur le thème des peurs nocturnes, le texte est amusant dans la surenchère entre l'horreur que voudrait susciter le monstre et la défense de l'enfant, décrivant un père toujours plus apte à le protéger. L'illustration joue avec efficacité sur le noir et le blanc et des aplats de deux couleurs.
Thierry Magnier, 2004.
13 € ISBN : 978-2-84420-281-9
À partir de 3 ans

♥ **198.** Mayer, Mercer : **Il y a un cauchemar dans mon placard.**
Un grand et merveilleux classique sur la peur du noir. Toujours aussi drôle mais étrangement vert dans cette édition ! Le texte comme les illustrations restent tout aussi savoureux.
Gallimard Jeunesse, 2000.
12 € ISBN : 978-2-07-051544-8
À partir de 3 ans

♥ **199.** Sendak, Maurice ; trad. Potier, Jean Henri : **Cuisine de nuit.**
Pour un enfant qui rêve, tout devient extraordinaire dans une cuisine. Les aventures d'un bébé qui ressemble à Little Nemo, qui plonge avec volupté dans la pâte à pain, la pétrit pour en faire un avion et s'envole dans la voie lactée pour mieux échapper aux trois pâtissiers - sosies d'Oliver Hardy - qui voulaient le mettre à cuire.
L'École des loisirs, 1972.
11,90 € ISBN : 978-2-211-01880-7
À partir de 3 ans

200. Irving, John ; ill. Hauptmann, Tatjana ; trad. Kamoun, Josée : **Le bruit de quelqu'un qui essaie de ne pas faire de bruit.**
Réveillé par un bruit inquiétant, Tom cherche un réconfort auprès de son frère et de son père, mais Tim n'a que deux ans et son père n'a rien entendu. Il faut donc tenter de leur présenter « la chose ». Les descriptions s'enchaînent, gagnant en intensité à chaque nouvelle tentative. Les illustrations aux crayons de couleur jouent avec malice sur les ambiances nocturnes.
Seuil Jeunesse, 2005.
12,50 € ISBN : 978-2-02-063934-7
À partir de 5 ans

L'heure du jeu

♥ **201.** Crowther, Kitty : **Alors ?**
Dans la chambre les jouets entrent un à un et s'impatientent. « Alors ? Rien. Est-il là ? Non. » Le vide de la pièce se comble peu à peu et s'anime, chargé d'une certaine inquiétude jusqu'au dénouement : l'arrivée de l'enfant. Et les retrouvailles enthousiastes laissent bientôt la place à l'apaisement. Un album dédié aux tout-petits.
L'École des loisirs/Pastel, 2005.
9 € ISBN : 978-2-211-08293-8
À partir de 2 ans

202. Douzou, Olivier : **Mik.**
Pour son anniversaire Mik a reçu de beaux cadeaux... mais tous sont durs et pointus, choisis tout exprès pour un petit hérisson. Or Mik aimerait tant un ballon, léger, rond, doux et mou... ! Kaktus, son ami, saura le consoler. Un album pour les tout-petits raconté avec une belle simplicité dans un style graphique épuré.
MeMo, Tout-petits MeMômes, 2004.
16 € ISBN : 978-2-910391-61-4
À partir de 2 ans

203. Gay, Michel : **Petit-Camion.**
Les jouets du tout-petit s'animent : Petit-Camion veut transporter des grosses pierres comme les grands et retrouve ses amis le soir pour dormir. Des illustrations simples et expressives.
L'École des loisirs, Lutin poche, 2000.
5,50 € ISBN : 978-2-211-05743-1
À partir de 2 ans

204. Hutchins, Pat : **À nous de jouer !**
Cet album sans texte nous propose... un jeu de construction. Deux petites figurines en bois s'emparent de cubes et construisent au gré de leurs besoins maison, camion de pompier, bateau, camion, locomotive. Les possibilités sont infinies et l'imagination est reine. Un album tonique et plein de fraîcheur.
Kaléidoscope, 2006.
12 € ISBN : 978-2-87767-478-2
À partir de 2 ans

♥ **205.** Shulevitz, Uri ; trad. Andrieux, Brigitte : **Dans ma chambre...**
Dans la chambre du petit garçon, il y a le monde entier, recréé avec ses jouets. Mais quand Prince Ours disparaît, rien n'existe plus. Le charme de ce récit tient à l'art avec lequel Uri Shulevitz traduit l'innocence d'un regard enfantin sur le monde et donne tout son prix à chaque objet, à chaque émotion.
Circonflexe, Aux couleurs du temps, 2005.
12 € ISBN : 978-2-87833-377-0
À partir de 2 ans

206. Bruel, Christian ; ill. Bozellec, Anne : **Les Chatouilles.**
Au saut du lit, une petite fille va réveiller son frère en le chatouillant avec une plume. Alors commence un jeu subtilement sensuel que souligne le dessin délicat en noir et blanc. De réjouissants détails ajoutent un contrepoint humoristique à cette histoire qui se passe de mots.
Être, À l'envers des feuilles, 1997.
8 € ISBN : 978-2-84407-001-2
À partir de 3 ans

♥ **207.** De Regniers, Beatrice Schenk ; ill. Sendak, Maurice ; trad. Morgenstern, Mayah : **Qu'est-ce qu'on fait d'un soulier ?**
Et qu'est-ce qu'on fait d'une chaise, d'un chapeau ou d'un balai ? Tout ce qu'on veut, bien sûr, du moment qu'on s'amuse ! Comme ses deux gamins malicieux, Maurice Sendak trouve un équilibre parfait entre la modestie du trait et sa richesse expressive. Un album profondément enfantin.
Circonflexe, Aux couleurs du temps, 1998.
13 € ISBN : 978-2-87833-214-8
À partir de 3 ans

♥ **208.** Hayashi, Akiko ; trad. Coulom, Nicole : **Ken, le renard d'Aki.**
Ken accompagne Aki depuis sa naissance, mais avec le temps, son bras s'est usé. Il faut aller voir Grand-Mère qui saura le réparer. Le thème du jouet en peluche est traité de façon nouvelle à l'aide d'une mise en pages qui souligne la réciprocité des rapports affectifs entre la petite fille et son inséparable compagnon.
L'École des loisirs, 1990.
11,90 € ISBN : 978-2-211-03540-8
À partir de 3 ans

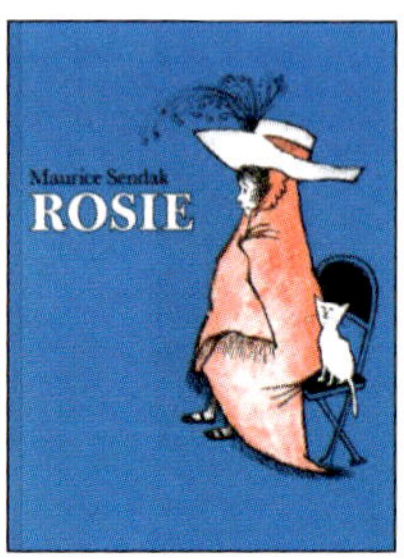

209. Kingue Epanya, Christian : **Le Petit Camion de Garoua.**
Revenu de la ville de Garoua, dans le nord du Cameroun, Konan semble avoir quelque chose derrière la tête : le voilà qui passe dans la cuisine, puis chez l'épicier, le réparateur de motos et de vélos... Il récolte différents objets. Mais qu'est-ce qu'il fabrique, ce gamin ? Illustrations lumineuses et colorées rendant avec affection la vie du village.
Édicef, Le caméléon vert, 2001.
2,90 € ISBN : 978-2-84129-794-8
À partir de 3 ans

210. Nygren, Tord ; trad. Moissard, Boris : **Sylvain note tout.**
Par la grâce des notes griffonnées au fil des heures, l'enfant qui écrit transforme une journée ordinaire en une suite d'événements extraordinaires. Les petits bonheurs notés sur le vif ont l'authenticité de l'expérience vécue. Un texte simple, une illustration d'une grande fraîcheur, un album enfantin à souhait.
L'École des loisirs/Archimède, 1997.
10,50 € ISBN : 978-2-211-03958-1
À partir de 3 ans

♥ **211.** Steig, William ; trad. Duval, Élisabeth : **Drôle de pizza.**
Comment rendre le sourire à un petit garçon grognon un jour de pluie ? En jouant à le transformer en pizza ! Et Papa, en pizzaiolo accompli, le pétrit, l'étire, le fait virevolter au bout de ses doigts... Un vrai délice ! on savoure la tendre complicité qui unit Pierre à ses parents. Un album drôle, original et plein de malice.
Kaléidoscope, 2003.
12 € ISBN : 978-2-87767-391-4
À partir de 3 ans

212. Johnson, Crockett ; trad. Van den Dries, Sidonie : **Hélène et son lion : douze histoires de Crockett Johnson.**
Un lion en peluche qui parle, quel merveilleux compagnon pour sa petite maîtresse ! En douze saynètes, toute la magie de l'enfance grâce à l'inventivité et la spontanéité des dialogues, admirablement accompagnés par des dessins en bichromie au trait net et expressif d'un auteur de « comics » américain très connu. Un univers enfantin d'une réjouissante fraîcheur pour cette première édition en français d'un texte publié en 1959.
Tourbillon, 2004.
8,90 € ISBN : 978-2-84801-099-1
À partir de 5 ans

♥ **213.** Sendak, Maurice ; trad. Chagot, Adolphe : **Rosie.**
Il y a une pancarte sur la porte de Rosie ; tous les amis se précipitent : qu'a-t-elle encore inventé ? Rosie, petite fille à l'imagination débordante qui se déguise, devient une autre et joue la comédie avec conviction et talent. C'est tous les jours théâtre.
L'École des loisirs, 1981.
7 € ISBN : 978-2-211-07544-2
À partir de 5 ans

En famille

214. Bádescu, Ramona ; ill. Balez, Olivier : **À trois.**
Ce petit album est beaucoup plus qu'un « livre à compter ». De un : la solitude, à deux : le couple, puis à trois : la famille, nous découvrons les personnages et leur histoire. D'éléments en apparence indifférents, ou significatifs, ou même saugrenus, malicieusement énumérés et illustrés avec chaleur et charme, naissent le récit de vies... et l'émotion.
Albin Michel Jeunesse, 2005.
10 € ISBN : 978-2-226-14940-4
À partir de 2 ans

215. Bloch, Serge : **Sam et son papa.**
Sam nous fait partager quelques moments privilégiés avec « son gros papa ». Un album réconfortant où l'humour et la tendresse de la relation filiale transparaissent à chaque page.
Bayard, 1998.
11,43 € ISBN : 978-2-227-70912-6
À partir de 2 ans

216. Banks, Kate ; ill. Bogacki, Tomek ; trad. Krief, Anne : **Voilà maman !**
Cet album met en scène deux actions parallèles et simultanées. Six heures viennent de sonner... Page de gauche, l'enfant impatient dans la maison où chacun s'active, page de droite, la rue où l'on se presse, et, en leitmotiv : « Maman arrive ! », jusqu'au happy end : « Maman est arrivée ! »
Gallimard Jeunesse, 2003.
12,50 € ISBN : 978-2-07-053828-7
À partir de 3 ans

217. Bertrand, Frédérique : **Les Petits Héritages.**
Pourquoi serait-ce toujours les mêmes qui

auraient des habits neufs et toujours les mêmes qui hériteraient des vieux habits des autres ? Les petits héritages sont parfois très embarrassants, surtout quand la famille est nombreuse. Une mise en pages astucieuse, des dessins faussement naïfs et un texte qui joue sur l'accumulation : un album irrésistible.
Éditions du Rouergue, 1998.
10,98 € ISBN : 978-2-84156-060-8
À partir de 3 ans

218. Brown, Margaret Wise ; ill. Hurd, Clement : **Mon petit monde.**
Pour retrouver l'univers tendre et poétique de *Bonsoir Lune*. Petit lapin blanc nous présente les objets de son quotidien, ceux de son papa, ceux de sa maman et les siens : son petit monde.
Seuil Jeunesse, 2004.
10 € ISBN : 978-2-02-055810-5
À partir de 3 ans

♥ **219.** Brown, Margaret Wise ; ill. Hurd, Clement ; trad. Deloraine, Catherine : **Je vais me sauver !**
Un petit lapin défie sa mère en énumérant les ruses qu'il va déployer pour lui échapper et elle lui oppose la façon dont elle pense le rattraper. Un texte qui dit le balancement entre l'envie de partir et celle de rester, de laisser grandir et de protéger. L'alternance d'illustrations en pleine page très colorées et d'images en noir et blanc traduit aussi cette hésitation.
Mijade, 2003.
5,20 € ISBN : 978-2-87142-177-1
À partir de 3 ans

220. Browne, Anthony ; trad. Finkenstaedt, Isabel : **Mon papa.**
Un petit garçon nous présente son papa. Il est tellement bien son papa ! L'humour et l'émotion proviennent du décalage entre la vision qui nous est donnée d'un père en charentaises et les représentations enthousiastes, pleines d'admiration et très imagées qu'en donne son fils. Un bel hommage à tous les pères !
Kaléidoscope, 2000.
12 € ISBN : 978-2-87767-285-6
À partir de 3 ans

♥ **221.** Bruel, Christian ; ill. Claveloux, Nicole : **Vrrr...**
Une maman pingouin et son petit sont reliés par un long fil. La mère lit, l'enfant l'observe. Se rapprocher, s'éloigner, qui va décider ? Jusqu'à ce qu'un troisième pingouin entre en jeu : le père... Dans cet album minimaliste, de petit format et aux quelques pages d'une histoire en images, se jouent pourtant les relations du triangle familial.
Être, Alter ego, 2001.
10,37 € ISBN : 978-2-84407-024-1
À partir de 3 ans

222. Chen, Zhiyuan ; adapt. Stefani, Rémi : **Bili-Bili.**
Bili-Bili est un crocodile qui est né dans une couvée de canards. Il ne cédera pas aux siens, refusera de les aider à croquer sa famille adoptive et deviendra un crocanard. L'originalité de cette variation taïwanaise sur le thème du Vilain Petit Canard est donnée par l'illustration, expressive et drôle, aux superbes tons sourds rehaussés de taches vives.
Casterman, Les albums Duculot, 2005.
13,95 € ISBN : 978-2-203-55319-4
À partir de 3 ans

223. Daly, Niki : **Pas si vite Songololo.**
Songololo et sa grand-mère partent faire des courses en ville : le bus est bondé, les voitures défilent à toute vitesse, les vitrines des magasins recèlent des trésors inaccessibles. Niki Daly sait à merveille révéler derrière l'apparente banalité du quotidien la densité et la profondeur des sentiments.
Gautier-Languereau, 2001.
12 € ISBN : 978-2-01-390911-2
À partir de 3 ans

♥ **224.** Doray, Malika : **Je t'aime tous les jours.**
Dans ce livre qui s'ouvre comme un calendrier, un texte poétique et doux pour consoler un tout petit lapin dont la mère s'est absentée quatre jours. Avec elle il a ramassé quatre cailloux blancs. Chaque matin, il en enlève un et le temps de l'absence est ainsi maîtrisé. L'illustration accompagne avec légèreté ce récit original et touchant.
Didier Jeunesse, 2006.
11,90 € ISBN : 978-2-278-05662-0
À partir de 3 ans

225. Elias Lujan, Jorge ; ill. Sadat, Mandana ; trad. Norac, Carl : **Soleil d'hiver.**
Un très court poème dit, en quelques mots tout simples, le bonheur d'une fillette qui retrouve sa mère un soir d'hiver. Elle a dessiné un croissant de lune sur la buée de la fenêtre et c'est à travers lui qu'elle l'aperçoit, revenant au milieu des couleurs électriques de la ville. L'illustration donne un caractère très onirique à cet album plein de charme.
Didier Jeunesse, 2005.
11,90 € ISBN : 978-2-278-05665-1
À partir de 3 ans

♥ **226.** Elzbieta : **Petit-Frère et Petite-Sœur.**
Un gros livre, sept épisodes, quatre personnages dont un nuage, trois couleurs. Mieux qu'une série de petits livres, ce recueil destiné aux tout-petits, où chaque nouveau chapitre prend en compte expérience et connaissances acquises dans les épisodes précédents, introduit la notion du temps et invite à un travail de mémorisation.
Albin Michel Jeunesse, 2001.
12,50 € ISBN : 978-2-226-11890-5
À partir de 3 ans

♥ **227.** Falconer, Ian : **Olivia.**
Olivia est un petit cochon adorable mais elle est épuisante ! Son père, sa mère, son petit frère, son chien et son chat en savent quelque chose ! L'illustration rend parfaitement compte du rythme trépidant de ses journées en présentant, comme dans un fondu enchaîné accéléré, une série de croquis en noir et blanc rehaussés de taches rouges.
Seuil Jeunesse, 2000.
14,50 € ISBN : 978-2-02-041087-8
À partir de 3 ans

228. Guettier, Bénédicte : **Le papa qui avait dix enfants.**
Un papa, dix enfants, mais de maman, point. L'humour et le graphisme fort et expressif de Bénédicte Guettier, très à l'aise dans ce grand format, donnent la mesure de la tâche qui incombe à ce père exemplaire.
Casterman, 1997.
13,95 € ISBN : 978-2-203-14257-2
À partir de 3 ans

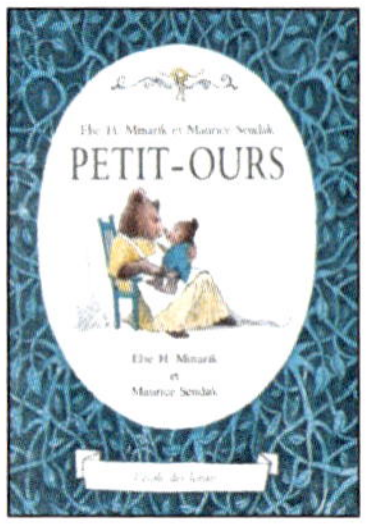

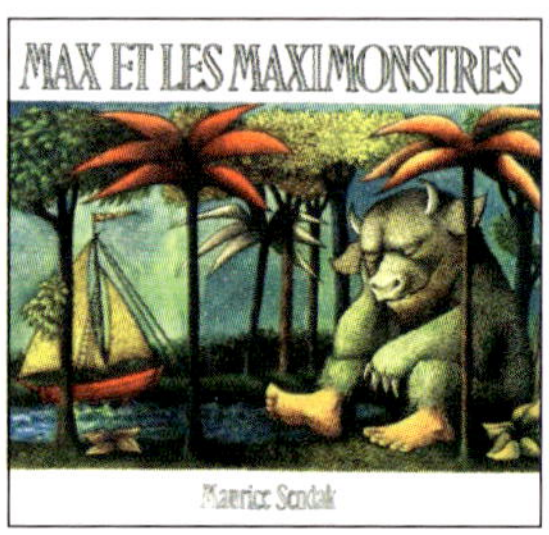

229. Gutman, Anne ; ill. Hallensleben, Georg : **La Petite Sœur de Lisa.**
Loin des situations convenues habituellement mises en scène dans les séries pour les tout-petits, écriture et peinture déploient ici le même charme insolent pour accumuler les réparties et les commentaires. Voici une occasion de penser sa vie même quand on est petit, à travers toutes les situations exposées dans de nombreux titres.
Hachette Jeunesse, Les catastrophes de Gaspard et Lisa, 2001.
5,90 € ISBN : 978-2-01-224213-5
À partir de 3 ans

♥ **230.** James, Simon ; adapt. Floury, Marie-France : **À tout petits pas.**
Trois canetons perdus dans la forêt doivent retrouver leur maman, mais la route est longue et les pattes du tout-petit sont très fatiguées ! Heureusement, son grand frère a une idée ! La simplicité des illustrations, petits dessins à la plume rehaussés de jaune et d'ocre, réussit à exprimer les efforts du petit et la tendresse du grand frère, malicieux et pédagogue !
Gautier-Languereau, 2004.
12 € ISBN : 978-2-01-391031-6
À partir de 3 ans

231. Kimura, Ken ; ill. Murakami, Yasunari ; trad. Paludis, Paul : **999 têtards, la nouvelle maison.**
Maman grenouille a pondu 999 têtards. Beaucoup trop pour la petite mare familiale ! Un déménagement s'impose et le monde extérieur est plein de dangers... Une grande économie de moyens dans cet album plein de fraîcheur où l'on sourit autant que l'on frissonne. Simple, efficace et drôle.
Autrement Jeunesse, 2005.
12,50 € ISBN : 978-2-7467-0693-4
À partir de 3 ans

232. Lindgren, Barbro ; ill. Eriksson, Eva ; trad. Hainaut-Baertsœn, Nelle : **La Maman et le bébé terrible.**
Un vilain bébé ne sait qu'inventer pour martyriser sa mère qui est trop heureuse de le laisser faire. Dessin irrésistible, vivacité du trait, audace de l'illustration, qui, pour traduire la rapidité de l'action, n'hésite pas à faire apparaître plusieurs fois le bébé dans la même image.
Mijade, 2006.
7 € ISBN : 978-2-87142-491-8
À partir de 3 ans

♥ **233.** Minarik, Else Holmelund ; ill. Sendak, Maurice ; trad. Chagot, Adolphe : **Petit Ours.**
Les petites aventures quotidiennes d'un ourson heureux, avec Maman, Papa, les grands-parents, les amis. Un moment de grand bonheur. Les illustrations à la plume, expressives et tendres, de Maurice Sendak font de cet album et des suivants : *Petit Ours en visite*, *L'Amie de Petit Ours*, *Papa Ours revient* et *Un baiser pour Petit Ours*, des chefs-d'œuvre.
L'École des loisirs, 1970.
9,50 € ISBN : 978-2-211-01716-9
À partir de 3 ans

234. Murphy, Jill ; trad. Lauriot Prévost, Claude : **Enfin la paix.**
Maman Ours ronfle ; la pendule martèle les secondes en faisant tic tac, tic tac ; le hibou crie hou, hou ; le robinet fait floc, floc... Papa Ours arrivera-t-il enfin à trouver le sommeil ?
Mijade, Petits Mijade, 2003.
5,20 € ISBN : 978-2-87142-365-2
À partir de 3 ans

235. Pâqueforêt, Marcus : **Bobo Dodo, l'infatigable.**
Des petites histoires courtes, au texte simple, où l'on retrouve Bobo Dodo, bébé ours-souris-écureuil, auxquel les jeunes enfants pourront facilement s'identifier. Une illustration faussement naïve qui cache un grand sens de l'observation. Un recueil que les parents auront plaisir à lire.
L'École des loisirs, 1997.
14,60 € ISBN : 978-2-211-04449-3
À partir de 3 ans

236. Romanova, Yelena ; ill. Kulikov, Boris ; trad. Bonhomme, Catherine : **Mon meilleur ami.**
Une fois sa jalousie surmontée avec l'aide de chacun, Archibald, le chien de la maison, trouvera en Max, le bébé, le meilleur des amis. L'histoire renouvelle un thème classique en mêlant le point de vue des humains et celui des animaux. L'illustration explose d'expressivité, de couleurs, de mouvement.
Circonflexe, Albums Circonflexe, 2005.
11 € ISBN : 978-2-87833-371-8
À partir de 3 ans

♥ **237.** Sakaï, Komako ; trad. Seyvos, Florence : **Un amour de ballon.**
Une petite fille, son ballon gonflable, et une mère attentive et ingénieuse. Simplicité, tendresse, émotion, sensibilité et grâce de l'illustration, c'est tout cela que l'on trouve dans ce qui pourrait être une très banale histoire. Et quand le ballon est emporté par un coup de vent, on sait que la tristesse ne durera pas trop longtemps.
L'École des loisirs, 2005.
12,50 € ISBN : 978-2-211-07766-8
À partir de 3 ans

♥ **238.** Sendak, Maurice : **Max et les Maximonstres.**
Après s'être confronté à des monstres imaginaires qui le consacrent roi, Max peut regagner sa chambre où son dîner l'attend... tout chaud. Un chef-d'œuvre incontournable de la littérature enfantine.
L'École des loisirs, 1967.
10,40 € ISBN : 978-2-211-02893-6
À partir de 3 ans

♥ **239.** Ungerer, Tomi ; trad. Chagot, Adolphe : **Pas de baiser pour maman.**
Quand on grandit, les effusions et l'abus des baisers maternels ne sont plus supportables. La tension de la situation est traitée graphiquement à la façon des films noirs.
L'École des loisirs, Mouche, 1976.
4,60 € ISBN : 978-2-211-04170-6
À partir de 3 ans

240. Vaugelade, Anaïs : **Maman Quichon se fâche.**
Nous faisons connaissance ici avec la famille Quichon, les parents et leurs soixante-treize enfants, et peut-être autant de titres à venir ! Un univers drôle et tendre à la fois plein de charme

et d'inattendu dans ces albums de petit format, illustrés d'un trait fin.
L'École des loisirs, 2004.
7,80 € ISBN : 978-2-211-07681-7
À partir de 3 ans

♥ **241.** Waddell, Martin ; ill. Benson, Patrick ; trad. Finkenstaedt, Isabel : **Bébés chouettes.**
Bien à l'abri dans leur nid, les bébés chouettes se demandent où a bien pu passer leur mère. Sarah cherche des explications raisonnables, Rémi imagine le pire et Lou, trop petit, ne peut que répéter qu'il veut sa maman.
Kaléidoscope, 1993.
11 € ISBN : 978-2-87767-088-3
À partir de 3 ans

♥ **242.** Wells, Rosemary ; trad. Farré, Marie : **Chut, chut, Charlotte !**
Entre le bébé et la sœur aînée, Charlotte se sent brimée. Révoltée elle décide de s'en aller. Juste, sensible et tendre, avec l'humour discret de l'auteur pour dédramatiser.
Gallimard Jeunesse, Folio benjamin, 2001.
5,50 € ISBN : 978-2-07-054809-5
À partir de 3 ans

♥ **243.** Blake, Quentin ; trad. Bouchony, Anne de : **Zagazou.**
Georges et Bella menaient une vie paisible avant l'arrivée d'un drôle de bébé qui, dans un premier temps, les combla. Mais Zagazou grandit ! L'auteur s'amuse à représenter les âges de la vie sous une forme animale avec toute la fantaisie et l'humour qu'on lui connaît.
Gallimard Jeunesse, 1999.
13,11 € ISBN : 978-2-07-052665-9
À partir de 6 ans

244. Browne, Anthony ; trad. Finkenstaedt, Isabel : **Tout change.**
Ce matin-là, le jeune Joseph Kah a entendu son père dire, avant qu'il ne parte chercher sa mère, que les choses changeraient bientôt. Et Joseph a soudain l'impression que tout se met effectivement à se modifier autour de lui. Un album sur les bouleversements qu'entraîne l'arrivée d'un bébé, traduits par l'imagination de l'aîné et l'inspiration surréaliste de l'auteur.
Kaléidoscope, 1990.
13 € ISBN : 978-2-87767-026-5
À partir de 6 ans

245. Bruel, Christian ; ill. Claveloux, Nicole : **L'Heure des parents.**
Camille, petite fille-lionne, se plaît à imaginer tout un éventail de combinaisons parentales. Certains trouveront l'album trop branché, d'autres se réjouiront de trouver de nouveaux modèles parentaux sans que soit porté aucun jugement de valeur avec de simples propositions. Les illustrations apportent la fantaisie, l'humour et la tendresse attendus.
Être, Alter ego, 1999.
10,37 € ISBN : 978-2-84407-012-8
À partir de 6 ans

246. Godard, Alex : **Maman-dlo.**
Cécette attend. Jusqu'au moment où, à la faveur d'un conte, elle saura mieux comprendre sa propre histoire et accepter l'absence de ses parents. Le texte sait suggérer en peu de mots la force des émotions et l'illustration, en grands tableaux, donne une ampleur colorée et chaleureuse à l'évocation des personnages et des paysages de la Guadeloupe.
Albin Michel Jeunesse, 1998.
13,60 € ISBN : 978-2-226-09079-9
À partir de 6 ans

♥ **247.** McAfee, Annalena ; ill. Browne, Anthony ; trad. Duval, Élisabeth : **Des invités bien encombrants.**
Décidément, ces invités sont bien encombrants ! Les enfants s'identifieront facilement à cette petite fille qui n'entend pas partager son papa. Elle savourait chaque instant de leur bonheur paisible jusqu'au jour où les invités d'un jour sont devenus des habitués avec qui il faut vivre. Les illustrations disent avec force le désarroi de l'enfant.
Kaléidoscope, 2001.
13,50 € ISBN : 978-2-87767-342-6
À partir de 6 ans

248. Piquemal, Michel ; ill. Nouhen, Élodie : **Mon miel, ma douceur.**
Quel bonheur c'était pour Khadija de retrouver tous les étés « ce pays qui était un peu le sien » et sa grand-mère Zhora qui cuisinait des monceaux de gâteaux pour l'accueillir, lui racontait des histoires avec la musique de sa langue maternelle. Une magnifique histoire sur la transmission avec des illustrations d'une grande force évocatrice.
Didier Jeunesse, 2004.
11,90 € ISBN : 978-2-278-05458-9
À partir de 6 ans

249. Pratt, Pierre : **La Vie exemplaire de Martha et Paul.**
Nés le même jour, Martha et Paul grandissent à un pâté de maisons l'un de l'autre. Leur rencontre sera un choc – au sens propre comme au sens figuré. Beau mariage, prémices d'une vie paisible ? Un récit court et percutant qui manie subtilement la dérision. Les tonalités chaudes de l'illustration atténuent la causticité du propos.
Seuil Jeunesse, 1998.
10,95 € ISBN : 978-2-02-033156-2
À partir de 6 ans

250. Radunsky, Vladimir ; trad. Paringaux, Philippe : **Dix.**
Monsieur et madame Tatou voulaient des enfants, mais avaient-ils prévu qu'il allait en naître dix ? Et, pour commencer la fête, l'arrivée de la parentèle apportant des cadeaux est une déferlante hilarante. Typographie en délire, mise en pages qui danse, feu d'artifice de couleurs, un foisonnement très maîtrisé par un virtuose de l'album.
Seuil Jeunesse, 2005.
10 € ISBN : 978-2-02-061073-5
À partir de 6 ans

♥ **251.** Riff, Hélène : **Le jour où papa a tué sa vieille tante : histoire vraie.**
Ça s'est passé quand Papa était petit, le jour où il décocha une flèche en direction de sa vieille tante. Le souvenir de cet épisode tragi-comique est relaté dans ces pages très travaillées qui mêlent typographies et dessins à peine esquissés, les jaunes et les bleus délavés et qui traduisent à merveille la détresse psychologique de l'enfant.

Albin Michel Jeunesse, 1997.
14,90 € ISBN : 978-2-226-08210-7
À partir de 6 ans

♥ **252.** Riff, Hélène : **Papa se met en quatre.**
Petit drame familial autour d'une affreuse tache noire qui résiste au nettoyage de la cuisine par le père et les sept enfants bien décidés à faire une surprise à la mère pour son retour. Les personnages, le décor, les mots, sont éparpillés dans la page. Ce livre d'une originalité jamais gratuite porte un regard drôle et tendre sur la vie de famille.
Albin Michel Jeunesse, 2004.
17,50 € ISBN : 978-2-226-15296-1
À partir de 6 ans

♥ **253.** Sendak, Maurice ; trad. Noël, Bernard : **Quand papa était loin.**
Les fantasmes qui peuvent naître dans l'esprit d'une petite fille chargée de veiller sur son frère bébé en l'absence de son père : le regard si personnel de Maurice Sendak sur l'enfance allié à une extraordinaire maîtrise graphique dans une illustration inspirée du Romantisme allemand.
L'École des loisirs, 1984.
18,30 € ISBN : 978-2-211-08990-6
À partir de 6 ans

254. Van de Vendel, Edward ; ill. Godon, Ingrid ; trad. Sandron, Emmanuèle : **Anna Maria Sofia et petit Max.**
Anna Maria Sofia, étrangère au monde qui l'entoure, se promène, accompagnée d'un petit garçon qui l'assiste avec compréhension et patience. La maladie, jamais dite et encore moins stigmatisée, bouscule l'ordre habituel des relations entre adulte et enfant dans ce livre servi par un texte et des illustrations sobres, chaleureux et subtils.
Circonflexe, Albums Circonflexe, 2005.
11 € ISBN : 978-2-87833-363-3
À partir de 6 ans

255. Poncelet, Béatrice : **Les Cubes.**
Les souvenirs s'empilent comme les cubes et les années. Parfois avec la vieillesse et la maladie, ils chancellent, comme les idées. L'auteur consigne ces moments si émouvants dans un journal intime griffonné sur un cahier qui se mêle à un texte littéraire dont les mots sont parfois tronqués, ces mots qui s'emballent et se mélangent aux images subtilement composées.
Seuil Jeunesse, 2003.
14 € ISBN : 978-2-02-057288-0
À partir de 10 ans

À l'école

256. Bloch, Serge : **L'École de Léon.**
Léon est grand maintenant, il entre à la maternelle et nous fait partager son expérience du premier jour d'école – ses angoisses et ses découvertes plus ou moins agréables. Dessins expressifs, simplicité, humour et tendresse, mise en pages intelligente et efficace : un des meilleurs ouvrages sur le thème de la rentrée.
Albin Michel Jeunesse, 2005.
10,50 € ISBN : 978-2-226-14945-7
À partir de 2 ans

257. Bruel, Christian ; ill. Bozellec, Anne : **Ce que mangent les maîtresses.**
Les enfants savent beaucoup de choses sur leur maîtresse, par exemple qu'elles n'aiment pas les bonbons qui ont déjà servi, qu'elles font des réunions de parents pour les consoler, qu'elles dorment dans la classe et surtout qu'ils se marieront avec elle plus tard. Un album en noir et blanc sensible et drôle.
Être, À l'envers des feuilles, 1997.
8 € ISBN : 978-2-84407-002-9
À partir de 3 ans

258. Franek, Claire : **Rendez-vous à quatre heures et demie.**
Que se passe-t-il de 8h à 16h30 à Montreuil, du côté de la rue de la République ? Le lecteur est invité à suivre simultanément le quotidien des habitants avant de tous les retrouver... à la sortie de l'école ! Diversité des occupations, humour de certaines situations, foisonnement de l'illustration faite de dessins à l'encre adoucis par de belles couleurs.
Thierry Magnier, 2004.
18 € ISBN : 978-2-84420-312-0
À partir de 3 ans

259. Yamashita, Haruo ; ill. Iwamura, Kazuo : **Le Train des souris.**
Comment faire pour convaincre ses enfants d'aller à l'école ? Maman souris a une idée pour décider ses sept petits à en prendre le chemin : le train des souris. Une histoire pleine de charme. L'illustration délicate, expressive et riche en détails amusants accompagne merveilleusement le récit.
L'École des loisirs, 1986.
ISBN : 978-2-211-01121-1
Autre titre :
260. Une nouvelle maison pour la famille Souris. 1985.
ISBN : 978-2-211-02755-7
10 € chaque À partir de 3 ans

261. Wells, Rosemary ; trad. Bouchony, Anne de : **Yoko.**
Yoko était contente d'apporter à l'école les sushis que sa maman avait préparés, mais les autres enfants ont pris l'air dégoûté. Heureusement la maîtresse a une idée... Un album de facture classique, simple et efficace, aux illustrations tendres, pour apprendre aux enfants à respecter l'autre et ses différences.
Gallimard Jeunesse, 1999.
11,59 € ISBN : 978-2-07-052676-5
À partir de 4 ans

♥ **262.** Bruel, Christian ; ill. Claveloux, Nicole : **Toujours devant.**
Le côté dérisoire de l'esprit de compétition traité sur trois niveaux de lecture : d'abord une maxime sous forme de règle du jeu ; puis un symbole repris en motif sur le vêtement d'un des protagonistes pour indiquer qui parle ; enfin une phrase en italique qui livre le commentaire du lecteur ou de l'auteur. Un album à méditer, à la fois profond et ludique, grave et drôle.
Être, 2003.
13,90 € ISBN : 978-2-84407-036-4
À partir de 6 ans

263. Douzou, Olivier ; ill. Bertrand, Frédérique : **On ne copie pas.**
Refrain lancinant des salles de classe, reproduit de génération en génération. On trouve ici enfin réunies toutes les techniques pour bien copier sans se faire pincer ! Tout est drôle, pétillant, inventif, dans cet album à lire à tout âge et au

comique pourtant tellement enfantin. Les illustrations jouent avec les figures emblématiques de l'école.
Éditions du Rouergue, 2001.
10,50 € ISBN : 978-2-84156-083-7
À partir de 6 ans

264. Douzou, Olivier ; ill. Bertrand, Frédérique : **Gardez la culotte.**
Visite médicale à l'école. Les recommandations maintes fois répétées de l'enseignant, l'air goguenard puis de moins en moins rassuré des élèves à l'approche de la date fatidique, l'incontournable étourdi qui a oublié son petit flacon et la représentation floue de celui qui devra porter des lunettes... On s'y croirait et on éclate de rire à chaque page !
Éditions du Rouergue, 1999.
10,37 € ISBN : 978-2-84156-155-1
À partir de 6 ans

Autour des saisons

265. Berner, Rotraut Susanne : **Le Livre de l'été.**
Dans ces quatre albums cartonnés de grand format, un par saison, une multitude de personnages se promènent dans un environnement qui change au fil de leurs déambulations. Chaque page fourmille de détails, d'histoires qui se déroulent simultanément. C'est inventif, malicieux, dans un univers graphique qui est à chaque page une explosion de bonheur.
La Joie de lire, Livre promenade, 2005.
ISBN : 978-2-88258-315-4
Autres titres :
266. Le Livre de l'hiver. 2003.
ISBN : 978-2-88258-265-2
267. Le Livre du printemps. 2004.
ISBN : 978-2-88258-275-1
268. Le Livre de l'automne. 2005.
ISBN : 978-2-88258-329-1
13,90 € chaque À partir de 2 ans

♥ **269.** Briggs, Raymond : **Le Bonhomme de neige.**
L'amitié brève et inoubliable d'un bonhomme de neige et d'un petit garçon. Une histoire sous forme de bande dessinée, si éloquente qu'elle se passe aisément de texte.
Grasset Jeunesse, 1998.
10,60 € ISBN : 978-2-246-06312-4
À partir de 3 ans

270. Brouillard, Anne : **L'Orage.**
Les pages se déclinent en autant de tableaux intimistes pour décrire l'atmosphère d'une maison le temps d'un orage : les changements de lumière, l'inquiétude croissante d'un couple de chats, le bruit des gouttes qui martèlent vitres et sol, l'air qui se rafraîchit, l'odeur de la terre mouillée et la douce perception du soleil qui réapparaît.
Grandir, 1998.
15 € ISBN : 978-2-84166-088-9
À partir de 3 ans

271. Caputo, Natha : **Les Animaux qui cherchaient l'été.**
L'oie, le bœuf, le coq, le bélier et le cochon partent ensemble : ils en ont assez de l'hiver ! Une histoire toute simple pour les tout-petits.
Flammarion-Père Castor, Les albums du Père Castor, 2005.
3,50 € ISBN : 978-2-08-160002-7
À partir de 3 ans

272. Keats, Ezra Jack ; trad. Bonhomme, Catherine : **Jour de neige.**
Il a neigé et tout est blanc... Vêtu de son anorak rouge, Pierre, le petit enfant noir, se précipite et découvre avec émerveillement les flocons qui fondent dès qu'on les attrape. Quelques lignes au bas de chaque page décrivent avec émotion et simplicité ses jeux dans la neige. Les illustrations associent collages, papiers découpés et aquarelles.
Circonflexe, Aux couleurs du temps, 1999.
11 € ISBN : 978-2-87833-253-7
À partir de 3 ans

♥ **273.** Mari, Iela : **L'Arbre, le loir et les oiseaux.**
Le cycle des saisons à travers la vie d'un chêne et de ses habitants. Un album sans texte paru pour la première fois en France en 1973. Toujours aussi merveilleux.
L'École des loisirs, 2003.
10,50 € ISBN : 978-2-211-01104-04
À partir de 3 ans

274. Ollivier, Jean ; ill. Moreu, René : **Quand la neige tombe.**
Réédition de ce livre, merveilleuse alliance du réalisme et de l'imaginaire, paru en 1959, où se succèdent des portraits d'animaux aux prises avec l'hiver. Sur des pages ivoire, l'illustration n'utilise que le noir, le blanc, un peu de rouille et de vert. Elle épouse un texte disposé en lignes courtes, comme une prose poétique.
Circonflexe, Aux couleurs du temps, 2005.
13 € ISBN : 978-2-87833-354-1
À partir de 3 ans

275. Huber-Kono, Aoi : **C'était l'hiver.**
Étonnant titre à l'imparfait pour un livre qui fait pénétrer le lecteur dans l'hiver : le froid, bien sûr, le silence, la nature qui s'endort, le calme, apparent, car la dernière page dévoilera l'identité de ceux qui ont laissé leurs traces. Ce graphisme épuré où triomphent le gris et le blanc, ce texte si simple, induisent un sentiment de paix.
Panama, 2005.
15 € ISBN : 978-2-7557-0014-5
À partir de 3 ans

♥ **276.** Shulevitz, Uri ; trad. Duval, Élisabeth : **Il neige.**
La neige tombe et l'enfant danse, vole, joue, virevolte au rythme des flocons qui peu à peu recouvrent la ville. Un texte sobre et poétique, des illustrations tantôt tendres pour l'enfant et son chien, tantôt caricaturales pour les adultes moroses. Un album tout en demi-teintes qui rend parfaitement compte de l'atmosphère feutrée des jours de neige.
Kaléidoscope, 1998.
12 € ISBN : 978-2-87767-249-8
À partir de 3 ans

♥ **277.** Spier, Peter : **Il pleut...**
Comment l'eau qui tombe à verse peut devenir un prétexte à mille amusements... Une véritable bande dessinée sans texte.
L'École des loisirs, 1982.
11 € ISBN : 978-2-211-08613-4
À partir de 3 ans

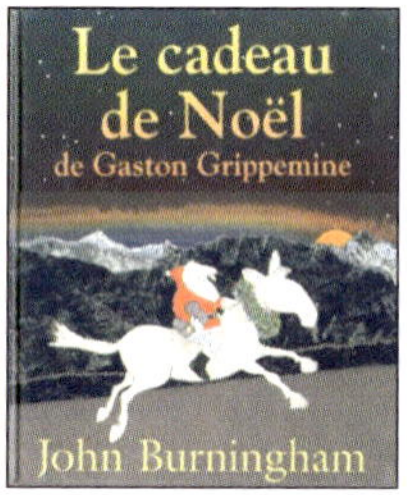

278. Vernette, Véronique : **Moi, j'attendais la pluie.**
Dans une ville africaine, une petite fille attend la pluie. L'illustration jouant sur un bel effet de zoom, du plan du quartier à la maison, nous donne à voir les occupations de chacun : le couturier arrive, la lessive est étendue, les oncles viennent saluer la famille... et enfin, le beau vacarme de la pluie se fait entendre sur la tôle ondulée.
Points de suspension, 2004.
12 € ISBN : 978-2-912138-33-0
À partir de 4 ans

279. Minne ; ill. Fortier, Natali : **J'aime l'été.**
« J'ai aimé... », ainsi s'égrènent les souvenirs des vacances en famille à la montagne, ces petits riens de la vie - une brève rencontre, une situation inhabituelle, une émotion nouvelle - racontées avec fraîcheur, spontanéité et poésie. En regard, les ravissantes illustrations aux coloris délicats captent tout cet univers de sensations à hauteur d'enfant.
Albin Michel Jeunesse, 2005.
12,50 € ISBN : 978-2-226-17071-2
À partir de 7 ans

Noël

♥ **280.** Gutman, Anne ; ill. Hallensleben Georg : **Joyeux Noël, Pénélope !**
C'est Noël chez Pénélope : on décore la maison, on ouvre les cadeaux, on fait la fête en famille ! C'est le prétexte à un foisonnement d'animations aux techniques variées, toujours en situation, toutes plus inventives et réussies les unes que les autres. Les illustrations nimbent l'album d'une atmosphère chaleureuse et gaie.
Gallimard Jeunesse, Pénélope animé, 2004.
14 € ISBN : 978-2-07-055838-4
À partir de 2 ans

281. Beaude, Sophie ; ill. Ruillier, Jérôme : **La Plus Belle Nuit de Noel.**
Pour Noël le grand-père de Simon lui a promis une surprise. Allons la découvrir en suivant au petit matin l'enfant et le vieil homme, dans les immenses espaces du Grand Nord canadien. Les illustrations mêlant collages et dessins coloriés à la façon d'un enfant, créent une atmosphère à la fois paisible et tendre.
Autrement Jeunesse, 2003.
12,50 € ISBN : 978-2-7467-0409-1
À partir de 3 ans

282. Briggs, Raymond : **Sacré Père Noël.**
Qui a dit que le rôle du Père Noël était de tout repos ? Quitter ses pantoufles tous les 24 décembre et réussir ses vacances, c'est plus difficile qu'on ne le croit...
Grasset Jeunesse, 1977.
10,90 € ISBN : 978-2-246-00118-8
À partir de 3 ans

♥ **283.** Burningham, John ; trad. Vassallo, Rose-Marie : **Le Cadeau de Noël de Gaston Grippemine.**
Une tournée de Noël pas comme les autres : les rennes, fatigués, restent au lit et le vieil homme entreprend le voyage tout seul. L'alternance de grands aplats de couleurs, à l'allure de tableaux, et de dessins à la plume et aux crayons de couleur, sert magistralement le suspense de cette drôle d'histoire.
Flammarion-Père Castor, 1998.
12 € ISBN : 978-2-08-160849-8
À partir de 3 ans

♥ **284.** Colmont, Marie ; ill. Rojankovsky, Feodor : **Michka.**
Tantôt jouet, tantôt animal vivant, un petit ours se métamorphose selon les besoins du moment. Qualité poétique du thème et surtout des illustrations si merveilleusement colorées de Rojankovsky.
Flammarion-Père Castor, Les classiques du Père Castor, 2006.
15,95 € ISBN : 978-2-08-163169-4
À partir de 3 ans

285. Corentin, Philippe : **Le Père Noël et les fourmis.**
Les temps changent, les cheminées tendent à disparaître et pourtant il faut bien que le Père Noël fasse sa tournée et trouve un moyen pour pénétrer dans les maisons sans être vu ! Découvrez son secret et vous comprendrez bien des choses...
L'École des loisirs, 1989.
12 € ISBN : 978-2-211-04768-5
À partir de 3 ans

♥ **286.** Gay, Michel : **Le Loup-Noël.**
Les péripéties de Loup-Blanc, père de famille méritant qui s'aventure jusqu'à la ville pour que sa progéniture ait elle aussi des cadeaux pour Noël. Récit bien rythmé et plein de suspense pour les petits.
L'École des loisirs, 1980.
10,40 € ISBN : 978-2-211-07455-1
À partir de 3 ans

287. Alemagna, Béatrice : **Après Noël.**
Alors que les sapins, la veille encore symboles de la fête, sont maintenant abandonnés sur le trottoir, la vie reprend comme avant, rien n'a vraiment changé, mais tout paraît étrange à l'enfant narrateur. L'illustration de cet album intimiste joue sur des décalages d'échelles et la mixité des techniques accentue le côté onirique de l'ensemble.
Autrement Jeunesse, 2001.
12,50 € ISBN : 978-2-7467-0154-0
À partir de 5 ans

288. Solotareff, Grégoire : **Dictionnaire du Père Noël.**
Toutes les façons de décliner, par ordre alphabétique, le mythe du Père Noël à travers ses aspects, ses symboles, ses représentations les plus inattendues et les plus cocasses.
Gallimard Jeunesse, 1999.
15 € ISBN : 978-2-07-056598-6
À partir de 6 ans

♥ **289.** Van Allsburg, Chris ; trad. Reinharez, Isabelle : **Boréal-Express.**
Une évocation poétique des Noëls d'enfant. Les illustrations qui font référence à la peinture américaine des années 1930 sont en parfait accord avec le caractère nostalgique du propos.
L'École des loisirs, 1986.
13,40 € ISBN : 978-2-211-03316-9
À partir de 6 ans

290. Lévy, Didier ; ill. Roussel, Matthieu : **Le Nouveau.**
Un soir d'hiver, Robert est rattrapé par son destin. Il sera le nouveau... Père Noël ! Mais il refuse d'y croire et consacre sa vie à son ascension professionnelle, négligeant sa

famille et son bonheur. Une ultime chance de changement s'offrira à lui. Saura-t-il la saisir ? Les illustrations hyperréalistes sèment le trouble entre rêve et réalité.
Sarbacane, 2004.
14,90 € ISBN : 978-2-84865-046-3
À partir de 7 ans

DU CÔTÉ DES SENTIMENTS

♥ **291.** Cooke, Trish ; ill. Oxenbury, Helen : **Très, très fort !**
Il passe de main en main, le Petit Homme, dans une famille réunie pour l'anniversaire de Papa. Les uns s'amusent avec lui, les autres le chatouillent ou l'embrassent, tous lui disent qu'ils l'aiment très très fort dans une ambiance chaleureuse et colorée.
Flammarion-Père Castor, 2000.
12 € ISBN : 978-2-08-160976-1
À partir de 2 ans

292. McBratney, Sam ; ill. Jeram, Anita ; trad. Lager, Claude : **Devine combien je t'aime.**
À quelle aune l'amour peut-il se mesurer ? Ah, qu'il est bon de pouvoir dire combien on aime fort, très fort ! Qu'il est doux de pouvoir exprimer sa tendresse, de la clamer et de la proclamer, d'être payé de retour et de s'amuser à la comparer ! Tout cela est illustré malicieusement et raconté à l'aide d'un dialogue plein d'humour et de poésie.
L'École des loisirs/Pastel, 1999.
19 € ISBN : 978-2-211-05269-6
À partir de 2 ans

♥ **293.** Colmont, Marie ; ill. Muller, Gerda : **Marlaguette.**
Comment, au péril de sa vie, un loup attendri par une petite fille accepte de devenir végétarien. Humour et tendresse sont bien rendus grâce au réalisme expressif des illustrations.
Flammarion-Père Castor, Les albums du Père Castor, 2002.
11 € ISBN : 978-2-08-160143-7
À partir de 3 ans

♥ **294.** Faucher, Paul ; ill. Muller, Gerda : **Les Bons Amis.**
Comment, un jour d'hiver, des animaux qui s'aimaient bien se firent beaucoup de cadeaux avec une seule carotte. Tout le charme des albums du Père Castor illustrés par la grande Gerda Muller qui continue à nous enchanter.
Flammarion-Père Castor, Les albums du Père Castor, 1996.
11 € ISBN : 978-2-08-160326-4
À partir de 3 ans

♥ **295.** Flack, Marjorie ; trad. Thierry, Christophe : **Angus et la chatte.**
Angus est un jeune scotch-terrier qui trouve un jour dans sa maison une chatte qui bondit partout. L'auteur met en scène la curiosité, la colère, la jalousie, la peur puis la confiance partagée des deux protagonistes dans des petites scènes en noir et blanc qui alternent avec des doubles pages aux beaux aplats de couleurs vives.
Circonflexe, Aux couleurs du temps, 2004.
12 € ISBN : 978-2-87833-352-7
À partir de 3 ans

296. Henkes, Kevin ; trad. Duval, Élisabeth : **Juliette s'inquiète.**
Juliette s'inquiète tout le temps ! Pour des choses graves – ou pas – et même pour ce qui pourrait advenir : « Dis, Maman et si je rétrécis ? » Son inquiétude atteint son paroxysme au moment de sa première entrée à l'école... Un album tout simple mais d'une grande justesse psychologique, à la fois drôle et touchant qui dépeint à la perfection les angoisses enfantines.
Kaléidoscope, 2002.
12,50 € ISBN : 978-2-87767-373-0
À partir de 3 ans

297. Herbauts, Anne : **Que fait la lune la nuit ?**
On n'imagine pas tout ce que fait la lune la nuit : dessiner les étoiles, chasser les bruits, semer les rêves et enfermer les cauchemars... L'artiste joue sur les contrastes entre la nuit qui envahit les pages et la lumière de cette drôle de bonne femme céleste qui les illumine. Un album poétique et apaisant.
Casterman, 1998.
14,95 € ISBN : 978-2-203-55376-7
À partir de 3 ans

298. Herbauts, Anne : **Le Petit Souci.**
Archibald voudrait bien se débarasser de ce gros nuage sombre qui plane au-dessus de lui. Il est triste. Il ne prononcera qu'un seul mot, serrant un arbre dans ses bras, le seul mot qui berce tous les enfants depuis la nuit des temps : Maman ! Après la pluie vient le beau temps et laisser éclater son chagrin permet de retrouver plus vite le sourire.
Casterman, 1999.
11,95 € ISBN : 978-2-203-55285-2
À partir de 3 ans

299. Sadat, Mandana : **Mon lion.**
L'enchaînement des doubles pages crée la dynamique et la lisibilité de cette belle histoire d'amitié impossible à vivre, mais qui s'accomplira dans le rêve, entre un tout petit bonhomme, silhouette noire perdue dans l'immensité d'un paysage de savane figuré par de beaux aplats de couleurs chaudes, et un gros lion.
Autrement Jeunesse, 2005.
12 € ISBN : 978-2-7467-0715-3
À partir de 3 ans

300. Waechter, Philip : **À deux, c'est tellement mieux !**
Voilà un ours heureux : il est à l'aise avec tout le monde, courageux, beau et intelligent. Pourtant, face à une foule indifférente, le doute l'étreint parfois. Alors il part se réfugier dans des bras affectueux parce qu'« à deux, c'est tellement mieux ! ». Le trait simple et expressif de l'illustration concourt à la réussite de cette jolie histoire.
Milan Jeunesse, 2004.
10 € ISBN : 978-2-7459-1413-2
À partir de 3 ans

301. Boujon, Claude : **La Brouille.**
Deux lapins d'abord bons voisins s'insultent et se bagarrent. Mais quand surgit le renard, ils se réconcilient. Illustration humoristique et aérée.
L'École des loisirs, 1989.
10,50 € ISBN : 978-2-211-01515-8
À partir de 4 ans

♥ **302.** Solotareff, Grégoire : **Loulou.**
Les aventures d'un lapin et d'un loup, que l'amitié rend solidaires, illustrées avec beaucoup de bonheur à l'aide d'un trait appuyé et de couleurs volontairement agressives.
L'École des loisirs, 1989.
11,50 € ISBN : 978-2-211-02120-3
À partir de 4 ans

303. Solotareff, Grégoire : **Mon petit lapin est amoureux.**
Jean Carotte déteste qu'on l'appelle « Mon petit lapin ». Il est un grand, du reste, il est amoureux de Line. Mais l'amour, même partagé, ce n'est pas simple !
L'École des loisirs, Lutin poche, 1990.
5 € ISBN : 978-2-211-07810-8
À partir de 4 ans

♥ **304.** Solotareff, Grégoire : **Ne m'appelez plus jamais « mon petit lapin ».**
Un conte moderne illustré par des dessins d'une grande force expressive. « Mon petit lapin » réclame qu'on l'appelle enfin par son nom afin d'avoir le droit d'exister.
L'École des loisirs, 1987.
10,40 € ISBN : 978-2-211-01552-3
À partir de 4 ans

305. Aliki ; trad. Finkenstaedt, Isabel : **Comment te sens-tu ?**
Des petites histoires simples qui mettent en scène les sentiments que l'on ne sait pas toujours formuler : peur, ennui, jalousie, envie, bien-être... Où l'on retrouve la puissance d'évocation des petits dessins d'Aliki. Un livre qui nous manquait depuis trop longtemps.
Kaléidoscope, 2006.
12,50 € ISBN : 978-2-87767-489-8
À partir de 5 ans

306. Battut, Éric : **Deux Oiseaux.**
Un texte simple et beau, délicatement posé sur la blancheur de la page de gauche et, à droite, de superbes illustrations aux couleurs hivernales, figurant des cieux immenses dans lesquels se détachent deux petits points rouges, deux oiseaux. C'est l'histoire de leur rencontre.
Autrement Jeunesse, 2004.
12,50 € ISBN : 978-2-7467-0462-6
À partir de 5 ans

307. Bauer, Jutta : **La Reine des couleurs.**
La reine convoque ses sujets : le tendre et doux bleu, le fougueux rouge, le jaune chaud et lumineux. Mais bien vite les esprits s'échauffent et les couleurs se mélangent. Peu à peu le royaume s'assombrit. Heureusement l'harmonie renaîtra. Un dessin au trait expressif rythme avec bonheur cette histoire tonique.
Autrement Jeunesse, 1999.
11,50 € ISBN : 978-2-86260-909-6
À partir de 5 ans

308. Du Bouchet, Paule ; ill. Hallensleben, Georg : **Bichoui.**
Un bébé kinkajou est recueilli par une jeune femme qui l'emmène à Paris : terrible expérience pour ce petit animal. Au rythme des crises de colère ou de jalousie, des angoisses et des moments de tendresse, épreuves et bêtises se succèdent. Un récit sensible et sobre, écrit avec finesse et scandé par de grandes illustrations lumineuses.
Hachette Jeunesse, La fourmi et l'éléphant, 2001.
15,15 € ISBN : 978-2-01-224202-9
À partir de 5 ans

309. Erlbruch, Wolf ; trad. Friot, Bernard : **Léonard.**
Léonard est si fasciné par les chiens qu'il en aboie le matin, tient en laisse sa mamie ou mord les inconnus. Mais les chiens le terrifient... Une fée accepte de le transformer en molosse. Ce sont alors les garçonnets qui l'effraient... Illustrations et texte se répondent de façon efficace et cocasse dans cet album où l'on apprend à accepter d'être soi-même.
Être, 2002.
13,90 € ISBN : 978-2-84407-025-8
À partir de 5 ans

310. Minne ; ill. Fortier, Natali : **J'aime...**
À la manière d'un journal intime, ce recueil de petits moments de bonheur et d'impressions d'enfance déclenche chez le lecteur la mémoire des sensations déjà ressenties. Les illustrations au pastel, sensibles et délicates, accentuent le côté à la fois nostalgique et joyeux de ces réminiscences.
Albin Michel Jeunesse, 2003.
12,50 € ISBN : 978-2-226-14102-6
À partir de 5 ans

311. Nadja ; ill. Lecaye, Olga : **Le Lapin facteur.**
Quand on est un lapin facteur, on n'est pas digne de rester près des siens si l'on a égaré le courrier que l'on devait distribuer. Et voilà que, perdu dans la forêt, désespéré, une rencontre va le sauver ! Une histoire prenante qui décline toute une gamme de sentiments, du désespoir au réconfort de l'amitié.
L'École des loisirs, 2001.
12,50 € ISBN : 978-2-211-06360-9
À partir de 5 ans

312. Solotareff, Grégoire ; ill. Nadja : **Comment Benjamin est tombé amoureux.**
Dans le premier titre Benjamin tombe amoureux, dans le second Violette devient sorcière. Les auteurs prennent très au sérieux les sentiments des enfants et l'illustration nous plonge dans les sous-bois, univers merveilleux empreint de tendresse et de poésie où se jouent les peurs, les chagrins et les envies des petits.
L'École des loisirs, Lutins des bois, 2002.
8,50 € ISBN : 978-2-211-06590-0
À partir de 5 ans

313. Solotareff, Grégoire ; ill. Lecaye, Olga : **Je suis perdu.**
Lolo le petit ours en peluche perdu dans la forêt raconte son aventure angoissante. Son récit est rétrospectif, il a donc surmonté les épreuves qu'il décrit. Ce qui permet au jeune lecteur une confrontation sans danger avec la peur de la perte et de l'abandon, au fil des pages illustrées de façon saisissante.
L'École des loisirs, 2002.
12 € ISBN : 978-2-211-06678-5
À partir de 5 ans

314. Solotareff, Grégoire : **Mathieu.**
Révolté, un petit souriceau apprend la magie pour pouvoir soumettre le monde à ses quatre volontés ! Le choc des couleurs et les variations d'échelle accompagnent de façon démonstrative cette fable illustrée.
L'École des loisirs, 1990.
11,50 € ISBN : 978-2-211-01156-3
À partir de 5 ans

315. Vaugelade, Anaïs : **Laurent tout seul.**
La relation entre la mère lapin et son fils est l'occasion pour ce dernier de conquérir son autonomie et de devenir adulte en faisant reculer progressivement les limites des interdits maternels. Le caractère expressif des oreilles du héros exprime avec malice ses états d'âme.
L'École des loisirs, 1996.
12,20 € ISBN : 978-2-211-03715-0
À partir de 5 ans

316. De Kockere, Geert ; ill. Cneut, Carll ; adapt. Bonhomme, Catherine : **Sacrée Zoé !**
Tout ici est démesure, à commencer par Zoé, capricieuse et redoutable. Le traitement des personnages aux formes à la fois stylisées et outrancières, le travail sur la matière et les cadrages donnent une force singulière à cet album. Le texte, rythmé, apaisant, vient en contrepoint de cet excès et derrière la caricature se cache la tendresse.
Circonflexe, Albums Circonflexe, 2002.
11 € ISBN : 978-2-87833-303-9
À partir de 6 ans

317. Fender, Kay ; ill. Dumas, Philippe : **Odette : un printemps à Paris.**
Réédition de ce titre tant aimé qui évoque avec sensibilité le cycle de la vie à travers l'amitié d'un oiseau tombé du nid et d'un vieil accordéoniste. Les illustrations de Philippe Dumas n'ont rien perdu à la réduction du format.
L'École des loisirs, Petite bibliothèque de l'École des loisirs, 2002.
5 € ISBN : 978-2-211-06598-6
À partir de 6 ans

318. Galea, Claudine ; ill. Dewanckel, Gœle : **Sans toi.**
On tourne les pages aux superbes aplats de couleurs froides où les personnages sont figés dans une douleur muette. Enfin, on ouvre une double page qui se déplie encore à droite et à gauche et les couleurs chaudes et les mots éclatent. Le mari, le père est revenu. Cet album, qui traite de la douleur de l'absence, peut dérouter mais convainc par sa cohérence et sa beauté plastique.
Éditions du Rouergue, Varia, 2005.
18 € ISBN : 978-2-84156-681-5
À partir de 6 ans

319. Herbauts, Anne : **Petites Météorologies.**
De multiples petites scènes de vie se jouent derrière les petits volets à ouvrir. Partez à la rencontre des univers variés et de toute la gamme des sentiments de ces drôles de petits personnages à becs, pourtant si proches du lecteur. Cet album allie charme, subtilité, fantaisie et poésie. L'illustratrice réussit à créer un ensemble parfaitement cohérent à partir de techniques mixtes qu'elle manie à merveille.
Casterman, Les albums Duculot, 2006.
14,50 € ISBN : 978-2-203-55205-0
À partir de 6 ans

320. Höglund, Anna ; trad. Lidberg, Sylvia : **Lola et Léon.**
Les rapports mouvementés d'un couple de personnages où l'égoïsme de l'un, quittant le foyer pour l'aventure, attise les frustrations et la jalousie de l'autre, obligée d'attendre un éventuel retour. Les choses sont plutôt vues du côté de la compagne délaissée mais qui n'entend pas le rester.
Seuil Jeunesse, 1996.
11,50 € ISBN : 978-2-02-026063-3
À partir de 6 ans

♥ **321.** Solotareff, Grégoire : **Moi, Fifi.**
Récit à la première personne, mêlé d'imaginaire et de fantastique, d'un petit garçon, Jean dit Fifi, qui s'est perdu dans la forêt. Il y fait d'étranges rencontres avec différents animaux qui deviennent ses amis. Les illustrations en pleine page sont tour à tour inquiétantes et rassurantes. Il y a là tout un univers à découvrir.
L'École des loisirs, 1992.
11,90 € ISBN : 978-2-211-06523-8
À partir de 6 ans

♥ **322.** Solotareff, Grégoire ; ill. Lecaye, Olga : **Neige.**
Abandonné par sa famille parce qu'il est blanc, un jeune loup rencontre « un animal noir ». Chacun pense que l'autre doit être bien malheureux d'être si laid ! Un très bel album sur l'amitié et la quête d'identité. Le texte joue sur l'émotion et l'humour, et les illustrations en pleine page créent l'atmosphère propice au récit.
L'École des loisirs, 2000.
12,50 € ISBN : 978-2-211-05997-8
À partir de 6 ans

323. Stewart, Sarah ; ill. Small, David ; trad. Troller, Fenn : **L'Amie.**
Belle et sa gouvernante noire entretiennent une relation basée sur la confiance, l'amour, sur la capacité à vivre chacune à son rythme et à sa façon, dans l'harmonie. L'alternance de scènes pleines de vie et des images contemplatives, le rythme du texte, les attitudes des personnages créent un monde de sensations et d'émotions qui touche profondément.
Syros Jeunesse, 2005.
16 € ISBN : 978-2-7485-0316-6
À partir de 6 ans

324. Stewart, Sarah ; ill. Small, David ; trad. Didiot, Béatrice : **Le Jardin secret de Lydia.**
Aux États-Unis, dans les années 1930, une petite fille de la campagne est confiée quelque temps à son oncle, boulanger en ville. La passion de Lydia pour le jardinage, son attachement à ses parents, sa façon d'appréhender les choses sont dépeints avec délicatesse et sensibilité à travers un échange de lettres. L'illustration fourmille de vie.
Syros Jeunesse, Albums, 2006.
7,50 € ISBN : 978-2-7485-0527-6
À partir de 6 ans

325. Trotereau, Anne ; ill. Dumas, Philippe : **Colin et Pauline.**
La simplicité d'un texte rimé et la beauté grave des illustrations s'allient pour peindre l'innocence pudique des amours enfantines, à l'abri des pèlerines. Des couleurs doucement feutrées, un trait sensible font le charme des images.
L'École des loisirs, 1995.
11,90 € ISBN : 978-2-211-03189-9
À partir de 6 ans

♥ **326.** Laffon, Martine ; ill. Burckel, Fabienne : **Une si jolie rencontre.**
Deux petites filles s'introduisent dans la maison de leur grand-mère pendant son

absence. Quel était donc ce jeune homme sur la photo jaunie ? Les illustrations créent une atmosphère à la fois nostalgique et mystérieuse. Le texte pudique, sensible, nous fait découvrir une belle histoire d'amour par le biais d'une lettre tombée du vieux cadre...
Seuil Jeunesse, 2006.
18 € ISBN : 978-2-02-088803-5
À partir de 7 ans

327. Brouillard, Anne : **Le Chemin bleu.**
Un homme revient dans son village et se souvient de ses rêves d'écolier. Un va-et-vient s'établit entre le présent et le passé, le réel et l'imaginaire, dans une alternance entre couleurs et teintes sépia, gravure et aquarelle, pleines pages et vignettes. On est touché par la puissance évocatrice du texte et des illustrations.
Seuil Jeunesse, 2004.
14 € ISBN : 978-2-02-060166-5
À partir de 9 ans

328. De Kockere, Geert ; ill. Cneut, Carll ; trad. Sandron, Emmanuèle : **Margot la folle.**
Album et livre d'art, ce livre adapte un célèbre tableau de Bruegel qui met en scène une figure du folklore des Pays-Bas, Dulle Griet ou Margot la folle, petite fille qui n'a de cesse de transgresser l'ordre établi et qui, devenue folle, part se donner au diable. Texte et illustrations sont magnifiques, les auteurs ont su être à la fois fidèles à l'œuvre de Bruegel et puissamment originaux.
Circonflexe, Albums Circonflexe, 2006.
14 € ISBN : 978-2-87833-378-7
À partir de 9 ans

329. Herbauts, Anne : **Vague.**
Vague parle au poète. Cinq chapitres déroulent, en tableaux et en mots, des pensées tristes ou mélancoliques sur le temps qui passe, le souvenir, la séparation, l'absence, bercées par la mer qui passe du bleu à des couleurs sombres. Cette balade intérieure explore le monde fluctuant des sentiments tout en conservant une unité esthétique, créant une atmosphère particulière propre à l'artiste.
Grandir, 1999.
21 € ISBN : 978-2-84166-123-7
À partir de 9 ans

330. Hugues, Richard ; ill. Mercié, Tina ; adapt. Guillaume, Marie-Ange : **L'Enfant de Gertrude.**
Une poupée maltraitée adopte à son tour une petite fille. Elle n'a aucune idée de la façon dont on s'occupe d'un enfant. De cette situation naît un terrible malaise que renforcent admirablement les illustrations hyperréalistes et glacées, le grand format en hauteur de l'album et le regard perdu de l'enfant de Gertrude.
Panama/Patrick Couratin, 2006.
15 € ISBN : 978-2-7557-0145-6
À partir de 9 ans

331. De Kockere, Geert ; ill. Clement, Sabien ; trad. Cunin, Daniel : **Amourons-nous.**
L'amour se conjugue : « nous nous amourons ». Des mots nouveaux et des images nouvelles pour parler du sentiment amoureux et du désir ? Oui, c'est possible et ce livre en témoigne superbement. De ce poème et des illustrations au trait, montrant deux corps nus qui se cherchent, émanent une tendresse immense.
Éditions du Rouergue, Do a do Image, 2003.
14 € ISBN : 978-2-84156-808-6
À partir de 13 ans

LES GRANDS MOMENTS DE LA VIE

La naissance

♥ **332.** Ginsburg, Mirra ; ill. Barton, Byron : **Bonjour, poussin.**
La première aventure du poussin jaune et duveteux qui vient de naître et que la poule rousse rassure et dorlote. Rythme lent et répétitions, grands aplats de couleurs primaires. Les petits s'identifieront sans peine.
L'École des loisirs, 1981.
9 € ISBN : 978-2-211-07838-2
À partir de 18 mois

333. Aldjidi, Virginie ; Jolivet, Joëlle : **Un cœur qui bat.**
De question en question, l'auteur nous fait cheminer de l'immensité de l'univers aux battements du cœur d'un bébé dans le ventre de sa mère. L'illustratrice accompagne ce voyage de belles gravures aux couleurs chaudes, plutôt inhabituelles dans les livres pour les tout-petits.
Thierry Magnier, Tête de lard, 2004.
6,50 € ISBN : 978-2-84420-304-5
À partir de 2 ans

♥ **334.** Manushkin, Fran ; ill. Himler, Ronald ; adapt. Solal, Anna : **Bébé.**
Bébé se trouve bien dans le ventre de Maman ; comment le décider à naître ? Quelque chose le fera changer d'avis : une promesse de baiser de Papa ! Un album tendre et poétique.
L'École des loisirs, 1976.
7,50 € ISBN : 978-2-211-03955-0
À partir de 2 ans

♥ **335.** Riff, Hélène : **Le Tout Petit Invité.**
Ou comment un tout petit « toc, toc » provoque un véritable chambardement dans une famille nombreuse et joyeusement fantasque. L'auteur met en place un univers plein de légèreté dans des scènes aux détails esquissés pour cette métaphore de l'arrivée d'un bébé dans une famille à la joie de vivre comunicative.
Albin Michel Jeunesse, 2005.
14,90 € ISBN : 978-2-226-16838-2
À partir de 3 ans

336. Léger-Cresson, Nathalie ; ill. Gaston-Dreyfus, Fabienne : **En t'attendant.**
L'histoire de chaque enfant attendu depuis si longtemps, à l'époque où la mer enveloppait la Terre, où seuls vivaient les poissons... Un tourbillon de vie bien rendu par l'illustration aux couleurs chatoyantes.
Éditions du Rouergue, 1994.
10,98 € ISBN : 978-2-905209-96-2
À partir de 4 ans

♥ **337.** Serres, Alain ; ill. Zaü : **Première Année sur la Terre.**
La lumière, l'air, le vent, la pluie, les odeurs... Quel est donc ce nouveau-né qui nous livre ses premières découvertes ? Cet être que l'on devine fragile est un renardeau nouveau-né. De chaleureuses peintures illustrent ce grand format envahi par la nature et donnent au récit une dimension initiatique.

Rue du monde, Vaste monde, 2003.
19,80 € ISBN : 978-2-912084-84-2
À partir de 6 ans

♥ **338.** Vincent, Gabrielle : **La Naissance de Célestine.**
Gabrielle Vincent a décidé de révéler le secret de la rencontre entre Ernest et Célestine : le gros ours a découvert un jour, abandonnée dans une poubelle, une petite souris qui venait de naître. Bouleversé par cette petite créature sans défense, il l'adopte et sa vie en est transformée. En témoigne ce gros carnet de croquis qui renferme toute la tendresse du monde.
Casterman, Les albums Duculot, 2004.
25,95 € ISBN : 978-2-203-55308-8
À partir de 6 ans

La mort

♥ **339.** Doray, Malika : **Et après...**
Un petit lapin évoque les moments heureux passés avec sa grand-mère. Mais un jour, elle n'est plus là pour l'accueillir. Ses parents lui annoncent sa mort et tentent de répondre à ses interrogations. La justesse du propos, la sobriété des illustrations en noir et blanc rehaussées d'une simple touche de couleur sont d'une efficacité remarquable.
Didier Jeunesse, 2002.
11,90 € ISBN : 978-2-278-05197-7
À partir de 3 ans

340. Verroen, Dolf ; ill. Erlbruch, Wolf ; trad. Erlbruch, Étienne : **Un paradis pour Petit Ours.**
Persuadé que le bonheur est au ciel, où son papi vient de partir, Petit Ours veut y aller mais ne trouve personne pour l'y conduire. Un hibou, sensé et réaliste, et une mise à l'épreuve par la pluie, le froid, la fatigue et la solitude, lui font comprendre que le paradis est une notion très relative... Simple et efficace.
Milan Jeunesse, 2003.
10 € ISBN : 978-2-7459-1127-8
À partir de 3 ans

341. Velthuijs, Max ; trad. Lager, Claude : **La Découverte de Petit-Bond.**
Petit-Bond et ses amis nous racontent des moments de leur vie. La recherche de son identité, la peur de l'étranger, la mort... Comme les enfants, ils posent leur regard sur le monde et surtout apprennent à mieux vivre ensemble. L'illustration est d'une grande sobriété et rend compte d'une atmosphère d'amicale complicité. Des héros à retrouver dans de nombreux titres.
L'École des loisirs/Pastel, 1991.
11,50 € ISBN : 978-2-211-02182-1
À partir de 4 ans

♥ **342.** Elzbieta : **Petit lapin Hoplà.**
Renversé par une voiture, Petit lapin est emmené à l'hôpital et meurt peu de temps après. Tous ses amis pleurent et se souviennent. L'amour, la tendresse et la tristesse sont omniprésents tant dans les mots que dans les images d'une douceur (tons pastel sur papier japon) et d'une poésie remarquables.
L'École des loisirs/Pastel, 2001.
10,50 € ISBN : 978-2-211-05955-8
À partir de 5 ans

343. Kikuta, Mariko ; trad. Quentin, Corinne : **Tu seras toujours avec moi.**
Shiro, petit chien à l'allure maladroite et au regard tendre, nous fait partager son chagrin. La force et l'originalité de cet album tiennent à l'inversion opérée : une petite fille meurt, un chien demeure et l'identification au personnage du petit chien, croqué en quelques traits, introduit la distance nécessaire pour aborder l'inacceptable.
Albin Michel Jeunesse, 2003.
12 € ISBN : 978-2-226-11858-5
À partir de 5 ans

344. Sara : **Du temps.**
Album sans texte. Un homme enterre son chien et jette sa balle au loin. Il lui faudra du temps pour accepter l'idée d'un nouveau compagnon. Illustration en papiers déchirés, en noir et blanc, où la balle jaune, seule tache de couleur, symbolise la vie et l'espoir.
Thierry Magnier, 2004.
13 € ISBN : 978-2-84420-318-2
À partir de 5 ans

♥ **345.** Varley, Susan ; trad. Farré, Marie-Raymond : **Au revoir Blaireau.**
Blaireau est mort. Il a laissé un mot à ses amis : « Je suis descendu dans le Grand Tunnel. Au revoir. » Le temps passe, et le souvenir des moments vécus avec Blaireau apaise le chagrin de ses amis.
Gallimard Jeunesse, 1984.
12 € ISBN : 978-2-07-056199-5
À partir de 5 ans

346. Voltz, Christian ; photogr. Hess, Jean-Louis : **La Caresse du papillon.**
Nous voici dans le jardin, avec des personnages de ferraille, un arbre à planter pour le petit-fils et une bouteille de vin rouge pour donner du courage. La Mamama n'est plus là, elle est morte. Mais Papapa sait qu'elle n'est jamais bien loin. Elle aimait trop son jardin et ses fleurs, et peut-être aussi s'amusait-elle trop à cacher la bouteille de son vieux mari !
Éditions du Rouergue, 2005.
10,50 € ISBN : 978-2-84156-683-9
À partir de 5 ans

347. Aakeson, Kim Fupz ; ill. Eriksson, Eva ; trad. Asch, Nils : **Grand-Père est un fantôme.**
Le grand-père d'Esben est mort brutalement. Le dialogue sur le mode onirique qui s'établit entre l'enfant et le fantôme de son grand-père leur permettra, au terme d'une évocation du passé, de pouvoir se dire adieu. L'humour et la sensibilité de l'illustration accompagnent et enrichissent cette aventure délicieuse et grave à la fois.
L'École des loisirs/Pastel, 2005.
13 € ISBN : 978-2-211-07777-4
À partir de 6 ans

348. Bauer, Jutta ; trad. Miermont, Dominique : **L'Ange de Grand-Père.**
Un vieil homme raconte sa vie à son petit-fils. Il croit avoir eu beaucoup de chance mais l'image révèle au lecteur le rôle qu'a joué avec constance son ange gardien. Ainsi sont déclinés en un contrepoint drôlatique les épisodes d'une vie au contexte historiquement cruel. Cet album s'équilibre subtilement entre gravité et légèreté.
Gallimard Jeunesse, 2002.
12 € ISBN : 978-2-07-053901-7
À partir de 6 ans

♥ **349.** Crowther, Kitty : **Moi et rien.**
Une petite fille dont la mère vient de mourir se fabrique une poupée de paille avec laquelle elle pourra partager sa tristesse. Son père, enfermé dans sa souffrance, ne peut pas encore lui venir en aide. Ce n'est qu'à la fin de l'album qu'ils pourront ensemble évoquer l'être cher. Le trait délicat du dessin illustre à merveille un récit sensible et jamais larmoyant.
L'École des loisirs/Pastel, 2000.
10,50 € ISBN : 978-2-211-05848-3
À partir de 6 ans

350. Delessert, Étienne : **Qui a tué Rouge-Gorge ?**
Une farandole d'enfants revêtus de costumes d'animaux joue la célèbre comptine anglaise « Qui a tué Rouge-Gorge ? » pendant qu'à l'arrière-plan, Rouge-Gorge, dans une barque noire, glisse vers sa tombe. Le rituel accompli, les enfants reprennent le cours de leur vie. Un chef-d'œuvre d'émotion contenue grâce au contrepoint entre l'image et le texte.
Gallimard Jeunesse, 2004.
13,50 € ISBN : 978-2-07-056982-3
À partir de 6 ans

351. Dumas, Philippe : **Ce changement-là.**
L'auteur a perdu son père ; il partage avec ses lecteurs, comme il l'a fait avec ses propres enfants, une réflexion sur la vie et la mort. La force des illustrations en noir et blanc accentue encore la sensibilité du propos.
L'École des loisirs, Neuf, 2006.
7,50 € ISBN : 978-2-211-08550-2
À partir de 6 ans

♥ **352.** Helft, Claude ; ill. Chen Jiang Hong : **Hatchiko, chien de Tokyo.**
Un jeune chien attend tous les soirs le retour de son maître à la gare de Tokyo. Et, alors que ce dernier est mort subitement, le chien continuera à venir quotidiennement pendant une dizaine d'années. Une histoire vraie sur la fidélité, accompagnée d'illustrations délicates et expressives.
Philippe Picquier, Picquier Jeunesse, 2005.
12 € ISBN : 978-2-87730-809-0
À partir de 6 ans

353. Legendre, Françoise ; ill. Fortier, Natalie : **Quartiers d'orange.**
Tous les matins, après sa promenade dans la campagne andalouse, le grand-père vient réveiller sa petite-fille et lui fait manger les quartiers d'une orange qu'il vient de cueillir. Mais bientôt à son tour, c'est le vieux monsieur mourant qui sera l'objet de la sollicitude de l'enfant. Un récit pudique et émouvant, aux belles illustrations.
Thierry Magnier, 2005.
15 € ISBN : 978-2-84420-363-2
À partir de 6 ans

354. Van Ommen, Sylvia ; Both-Diez, Anne-Marie de : **Et on mangera des réglisses...**
Oscar, le chat, et Joris, le lapin, sont amis. Un jour, au parc, ils se demandent s'ils se retrouveront après la mort. Ils envisagent bien des scénarios et découvrent l'éternité de leur amitié. Au ciel encore, s'il existe, ils mangeront ensemble des réglisses. Un livre grave et léger dans lequel la finesse du dessin s'accorde à celle des sentiments.
Didier Jeunesse, 2004.
10,90 € ISBN : 978-2-278-05454-1
À partir de 6 ans

355. Van de Vendel, Edward ; ill. Dendooven, Gerda ; trad. Lebrun, Séverine ; Bruel, Christian : **Petit Lapin stupide.**
Vieux Lapin se meurt et Petit Lapin stupide se pose la question : comment c'est quand on est... ? Il part, réconforte les animaux mal en point qu'il rencontre en chemin et revient chez Vieux Lapin avec une moisson de mots apaisants. L'écriture de cet album en forme de randonnée surprend par son ton direct, cru, qui s'accorde avec les collages qui l'illustrent.
Être, 2003.
13 € ISBN : 978-2-84407-033-3
À partir de 6 ans

♥ **356.** Rosen, Michael ; ill. Blake, Quentin ; trad. Saint-Dizier, Marie : **Quand je suis triste.**
Livre de tristesse, de compassion, de parole sur la perte insupportable d'un enfant, l'album évoque aussi le courage de sourire encore et d'affronter la vie avec cette absence. Quentin Blake, qui pose son regard drôle et bienveillant sur le monde, sait ici dessiner la douleur et représenter avec infiniment de délicatesse, de force et de pudeur les mots de Michael Rosen. Un témoignage unique d'une exceptionnelle générosité.
Gallimard Jeunesse, 2005.
12,50 € ISBN : 978-2-07-050828-0
À partir de 9 ans

AVENTURES

357. Hatsue, Nakawaki ; ill. Sakaï, Komako ; adapt. Seyvos, Florence : **Ne bouge pas !**
Les premiers pas d'un bébé qui part à la découverte du monde. Il aimerait tant que le papillon, le lézard et le chat attendent un peu afin qu'il parvienne à les attraper ! Les fines illustrations au crayon, à peine colorées, se détachent sur un beau papier ivoire, libérant l'espace d'exploration de l'enfant, mais rien à craindre, Papa n'est pas très loin.
L'École des loisirs, 2006.
10,50 € ISBN : 978-2-211-08388-1
À partir de 2 ans

358. Alibeu, Géraldine : **La Course du renard.**
Dans le camp des Esquimaux, les chiens, nargués par un renard, emportent à tout allure le traineau sur lequel un enfant dort. Ils sont poursuivis à leur tour par les Esquimaux qui ont attelé les rennes. L'illustration offre de larges espaces bleus sur lesquels évoluent renard, rennes rouges, chiens jaunes et Esquimaux blancs, dans une course folle.
Autrement Jeunesse, Histoire sans paroles, 2004.
12 € ISBN : 978-2-7467-0473-2
À partir de 3 ans

359. Angeli, May : **Chat.**
Album sans parole. De superbes gravures sur bois, reproduites en pleine page dans les tons bleu et jaune, nous font suivre les aventures d'un chat intrépide qui, irrésistiblement attiré par un couple d'oiseaux, va de justesse échapper à des prédateurs

… pour finalement arriver sur une île où il rencontrera l'âme sœur.
Thierry Magnier, 2001.
15,90 € ISBN : 978-2-84420-101-0
À partir de 3 ans

♥ **360.** Ardizzone, Edward : **Tim fait naufrage.**
Un petit garçon curieux, déterminé, bon matelot et excellent camarade, nous entraîne dans de vraies aventures ! Texte et illustrations – dessins à l'encre noire réhaussés d'aquarelle – concordent parfaitement pour créer le climat des grandes équipées maritimes tout en restant à hauteur d'enfant.
Autrement Jeunesse, 2000.
ISBN : 978-2-86260-957-7
361. Tim et Charlotte. 2000.
ISBN : 978-2-86260-961-4
362. Tim, Lucie et les mutins. 2000.
ISBN : 978-2-86260-958-4
12,50 € chaque À partir de 3 ans

363. Burningham, John : **Le Lit magique.**
Le lit que Lucas a trouvé chez un antiquaire est un lit magique, malheureusement sa grand-mère s'empresse de remplacer cette « vieillerie » par un lit flambant neuf ! Les dessins au trait représentant le quotidien cèdent bientôt la place aux images en pleine page qui illustrent les rêves. Un album onirique plein de sensibilité.
Seuil Jeunesse, 2003.
12,50 € ISBN : 978-2-02-057935-3
À partir de 3 ans

364. Crowther, Kitty : **Va faire un tour.**
La mère agacée ordonne à son enfant d'aller faire un tour. Notre héroïne ira loin, ce sera un véritable périple autour du monde. Dans cette histoire sans parole, de vignette en vignette, l'auteur s'amuse avec les stéréotypes pour évoquer les pays traversés et nous ramener au point de départ.
L'École des loisirs/Pastel, 1995.
12 € ISBN : 978-2-211-03297-1
À partir de 3 ans

365. Deacon, Alexis ; trad. Duval, Élisabeth : **Bidou.**
Une petite créature jaune et qui s'exprime dans un drôle de langage se demande où elle a bien pu atterrir : personne n'a l'air de la comprendre et les grands terriens, très méfiants, ne sont guère accueillants. Les petits, eux, sont sans a priori. L'aideront-ils à retrouver les siens ? Le mélange des genres dans les illustrations fonctionne parfaitement.
Kaléidoscope, 2003.
12 € ISBN : 978-2-87767-398-3
À partir de 3 ans

♥ **366.** Douzou, Olivier : **Esquimau.**
La glace du pôle Sud cède et emporte, loin de la banquise, un petit Esquimau et un pingouin qui vont dériver vers un monde nouveau. Le silence de la page blanche, symbole de l'univers glacé dans lequel se déroule ce mini-drame, met en valeur la grande expressivité du trait. La dédicace confère à cet album sans texte une dimension inattendue.
Éditions du Rouergue, 2005.
10,50 € ISBN : 978-2-84156-672-3
À partir de 3 ans

367. Fatio, Louise ; ill. Duvoisin, Roger ; trad. Krief, Anne : **Le Lion heureux.**
Les habitants de la petite ville viennent saluer le lion du zoo quotidiennement. Mais, le jour où la porte de sa cage étant restée ouverte, il part se promener librement dans la ville, il a bien du mal à comprendre que ses amis hurlent de frayeur. Merveilleuse histoire aux traits dynamiques, aux couleurs vives. Un regret : pourquoi ne pas avoir utilisé la première traduction de ce texte qui disait « Bonjour, mon Bon Lion » qui devient ici « Bonjour lion joyeux » ?
Gallimard Jeunesse, 2005.
12.50 € ISBN : 978-2-07-051138-9
À partir de 3 ans

368. Hurd, Clement ; trad. Krief, Anne : **La Folle Poursuite.**
Attention, tous aux abris ! Tombés nez à nez au coin d'une rue, un chien et un chat nous entraînent dans une course-poursuite endiablée, dévastant tout sur leur passage. Un classique américain de 1941 qui repose sur le comique de situation, le rythme et le dynamisme des superbes compositions orchestrées par les rouges, bleus, jaunes et noirs des images.
Gallimard Jeunesse, 2006.
12,50 € ISBN : 978-2-07-057650-0
À partir de 3 ans

369. Henkes, Kevin ; trad. Duval, Élisabeth : **Le Petit Bol de lait dans le ciel.**
Minou est un tout petit chaton qui a encore bien des choses à apprendre. La première fois qu'il voit la pleine lune, il la prend pour un petit bol de lait et n'a plus qu'une idée en tête : le laper ! Peine perdue… Les illustrations en noir et blanc, parfaitement lisibles, apportent un rythme et un charme tout particuliers à l'histoire.
Kaléidoscope, 2004.
12 € ISBN : 978-2-87767-437-9
À partir de 3 ans

370. Lionni, Leo ; trad. Chagot, Adolphe : **Pilotin.**
Petit poisson noir parmi des milliers de petits poissons rouges, Pilotin survivra-t-il à l'arrivée du gros poisson féroce ? Oui, car l'union fera la force !
L'École des loisirs, 1973.
11 € ISBN : 978-2-211-02488-4
À partir de 3 ans

371. McKee, David ; trad. Duval, Élisabeth : **Elmer.**
Un éléphant pas comme les autres cet Elmer, bariolé et toujours prêt à rire ! Mais que va-t-il arriver le jour de Mardi gras ? Le premier et le meilleur titre de la série.
Kaléidoscope, 1989.
10,50 € ISBN : 978-2-87767-009-8
À partir de 3 ans

372. Majaluoma, Markus ; trad. Kühne, Barbara : **Les Escapades de Benjamin.**
Ah ! quel souci que de devoir veiller sur son petit frère. Surtout quand celui-ci disparaît alors que l'on était tranquillement en train de jouer. Il faut le chercher partout, chez les chats, les chiens et même les pirates ! Une histoire pleine de malice et de fantaisie.
Autrement Jeunesse, 1997.
12,50 € ISBN : 978-2-86260-749-8
À partir de 3 ans

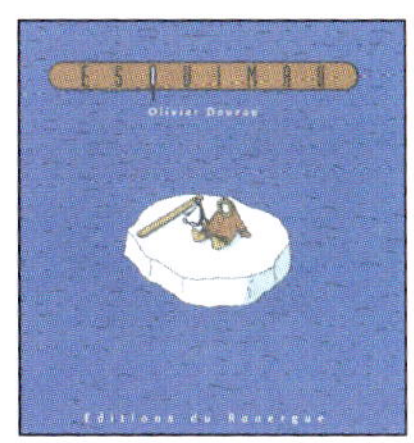

373. Roy, Ron ; ill. Galdone, Paul ; trad. Bonhomme, Catherine : **Trois Petits Canards... et puis s'en vont.**
La promenade des trois petits canards guettés par des prédateurs est pleine de dangers et le comique naît du contraste entre leur inconscience et les mines déconfites de leurs poursuivants malchanceux. Le récit qui allie la subtilité à la drôlerie est parfaitement servi par l'illustration.
Circonflexe, Albums Circonflexe, 2005.
11 € ISBN : 978-2-87833-374-9
À partir de 3 ans

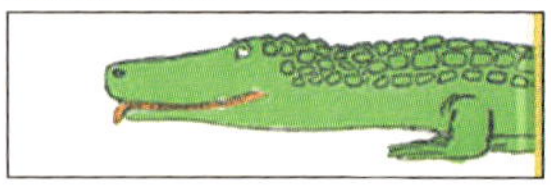

374. Sara : **Éléphants.**
L'album met en scène un petit éléphanteau en danger. Nul besoin de texte : cadrages cinématographiques, jeu sur les textures du papier, les images – réalisées à partir de papiers déchirés et collés dans une composition élégante et épurée – parlent d'elles-mêmes et suscitent un choc visuel et émotif.
Thierry Magnier, 2006.
17 € ISBN : 978-2-84420-449-3
À partir de 3 ans

375. Spier, Peter : **L'Arche de Noé.**
Noé est très occupé : tous les animaux de la Création à loger dans son arche et à nourrir ! L'illustration fine et foisonnante de cet album sans texte représente à merveille cette foule de créatures embarquées dans l'agitation et la bonne humeur.
L'École des loisirs, 1978.
10 € ISBN : 978-2-211-04804-0
À partir de 3 ans

376. The Tjong-Khing : **La Course au gâteau.**
Deux rats volent le gâteau de Monsieur et Madame Chien et tous les voisins vont être entraînés tour à tour dans une course-poursuite. De multiples histoires s'imbriquent dans ces grandes doubles pages sans texte aux illustrations gaies et très lisibles.
Autrement Jeunesse, 2006.
14,50 € ISBN : 978-2-7467-0818-1
À partir de 3 ans

♥ **377.** Ungerer, Tomi ; trad. Chagot, Adolphe : **Le Géant de Zéralda.**
Histoire traditionnelle détournée avec malice par Ungerer : comment Zéralda apprivoisa l'ogre en lui préparant de bons petits plats. Un album dont le succès ne s'est jamais démenti !
L'École des loisirs, 1971.
10,50 € ISBN : 978-2-211-02033-6
À partir de 3 ans

378. Vaugelade, Anaïs : **Le Secret.**
Parce que Poule, son amie, détient un secret, Chat décide de s'en trouver un et part à sa recherche, pendant toute une journée. De quoi intriguer Poule à son retour ! Les illustrations en pleine page, colorées dans un registre chaud mais nocturne conviennent bien au propos.
L'École des loisirs, Lutin poche, 1999.
5,50 € ISBN : 978-2-211-05242-3
À partir de 3 ans

♥ **379.** François, André : **Les Larmes de crocodile.**
Un chef-d'œuvre enfin réédité sous son emboîtage cartonné et dans son format d'origine, un petit format à l'italienne parfaitement adapté à la morphologie du crocodile. D'où viennent les larmes de crocodile ? Pour le savoir, il faut commencer par aller au bord du Nil en capturer un, l'expédier par la poste, le libérer et... vous aurez la réponse ! Un humour farfelu très enfantin et des illustrations caricaturales irrésistibles.
Éditions Delpire, Dix sur dix, 2006.
15 € ISBN : 978-2-85107-214-6
À partir de 4 ans

380. Bograd, Larry ; ill. Zimmer, Dick : **Egon.**
Un curieux petit animal quitte le cocon familial pour vivre sa vie. L'illustration, en noir, gris et blanc, est un habile mélange d'onirisme et de précision documentaire.
Grandir, 1987.
10 € ISBN : 978-2-904292-24-8
À partir de 5 ans

381. Boujon, Claude : **Le Crapaud perché.**
Grâce à son goût affirmé pour les livres, un crapaud permet à une sorcière en panne de mémoire de retrouver et d'appliquer avec succès les bonnes recettes d'antan, sauvant ainsi sa réputation. Simplicité, efficacité, malice.
L'École des loisirs, 2004.
9,90 € ISBN : 978-2-211-02714-4
À partir de 5 ans

♥ **382.** Burningham, John : **Borka.**
La pauvre Borka, oie née sans plume, est la risée de ses congénères malgré le joli petit gilet que lui a tricoté Madame Plumpster pour la protéger du froid. Incapable de migrer comme les autres, elle se retrouve seule au monde. Saura-t-elle trouver le réconfort ? Sous une couverture modernisée, la réédition d'un merveilleux album !
Seuil Jeunesse, 2002.
11,50 € ISBN : 978-2-02-052795-8
À partir de 5 ans

383. Burningham, John : **Harquin le renard qui descendit dans la vallée.**
Chasse à courre dans un marécage. Les plus puissants ne sont pas forcément ceux que l'on croit ! Un vrai moment de bonheur grâce au talent de Burningham qui sait raconter et illustrer de vraies histoires avec tendresse, drôlerie, suspense et fantaisie. Réédition.
Seuil Jeunesse, 2002.
11,50 € ISBN : 978-2-02-052796-5
À partir de 5 ans

384. Celija, Maja : **Les Grandes Vacances.**
La maison est vide pendant les vacances. C'est le moment pour les personnages enfermés dans les cadres de leurs photos de s'en échapper et de partager à leur façon les plaisirs de l'été. Les objets sont à l'échelle des personnages, ce qui accentue le caractère surréaliste de ce bel album sans texte aux couleurs empreintes de nostalgie.
Autrement Jeunesse, 2006.
12,50 € ISBN : 978-2-7467-0843-3
À partir de 5 ans

385. Corentin, Philippe : **L'Afrique de Zigomar.**
Rien n'arrête le merle Zigomar quand il fait une promesse, même pas le fait de mentir.

Quand il embarque Pipioli sur son dos pour l'Afrique, il se retrouve au pôle Nord mais affirme qu'il s'agit bien de l'Afrique. Pour le lecteur, un beau voyage et le plaisir de dominer les événements.
L'École des loisirs, 1990.
12 € ISBN : 978-2-211-03720-4
À partir de 5 ans

386. Dumas, Philippe : **Laura, le terre-neuve d'Alice.**
La première d'une suite d'aventures de petits enfants avec un chiot qui va devenir grand, très grand et jouer le rôle d'une baby-sitter. Les illustrations à la plume et à l'aquarelle sont pleines de charme. Nous retrouverons Alice, Émile et Laura dans *Laura et les bandits* et *Laura perd la tête*.
L'École des loisirs, 1978.
8,50 € ISBN : 978-2-211-04319-9
À partir de 5 ans

♥ **387.** Hayashi, Akiko ; trad. Coulom, Nicole : **Le Premier Camping de Nahotchan.**
Nahotchan aimerait bien partir camper avec les grands, mais ils ne veulent pas d'elle : « Les petits ne savent rien faire et puis d'abord, ils ont peur dans le noir. » Mais si on lui laisse sa chance, elle montrera qu'elle peut vaincre sa peur, se rendre utile et faire sa part des corvées !
L'École des loisirs, Mouche, 1988.
4,90 € ISBN : 978-2-211-01905-7
À partir de 5 ans

♥ **388.** Pommaux, Yvan : **La Fugue.**
Un chaton s'enfuit pour quitter une famille où il est malheureux et retrouver l'enfant entrevu qui saura l'aimer. Un parcours plein de dangers. Une histoire bien construite, simple et humoristique sur la recherche de l'amour et de la sécurité servie par une illustration dont le découpage s'inspire du cinéma et de la bande dessinée.
L'École des loisirs, 1996.
11,50 € ISBN : 978-2-211-03712-9
À partir de 5 ans

389. Ravishankar, Anushka ; ill. Biswas, Pulak ; trad. Troller, Fenn : **Au croco ! Au croco !**
Qui va réussir à chasser le crocodile ? Les hommes forts du village ? Eh bien non, ce sera une petite fille maligne ! Le rythme du livre repose en grande partie sur la mise en pages, sur l'emploi de la typographie qui éclate parfois dans la page, jouant des onomatopées et les intégrant à l'image.
Syros Jeunesse, 2002.
13 € ISBN : 978-2-7485-0051-6
À partir de 5 ans

390. Ravishankar, Anushka ; trad. Biswas, Pulak : **Où est Petit-Tigre ?**
Petit-Tigre effrayé par une chèvre grimpe dans un arbre et se retrouve à la merci des chasseurs. Faut-il avoir peur de ce que l'on ne connaît pas ? Cet album séduisant aux illustrations d'un graphisme stylisé emploie un noir et un très beau rouge brique qui tranchent sur le blanc ivoire de la page. Une typographie expressive accentue le dynamisme du récit.
Syros Jeunesse/Amnesty International, 2006.
13 € ISBN : 978-2-7485-0450-7
À partir de 6 ans

391. Steig, William ; trad. Deloraine, Catherine : **Irène la courageuse.**
La lutte acharnée d'une petite fille dans la nuit contre une tempête de neige – et contre elle-même – pour aller livrer le travail de sa mère malade. Par un grand conteur, un bref chef-d'œuvre d'émotion, de délicatesse et d'humour.
Gallimard Jeunesse, Folio benjamin, 2003.
5,50 € ISBN : 978-2-07-054899-6
À partir de 5 ans

392. Wormell, Christopher ; trad. Duval, Élisabeth : **Deux Grenouilles.**
Une grenouille paranoïaque, qui essaie de convaincre sa voisine de la légitimité d'avoir un bâton pour se défendre au milieu de l'étang, obtient gain de cause, contre toute attente. Un dialogue jubilatoire renforcé par des illustrations en gros plans des deux grenouilles qui soulignent leurs expressions et accentuent l'humour des situations.
Kaléidoscope, 2003.
12 € ISBN : 978-2-87767-379-2
À partir de 5 ans

♥ **393.** Akaba, Suekichi : **Envolez-vous, oiseaux !**
Un homme découvre le vaste monde en essayant de rattraper les motifs de son kimono transformés en oiseaux volants. L'histoire rebondit sans cesse grâce à un traitement de l'illustration à l'horizontale comparable à celui des rouleaux japonais.
Grandir, 1990.
14 € ISBN : 978-2-904292-42-2
À partir de 6 ans

394. Bernard, Fred ; ill. Roca, François : **Jésus Betz.**
Dans une Angleterre misérable, à la fin du XIXe siècle, vit Jésus Betz, un homme-tronc à la voix de soprano. Envoyé par sa mère sur les océans pour gagner sa vie, il retrace pour elle ses aventures, qui le mèneront dans le monde du cirque. Un récit dur et touchant accompagné de somptueuses illustrations classiques, chaudes et expressives.
Seuil Jeunesse, 2001.
16,50 € ISBN : 978-2-02-037854-3
À partir de 6 ans

395. Chauveau, Léopold : **Histoire de roitelet.**
Un conte où l'on s'embarque avec bonheur pour suivre les aventures d'un petit garçon rétréci qui navigue dans le sabot de son père. L'imagination débridée du conteur offre bien des surprises... Les qualités d'écriture et d'expression graphique sont au service d'une histoire originale.
La Joie de lire, Léopold Chauveau, 1999.
13 € ISBN : 978-2-88258-137-2
À partir de 6 ans

396. Chauveau, Léopold : **Petit Poisson devenu grand.**
Ce récit, en libre interprétation de la fable, narre les aventures d'un poisson qui, après avoir écouté le sermon du curé, grossit de façon gigantesque. Une histoire tout à la fois très simple et empreinte de dérision. Un album exceptionnel, tant pour la qualité littéraire des textes que pour la beauté

des images en noir et blanc.
La Joie de lire, 1999.
13 € ISBN : 978-2-88258-138-9
À partir de 6 ans

397. Chen Jiang Hong : **Petit Aigle.**
Dans la Chine du XVe siècle, maître Yang découvre un petit garçon abandonné dans la neige, le recueille et l'initie à la boxe de l'Aigle. Un beau récit d'apprentissage dans lequel Chen Jiang Hong utilise sa grande maîtrise de la peinture chinoise et la renouvelle par les cadrages, la profondeur, le mouvement.
L'École des loisirs, 2003.
13,50 € ISBN : 978-2-211-07043-0
À partir de 6 ans

398. Chen Jiang Hong : **Le Prince Tigre.**
Élevé par une tigresse, le prince Wen reviendra au palais régner sur son royaume, puis, à son tour, confiera à la tigresse son propre fils. Dans ce récit, inspiré par une légende chinoise et qui s'inscrit dans la lignée des récits d'enfants sauvages, l'auteur multiplie les effets de cadrages et de découpages des pages, rythmant le récit et lui donnant vie.
L'École des loisirs, 2005.
18,50 € ISBN : 978-2-211-07881-8
À partir de 6 ans

399. Chess, Victoria ; adapt. Guillaume, Marie-Ange : **Un si beau bal.**
La petite famille de madame Coco ? Ses bull-terriers chéris ! Inquiétants ? Allons donc ! Et pourquoi, pour les distraire, ne pas organiser un bal costumé ? Le dessin et la mise en pages donnent au monde fou, fou, fou, qu'abrite le cottage, le charme désuet d'un album de famille.
Seuil Jeunesse, Crapule, 2005.
13 € ISBN : 978-2-02-078797-0
À partir de 6 ans

400. Dedieu, Thierry : **Yakouba.**
L'Afrique, continent où le combat entre l'homme et la bête prend une dimension mythique, est parfaitement représentée par une illustration où un épais et généreux trait noir donne une gravité inhabituelle à une histoire de chasse au lion.
Seuil Jeunesse, 1994.
13,90 € ISBN : 978-2-02-021478-0
À partir de 6 ans

401. Dumas, Philippe : **César, le coq du village.**
Un coq-girouette qui s'ennuie sur son clocher profite d'une tempête pour prendre le large. Il le regrette vite... La richesse et la vivacité du trait, l'alternance de pages sur fond blanc présentant les personnages rencontrés par le coq et d'illustrations en pleine page les situant dans leur contexte rythment allègrement la lecture.
L'École des loisirs, 1999.
11,90 € ISBN : 978-2-211-05293-1
À partir de 6 ans

402. Heine, Helme ; trad. Duval, Thomas ; Duval, Élisabeth : **Foxtrott.**
Foxtrott est la fille unique d'une famille de renards. Leur terrier est le royaume du silence. Quand elle en sort pour la première fois, elle est fascinée par les bruits de la nature et ne pense plus qu'à les reproduire, au grand dam des parents car cela fait fuir leurs proies... Les images sont superbes dans leur composition et drôles dans leurs détails.
Kaléidoscope, 2005.
12,50 € ISBN : 978-2-87767-446-1
À partir de 6 ans

♥ **403.** Heitz, Bruno : **Histoire connue.**
Un album en quatre actes pour raconter en images l'histoire jamais citée mais reconnaisable de *La Chèvre de monsieur Seguin*. Gravées sur bois, les illustrations expressives de Bruno Heitz servent à merveille cette quête de liberté si chèrement payée. Les enfants qui connaissent déjà l'histoire se délecteront à retrouver le fil du récit.
Grandir, 1999.
20 € ISBN : 978-2-84166-099-5
À partir de 6 ans

404. Lecaye, Olga : **L'Ombre de l'ours.**
L'ours consent à prêter son ombre protectrice à qui la lui demande gentiment à condition qu'elle lui soit rendue en temps voulu. Le sera-t-elle malgré quelques événements inattendus ? Le récit inspiré du conte a une dimension chaleureuse. La peur, le plaisir et la psychologie des personnages sont évoqués dans différents registres d'illustrations.
L'École des loisirs, 1997.
12,50 € ISBN : 978-2-211-04373-1
À partir de 6 ans

405. Malte, Marcus ; ill. Saillard, Rémi : **Le Chapeau : et c'est toujours la même histoire.**
L'histoire d'un petit chapeau noir croise l'histoire d'une grenouille, celle d'un gros poisson, celle d'un homme assis tout seul, pêchant à la ligne et qui finira par le porter, le chapeau... jusqu'à ce que le vent se remette à souffler. L'écriture poétique, musicale, rythmée, est en accord avec de superbes illustrations en linogravure.
Syros Jeunesse, Albums, 2006.
13,50 € ISBN : 978-2-7485-0415-6
À partir de 6 ans

♥ **406.** McCloskey, Robert ; trad. Huline-Guinard, Julie : **Laissez passer les canards.**
Aidés par un policier irlandais, monsieur et madame Malard et leurs huit canetons – Jack, Kack, Lack, Mack, Nack, Ouack, Pack et Quack – déambulent calmement à travers les rues encombrées de Boston pour atteindre le jardin public où abondent cacahuètes et pop-corn. Réédition d'un classique américain, chef-d'œuvre de la littérature enfantine.
Circonflexe, Aux couleurs du temps, 2002.
15 € ISBN : 978-2-87833-308-4
À partir de 6 ans

407. Nickl, Peter ; ill. Schrœder, Binette : **Crocodile, crocodile.**
Un jour au bord du Nil, un crocodile entendant deux élégantes s'émerveiller des merveilleux « crocos » qu'elles avaient trouvés dans une boutique parisienne décida d'aller leur rendre visite. L'histoire d'un drôle de quiproquo mise en images avec raffinement.
Nord-Sud, 1992.
12 € ISBN : 978-3-314-20587-3
À partir de 6 ans

408. Niimi, Nankichi ; ill. Kuroi, Ken : **Le Petit Renard Gon.**
Gon est un jeune renard solitaire. Insouciant, il passe son temps à jouer de mauvais tours aux villageois, déterrant les patates douces ou volant les poissons. Mais voilà que sa dernière bêtise le ronge de remords... Un texte émouvant illustré avec beaucoup de délicatesse et de poésie.

Grandir, 1991.
15 € ISBN : 978-2-904292-47-7
À partir de 6 ans

409. Ohtake, Shinro ; trad. Quentin, Corinne : **Monsieur Jarry.**
L'auteur rend ici sans aucun doute un hommage à Alfred Jarry et à Ubu. Mais son roi est plus serein quand il donne à regarder sa promenade sur le chemin jaune en compagnie d'un crocodile rose. Les illustrations, dans un style enfantin, retiennent le regard. Le soin apporté à la fabrication de cet album de grand format contribue à en faire un livre proche du livre d'artiste.
Passage piétons, 2004.
23 € ISBN : 978-2-913413-31-3
À partir de 6 ans

♥ **410.** Place, François : **Les Derniers Géants.**
À la manière des romans du XVIIIe siècle, un beau récit d'aventures, à la découverte d'une mystérieuse et fascinante civilisation, menacée par la bêtise et la convoitise humaine. De grandes illustrations, lumineuses et tout en finesse, fourmillant de détails précis, éclairent et soutiennent le texte.
Casterman, 1992.
15,95 € ISBN : 978-2-203-14227-5
À partir de 6 ans

411. Pommaux, Yvan : **L'Île du Monstril.**
« De nos jours, les enfants sont des empotés ! » : ainsi parle Poil-Gris, le ragondin grincheux ! Poil-Roux, son ami, est, lui, plus indulgent. Mais voilà justement deux enfants. Cette histoire initiatique est présentée dans une mise en pages qui fait alterner deux histoires parallèles : celle des enfants et celle des ragondins qui suppléent aux maladresses des deux Robinson.
L'École des loisirs, 2000.
12,50 € ISBN : 978-2-211-05987-9
À partir de 6 ans

♥ **412.** Rascal ; ill. Joos, Louis : **Le Voyage d'Oregon.**
Le voyage de retour d'un ours de cirque dans son Oregon natal – en compagnie du clown qui lui avait fait cette promesse – et le réapprentissage de la vie sauvage. Inspirée par l'amour de la route qui traverse l'imaginaire américain, ce parcours est retracé par une habile mise en pages et donne l'illusion d'un témoignage authentique.
L'École des loisirs/Pastel, 2005.
14,50 € ISBN : 978-2-211-01448-9
À partir de 6 ans

413. Rojankovsky, Feodor : **Daniel Boone : les aventures d'un chasseur américain parmi les Peaux-Rouges.**
L'histoire véridique de ce pionnier blanc qui épousa le mode de vie des Indiens d'Amérique. Magnifiquement illustré par cet amoureux de la nature qu'est le grand Rojankovsky.
Circonflexe, Aux couleurs du temps, 1993.
19 € ISBN : 978-2-87833-066-3
À partir de 6 ans

414. Sadat, Mandana : **De l'autre côté de l'arbre.**
Une petite fille se promène seule dans la forêt et rencontre une sorcière conteuse. Petite fantaisie graphique sur le thème de la peur dans l'imaginaire enfantin : les images de la petite fille dessinée à l'aide d'un simple trait noir tranchent avec l'image fractionnée de la sorcière. Les deux registres se rejoignent ensuite pour laisser place à la fantaisie.
Grandir, 1997.
15 € ISBN : 978-2-84166-065-0
À partir de 6 ans

415. Serres, Alain ; ill. Jarrie, Martin : **Les étonnants animaux que le fils de Noé a sauvés.**
Pendant que Noé et sa femme essaient de convaincre les animaux de grimper dans l'arche, leur fils Imaginoé les dessine. Un bestiaire imaginaire et fantastique plein de poésie et d'humour où chaque animal est accompagné d'une courte phrase entre aphorisme, devinette et poème.
Rue du monde, Vaste monde, 2001.
19,80 € ISBN : 978-2-912084-53-8
À partir de 6 ans

416. Rascal ; ill. Joos, Louis : **Escales : carnet de croquis.**
La chute finale fait brutalement prendre conscience que ce journal rempli de l'écho des fêtes et du bonheur des découvertes relate la dernière traversée du Titanic. Le découpage séquentiel, très libre, l'extrême vivacité du trait, l'acuité nerveuse des portraits traduisent la fragilité d'un rêve brisé sur un iceberg.
L'École des loisirs/Pastel, 1992.
19,10 € ISBN : 978-2-211-01480-9
À partir de 8 ans

417. Sara : **À quai.**
À quai est une œuvre à trois temps : le temps d'un livre sans texte parmi les plus beaux de Sara, le temps d'une lettre, celle de « la femme à la robe rouge », et enfin le temps d'un DVD contenant un film d'animation, réalisé par l'auteur, accompagné d'une musique rythmée et empreinte de nostalgie. Une ambiance de nuit, d'errance devant des bateaux en partance, de rencontres improbables, d'attachements voués à la déchirure.
Seuil Jeunesse, 2005.
24 € ISBN : 978-2-02-080326-7
À partir de 8 ans

418. Vincent, Grabrielle : **Nabil.**
Ce livre met en scène le voyage initiatique d'un jeune Égyptien qui ne rêve que d'une chose : voir et toucher les pyramides dont son maître d'école lui a tant parlé. Et le but enfin atteint, il va se sentir dépositaire d'un trésor à transmettre. Cent trente-six dessins aux belles nuances de gris pour un magnifique album.
Rue du Monde, 2004.
26 € ISBN : 978-2-915569-12-4
À partir de 8 ans

419. Sis, Peter ; trad. Marchand, Alice : **Le Tibet : les secrets d'une boîte rouge.**
De retour à Prague dans la maison de son enfance, le narrateur découvre le journal qu'a tenu son père lors d'un séjour au Tibet. Tout s'entremêle : l'évocation d'un pays fascinant, l'absence du père. Curiosité, nostalgie, rêves et tendresse sont magnifiquement exprimés par la diversité et l'harmonie d'illustrations magnifiques.
Grasset Jeunesse, 1998.
16,80 € ISBN : 978-2-246-56781-3
À partir de 9 ans

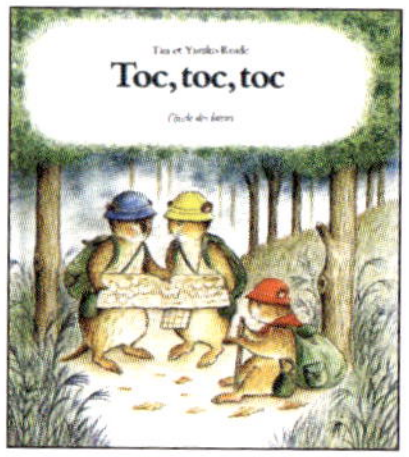

420. Sis, Peter ; trad. Anderson, Rolande : **Les Trois Clés d'or de Prague.**
À travers cette promenade dans Prague, l'auteur évoque pour sa fille née aux États-Unis à la fois ses souvenirs d'enfance et l'histoire et les légendes des lieux symboliques de cette ville. Le style graphique au trait minutieux, l'économie de couleurs évoquent la gravure ancienne et donnent au récit une dimension métaphorique.
Grasset Jeunesse, 1995.
16,80 € ISBN : 978-2-246-51501-2
À partir de 9 ans

421. Place, François : **Atlas des géographes d'Orbae. t. 1 : Du pays des Amazones aux îles Indigo ; t. 2 : Du pays de Jade à l'île Quinookta ; t. 3 : De la Rivière rouge au pays des Zizotls.**
Classées suivant l'ordre alphabétique des noms de lieux imaginaires, les histoires se succèdent, comme autant d'escales. Au-delà du rythme et de la mélodie des textes, l'invitation au voyage est redoublée par la lecture des images, lumineuses aquarelles en pleine page ou planches de minutieux dessins légendés.
Casterman/Gallimard Jeunesse, 1996, 1998, 2000.
ISBN : 978-2-203-14244-2
ISBN : 978-2-203-14264-0
ISBN : 978-2-203-14279-4
28,95 € chaque À partir de 11 ans

Suspense

♥ **422.** Koide, Tan ; ill. Koide, Yasuko ; trad. Watanabe, Keiko : **Toc, toc, toc.**
Trois souris, puis deux lapins, puis trois marmottes se réfugient dans une maison vide ; quand soudain une forme noire entre, sans même avoir frappé. Un suspense habilement rythmé par la sucession des pages et une chute bien réconfortante.
L'École des loisirs, 1983.
9,50 € ISBN : 978-2-211-09776-5
À partir de 2 ans

♥ **423.** Rodriguez, Béatrice : **Le Voleur de poule.**
Un ours, un lapin, un coq et quelques poules vivent paisiblement dans leur chaumière nichée au milieu des bois, quand surgit un renard… Les illustrations, pleines de tendresse et d'humour, au trait hautement expressif, nous entraînent avec un brin d'inquiétude, un rythme soutenu et une vraie jubilation, au terme de cette drôle d'histoire sans parole.
Autrement Jeunesse, Histoires sans paroles, 2005.
12 € ISBN : 978-2-7467-0714-6
À partir de 3 ans

♥ **424.** Ungerer, Tomi : **Les Trois Brigands.**
Une histoire parodique soutenue par une illustration économe et magistralement efficace : comment de terribles brigands deviennent dociles devant une petite fille qui ne se laisse pas impressionner.
L'École des loisirs, 1988.
10,50 € ISBN : 978-2-211-04813-2
À partir de 3 ans

425. Geisert, Arthur ; trad. Paludis, Paul : **Le Musée des mystères.**
Une petite fille a l'habitude d'accompagner son grand-père au musée, mais, cette fois, un détail bizarre attire son attention : des morceaux d'œuvres de maîtres ont été découpés et remplacés par des copies ! Situé dans le monde des cochons cher à l'auteur, un album original à lire attentivement pour savourer toutes les richesses de l'intrigue et de l'illustration.
Autrement Jeunesse, 2005.
12,50 € ISBN : 978-2-7467-0611-8
À partir de 5 ans

426. Pommaux, Yvan : **Une nuit, un chat.**
Le voyage au bout de la nuit d'un jeune chat qui découvre les joies et les périls de la vie. L'initiation comporte des moments de suspense observés de loin par des parents vigilants. Le graphisme et la mise en pages font un clin d'œil malicieux à la bande dessinée et au thriller américain.
L'École des loisirs, 1994.
11 € ISBN : 978-2-211-02774-8
À partir de 5 ans

♥ **427.** Asch, Frank ; trad. Jusforgues, Pascale : **La Souris de M. Grimaud.**
Un petit chef-d'œuvre d'invention et de malice pour apprendre à se tirer d'une situation des plus périlleuses. Le jeu du chat et de la souris est ici transposé dans un monde civil et policé, dont la souris va tirer parti avec une arme redoutable, la parole. Les tons sombres dominent et apportent une saisissante réalité à cette histoire originale.
Albin Michel Jeunesse, 2004.
13,90 € ISBN : 978-2-226-15032-5
À partir de 6 ans

428. Bernard, Fred ; ill. Roca, François : **La reine des fourmis a disparu.**
Le premier album de ce talentueux duo raconte comment la reine des fourmis se retrouve prisonnière au muséum et la manière dont le narrateur, fourmi rouge, la délivre pour la ramener dans leur forêt tropicale. Cet univers foisonnant convient très bien aux grandes et sombres illustrations, de tendance hyperréaliste.
Albin Michel Jeunesse, 1996.
14,90 € ISBN : 978-2-226-08234-3
À partir de 6 ans

429. Dedieu, Thierry : **Article 309 du code pénal du jardin.**
Prétendant être un escargot, une limace vient se plaindre au procureur, un crapaud, du vol de sa maison. La justice fait son travail, et le crapaud sage et imposant saura conclure à la supercherie. Avec sa morale de fable, le texte en vers se prête parfaitement à la lecture à haute voix. Et l'œil est happé par les cadrages et par le trait clair, élégant.
Seuil Jeunesse, 2003.
12,50 € ISBN : 978-2-02-056081-8
À partir de 6 ans

430. Pommaux, Yvan : **Tout est calme !**
Tout est calme, et pourtant ! Sur la couverture, des individus menaçants attendent un enfant au coin de la rue et nous allons suivre des personnages dont les destinées se croisent à un rythme vertigineux. Enchaînant les séquences, jouant avec les cadrages, l'auteur, maître dans le jeu de l'image et du récit, nous entraîne jusqu'aux confins d'un monde fantastique.
L'École des loisirs, 1999.
12,50 € ISBN : 978-2-211-05455-3
À partir de 6 ans

♥ **431.** Prince, April Jones ; ill. Roca, François ; trad. Jusforgues, Pascale : **21 Éléphants sur le pont de Brooklyn.**
New York, 1883. Le célèbre directeur de cirque, Phineas T. Barnum, décide de risquer la vie de ses vingt et un éléphants pour tester la solidité du pont de Brooklyn, dont les travaux viennent de s'achever. L'alliance étonnante d'un texte quasi documentaire et d'une image hyperréaliste pour un résultat onirique.
Albin Michel Jeunesse, 2006.
13,90 € ISBN : 978-2-226-16836-8
À partir de 6 ans

432. Simmonds, Posy ; trad. Stefani, Rémi : **Le Chat du boulanger.**
Mal aimé de ses maîtres qui l'exploitent honteusement, le chat du boulanger échappera-t-il à sa triste condition ? Savoir-faire de l'illustratrice, parfaite économie du texte qui mélange narration et bulles, ces moyens classiques employés avec virtuosité et malice nous donnent un récit d'une constante drôlerie.
Casterman, Les albums Duculot, 2005.
13,95 € ISBN : 978-2-203-55320-0
À partir de 6 ans

433. Bernard, Fred ; ill. Roca, François : **Cheval vêtu.**
Le cheval caparaçonné d'un conquistador se retrouve seul et s'approche du troupeau de chevaux d'une tribu comanche, attiré par une femelle. Naît alors un ballet d'approches et de fuites entre ce cheval qui intrigue les Indiens, et le troupeau jalousement gardé de la tribu. Les illustrations saisissent au vol la vie et le mouvement des hommes et des bêtes.
Albin Michel Jeunesse, 2005.
13,50 € ISBN : 978-2-226-15932-8
À partir de 9 ans

434. Bernard, Fred ; ill. Roca, François : **Jeanne et le mokélé.**
Quintessence d'une Afrique imaginaire nourrie de références cinématographiques et littéraires, qui vont d'*African Queen*, aux *Aventuriers de l'Arche perdue*, de Hergé à Karen Blixen. Le texte d'une concision extrême, comme un script de film, s'efface au profit de merveilleuses illustrations panoramiques. Une réussite et un plaisir pour tous.
Albin Michel Jeunesse, 2001.
14,90 € ISBN : 978-2-226-11904-9
À partir de 9 ans

435. Stone, Bernard ; ill. Steadman, Ralph ; trad. Ménard, Jean-François : **Touchez pas au roquefort !**
Il y a du rififi chez les souris. Les malfrats sont de sortie : « Touchez pas au roquefort », ça vaut de l'or. Heureusement l'inspecteur, au chapeau mou, surveille tous les lieux malfamés de la ville. Une série noire servie par des illustrations à l'encre pleines d'humour.
Gallimard Jeunesse, 1985.
12 € ISBN : 978-2-07-056064-6
À partir de 9 ans

♥ **436.** Bernard, Fred ; ill. Roca, François : **L'Indien de la tour Eiffel.**
Pour la police, l'affaire est classée : un individu de race indienne, Billy Powana, a assassiné deux hommes avant de s'enfuir, emportant dans ses bras sa maîtresse blessée. Il s'est dirigé vers la tour Eiffel, est monté à son sommet et s'est jeté avec la femme dans le vide. Vient alors le récit de la « vraie » vie de Billy qui le jour travaillait à la construction de la tour, et la nuit retrouvait sa belle au cabaret. Ils rêvaient d'ailleurs mais... Les illustrations sont d'une beauté saisissante.
Seuil Jeunesse, 2004.
16,50 € ISBN : 978-2-02-063935-4
À partir de 12 ans

Aventures fantastiques

437. Gay, Michel : **Pousse-poussette.**
Une poussette, ça peut servir à se faire des amis, quand on est seul dans la forêt et que sa maman s'est endormie. Et voilà Bébé en route pour une drôle de promenade.
L'École des loisirs, 1983.
10,40 € ISBN : 978-2-211-01215-7
À partir de 2 ans

438. Dumas, Philippe : **La Petite Géante.**
Pour les poupées, l'enfant est une géante, mais la nuit venue, la petite fille rapetisse et partage avec ses jouets préférés de belles aventures à travers champs. Les illustrations de Philippe Dumas traduisent avec intelligence les changements de points de vue et l'univers du rêve.
L'École des loisirs, 1977.
9 € ISBN : 978-2-211-04590-2
À partir de 3 ans

439. Gouichoux, René ; ill. Claveloux, Nicole : **Barnabé et la vache qui marchait au plafond.**
Quelle chance pour Barnabé d'avoir découvert une vache qui marche au plafond, qui vole, qui nage et qui lui fait découvrir le vaste monde en une après-midi pour être de retour pour le dîner et pour la traite ! Les illustrations renforcent le côté absurde de la comptine anglaise par leur dynamisme, leur fantaisie débridée et leur humour.
Nathan, La maman des poissons, 2003.
13 € ISBN : 978-2-09-211225-0
À partir de 3 ans

♥ **440.** Nadja : **Chien bleu.**
L'amitié entre une petite fille et un étrange chien au pelage bleu, aux yeux verts qui brillent comme des pierres précieuses. Charlotte veut l'adopter mais sa mère s'y oppose. Surgi de la nuit quand elle sera perdue dans la forêt, il la défendra contre la panthère noire. Une histoire forte racontée à l'aide de puissantes peintures à la gouache.
L'École des loisirs, 1989.
12,50 € ISBN : 978-2-211-01417-5
À partir de 3 ans

441. Ponti, Claude : **Le Jour du mange-poussin.**
Le fantasme de la dévoration engendre un monstre qui, au fil des doubles pages étirées sur un petit format en longueur, menace l'innocent poussin.
L'École des loisirs, 1992.
9 € ISBN : 978-2-211-02808-0
À partir de 3 ans

♥ **442.** Rathmann, Peggy : **À quatre pattes les bébés sont partis.**
Des ombres chinoises se détachent sur des cieux lumineux et artificiels. Le texte est dit par une mère à son enfant : « Quelle folle

journée ce fut pour eux et pour toi lorsque les bébés, en rampant, partirent dans le soleil couchant. » On se laisse emmener dans cette « folie », grâce à la musicalité du texte et à l'étrangeté du traitement graphique.
L'École des loisirs, 2005.
12,50 € ISBN : 978-2-211-07913-6
À partir de 3 ans

♥ **443.** Aman, Kimiko ; ill. Sakaï, Komako ; adapt. Seyvos, Florence : **La Fée des renards.**
Lio et son petit frère découvrent, dans le parc, des renards qui jouent à la corde à sauter ! Entre réalité et rêve, un jeu subtil s'installe au fil des pages. Illustré avec délicatesse, cet album entraîne le lecteur au cœur de l'imaginaire enfantin, là où tout est possible – n'oublions pas que le renard est doté de pouvoirs surnaturels au Japon !
L'École des loisirs, 2005.
11,50 € ISBN : 978-2-211-08151-1
À partir de 4 ans

444. Alemagna, Beatrice ; Mangione, Cristiano ; ill. Alemagna, Beatrice : **Je voulais une tortue.**
« J'avais six ans et je voulais une tortue. » Sur un beau papier ivoire, le texte est d'une écriture d'enfant appliqué. Les illustrations, pleines de sensibilité, sont présentées dans des cadres de différentes formes. Tout cela crée un climat à la fois sage, émouvant et intemporel dans lequel va s'inscrire le récit fantaisiste de l'amour de la fillette pour sa tortue Britta.
Panama, 2005.
14 € ISBN : 978-2-7557-0049-7
À partir de 5 ans

445. Burningham, John ; trad. Vassallo, Rose-Marie : **Au pays des nuages.**
L'art de suggérer la vie inconsciente d'un enfant plongé dans le coma comme un séjour dans un ailleurs différent mais accueillant. Le passage de la réalité au rêve est si subtil que la frontière entre les deux finit par s'estomper créant ainsi un univers poétique.
Flammarion-Père Castor, 1999.
13,50 € ISBN : 978-2-08-160964-8
À partir de 5 ans

446. Burningham, John ; trad. Vassallo, Rose-Marie : **Train de nuit.**
Pour fuir l'autorité maternelle, un enfant s'échappe dans l'imaginaire en faisant le tour du monde grâce à son train miniature. L'alternance de dessins au trait et de pleines pages à la gouache signifie avec force la subtile coexistence de deux univers.
Flammarion-Père Castor, 1999.
13,50 € ISBN : 978-2-08-160965-5
À partir de 5 ans

447. Galvin, Michel : **L'Étroit Cavalier.**
Trois affreux cow-boys, un bleu, un rouge et un jaune rivalisent de méchanceté pour s'emparer du plus beau cheval blanc qu'ils aient jamais vu. On est pris par le récit et envoûté par ces images étranges où paysage, animaux et hommes sont traités de la même manière, comme sculptés dans la pierre. Un western énigmatique et esthétique.
Seuil Jeunesse, 2006.
18 € ISBN : 978-2-02-089328-2
À partir de 5 ans

448. Heine, Helme ; trad. Hubschmid, Arthur : **Le Merveilleux Voyage à travers la nuit.**
Le lecteur est invité à parcourir sans crainte la nuit, monde du sommeil et du rêve et à accéder ainsi à un univers imaginaire merveilleux. La sarabande colorée des personnages sur fond bleu nuit rythme cette balade nocturne.
L'École des loisirs, 1989.
10,40 € ISBN : 978-2-211-01165-5
À partir de 5 ans

449. Rodari, Gianni ; trad. et ill. Alemagna, Beatrice : **La Promenade d'un distrait.**
L'auteur propose un livre et un CD-Rom pour raconter l'histoire d'un petit gamin si distrait qu'il en perd tour à tour une main, un bras, une jambe, une oreille sans même s'en rendre compte ! Dans ce monde enchanté, où « les enfants sont tous comme ça » et bien ainsi, les adultes arrivent en procession, chacun rapportant un morceau de Giovanni, dans la maison aux couleurs chaudes de sa mère.
Seuil Jeunesse, 2005.
20 € ISBN : 978-2-02-067428-7
À partir de 5 ans

450. Schoch, Irène : **Hôtel d'été.**
Une famille part en vacances, pensant laisser en toute quiétude son appartement et son chat sous la surveillance d'une voisine. Mais à Paris, au mois d'août, il y a beaucoup de touristes et le chat transforme chaque pièce en chambre d'hôtes, pour animaux du monde entier. L'illustration et les collages figurent bien l'incongruité de la présence des animaux dans ce décor.
Seuil Jeunesse, 2003.
11 € ISBN : 978-2-02-053040-8
À partir de 5 ans

451. Schrœder, Binette : **Fleur-de-Lupin.**
Une imagerie raffinée pour peindre les joies et les aventures d'une poupée tendre et rêveuse avec ses amis, l'oiseau Robert, le timide monsieur Timothée et l'inventif Boîte à Malice.
L'École des loisirs, Lutin poche, 1970.
11,50 € ISBN : 978-2-211-01694-0
À partir de 5 ans

452. Schrœder, Binette : **Florian et Tracteur-Max.**
Un vieux cheval de labour et son vieux maître fatigués accueillent avec soulagement, mais non sans inquiétude, un beau tracteur rouge plein d'énergie. Après un moment d'adaptation naîtra une belle amitié. Une histoire servie par la beauté de l'illustration.
L'École des loisirs, 1972.
11,50 € ISBN : 978-2-211-01708-4
À partir de 5 ans

♥ **453.** Steig, William ; trad. Deloraine, Catherine : **Salomon le clou rouillé.**
Humour, fantaisie, suspense, émotion… Quel plaisir de retrouver cet album paru en 1987 ! Salomon, le lapin, possède un don prodigieux : il peut, en un clin d'œil, se transformer en clou rouillé ! Bien pratique, quoique… Le dessin est merveilleusement expressif et la narration simple, rythmée, limpide.
Kaléidoscope, 2006.
12,50 € ISBN : 978-2-87767-483-6
À partir de 5 ans

♥ **454.** Steig, William ; trad. Nikly, Michelle : **Sylvestre et le caillou magique.**

Par hasard, Sylvestre trouve un caillou magique par qui ses souhaits deviennent réalité. Mais lorsqu'il croise en chemin un lion, effrayé, il n'obtient pas l'effet escompté. Il est changé en pierre. Ses parents désespèrent de le voir revenir un jour. L'illustration de Steig est vive, légère, pleine de tendresse et de drôlerie : un moment de bonheur.
Albin Michel Jeunesse, 2006.
10,90 € ISBN : 978-2-226-16852-8
À partir de 5 ans

455. Steig, William ; ill. Blake, Quentin ; trad. Duval, Élisabeth : **Wizzil.**
Wizzil, une horrible sorcière malodorante, s'ennuie dans son taudis. Son affreux perroquet lui suggère donc d'aller martyriser Marius, un vieux fermier trop âgé pour travailler... L'affrontement va être terrible. Comment imaginer une seconde que l'amour pourrait les réunir ? Les talents de William Steig et de Quentin Blake se marient de manière savoureuse.
Kaléidoscope, 2001.
12,50 € ISBN : 978-2-87767-340-2
À partir de 5 ans

♥ **456.** Stéphane, Nelly ; ill. François, André ; trad. Brisac, Tessa : **Roland.**
Un mot suffit pour qu'un petit garçon transforme les animaux qu'il dessine en êtres vivants. Et le monde autour de lui s'anime gaiement sous les traits de crayon du célèbre graphiste, récemment disparu, dont l'originalité et la fantaisie s'avèrent inépuisables.
Circonflexe, Aux couleurs du temps, 1993.
13 € ISBN : 978-2-87833-072-4
À partir de 5 ans

♥ **457.** Ungerer, Tomi ; trad. Chagot, Adolphe : **Jean de la Lune.**
Les mésaventures d'un homme tombé de la lune. Incompris, il change de volume avant de regagner définitivement les sphères célestes. La force du graphisme de Tomi Ungerer pour une histoire tendre.
L'École des loisirs, 1969.
10,40 € ISBN : 978-2-211-01988-0
À partir de 5 ans

♥ **458.** Alemagna, Beatrice : **Un lion à Paris.**
Ce superbe album au grand format à l'italienne, qui s'ouvre vers le haut et qu'on feuillette alors comme des planches dans un carton à dessin, mêle traits de crayon, collages et couleurs, joue avec les perspectives et les échelles, donne une vision poétique et décalée d'une ville tantôt hostile, tantôt douce, comme vue par ce lion qui a quitté sa savane.
Autrement Jeunesse, 2006.
23 € ISBN : 978-2-7467-0816-7
À partir de 6 ans

♥ **459.** Blake, Quentin ; trad. Bouchony, Anne de : **Le Bateau vert.**
En vacances chez leur tante, Alice et son frère escaladent le mur du jardin et découvrent dans une véritable jungle un étonnant bateau fait de végétation. Son capitaine, madame Trédégar, se réjouit de l'arrivée de ces petits explorateurs. L'aventure peut commencer ! Un très bel album à l'imaginaire parfaitement enfantin et à l'illustration foisonnante !
Gallimard Jeunesse, 1998.
13,11 € ISBN : 978-2-07-051830-2
À partir de 6 ans

460. Browne, Anthony ; trad. Duval, Élisabeth : **Dans la forêt profonde.**
Réveillé en pleine nuit par un bruit épouvantable, un enfant s'interroge le lendemain sur l'absence de son père. Sa mère semble elle aussi en proie à un profond désarroi et l'envoie chez sa grand-mère. Les fantasmes de peur et d'abandon d'un petit garçon dans des images qui évoquent celles des contes merveilleux. Inquiétant...
Kaléidoscope, 2004.
12,50 € ISBN : 978-2-87767-425-6
À partir de 6 ans

461. Crowther, Kitty : **L'Enfant racine.**
Une jeune femme vit recluse dans une forêt. Voulant poursuivre un renard, elle pénètre dans un tunnel. Un autre monde va s'ouvrir à elle, où son cœur de mère se met à battre à l'écoute d'un enfant racine qui pleure. L'un et l'autre apprennent à s'apprivoiser. Un voyage dans un univers symbolique, avec ses zones d'ombre, laissant chacun tracer son chemin.
L'École des loisirs/Pastel, 2003.
12,50 € ISBN : 978-2-211-06682-2
À partir de 6 ans

♥ **462.** Graves, Robert ; ill. Sendak, Maurice ; trad. Farré, Marie-Raymond : **Le Grand Livre vert.**
Recueilli par un oncle et une tante pas très drôles, Jack a découvert un vieux livre plein de formules magiques. De quoi jouer bien des tours ! Les dessins au trait noir de Sendak mis en valeur par le texte imprimé en vert illustrent à merveille l'espièglerie du petit garçon tout en accentuant le côté un peu ridicule des adultes qui l'élèvent.
Gallimard Jeunesse, 2003.
9 € ISBN : 978-2-07-055407-2
À partir de 6 ans

463. Heidelbach, Nikolaus ; trad. Déchin Brigitte : **La Reine Gisèle.**
Un père raconte à sa fille l'histoire de la reine Gisèle, souveraine despotique d'une île peuplée de suricates, et leur rébellion. Les images en pleine page cèdent peu à peu la place au récit du père avant de reprendre toute leur place au moment du retour à la maison. Cet album qui évoque une relation filiale touchante invite aussi à une réflexion sur le thème du pouvoir.
Panama, 2006.
15 € ISBN : 978-2-7557-0122-7
À partir de 6 ans

♥ **464.** Lévy, Didier ; ill. Roussel, Matthieu : **Angelman.**
Un jour Arnaud croise le mystérieux monsieur Angel dans l'escalier de son immeuble. Alors qu'il l'aide à monter ses provisions chez lui, il apprend que ce vieil homme est en réalité Angelman, le premier des superhéros, aujourd'hui tombé dans l'oubli. De confidence en confidence, une belle amitié va naître. Le traitement graphique en 3D accentue la dimension fantastique du récit.
Sarbacane, 2003.
14,90 € ISBN : 978-2-84865-017-3
À partir de 6 ans

465. Morton, Leith Douglas ; ill. Murakami, Yukuo ; trad. Bonhomme, Catherine : **Le Renard.**

Le renard est, au Japon, un animal légendaire. Son caractère merveilleux, son apparition exceptionnelle sont exprimés à la fois par de délicates et minutieuses peintures, qui nous montrent son parcours à travers la campagne et les saisons, et par la qualité poétique du texte. Un univers de couleurs et de sons étouffés.
Circonflexe, Albums Circonflexe, 1994.
13 € ISBN : 978-2-87833-134-9
À partir de 6 ans

466. Nadja : **Méchante.**
La poupée de Paula, abîmée par les garçons, est réparée par une inconnue qui lui donne vie. La vengeance de la poupée sera terrible. Le grand format, l'emploi des couleurs sombres, la présence forte des touches de pinceau traduisent un sentiment de trouble et de souffrance et accentuent le caractère fantastique du récit.
L'École des loisirs, 1998.
12,50 € ISBN : 978-2-211-04748-7
À partir de 6 ans

♥ **467.** Ponti, Claude : **L'Arbre sans fin.**
Cet arbre-là est l'arbre de vie ; il introduit l'histoire initiatique de la petite Hipollène qui va assumer sa place dans la chaîne des générations et devenir une « grande fille » tandis que le lecteur est conduit dans des espaces aériens, terrestres et souterrains. Le récit, très visuel, fonctionne selon un rythme musical qui permet une lecture à plusieurs niveaux.
L'École des loisirs, 1992.
21,50 € ISBN : 978-2-211-06156-8
À partir de 6 ans

♥ **468.** Ponti, Claude : **Blaise et le château d'Anne Hiversère.**
Un magnifique hommage aux histoires qui nourrissent l'imaginaire enfantin. Les fameux poussins s'affairent pour construire le plus « irrésistibilicieux » château pour la fête d'Anne Hiversère et c'est un festival d'images foisonnantes. Les multiples héros cités en pages de garde – de Frankenstein à E.T. – se retrouvent bientôt en invités d'honneur. Un régal !
L'École des loisirs, 2004.
21,50 € ISBN : 978-2-211-07763-7
À partir de 6 ans

469. Ponti, Claude : **Le Chien invisible.**
Après un léger accident, Oum Popotte remarque qu'il est suivi par un compagnon invisible. Comment communiquer avec ce mystérieux personnage ? Il suffira de donner un nom à l'ami inexistant pour le doter d'une identité. Beaucoup de choses sont dites sous couvert d'une fable loufoque où des monstres imaginaires évoluent dans un univers inquiétant.
L'École des loisirs, 1995.
12 € ISBN : 978-2-211-03185-1
À partir de 6 ans

470. Ponti, Claude : **Le Doudou méchant.**
Pauvre Oups, il met le monde sens dessus dessous en écoutant les mauvais conseils de son doudou… Un album qui réunit tout ce qu'on apprécie chez Claude Ponti : humour, fantaisie, multiplicité des clins d'œil, trouvailles graphiques.
L'École des loisirs, 2000.
19,10 € ISBN : 978-2-211-05992-3
À partir de 6 ans

471. Ponti, Claude : **L'Écoute-aux-portes.**
Au moment de l'histoire du soir, bien cachée, l'Écoute-aux-portes rôde dans les pages. Mine part dans la Forêt-Profonde à la recherche de l'histoire arrêtée. Album à l'univers riche et fantaisiste, tant sur le plan du texte que de l'image. Mythes enfantins, monstres imaginaires et héros littéraires s'y mêlent avec bonheur.
L'École des loisirs, 1995.
21,50 € ISBN : 978-2-211-03563-7
À partir de 6 ans

472. Ponti, Claude : **Georges Lebanc.**
Bienvenue au square Albert-Duronquarré où s'est enfin installé Georges Lebanc, digne descendant d'une vaste lignée de bancs. Et maintenant c'est le monde qui bouge autour de lui : au fil des pages de nouveaux monuments apparaissent. Une langue inventive et des images fourmillant de détails cocasses autour d'un destin délirant.
L'École des loisirs, 2001.
21,50 € ISBN : 978-2-211-06488-0
À partir de 6 ans

♥ **473.** Ponti, Claude : **Ma vallée.**
Un Touin's, petit être imaginaire, nous fait découvrir sa famille et la vallée où il vit. De grandes planches riches en détails cocasses, un texte drôle, poétique et inventif. Une plongée dans l'univers fantasmatique de l'auteur.
L'École des loisirs, 1998.
21,50 € ISBN : 978-2-211-05132-3
À partir de 6 ans

474. Ponti, Claude : **Okilélé.**
Le dernier-né de la famille a été affublé de ce nom par des parents qui le rejettent chaque jour un peu plus. Heureusement, Okilélé est courageux et l'aventure qu'il entreprend compensera cette absence initiale d'affection. Un catalogue de figures assez monstrueuses que l'aspect baroque et le parti pris d'anthropomorphisme rendent délirant.
L'École des loisirs, 1993.
21,30 € ISBN : 978-2-211-02963-6
À partir de 6 ans

♥ **475.** Ponti, Claude : **Pétronille et ses 120 petits.**
Quelle mère, cette Pétronille qui, avec sérénité et tant d'amour, élève ses 120 petits ! Mais elle est aussi une mère courage prête à affronter tous les dangers pour sauver ses enfants des griffes de l'horrible Sagoinfre. Vocabulaire, récit, illustrations concourent avec virtuosité à créer un univers où l'imaginaire de l'auteur rejoint celui des enfants.
L'École des loisirs, 1997.
22,10 € ISBN : 978-2-211-02229-3
À partir de 6 ans

476. Ponti, Claude : **Sur l'île des Zertes.**
Sur l'île des Zertes tout peut arriver. Jules, Zerte de son état – une espèce de cube dont sortent des bras et des jambes – amoureux transi d'une brique et inséparable de son ami Diouc le clou, nous entraîne dans un monde plein de surprises, où le cocasse côtoie la bizarrerie sur un ton à la fois joyeux et tendre.
L'École des loisirs, 1999.
15 € ISBN : 978-2-211-05573-4
À partir de 6 ans

477. Seyvos, Florence ; ill. Ponti, Claude : **La Tempête.**
Le lit refuge, l'arche de Noé qui seule est capable de résister aux catastrophes naturelles est un fantasme enfantin. L'illustration de Claude Ponti, toujours séduisante, fait preuve d'une certaine froideur qui forme un contrepoint avec le texte.
L'École des loisirs, 1993.
11,90 € ISBN : 978-2-211-01093-1
À partir de 6 ans

♥ **478.** Van Allsburg, Chris ; trad. Desarthe, Agnès : **Le Balai magique.**
En vieillissant, les balais des sorcières perdent leur pouvoir magique et ne peuvent plus voler. Celui que la sorcière a abandonné chez Minna Shaw, parce qu'il était en panne, va reprendre du service... Une histoire de chasse aux sorcières où l'illustration, superbe, montre comment la magie bouleverse l'assurance rationnelle d'une communauté rurale.
L'École des loisirs, 1993.
13 € ISBN : 978-2-211-03737-2
À partir de 6 ans

479. Van Allsburg, Chris ; trad. Chaine, Catherine : **Jumanji.**
Un jeu d'aventures dans la jungle dans lequel chaque pion avancé sur la piste provoque l'apparition, « en chair et en os », du personnage indiqué sur la case. Une soirée pleine de dangers et de peur pour deux enfants à qui leurs parents avaient recommandé d'être sages. Une atmosphère fantasmatique magistralement rendue par les illustrations.
L'École des loisirs, 1993.
11,90 € ISBN : 978-2-211-09687-4
À partir de 6 ans

480. Van Allsburg, Chris : **Les Mystères de Harris Burdick.**
Un recueil de courts récits en noir et blanc qui tiennent chacun en une phrase et une image. Un beau livre d'initiation dont l'illustration renforce le caractère d'inquiétante étrangeté.
L'École des loisirs, 1985.
11 € ISBN : 978-2-211-02780-9
À partir de 6 ans

481. Browne, Anthony ; trad. Finkenstaedt, Isabel : **Le Tunnel.**
Un frère et une sœur se chamaillent. À partir d'un quotidien réaliste, le récit bascule dans le rêve. Le dessin allie parfaitement mystère et précision. Une belle histoire initiatique.
Kaléidoscope, 1989.
11 € ISBN : 978-2-87767-011-1
À partir de 7 ans

482. Bernard, Fred ; ill. Roca, François : **Le Train jaune.**
Un grand-père raconte à son petit-fils le temps où il était le conducteur du fameux train jaune qui amenait les premiers habitants de New Caldera, devenue depuis une immense ville. Il franchissait les Montagnes Fantômes, la forêt vierge, les plaines peuplées d'Indiens. Les illustrations, ouvrant sur d'immenses espaces, sont superbes.
Seuil Jeunesse, 1998.
13,90 € ISBN : 978-2-02-032216-4
À partir de 9 ans

483. Buchholz, Quint ; trad. Friot, Bernard : **Le Collectionneur d'instants.**
Max, qui aime se qualifier de « collectionneur d'instants », s'installe sur une île pour peindre les images qu'il a en tête. Il fait la connaissance d'un jeune garçon, un petit violoniste intrigué par son travail. Il finira par lui confier les clefs de son atelier.
Milan jeunesse, 1998.
12 € ISBN : 978-2-84113-722-0
À partir de 9 ans

♥ **484.** Dayre, Valérie ; ill. Erlbruch, Wolf : **L'Ogresse en pleurs.**
Une terrifiante histoire d'ogresse qui dévore son propre enfant. L'illustration, riche en références picturales, trouve, pour peindre l'immense douleur du deuil maternel, un style qui déroute sans arrêt et atteint une grandeur saisissante. L'économie du texte, sa musicalité, soulignent la dimension enfantine de l'histoire.
Milan Jeunesse, 1996.
11,30 € ISBN : 978-2-84113-236-2
À partir de 9 ans

485. Gisbert, Jean Manuel ; ill. Ruano, Alfonso ; trad. Merle d'Aubigné, Laure : **Le Gardien de l'oubli.**
Une nouvelle fantastique où cauchemar et rêve se côtoient. Une petite fille au pouvoir divinatoire aide Gabriel à retrouver sa toupie chinoise qu'un gardien inquiétant détient en sa demeure labyrinthique et silencieuse. Une fois le jouet retrouvé, c'est Anne-Lise qui disparaîtra.
Syros Jeunesse, Albums, 2006.
16 € ISBN : 978-2-7485-0479-8
À partir de 9 ans

486. Lewis, J. Patrick ; ill. Innocenti, Roberto ; trad. Krief, Anne : **L'Auberge de nulle part.**
Un artiste part à la recherche de son imagination jusqu'à l'Auberge de nulle part. Là, au fil des pages et des jours, des personnages venus de « nos » histoires d'enfance se croisent et se rencontrent. L'étrangeté de cet univers est traduite par une mise en pages variée et par une succession contrastée de lieux et d'atmosphères.
Gallimard Jeunesse, 2003.
16,95 € ISBN : 978-2-07-054965-8
À partir de 9 ans

HÉROS DE TOUJOURS

♥ **487.** Brunhoff, Jean de : **Histoire de Babar, le petit éléphant.**
Comment un petit éléphant passe de la jungle à la ville, se civilise et devient roi. La mise en pages, l'illustration et le texte se conjuguent à merveille pour permettre à toute l'étendue de la page de raconter les premières étapes d'une vie. Un héros que tout le monde connaît et qui séduit toutes les générations mais attention aux contrefaçons !
Hachette Jeunesse, Albums Babar, 1995.
11,50 € ISBN : 978-2-01-223358-4
À partir de 3 ans

488. Brunhoff, Laurent de : **Babar : la fête de Célesteville.**
C'est un grand plaisir de retrouver des aventures de Babar, l'immortel petit éléphant dans des albums de grand format qui en restituent tout le charme et l'émotion. Ici la vieille dame et le professeur

Grifaton viennent en visite à Célesteville.
Hachette Jeunesse, Babar intégrale 2006.
18,50 € ISBN : 978-2-01-225086-4
À partir de 3 ans

♥ **489.** Brunhoff, Jean de : **Les Vacances de Zéphir.**
Zéphir retourne dans sa famille : la république des Singes offre un modèle de société, peuplée de figures mythiques qui aideront le malin Zéphir à retrouver la princesse Isabelle enlevée par les Gogottes.
Hachette Jeunesse, Babar intégrale, 1996.
11,50 € ISBN : 978-2-01-223484-0
À partir de 3 ans

490. Tison, Annette ; Taylor, Talus : **Barbapapa.**
Nouvelle édition bienvenue de trois titres de cette série qui a connu ses belles heures au cours des années 1970. Malgré des couleurs un peu pâles et un changement de typographie et de mise en pages parfois injustifié, on se réjouit de retrouver ces personnages au caractère bon enfant et aux métamorphoses multiples.
Les Livres du dragon d'or, 2003.
9 € ISBN : 978-2-87881-230-5
À partir de 3 ans

♥ **491.** Bemelmans, Ludwig ; trad. Poslaniec, Michèle ; Poslaniec, Christian : **Madeleine.**
Madeleine est une petite fille malicieuse et sympathique qui vit à Paris avec ses onze camarades de pension dans une vieille maison aux murs recouverts de vigne-vierge. Dans cet album nous faisons sa connaissance et nous pourrons la retrouver dans d'autres titres.
L'École des loisirs, Lutin poche, 1985.
5,50 € ISBN : 978-2-211-02156-2
Autres titres :
492. Le Sauvetage de Madeleine.
L'École des loisirs, Lutin poche, 1986.
5,50 € ISBN : 978-2-211-02196-8

493. Madeleine et les Bohémiens.
L'École des loisirs, 1999.
11,50 € ISBN : 978-2-211-05116-3
À partir de 5 ans

494. Potter, Beatrix : **La Mini-Bibliothèque de Pierre Lapin.**
Douze petits livres de la Bibliothèque de Pierre Lapin pour découvrir ou retrouver ce monde peuplé de petits animaux habillés comme des personnages humains qui évoluent dans un univers à la fois rassurant et plein de surprises. Impossible de résister au charme des histoires et des illustrations créées au début du XXe siècle par cette grande dessinatrice anglaise que fut Beatrix Potter.
Gallimard Jeunesse, 202.
26,90 € ISBN : 978-2-07-053906-2
À partir de 5 ans

495. Hoffmann, Heinrich ; trad. Cavanna, François : **Crasse-Tignasse.**
Le *Struwwelpeter* (1844) est le livre pour enfants le plus célèbre d'Allemagne. La cruauté brutale des histoires et leur moralisme simplet peuvent surprendre certains adultes, mais les enfants perçoivent le caractère excessif du propos et l'humour des illustrations, et savent en rire.
L'École des loisirs, Lutin poche, 1979.
5,50 € ISBN : 978-2-211-06122-3
À partir de 6 ans

496. Hoffmann, Heinrich ; trad. Ball-Simon, Danièle : **Pierre l'Ébouriffé et consorts : albums et histoires en images.**
Sous ce titre sont rassemblées les histoires illustrées qui font la richesse du patrimoine de la littérature pour enfants allemande. Les leçons de morale y sont parfois dispensées de façon terrifiante et cruelle. L'intérêt patrimonial de cet ouvrage est renforcé par la présence d'un index bibliographique des auteurs, illustrateurs et albums.
La Joie de lire, 2005.
22 € ISBN : 978-2-88258-335-2
À partir de 6 ans

♥ **497.** Thompson, Kay ; ill. Knight, Hilary ; trad. Ménard, Jean-François : **Éloïse.**
Une petite peste irrésistible fait les quatre cents coups au Plaza, fameux hôtel de luxe new-yorkais, où elle demeure à l'année et tyrannise sa gouvernante. Un classique aux illustrations et au texte du plus haut comique.
Gallimard Jeunesse, 1985.
11 € ISBN : 978-2-07-056179-7
À partir de 6 ans

498. Grahame, Kenneth ; ill. Moore, Inga ; trad. Lomré, Maurice : **Au fil de l'eau et autres histoires.**
Les cinq premières histoires du merveilleux classique anglais *Le Vent dans les saules* qui raconte avec tant d'humour et de sensibilité les aventures de Taupe, Rat d'eau, Blaireau et Crapeau. L'adaptatrice a su rester fidèle à l'esprit de l'auteur et l'attrait des illustrations, délicates et expressives, permettra peut-être de rendre l'œuvre accessible à un plus grand nombre d'enfants.
L'École des loisirs/Pastel, 1997.
22,70 € ISBN : 978-2-211-04214-7
À partir de 9 ans

ÉCLATS DE RIRE

499. Gourounas, Jean : **Grosse Légume.**
Suivons ce petit ver goulu qui traverse, en les dévorant, toutes sortes de légumes. Irrésistiblement, la lecture du texte qui joue avec les onomatopées, la typographie et les images, conduit à moduler la voix jusqu'à la fin tragique du héros dans le bec de la poule qui trouve « ce ver fourré aux légumes, trop bio » !
Éditions du Rouergue, 12 x 12, 2003.
5,50 € ISBN : 978-2-84156-491-0
À partir de 2 ans

♥ **500.** Barrett, Judi ; ill. Barrett, Ron : **Il ne faut pas habiller les animaux.**
Pourquoi les animaux ne s'habilleraient-ils pas ? Mais parce que le porc-épic percerait ses vêtements, la chèvre les brouterait et le cochon les salirait ! Un bestiaire surréaliste et cocasse pour petits et grands.
L'École des loisirs, 1971.
10 € ISBN : 978-2-211-01546-2
À partir de 3 ans

501. Blake, Quentin ; trad. Farré, Marie : **Les Cacatoès.**
Le professeur Dupont avait dix cacatoès dont il était très fier. Chaque matin il les saluait en employant toujours exactement les mêmes mots et les mêmes gestes. Las d'entendre ce refrain les cacatoès décidèrent de lui donner une bonne leçon ! Les illustrations, très drôles, se révèlent aussi pleines de surprises... Ayez l'œil !
Gallimard Jeunesse, Folio benjamin, 2001.
5,50 € ISBN : 978-2-07-054799-9
À partir de 3 ans

502. Blake, Quentin ; trad. Krief, Anne : **Petit Chou.**
Angèle Duboulard découvre un petit oiseau tombé du nid. Elle le sauve, le nomme Auguste, l'habille et le nourrit si copieusement qu'il grossit tant qu'elle doit lui construire un abri dans le jardin. Mais Auguste prendra la poudre d'escampette. Des illustrations d'un humour irrésistible pour cette fable tendre et malicieuse sur un amour maternel quelque peu étouffant.
Gallimard Jeunesse, 2002.
13,50 € ISBN : 978-2-07-053687-0
À partir de 3 ans

♥ **503.** Boujon, Claude : **La Chaise bleue.**
Escarbille et Chaboudo, se promenant dans le désert, découvrent une chaise bleue ! Au gré de leur imagination elle devient tour à tour traîneau, voiture de pompiers, avion... Hélas un chameau stupide vient mettre fin à leur jeu, décrétant qu'une chaise, c'est fait pour s'asseoir ! Humour et drôlerie dans le texte comme dans l'illustration.
L'École des loisirs, 1996.
11,50 € ISBN : 978-2-211-04211-6
À partir de 3 ans

504. Boujon, Claude : **Verdurette et compagnie...**
Neuf histoires où l'on retrouve la grenouille Verdurette, la sorcière Ratatouille, Escarbille et Chaboudo et leur fameuse chaise bleue, le lapin qui n'aimait plus les carottes, tous ces personnages et leurs aventures si appréciées des enfants.
L'École des loisirs, 2000.
24,40 € ISBN : 978-2-211-05986-2
À partir de 3 ans

505. Bravi, Soledad : **Poulpo et Poulpette.**
Un petit album cartonné carré pour plonger dans la mer avec Poulpo tout vert et Poulpette toute rose qui vont se rencontrer, s'aimer et faire des bébés poulpes de toutes les couleurs. La réussite tient à la vigueur du trait, à l'emploi de la couleur, au dynamisme de la mise en pages... et aux expressions prêtées à ces héros d'un genre inhabituel.
L'École des loisirs, Loulou et compagnie, 2005.
12 € ISBN : 978-2-211-07963-1
À partir de 3 ans

506. Cali, Davide ; ill. Guettier, Bénédicte : **Si je fusse une grenouille...**
Si je fusse une grenouille, je crois que je serais très heureuse. Je prendrais mon temps, je jouerais, je savourerais les petits plaisirs, et puis je recommencerais à deux ou à plus... Sur un grand format en hauteur, la grenouille, sous des traits minimalistes mais tellement expressifs, communique aux lecteurs une irrépressible joie de vivre.
Sarbacane, 2006.
16,50 € ISBN : 978-2-84865-106-4
À partir de 3 ans

507. Charlip, Remy ; Supree, Burton ; trad. Bonhomme, Catherine : **Maman ! Maman ! j'ai mal au ventre !**
Mais qu'a donc bien pu avaler cet enfant pour avoir si mal au ventre ? Les objets hétéroclites que le docteur extrait de son estomac apparaissent d'abord en ombre chinoise avant de rejoindre la pile haute en couleur déjà entassée aux pieds de la mère éberluée ! Rythme et humour pour une histoire délirante magistralement théâtralisée par Remy Charlip.
Circonflexe, Aux couleurs du temps, 2002.
13 € ISBN : 978-2-87833-314-5
À partir de 3 ans

508. Cole, Babette : **J'ai un problème avec ma mère.**
Avoir une maman sorcière peut poser quelques problèmes voire friser le ridicule pour certains, mais les enfants ne s'y trompent pas et le succès est assuré auprès des copains. Un ton et des illustrations hautement humoristiques mais aussi une certaine tendresse parcourent cet album devenu un classique du genre.
Gallimard Jeunesse, Folio benjamin, 2001.
5,50 € ISBN : 978-2-07-054812-5
À partir de 3 ans

509. Duquennoy, Jacques : **Le Dîner fantôme.**
L'absorption des aliments, au cours d'un dîner, produit des effets étonnants sur l'apparence des fantômes qui deviennent jaune-potiron, rose-saumon, se couvrent de trous de gruyère ou disparaissent dans le noir quand ils mangent du chocolat.
Le trait est vif, les détails très amusants, la situation du plus haut comique.
Albin Michel Jeunesse, 1994.
10 € ISBN : 978-2-226-06431-8
À partir de 3 ans

510. Feiffer, Jules ; adapt. Lager, Claude : **Aboie, Georges !**
Georges est un chiot pas comme les autres : il n'aboie pas, il miaule, cancane, grogne et meugle... On l'emmène chez le vétérinaire qui découvre qu'il a avalé un chat, un canard, un cochon, une vache. Les illustrations dépouillées, rehaussées de couleurs pastel, nous entraînent dans une randonnée où l'humour et le suspense sont présents jusqu'à la chute.
L'École des loisirs/Pastel, 2000.
12 € ISBN : 978-2-211-05718-9
À partir de 3 ans

511. Heitz, Bruno : **Dring, dring !**
Bruno Heitz a créé des personnages en bois sculptés et peints qu'il met en scène et photographie. Et le loup se retrouve toujours le dindon de la farce dans ces petites histoires absurdes, drôles et terriblement efficaces !
Circonflexe, Complètement marteau, 2002.
8 € ISBN : 978-2-87833-300-8
À partir de 3 ans

512. Holzwarth, Werner ; Erlbruch, Wolf ; trad. Destouches, Rozenn : **De la petite**

taupe qui voulait savoir qui lui avait fait sur la tête.
En sortant de terre la petite taupe reçoit une crotte sur la tête ! Qui a osé ? ! Elle se livre alors à une minutieuse enquête auprès des animaux de son entourage afin de découvrir le coupable. Le texte est vif et alerte, les illustrations expressives et la mise en pages efficace et évocatrice pour servir cette histoire pleine d'humour.
Milan Jeunesse, 2004.
8 € ISBN : 978-2-7459-1188-9

Adaptation tactile :
513. Holzwarth, Werner ; Erlbruch, Wolf ; trad. Destouches, Rozenn ; adaptation tactile Claudet, Philippe : **De la petite taupe qui voulait savoir qui lui avait fait sur la tête.**
Les Doigts qui rêvent, Brailli-Brailla, 1997.
55 € ISBN : 978-2-911782-06-0
À partir de 3 ans

514. Mets, Alan : **Ma culotte.**
Un loup à culotte rouge, sa fiancée, un mouton destiné à finir en gigot... Ruse et humour pour cette histoire à rebondissements à l'illustration tonique et vigoureuse.
L'École des loisirs, 1997.
10,40 € ISBN : 978-2-211-04701-2
À partir de 3 ans

515. Perret, Delphine : **Toutou tondu.**
Malgré son petit format, vous remarquerez Toutou tondu dont la toison brune et douce émerge de la couverture. Un livre gag, plein d'humour, jusqu'à la chute drôle et inattendue. Les dessins sont minimalistes mais très expressifs, des vers de mirlitons les accompagnent au rythme soutenu des péripéties.
L'Atelier du poisson soluble, 2005.
12 € ISBN : 978-2-913741-36-2
À partir de 3 ans

516. Pittau, Francesco ; ill. Gervais, Bernadette : **Les Contraires.**
Un gros album très drôle sur les contraires à partir d'un seul personnage : l'éléphant. Efficace, absurde et désopilant.
Seuil Jeunesse, 1999.
12,95 € ISBN : 978-2-02-033280-4
À partir de 3 ans

♥ **517.** Ponti, Claude : **Le Bébé bonbon.**
L'absurde adapté aux petits grâce à la présence cocasse d'un couple de poussins, Tromboline et Foulbazar, rivalisant de malice et de drôlerie. Ils ont toujours de bonnes idées qu'ils mettent en œuvre au fil des nombreux albums de cette série.
L'École des loisirs, Lutin poche, Tromboline et Foulbazar, 1995.
6 € ISBN : 978-2-211-03179-0
À partir de 3 ans

518. Ponti, Claude : **Une semaine de Monsieur Monsieur.**
Où l'on découvre Monsieur Monsieur et Mademoiselle Moiselle – que nous retrouverons dans d'autres albums –, ce couple de souris distinguées qui transforme le quotidien en de fantasques péripéties. L'humour et la poésie de ces irrésistibles petits ouvrages ne laisseront personne insensible.
L'École des loisirs, Monsieur Monsieur et Mademoiselle Moiselle, 1999.
6 € ISBN : 978-2-211-05335-8
À partir de 3 ans

519. Ramos, Mario : **C'est moi le plus fort.**
Que le loup interroge un lapin, le Petit Chaperon rouge, les Trois petits cochons ou encore les Sept nains, ils s'accordent à reconnaître qu'il est bien le plus fort de tous. Vient alors à passer une espèce de petit crapaud : une leçon de modestie inattendue ! L'efficacité de la chute et les illustrations désopilantes réjouiront les lecteurs.
L'École des loisirs/Pastel, 2001.
ISBN : 978-2-211-06208-4
Autre titre :
520. C'est moi le plus beau. 2006.
10,50 € chaque
ISBN : 978-2-211-08483-3
À partir de 3 ans

521. Ungerer, Tomi : **Crictor.**
Crictor est envoyé comme cadeau d'anniversaire à la vieille madame Bodot, l'institutrice. Elle va s'en occuper comme si c'était son fils. Et pourtant, c'est un boa ! Mais pas n'importe quel boa : il apprend très vite et va même devenir le héros du village par une action d'éclat.
L'École des loisirs, Lutin poche, 1980.
5,50 € ISBN : 978-2-211-07129-1
À partir de 3 ans

522. Ungerer, Tomi ; trad. Chagot, Adolphe : **Émile.**
L'habit ne fait pas le moine ! Ce n'est pas parce que les pieuvres ont mauvaise réputation qu'elles ne sont pas capables de rendre service. Émile va même sauver un scaphandrier des dents d'un requin ; il en fera tant et tant qu'il aura même sa statue !
L'École des loisirs, Lutin poche, 1980.
5,50 € ISBN : 978-2-211-07145-1
À partir de 3 ans

♥ **523.** Ungerer, Tomi : **La Grosse Bête de monsieur Racine.**
Une bonne farce pour amuser les enfants et scandaliser les gens sérieux. Un pied-de-nez à l'ordre établi dans cet album où l'illustration est encore plus subversive que le texte...
L'École des loisirs, 1972.
10,40 € ISBN : 978-2-211-02003-9
À partir de 3 ans

524. Valckx, Catharina : **Le Roi et la poule.**
Comment s'opposer aux désirs du roi ? Susie la poule sera donc bien obligée de l'accompagner dans sa promenade malgré sa fatigue ; mais voilà qu'un œuf s'annonce ! Une petite histoire subtilement drôle où la bonhomie et la générosité l'emportent sur les relations convenues de maître à sujet. Illustrations drôles, fraîches et expressives.
L'École des loisirs, 1997.
11,50 € ISBN : 978-2-211-04605-3
À partir de 3 ans

525. Vaugelade, Anaïs : **L'Histoire du bonbon.**
Pour que son petit frère la laisse tranquille, Coralie consent enfin à lui donner un de ses bonbons en lui conseillant de le planter pour en faire un arbre à bonbons ! Pauvre Jean, il ne demande qu'à la croire et creuse un trou, plante, arrose avec application... Un album plein de fraîcheur et parfaitement enfantin.
L'École des loisirs, 1995.
10,40 € ISBN : 978-2-211-03155-4
À partir de 4 ans

526. Bachelet, Gilles : **Mon chat le plus bête du monde.**
Si votre animal familier passe son temps à dormir ou à manger, s'il est vraiment très propre et s'il piétine votre travail, n'en déduisez pas trop vite qu'il s'agit d'un chat... car un éléphant ça trompe énormément ! L'auteur excelle dans la caricature et son trait expressif n'a d'égal que l'humour des situations qu'il met en scène.
Seuil Jeunesse, 2004.
13 € ISBN : 978-2-02-066049-5

Autre titre :
527. Quand mon chat était petit. 2006.
12 € ISBN : 978-2-02-089309-1
À partir de 6 ans

528. Jacques, Benoît : **Nul en calcul.**
De un à dix, les rencontres d'un petit lapin très nul en calcul. Un album inventif, avec ses allusions aux contes célèbres et ses jeux de mots. Des illustrations rigolotes pour apprendre aux petits à compter jusqu'à dix en s'amusant beaucoup.
Benoît Jacques Books, 2003.
17 € ISBN : 978-2-9508442-7-9
À partir de 6 ans

529. Blake, Quentin ; trad. Fabine, Camille : **Armeline Fourchedrue ou La Bicyclette infernale.**
Armeline est une grande personne qui a le don, généralement dévolu aux enfants, des inventions farfelues. Elle transforme son vélo en un incroyable et ingénieux bric-à-brac. Une réédition au format poche de l'album paru en 1987.
Gallimard Jeunesse, Folio benjamin, 2001.
5,50 € ISBN : 978-2-07-054793-7
À partir de 6 ans

530. Claveloux, Nicole : **Quel genre de bisous ?**
Comment les aimez-vous ? Légers, distraits, collants, affectueux, poisseux, brefs, longs, répétés... mais toujours en noir et blanc ! Le trait d'une grande illustratrice et un humour irrésistibles.
Être, 1998.
9 € ISBN : 978-2-84407-006-7
À partir de 6 ans

531. Corentin, Philippe : **L'Arbre en bois.**
Quand une table se met à raconter son histoire, quelle aventure ! C'est bien mieux que les histoires de papa, d'ailleurs tous les meubles de la chambre sont bien d'accord. Un dessin désopilant au service d'une histoire totalement loufoque écrite dans le style parlé des enfants.
L'École des loisirs, 1999.
12 € ISBN : 978-2-211-05562-8
À partir de 6 ans

♥ **532.** Corentin, Philippe : **Les Deux Goinfres.**
Bouboule et son chien Baballe ont mangé trop de gâteaux à la crème et leurs cauchemars sont peuplés de gâteaux dégoulinants et menaçants. Pourtant, quand tout va mieux, ils recommencent. Les doubles pages au format à l'italienne tanguent tant et plus, mettant en scène le mal au cœur de manière saisissante.
L'École des loisirs, 1997.
12 € ISBN : 978-2-211-04415-8
À partir de 6 ans

533. Corentin, Philippe : **Machin Chouette.**
Chat et chien cohabitent non sans mal dans une famille assez exceptionnelle : ils ont en effet le droit de prendre leurs repas à table ! Les apartés acides et guindés du chat, à propos de ce benêt de chien qui se laisse flatter et manipuler, donnent tout son sel à cet album, avant le retournement final. Les illustrations sont très drôles.
L'École des loisirs, 2002.
12 € ISBN : 978-2-211-06917-5
À partir de 6 ans

534. Corentin, Philippe : **Patatras !**
Un loup affamé de lapins en croise sans les voir. Ils sont pourtant là, cachés à tous les coins de la page, ce qui donne au lecteur le plaisir d'un savoir bien supérieur à celui du personnage. La surprise finale est bien venue.
L'École des loisirs, 1994.
12 € ISBN : 978-2-211-02879-0
À partir de 6 ans

♥ **535.** Corentin, Philippe : **Plouf !**
Un format tout en hauteur permet de visualiser la sensation de chute et de faire rebondir l'action. Comment sortir du puits ? En trouvant un benêt qui y descend à son tour ! L'auteur utilise le format et la mise en pages avec brio au service de cette histoire classique.
L'École des loisirs, 1991.
12 € ISBN : 978-2-211-02641-3
À partir de 6 ans

536. Crowther, Kitty : **Trois Histoires folles de monsieur Pol.**
Trois histoires pleines de fantaisie, d'humour et de poésie. Où il est question de bain de pluie, de chapeau rouge et d'une maison très accueillante lors d'une longue nuit glaciale. Avec la séduction d'un graphisme délicat.
L'École des loisirs/Pastel, 1999.
11 € ISBN : 978-2-211-05241-2
À partir de 6 ans

537. Duvoisin, Roger ; trad. Bonhomme, Catherine : **Pétunia.**
C'est en 1950 que Roger Duvoisin a donné vie à l'oie Pétunia et nous la découvrons enfin dans une traduction française. Oui, Pétunia est nigaude et plus encore depuis qu'elle pense être devenue savante en trouvant un livre ! On est conquis par la vitalité du trait, la vivacité des couleurs et le dynamisme plein de drôlerie du texte.
Circonflexe, Aux couleurs du temps, 2004.
13 € ISBN : 978-2-87833-351-0
À partir de 6 ans

538. Elzbieta : **Grimoire de sorcière.**
Un pastiche réussi des vieux parchemins de sorcellerie. Rien n'y manque : le papier jauni, la soupe au crapaud, et le portrait des animaux mythiques.
L'École des loisirs/Pastel, 1990.
20,60 € ISBN : 978-2-211-01867 8
À partir de 6 ans

539. Heitz, Bruno : **Une histoire pas terrible, terrible.**
Une vache, une chèvre, un loup, une voiture... et un fermier qui tente de réparer les dégâts ! Les illustrations en volume – personnages en bois peints – sur des aplats aux couleurs vives accentuent la force de cette histoire loufoque tout en

apportant une certaine distanciation.
Éditions du Rouergue, 2000.
10,50 € ISBN : 978-2-84156-215-2
À partir de 6 ans

♥ **540.** Nadja : **L'Horrible Petite Princesse.**
Nadja s'installe avec son crayon et ses feuilles blanches dans le coin à gauche des doubles pages. Deux petits personnages écoutent avec compassion la très triste histoire de l'odieuse petite princesse qui se déroule en images en grand au-dessus de leurs têtes. En conclusion, la savoureuse moralité viendra des petits personnages.
L'École des loisirs, 2004.
11,50 € ISBN : 978-2-211-07480-3
Autres titres :
541. La Jolie Petite Princesse. 2004.
ISBN : 978-2-211-07813-9
542. La Petite Princesse nulle. 2006.
ISBN : 978-2-211-08240-2
12,50 € chaque À partir de 6 ans

♥ **543.** Nadja : **Momo : l'Intégrale.**
Dans ces trois histoires : *Momo ouvre un magasin*, *Mais qu'est-ce qu'il a Momo* et *Momo fait de la photo*, nous retrouvons avec bonheur ce petit crocodile au fichu caractère, tellement proche des enfants !
L'École des loisirs, Mouche, 2004.
9,50 € ISBN : 978-2-211-07776-7
À partir de 6 ans

544. Pef : **Aux fous les pompiers !**
Éteindre des incendies est un vrai défi pour les pauvres pompiers qui n'ont ni téléphone, ni cartes de la région, ni essence, ni camion en état de marche. Heureusement, pompières et pompioux donnent du cœur à l'ouvrage en chantant et tout finit en banquet. Un album fou, fou, fou.
Gallimard Jeunesse, 1996.
9,91 € ISBN : 978-2-07-059486-3
À partir de 6 ans

545. Perret, Delphine : **Moi, le loup et les chocos.**
En rentrant de l'école, un enfant rencontre un grand méchant loup… qui n'arrive plus à faire peur ! L'enfant décide qu'il va l'aider à retrouver sa vraie nature… Cet album original, proche de la bande dessinée, parvient avec une belle économie de moyens à évoquer l'imaginaire enfantin à travers des dialogues drôles et concis.
Thierry Magnier, 2005.
12 € ISBN : 978-2-84420-347-2
À partir de 6 ans

546. Silverstein, Shel ; trad. Retureau, Gaëlle : **Le Rhino facile.**
Publié en version bilingue, ce grand album énumère toutes les bonnes raisons d'avoir un rhinocéros chez soi. Grâce à des dessins au trait expressif et dynamique, on est vite convaincu des talents de ce drôle d'animal… Totalement absurde et hilarant, un vrai bonheur ! Merci à l'éditeur d'avoir conservé le texte américain, tellement plus efficace et concis.
Passage piétons, 2005.
20 € ISBN : 978-2-913413-36-8
À partir de 6 ans

547. Valckx, Catharina : **Totoche.**
Le seul défaut de Totoche, la petite souris si gentille et serviable, c'est son bavardage incessant ! Joséphine la taupe est exaspérée, Lazard l'oiseau est, lui, plus patient, malgré les conséquences désastreuses des initiatives de son amie. Une histoire touchante et drôle : désarmante innocence de Totoche, absurde des situations, monologues désopilants.
L'École des loisirs, 2005.
11,50 € ISBN : 978-2-211-08135-1
À partir de 6 ans

548. Bachelet, Gilles : **Champignon Bonaparte.**
Très politiquement incorrect et irrévérencieux au possible, cette vie de Bonaparte… en champignon ! Un fourmillement de détails, d'allusions, de pastiches, dans de grandes planches qui nous livrent une vision hilarante de l'épopée napoléonienne.
Seuil Jeunesse, 2005.
15 € ISBN : 978-2-02-084962-3
À partir de 9 ans

549. Bachelet, Gilles : **Le Singe à Buffon.**
Face-à-face entre Georges-Louis Leclerc, comte de Buffon, célèbre naturaliste français mort en 1788 et son singe. Un élégant album à l'italienne, où le jeu sur le comique de situations est fondé sur les contrastes entre le comte, très digne, et le singe, dont la conduite est parfaitement enfantine. Anachronismes et détails drôles pimentent l'illustration.
Seuil Jeunesse, 2002.
15 € ISBN : 978-2-02-053791-9
À partir de 9 ans

UN BRIN DE PHILOSOPHIE

♥ **550.** Kraus, Robert ; ill. Aruego, José : **Léo.**
Léo le petit tigre ne sait rien faire, ni parler, ni lire, ni dessiner, au désespoir de ses parents, jusqu'au jour où il s'épanouit comme les fleurs au soleil. Les petits s'identifieront, Léo leur apporte, ainsi qu'à leurs parents, encouragements et sérénité dans un univers graphique éclatant de couleurs.
L'École des loisirs, 1972.
10,50 € ISBN : 978-2-211-01902-6
À partir de 3 ans

551. Kraus, Robert ; ill. Aruego, José ; Dewey, Ariane : **Oscar.**
Que fera plus tard le petit hibou qui aime tant jouer la comédie ? L'alternance d'illustrations en pleine page sur fond blanc et de séquences animées crée une sensation de légèreté et de dynamisme dans cet album au texte court et évocateur. Au fait… Oscar deviendra pompier !
L'École des loisirs, Lutin poche, 1997.
5,50 € ISBN : 978-2-211-02213-2
À partir de 3 ans

♥ **552.** Lionni, Leo : **Petit-bleu et Petit-jaune.**
L'amitié de deux petites taches de couleur à qui il arrive une drôle d'histoire qui ressemble, à s'y méprendre, à celle que pourraient vivre deux bons nouveaux copains. Tout l'art de jouer avec des couleurs et des formes pour figurer des personnages et suggérer les relations qui s'établissent entre eux.
L'École des loisirs, 1971.
8 € ISBN : 978-2-211-01171-6
À partir de 3 ans

553. Morgenstern, Susie ; Chen Jiang Hong : **Je ferai des miracles.**
Avec ce grand format à l'italienne, le monde est vaste comme les espoirs d'un enfant tout puissant qui rêve d'un monde meilleur. Ici l'utopie reste à hauteur d'enfant et la distance donnée par l'humour permet de penser qu'un coup de baguette magique ne suffit pas. Chen interprète magistralement ces rêves, perdant le petit homme dans l'immensité à grands coups de pinceau.
La Martinière Jeunesse, 2006.
14,50 € ISBN : 978-2-7324-3471-1
À partir de 3 ans

554. Sawano, Hitoshi ; trad. Paludis, Paul : **Tap-tap.**
« Et toi qu'est-ce que tu aimes faire ?... », demande le petit marcassin. Tous lui répondent, sauf Lion qui trouve la question trop personnelle... À moins que Criquet ne réussisse à le convaincre ? Un album joyeux et sensible dont les illustrations, petits dessins au trait rehaussés de quelques touches de couleur, invitent elles-aussi au bonheur.
Autrement Jeunesse, 2003.
11,50 € ISBN : 978-2-7467-0408-4
À partir de 3 ans

♥ **555.** Lionni, Leo ; trad. Chagot, Adolphe : **Frédéric.**
Alors que les autres mulots travaillent dur pour amasser des provisions pour l'hiver, Frédéric, lui, semble ne rien faire et pourtant, tous seront bien réconfortés, l'hiver venu, par ses provisions de soleil, de couleurs et de mots. La tendresse et l'humour d'un grand auteur, si discret dans la mise en œuvre de son art.
L'École des loisirs, 1975.
10,50 € ISBN : 978-2-211-03026-7
À partir de 4 ans

556. Root, Phyllis ; ill. Oxenbury, Helen ; trad. Vassallo, Rose-Marie : **Quand Big Mama a créé le monde.**
Sur le mode incantatoire qui convient, le récit des origines du monde revu et corrigé. Tout est pensé par une mère pour son enfant : du ciel moelleux comme un édredon jusqu'aux gens de toutes tailles et de toutes les couleurs, indispensables pour raconter des histoires... Les grandes illustrations en pleine page donnent une idée de ce paradis.
Flammarion-Père Castor, 2002.
15 € ISBN : 978-2-08-161619-6
À partir de 4 ans

♥ **557.** Takahashi, Kazue ; trad. Paludis, Paul : **La Vie de Kuma Kuma.**
Le narrateur imagine la vie de son ami Kuma Kuma, l'ourson. Dans un texte minimaliste il se plaît à évoquer ces petits riens qui constituent ses journées. Raffinement de la présentation, illustration épurée, importance du blanc dans la mise en pages, on referme ce précieux petit volume rasséréné et soudain enclin à voir le beau côté des choses.
Autrement Jeunesse, 2005.
ISBN : 978-2-7467-0734-4
Autre titre :
558. Kuma Kuma et moi. 2006.
ISBN : 978-2-7467-0755-9
8 € chaque À partir de 4 ans

♥ **559.** Badescu, Ramona ; ill. Chaud, Benjamin : **Pomelo est bien sous son pissenlit.**
Ce merveilleux petit personnage, hybride d'éléphant et de lombric, agite des sentiments et des peurs que l'on croyait avoir oubliés et génère un optimisme minuscule certes, mais jubilatoire. Les auteurs, qui ont fait se rencontrer traits de crayon, peinture à l'eau et idées loufoques, ont aussi engendré la grâce. Trois autres titres sont parus, tout aussi convaincants.
Albin Michel Jeunesse, 2002.
11,90 € ISBN : 978-2-226-12843-0
À partir de 5 ans

560. Berner, Rotraut Susanne : **Ah non ! Et alors ? Une histoire d'hommes et de poules.**
La poule noire et la poule blanche, silhouettes replètes et robes à carreaux, débattent de leur façon si différente de voir la vie. Optimisme ou pessimisme ? Dialogues vifs, couleurs fraîches, illustration expressive au trait vigoureux, pour une comédie... très humaine !
Seuil Jeunesse, 2005.
7,50 € ISBN : 978-2-02-080045-7
À partir de 5 ans

561. Bernos, Clotilde ; ill. Novi, Nathalie : **Moi, Ming.**
Ming est un grand-père comblé par sa petite fille qui illumine sa vie et il ne voudrait pour rien au monde changer sa place contre celle d'un autre. Les illustrations à la surprenante palette de couleurs donnent consistance à ce bonheur si grand et si simple. Cet album nous délivre une leçon de sagesse : soyons heureux de ce que nous sommes.
Rue du monde, Couleur carré, 2002.
13 € ISBN : 978-2-912084-62-0
À partir de 5 ans

562. Bolliger, Max ; ill. Einsikat, Klaus ; trad. Neis, Lilo ; Salem-Marin, Anne : **Renard et renard.**
Deux renards, l'un peureux et amateur de petits bonheurs et l'autre courageux et attiré par le monde sauvage, vivent ensemble. Un jour, le courageux part à l'aventure. Quand ils se retrouvent, chacun raconte deux modes de vie différents mais également riches. Un superbe album, d'une facture classique, avec des dessins à l'encre, mais troublant par la force de l'anthropomorphisme des animaux du grand Ensikat.
La Joie de lire, 2002.
16,50 € ISBN : 978-2-88258-234-8
À partir de 6 ans

563. Briggs, Raymond ; trad. Marchand, Alice : **Ug : le petit génie de l'Âge de pierre.**
Ug, le petit génie de l'âge des cavernes, voudrait bien changer son pantalon de pierre pour un pantalon plus doux... Une peau de mammouth n'adoucirait-elle pas son quotidien ? Multipliant les anachronismes, Briggs offre une parodie hilarante sur le thème du progrès et de l'évolution, dans un album proche de la bande dessinée.
Grasset Jeunesse, 2001.
12,50 € ISBN : 978-2-246-62211-6
À partir de 6 ans

564. Cali, Davide ; ill. Bloch, Serge : **Moi, j'attends...**
Ici est figuré l'étirement du temps qui passe grâce à un petit bout de fil rouge, le fil de la vie, que le lecteur suit. L'attente, qu'elle

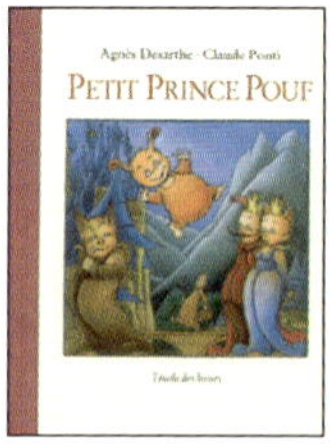

soit pleine d'espoir ou de tristesse, sera dite en quelques mots toujours justes et le dessin au trait, minimaliste, ira droit au but. Un livre magnifique, pour tous.
Sarbacane, 2005.
13,50 € ISBN : 978-2-84865-064-7
À partir de 6 ans

565. De Doncker, Wally ; ill. Dendooven, Gerda ; trad. Lebrun, Séverine, Bruel, Christian : **Vivre sans moi, je ne peux pas.**
Face à un miroir, un enfant s'interroge sur son existence : « Si je n'étais pas né, maman serait là quand même [...] Elle ne serait pas ma maman mais peut-être celle d'un autre ou d'une autre »... Autant de questions fondamentales posées de manière simple. Les illustrations apportent une dimension humoristique avec la même force et la même économie de moyens que le texte.
Être, 2003.
13,90 € ISBN : 978-2-84407-030-2
À partir de 6 ans

♥ **566.** Erlbruch, Wolf : **La Grande Question.**
Elle est tellement grande, cette question, qu'il est inutile de la formuler. Les réponses sont données par des représentants de toute la Création : le questionnement est universel. Et à travers ces rencontres, le lecteur va chercher sa propre réponse. Le format en hauteur, la simplicité des illustrations, concentrent la réflexion. Ce grand livre de métaphysique est déjà un classique.
Être, 2003.
14,50 € ISBN : 978-2-84407-035-7
À partir de 6 ans

♥ **567.** Desarthe, Agnès ; ill. Ponti, Claude : **Petit Prince Pouf**.
Le roi et la reine avaient engagé un précepteur pour leur fils, le prince Pouf. Quand ils surent ce que Petit Prince Pouf avait appris avec Monsieur Ku, au soir de la première leçon, ils furent un peu inquiets... Un petit livre tendre et subtilement drôle sur les principes fondamentaux d'un bon apprentissage : confiance, observation et réflexion.
L'École des loisirs, 2002.
12,50 € ISBN : 978-2-211-06685-3
À partir de 6 ans

568. Desmarteau, Claudine : **C'est écrit là-haut.**
Pauvre petit Jacques, tout ce que l'on fait dans la vie est écrit là-haut, lui dit sa mère. Il décide néanmoins de prendre son destin en main. Un album aux illustrations réjouissantes, à la façon des dessins d'enfants, sur un thème difficile traité avec humour et efficacité.
Seuil Jeunesse, 2000.
10,95 € ISBN : 978-2-02-040440-2
À partir de 6 ans

569. Erlbruch, Wolf ; trad. Moncomble, Chloë : **Remue-ménage chez madame K**.
S'occuper de quelqu'un, en l'occurrence d'un jeune oiseau, est le meilleur moyen pour madame K. d'oublier ses angoisses quotidiennes. Elle apprend enfin à voler de ses propres ailes avec la tendre approbation de son mari. Une leçon de sagesse à l'illustration pleine d'énergie et d'une grande originalité graphique.
Milan Jeunesse, 1995.
11 € ISBN : 978-2-84113-295-9
À partir de 6 ans

♥ **570.** Herbauts, Anne : **Lundi**.
Seule la visite de Théière et de Deux-Mains distrait parfois Lundi de son attente du jour suivant. Les saisons passent. L'entrée dans le livre se fait par le découpage de la forme de la maison de Lundi dans le carton blanc et floconneux de la couverture, qui figure la neige. Les illustrations ouvrent des espaces immenses pour méditer paisiblement.
Casterman, Les albums Duculot, 2004.
14,95 € ISBN : 978-2-203-55202-9
À partir de 6 ans

♥ **571.** Iwamura, Kazuo ; trad. Paludis, Paul : **Réflexions d'une grenouille.**
À travers les réflexions d'une petite grenouille et d'une souris mises en images sous forme de strips verticaux, l'auteur parvient avec simplicité et humour à aborder les questions fondamentales de l'existence, en parfaite résonance avec les interrogations des enfants.
Autrement Jeunesse, 2001.
14,50 € ISBN : 978-2-7467-0072-7

Autres titres :

572. Les Nouvelles réflexions d'une grenouille. 2002.
ISBN : 978-2-7467-0284-4

573. Les Rêves d'une grenouille. 2003.
ISBN : 978-2-7467-0407-7

574. Ma vie de grenouille. 2004.
ISBN : 978-2-7467-0547-0
14,50 € chaque À partir de 6 ans

♥ **575.** Johansen, Hanna ; ill. Bhend, Käthi ; trad. Neis, Lilo : **La poule qui voulait pondre des œufs en or.**
Une petite poule obstinée ose se distinguer de ses congénères, entassées dans un hangar malodorant : elle rêve de voler, de chanter, de nager, d'explorer le vaste monde. Et tant pis si les autres en caquètent d'effroi ou gloussent de doute ! Une fable pleine d'esprit qui conjugue efficacité du texte et drôlerie des images.
La Joie de lire, 1999.
13 € ISBN : 978-2-88258-150-1
À partir de 6 ans

576. Johnson, Donald B. ; adapt. Kiefé, Laurence : **Le Voyage d'Henry.**
Deux amis font le pari d'arriver premier à la ville voisine. Henry décide d'y aller à pied, tandis que son ami préfère travailler pour gagner l'argent du billet de train. De grandes illustrations sur fond noir mettent en vis-à-vis et opposent flânerie épicurienne et agitation besogneuse. Une fable philosophique inspirée de l'œuvre de Henry David Thoreau.
Casterman, Les albums Duculot, 2001.
13,95 € ISBN : 978-2-203-56509-8
À partir de 6 ans

♥ **577.** Morpurgo, Michael ; ill. Birmingham, Christian ; adapt. Lamorlette, Marie-José : **La Sagesse de Wombat.**
Dans la forêt australienne, un petit rongeur s'interroge sur lui-même et sur le monde tout en creusant, creusant... Une histoire rythmée comme une randonnée, légère comme un wallaby bondissant, angoissante comme une forêt en flammes et profonde comme le trou que Wombat a

creusé et qui va sauver ses amis du feu. Un album émouvant.
Gautier-Languereau, 1999.
12 € ISBN : 978-2-01-390804-7
À partir de 6 ans

578. Rodari, Gianni ; ill. Alemagna, Beatrice : **Un et sept.**
Sept enfants « tous pareils, tous différents », vivaient à Rome, Paris, Berlin, Moscou, New York, Shanghai et Buenos Aires. Ils parlaient différemment mais riaient dans la même langue. Dans ce texte généreusement illustré par Beatrice Alemagna, Gianni Rodari délivre un message pacifiste, à la fois simple et mystérieux, d'espoir et de confiance.
Seuil Jeunesse, 2001.
13,90 € ISBN : 978-2-02-050999-2
À partir de 6 ans

579. Silverstein, Shel ; trad. Poslaniec, Michèle : **L'Arbre généreux.**
Par amitié pour le petit garçon, l'arbre lui donne au fil des ans ses fruits, ses feuilles, ses branches, son tronc... mais jusqu'où peut-on aller au nom de l'amour ?
L'École des loisirs, 1982.
7,60 € ISBN : 978-2-211-09415-3
À partir de 6 ans

♥ **580.** Silverstein, Shel ; trad. Morvan, Françoise : **Le Petit Bout manquant.**
C'est l'histoire d'un presque rond qui n'est pas heureux, il lui manque un bout. Il part à sa recherche. La balade est parfois douce, parfois difficile, semée de rencontres jusqu'au jour où, enfin, il le trouve ! Mais la plénitude n'apporte pas le bonheur escompté. À chacun son chemin, ses rencontres, son petit bout manquant. Ce petit traité sur le bonheur, best-seller aux États-Unis depuis 1976, nous manquait.
MeMo, Classiques étrangers pour tous, 2005.
15 € ISBN : 978-2-910391-68-3
À partir de 6 ans

♥ **581.** Silverstein, Shel ; trad. Morvan, Françoise : **Le Petit Bout manquant rencontre le Grand O.**
Changement de point de vue, Le Petit Bout manquant est ici le narrateur. Avec sa forme triangulaire, il se sent condamné à la passivité, il attend qu'on l'emmène mais c'est sans succès, jusqu'au jour où le Grand O le convainc de bouger tout seul. De flop en flop, ses angles s'arrondissent et il peut ainsi rouler libre à côté de Grand O...
MeMo, Classiques étrangers pour tous, 2005.
16 € ISBN : 978-2-910391-65-2
À partir de 6 ans

582. Tanikawa, Shuntarô ; ill. Hirose, Gen ; trad. Saito, Junko : **Monsieur Hippopotame.**
Entre livre de sagesse, de poésie, ou d'humour, ce très joli recueil – bilingue japonais/français – nous charme de pensées... d'hippopotame. Mais l'apparente simplicité de la langue n'a d'égale que la profondeur des pensées exprimées. Fines illustrations à la plume, tantôt en noir et blanc, tantôt en couleurs.
Philippe Picquier, Picquier Jeunesse, 2005.
9,50 € ISBN : 978-2-87730-778-9
Pour tous à partir de 6 ans

♥ **583.** Tashlin, Frank ; trad. Chagot, Adolphe : **Mais je suis un ours !**
Une réussite due au cinéaste américain Frank Tashlin. Un ours qui hibernait se réveille dans une usine. Le voilà embauché malgré lui comme ouvrier car personne ne veut croire qu'il est un ours. Nombreuses références au cinéma burlesque !
L'École des loisirs, Mouche, 1994.
4,60 € ISBN : 978-2-211-03204-9
À partir de 6 ans

♥ **584.** Tashlin, Frank ; trad. Chagot, Adolphe : **L'opossum qui avait l'air triste.**
Il y a des gens qui veulent faire votre bonheur malgré vous en vous obligeant à ressembler à tout le monde ! Un album de cinéaste avec un grand sens des situations et une dynamique du récit sans cesse relancée.
L'École des loisirs, Mouche, 1991.
5,20 € ISBN : 978-2-211-05056-2
À partir de 6 ans

585. Van Reek, Harriët ; adapt. Lebrun, Séverine : **Les Aventures de Léna Léna.**
Une petite fille explore le monde et nous fait part de ses découvertes au fil des pages, à travers des illustrations sans texte disposées sous forme de vignettes au style proche des dessins d'enfants et un texte à la fois descriptif et poétique, drôle et philosophique : du grand art !
Être, 2004.
14,50 € ISBN : 978-2-84407-039-5
À partir de 6 ans

♥ **586.** Waechter, Friedrich Karl ; trad. Winkler, Svea : **Le P'tit du bocal.**
Boccalino, le P'tit du bocal, cherche ses origines et construit sa future vie à travers le dialogue avec ses parents. Il capte aussi des informations sur le vaste monde depuis son aquarium. Le lecteur flotte dans les pages aquarellées, s'amuse du texte loufoque et se laisse bercer par la poésie incongrue de ce bel album.
L'École des loisirs, 1999.
19,10 € ISBN : 978-2-211-05586-4
À partir de 6 ans

♥ **587.** Daudet, Alphonse ; ill. Battut, Éric : **La Chèvre de monsieur Seguin.**
L'enjeu de cette histoire où la vie même est mise en balance avec la liberté, inspire les illustrateurs. Éric Battut compose de superbes tableaux. Encadrés par le blanc de la page, ils font face au texte. Ils sont habités de formes modelées par la couleur évoquant la sérénité de la montagne. Les protagonistes, petites taches de gouache, s'en détachent.
Didier Jeunesse, 1999.
14 € ISBN : 978-2-278-30077-8
À partir de 7 ans

♥ **588.** Daudet, Alphonse ; ill. Wilsdorf, Anne : **La Chèvre de monsieur Seguin.**
De superbes gravures, encre noire sur le fond blanc, juste rehaussées ici ou là d'un beau rouge, servent avec une force et une expressivité saisissantes ce beau et triste récit. Certaines pages de droite se déploient pour laisser apparaître le texte et se poursuivre le récit en images. Sur un CD, le texte, dit avec justesse, est accompagné d'une musique contemporaine.
Éditions Quiquandquoi, 2005.
24 € ISBN : 978-2-940317-38-7
À partir de 7 ans

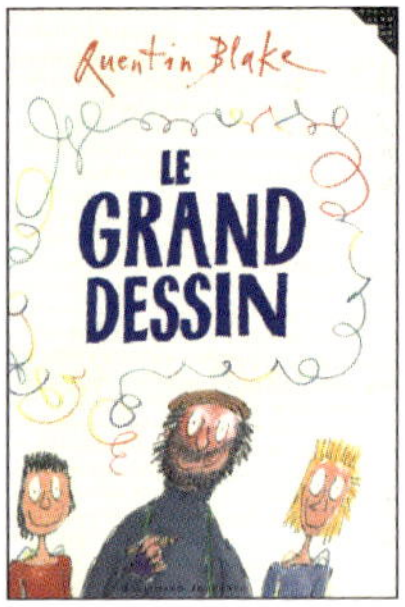

589. Briggs, Raymond ; trad. Janssen, Éliane : **L'Homme.**
Que de désagréments quand un bonhomme minuscule, mal embouché, exigeant et fascinant fait irruption dans votre vie ! La tension et la passion montent. Après le départ de « l'intrus », il restera pourtant une trace, une certaine forme d'amour. Une fable qui traite avec intensité et justesse des rapports entre les gens, de l'inégalité et de la tolérance.
Grasset Jeunesse, 1993.
15,30 € ISBN : 978-2-246-47381-7
À partir de 10 ans

590. Edy-Legrand, Édouard-Léon-Louis : **Macao et Cosmage ou L'Expérience du bonheur.**
Macao et Cosmage, lui blanc, elle noire, vivaient heureux sur leur île merveilleuse jusqu'au jour où un navire accosta. Le texte calligraphié s'inscrit dans l'illustration faite de traits noirs, vigoureux. Ils dessinent des silhouettes que des aplats aux couleurs profondes et éclatantes font vibrer. Réédition d'un livre mythique.
Circonflexe, Aux couleurs du temps, 2000.
27 € ISBN : 978-2-87833-271-1
À partir de 9 ans

591. Hoestlandt, Jo ; ill. Daniau, Marc : **À pas de louve.**
Une louve, attirée par une autre façon de vivre, écoute la vie, savoure le calme, apprécie la beauté et rencontre finalement un homme silencieux et réservé. Ils échangent des « sourires », se quittent : tout est dit. Le texte peut être lu à voix haute ; l'illustration aux couleurs sombres ou lumineuses et la mise en pages sont remarquables.
Milan Jeunesse, 2001.
11,90 € ISBN : 978-2-7459-0320-4
À partir de 9 ans

EN SOCIÉTÉ

592. Grobler, Piet ; trad. Finkenstaedt, Isabel : **Juste une gorgée !**
La grenouille avait tellement soif qu'elle a bu toute l'eau disponible. Les animaux sont furieux. Il faut trouver le moyen de lui faire rendre l'eau de la communauté. L'histoire est simple et amusante. Le charme de ce livre vient surtout des illustrations : les animaux se détachent sur un fond beige uni. Piet Grobler met magnifiquement en scène la nature de son Afrique du Sud natale.
Kaléidoscope, 2003.
12 € ISBN : 978-2-87767-385-3
À partir de 3 ans

♥ **593.** Blake, Quentin ; trad. Ménard, Jean-François : **Le Grand Dessin.**
Slim Lavadrouille, au grand concours de dessin, s'envole, animant toute la ville. Le jury, enchanté et surpris, le récompense. Quentin Blake sait, par son crayon, donner une dimension irréelle en accrochant des ailes colorées au pastel à ses personnages représentés à l'encre aquarellée. Délicatesse, humour, poésie, et la liberté de plusieurs niveaux de lecture.
Gallimard Jeunesse, 2004.
13 € ISBN : 978-2-07-055896-4
À partir de 4 ans

594. Sara : **Le Loup.**
Connaissez-vous les loups Oméga ? Cet album met en images l'histoire de l'un d'eux, pris comme bouc émissaire et chassé de la meute. Ce thème qui touchera à coup sûr les enfants est traité à l'aide de papiers déchirés selon la technique originale de Sara.
Thierry Magnier, 2000.
13,57 € ISBN : 978-2-84420-093-8
À partir de 4 ans

♥ **595.** Mathiesen, Egon ; trad. Schydlowsky-Nielsen, Catherine : **Oswald le singe.**
Oswald le singe vivait en paix avec ses amis. Mais l'arrivée d'un singe, beaucoup plus gros et plus méchant qu'eux, transforma leur paradis en un véritable enfer… L'humour et la fraîcheur des illustrations, le jeu sur les consonnances des mots font tout le charme de ce classique danois qui est aussi une première leçon de résistance à l'oppression.
Circonflexe, Aux couleurs du temps, 1999.
10,50 € ISBN : 978-2-87833-229-2
À partir de 5 ans

596. Bunting, Ève ; ill. Alibeu, Géraldine : **Les Saisonniers.**
Le père de Francisco est mort et son grand-père arrive du Mexique pour aider sa famille. La difficile recherche d'un travail et la droiture morale du vieil homme seront pour l'enfant une leçon de vie. Les illustrations évoquent avec sensibilité la lassitude et la détresse mais aussi la richesse des relations humaines.
Seuil Jeunesse, 2006.
12 € ISBN : 978-2-02-086544-9
À partir de 6 ans

597. Bunting, Ève ; ill. Rébéna, Frédéric ; trad. Troller, Fenn : **Toi, vole !**
Un père et son fils, sans domicile fixe, ont trouvé refuge dans un aéroport. On observe leur vie quotidienne, régie par la peur d'être arrêtés et expulsés, mais éclairée par la présence d'un oiseau, symbole de liberté, auquel l'enfant peut s'identifier. Un très beau livre sur un thème pourtant délicat.
Syros Jeunesse, 2006.
13 € ISBN : 978-2-7485-0314-2
À partir de 6 ans

598. Courgeon, Rémi : **Le Grand Arbre.**
Un milliardaire décide d'acquérir un immense arbre aperçu de son avion, mais il devra s'entendre avec une vieille dame qui ne s'intéresse pas à l'argent. De très grands aplats de couleurs dans les tons mauve, vert, brique et noir illustrent cette fable philosophique.
Mango Jeunesse, 2002.
15 € ISBN : 978-2-7404-1466-8
À partir de 6 ans

♥ **599.** Kushner, Tony ; ill. Sendak, Maurice ; trad. Desarthe, Agnès : **Brundibar.**
Brundibar est l'adaptation, par Maurice Sendak et Tony Kushner, d'un opéra créé clandestinement dans un orphelinat de Prague durant l'hiver 1942-1943, et joué ensuite dans le camp de Terezin. Dans cet album, à l'histoire emblématique des enfants qui mettent en échec le tyrannique Brundibar, se superpose l'évocation des conditions de la création de l'œuvre. Cette construction permet, sans amoindrir le message, une mise à distance de l'horreur.

Une œuvre complexe et forte.
L'École des loisirs, 2005.
19,50 € ISBN : 978-2-211-07917-4
À partir de 6 ans

600. Lévy, Didier ; ill. Roussel, Matthieu : **La Bête curieuse.**
Les superbes images en 3D entraînent le lecteur dans un monde d'étrangeté – la bête curieuse est un enfant de la planète Terre soumis au regard moqueur des habitants d'une planète lointaine – mais aussi dans un vrai monde d'enfant avec ses souffrances, ses relations complexes aux autres. Ce double aspect produit un livre fort et attachant, différent. Un bon album de science-fiction, ce qui est rare.
Sarbacane, 2006.
14,90 € ISBN : 978-2-84865-122-4
À partir de 6 ans

601. Mounier, Fabienne ; ill. Hénon, Daniel : **Histoire du petit tabouret.**
Comment un beau petit tabouret permet, lors d'une grève, à celui qui grimpe dessus, de se faire entendre. Mais une charge de police lui est presque fatale. Mission accomplie : réparé, il retrouvera sa place. Efficacité et humour du dessin crayonné, avec comme coloris dominants le rouge (de la révolution) et le bleu (de travail).
L'École des loisirs, 2002.
10 € ISBN : 978-2-211-06774-4
À partir de 6 ans

602. Mwankumi, Dominique : **Le Prince de la rue.**
Dans les faubourgs de Kinshasa, deux enfants congolais fabriquent et vendent, pour subsister, des jouets en fil de fer. Le happy end apporte la touche d'espoir nécessaire. Les lumineuses illustrations à l'aquarelle rendent parfaitement l'atmosphère de la rue.
L'École des loisirs/Archimède, 1999.
12 € ISBN : 978-2-87833-256-8
À partir de 6 ans

♥ **603.** Sara : **Révolution.**
Des hommes se révoltent avec pour emblème un drapeau noir orné d'un lion rouge. Face aux chars et aux balles, leur porte-étendard est fait prisonnier. C'est alors que le lion prend vie pour le sauver et continuer la lutte… Après leur mort, ils rejoindront ensemble le drapeau et deviendront le symbole de la révolution. Les trois couleurs – noir, rouge et blanc – des papiers déchirés expriment toute la violence de la révolte et de la répression.
Seuil Jeunesse, 2003.
18 € ISBN : 978-2-02-060181-8
À partir de 6 ans

♥ **604.** Sendak, Maurice ; trad. Trotereau, Anne : **On est tous dans la gadoue.**
L'interprétation de deux comptines par Maurice Sendak. La stylisation du dessin, la composition théâtrale de l'image, le jeu typographique avec les différents niveaux de texte et les références à l'actualité politique et sociale lui permettent de mêler avec une liberté exceptionnelle la réalité et l'imaginaire.
L'École des loisirs, 1996.
21,30 € ISBN : 978-2-211-02266-8
À partir de 6 ans

♥ **605.** Ungerer, Tomi ; trad. Lauxerois, Marie : **Flix.**
Les chats ne font pas des chiens… quoique ? La vie réserve bien des surprises et les parents de Flix devront faire contre mauvaise fortune bon cœur. On retrouve dans cet album d'Ungerer le plaisir de découvrir dans l'image de nombreux détails cocasses qui relativisent, dans leur dérision, le message pacifiste.
L'École des loisirs, 1997.
11,90 € ISBN : 978-2-211-04657-2
À partir de 6 ans

♥ **606.** Waechter, Friedrich Karl ; trad. Winkler, Svea : **Le Loup rouge.**
Les enfants se passionneront pour ce petit chien devenu loup, puis redevenu chien domestique. Les adultes reconnaitront cette Allemagne du Nord déchirée par la guerre. La simplicité et l'efficacité du texte accompagnent l'illustration légère et pleine de sens où le trait ocre et quelques touches de couleur évoquent l'immensité.
L'École des loisirs, 1998.
19,10 € ISBN : 978-2-211-05144-6
À partir de 6 ans

607. Bianco-Levrin, Nicolas : **Simon sans nuit.**
Sur la page de gauche, une phrase sur fond noir, à droite, les photos en noir et blanc d'un modelage d'ours dans une cellule. L'ennui, la solitude extrême de l'enfermement sont montrés avec une remarquable économie de moyens, l'essentiel est dit en quelques phrases et quelques attitudes.
Grandir, 2002.
15 € ISBN : 978-2-84166-209-8
À partir de 7 ans

608. Claverie, Jean : **Little Lou.**
L'irrésistible ascension d'un enfant noir, qui, grâce à son talent de pianiste de jazz, surmonte les pires situations. Le dessin, la nervosité du trait swinguent sur la page.
Gallimard Jeunesse, 1990.
13,50 € ISBN : 978-2-07-056454-5
À partir de 8 ans

609. Perec, Georges ; ill. Pommaux, Yvan : **Je me souviens.**
Choisissant quelques extraits du texte fameux de Georges Perec, Yvan Pommaux prolonge à sa manière la démarche de l'écrivain : évoquer de petites bribes du temps passé pour mieux déployer la mémoire d'une époque et pour mieux la faire partager. Un très bel hommage d'un grand illustrateur à un grand écrivain.
Sorbier, 1997.
10,50 € ISBN : 978-2-7320-3523-9
À partir de 9 ans

LA GUERRE

♥ **610.** Elzbieta : **Flon-Flon et Musette.**
Deux enfants s'aiment d'amour tendre. Malheureusement pour eux, ils habitent des deux côtés d'une haie d'« épines ». Une guerre civile éclate et les enfants sont définitivement séparés. L'illustration donne à voir sans emphase un sujet grave.
L'École des loisirs/Pastel, 1993.
10,50 € ISBN : 978-2-211-01659-9
À partir de 5 ans

611. Hœstlandt, Jo ; ill. Kang, Johanna : **La Grande Peur sous les étoiles.**
Juillet 1942. Deux petites filles amies, l'une juive, l'autre pas. C'est le récit de leur amitié brisée par l'atrocité de la guerre.

Un récit bref, qui, par sa simplicité, ses non-dits, les interrogations qu'il suscite, introduit à l'atmosphère tragique et incohérente de l'époque. L'illustration discrète correspond à la gravité du sujet.
Syros Jeunesse, 2006.
6,90 € ISBN : 978-2-7485-0528-3
À partir de 6 ans

612. Rapaport, Gilles : **10 Petits Soldats.**
L'album démarre tambour battant sur le ton d'une chanson pleine d'entrain. Mais les images « éclaboussent » et le noir des bonnets des poilus est de mauvais augure pour les soldats qui tombent un à un. Le petit dit : « Assez ! », dépose les armes et s'en va. Une fable antimilitariste énoncée avec force et drôlerie.
Circonflexe, Albums Circonflexe, 2002.
11 € ISBN : 978-2-87833-298-8
À partir de 6 ans

♥ **613.** Ungerer, Tomi ; trad. Seyvos, Florence : **Otto : autobiographie d'un ours en peluche.**
Otto, ours en peluche fabriqué en Allemagne à la fin des années 1930, nous livre les péripéties de son existence prise dans les tourments de l'Histoire. Un album émouvant, grave et sensible pour toucher les jeunes enfants sur le sujet si difficile de la Seconde Guerre mondiale et de la persécution des Juifs.
L'École des loisirs, 1999.
11,90 € ISBN : 978-2-211-05543-7
À partir de 6 ans

614. Vaugelade, Anaïs : **La Guerre.**
Fabien, fils du roi des Bleus, est un pacifiste. Par sa sagesse et sa ruse, il réussira à allier à leur insu Bleus, Rouges et Jaunes, ennemis de toujours. Des illustrations qui savent recréer, par leur tonalité et leur cadrage, aussi bien les intérieurs que les extérieurs, les sentiments des personnages que les scènes de combat mouvementées.
L'École des loisirs, 1998.
11,90 € ISBN : 978-2-211-05138-5
À partir de 6 ans

♥ **615.** Tsuchiya, Yukio ; ill. Roberts, Bruce ; trad. Marineau, Michèle : **Fidèles Éléphants.**
En 1943, dans Tokyo sous les bombes, on décida de tuer les animaux du zoo de peur qu'ils ne s'échappent en ville. Le sort cruel et absurde des bêtes évoque celui des victimes innocentes de toutes les guerres. Cette histoire émouvante est illustrée avec délicatesse : fines aquarelles et trait léger de crayon.
Les 400 coups, 2001.
8 € ISBN : 978-2-84596-022-0
À partir de 8 ans

616. Guillot, Claude ; ill. Burckel, Fabienne : **Grand-Mère avait connu la guerre.**
Les images et le texte se font remarquablement écho tout au long de cet album pour évoquer l'enfance à travers la minutie et le foisonnement des souvenirs, la force inoubliable des sensations, le mystère du passé familial. Une simple et séduisante méditation sur la fuite du temps.
Seuil Jeunesse, 1994.
12,95 € ISBN : 978-2-02-022473-4
À partir de 9 ans

617. Rapaport, Gilles : **Grand-Père.**
Ce livre sur la Shoah est le fruit d'une volonté de transmission, pour partager « une mémoire qui n'est pas la nôtre, qui n'est pas seulement celle d'un homme, mais de millions d'êtres ». Le texte est écrit avec toute la distanciation nécessaire. Les illustrations suggèrent l'horreur plus qu'elles ne la montrent. Un livre très fort.
Circonflexe, Albums Circonflexe, 1999.
13 € ISBN : 978-2-87833-224-7
À partir de 9 ans

DOCUMAGES

618. Barton, Byron ; trad. Poslaniec, Sylvain : **Construire une maison.**
Dans les albums conçus et illustrés par Byron, Barton les formes stylisées, les couleurs contrastées, la précision du texte et l'organisation de l'exposé allient l'intérêt pédagogique et esthétique à une approche ludique.
Dans *Construire une maison*, les différentes étapes de la construction sont présentées de manière à la fois vivante et simple.
L'École des loisirs, 1982.
10,40 € ISBN : 978-2-211-08664-6
À partir de 2 ans

619. Barton, Byron ; trad. Reinharez, Isabelle : **Dinosaures, dinosaures.**
Les petits et les gros, les gentils et les méchants, ils sont tous là, magnifiés en couleurs éclatantes.
L'École des loisirs, 1990.
11 € ISBN : 978-2-211-02027-5
À partir de 2 ans

620. Barton, Byron ; trad. Seyvos, Florence : **Ma voiture.**
« Il faut beaucoup de choses pour faire une voiture... », nous dit Sam et les petits les découvrent avec lui.
L'École des loisirs, 2002.
11 € ISBN : 978-2-211-06667-9
À partir de 2 ans

621. Barton, Byron ; trad. Isabelle Reinharez : **Sur le chantier.**
Démolir, creuser, charger, décharger... quelle journée sur un chantier !
L'École des loisirs, 1987.
10,40 € ISBN : 978-2-211-01703-9
À partir de 2 ans

622. Miura, Taro : **Métiers.**
Dix professions présentées à la manière d'un imagier. Deux doubles pages par métiers. À qui appartiennent les objets que l'on découvre ? À l'enfant d'essayer de le deviner avant de tourner la page et de découvrir un personnage en situation et l'énoncé, dans une typographie adaptée, du nom de son métier. Des images très graphiques allant à l'essentiel et qui évoquent le constructivisme russe.
Panama, 2006.
18 € ISBN : 978-2-7557-0109-8
À partir de 2 ans

623. Spier, Peter ; trad. Desarthe, Agnès : **Cirque Mariano.**
De l'installation du chapiteau à la représentation devant le public, toute la vie d'un cirque racontée en images riches, finement colorées et si vivantes...
13 € ISBN : 978-2-211-01254-6
À partir de 3 ans

624. Lida ; ill. Rojankovsky, Feodor : **Le Roman des bêtes.**

L'École des loisirs réédite ce classique indémodable publié naguère par Paul Faucher, le célèbre Père Castor. La nature à travers les aventures d'animaux imaginés et merveilleusement dessinés par deux grands auteurs.

625. Quipic ; Coucou ; Panache ; Plouf.

ISBN : 978-2-211-07740-8

626. Le Roman des bêtes : Froux ; Bourru ; Scaf ; Martin pêcheur.

L'École des loisirs, 2004-2005.

ISBN : 978-2-211-08207-5

24 € chaque À partir de 5 ans

♥ **627.** Victor, Paul-Émile : **Apoutsiak, le petit flocon de neige.**

On suit Apoutsiak de sa naissance à sa mort, du temps où les Esquimaux habitaient encore dans des igloos et vivaient de chasse et de pêche. Le texte et les illustrations de Paul-Émile Victor nous charment toujours autant.

Flammarion-Père Castor, 1997.

14 € ISBN : 978-2-08-160445-2

À partir de 5 ans

♥ **628.** Conrod, Daniel ; ill. Place, François : **Siam : la grande histoire de Siam, éléphant d'Asie.**

L'histoire véridique de Siam l'éléphant de la Grande Galerie de l'évolution du Muséum d'histoire naturelle. Dans ce grand album qui nous raconte cette histoire touchante et mouvementée, les aquarelles en pleine page de François Place parviennent à nous émouvoir autant qu'à nous faire voyager.

Rue du monde, 2002.

19,80 € ISBN : 978-2-912084-67-5

À partir de 6 ans

629. Müller, Jörg J. : **Ronde annuelle des marteaux-piqueurs ou La Mutation d'un paysage.**

Sept planches de très grand format retracent l'évolution d'un paysage, au fil de vingt ans d'urbanisation. Seul élément fixe, une maison dont nous suivons l'encerclement progressif et la démolition finale. L'illustration rend compte, de façon minutieuse et plastiquement belle, d'un processus inexorable provoquant une impression très forte entre fascination et émotion.

L'École des loisirs, 1974.

ISBN : 978-2-211-03131-8

Autre titre :

630. La Pelle mécanique ou La Mutation d'une ville. 1979.

ISBN : 978-2-211-06084-4

27,10 € chaque À partir de 6 ans

631. Tejima, Keizaburo ; trad. Coulom, Nicole : **L'Automne de l'ours brun.**

Des images dans le style des gravures sur bois pour évoquer les activités de deux ours dans un environnement d'une sauvagerie impressionnante.

L'École des loisirs, 1986

11,90 € ISBN : 978-2-211-01459-5

À partir de 6 ans

♥ **632.** Yoshida, Toshi : **La Querelle.**

Une représentation minutieuse de la faune africaine. Les images d'une grande sensibilité sont accompagnées d'un texte dont la dimension anthropomorphe adoucit la vision naturaliste de la savane. Quel dommage que les autres titres ne soient plus disponibles !

L'École des loisirs, 1985.

12,20 € ISBN : 978-2-211-03286-5

À partir de 6 ans

QUELQUES TITRES ÉPUISÉS

À garder précieusement si vous les avez dans votre fonds.

Ardalan, Haydé : **Milton**, La Joie de lire.

Ardizzone, Edward : **Triste Journée pour Johnny**, Circonflexe (Aux couleurs du temps).

Brouillard, Anne : **Le Sourire du loup**, Épigones (La Langue au chat).

Bruel, Christian **: Histoire de Julie qui avait une ombre de garçon ; Qui pleure ?**, Le Sourire qui mord.

Burningham, John : **Préférerais-tu ? ; La Promenade de Monsieur Gumpy ; Les Saisons ; Ne te mouille pas les pieds Marcelle** et la collection des Petits Burningham, Flammarion-Père Castor.

Claveloux, Nicole : **Espèces de poux**, Être.

Claveloux, Nicole : **Tout est bon dans le bébé**, Les Livres d'Harlin Quist.

Crews, Donald : **Un train passe ; Le Manège**, L'École des loisirs.

Curtil, Sophie : **Ali et Léo**, Les Doigts qui rêvent.

Dedieu, Thierry ; Couprie, Kathy : **Cocottes perchées**, Le Sourire qui mord.

Delaunay, Sonia : **Alphabet**, L'École des loisirs.

Duran Ryan, Cheli ; ill. Lobel, Arnold : **La Nuit de Hildilid**, Grandir.

Geisert, Arthur : **L'Arche**, Grandir.

Goto, Yasuyuki : **11 ans et 108 jours avec mon chien**, Philippe Picquier.

Hartelius, Margaret A. : **Le Petit de la poule**, Flammarion-Père Castor.

Heidelbach, Nikolaus : **La Chambre du poisson ; Au théâtre des filles**, Gallimard/Le sourire qui mord.

Heidelbach, Nikolaus : **Que font les petits garçons ?**, Seuil Jeunesse.

Heine, Helme : **Un éléphant ça compte énormément ; Le Plus Bel Œuf du monde**, Gallimard Jeunesse.

Hutchins, Pat : **Bon anniversaire Sam**, Duculot.

Joslin, Sesyle ; ill. Sendak, Maurice : **Que dites-vous cher ami ? ; Que faites-vous cher ami ?**, L'École des loisirs.

Kellogg, Steven : **Cherche Pinkerton, cherche ; Bien plus grand que Martin ; L'Île au Splahoum**, Lotus.

Kellogg, Steven : **On peut le garder ?**, La Farandole.

Kellogg, Steven : **Le Têtard mystérieux**, L'École des loisirs.

Könnecke, Ole : **Mauvaise Caisse**, L'École des loisirs.

Lobel, Arnold : **L'Arbre aux cochons ; Les Marchands de la Grand-Rue**, Flammarion.

Mari, Iela : **Mange que je te mange**, L'École des loisirs.

May Udry, Janice ; ill. Sendak, Maurice : **Pierre et Paul**, L'École des loisirs.

Milne, A. A. ; ill. Sheppard, Ernest ; trad. Papy, Jacques : **La Bibliothèque de Winnie** (16 titres), Gallimard Jeunesse.

Minarik, Else Homelund ; ill. Sendak, Maurice : **Pas de disputes, pas de bagarres**, L'École des loisirs.

Miyamoto, Tadao : **Mon papa et moi**, Mango.

Momoaki, Tomita : **Un tas de petites choses**, Circonflexe (Aux couleurs du monde).

Nakagawa, Rieko ; ill. Omura, Yuriko : **Gouri et Goura, l'œuf géant**, Circonflexe (Aux couleurs du monde).

Noble, Trinka Hakes : **Un boa à la ferme**, L'École des loisirs.

Orgel, Doris ; ill. Sendak, Maurice : **La Chambre de Sarah**, L'École des loisirs.

Pommaux, Yvan : **Disputes et chapeaux**, L'École des loisirs.

Ponti, Claude : **Sur la branche**, L'École des loisirs.

Raschka, Chris : **Ami ! Ami ?**, La Joie de lire.

Rand, Paul : **Petit 1**, Circonflexe (Aux couleurs du temps).

Rand, Paul et Anne : **Je sais plein de choses ; Écoute, écoute !**, L'Ampoule.

Rey, Hans Augusto et Margret : **Bienvenue Georges** ; **Georges fait du vélo**, Mango-Jeunesse.

Sabuda, Robert : **Lettres de Noël**, Seuil Jeunesse.

Sara : **La Longue Route de Vagabonde ; À travers la ville ; Dans la gueule du loup**, Épigones (La Langue au chat).

Sendak, Maurice : **Pierre**, L'École des loisirs.

Sendak, Maurice : **Mini-bibliothèque**, L'École des loisirs.

Schlote, Wilhelm : **Un éléphant ça trompe**, Casterman.

Shulevitz, Uri : **L'Aube**, Circonflexe (Albums).

Spier, Peter : **Les Animaux ont la parole**, L'École des loisirs.

Steig, William : **Amos et Boris ; La Surprenante Histoire du docteur de Soto**, Gallimard Jeunesse.

Steig, William : **Caleb et Kate ; Le Voyage en carriole de Palmier, le fermier ; Tiffky Doofky**, Flammarion.

Steig, William : **Gorki plane**, Kaléidocope.

Stockton, Frank R. ; Sendak, Maurice : **Le Griffon et le petit chanoine**, L'École des loisirs.

Tsutsui, Yoriko : **Aya et sa petite sœur**, L'École des loisirs.

Ungerer, Tomi : **Clic, clac ou Qu'est-ce que c'est ? ; Les Animaux**, L'École des loisirs.

Van Allsburg, Chris : **L'Épave du Zéphyr**, L'École des loisirs.

Wagner, Jenny ; Brooks, Ron : **John, Rose et le chat**, Deux coqs d'Or.

Ylla : **85 chats**, Gallimard.

Zolotow, Charlotte ; ill. Sendak, Maurice : **Monsieur le lièvre voulez-vous m'aider ?**, L'École des loisirs.

Zolotow, Charlotte ; Lobel, Anita : **Cette belle dame**, Kaléidoscope.

Contes, comptines, chansons et formulettes...

Après une petite sélection de livres de contes dans des éditions pour adultes et une trentaine de recueils de comptines, formulettes et chansons traditionnelles, ce chapitre propose un choix de contes, eux aussi « traditionnels ». À l'origine, ces récits plutôt courts, anonymes, s'adressaient aux adultes, à l'exception de certains, comme les contes de randonnées, que l'on destinait davantage aux enfants. Ils voyageaient et, selon les cultures, les climats, les habitudes se déclinaient et se diversifiaient. Toutefois, dès la plus haute Antiquité, parallèlement à ces circulations orales, des écrivains « fixèrent » certaines versions. Puis de grands collecteurs comme F.-M. Luzel ou J.-F. Bladé recueillirent, traduisirent et adaptèrent plus ou moins les récits entendus. Aux XIXe et XXe siècles, à la suite de la publication du recueil des Frères Grimm édité à l'intention « des enfants et de la famille » (*Kinder-und Hausmärchen*), à la suite d'un certain rejet des langues populaires et de toute la culture véhiculée oralement et avec le développement de la littérature enfantine, le conte traditionnel se trouva rejeté dans le domaine de l'enfance. Et, du coup, il fut réécrit, adapté, moralisé et édulcoré afin de ne point choquer, de distraire et d'éduquer les chères têtes blondes. Au risque de publications fort médiocres. Depuis quelques années, l'édition de livres de contes à l'intention de la jeunesse, sous forme d'albums ou de recueils, a beaucoup évolué : le répertoire s'est élargi à de nombreux pays, la qualité des textes s'est souvent améliorée, les sources sont de plus en plus souvent précisément données, les illustrations se sont diversifiées et, pour certaines, contribuent à sortir le conte de la nursery et de la mièvrerie. On va « piocher » non plus seulement chez les auteurs classiques mais aussi chez les collecteurs du XIXe siècle comme A. Afanassiev, P. Ispirescu, J. Erben, F.-M. Luzel ou E. Cosquin et même dans des collectes contemporaines. On fait aussi appel aux « nouveaux conteurs » pour transmettre par écrit « leurs » versions souvent dites, roulées, répétées : ainsi la collection « Paroles de conteurs » chez Syros ou la collection « À petits petons », qui s'adresse plutôt aux petits, chez Didier Jeunesse. Le bon côté étant de partir d'une oralité retrouvée, le risque n'étant pas moindre non plus que l'artiste se laisse aller à sa propre création, et s'éloigne tant de la version de départ qu'il s'agit alors plus d'une réinvention littéraire personnelle, plus ou moins riche, que de la transmission du conte lui-même. Un peu dans le même ordre d'idée, on trouve de nombreuses réécritures humoristiques des contes les plus connus. On parle alors souvent de « contes revisités ». Il y a de jolies réussites mais aussi un certain nombre de textes consternants dès que le récit initial se trouve cassé, sans que l'on ait réfléchi vraiment au sens de l'histoire, sans qu'il y ait eu la moindre recréation digne de ce nom. Les meilleures réécritures (en texte et en images) de ce genre sont le fait d'artistes, comme Nadja, E. Solotareff, A Brown ou T. Ross qui connaissent bien le conte, l'aiment et le respectent d'une certaine manière.

C'est en tenant compte de tous ces paramètres, que nous avons fait cette sélection, en prenant garde à la qualité du texte, à la rigueur de sa transmission, à l'intérêt de l'illustration. Ceci avec la difficulté d'avoir parfois d'excellentes versions médiocrement illustrées et le contraire ! Il a alors fallu arbitrer, en tenant compte des cultures peu représentées, des contes peu souvent édités, de l'originalité ou de la force d'une version, de l'intérêt primordial d'une illustration !

Le classement des contes populaires proprement dits est géographique, versions séparées précédant les recueils, par ordre croissant d'âge, à l'exception d'un petit choix d'albums s'adressant plutôt aux plus jeunes, de 0 à 4/5 ans, où l'on a rapproché parfois les versions d'un même récit, d'un choix d'anthologies ne pouvant être classées par pays, d'une sélection de fables et d'épopées, genres un peu différents du conte mais faisant partie de la « littérature orale » et d'une liste de titres joyeusement « chahutés ». On trouvera aussi un choix de textes littéraires nourris par la tradition orale, de manière plus ou moins évidente, classés chronologiquement.

En fin de course, une petite liste de titres épuisés que nous ne cessons de regretter. Et il y en a bien d'autres...

Ces livres doivent être une réserve d'histoires de toutes sortes à transmettre dès le plus jeune âge. Les bébés, on les touche, on les chahute, on les fait sauter, on les cajole au rythme de la chanson, de la comptine et aussi de l'histoire du loup qui dévore, du cochon qui court, du renard qui guette et fait tourner en bourrique. Les contes sont comme la poésie et la musique : ils ne peuvent se transmettre vraiment que dans l'oral. Les jeunes ne les liront que si ils en ont entendus, soit lus soit racontés. Et peut-être bien, qu'ils ne liront poèmes, romans, essais philosophiques ou traité de mathématiques, que s'ils ont eu la chance, tout-petits, de partager avec un adulte les rires, les peurs, toutes ces émotions nées des ces « histoires de brigands ».

Evelyne Cevin

SOURCES POUR RACONTER

Ces recueils s'adressent d'abord aux adultes.

Voici, dans cette première partie, un choix de livres dans des éditions pour adultes pour ceux qui cherchent à raconter, souhaitent comparer des versions sur un thème connu ou mieux apprécier la qualité des éditions pour les jeunes. (Une bibliographie plus complète de ces ouvrages de référence peut être consultée dans le livre Conte en bibliothèque *publié en 2005 aux Éditions du Cercle de la Librairie, ou sur le site Internet de La Joie par les livres.) Quelques-uns de ces titres ne sont plus disponibles mais ils nous paraissaient si importants que nous les avons signalés en espérant qu'ils figurent toujours dans les fonds des bibliothèques.*

633. Rolland, Eugène : **Rimes et jeux de l'enfance.**
Classique indispensable pour tous ceux qui racontent ou chantent à l'intention des tout-petits. Collection très importante de berceuses, formulettes diverses, jeux, randonnées, devinettes... Une merveille.
Maisonneuve et Larose, Références
15 € ISBN : 978-2-7068-1618-5

634. Bruley, Marie-Claire ; Tourn, Lya ; ill. Dumas, Philippe : **Enfantines.**
Les auteurs ont recueilli 150 formules pour « jouer, parler avec le bébé ». Elles sont suivies de gestes qui accompagnent le chant. L'illustration de Philippe Dumas est en parfaite harmonie avec le propos. Quelques pages théoriques analysent clairement la démarche et la valeur fondatrice de ces jeux dans le développement du tout-petit. Un livre indispensable et beau.
L'École des loisirs
30,18 € ISBN : 978-2-211-04109-6

635. Bruley, Marie-Claire ; Tourn, Lya ; ill. Dumas, Philippe : **Berceuses et paroles pour appeler le sommeil.**
Ce précieux ouvrage de référence sur le folklore de la petite enfance propose à la fois l'accès au riche patrimoine de différentes régions de France et une réflexion sur les rites d'endormissement des tout-petits : introduction, notes et commentaires, bibliographie approfondissent et étayent les berceuses et les chansonnettes magnifiquement accompagnées par des illustrations pleines de tendresse.
L'École des loisirs
30,18 € ISBN : 978-2-211-03798-3

636. Bryant, Sara Cone : **Comment raconter des histoires à nos enfants [2 volumes].**
Des conseils simples pour raconter suivis d'un choix d'histoires. Fondamental pour ce qui concerne les histoires s'adressant aux tout-petits. Livre épuisé à consulter en bibliothèque.
Nathan

637. Choix Caputo, Natha : **Contes des quatre vents.**
Excellent choix de contes traditionnels, dans une langue particulièrement bien adaptée aux plus jeunes. Édition complète épuisée à consulter en bibliothèque.
Nathan

638. Choix, introd. et annot. Fink, Dagmar : **Contes merveilleux des pays de France : 99 contes choisis.**
Magnifique anthologie de 16 contes d'animaux, 7 randonnées et 76 contes merveilleux, de Bladé, Luzel ou Pineau... Aucune illustration. Les histoires s'adressent aux enfants dès le plus jeune âge. Par sa présentation, le livre s'adresse aux adultes ou aux bons lecteurs. Nouvelle édition en 2006 en un seul volume.
Iona Diffusion : Iona – 570 route d'Uzès 30100 Alès (04 66 24 89 32)
29,90 € ISBN : 978-2-904654-73-2

639. Textes Perrault, Charles ; Grimm, Jacob et Wilhelm et Andersen, Hans Christian ; trad. pour les Frères Grimm : Robert, Marthe ; Delord, Didier ; Guerne, Armel ; pour H. C. Andersen : Renaud, Jean ; Soldi, D. ; Grégoire, E. ; Moland, L. ; La Chesnais, P. G. ; ill. Pin, Isabel : **Mille Ans de contes classiques**.
Un bon guide pour les adultes qui lisent ou racontent aux enfants. Ils redécouvriront certainement avec étonnement des contes dont le souvenir est à la fois vivace et imprécis dans leur mémoire. Les transmettre, c'est partager un fonds commun de références, d'images, de musique, une richesse qui permettra d'aller plus facilement vers des territoires moins proches.
Milan, Mille ans de contes
19,90 € ISBN : 978-2-7459-2561-9

640. Straparola, Giovan Francesco ; trad. de l'italien Gayraud, Joël : **Les Nuits facétieuses.**
Treize Nuits, soit 73 récits de toutes sortes, enchâssées dans un récit cadre, à la manière des *Mille et Une Nuits* ou du *Décameron*, publiées pour la première fois en 1553, œuvre qui n'a pas pris une ride et que connurent sans aucun doute Basile et Perrault.
José Corti, Merveilleux
25,15 € ISBN : 978-2-7143-0693-7

641. Basile, Giambattista ; trad. du napolitain Decroisette, Françoise : **Le Conte des contes ou le divertissement des petits enfants.**
L'œuvre de Basile a été publiée soixante ans environ avant celle de Perrault. La crudité de certains détails réserve ce livre aux adultes et aux grands adolescents. Un livre précieux pour ceux qui racontent aux plus âgés à condition de pouvoir conserver l'extraordinaire saveur de la langue de Basile.
Circé (1, rue Papillon – 90000 Belfort – Tél. : 03 88 47 24 78)
26,20 € ISBN : 978-2-908024-88-3

642. Calvino, Italo ; trad. Frank, Nino : **Contes populaires italiens : 1. Italie du Nord ; 2. Italie centrale ; 3. Italie des Apennins ; 4. Les Îles.**
Le trésor folklorique des différentes provinces italiennes en quatre volumes. Contes choisis et parfois retouchés par un grand écrivain. Épuisé : à consulter en bibliothèque.
Denoël, Littérature étrangère

643. Éd. Lemirre, Elisabeth : **Le Cabinet des fées.**
Anthologie des quarante et un volumes publiés en 1785. Une féerie à redécouvrir. Pour bons lecteurs.
Philippe Picquier
28,20 € ISBN : 978-2-87730-509-9

644. Perrault, Charles ; textes établis et présentés Soriano, Marc : **Contes.**
Contes en vers et en prose et de nombreux autres textes de Charles Perrault présentés par l'un de ses plus grands spécialistes. Une édition « incontournable ».
Flammarion, GF
6,80 € ISBN : 978-2-08-070666-9

645. Éd. Massignon, Geneviève ; postface Belmont, Nicole : **De bouche à oreille. Anthologie de contes populaires français.**
Anthologie de contes de toutes les régions de France, surtout des contes merveilleux, recueillis dans les années 1950, à un moment où l'on pensait que toute tradition orale avait disparu de France. Superbe bouquet !
Corti, Merveilleux
20 € ISBN : 978-2-7143-0928-0

646. Éd. Seignolle, Claude : **Contes, récits et légendes des pays de France. 1 : Bretagne, Normandie, Poitou-Charentes, Gascogne, Pays basque. 2 : Nord, Flandres, Artois, Picardie, Champagne, Alsace, Bourgogne, Franche-Comté. 3 : Provence, Corse, Languedoc-Roussillon, Alpes, Auvergne. 4 : Paris, Île-de-France, Val de Loire, Berry, Sologne, Limousin.**
Un choix judicieux de contes de toutes sortes recueillis par les grands collecteurs des XIXe-XXe siècles. Une somme incontournable.
Omnibus
22,90 € chaque
Vol. 1 : ISBN : 978-2-258-04583-5
Vol. 2 : ISBN : 978-2-258-04582-8
Vol. 3 : ISBN : 978-2-258-04581-1
Vol. 4 : ISBN : 978-2-258-04580-4

647. Sébillot, Paul ; éd. Besançon, Dominique : **Contes et légendes des landes et des grèves.**
Magnifique recueil de contes merveilleux de Haute-Bretagne.
Terre de Brume
18,14 € ISBN : 978-2-84362-001-0

648. Sébillot, Paul ; éd. Besançon, Dominique : **Contes populaires de la Haute-Bretagne. 1. Contes merveilleux ; 2. Contes des paysans et des pêcheurs ; 3. Contes des marins.**
Réédition en trois volumes d'une collecte devenue depuis longtemps introuvable.
Terre de Brume, Bibliothèque celte, 1998.
19,67 € chaque
Vol. 1 : ISBN : 978-2-84362-036-2
Vol. 2 : ISBN : 978-2-84362-050-8
Vol. 3 : ISBN : 978-2-84362-088-1

649. Cadic, François ; éd. Postic, Fanch : **Contes et légendes de Bretagne : les contes populaires [3 volumes].**
Les éditions Terre de Brume publient les œuvres de François Cadic, collecte jamais publiée dans son ensemble. Il existe aussi, du même auteur, deux volumes de légendes de Bretagne.
Terre de Brume
19,06 € chaque
Vol. 1. : ISBN : 978-2-84362-006-5
Vol. 2. : ISBN : 978-2-84362-020-1
Vol. 3. : ISBN : 978-2-84362-038-6

650. Luzel, François-Marie : **Contes populaires de Basse-Bretagne.**
Publication progressive de l'ensemble de la collecte faite en Basse-Bretagne. Onze volumes de contes sont parus. Parmi eux, signalons les *Contes populaires de Basse-Bretagne*, en trois volumes.
Terre de Brume
22 € environ le vol.
Vol. 1 : ISBN : 978-2-908021-60-8
Vol. 2 : ISBN : 978-2-908021-70-7
Vol. 2 : ISBN : 978-2-908021-74-5

651. Bladé, Jean-François : **Les Contes populaires de la Gascogne.**
Un grand classique enfin réédité regroupant des contes de toutes sortes (merveilleux, facétieux, religieux, contes d'animaux, randonnées...) pour tous les âges. Une merveille pour les bons lecteurs et autant pour ceux qui racontent. Six volumes prévus, trois volumes parus.
Opales, Oubliés et effacés (Diffusion : Résidence Compostelle M14D – 33600 Pessac – Tél./Fax : 05 56 84 16 16)
7,62 € chaque
Vol. 1 : ISBN : 978-2-908799-30-9
Vol. 2 : ISBN : 978-2-908799-37-8
Vol. 3 : ISBN : 978-2-908799-38-5

652. Cosquin, Emmanuel ; éd. établie Belmont, Nicole : **Contes populaires de Lorraine, comparés avec les contes des autres provinces de France et des pays étrangers.**
Sans parler de l'originalité et de la beauté de la collecte faite en 1866-1867 dans un unique village de Lorraine, il faut souligner le prodigieux intérêt des « Remarques » qui suivent chacun des contes transmis. Elles se lisent comme un roman policier. Rarement tant d'érudition eut autant de charme. Il faut rendre grâce à Nicole Belmont qui a établi cette nouvelle édition. Une mine pour tous ceux qui racontent.
Philippe Picquier
26 € ISBN : 978-2-87730-665-2

653. Grimm, Jacob et Wilhelm ; trad. Guerne, Armel : **Contes [2 volumes].**
Seule édition complète des 211 contes des Frères Grimm, traduits par Armel Guerne. À découvrir ou redécouvrir ces contes si mal connus, dans leur ensemble. Indispensable.
Flammarion
16 € chaque
Vol. 1 : ISBN : 978-2-08-213003-7
Vol. 2 : ISBN : 978-2-08-213004-2

654. Grimm, Jacob et Wilhelm ; trad. de l'allemand Robert, Marthe : **Contes.**
Trente-cinq contes merveilleux choisis, traduits et présentés par Marthe Robert. Excellente étude à l'intention des adultes. Traduction magnifique : la meilleure !
Gallimard, Folio (840)
6,40 € ISBN : 978-2-07-036840-2

655. Afanassiev, Aleksandr Nikolaevitch ; trad. du russe Gruel-Apert, Lise : **Les Contes populaires russes.**
Réédition en un seul volume des trois volumes parus en 1988, 1990 et 1992. Cent quatre-vingt-un contes traduits sur les quelque six cents collectés. De nombreux et splendides contes merveilleux, mais aussi des randonnées, des contes d'animaux pour les petits, des histoires d'idiots et des anecdotes insolites pour les plus grands. Une œuvre majeure. Indisponible. Réédition prévue.
Maisonneuve et Larose, Références

656. Contes réunis par Afanassiev, Aleksandr Nikolaevitch ; trad. du russe, introd., annot. Gruel-Apert, Lise : **Nouveaux Contes populaires russes.**
Onze contes d'animaux, 52 contes merveilleux et 16 contes divers présentés dans le même classement que la précédente édition. En prime : la belle et émouvante introduction posthume d'Afanassiev à l'édition de 1873. On y trouve des variantes magnifiques de certains contes précédemment traduits, on retrouve des récits édités par Edina Bozoki il y a presque trente ans. Indisponible. Réédition prévue.
Maisonneuve et Larose, Références

657. Collectés par Arnason, Jon ; trad. de l'islandais et éd. Magnusdottir, Asdis R. et Renaud, Jean : **La Géante dans la barque de pierre et autres contes d'Islande.**
On retrouve ici des thèmes, des familles de contes bien connus dans des versions particulièrement intéressantes par leur ton, leur dénouement, leur force, parfois leur drôlerie, leur incongruité. Pour les autres, ce ne sont que jolies surprises. Avec un dossier passionnant sur le collecteur et ses informateurs, la liste typologique des contes cités et une postface des deux traducteurs du livre.
José Corti, Merveilleux
21 € ISBN : 978-2-7143-0827-6

658. Hylten-Cavallius, Gunnar Olof ; Stephens, George ; éd. et trad. du suédois Balzamo, Elena : **Le Chien boiteux et autres contes.**
Vingt et un contes suédois choisis dans la collecte de G. O. Hylten-Cavallius, suivis d'un article important sur les problèmes d'adaptation et de traduction.
José Corti, Merveilleux
17,53 € ISBN : 978-2-7143-0697-5

659. Kristensen, Evald Tang ; trad. du danois Renaud, Jean : **La Cendrouse et autres contes du Jutland.**
Soixante-trois contes danois extraits d'une collecte riche et inconnue en France. Choix remarquable.
José Corti, Merveilleux
20,61 € ISBN : 978-2-7143-0698-2

660. Andersen, Hans Christian ; trad. du danois Boyer, Régis : **Œuvres. 1. Contes.**
Édition intégrale de tous les contes de H. C. Andersen. L'édition de référence actuellement.
Gallimard, Bibliothèque de la Pléiade
68,60 € ISBN : 978-2-07-011246-3

661. Andersen, Hans Christian ; trad. du danois Auchet, Marc : **Contes et histoires.**
Édition intégrale des contes pour les enfants, dans une nouvelle traduction de 2005.
LGF, La Pochothèque Classiques modernes
25 € ISBN : 978-2-253-13130-4

662. Éd. établie et trad. de l'anglais Du Sorbier, Françoise : **Le Mendiant aveugle et autres récits de colportage anglais du XVIIIe siècle.**
Entre contes populaires et littérature, un beau choix de textes de colportage où l'on retrouve Jack et le haricot magique, Tom Pouce et Richard Whittington et où l'on découvre la merveilleuse Meg la Longue, forte femme s'il en est, Thomas de Reading et d'autres. Un joli petit livre carré, finement illustré de gravures anciennes. Une réussite.
José Corti, Merveilleux
16,77 € ISBN : 978-2-7143-0756-9

663. Adapt. en français Decorvet, Gilles : **Contes de Grèce et de Chypre.**
Esprit ouvert
20,60 € ISBN : 978-2-88329-060-0

664. Recueillis par Valassi, Zoé ; trad. et adapt. Monférier, Claire : **Le Petit Paon et la pièce d'or et autres contes grecs.**
Excellente anthologie bilingue qui complète le recueil précédent.
L'Harmattan, La Légende des mondes
13,75 € ISBN : 978-2-7384-7735-4

665. Trad. du sanskrit Lancereau, Édouard : **Pancatantra.**
À la source d'Ésope et de La Fontaine... Énorme recueil de fables, livre de sagesse venu de l'Inde.
Gallimard, Connaissance de l'Orient poche
9 € ISBN : 978-2-07-072430-1

666. Ibn al Muqaffa, Abdallah ; trad. Miquel, André : **Le Livre de Kalila et Dimna.**
Recueil de fables, livre-clé de la culture arabe, hérité du *Pantchatantra* après être passé par l'Iran.
Klincksieck
26 € ISBN : 978-2-252-02328-0

667. Trad. Galland, Antoine ; éd. Sermain, Jean-Paul : **Contes des Mille et Une Nuits [3 volumes].**
Traduction historique qui fait rêver des générations de Français depuis le XVIIIe siècle !
Garnier-Flammarion
Vol. 1 : 6,30 €
ISBN : 978-2-08-071200-4
Vol. 2 : 6,80 €
ISBN : 978-2-08-071201-1
Vol. 3 : 7,30 €
ISBN : 978-2-08-071202-8

668. Trad. Mardrus, Joseph Charles : **Les Mille et Une Nuits [2 volumes].**
Traduction du XIXe siècle à partir d'un corpus un peu différent.
Robert Laffont, Bouquins
46 € le coffret de deux volumes
ISBN : 978-2-221-91300-0

669. Trad. Bencheikh, Jamel Eddine et Miquel, André : **Les Mille et Une Nuits : contes choisis [4 volumes].**
Anthologie dans la toute nouvelle traduction française pour donner envie de se lancer dans la version intégrale de « La Pléiade ». Pour la première fois, traduction des poèmes.
Gallimard, Folio
Vol. 1. 10 € ISBN : 978-2-07-038399-3
Vol. 2. 10 € ISBN : 978-2-07-038400-6
Vol. 3. 10 € ISBN : 978-2-07-039385-2
Vol. 4. 6,60 €
ISBN : 978-2-07-041464-2

670. Texte trad., prés. et annot. Bencheikh, Jamel Eddine et Miquel, André : **Les Mille et Une Nuits. 1 : Nuits 1 à 327 ; 2 : Nuits 327 à 719 ; 3 : Nuits 719 à 1 001. Histoire d'Aladin... Histoire d'Ali Baba...**
Nouvelle traduction de l'arabe, faite par deux savants, poètes de surcroît (c'est ce

qui fait, entre autres, la spécificité de cette traduction). Passionnante préface d'André Miquel qui retrace l'histoire complexe des *Nuits* suivie d'un tableau chronologique de Margaret Sironval particulièrement éclairant. Un appareil critique jamais pesant, accessible à tous qui nous aide infiniment dans notre lecture.
Gallimard, La Pléiade
ISBN : 978-2-07-011853-3
169 € le coffret

671. Éd. Boratav, P. N. : **Contes de Turquie.**
Des contes de mensonge, des contes facétieux, des formules d'introduction, de magnifiques contes merveilleux... : de tout un peu. Une délicieuse anthologie.
Maisonneuve et Larose, Références
21,50 € ISBN : 978-2-7068-1616-1

672. Shah, Idries ; ill. Williams, Richard ; trad. Néaumet, Jean : **Les Aventures de Nasrudin : contes d'Orient.**
Coffret comprenant *Les Exploits de l'incomparable Mulla Nasrudin, Les Plaisanteries de l'incroyable Mulla Nasrudin, Les Subtilités de l'inimitable Mulla Nasrudin*. Brèves histoires connues de tout le bassin méditerranéen, à la fois contes de sagesse et contes facétieux. Rire et sagesse.
Courrier du livre
48 € ISBN : 978-2-7029-0591-3

673. Anthologie établie par Basset, René ; éd. dirigée par Chraibi, Aboubakr : **Mille et Un Contes, récits et légendes arabes.**
Une mine extraordinaire de récits de toutes sortes, parfois très brefs, parfois très longs. Une plongée dans la culture arabe d'une invraisemblable richesse.
José Corti, Merveilleux
55 € le coffret
ISBN : 978-2-7143-0856-6

674. Frobenius, Léo ; trad. de l'allemand Fetta, Mokran : **Contes kabyles.**
Magnifique collecte du début du XXe siècle traduite pour la première fois en français : quatre volumes.
Édisud
Vol. 1 : Sagesse :
ISBN : 978-2-85744-825-9
Vol. 2 : Le Monstrueux :
ISBN : 978-2-85744-862-4
Vol. 3 : Le Fabuleux :
ISBN : 978-2-85744-927-0
Vol. 4 : Autres contes fabuleux :
ISBN : 978-2-7449-0004-4
15,24 € chaque

675. Taos Amrouche, Marguerite : **Le Grain magique : contes, poèmes, proverbes berbères de Kabylie.**
Magnifique recueil de contes, poèmes et proverbes berbères de Kabylie entendus de la bouche de sa propre mère, transcrits et traduits avec fidélité et un talent exceptionnel.
La Découverte, Littérature et voyages
10,30 € ISBN : 978-2-7071-2578-1

676. Bâ, Amadou Hampâté : **Petit Bodiel et autres contes de la savane.**
Pocket
5,70 € ISBN : 978-2-266-15788-9

677. Cendrars, Blaise : **Anthologie nègre.**
Une superbe anthologie de contes rassemblés et reformulés par un grand écrivain voyageur.
LGF, Le Livre de poche n° 3363
6,95 € ISBN : 978-2-253-93363-2

678. Pu Songling ; trad. du chinois Lévy, André : **Chroniques de l'étrange.**
Intégrale de l'énorme somme de récits (près de 600 !) rassemblés par Pu Songling tout au long de sa vie. Étrange, étrange, quand tu nous tiens... Un magnifique corpus, en particulier à transmettre aux plus grands. Passionnant.
Philippe Picquier
59 € ISBN : 978-2-87730-781-9

679. Trad. du japonais Coyaud, Maurice-Robert : **Contes japonais.**
Livre de référence incontournable.
Pour l'analyse du folklore (Diffusion : Centenaire, Chine-Asie Diffusion – 5, rue de Belleville – 75019 Paris)
13,42 € ISBN : 978-2-902684-12-0

680. Trad. du japonais Coyaud, Maurice-Robert : **Contes, devinettes et proverbes du Japon.**
Complète le précédent volume.
Pour l'analyse du folklore (Diffusion : Centenaire, Chine-Asie Diffusion – 5, rue de Belleville – 75019 Paris)
11,89 € ISBN : 978-2-902684-11-3

681. Kunio, Yamagita ; trad. Sieffert, Geneviève : **Les Yeux précieux du serpent.**
Paru en 1983 aux Publications orientalistes de France sous le titre : *Contes du Japon d'autrefois*. Contes brefs, étonnants qui complètent bien les deux précédents recueils.
Le Serpent à plumes, Motifs
5,95 € ISBN : 978-2-84261-120-0

682. Erdoes, Richard et Ortiz, Alfonso ; trad. de l'américain Pellerin, Simone **(1)** et Deschamps, Alain **(2)** : **Mythes et légendes des Indiens d'Amérique du Nord. 1 : L'Oiseau tonnerre et autres histoires. 2 : Et Coyote créa le monde.**
Albin Michel, Terre indienne
Vol. 1 : 22,90 €
ISBN : 978-2-226-07794-3
Vol. 2 : 21,30 €
ISBN : 978-2-226-11500-3

683. Abrahams, Roger D. : **Jack le Noir et Jack le Blanc. Contes afro-américains.**
Excellente anthologie de contes afro-américains.
Le Seuil, La Mémoire des sources
19,90 € ISBN : 978-2-02-030719-2

684. Choix de textes, préf. et comment. Dymchitz, Valery ; trad. du russe Benech, Sophie ; glossaire établi par Anissimov, Myriam : **Contes populaires juifs d'Europe orientale.**
Merveille des merveilles ! Un magnifique bouquet d'histoires, longues, brèves, émouvantes, drôles à ne pas croire, variées, qui nous permettent mieux que tout, peut-être, de retrouver le parfum de ce monde à jamais englouti que l'on ne connaît trop souvent que par l'horreur de sa disparition. Rire et s'émouvoir

avec cette petite bande de rêveurs, d'hurluberlus, de benêts, de savants, de voleurs, de saints et de bien d'autres, c'est les faire vivre à jamais.
José Corti, Merveilleux
25 € ISBN : 978-2-7143-0858-0

685. Wiesel, Elie : **Célébration : portraits et légendes.**
Regroupe *Célébration biblique, Célébration talmudique, Célébration hassidique* et *Contre la mélancolie.*
Le Seuil
44,30 € ISBN : 978-2-02-022805-3

686. Carrière, Jean-Claude : **Le Cercle des menteurs : contes philosophiques du monde entier.**
Une mine pour tous ceux qui cherchent de ces récits courts pleins d'humour et de sagesse, percutants, drôles, énigmatiques...
Plon
19,67 € ISBN : 978-2-259-18711-6
Existe aussi chez Pocket.
6,20 € ISBN : 978-2-266-08787-2

687. Éd. établie et postfacée Raphoz, Fabienne : **Des belles et des bêtes : anthologie de fiancés animaux.**
On rencontrera ici chatte, grenouille, grue, corbeau, crabe, phoque et bien d'autres mystérieux et fascinants partenaires. Bel appareil critique : références précises de chaque conte cité, analyse typologique des familles de contes envisagées et un très bel article « L'Âme d'or des bêtes ». À la fois sensible et savant, accessible à des publics divers.
José Corti, Merveilleux
20,50 € ISBN : 978-2-7143-0835-1

688. Domont, Philippe et Montelle, Édith : **Histoires d'arbres : des sciences aux contes.**
Dix-huit espèces d'arbres examinées par un scientifique et une conteuse dont les voix s'entremêlent pour donner à la fois des renseignements scientifiques très précis et aussi des contes, des légendes, des mythes. On ne sait ce qui nous fait le plus rêver ! La mise en pages est, sans en avoir l'air, animée et ludique. Une lecture libre, paresseuse et studieuse.
Delachaux et Niestlé – Office national des Forêts
29 € ISBN : 978-2-603-01299-4
ISBN : 978-2-84207-281-0

BERCEUSES, COMPTINES ET CHANSONS TRADITIONNELLES

689. Collectage Bustarret, Anne : **Petit Oiseau d'or : jeux, comptines et rondes pour les tout-petits.**
Formulettes, jeux de nourrices, comptines, jeux de doigts, chansons de portage, sauteuses, premières rondes et jeux dansés : en quarante-huit titres, voici l'essentiel du répertoire traditionnel destiné à la petite enfance. Ce « classique », qui n'a pas pris une ride depuis 1985, accompagnera parents et enfants de la maternité à l'école maternelle. Explications dans le livret.
Nathan
20 € 0-3 ans

690. Ill. Mercier, Tina : **Berceuses du monde entier.**
Colette Magny, Talila, Brenda Wooton, Naomi Moody, Marina Vlady retrouvent avec émotion leur culture d'origine pour chanter ces berceuses françaises, yiddish, celtes, russes. Sans cesse réédité depuis les années 1970, cet enregistrement s'accompagne d'un livret, véritable mini-album illustré, avec la transcription des paroles et leur traduction.
Chant du monde
21 € Pour tous dès la naissance

691. Berceuses du monde entier (2 volumes).
Une quarantaine de berceuses réparties sur deux volumes et interprétées en grande majorité par des chanteurs anonymes (la plupart des titres sont empruntés à des collections ethnographiques). On trouvera dans l'album paroles en langue originale, traduction, notes documentaires et références discographiques pour prolonger l'écoute.
Gallimard Jeunesse musique
Vol. 1 : ISBN : 978-2-07-053830-0
Vol. 2 : ISBN : 978-2-07-053552-1
19,50 € chaque
Pour tous dès la naissance

692. Bohy, Hélène ; Chaumié, Agnès ; Perche, Éric : **75 Comptines, chansons et jeux de doigts.**
Une flûte et une guitare et deux femmes qui chantent à l'unisson ou en duo des chansons et des comptines pour les tout-petits. C'est simple, c'est beau et ça donne envie de chanter pour ou avec les enfants. Le premier enregistrement d'Enfance et musique, toujours d'actualité à la maison, à la crèche ou à l'école maternelle.
Enfance et musique
23 € 0-3 ans

693. Tom Pouce et Ribambelle chantent avec Agnès Chaumié.
Pendant toute une année, à Angers, Agnès Chaumié, les parents et le personnel d'une crèche parentale (Tom Pouce) et d'une halte-garderie (Ribambelle) ont rassemblé des chansons et comptines destinées aux tout-petits – un répertoire d'une grande variété où les jeux de doigts ont la part belle.
Enfance et musique
23 € 0-3 ans

♥ Une remarquable collection de livres-disques est consacrée, chez Didier Jeunesse, à des comptines et berceuses traditionnelles, collectées dans diverses communautés culturelles. À la qualité des enregistrements correspond celle des livres, de grands albums superbement illustrés, où l'on retrouve les paroles transcrites en langue originale et en traduction.
Didier Jeunesse, Albums-CD

694. Favret, Hafida et Lerasle, Magdeleine ; ill. Novi, Nathalie : **À l'ombre de l'olivier : le Maghreb en 29 comptines.**
ISBN : 978-2-278-05002-4

695. Grosléziat, Chantal ; ill. Nouhen, Elodie : **Comptines et berceuses du baobab : l'Afrique noire en 30 comptines.**
ISBN : 978-2-278-05277-6

696. Grosléziat, Chantal ; ill. Corvaisier, Laurent ; trad. Poullet, Hector et Tamachia, Janick : **À l'ombre du flamboyant : 30 comptines créoles, Haïti, Guadeloupe, Martinique et la Réunion.**
ISBN : 978-2-278-05486-2

697. Lerasle, Magdeleine ; musique Mindy, Paul ; ill. Fronty, Aurélia : **Comptines et chansons du papagaio : le Brésil et le Portugal en 30 comptines.**
ISBN : 978-2-278-05379-7

698. Soussana, Nathalie ; musique Mindy, Paul ; ill. Alemagna, Beatrice : **Comptines du jardin d'Eden : 28 comptines juives.**
ISBN : 978-2-278-05492-3

699. Soussana, Nathalie ; musique Hoarau, Jean-Christophe ; ill. Poliakova, Sacha : **Comptines et berceuses de babouchka : 29 comptines slaves.**
ISBN : 978-2-278-05650-7
23,50 € chaque
À partir de 1 an

700. Éd. Ivanovitch-Lair, Albena ; adapt. Serres, Alain ; ill. Prigent, Andrée : **Ohé ! Les comptines du monde entier.**
Une quarantaine de comptines de tous les continents. Les voisinages font sauter aux yeux – et aux oreilles – les contrastes et les similitudes de ce patrimoine de l'enfance. Les textes sont donnés à la fois dans leur traduction en français et dans leur langue originale, avec la multitude des graphies. Les linogravures d'Andrée Prigent rehaussent superbement la couleur.
Rue du monde, Oh ! les comptines !
13 € ISBN : 978-2-912084-74-3
À partir de 15 mois

♥ **701.** Ill. Louchard, Antonin : **Pomme de reinette et pomme d'api : Les Comptines des petits.**
Voici un recueil de vingt-trois comptines bien connues, illustrées par des photos, de petites mises en scène, des dessins, des sculptures, des collages... dans une belle palette colorée et inventive. Le livre est un bel objet carré et confortable qui offre à la fois le plaisir des mots et le plaisir des yeux. À partager sans limites entre adultes et enfants complices.
Bayard Jeunesse
14,90 € ISBN : 978-2-7470-1757-2
À partir de 15 mois

702. Nadja : **Boîte à comptines.**
Dans un gros cube cartonné et coloré s'emboîtent douze tout petits livres. Sur chacun d'entre eux se trouve une comptine illustrée. Une présentation originale et amusante, bien adaptée aux goûts des petits chanteurs.
L'École des loisirs, Loulou et compagnie
28,20 € ISBN : 978-2-211-02954-4
À partir de 15 mois

703. Concept. Simon, Florence ; concept. graphique Gautray, Isabel : **Alors, je chante.**
Un beau gros pavé rouge plein – à craquer – de chansons, de comptines, de formulettes, de berceuses – connues, archiconnues et c'est tant mieux... Ça promet des heures et des heures à fredonner, à partager... À feuilleter aussi ce bel objet graphique, en prenant le temps de découvrir les photos qui, à chaque page, apportent leur lot de surprises, de charme, d'humour et de poésie.
Passage piétons
24 € ISBN : 978-2-913413-17-7
À partir de 15 mois

704. Ill. Voltz, Christian ; dir. musicale Prual, Yves ; Barré, François : **À pas de géants : 33 comptines et chansons pour l'enfant qui grandit.**
Trente-trois comptines, jeux de doigts, sauteuses, rondes et chansons à gestes pour découvrir son corps, dans l'espace et dans une relation à l'autre. Des chansons d'aujourd'hui trouvent tout naturellement leur place auprès de grands classiques comme « Alouette » ou « Promenons-nous dans les bois ». Paroles, lignes mélodiques et explications des jeux dans l'album.
Didier Jeunesse, CD livre
23,50 € ISBN : 978-2-278-05357-5
À partir de 2 ans

705. Collectage et comment. Garabédian, Michèle ; Lerasle, Magdeleine ; Pétreault, Françoise ; ill. Cauquetoux, Denis ; Devaux, Stefany ; Jolivet, Joëlle ; Le Touzé, Anne Isabelle : **Les Plus Belles Comptines des petits lascars.**
Au départ, un document pédagogique réalisé par le CREDIF pour l'apprentissage du français langue étrangère ; à l'arrivée, une somme de comptines à chanter en famille grâce aux indications contenues dans le livre. Chaque comptine est dite ou chantée plusieurs fois pour en faciliter l'apprentissage.
Didier Jeunesse, Les P'tits lascars, CD livre
20,50 € ISBN : 978-2-278-05091-8
2-7 ans

706. Ill. Chatellard, Isabelle ; Girel, Stéphane ; dir. musicale Barré, François et Prual, Yves : **Au fil des flots : 29 chansons de la mer.**
Vingt-neuf chansons pour célébrer la mer, ses bateaux, ses poissons, ses marins. Un beau florilège de chansons connues ou à découvrir, interprétées tantôt à l'unisson, tantôt en solo, en dialogues ou en polyphonie par des voix masculines, féminines et enfantines. Un répertoire varié – des chansons à répons, à répétition, à élimination – et une interprétation très claire.
Didier Jeunesse, Album CD
23,50 € ISBN : 978-2-278-05647-7
À partir de 3 ans

707. Gens de Lorraine : **Le Bal pour enfants.**
« Jean petit qui danse », « Sur le pont d'Avignon », « Dansons la capucine », « Gugusse »... en tout une vingtaine de chansons qui sont autant d'invitations à la danse. Accompagnées par des instruments anciens que l'on n'a pas l'habitude d'entendre, de fraîches voix d'enfants interprètent avec naturel ce répertoire ludique.
Gens de Lorraine
15 € 2-7 ans

708. Collectage et comment. Garabédian, Michèle ; Lerasle, Magdeleine ; Pétreault, Françoise ; ill. Cauquetoux, Denis ; Clameau, Corinne ; Devaux, Stefany ; Le

Touzé, Anne Isabelle : **Les Plus Belles Chansons des petits lascars.**
« C'est la Mère Michel », « Alouette », « Les crocodiles », « Pirouette cacahouète » : tous les grands classiques de la chanson enfantine sont chantés là en toute simplicité à l'unisson ou à deux voix par les élèves d'une école maternelle, accompagnés par une flûte et une guitare. Paroles et lignes mélodiques des chansons dans l'album illustré.
Didier Jeunesse, Les P'tits lascars, CD livre
17 € ISBN : 978-2-278-05090-1
À partir de 2 ans

709. Collectage et comment. Bruley, Marie-Claire ; dir. musicale Grosléziat, Chantal ; ill. Cauquetoux, Denis ; Destours, Christine ; Devaux, Stefany ; Hayat, Candice ; Hudrisier, Cécile : **Rimes et chansons des p'tits loupiots.**
Tout le monde connaît « Maman les p'tits bateaux », mais avez-vous déjà entendu « Un petit grain d'or », « Passe la dormette » ou « Menton d'or » ? Une psychologue et une musicienne, toutes deux spécialistes de la petite enfance, proposent une trentaine de comptines, berceuses, sauteuses et formulettes à retrouver ou à découvrir, en toute simplicité, musicalité et convivialité.
Didier Jeunesse, Les P'tits loupiots, CD livre
20,50 € ISBN : 978-2-278-05485-5
1-7 ans

♥ **710.** Depuis une dizaine d'années, la collection « Pirouette » (Didier Jeunesse) présente en volumes séparés des comptines et des chansons traditionnelles. Leur charme est rehaussé par l'inventivité des illustrations (collages, papiers déchirés, modelages, etc.), de la typographie et de la mise en pages, renouvelées de titre en titre et confiées à des artistes différents, jeunes ou confirmés, en harmonie avec chacune des chansons. Tous les titres (une trentaine disponibles à ce jour) sont intéressants. Parmi les plus récents :
Toniduran : **Il était un petit navire**.
Figurant un joyeux monde de jouets, l'illustrateur campe les personnages et les décors avec d'épais traits noirs qui cernent des couleurs franches – du bleu, du rouge et surtout un lumineux jaune d'or – pour une version pleine d'humour et de détails cocasses : un petit bateau tiré par une ficelle, des sardines pleuvant de boîtes... Gai et amusant.
Didier Jeunesse, Pirouette
ISBN : 978-2-278-05689-7
Autres titres :
711. Ill. Bourre, Martine : **J'aime la galette.**
ISBN : 978-2-278-30003-7
712. Ill. Mollet, Charlotte : **Loup y es-tu ?...**
ISBN : 978-2-218-00569-5
713. Ill. Nouhen, Elodie : **Au feu les pompiers !**
ISBN : 978-2-278-05375-9
714. Ill. Devaux, Stefany : **Dame Tartine.**
ISBN : 978-2-278-30001-3
715. Ill. Letuffe, Anne : **Meunier, tu dors...**
ISBN : 978-2-278-05449-7
11 € chaque
Dès 1 ou 2 ans

716. Chantées par la Maîtrise de Paris ; ill. Fronty, Aurélia ; Labaronne, Charlotte ; Montoriol, Cassandre : **Chansons de France [2 volumes].**
Chaque volume regroupe une trentaine de chansons. Au répertoire enfantin *stricto sensu* s'ajoutent des titres patrimoniaux comme « Le Chant des partisans », « Le Temps des cerises » ou « La Marie-Joseph », dans une interprétation impeccable. Un document de référence idéal avec l'intégralité des paroles et la ligne mélodique des chansons dans l'album.
Gallimard Jeunesse
2 CD + 1 livre (pour chaque volume)
ISBN : 978-2-0-7053549-1 (vol. 1)
ISBN : 978-2-07-053550-7 (vol. 2)
22 € chaque À partir de 6 ans

717. Ill. Sabatier, Claudine et Roland : **Le Livre des chansons : chansons de France et d'ailleurs.**
Regroupe en un seul volume les trois livres de chansons précédemment publiés en Découverte Cadet. Un très bon choix de chansons traditionnelles, agréablement mises en pages, avec pour chaque chanson une introduction historique et la partition. Les chansons d'Allemagne, de Grande-Bretagne, d'Amérique du Nord et du Sud, d'Israël, de Russie et d'Italie figurent aussi dans leur langue originale.
Gallimard Jeunesse, Découverte Cadet, hors-série
14,95 € ISBN : 978-2-07-055725-7
À partir de 5 ans

718. Éd. Bruel, Christian : **Quand serons-nous diables ? Toujours, toujours, toujours. Quand serons-nous sages ? Jamais, jamais, jamais.**
Pipi-caca-cucul-zizi et autres joyeusetés, doucement coquines ou parfaitement crues, font depuis toujours les délices du folklore enfantin. En voici un aperçu jubilatoire dans ces recueils, dont la réussite tient autant à la recherche de ces « perles » tantôt connues de tous, tantôt rares et surprenantes, qu'à la qualité d'une iconographie excellemment choisie.
Être
ISBN : 978-2-84407-053-1
ISBN : 978-2-84407-052-4
13 € chaque
Pour tous à partir de 6 ans

719. Ill. Boutet de Monvel, Louis-Maurice : **Chansons de France pour les petits Français ; Vieilles chansons et rondes pour les petits enfants.**
Un grand classique. Malheureusement, le premier volume n'est plus disponible qu'au format poche. Le second est le fac-similé du fameux recueil de chansons traditionnelles paru à la fin du XIXe siècle (1883) : format, couleurs douces et reliure de toile rose.
L'École des loisirs, Lutin poche
5,50 € ISBN : 978-2-211-05886-5
L'École des loisirs
14,50 € ISBN : 978-2-211-07447-6
Pour tous dès 4-5 ans

720. Ill. Balez, Olivier : **La Complainte de Mandrin.**
Grand format et remarquables illustrations pour cette chanson fameuse qui est aussi toute une histoire... Le jeu des perspectives et des angles de vue, des contrastes entre les décors et les couleurs, des variations de taille des personnages « racontent » la

poignante épopée du brigand légendaire. La partition de la chanson est donnée en fin de volume.
Rue du monde
16 € ISBN : 978-2-915569-25-4
À partir de 9 ans

CONTES POUR LES PLUS PETITS

Premières histoires

721. Pacovská, Květa ; trad. Garay, Nora : **Le Petit Roi des fleurs.**
Ce n'est pas un conte et pourtant c'est sans doute, pour les tout-petits, la meilleure introduction au conte merveilleux ! Une grande réussite…
Nord-Sud, Minedition
21 € ISBN : 978-3-314-31128-4
2-4 ans

722. Bloch, Muriel ; ill. Bourre, Martine : **Le Loup et la mésange.**
La minuscule mésange échappera-t-elle au loup affamé ? Un texte remarquable pour une histoire traditionnelle trop peu souvent racontée et que les petits adorent.
Didier Jeunesse, À petits petons
11 € ISBN : 978-2-278-30073-0
2-5 ans

♥ **723.** Le Craver, Jean-Louis ; ill. Saillard, Rémi : **Les Trois Boucs.**
Un grand classique pour les petits Norvégiens : un petit bouc, un moyen et un gros échapperont à la convoitise d'un troll immonde caché sous un pont. Très bien raconté par Jean-Louis Le Craver. Illustration en parfaite adéquation. Tremblements de peur délicieuse et rires en perspective.
Didier Jeunesse, À petits petons
11 € ISBN : 978-2-278-30097-6
Existe aussi en broché bilingue français/arabe : 8 € ISBN : 9954-433-07-4
2-6 ans

724. Promeyrat, Coline ; ill. Jolivet, Joëlle : **Les Trois Petits Pourceaux.**
Variante des *Trois Petits Cochons* inspirée d'une version populaire du Pas-de-Calais. Ici, version pour les très petits, donc pas de rendez-vous avec le loup. Les deux premiers frères seront mangés, le loup aussi, par le dernier.
Didier Jeunesse, À petits petons
11 € ISBN : 978-2-278-30105-8
2-5 ans

♥ **725.** Texte et ill. Galdone, Paul ; adapt. de l'américain Cornec, Félix : **Les Trois Petits Cochons.**
Version traditionnelle avec les rendez-vous, les deux premiers petits cochons mangés. L'humour de Paul Galdone fait toujours merveille dans l'ambiguité : on aime autant le loup que les petits cochons !
Circonflexe, Albums
12 € ISBN : 978-2-87833-398-5
2-7 ans

♥ **726.** Blegvad, Erik ; trad. Escande, Elisée : **La Véritable Histoire des trois petits cochons.**
Réédition d'une excellente version de ce conte incontournable pour les petits, dans un format bien plus agréable que celui de la précédente édition de poche.
Gallimard Jeunesse, Folio Benjamin
5,50 € ISBN : 978-2-07-054796-8
2-7 ans

727. Kishida, Eriko ; ill. Futamata, Eigoro ; adapt. Bouvier, Jean-Christian : **Les Trois Petits Cochons.**
L'illustration très réussie est dominante et reprend chaque épisode en détails. Texte à la fois fidèle à la version connue et humoristique. On regrette qu'il n'existe plus en grand format.
L'École des loisirs, Lutin poche
5,50 € ISBN : 978-2-211-01353-6
2-7 ans

728. Un conte de Jacobs, Joseph ; ill. Puybaret, Éric : **Les Trois Petits Cochons.**
Bonne version, avec tous les rendez-vous donnés par le loup au troisième cochon (après avoir dévoré les deux premiers !). Le grand format oblong permet à l'illustration de bénéficier d'un immense espace qui autorise toutes sortes de points de vue. Il règne une atmosphère un peu étrange, à la fois drôle, mais aussi un peu fantastique, presque inquiétante.
Magnard Jeunesse
13,60 € ISBN : 978-2-210-98961-0
3-7 ans

729. Gay-Para, Praline ; ill. Bourre, Martine : **L'Ogresse et les sept chevreaux.**
Variante de *La Chèvre, le loup et les biquets*, avec une ogresse monstrueuse à souhait. Ritournelle très amusante.
Didier Jeunesse, À petits petons
11 € ISBN : 978-2-278-05085-7
3-7 ans

♥ **730.** Gay-Para, Praline ; ill. Saillard, Rémi : **Le Poussin et le chat.**
Inspiré d'un conte birman et TRÈS librement adapté, voici un joli récit bien écrit, très bien mis en pages, et astucieusement illustré. Où l'on trouve, pour une fois, une bonne mère et un petit poussin très exaspérant, qui, sous l'œil indulgent de sa poule de maman, fait bêtise sur bêtise et roule finalement le gros bête et méchant chat.
Didier Jeunesse, À petits petons
11 € ISBN : 978-2-278-05438-1
3-7 ans

731. Gay-Para, Praline ; ill. Micou, Hélène : **Roulé le loup !**
Pour échapper au loup, une petite vieille se cache dans une pastèque. Brève histoire cocasse qui roule, comme l'héroïne, de par le monde, plus spécialement autour de la Méditerranée. Joli texte bien illustré. Un beau livre pour les petits.
Didier Jeunesse, À petits petons
11 € ISBN : 978-2-278-30096-9
3-7 ans

♥ **732.** Texte Gay-Para, Praline ; ill. Saillard, Rémi : **Le Monstre et le bébé.**
Une jeune mère découvre avec horreur un petit monstre vert (assez rigolo) dans le berceau de son bébé qu'une bande de lutins, verts eux aussi, diligents et nombreux, vient d'enlever. Une voisine arrive à la rescousse et tout rentre dans l'ordre. Une de ces histoires que l'on aime tant car le rire y est libérateur.
Didier Jeunesse, À petits petons
11 € ISBN : 978-2-278-05663-7
3-7 ans

733. Le Craver, Jean-Louis ; ill. Grenier, Delphine : **Le Tout Petit Os.**
Version pour les tout-petits d'un conte

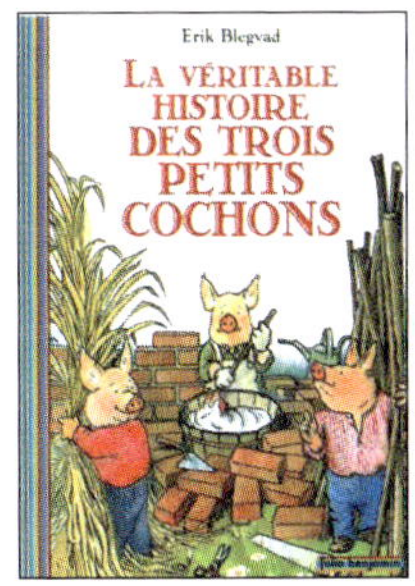

fantastique de la famille de « La Goulue » : un mort veut récupérer l'un de ses os dérobés...
Didier Jeunesse, À petits petons
11 € ISBN : 978-2-278-05086-4
3-7 ans

734. Une histoire racontée par Grunelius-Hollard, Agnès ; ill. Raschka, Chris : **Petite Fille et le loup.**
Conte afro-américain, très populaire aux États-Unis, dans lequel on voit comment une petite fille, ô combien imprudente !, se retrouve nez à nez avec le LOUP et comment elle s'en sort : grâce à une berceuse que lui chante sa maman et qui, donc, endort la méchante bête. Mais ce n'est pas si simple... Une histoire charmante bien racontée, avec suspense, variante de notre « Chaperon », pour tout-petits.
Didier Jeunesse, À petits petons
11 € ISBN : 978-2-278-05442-8
2-7 ans

♥ **735.** Une histoire racontée par Le Craver, Jean-Louis ; ill. Bourre, Martine : **Din'Roa la vaillante.**
Version chinoise du « Chaperon Rouge » où l'on voit une toute petite fille défendre son petit frère et sa propre vie avec un courage, une inventivité, une maîtrise comme seuls souvent les enfants en sont capables. M. Bourre a su trouver le trait, les couleurs, la force et la légèreté pour ce récit à la fois émotionnant, réjouissant, nocturne et parfaitement enfantin. Texte impeccable !
Didier Jeunesse, Escampette
12,50 € ISBN : 978-2-278-05696-5
4-8 ans

736. Bloch, Muriel ; ill. Prigent, Andrée : **L'Ogre Babborco.**
Conte sarde qui rappelle un peu notre « Chaperon Rouge ». Un petit garçon trop gourmand se retrouve avalé par un ogre. Heureusement, la maman veille ! Excellent texte, illustrations très réussies. Andrée Prigent est décidément joliment douée.
Didier Jeunesse, À petits petons
11 € ISBN : 978-2-278-30103-4
3-8 ans

♥ **737.** Grimm ; ill. Martin, Jean-François : **Le Petit Chaperon Rouge.**
Excellente adaptation du texte des Frères Grimm. Illustrations pleines d'attrait : le Chaperon Rouge va hardiment, le loup fait peur et le chasseur, curieusement, fait plus peur encore avec une barbe à la Landru ! C'est surtout très rigolo et dynamique. Sympathique et sans prétention.
Rouge et Or, Les Petits cailloux
4,95 € ISBN : 978-2-09-251149-7
3-8 ans

738. D'après Charles Perrault ; Rascal : **Le Petit Chaperon Rouge.**
Mise en image sans texte, extraordinairement dépouillée et efficace. Très réussi.
L'École des loisirs/Pastel
8 € ISBN : 978-2-06603-7
4-8 ans

♥ **739.** Vassilissa ; ill. Simon, Romain : **Le Grand Cerf et le lapin des champs.**
Poursuivi par le chasseur, le petit lapin se réfugie chez le grand cerf au fond des bois. Images tendres et amusantes pour un texte superconnu, superaimé par les petits.
Flammarion-Père Castor, Premières lectures
3,95 € ISBN : 978-2-08-160124-6
2-7 ans

♥ **740.** Sur un thème de Fang Yi-K'lun ; texte de François, Paul ; ill. Muller, Gerda : **Les Bons Amis.**
Histoire simplissime d'amitié, de générosité, jamais mièvre, soutenue par une illustration parfaitement enfantine sans prétention. Une histoire de carotte qui se balade d'ami en ami... Délicieux !
Flammarion-Père Castor, Premières lectures
3,50 € ISBN : 978-2-08-160006-5
3-7 ans

741. Un conte traditionnel français raconté par Muzi, Jean ; ill. Guillerey, Aurélie : **Comment la grand-mère se fit des amis.**
Une vieille femme pauvre et solitaire accueille par une nuit glaciale quelques animaux frigorifiés et finalement les garde auprès d'elle : « L'union fait la force ! » Gentille histoire de générosité et de solidarité, sans être pour autant mièvre. Illustrations toutes simples. Sympathique.
Flammarion-Père Castor, Les Classiques du Père Castor
4 € ISBN : 978-2-08-162776-5
4-8 ans

742. French, Vivian ; ill. Hobson, Sally ; trad. Lager, Claude : **Petite Poule rousse et Renard rusé.**
Personne n'a oublié la poche du tablier de Petite Poule rousse avec le fil, l'aiguille et surtout la paire de ciseaux ! Voici un nouveau regard que celui que nous donna autrefois Lida chez le Père Castor. Le récit court sur de grandes doubles pages. Grandes plages colorées, poule et renard stylisés. Excellent album pour les petits.
L'École des loisirs/Pastel
11 € ISBN : 978-2-211-02883-7
3-5 ans

♥ **743.** Lida ; ill. Morel, Étienne : **Poule rousse.**
La petite poule a une jolie maison, mais attention au renard ! Un classique à transmettre absolument.
Flammarion-Père Castor, Premières lectures
3,95 € ISBN : 978-2-08-160111-6
3-8 ans

744. Rascal : **Boucle d'or et les trois ours.**
Pas un mot. Petites silhouettes noires sur fond blanc. Amusant et efficace.
L'École des loisirs/Pastel
8 € ISBN : 978-2-06423-1
2-6 ans

♥ **745.** Texte et ill. Galdone, Paul ; adapt. de l'américain Fargeas, Émilie : **Les Trois Ours.**
Tout au fond des bois vivaient trois ours. Tranquillement. Soudain, une bombe blonde : Boucles d'or... P. Galdone, comme toujours, sait admirablement tirer parti des ambiguïtés de ces « petits » contes traditionnels. Illustrations pleines de force et de malice où les ours sont à la fois sauvages et terriblement humains et dans lesquelles Boucles d'or est particulièrement perverse !
Circonflexe, Aux couleurs du temps
13 € ISBN : 978-2-87833-332-9
2-7 ans

746. Adapt. Mata, Marta ; ill. Ballester, Arual : **Boucle d'or.**
Excellente adaptation, illustrations pleines de mouvement, de vivacité, qui traduisent parfaitement le sans-gêne insupportable de Boucle d'or, sa peur des ours, sa fuite éperdue. Très jolie variation pour l'une des histoires les plus connues des plus jeunes. À donner, ici, à leurs aînés.
Metagram
9,45 € ISBN : 978-2-7366-2918-2
6-8 ans

747. Guarnaccia, Steven ; adapt. Hermeline : **Boucle d'or et les trois ours.**
Édition très intéressante du classique des classiques pour les petits. Nous avons ici à la fois un discret hommage à Rojankovsky et une introduction à l'art du design. C'est beau et malin.
Seuil Jeunesse
13,90 € ISBN : 978-2-02-036442-3
5-8 ans

♥ **748.** Raconté par Aylesworth, Jim ; adapt. de l'américain Fargeas, Émilie ; ill. Mc Clintock, Barbara : **Boucles d'or et les trois ours.**
Texte très amusant faussement moralisant inspiré du conte de nursery d'origine, de Robert Southey, accompagnant une illustration elle aussi faussement sage et bon chic bon genre. Tout à fait rigolo, à lire à haute voix.
Circonflexe, Albums
12 € ISBN : 978-2-87833-350-3
5-8 ans

749. Raconté par Malkovych, Ivan ; trad. Fleurieu, Chantal de ; ill. Kost'Lavro : **Le Chat et le coq.**
Un chat violoniste et un coq chanteur vivent très heureux ensemble mais, une renarde astucieuse réussit à s'emparer du coq trop gourmand... Le côté un peu « branque » de ce petit conte traditionnel ukrainien est renforcé par les illustrations totalement incongrues. On s'amuse et on se réjouit de revoir sur le marché ce récit publié précédemment chez Calligram en petit format.
Metagram, Petite bibliothèque illustrée
4,65 € ISBN : 978-2-7366-6063-5
5-9 ans

750. Un conte lapon raconté par Moreau, Jean-Luc ; ill. Debon, Nicolas : **Quel filou ce renard !**
Version lapone du conte précédent, qui se termine mal cette fois pour le coq et qui rebondit sur une autre histoire qui s'achève en randonnée où le renard l'emporte sur l'ours, le glouton, le loup, le corbeau et... le chat. Très amusant. Bien raconté, bien illustré, de manière plus originale que souvent dans cette collection. Jolie mise en pages.
Flammarion-Père Castor, Les Classiques du Père Castor
3,95 € ISBN : 978-2-08-163272-1
5-9 ans

751. Raconté par Giraud, Robert d'après la tradition russe ; ill. Martin, Jean-François : **Un ours bien nigaud.**
Version où l'ours engage le bel animal roux pour l'aider à déblayer un champ encombré de cailloux, en échange d'un pot de miel. Le renard mangera tous les pots en douce, s'absentant par trois fois en faisant croire qu'il se rend à trois baptêmes successifs. Le choix des noms de baptême est simplissime, l'histoire, menée tambour battant, demeure intéressante et très compréhensible pour des assez jeunes.
Flammarion-Père Castor, Les Classiques du Père Castor
3,95 € ISBN : 978-2-08-162532-7
4-8 ans

752. Une histoire contée par Le Craver, Jean-Louis ; ill. Bourre, Martine : **Les Deux Oursons.**
J.-L. Le Craver a choisi une version hongroise du conte bien connu des deux « innocents » qui se font avoir par un troisième qui se propose aimablement pour partager en deux, de manière parfaitement équitable, un fromage ! Ici, les oursons tirent la morale d'eux-mêmes. Illustrations sympathiques. Récit drôle, enfantin, raconté très simplement.
Didier Jeunesse, À petits petons
11 € ISBN : 978-2-278-05474-9
Ou broché (bilingue français-arabe) :
8 € ISBN : 978-995-443-327-0
4-7 ans

♥ **753.** Texte Darwiche, Jihad ; ill. Voltz, Christian : **La Mare aux aveux.**
Ça commence comme « La Petite Poule rouge (ou rousse) », mais, surprise, c'est autre chose. Une histoire de gourmandise très amusante et bon enfant puisque le menteur est pardonné (rien à voir avec le conte terrible de l'origine des lignes de la main !). Illustrations rigolotes.
Didier Jeunesse, À petits petons
11 € ISBN : 978-2-278-05690-3
4-8 ans

754. Une histoire racontée par Kowarsky, Didier ; ill Ribeyron, Samuel : **Les Deux Maisons.**
Délicieuse histoire bien connue, sans doute grâce à Didier Kowarsky, et très aimée à la fois des enfants et des adultes qui la racontent ! Histoire de dispute, de brouille (idiote comme toujours) entre deux petits vieux, l'un de sel, l'autre de sucre, qui bien sûr finiront par se réconcilier. Illustrations et mise en pages mettent bien en scène le récit. Un petit livre amusant et touchant.
Didier Jeunesse, À petits petons
11 € ISBN : 978-2-278-05451-0
4-7 ans

755. Une histoire contée par Promeyrat, Coline ; ill. Alibeu, Géraldine : **La Bonne Bouillie.**
Du bon usage d'une marmite magique qui produit à la demande bonne et douce bouillie ! Ici, c'est la maman qui est trop gourmande et qui fait des bêtises...
Didier Jeunesse, À petits petons
11 € ISBN : 978-2-278-05691-0
4-8 ans

756. Promeyrat, Coline ; ill. Hudrisier, Cécile : **La cocotte qui tap-tip-tope.**
Histoire malicieuse d'une marmite magique qui pique les biens des plus riches pour aider sa propriétaire, misérable petite vieille proche de mourir de faim. Le texte, excellent, toujours aussi bien mis en pages que d'habitude, s'intègre dans une illustration faite de papiers collés très réussie, rigolote et dynamique à souhait.
Didier Jeunesse, À petits petons
11 € ISBN : 978-2-278-05376-6
4-7 ans

♥ **757.** Gay-Para, Praline ; ill. Guyennon-Duchêne, Claudie : **Le Tout Petit Garçon et la mouche.**
Le juge aurait dû réfléchir avant de conseiller au petit, si petit garçon, de frapper la mouche voleuse, où qu'elle se trouve, d'un grand coup de chaussure. Texte excellent, simple, rythmé, parfaitement adapté aux petits enfants. L'illustration, bleutée, traduit l'atmosphère d'une ville méditerranéenne et le côté étrange, incongru, voire violent de cette histoire apparemment si « charmante ».
Grandir
14 € ISBN : 978-2-84166-132-9
5-9 ans

Contes de randonnées

758. Diep, Françoise ; ill. Martinez, Barbara : **Un Petit Creux.**
Bonne histoire, adaptée d'une traduction de Léon Pineau d'un conte populaire suédois dans lequel une bonne femme trop vorace se retrouve en grande difficulté ! « Le Chat et le perroquet » de Sara Cone Bryant en est évidemment une magnifique variante et tous ceux qui racontent aux tout-petits le savent mieux que personne. Bon texte, illustrations intéressantes.
Lirabelle (320, chemin des Masques - 30250 Aubais)
15 € ISBN : 978-2-914216-19-7
3-7 ans

♥ **759.** Gay-Para, Praline ; ill. Prigent, Andrée : **Quel radis dis donc !**
Ici, c'est un radis, mais ce pourrait être un navet ou un rutabaga. Histoire qui fit et fera les délices de générations et de générations. Excellent texte, très jolie mise en pages, illustration gaie et parfaitement adaptée.
Didier Jeunesse, À petits petons
11 € ISBN : 978-2-278-30074-7
Existe aussi en broché bilingue français/arabe : 8 € ISBN : 978-2-278-056798
2-5 ans

♥ **760.** Tolstoï, Alexis ; ill. Sharkey, Niamh ; texte français Giraud, Robert : **Le Gros Navet.**
Magnifique album, réjouissant à souhait, pour l'histoire ultra connue du gigantesque navet difficile à arracher. Immenses illustrations très colorées, variées, pleines de détails, amusantes, incongrues, qui conviennent tout à fait à l'une des histoires les plus « barges » de tout le répertoire pour petits enfants.
Flammarion-Père Castor
12 € ISBN : 978-2-08-160968-6
4-8 ans

761. Texte Giraud, Robert d'après la tradition russe ; ill. Franquin, Gérard : **Brise cabane.**
Inspiré d'un conte russe cousin germain de « La Moufle », voici un petit récit qui randonne allègrement. Robert Giraud s'est amusé à trouver des rythmes, des allitérations qui évoquent la langue russe. Les illustrations sont à l'image du texte : gaies, rigolotes, farfelues. Un bon petit livre.
Flammarion-Père Castor, Les Albums du Père Castor Premières lectures
3,95 € ISBN : 978-2-08-160196-3
3-6 ans

762. Barbara, Diane ; ill. Mansot, Frédérick : **La Moufle.**
Conte russe bien connu pour les petits, récit de base s'il en est, cocasse à souhait. Illustrations amusantes. La nouvelle présentation s'adresse à des plus grands que celle de la précédente collection, « Les contes à plusieurs voix ».
Actes Sud Junior, Les Premiers romans Benjamin
7€ ISBN : 978-2-7427-6598-0
4-6 ans

♥ **763.** Weninger, Brigitte ; ill. Rowe, John A. ; trad. de l'allemand Elschner, Géraldine : **Le Bonnet rouge.**
C'est un bonheur de découvrir des variantes de récits qu'on connaît bien. C'est le cas ici. Texte excellent, illustration très réussie. L'immense format carré permet d'être aux premières loges. On se souviendra longtemps des fourmis et des vers de terre à l'activité débordante tout autour du cadre central dans lequel se passe l'histoire. On pense à Gotlib et ses scarabées déjantés.
Nord-Sud, Un Livre Michael Neugebauer
14 € ISBN : 978-3-314-21258-1
4-8 ans

♥ **764.** Caputo, Natha ; ill. Belvès, Pierre : **Roule galette.**
Pour qui la belle galette dorée qui s'est enfuie dans la forêt ? Et le CD nous fait entendre la voix du Père Castor !
Flammarion-Père Castor
Premières lectures : 3,95 €
ISBN : 978-2-08-160112-3
Les Grands classiques : 11 €
ISBN : 978-2-08-160999-0
Mini-Castor : 1,95 €
ISBN : 978-2-08-166006-9
Livres cassettes : 12 €
ISBN : 978-2-08-165064-0
3-7 ans

♥ **765.** Aylesworth, Jim ; ill. McClintock, Barbara ; trad. Bonhomme, Catherine : **Le Bonhomme de pain d'épice.**
Excellente version de « Kolobok », « Roule-galette » ou « Petit Bonhomme de pain d'épice » : c'est toujours la même histoire ! À force de se croire le plus malin, on finit par oublier de réfléchir et l'on se jette littéralement dans la gueule du renard. Les illustrations, à l'ancienne, sont délicieuses, la mise en pages roule comme le petit bonhomme.
Circonflexe, Albums
12 € ISBN : 978-2-87833-216-2
4-9 ans

766. Rowe, John A. ; adapt. Nikly, Michelle : **Hi hi, ho ho, ha ha, je suis le bonhomme en pain d'épices et tu ne m'attraperas pas !**
Petit bonhomme de pain d'épices cuit par une maman souris, poursuivi par toutes sortes d'animaux, sera finalement avalé par le renard. Illustration très originale qui fait ressortir astucieusement le côté « non-sens » de l'histoire.
Nord-Sud, Un Livre Michael Neugebauer
13 € ISBN : 978-3-314-20805-8
4-9 ans

767. Le Craver, Jean-Louis ; ill. Bourre, Martine : **Le Petit Cochon têtu.**
C'est bien joli de se goinfrer de glands, petit cochon, mais il est temps de rentrer à la maison ! Randonnée que Jean-Louis Le Craver raconte mieux que personne depuis plus de quatre lustres et que l'on

aime à retrouver ici. Collages rigolos.
Didier Jeunesse, À petits petons
11 € ISBN : 978-2-278-04937-0
4-8 ans

♥ **768.** Brown, Margaret Wise ; ill. Hurd, Clement ; trad. Deloraine, Catherine : **Je vais me sauver !**
Écrit en 1942 par Margaret Wise Brown (*Bonsoir, Lune*), traduit en français chez Flammarion en 1985. Un petit lapin veut se sauver, échapper à sa maman. Une joute verbale s'engage entre eux sur le thème de « si tu te fais poisson, je me ferai pêcheur, si tu te fais pêcheur, je me ferai... ». Cette histoire adaptée à la petite enfance est nourrie de chants et de récits ancestraux. Un chef-d'œuvre de la littérature pour enfants.
Mijade, Les Petits Mijade
5,20 € ISBN : 978-2-87142-177-1
3-8 ans

♥ **769.** Un conte réécrit et ill. par Galdone, Paul ; trad. de l'américain Bonhomme, Catherine : **Poule Plumette.**
Poule Plumette reçoit un gland sur la tête : « Le ciel nous tombe sur la tête ! Il faut prévenir le roi ! » La chute audacieuse du récit, si personnelle à Paul Galdone, est inénarrable et élargit beaucoup notre regard sur ce conte. Le format à l'italienne de l'album, où le monde est vu à hauteur de poule, sied bien au cheminement de la petite troupe...
Circonflexe, Albums
13 € ISBN : 978-2-87833-349-7
3-8 ans

♥ **770.** Tanaka, Béatrice ; ill. Gay, Michel : **La Course.**
D'après un conte des Indiens Kutenaï. Lièvre passe en courant comme une flèche. Sans réfléchir, tout le monde le suit. Pour rien ! Thème traditionnel (*cf. Poule Plumette*), avec une fin inattendue très amusante et enfantine. Un livre plein de gaieté.
Kaléidoscope
11 € ISBN : 978-2-87767-027-2
3-7 ans

771. Barton, Byron : **La Petite Poule rousse.**
Mise en image très réussie de l'histoire bien connue de la petite poule rousse qui trouva un grain de blé... Dommage que l'on n'ait pas gardé le texte de Sara Cone Bryant, plus économe, plus rythmé. Mais néanmoins, l'illustration est remarquable.
L'École des loisirs
11 € ISBN : 978-2-211-02058-9
Existe aussi en Lutin poche à 5,50 €
ISBN : 978-2-211-02583-6
3-5 ans

♥ **772.** Texte et ill. Galdone, Paul ; adapt. de l'américain Fargeas, Emilie : **La Petite Poule rousse.**
Une petite poule rousse, charlotte proprette sur la tête, s'active : elle balaie, époussette, raccommode, cuisine, jardine... et trouve un grain de blé. « Qui plantera ce blé ? » « Pas moi, ni moi, ni moi... », répondent ses nonchalants compagnons. Apologie du travail ou de la paresse ? Les illustrations, mordantes, nous entraînent à ne savoir choisir entre les deux camps.
Circonflexe, Aux couleurs du temps
13 € ISBN : 978-2-87833-317-6
3-7 ans

773. Texte et ill. Velthuijs, Max ; trad. Gallimard, Clémence : **La Petite Poule rouge.**
Paru précédemment chez Calligram. La petite poule rouge, qui a si bien semé, moulu, préparé et cuit le pain, le mangera toute seule : ici, elle n'a pas de poussin.
Metagram
4,65 € ISBN : 978-2-7366-6064-2
3-6 ans

♥ **774.** Gurney, Nancy et David : **Le Roi, les souris et le fromage.**
Pas facile de se débarrasser des souris quand on aime le fromage autant qu'elles. Une folle randonnée...
L'École des loisirs, Lutin poche
5,50 € ISBN : 978-2-211-03180-6
Pour tous dès 4 ans

♥ **775.** Lalou : **Le Chevreau de mon père.**
L'une des plus anciennes randonnées connues, celle qui clôt la Haggada de la Pâque juive. Un joli petit album carré, bien mis en pages, l'illustration rappelant habilement la circularité du récit. Très astucieuse calligraphie jouant sur les alphabets latin et hébraïque.
Grandir
14 € ISBN : 978-2-84166-032-2
Pour tous dès 3 ans

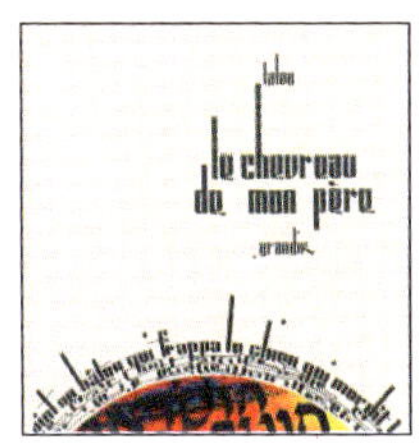

776. Adapt. Cots, Jordi ; adapt. Garberi, Francesca ; Latorre, Maria-Dolors ; Vidal, Montserrat ; ill. Joma : **Loupiot.**
Petites variations inspirées du conte traditionnel « Tom Pouce ». Amusant, bien mis en pages, bien raconté.
Metagram
9,45 € ISBN : 978-2-7366-2914-4
5-9 ans

777. Texte de Gay-Para, Praline ; ill. Saillard, Rémi : **Le Pou et la puce.**
Variation amusante de Praline Gay-Para à partir d'une randonnée traditionnelle très répandue de par le monde. Fantaisie, jeux avec les mots, onomatopées : idéale pour les petits. La conteuse et l'illustrateur s'en sont donné à cœur joie, les responsables de la mise en pages aussi.
Didier Jeunesse, À petits petons
11 € ISBN : 978-2-278-05081-9
3-7 ans

778. Morel, Étienne : **La Plus Mignonne des petites souris.**
Avec qui monsieur Rongetout va-t-il marier sa fille ?
Flammarion-Père Castor
Premières lectures : 3,95 €
ISBN : 978-2-08-160110-9
Mini-Castor : 1,95 €
ISBN : 978-2-08-166007-6
5-8 ans

779. Barbara, Diane ; ill. Denieul, Pierre : **La petite fourmi qui va à Jérusalem : un conte du Languedoc.**
Très jolie version, jusqu'ici seulement accessible dans les éditions pour adultes, de cette randonnée célèbre où la petite fourmi partie en pèlerinage à Jérusalem se retrouve la patte coincée dans la glace. Bon texte. Dommage que les couleurs des illustrations soient aussi ternes.
Actes Sud Junior, Les Contes à plusieurs voix
9,45 € ISBN : 978-2-7427-2356-0
5-9 ans

780. Texte et ill. Warren, Ludwig ; trad. Fleurieu, Chantal de : **Les Éléphants de Noé.**
Le type même du petit livre sans prétention complètement réussi. Noé a un grave problème : les deux éléphants de l'arche se mettent à boulotter fruits et légumes dans les réserves et font pencher dangereusement le navire. Réponse de Dieu à Noé : « Chatouille la hyène. » Ça a marché ! Sur le thème de : une chose en entraîne une autre, un petit récit très rigolo.
Metagram
4,65 € ISBN : 978-2-7366-6097-0
5-9 ans

♥ **781.** Un conte raconté par Bloch, Muriel ; ill. Angeli, May : **Qui de l'œuf, qui du poussin ?**
C'est avant tout, un bonheur des yeux. Et puis, curieux, on lit et on rit. On rit de cette histoire improbable où un œuf et un poussin sont si bons copains, on rit de l'étrange méchanceté du poussin. Puis le rire cède à l'étonnement devant les conséquences cosmiques de cette bizarre aventure, de ce rire qui devient celui de la Terre tout entière et qui finit par énerver singulièrement le Créateur...
Didier Jeunesse
12 € ISBN : 978-2-278-05445-9
5-10 ans

♥ **782.** Montelle, Édith ; ill. Butscher-Widmer, Verena : **Contes ritournelles.**
Reprise partielle de la première édition (un second volume est prévu) : beau choix de vingt randonnées. Présentation plus légère, illustrations plus nombreuses, plus colorées, plus gaies. Une réussite. Avec quelques conseils pour raconter.
Gulf Stream, Le Chemin des contes, 2006
13 € ISBN : 978-2-909421-44-5
Pour tous

ANTHOLOGIES : CONTES D'ICI ET D'AILLEURS

783. Caputo, Natha ; Bryant, Sara Cone ; ill. Albert, Sylvie, Blondon, Hervé, Desmoinaux, Christel et Jarrie, Martin : **Petites Histoires à raconter.**
Excellente anthologie de textes de Natha Caputo et de Sara Cone Bryant. Illustrations rigolotes, un peu inégales mais parfois très réussies comme celles de Jean-François Martin, Christophe Merlin ou Martin Matje.
Nathan, Histoires, comptines, chansons et compagnie.
12,95 € ISBN : 978-2-09-210628-0
3-9 ans

♥ **784.** Texte Mitton, Tony ; ill. Bailey, Peter ; trad. de l'anglais Kiefé, Laurence : **Le Conte de tous les contes.**
Un petit singe part en voyage pour aller écouter le « Conte de tous les contes ». Il rencontre Éléphant, Chèvre, Anansi Araignée, Ours, Ver, Chien, Chat et Hibou qui lui emboîtent le pas. Pour se distraire, chacun raconte une histoire... Voici un livre fait pour les enfants, sans être jamais infantile. Les adultes y retrouveront le charme de leur enfance ou, mieux, celui d'une enfance rêvée. La lecture à haute voix sera d'autant plus facile que la traduction est remarquable. La forme du livre est d'une grande beauté. PARFAIT !
Casterman, Les Albums Duculot
16 € ISBN : 978-2-203-55331-6
5-10 ans

♥ **785.** Texte et ill. Nadja : **Contes de fées.**
Six contes merveilleux, parfaits pour les très jeunes oreilles, six contes magnifiques qui donnent envie de vivre, de surmonter le malheur. Œuvre très personnelle de Nadja qui illustre et raconte avec ses propres mots des récits qu'elle porte sans doute depuis sa plus tendre enfance, les mettant à la portée des plus jeunes en leur gardant toute leur force.
L'École des loisirs
22,60 € ISBN : 978-2-211-03372-5
5-9 ans

786. Rocard, Ann ; ill. Bataille, Bertrand, Bour, Laura, Corderoc'h, Jean-Pierre et Bour, Céline : **Contes de tous les pays.**
Un bon choix de contes, la plupart peu connus, adaptés intelligemment. Illustrations variées, d'intérêt inégal, mais le plus souvent adéquates. Un recueil agréable, sans prétention, qui ouvre des horizons.
Dans la même collection, racontés toujours par Ann Rocard : **Contes d'Europe** et **Contes de France**. Mêmes qualités que le précédent titre.
Lito
13,50 € ISBN : 978-2-244-45103-9
5-10 ans

787. Choix et ill. Sauvant, Henriette ; trad. Galbert, Élisabeth de : **Les Plus Beaux Contes classiques.**
L'intérêt de cette anthologie est justement de ne pas être forcément « classique ». Le choix des contes est bon, mélangeant contes très connus et moins connus, l'illustration est souvent heureuse, la traduction est agréable, la mise en pages est bienvenue.
Milan Jeunesse
18 € ISBN : 978-2-7459-1617-4
6-10 ans

788. Racontés par Sierra, Guy ; ill. Gorbachev, Valeri ; trad. de l'anglais Jusforgues, Pascale : **Les Vingt Contes les plus drôles du monde.**
Excellente anthologie où l'on retrouve des contes plus ou moins connus, mais souvent dans des versions un peu tourneboulées et sympathiques. Sont-ce les contes les plus drôles du monde ? Peu importe : il suffit d'imaginer le limaçon dénouer lentement, lentement la queue de la panthère tire-bouchonnée par un singe malicieux : rien qu'avec cette histoire on a son compte de rigolade intense...
Gallimard Jeunesse, Album Gallimard
15 € ISBN : 978-2-07-055770-7
4-9 ans

789. Lupton, Hugh ; ill. Sharkey, Niamh ; trad. et adapt. Bichonnier, Henriette : **Contes des sages et des fous.**
Sept contes adaptés de diverses traditions orales (Europe : France, Russie, Angleterre ; Amérique du Nord ; Caraïbes ; Afrique de l'Ouest...). Ces récits sont agréables à lire, les illustrations de Niamh Sharkey sont toujours aussi dynamisantes et intéressantes.
Sorbier
14 € ISBN : 978-2-7320-3760-8
7-9 ans

790. Yeoman, John ; ill. Blake, Quentin ; trad. Mouriaux, Valérie : **Le Coyote et les corbeaux et autres contes d'animaux.**
Quatre brèves histoires dont deux venues du Mexique, une de Nouvelle-Guinée et la dernière extraite du *Panchatantra*. Trois d'entre elles sont des contes d'origine mais sont aussi pleines d'humour et de sagesse. Très bien illustrés, très bien racontés, très bien présentés par une courte postface, ces contes plairont aux enfants dès 6-7 ans. Un joli petit livre de très grande qualité.
Gallimard Jeunesse, Folio Cadet
5 € ISBN : 978-2-07-054125-6
7-9 ans

791. Yeoman, John ; ill. Blake, Quentin : **L'Alligator et le chacal et autres contes d'animaux.**
Neuf contes du monde entier. Même style que précédemment.
Gallimard Jeunesse, Folio Cadet
5 € ISBN : 978-2-07-052837-0
7-9 ans

792. Bloch, Muriel ; ill. Grandin, Aurélia : **Le Poil de la moustache du tigre suivi de La Moustache impériale et de Qui, quand, quoi.**
Cocasserie et impertinence sont au rendez-vous. Trois excellentes histoires bien illustrées.
Albin Michel Jeunesse, Petits contes de sagesse
6,90 € ISBN : 978-2-226-11325-2
9-12 ans

793. Texte Fdida, Jean-Jacques ; ill. Fronty, Aurélia : **Contes en partage.**
On retrouve ici, dans ces dix-sept récits venus d'un peu partout, le style âpre et décapant, l'énergie de Jean-Jacques Fdida. Des contes bien connus mais le plus souvent dans des versions qui piquent notre curiosité. Ce sont fréquemment des contes de sagesse, non dénués de gravité, mais jamais lourds ou ennuyeux grâce au rythme de la parole du conteur.
Didier Jeunesse
15 € ISBN : 978-2-278-05459-6
Pour tous dès 7 ans

♥ **794.** Soupault, Ré et Philippe : **Histoires merveilleuses des cinq continents : t. 1. Au temps où les bêtes parlaient ; t. 2. Sur les routes, l'aventure ; t. 3. Amours et jalousies.**
Reprise en trois volumes thématiques d'un grand classique très connu et très utilisé dans les bibliothèques.
Pocket Jeunesse, Pocket Junior, Mythologies
Tome 1 : 5,50 €
ISBN : 978-2-266-11084-6
Tome 2 : 5,50 €
ISBN : 978-2-266-11650-3
Tome 3 : 5 €
ISBN : 978-2-266-12709-7
Pour tous dès 6 ans

795. Texte Chèze, Bernard ; ill. Poliakova, Sacha : **Contes du cheval.**
Treize contes venus d'Europe et d'Asie. Les sources sont très précisément données ainsi qu'un petit commentaire sur le travail effectué. B. Chèze a fait de jolies tapisseries avec plusieurs contes pour trouver sa propre version. Un beau livre à lire à haute voix et propice à la curiosité pour chercher les versions d'origine. Illustration pleines d'esprit et de sensibilité.
Le Seuil
16 € ISBN : 978-2-02-067790-5
Pour tous dès 7 ans

796-807. Lafonta, Isabelle ; ill. Strassmann, Susanne : **Histoires de pains et de gâteaux.**
Une agréable couverture, couleur de pain, parsemée de petits dessins de gâteaux et petits pains divers pour une jolie anthologie sur le thème des céréales diverses du monde entier grâce auxquelles nous avons survécu tous ces siècles. Histoires graves parfois car il y va de la vie, de la survie souvent. Histoires plus légères aussi qui font sourire : un joli bouquet avec, en prime comme toujours, devinettes, recettes, légendes, etc. Un tour du monde gourmand à souhait !
Flies France, La Caravane des contes
ISBN : 978 2-910272-28-9
Dans la même collection : **Histoires du soleil et de la lune ; Histoires de montagnes ; Histoires des quatre saisons ; Histoires de fleurs ; Histoires de fruits et légumes ; Histoires d'oiseaux ; Histoires de chiens ; Histoires de chats ; Histoires de petites bêtes ; Histoires de trésors ; Histoires d'habits magiques.**
13,50 € chaque
Pour tous dès 6-7 ans

♥ **808.** Bloch, Muriel ; ill. Vautier, Mireille : **365 Contes pour tous les âges.**
Un livre devenu un classique, depuis sa première édition de 1984, pour tous ceux qui racontent. Ouvrage à multiples entrées, plein de surprises. Puisés aux mille et un lieux du monde, ces brefs récits s'adressent à tous les âges de la vie.
Gallimard Jeunesse/Giboulées
20 € ISBN : 978-2-07-058813-8
Pour tous dès 7 ans

♥ **809.** Choix Bloch, Muriel ; ill. Vautier, Mireille : **365 Contes de la tête aux pieds.**
C'est la grâce de l'éditrice, son insatiable curiosité, son ouverture d'esprit, l'éclectisme et l'incongruité de ses goûts, qui rendent ce livre si charmant. Le thème du recueil, « le corps », est toujours présent, mais il ne fait jamais écran. Nous l'oublions en nous laissant séduire et emporter par la beauté des histoires. Petites illustrations discrètes très réussies.
Gallimard Jeunesse/Giboulées
20 € ISBN : 978-2-07-054272-7
Pour tous à partir 9 ans

810. Corde-Cortez, Martine ; ill. Mercier, Catherine-Jeanne : **Aux commencements du monde.**
Illustrations, mise en pages très raffinées pour un choix de mythes d'origine d'un peu partout. Une invitation à aller plus loin.
Le Seuil
13,50 € ISBN : 978-2-02-039548-9
Pour tous à partir de 7 ans

♥ **811.** Zarcate, Catherine ; ill. Jolivet, Joëlle : **Le Loukoum à la pistache et autres contes d'Orient.**
Très joli choix de cinq contes parmi lesquels Catherine Zarcate nous offre son « Loukoum à la pistache » et son « Rêve du pauvre homme », versions si personnelles, devenues célèbres. Beau texte, excellente mise en pages.

Syros Jeunesse, Paroles de conteur, 2003
13 € ISBN : 978-2-7485-0145-2
Pour tous dès 9 ans

812. Textes Iliès, Sidi Mohamed ; recueillis par Clottes, Jean ; ill. Corvaisier, Laurent : **Contes du désert.**
Vingt et un contes divers recueillis auprès d'un Targui, parfois très brefs. On en reconnaît certains, d'autres pas du tout. J. Clottes, dans une courte préface, explique son travail d'écoute et d'écriture. L'illustration est excellente et scande très bien les récits. Un joli livre que l'on peut lire à haute voix, mais surtout où l'on trouvera matière à comparer et à raconter.
Le Seuil
14,95 € ISBN : 978-2-02-051404-0
Pour tous dès 8-9 ans

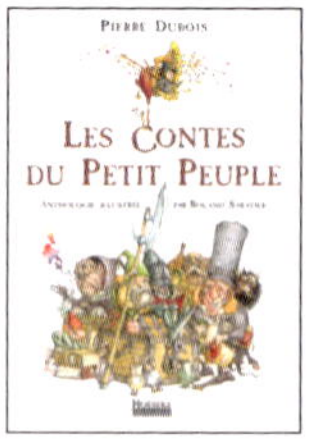

813. Clavel, Bernard : **Légendes de la mer.**
Légendes bien racontées : notes et variantes sur les thèmes traités.
Hachette Jeunesse, Le Livre de poche Jeunesse
4,29 € ISBN : 978-2-01-321863-4
9-15 ans

814. Clavel, Bernard : **Légendes des lacs et des rivières.**
Hachette Jeunesse, Le Livre de poche Jeunesse
4,50 € ISBN : 978-2-01-321979-2
9-15 ans

815. Clavel, Bernard : **Légendes des montagnes et des forêts.**
Hachette Jeunesse, Le Livre de poche Jeunesse
4,50 € ISBN : 978-2-01-321980-8
9-15 ans

♥ **816.** Choix Dubois, Pierre ; ill. Sabatier, Roland **: Les Contes du Petit Peuple.**
Un gros et beau livre plein de merveilles agréables à lire, variées, de longueur très différente. On est plongé dans un univers étrange et dérangeant, souvent drôle, parfois dramatique, une féerie totalement dépaysante. Pour les bons lecteurs et les adultes qui aiment lire à haute voix.
Hoëbeke
30,20 € ISBN : 978-2-84230-039-5
Pour tous dès 11 ans

♥ **817.** Texte Saint Chamas, Emmanuelle et Benoît de ; ill. Kerner, Emmanuel : **Sagesses et malices des anges et des pauvres diables.**
Soixante et onze brefs récits issus d'une tradition chrétienne mal connue où l'on voit anges et diable s'affronter, un loup disant le *Benedicite* avant d'engloutir « chrétiennement » un pilleur de tronc et autres joyeusetés qui nous font entrer dans un monde fait de rire et de sacré. Nombre de ces histoires se retrouvent chez les Musulmans, les Juifs ou les Bouddhistes. C'est là l'un des intérêts de ce joli petit livre.
Albin Michel, Sagesses et malices
12,50 € ISBN : 978-2-226-17008-8
Pour tous dès 10-12 ans

818. Adapt. Gougaud, Henri : **L'Arbre aux trésors ; L'Arbre à soleil : légendes du monde entier.**
L'Arbre aux trésors et *L'Arbre à soleil*, deux volumes de contes, légendes, mythes du monde entier. Textes courts adaptés, reflets d'une émission de radio des années 1970 qui passionna la France entière : *Le Grand Parler*. Une promenade magnifique qui nous incite à découvrir les versions plus complètes.
Le Seuil, Points
ISBN : 978-2-02-031718-4
ISBN : 978-2-02-030103-9
7,50 € chaque Pour tous dès 10 ans

♥ **819.** Texte Bloch, Muriel ; peintures Mosner, Ricardo : **365 Contes en ville.**
Comme l'avoue l'auteur de cette précieuse anthologie, conte et ville sont apparemment antinomiques. Et pourtant, cette Parisienne de conteuse a su en dénicher des récits urbains et de toutes sortes. L'illustration à la fois discrète et toujours présente scande avec intelligence ces invitations aux dépaysements et surprises sans cesse renouvelées.
Gallimard Jeunesse/Giboulées
20 € ISBN : 978-2-07-055797-4
Pour tous dès 7-8 ans

CONTES DE TOUS LES CONTINENTS

Afrique

Afrique du Nord

Maroc

♥ **820.** Choix et ill. Fix, Philippe : **Contes populaires du Maroc.**
Vingt contes, souvent très brefs, variés, remis légèrement en forme pour un large public, extraits de trois recueils de contes populaires difficiles à trouver. Dépaysement garanti. Les illustrations y contribuent pour beaucoup : très nombreuses, très colorées, très minutieuses, résultats de longues recherches faites par leur auteur. Elles nous emmènent dans un autre espace, un autre temps.
Hoëbeke Jeunesse
20 € ISBN : 978-2-84230-150-7
Pour tous dès 6-7 ans

821. Barton, Tony ; ill. Backhouse, Helen : **7 Contes du Maroc.**
Un jeune Marocain préfère le conteur à l'école : il prouvera à son père que les contes sont essentiels à la formation d'un marchand.
Flammarion-Père Castor, Castor poche Junior, Contes
4 € ISBN : 978-2-08-164488-5
6-12 ans

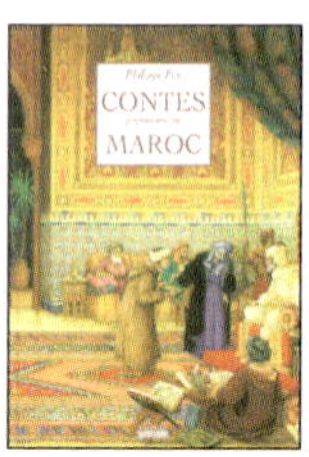

822. Collecte, avant-propos et postface Thay Thay, Najima ; trad. Rhozali, Banyounes ; ill. calligraphiques Harraki, Boubker : **Contes et légendes du Maroc.**
Cent trente-sept contes étiologiques, souvent très brefs, collectés essentiellement entre 1985 et 1990, suivis d'une intéressante postface de la collectrice. Précieux index thématique.
Flies France, Aux origines du monde
20 € ISBN : 978-2-910272-12-8
Pour tous dès 10 ans

Algérie

823. Boubeker, Hamsi ; trad. Barrak-Chagnollaud, Anusa : **Itouma et la forêt trahie.**
Mise en pages claire, illustrations sans prétention, gaie et colorée sur le thème du

partage, du respect de la parole donnée. Livre bilingue français-arabe.
L'Harmattan, Contes des quatre vents
5,80 € ISBN : 978-2-7384-2320-7
5-8 ans

824. Aït Ahmed, Sakina ; ill. Chaffert, Véronique : **Le Tambourin magique.**
Conte facétieux où l'on retrouve l'épisode de l'âne qui chie de l'or. Trois bons tours de Jehha où les voleurs sont trompés par celui qu'ils voulaient duper. Bonne histoire. Bilingue français-berbère.
L'Harmattan, Contes du roseau
6,10 € ISBN : 978-2-7384-2169-2
6-9 ans

825. Belamri, Rabah ; ill. Jeunet, Bernard : **L'Âne de Djeha.**
Conte du Maghreb. Version bilingue bien mise en pages de l'une des aventures du héros bien connu dans tout le monde arabe. Présentation presque austère pour un conte quelque peu scatologique ! Les enfants s'amuseront.
L'Harmattan
8,40 € ISBN : 978-2-7384-0907-2
6-9 ans

♥ **826.** Belamri, Rabah ; ill. Weijburg, Rolf : **17 Contes d'Algérie.**
Dix-sept contes recueillis en Kabylie par l'auteur. En majorité des contes merveilleux tous plus beaux les uns que les autres.
Flammarion-Père Castor, Castor poche Junior, Contes
4,95 € ISBN : 978-2-08-164492-2
Pour tous dès 6 ans

♥ **827.** Choix Daladier, Nathalie ; ill. Dumas, Philippe : **Contes berbères : la tourterelle de Youssef Yousfine.**
Douze contes magnifiques adaptés des superbes collectes de Léo Frobenius, Jean Delheure, Auguste Moulieras, Dominique Casajus ou René Basset. Une tourterelle assassinée qui se transforme en grenadier, un nouveau-né qui parle, donne de judicieux conseils et pose d'insolubles énigmes, une reine pleine de sagesse amoureuse et bien d'autres merveilles...
L'École des loisirs, Neuf
8 € ISBN : 978-2-211-04027-3
Pour tous dès 8 ans

♥ **828.** Mammeri, Mouloud : **Contes berbères de Kabylie : Machaho ! Tellem Chaho !**
Réédition en un seul volume des deux beaux recueils de contes publiés en 1980 chez Bordas dans la collection « Aux quatre coins du temps ». Lecteurs et conteurs, à vous de jouer : il y a urgence à faire connaître ces contes magnifiques.
Pocket, Pocket Junior, Les Légendes d'ailleurs
5 € ISBN : 978-2-266-09448-1
Pour tous dès 7 ans

♥ **829.** Texte Aceval, Nora ; ill. Usdin, Elène : **Contes du djebel Amour.**
Quinze contes venus du Sud-Ouest algérien recueillis par Nora Aceval tout au long de sa vie. On y retrouve ogres et ogresses qui se font rouler par plus faibles qu'eux, un serpent à sept têtes, des amours contrariées et des retrouvailles passionnées, un enfant à la mèche de cheveux d'or et à la mèche de cheveux d'argent, nos cousins donc, et pourtant chantant un autre air...
Le Seuil
16 € ISBN : 978-2-02-058542-2
Pour tous dès 7 ans

Tunisie

♥ **830.** Khemir, Nacer ; ill. Khemir, Esma : **Grand-Père est né... !**
Dans une langue proche de l'oral, Nacer Khemir met à la portée des plus jeunes, dès 4 ans, un conte de mensonge, récit où la logique traditionnelle n'a rien à dire. Mise en pages superbe. Illustrations étranges tout à fait adaptées. Une réussite.
Le Mascaret
10,50 € ISBN : 978-2-904506-02-4
Pour tous dès 4 ans

♥ **831.** Khemir, Nacer ; El Khir, Oum : **Chahrazade.**
Cinq superbes histoires d'amour choisies par Nacer Khemir qui les a magnifiquement mises en pages. Un livre raffiné à l'image de celui qui l'a conçu.
Le Mascaret
19,80 € ISBN : 978-2-904506-13-0
Pour tous dès 7 ans

Égypte

832. Choix, trad. et adapt. Sureau, Ayyam ; ill. Chen Jiang Hong : **Le Chant du moineau et autres contes égyptiens.**
Une version de « Merlicoquet », une « Histoire sans fin », une variante du partage de ce qui pousse au-dessus et de ce qui pousse en dessous. Style un peu âpre, pas désagréable. Trois petits récits plutôt faciles à lire. On reste pourtant un peu déçu par le premier texte qui ne fonctionne pas de façon aussi satisfaisante que ses petites sœurs turque ou normande.
L'École des loisirs, Mouche
6,50 € ISBN : 978-2-211-06078-3
6-9 ans

833. Contes choisis, trad. et adapt. Sureau, Ayyam ; ill. Chen Jiang Hong : **Contes du Caire : ce que j'ai de plus précieux.**
De la manière de guérir une princesse muette en racontant une histoire à un chandelier ! Où l'on voit un ami trahi et un juge peu attentif recevoir une bonne leçon d'un malin petit garçon. Et bien d'autres histoires délectables.
L'École des loisirs, Neuf
8 € ISBN : 978-2-211-06080-6
8-12 ans

834. Racontés par Sha'arawy, Ibrahim ; recueillis et trad. Sureau, Ayyam ; ill. Chen Jiang Hong : **Contes de la Nubie : Fana la discrète.**
Qui trouve un œuf pourra, de fil en aiguille, se retrouver en possession d'un chameau ; qui croit Koya le chauve idiot, en paiera très cher les conséquences ; qui, en mal d'enfant, fait un vœu imprudent, peut se retrouver maman d'un souriceau... Cinq récits inattendus pleins de force et d'humour.
L'École des loisirs, Neuf
8 € ISBN : 978-2-211-06369-2
8-12 ans

♥ **835.** Adapt. Gay-Para, Praline : **Dame Merveille et autres contes d'Égypte.**
Dix-neuf contes venus d'Égypte, variés, parfois très brefs, parfois très longs : contes merveilleux, contes de mensonge ou d'origine... Écriture d'une grande efficacité.
Actes Sud, Babel

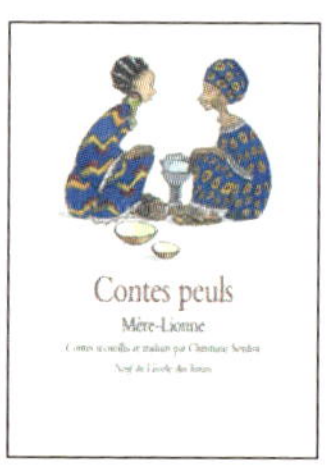

6,50 € ISBN : 978-2-7427-1767-5
Pour tous dès 12 ans

Afrique noire

836. De Boel, Catherine : **Rafara, un conte populaire africain.**
Une petite fille persécutée par ses sœurs, recueillie par un monstre qui veut la dévorer, une fuite éperdue... Bonne adaptation enfantine de thèmes traditionnels. Illustrations à la fois caricaturales et souvent très belles.
L'École des loisirs-Pastel, existe aussi en Lutin poche
12 € ou 5,50 €
ISBN : 978-2-211-05694-6
ou ISBN : 978-2-211-06175-9
5-8 ans

♥ **837.** Cendrars, Blaise ; ill. Duhême, Jacqueline : **Petits Contes nègres pour les enfants des blancs.**
Très jolie réédition du classique bien connu de tous depuis longtemps, avec les délicieuses illustrations de Jacqueline Duhême, qui retrouvent ici leurs couleurs vives et si gaies. Un vrai bonheur à lire à haute voix et à regarder, ou à raconter.
Gallimard Jeunesse, Folio Cadet
7,10 € ISBN : 978-2-07-053656-6
Pour tous dès 5 ans

838. Bryan, Ashley ; trad. Vassallo, Rose-Marie : **10 Contes d'Afrique noire.**
Dix contes d'Afrique noire, surtout des contes facétieux et d'explication. Illustrations de l'auteur. Traduction remarquable. À raconter dès 5-6 ans.
Flammarion-Père Castor, Castor poche Junior, Contes
5 € ISBN : 978-2-08-164493-9
6-12 ans

839. Bryan, Ashley, Knappert, Jan, Muzi, Jean : **Contes et fables d'Afrique.**
Ce gros volume regroupe trois excellents petits recueils, toujours disponibles séparément :
10 contes d'Afrique noire (ancien titre : *Le Bœuf aux cornes magiques : contes d'Afrique noire*) d'Ashley Bryan, *37 fables d'Afrique* (ancien titre : *Fables d'Afrique*) de Jan Knappert et *20 contes du Niger* (ancien titre : *Contes des rives du Niger*) de Jean Muzi.
Flammarion-Père Castor, Castor poche, Contes, légendes et récits
7,50 € ISBN : 978-2-08-161629-5
6-12 ans

840. Pinguilly, Yves ; ill. Millet, Cathy : **Contes et légendes d'Afrique d'ouest en est.**
Dix-sept contes variés, bien racontés par un amoureux de l'Afrique. Très riche et intéressante bibliographie, illustrations très agréables. Un beau livre.
Nathan, Pleine lune, Contes et légendes
7,50 € ISBN : 978-2-09-282309-5
10-14 ans

841. Rustelli, Grazia : **Depuis, Lune et Soleil rêvent au ciel : conte africain.**
Conte d'origine expliquant la présence de la Lune et du Soleil dans le ciel. Texte concis accompagné d'illustrations en collages exceptionnellement beaux. Une belle histoire à la fois impressionnante et sereine.
Grandir
10 € ISBN : 978-2-84166-035-3
Pour tous dès 6 ans

Guinée

♥ **842.** Idriss, Zaoro ; ill. Huet, Elsa : **L'Éléphant et la chèvre.**
Qui de la chèvre et de l'éléphant mange le plus ? Et la ruse, ça sert à quoi ? Une courte histoire amusante qui se termine en conte d'origine. Présentation magnifique. Un véritable livre d'art pour les petits.
Grandir
20 € ISBN : 978-2-84166-263-0
Pour tous dès 4 ans

♥ **843.** Gbogbomou, François ; ill. Huet, Elsa : **Les Deux Dormeurs. Conte guerzé de Guinée.**
Magnifique illustration pour une devinette amusante, poétique et incongrue : qui de ces deux gros dormeurs dort le plus ?
Grandir, Passerêves
15 € ISBN : 978-2-84166-281-4
Pour tous dès 5 ans

Côte d'Ivoire

♥ **844.** Obin, Manféï ; ill. Jolivet, Joëlle : **Le Rat célibataire et autres contes de Côte d'Ivoire.**
Contes entendus et retransmis cent et mille fois par M. Obin avec sa gentillesse, sa malice, sa musique si particulière. Ces histoires cocasses, étranges, inquiétantes même ne sont pas là que pour nous amuser. C'est toute l'astuce des contes.
Syros Jeunesse, Paroles de conteurs
13 € ISBN : 978-2-7485-0131-5
Pour tous dès 7 ans

Mali

♥ **845.** Contes recueillis et trad. Seydou, Christiane ; ill. Bougeault, Pascale : **Contes peuls : Mère-Lionne.**
Quatre contes magnifiques où l'on voit une fille échapper à sa mère qui veut la dévorer, deux bébés jumeaux adoptés par une lionne, deux autres confiés aux bons soins d'une chamelle... Récits forts où la détresse humaine est à son maximum et où l'on voit comment on peut émerger, prendre son envol, vivre.
L'École des loisirs, Neuf
8 € ISBN : 978-2-211-06766-9
Pour tous dès 7 ans

Burkina Faso

846. Transmis par Dembélé, Ouahiribé ; trad. Bamba, François Moïse ; écrit par Diep, Françoise ; ill. N'Dongo, Tidiane : **La Colline au Serpent.**
Intéressante histoire qui rappelle un peu « La Bête à sept têtes » : un serpent exige chaque année un sacrifice humain, un village s'étant installé sur son territoire. Ce qui est surtout remarquable, c'est l'illustration : des peintures sur tissu, dans les tons ocre, bruns, très beaux, qui suscitent une atmosphère tout à fait adéquate au récit.
Lirabelle (320, chemin des Masques – 30250 Aubais), Contes du Burkina Faso
15 € ISBN : 978-2-914216-15-9
6-9 ans

847. Conte recueilli par Diep, Françoise à Bobo Dioulasso auprès de Bamba, François Moïse ; ill. Huet, Elsa : **Niamanto : conte du Burkina Faso.**
Une jeune fille orpheline maltraitée par

sa belle-mère et sa demi-sœur parvient à ressusciter sa mère morte. L'autre, à son tour orpheline, veut en faire autant mais tue définitivement sa propre mère ! Histoire très forte qui se termine en forme de conte étiologique, simplement racontée, accompagnée d'illustrations dans les tons de rouge brun foncé assez impressionnantes.
Lirabelle, Contes du Burkina Faso
15 € ISBN : 978-2-914216-23-4
7-12 ans

848. Diep, Françoise ; ill. Goormaghtigh, Leyla : **Le Lièvre et le singe.**
Une très bonne histoire, fantastique et assez énigmatique, d'un homme qui se montre incapable de se comporter dignement dans une situation où il se retrouvait pourtant privilégié. L'illustration est très déroutante. Mais l'histoire vaut vraiment la peine.
Lirabelle, Contes du Burkina Faso
15 € ISBN : 978-2-914216-09-8
7-10 ans

849. Diep, Françoise ; ill. Karray, Raouf : **Tiguê Guêlê.**
Récit très fort de la terrible punition infligée à un homme avare et vorace qui refuse de partager la nourriture avec ses voisins et parents. Il perdra tout : nourriture, enfant, vie... Excellente histoire. Illustrations sur fond ocre qui ne manque ni de dynamisme ni d'ironie. Mais de ce côté, on reste quand même un peu sur sa faim.
Lirabelle, Contes du Burkina Faso
15 € ISBN : 978-2-914216-13-5
7-10 ans

♥ **850.** Contes choisis, trad. et adapt. Platiel, Susy ; ill. Chen Jiang Hong : **Contes sànán du Burkina Faso : la fille caillou.**
Des histoires à dormir debout qui parlent d'amour, de maternité, de haine, de la famille, de tout ce qui nous intéresse tant dès notre plus jeune âge. Susy Platiel les a entendus, retranscrits, traduits et nous les « passe » excellemment en français car elle est assez habile pour nous transmettre les messages d'une autre culture dont elle connaît les codes.
L'École des Loisirs, Neuf
8 € ISBN : 978-2-211-07391-2
Pour tous dès 7 ans

Bénin

851. Ouvrage collectif dir. Mensah, Israël, collab. Gomez, Feliciano et Étienne, Lorraine ; ill. Thers, Nicolas : **La Femme panthère et autres contes du Bénin.**
À la suite d'un concours organisé en 1999-2000 par l'association Mémoires d'Afrique, un millier de jeunes Béninois collectèrent plus de 1 500 contes (*Contes et légendes du Bénin*, éditions Karthala) parmi lesquels on en a choisi treize, plutôt brefs, variés, peut-être parfois trop systématiquement moralisateurs (dû aux conditions de collectage ?). Très bon choix.
Gallimard, Folio Junior
4,50 € ISBN : 978-2-07-057405-6
7-10 ans

Niger

852. Muzi, Jean ; ill. Weijburg, Rolf : **20 Contes du Niger.**
Vingt contes variés, bien adaptés, bien présentés.
Flammarion-Père Castor, Castor poche Junior, Contes
4 € ISBN : 978-2-08-164637-7
8-12 ans

Sénégal

♥ **853.** Camara, Siré ; ill. Boscher, Anne : **Mémoires de griot.**
Un conte merveilleux, un conte d'origine qui nous apprend pourquoi les grenouilles ont les yeux exorbités et les fesses plates, un conte de ruse et un conte de sagesse. L'illustration est très colorée, chahutée, amusante. Le CD est particulièrement réussi, tant par l'accompagnement musical, que par la qualité du conteur qui conte vraiment et ajoute au texte écrit la saveur de la langue orale.
Points de suspension, Tant mieux records
20 € (livre + CD)
ISBN : 978-2-914138-31-4
6-10 ans

Soudan

854. Texte et ill. Musa, Hassan : **L'Homme caché : conte soufi du Soudan.**
Délires calligraphiques de Hassan Musa pour un très beau et très amusant bref conte de sagesse où il est question de vérité et de mensonge... La mise en pages, très simple, la liberté incroyable du pinceau de l'artiste qui contraste avec l'austérité du blanc et du noir, à l'image du conte à la fois grave et malicieux, font de ce petit livre une vraie réussite.
Grandir, Conte soufi du Soudan II
14 € ISBN : 978-2-84166-055-1
Pour tous dès 7 ans

♥ **855.** Texte et ill. Musa, Hassan : **Inchallah : conte soufi du Soudan.**
À la fois conte étiologique et conte de sagesse : pourquoi les autruches ne volent-elles pas ? Ceci est la volonté de Dieu. Très bref récit intégré dans une remarquable illustration née d'un jeu calligraphique. Très réussi.
Grandir, Conte soufi du Soudan I
14 € ISBN : 978-2-84166-038-4
Pour tous dès 7 ans

856. Texte et ill. Musa, Hassan : **Le Meilleur Ami du fils du sultan.**
Comment reconnaître, parmi plusieurs compagnons, le véritable ami ? C'est une femme, la grand-mère, qui trouve la solution. Un joli conte de sagesse raconté et illustré par Hassan Musa avec toujours autant de talent et d'humour.
Grandir, Conte soufi du Soudan III
14 € ISBN : 978-2-84166-075-9
Pour tous dès 7 ans

857. Texte et ill. Musa, Hassan : **La Sourate du taureau ?**
Comment l'intelligence d'un homme simple mais sage triomphe de l'étroitesse d'esprit d'un savant pédant et manquant singulièrement d'imagination. Une excellente histoire.
Grandir, Conte soufi du Soudan IV
14 € ISBN : 978-2-84166-095-7
Pour tous dès 7 ans

858. Texte et ill. Musa, Hassan : **Piège géométrique.**
Récit exemplaire et terrifiant sur les dangers de l'avidité. Remarquables illustrations.
Grandir, Conte soufi du Soudan V
14 € ISBN : 978-2-84166-097-1
Pour tous dès 7 ans

859. Musa, Patricia ; ill. El-Mur, Salah : **Jemeil et Jamla. Conte baggara du Soudan (1).**
Conte magnifique et terrible : des jeunes hommes fous de jalousie qui veulent tuer leur ami, une sœur attentive, fidèle et aimante qui part à sa recherche...
Grandir
16 € ISBN : 9782-84166-225-8
Pour tous dès 7 ans

♥ **860.** Musa, Patricia ; ill. Osman, Fathi : **La Fille de l'oiseau vert. Conte baggara du Soudan (2).**
Une petite fille née d'un désir fou de maternité est mise au monde, par accident, par son père. Jeune fille aimée et épousée par un prince, haïe par sa belle-mère, elle sera en grand danger de mort. Mais tout s'arrange et l'amour triomphe. De somptueuses illustrations (un quasi-camaïeu de gris) pour une belle histoire énigmatique.
Grandir
15 € ISBN : 978-2-84166-285-2
Pour tous dès 7 ans

861. Musa, Patricia et Hassan : **Koko et Kodi. Conte nouba du Soudan (3).**
Koko et Kodi sont frères : l'un est intelligent, serviable, l'autre beaucoup moins !
Originalité de cette version : le personnage donateur est un homme, un oncle des deux garçons, et non une femme comme le plus souvent. Un texte plutôt bref, efficace, admirablement bien servi par une illustration remarquable.
Grandir
15 € ISBN : 978-2-84166-205-0
Pour tous dès 5 ans

862. Trad. Musa, Patricia ; ill. Musa, Hassan : **Sal et Koché.**
Un beau et long conte merveilleux recueilli au Soudan : pas facile de courtiser la sœur de huit ogres... Très bien illustré.
Grandir
15 € ISBN : 978-2-84166-134-3
Pour tous dès 7 ans

♥ **863.** Musa, Patricia ; ill. Musa, Hassan : **Sabila et Kotchéli.**
Conte nouba du Soudan, collecté par Patricia Musa, qui raconte le parcours initiatique d'une mère prête à tout pour faire revenir à la vie sa fille assassinée par ses compagnes jalouses de sa beauté. Une histoire magnifique, une illustration superbe qui traduit bien la violence du récit, l'étrangeté des rencontres. Un très beau livre.
Grandir
15 € ISBN : 978-2-84166-098-8
Pour tous dès 7 ans

♥ **864.** Recueillis et trad. Musa, Patricia ; ill. Bonniol, Magali : **Contes du Kordofan : Jemeil, attaché sur la bête sauvage.**
On retrouve ici, à peu de choses près, « Sabila et Kotchéli », sous le nom « Le Magicien qui réparait les filles » parmi sept contes baggaras (arabes) et noubas (africains), reflet de ce Soudan « ni arabe ni africain mais à la fois arabe et africain », comme dit Patricia Musa. Sept récits souvent surprenants, pleins de force, de violence, de passion. Un excellent recueil.
L'École des loisirs, Neuf
8 € ISBN : 978-2-211-07825-2
Pour tous dès 7 ans

Éthiopie

865. Gay-Para, Praline ; ill. Dutertre, Sophie : **Le Prince courageux et autres contes d'Éthiopie.**
Voici trois histoires bien plaisantes : la première qu'on connaît plutôt chez les Inuit, la deuxième où l'on découvre une princesse amoureuse d'un homme sans courage et qui l'aide discrètement et efficacement, et un merveilleux récit où l'on voit qu'une certaine innocence, faite de générosité et d'esprit sans détour, peut faire merveille. Un beau choix de contes bien racontés, très bien illustrés.
Syros Jeunesse, Paroles de conteurs
12,35 € ISBN : 978-2-7485-0188-9
Pour tous dès 8 ans

Afrique centrale

866. Recueillis et annotés par Motte-Florac, Élisabeth ; ill. Vasseur, Clémence : **Contes et histoires pygmées.**
Quarante-quatre contes recueillis dans les années 1980 auprès des « Maîtres de la forêt » comme on appelle souvent les Aka, groupe de Pygmées d'Afrique centrale. Notes très intéressantes. Illustrations adéquates. À la découverte d'une culture plus que mal connue.
Flies France, Aux origines du monde
20 € ISBN : 978-2-910972-25-8
Pour tous dès 9 ans

Zaïre

867. Sénégas, Stéphane : **Pourquoi les libellules ont le corps si long : d'après un conte zaïrois.**
Sur le thème d'« Une petite chose peut en entraîner une autre et déclencher une série de catastrophes », une histoire amusante bien menée. Le texte, minimal, efficace, est inséré dans une immense illustration colorée et humoristique.
Kaléidoscope
12 € ISBN : 978-2-87767-377-8
L'École des loisirs, Lutin poche
5,50 € ISBN : 978-211-07516-9
5-10 ans

Tchad

♥ **868.** Éd. Tubiana, Marie-José et Joseph : **Contes Zaghawa du Tchad. Trente-sept contes et deux légendes [2 volumes].**
Contes recueillis par M.-J. et J. Tubiana auprès d'enfants, en 1956-1957, et publiés une première fois en 1962. Réédition en deux volumes, plus modeste, sans commentaires ni illustrations en couleurs, mais très précieuse : très brefs pour la plupart, ces petits textes pleins de force, de cruauté parfois, sont des merveilles.
L'Harmattan, La Légende des mondes
ISBN : 978-2-7475-7216-3 (vol. 1)
ISBN : 978-2-7475-7217-0 (vol. 2)
12 € chaque Pour tous dès 6 ans

Namibie, Botswana, Zimbabwe et Afrique du Sud

♥ **869.** Turkington, Nola ; ill. Daly, Niki ; adapt. Schydlowsky-Nielsen, Catherine : **La Danseuse.**
Bau, 12 ans, connaît toutes les danses traditionnelles de son peuple, les Bochimans, sauf celle de l'antilope des pluies. Une terrible sécheresse frappant le pays, elle part, aidée par sa grand-mère et sa magie, en quête d'un savoir acquis au

cours d'un rêve initiatique. L'immense illustration dans les tons ocre, stylisée, traduit bien le rythme des danses de la jeune fille et de sa course à travers le désert du Kalahari.
Circonflexe, Albums
12 € ISBN : 978-2-87833-256-8
Pour tous dès 8 ans

870. Texte Steward, Diane ; ill. Daly, Jude : **Les Graines du soleil : un conte d'Afrique du Sud.**
Histoire très réjouissante d'un grand paresseux pris à son propre jeu et qui devient un fermier entreprenant. Excellentes illustrations.
L'École des loisirs/Pastel
11 € ISBN : 978-2-211-03833-1
5-10 ans

♥ **871.** Smith, Alexander McCall ; trad. de l'anglais Kern, Élisabeth : **La femme qui épousa un lion.**
A. McCall Smith, un Écossais, naquit et resta longtemps au Zimbabwe où il recueillit un grand nombre de récits. Il y a ajouté quelques contes recueillis au Botswana par une amie. Nous trouvons ici trente-trois contes plutôt brefs, très bien racontés, variés, amusants et profonds. À la fois enseignants et beaux, ils nous entraînent dans un monde où nature et humanité sont encore très proches.
10/18, Domaine étranger
7 € ISBN : 978-2-264-04187-6
Pour tous dès 10-12 ans

Madagascar, Île Maurice, La Réunion, Seychelles et Comores

872. Un conte malgache raconté par Giraud Robert, et Ivanovitch-Lair, Albena ; ill. Gastaud, Charlotte : **Le Plus Beau des trésors.**
Des vertus de la musique qui rend un roi, mélancolique et autoritaire, amoureux de la vie et généreux. Ou comment un fils astucieux sauve la vie de son père menacé de mort par un fonctionnaire zélé. Une fable agréable à lire, bien illustrée. Un petit livre sans prétention et non sans qualité.
Flammarion-Père Castor, Contes d'ailleurs
3,95 € ISBN : 978-2-08-162533-4
Existe aussi en Mini-Classiques 1,95 €
ISBN : 978-2-08-163190-8
6-9 ans

873. Écrit et raconté par Bloch, Muriel ; ill. Zaü ; coordination du CD Babin, Claire : **Le Zébu né d'un œuf d'oiseau de paradis.**
Sur le thème de l'amitié nouée entre une très jeune fille et un animal fabuleux que des jaloux s'empresseront de massacrer et de dévorer, au désespoir de la petite. Ici, l'animal est un magnifique zébu né d'un œuf d'oiseau de paradis. Beau récit tragique bien raconté, tant par le texte que dans le CD.
Gallimard Jeunesse musique, Contes du bout du monde
16 € ISBN : 978-2-07-057425-4
6-10 ans

874. Vaxelaire, Daniel ; ill. Sochard, Frédéric : **Quinze Contes de l'océan Indien.**
Quinze contes traditionnels de l'île Maurice, de La Réunion, des Seychelles et des Comores. On y retrouve de vieilles connaissances comme la misère et la mort, un couple d'ogres complètement abrutis, des histoires d'amour, de sagesse et d'origine... Bon choix, agréable à lire. Bonne introduction à une culture trop mal connue.
Flammarion-Père Castor, Castor poche, Contes Senior
4,50 € ISBN : 978-2-08-16-057425-1
8-12 ans

♥ **875.** Collectés et trad. Salim, Hatubou ; ill. Mouridi, Aboubacar : **Contes et légendes des Comores.**
Vache ou fourmi ? Fourmi ou vache ? On ne pourra plus, désormais après lecture de ce petit livre, se promener dans les bocages sans se poser ces délicates questions à la vue de ces ruminants si sympathiques. Une mine de brefs contes étiologiques drôles ou tragiques bien transmis par Salim Hatubou qui est à la fois collecteur et conteur. Sûrement l'un des meilleurs titres de la collection.
Flies France, Aux origines du monde
20 € ISBN : 978-2-910272-29-6
Pour tous dès 10 ans

Océanie

876. Langlois, Annie ; ill. Sochard, Frédéric : **10 Contes d'Australie.**
Plongée dans un univers peu connu de nous. Un choix d'histoires de débuts du monde, qui tiennent aussi du mythe et de la sagesse. Un monde où l'on apprend à respecter, au péril de sa vie, des règles de vie, de respect de la terre et de ses congénères. Petit recueil qui ne paie pas de mine et qui nous offre, néanmoins, de très beaux récits, tout simples et profonds.
Flammarion-Père Castor, Contes, légendes et récits
4,50 € ISBN : 978-2-08-162459-7
6-11 ans

Asie

Proche et Moyen-Orient

877. Texte Darwiche, Jihad ; ill. Ahmed, Hassaan Ali : **La Ruse du lièvre.**
Excellente histoire inspirée du *Kalila et Dimna* : c'est le tout petit lièvre, intelligent et rusé qui mettra en difficulté et conduira même à la mort un lion paresseux, immonde dictateur, qui tient sous sa férule toute la population animale du coin. Très bien raconté. Texte bilingue. Illustrations riches en couleurs et en mouvement. Un très joli livre à recommander.
Lirabelle
15 € ISBN : 978-2-914216-25-8
Pour tous dès 5-6 ans

♥ **878.** Texte et ill. Attayyeb, Abdallah M. ; trad. de l'arabe Musa, Patricia : **La Chose.**
Histoire des aveugles et de l'éléphant, conte soufi d'origine indienne très connu. Nous avons affaire ici à une édition illustrée étonnante car elle nous met dans la situation des aveugles : le texte est au premier degré (on ne sait pas ce qu'on touche) et l'illustration est partielle et ne révèle qu'à la fin la clef de l'énigme. Texte économe, beauté des images.
Grandir
14 € ISBN : 978-2-84166-158-9
Pour tous dès 7 ans

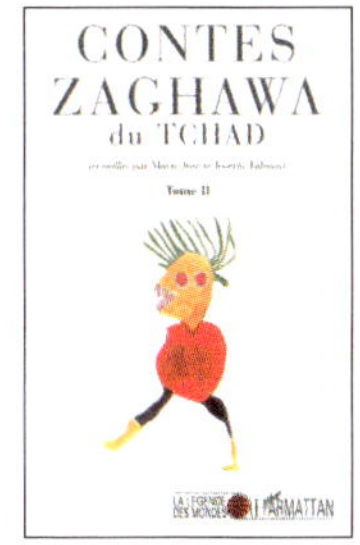

879. Muzi, Jean ; ill. Franquin, Gérard : **16 Contes du monde arabe.**
Contes, certains très brefs, venus du Moyen-Orient, bien racontés. Nombreux contes de sagesse.
Flammarion-Père Castor, Castor poche Junior, Contes
4 € ISBN : 978-2-08-164490-8
7-11 ans

880. Texte et ill. Musa, Hassan : **Contes des calligraphes et des sultans.**
Sept très courts récits, consacrés à quelques calligraphes très célèbres du XIIIe au XIXe siècle. Chaque histoire est accompagnée d'une illustration en noir et blanc pleine d'humour, de causticité, inspirée de la calligraphie arabe. Remarquable rencontre d'un art millénaire et d'un artiste contemporain.
Grandir
13,72 € ISBN : 978-2-84166-001-8
Pour tous dès 11 ans

Mille et Une Nuits

881. Trad. de l'arabe Galland, Antoine ; ill. Dahan, André : **Ali Baba et les quarante voleurs.**
Une bande de voleurs, une grotte pleine d'or et une servante très décidée...
Hachette Livre, Le Livre de poche Jeunesse, Contes et merveilles
4,50 € ISBN : 978-2-01-322105-4
8-13 ans

882. Trad. Galland, Antoine ; ill. Blachon, Roger : **Ali Baba et les quarante voleurs.**
Même texte que celui de l'édition précédente.
Gallimard Jeunesse, Folio Junior Édition spéciale
5 € ISBN : 978-2-07-051353-6
9-15 ans

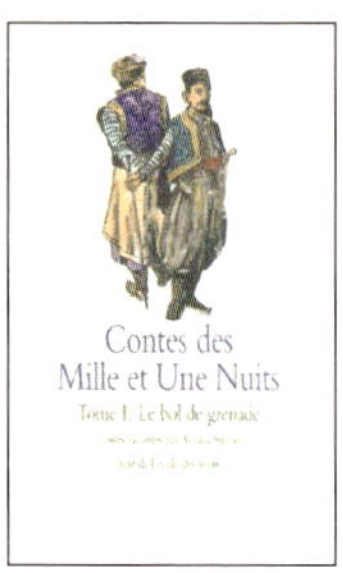

883. Adapt. Jonas, Anne ; ill. Buguet, Anne : **Aladin et la lampe merveilleuse.**
Bonne adaptation du célébrissime conte des *Mille et Une Nuits.*
Milan Jeunesse
14,95 € ISBN : 978-2-7459-0742-4
6-10 ans

884. Trad. Galland, Antoine ; ill. Worms : **Histoire d'Aladdin ou la lampe merveilleuse.**
Quand Aladdin frotte la lampe, il en sort un génie prêt à réaliser tous ses vœux. Illustré de gravures anciennes.
Gallimard Jeunesse, Folio Junior
5, 10 € ISBN : 978-2-07-051810-4
9-15 ans

♥ **885.** Noël, Bernard ; ill. Le Foll, Alain : **Sindbad le marin.**
Belle réédition d'un livre qui nous manquait depuis longtemps. Le livre gagne en lisibilité (malgré le petit décalage des dernières pages) et le noir et blanc est bienvenu. Une excellente introduction à la lecture des *Mille et Une Nuits*, en particulier grâce à la force et au charme des illustrations.
Actes Sud Junior, Les Grands livres
12 € ISBN : 978-2-7427-0782-9
Pour tous dès 8-9 ans

886. Trad. Galland, Antoine ; ill. Doré, Gustave : **Histoire de Sindbad le marin.**
Sept voyages, des trésors et beaucoup d'aventures...
Gallimard Jeunesse, Folio Junior Édition spéciale
5 € ISBN : 978-2-07-051354-3
9-15 ans

887. Texte Cassabois, Jacques ; ill. Rouil, Christophe : **Sindbad le marin.**
Reprise du texte publié en 1993 en « Bibliothèque verte-Aventure légendaire ». Réécriture littéraire fidèle de Sindbad. Pourquoi pas ?
Hachette Jeunesse, Le Livre de poche Jeunesse Senior
4,80 € ISBN : 978-2-01-322010-1
9-14 ans

888. Adapt. Khawam, René R. ; ill. Payet, Jean-Michel : **Les Aventures de Sindbad le marin.**
Adaptation pour les jeunes du texte de René R. Khawam publié aux éditions Phébus en 1985. Présentation très soignée, agréable, comme toujours dans cette édition.
Casterman, Épopées
9,90€ ISBN : 978-2-203-16356-0
10-15 ans

♥ **889.** Trad. Miquel, André : **Le Faux Calife et autres contes (extraits des *Mille et Une Nuits*).**
Trois contes peu connus des *Nuits*, dont un, complètement loufoque, rafraîchissant à souhait. Ils contribueront à renouveler notre intérêt pour cette œuvre monumentale dont les anthologies manquent souvent d'originalité. Autre particularité : la nouvelle traduction d'André Miquel qui prend en compte, pour la première fois, les nombreux poèmes contenus tout au long des *Nuits*.
Gallimard Jeunesse, Folio Junior
2 € ISBN : 978-2-07-053703-7
10-15 ans

890. Trad. Galland, Antoine ; texte abrégé Charpentier, Véronique : **Les Mille et Une Nuits.**
À partir de la traduction d'Antoine Galland, voici un choix de contes abrégés extraits des *Mille et Une Nuits* dont on trouve une très claire présentation dans l'introduction. Malgré quelques coupes, le texte est dans l'ensemble fidèle.
L'École des loisirs, Classiques abrégés
6 € ISBN : 978-2-211-07385-1
9-12 ans

♥ **891.** Racontés par Sureau, Ayyam ; ill. Chen Jiang Hong : **Contes des Mille et Une Nuits : tome 1 et tome 2.**
Ayyam Sureau nous transmet ici une version vivante et simple des *Mille et Une Nuits*, très accessible pour les enfants, avec des pointes d'humour. Elle retrouve la magie de la parole et la présence sensuelle de sa grand-mère. Dans le vaste corpus des *Nuits*, elle a choisi, outre six contes que l'on raconte traditionnellement aux enfants, « Le Bol de grenade » et deux contes courts et facétieux.
L'École des Loisirs, Neuf
ISBN : 978-2-211-07859-7 (vol. 1)
ISBN : 978-2-211-07861-3 (vol. 2)
8 € chaque 9-12 ans

892. Trad. Mardrus, Joseph Charles ; ill. Duffour, Jean-Pierre : **Contes des Mille et Une Nuits.**
Anthologie dans la traduction célébrissime du XIXe siècle.

Hachette Livre, Le Livre de poche Jeunesse, Contes et merveilles
5,50 € ISBN : 978-2-01-322032-3
8-13 ans

♥ **893.** Trad. Bencheikh, Jamel Eddine ; ill. Pierre, Emmanuel : **Les Vingt et Une Nuits.**
Choix de fables animalières moins connues que les grands récits merveilleux du célèbre recueil. Joli format carré, belle mise en pages, illustrations dans l'esprit des animaux habillés de Granville mais où se déchaîne une extravagance assez réjouissante. La qualité de la traduction, sa limpidité, facilitent l'entrée dans ces textes pas toujours si faciles. Leur lecture à haute voix en facilitera l'accès.
Gallimard Jeunesse/Giboulées
15 € ISBN : 978-2-07-056970-0
Pour tous dès 9-10 ans

Iran

894. Texte français Turc, René ; ill. Kheiriyeh, Rashin : **Un fieffé tailleur. Conte persan.**
De la manière de voler le client en détournant son attention par d'excellentes histoires. Où la prétention peut conduire à la ruine !
Grandir, Passerêves
15 € ISBN : 978-2-84166-236-4
Pour tous dès 10 ans

Liban

895. Darwiche, Jihad ; ill. Joire, Françoise : **La Fille de l'ogre, conte du Liban.**
Excellente histoire d'une petite fille persécutée par une belle-mère et trois demi-sœurs, puis recueillie par un ogre. Terrible vengeance. Illustration-calligraphie malheureusement plus que lourde. Texte bilingue français-arabe.
L'Harmattan, Contes du roseau
5,50 € ISBN : 978-2-7384-2328-3
6-10 ans

896. Darwiche, Jihad ; ill. Tulloch, Sharon : **Quamar et Latifa.**
Ce conte fait partie de la famille de ces nombreux récits où l'on voit homme et femme s'affronter, de manière plus ou moins cruelle, violente... Ici, c'est plutôt amusant et tout finit bien. L'image traduit bien les mouvements du cœur et les allers et retours dans l'espace.
Grandir
15 € ISBN : 978-2-84166-133-6
Pour tous dès 7 ans

897. Trad. Gay-Para, Praline ; ill. Chen Jiang Hong : **Batbout et autres contes libanais.**
Quatre contes très courts à lire aux plus jeunes et que les débutants en lecture découvriront ou retrouveront avec plaisir.
L'École des loisirs, Mouche
6,50 € ISBN : 978-2-211-05724-0
5-8 ans

898. Collectés, choisis et trad. Gay-Para, Praline ; ill. Chen Jiang Hong : **Hassan le Brave et autres contes libanais.**
Une version très intéressante de « Petite table couvre-toi », une toute petite petite fille qui se venge terriblement de celui qui lui avait volé sa toute petite petite pièce de monnaie, un conte d'animaux et « Hassan le Brave », un beau conte merveilleux. Contes variés, bien traduits, bien présentés.
L'École des loisirs, Mouche
7 € ISBN : 978-2-211-06094-3
6-10 ans

♥ **899.** Choix Gay-Para, Praline ; trad. Gay-Para, Praline : **Contes du Liban : La Femme chatte.**
Seize contes collectés au Liban par la conteuse Praline Gay-Para qui a su trouver en français les mots et le rythme pour nous les transmettre. Seize contes variés, merveilleux et autres, souvent malicieux, graves aussi, agréables à dire ou à lire.
L'École des loisirs, Neuf
8 € ISBN : 978-2-211-05555-0
Pour tous dès 7 ans

Syrie

900. Choisis, trad. et adapt. Khalidy, Soraya ; ill. Bonniol, Magali : **Contes de Syrie : La Fille du génie.**
Quand on est fille du génie de la lampe, on ne peut pas accepter que l'on vous parle n'importe comment !
Qui paraît chauve et pauvre ne l'est peut-être pas tant que cela. Choix judidieux d'histoires merveilleuses et énigmatiques. Un beau voyage en perspective.
L'École des loisirs, Neuf
8 € ISBN : 978-2-211-07821-4
Pour tous dès 7 ans

Palestine

♥ **901.** Choisis, trad. et racontés par Gay-Para, Praline **: Contes populaires de Palestine.**
Seize contes, certains très brefs, variés, tantôt merveilleux, tantôt à la fois truculents et terribles comme « Le Pet des riches et le pet des pauvres », tantôt complètement incongrus dans leur brièveté et leur raisonnement fou. Un choix excellent qui nous emmène loin d'ici. Le ton utilisé est vif, incisif, drôle et aussi parfois tendre.
Actes Sud, Babel
6 € ISBN : 978-2-7427-4150-2
Pour tous dès 8 ans

Turquie

902. Texte Darwiche, Jihad ; ill. Blexbolex : **Les Petites Malices de Nassreddine.**
Vingt-trois histoires drôles et sages à la fois, bien racontées par Jihad Darwiche. Les illustrations très colorées, rigolotes, ne font pas trop dans la dentelle. Un petit livre sympathique.
Albin Michel Jeunesse
10 € ISBN : 978-2-226-15661-7
6-10 ans

♥ **903.** Collectage et version turque Altuntas, Hawa ; collages Huet, Elsa : **Devinettes turques.**
« Emporte les traces même les plus fines et se ratatine » (la gomme) : c'est l'une des onze charmantes devinettes turques qui se lisent comme des poèmes. Joli format allongé, mise en pages simplissime : à gauche une illustration, à droite la devinette en français et en turc. En fin de livre la solution. L'illustration est pleine d'esprit. C'est léger, rafraîchissant. On est content !
Grandir, Le Cagibi
15 € ISBN : 978-2-84166-279-1
Pour tous dès 4 ans

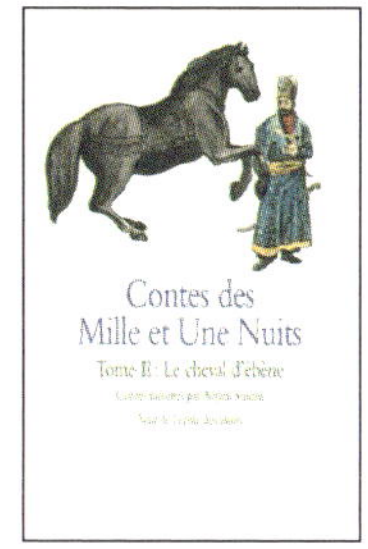

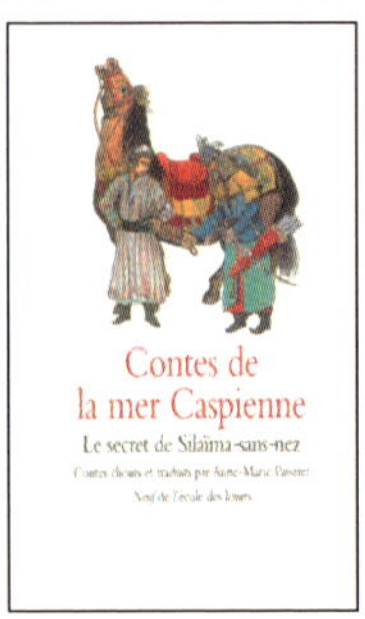

904. Sélectionnés et trad. du turc en allemand Uzunoglu-Ocherbauer, Adelheid ; trad. de l'allemand Georges, Anne ; ill. Sochard, Frédéric : **10 Contes de Turquie.**
Histoires d'amours passionnées dont on ne sent peut-être pas toujours assez l'extrême tension, sans doute parce qu'on s'adresse à des jeunes ou bien cela serait-il dû à la double traduction ? Un très bon petit recueil néanmoins qu'il faut posséder en tous lieux où passent des jeunes lecteurs, en particulier dans les bibliothèques de collège.
Flammarion-Père Castor, Castor poche, Contes, légendes et récits
5 € ISBN : 978-2-08-162481-8
9-13 ans

♥ **905.** Darwiche, Jihad ; ill. David, B. : **Sagesses et malices de Nasreddine, le fou qui était sage. 1.**
Réjouissante anthologie de soixante-seize histoires bien connues de Nasreddine Hodja, le fou-sage que l'on appelle, ailleurs qu'en Turquie, Djeha, Ch'ha, Jiha ou Goha... (autant dire que toutes les communautés musulmanes et même juives le revendiquent, de l'Iran au Maghreb). Excellent texte. Sagesse, malice, folie... À nous de les retenir et de les bien transmettre.
Albin Michel
12,50 € ISBN : 978-2-226-11203-3
Pour tous dès 7 ans

♥ **906.** Darwiche, Jihad ; ill. Leclercq, Pierre Olivier : **Sagesses et malices de Nasreddine, le fou qui était sage. 2.**
Second volume d'histoires de Nasreddine Hodja racontées par Jihad Darwiche. C'est toujours aussi délicieux, rigolo, grave aussi au détour du chemin, très bien raconté. En plus, c'est un joli petit objet : mise en pages agréable comme toujours dans cette collection et illustrations bienvenues.
Albin Michel
12,50 € ISBN : 978-2-226-14027-2
Pour tous dès 7 ans

♥ **907.** Texte Maunoury, Jean-Louis ; ill. Galeron, Henri : **Nasr Eddin Hodja, un drôle d'idiot.**
Un très joli recueil d'histoires de Nasr Eddin Hodja. Présentation attrayante qui tranche agréablement avec les autres éditions beaucoup plus austères. Joli format carré, mise en pages soignée, illustrations adéquates pour ces brefs récits toujours très demandés dans les bibliothèques. Histoires du fou-sage, pour rire et réfléchir.
Motus
12,50 € ISBN : 978-2-907354-42-4
Pour tous dès 9 ans

908. Shah, Idries : **Contes derviches.**
Plaisanteries, petites histoires et contes à lire à plusieurs niveaux, pour les fous, les sages et les autres. Un héros turc qui a inspiré d'autres folklores.
Le Courrier du livre
19 € ISBN : 978-2-7029-0483-1
Pour tous dès 10 ans

909. Choix et trad. Dor, Rémy ; ill. Strassmann, Susanne : **Contes et légendes de Turquie.**
Flies France, Aux origines du monde
20 € ISBN : 978-2-910272-16-6
Pour tous dès 9 ans

Caucase

♥ **910.** Choix et trad. Passaret, Anne-Marie ; ill. Chen Jiang Hong : **Contes de la mer Caspienne : Le Secret de Silaïma-sans-nez.**
Cinq longs contes dans lesquels les femmes ont le beau rôle : belles, sages, intelligentes, fidèles ! Les hommes de leur vie sont fougueux, courageux, astucieux, superbes cavaliers, amants audacieux et passionnés... Où l'on découvrira des chevaux à nul autre pareils parlant un langage humain, des amours brûlantes qui distrairont un moment et feront rêver longtemps.
L'École des loisirs, Neuf
8 € ISBN : 978-2-211-01275-1
Pour tous dès 7 ans

Arménie

911. Un conte arménien raconté par Dès, Vincent ; ill. Mélinand, Lise : **La Goutte de miel.**
Une terrible catastrophe est engendrée par le minuscule événement qu'est la chute d'une goutte de miel. C'est l'une des histoires les plus fortes du répertoire des conteurs. Elle est très connue des Arméniens et figure même dans les manuels de lecture. L'illustration dominante, caricaturale, chahutée, ainsi que la brièveté du texte, traduisent plutôt bien la violence du récit.
Bilboquet
13 € ISBN : 978-2-84181-236-7
6-10 ans

912. Luda ; ill. Corvaisier, Laurent : **Anaït, la fiancée malicieuse.**
Très beau récit que l'on pourrait qualifier de féministe, venu d'Arménie, extrait du magnifique recueil *Les Jardins de la Fille-Roi*, publié chez Hatier dans la collection « Fées et Gestes », aujourd'hui à jamais disparue.
Albin Michel Jeunesse, Petits contes de sagesse
6,90 € ISBN : 978-2-226-10206-5
Pour tous dès 9 ans

913. Leyloyan, Anna ; texte français Giraud, Robert ; ill. Yekmalyan, Harutyun : **Quinze Contes d'Arménie.**
Bon choix de quinze récits variés : contes merveilleux, comme la belle version de « L'Eau de Jouvence », « Hazaran Bellure », contes facétieux comme « La Femme acariâtre », dont Afanassiev nous donne une version proche, contes de sagesse aussi. Il y en a pour tous les goûts.
Flammarion-Père Castor, Castor poche, Contes, légendes et récits
5,50 € ISBN : 978-2-08-161186-3
9-13 ans

♥ **914.** Racontés par Der Melkonian Minassian, Chaké ; préf. Verneuil, Henri ; ill. Boudakian, Elo : **Contes arméniens.**
Reprise intégrale, mais sous forme brochée plus légère, de l'édition publiée en 1987 aux éditions Kirk, d'une excellente anthologie de contes arméniens et aussi de fragments de légendes et d'épopées très connues. Même si les illustrations peuvent paraître un peu conventionnelles, ce livre, depuis tant d'années, est cher à notre cœur.
Édipol, Diasporas
30 € ISBN : 978-2-913444-18-8
Pour tous dès 7 ans

Géorgie

♥ **915.** Davrichew, Kéthévane ; ill. Matouk, Olivier : **Natsarkékia, celui qui fouille la cendre et autres contes géorgiens.**

Très beau recueil de onze contes qui viennent du bout du monde. Un monde de géants, de dragons, de montagnes inaccessibles, de forêts profondes où les hommes, si petits, se fraient un chemin, pleins de courage, guidés par un formidable appétit de vie et d'amour.

L'École des loisirs, Neuf

8,23 € ISBN : 978-2-211-04099-0

Pour tous dès 7 ans

Azerbaïdjan

916. Guillaumond, Françoise ; ill. Usdin, Elène : **Mémed et les 40 menteurs : d'après un conte traditionnel d'Azerbaïdjan.**

Ces quarante-là sont, avant tout, des voleurs. Mais ils détroussent les gens par la force de leur parole, de leurs mensonges ! C'est ainsi qu'ils s'en prennent au fils aîné d'une pauvre femme. Le Cadet contre-attaque... Voici un conte qui existe dans toutes les cultures (*cf.*, entre autres, « Bernique ») : c'est toujours bon de voir l'intelligence et l'astuce d'un démuni triompher.

Magnard, Que d'histoires !

3,70 € ISBN : 978-2-210-62376-7

6-11 ans

Asie centrale

917. Choix, trad. et présentés Dor, Rémy : **Contes et légendes de Centre-Asie.**

Vingt-quatre contes étiologiques, suivis de six contes et de dix-huit brèves histoires d'« Apendi », personnage philosophico-facétieux, petit frère jumeau de Mulla Nasruddin. Beau choix de récits traditionnels traduits et présentés par Rémy Dor, dont on recommandera tout spécialement la postface si drôle, si chaleureuse, qui est une invitation magnifique à la lecture.

Flies France, Aux origines du monde

21,34 € ISBN : 978-2-910272-09-8

Pour tous dès 9 ans

Kirghiztan

918. Choix, trad. du russe et adapt. Passaret, Anne-Marie ; ill. Ivers, Mette : **Contes kirghiz : La Bague du Khan.**

Vendre les brebis de son père en échange d'un rêve, ce n'est pas très malin, mais si cela fait rire aux larmes une belle magicienne en mal de mari, cela change tout ! Huit contes pleins de surprises venus de tout là-bas, le pays de Gengis Khan...

L'École des loisirs, Neuf

8 € ISBN : 978-2-211-06207-7

Pour tous dès 8 ans

Afghanistan

919. Un conte d'Afghanistan raconté par Solet, Bertrand ; ill. Bone, Betty : **Comment ses amis délivrèrent la gazelle.**

Ou comment l'union fait la force. Une jolie histoire de solidarité. Illustrations un peu étranges très intéressantes.

Flammarion-Père Castor, Les Albums du Père Castor, Contes d'ailleurs

3,95 € ISBN : 978-2-08-161685-1

Existe aussi en Mini-Classiques 1,95 €

ISBN : 978-2-08-162758-1

6-9 ans

920. Solet, Bertrand ; ill. Sochard, Frédéric : **15 Contes d'Afghanistan.**

Contes dont les sources multiples nous sont données et qui donnent envie d'aller plus loin dans la connaissance de cette tradition.

Flammarion-Père Castor, Castor poche, Contes, légendes et récits

5 € ISBN : 978-2-08-161632-5

8-12 ans

Asie du Sud

Népal

♥ **921.** Éd. Cabaud, Marie-Christine : **Ogres et fées du Népal/Contes merveilleux.**

Vingt-sept magnifiques contes merveilleux. Textes pas très longs. Une vraie mine pour les bons lecteurs et surtout pour ceux qui racontent. Un monde très éloigné de nous et pourtant pas si étranger qu'on pourrait le croire.

L'Harmattan, La Légende des mondes

16,80 € ISBN : 978-2-7384-1361-1

Pour tous dès 10-12 ans

Inde

922. Morel, Étienne : **Un petit chacal très malin.**

Conte hindou du bon brahmane, du tigre bête et du malin petit chacal.

Flammarion-Père Castor, Contes d'ailleurs

3,95 € ISBN : 978-2-08-160213-7

Existe aussi en Mini-Castor : 1,95 €

ISBN : 978-2-08-160213-7

5-9 ans

♥ **923.** Conte traditionnel adapt. Wolf, Gita ; ill. Roy, Indrapramit : **La Faim du lion.**

Voici un amusant petit récit adapté d'un conte populaire indien, où l'on voit un lion paresseux qui cherche par tous les moyens à se nourrir sans faire d'effort et qui se fait proprement rouler successivement par un oiseau, une chèvre et un cerf. Demain sera un autre jour : il ira à la chasse... Texte bref et simple. Illustrations, mise en pages, présentation remarquables.

Seuil Jeunesse

20 € ISBN : 978-2-02-061242-8

5-9 ans

♥ **924.** Texte Zarcate, Catherine ; ill. Saillard, Rémi : **Contes du vampire.**

Le vampire dont il est question ici tient plus d'un génie, d'un esprit, que du monstre assoiffé de sang que nous connaissons en Europe ! Catherine Zarcate a choisi trois des vingt-cinq contes du recueil en les intégrant au magnifique récit cadre. Elle nous les livre, à sa manière, propre à nous donner envie d'aller plus loin.

Syros Jeunesse, Paroles de conteurs

13 € ISBN : 978-2-7485-0340-1

Pour tous dès 7 ans

925. Contes collectés par le révérend Bodding ; trad. Daladier, Nathalie ; ill. Chen Jiang Hong : **Contes des Santals : La Naissance de l'herbe sabbaï.**

Sept frères qui ont découvert, par hasard, le délicieux goût du sang de leur sœur décident de la manger et... le font (à l'exception de l'un d'entre eux qui enterre le morceau qui lui était dévolu, grâce à quoi elle revivra). Un magnifique récit suivi de contes divers dont on connaît parfois d'autres variantes. Style très

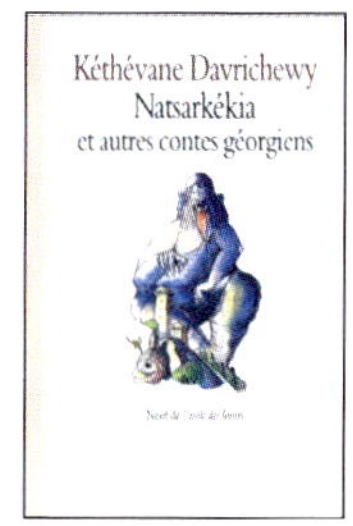

simple, excellente traduction, illustrations agréables.
L'École des loisirs, Neuf
8 € ISBN : 978-2-211-06618-1
Pour tous dès 7 ans

Asie de l'Est

Mongolie

926. Cazenove, Laure ; Weulersse, Odile ; ill. Sochard, Frédéric : **13 Contes de Mongolie.**
Douze contes et une légende venus du bout du monde, un monde de steppe et de désert, un univers rude où hommes et bêtes sont proches, où la nature est omniprésente. Un bon recueil.
Flammarion-Père Castor, Contes, légendes et récits
4 € ISBN : 978-2-08-163418-3
8-12 ans

Chine

927. Éd. Parseval, Estelle de ; ill. Gloaguen, Christine : **Le Bouvier et la tisserande. Nang Phom Hom, la fille aux-cheveux-parfumés.**
Deux contes en version bilingue, le premier, français-laotien, le second, français-chinois. Un peu rapide, sans prétention. Pour les amateurs de textes bilingues.
L'Harmattan, Contes des quatre vents
ISBN : 978-2-7384-1725-1
ISBN : 978-2-7384-1231-7
5,50 € chaque 5-9 ans

♥ **928.** Conte chinois raconté par Casanova, Mary ; ill. Young, Ed ; trad. de l'américain Bonhomme, Catherine : **Le Chasseur : un conte chinois.**
Histoire tragique de celui qui, pour être écouté et cru par les habitants de son village qu'il veut sauver, se voit contraint de divulguer un secret appris des animaux dont il comprend le langage. Puni par les dieux, il deviendra aussitôt de pierre. Récit bref, efficace, intégré dans une immense illustration couleur de terre, brun et ocre. Tout est élégance et sobriété.
Circonflexe, Albums
13 € ISBN : 978-2-87833-270-4
Pour tous dès 7 ans

♥ **929.** Le Craver, Jean-Louis ; ill. Saillard, Rémi : **Le Chat-tigre : conte yao de Chine.**
Voici une superbe histoire de rivalités fraternelles : d'abord, entre deux frères, puis le récit rebondit sur une autre lutte, mortelle cette fois, entre sœurs. Une longue histoire, découpée en chapitres, sorte de petit roman, discrètement et très bien illustrée. On retrouve avec bonheur le style très particulier de J.-L. Le Craver, un tantinet distant, pudique et, mine de rien, si intelligent.
Syros Jeunesse, Paroles de conteurs
13 € ISBN : 978-2-7485-0263-3
Pour tous dès 6 ans

♥ **930.** Trad. Hoizey, Dominique ; ill. Mauclin, Valérie : **Le Serpent blanc, conte chinois.**
Belle et tragique histoire d'amour entre un humain et une femme serpent poursuivie par la haine d'une tortue noire. Présentation soignée : petit format à l'ancienne, rares illustrations discrètes en noir et bleu, jolie typographie.
L'Arbre
9,15 € Pour tous dès 7 ans

931. Choix et trad. Olive, Guillaume ; ill. He Zhihong : **Le Daim mangeur de tigre et autres contes chinois.**
Quatre contes courts, bien illustrés, où l'on voit un petit daim apeuré mais très malin terroriser un tigre, une jeune femme compatissante sauver son village d'une terrible punition, où l'on apprend pourquoi le soleil se lève au chant du coq et où l'on voit le créateur attribuer à ses créatures leur durée de vie. Un petit livre très agréable.
L'École des loisirs, Mouche
6,50 € ISBN : 978-2-211-06082-X
6-10 ans

932. Olive, Guillaume et He Zhihong ; ill. He Zhihong : **Contes des peuples de Chine.**
On peut accoucher d'une minuscule grenouille par le genou sans que ce soit forcément un malheur, une impératrice peut trouver un minuscule petit chien dans son oreille droite et d'autres étranges et beaux récits : six contes recueillis par les auteurs auprès de cinq ethnies minoritaires. En tête de chaque conte, une illustration plus « documentaire » accompagne un très bref texte présentant le peuple considéré.
Syros Jeunesse
14,25 € ISBN : 978-2-7485-0182-7
Pour tous dès 7 ans

933. Choix et trad. par Olive, Guillaume ; ill. He Zhihong : **Contes de Mandchourie : Le Fleuve du dragon noir.**
Sept contes venus de tout là-bas, du nord de la Chine, sept histoires émouvantes, parfois tragiques, qui parlent d'amour, de générosité, de courage face à l'adversité, des histoires qui aident à vivre. Un joli recueil bien présenté.
L'École des loisirs, Neuf
8 € ISBN : 978-2-211-06884-0
7-12 ans

934. Choix et trad. Bresner, Lisa ; ill. La Morinerie, Aurore de : **Contes chinois : Le Bouvier et la tisserande.**
Une longue et belle version de l'un des contes chinois les plus connus, suivi de deux histoires du juge Su Dongpo, une histoire d'amour contrarié, un conte de sagesse à énigmes, une version du « Meunier, son fils et l'âne » et une magnifique histoire d'amour qui débute mal et finit bien : ouf !
L'École des loisirs, Neuf
8 € ISBN : 978-2-211-05471-3
9-14 ans

♥ **935.** Roberts, Moss ; trad. de l'américain Godiveau, Florence et Vassallo, Rose-Marie ; ill. Sochard, Frédéric **: 13 Contes de Chine.**
On découvre ici un univers étrange où un tigre dévoreur d'hommes, ex-humain, peut pleurer sur son destin et conserver des sentiments humains... On se retrouve souvent extraordinairement ému, comme par surprise, à la lecture de ces récits sans équivalent dans notre tradition. C'est une très belle introduction à un mode de pensée, de sensibilité si différent du nôtre et néanmoins si proche.
Flammarion-Père Castor, Castor poche, Contes, légendes et récits
5 € ISBN : 978-2-08-162046-9
Pour tous dès 8-9 ans

936. Légendes de dragons.
Trente-sept récits parfois très courts, pour la plupart des légendes populaires, autour du thème du dragon. Des dragons très différents de ceux que l'on connaît dans nos contes occidentaux. À découvrir malgré une certaine difficulté due au dépaysement.
Éditions de Pékin, Panda (Diffusion : Éditions du Centenaire - 5, rue de Belleville, 12, résidence Belleville - 75019 Paris, tél. : 01 42 02 87 05)
7,60 € ISBN : 978-7-5071-0016-7
Pour tous dès 9 ans

♥ **937.** Trad. du chinois Coyaud, Maurice : **Contes des peuples de la Chine.**
Nombreux contes étiologiques très brefs, mais aussi des contes facétieux et de beaux et longs contes merveilleux, traduits astucieusement par Maurice Coyaud. La familiarité du ton s'accorde bien avec la cocasserie de beaucoup de ces récits et ne retire rien à la beauté des autres. Présentation toujours très soignée avec un discret appareil critique très utile.
Flies France, Aux origines du monde
20 € ISBN : 978-2-910272-07-4
Pour tous dès 10 ans

Bouddhisme

♥ **938.** Guettier, Bénédicte : **Tête à queue : d'après une fable de La Fontaine.**
Quand la queue (d'un serpent) en a assez d'être dirigée par la tête, il arrive bien des malheurs. Pas seulement adaptée d'une fable de La Fontaine, cette histoire vient de bien plus loin et, dans la tradition orale (*cf.* le *Tripitaka*), se termine plutôt mal. Ici, rien de tel. Cela n'en est pas moins intéressant. Illustrations et texte très très drôles.
L'École des loisirs
10,70 € ISBN : 978-2-211-03553-8
5-10 ans

939. Helft, Claude ; ill. Fronty, Aurélia : **Qui a commencé ?**
Petit conte de sagesse en forme de randonnée sur le thème de « On est souvent responsable de ses ennuis, même si ce n'est pas évident à première vue ». On en trouve de multiples versions dans bien des cultures, ainsi la version tibétaine « La Chachatatutu ». Illustrations décoratives sympathiques qui laissent à penser que toute cette affaire se passe en Inde.
Desclée de Brouwer, Petite collection Clé
5,95 € ISBN : 978-2-220-04980-9
6-10 ans

♥ **940.** Texte Carrara, Marco ; ill. Carrer, Chiara : **À qui la faute ? (inspiré d'un conte indien).**
Sur le thème de « Un minuscule événement peut entraîner une énorme catastrophe », voici une randonnée rigolote, aux enchaînements inattendus dus à la fantaisie de Marco Carrara et qui rebondit pour se terminer en forme de conte étiologique délirant. L'illustratrice Chiara Carrer ne fait qu'accentuer les aspects insolites et humoristiques de l'histoire.
Circonflexe, Albums
12 € ISBN : 978 2-87833-280-3
5-10 ans

♥ **941.** Young, Ed : **Sept Souris dans le noir.**
Jolie variante du conte indien transmis aussi par Luda sous le titre « Les Cinq Aveugles et l'éléphant » (*cf.* aussi le conte soufi « La Chose »). Ici, les héros de l'histoire sont des souris aveugles de couleurs différentes du plus joli effet sur le fond noir du livre ! Très joli, très amusant.
Milan, Albums-hors collection
11,50 € ISBN : 978-2-84113-098-6
5-9 ans

♥ **942.** Texte Wolf, Gita et Rao, Sirish ; ill. Ramanathan, Rathma ; trad. Fordacq, Marie-Odile ; Girard, Frank : **Dans le noir.**
Même conte que précédemment. Cinq amis, perdus par une nuit sans lune, rencontrent un éléphant. Dans le noir complet, ils identifient l'animal, chacun à sa manière, suivant son métier, sa spécialité ! Illustration efficace et de grande qualité.
Tourbillon
12,90 € ISBN : 978-2-84801-090-8
Pour tous dès 7 ans

943. Tanaka, Béatrice ; ill. Chen Jiang Hong : **La Montagne aux trois questions.**
Ouvrage publié autrefois aux éditions La Farandole. Histoire de sagesse, de générosité, récit dynamique qui donne espoir et envie de vivre. L'illustration à l'encre de Chine est très réussie, à la fois discrète et très présente.
Albin Michel Jeunesse, Petits contes de sagesse
6,90 € ISBN : 978-2-226-09095-9
7-10 ans

♥ **944.** Texte et ill. Muth, Jon J. ; trad. de l'américain Bonhomme, Catherine : **Petits Contes zen.**
Jon J. Muth, dont on connait déjà le goût pour la philosophie (*cf. Les Trois questions* et *La Soupe aux cailloux*), nous offre ici trois contes zen sous une forme fantaisiste et enfantine. C'est un gros et grand panda qui les raconte à ses petits voisins, toujours en lien avec les soucis de ses nouveaux amis. Remarquables illustrations.
Circonflexe, Albums
13 € ISBN : 978-2-87833-362-6
6-9 ans

945. Texte Favaro, Patrice ; ill. Kerba, Muriel : **Mahakapi, le Singe-Roi.**
Conte bouddhiste où l'on voit comment Bouddha, sous la forme dérisoire d'un singe, donne une leçon de sagesse et de générosité aux siens et à un roi bien humain. Petites illustrations fines et colorées.
Albin Michel Jeunesse, Petits contes de sagesse
6,90 € ISBN : 978-2-226-11834-9
8-11 ans

946. Texte et ill. Lée, Jeanne M. ; trad. de l'américain Tardy, Anne : **Le Singe et le crocodile : petites histoires racontées par le Bouddha.**
Six courtes histoires racontées par une statue de Bouddha à une bande d'animaux réfugiés au fond d'une grotte à l'abri de la mousson. Histoires tantôt cruelles, tantôt amusantes, contenant toujours un enseignement conforme au bouddhisme, parmi lesquelles une variante de « Celui qui croit que le monde va s'écrouler ». Bon texte, très joliment illustré par l'auteur.
Gallimard Jeunesse, Folio Cadet
6,90 € ISBN : 978-2-07-054077-8
6-9 ans

947. Molènes, Thalie de ; ill. Sochard, Frédéric : **17 Contes du bouddhisme.**
Dix-sept contes adaptés des cinq cents contes et apologues du *Tripitaka* chinois, d'origine indienne. Ces récits de sagesse contribuèrent à la diffusion du bouddhisme. Ils sont cousins germains de nombreux contes que nous connaissons bien comme « Tête à queue » ou « Celui qui crut que le ciel lui tombait sur la tête ». Très agréable à lire.
Flammarion-Père Castor, Castor poche Junior, Contes
4,50 € ISBN : 978-2-08-164805-0
9-13 ans

Tibet

♥ **948.** Carré, Patrick : **Cornes de lièvre et plumes de tortue. Contes populaires du Tibet.**
Bouquet magnifique d'histoires d'ogres pleines de mystère et de péripéties.
Le Seuil, La Mémoire des sources
18,30 € ISBN : 978-2-02-025631-5
Pour tous dès 10 ans

Japon

♥ **949.** Matsui, Tadashi ; ill. Akaba, Suekichi ; trad. Turc, René : **L'Ogre et le charpentier.**
« Si tu me donnes tes yeux, je construis ce pont que tu es incapable de faire... Si tu devines mon nom, tu garderas tes yeux. » Un ogre terrible, un charpentier embarrassé. Une excellente histoire, ici dans une version japonaise. Joli petit format oblong que le peintre Akaba utilise magnifiquement.
Grandir
10 € ISBN : 978-2-904292-58-3
5-9 ans

♥ **950.** Satô, Satoru ; ill. Murakami, Tsutomu ; trad. du japonais Morita, Hélène : **Sankitchi le renard.**
Un maître forgeron, un apprenti forgeron très doué qui disparaît mystérieusement, une belle histoire d'amour, un renard qui passe... Qui est homme ? Qui est renard ? Un bon récit inspiré de la tradition japonaise.
Grandir
15 € ISBN : 978-2-904292-46-0
7-10 ans

951. Texte Reberg, Évelyne ; ill. Tallec, Olivier : **Ito ou la vengeance du samouraï.**
Ito, après avoir assisté au massacre de ses parents, ne vit et ne devient samouraï que dans l'espoir de se venger, de retrouver et tuer l'assassin des siens. Mais quand on est un grand samouraï, quand on devient « plus fort que fort », que signifie tuer un adversaire, à terre, mort de terreur ?
Albin Michel Jeunesse, Petits contes de sagesse
6,90 € ISBN : 978-2-226-11833-2
8-11 ans

952. Martin, Rafe ; ill. Sochard, Frédéric ; trad. de l'américain Giraud, Robert : **10 Contes du Japon.**
Dix contes fantastiques, émouvants : une bonne initiation aux contes japonais.
Flammarion-Père Castor, Contes, légendes et récits
4,50 € ISBN : 978-2-08-164578-3
7-12 ans

♥ **953.** Trad. Coyaud, Maurice : **Contes et légendes du Japon.**
Ce volume, grâce à sa présentation et surtout par le fait que les contes proposés sont plus longs, plus faciles à lire, peut être lu dès 12 ans. Brefs récits, parfois drôles, parfois énigmatiques, traduits très simplement, très efficacement par Maurice Coyaud. Un beau livre.
Flies France, Aux origines du monde
20 € ISBN : 978-2-910272-10-4
Pour tous dès 10-12 ans

Corée

954. Pucek, Vladimir ; ill. Kremlacek, Joseph ; adapt. Tabery, Karel : **Contes de Corée.**
Trente-sept contes venus du « Pays du matin calme », du « Pays de la fraîcheur matinale ». Contes merveilleux, contes d'origine, histoires drôles ou récits divers qui nous aideront à mieux connaître la culture coréenne. Postface intéressante et bibliographie, ce qui est exceptionnel dans cette collection.
Gründ, Légendes et contes de tous les pays
9 € ISBN : 978-2-7000-1161-6
7-12 ans

955. Trad. nouvelle Coyaud, Maurice et Li Jin-Mieung ; ill. Strassmann, Susanne : **Contes et légendes de Corée.**
Quarante-six contes coréens extraits, en partie, des quatre volumes publiés par les mêmes traducteurs aux éditions du P.A.F. de 1978 à 1990. La nouvelle traduction, plus attrayante, rend le livre parfaitement accessible aux jeunes.
Flies France, Aux origines du monde
20 € ISBN : 978-2-970272-21-0
Pour tous dès 9 ans

Asie du Sud-Est

Vietnam

956. Nguyên-nga : **Le Buffle et le grain de riz = Con trâu và hat lua.**
Conte populaire du Vietnam. Histoire simple, bien racontée. Les images de l'auteur sont colorées, mais quelconques. Textes bilingues.
L'Harmattan, Contes des quatre vents
ISBN : 978-2-85802-331-8
Autres titres :
957. Le Carambolier = Cây Khê.
ISBN : 978-2-85802-299-1
958. Le Silure et le crapaud = Trê và coc.
ISBN : 978-2-85802-298-4
5,80 € chaque 5-9 ans

959. Nguyen-Xuân-Hùng ; ill. Buguet, Anne : **30 Contes du Viêt nam.**
Une belle anthologie de contes variés, parfois tragiques, presque toujours porteurs d'une morale forte. Bonne initiation à une culture peu connue.
Flammarion-Père Castor, Contes, légendes et récits
5 € ISBN : 978-2-08-164351-2
8-12 ans

Laos

960. Sithamma, Monique ; ill. Coléno, Bernadette : **La Tortue d'or.**
Conte bilingue français-laotien. Petit conte bien raconté, bien présenté, sur le thème d'un vieux couple stérile qui adopte pour son plus grand bonheur une petite tortue d'or quelque peu magicienne.

L'Harmattan, Contes des quatre vents
5,80 € ISBN : 978-2-7384-1022-1
6-10 ans

Cambodge

961. Choix, trad. et adapt. Solange, Thierry : **Contes du Cambodge : Les Deux Frères et leur coq.**
Sept contes, parfois très brefs ou très longs comme le magnifique conte merveilleux de la fin, qui nous font découvrir une tradition peu connue, avec des motifs parfois étonnants. Un monde où les hommes sont encore capables d'écouter la nature, de parler avec les animaux, atmosphère archaïque qui nous renvoie à nos propres origines. Un très beau recueil.
L'École des loisirs, Neuf
8 € ISBN : 978-2-211-08113-9
7-12 ans

Europe

962. Rocard, Ann ; ill. Bataille, Bertrand ; Bour, Laura ; Corderoc'h, Jean-Pierre ; Bour, Céline : **Contes d'Europe.**
Anthologie variée, intéressante.
Lito
13,50 € ISBN : 978-2-244-45104-6
5-12 ans

963. Rachmuhl, Françoise ; ill. Sochard, Frédéric : **Quinze Contes d'Europe.**
Choix judicieux. Bien raconté.
Flammarion-Père Castor, Castor poche, Contes Senior
5 € ISBN : 978-2-08-160655-5
7-11 ans

♥ **964.** Le Craver, Jean-Louis ; ill. Saillard, Rémi : **Le Fils de Soizic et autres contes celtiques.**
Trois superbes contes breton, écossais et irlandais fidèlement adaptés, non sans malice, par Jean-Louis Le Craver qui nous donne ainsi accès à des récits éparpillés dans des éditions difficiles à trouver. Des récits qui nous émerveillent et nous font peur juste ce qu'il faut, échos du « Chat botté » et des « Pères dans la maison »… Un bonheur.
Syros Jeunesse, Paroles de conteurs
9,76 € ISBN : 978-2-74-850148-3
Pour tous dès 6 ans

Europe centrale et orientale

965. Raconté par Barber, Antonia ; ill. Hess, Paul ; trad. de l'anglais Kiefé, Laurence : **Contes cachés d'Europe centrale.**
Sept contes assez brefs et faciles à lire, venus de Slovaquie, Pologne, Serbie, Slovénie, Russie, Croatie et Roumanie. Bien illustré, agréablement traduit, sources données, voilà un bien bel album pour enfants, dans lequel nous retrouvons des variantes très intéressantes des « Douze mois de l'année », d'« Anaït », du « Vase d'or » ou de « La Bavarde »…
Casterman, Les albums Duculot
14,95 € ISBN : 978-2-203-55301-9
6-11 ans

Pologne

966. Choix, trad. et adapt. Macias, Agnieszka ; ill. Ivers, Mette : **Contes polonais. Maciek et Wojtek.**
Où nous découvrons neuf contes souvent cousins germains de ceux recueillis par A. N. Afanassiev en Russie (*cf.* « Le Frère et la sœur »/« Daniel mots de miel ») ou les Frères Grimm en Allemagne ou chez nous, dans des versions amusantes à découvrir. Merveilleux et humour se côtoient. Un petit livre plein de charme.
L'École des loisirs, Neuf
8 € ISBN : 978-2-211-08412-3
8-14 ans

Monde juif

967. Prose, Francine ; ill. Podeval, Mark ; adapt. Bloch, Muriel : **La Bévue des anges : histoires de Chelm.**
Chelm est un drôle de village, en Pologne, qui, à la suite de la bévue de deux anges, s'est retrouvé gratifié d'un trop-plein de « simples d'esprit ». Pour certains, ce sont des idiots, pour d'autres des fous, pour d'autres encore de grands sages. Ce livre est une suite de courtes histoires yiddish extrêmement drôles et imperturbablement racontées, bien illustrées.
Circonflexe, Albums
12 € ISBN : 978-2-87833-219-3
7-10 ans

♥ **968.** Adapt. et ill. Zemach, Margot ; trad. Bloch, Muriel : **Ça pourrait être pire.**
Un enfer quotidien dessiné avec humour, un récit gai pour une vraie leçon de sagesse. Margot Zemach raconte et illustre un conte plein de sagesse et de malice, venu d'un monde disparu, englouti par l'une des formes du « Pire ». Ne nous laissons pas submerger par les tracas quotidiens et remettons les choses à leur juste place. Délire et gaieté pour un sujet grave. Un délice pour tous.
Circonflexe, Aux couleurs du temps
11,50 € ISBN : 978-2-87833-252-0
Pour tous dès 5 ans

♥ **969.** Shulevitz, Uri : **Le Magicien.**
Adaptation et illustration d'un conte yiddish de I. L. Peretz : comment célébrer la Pâque quand on n'a ni de quoi manger ni de quoi s'éclairer ?
Grandir
12 € ISBN : 978-2-904292-01-9
Pour tous dès 7 ans

970. Shulevitz, Uri ; trad. Finkenstaedt, Isabel : **La Pièce secrète.**
Un grand album très coloré pour un magnifique conte de sagesse. L'histoire commence par une énigme insolite qui donne le ton du livre : humour et grincements. Texte rapide excellent, image superbe. Un très beau livre.
Kaléidoscope
11 € ISBN : 978-2-87767-153-8
Pour tous dès 7 ans

971. Schwartz, Howard et Rush, Barbara ; ill. Sochard, Frédéric ; trad. Vassallo, Rose-Marie : **Quinze Contes juifs du monde entier : Le Pichet magique.**
Recueil de contes venus des diverses traditions juives, tant orientales qu'européennes. Les sources sont scrupuleusement données. Les récits sont réécrits à l'intention des enfants, simplement, sans mièvrerie. Contes d'origine, de sagesse ou merveilleux. Une jolie

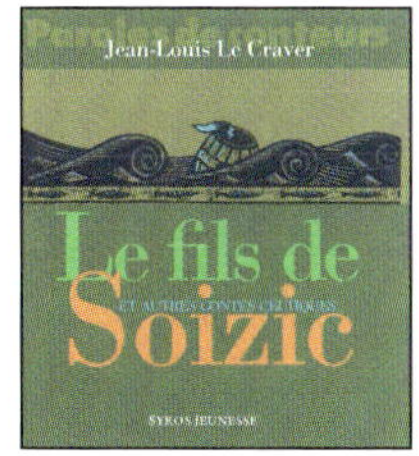

anthologie de récits dans l'ensemble peu connus.
Flammarion-Père Castor, Castor poche Junior, Contes
4,50 € ISBN : 978-2-08-164579-0
9-13 ans

♥ **972.** Singer, Isaac Bashevis ; ill. Sendak, Maurice : **Zlateh la chèvre, et autres contes.**
Histoires juives polonaises de naïfs, de diables… Humour et tendresse. Rencontre exceptionnelle d'un grand écrivain et d'un grand illustrateur. La couverture est très laide et malheureusement la présentation de la langue yiddish extraordinairement maladroite. Mais c'est la seule édition de ce recueil actuellement ! Et l'on ne saurait s'en passer.
Hachette Jeunesse, Le Livre de poche Jeunesse
4,29 € ISBN : 978-2-01-321977-8
Pour tous dès 7 ans

♥ **973.** Bloch, Muriel ; ill. Dutertre, Sophie : **Sagesses et malices de la tradition juive.**
Histoires drôles mais aussi émouvantes comme celle du porteur d'eau que l'ange de la mort guettait et qui sera sauvé par les chants et les danses de ses compagnons. Un joli bouquet d'histoires venues d'un peu partout, qui nous permet aussi de faire la connaissance de grandes figures du judaïsme comme le roi Salomon ou le Baal Chem Tov.
Albin Michel, Sagesses et malices
12,50 € ISBN : 978-2-226-11863-9
Pour tous dès 7 ans

♥ **974.** Jaffe, Nina ; Zeitlin, Steve ; adapt. Fejtö, Raphaël : **Debout sur un pied.**
Quatorze contes issus des traditions ashkénaze et sépharade, ce qui est plus rare. Devinettes, énigmes, contes de sagesse pleins d'humour : on ne s'ennuie pas…
L'École des loisirs, Neuf
6,71 € ISBN : 978-2-211-02359-7
Pour tous dès 7 ans

975. Rottova, Inna ; adapt. Buzkova, Jamila ; ill. Rizek, Tomas : **Légendes juives.**
Quatorze récits, tantôt tragiques, tantôt humoristiques, souvent miraculeux, évoquent la vie difficile des juifs dans les ghettos de Prague, Varsovie, Naples, d'une petite ville provençale ou d'une bourgade d'une vallée alpine. À la limite du rire et des larmes.
Gründ, Les Grands classiques de tous les temps
13 € ISBN : 978-2-7000-1238-5
7-14 ans

♥ **976.** Singer, Isaac Bashevis ; ill. Roca, François ; trad. de l'anglais Bay, Marie-Pierre : **Quand Shlemiel s'en fut à Varsovie et autres contes.**
Huit nouvelles, certaines tout droit sorties du folklore juif, d'autres de l'imagination d'Isaac Bashevis Singer. Qui mieux que lui aura parlé de Chelm et de ses drôles de citoyens ? Qui mieux que lui a évoqué tout au long de sa vie ce petit monde des shtetls à jamais disparu ? Ce recueil avait été publié chez Stock en 1983 avec des illustrations de Margot Zemach.
Seuil Jeunesse
9,95 € ISBN : 978-2-02-030721-5
Autres titres d'Isaac Bashevis Singer, chez le même éditeur :
977. Ill. Roca, François ; trad. Bay, Marie-Pierre : **Histoire des trois souhaits et autres contes.**
14,95 € ISBN : 978-2-02-030001-8
978. Ill. Daniau, Marc ; trad. Bay, Marie-Pierre : **Naftali le conteur et son cheval Süs.**
16 € ISBN : 978-2-02-062953-9
Pour tous dès 7 ans

979. Zimet, Ben : **Contes du yiddishland : paroles du peuple juif.**
Nombreux contes de Chelm suivis de contes de la tradition hassidique et de trois textes contemporains de Cholem Aleikhem, Ben Zimet et Talila.
Le Seuil, La mémoire des sources
18,30 € ISBN : 978-2-02-037193-3
Pour tous dès 10 ans

980. Choix et trad. Fogel, Paul et Fogel, Catherine : **Fables juives du Moyen Âge.**
Vingt-six histoires extraites du *Ma'assè-Bukh, Livre d'histoires*, publié en 1602 en langue yiddish, regroupant 254 légendes et contes rabbiniques. Vingt-six histoires très brèves, toutes autour de Rabbi Shmuel hassid et de son fils Yuda. Histoires à la fois comiques et édifiantes, empreintes de magie, qui nous plongent dans un monde étrange et déconcertant.
Le Seuil, Fictions
9 € ISBN : 978-2-02-030939-4
Pour tous dès 12 ans

République tchèque et Slovaquie

♥ **981.** D'après le conte slovaque « Berona ». Mis en mots Moeyaert, Bart ; trad. du néerlandais Lomré, Maurice ; mis en images Dendooven, Gerda et mis en musique Bral, Filip : **Le Conte de Luna.**
Qui cueille chaque nuit les pommes d'or du roi, entre le huitième et le douzième coup de minuit ? Seul son plus jeune fils le saura et réussira même à retrouver Luna, la jeune fille de l'arbre, tout là-bas dans la ville noire. Un magnifique album accompagné d'un CD qui propose deux enregistrements : d'abord le texte lu en musique, puis une version uniquement instrumentale. Remarquable.
Autrement Jeunesse, Pantalone
20 € ISBN : 978-2-7467-0374-2
7-12 ans

982. Horak, Jiri ; ill. Trnka : **Contes de Bohême.**
Trente et un contes populaires où l'on trouve des histoires de ruses et des contes à énigmes.
Gründ, Légendes et contes de tous les pays
9 € ISBN : 978-2-7000-1107-4
7-12 ans

983. Contes trad. Maréchal, Arnault, Rihova-Allendes, Hana et Rougé-Garma, Aurélie ; ill. Ivers, Mette : **Contes tchèques : Cheveux d'or.**
Neuf contes tchèques variés : contes merveilleux, mais aussi des contes d'avertissement et un magnifique conte de mensonge. Un choix intelligent et agréable de récits, bien illustrés, qu'on pourra raconter ou lire à haute voix dès

6-7 ans et lire seul dès 8-9 ans.
L'École des loisirs, Neuf
8 € ISBN : 978-2-211-06772-0
7-12 ans

Hongrie

♥ **984.** Un conte hongrois de Fazekas, Mihaly ; texte français Varnoux, Hélène ; ill. Groebner, Dominique : **Mathieu des oies : un conte traditionnel hongrois.**
Parti vendre quelques oies, Mathieu est trompé, volé, battu par le seigneur alentour cruel et autoritaire. Par trois fois, il reviendra pour battre et voler son tortionnaire. Se succèdent cocasserie, émotion, drôlerie et gravité. Histoire de vengeance impitoyable qui s'éclaire de manière inattendue et lumineuse dans les six dernières lignes. Excellentes mise en pages et illustration.
Gründ
9 € ISBN : 978-2-7000-4272-6
6-11 ans

♥ **985.** Conte populaire hongrois ill. Vincze, Éva : **3 Vœux.**
Histoire facétieuse bien connue (*cf.* fabliaux et Charles Perrault, entre autres) des trois souhaits offerts par une fée généreuse qui ne pourront être exaucés ! Mises en pages du texte et de l'illustration très dynamique et rigolote comme le récit.
Arthémuse
11€ ISBN : 978-2-912563-24-8
Pour tous dès 7 ans

Roumanie

986. Ispirescu, Petre : **Le Vaillant Petit Dernier et les pommes d'or.**
Une version roumaine des « Princesses délivrées du monde souterrain ». Le plus jeune des trois frères, après bien des malheurs, l'emportera. Le jugement final sera terrible.
Grandir, Le Monde en contant
10 € ISBN : 978-2-904292-27-9
7-10 ans

987. Ispirescu, Petre : **Aleodor empereur.**
Jolie version de l'histoire de celui qui arrive à échapper au regard de la Princesse qui voit tout, pour mieux la séduire.
Grandir, Le Monde en contant
10 € ISBN : 978-2-904292-28-6
7-10 ans

♥ **988.** Ill. Tardi, Jacques : **Le Cochon enchanté.**
Une princesse a été mariée à un prince ensorcelé, qui est cochon le jour et homme la nuit...
Grasset-Monsieur Chat, Il était une fois
8,40 € ISBN : 978-2-246-33591-7
Pour tous dès 7 ans

Balkans

989. Maly, Milos et Hulpach, Vladimir ; ill. Lesarova-Roubickova, Michaela ; adapt. Tabery, Françoise et Karel : **Contes des Balkans.**
Quarante-cinq histoires courtes, intégrées dans un petit conte-cadre, venues d'Albanie, de Bulgarie, Serbie, Macédoine, Slovénie, Croatie. Histoires pour rire, faire peur, enseigner. Sympathique.
Gründ, Légendes et contes de tous les pays
9 € ISBN : 978-2-7000-1163-0
Pour tous dès 7 ans

Russie

♥ **990.** Texte et ill. Arnold, Katya ; trad. Nikly, Michelle : **Baba Yaga, un conte traditionnel russe.**
Où l'on voit la sorcière ogresse Baba Yaga faire tout pour pouvoir dévorer un petit garçon qui lui échappera, non sans lui avoir fait manger sa propre fille. Mise en pages originale, illustrations très colorées, très vives, gaies et fortes. Un excellent album.
Nord-Sud, Un livre d'images Nord-Sud
13 € ISBN : 978-3-314-20787-7
5-9 ans

991. Celli, Rose ; ill. Broutin, Christian : **Baba Yaga.**
Comment la petite fille échappera-t-elle à Baba Yaga, la terrible sorcière ?
Flammarion-Père Castor, Secondes lectures
3,95 € ISBN : 978-2-08-160248-9
5-9 ans

992. Oram, Hiawyn ; ill. Brown, Ruth : **La Sorcière aux trois crapauds : un conte traditionnel.**
Variante américaine non dénuée d'ironie de « Vassilissa la très belle ». On a peur, on est attendri, on est rassuré. Un bel album.
Gallimard Jeunesse, Folio Benjamin
5,50 € ISBN : 978-2-07-054836-1
6-10 ans

993. Giraud, Robert ; ill. Muller, Hélène : **La Fille de neige.**
Comment une petite fille de neige peut-elle résister à la chaleur du soleil ? Charmant format qui ne dénature aucunement ce joli petit livre.
Flammarion-Père Castor, Premières lectures
3,95 € ISBN : 978-2-08-160192-5
5-9 ans

994. Lewis, J. Patrick ; ill. Spirin, Gennadij : **La Princesse Grenouille.**
On se réjouit de retrouver « La Princesse Grenouille » en version séparée. Et plus encore quand elle est illustrée par G. Spirin. On nage dans le satin, l'or, la vodka, la neige, on triomphe de la mort, le prince gagne l'amour et le pouvoir. Sans ce genre d'histoire, comment pourrions-nous vivre ?
Casterman, Les Albums Duculot
13,95 € ISBN : 978-2-203-55372-9
Pour tous dès 5 ans

♥ **995.** Adapt. Esterl, Arnica ; ill. Spirin, Gennadij : **Le Brochet.**
Histoire très connue de lémélia le benêt paresseux qui, avec l'aide d'un brochet merveilleux, gagnera amour, intelligence et richesse. Illustrations magnifiques. Et vive la paresse...
Sorbier
12 € ISBN : 978-2-7320-3196-5
Pour tous dès 6 ans

♥ **996.** Pouchkine, Alexandre ; ill. Spirin, Gennadij ; adapt. Schönfeldt Grafin, Sybil : **Le Tsar Saltan.**
Belle version russe des « Enfants au front d'or ». Le texte poétique de Pouchkine, aux multiples épithètes et répétitions, est simplifié sans que pour autant le sens du conte soit détourné. Les remarquables

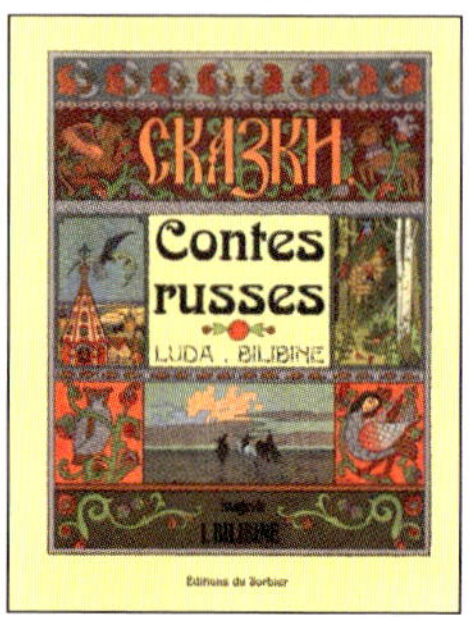

illustrations de Spirin participent pleinement à cette plongée délicieuse dans l'univers des contes merveilleux russes. Un très bel album.
Sorbier, Légendes
12 € ISBN : 978-2-7320-3423-2
Pour tous dès 7 ans

997. Texte Shepard, Aaron d'après un conte traditionnel russe ; ill. Spirin, Gennadij ; trad. Kiefé, Laurence : **La Fille du Roi des mers.**
Belle histoire, heureuse et nostalgique, de Sadko le joueur de Gousli. Amoureux d'une nymphe des rivières et aimé d'elle, il ne peut renoncer à la vie sur terre où il connaîtra une vie heureuse sans jamais oublier le visage de la belle Volkhova. Histoire émouvante bien illustrée par G. Spirin. Le texte manque malheureusement de souffle.
Casterman, Les albums Duculot
14,95 € ISBN : 978-2-203-55386-6
7-12 ans

998. Celli, Rose ; ill. Belvès, Pierre : **Le Petit Poisson d'or.**
Le poisson-fée réalise tous les désirs, mais la femme du pêcheur n'est jamais contente.
Flammarion-Père Castor, Secondes lectures
3,95 € ISBN : 978-2-08-160206-9
5-9 ans

♥ **999.** Valeri, Maria Eulàlia ; ill. Infante, Francese : **Le Poisson d'or.**
Bonne version du conte très connu où le pauvre pêcheur, malmené par une femme désespérément insatisfaite, se retrouvera aussi pauvre qu'au début malgré l'aide magique du Poisson d'or. Bon texte, assez long, illustration caricaturale très réussie. Un très bon livre.
Metagram
9,45 € ISBN : 978-2-7366-2913-7
6-10 ans

♥ **1000.** Yeoman, John ; ill. Blake, Quentin ; trad. Krief, Anne : **Monsieur Fernand et Mademoiselle Estelle.**
Une dame héron et un monsieur grue (ou cigogne), amoureux mais indécis et quelque peu grognons, n'arriveront jamais à sortir de leurs hésitations et resteront dans leur solitude. Pour éviter les difficultés de traduction, on a baptisé les oiseaux Fernand et Estelle. La drôlerie ne masque jamais, surtout à la fin, une véritable mélancolie devant l'incapacité de ces deux êtres à se rencontrer.
Gallimard Jeunesse
11,89 € ISBN : 978-2-07-052664-2
Pour tous dès 7 ans

1001. Trad. du russe et adapt. Passaret, Anne-Marie ; ill. Cauly, Delphine : **Alionouchka et Ivanouchka : contes russes.**
Le conte, appelé aussi « Petit-Frère, Petite-Sœur » ou « Frérot et Sœurette », est très connu et très aimé de tous. Il est entouré de deux autres récits beaucoup moins connus, l'un merveilleux et l'autre, facétieux, qui raconte le pari de deux vents « Gels » qui cherchent à glacer un barine et un moujik. Un joli petit recueil, bien illustré de surcroît.
L'École des loisirs, Mouche
7 € ISBN : 978-2-211-06043-1
5-10 ans

1002. Clément, Claude ; ill. Muller, Hélène : **Machenka et l'ours et autres contes russes.**
Choix judicieux de vingt-quatre contes russes divers : contes facétieux, randonnées, contes d'animaux et contes merveilleux. Illustrations en noir et blanc discrètes et très bien adaptées. Belle mise en pages. Texte agréable. Mais on reste singulièrement sur sa faim quant aux sources jamais données.
Syros Jeunesse
15 € ISBN : 978-2-84146-961-1
5-12 ans

♥ **1003.** Choix et trad. Luda ; ill. Bilibine, Yvan Yakoulévitch : **Contes russes.**
Réédition en un volume relié des six fascicules publiés à La Farandole en 1976. On ne redira pas ici le charme, la beauté des textes de Luda, que l'on devrait lire à haute voix le plus souvent possible aux enfants qui en apprécient, très jeunes, la musicalité. Les illustrations de Bilibine sont une source de rêve, de merveille, au service de ces contes russes tous plus magnifiques les uns que les autres.
Sorbier
23 € ISBN : 978-2-7320-3526-0
Pour tous dès 6 ans

1004. Trad et adapt. du russe Giraud, Robert ; ill. Pudles, Daniel : **14 Contes de Russie.**
Quatorze contes de Russie, Sibérie, Mongolie, Tchétchénie et autres régions cousines. Les contes merveilleux voisinent avec contes de sagesse, contes d'animaux ou contes facétieux. Un excellent recueil.
Flammarion-Père Castor, Castor poche Junior, Contes
4,50 € ISBN : 978-2-08-164406-9
6-12 ans

1005. Choix, trad. et adapt. Passaret, Anne-Marie ; ill. Gay, Michel : **Contes russes : Les Fileuses d'or.**
Cinq contes merveilleux, parmi lesquels « Maria Morevna » (appelé aussi « Maria des mers »), une version intéressante de « Sivko-Burko », le cheval magique, et une autre de la « Pomme vermeille et du plateau d'argent ». Des découvertes et des comparaisons amusantes en perspective...
L'École des loisirs, Neuf
8 € ISBN : 978-2-211-06037-0
6-10 ans

1006. Afanassiev, Aleksandr Nikolaevitch ; contes choisis et trad. Passaret, Anne-Marie ; ill. Gay, Michel : **Contes russes.**
« L'Oiseau de feu », « Le Songe », « Les Sept Siméon », « Emelia le fainéant », « Vassilissa la très-belle » : cinq grands classiques du folklore russe que l'on a plaisir à retrouver, d'autant que certains d'entre eux ne sont pas si connus que cela du grand public, dans une jolie traduction qui rend le texte agréable à lire. Les illustrations sont charmantes.
L'École des loisirs, Neuf
8 € ISBN : 978-2-211-01387-1
6-12 ans

♥ **1007.** Choix, trad. et adapt. Winter, Jules ; ill. Dumas, Philippe : **Contes biélorusses : Le Beau-frère du soleil.**
Un jeune homme qui peut plonger dans un chaudron plein d'eau bouillante et en ressortir bien plus beau qu'avant, un

prince amoureux qui se retrouve avec une tête de cochon : six contes merveilleux venus d'une région désolée s'il en est, la Biélorussie, racontés avec simplicité et joliment scandés par les drôles de petites illustrations de Philippe Dumas pleines d'humour et de sensibilité.
L'École des loisirs, Neuf
8 € ISBN : 978-2-211-07694-4
7-12 ans

Sibérie

♥ **1008.** Tvrdikova, Michaela ; ill. Kremlacek, Josef : **Contes de Sibérie.**
Trente-sept contes plutôt courts, bien illustrés, avec pour héros l'ours, le renard et surtout le corbeau.
Gründ, Légendes et contes de tous les pays
9 € ISBN : 978-2-7000-1133-3
Pour tous dès 7 ans

♥ **1009.** Choix, trad. et adapt. Passaret, Anne-Marie : **Contes sibériens : Le Renne du soleil.**
Onze contes venus de tout là-bas où il fait parfois si froid, où vivent les peuples nanaïs, tchouktches, iakoutes et autres... Des contes pleins de force qui aident à résister.
L'École des loisirs, Neuf
8 € ISBN : 978-2-211-06004-2
Pour tous dès 6 ans

Monde tzigane

♥ **1010.** Voriskova, Marie ; ill. Dolezelova, Mila **: Contes tziganes.**
Excellente anthologie très aimée des enfants où l'on trouve des histoires de princesse vampire, de géants, de jolie sorcière amoureuse et bien d'autres...
Gründ, Légendes et contes de tous les pays
9 € ISBN : 978-2-7000-1121-0
Pour tous dès 6 ans

1011. Choix Solet, Bertrand ; ill. Sourine : **Mille Ans de contes tsiganes.**
Soixante-douze contes de toutes sortes : contes d'origine, contes d'animaux, contes facétieux et merveilleux, contes à faire peur... choisis et réunis par Bertrand Solet qui défend et connaît bien la culture tzigane. Un précieux recueil bien documenté.
Milan, Mille ans de contes
19,90 € ISBN : 978-2-84113-648-3
Pour tous dès 8 ans

Europe occidentale

Scandinavie

1012. Haraldson, Harald ; ill. Romano, Jong : **Contes et légendes des Vikings.**
Douze récits qui nous font entrer dans un monde peu connu, de manière assez décontractée et plaisante. L'agrément que l'on tirera de cette lecture incitera sans doute les plus curieux à aller plus loin.
Nathan, Contes et légendes
7,32 € ISBN : 978-2-09-282096-4
10-12 ans

1013. Adapt. française Artigues, Anne d' ; ill. Capek, Jindrich : **Contes des Vikings.**
Neuf contes venus d'Islande, de Suède et Norvège, que nous connaissions déjà en grande partie car publiés en 1973 chez le même éditeur dans les *36 Contes scandinaves.* Nouveau texte français, nouvelles illustrations, mise en pages plus aérée : c'est un livre agréable, même si nous aimerions en savoir plus sur l'origine et les adaptations de ces quelques contes.
Gründ, Légendes et contes
12 € ISBN : 978-2-7000-1172-2
9-12 ans

♥ **1014.** Cassabois, Jacques ; ill. Gastaud, Charlotte : **Sept Contes de trolls.**
Sept contes merveilleux où trolls et humains se rencontrent, parfois de tragique façon ou au contraire dans lesquels il semble pouvoir y avoir comme un lien d'amitié, de reconnaissance, voire de tendresse. Monde dur et violent où des forces obscures et brutales jaillissent soudain de tertres ou de grottes, de la terre, monde dans lequel l'homme si petit et si courageux se fera petit à petit une place.
Hachette Jeunesse, Le Livre de poche Jeunesse, Contes et merveilles
4,50 € ISBN : 978-2-01-322178-8
Pour tous dès 7 ans

1015. Texte Cassabois, Jacques : **Douze Contes de princesses.**
Après les trolls, une douzaine de princesses. Beaux contes s'il en est, racontés plutôt fidèlement et vivement. On y retrouvera une variante de « Demoiselle Maleen » ou de « Blanche-Neige » et d'autres surprises... Une excellente introduction pour les adolescents à la lecture des recueils de contes scandinaves publiés chez Corti et Esprit Ouvert.
Hachette Jeunesse, Le Livre de poche Jeunesse
4,80 € ISBN : 978-2-01-321151-2
7-12 ans

Islande

1016. Ill. Edelmann, Heinz : **Prince Ring.**
Conte islandais. Quand on n'a que douze ans et que l'on déteste les aventures, on ne devrait jamais se lancer aveuglément à la poursuite d'une biche blanche.
Grasset-Monsieur Chat, Il était une fois
8,40 € ISBN : 978-2-246-32501-7
Pour tous dès 7 ans

♥ **1017.** Contes collectés par Arnason, Jon ; ill. Dumas, Philippe ; trad. Renaud, Jean et Magnusdottir, Asdis R. : **Contes d'Islande : Lineik et Laufey.**
En 2003, les éditions José Corti ont publié un choix de contes extraits de la collecte faite au XIXe siècle, par Jon Arnason. Cinq contes merveilleux en ont été extraits. Rien que pour la magnifique version de « Blancheneige », « Vilfridur plus-belle-que-Vala », ou l'histoire de « Hildur la bonne marâtre », il faut acquérir ce joli recueil.
L'École des loisirs, Neuf
8 € ISBN : 978-2-211-08121-4
7-12 ans

Norvège

1018. Ill. Chwast, Seymour : **La Femme feuille.**
Conte norvégien. Encore une marâtre qui fait tout pour perdre sa belle-fille.
Grasset-Monsieur Chat, Il était une fois
8,40 € ISBN : 978-2-246-32091-3
Pour tous dès 7 ans

1019. Lunge-Larsen, Lise ; ill. Bowen, Betsy ; trad. de l'anglais Danison, Catherine : **Neuf Contes de géants.**
L. Lunge-Larsen a entendu, dans sa Norvège natale, un grand nombre de contes.

Devenue conteuse professionnelle, elle les retransmet et publie ici neuf d'entre eux. Nous voici plongés dans un monde de forêts, de montagnes, de lacs, de mers froides où sévissent les trolls. Par bonheur, ils sont… bêtes. On aura peur et on s'amusera beaucoup. Petites illustrations adéquates.
Flammarion-Père Castor, Castor Poche Junior, Contes
4,50 € ISBN : 978-2-08-164817-3
7-11 ans

1020. Choix, trad. et adapt. Ahl, Niels : **Contes norvégiens : Le Château de Soria Moria.**
Les trolls sont forts, énormes. Mais que peuvent-ils contre l'intelligence et la ruse ? De beaux contes passionnants faciles à lire…
L'École des loisirs, Neuf
8 € ISBN : 978-2-211-06660-0
7-12 ans

♥ **1021.** Asbjørnsen, Peter-Christian ; trad. équipe franco-norvégienne : **Contes de Norvège.**
Anthologie en deux volumes de la gigantesque collecte de P. C. Asbjørnsen.
Esprit ouvert
Vol. 1 : ISBN : 978-2-88329-029-7
Vol. 2 : ISBN : 978-2-88329-038-9
20,60 € chaque Pour tous dès 8-9 ans

Suède

1022. Textes choisis et trad. Balzamo, Elena ; ill. Strassmann, Susanne : **Contes et légendes de Suède.**
Sélectionnées et traduits par la traductrice du remarquable recueil de contes suédois (*Le Chien boiteux et autres contes*) publié en 1999 chez José Corti, voici un joli choix de contes étiologiques, très brefs pour la plupart et parmi lesquels on trouve un certain nombre de contes religieux savoureux. Bien présenté, bien illustré.
Flies France, Aux origines du monde
20 € ISBN : 978-2-910972-18-0
Pour tous dès 10 ans

Danemark

1023. Collectés par Kristensen, Ewald Tang ; choix, trad. et adapt. Ahl, Nils ; ill. Ivers, Mette : **Contes danois : Atis et Watis.**
Reprenant une classification déjà proposée par E. T. Kristensen, N. Ahl rassemble les contes choisis en cinq grands chapitres regroupant les principaux êtres fantastiques du folklore danois : les elfes, les lutins, les sirènes, les sorcières, les trolls et les hommes des montagnes. Cela donne au recueil un petit air de catalogue pittoresque. Bien illustré, bien raconté.
L'École des loisirs, Neuf
8 € ISBN : 978-2-211-06877-2
7-11 ans

Royaume-Uni

Angleterre

1024. Texte Aylesworth, Jim ; ill. Halperin, Wendy Anderson ; trad. de l'américain Bonhomme, Catherine : **Le Bol magique.**
Sur le thème du bol magique qui multiplie tout objet ou être animé plongé dedans. Ici, tout se détraque quand le vieil homme qui le possède, trop pressé de gagner de l'or, commet une maladresse. Bon texte, bonne histoire, illustrations un peu trop « chargées ».
Circonflexe, Albums
12 € ISBN : 978-2-87833-269-8
6-10 ans

♥ **1025.** Raconté par Walker, Richard ; ill. Sharkey, Niamh ; trad. Chapron, Estelle : **Jacques et le haricot magique.**
Jolie version de l'histoire bien connue de « Jacques et le haricot magique ». L'illustration de Niamh Sharkey donne au conte un air de jeunesse plein de cocasserie.
Flammarion-Père Castor
12 € ISBN : 978-2-08-160997-6
5-9 ans

1026. Texte Beneduce, Ann Keay ; adapt. française Mignot, Christine ; ill. Spirin, Gennady : **Jack et le haricot magique.**
Variante assez longue inspirée d'une version datant de 1881. On a ici une justification des entreprises plus ou moins honnêtes du petit : le géant avait assassiné et volé son père. Les illustrations de G. Spirin situent le conte dans une Renaissance aux tons bruns et nocturnes. Atmosphère poétique de bonheur et de rêve lointain.
Gautier-Languereau
11,50 € ISBN : 978-2-01-391005-7
5-10 ans

♥ **1027.** Ill. François, André : **Jacques et le haricot magique.**
Conte anglais. Même histoire que le titre précédent dans une édition pour plus grands.
Grasset-Monsieur Chat, Il était une fois
8,40 € ISBN : 978-2-246-32491-1
Pour tous dès 7 ans

♥ **1028.** Choix, trad. et adapt. Hay, Nathalie ; ill. Ivers, Mette : **Contes anglais : Peau de chat.**
Remarquable anthologie de contes traduits des recueils de Hartland, Joseph Jacobs, Andrew Lang et James Orchard Halliwell dont les contes ont enchanté des générations de petits Anglais et dont nous n'avons aucune traduction complète.
L'École des loisirs, Neuf
8,23 € ISBN : 978-2-211-04926-9
6-12 ans

Écosse

♥ **1029.** Texte MacLeod, Fiona ; ill. Jolivet, Joëlle : **Jack et la sorcière de mer et autres contes d'Écosse.**
Une petite fantaisie dans le genre étiologique pour commencer, une brève histoire « idiote » qui met en joie pour finir et, au milieu, deux contes merveilleux. Tout cela n'aurait rien de très neuf si ce n'était la manière, le style très personnel de Fiona MacLeod qui sait trouver le ton à la fois amusant et juste. Voilà « de la belle ouvrage » d'une conteuse d'aujourd'hui.
Syros Jeunesse, Paroles de conteurs
13 € ISBN : 978-2-7485-0376-0
Pour tous dès 7 ans

1030. Choix et trad. Du Sorbier, Françoise ; ill. Dumas, Philippe : **Contes écossais : Le Brownie du vallon aux fougères.**
Une belle version de « La Femme à la recherche de l'époux disparu » où l'on voit un hoodie (un corbeau) épouser une fille de fermier : mais attention aux enfants !

Où l'on voit Conall Griffe-Jaune raconter à son roi des histoires pour sauver la vie de ses fils. Et aussi une très jolie version de celui qui cherche une épouse aussi sage que sa fiancée est sotte…
L'École des loisirs, Neuf
8 € ISBN : 978-2-211-06269-5
6-12 ans

Irlande

1031. Choix et trad. Du Sorbier, Françoise ; ill. Dumas, Philippe : **Contes irlandais : Le Cornemuseux de Galway.**
Contes choisis dans les recueils de William Butler Yeats, Joseph Jacobs et Patrick Kennedy. Récits énigmatiques venus d'une terre où il n'est pas rare d'être confronté à des êtres de l'autre monde de commerce plus ou moins facile.
L'École des loisirs, Neuf
8,23 € ISBN : 978-2-211-06035-6
7-12 ans

Monde flamand

♥ **1032.** Choix de textes, préface et notes Van den Berg, Marcel ; trad. du néerlandais Cunin, Daniel : **Contes et légendes de Flandre.**
Deux cent six contes d'origine. Un vrai feu d'artifice : « Comment la haine et l'envie sont venues au monde », « L'Origine de l'œil-de-Christ », « L'Origine des Français », « L'Origine des couilles », « Pourquoi les bœufs se déplacent lentement »… Il y en a pour tout le monde. Pour les plus grands, les bons lecteurs et, en premier lieu, pour ceux qui racontent.
Flies France, Aux origines du monde
20 € ISBN : 978-2-910972-08-1
Pour tous dès 10 ans

Allemagne

Versions de Jacob et Wilhelm Grimm

1033. Un conte de Grimm, Jacob et Wilhelm ; ill. Delacroix, Sibylle ; trad. de l'allemand Mathieu, François : **Hänsel et Gretel.**
Une nouvelle et belle traduction, par François Mathieu, du conte très connu des deux enfants abandonnés dans la forêt. Dommage que les illustrations ne suivent pas toujours, même si souvent l'ambiance couleur d'automne est plutôt juste.
Casterman, Les albums Duculot
13,95 € ISBN : 978-2-203-55310-1
5-9 ans

♥ **1034.** Grimm, Jakob et Wilhelm ; ill. Félix, Monique : **Hänsel et Gretel (Jeannot et Margot).**
Gageons que les lecteurs ne seront pas près d'oublier le père tragique, les beaux enfants innocents endormis, la sorcière hallucinée de Hänsel et Gretel… Le nouveau grand format leur va bien !
Grasset-Monsieur Chat, Il était une fois
12,10 € ISBN : 978-2-246-65651-7
Pour tous dès 7 ans

♥ **1035.** Grimm, Jakob et Wilhelm, texte français Duval, Élisabeth ; ill. Browne, Anthony : **Hänsel et Gretel.**
À un moment où certains, se creusant les méninges pour « revisiter » les contes traditionnels, tombent dans la facilité, voire la vulgarité, ce livre est un cadeau. Loin de mépriser et casser le conte d'origine, A. Browne rêve, interprète et construit un récit parallèle qui nous ouvre des portes, nous incite à le suivre et à le dépasser. C'est là le propre de toute œuvre d'art.
Kaléidoscope
12,50 € ISBN : 978-2-87767-343-3
6-10 ans

1036. Grimm ; ill. Losantos, Cristina ; adapt. Abeyà, Elisabet : **Hänsel et Gretel.**
Bonne adaptation du texte, devenu classique, des Frères Grimm. Illustrations amusantes de style BD contemporaine. La sorcière a un côté « crade » très réussi.
Metagram
9,45 € ISBN : 978-2-7366-2917-5
6-10 ans

1037. D'après l'œuvre des Frères Grimm ; ill. Degans, Claire : **Blanche Neige.**
Des illustrations inspirées des peintres de la Renaissance, pleines de sérénité. Un texte fidèle aux Frères Grimm. Une édition pleine de charme de ce conte célébrissime. C'est trop rare pour ne pas s'en réjouir grandement !
Lito
9 € ISBN : 978-2-244-41727-1
5-9 ans

1038. Grimm, Jakob et Wilhelm ; trad. Robert, Marthe ; ill. Battut, Éric : **Blancheneige.**
Magnifique traduction de Marthe Robert. On regrettera une certaine froideur des illustrations.
Didier Jeunesse
12,90 € ISBN : 978-2-278-05290-5
6-10 ans

1039. Adapt. Poole, Joséphine ; ill. Barrett, Angela : **Blanche-Neige.**
Une illustration magnifique, style « Empire autro-hongrois sur le déclin », extraordinairement romantique, pour un texte malheureusement mièvre et sans intérêt. À avoir absolument pour l'image.
Kaléidoscope
12,50 € ISBN : 978-2-87767-051-7
Pour tous dès 8 ans

♥ **1040.** Frères Grimm ; trad. de l'allemand Mathieu, François ; ill. Novi, Nathalie : **Dame Hiver.**
Sur le thème de la mère-marâtre qui envoie successivement la fille qu'elle déteste et celle qu'elle aime « au charbon », avec les conséquences que l'on sait et qui redonnent du moral à ceux qui ne sont pas les préférés de leur chère maman ! Nouvelle traduction de qualité, très bien mise en pages et illustrée de manière intéressante, enfantine et jamais infantile.
Didier Jeunesse
12,90 € ISBN : 978-2-278-05348-3
5-10 ans

1041. D'après Grimm, Jacob et Wilhelm ; ill. Latyk, Olivier : **Tom Pouce.**
Bonne adaptation de la version des Frères Grimm, présentation soignée pour un conte qui plaît toujours beaucoup. Les illustrations prennent le parti de la caricature. Pourquoi pas ? Une bonne édition.
Tourbillon, Contes traditionnels
8,90 € ISBN : 978-2-84801-033-5
5-10 ans

♥ **1042-1046.** Grimm, Jacob et Wilhelm ; trad. Guerne, Armel ; ill. Guittard, Bruno : **Hans-mon-Hérisson.**
Ce conte, énigmatique, violent et magnifique, fait souvent très peur aux adultes. Mais les enfants, eux, ne n'y trompent

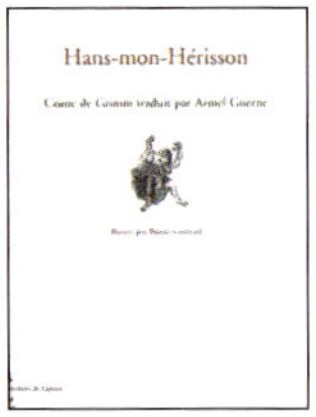

pas ! La qualité de la présentation et des illustrations redonne à ce conte toute leur force et leur juste place qui est à la fois chez les jeunes et les moins jeunes, comme toute véritable œuvre d'art.

Autres titres des Frères Grimm dans la même collection :

Le Petit Chaperon Rouge, Les Sept Corbeaux, Le Roitelet et l'ours, Le Roitelet, Le Serpent blanc.

Le Capucin, Le Bestiaire du Capucin
12 € ISBN : 978-2-913493-87-2
Pour tous dès 7 ans

♥ **1047.** Grimm, Jacob et Wilhelm ; ill. Zelinsky, Paul ; adapt. Zelinsky, Paul ; trad. Chicandard, Catherine : **Grigrigredinmenufretin.**

Bonne adaptation de « Rumpelstilzchen » avec une fin un peu différente. Remarquables illustrations dans le style Renaissance.

Gautier-Languereau
11,45 € ISBN : 978-2-217-76001-4
5-10 ans

1048. Adapt. du conte des Frères Grimm Nikly, Michelle ; ill. Duntze, Dorothée : **Doucette.**

D. Duntze a rêvé, à sa manière très décorative, sur les jardins potagers et créé un univers étrange et amusant, le grand format permettant une véritable plongée dans ce « monde-jardin » onirique un peu inquiétant. Elle sait très bien, comme elle l'avait fait déjà fait dans « L'Oie d'or », nous faire comprendre, mine de rien, par le seul trait et le décor, la progression des héros vers la maturité.

Nord-Sud, Un livre d'images Nord-Sud
15 € ISBN : 978-3-314-21815-6
5-10 ans

1049. Grimm, Jacob et Wilhelm ; ill. Hague, Michaël : **Raiponce.**

Du danger pour les femmes enceintes d'avoir envie de manger la salade de leur voisine, surtout si celle-ci est une sorcière.

Grasset-Monsieur Chat, Il était une fois
8,40 € ISBN : 978-2-246-33571-9
7-12 ans

♥ **1050.** Grimm, Jacob et Wilhelm ; ill. Bandlow, Katja ; adapt. Turc, René : **Doucette.**

Doucette, c'est « Rapunzel », l'adolescente au nom de salade, enfermée par sa marraine-sorcière, dans une tour inaccessible sinon en grimpant le long de sa chevelure merveilleuse. Le texte lapidaire scande une illustration dominante, un dessin en noir et blanc, dépouillé et efficace. Cette économie du texte et de l'illustration laisse au lecteur toute place à l'imagination.

Grandir
15 € ISBN : 978-2-84166-147-3
Pour tous dès 5 ans

1051. Grimm, Jacob et Wilhelm ; ill. Topor, Roland : **Neigeblanche et Roserouge.**

Une bonne mère (pour une fois dans un conte merveilleux !), deux filles au tempérament bien différent, un ours mystérieux et un petit vieux bien désagréable… Un délice !

Grasset-Monsieur Chat, Il était une fois
8,40 € ISBN : 978-2-246-33551-1
Pour tous dès 5 ans

♥ **1052.** Un conte des Frères Grimm, trad. Nikly, Michelle ; ill. Zwerger, Lisbeth : **Le Petit Chaperon Rouge.**

L'interprétation de Lisbeth Zwerger pour « Le Petit Chaperon Rouge » est l'une des plus belles, tout en nuances de gris, subtile, dépouillée, pleine de grâce et de mystère. Elle nous manquait depuis trop d'années. C'est une véritable fête de la retrouver et ce devrait être un devoir et un honneur pour toute bibliothèque de la posséder en plusieurs exemplaires, si possible !

Nord-Sud, Un livre Michael Neugebauer
13 € ISBN : 978-3-314-21641-1
Pour tous dès 5 ans

♥ **1053.** Conte des Frères Grimm ; ill. Janssen, Susanne : **Le Petit Chaperon Rouge.**

Traduction anonyme excellente. Les illustrations, bien sûr, retiennent toute l'attention. Le très beau format oblong permet d'avoir des images étirées autant en largeur qu'en hauteur et l'on passe sans cesse d'un plan, d'un champ à un autre, ce qui nous chavire, nous déstabilise complètement et redonne au conte sa force bouleversante que nous avions un peu oubliée dans le ronron apaisant de la nursery.

Seuil Jeunesse
10,95 € ISBN : 978-2-02-052584-8
Pour tous à partir de 7-8 ans

1054. Grimm, Jacob et Wilhelm ; ill. Sauvant, Henriette ; trad. Nikly, Michelle : **Mille Fourrures.**

Une belle illustration couleur d'automne, une atmosphère onirique pour la version des Frères Grimm de notre « Peau d'Âne ». Un très bel album.

Nord-Sud, Un livre d'images Nord-Sud
14 € ISBN : 978-3-314-20964-2
5-10 ans

♥ **1055.** Esterl, Arnica ; ill. Dugin, Olga et Andrej ; adapt. Scavée, Emmanuel : **Les Plumes du dragon.**

Variante des « Trois Cheveux d'or du diable ». Bon récit. Ce qui rend ce livre remarquable, c'est l'illustration dominante à la fois très sophistiquée, inspirée du Moyen Âge et de la Renaissance, et séduisante pour tous dès l'enfance. Une merveille.

Casterman, Les albums Duculot
13,95 € ISBN : 978-2-203-55397-2
Pour tous dès 6 ans

♥ **1056.** Grimm, Jacob et Wilhelm ; ill. Hoffmann, Félix ; trad. Robert, Marthe : **La Belle au Bois Dormant.**

Le texte des Frères Grimm est tout simple et la traduction de Marthe Robert, au plus proche du texte allemand, en est un écho fidèle magnifique. L'illustration de Félix Hoffmann est à l'image de ce texte : une œuvre d'art parfaitement adaptée à l'enfance. Il a illustré cet album à l'intention de sa fille et c'est peut-être cet amour, ce regard paternel attentif et amusé, qui donne à ce livre une tonalité très particulière.

Circonflexe, Aux couleurs du temps
13 € ISBN : 978-2-87833-147-9
Pour tous dès 5 ans

1057. Grimm, Jacob et Wilhelm ; ill. Schmid, Eléonore : **Les Trois Plumes.**

C'est souvent le plus petit, le plus méprisé des fils qui gagne princesse et royaume.

Grasset, Monsieur Chat, Il était une fois
8,40 € ISBN : 978-2-246-32161-3
Pour tous dès 5 ans

♥ **1058.** Grimm, Jacob et Wilhelm ; ill. Dumas, Philippe : **La Reine des abeilles.**
Attention ! Chef-d'œuvre… Pour un conte merveilleux très classique, une illustration en contrepoint riche en subtilités, une vision de l'enfance pleine de nostalgie. C'est un chant en contrepoint, gai et déchirant tout à la fois, pour un conte des Frères Grimm qui est un concentré de merveilleux et qui, en soi, est déjà un petit chef-d'œuvre. (Le petit format est nettement préférable au grand.)
Grasset-Monsieur Chat, Il était une fois
8,40 € ISBN : 978-2-246-33611-2
Pour tous dès 7 ans

♥ **1059.** Grimm, Jacob et Wilhelm ; ill. Schroeder, Binette ; adapt. Chapouton, Anne-Marie : **Le Prince grenouille.**
Mise en image passionnante de l'histoire bien connue de la petite princesse et du prince grenouille. Très grand format, couleurs un peu glauques et inquiétantes comme peut l'être la grenouille pour la petite princesse. Une belle vision.
Nord-Sud, Un Livre d'images Nord-Sud
15 € ISBN : 978-3-314-20666-5
5-10 ans

♥ **1060.** Grimm, Jacob et Wilhelm ; trad. Retureau, Gaëlle ; réécriture Pommet, Françoise et Sephiba, Marc-Olivier ; gravures sur bois en couleurs Stangl, Katrin : **Jorinde et Joringel : extrait des Contes d'enfants et du foyer / Kinder- und Hausmärchen, 1812.**
L'un des plus beaux textes des Frères Grimm, difficilement traduisible en français : les larmes de Jorinde et Joringel dans le jour finissant sont un moment d'une rare intensité, infiniment romantique. Histoire d'amour, de sorcière terrifiante, d'ensorcellement… Le texte court en bas d'immenses pages vides d'un beau blanc cassé en regard d'illustrations en pleine page qui traduisent avec talent l'étrangeté du conte.
Passage piétons, Les Carnets dessinés
23 € ISBN : 978-2-913413-29-0
Pour tous dès 5-6 ans

1061. Grimm, Jakob et Wilhelm ; ill. Duntze, Dorothée ; trad. Nikly, Michelle : **Les Souliers usés par la danse.**
Histoire mystérieuse des douze princesses qui usent leurs souliers chaque nuit on ne sait où, ni pourquoi… Bonne traduction, de jolies trouvailles dans l'illustration.
Nord-Sud, Un Livre d'images Nord-Sud
15 € ISBN : 978-3-314-20904-8
6-9 ans

♥ **1062.** Grimm, Jacob et Wilhelm ; ill. Arisman, Marshall : **L'Oiseau d'Ourdi.**
Pour ce conte terrible, version de « Barbe-Bleue », une illustration magnifique, baroque, impressionnante, qui fait chanter magnifiquement, à la manière d'un opéra tragique, le beau texte des Frères Grimm.
Grasset-Monsieur Chat, Il était une fois
12,10 € ISBN : 978-2-246-67301-9
Pour tous dès 8-9 ans

1063. Texte des Frères Grimm ; adapt. Esterl, Arnica ; ill. Dugin, Olga et Andrej ; trad. de l'allemand Auger, Marie-Claude : **Le Vaillant Petit Tailleur.**
Ce conte des Frères Grimm est amputé d'une bonne partie de son début et l'adaptation d'Arnica Esterl ne concerne que la partie du conte qui se passe à la cour du roi. Adaptation honnête, bien faite. L'intérêt principal de cet album réside dans les illustrations qui concourent à donner à ce conte une dimension onirique, fantastique, plutôt inquiétante et fascinante.
Casterman, Les albums Duculot
13,95 € ISBN : 978-2-203-55394-1
7-10 ans

1064. D'après Grimm, Jacob et Wilhelm ; ill. Martin, Jean-François : **Les Musiciens de Brême.**
Bonne adaptation de la version des Frères Grimm, joli format oblong, illustrations de très bonne qualité (*cf.* en particulier la fuite des voleurs dans la nuit et l'épisode de leur terreur) : un excellent petit livre. Une bonne surprise.
Tourbillon
8,90 € ISBN : 978-2-84801-038-0
5-10 ans

1065. Grimm, Jacob et Wilhelm ; ill. Bernadette ; trad. Nikly, Michelle : **Les Musiciens de la ville de Brême.**
Un bon texte français. Une mise en pages agréable. Une illustration sans surprise qui manquera peut-être, pour certains, d'humour et de cette étrangeté contenue dans le texte. Bonne version pour les plus jeunes.
Nord-Sud, Un Livre d'images Nord-Sud
14 € ISBN : 978-3-314-20751-8
5-9 ans

1066. Krüss, James ; trad. de l'allemand Fleurieu, Chantal de ; ill. Kasparavicius, Kestutis : **Les Musiciens de Brême.**
Bonne adaptation du conte des Frères Grimm. Les animaux sont ici représentés un peu comme des animaux en peluche. Plutôt sympathique.
Metagram
4,65 € ISBN : 978-2-7366-6097-0
5-9 ans

♥ **1067.** Sage, James ; ill. Pratt, Pierre ; trad. Bonhomme, Catherine : **Suzie la malice.**
Sur un thème très souvent repris dans les contes traditionnels et les fabliaux médiévaux – celui de la servante gourmande qui mange les volailles prévues pour le dîner et mystifie son patron et l'invité –, une fantaisie illustrée, pleine de gaieté. Couleurs éclatantes, dessin satirique, diversité des plans, tout concourt à nous faire entrer dans le doux délire de l'histoire, à nous amuser.
Circonflexe, Albums
12 € ISBN : 978-2-87833-204-9
5-12 ans

1068. Samivel : **Le Joueur de flûte de Hamelin.**
Histoire très connue du charmeur de rats qui se vengea de la plus terrible manière. Très jolies illustrations.
Flammarion-Père Castor, Secondes lectures
3,95 € ISBN : 978-2-08-160239-7
6-9 ans

1069. Texte et ill. Lemieux, Michèle ; trad. Fleurieu, Chantal de : **Le Joueur de flûte d'Hamelin.**

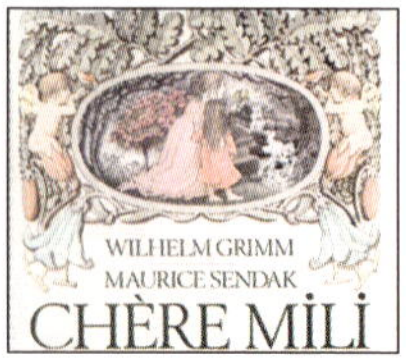

Bonne version. Les illustrations acidulées traduisent bien le côté inquiétant de ce conte qui demeure toujours très énigmatique.
Metagram
4,65 € ISBN : 978-2-7366-6092-5
6-10 ans

1070. Texte Vajtechovska, Katerina ; adapt. française Brunel, Aude ; ill. Fialova, Magdalena : **Le Joueur de flûte de Hamelin.**
Le format est si grand qu'il permet une immense illustration où le texte, pourtant assez abondant, paraît discret. L'image est très conventionnelle mais pas désagréable. Le récit, plutôt long, se lit agréablement. On connaît l'histoire, bien entendu. Ici, une petite variante : une histoire d'amour qui adoucit un peu la dureté de la légende. Pourquoi pas ?
Gründ, Contes et fables de toujours
9 € ISBN : 978-2-7000-1019-0
6-10 ans

♥ **1071.** Grimm, Jakob et Wilhelm ; ill. Howe, John : **Le Pêcheur et sa femme.**
Le grand format de cette nouvelle édition donne à l'image une puissance certaine. En particulier celle de la mer déchaînée.
Grasset-Monsieur Chat, Il était une fois
12,10 € ISBN : 978-2-246-32132-3
Pour tous dès 7 ans

1072. Grimm, Jakob et Wilhelm ; ill. Chermayeff, Ivan : **Les Trois Langages.**
Il comprenait le langage des chiens : il gagna un trésor. Il comprenait le langage des grenouilles et des petits oiseaux : il devint pape.
Grasset-Monsieur Chat, Il était une fois
8,40 € ISBN : 978-2-246-33541-2
Pour tous dès 7 ans

♥ **1073.** Grimm, Wilhelm ; ill. Sendak, Maurice ; trad. Davreu, Robert : **Chère Mili : un conte inédit.**
Version christianisée de l'un de ces contes très anciens où le héros franchit les frontières de la vie. Une illustration à clefs, riche en couleurs, voire luxuriante par moments, porteuse de douceur et de tragédie, pour un récit mystérieux et nostalgique.
Gallimard Jeunesse
17,53 € ISBN : 978-2-07-056408-8
Pour tous dès 7 ans

1074. Grimm, Jakob et Wilhelm ; trad. de l'allemand Durand, Pierre ; ill. Morgan : **Le Roi Grenouille et autres contes.**
Dix-huit contes : du « Petit tailleur » à « Peau d'Ours », de « Blanche-Neige » à « Broumpristoche ».
Hachette Jeunesse, Le Livre de poche Jeunesse, Contes et merveilles
5,20 € ISBN : 978-2-01-322000-2
5-12 ans

1075. Grimm, Jakob et Wilhelm ; ill. Drouin, Évelyne ; trad. Guerne, Armel : **9 Contes de Grimm.**
Neuf grands classiques comme « Blanche-Neige », « Cendrillon » ou « Les Sept Corbeaux », bien traduits, bien présentés.
Flammarion-Père Castor, Castor poche Junior, Contes
4,50 € ISBN : 978-2-08-164588-2
6-9 ans

1076. Grimm, Jacob et Wilhelm ; ill. Richter : **Contes pour les enfants et les parents.**
Trente-huit contes en trois volumes, dans une traduction du XIXe siècle, illustrée par Richter.
L'École des loisirs, Aventures et récits
ISBN : 978-2-211-05665-6 (vol. 1)
ISBN : 978-2-211-02606-2 (vol. 2)
ISBN : 978-2-211-05576-5 (vol. 3)
5 € chaque 6-14 ans

1077. Frères Grimm ; trad. Guerne, Armel et Déchin, Brigitte ; ill. Heidelbach, Nikolaus : **Contes de Grimm [2 volumes].**
Des livres très séduisants, par la grâce des illustrations de Nikolaus Heidelbach. Leur vivacité, leur incongruité, leur force font mouche. Malgré certaines réticences à l'égard de l'édition française du premier volume, c'est donc à cause de la qualité exceptionnelle de l'image et du joli choix des contes qu'il faut acquérir ce recueil.
Le Seuil
ISBN : 978-2-02-058309-1 (vol. 1)
ISBN : 978-2-02-058377-0 (vol. 2)
30 € chaque Pour tous dès 6 ans

♥ **1078.** Grimm, Jakob et Wilhelm ; ill. Archipowa, Anastassija : **Les Grands Contes de Grimm.**
Réédition en un seul volume des deux recueils publiés en 1987 et 1991 chez cet éditeur. Excellent choix : les contes très connus comme « Blanche-Neige » ou « Le Petit Chaperon Rouge » voisinent avec d'autres, magnifiques, qui le sont moins : « La Gardeuse d'oies », « Les Douze Chasseurs » ou « La Petite Maison dans la forêt ». Illustrations pleines de charme.
Albin Michel Jeunesse
18,90 € ISBN : 978-2-226-10185-3
7-12 ans

1079. Grimm, Jakob et Wilhelm ; ill. Gaudasinska, Elzbieta ; trad. Guerne, Armel : **Contes.**
Belle introduction de Marc Soriano. Jolie anthologie qui propose onze contes de types très différents dont certains ne figurent jamais dans des éditions pour enfants. Un choix qui renouvelle le regard sur cette œuvre magnifique qu'est le recueil des Frères Grimm.
Grasset Jeunesse
24,40 € ISBN : 978-2-246-46591-1
7-14 ans

♥ **1080-1081.** Grimm, Jakob et Wilhelm ; ill. Sendak, Maurice : **Hans-mon-hérisson et 13 autres contes. Les Trois Plumes et 12 autres contes.**
Contes merveilleux et autres, souvent peu connus, admirablement bien choisis. Avec les images énigmatiques et puissantes de Maurice Sendak.
Gallimard Jeunesse, Folio Junior
ISBN : 978-2-07-033114-7
ISBN : 978-2-07-033113-0
4,90 € chaque 7-15 ans

Suisse

♥ **1082.** Montelle, Édith et Waldmann, Richard ; ill. Brüsch, Béat : **Les Plus Beaux Contes de Suisse.**
Ce livre est l'écho du travail de fourmi d'É. Montelle : collectage, érudition et

réécriture habile. Vingt-sept contes variés, quelques-uns pour tout-petits, d'autres pour les très grands, randonnées, contes de sots, contes merveilleux, fantastiques... Illustrations nombreuses, colorées. Le livre est accompagné de quatre CD. Édith Montelle dit ses textes, accompagnée par Bernard Chèze.
Mondo
Livre seul, vendu uniquement en Suisse :
20 € ISBN : 978-2-8320-0501-9
Livre + CD : 40 €
Pour tous

France

Contes traditionnels

1083. Adapt. et ill. Chapeau, Thierry : **La Légende du sapin.**
Brève histoire en forme de conte étiologique (pourquoi le sapin reste-t-il vert ?) qui rappelle le texte de Sara Cone Bryant, « Pourquoi les arbres résineux gardent leurs feuilles en hiver », texte qui a aujourd'hui une résonnance très forte car il insiste sur la place de l'étranger. Version simplifiée, bien illustrée. Sympathique.
Bastberg
11,90 € ISBN : 978-2-84823-063-4
5-8 ans

♥ **1084.** Adapté d'un conte traditionnel français ; ill. Spirin, Gennadij : **La princesse qui ne riait jamais.**
Qui ferrera le cheval Briseur de fers et fera rire la Princesse Triste ? Superbe illustration pour une brève et excellente version de ce conte très connu.
Sorbier
12 € ISBN : 978-2-7320-3246-7
7-12 ans

1085. Texte Fdida, Jean-Jacques ; ill. Novi, Nathalie ; musique Machado, Jean-Marie : **Peau d'Âne : Histoire ancienne et véritable de la Peau d'Ânesse.**
Joli tissage littéraire de plusieurs variantes populaires de « Peau d'Âne ». Intimement lié à la musique composée à cette occasion avec talent, le conte lu devient une sorte de Lied pour voix et piano. On aurait aimé une mise en pages moins lourde. Une vision intéressante néanmoins d'un conteur et d'un musicien pleins de dons.
Didier Jeunesse, Un livre, un CD
23,50 € ISBN : 978-2-278-05648-4
8-12 ans

♥ **1086.** Un conte musical écrit par Fdida, Jean-Jacques et mis en musique par Machado, Jean-Marie ; ill. Lejonc, Régis : **L'Oiseau de vérité.**
Belle interprétation de ce conte très connu. On aimera ici la langue rythmée, poétique, ardente du conteur. Cette tension, on la retrouve dans le CD qui accompagne le livre. Sans compter la qualité de la musique. Un tel engagement est rare. L'illustration de R. Lejonc est séduisante, même si la mise en pages n'est pas toujours satisfaisante.
Didier Jeunesse, Un livre, un CD
23,50 €
ISBN : 978-2-278-05484-8
7-12 ans

♥ **1087.** Guilcher, Jean-Michel ; ill. Beuville : **Bernique.**
Réimpression d'un classique de la collection dans le format de 1961. Sous une forme discrète, c'est en fait une histoire forte où le plus faible l'emporte impitoyablement sur l'oppresseur, grâce à sa pugnacité, son imagination, sa rage de vivre. C'est ainsi que méchanceté et bêtise conduisent sûrement à la mort. Histoire précieuse à transmettre, l'une de celles qui aident à vivre.
Flammarion-Père Castor, Secondes lectures
3,95 € ISBN : 978-2-08-160215-1
6-12 ans

1088. Conte rapporté par Hétier, Patrick ; ill. Nollet, François-Robert : **Tapalapatau.**

1089. Conte rapporté par Hétier, Patrick ; ill. Vallencien, Grégoire : **Le Magicien Oulala.**

1090. Conte rapporté par Hétier, Patrick ; ill. Parmentier, Catherine : **Jean-Loup des montagnes.**

1091. Conte rapporté par Hétier, Patrick ; ill. Fouillet, Pierre : **Le Maître voleur.**
Une version de « Petite Table couvre-toi » et une version intéressante du « Magicien et de son apprenti », jamais publiée en édition pour enfant. Les démêlés de Jean, excellent chasseur, avec une équipe de loups pas triste et une version très vivante du « Maître voleur », très proche des Frères Grimm. (Dommage que le nom de la collection soit si peu adapté.)
PEMF, Contes méchants pour se faire peur
ISBN : 978-2-84526-248-5
ISBN : 978-2-84526-245-4
ISBN : 978-2-84526-247-8
ISBN : 978-2-84526-246-1
6,50 € chaque 6-10 ans

1092. Ill. Lesch, Christiane : **Peronnik : conte breton du Graal.**
D'après Émile Souvestre, un beau et long conte merveilleux où l'on part à la recherche d'une lance de diamant et d'un bassin d'or merveilleux. Pour les bons lecteurs.
Sycomore (rue du Petit-Bourg – 26230 Grignan)
10,82 € ISBN : 978-2-907723-00-8
6-10 ans

1093. Texte et ill. Pertuzé, Jean-Claude : **Rampono.**
Histoire rigolote et rigolarde de la rencontre d'un petit garçon qui n'aimait pas la soupe de poireaux et d'une sorte de croquemitaine géant supposé dévoreur d'enfants. Illustrations en noir et blanc, genre gravures sur bois, très efficaces. Bonne humeur dans la lignée des récits traditionnels.
Éditions Loubatières
12,20 € ISBN : 978-2-86266-171-1
5-10 ans

1094. Texte Rocard, Ann ; ill. Blanchin, Matthieu ; Bureau, Aline ; Latyk, Olivier *et al.* : **Contes de France.**
Seize contes très bien choisis, puisés dans de beaux collectages comme ceux de Jean-François Bladé (« La Chèvre et le loup ») ou Geneviève Massignon (« Tresses d'ail ») et bien adaptés (seule la version de « Yannick le Bossu » perd un peu de son sens). Les illustrations, variées, sont bienvenues. Ce volume témoigne d'une exigence dans le choix des versions, dans la présentation.
Lito
13,50 € ISBN : 978-2-244-45105-3
6-12 ans

1095. Adapt. Simonsen, Michèle ; ill. Lejeune, Francine : **Jean le Teigneux et autres contes populaires français.**

Anthologie de textes de grands collecteurs comme P. Sébillot, F.-M. Luzel ou E. Cosquin et adaptés par l'auteur de l'anthologie.

L'École des loisirs, Neuf

5,80 € ISBN : 978-2-211-02768-7

Pour tous dès 5 ans

♥ **1096.** Bladé, Jean-François ; ill. Wieland, Carlo **: Dix Contes de loups.**

De savoureux contes gascons pour frémir, rire et s'émerveiller.

Pocket, Kid Pocket

4,10 € ISBN : 978-2-266-10712-9

5-12 ans

1097. Arnaudin, Félix ; ill. Dumas, Philippe : **Contes des landes de Gascogne : Les Fées de la dune.**

Premier recueil, dans cette collection, consacrée à des contes collectés en France. Une collecte à découvrir.

L'École des loisirs, Neuf

8 € ISBN : 978-2-211-06455-2

7-12 ans

♥ **1098.** Choix et adapt. Daladier, Nathalie ; ill. Ivers, Mette : **Contes de Provence : La Toute Petite.**

Excellent choix fait à partir du beau recueil de J. B. Andrews, introuvable depuis des années et dans bien d'autres revues plus confidentielles encore. Une véritable perle dans cette anthologie : la version de « Jean de l'Ours » que Jean-Marie Lamblard a entendue maintes fois racontée dans son enfance par son grand-père.

L'École des loisirs, Neuf

8 € ISBN : 978-2-211-07306-6

Pour tous dès 6-7 ans

1099. Muzi, Jean ; ill. Turin, Philippe-Henri : **Contes traditionnels de Corse.**

Bon choix de contes divers bien racontés.

Milan, Contes traditionnels

11,90 € ISBN : 978-2-7459-1339-5

7-14 ans

1100. Pourrat, Henri : **La Chemise de la fée et autres contes.**

Une bonne anthologie d'un auteur un peu oublié.

Gallimard Jeunesse, Folio Junior

3 € ISBN : 978-2-07-053992-5

Pour tous à partir de 7 ans

1101. Pourrat, Henri : **Contes.**

Vingt-neuf contes choisis dans le *Trésor des contes* parmi lesquels on retrouve « Le Fondeur de vieilles », « La Belle aux cheveux d'or », « La Montagne noire » et « Jean de Calais »...

Gallimard, Folio

7 € ISBN : 978-2-07-037892-0

Pour tous dès 12 ans

1102. Dau Melhau, Jan ; ill. Franquin, Gérard : **19 Contes du Limousin.**

Dix-neuf contes, la plupart très connus, revus et corrigés par Jan Dau Melhau. Un recueil agréable à lire que les 9-12 ans apprécieront avec raison.

Flammarion-Père Castor, Castor poche Junior, Contes

5 € ISBN : 978-2-08-164497-7

7-15 ans

1103. Solet, Bertrand ; ill. Pilorget, Bruno : **Contes traditionnels de Normandie.**

Milan, Mille ans de contes

10,90 € ISBN : 978-2-84113-117-4

9-15 ans

1104. Brisou-Pellen, Évelyne : **Contes traditionnels de Bretagne.**

Réécriture agréable de contes traditionnels recueillis par Luzel et autres collecteurs de cette région.

Milan, Contes traditionnels

11,90 € ISBN : 978-2-86726-811-3

7-14 ans

♥ **1105.** Recueillis et trad. Luzel, François-Marie ; choix et adapt. Morvan, Françoise ; ill. Charbin, Alice : **Contes de Basse-Bretagne : La Femme du loup gris.**

Cinq contes merveilleux et de très courts récits plus ou moins fantastiques. Françoise Morvan a retenu ces dix contes comme particulièrement beaux et représentatifs et a « revu » avec talent le texte de Luzel, à partir des carnets de notes retrouvés, pour le rendre plus facilement accessible aux jeunes et lui redonner peut-être une certaine fraîcheur d'origine.

L'École des loisirs, Neuf

8 € ISBN : 978-2-211-07303-5

7-12 ans

♥ **1106.** Collectés par Sébillot, Paul ; choix et adapt. Daladier, Nathalie ; ill. Charbin, Alice : **Contes de Haute-Bretagne : La Seraine de la Fresnaye.**

Récits merveilleux où l'humour et l'incongruité sont toujours au détour du chemin. Ainsi ce jeune homme, qui se retrouve avec deux princesses transformées en guenons, ne se résout aucunement à les départager une fois redevenues charmantes et choisit (avec l'accord du père) de les prendre toutes deux pour femmes ! Quelle époque...

L'École des loisirs, Neuf

8 € ISBN : 978-2-211-07454-4

7-12 ans

1107. Texte Pinguilly, Yves ; ill. Jolivet, Joëlle : **Contes et légendes de Bretagne.**

Histoires traditionnelles reprises dans un joli style où l'auteur s'engage, selon les récits, plus ou moins fortement. L'écrivain garde ses secrets, à nous d'aller aux sources si on en éprouve le besoin : il nous en donne les moyens. Un joli livre.

Nathan, Planète lune, Contes et légendes

7,50 € ISBN : 978-2-09-282237-1

7-12 ans

1108. Markale, Jean ; ill. Ehrhard, Dominique : **Contes de Bretagne.**

« Le Bassin d'or », suivi d'une jolie version, assez archaïque de « Petite Table couvre-toi », « Job et le géant », et du conte « Le Taureau bleu ». Histoire touchante de cette petite fille sauvée de la cruauté d'un univers sans pitié par un taureau bleu extraordinaire, magique, quasi mythologique (version plus longue et moins mélancolique chez Paul Sébillot).

Ouest-France

10 € ISBN : 978-2-7373-2904-3

7-11 ans

Textes de Charles Perrault

1109. Perrault, Charles ; ill. Rochette, Jean-Marc : **Le Petit Poucet.**
Un beau format à l'italienne, un texte quasi intégral, les quelques coupes étant clairement indiquées par des points de suspension. Les petits personnages de Jean-Marc Rochette, sautillants et rigolos, sont en décalage par rapport au texte et aussi, curieusement, à l'atmosphère nocturne et plutôt inquiétante du décor.
Casterman
12,95 € ISBN : 978-2-203-14295-4
5-10 ans

1110. D'après Perrault, Charles ; texte Kerloc'h, Jean-Pierre ; ill. Chatellard, Isabelle : **Le Petit Poucet.**
Jean-Pierre Kerloc'h suit très fidèlement le texte de Perrault non sans l'agrémenter, le « pimenter » à sa mode et c'est souvent amusant. Les grandes illustrations, qui ponctuent le récit sur chaque pleine page de droite, sont dans l'esprit drolatique et un peu dissonant de l'adaptation.
Didier Jeunesse
13,50 € ISBN : 978-2-278-05103-8
6-10 ans

♥ **1111.** Perrault, Charles ; ill. Dumas, Philippe : **Les Fées.**
On aura rarement vu mère et fille plus immondes face à la gentille créature qui crachera finalement perles et diamants ! L'un des contes les plus connus et le plus rarement édité en version séparée.
L'École des loisirs
19,10 € ISBN : 978-2-211-05989-3
Pour tous dès 7 ans

1112. Perrault, Charles ; ill. Innocenti, Roberto : **Cendrillon.**
Le grand format de cette nouvelle édition valorise l'illustration, dans l'univers des années 1930.
Grasset-Monsieur Chat, Il était une fois
12,10 € ISBN : 978-2-246-32082-1
Pour tous à partir de 9 ans

1113. Texte Kerloc'h, Jean-Pierre ; d'après Perrault, Charles ; ill. Battut, Éric : **Peau d'Âne.**
Jolie adaptation du texte de Perrault. Mise en pages soignée et immenses illustrations dont les couleurs (ainsi que celles des caractères) varient avec les états d'âme des héros. Très agréable.
Didier Jeunesse
13,50 € ISBN : 978-2-278-04946-2
6-10 ans

1114. D'après Perrault, Charles ; adapt. Jonas, Anne ; ill. Romby, Anne : **Peau d'Âne.**
L'illustratrice a choisi le style « chinoiserie » comme décor et c'est, au fond, dans l'esprit des vaisselles, des tapisseries, des meubles que l'on peut admirer ici et là dans ces petits salons ou ces merveilleux châteaux-bonbonnières comme certain pavillon de Nymphenburg ou des mystérieuses « pagodes » de certains contes du *Cabinet des fées*. Un livre bien agréable à lire et à regarder de tous ses yeux.
Milan
14,94 € ISBN : 978-2-7459-0525-3
7-12 ans

♥ **1115.** Perrault, Charles ; ill. Collier, John : **La Belle au Bois Dormant.**
Admirables illustrations dans une atmosphère de Nativité médiévale.
Grasset-Monsieur Chat, Il était une fois
8,40 € ISBN : 978-2-246-33581-8
Pour tous dès 7 ans

♥ **1116.** Perrault, Charles ; ill. Delacroix, Sibylle : **La Barbe Bleue.**
Texte de Perrault (sans les moralités) très bien mis en pages et accompagné d'immenses illustrations nocturnes très intéressantes et évocatrices.
Casterman, Les albums Duculot
13,95 € ISBN : 978-2-203-56503-6
Pour tous dès 7 ans

1117. Texte intégral de Perrault, Charles ; ill. Battut, Éric : **La Barbe Bleue.**
Grand format carré. Illustrations qui paraissent d'autant plus immenses que les personnages sont minuscules, perdus dans un château de briques noires, étouffant, dans un paysage crépusculaire enneigé. Illustrations drolatiques finalement très angoissantes. Et là, on est à nouveau dans le conte, terrible et énigmatique de Perrault.
Bilboquet
13 € ISBN : 978-2-84181-126-7
6-10 ans

1118. Texte et ill. Dedieu ; d'après Charles Perrault : **La Barbe Bleue.**
Intéressante interprétation de Dedieu pour l'un des contes les plus connus et les plus aimés des enfants. Texte adapté très intelligemment. Le grand format permet aux illustrations de traduire toute la violence et la préciosité du texte de Perrault.
Seuil Jeunesse
15 € ISBN : 978-2-02-082172-8
Pour tous dès 7 ans

1119. Perrault, Charles ; ill. Franquin, Gérard : **Le Chat botté.**
Le chat très malin qui fit la fortune de son maître. Très jolies images.
Flammarion-Père Castor, Les albums du Père Castor, Secondes lectures, 1979
3,95 € ISBN : 978-2-08-160250-2
Existe aussi en Mini-Castor : 1,95 €
5-9 ans

1120. Perrault, Charles ; ill. Lunelli, Giuliano ; adapt. Elschner, Géraldine : **Le Chat botté.**
Adaptation légère et bien faite du texte de Perrault. Grandes illustrations pleines de soleil, un peu acidulées, plutôt rigolotes. Nous avons ici un petit chat nu chaussé de bottes rouges aux bouts pointus : longue queue fine, yeux en amandes. C'est un délice. Surtout, ne pas s'en priver.
Nord-Sud, Un livre d'images Nord-Sud
14 € ISBN : 978-3-314-21204-8
5-10 ans

1121. Perrault, Charles ; ill. Rochette, Jean-Marc : **Le Chat botté.**
Texte de Perrault quasi intégral. De grandes illustrations en couleurs alternent avec des sortes de petites vignettes en noir et blanc. L'esprit satirique des images convient très bien. Album très agréable.
Casterman, Les albums Duculot
12,95 € ISBN : 978-2-203-56514-2
6-10 ans

1122. Perrault, Charles : ill. Heinzel, Myriam : **Le Maître chat ou Le Chat botté.**
Une illustration qui redonne tout son mystère à ce conte trop connu...
Le Capucin
11 € ISBN : 978-2-913493-93-3
Pour tous dès 9 ans

1123. Perrault, Charles ; ill. Claverie, Jean : **Riquet à la houppe.**
Histoire très appréciée des enfants qu'on se réjouit de trouver en version séparée avec des illustrations adéquates. Jolie mise en pages.
Albin Michel Jeunesse, Contes classiques
13 € ISBN : 978-2-226-03064-1
6-10 ans

♥ **1124.** Perrault, Charles ; photos Moon, Sarah : **Le Petit Chaperon Rouge.**
Curieusement, le grand format de cette nouvelle édition retire à cette interprétation un peu de son côté effrayant, alors qu'on pénètre vraiment dans les superbes photographies de Sarah Moon. Passionnant.
Grasset-Monsieur Chat, Il était une fois
12,10 € ISBN : 978-2-246-32072-2
Pour tous dès 10 ans

1125. Perrault, Charles ; ill. Aubrun, Christian ; Dautremer, Rébecca ; Degans, Claire ; Delvaux, Claire... : **Contes.**
Voici les huit contes en prose de Charles Perrault : « Le Petit Chaperon Rouge », « Cendrillon », « Le Petit Poucet », « La Belle au Bois Dormant », « La Barbe-Bleue », « Les Fées », « Le Chat botté », « Riquet à la houppe ». On trouve les moralités, la deuxième partie si passionnante de « La Belle au Bois Dormant » avec la belle-mère ogresse. Pour chaque conte, une illustration différente.
Lito
15 € ISBN : 978-2-244-41718-9
5-12 ans

1126. Perrault, Charles ; ill. Chalmeau, Corinne, Tesseydre, Fabienne, Le Néouanic, Lionel, Ruillier, Jérôme, Pinel, Florence : **Contes de Perrault : histoires ou contes du temps passé, avec des moralités.**
Bonne version des huit contes en prose de Charles Perrault. Illustrations inégales mais sympathiques.
La Martinière Jeunesse
21 € ISBN : 978-2-7324-2462-0
5-12 ans

1127. Perrault, Charles ; ill. Doré, Gustave : **Contes.**
Tous les contes en prose et en vers, « Peau d'Âne » en vers et en prose.
Hachette Jeunesse, Le Livre de poche Jeunesse
5,50 € ISBN : 978-2-01-321960-0
6-12 ans

1128. Perrault, Charles : **Cendrillon** suivi de **La Belle au Bois Dormant** et **Les Fées.**
Pourquoi ces trois contes-là ? Pourquoi pas ? ! Trois très jeunes filles en difficulté pour qui tout se terminera le mieux du monde, parmi les plus célèbres récits de notre culture. Pas cher, léger et sympathique...
Gallimard Jeunesse, Folio Junior
2 € ISBN : 978-2-07-055248-1
8-12 ans

1129. Perrault, Charles ; ill. Doré, Gustave : **Contes de ma mère l'Oye.**
Tous les contes en prose et en vers.
Gallimard Jeunesse, Folio Junior
5,50 € ISBN : 978-2-07-057765-1
8-15 ans

Italie

♥ **1130.** Scho Carey, Valérie ; trad. Dupin, Nicolas ; ill. Lobel, Arnold : **Le Diable et la Mère Pétrin.**
Précédemment éditée chez Calligram, successivement en deux formats différents, la revoilà toujours aussi désagréable, la mère Pétrin. Mais quelle femme ! Elle vient à bout du diable et de la mort. Qui dit mieux ?
Metagram
4,65 € ISBN : 978-2-7366-6065-9
Pour tous dès 7 ans

1131. Adapt. d'un conte italien Turc, René ; ill. Huet, Elsa : **Le Rocher du diable.**
Les habitants d'un village sont si détestables que même le diable ne peut plus les supporter et veut les punir terriblement. Mais un sage veille...
Grandir, Passerêves
15 € ISBN : 978-2-84166-258-6
Pour tous dès 7 ans

♥ **1132.** Calvino, Italo ; ill. Janssen, Susanne : **Le Pari aux trois colères.**
Conte facétieux sur le thème « Le premier qui se met en colère a perdu ». L'image dominante, aux tons chauds bruns et ocre comme la Terre, les grandes silhouettes étranges et grotesques des personnages illustrent bien le ton insolite et grinçant de cette histoire sans pitié nonobstant sa drôlerie. Pour les bons lecteurs.
La Joie de lire
14,50 € ISBN : 978-2-88258-064-1
Pour tous dès 7 ans

1133. Texte et ill. Valentinis, Pia : **Devinettes sardes, en français, italien et sarde. Indeinzos sardos.**
« Une petite femme qui porte des jupes vieilles dessus, nouvelles dessous. Qu'est-ce que c'est ? »... Une laitue ! La devinette est posée sur la page de droite en français, sur la double page suivante, elle est posée en sarde et italien ; la solution est donnée sur la page de gauche qui suit. Et ça recommence pour notre plus grand plaisir... L'image donne souvent la solution, mine de rien. On lit, on regarde, on s'amuse.
Grandir
15 € ISBN : 978-2-84166-290-6
Pour tous dès 5 ans

♥ **1134.** Calvino, Italo ; ill. Morgan ; trad. Frank, Nino : **Romarine.**
Un grand classique à lire, relire, raconter, etc. Constamment réimprimé.
Pocket, Kid Pocket
4 € ISBN : 978-2-266-13552-8
Pour tous dès 7 ans

♥ **1135.** Choix Morvan, Frédéric ; ill. Ivers, Mette : **Moitié de garçon et autres contes italiens.**

Puisés dans les recueils de quelques collecteurs italiens du XIXe siècle, certains de ces contes se retrouvent chez Italo Calvino sous la même forme ou dans une version très proche. Ces versions italiennes, pleines de dynamisme, de cocasserie et de noirceur aussi sont en majorité des contes merveilleux mais aussi des contes facétieux. Bonne source pour les conteurs.
L'École des loisirs, Neuf
8 € ISBN : 978-211-04934-4
Pour tous dès 7 ans

♥ **1136.** Contes collectés par Pitre, Giuseppe ; choix, trad. et adapt. Morvan, Frédéric ; ill. Ivers, Mette : **Contes siciliens : Le Prince d'amour.**
Dix contes siciliens extraits de la plus importante collecte faite sur l'île, dans la seconde moitié du XIXe siècle, par Giuseppe Pitre. Le rythme est enlevé, on rit beaucoup, mais c'est souvent un rire quelque peu ambigu et grinçant. Les rapports amoureux, entre hommes et femmes en particulier, sont à la fois réjouissants et terribles.
L'École des loisirs, Neuf
8 € ISBN : 978-2-211-06288-6
Pour tous dès 7 ans

1137. Réunis par Kabakova, Galina, Di Maso, Silvia et Andrea ; trad. Balzamo, Michel et Tamarozzi, Federica ; ill. Torre, Attilio : **Contes et légendes d'Italie.**
Enfin, nous apprenons l'existence d'une sainte Bephanie : celle qui apporte les cadeaux de Noël, un « ange » et non une sorcière comme on le croit souvent ! Et nous retrouvons saint Antoine et son petit cochon voler le feu aux enfers !... L'acidité des illustrations fait écho à l'esprit général !
Flies France, Aux origines du monde
20 € ISBN : 978-2-910272-42-5
Pour tous dès 10 ans

Espagne

1138. Choix, trad. et adapt. Pfister-Mesavage, Vanessa ; ill. Albukrek-Sebban, Sandra : **Contes judéo-espagnols : La Mariée de sucre et de miel.**
Le seul recueil de contes sépharades publiés chez Syros ayant disparu, on ne peut que se réjouir de trouver cette jolie anthologie de contes juifs espagnols où l'on découvre des versions de contes connus dans le bassin méditerranéen et où l'on a aussi de bien jolies surprises.
L'École des Loisirs, Neuf
8 € ISBN : 978-2-211-08262-4
Pour tous dès 8 ans

♥ **1139.** Bravo-Villasante, Carmen ; ill. Crévelier, Solvej ; trad. de l'espagnol Duprat-Debenne, Mireille : **17 Contes d'Espagne.**
Dix-sept contes, la plupart merveilleux venus de toutes les régions d'Espagne. Entre autres, une belle version de Barbe-Bleue, tragique à souhait.
Flammarion-Père Castor, Castor poche Junior, Contes
5 € ISBN : 978-2-08-164718-3
7-12 ans

Portugal

1140. Consiglieri Pedroso, Luisa Dacosta, Magalhaes, Ana-Maria et Alçada, Isabel ; choix, trad. et adapt. Lamorlette, Marie-José ; ill. Sochard, Frédéric : **Quinze Contes du Portugal.**
Adaptations de contes et légendes traditionnels, bien faites et sympathiques. Huit proviennent d'un ouvrage ancien du XIXe siècle, quatre autres ont été transcrites par trois auteurs portugais contemporains. Choix varié : contes merveilleux, religieux, une fable, une randonnée... Brèves introductions. Petites illustrations très amusantes.
Flammarion-Père Castor, Castor Poche Junior, Contes
5,50 € ISBN : 978-2-08-160688-3
7-11 ans

1141. Choix, trad. et adapt. Sardinha, Ana Isabel ; ill. Ivers, Mette : **Contes portugais : La Fille du roi maure.**
Les contes portugais sont les parents pauvres de l'édition française et peu de gens connaissent les noms des deux grands collecteurs : Adolfo Coelho et Teofilo Braga. Cette anthologie est une petite émanation de leur œuvre. On découvre onze contes, parfois étranges comme « Les Trois Fées » ou poétiques et incongrus comme « L'Araignée ». C'est un plaisir de découvrir ces contes frères des nôtres et pourtant différents.
L'École des loisirs, Neuf
8 € ISBN : 978-2-211-07525-1
Pour tous dès 7 ans

1142-1144. Le Château hanté = O castelo assombrado. ZAC A DIT. Sidola = Sidola. ZAC A DIT. La Sorcière et la fleur = A bruxa e a flor. ZAC A DIT.
Trois contes conçus et illustrés par les enfants de l'école Jacques-Prévert de Boissy-Saint-Léger. Trilingues français-portugais-arabe.
L'Harmattan, Contes des quatre vents
5,18 €
6-9 ans

Amériques

Québec

1145. Adapt. Jorisch, Stéphane et Vivier, Claudine ; ill. Jorisch, Stéphane : **La Ceinture magique.**
Comment Petit-Jean, héros de bien des contes merveilleux canadiens, se venge d'une prétentieuse cupide, menteuse et voleuse. Bien adapté, inégalement illustré.
Les 400 coups, Billochet
10,50 € ISBN : 978-2-84596-039-8
8-11 ans

1146. Soulières, Robert ; ill. Jorisch, Stéphane : **Le Baiser maléfique : adaptation d'une légende de Gaspésie, Québec.**
Rose Latulipe a 16 ans. Elle est très jolie, elle va bientôt se marier. Elle voudrait tant que son père organise une fête, pour le Mardi gras. Le père ne lui refuse rien, mais attention : il faudra s'arrêter de danser à minuit. Tout va bien jusqu'à ce qu'arrive un homme superbe, inconnu, séduisant, danseur infatigable. Drame, tonnerre et éclairs ! Bien raconté, illustré judicieusement.
Les 400 coups, Billochet
10,50 € ISBN : 978-2-84596-045-9
8-13 ans

Grand Nord

♥ **1147.** Texte Turc, René ; inspiré d'un conte inuit recueilli par Rasmussen ; ill. Huet, Elsa : **La Fillette inuit.**

Une petite fille se perd en jouant à cache-cache avec les garçons tout là-haut dans les glaces, reste un peu dans un village, veut rentrer chez elle, tombe dans un piège, est prisonnière, est retrouvée par les siens. Histoire toute simple et énigmatique, bref récit d'initiation qui nous laisse rassurés mais intrigués, portés par les illustrations superbes d'Elsa Huet.

Grandir

25 € ISBN : 978-2-84166-157-2

Pour tous dès 6 ans

1148. Pasquet, Jacques ; ill. Reznikov, Patricia : **Le Courage de la jeune Inuit.**

Bien écrite, bien illustrée, une histoire émouvante en forme de conte étiologique, construite à partir de l'émotion ressentie par Jacques Pasquet à l'écoute de certains chants de femmes inuit.

Albin Michel Jeunesse, Petits contes de sagesse

6,90 € ISBN : 978-2-226-14061-6

10-12 ans

♥ **1149.** Norman, Howard ; ill. Dillon, Leo et Diane ; trad. Danison, Catherine : **10 Contes du Grand Nord.**

La rage de vivre, la capacité d'aimer, de haïr, de souffrir, le courage et la gaieté de ces hommes et femmes confrontés aux conditions de vie les plus dures nous vont droit au cœur et nous donnent envie de vivre. Les illustrations évoquent les sculptures de pierre noire des Inuit et scandent bien le texte.

Flammarion-Père Castor, Castor poche Junior, Contes, légendes et récits

5 € ISBN : 978-2-08-164546-2

Pour tous dès 9 ans

♥ **1150.** Réunis et trad. de l'anglais et du russe Coyaud, Maurice ; ill. Strassmann, Susanne : **Contes et légendes des Inuit.**

Nous visualisons ce monde figé et bruissant, nous voyons les corps glisser au fond des eaux, les veaux marins faire la fête et restons passionnément attentifs à ces récits poétiques et terrifiants. Merci au traducteur, efficace et souvent rigolo (!), merci à l'éditeur et aussi à l'illustratrice qui, dans ce cas, a été particulièrement bien inspirée.

Flies France, Aux origines du monde

20 € ISBN : 978-2-910272-46-3

Pour tous dès 7 ans

Amérindiens

1151. Texte Davol, Marguerite W. ; ill. Heo, Yumi ; trad. de l'américain Bonhomme, Pierre : **Les Contes du serpent.**

Conte étiologique originaire d'Amérique du Sud-Est. Un s-s-sympathique s-s-serpent introduit les hommes au monde du conte et ouvre le chemin à l'imaginaire, source de toutes les créations artistiques. Un texte simple où l'on retrouve la structure traditionnelle du conte, ponctuée de répétitions. Les illustrations pleine page alternent couleurs vives et couleurs plus douces.

Circonflexe, Albums

12 € ISBN : 978-2-87833-348-0

5-10 ans

♥ **1152.** Ans, André-Marcel d' ; ill. Negrin, Fabian : **La Nuit de qui ?**

Que faire quand on n'a pas de nuit ? Mon Dieu, quel ennui. Quel ennui que ce jour éternel, sans sommeil, sans repos, sans intimité possible ! Un très joli conte étiologique collecté auprès des Indiens cashinahuas par André-Marcel d'Ans qui nous offre ici un bien joli texte très rythmé. Bien illustré, ce livre est une petite fête dont il faut profiter.

Desclée de Brouwer, Petite collection Clé

6 € ISBN : 978-2-220-05104-8

Pour tous dès 6 ans

1153. Sauerwein, Leigh ; d'après une légende apache recueillie par Cuevas, Lou ; ill. Fronty, Aurélia : **Le Danseur de vent.**

Belle et tragique histoire d'amour dans laquelle un jeune homme, muet de naissance, se révèle doué de pouvoirs étonnants. Histoire de mort, de résurrection, de vie, un conte étiologique aussi puisque c'est le récit de l'origine du colibri. Texte lapidaire, presque sec, efficace, illustrations adéquates.

Desclée de Brouwer, Petite collection Clé

6 € ISBN : 978-2-220-05105-5

Pour tous dès 6 ans

1154. Taylor, C. J. ; version française Boileau, Michèle : **Des os dans un panier : légendes amérindiennes sur les origines du monde.**

Récits de création venus du fond des âges, de civilisations en voie de disparition. Récits énigmatiques de début du monde qui nous laissent pleins de nostalgie et d'interrogations. Un livre un peu austère qui ne peut cependant laisser indifférent.

Grandir, Livres Toundra

15 € ISBN : 978-2-904292-98-9

6-13 ans

♥ **1155.** Ka-Be-Mub-Be (William Camus) ; ill. Sourine : **Mille Ans de contes : Indiens d'Amérique du Nord.**

Reprise intégrale de deux volumes publiés en 1978 et 1980 : *Les Oiseaux de Feu*, chez Gallimard en Folio Junior et *Légendes peaux-rouges*, chez Magnard dans la collection Fantasia, plus cinq textes inédits. Bonne idée de réimprimer ces textes qui nous manquaient depuis plusieurs années.

Milan, Mille ans de contes

19,90 € ISBN : 978-2-84113-449-6

Pour tous dès 7 ans

♥ **1156.** Ill. Matouk, Olivier : **La jeune fille qui épousa un ours, contes indiens.**

Onze récits parfois étranges, dérangeants, souvent poétiques. Grande variété de tons : la dureté de certaines histoires voisine avec la drôlerie de contes comme « Glooskep et le bébé ». Par le rire, par l'émotion que cette lecture nous donne, nous nous rapprochons d'une culture différente de la nôtre, désarçonnante parfois, mais dont nous aurions beaucoup à entendre. Un beau recueil.

L'École des loisirs, Neuf

8 € ISBN : 978-2-211-03210-0

Pour tous dès 7 ans

1157. Choix et trad. Hay, Nathalie ; ill. Matouk, Olivier : **L'oiseau qui faisait les tempêtes, contes indiens d'Amérique du Nord.**
Petit recueil de cinq contes plutôt brefs, assez étonnants, énigmatiques. Complète le précédent recueil. Pourrait figurer en collection « Neuf ».
L'École des loisirs, Mouche
6,50 € ISBN : 978-2-211-03451-7
Pour tous dès 7 ans

1158. Texte Sauerwein, Leigh ; ill. Bour, Laura : **La Mythologie navajo.**
Excellente introduction à la mythologie navajo. La création de l'homme et de la femme, un grand déluge, comment on déroba le feu... Récits à la fois proches et très différents des nôtres. Bien écrit. Passionnant.
Actes Sud Junior, Les Naissances du monde
10,52 € ISBN : 978-2-7427-3213-5
Pour tous dès 9-10 ans

Caraïbes

1159. Texte Agnant, Marie-Célie ; ill. Barroux : **L'Oranger magique : conte d'Haïti.**
Sur le thème de la petite fille persécutée par une cruelle marâtre et de la mère morte qui veille sur son enfant. Grâce à un oranger « magique », tout rentrera dans l'ordre. Bien raconté, bien illustré.
Les 400 coups, Les Petits contes
6,75 € ISBN : 978-2-89540-138-4
5-9 ans

♥ **1160.** Barthélémy, Mimi ; ill. Blanpain, Jean-Pierre : **Anaïs et Bovi.**
Histoire dramatique et romantique de la petite servante, assassinée par le roi qui refuse de la voir épouser son fils, et qui finira par triompher de la mort. Sans doute le meilleur texte de Mimi Barthélémy, très bien mis en pages et illustré. Un joli livre.
Grandir
10 € ISBN : 978-2-84166-063-6
Pour tous dès 7 ans

1161. Barthélémy, Mimi ; ill. Mazet, Elbio : **Le Géant poilu-velu.**
Conte étiologique expliquant l'origine de l'alternance des cultures avec des réminiscences diverses : Blaise Cendrars, contes où le loup se fait berner. Une histoire de ruses qui fait peur et fait rire en même temps. La qualité de la gravure du texte et des illustrations est remarquable.
Grandir
15 € ISBN : 978-2-84166-017-9
6-15 ans

♥ **1162.** Barthélémy, Mimi ; ill. Malmezat, Isabelle : **Le Chasseur et l'oiseau.**
Quand un oiseau supplie un chasseur « Ne me tue pas, ne me tue pas », mieux vaut le laisser s'envoler. Dans cette histoire, l'homme tue, plume, démembre, citronne, boucane et mange l'oiseau. Hélas !... Sur chaque page de gauche, le texte est bref, assez rythmé : on va à l'essentiel. À droite, une pleine page : petites peintures colorées qui vont elles aussi à l'essentiel, l'homme, l'oiseau, l'homme et l'oiseau.
Grandir
14 € ISBN : 978-2-84166-136-7
Pour tous dès 6 ans

1163. Barthélémy, Mimi ; ill. Guyennon-Duchêne, Claudie : **Vieux caïman. Contes des grandes îles de la mer Caraïbe.**
Histoire de paternité qui se termine en fable à propos de la force de la parole. Devinettes, drôlerie et gravité, un excellent récit très bien mis en pages dans un joli format oblong et très bien illustré. Les gros plans des deux caïmans, les teintes brunes et vert-rouille sont particulièrement réussis.
Lirabelle (320, chemin des Masques – 30250 Aubais)
18 € ISBN : 978-2-266-12250-4
7-10 ans

1164. Gay-Para, Praline ; ill. Chen Jiang Hong : **La Petite Cafarde Martina et autres contes de la Caraïbe.**
Sept petits contes parmi lesquels on reconnaît des versions de « Dame Scarabée », du « Rat et de la Rate » ou du « Petit Poucet » et d'autres moins connus. Amusants, ils forment un joli bouquet d'une région inexplorée jusqu'à présent dans l'édition pour enfants. Un joli livre illustré avec esprit.
L'École des loisirs, Mouche
6,50 € ISBN : 978-2-211-05337-2
6-9 ans

♥ **1165.** Gay-Para, Praline ; ill. Chen Jiang Hong : **Oriyou et le pêcheur et autres contes de la Caraïbe.**
Quinze contes malicieux, fantastiques, émouvants... Pour nous faire découvrir une tradition mal connue. Contes brefs, efficaces, bien illustrés.
L'École des loisirs, Neuf
8 € ISBN : 978-2-211-05333-4
Pour tous dès 7 ans

♥ **1166.** Chamoiseau, Patrick ; ill. Wilson, William : **Le Commandeur d'une pluie suivi de L'Accra de la richesse.**
Bonne idée de reprendre, sous forme d'album, deux des contes du recueil de P. Chamoiseau *Au temps de l'antan*, publié en 1988 chez Hatier, dans cette belle collection défunte « Fées et gestes ». Les remarquables illustrations de William Wilson, colorées, déjantées, drôles et inquiétantes aussi scandent très bien la langue dépaysante et chantante de l'écrivain.
Gallimard Jeunesse/Giboulées
11,50 € ISBN : 978-2-07-058819-0
Pour tous dès 7 ans

1167. Barthélémy, Mimi ; ill. Besson, Olivier : **Kangio la tortue chanteuse d'Haïti et autres contes d'Haïti.**
Trois contes venus d'Haïti, plus deux autres puisés grâce à Ré et Philippe Soupault et Lydia Cabrera, dans les fonds de Nouvelle-Calédonie et de Cuba. Cinq histoires drôles, cocasses, bien retranscrites qui nous laissent en écho la voix de la si belle Mimi.
Syros Jeunesse, Paroles de conteurs
13 € ISBN : 978-2-7485-0341-8
Pour tous dès 7 ans

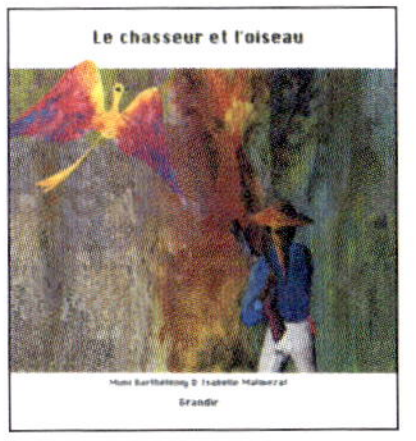

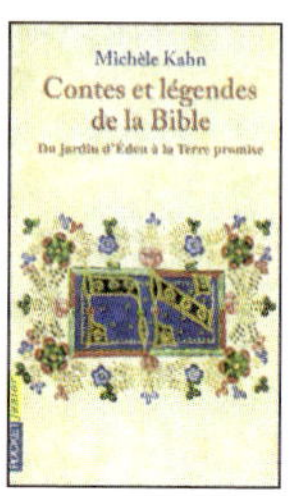

Afro-Américains

♥ **1168.** Choix et trad. Sauerwein, Leigh ; ill. Robins, Arthur : **Le coq prend la mouche.**

Six contes courts amusants, voire parfois grinçants. Textes faciles à lire, illustrations rigolotes en noir et blanc, très réussies. Un petit livre sympathique qui nous propose un choix d'histoires venues de la tradition afro-américaine mal connue ici. Un régal.

L'École des loisirs, Mouche

6,40 € ISBN : 978-2-211-03668-9

6-9 ans

♥ **1169.** Choix et trad. Sauerwein, Leigh ; ill. Robins, Arthur : **Contes afro-américains : Frère Lapin prend le frais.**

Excellente traduction de L. Sauerwein qui a joué la carte d'un dosage harmonieux entre une langue soutenue et une autre, plus familière. Inutile de redire la force de ces petits récits subversifs, parfois d'une cruauté extrême, presque toujours très drôles. Ils ont permis sans doute à des hommes plus que malheureux de continuer à vivre malgré la douleur. Illustrations nombreuses et rigolotes.

L'École des loisirs, Neuf

8,54 € ISBN : 978-2-211-03666-5

Pour tous dès 7 ans

Brésil, Chili, Guyane

1170. Une histoire de Ball-Simon, Danièle inspirée des contes du nord du Chili ; ill. Vautier, Mireille : **Yatiri et la fée des brumes.**

Conte d'origine qui peut s'adresser à des petits, simplement raconté et joliment illustré. À la fin, une explication du phénomène météorologique : la Camanchaca est certainement une fée, mais c'est surtout un nuage de gouttelettes qui se forme chaque matin le long de la côte nord du Chili et qui, ingénieusement capté par des « Attrapeurs de brume », évite la désertification rapide de cette région !

Albin Michel Jeunesse

10,90 € ISBN : 978-2-226-16862-7

4-8 ans

1171. Clément, Yves-Marie ; ill. Pudles, Daniel : **12 Contes de Guyane.**

Douze contes, tour à tour émouvants, drôles ou terrifiants nous font découvrir une tradition mal connue.

Flammarion-Père Castor, Castor Poche Junior, Contes

5 € ISBN : 978-2-08-164321-5

9-13 ans

♥ **1172.** Contes et légendes traditionnels écrits et racontés par Bloch, Muriel ; ill. Schoch, Irène ; musique originale Hardy, Pierrick dans la tradition brésilienne ; chant Fisseau, Serena ; percussions Verioca : **Comment la nuit vint au monde et autres contes brésiliens.**

Neuf légendes et contes brésiliens nés des différentes cultures européennes, indiennes et africaines qui se sont croisées là-bas. Un CD, dans lequel Muriel Bloch raconte six de ces neuf histoires, accompagne le livre. Signalons que la conteuse a aussi enregistré chez le même éditeur un excellent CD, plein de vie, de gaieté, de surprises, **Carte postale du Brésil**, où l'on trouve comptines, chansons, virelangues et contes de ce pays.

Naïve

23,50 €

ISBN : 978-2-35021-008-7

7-10 ans

MYTHES, LÉGENDES ET ÉPOPÉES

♥ **1173.** Nadja : **Le Livre des créatures.**

Sous forme de définitions précises et « scientifiques » (trolls, Baba Yaga, démons, animalitos, les pires, et autres farfadets), l'auteur écrit de brefs textes très bien documentés, sérieux, délivrant même des recettes pour se débarrasser de ces monstres. Nadja s'amuse comme quelqu'un qui a beaucoup fréquenté les contes et leur univers et ne l'a jamais oublié.

L'École des loisirs

22,60 € ISBN : 978-2-211-04304-5

Pour tous dès 7 ans

1174. Laporte, Michel ; ill. Sochard, Frédéric : **Six Récits de Babylonie.**

Bonnes adaptations de récits pas toujours bien connus et pourtant fondateurs de notre culture.

Flammarion-Père Castor, Castor Poche Senior, Contes

5 € ISBN : 978-2-08-164773-2

7-11 ans

♥ **1175.** Ill. Forgeot, Claire : **L'Épopée de Gilgamesh.**

Récit de la quête impossible de l'éternité par un homme fou d'angoisse face à la mort. Un texte sumérien venu du fond des âges, difficile, pour adolescents et adultes motivés. Pour ceux aussi qui racontent aux plus grands et qui auront l'habileté de le transmettre.

Ipomée, Jardins secrets

22,90 € ISBN : 978-2-86485-061-8

Pour tous dès 14 ans

1176. Joly, Dominique ; ill. Sochard, Frédéric : **Quinze Récits d'animaux dans la Bible : d'après la Bible de Jérusalem.**

« Récits d'animaux » : titre un peu trompeur et maladroit car peu indicatif du véritable intérêt de cette petite anthologie. Adaptée très fidèlement de la *Bible de Jérusalem*, c'est en fait une excellente introduction à la lecture de la Bible, plus qu'une simple anthologie de contes d'animaux (récits courts, faciles à lire, incitant à aller plus loin).

Flammarion-Père Castor, Castor poche Junior, Contes

4,50 € ISBN : 978-2-08-160290-8

7-11 ans

♥ **1177.** Kahn, Michèle ; ill. Doré, Gustave : **Contes et légendes de la Bible : 1. Du jardin d'Éden à la Terre promise. 2. Juges, rois et prophètes.**

Reprise de deux ouvrages parus précédemment chez Magnard en 1982, puis en 1991. Le texte a été revu, certaines histoires ont été supprimées. Ces récits au ton familier sont une bonne introduction à la lecture de la Bible.

Pocket, Pocket Junior, Mythologies

ISBN : 978-2-266-13454-5 (vol. 1)

ISBN : 978-2-266-13453-8 (vol. 2)

5,20 € chaque 9-15 ans

1178. Texte Beaude, Pierre-Marie ; ill. Jolivet, Joëlle : **Jésus.**
Excellente « biographie » de Jésus, suivie d'une série de questions, réponses et mises au point sur le thème : Jésus et les historiens. Passionnant.
Casterman, Épopées
8,25 € ISBN : 978-2-203-16336-2
12-15 ans

1179. Hawthorne, Nathaniel ; trad. Legris, Pierre : **Le Premier Livre des merveilles. Le Second Livre des merveilles.**
Classique qu'on ne présente plus. Dès 9-10 ans, on pourra ainsi se lancer dans les aventures de Persée, Pandore ou Bellérophon. Une bonne introduction à la connaissance de la mythologie grecque.
Pocket, Pocket Junior, Mythologies
ISBN : 978-2-266-08650-9
ISBN : 978-2-266-08649-3
4,80 € chaque 7-15 ans

1180. Homère adapt. Laporte, Michel ; ill. Sochard, Frédéric : **12 Récits de l'Iliade et l'Odyssée.**
M. Laporte a su rendre accessible ces textes très difficiles en utilisant une langue à la fois facilement lisible et porteuse des échos de la poésie homérique. On n'étudie plus guère les langues anciennes et c'est ce genre d'adaptation qui aide à découvrir une culture fondatrice pour nous et à mieux connaître ces héros hors du commun, ce monde violent et émouvant si proche de nous.
Flammarion-Père Castor, Castor poche, Contes, légendes et récits
5,50 € ISBN : 978-2-08-162468-9
10-15 ans

♥ **1181.** Raconté par Bloch, Muriel ; ill. Maurel, Hélène ; musique et composition originale Les Trois 8 : **Le Cheval de Troie.**
M. Bloch est retournée à la source, l'a relue, adaptée, racontée et nous la livre sous forme de ce petit livre illustré de manière très décalée. Beau texte né d'une oralité retrouvée par le souvenir heureux de l'attention éblouie d'une petite fille à la voix maternelle. Le décalage de l'illustration rend moins intimidant l'objet. Le CD est plein de charme et de surprises.
Naïve
20 € ISBN : 978-2-9521833-7-6
7-12 ans

1182. Homère ; adapt. Woronoff, Michel ; ill. Pilorget, Bruno : **L'Iliade.**
Dans une excellente et nouvelle traduction adaptée à un jeune public, très fidèle dans son esprit et sa forme au texte d'Homère, les épisodes fameux de la guerre de Troie, la colère d'Achille, la mort d'Hector.
Casterman, Épopées
8,75 € ISBN : 978-2-203-16334-8
9-15 ans

1183. Homère ; adapt. Woronoff, Michel ; ill. Pilorget, Bruno : **L'Odyssée.**
Dans la Méditerranée antique, les épisodes merveilleux, douloureux et passionnants du voyage d'Ulysse lors de son retour à Itaque.
Casterman, Épopées
8,75 € ISBN : 978-2-203-16329-4
9-15 ans

1184. Adapt. Guyot, Charles : **La Légende de la ville d'Ys. D'après les anciens textes.**
À partir de diverses versions de la légende, Charles Guyot tisse l'histoire de la ville d'Ys, cité maudite et merveilleuse finalement engloutie dans les flots. Parfois un peu trop « à la manière » médiévale.
Flammarion-Père Castor, Castor poche Senior, Légendes
5 € ISBN : 978-2-08-164638-4
10-15 ans

1185. Adapt. Suard, François : **Les Quatre Fils Aimon.**
À partir de la plus ancienne version connue du poème épique (14 000 vers !), François Suard met à la disposition des jeunes lecteurs un récit foisonnant, bondissant : l'histoire tragique des quatre fils du duc Aimon de Dordonne entrés en conflit avec l'empereur Charlemagne et leur propre père.
Flammarion-Père Castor, Castor poche Senior, Contes
6 € ISBN : 978-2-08-164338-3
10-15 ans

♥ **1186.** Sander, Camille ; ill. Sochard, Frédéric : **Les Premières Aventures du roi Arthur : d'après Le Chevalier au Papegau, roman du XIVe siècle.**
Une adaptation intelligente et facile à lire d'un roman médiéval palpitant qui devrait plaire aux enfants dès 9 ans : on pourrait le leur lire facilement ou le leur raconter. Avant-propos, index, bibliographie sont des instruments de travail bien faits sans être jamais pédants. Un livre réussi car il donne envie d'aller plus loin dans la découverte de cette littérature.
Flammarion-Père Castor, Castor poche, Contes, légendes et récits
5,50 € ISBN : 978-2-08-161640-0
9-12 ans

♥ **1187.** Adapt. Johan, François ; ill. Vogel, Nathalie : **Les Enchantements de Merlin.**
Les exploits, les amours, les querelles et les actes de bravoure des chevaliers qui fondèrent l'ordre de la Table Ronde et ce que Merlin leur prédit.
Casterman, Épopées, Les chevaliers de la Table ronde
6,90 € ISBN : 978-2-203-16348-5
8-15 ans

♥ **1188.** Adapt. Johan, François ; ill. Vogel, Nathalie : **Lancelot du lac.**
Élevé par la fée Viviane, Lancelot grandit auprès de sa protectrice avant de devenir chevalier et de partir réaliser les plus grands exploits.
Casterman, Épopées, Les chevaliers de la Table ronde
7,90 € ISBN : 978-2-203-16349-2
8-15 ans

♥ **1189.** Adapt. Johan, François ; ill. Vogel, Nathalie : **Perceval le Gallois.**
Sa mère aurait bien voulu le garder mais Perceval lui échappe pour suivre son destin qui est de devenir, auprès du Roi Arthur, l'un des plus valeureux chevaliers de la Table Ronde.
Casterman, Épopées, Les chevaliers de la Table ronde
7,90 € ISBN : 978-2-203-16350-8
8-15 ans

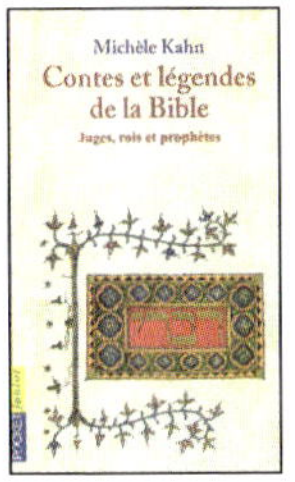

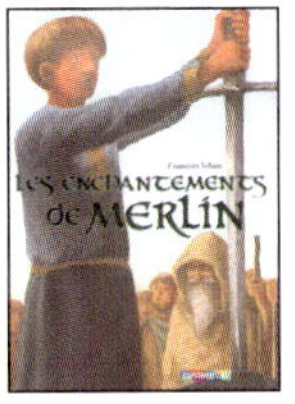

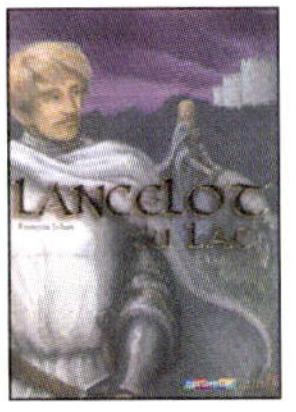

♥ **1190.** Adapt. Johan, François ; ill. Vogel, Nathalie : **La Quête du Graal.**
Le vase sacré qui contient le sang du Christ ne pourra être trouvé que par le meilleur Chevalier du monde.
Casterman, Épopées, Les chevaliers de la Table ronde
7,90 € ISBN : 978-2-203-16351-5
8-15 ans

♥ **1191.** Adapt. Johan, François ; ill. Vogel, Nathalie : **La Destinée du roi Arthur.**
La quête du Graal achevée, Lancelot et le Roi Arthur s'affrontent pour l'amour de la reine Guenièvre.
Casterman, Épopées, Les chevaliers de la Table ronde
7,90 € ISBN : 978-2-203-16352-2
8-15 ans

1192. Texte Noguès, Jean-Côme ; ill. Durual, Christophe : **Lancelot chevalier du lac.**
Brève adaptation de l'histoire de Lancelot du lac incitant à aller voir une version plus complète, par exemple celle de la collection « Épopées » chez Casterman. Bon texte abondamment et agréablement illustré.
Nathan, Contes et légendes
16 € ISBN : 978-2-09-211390-5
7-10 ans

1193. Adapt. Sander, Camille ; ill. Sochard, Frédéric : **Perceval ou le conte du Graal.**
Excellente adaptation des textes de Chrétien de Troyes et de Wolfram von Eschenbach. Histoires mouvementées, parfois bouleversantes, parfois amusantes, qui emportent loin dans le temps et l'espace.
Flammarion-Père Castor, Castor Poche, Contes, légendes et récits
5,50 € ISBN : 978-2-08-164375-8
11-14 ans

1194. Adapt. Sander, Camille : **La Légende d'Yvain, le chevalier au lion.**
Les amours tumultueuses d'Yvain et de Laudine, au temps du Roi Arthur. Passionnant.
Flammarion-Père Castor, Castor Poche, Contes, légendes et récits
5 € ISBN : 978-2-08-164216-4
11-15 ans

♥ **1195.** Preussler, Ottfried ; ill. Spirin, Gennadij : **La Légende de la licorne.**
Trois frères partent en quête de la licorne. Un joli et très bref récit non dénué d'humour, d'immenses illustrations à la flamande, pleines à la fois de truculence, de charme et de nostalgie. Le temps s'arrête quand paraît la licorne… Un beau livre tout en atmosphère.
Sorbier, Légendes
14,64 € ISBN : 978-2-7320-3169-9
5-12 ans

1196. Adapt. Suard, François ; ill. Mignon, Philippe : **Les Aventures du chevalier Huon.**
Aventures, heurs et malheurs de Huon de Bordeaux : amours tumultueuses, combats de toutes sortes, féerie… Des notes discrètes aident à entrer dans ce récit médiéval, souvent très décalé pour des jeunes d'aujourd'hui, en particulier le regard jeté sur le monde musulman (point de salut, hormis la conversion). Une manière de mieux comprendre certains aspects de notre histoire. Un récit passionnant.
Flammarion-Père Castor, Castor Poche, Contes, légendes et récits
5,50 € ISBN : 978-2-08-164710-7
10-15 ans

♥ **1197.** Adapt. Perret, Michèle ; ill. Mignon, Philippe : **La Légende de Mélusine.**
Adaptation intéressante du texte de Jean d'Arras à l'intention des enfants, due à la traduction en français moderne du texte intégral publié aux éditions Stock. Texte facile à lire dès 10 ans et qui pourrait être entendu même avant. Cette version simplifiée est une jolie invitation à aller plus avant. Agréables illustrations en ombres chinoises. Un excellent livre.
Flammarion-Père Castor, Castor poche Senior, Légendes
5 € ISBN : 978-2-08-164510-3
8-15 ans

1198. Transcrit en français moderne et abrégé par Tusseau, Jean-Pierre : **Le Roman de Mélusine.**
Excellente édition, établie essentiellement à partir de la version en vers de Coudrette, mais aussi du texte de Jean d'Arras. J.-P. Tusseau, après un bref historique, nous explique, en fin de livre, sa méthode de travail, de manière simple et intéressante. Une présentation intelligente, jamais pédante, qui ne gêne en rien le charme du texte.
L'École des loisirs, Classiques abrégés
4,80 € ISBN : 978-2-211-07379-0
Pour tous dès 10 ans

1199. Adapt. Fauliot, Pascal ; ill. Munch, Philippe : **Le Ramayana.**
Excellente adaptation de l'une des deux grandes épopées de l'Inde, s'inspirant de la version sanscrite de Valmiki et de la version hindie, plus populaire, du XVIe siècle, du sage Toulsidas. Un beau texte pour de bons lecteurs.
Casterman, Épopées
8,25 € ISBN : 978-2-203-16343-0
Pour tous dès 11 ans

1200. Éd. Le Brun, Charles ; ill. Lesueur, Christine : **Le Râmâyana.**
Grand format, illustration intéressante : un « beau livre » pour la grande épopée indienne.
Albin Michel Jeunesse/Ipomée, Jardins secrets
29 € ISBN : 978-2-8685-070-0
Pour tous dès 12 ans

1201. Adapt. Fauliot, Pascal ; ill. Hénon, Daniel : **L'Épopée du Roi Singe.**
Adaptation française de la plus populaire des épopées chinoises, à partir de la tradition orale et de versions littéraires, avec le souci de donner une idée du contenu philosophique de la légende. Les bons lecteurs se passionneront de plus en plus au cours du récit.
Casterman, Épopées
8,25 € ISBN : 978-2-203-16326-3
Pour tous dès 10 ans

1202. Konaté, Dialiba ; adapt. Laffon, Martine : **L'Épopée de Soundiata Keïta.**
Un livre géant très étonnant pour un récit passionnant. D'immenses illustrations parfois ponctuées de petits textes manuscrits, au stylo à bille : c'est là l'œuvre de toute une vie, une œuvre attachante et puissante, à la gloire de ce grand roi que fut Soundiata Keïta au XIIIe siècle dans le pays mandingue, actuel Mali. Texte sans doute trop « littéraire ».
Seuil Jeunesse
19,50 € ISBN : 978-2-02-055606-4
Pour tous dès 9-10 ans

♥ **1203.** Kesteloot, Lylian ; ill. Jolivet, Joëlle : **Soundiata l'enfant-lion. Une épopée du Mali.**
Excellente adaptation d'un récit fondateur complexe. Un récit passionnant qui démarre sur les chapeaux de roue : épouser un laideron n'est déjà pas chose facile mais une nuit de noces avec un buffle, quelle histoire ! Amour, jalousie, exil, batailles : tout y est pour faire de cette épopée un récit passionnant.
Casterman, Épopées
6,90 € ISBN : 978-2-203-16354-6
8-14 ans

1204. Fauliot, Pascal ; ill. Hénon, Daniel : **Les Fils du soleil, légende épique des Indiens de l'Arizona.**
Version de l'épopée des jumeaux guerriers, composée à partir de diverses traditions orales des Indiens du sud-ouest de l'Amérique du Nord. Succession d'aventures brèves, faciles à lire dès 11 ans.
Casterman, Épopées
6,50 € ISBN : 978-2-203-16344-7
Pour tous dès 11 ans

FABLES

1205. Ross, Tony : **Le garçon qui criait « Au loup ! ».**
Et si le loup était là pour de vrai ? Quelle horreur ! Tony Ross rencontre Ésope...
Gallimard Jeunesse, Folio Benjamin
5,50 € ISBN : 978-2-07-054781-4
5-9 ans

♥ **1206.** Racontées par Garay, Nora ; ill. Zwerger, Lisbeth : **Fables d'Ésope.**
La vision d'une grande illustratrice pour quelques fables.
Nord-Sud, Un Livre d'images Nord-Sud
13 € ISBN : 978-3-314-21837-8
Pour tous dès 7 ans

♥ **1207.** McClintock, Barbara ; trad. Bonhomme, Catherine : **Fables d'Ésope.**
Dans cette bonne adaptation des fables d'Ésope, c'est le charme des illustrations, dans un registre délicieusement désuet, qui séduit. L'idée est jolie aussi de montrer à la dernière page des enfants comédiens retirant les masques d'animaux avec lesquels ils viennent de jouer ces saynètes : une pirouette pour introduire avec malice l'idée de morale.
Circonflexe, Albums, 1999
10,50 € ISBN : 978-2-87833-240-7
6-9 ans

1208. Ibn al-Muqaffa, Abdallah ; calligr. Alani, Ghani ; ill. extraites d'un manuscrit syrien du XIIe siècle ; trad. Miquel, André : **Kalila et Dimna : fables choisies.**
Neuf fables extraites du *Kalila et Dimna*, recueil en arabe de récits venus d'Inde et qui influença, outre La Fontaine, bien des œuvres européennes. Textes français et arabes alternent. Un « beau livre ».
Albin Michel/Ipomée, Herbes folles
22,90 € ISBN : 978-2-226-08954-0
Pour tous dès 5 ans

1209. Zakhia, Elsa ; ill. Lauchon, Agnès ; trad. Jabra, Ibrahim et Miquel, André : **Quand deux fables se rencontrent : la laitière et le dévôt...**
« La Laitière et le pot au lait », de La Fontaine et « Le Dévôt à la cruche », du *Kalila et Dimna*. Deux livres bilingues qui, grâce à une présentation originale, permettent une mise en regard de textes à comparer : chaque volume comprend trois livres emboîtés qui offrent, pour chaque fable, le texte original et sa traduction, ainsi que des informations sur l'origine et la circulation des histoires.
Arléa, Elixir
19,50 € ISBN : 978-2-86959-374-9
11-15 ans

1210. Zakhia, Elsa ; ill. Lauchon, Agnès ; trad. Jabra, Ibrahim et Miquel, André : **Quand deux fables se rencontrent : le berger et le chacal.**
Comprend « Le Berger et le roi », de Jean de La Fontaine et « Le Lion et le chacal », texte du *Kalila et Dimna.*
Arléa, Elixir
20 € ISBN : 978-2-86959-375-6
11-15 ans

♥ **1211.** Khemir, Nacer ; ill. Khemir, Esma : **L'Alphabet des sables : de l'alphabet arabe comme alphabet des sables.**
Vingt-huit histoires, autant que de lettres de l'alphabet arabe, tirées ou inspirées avec plus ou moins de liberté du *Kalila et Dimna*, fables en majorité, mais aussi quelques récits étiologiques et même une très jolie histoire de Jhâ, « La Gazelle ». Mise en pages à la fois esthétique et accessible aux plus jeunes.
Syros Jeunesse, Racines
14 € ISBN : 978-2-7485-0428-6
Pour tous dès 7 ans

♥ **1212.** La Fontaine, Jean de ; ill. Boutet de Monvel, Louis-Maurice : **Fables choisies pour les enfants.**
Vingt-six fables parmi les plus connues des enfants, illustrées par Boutet de Monvel. Une merveilleuse initiation à la lecture de La Fontaine.
L'École des loisirs
14,50 € ISBN : 978-2-211-07072-0
Pour tous dès 5 ans

♥ **1213.** La Fontaine, Jean de ; ill. Chauveau, Léopold : **Fables.**
Inédites auparavant, conçues dans les années 1920 par Léopold Chauveau, les illustrations de cet album offrent un nouvel accès à l'univers du fabuliste. Sous une apparente simplicité, la vitalité des images, l'expressivité des personnages, la richesse des couleurs recréent pour notre plus grand plaisir un monde plein de fantaisie.
Circonflexe, Aux couleurs du temps
13 € ISBN : 978-2-87833-085-4
Pour tous dès 5 ans

1214. La Fontaine, Jean de ; textes choisis et prés. Novarino, Albine ;

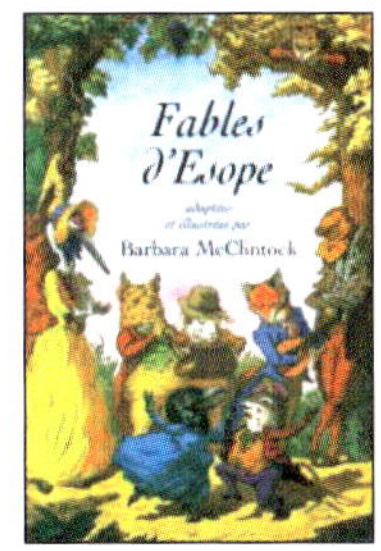

photogr. Maïofiss, Michel : **Cent Fables de La Fontaine.**
Une anthologie à retenir non seulement pour un choix de textes original et cohérent mais surtout pour l'élégance de la mise en pages et pour les photographies en noir et blanc qui apportent leur touche d'insolite et d'humour.
Omnibus, Cent
27 € ISBN : 978-2-258-06609-0
À partir de 11 ans

1215. La Fontaine, Jean de ; photogr. Franck, Martine : **Fables.**
De remarquables photographies illustrent l'étonnante vision des *Fables* que Bob Wilson a mises en scène à la Comédie-Française. Les silhouettes des comédiens déguisés en animaux, les masques, les costumes, les décors créent une atmosphère grave, revitalisant les textes dont ressortent la violence, la cruauté et l'ironie.
Actes Sud
39 € ISBN : 978-2-7427-4966-9
À partir de 11 ans

La Fontaine, Jean de : collection « Le Bestiaire du Capucin »
Un ensemble de minces volumes qui rassemblent chacun quelques textes mettant en scène un même animal. L'occasion de (re)découvrir des fables moins connues, de savourer leur singularité, d'en apprécier la variété. Même si cette édition ne leur est pas particulièrement destinée, la présentation élégante et la finesse des illustrations devraient séduire les enfants.
Le Capucin, Le Bestiaire du Capucin, 2005
1216. Ill. Manoukian, Isabelle : **La Fable du dragon.**
9,50 € ISBN : 978-2-913493-76-6
1217. Ill. Perruchon, Agnès : **Les Fables de la chèvre.**
12 € ISBN : 978-2-913493-80-3
1218. Ill. Heinzel, Myriam : **Les Fables de la grenouille.**
12 € ISBN : 978-2-913493-75-9
1219. Ill. Philipponneau, Olivier : **Les Fables du chat.**
19 € ISBN : 978-2-913493-72-8
1220. Ill. Manoukian, Isabelle : **Les Fables du cheval.**
12 € ISBN : 978-2-913493-77-3
1221. Ill. Landowski, Cécile : **Les Fables du chien.**
19 € ISBN : 978-2-913493-71-1
1222. Ill. Haudot, France : **Les Fables du coq.**
12 € ISBN : 978-2-913493-85-8
1223. Ill. Guittard, Bruno : **Les Fables du rat.**
19 € ISBN : 978-2-913493-73-5
1224. Ill. Guittard, Bruno : **Les Fables du serpent.**
12 € ISBN : 978-2-913493-74-2
1225. Ill. Vincze, Eva : **Les Fables du singe.**
16 € ISBN : 978-2-913493-70-4
Pour tous à partir de 11 ans

1226. La Fontaine, Jean de : **Fables.**
L'intégralité des douze livres des *Fables* en un seul volume. Remarquable pour la qualité de son iconographie : un choix d'images empruntées au fil du temps à des illustrateurs aussi divers que Benjamin Rabier, Gustave Doré, Boutet de Monvel, Grandville, etc. sans compter les anonymes des cahiers d'écolier, des chromos publicitaires, des images d'Épinal...
Le Chêne
32 € ISBN : 978-2-84277-568-1
À partir de 9 ans

1227. La Fontaine, Jean de ; ill. Born, Adolf : **Fables complètes.**
Un gros volume de près de 600 pages, en grand format, avec une typographie très lisible et de nombreuses illustrations, pour cette édition intégrale comprenant l'ensemble des douze livres des *Fables*.
Gründ, Contes et poèmes
19,95 € ISBN : 978-2-7000-1426-6
À partir de 11 ans

1228. La Fontaine, Jean de ; musique Alexandre, Jean-François ; dir. artistique Cohen, Olivier : **Les Fables de La Fontaine.**
Textivores
22 €
À partir de 8 ans

1229. Éd. Henry, Jean-Marie ; ill. Lejonc, Régis : **Le Fabuleux fablier.**
Anthologie de fables de tous les temps. Eh non ! il n'y a pas que La Fontaine : voici plus de soixante-dix textes pleins d'esprit, nés sous la plume d'auteurs très différents comme Tardieu, Queneau, Samivel, Pef et tant d'autres... On savourera la fantaisie de ces petites histoires dont la malice n'exclut pas le sérieux.
Rue du monde, La poésie
15,50 € ISBN : 978-2-912084-51-4
À partir de 8 ans

1230. Muzi, Jean ; ill. Franquin, Gérard : **19 Fables de renard.**
Dix-neuf récits adaptés du *Roman de Renart*, de fables et de contes d'Orient, du Maghreb, d'Espagne, d'Ésope, de La Fontaine. Très bien illustré.
Flammarion-Père Castor, Castor poche Junior, Contes
4,50 € ISBN : 978-2-08-164715-2
6-12 ans

1231. Knappert, Jan ; ill. Roy, Jeroo ; trad. Vassallo, Rose-Marie : **37 Fables d'Afrique.**
Toute une sagesse populaire illustrée par les animaux.
Flammarion-Père Castor, Castor poche Junior, Contes
3 € ISBN : 978-2-08-164489-2
6-12 ans

CONTES ET LITTÉRATURE : quand les écrivains se font conteurs

1232. François, Paul ; ill. Beuville : **Trois Tours de Renard.**
Le vol des anguilles, le loup tonsuré puis coincé par la queue dans la glace : trois histoires très connues adaptées du *Roman de Renart*.
Flammarion-Père Castor, Les albums du Père Castor, Secondes lectures
3,95 € ISBN : 978-2-08-160229-8
5-9 ans

1233. Adapt. Poslaniec, Christian ; ill. Crozat, François : **Le Roman de Renart.**
Sept extraits bien connus du *Roman de Renart*. Immenses illustrations, très classiques, dans lesquelles s'inscrit un texte versifié plaisant à lire, en particulier à haute voix. Les adultes auront plaisir à faire découvrir aux plus jeunes notre Renart

national. Une excellente adaptation d'un grand classique.
Milan
14,94 € ISBN : 978-2-84113-411-3
6-10 ans

♥ **1234.** Adapt. Leroy-Allain, J. ; ill. Rabier, Benjamin : **Le Roman du Renard.**
L'acidité des illustrations compense largement l'adaptation pour enfants.
Tallandier
39 € ISBN : 978-2-84734-185-0
5-10 ans

1235. Lu par Rochefort, Jean : **Le Roman de Renart.**
Renart vole son fromage à Tiécelin le corbeau, abandonne Ysengrin le loup aux chasseurs, tente de dévorer Chanteclerc le coq. Lassés de ses méchants tours, les animaux demandent justice… L'adaptation d'Olivier Cohen restitue la cruauté et la complexité de l'œuvre d'origine. Les interprètes sont tous parfaits, particulièrement Jean Rochefort en narrateur amusé et Quentin Baillot en Renart rusé et subtil.
Frémeaux et associés
20 €
À partir de 8 ans

1236. Texte Paris, Paulin : **Le Roman de Renart (1170-1250).**
Petit format charmant. Nombreuses illustrations très colorées des XIXe et début XXe siècle. Plaisir des yeux qui aidera sûrement à entrer dans le texte.
Le Chêne, Bibliothèque illustrée
20 € ISBN : 978-2-84277-663-3
Pour tous dès 9 ans

1237. Texte Paris, Paulin : **Le Roman de Renart.**
Édition « économique » d'un grand classique.
Gallimard Jeunesse, Folio Junior
5,40 € ISBN : 978-2-07-053730-3
9-14 ans

♥ **1238.** Adapt. Coran, Pierre ; ill. Lemaître, Pascal : **Le Roman de Renart.**
On a beaucoup aimé cette adaptation versifiée de Pierre Coran, ill. par G. Lefebvre en 1996. Passage ici en collection « Épopées », ce qui est adéquat, mais plus modeste d'aspect. Nouvelles illustrations rigolotes en noir et blanc bienvenues. Une jolie édition de qualité.
Casterman, Épopées
6,50 € ISBN : 978-2-203-16328-7
9-15 ans

1239. Samivel : **Brun l'ours.**
Le petit théâtre s'ouvre sur la société des animaux qui, au Moyen Âge, parodiait allègrement les humains.
Delagrave, Grands albums Samivel
12,20 € ISBN : 978-2-206-00539-3
7-10 ans

1240-1241. D'après Rabelais, François ; ill. Claveloux, Nicole ; CD : voix Piéplu, Claude ; Galabru, Michel ; Fabbri, Jacques : **Gargantua** (suivi de) **Pantagruel** (1534). Adaptation, illustration et mise en voix pour faciliter l'entrée dans un texte difficile.
Thierry Magnier
23 € ISBN : 978-2-84420-308-3
À partir de 11 ans

Parmi les neuf minuscules volumes de textes choisis par Muriel Bloch, à côté de récits un peu plus difficiles de A. von Arnim, D. Diderot, ou E. T. A Hoffmann, signalons ces cinq titres qui sont parfaitement accessibles aux bons lecteurs dès 11-12 ans. Pour tous ceux qui cherchent des idées de répertoire pour lire à haute voix ou raconter aux plus âgés, c'est une mine.
Mercure de France, Le Petit Mercure

1242. Lubert, Mlle de : **La Princesse Camion.**
2,30 € ISBN : 978-2-7152-1944-1

1243. Luzel, François-Marie de : **Le Chat noir.**
2 € ISBN : 978-2-7152-1945-8

1244. Basile, Giambattista : **La Chatte Cendrillonne.**
2 € ISBN : 978-2-7152-1949-6

1245. Andersen, Hans Christian : **Le Compagnon de voyage.**
2 € ISBN : 978-2-7152-1948-9

1246. Walpole, Horace : **Les Contes hiéroglyphiques.**
2,30 € ISBN : 978-2-7152-1952-6
Pour tous dès 10 ans

♥ **1247.** Leprince de Beaumont, Madame ; ill. Glasauer, Willi : **La Belle et la Bête.**
Nous connaissons les illustrations de Willi Glasauer pour ce conte depuis 1983, en édition monochrome, puis en éditions colorisées, mises en pages différemment, tout au long des diverses rééditions. Les revoici donc, mieux reproduites que dans la dernière livraison, dans le nouveau format de Folio Cadet, plus agréable que l'ancien, avec de jolis rabats, bien mis en pages.
Gallimard Jeunesse, Folio Cadet
5,90 € ISBN : 978-2-07-053881-2
7-12 ans

♥ **1248.** Leprince de Beaumont, Madame ; images Claveloux, Nicole : **La Belle et la Bête.**
Le grand format à l'italienne fait que l'on se trouve littéralement plongé dans le décor fantastique d'un jardin baroque plein d'étrangetés. Laissez-vous aller et entrez dans ce décor extraordinaire pour découvrir mille et un détails invisibles au premier coup d'œil et qui éclairent la vision de Nicole Claveloux. Musique étrange qui nous enveloppe et nous séduit peu à peu davantage.
Être
23 € ISBN : 978-2-84407-022-7
Pour tous à partir de 7 ans

1249. Villeneuve, Madame de ; ill. Delessert, Étienne : **La Belle et la Bête.**
La publication de ce volume en format agrandi est une jolie initiative. Cela redonne à l'image une force étonnante.
Grasset-Monsieur Chat, Il était une fois
12,10 € ISBN : 978-2-246-32152-1
Pour tous dès 9 ans

1250. Leprince de Beaumont, Madame ; ill. Dugas, Denis : **La Belle et la Bête et autres contes.**
Bonne réédition d'une excellente anthologie.
Hachette Jeunesse, Le Livre de poche Jeunesse, Contes et merveilles
4,50 € ISBN : 978-2-01-321872-6
8-14 ans

♥ **1251.** Aulnoy, Madame d' ; ill. Clément, Frédéric : **L'Oiseau bleu et autres contes.**
Trois contes très connus : « L'Oiseau bleu », « La Biche au bois », « Gracieuse et Percinet ». Toujours un vrai délice de redécouvrir ces textes que l'on aurait grand profit de lire à haute voix afin d'en faire bénéficier le plus large public possible. Le style de Frédéric Clément s'accorde bien avec celui de ces contes baroques. Un beau livre pour tous.
Grasset Jeunesse, Grands lecteurs
24,40 € ISBN : 978-2-246-43481-8
Pour tous dès 10 ans

♥ **1252.** Aulnoy, Madame d' ; ill. Clément, Frédéric : **La Chatte blanche et autres contes.**
Un grand livre luxueux, très bien mis en pages qui regroupe : « La Chatte blanche », « Le Nain jaune » et « La Belle aux cheveux d'or ». Illustration remarquable.
Grasset Jeunesse, Grands lecteurs
22,60 € ISBN : 978-2-246-42161-0
Pour tous dès 10 ans

1253. Aulnoy, Marie-Catherine Le Jumel de Barneville, baronne d' ; textes établis par Lemirre, Élisabeth ; ill. Rosano, Laura : **L'Oiseau bleu et autres contes.**
Voici l'« Oiseau bleu », qui chante dans nos mémoires, mais peu connu malgré tout, et surtout deux textes plus rares : « Babiole », la princesse transformée en guenon dès sa naissance et « L'Oranger et l'abeille » qui se rattache à la famille de « La Fille du magicien ». Ces histoires font partie de notre patrimoine, ont influencé la vision des Français concernant le conte merveilleux et sont pourtant méconnues.
Le Seuil
14,95 € ISBN : 978-2-02-051605-1
10-15 ans

♥ **1254.** D'après Goethe, Johann Wolfgang von ; adapt. Hazen, Barbara et Chagot, Adolphe ; ill. Ungerer, Tomi : **Guillaume, l'apprenti sorcier.**
Heurs et malheurs d'un jeune apprenti qui veut jouer, trop tôt, au maître. Sur un thème bien connu, belle variante de Goethe et Tomi Ungerer.
L'École des loisirs
11 € ISBN : 978-2-211-02046-6
Existe aussi en Lutin poche.
5,50 € ISBN : 978-2-211-04281-9
5-9 ans

1255. Hoffmann, Ernst Theodor Amadeus ; ill. Innocenti, Roberto ; trad. Ladoix, Jenny et Manheim, Ralph : **Casse-Noisette.** (1816)
Le soir de Noël, la petite Marie reçoit un casse-noisette en forme de petit homme qui pourrait bien être un prince ensorcelé... Mise en pages élégante et large place laissée à l'illustration pour cette édition du fameux conte imaginé par Hoffmann en 1816.
Gallimard Jeunesse
18 € ISBN : 978-2-07-059527-3

♥ **1256.** Choix et trad. de l'allemand Lauxerois, Marie : **L'Eau de la vie : contes allemands.**
Remarquable anthologie de textes très peu connus : trois contes merveilleux des Frères Grimm, une drôle de nouvelle acide de Wilhelm Hauff et un long, très long conte merveilleux de J. K. A. Musäus. Magnifique plongée dans la culture germanique. À lire en écoutant Bach et Schubert !
L'École des loisirs, Neuf
8 € ISBN : 978-2-211-04236-9
Pour tous dès 9 ans

♥ **1257.** Hauff, Wilhelm ; ill. Zwerger, Lisbeth ; trad. Nikly, Michelle : **Le Nain long nez.**
Très belle édition de ce beau conte cruel et amusant à la fois. Bonne traduction : les choux sont bien devenus têtes d'hommes dans le panier de la sorcière ! Les illustrations soulignent l'étrangeté du texte. Un magnifique cadeau.
Nord-Sud, Un livre Michael Neugebauer
15 € ISBN : 978-3-314-20804-1
À partir de 7 ans

♥ **1258.** Hauff, Wilhelm ; ill. Weber, Theodor ; Hosemann, Théodor et Burger, Ludwig ; trad. Casanova, Nicole et Deshusses, Pierre : **Contes.**
Cette édition des contes de W. Hauff publiés dans leur intégralité (à l'exception des quelques textes d'autres auteurs insérés par Hauff lui-même) est un événement. Il y a dans ces récits à la fois le charme des *Nuits,* tout ce merveilleux bazar oriental tel que le rêve l'Occident depuis Galland, et le charme aussi du romantisme allemand. À partager avec les enfants en lecture à haute voix dès 7-8 ans, à faire lire aux autres, adolescents ou bons lecteurs. Les illustrations du XIXe siècle sont pleines de charme.
Actes Sud
28,81 € ISBN : 978-2-7427-2008-8
Existe en poche dans la collection Babel :
10,50 € ISBN : 978-2-7427-4151-9
Pour tous dès 12 ans

♥ **1259.** Texte Andersen, Hans Christian ; trad. du danois Boyer, Régis ; ill. Galeron, Henri : **Le Vilain Petit Canard.**
L'illustration généreuse de Henri Galeron, pas si paisible qu'on pourrait le croire, accompagne magnifiquement l'un des plus célèbres contes d'Andersen. Excellente traduction de Régis Boyer.
Gallimard Jeunesse, La Clé des contes
11 € ISBN : 978-2-07-057261-8
5-10 ans

1260. Un conte d'Andersen ; ill. Grenier, Delphine ; trad. Soldi, David : **Le Vilain Petit Canard.**
Texte intégral dans la jolie traduction de D. Soldi qui a fait, depuis longtemps, ses preuves auprès des enfants. Grandes illustrations pleine page : certaines, comme celle du paysan réchauffant le canard glacé presque mort dans ses bras, sont carrément magnifiques. Même si toutes n'ont pas cette force, c'est néanmoins un livre de qualité à posséder absolument en bibliothèque.
Didier Jeunesse
12,90 € ISBN : 978-2-278-05473-2
5-9 ans

1261. Andersen, Hans Christian ; ill. Klever, Oscar ; trad. Fournier, Vincent : **Le Briquet.**
Peut-être le conte d'Andersen le plus aimé des enfants, en tous cas l'un des plus connus. Version complète, correctement traduite. Grand album qui ne comporte que quatre grandes illustrations, découpées par ailleurs en petites vignettes insérées dans le courant d'un texte plutôt dense.

L'histoire émouvante de l'œuvre d'O. Klever consacrée à Andersen est racontée brièvement à la fin du livre.
Esprit ouvert, Le Jeune lecteur
12,50 € ISBN : 978-2-88329-037-2
7-12 ans

♥ **1262.** Une adaptation du conte d'Andersen, Hans Christian ; ill. Zwerger, Lisbeth : **Poucette.**
Nouvelle couverture, nouveau texte « allégé », pour l'un des contes les plus connus d'Andersen qui nous manquait depuis trop longtemps (*cf.* édition française chez Duculot en 1987).
Nord-Sud, Un livre Michael Neugebauer
13 € ISBN : 978-3-314-21703-6
Pour tous dès 5 ans

♥ **1263.** Andersen, Hans Christian ; ill. Lynch, P. J. : **L'Inébranlable Soldat de plomb.**
Un très beau texte à redécouvrir, illustré par moments de manière très impressionnante.
Kaléidoscope
11,50 € ISBN : 978-2-87767-058-6
7-11 ans

1264. Andersen, Hans Christian ; ill. Lemoine, Georges : **Le Petit Soldat de plomb.**
La destinée mouvementée du soldat de plomb et des autres jouets.
Grasset-Monsieur Chat, Il était une fois
8,40 € ISBN : 978-2-246-32141-5
Existe aussi en grand format
ISBN : 978-2-246-32142-2
12,10 € Pour tous dès 7 ans

♥ **1265.** Andersen, Hans Christian ; ill. Duntze, Dorothée : **La Princesse au petit pois.**
Tonalités rose, gris perle et bleu pâle, un lit haut comme une tour mais si poétique pour une « vraie » princesse. Un conte super connu dont le charme opère toujours… Illustrations délicates et pleines d'esprit.
Nord-Sud
13 € ISBN : 978-3-314-20553-8
5-9 ans

♥ **1266.** Andersen, Hans Christian ; ill. Barrett, Angela ; trad. Paraf, Anne-Mathilde : **Les Habits neufs de l'empereur.**
Très intéressante édition du conte bien connu d'Andersen : mise en pages variée, illustrations étonnantes d'Angela Barrett qui situe l'histoire au début du XXe siècle, dans l'atmosphère luxueuse et artificielle d'un lieu imaginaire genre ville d'eau. Un excellent livre.
Gründ, Grands textes illustrés
9 € ISBN : 978-2-7000-4279-5
Pour tous dès 7 ans

♥ **1267.** Un conte d'Andersen, Hans Christian ; adapt. Serres, Alain ; ill. Lejonc, Régis : **Hans le balourd.**
Histoire de ce troisième fils mal aimé par le père, mal considéré par ses frères qui, bien sûr, finira par obtenir le cœur et la main de la princesse qui voulait se donner à celui qui saurait le mieux la demander ! Juste revanche qui plaira à tous les blessés de la vie ! L'adaptation est ici excellente et l'illustration remarquable. Mélange de romantisme, d'humour, de tendresse aussi.
Rue du monde
13 € ISBN : 978-2-915569-40-7
Pour tous dès 6 ans

1268. Andersen, Hans Christian ; ill. Lemoine, Georges : **Le Rossignol de l'empereur de Chine.**
Un empereur qui découvrit la différence entre un rossignol automate et un oiseau en liberté.
Gallimard Jeunesse, Folio Cadet
5,90 € ISBN : 978-2-07-055595-6
6-9 ans

1269. D'après Andersen, Hans Christian ; ill. Zwerger, Lisbeth : **Le Rossignol.**
Même histoire que précédemment avec les illustrations pleines d'esprit de L. Zwerger.
Nord-Sud
13 € ISBN : 978-3-314-21746-3
6-12 ans

1270. Andersen, Hans Christian ; ill. Lemoine, Georges : **La Petite Fille aux allumettes.**
Une petite fille toute seule un soir de Noël…
Gallimard Jeunesse, Folio Cadet
5,90 € ISBN : 978-2-07-053720-4
7-10 ans

♥ **1271.** Andersen, Hans Christian ; trad. Garay, Nora ; ill. Zwerger, Lisbeth : **La Petite Sirène.**
Ce qui nous intéresse ici, outre la qualité indéniable de la traduction, c'est l'illustration qui scande le récit et l'éclaire de manière singulière. Le style de l'artiste a évolué tout au long des années. Toujours nous y retrouvons sa mélodie très spéciale, faite de finesse, d'intelligence, de sensibilité extrême qui s'accorde si bien avec celle d'Andersen. Elle nous fascine et nous emporte, quel que soit notre âge.
Nord-Sud, Un livre Minédition
16 € ISBN : 978-3-314-30013-4
Pour tous dès 6-7 ans

♥ **1272.** Andersen, Hans Christian ; ill. Ivers, Mette : **La Reine des neiges.**
À force d'amour, Gerda vient à bout des sortilèges qui avaient gâté le cœur de son ami. Une très belle histoire qui s'adresse aussi aux aînés.
Gallimard Jeunesse, Folio Junior
4,60 € ISBN : 978-2-07-051630-8
8-12 ans

1273. Andersen, Hans Christian ; ill. Eidrigevicius, Stasys : **La Reine des neiges.**
La très belle et terrifiante histoire de Gerda et du petit Kay.
Grasset-Monsieur Chat, Il était une fois
8,40 € ISBN : 978-2-246-33621-1
Pour tous dès 7 ans

1274. Andersen, Hans Christian ; ill. Tegner, Hans ; trad. Soldi, D. ; Grégoire, E. ; Moland, L. : **Poucette et douze autres contes.**
Des histoires plutôt courtes, souvent drôles, dont le texte se prête bien à la lecture à haute voix.
Hachette Jeunesse, Le Livre de poche Jeunesse, Contes et merveilles
4,50 € ISBN : 978-2-01-322090-3
7-10 ans

1275. Andersen, Hans Christian ; ill. Pedersen ; trad. Soldi, D. : **Contes.**

Reprise de la plus ancienne traduction française pour cette anthologie en trois volumes très bien présentée.
L'École des loisirs, Classiques
Vol. 1 : ISBN : 978-2-211-05517-8
Vol. 2 : ISBN : 978-2-211-05533-8
Vol. 3 : ISBN : 978-2-211-05592-5
5 € chaque 7-12 ans

1276. Andersen, Hans Christian ; ill. Fucikova, Renata ; trad. Paraf, Anne-Mathilde ; Grégoire, Ernest et Holand, Louis : **Contes d'Andersen.**
Neuf contes très connus d'Andersen, comme « Le Briquet » ou « La Petite Fille aux allumettes ». Grand format. Texte en surimpression encadré de larges illustrations en doubles pages. Une édition sympathique, réussie.
Gründ, Contes et fables de toujours
9 € ISBN : 978-2-7000-1004-6
6-10 ans

1277. Texte Andersen, Hans Christian ; ill. Heidelbach, Nikolaus ; trad. du danois Boyer, Régis : **Contes.**
Quarante-trois contes de H. C. Andersen : histoires bien connues de tous, mais aussi certains récits comme le magnifique « Jardinier et ses maîtres » ou le cruel « Dans la cour aux canards »... C'est un délice de lire la plupart de ces textes à haute voix. La qualité de la traduction de R. Boyer y est pour beaucoup. Le charme de cette édition réside bien sûr dans la force et l'originalité des illustrations.
Le Seuil
25 € ISBN : 978-2-02-079020-8
Pour tous dès 6-7 ans

1278. Andersen, Hans Christian ; ill. Stanclova, Kamila ; Kallay, Dusan : **Contes 1. Contes 2. Contes 3.**
Trois volumes regroupant les contes pour les enfants, où l'on découvre des textes peu connus. Les illustrations, du côté de l'onirique, de l'incongru, voire du grotesque donnent un éclairage très intéressant. On regrette l'absence d'une introduction ou d'un léger appareil critique qui aurait replacé l'œuvre d'Andersen dans son contexte historique, sociologique et religieux.
Gründ, Contes et poèmes
Vol. 1 : ISBN : 978-2-7000-1434-1
Vol. 2 : ISBN : 978-2-7000-1436-5
Vol. 3 : ISBN : 978-2-7000-1437-2
20 € chaque
Pour tous dès 7 ans

1279. Conte rimé de Noël, Bernard ; d'après Browning, Robert ; ill. Greenaway, Kate : **Le Joueur de pipeau d'Hamelin.**
Où l'on retrouve le joli texte en vers, très agréable à lire à haute voix, scandé par les images pleines de charme de Kate Greenaway pour l'une des légendes les plus connues.
L'École des loisirs, Mouche
6,50 € ISBN : 978-2-211-07808-5
6-12 ans

♥ **1280.** Mérimée, Prosper ; ill. Antibes, Marine d' : **Federigo.**
Nouvelle très inspirée de thèmes traditionnels : la visite de Jésus et de ses apôtres sur Terre et souhaits accordés à celui qui les a accueillis... qui lui permettront de tromper la mort et d'entrer en force au Paradis. Humour des contes populaires et écriture raffinée : un délice. Très bien illustré.
Metagram
7,95 € ISBN : 978-2-88445-345-5
Pour tous dès 10 ans

♥ **1281.** Tolstoï, Léon ; ill. Grœbner, Dominic : **Les Trois Ermites.**
Sont-ce les tenants de l'Église officielle qui reçoivent la grâce divine ou d'autres, comme ces ermites joyeusement ignorants, mais sachant intuitivement ce qu'il faut faire ? Il y a ici une allégresse, à laquelle sera sensible tout lecteur qui n'oubliera pas de sitôt les trois silhouettes, presque des fantômes, glissant à toute vitesse sur les eaux et jetant sur le distingué archevêque un regard si bon, si confiant et si malicieux.
Metagram
7,95 € ISBN : 978-2-88445-501-5
Pour tous dès 10 ans

♥ **1282.** D'après un conte de Tolstoï, Léon ; écrit et ill. Muth, Jon ; trad. de l'américain Bonhomme, Catherine : **Les Trois Questions.**
« Quel est le meilleur moment pour agir ? Quelle est la personne la plus importante ? Quelle est la meilleure chose à faire ? »
Inspiré à la fois par un conte zen et par une nouvelle de Léon Tolstoï, qu'il admire, Jon Muth a écrit et illustré un bref récit que l'on pourrait qualifier de philosophique à l'intention des enfants.
Circonflexe, Albums
14 € ISBN : 978-2-87833-326-8
7-10 ans

♥ **1283.** Kipling, Rudyard ; trad. Humières, Robert d' ; trad. Fabulet, Louis : **Histoires comme ça.**
Quand R. Kipling racontait à sa « mieux aimée » des histoires en forme de contes étiologiques et dessinait pour elle... Chef-d'œuvre des chefs-d'œuvre...
Delagrave, Mouette
13,70 € ISBN : 978-2-206-00341-2
Pour tous dès 5 ans

1284. Kipling, Rudyard ; trad. Humières, Robert d' ; Fabulet, Louis ; Gripari, Pierre : **Histoires comme ça.**
En prime, un conte traduit par Pierre Gripari.
Gallimard Jeunesse, Folio Junior Édition spéciale
4,90 € ISBN : 978-2-07-051392-5
5-10 ans

1285. Kipling, Rudyard ; ill. Angeli, May ; trad. Dupuigrenet-Desroussilles, François : **Histoires comme ça.**
Nouvelle traduction, nouvelles illustrations de qualité.
Sorbier
29 € ISBN : 978-2-7320-3570-3
5-12 ans
Existe aussi en versions séparées (10,37 € chaque) :
1286. Le chat qui s'en allait tout seul.
1287. Comment le léopard se fit des taches.
1288. Comment le rhinocéros se fit la peau.
1289. Comment il poussa une bosse au chameau.
1290. Le Refrain du vieux kangourou.
1291. Le Début des tatous.
1292. Le crabe qui jouait avec la mer.

1293. Comment on fabriqua l'alphabet.
1294. La Première Lettre.
1295. Le Papillon qui tapait du pied

1296. Kipling, Rudyard ; adapt. et dialogues Dalbray, Muse ; raconté par Monfort, Sylvia et Périer, François : **Deux histoires comme ça (L'Enfant d'éléphant, Le chat qui s'en va tout seul).**
Chant du monde
16 € À partir de 5 ans

1297. Kipling, Rudyard : **Histoires comme ça (L'Enfant d'éléphant, La Baleine et son gosier, Le Léopard et ses taches, La Complainte du petit père kangourou, Le Rhinocéros et sa peau, Le Commencement des tatous).**
Raconté par Lonsdale, Michel.
Radio France
14 € À partir de 5 ans

♥ **1298.** Joyce, James ; ill. Blachon, Roger : **Le Chat et le diable.**
Très jolie réédition en grand format de cette excellente histoire inspirée d'un thème traditionnel : construction magique d'un pont par le diable. Illustrations pleines d'esprit. Une réussite.
Gallimard Jeunesse, Les Bottes de sept lieues
10,67 € ISBN : 978-2-07-058510-6
Pour tous dès 5 ans

♥ **1299.** Saint-Pol-Roux ; ill. Perrin, Renaud : **Saint Nicolas des Ardennes.**
Dérangeante, cette version « chahutée », un peu « gore » même, de la légende de saint Nicolas qui en amusera plus d'un. Texte difficile, certes, mais délectable aussi, auquel on pourrait amener beaucoup de jeunes après leur avoir chanté et raconté l'histoire de ceux « qui s'en allaient glaner aux champs ». Ainsi vont les chemins vers la littérature.
Passage piétons
9 € ISBN : 978-2-913413-13-9
Pour tous dès 10 ans

♥ **1300.** Prokofieff, Serge ; ill. Battut, Éric : **Pierre et le loup.**
Une belle édition de cette histoire plus que connue. Jolie mise en pages du texte et des thèmes musicaux. Immenses illustrations nocturnes de qualité.
Didier Jeunesse
23,50 € ISBN : 978-2-278-05084-0
5-10 ans

1301. Prokofiev, Serge ; ill. Voigt, Erna : **Pierre et le loup.**
Comment Petit Pierre défia le loup, avec l'oiseau, le canard et le chat.
Gallimard Jeunesse, Folio Benjamin
5,50 € ISBN : 978-2-07-054837-8
6-9 ans

1302. Choix et trad. Sauerwein, Leigh ; ill. Robbins, Arthur : **Contes de l'Ouest américain.**
Dix brefs récits qui vous laissent pantois, les yeux exorbités, la main crispée sur la bouteille : et hop ! une petite lampée pour se remettre... Pour un si grand pays, de si vastes espaces, rien ne sera trop énorme. Et voilà comment on se retrouve tout près de la bonne vieille tradition des contes de mensonges. Un répertoire très rigolo dont il ne faut surtout pas se priver.
L'École des loisirs, Neuf
8 € ISBN : 978-2-211-06205-3
Pour tous à partir de 7 ans

1303. Yourcenar, Marguerite ; ill. Lemoine, Georges : **Comment Wang-Fô fut sauvé.**
Un conte d'inspiration chinoise, évidemment plein de sagesse, qui parle de la beauté des choses... avec les mots de Yourcenar.
Gallimard Jeunesse, Folio Cadet
4,90 € ISBN : 978-2-07-053887-4
7-12 ans

1304. Tournier, Michel ; ill. Lemoine, Georges : **Barbedor.**
Il était une fois, en Arabie, un roi fameux pour sa barbe magnifique et dorée...
Gallimard Jeunesse, Folio Cadet
5,40 € ISBN : 978-2-07-055596-3
7-12 ans

♥ **1305.** Barber, Antonia ; ill. Lynch, P. J. : **Chaton.**
Chaton, petit, si petit chat, parviendra-t-il à ramener à ses parents sa petite maîtresse enlevée par le « Petit Peuple » ? Magnifique histoire inspirée des contes celtes. Beau texte à lire à haute voix.
Gründ, Grands textes illustrés
9 € ISBN : 978-2-7000-4288-7
5-10 ans

1306. Adapt. Mingau, Muriel d'après un conte populaire écossais ; ill. Segovia, Carmen : **Au creux de la noisette.**
La mort fait partie de la vie, on ne peut l'éviter. Son absence est même source de catastrophes. Cette adaptation particulièrement touchante met en scène un jeune garçon qui emprisonne la mort pour qu'elle ne puisse prendre sa jeune mère. L'illustration est très intéressante, sobre, émouvante.
Milan Jeunesse
11 € ISBN : 978-2-7459-1586-3
7-10 ans

♥ **1307.** Texte Fauser, Jacob ; gravures sur bois Stangl, Katrin : **Chevaliers = Ritter.**
Superbe livre, immense, aux illustrations mystérieuses de noir et d'argent pour une histoire composée par un enfant de 11 ans. Un vrai conte merveilleux digne des Frères Grimm.
Passage piétons, Les Carnets dessinés
23 € ISBN : 978-2-913413-30-6
Pour tous dès 5-6 ans

♥ **1308.** Texte et ill. Elzbieta : **Gargouilles, sorcières et compagnie.**
Douze brèves histoires sorties tout droit de l'imagination d'Elzbieta, où l'on rencontrera nombre de personnages qui hantent contes et légendes traditionnels. Le format oblong offre pour chaque histoire une illustration pleine page impressionnante et raffinée qui évoque à la fois Moyen Âge et Renaissance. Charmant, drôle, parfois un brin nostalgique.
Le Rouergue
20 € ISBN : 978-2-84156-422-4
Pour tous dès 5-6 ans

♥ **1309.** Texte Lewis, J. Patrick ; ill. Kelley, Gary ; trad. Fleurieu, Chantal de : **La Lune rouge de Noël.**
Magnifique conte de Noël. Tout y est : la lande anglaise couverte de neige, un

bon goûter chez Tante Nora, une tempête glacée au retour, deux enfants perdus, une chute vertigineuse, un réveil chez une vieille femme qui passe pour une sorcière... À lire les pieds au chaud, dans la pénombre des jours finissants de novembre en sirotant du thé brûlant.
Metagram
4,65 € ISBN : 978-2-7366-6093-2
5-11 ans

♥ **1310.** Raconté par San Souci, Robert D. ; ill. Kelley, Gary : **Les Talons rouges.**
Merveilleuse rencontre amoureuse d'un séduisant cordonnier et d'une jeune femme mystérieuse un peu sorcière (?), un peu chamane (?) qui vole la nuit à travers la campagne... Un petit trésor de livre qui rend heureux grands et moins grands.
Metagram
4,65 € ISBN : 978-2-7366-6081-9
Pour tous dès 8 ans

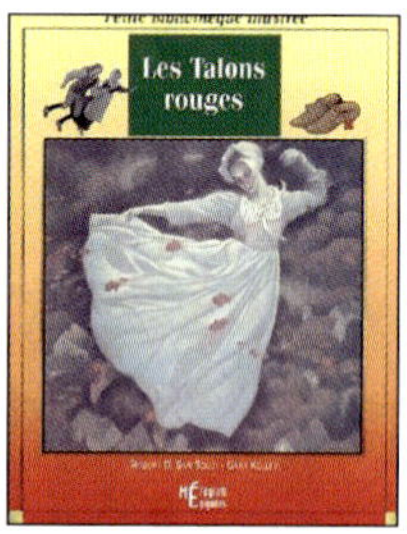

1311. Nikly, Michelle : **Le Prunier.**
Pour remplacer son beau prunier mort, l'empereur peut-il enlever à un enfant et à un rossignol l'arbre qui faisait leur bonheur ? Belles illustrations de Michelle Nikly dans le style des images japonaises.
Albin Michel Jeunesse
10,80 € ISBN : 978-2-226-01331-6
7-10 ans

1312. Wisniewski, David : **Le Guerrier et le sage.**
La force doit toujours être au service de la sagesse. Histoire à la manière d'un conte japonais. Grand album au format à l'italienne. Illustration dominante évoquant ombres chinoises et marionnettes orientales grâce à l'emploi de papiers découpés de toutes les couleurs. Un beau livre.
L'École des loisirs
11,50 € ISBN : 978-2-211-03630-6
7-12 ans

1313. Giorda ; ill. Gastaut, Charlotte : **Les Trois Arbres de la vie.**
Jolie fable à propos des liens si forts qui unissent un père à sa fille et la difficulté de laisser grandir son enfant en lui donnant la possibilité de prendre son envol. Comme le plus souvent dans cette collection, jolie mise en pages, discrètes illustrations bienvenues.
Albin Michel Jeunesse, Petits contes de sagesse
6,90 € ISBN : 978-2-22611913-1
10-12 ans

♥ **1314.** Muth, Jon J. : **La Soupe aux cailloux.**
Reprise du conte populaire européen « La Soupe aux cailloux » à la façon d'un conte de sagesse. Trois moines bouddhistes (en fait, trois dieux) vont, avec l'aide d'une petite fille, redonner vie à tout un village replié sur lui-même, triste et inhospitalier. L'illustration, délicate, colorée, gaie et sensible, accompagne magnifiquement cette histoire à la fois grave et malicieuse.
Circonflexe, Albums
12 € ISBN : 978-2-87833-339-8
6-12 ans

1315. D'après un conte du bassin méditerranéen ; texte Carrara, Marco ; ill. Carrer, Chiara : **Le Trésor d'Arif.**
Conte très connu (conte sépharade ? ashkénaze ? arabe ?...). Un homme quitte sa misérable maison pour avoir rêvé d'un trésor caché sous un pont ou sous un arbre, très loin dans une capitale étrangère... Ici narré à la mode de Marco Carrara et illustré de manière plus que fantaisiste mais parfaitement adaptée au ton du récit plein de malice. On peut faire dans le conte de sagesse sans pour autant être sinistre.
Circonflexe, Albums
12 € ISBN : 978-2-87833-318-3
7-12 ans

1316. Lobel, Arnold : **Ming Lo déplace la montagne.**
Comment se débarrasser de la montagne qui étouffe la maison d'un couple chinois ? Histoire de sages ou de benêts, au choix ; dessins et présentation très typés et réussis.
L'École des loisirs, Lutin poche
5,50 € ISBN : 978-2-211-04408-5
5-9 ans

1317. Textes Bloch, Muriel ; images Patrix, Blaise ; musique Thiam, Guilla : **La Marchande de soleils.**
Long et beau conte merveilleux d'origine scandinave (« La Petite Mette »), « recyclé » comme dit la conteuse responsable de ce transfert ! La mise en pages et la place de l'illustration sont souvent trop complexes mais le CD est remarquable : la conteuse raconte, ce qui n'est pas toujours le cas dans ce genre de proposition, avec un bonheur évident et communicatif.
Thierry Magnier
23 € ISBN : 978-2-84420-171-3
7-12 ans

1318. Texte Bloch, Muriel ; ill. Vautier, Mireille : **Cocozumba.**
M. Bloch s'est inspirée d'un mythe caraïbéen et d'un récit de Lydia Cabrera, pour dire à sa manière l'histoire étonnante, terrifiante, de cette princesse qui épouse un homme ver de terre, merveilleux chanteur, puis tombe sous la domination brutale d'un taureau, tyran de grande envergure, qui massacre tous les mâles y compris ses propres fils.
Seuil Jeunesse
14 € ISBN : 978-2-02-066792-0
Un beau récit qui prend toute sa dimension dans le CD **Cocozumba** publié aux éditions Naïve.
9-13 ans

1319. Texte Bloch, Muriel ; ill. Schamp, Tom : **Mary Jolie, fille du Mississippi.**
Mary Jolie hésite à prendre mari jusqu'à ce que se présente ce merveilleux jeune homme, si chic, si attirant... À peine tentée, séduite, qu'elle est épousée. Mais par qui ? Un récit plein de « suspense » venu du fond de la Louisiane et librement transmis par Muriel Bloch, accompagné d'immenses illustrations qui, en recadrant le conte dans un univers contemporain, ne le rendent que plus terrifiant. Efficace !
Seuil Jeunesse
13 € ISBN : 978-2-02-055165-6
Pour tous dès 9-10 ans

1320. Texte Strete, Craig Kee ; trad. de l'américain Bonhomme, Catherine ; peintures Johnson, Steve et Fancher, Lou : **Mange-Pieds et le garçon sans nom.**
Inspirée d'un conte amérindien, voici une histoire étrange, émouvante, drôle. Mange-Pieds est à la fois terrifiant et ridicule : il

dévore les pieds des enfants qu'il attrape avec une corde collante ! Face à lui, un enfant magnifique, sans nom, venu d'on ne sait où, calme, grave, qui sait gagner l'amitié d'un serpent et d'un scorpion qui le sauveront de la marmite du monstre.
Circonflexe, Albums
12 € ISBN : 978-2-87833-279-7
5-8 ans

1321. Texte Momaday, N. Scott ; ill. Matta, Federica ; trad. de l'américain Danièle Laruelle : **Les Enfants du Soleil.**
L'écrivain amérindien kiowa N. Scott Momaday fait raconter à Grand-Mère Araignée les aventures épiques des enfants du Soleil. Le texte, remarquablement mis en pages, est complètement intégré dans une illustration aux traits noirs épais et aux rares couleurs vives, illustrations dansantes, vivantes comme les deux héros du récit, évoquant l'époque très archaïque des premiers temps.
Le Seuil
22 € ISBN : 978-2-02-058065-6
Pour tous dès 6-7 ans

1322. Hillerman, Tony ; Grado, Janet : **Le garçon qui inventa la libellule.**
Mythe zuni. Tony Hillerman, auteur connu pour ses romans policiers, raconte en une centaine de pages un très beau mythe indien. Un long récit bien mis en pages, discrètement illustré. Pour les bons lecteurs.
Rivages
10,52 € ISBN : 978-2-86930-497-0
Pour tous dès 11 ans

♥ **1323.** Texte Kronauer, Elli : **Mikhaïlo Potyk et Mariya la très-blanche mouette : byline.**
Inspiré d'une byline (chant épique russe qui se transmit oralement, au son des gousli, durant des centaines d'années), voici le récit des amours dramatiques de Mikhaïlo et de Mariya, fille cygne devenue ici « très-blanche mouette ». Récit long de plus de cent pages découpé en une suite de très courts chapitres, ce qui facilite et dynamise la lecture. Une langue riche, poétique, aux multiples répétitions qui contribuent à donner au texte un rythme musical incomparable. Un beau livre pour les adolescents, surtout s'ils ont été nourris de contes et que nous aurons plaisir à lire à haute voix à ceux qui hésiteraient à y entrer seuls.
L'École des loisirs, Médium
8,20 € ISBN : 978-2-211-05744-8
Autres titres :
1324. Ilia Mouromietz et le rossignol brigand.
6,70 € ISBN : 978-2-211-05316-7
1325. Aliocha Popovitch et la rivière Saphrate.
7,30 € ISBN : 978-2-211-05510-9
1326. Soukmane fils de Soukmane et les fleurs écarlates.
7,62 € ISBN : 978-2-211-05742-4
1327. Sadko et le tsar de toutes les mers océanes.
7 € ISBN : 978-2-211-05318-1
Pour tous à partir de 11-12 ans

HUMOUR ET PARODIE

♥ **1328.** Ahlberg, Janet et Allan : **Le Gentil facteur ou Lettres à des gens célèbres.**
Une lettre de Boucle d'Or aux trois ours, une autre pour le loup où le Petit Chaperon Rouge défend ses intérêts par huissiers interposés... Six vraies lettres, dans de vraies enveloppes, pour rire vraiment.
Albin Michel Jeunesse
14,90 € ISBN : 978-2-226-15923-6
3-8 ans

♥ **1329.** Textes Harrison, David L. ; ill. Fix, Philippe ; trad. de l'américain Fatou, Hélène : **Le Livre des géants ingénus.**
Nous trouvons ici trois récits farfelus (le plus célèbre étant celui de la varicelle) dans lesquels un petit garçon confronté à des géants, effrayants mais peu futés finalement, s'en sort toujours admirablement. Le texte se prête facilement à une lecture à haute voix. Les illustrations sont pleines de charme, d'humour et fourmillent de petits détails comme les enfants les aiment tant.
Hoëbeke
14 € ISBN : 978-2-84230-148-4
4-9 ans

♥ **1330.** Scieszka, Jon ; ill. Smith, Lane ; trad. Fromental, Jean-Luc : **Le Petit Homme de fromage et autres contes trop faits.**
Sept contes traditionnels, une fable et deux contes d'Andersen passés joyeusement à la moulinette. Structure du récit bousculée, contes entremêlés, jeu sur la forme même du livre : un délire qui réunira petits et grands dans un même éclat de rire. Bonne introduction aussi à l'humour noir.
Seuil Jeunesse
13,90 € ISBN : 978-2-02-021365-3
Pour tous dès 7 ans

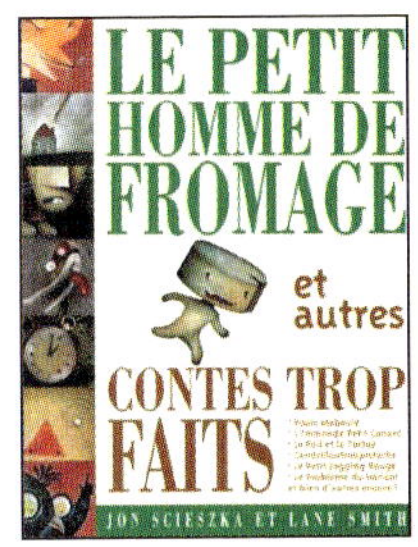

♥ **1331.** Sciezka, Jon ; ill. Smith, Lane ; trad. Fromental, Jean-Luc : **Calmar un jour, calmar toujours. Fables bestiales, nouvelles morales.**
Quand le genre de la fable se prête à la parodie, on découvre une série de situations « bestiales » certes, mais ô combien humaines ! Avec en prime de doctes sentences dénommées, comme il se doit, « moralités » : loufoques et décalées à souhait. Typographie et mise en pages concourent à ce joyeux délire tous azimuts.
Seuil Jeunesse
13,90 € ISBN : 978-2-02-036153-8
Pour tous dès 7 ans

1332. Shulevitz, Uri ; trad. Bury, Laurent : **Quand l'oiseau Lou raconte des histoires à dormir debout.**
Uri Shulevitz recompose une histoire à partir d'une série de contes que lui racontait sa mère. Cela devient une sorte de longue devinette fantaisiste et incongrue. Illustrations remarquables.
Autrement Jeunesse
12,50 € ISBN : 978-2-7467-0009-3
7-10 ans

1333. Dahl, Roald ; ill. Blake, Quentin ; trad. Krief, Anne : **Un conte peut en cacher un autre.**
Réédition en format de poche du recueil paru en France en 1982. Variations acides et pittoresques de Roald Dahl à partir de six contes parmi les plus connus des enfants. Amusant. (Une réédition de la version grand format serait bienvenue néanmoins.)
Gallimard Jeunesse, Folio Cadet

7,10 €   ISBN : 978-2-07-055267-2
6-10 ans

1334. Moissard, Boris ; ill. Dumas, Philippe : **Contes à l'envers.**
« Le Petit Chaperon bleu marine » et autres histoires irrévérencieuses à partir de contes célèbres. Très bien illustré.
L'École des loisirs, Neuf
5,20 €   ISBN : 978-2-211-04529-2
7-12 ans

1335. Texte et ill. Nadja : **Les Sur-Fées. Analyse des faits sur textes certifiés (Grimm, Perrault, etc.) et réactualisation, réévaluation, redistribution des dons (éventuellement).**
Les Sur-Fées sont des sortes de redresseurs d'erreurs ou d'injustices commises par leurs consœurs, lunettes noires sur le nez un peu à la manière des « Men in black » de joyeuse mémoire. On pourrait utiliser ce petit livre comme antidote auprès de tous ceux qui résistent au merveilleux, au nom de toutes sortes de raisonnements politiquement corrects ! Collection mal choisie : dommage !
L'École des loisirs, Mouche de poche
9,50 €   ISBN : 978-2-211-08097-2
Pour grands adolescents et adultes

♥ **1336.** Texte et ill. Vaugelade, Anaïs : **Une soupe au caillou.**
Variante amusante de l'histoire du soldat, de la vieille et de la soupe au caillou. Ici, une poulette et une ribambelle d'animaux plus ou moins naïfs mettent un loup affamé en difficulté. Que demander de mieux ?
L'École des loisirs
12 €   ISBN : 978-2-211-06458-3
4-8 ans

♥ **1337.** Ross, Tony ; trad. Deloraine, Catherine : **La Soupe au caillou.**
Un « Méchant méchant loup », bête comme on en fait peu, se fait rouler dans la farine par une poule qu'il convoite. Ce thème pas vraiment original est ici tricoté avec celui de « La Soupe aux cailloux », de telle manière que, loin de se retrouver avec un récit dégoulinant de convivialité, on se retrouve avec une histoire tout à fait délirante aux dialogues complètement dingues qui amusera petits et plus grands.
Mijade, Les Petits Mijade
5,20 €   ISBN : 978-2-87142-472-7
5-10 ans

♥ **1338.** Trivizas, Eugène ; ill. Oxenbury, Helen : **Les Trois Petits Loups et le Grand Méchant Cochon.**
« Les Trois Petits Cochons » revus et corrigés avec talent. Ne réussit pas un anti-conte qui veut. Aucune démagogie, aucune mièvrerie dans cette réécriture. Illustration remarquable. Rire et délire. Une vraie réussite.
Bayard
12 €   ISBN : 978-2-227-70559-3
5-9 ans

1339. Stehr, Frédéric : **Les Trois Petites Cochonnes.**
Sur le thème du conte bien connu, une variation féminine amusante : tel est pris qui croyait prendre. C'est la cochonne à la maison de paille qui l'emportera, ce qui n'est pas le moins réjouissant dans l'histoire.
L'École des loisirs
11,50 €   ISBN : 978-2-211-04598-8
Existe en Lutin poche : 5,50 €
ISBN : 978-2-211-05612-0
5-9 ans

1340. Claverie, Jean : **Les Trois Petits Cochons.**
Atmosphère de polar américain pour une version dans laquelle ni cochons ni loup ne se font manger. Le texte manque de rythme et d'invention. À regarder avant tout pour les illustrations de Claverie. Le loup est remarquable.
Nord-Sud
13 €   ISBN : 978-3-314-20655-9
4-9 ans

1341. Ross, Tony : **Cochon, Cochon et Cie.**
Tout en restant très proche du texte traditionnel, version amusante transposée à notre époque. Le délire est dans l'illustration de Tony Ross qui fourmille de détails désopilants.
Mijade, Les Petits Mijade
5,20 €   ISBN : 978-2-87142-467-3
5-9 ans

♥ **1342.** Scieszka, Jon ; ill. Smith, Lane ; trad. Lergen, Gilles : **La Vérité sur l'affaire des trois petits cochons.**
Le loup nous donne ici sa version personnelle (ô combien !) de l'histoire archi-connue. Texte à la première personne, dans le style naïf et familier, inénarrable. L'illustration est très étonnante, pleine d'inventions, et donne au récit une dimension autre qu'un simple pastiche. Une réussite totale.
Nathan
13,90 €   ISBN : 978-2-09-222408-3
Pour tous dès 5 ans

♥ **1343.** Wiesner, David ; trad. de l'américain Bonhomme, Catherine : **Les Trois Cochons.**
Fantaisie à partir de l'une des histoires les plus souvent racontées aux petits. Le grand format italien permet de plonger le lecteur dans d'immenses doubles pages où l'image se déforme, explose, entraîne dans une autre dimension. On s'étonne, on s'amuse, on délire. Un livre exceptionnel qui s'adresse aux enfants comme aux adultes.
Circonflexe, Albums
13 €   ISBN : 978-2-87833-284-1
Pour tous dès 5-6 ans

1344. Raconté et illustré par Floch, Arnaud : **Les 3 Petits Cochons.**
Édition déconcertante d'une histoire que l'on raconte d'ordinaire aux tout-petits. Le grand format, quasi carré, offre un bel espace à de nombreuses illustrations pleine page, pleines de charme et de force, et une belle place pour un texte abondant. Ce texte, le plus souvent au second degré, très littéraire, ne saurait s'adresser à de très jeunes. Un exercice de style amusant et intéressant.
Soleil Jeunesse
16,65 €   ISBN : 978-2-84565-438-9
Pour tous dès 8-9 ans

♥ **1345.** Texte Fogel, Catherine ; ill. Jolivet, Joëlle : **Pas de violon pour les sorcières.**
Édition en petit format de cette jolie version yiddishisante et musicale des « Trois Ours » publiée en 1995. Bien sûr la version grand format était préférable, mais celle-ci est charmante et pas chère.

Seuil Jeunesse, Les Mini Seuil Jeunesse
5,95 € ISBN : 978-2-02-049849-4
5-8 ans

1346. MacDonald, Alan ; ill. Williamson, Gwyneth ; adapt. Hainaut-Baertsoen, Nelle : **La Revanche des trois ours.**
Variation humoristique sur le thème de « Boucles d'or et les trois ours » : sorte de « suite-variante » ! Bon texte, illustrations rigolotes, on s'amuse beaucoup...
Mijade
11,50 € ISBN : 978-2-87142-134-4
Existe en version brochée :
7 € ISBN : 978-2-87142-407-9
Existe aussi en petit format :
5,20 € ISBN : 978-2-87142-186-3
5-9 ans

1347. Ross, Tony : **L'Histoire de la vieille bique et de ses sept biquets.**
Adaptation enlevée et, tout compte fait, fidèle au conte des Frères Grimm. Illustrations très amusantes de l'auteur, pleines d'humour et de mouvement.
Mijade, Les Petits Mijade
5,20 € ISBN : 978-2-87142-459-8
5-9 ans

1348. Bruel, Christian ; ill. Claveloux, Nicole : **Petits Chaperons loups.**
Rien que des images qui se font vis-à-vis comme on veut. Délire absolu. Austères et cartésiens, s'abstenir...
Être, Vis-à-vis
8 € ISBN : 978-2-84407-003-6
5-9 ans

♥ **1349.** Corentin, Philippe : **Mademoiselle Sauve-qui-peut.**
Univers loufoque et cocasse de Corentin qui « décoiffe » notre Chaperon Rouge et, par la même occasion, Gustave Doré et Benjamin Rabier. De quoi s'amuser comme des fous en famille tout l'hiver et même après... Une grande réussite.
L'École des loisirs
13,50 € ISBN : 978-2-211-04151-5
Pour tous dès 5 ans

♥ **1350.** D'après les Frères Grimm, texte et musique Malone, Vincent ; ill. Cornalba, Jean-Louis et Sadoun, Chloé : **Le Petit Chaperon de ta couleur.**
Bien s'installer, livre en mains, CD aux oreilles : les deux sont inséparables et complémentaires (comment pourrait-on comprendre, sinon, le titre même de l'histoire ou la présence d'un cochon rose affectueux à la place du loup ?). L'image, le son, le texte ne font qu'un. « Dossier » à la hauteur du reste. Tout cela sans démagogie ni vulgarité.
Seuil Jeunesse/Naïve
22,50 € ISBN : 978-2-02-057192-0
Pour tous les dépressifs, dès 5 ans

♥ **1351.** Rodari, Gianni ; ill. Sanna, Alessandro ; trad. de l'italien Turconi, Sofia : **Quel cafouillage !**
Un grand-père, plus ou moins étourdi, plus ou moins attentif, cherche à raconter à sa petite-fille « Le Petit Chaperon Rouge »... Illustration, format, mise en pages, typographie se donnent le mot pour que la fête soit complète. Le rythme de l'histoire et celui de l'image ne font qu'un. C'est un vrai bonheur de cafouiller avec ces deux-là.
Kaléidoscope
12,50 € ISBN : 978-2-87767-452-2
Pour tous dès 4-5 ans

1352. Lévy, Didier ; ill. Rapaport, Gilles : **Grand-Mère Albert.**
Amusante déclinaison du conte du « Petit Chaperon Rouge » avec deux loups, un vieux sans dents et un jeune tout en dents. Bien sûr, la fillette s'en sortira brillamment (et le vieux loup aussi par la même occasion). Les illustrations, très colorées, assez outrancières, sont, comme l'histoire, un peu sans queue ni tête et rigolotes.
L'École des loisirs
11 € ISBN : 978-2-211-05203-0
5-9 ans

1353. Pommaux, Yvan : **John Chatterton, détective.**
Première enquête de John C. : une petite fille tout de rouge vêtue a disparu... Jolies variations de l'illustration autour du rouge et du noir. Un délice.
L'École des loisirs
12,50 € ISBN : 978-2-211-03245-2
Existe aussi en Lutin poche :
5,50 € ISBN : 978-2-211-01626-1
6-9 ans

♥ **1354.** Solotareff, Grégoire ; ill. Nadja : **Le Petit Chaperon vert.**
Broderie délirante à partir du « Petit Chaperon Rouge ». On s'amuse comme des fous. Pour ceux qui commencent à lire, voici un texte pas triste du tout. Les illustrations sont inénarrables.
L'École des loisirs, Mouche de poche
5,20 € ISBN : 978-2-211-02894-3
5-10 ans

1355. D'après la version de Grimm, Jacob et Wilhelm ; texte et ill. Buquet, Jean-Luc : **Le Petit Chaperon Rouge : la scène de la chemise de nuit.**
Joli délire à propos du déguisement du loup en grand-mère, minuté et suivi avec attention : humour et raffinement s'allient délicieusement. Une réussite.
Autrement
20 € ISBN : 978-2-7467-0869-3
6-10 ans

♥ **1356.** Monsabert, Anne-Sophie de ; ill. Géraldine Alibeu : **Le Petit Chaperon Rouge a des soucis.**
Une jolie fantaisie sur le thème du « Petit Chaperon Rouge » qui a, en effet, bien des soucis quand des enfants très inquiétants se jettent sur elle comme des affamés en hurlant « Voilà le Père Noël ! ». Les choses ne s'arrangeront pas quand elle décidera de s'habiller en vert ! L'illustration est à la fois drôle et assez angoissante, ce qui est peu ordinaire.
Albin Michel Jeunesse, Zéphyr
10 € ISBN : 978-2-226-14034-0
Pour tous dès 7 ans

♥ **1357.** Nadja : **Chaperon Rouge : collection privée.**
Fantaisie rigolote autour du conte sans doute le plus connu aujourd'hui en France. Nadja utilise ici un joli petit format carré, aussi délicat que les petites figurines de porcelaine du type « Souvenir de Bagnères-de-Bigorre » qui lui permettent d'évoquer, à sa manière (très particulière) les principaux personnages et épisodes du récit ! Grognons austères s'abstenir !
Cornélius, Raoul
8,55 € ISBN : 978-2-915492-06-4
Pour tous dès 6 ans

1358. Texte et ill. Bertier, Anne : **Mon loup.**
Rencontre insolite un tantinet inquiétante de Violette et d'un loup séduisant et étrange...
Grandir
14 € ISBN : 978-2-84166-010-0
Pour tous dès 11 ans

1359. Meddaugh, Susan ; trad. Kühne, Barbara : **Le Loup, mon œil !**
Pauvre petite qui n'a pu aller à l'école parce qu'elle a rencontré le loup. Quelle histoire ! Et si elle avait tout inventé ? Qui peut savoir ? De l'art d'inventer des histoires...
Autrement Jeunesse
13 € ISBN : 978-2-86269-769-7
7-10 ans

1360. Pennart, Geoffroy de : **Le Loup sentimental.**
Quand un jeune loup est trop sentimental, peut-il dévorer trois frères cochons qui s'aiment, une chèvre et ses adorables petits, une petite fille aimée de sa grand-mère ? Non. Mais il peut dévorer un ogre...
Kaléidoscope
11,50 € ISBN : 978-2-87767-236-8
5-8 ans

1361. Fearnley, Jan ; trad. Tranchant, Christophe : **L'Anniversaire de monsieur Loup.**
De la manière de se débarrasser d'une enquiquineuse et de faire un excellent goûter ! (même les loups ont parfois besoin d'une grand-mère pleine d'initiative).
Gründ
7,90 € ISBN : 978-2-7000-4849-0
4-7 ans

1362. Pennart, Geoffroy de : **Le Déjeuner des loups.**
Comment un loup devient ami avec le cochon qu'il souhaitait dévorer. Aucune mièvrerie dans ce récit, mais beaucoup de fantaisie.
Kaléidoscope
12 € ISBN : 978-2-87767-252-8
5-8 ans

1363. Pennart, Geoffroy de : **Le Loup est revenu.**
Le loup revient : panique ! Mais l'union fait la force.
Kaléidoscope
11,50 € ISBN : 978-2-87767-121-7
5-8 ans

1364. Pennart, Geoffroy de : **Je suis revenu.**
Même récit raconté à la première personne.
Kaléidoscope
12 € ISBN : 978-2-87767-290-0
5-8 ans

1365. Barwin, Gary ; ill. Jorisch, Stéphane : **La Moustache magique.**
Histoire abracadabrante, brodée à partir de « Jacques et le haricot magique ». Jeux de mots, illustrations très colorées et rigolotes. On passe un étrange et bon moment.
Les 400 coups
10 € ISBN : 978-2-89540-077-6
7-10 ans

1366. Texte et ill. Foreman, Michael ; trad. de l'anglais Finkenstaedt, Isabel : **Rockorico !**
D'après « Les Musiciens de la ville de Brême ». Une adaptation bien faite du conte des Frères Grimm, transposé dans l'Ouest américain des années 1950-1960. Ce qui est amusant, c'est que le décalage est progressif, insensible et n'est absolument évident qu'aux deux dernières pages, explosives, inattendues et très amusantes. Illustrations parfaitement adéquates.
Kaléidoscope
12 € ISBN : 978-2-87767-317-4
5-10 ans

♥ **1367.** Pommaux, Yvan : **Lilas : une enquête de John Chatterton.**
« Blanche-Neige », revue et corrigée avec talent. Le format oblong permet des effets d'écran en cinémascope réussis, voire impressionnants. Texte minimum. Nombreuses références au cinéma, au polar, au conte, où tous les âges peuvent se retrouver. Très malin, très joli, très amusant.
L'École des loisirs
12,50 € ISBN : 978-2-211-03575-0
Existe aussi en Lutin poche :
5,50 € ISBN : 978-2-211-04245-1
Pour tous dès 7 ans

♥ **1368.** Texte Malone, Vincent ; d'après Grimm, Jacob et Wilhelm ; ill. Cornalba, Jean-Louis et Sadoun, Chloé : **Cochon-Neige ou Les Tribulations d'un petit cochon trop mignon, suivi de : Les Origines du miroir magique.**
Un drôle de petit livre rose, avec ruban marque-page rouge et jaquette, distingué, raffiné et pourtant délirant... Ce qui est amusant et intéressant c'est, qu'aux moments où l'on s'y attend le moins, le texte des Grimm surgit, preuve que l'iconoclaste le connaît plus que bien et joue avec intelligence en sa compagnie, sans le briser, en en faisant autre chose.
Seuil Jeunesse
11,50 € ISBN : 978-2-02-078634-8
Pour tous à partir de 9 ans

♥ **1369.** Heidelbach, Nikolaus : **La Treizième Fée : un conte pour les maîtresses.**
Madame Clung, gentille maîtresse d'école, lit à ses élèves un conte des Frères Grimm. Le lendemain matin, douze de ses élèves lui racontent leur rêve-cauchemar de la nuit. Elle écoute et scande discrètement les récits. C'est à la fois extraordinairement beau, insolite comme les rêves, drôle, un tantinet angoissant, juste ce qu'il faut. Superbe.
Seuil Jeunesse
12,50 € ISBN : 978-2-02-057933-9
Pour tous dès 6 ans

1370. Pommaux, Yvan : **Le Grand Sommeil : une enquête de John Chatterton.**
Jolie variation autour du thème de « La Belle au Bois Dormant » qui nous laisse une impression à la fois de simplicité et de mystère. C'est le charme de l'amour.
L'École des loisirs
12,50 € ISBN : 978-2-211-03575-0
Existe aussi en Lutin poche :
5,50 € ISBN : 978-2-211-04245-1
6-9 ans

1371. Solotareff, Grégoire ; ill. Nadja : **La Laide au bois dormant.**

La Belle au Bois Dormant est ici gratifiée d'une sœur jumelle, laideron rejeté par sa mère et qui, à l'abri de toute malédiction, va se balader dans le château endormi et s'amuser comme une petite folle. Rires et délires, mais, au détour, quelques réflexions acidulées ou graves selon, sur la maternité, la beauté, le temps qui passe... Illustrations irrésistibles.
L'École des loisirs, Mouche de poche
5,20 € ISBN : 978-2-211-05591-8
7-10 ans

♥ **1372.** Pommaux, Yvan : **Libérez Lili**
Jolie histoire d'amour entre un chat des rues et une petite chatte bourgeoise surprotégée. Où la lecture joue un grand rôle et le conte des Frères Grimm, « Raiponce », aussi... C'est une ode à l'amitié, à l'amour fou et à la lecture puisque c'est celle qui a l'air complètement dans la lune, plongée dans son livre, qui est la plus concrète de tous et qui trouve la solution. Un régal.
L'École des loisirs
11,50 € ISBN : 978-2-211-05296-2
6-10 ans

1373. Wilsdorf, Anne : **Princesse.**
D'après le conte de Hans Christian Andersen. Fantaisie sur le thème de « La Princesse au petit pois ». Amusant.
Mijade, Les Petits Mijade
5,20 € ISBN : 978-2-87142-212-9
7-9 ans

1374. Andersen, Hans Christian ; d'après la trad. de Soldi, David ; ill. Grenier, Delphine : **La Princesse au petit pois.**
On oublie souvent que le texte d'Andersen est plein d'humour et le côté totalement « déjanté » de l'illustration est ici vraiment bienvenu et toute la convention que l'on met parfois dans ce récit explose. Ce qui n'empêche pas de représenter le retour mélancolique du prince, dans une autre double page, avec une évidente poésie. Un regard chahutant, drôle, sensible.
Didier Jeunesse
12,90 € ISBN : 978-2-278-05384-1
5-11 ans

1375. Ungerer, Tomi ; trad. Chagot, Adolphe : **Allumette.**
La petite fille aux allumettes revisitée par Tomi Ungerer qui signe ce livre « avec ses compliments à Hans Christian Andersen, aux Frères Grimm et à l'honorable Ambrose Bierce ». Affamée, sans parents ni maison, Allumette erre dans les rues, rejetée par tous, jusqu'au jour où ses vœux vont être exaucés. Que va-t-elle faire de tous ces biens ?
L'École des loisirs, Lutin poche
5,50 € ISBN : 978-2-211-04706-7
À partir de 6 ans

1376. Scieszka, Jon ; ill. Johnson, Steve ; trad. Bonhomme, Catherine : **Le Prince Grenouille, suite...**
Une suite grinçante à l'histoire du « Prince Grenouille », tout un jeu avec les contes les plus connus de Perrault et des Grimm et une fin, somme toute, très réconfortante. On s'amuse bien, d'autant que les illustrations sont tout à fait dans l'esprit de ce petit récit aigre-doux, haletant et parfaitement bien bouclé. Petits et grands y auront grand plaisir.
Circonflexe, Les Animoches
10,50 € ISBN : 978-2-87833-179-0
Pour tous dès 7 ans

1377. Lévy, Didier ; ill. Rapaport, Gilles : **Comment devenir un Prince Charmant en 10 leçons ou ma véritable histoire racontée par moi-même.**
Dix chapitres, dix leçons pour tout savoir sur la façon de distinguer les vrais crapauds des faux, et, pour les crapauds en attente de devenir Prince Charmant, de trouver une princesse libre et qui accepte de vous embrasser. Un réjouissant petit livre de recettes, drôle, facile à lire et largement illustré qui est aussi une petite leçon d'humilité.
L'École des loisirs, Mouche
6,10 € ISBN : 978-2-211-05453-9
7-10 ans

1378. Kajikawa, Kimiko ; texte français Mathieu, Dominique ; ill. Heo, Yumi : **Le Festin de Yoshi.**
À partir du thème bien connu de celui qui se régale en respirant l'odeur d'un mets grillé et qui paie en faisant tinter des pièces de monnaie, une excellente histoire où l'on voit deux marchands voisins, grognons, ennemis, finir par s'entraider et devenir amis. On s'amuse d'autant plus que l'illustration et la mise en pages pleines d'esprit soutiennent très efficacement le récit.
Flammarion-Père Castor
12 € ISBN : 978-2-08-162418-4
5-10 ans

♥ **1379.** Prunier, Guy raconte et chante Andersen ; sur des musiques de Pauget, Gilles et Treille, Jean-Christophe ; ill. Turrier, Fabrice : **Les Habits neufs de l'empereur.**
Ne pas se laisser abuser par la douceur du gris bleu de la couverture ! L'adaptation de Guy Prunier est pleine de qualités d'humour et d'ironie et prend tout son sens grâce au CD qui permet d'abord d'entendre la voix du conteur et surtout d'apprécier les chansons qui rythment le récit sur un tempo de valse populaire et un arrière-goût de nostalgie douce-amère. Délicieux !
Didier Jeunesse, Un livre, un CD
23,50 € ISBN : 978-2-278-05447-3
6-12 ans

1380. Texte Bloch, Muriel ; ill. Wilson, William : **Le Sac à soucis.**
Alors ? C'est celui qu'on appelle le « Bon Dieu » qui envoie les soucis ? Une vieille femme et un petit macaque vont en faire les frais. Mais trop de soucis, c'est trop et Dieu le sait bien : alors, mine de rien, il fait un peu (pas trop) ce qu'il faut... Un sujet grave traité avec un certain sourire. Illustration très colorée, à la fois drôle et incisive.
Thierry Magnier
15,50 € ISBN : 978-2-84420-295-6
6-10 ans

1381. Texte Gravel, François ; d'après une légende portugaise rapportée à l'auteur par Poulin, Stéphane ; ill. Bernatchez, Patrick : **Madame Misère.**
Une variante intéressante du conte qui met en scène Bonhomme Misère et la mort, dans un univers parfois résolument contemporain, parfois plus universel. Avant la mort, nous aurons ici affaire au malheur. Dame Misère s'en sort (heureusement ou malheureusement pour nous ?) plutôt avec virtuosité. Bien illustré, bien raconté. Sans prétention comme souvent dans cette collection.

Les 400 coups, Billochet légendes
10,50 € ISBN : 978-2-89540-011-0
7-11 ans

1382. Mounié, Didier ; ill. Merlin, Christophe : **Une puce dans la savane.**
Ça commence comme un mythe d'origine, ça prend la forme d'une randonnée, ça se termine quasiment comme une fable, mais ce n'est sans doute pas vraiment un conte traditionnel ! Et alors ? C'est bien fait, amusant, très bien illustré de larges images colorées couleur savane où les balades de la terrible puce se repèrent grâce à de judicieux pointillés.
Milan
10,50 € ISBN : 978-2-7459-0785-1
5-10 ans

1383. Histoire écrite par Jagodzinski, Bernard ; ill. Casanave, Daniel : **Pourquoi le perroquet parle-t-il ?**
À une époque où l'homme et tous les animaux se pelaient de froid, c'est un petit oiseau plutôt moche, de rien du tout, qui réussira à voler un morceau de soleil : en reconnaissance, il recevra de quoi avoir le plus beau plumage et... la parole ! Inspiré de divers contes d'origine, voici un petit récit, en forme de randonnée, tout à fait bien mené, très bien mis en pages et illustré de manière amusante (un peu dans l'esprit de Quentin Blake). De quoi se plaindre ?
Petit à petit
9 € ISBN : 978-2-914401-69-2
5-10 ans

♥ **1384.** Corentin, Philippe : **L'Ogre, le loup, la petite fille et le gâteau.**
De la difficulté pour un ogre de faire traverser une rivière à un loup, une petite fille et un gâteau sans qu'ils s'entre-dévorent. L'univers cocasse de Corentin s'accorde bien avec ce récit plein de subtilité, recomposé à partir d'une énigme traditionnelle. Immense format à l'italienne, illustrations surprises... Très amusant.
L'École des loisirs
13,40 € ISBN : 978-2-211-03184-4
Pour tous dès 5 ans

1385. Texte Poillevé, Sylvie ; ill. Tallec, Olivier : **Le Plus Féroce des loups.**
Un loup noir affamé aux grandes dents, plutôt effrayant, qui engloutit allègrement un chasseur, un boucher et même un ogre terrifiant, ne va-t-il pas, pour son dessert, dévorer petits lapins, cochonnets et Chaperon rouge ? Suspense... Un texte excellent, des illustrations de grande qualité, une mise en pages remarquable et, en plus, un livre qui ne se prend pas au sérieux.
Flammarion-Père Castor
12 € ISBN : 978-2-08-160545-9
3-8 ans

1386. Texte et ill. Brown, Ken ; trad. de l'anglais Bouchony, Anne de : **Grand-Mère loup y es-tu ?**
Sur le thème de « Loup y es-tu ? », une histoire simplissime pour les petits, dans laquelle on se fera peur tout juste ce qu'il faut pour se rassurer dans une image finale idyllique. Immenses illustrations, texte très bref. Gentil et rigolo.
Gallimard Jeunesse, Folio benjamin
5,50 € ISBN : 978-2-07-050408-4
3-6 ans

1387. Baker, Carolyn : **Le Chevalier étincelant.**
La princesse saura convaincre son roi de père qu'un sourire éclatant et l'étincelle d'un regard valent mieux que tout le clinquant de chevaliers pédants et sots, si brillantes soient leurs armures. Un album qui est à l'image de son contenu : il ne paie pas de mine mais il est plein de finesse et de détails plus rigolos les uns que les autres. Surtout : faire bien attention aux pages de garde.
L'École des loisirs/Pastel
10,50 € ISBN : 978-2-211-04684-8
7-12 ans

1388. Gaussel, Alain ; ill. Rabard, Corinne : **La Grosse Pomme et autres contes de gourmandise.**
Alain Gaussel raconte ces petites histoires autour de la nourriture depuis des années : il les a inventées, peaufinées et maintenant elles roulent toutes seules, dans n'importe quelle occasion, n'importe où, même sur le papier. Drôles et poétiques, elles s'adressent aux plus jeunes et aux autres. Dévorons-les, dégustons-les.
Syros Jeunesse, Paroles de conteurs
13 € ISBN : 978-2-7485-0351-7
5-10 ans

♥ **1389.** Gaussel, Alain ; ill. Rabard, Corinne : **Les Croissants et autres contes plaisants.**
Elles ont roulé, roulé, ces histoires avant d'être fixées dans ce joli livre. Une petite merveille à lire et relire aux enfants qui n'ont pas la chance d'habiter dans les quartiers où Alain Gaussel raconte à longueur de journée avec passion et générosité. On recommande tout spécialement « La Poule qui compte ses plumes »...
Syros Jeunesse, Paroles de conteurs
13 € ISBN : 978-2-7485-0266-4
5-10 ans

1390. Texte Gaussel, Alain ; ill. Rabard, Corinne : **Le Roi couvert de boutons et autres contes farfelus.**
Petites comptines fantaisistes à la façon habituelle de l'auteur, pleines de malices et de gentillesse, qui incitent enfants et plus grands à en faire joyeusement autant !
Syros Jeunesse, Paroles de conteurs
13 € ISBN : 978-2-7485-0138-4
5-10 ans

1391. Gripari, Pierre ; ill. Allart, Jean-Luc : **Nanasse et Gigantet.**
Une naine géante, un géant nain : ils étaient faits pour ne jamais se rencontrer. Ils se rencontrèrent...
Grasset Jeunesse, Lecteurs en herbe
8,30 € ISBN : 978-2-246-00501-8
5-8 ans

1392. Gripari, Pierre ; ill. Lapointe, Claude : **Pirlipipi, deux sirops, une sorcière.**
Éveillé ou endormi, Pirlipipi réclame toujours une histoire : jusqu'au jour où une sorcière lui en donnera une indigestion.
Grasset Jeunesse, Lecteurs en herbe
10,40 € ISBN : 978-2-246-06372-8
6-8 ans

1393. Gripari, Pierre ; ill. Lapointe, Claude : **La Sorcière et le commissaire.**
Que serait le monde d'aujourd'hui sans sorcière ? Même au risque de quelques incidents...
Grasset Jeunesse, Lecteurs en herbe

10,60 € ISBN : 978-2-246-26841-3
5-8 ans

1394. Extrait des *Contes d'ailleurs et d'autre part*, un conte de Gripari, Pierre ; ill. Ehrhart-Devay, Vincent ; raconté par Potard, Cécile ; musiques Belin, Victor et Eole, Antoine : **Le Diable aux cheveux blancs.**
Adaptation très réussie d'un conte russe. Une femme, se croyant veuve, se remarie et voit resurgir son premier époux le jour de ses secondes noces. Elle en conçoit une certaine aigreur et son caractère devient tellement exécrable que son mari la jette en enfer... Rigolo, acide et incongru, à l'image de l'auteur. La mise en pages très chahutée est amusante, le CD aussi.
Grasset Jeunesse, Trombones
18,50 € ISBN : 978-2-246-68861-7
7-11 ans

♥ **1395.** Gripari, Pierre ; ill. Boiry : **Le Renard et sa queue suivi de Le Gel au nez rouge.**
Deux contes d'Afanassiev fidèlement réécrits par Pierre Gripari : « Le Renard pleureuse » est un conte dynamique, haletant, drôle, même si la mort rôde du début à la fin. « Le Gel » est un conte merveilleux où l'on retrouve le thème de la marâtre qui aime une fille et déteste l'autre. Les illustrations de Boiry sont absolument dans l'esprit de l'écrivain : vif et acidulé.
Grasset Jeunesse, Lampe de poche
4,50 € ISBN : 978-2-246-60711-3
6-10 ans

♥ **1396.** Gripari, Pierre ; ill. Boiry : **La Cinq Fois belle.**
Extraite des *Contes de la Folie-Méricourt*, voici une version grecque de « Blanche-Neige » réécrite avec talent par Pierre Gripari. Agréable présentation bien illustrée.
Grasset Jeunesse, Lampe de poche
4,50 € ISBN : 978-2-246-58971-6
6-10 ans

1397. Gripari, Pierre ; ill. Dutrait, Vincent : **La Princesse barbue.**
Grasset Jeunesse, Lampe de poche
4,50 € ISBN : 978-2-246-57131-5
6-10 ans

♥ **1398.** Gripari, Pierre ; ill. Girodroux, Bernard : **Je ne sais qui, je ne sais quoi.**
Des illustrations contemporaines pour une histoire inspirée de contes russes on ne peut plus traditionnels.
Quand un tsar convoite la femme de son serviteur fidèle, il est en position de force. Mais quand la femme est magicienne ? Excellente récriture.
Grasset Jeunesse, Lecteurs en herbe
10 € ISBN : 978-2-246-00231-4
10-15 ans

♥ **1399.** Gripari, Pierre : **Contes de la rue Broca.**
Toutes les histoires si drôles de papa Saïd et de son épicerie, où tout peut arriver !
La Table ronde
13 € ISBN : 978-2-7103-0024-3
5-12 ans

♥ **1400-1401.** Gripari, Pierre ; ill. Rosado, Puig : **Le Gentil Petit Diable et autres contes de la rue Broca. La Sorcière de la rue Mouffetard et autres contes de la rue Broca.**
Intégrale en deux volumes des *Contes de la rue Broca*, très bien illustrés.
Gallimard Jeunesse, Folio Junior Édition spéciale
ISBN : 978-2-07-051343-7
ISBN : 978-2-07-051330-7
4,90 € chaque 5-12 ans

1402. Gripari, Pierre ; ill. Lapointe, Claude : **Les Contes de la Folie-Méricourt.**
Des histoires de Pierre Gripari lui-même et des contes traditionnels adaptés. Un album grand format, avec de belles images.
Grasset Jeunesse, Grands lecteurs
22,90 € ISBN : 978-2-246-30671-9
7-10 ans

1403. Gripari, Pierre : **Contes d'ailleurs et d'autre part.**
Deux nouvelles et six contes adaptés de thèmes traditionnels, avec plus ou moins de libertés. On y retrouve, pour la dernière fois, le style de Pierre Gripari. Avec ses qualités et ses faiblesses.
Grasset Jeunesse, Gripari
7,40 € ISBN : 978-2-246-43781-9
7-15 ans

♥ **1404.** Gripari, Pierre : **Histoire du prince Pipo, de Pipo le cheval et de la princesse Popi.**
Le jeune prince devra traverser beaucoup d'épreuves avant de rejoindre sa princesse ; des aventures inventées qui disent à leur manière de grandes vérités.
Grasset Jeunesse, Grands lecteurs
22,90 € ISBN : 978-2-246-00373-1
Existe en version brochée :
8,90 € ISBN : 978-2-246-03732-3
Existe aussi en Livre de poche Jeunesse, Contes et merveilles :
5,20 € ISBN : 978-2-01-322037-8
7-12 ans

1405. Gripari, Pierre : **Jean-Yves à qui rien n'arrive.**
Jeannot nous raconte sa vie, Jean-Yves raconte des contes : une lecture réjouissante à plusieurs niveaux.
Grasset Jeunesse, Grands lecteurs
25,90 € ISBN : 978-2-246-35181-8
7-12- ans

♥ **1406.** Babbitt, Natalie ; trad. Vassallo, Rose-Marie : **10 Histoires de diable.**
Dix histoires pour rire dans lesquelles le diable n'est pas toujours vainqueur. Illustrations de l'auteur.
Flammarion-Père Castor, Castor Poche Junior, Contes
4,50 € ISBN : 978-2-08-164491-5
7-11 ans

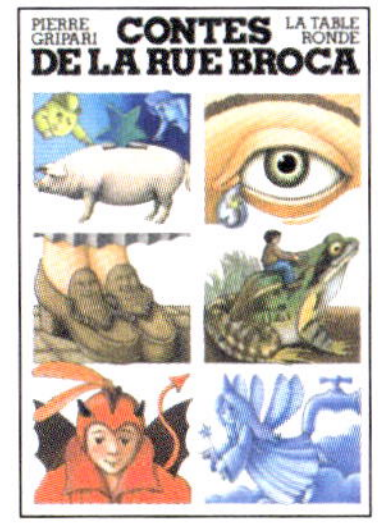

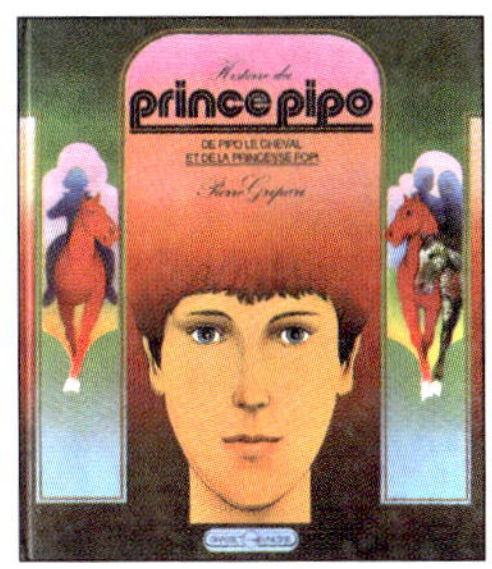

QUELQUES TITRES ÉPUISÉS

Un certain nombre d'excellents titres sont actuellement devenus introuvables.

Parfois, parce que la maison d'édition, La Farandole par exemple, ou la collection où ils figuraient n'existe plus ; ainsi la collection « Aux quatre coins du temps » chez Bordas (certains titres ont été repris chez Pocket), la magnifique collection « Fées et gestes » chez Hatier, la collection « Feuilles » chez Syros ou la sous-collection de contes en « Bibliothèque Rose » chez Hachette, cette dernière spécialement intéressante par les choix judicieux de chaque anthologie et la simplicité de sa présentation.
Il y a donc dans ces fonds « disparus » une mine pour d'éventuelles rééditions.
On citera par ailleurs quelques titres bien aimés, par ordre alphabétique de noms d'éditeurs :

Leprince de Beaumont, Madame ; ill. Schroeder, Binette : **La Belle et la Bête,** Albin Michel Jeunesse.

Richard, Françoise ; ill. Buguet, Anne : **La Montagne aux chats,** Albin Michel, (Contes d'hier et d'aujourd'hui).

Hoisey, Dominique : **Dans la gueule du tigre : contes chinois,** L'Arbre.

Rettich, Margret et Rolf ; trad. Marchon, Anne : **40 Petits Contes,** Bayard Éditions-Centurion.

Erschow, P. P. ; ill. Spirin, Gennadij : **Le Petit Cheval bossu,** Calligram (Junior Rayon bleu).

Déniel, Alain ; ill. Glasauer, Willi : **Le Rameau rouge d'Irlande,** Casterman (Épopées).

Virgile ; adapt. Dubourdieu, Anne ; ill. Pilorget, Bruno : **L'Énéide**, Casterman (Épopées).

Ésope et Anno, Mitsumasa : **Les Fables d'Ésope lues par Maître Renard,** Circonflexe (Aux couleurs du monde).

Grimm, Jacob et Wilhelm ; ill. Fischer, Hans : **Les Musiciens de la ville de Brême,** Circonflexe (Album).

Deux titres de Brooke, L. Leslie : **Les Trois Petits Cochons ; Les Trois Ours,** Circonflexe (Aux couleurs du temps).

Aardema, Verna ; ill. Heo, Yumi ; trad. Bonhomme, Catherine : **La Lionne solitaire et les bébés autruches** : **un conte masaï,** Circonflexe (Albums).

Yagawa, Sumiko ; ill. Akaba, Suekichi ; trad. Diény, Colette : **La Femme oiseau,** Circonflexe (Aux couleurs du temps).

Afanassiev, A. N. : **Ivan Korovavitch, le fils de la vache,** Devenir.

Grimm ; ill. Zwerger, Lisbeth : **Les Sept Corbeaux,** Duculot.

Levine, Arthur A. ; ill. Clément, Frédéric : **L'enfant qui dessinait les chats : un conte populaire japonais,** L'École des loisirs-Pastel.

Deux titres de Grimm et Poslaniec, Christian ; ill. Gorey, Edward : **Le Petit Chaperon Rouge ; Gargouilligouilla,** L'École des loisirs (Lutin poche).

Contes du Fleuve amour, La Farandole.

James, Betsy : **La Cape rouge,** Flammarion-Père Castor.

Stanley, Diane : **Fortune,** Flammarion-Père Castor.

Adapt. et ill. Scott, Sally ; trad. Deloraine, Catherine : **Trois Merveilleux Mendiants,** Flammarion.

Dumas, Philippe (coffret) : **La Boulette, Saint Nicolas et les enfants, Le Cadeau pour Marie,** Flammarion.

Lobel, Arnold : **Le Grand Livre de la mère l'Oie,** Flammarion.

Scott, Sally : **Le Cheval enchanté,** Flammarion.

Texte Celli, Rose ; ill. Parain, Nathalie : **Baba Yaga : conte populaire russe,** Flammarion-Père Castor.

Trad. de l'allemand Manheim, Ralph ; trad. de l'anglais Ladoix, Jenny ; ill. Sendak, Maurice : **Casse-Noisette,** (1816), Gallimard Jeunesse.

Luda ; ill. Theinhardt, Volker : **365 Contes de gourmandises**, Gallimard Jeunesse-Giboulées.

Choix Bloch, Muriel ; ill. Wilson, William : **365 Contes des pourquoi et des comment,** Gallimard Jeunesse-Giboulées.

Andersen ; ill. Claveloux, Nicole : **Le Briquet,** Gallimard (Folio Cadet).

Colum, Padraïc : **Le Fils du roi d'Irlande,** Gallimard (Folio Junior).

Balibar, Isabelle ; ill. Butel, Lucile : **Pourquoi ? Pourquoi ?,** Gautier-Languereau (Fontanille).

Slavici, Ioan ; ill. Noël, Roni : **L'Étoile au front,** Grandir (Le Monde en contant).

Texte et ill. Iva Tesorio : **Chèvre et hérisson,** Grandir.

Asbjørnsen et Moe ; ill. Lynch, P. J. : **À l'est du soleil, à l'ouest de la lune,** Gründ (Grands textes illustrés).

Chez Gründ, dans la collection « Légendes et contes de tous les pays », on regrette spécialement : **Contes de Birmanie ; Contes du Maroc ; Contes des cinq continents ; Contes des fous sages ; Contes baltes ; Les Plus Belles Histoires d'animaux**.

Nesbit, Édith ; ill. Lynch, Patrick J. : **Mélisande,** Gründ (Grands textes illustrés).

Troughton, Joana : **Comment les couleurs vinrent aux oiseaux,** Gründ (Un pays, un conte).

Perrault, Charles ; ill. Doré, Gustave : **Contes,** Hachette Jeunesse (Grandes œuvres).

Métayer, Maurice : **Contes de mon iglou,** Hachette (Le Livre de poche Jeunesse).

La Motte-Fouquet, Frédéric de ; ill. Clément, Frédéric : **Ondine,** Ipomée (Jardins secrets).

Adapt. Hours, Françoise ; ill. Statzynsky, Vitaly : **Le Renard, le lièvre et le coq,** Ipomée-Albin Michel (Archipel).

Quesemand, Anne ; ill. Berman, Laurent : **Mélo-Mélodie,** Ipomée-Albin Michel.

Adapt. Lavater, Warja : **Le Petit Chaperon Rouge,** Maeght Éditeur.
(Autres titres : **La Belle au bois dormant**, **Blanche-Neige**, **Cendrillon**, **Le Petit Poucet.**)

Perrault, Charles ; ill. Scouvart, Robert : **Crock rock le Petit Chaperon Rouge,** Magnard.

Andersen, Hans Christian ; ill. Mackintosh, David ; adapt. Bourguignon, Laurence : **Les Habits neufs de l'empereur,** Mijade.

Andersen, H. C. ; ill. Nyman, Élisabeth : **La Toupie et le ballon,** Milan.

Lergen, Gilles ; ill. Burkert, Nancy Ekholm : **Valentin et Orson,** Nathan.

Luda : **Peine Misère et Bonheur la chance,** Nathan (Arc-en-poche).

Grimm ; ill. Bernadette : **Les Nains,** Nord-Sud.

Perrault, Charles ; ill. Fischer, Hans ; adapt. Elschner, Géraldine : **Le Chat botté,** Nord-Sud (Un livre d'images Nord-Sud).

Grimm, Jacob et Wilhelm ; ill. Goloshapov, Serguei ; trad. Nikly, Michelle : **Les Six Serviteurs,** Nord-Sud (Un livre d'images Nord-Sud).

Chez Nord-Sud, une série de titres illustrés par Duntze, Dorothée : **L'Oie d'or**, des Frères Grimm, **Les Habits neufs de l'empereur** et **La Princesse au petit pois** d'Andersen, **Aurore**, de MacDonald, G.

Platiel, Suzy ; ill. Daverat, Thérèse : **Des Animaux et des hommes,** Nubia.

Mathieu, François ; ill. Angeli, May : **Le Joueur de flûte de Hamelin,** Sorbier.

Ill. Slaouk, Valéry : **Le Fils de la veuve : conte biélorussien,** Sorbier.

Frank, Karlhans ; ill. Seelig, Renate ; trad. de l'allemand Mathieu, François : **Till Eulenspiegel,** Sorbier (Aux quatre coins du monde).

Singer, Isaac Bashevis ; ill. Sendak, Maurice : **Une histoire de Paradis et autres contes,** Stock (Nouveau cabinet cosmopolite).

Khémir, Nacer ; ill. Khémir, Esma, Rafika, Mounira, Sabiha et Saïda : **L'Ogresse,** Syros Jeunesse (Contes bilingues).

Fauliot, Pascal ; ill. Jolivet, Joëlle : **Issounboshi et autres contes du Japon,** Syros Jeunesse (Paroles de conteurs).

Zimet, Ben ; ill. Dutertre, Sophie : **La Princesse perdue et autres contes yiddish**, Syros Jeunesse (Paroles de conteurs).

Poésie - Théâtre

Si la poésie et le théâtre sont réunis dans une même rubrique, la situation est cependant contrastée entre les deux « genres » : dans le premier cas, une majorité de livres privilégient le patrimoine - traditionnel ou littéraire - et leur qualité tient à la recherche de démarches et de formes pour le rendre accessible aux enfants ; dans le second cas, au contraire, la forte vitalité, l'originalité et la diversité de la création contemporaine caractérisent l'édition pour la jeunesse aujourd'hui.

Poésie

Le classement qui a été retenu pour présenter les titres les plus remarquables et les plus significatifs des démarches éditoriales actuelles reflète la diversité des approches de la poésie proposées aux enfants.
La façon la plus courante de leur présenter les poèmes est de publier des anthologies. Parmi celles-ci, certaines sont généralistes, tandis que d'autres établissent le choix selon des critères plus précis : un type de poésie (les fables, les haïkus, un mouvement poétique...) ; une aire culturelle ou linguistique (poèmes allemands, anglais, arabes...) ; un auteur (un seul, quelquefois plusieurs d'une même époque) ; ou bien encore un thème : ce sont les anthologies thématiques qui sont à la fois les plus nombreuses et les plus variées car, si beaucoup d'éditeurs se contentent de reprendre des thèmes au succès assuré (les animaux, les saisons, les voyages...), d'autres s'efforcent de les renouveler comme en témoigne notre sélection.
La publication de poèmes séparés ou de recueils est plus rare, elle est surtout le fait de petites maisons qui éditent par ailleurs de la poésie pour adultes et suivent le travail des poètes contemporains. C'est cette attention à la création littéraire, qui s'accompagne d'une remarquable exigence quant à la qualité graphique et typographique, tout en restant clairement accessible aux jeunes lecteurs, que nous avons souhaité privilégier dans notre sélection.
Au-delà de la poésie au sens strict, il faut souligner la richesse de l'édition pour la jeunesse dans le domaine des chansons : un répertoire que les disques et les livres permettent de partager entre générations.
Quelques collections, enfin, proposent une approche ludique de la langue et du langage. En faisant découvrir aux enfants le plaisir des charades, des devinettes, des rébus et autres anagrammes, elles leur permettent aussi de s'amuser avec les trouvailles des poètes qui sont cités en exemple et de s'exercer eux-mêmes à des jeux d'écriture.

Théâtre

À côté des pièces classiques traditionnellement éditées pour la jeunesse (dans l'édition scolaire surtout), on observe depuis une dizaine d'années un développement très spectaculaire des collections qui permettent de découvrir un répertoire théâtral contemporain. Privilégiant la qualité littéraire des textes, elles publient des pièces qui ont été (ou vont être) jouées sur scène ou montées à la radio par des professionnels. Ce sont pour la plupart des textes inédits, dus à des auteurs contemporains qui écrivent aussi pour les adultes. Notre sélection de titres s'efforce de refléter la variété des styles et des registres que ces auteurs adoptent pour intéresser les enfants : de la farce à la fable, de la comédie légère ou poétique à un symbolisme puissant, de la tendresse à la violence.
Elle ne comporte donc pas de pièces écrites spécifiquement pour que les enfants puissent les jouer eux-mêmes, en classe ou dans un atelier-théâtre.

Françoise Ballanger

ANTHOLOGIES POÉTIQUES

Anthologies thématiques

1407. Brami, Élisabeth ; ill. Houdart, Emmanuelle : **Poèmes à dire et à manger.**
Une savoureuse et copieuse anthologie (plus de 150 textes au menu) aux goûts très variés : comptines, poèmes, chansons, sont autant de morceaux de choix pour ce festin poétique sur le thème de la nourriture. L'illustration clinquante d'Emmanuelle Houdart ajoute, fort à propos, sa note épicée.
Seuil Jeunesse, 2002.
16,50 € ISBN : 978-2-02-052675-3
Autres titres :
Poèmes à lire et à rêver. 2003.
ISBN : 978-2-02-058429-6
Poèmes à rire et à jouer. 2004.
ISBN : 978-2-02-063084-9
18 € chaque À partir de 6 ans

1408. Éd. Henry, Jean-Marie ; ill. Zaü : **La Cour couleurs. Anthologie de poèmes contre le racisme.**
Un bel album, chaudement et harmonieusement illustré, donne à lire et à relire une quarantaine de textes de toutes époques et de tous lieux. À travers le choix et la confrontation des textes passe un vigoureux message de tolérance et d'ouverture aux autres.
Rue du monde, La poésie, 1997.
15,50 € ISBN : 978-2-912084-03-3
À partir de 9 ans

♥ **1409.** Éd. Henry, Jean-Marie ; Serres, Alain ; ill. Novi, Nathalie : **On n'aime guère que la paix.**
À partir d'un choix de textes qui sont autant de dénonciations de la guerre et de célébrations de la paix, l'album organise une alternance savamment construite et toujours saisissante de photos de presse en noir et blanc et d'illustrations en couleur : une confrontation éloquente entre la mort et la vie, la violence et la douceur.
Rue du monde, Des poèmes dans les yeux, 2003.
17 € ISBN : 978-2-912084-75-0
Autres titres :
Éd. Henry, Jean-Marie ; Serres, Alain ; ill. Corvaisier, Laurent : **Dis-moi un poème qui espère.** 2004.
17 € ISBN : 978-2-912084-96-5
Éd. Henry, Jean-Marie ; ill. Thomas, Yan : **Naturellement : anthologie de poèmes sur la nature, l'homme et son environnement.** 1999.
15,50 € ISBN : 978-2-912084-16-3
À partir de 9 ans

1410. Éd. Henry, Jean-Marie ; ill. Roure, Roland ; ill. Bouvier, Yann : **Le Tireur de langue : anthologie de poèmes insolites, étonnants ou carrément drôles.**
Malice et délice à toutes les pages ! L'anthologiste s'en donne à cœur joie, débusquant près d'une centaine de petits trésors d'humour poétique, multipliant les jeux d'écho d'un texte à l'autre, les clins d'œil. Les sculptures de Roland Roure, plaques découpées et peintes, courent allègrement, naïves mais ô combien malignes, à travers la joyeuse galopade des poèmes.
Rue du monde, La poésie/Arts, 2000.
15,50 € ISBN : 978-2-912084-27-9
À partir de 9 ans

1411. Éd. Henry, Jean-Marie ; ill. Zaü : **Il pleut des poèmes : anthologie de poèmes minuscules.**
Un choix de poèmes « minuscules » : quelques mots, quelques vers, une vision, une pensée, pour de brefs et fulgurants éclairs de poésie venus du monde entier et de toutes les époques. L'impression en oblique, l'accumulation progressive des textes sur la page, le soutien frais et chatoyant des illustrations, miment et redoublent cette délicieuse averse.
Rue du monde, La poésie, 2003.
15,50 € ISBN : 978-2-912084-73-6
À partir de 9 ans

1412. La collection « **Folio Junior en poésie** », éditée par Gallimard Jeunesse, propose de nombreuses anthologies sur des thèmes variés. À signaler par exemple :
Éd. Garda, Claude : **Noël en poésie.** 1999.
5,50 € ISBN : 978-2-07-052807-3
Éd. Charpentreau, Jacques : **La Fête en poésie.** 2000.
5,20 € ISBN : 978-2-07-054352-6
À partir de 11 ans

♥ **1413.** Éd. Piquemal, Michel ; ill. Tullet, Hervé : **Paroles de liberté.**
Un choix de textes très variés (de l'apologue zen à Nietzsche, de La Bruyère à Jean-Paul Sartre, en passant par Gide, Cioran ou Whitman...) qui offre un éclairage clair et cohérent, expliqué dans une courte et convaincante préface. La qualité de l'illustration et le soin de la mise en pages rendent la lecture particulièrement attrayante.
Albin Michel Jeunesse, Paroles de..., 2006.
9,50 € ISBN : 978-2-226-14911-4
À partir de 13 ans

1414. Éd. Piquemal, Michel ; Barrère, Claude ; ill. Ferri, Michele : **Paroles des poètes d'aujourd'hui.**
Une excellente anthologie de poètes contemporains d'expression française qui tentent de dire ce que la poésie représente comme expérience, comme force de vie, comme élan contre les habitudes, la banalité ou la morosité. Un choix judicieux et cohérent dont le message est remarquablement relayé par les illustrations.
Albin Michel Jeunesse, Paroles de..., 1997.
12,50 € ISBN : 978-2-226-09020-1
Autres titres :
Éd. Piquemal, Michel ; ill. Truong, Marcelino : **Paroles amoureuses.** 2002.
ISBN : 978-2-226-11850-9
Éd. Piquemal, Michel ; ill. Courgeon, Rémi : **Paroles de paresse.** 1995.
ISBN : 978-2-226-08239-8
Éd. Piquemal, Michel ; ill. Olce, Nicolas d' : **Paroles de révolte.** 1995.
ISBN : 978-2-226-07073-9
10 € chaque À partir de 13 ans

Histoire de la poésie, mouvements poétiques

1415. Sélection et livret Frémeaux, Alain : **Le Patrimoine de la poésie pour enfants.**
Un remarquable florilège poétique sous forme de bestiaire. Alain Frémeaux a su dénicher des titres qui sortent des sentiers battus avec des textes rares de Florian, Maurice Rollinat, Antoine de Baïf et même Victor Hugo. Sans aucun accompagnement

musical, les deux comédiennes Isabelle Carré et Rachida Brakni se succèdent, marquant leur interprétation de leurs personnalités radicalement différentes.
Frémeaux, 2005
20 € ISBN : 3448960284622
À partir de 7 ans

1416. Éd. Malineau, Jean-Hugues ; ill. Chatellard, Isabelle : **Mille Ans de poésie.**
Une anthologie de poèmes de langue française, depuis le Moyen Âge jusqu'au XXe siècle, qui s'efforce de rassembler « ce qui convient à l'enfance », comme l'affirme l'anthologiste, d'où une thématique assez classique. Mais l'ensemble est séduisant, incitatif, riche et varié.
Milan, Mille ans de contes, 2007.
19,90 € ISBN : 978-2-7459-2560-2
À partir de 9 ans

♥ **1417.** Éd. Marchon, Benoît ; ill. Berbérian, Charles ; Dupuy, Philippe : **Poésies.**
L'ouvrage rassemble une soixantaine de textes de poètes français célèbres, de Charles d'Orléans à Jacques Roubaud, avec une prédilection pour le XIXe siècle et le début du XXe. La grande qualité de la mise en pages et des illustrations, avec un jeu d'encres et de traits sur de spacieux fonds de couleur, invite à une nouvelle et attentive lecture des textes.
Bayard Jeunesse, 2003.
17,90 € ISBN : 978-2-7470-0656-9
À partir de 11 ans

♥ **1418.** Ill. Charpentier, Olivier : **La Poésie médiévale : petite anthologie.**
Des chansons de toile aux ballades de Villon, un choix de dix-neuf textes pour découvrir l'effervescence poétique du Moyen Âge. Vigoureuse ou raffinée, satirique ou lyrique, la poésie médiévale apparaît à la fois surprenante, accessible et familière. L'ouvrage séduit aussi par une mise en pages et une illustration magnifiques.
Mango Jeunesse, Albums Dada/Il suffit de passer le pont, 2001.
ISBN : 978-2-7404-1156-8
Autre titre :
Ill. Bataille, Marion : **La Poésie surréaliste.** 2001.
ISBN : 978-2-7404-1221-3
15 € chaque À partir de 13 ans

1419. Dadaïstes et surréalistes.
Tristan Tzara, Jean Arp et Jacques Rigaut pour le dadaïsme, André Breton, Benjamin Péret et Jacques Barou pour le surréalisme : l'anthologiste a choisi trois auteurs représentatifs de chacun des deux mouvements poétiques pour faire apparaître leur foisonnement créatif, entre volonté subversive et exploration des ressources du langage.
Gallimard Jeunesse, Folio Junior en poésie, 2006.
5 € ISBN : 978-2-07-052902-5
Autre titre :
Éd. Goffette, Guy : **Poètes pour le temps présent.** 2003.
4,60 € ISBN : 978-2-07-055186-6
À partir de 13 ans

Pays

1420. Éd. Henry, Jean-Marie ; ill. Gambini, Cécile : **Le français est un poème qui voyage : anthologie de poèmes francophones pour les enfants.**
À l'occasion de l'année de la francophonie, cette anthologie « en français dans le texte » réunit quelque soixante-dix poèmes, dont certains inédits, qui viennent de trente-deux pays : du Québec à Haïti, de la Belgique au Sénégal ou au Vietnam... L'illustration contribue également à la réussite de cet ouvrage.
Rue du monde, La poésie, 2006.
15,50 € ISBN : 978-2-915569-49-0
À partir de 11 ans

1421. Blake, Quentin : **Promenade de Quentin Blake au pays de la poésie française.**
Grand lecteur de poésie et francophile, Quentin Blake se plaît ici à proposer un parcours illustré à travers les textes qu'il aime, au gré d'une lecture flâneuse et vagabonde, où les poèmes se succèdent sans ordre préétabli mais selon l'humeur, la tonalité ou la libre association des idées.
Gallimard Jeunesse, 2003.
14 € ISBN : 978-2-07-053688-7
À partir de 11 ans

♥ **1422.** Éd. Magnier, Bernard ; ill. Lundangi, Franck K. : **La Poésie africaine.**
Un choix éclectique, pour ouvrir à la création poétique africaine contemporaine. Choix véritablement littéraire qui ose le choc et la diversité d'écritures « fortes », inspirées par la terre, l'exil, les oppressions, le « souffle des ancêtres »..., accompagnées par les images raffinées, imprégnées elles aussi de poésie, d'un artiste d'origine angolaise.
Mango Jeunesse, Albums Dada/Il suffit de passer le pont, 2005.
ISBN : 978-2-7404-1946-5
♥ Autres titres dans une collection remarquable pour la qualité du choix des textes comme pour celle de la mise en pages et de l'illustration :
Éd. Alison, Kim ; ill. Tanitoc : **La Poésie américaine.** 2004.
ISBN : 978-2-7404-1856-7
Éd. Al-Araj, Wassini ; calligraphies Alani, Abdel Ghani ; ill. Koraïchi, Rachid : **La Poésie algérienne : petite anthologie.** 2003.
ISBN : 978-2-7404-1578-8
Éd. Mardam-Bey, Farouk ; ill. Koraïchi, Rachid ; ill. Akkar, Abdallah : **La Poésie arabe : petite anthologie.** 2003.
ISBN : 978-2-7404-0828-5
Éd. Chevalier, Christian ; ill. Ahond, Aline : **Poésie et chanson brésiliennes.** 2005.
ISBN : 978-2-7404-1956-4
15 € chaque À partir de 13 ans

Auteurs

1423. Claudel, Paul ; ill. Corbasson, Dominique : **Dodoitzu et l'escargot alpiniste.**
Une petite anthologie (une quinzaine de poèmes, dont certains très brefs) qui puise dans différents recueils pour proposer des textes de Claudel tout à fait accessibles aux enfants. On n'y retrouve certes pas le souffle et l'ampleur des « grandes » œuvres, mais un regard tendre et aigu, un goût des mots et du rythme, une sensibilité en éveil qui touchent et surprennent.
Gallimard Jeunesse, Enfance en poésie, 2005.
6,30 € ISBN : 978-2-07-057157-4
À partir de 6 ans

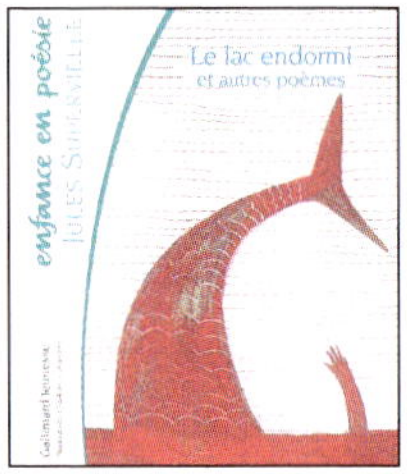

1424. Carême, Maurice ; ill. Martin, Jean-François : **Poèmes de Maurice Carême : une anthologie.**
Un ouvrage particulièrement soigné et esthétique : la mise en pages, le choix des couleurs (fonds de pages, typographie, illustrations...), l'élégance du format, l'épaisseur du papier permettent une heureuse (re)découverte de textes connus ou surprenants.
Bayard Jeunesse, 2005.
17,90 € ISBN : 978-2-7470-1528-8
À partir de 6 ans

♥ **1425.** Supervielle, Jules ; ill. Labaronne, Charlotte : **Le Lac endormi et autres poèmes.**
Une vingtaine de poèmes extraits de différents recueils (*Les Amis inconnus, Le Forçat innocent, Gravitations*...) sont réunis dans un petit album. L'illustration, à la fois légère et profonde, s'harmonise parfaitement avec la palette des mots et des vers.
Gallimard Jeunesse, Enfance en poésie, 2003.
6,10 € ISBN : 978-2-07-055323-5
À partir de 9 ans

1426. Chez Gallimard Jeunesse, dans la collection « **Folio Junior en poésie** », des ouvrages proposent un choix dans l'œuvre de nombreux poètes, avec une biographie et des documents illustrés.
Quelques titres représentatifs :
Aragon, Louis : **Louis Aragon : choix de poèmes.** 2003.
ISBN : 978-2-07-055253-5
Blaise Cendrars : **choix de poèmes.** 2004.
ISBN : 978-2-07-055808-7
Cocteau, Jean : **Jean Cocteau : choix de poèmes.** 2004.
ISBN : 978-2-07-050813-6
Éluard, Paul : **Paul Éluard : choix de poèmes.** 2004.
ISBN : 978-2-07-050814-3
Guillevic, Eugène : **Eugène Guillevic : choix de poèmes.** 2003.
ISBN : 978-2-07-055254-2
Supervielle, Jules : **Jules Supervielle : choix de poèmes.** 2004.
ISBN : 978-2-07-055809-4
Verlaine, Paul : **Paul Verlaine : choix de poèmes.** 2002.
ISBN : 978-2-07-053701-3
De 3 € à 4,60 € À partir de 13 ans

♥ **1427.** Anthologies d'auteurs aussi dans la collection « **Il suffit de passer le pont** » des éditions Mango : une vingtaine de poèmes (ou textes en prose parfois) sont sélectionnés pour chacun des auteurs. Chaque texte est présenté sur une double page, dans le cadre d'une illustration originale et spectaculaire, confiée à un artiste contemporain, qui fait la spécificité de la collection et contribue à sa réussite.
Parmi les titres disponibles les plus remarquables :
Jacob, Max ; ill. Dubois, Lou : **Le Max Jacob.**
Le choix fait par Lou Dubois pour offrir une interprétation visuelle des textes de Max Jacob s'avère particulièrement pertinent : ses collages ont l'inventivité et le ton qui leur permettent de résonner en pleine harmonie avec les textes.
Mango Jeunesse, Albums Dada/Il suffit de passer le pont, 2001.
ISBN : 978-2-7404-1292-3
Autres titres :
Char, René ; ill. Poizat, Chloé : **Le René Char.** 2001.
ISBN : 978-2-7404-1171-1
Desnos, Robert ; ill. Ben Meyer, Hannah : **Le Desnos.** 2000.
ISBN : 978-2-7404-1048-6
Éluard, Paul ; ill. Xia, Mo : **Le Paul Éluard.** 2002.
ISBN : 978-2-7404-1433-0
Fort, Paul ; ill. Heitz, Bruno : **Le Paul Fort.** 2002.
ISBN : 978-2-7404-1251-0
Hugo, Victor ; ill. Lassara, Christine : **Le Hugo.** 2002.
ISBN : 978-2-7404-1327-2
Tardieu, Jean ; ill. Martin, Jean-François : **Le Tardieu.** 2003.
ISBN : 978-2-7404-1579-5
15 € chaque À partir de 13 ans

POÈMES ET RECUEILS

♥ **1428.** Marchak, Samuel ; ill. Lebedev, Vladimir ; trad. Morvan, Françoise et Markowicz, André : **Quand la poésie jonglait avec l'image.**
Sous ce titre général, conçu à l'occasion de cette édition, l'ouvrage réunit quatre livres publiés entre 1925 et 1927 en Union soviétique, chefs-d'œuvre de deux célèbres artistes, Marchak le poète et Lebedev le peintre, associés pour donner au livre pour enfants sa pleine dimension artistique. De quoi séduire à la fois les petits lecteurs et les bibliophiles.
MeMo, Collection des Trois Ourses, 2005.
39 € ISBN : 978-2-910391-63-8
À partir de 3 ans

1429. Trotereau, Anne ; ill. Dumas, Philippe : **Chansons pour le hérisson.**
Un très beau livre à feuilleter avec les tout-petits. Une série de saynètes enfantines croquées par Philippe Dumas dans des teintes douces, ocre, brun, bleu. Le format à l'italienne permet de juxtaposer trois ou quatre épisodes, créant un rythme de lecture. Un court texte rimé sans prétention commente les images.
L'École des loisirs, 1993.
22,90 € ISBN : 978-2-211-02254-5
À partir de 3 ans

♥ **1430.** Collection « **Les Petits Géants** » chez Rue du monde.
Un tout petit format carré pour les petites mains des tout petits lecteurs... et des textes « géants », des beaux, des grands, puisés aux meilleures sources, mis en lumière et en couleurs par des images qui ouvrent grand sur l'univers infini de la poésie.
Bosquet, Alain ; ill. Franek, Claire : **La Trompe de l'éléphant.** 2004.
ISBN : 978-2-912084-91-0
Butor, Michel ; ill. Tallec, Olivier : **Zoo.** 2001.
ISBN : 978-2-912084-41-5
Cendrars, Blaise ; ill. Novi, Nathalie : **L'Oiseau bleu.** 2001.
ISBN : 978-2-912084-42-2
Cros, Charles ; ill. Fortier, Natali : **Le Hareng saur.** 2004.
ISBN : 978-2-912084-94-1
Desnos, Robert ; ill. Corvaisier, Laurent : **Le Pélican.** 2002.
ISBN : 978-2-912084-58-3
Éluard, Paul ; ill. Louchard, Antonin : **Dans Paris il y a...** 2001.
ISBN : 978-2-912084-46-0
Fort, Paul ; ill. Couprie, Katy : **Le Bonheur.** 2004.
ISBN : 978-2-912084-90-3

Hugo, Victor ; ill. Battut, Éric : **Au jardin des plantes.** 2002.
ISBN : 978-2-912084-57-6
Norge, Géo ; ill. Heitz, Bruno : **On peut se tromper.** 2001.
ISBN : 978-2-912084-47-7
Prévert, Jacques ; ill. Duhême, Jacqueline : **Le Bateau, la Terre.** 2004.
ISBN : 978-2-912084-93-4
Queneau, Raymond ; ill. Lejonc, Régis : **L'arbre qui pense.** 2002.
ISBN : 978-2-912084-56-9
Roubaud, Jacques ; ill. Zaü : **Le Crocodile.** 2001.
ISBN : 978-2-912084-45-3
Rousselot, Jean ; ill. Vautier, Mireille : **Pommes de lune.** 2001.
ISBN : 978-2-912084-43-9
Roy, Claude ; ill. Alemagna, Beatrice : **L'enfant qu'on envoie se coucher.** 2004.
ISBN : 978-2-912084-95-8
Supervielle, Jules ; ill. Daniau, Marc : **Un bœuf de Chine.** 2002.
ISBN : 978-2-912084-59-0
Tardieu, Jean ; ill. Gambini, Cécile : **Comptine.** 2004.
ISBN : 978-2-912084-92-7
Topor, Roland ; ill. Prigent, Andrée : **Le Clown.** 2001.
ISBN : 978-2-912084-40-8
Vian, Boris ; ill. Le Néouanic, Lionel : **Un poisson d'avril.** 2001.
ISBN : 978-2-912084-44-6
6 € chaque À partir de 6 ans

1431. Malineau, Jean-Hugues ; ill. Glasauer, Willi : **Pas si bêtes les animaux.**
Un recueil de sympathiques petits couplets qui jouent sur le nom et les attributs de toutes sortes d'animaux. L'originalité de cette nouvelle édition, sous forme d'album, réside dans le charme des illustrations : teintes pastel et dessins à la plume pour d'étranges vrais-faux portraits, mi-planches scientifiques, mi-créations fantastiques.
L'École des loisirs, 2003.
12 € ISBN : 978-2-211-07139-0
À partir de 6 ans

1432. Savatier, Paul ; ill. Charlemagne, Paule et Guiraud, Florence : **Alphanimaux.**
De l'anguille au zèbre, vingt-six animaux sont autant de prétextes à de petits poèmes fantaisistes. Le procédé n'est certes pas nouveau mais il fonctionne agréablement. On retiendra surtout cet abécédaire pour la qualité et l'invention de ses illustrations : heureux mélange de fines gravures noires de style rétro avec les couleurs franches des jeux typographiques.
Sorbier, 2001.
14,50 € ISBN : 978-2-7320-3702-8
À partir de 6 ans

1433. Van de Vendel, Edward ; ill. Van der Weel, Fleur ; trad. Bruel, Christian : **Super gloupi.**
Du sucre éparpillé, un poisson qui tourne dans son bocal, les cloches qui sonnent, un oiseau mort sur le quai de la gare, la douche, le téléphone, le baiser du soir... : autant de petites choses qui font le quotidien d'un enfant. À travers une cinquantaine de brèves saynètes, l'auteur fait partager les étonnements, les observations et la sagesse d'un tout-petit.
Être, 2004.
ISBN : 978-2-84407-043-2
Autre titre :
Super super gloupi. 2005.
ISBN : 978-2-84407-047-0
11 € chaque À partir de 6 ans

1434. La collection « **Enfance en poésie** » chez Gallimard Jeunesse propose, dans d'élégants petits albums agréablement illustrés, un ou plusieurs poèmes d'auteurs célèbres :
Guillevic, Eugène ; ill. Vincent, Hélène : **Échos, disait-il.** 2001.
ISBN : 978-2-07-054609-1
Jammes, Francis ; ill. Duhême, Jacqueline : **Prière pour aller au paradis avec les ânes** suivi de **J'aime l'âne.** 2002.
ISBN : 978-2-07-053916-1
Jabès, Edmond ; ill. Thers, Nicolas : **Petites Poésies pour jours de pluie et de soleil.** 2001.
ISBN : 978-2-07-054607-7
Prévert, Jacques ; ill. Galeron, Henri : **La Pêche à la baleine.** 2000.
ISBN : 978-2-07-054484-4
Tardieu, Jean ; ill. Montmoulineix, Sylvie : **Je m'amuse en rimant.** 2000.
ISBN : 978-2-07-054228-4
Roubaud, Jacques ; ill. Usdin, Elene : **Menu, menu.** 2000.
ISBN : 978-2-07-054465-3
6 € chaque À partir de 8 ans

1435. Bertrand, Patrick ; ill. Ceccarelli, Serge : **Silence la queue du chat balance.**
Sur un thème toujours aimé des enfants (et des poètes !), Patrick Bertrand propose quelques petits couplets sur Sa Majesté le chat. Des textes variés, fantaisistes, tendres ou enjoués, mis en relief par une illustration et un travail typographique intéressants.
Actes Sud Junior, Des poèmes plein les poches, 2002.
8 € ISBN : 978-2-7427-2753-7
À partir de 8 ans

1436. Cosem, Michel ; ill. Davaine, Philippe : **Arbres de grand vent.**
Le baobab ou le peuplier, le charme ou le sapin... : plus d'une vingtaine d'arbres se présentent dans des textes simples et très accessibles. Le texte s'inscrit sur d'élégants pavés noirs agrémentés d'une lettrine, sur fond de feuillages et de branchages.
Éditions du Rocher, Lo Païs d'enfance, 2004.
18,50 € ISBN : 978-2-268-05019-5
À partir de 8 ans

1437. David, François ; ill. Simon, Isabelle : **Oh ! les amoureux !**
Des amoureux, de tous les âges et de toutes les couleurs, sont représentés par de délicieuses petites figurines à la fois frustes et délicates, photographiées dans des décors très variés : ce mélange de réalisme et de « faire semblant » offre un écho au double jeu des textes, entre poème et dialogue, gravité et humour.
Sarbacane, 2006.
15 € ISBN : 978-2-84865-088-3
À partir de 8 ans

1438. David, François : **Un éléphant peut en cacher un autre.**
Grand format (bien sûr !) pour ce bel album consacré à l'éléphant. Plus d'une trentaine d'illustrateurs se sont partagé les poèmes pour offrir de spectaculaires variations, dans toute la diversité des techniques et des styles, sur des textes qui jouent aussi sur la variété des registres : chaque page est une surprise !

Sarbacane, 2005.
ISBN : 978-2-84865-076-0
Autre titre :
Un loup peut en cacher un autre. 2006.
ISBN : 978-2-84865-126-2
24 € chaque À partir de 8 ans

1439. Joanniez, Sébastien ; ill. Corvaisier, Laurent : **Je fais ce que je peux.**
Au-delà de la séduction première qu'exerce l'illustration de ce grand album, la qualité poétique des textes incite à une lecture attentive, plus profonde, pour écouter et laisser résonner la voix qu'on y entend : celle d'un enfant, avec ses mots tout simples et parfois hésitants, qui observe, médite et s'interroge.
Sarbacane, 2004.
14,90 € ISBN : 978-2-84865-045-6
À partir de 8 ans

1440. Joquel, Patrick ; ill. Poirot-Chérif, Sandra : **Que sais-tu des rêves du lézard ?**
Formulé d'après l'ultime poème du recueil, le titre reflète très justement la tonalité générale des textes réunis : une question posée à un interlocuteur inconnu (le poète, le lecteur ?) pour introduire du mystère, de l'étrange peut-être, dans le monde alentour, même dans le quotidien le plus banal, le plus modeste.
Magnard, Que d'histoires !, 2004.
4 € ISBN : 978-2-210-62393-4
À partir de 8 ans

1441. Roubaud, Jacques; postface Moncond'huy, Dominique : **Les Animaux de tout le monde ; Les Animaux de personne.**
Soixante sonnets, chacun dédié à un animal différent, sont suivis d'une lettre du poète au hérisson. Dans le second recueil, voici les « vilaines bêtes », les animaux indésirables ; perchés parmi les livres, ils ont tous droit à un poème où Jacques Roubaud joue avec les mots pour notre plaisir.
Seghers Jeunesse, 2004.
ISBN : 978-2-232-12243-9
ISBN : 978-2-232-00008-9
6 € chaque À partir de 8 ans

1442. Touillier, Colette ; ill. Lenglet, Maud : **C'est papa qui conduit le train.**
En trois séquences, c'est toute une vie de famille que nous raconte l'un des enfants. En mettant au centre la figure du père – celui qui fait un peu peur mais qui fait tellement de choses extraordinaires ! – l'auteur restitue toute une ambiance de complicité familiale, chaleureuse et très vivante. Les illustrations dynamiques et colorées sont à l'unisson.
L'Idée bleue, Le farfadet bleu, 2005.
9 € ISBN : 978-2-84031-205-5
À partir de 8 ans

1443. Touzeil, Jean-Claude ; ill. Legrand, Maud : **Parfois.**
De page en page s'égrènent de brefs aphorismes de deux ou trois lignes, tous commençant par ce mot « parfois » qui donne l'élan à toutes sortes de pensées, de rêves ou de constats... De parfois en parfois, le poète offre ainsi un parcours original, riche de clins d'œil, de subtils jeux sur les mots et de libres rêveries doucement colorées.
L'Idée bleue, Le farfadet bleu, 2004.
ISBN : 978-2-84031-170-6
Autres titres :
Biga, Daniel ; ill. Hayel, Kélig : **Capitaine des myrtilles.** 2003.
ISBN : 978-2-84031-151-5
Brulet, Gilles ; ill. Daviet, Lise : **Avec des ailes.** 2001.
ISBN : 978-2-84031-145-4
Moreau, Bernard ; ill. Grenouilleau, Sophie : **Crobards et mounièques.** 2005.
ISBN : 978-2-84031-185-0
De 7,50 € à 9 € À partir de 8 ans

1444. Armengaud, Françoise ; ill. Bourre, Martine : **Bêtes de longue mémoire.**
Rien de moins rare dans la poésie dite « pour enfants » que le thème des animaux. L'auteur parvient ici à le renouveler en faisant la part belle au mystère, à l'effroi parfois, que suscitent ces « bêtes de longue mémoire », dans l'étrangeté de leur présence, l'énigme de leurs mouvements, de leurs regards, de leurs voix. L'illustration redouble la fascination installée par les mots et les phrases.
Éditions du Rocher, Lo Païs d'enfance, 2005.
13,90 € ISBN : 978-2-268-05364-6
À partir de 10 ans

1445. Besnier, Michel ; ill. Galeron, Henri : **Mes poules parlent.**
De la « complainte du poussin » aux « débats sur Radio-Poulailler », ça caquette, ça cocoricote et ça piaille à qui mieux mieux pour que s'expriment toutes les nuances de la poulitude poétique. Humour, invention, plaisir des mots sont à toutes les pages, magnifiquement servis par la plume (c'est bien le cas de le dire !) de Henri Galeron.
Møtus, Pommes, pirates, papillons, 2004.
ISBN : 978-2-907354-57-8
Des mêmes auteurs : **Le Rap des rats.** 1999.
ISBN : 978-2-907354-47-9
Autres titres :
Boissy, Philippe de ; ill. Breucker, Roland : **Les Oreilles à l'air.** 2003.
ISBN : 978-2-907354-55-4
Boudet, Alain ; ill. Daufresne, Michelle : **Le Rire des cascades.** 2001.
ISBN : 978-2-907354-51-6
Cazals, Thierry ; ill. Zaü : **Le Petit Cul tout blanc du lièvre.** 2003.
ISBN : 978-2-907354-56-1
D'après Lear, Edward ; ill. Galeron, Henri ; adapt. David, François : **Poèmes sans queue ni tête d'Edward Lear.** 2004.
ISBN : 978-2-907354-59-2
10 € chaque À partir de 10 ans

1446. Bopp, Raul ; ill. Machado, Sandra ; trad. Morais Rego, Ciro de : **Cobra norato : nheengatu de la rive gauche de l'Amazone.**
Le texte du poète brésilien Raul Bopp (l'original en portugais figure en fin de volume), publié pour la première fois en 1931, chante la geste d'un héros inspiré des mythologies amazoniennes. L'illustratrice de cette première édition française a composé de superbes images où flamboient le noir et l'orange, sur le fond crème d'un papier épais.
MeMo, Classiques étrangers pour tous, 2005.
28 € ISBN : 978-2-910391-67-6
À partir de 10 ans

1447. Joubert, Jean ; ill. Huet, Elsa : **Petite Musique du jour.**
Pas de thème unique pour ce riche recueil, sinon de faire entendre, comme le titre l'évoque, l'écho de cette « petite musique du jour » qui accompagne le poète, au fil des jours, dans les émotions, les plaisirs, la fantaisie ou la nostalgie. Un écho tout en finesse où se mêlent le passé et le présent, les souvenirs et l'invention, l'humour et la mélancolie.
Pluie d'étoiles, 2004.
ISBN : 978-2-913056-23-7
Autres titres :
Cosem, Michel ; ill. Verdun, Christian : **Voyages d'hirondelles.** 2004.
ISBN : 978-2-913056-24-4
Fournier, Jacques ; ill. Comeyras, Françoise : **Poèmes pris au vol.** 2001.
ISBN : 978-2-913056-14-5
Malineau, Jean-Hugues ; ill. Pieroni, Christian : **Trente Haïku rouges ou bleus.** 2000.
ISBN : 978-2-913056-07-7
5,50 € chaque À partir de 10 ans

1448. Aramburu, Jacques ; ill. Mellinette, Martine : **Le Chasseur de rivières.**
Promenade au jardin, parmi les arbres, les herbes et les fleurs. Présences familières, apaisantes ou, dans la nuit qui gagne, étranges… Le promeneur s'imprègne des parfums, de l'atmosphère nocturne, devine la fraîcheur mystérieuse de la rivière. Un texte sobre et lent, dont les phrases coulent en lettres bleues sur le papier ivoire.
Cheyne, Poèmes pour grandir, 2004.
12,50 € ISBN : 978-2-84116-090-7
À partir de 12 ans

1449. Berchoud, Bruno ; ill. Mellinette, Martine : **Leurs mains.**
Un recueil en forme de devinette, où la suite des textes évoque, sans jamais les nommer, différents métiers : c'est à travers l'évocation des gestes, des outils, des objets que le lecteur « voit » ou reconnaît les garagistes, la boulangère, les déménageurs… Les illustrations donnent un écho visuel à la fois grave et chaleureux.
Cheyne, Poèmes pour grandir, 2005.
12,50 € ISBN : 978-2-84116-099-0
À partir de 12 ans

♥ **1450.** Dumortier, David ; ill. Mellinette, Martine : **Ces gens qui sont des arbres.**
Une vingtaine de petits poèmes en prose qui forment comme un carnet de notes ou d'observations. Sur un air léger et piquant, les mots du poète offrent autant d'instantanés de la vie comme elle va, avec les gens – bizarres, ordinaires, touchants – et les arbres, les plantes en pot, les fruits, les paysages.
Cheyne, Poèmes pour grandir, 2003.
ISBN : 978-2-84116-077-8

Autres titres dans la même collection où la qualité de la forme – illustrations, mise en pages, typographie, papier – est pleinement au service de l'émotion esthétique et poétique :
Cabral, Tristan ; ill. Mellinette, Martine : **Mourir à Vukovar : petit carnet de Bosnie.** 1997.
ISBN : 978-2-84116-012-9
Dubost, Jean-Pascal ; ill. Mellinette, Martine : **Les Quatre-Chemins.** 1995.
ISBN : 978-2-903705-87-9
Manier, Jean-François ; ill. Mellinette, Martine : **C'est moi.** 1994.
ISBN : 978-2-903705-79-4
Rochedy, André ; ill. Mellinette, Martine : **Ma maison, c'est la nuit.** 2002 ; **Le Chant de l'oiseleur.** 1993.
ISBN : 978-2-84116-065-5
ISBN : 978-2-903705-71-8
Siméon, Jean-Pierre ; ill. Mellinette, Martine : **Sans frontières fixes.** 2001.
ISBN : 978-2-84116-053-2
12,50 € chaque À partir de 12 ans

1451. Blatter, Ulrike ; ill. Daufresne, Michelle : **Vers d'un peu partout.**
Une dizaine de textes aux accents personnels et touchants qui mêlent en douceur la malice à la mélancolie, l'humour à la nostalgie, l'émerveillement de l'instant présent à l'évocation du passé. Les illustrations, aquarelles pleines de force et de délicatesse, sont dans une remarquable harmonie de ton avec les textes.
Bilboquet, 2002.
12 € ISBN : 978-2-84181-190-8
À partir de 13 ans

1452. Friot, Bernard ; ill. Louis, Catherine : **Pour vivre : presque poèmes.**
Une quête de mots pour dire la complexité des sentiments – envers soi-même, les autres, la vie –, le vacillement des frontières, la fragilité de l'équilibre. Des textes au bord des sanglots et du chant, dont la force est redoublée par la mise en pages et la typographie. Le traitement abstrait des images rend plus vive encore la sensualité des matières et des formes.
La Martinière Jeunesse, 2005.
ISBN : 978-2-7324-3227-4
Autre titre :
Friot, Bernard ; ill. Ferté, Élisabeth : **Peut-être oui.** 2006.
ISBN : 978-2-7324-3478-0
14,50 € chaque À partir de 13 ans

♥ **1453.** Friot, Bernard ; ill. Louis, Catherine : **Presque poèmes, écriture poétique.**
Les mêmes auteurs proposent un cédérom accompagné d'un élégant livret, incitant à l'écriture. Fidèles à la démarche qui associe étroitement la création des textes à celle des images, ils tirent le meilleur parti des ressources du multimédia pour suggérer des activités de création langagières et plastiques, à la fois souples et rigoureuses.
La Martinière Jeunesse/NK Éditions, 2005.
19 € ISBN : 978-2-7324-3377-6
À partir de 13 ans

CHANSONS

1454. Ill. Fronty, Aurélia ; Destours, Christine ; musique et arrangements Davois, Bernard : **Chanter en voiture.**
Le trajet en voiture est trop long ? Eh bien, chantez avec ce disque parfait pour écouter les vieux classiques, brailler un tube des années 1960 aussi bête que drôle, chanter les numéros minéralogiques des départements en rock ou en jazz, faire un orchestre avec les voix des occupants du véhicule ! Ne manquez surtout pas l'hilarante interview du klaxophoniste !
Gallimard Jeunesse, 2004.
20 € ISBN : 978-2-07-055924-4
Pour tous à partir de 3 ans

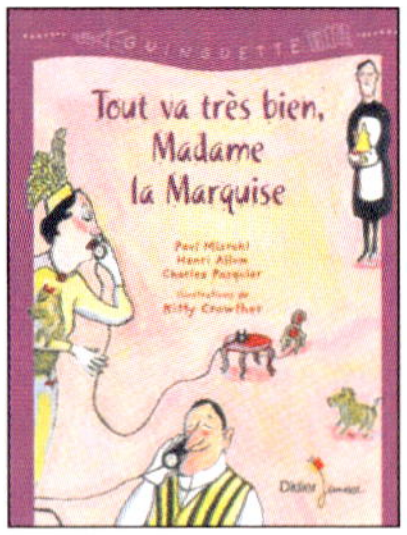

1455. Vigneault, Gilles : **Un dimanche à Kyoto ; Un trésor dans mon jardin.**
En écrivant ces chansons pour ses propres enfants, Gilles Vigneault a posé la marque de son génie personnel sur les structures des comptines et chansons traditionnelles ; elles prennent un nouvel éclat avec l'interprétation d'artistes québécois : chacun apporte sa gouaille, sa sensibilité, sa finesse et son humour à des titres qui sont déjà des classiques.
La Montagne secrète, 2004, 2005.
18 € ISBN : 978-2-923163-09-3
14 € ISBN : 978-2-923163-15-4
À partir de 3 ans

1456. Le Cirque ; Les Animaux de la jungle.
Sur des thèmes bien propres à retenir l'attention des enfants, ces chansons, présentées dans leur interprétation d'origine, et bien qu'elles aient été écrites pour des adultes, feront le plus grand bonheur de tous. « La chanson française à découvrir en famille » indique la couverture du livre : le pari est tenu et avec brio.
Gallimard Jeunesse musique, Si ça m'chante, 2005.
ISBN : 978-2-07-057064-5
ISBN : 978-2-07-057063-8
21 € chaque À partir de 6 ans

♥ **1457.** Dans la collection « **Guinguette** » consacrée à la chanson, Didier Jeunesse propose, en volumes séparés, un choix judicieux et varié, de la chanson folklorique à la création contemporaine. Une mise en pages séduisante, des illustrations dynamiques et drôles font la réussite de ces volumes.
Un coup de cœur particulier pour :
Misraki, Paul ; ill. Crowther, Kitty : **Tout va très bien, Madame la Marquise.**
Un vent de folie douce souffle tout au long des pages : au jubilatoire enchaînement de catastrophes du texte de la chanson répond le tourbillon des images. L'illustratrice s'en est donné à cœur joie pour croquer les scènes, les personnages, les accessoires, les attitudes, avec rythme et dynamisme.
Didier Jeunesse, Guinguette, 2001.
ISBN : 978-2-278-05089-5
Autres titres :
Agel, Léon ; Carrara, Émile ; ill. Novi, Nathalie : **Mon amant de Saint-Jean.** 2002.
ISBN : 978-2-278-05212-7
Brassens, Georges ; ill. Heitz, Bruno : **La Cane de Jeanne.** 2003.
ISBN : 978-2-278-05211-0
Lapointe, Boby ; ill. Turrier, Fabrice : **La Maman des poissons.** 2000.
ISBN : 978-2-278-04942-4
Nougaro, Claude ; Vander, Maurice ; ill. Raschka, Chris : **Armstrong.** 2002.
ISBN : 978-2-278-05087-1
Trénet, Charles ; ill. Dorémus, Gaëtan : **Y'a d'la joie.** 2001.
ISBN : 978-2-278-05138-0
11 € chaque À partir de 6 ans

1458. De beaux albums pour proposer des chansons célèbres, en version séparée, offrant ainsi à chacune une illustration de grande ampleur et remarquable. *Il pleut bergère* n'est malheureusement actuellement disponible qu'en format de poche.
Ill. Dumas, Philippe : **Au clair de la lune.**
L'École des loisirs, 1992.
18,30 € ISBN : 978-2-211-02831-8
Fabre d'Églantine ; ill. Dumas, Philippe : **Il pleut bergère.**
L'École des loisirs, Lutin poche, 1996.
5,50 € ISBN : 978-2-211-03926-0
Clément, Jean-Baptiste ; ill. Dumas, Philippe : **Le Temps des cerises.**
L'École des loisirs, 1990.
18,30 € ISBN : 978-2-211-01866-1
À partir de 6 ans

1459. Ill. Guyennon-Duchêne, Claudie : **Chanter contre le racisme.**
L'immigration et le droit à la différence en dix-huit chansons dont les titres sont éloquents : « Clandestino » de Manu Tchao, « Mélangeons-nous » de Princess Erika, « Dents d'ivoire et peau d'ébène » de Gilbert Lafaille. Une belle anthologie de chansons d'aujourd'hui sur la difficulté d'être « Né quelque part » comme le chante Maxime Le Forestier. Paroles dans l'album.
Mango Jeunesse, Allons z'enfants, 2002.
23 € ISBN : 978-2-7404-1268-8
À partir de 9 ans

1460. Lapointe, Boby ; ill. Lemant, Albert : **Le Boby Lapointe.**
Dix-sept chansons de Boby Lapointe, illustrées avec esprit et générosité. Une grande bouffée de fantaisie, un délice de virtuosité.
Mango Jeunesse, Album Dada/Il suffit de passer le pont, 1998.
15 € ISBN : 978-2-7404-0831-5
À partir de 13 ans

1461. Ferré, Léo ; ill. Adda, Anne-Marie : **Le Léo Ferré.**
Un excellent choix de textes parmi les plus connus couvrant toute la carrière de Léo Ferré de 1950 à 1992, représentatifs des grands courants qui traversent son œuvre, la gouaille du Paris populaire, l'anarchie, la poésie.
Mango Jeunesse, Album Dada/Il suffit de passer le pont, 2002.
15 € ISBN : 978-2-7404-1448-4
À partir de 13 ans

♥ **1462.** Gainsbourg, Serge ; ill. Mathie, Gérard : **Le Gainsbourg.**
Les images forment un décor qui introduit bien à l'univers du chanteur, fantaisiste, tendre, déglingué, traversé de failles et de zébrures. La technique de collages, de déchirures, d'imitations de graffiti et de bombages est à la fois singulière et cohérente.
Mango Jeunesse, Album Dada/Il suffit de passer le pont, 2004.
15 € ISBN : 978-2-7404-1814-7
À partir de 13 ans

JEUX DE LANGAGE

1463. Maillet, Béatrice : **Virelangues.**
A priori un virelangue ne signifie rien : Tontétatilotétatou ? et pourtant il a un sens (« ton thé t'a-t-il ôté ta toux ? »), c'est surtout un jeu sur les mots, les sonorités, les rythmes de la langue. Dans une mise en scène sonore aussi ludique qu'humoristique, en voici une vingtaine tirés en majorité du folklore, le reste étant puisé chez des écrivains.
Enfance et musique, 1996.
21 €
À partir de 3 ans

1464. Murschetz, Luis : **Les Trois Chinois avec la contrebasse.**

Un petit quatrain rigolo, répété autant de fois qu'il y a de possibles variations sur les voyelles : c'est du chinois... ou de la musique ?

La Joie de lire, Les versatiles, 1997.

7,50 € ISBN : 978-2-88258-108-2

À partir de 3 ans

1465. Éd. Charpentreau, Jacques : **Le Livre des amusettes : jeux, devinettes, énigmes, comptines, 180 poèmes et dessins inédits.**

Des comptines, devinettes, chansons et dessins pour introduire l'enfant dans un univers poétique et ludique.

Éditions de l'Atelier, Le Temps apprivoisé, Petite enfance heureuse, 1987.

9,15 € ISBN : 978-2-7082-2546-6

À partir de 6 ans

1466. Les albums de la collection « **L'Humour en mots** » chez Albin Michel Jeunesse invitent à explorer de façon ludique les ressources surprenantes de la langue : c'est une mine d'exemples pour rire et jouer à son tour.

Duhamel, Jérôme ; ill. Deiss, Véronique : **Le Grand Livre des devinettes.** 2001.

ISBN : 978-2-226-11783-0

Malineau, Jean-Hugues ; ill. Deiss, Véronique : **Les Charades.** 1999.

ISBN : 978-2-226-10202-7

Malineau, Jean-Hugues ; ill. Pef : **Dix Dodus Dindons.** 1997.

ISBN : 978-2-226-08996-0

Martin, Joël ; ill. Le Goistre, Rémy : **La Vie des mots, l'ami des veaux : premier livre de contrepèteries pour tous.** 1994.

ISBN : 978-2-226-05802-7

Martin, Joël ; ill. Le Goistre, Rémy : **L'Art des mots, l'eau des mares : mes premières contrepèteries.** 1995.

ISBN : 978-2-226-07069-2

Prache, Denys ; ill. Campan, Josiane et Campan, Maurice : **Le Grand Livre des rébus.** 2000.

ISBN : 978-2-226-11240-8

10,90 € chaque À partir de 6 ans

1467. Éd. Charpentreau, Jacques : **Jouer avec les poètes : 200 poèmes-jeux inédits de 65 poètes contemporains.**

Les règles de plus de cinquante jeux littéraires, pour la plupart venus d'une longue tradition, sont présentées à travers les exemples imaginés par des poètes contemporains. De quoi inciter de jeunes émules à prendre la plume à leur tour.

Hachette Jeunesse, Le Livre de poche Jeunesse, Fleurs d'encre, 2005.

5,20 € ISBN : 978-2-01-322056-9

À partir de 9 ans

1468. Fampou, François ; ill. Mazoué, Patrice : **La Langue au chat.**

Un agréable recueil, élégamment illustré, rassemble une trentaine de devinettes inspirées de la tradition orale africaine : pour titiller, au rythme des images et des métaphores, l'imagination et la perspicacité du lecteur.

L'Idée bleue, Le farfadet bleu, 2004.

7,50 € ISBN : 978-2-84031-084-6

À partir de 9 ans

1469. Gremaud, Florence ; Pinchon, Serge ; ill. Coffinières, Hervé : **J'ai un mot sur la langue.**

Un volume aussi instructif que distrayant pour piocher dans le trésor des expressions de la langue française. De quoi « éclairer la lanterne » de tous – même si on a « un poil dans la main » !... puisque les auteurs ont mâché le travail en regroupant par thèmes quelque cent vingt expressions, en en présentant l'origine, la date d'apparition et le sens actuel.

Gallimard Jeunesse, 2001.

17,50 € ISBN : 978-2-07-054697-8

À partir de 9 ans

1470. Adda, Anne-Marie : **Rébus proverbes.**

Un grand format carré, avec plein de place pour loger à gauche un proverbe, à droite une collection de petits objets bien alignés : c'est bien clair... Et pourtant vous n'arrivez pas à lire ? C'est qu'il faut y mettre du sien et remuer ses petites cellules grises pour décrypter tout ça ! Un album stimulant, empreint du charme rétro des petites bricoles photographiées.

Thierry Magnier, 2002.

20 € ISBN : 978-2-84420-196-6

À partir de 13 ans

1471. Le Clézio, Jean-Marie Gustave et Jémia, ill. Le Clézio, Jean-Marie Gustave : **Sirandanes : suivies d'un petit lexique de la langue créole et des oiseaux.**

J.-M. G. et Jémia Le Clézio ont rassemblé et traduit des sirandanes, devinettes de l'Île Maurice, énoncées en créole puis en français. Un précieux petit recueil joliment illustré d'aquarelles, certaines inspirées de broderies de l'océan Indien. À retenir absolument dans cette collection et non dans la collection jeunesse.

Seghers, Volubile, 1990.

5 € ISBN : 978-2-232-10327-8

Pour tous à partir de 13 ans

♥ **1472.** Trotereau, Anne ; ill. Dumas, Philippe : **Portraits devinettes d'auteurs illustres : pastiches et anagrammes.**

Tous les grands noms de la littérature sont là, déguisés sous d'impertinentes et révélatrices anagrammes, offerts à la perspicacité du lecteur grâce aux indices que donnent les portraits en images et les pastiches biographiques. Pleine d'humour et de brio, une promenade littéraire et ludique qui réjouira les amateurs.

L'École des loisirs, 1994.

28,20 € ISBN : 978-2-211-01467-0

À partir de 13 ans

THÉÂTRE

1473. Ponti, Claude : **La Trijolie. Vol. 1 : La Pantoufle** ; **Vol. 2 : Bonjour** et **Où sont les mamans ?**

Mettant en scène bébés (même pas nés !) et tout-petits, Claude Ponti multiplie les indications scéniques, aussi précises que loufoques, pour donner à « voir » les personnages, les décors, la lumière, les mouvements... Humour et sérieux, imaginaire et réalité, tendresse et fantaisie se répondent à l'envi dans cet univers à la fois banal et poétique.

L'École des loisirs, Théâtre, 2006.

Vol. 1 : 7 € ISBN : 978-2-211-08364-5

Vol. 2 : 6,50 €

ISBN : 978-2-211-08366-9

À partir de 6 ans

♥ **1474.** Brun-Cosme, Nadine : **Et moi et moi !**

Une petite fille cherche désespérément à être entendue et aimée d'une mère froide et lointaine qui ne s'intéresse qu'à son autre fille, beaucoup plus brillante et libre. La sobriété des situations et des accessoires, la brièveté des dialogues, le caractère quasi emblématique des personnages contribuent à l'intensité des émotions.

L'École des loisirs, Théâtre, 2004.

6 € ISBN : 978-2-211-07376-9

Autre titre :

Un poisson dans mon arbre. 2005.

6,50 € ISBN : 978-2-211-08123-8

À partir de 9 ans

1475. Grumberg, Jean-Claude ; ill. Bataille, Bertrand : **Iq et Ox.**

Il était une fois, comme dans un conte, dans un pays et dans un temps indéterminés, deux peuples qui s'affrontaient, chacun mené par un grand prêtre, invoquant leurs dieux, l'un le soleil, l'autre le grand fleuve, à grands coups d'insultes et de menaces. Pendant ce temps les enfants, Petite Ox et Petit Iq explorent les chemins de la paix et de l'amitié.

Actes Sud-Papiers, Heyoka jeunesse, 2003.

7,80 € ISBN : 978-2-7427-4508-1

Autre titre du même auteur :

Ill. Le Néouanic, Lionel : **Pinok et Barbie : Là où les enfants n'ont rien.** 2004.

7,50 € ISBN : 978-2-7427-4949-2

À partir de 9 ans

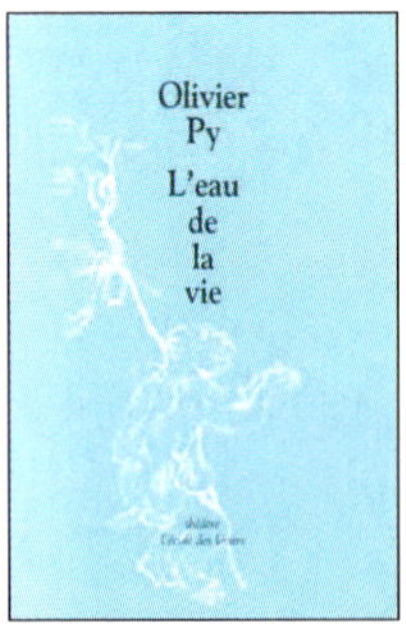

1476. Jouanneau, Joël ; ill. Hié, Vanessa : **L'Adoptée.**

Au fin fond de la campagne, une vieille femme barricadée dans sa mauvaise humeur et sa détestation des autres voit un jour un petit garçon débarquer chez elle, un étranger, un vaurien pense-t-elle, dont elle n'arrive pas à se débarrasser. Avec ses dialogues simples et comiques, cette pièce qui a la force et le charme d'une fable dénonce l'intolérance et la bêtise.

Actes Sud-Papiers, Heyoka jeunesse, 2003.

6,50 € ISBN : 978-2-7427-4576-0

Existe aussi en collection Poche théâtre, 2007.

5 € ISBN : 978-2-7427-6470-9

À partir de 9 ans

1477. Kenny, Mike ; ill Baumfelder, Hanno ; trad. Magois, Séverine : **Sur la corde raide** suivi de **L'Enfant perdue.**

Les silences et les mensonges pleins de vérité d'un grand-père pour « dire » à sa petite-fille que sa grand-mère s'en est allée... L'espoir et la ténacité d'un père pour retrouver son enfant perdue : la force de l'amour est au cœur de ces deux pièces qui parviennent, au-delà de leur apparente simplicité, à ouvrir grandes les portes de l'imaginaire et de la poésie.

Actes Sud-Papiers, Heyoka jeunesse, 2004.

10,50 € ISBN : 978-2-7427-5198-3

À partir de 9 ans

1478. Lebeau, Suzanne : **L'Ogrelet.**

Sa mère tient anxieusement à l'écart, de tout ce qui est rouge, son fils de 6 ans « trop grand pour son âge » : c'est que cet enfant est le fils d'un ogre et qu'elle craint une attirance héréditaire pour le sang. Mais, entre amour, curiosité et intelligence, l'« ogrelet » saura surmonter les épreuves et maîtriser son destin.

Éditions théâtrales, Théâtrales jeunesse, 2003.

7 € ISBN : 978-2-84260-136-2

À partir de 9 ans

1479. Le Touze, Guillaume : **Les Nuits de Léo.**

Léo, 7 ans, réclame parfois le soir les câlins de sa mère, la jolie et douce Lila. Mais le plus souvent, c'est Marcello qu'il appelle : un drôle de bonhomme, surgi du pays des ombres. Guillaume Le Touze utilise avec talent les ressources de l'écriture théâtrale pour faire vivre ses personnages et exprimer la subtilité des sentiments et des rêves.

Actes Sud-Papiers, Heyoka jeunesse, 2002.

7,50 € ISBN : 978-2-7427-3611-9

Existe aussi en collection Poche théâtre, 2006.

5 € ISBN : 978-2-7427-6339-9

À partir de 9 ans

1480. Pillet, Françoise ; Da Silva, Joël : **Émile et Angèle, correspondance.**

La naissance d'une amitié entre une petite fille française et un petit garçon québécois, à travers la correspondance qu'ils échangent pendant quelques mois, passant du courrier traditionnel aux mails, aux fax, aux cassettes et aux coups de téléphone. Une pièce « épistolaire » attachante et pleine de rythme.

Éditions théâtrales, Théâtrales jeunesse, 2005.

7 € ISBN : 978-2-84260-183-6

À partir de 9 ans

♥ **1481.** Py, Olivier : **L'Eau de la vie.**

Très belle adaptation théâtrale d'un conte de Grimm. De beaux dialogues, des instants de pure poésie, des moments drôles, forment un ensemble plein de profondeur et d'émotion.

L'École des loisirs, Théâtre, 1999.

6,70 € ISBN : 978-2-211-05518-5

À partir de 9 ans

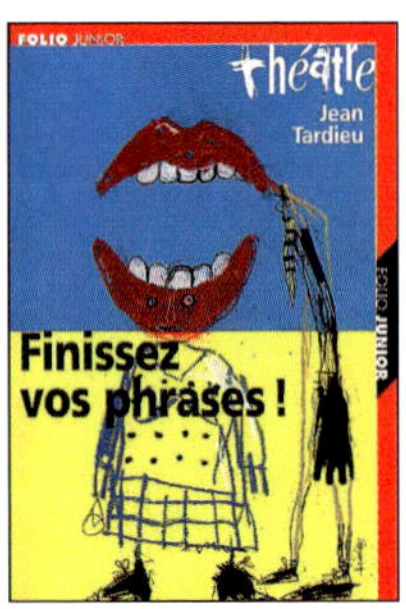

♥ **1482.** Tardieu, Jean : **Finissez vos phrases !**

Un excellent volume qui rassemble trois pièces aussi efficaces que jubilatoires, absentes jusqu'alors de l'édition jeunesse. Jean Tardieu, avec un humour virtuose, met en jeu le langage, avec ses failles, ses limites ou ses surprises. Un petit « cahier de mise en scène » bien fait incite à l'aventure de l'interprétation théâtrale.

Gallimard Jeunesse, Folio Junior Théâtre, 2000.

4,50 € ISBN : 978-2-07-054135-5

À partir de 9 ans

1483. Valentin, Karl ; trad. Besson, Jean-Louis et Jourdheuil, Jean : **Sketches.**

Bonne idée que de publier ce choix de sketches du grand comique munichois d'avant-guerre : à la fois réalistes et absurdes, les dialogues gardent un rythme et une saveur qui devraient séduire les jeunes lecteurs.

Éditions théâtrales, Théâtrales jeunesse, 2002.

ISBN : 978-2-84260-107-2

Autre titre : **Au théâtre.** 2004.

ISBN : 978-2-84260-164-5

7 € chaque À partir de 9 ans

♥ **1484.** Wegenast, Bettina ; trad. Winkler-Irigoin, Svea : **Être le loup.**
Dialogue dans le pré, entre moutons bien informés : il paraît que le loup est mort... Qui va le remplacer ? Il faisait bien son boulot, « ils » vont sûrement en recruter un autre ? Une pièce pleine d'un humour aussi féroce que candide qui repose sur le télescopage entre les stéréotypes des contes et les clichés contemporains. À hurler... de rire !
L'École des loisirs, Théâtre, 2004.
7,50 € ISBN : 978-2-211-07733-0
Autre titre :
Erwin & Grenouille. 2005.
6,50 € ISBN : 978-2-211-07998-3
À partir de 9 ans

1485. Castan, Bruno : **L'Enfant sauvage.**
Une variation théâtrale inspirée de l'histoire de Victor de l'Aveyron. C'est à travers le point de vue de madame Guéret, la gouvernante, d'abord méfiante et réprobatrice, puis progressivement de plus en plus généreuse, qu'est perçue l'évolution de l'enfant. Ainsi racontée, cette histoire fascinante devient un convaincant appel au respect et à la tolérance.
Éditions théâtrales, Théâtrales jeunesse, 2006.
ISBN : 978-2-84260-211-6
Autre titre :
Belle des eaux. 2002.
ISBN : 978-2-84260-114-0
7 € chaque À partir de 11 ans

1486. Kipling, Rudyard ; trad. Jaudel, Philippe : **La Comédie de la jungle.**
Reprenant plusieurs épisodes du *Livre de la jungle* et du *Second Livre de la jungle*, Kipling a imaginé un spectacle nourri de musiques et de chants, centré sur les relations de Mowgli et des hommes. Cette pièce était restée inconnue jusqu'à sa récente découverte en 1998, parmi les manuscrits de la bibliothèque du Sussex.
Gallimard Jeunesse, Folio Junior, Théâtre, 2001.
5 € ISBN : 978-2-07-054512-4
À partir de 11 ans

♥ **1487.** Melquiot, Fabrice : **Bouli Miro.**
Obèse comme son père, myope comme sa mère, voici Bouli Miro, gamin promis à un destin exceptionnel. Péripéties extravagantes, rencontres et délires en tous genres, échappées de tendresse : au rythme de dialogues et de commentaires enlevés, la pièce offre une suite de situations fantaisistes et colorées qui mêlent humour et poésie.
L'Arche, Théâtre jeunesse, 2002.
8,50 € ISBN : 978-2-85181-522-4
Suite dans :
Bouli redéboule.
L'Arche, Théâtre jeunesse, 2005.
9 € ISBN : 978-2-85181-608-5
Autre titre :
L'Enfant Dieu.
L'École des loisirs, Théâtre, 2003.
5,50 € ISBN : 978-2-211-06966-3
À partir de 11 ans

1488. Papin, Nathalie : **Camino.**
Dialogue entre un enfant meurtri – il ne peut plus marcher – et le drôle de bonhomme, Camino, qui affirme être son « destin » : surprises, espoirs, regrets, questions... Y a-t-il d'autres chemins, d'autres destins ? Un ton original et plein de finesse, un sens très sûr des dialogues et du rythme.
L'École des loisirs, Théâtre, 2003.
6 € ISBN : 978-2-211-07033-1
À partir de 11 ans

1489. Smadja, Brigitte : **Bleu blanc gris.**
L'auteur reprend les personnages et l'argument de ses romans (*Quand Papa était mort*, *La Tarte aux escargots*, *Le Cabanon de l'oncle Jo*) pour passer du récit à sa mise en scène, dans une intéressante variation d'écriture. Les personnages y trouvent une présence nouvelle, dans des dialogues simples et pleins d'une émotion qui sonne juste.
L'École des loisirs, Théâtre, 2002.
6,50 € ISBN : 978-2-211-06612-9
À partir de 11 ans

1490. Atlan, Liliane : **Monsieur Fugue ou le mal de terre.**
Quatre enfants misérables, affamés, sortent d'un égout où ils ont trouvé refuge après la destruction du ghetto. Des soldats les piègent et les embarquent sur un camion, destination « Bourg pourri ». L'un d'eux accompagne de ses histoires le terrible voyage. Dur et bouleversant.
L'École des loisirs, Théâtre, 2000.
7,60 € ISBN : 978-2-211-05769-1
À partir de 13 ans

♥ **1491.** Mankell, Henning ; trad. Sinding, Terje : **L'assassin sans scrupules Hasse Karlsson dévoile la terrible vérité : comment la femme est morte de froid sur le pont de chemin de fer.**
Les monologues de Hasse Karlsson devenu adulte, qui sonnent comme des confidences et des aveux, alternent avec les scènes où on le voit adolescent, avec ses parents et un autre garçon dont il a cru être l'ami. Une façon magistrale d'exprimer l'ambivalence des sentiments, l'ambiguïté des personnages, la culpabilité et le remords. Saisissant.
L'Arche, Théâtre jeunesse, 2003.
10 € ISBN : 978-2-85181-541-5
À partir de 13 ans

1492. Paquet, Dominique : **Cérémonies.**
Rude dialogue et troublant cérémonial entre deux copains, deux adolescents, unis par la même souffrance et qui ne trouvent à s'en échapper que par l'affrontement, comme dans un rituel barbare. La douleur, la violence et l'angoisse sont au cœur de cette pièce d'une remarquable tension dramatique.
L'École des loisirs, Théâtre, 2004.
6,50 € ISBN : 978-2-211-07304-2
À partir de 13 ans

♥ **1493.** Zambon, Catherine : **L'Oca ; La Bielleuse ; Les Rousses ; La Berge haute.**
L'ensemble des pièces forme la tétralogie « Les Oiseaux », comme autant d'entrées dans un univers original et envoûtant. La simplicité des dialogues, la force d'évocation des images et des figures, la résonance des thèmes (l'amour, l'attente, le goût de la vie...), la magie des situations font la force et le charme de ces pièces.
L'École des loisirs, Théâtre, 1999.
5,30 € ISBN : 978-2-211-05186-6
4,90 € ISBN : 978-2-211-05184-2
5,30 € ISBN : 978-2-211-05399-0
4,90 € ISBN : 978-2-211-05403-4
À partir de 13 ans

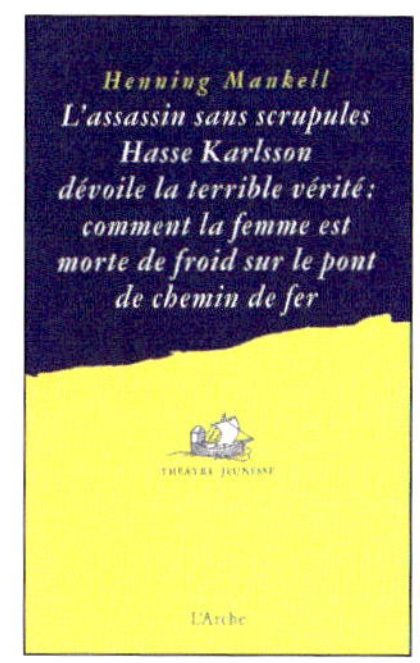

Romans

L'édition de romans et de nouvelles pour la jeunesse est florissante : il n'y a jamais eu autant d'auteurs, de titres, de collections, d'éditeurs pour développer l'offre romanesque envers les enfants et les adolescents… et même les adultes, de plus en plus nombreux à s'y intéresser et à se laisser séduire.
La quantité n'est certes pas un gage de qualité et l'ampleur de la production résulte tout autant d'une compétition commerciale intense et de contraintes économiques que de projets littéraires mais, à côté d'ouvrages médiocres ou formatés, elle ouvre aussi tout un espace de création dont s'emparent les écrivains – et parfois les illustrateurs – dans toute la diversité de leurs talents.
Cette diversité remarquable, redoublée par celle des formes éditoriales, constitue sans nul doute aujourd'hui la principale caractéristique des romans pour la jeunesse : c'est ce dont nous nous sommes efforcés de donner un aperçu dans notre sélection en proposant les ouvrages les plus variés possible, afin que tous les lecteurs – quels que soient leur âge, leurs goûts, leurs capacités… – puissent trouver le ou les romans qui corresponde(nt) à ce qu'ils peuvent et ont envie de lire.
On trouvera donc, dans notre choix de plus de 700 romans et nouvelles, des textes s'adressant à tous les âges, depuis ceux qui sont accessibles dès les débuts de la lecture autonome jusqu'à ceux qui intéressent les grands adolescents ; des livres de poche peu chers à côté d'éditions luxueuses ; des textes très brefs abondamment illustrés et de gros pavés de 500 ou 600 pages sans une seule image ; des œuvres contemporaines – récentes ou ayant déjà fait leurs preuves depuis quelques décennies – et des classiques ; des textes écrits en français et des traductions…
La manière de conduire un récit, la mise en place des personnages, le registre, le style, bref tout ce qui concerne le travail d'écriture a, sur ces bases, constitué le fil conducteur de notre sélection puisque nous avons souhaité qu'elle fasse apparaître la qualité de la création pour la jeunesse dans ce domaine : d'où l'attention accordée aux auteurs, à ce qui fait la singularité non seulement de leur univers ou de leur imaginaire mais aussi de leur voix et de leurs choix narratifs. Pour certains d'entre eux, parmi les plus talentueux, il n'a pas toujours été facile de limiter le nombre de titres, ce qui explique la mention de quelques « autres titres » auxquels il nous a semblé judicieux de renvoyer.
La diversité romanesque se manifeste enfin dans la multiplicité des genres, des sujets et des thèmes abordés. Pour en rendre compte nous avons opté pour un classement en 20 « catégories » qui mêle formes et contenu, soulignant tour à tour l'appartenance à un genre (par exemple les romans historiques, de science fiction ou policiers), la thématique (familles, questions de société), l'effet produit sur le lecteur (humour, un coin de philosophie) ou même l'histoire ou la forme littéraire (les classiques, histoires courtes et nouvelles). Ce recours à des critères de différentes natures pour répartir les ouvrages, même s'il a ses limites, nous a semblé le plus efficace pour donner des repères tout en variant les approches. Lorsque des précisions ont semblé nécessaires, un bref commentaire au début de certaines catégories indique ce qui rassemble les titres qu'on y trouve.
Mais il est clair que ce classement est à utiliser avec souplesse, tant il est vrai qu'un roman, lorsqu'il est de qualité, résiste à se laisser enfermer dans une catégorisation, toujours réductrice. C'est dans cet esprit que s'est fait le choix des mots-clés figurant dans l'index thématique, dans la mesure où ils proposent des compléments et des nuances au classement de base et permettent ainsi des circulations et des rapprochements entre les textes.

Françoise Ballanger

Un choix de classiques

On trouvera regroupés ici des romans et des nouvelles publiés avant 1940 et qui sont devenus des classiques de la littérature de jeunesse.
Ils sont présentés par ordre alphabétique d'auteurs, avec la mention de la date de leur première publication.
Pour ces œuvres qui font l'objet de nombreuses éditions de toutes sortes, nous avons indiqué celles qui, selon nous, étaient les plus intéressantes, que ce soit pour la qualité du texte – notamment en termes d'intégralité, de traduction, parfois d'adaptation – ou pour celle des images.

1494. Alcott, Louisa May : **Les Quatre Filles du Docteur March** (1868-1869).
ill. Szabo, Akos ; trad. Joba, Anne.
Hachette Jeunesse, Le Livre de poche Jeunesse, 2002.
5,20 € ISBN : 978-2-01-321984-6
trad. Godoc, Maud.
Pocket Jeunesse, Pocket Junior, Références, 1999.
6,20 € ISBN : 978-2-266-09440-5
À partir de 9 ans

1495. Aymé, Marcel : **Les Contes bleus du chat perché. Les Contes rouges du chat perché** (1934).
ill. Sabatier, Claudine et Roland.
Gallimard Jeunesse, Gallimard album, 2002.
Contes bleus.
ISBN : 978-2-07-053945-1
Contes rouges.
ISBN : 978-2-07-053944-4
14,95 € chaque
ill. Dumas, Philippe.
Gallimard Jeunesse, Folio Junior, Édition spéciale, 1998.
Contes bleus.
ISBN : 978-2-07-051339-0
Contes rouges.
ISBN : 978-2-07-051337-6
6,20 € chaque À partir de 7 ans

1496. Barrie, James Matthew : **Peter Pan** (1906).
♥ ill. Janssen, Susanne ; trad. Robillot, Henri.
Être, Grande collection, 2005.
49 € ISBN : 978-2-84407-044-9
ill. Ormerod, Jan ; trad. Robillot, Henri.
Gallimard Jeunesse, Folio Junior, 1998.
6,20 € ISBN : 978-2-07-051627-8
À partir de 11 ans

1497. Baum, Lyman Franck : **Le Magicien d'Oz** (1900).
ill. Zwerger, Lisbeth ; trad. Mitral, Yvette.
Nord-Sud, Un livre Michael Neugebauer, 1996.
19 € ISBN : 978-3-314-20958-1
ill. Denslow, William Wallace ; trad. Pracontal, Mona de.
Gallimard Jeunesse, Folio Junior, 1998.
5,60 € ISBN : 978-2-07-051621-6
ill. Durual, Christophe ; trad. Costa, Marianne.
Hachette Jeunesse, Le Livre de poche Jeunesse Classique, 2003.
5,50 € ISBN : 978-2-01-322181-8
À partir de 9 ans

1498. Burnett, Frances Hodgson : **Le Jardin secret** (1909).
ill. Rozier-Gaudriault ; trad. Lermuzeaux, Antoine.
Gallimard Jeunesse, Folio Junior, 1992.
7 € ISBN : 978-2-07-051844-9
ill. Arcady ; trad. Gratias, Carole.
Père Castor Flammarion, Castor poche Junior, 1998.
7,50 € ISBN : 978-2-08-166668-9
À partir de 9 ans

1499. Burnett, Frances Hodgson : **Le Petit Lord Fauntleroy** (1896).
ill. Perrin, Jean-Michel ; trad. Séchan, Olivier.
Hachette Jeunesse, Le Livre de poche Jeunesse Cadet, 1992.
5,20 € ISBN : 978-2-01-321432-2
À partir de 9 ans

1500. Burnett, Frances Hodgson : **La Petite Princesse** (1905).
ill. Curiace, Gismonde ; trad. Vieilhomme-Callais, Paulette.
Gallimard Jeunesse, Folio Junior, 1999.
7 € ISBN : 978-2-07-051994-1
Sous le titre :
Une petite princesse
trad. Laporte, Michel.
Hachette Jeunesse, 2006.
Le Livre de poche Jeunesse, Classiques, 2006.
6,20 € ISBN : 978-2-01-321237-3
À partir de 9 ans

1501. Carroll, Lewis : **Alice au pays des merveilles** (1865).
♥ ill. Zwerger, Lisbeth ; trad. Zwerger, Lisbeth.
Nord-Sud, Un livre Michael Neugebauer, 1999.
19 € ISBN : 978-3-314-21223-9
ill. Oxenbury, Helen; trad. Parisot, Henri.
Flammarion, 2000.
23 € ISBN : 978-2-08-160996-9
ill. Tenniel, John ; trad. Papy, Jacques.
Gallimard Jeunesse, Folio Junior, Édition spéciale, 1998.
5,60 € ISBN : 978-2-07-051366-6
ill. Lins, Rico ; trad. Bay, André.
Hachette Jeunesse, Le Livre de poche Jeunesse, 2005.
4,50 € ISBN : 978-2-01-322089-7
sous le titre : **Alice au pays des merveilles** (suivi de) **De l'autre côté du miroir.**
ill. Kallay, Dusan ; adapt. Bay, André.
Gründ, Contes et fables de toujours, 2005.
13 € ISBN : 978-2-7000-1261-3
sous le titre : **Les Aventures d'Alice au pays des merveilles.**
♥ ill. Browne, Anthony ; trad. et adapt. Parisot, Henri.
Kaléidoscope, 1989.
23,50 € ISBN : 978-2-87767-010-4
♥ ill. Claveloux, Nicole ; trad. Parisot, Henri.
Grasset Jeunesse, Grands lecteurs, 1989.
22,60 € ISBN : 978-2-246-00138-6
ill. Grandin, Aurélia ; trad. Riot, Elen.
Rue du monde, Pas comme les autres, 2006.
18,50 € ISBN : 978-2-915569-63-6
À partir de 11 ans

1502. Carroll, Lewis : **Alice racontée aux petits** (1890).
ill. Tenniel, Sir John ; trad. Noël, Bernard.
L'École des loisirs, Lutin poche, 1980.
5,50 € ISBN : 978-2-211-07161-1
À partir de 5 ans

1503. Cervantes Saavedra, Miguel de : **Don Quichotte** (1605).
adapt. Angelidou, Maria ; trad. Boutefeu, Jean-Louis ; ill. Sveltine, Vassilev.
Milan Jeunesse, Albums, 2006.
14,95 € ISBN : 978-2-7459-2102-4
À partir de 11 ans

1504. Collodi, Carlo : **Les Aventures de Pinocchio** (1880-1883).
♥ ill. Innocenti, Roberto ; trad. Castagné, Nathalie.
Gallimard Jeunesse, Album Junior 2005.
25 € ISBN : 978-2-07-055071-5
ill. Chiostri ; trad. Castagné, Nathalie.

Gallimard Jeunesse, Folio Junior, 1996.
6,20 € ISBN : 978-2-07-051843-2
sous le titre : **Pinocchio.**
ill. Rochette, Jean-Marc ; trad. Morel, Jean-Paul.
Casterman, 2000.
22,95 € ISBN : 978-2-203-14282-4
ill. Ivers, Mette ; trad. Gencé, Madame de.
Hachette Jeunesse, Le Livre de poche Jeunesse, Contes et merveilles, 2002.
5,50 € ISBN : 978-2-01-322077-4
Collodi, Carlo ; adapt. Cohen, Olivier ; raconté par Grimbert, Anouk : **Pinocchio.**
Frémeaux, 2001.
20,90 € EAN : 3448960280624
À partir de 9 ans

1505. Curwood, James Oliver : **Kazan** (1914).
ill. Szittya, Gabor ; ill. Gail, Bénédicte de ; trad. Blanc, Bernard.
Hachette Jeunesse, Le Livre de poche Jeunesse, Classiques, 2004.
5,50 € ISBN : 978-2-01-322234-1
À partir de 11 ans

1506. Defoe, Daniel : **Robinson Crusoé** (1719).
trad. Brécard, Jacques ; trad. Borel, Pétrus.
Chêne, Bibliothèque illustrée, 2005.
20 € ISBN : 978-2-84277-639-8
ill. Curiace, Gismonde ; trad. Borel, Petrus.
Gallimard Jeunesse, Folio Junior, Édition spéciale, 1998.
7 € ISBN : 978-2-07-051377-2
trad. Brécard, Jacques.
Hachette Jeunesse, Le Livre de poche Jeunesse, 2002.
5,20 € ISBN : 978-2-01-322034-7
L'École des loisirs, Classiques abrégés, 1982.
4,30 € ISBN : 978-2-211-04391-5
De Foe, Daniel ; adapt. Cohen, Olivier ; musique Serre-Milan, André ; raconté par Rich, Claude et Kouyaté, Hassan : **Robinson Crusoé.**
Frémeaux, 2003.
20 € EAN : 3448960283328
À partir de 11 ans

1507. Dickens, Charles : **Un chant de Noël** (1843).
ill. Innocenti, Roberto ; trad. Sitbon, Marcelle.
Gallimard Jeunesse, 1991.
22,60 € ISBN : 978-2-07-056461-3
ill. Lynch, P.J. ; trad. Gnaedig, Alain ; collab. Lambrechts, Rémy.
Gründ, Grands textes illustrés, 2006.
9,95 € ISBN : 978-2-7000-1500-3
ill. Geldart, William ; trad. Sitbon, Marcelle.
Gallimard Jeunesse, Folio Junior, 1998.
5,10 € ISBN : 978-2-07-051974-3
À partir de 11 ans

1508. Dumas, Alexandre : **Les Trois Mousquetaires** (1844).
ill. Born, Adolf.
Gründ, 2003.
19,95 € ISBN : 978-2-7000-1432-7
Hachette Jeunesse, Le Livre de poche Jeunesse, Classiques, 2006.
5,20 € ISBN : 978-2-01-321241-0
éd. Noël, Bernard.
L'École des loisirs, Classiques abrégés, 1982.
5,20 € ISBN : 978-2-211-08052-1
À partir de 11 ans

1509. Gogol, Nikolaï Vassilievitch : **Le Nez** (1835).
ill. Spirin, Gennadij ; adapt. Gräfin Schönfeldt, Sybil.
Sorbier, 1992.
12 € ISBN : 978-2-7320-3296-2
À partir de 11 ans

1510. Kästner, Erich : **Émile et les détectives** (1928).
ill. Maja, Daniel ; trad. Faisans-Maury, L.
Hachette Jeunesse, Le Livre de poche Jeunesse, Histoires de vies, 2001.
4,80 € ISBN : 978-2-01321871-9
À partir de 9 ans

1511. Kästner, Erich : **La Classe volante** (1933).
ill. Ivers, Mette ; trad. Mathieu, François.
Hachette Jeunesse, Le Livre de poche Jeunesse, Histoires de vies, 2003.
5,20 € ISBN : 978-2-01-322109-2
À partir de 9 ans

1512. Kästner, Erich : **Le 35 mai** (1931).
ill. Boiry, Véronique ; trad. Kahn, Michèle.
Hachette Jeunesse, Le Livre de poche Jeunesse, Fantastique, 2004.
4,50 € ISBN : 978-2-01-322088-0
À partir de 9 ans

1513. Kästner, Erich : **Petit Point et ses amis** (1931).
ill. Larsen, Lulu ; trad. Morency, Marie.
Hachette Jeunesse, Le Livre de poche Jeunesse Cadet, 1996.
4,30 € ISBN : 978-2-01-321714-9
À partir de 9 ans

1514. Kipling, Rudyard : **Le Livre de la jungle** (1894).
trad. Richard, Jean-Pierre.
Hachette Jeunesse, Le Livre de poche Jeunesse, Classiques, 2004.
5,20 € ISBN : 978-2-01-116774-3
ill. Franquin, Gérard ; trad. Fabulet, Louis et Humière, Robert d'.
Flammarion-Père Castor, Castor poche Junior, 1993.
7 € ISBN : 978-2-08-164043-6
À partir de 9 ans

1515. Kipling, Rudyard : **Mowgli : trois histoires originales de Rudyard Kipling.**
ill. Bayley, Nicola ; trad. Humières, Robert d' ; Fabulet, Louis.
Gründ, Grands textes illustrés, 2005.
12 € ISBN : 978-2-7000-1251-4
À partir de 9 ans

1516. Knight, Eric : **Lassie chien fidèle** (1940).
trad. Villebonne, Janine de.
Hachette Jeunesse, 2006.
8 € ISBN : 978-2-01-201209-7
ill. Szabo, Akos ; trad. Villebonne, Janine de.
Hachette Jeunesse, Le Livre de poche Jeunesse, Aventure, 2002.
5,50 € ISBN : 978-2-01-321954-9
À partir de 11 ans
sous le titre : **Lassie.**
adapt. Jeffers, Susan ; ill. Wells, Rosemary.
L'École des loisirs, 1995.
14,30 € ISBN : 978-2-211-03592-7
À partir de 9 ans

1517. Lagerlöf, Selma : **Le Merveilleux Voyage de Nils Holgersson à travers la Suède** (1906-1907).
ill. Boucher, Michel ; trad. Segol, Agneta ; Brick-Aïda, Pascale.
Flammarion-Père Castor, Castor poche Junior, 1998.
4,50 € ISBN : 978-2-08-164386-4
À partir de 9 ans

1518. London, Jack : **L'Appel de la forêt** (1903).
ill. Banus, Tudor ; trad. Galard, Madame de.
Gallimard Jeunesse, Folio Junior, 1998.
5,10 € ISBN : 978-2-07-051336-9
trad. Muray, Jean.
Hachette Jeunesse, Le Livre de poche Jeunesse, Classiques, 2005.
4,50 € ISBN : 978-2-01-322016-3
À partir de 11 ans

1519. London, Jack : **Construire un feu** (1903).
Trad. Le Bœuf, Christine.
Actes Sud Junior, Romans cadet, 2006.
6 € ISBN : 978-2-7427-6138-8
À partir de 9 ans

1520. London, Jack : **Croc-Blanc** (1906).
ill. Prunier, James ; trad. Sabathe, Philippe.
Gallimard Jeunesse, Folio Junior, Édition spéciale, 1998.
6,20 € ISBN : 978-2-07-051401-4
ill. Hyman, Miles ; trad. Alibert-Kouraguine, Daniel.
Hachette Jeunesse, Le Livre de poche Jeunesse, Classiques, 2005.5,90 €
ISBN : 978-2-01-322014-9
À partir de 11 ans

1521. Malot, Hector : **Sans famille** (1878).
ill. Bayard, E. ; Munch, Philippe.
Gallimard Jeunesse, Folio Junior, Édition spéciale, 1998.
2 vol. :
ISBN : 978-2-07-051404-5
ISBN : 978-2-07-051405-2
7 € chaque À partir de 11 ans

1522. McCulley, Johnston : **La Marque de Zorro** (1924).
trad. Chassériau, Noël.
Gallimard Jeunesse, Folio Junior, 1998.
7 € ISBN : 978-2-07-059511-2
Autres titres :
La Vengeance de Zorro.
5,60 € ISBN : 978-2-07-052229-3
Zorro et son double.
5,10 € ISBN : 978-2-07-052193-7
À partir de 11 ans

1523. Melville, Herman : **Moby Dick** (1851).
ill. Pommier, Maurice ; trad. Guex-Rolle, Henriette.
Hachette Jeunesse, Bibliothèque Hachette, 2001.
22 € ISBN : 978-2-01-200742-0
ill. Prunier, James ; d'après Melville, Herman ; adapt. Dabl, Fouca.
Milan Jeunesse, Albums, 2004.
14,95 € ISBN : 978-2-7459-0533-8
trad. Muray, Jean.
Hachette Jeunesse, Le Livre de poche Jeunesse, Aventure, 2002.
5,50 € ISBN : 978-2-01-322048-4
À partir de 11 ans

1524. Pergaud, Louis : **La Guerre des boutons** (1912).
♥ ill. Lapointe, Claude.
Gallimard Jeunesse, 2003.
18 € ISBN : 978-2-07-055579-6
ill. Lapointe, Claude.
Gallimard Jeunesse, Folio Junior, Édition spéciale, 1999.
7 € ISBN : 978-2-07-051415-1
À partir de 11 ans

1525. Poe, Edgar Allan : **Le Chat noir** (1845).
ill. Mansot, Frédérick ; trad. Baudelaire, Charles.
Calligram, Storia, 1997.
7,95 € ISBN : 978-2-88445-383-7
À partir de 11 ans

1526. Pouchkine, Alexandre : **La Dame de pique** (1833).
ill. Ghiuselev, Iassen ; trad. Meynieux, André.
Calligram, Storia, 1998.
7,95 € ISBN : 978-2-88445-418-6
À partir de 13 ans

1527. Renard, Jules : **Poil de carotte** (1894).
ill. Davaine, Philippe.
Gallimard Jeunesse, Folio Junior, Édition spéciale, 1998.
5,60 € ISBN : 978-2-07-051421-2
ill. Poulbot.
Hachette Jeunesse, Le Livre de poche Jeunesse, Histoires de vies, 2002.
5,50 € ISBN : 978-2-01-322030-9
À partir de 11 ans

1528. Renard, Jules : **Le Sourire de Jules.**
Extraits des *Histoires naturelles* (1894).
Éd. Alternatives, Pollen, 1999.
12 € ISBN : 978-2-86227-196-5
À partir de 13 ans

1529. Ségur, Comtesse de : **Les Malheurs de Sophie** (1859).
Chêne, Bibliothèque illustrée, 2006.
20 € ISBN : 978-2-84277-661-9
ill. Castelli, Horace.
Gallimard Jeunesse, Folio Junior, 2003.
5,60 € ISBN : 978-2-07-051424-3
À partir de 7 ans

1530. Ségur, Comtesse de : **Les Petites Filles modèles** (1858).
ill. Pécoud, André.
Hachette Jeunesse, Fac-similés, 1991.
15 € ISBN : 978-2-01-018551-9
Hachette Jeunesse, Le Livre de poche Jeunesse, Classiques, 2006.

4,50 € ISBN : 978-2-01-321221-2
ill. Bertall.
Gallimard Jeunesse, Folio Junior, 1999.
5,60 € ISBN : 978-2-07-051815-9
À partir de 7 ans

1531. Ségur, Comtesse de : **Les Vacances** (1859).
ill. Bertall.
Gallimard Jeunesse, Folio Junior, 1999.
5,60 € ISBN : 978-2-07-051977-4
À partir de 7 ans

1532. Ségur, Comtesse de : **L'Auberge de l'ange gardien** (1863).
ill. Foulquier.
Gallimard Jeunesse, Folio Junior, 1998.
6,20 € ISBN : 978-2-07-051976-7
ill. Pécoud, André.
Hachette Jeunesse, Le Livre de poche Jeunesse, Les Classiques de la rose, 2007.
4,50 € ISBN : 978-2-01-201305-6
À partir de 7 ans

1533. Ségur, Comtesse de : **Le Général Dourakine** (1863).
ill. Bayard, Émile.
Gallimard Jeunesse, Folio Junior, 2002.
5,60 € ISBN : 978-2-07-052266-8
À partir de 7 ans

1534. Ségur, Comtesse de : **Un bon petit diable** (1865).
ill. Castelli, Horace.
Gallimard Jeunesse, Folio Junior, Édition spéciale, 2003.
6,20 € ISBN : 978-2-07-051423-6
ill. Lorioux, Félix.
Hachette Jeunesse, Bibliothèque rose, Les Classiques de la rose, 2006.
4,50 € ISBN : 978-2-01-201213-4
À partir de 7 ans

1535. Shelley, Mary : **Frankenstein** (1817).
ill. Pilorget, Bruno ; trad. Betjeman, Hannah.
Gallimard Jeunesse, Folio Junior, 1999.
7 € ISBN : 978-2-07-051426-7
À partir de 11 ans

1536. Spyri, Johanna : **Heidi** (1884).
trad. Auger, Marie-Claude.
Casterman, Classiques roses, 2005.
6,50 € ISBN : 978-2-203-13569-7
Autre titre :
Heidi grandit.
Casterman, Classiques roses, 2005.
6,50 € ISBN : 978-2-203-13570-3
À partir de 9 ans

1537. Stahl, P.J. : **Les Patins d'argent** (1875).
Pocket Jeunesse, Pocket Junior, Romans contes, 2003.
4,80 € ISBN : 978-2-266-13383-8
À partir de 9 ans

1538. Stevenson, Robert Louis : **L'Étrange Cas du Dr Jekyll et de M. Hyde** (1886).
ill. Debeurme, Ludovic ; adapt. Lefort, Luc.
Nathan, Albums Nathan, 2001.
15 € ISBN : 978-2-09-210097-4
À partir de 13 ans

1539. Stevenson, Robert Louis : **L'Île au trésor** (1883).
ill. Convers Wyeth, Newell ; trad. Pirotte, Geneviève.
Duculot, Les Authentiques, 1990.
15 € ISBN : 978-2-8011-0917-5
ill. Dumont, Jean-François ; trad. Serval, Déodat.
Flammarion, 2004.
22 € ISBN : 978-2-08-162554-9
trad. Papy, Jacques.
Gallimard Jeunesse, Folio Junior, Édition spéciale, 1998.
6,20 € ISBN : 978-2-07-051350-5
d'après Stevenson, Robert Louis ; ill. Roca, François ; adapt. Ubac, Claire.
Nathan, Les Grands albums classiques, 1999.
15 € ISBN : 978-2-09-210827-7
À partir de 11 ans

1540. Stowe, Harriet Beecher : **La Case de l'oncle Tom** (1852).
croquis Heinrich, Christian ; trad. Enault, Louis.
Hachette, Bibliothèque Hachette, 2002.
22 € ISBN : 978-2-01-200619-5
Hachette Jeunesse, Le Livre de poche Jeunesse, Classiques, 2003.
5,50 € ISBN : 978-2-01-322128-3
Gallimard Jeunesse, Folio Junior, Édition spéciale, 2003.
6,90 € ISBN : 978-2-07-051358-1
À partir de 11 ans

1541. Swift, Jonathan : **Premier Voyage de Gulliver : voyage à Lilliput** (1726).
Chêne, Bibliothèque illustrée, 2006.
20 € ISBN : 978-2-84277-662-6
ill. Grandville ; trad. Pons, Émile.
Gallimard Jeunesse, Folio Junior, Édition spéciale, 1991.
5,10 € ISBN : 978-2-07-051429-8
À partir de 11 ans

1542. Tchekhov, Anton : **Front blanc** (suivi de) **Kachtanka** (suivi de) **Tristesse** (1895).
trad. Parayre, Édouard ; révision Denis, Lily.
Gallimard Jeunesse, Folio Junior, 2005.
3 € ISBN : 978-2-07-055531-4
À partir de 13 ans

1543. Tolstoï, Lev Nikolaevitch : **Philipok.**
ill. Spirin, Gennady ; adapt. Keay Beneduce, Ann ; adapt. française Rose, Françoise.
Gautier-Languereau, 2001.
10,50 € ISBN : 978-2-01-390921-1
À partir de 6 ans

1544. Travers, Pamela Lyndon : **Mary Poppins** (1934).
Ill. Monzein, Brigitte ; ill. Monnier, Jean-Gabriel ; trad. Volkoff, Vladimir.
Hachette Jeunesse, Le Livre de poche Jeunesse, Classiques, 2003.
5,20 € ISBN : 978-2-01-322182-5
À partir de 9 ans

1545. Twain, Mark : **Les Aventures de Tom Sawyer** (1876).
ill. Lapointe, Claude ; trad. Gaïl, François de.
Gallimard Jeunesse, Folio Junior, 1998.
6,20 € ISBN : 978-2-07-051431-1
À partir de 11 ans

1546. Twain, Mark : **Les Aventures d'Huckleberry Finn** (1884).
ill. Vogel, Nathaële ; trad. Nétillard, Suzanne.
Gallimard Jeunesse, Folio Junior, 2001.
7 € ISBN : 978-2-07-051625-4
À partir de 11 ans

1547. Verne, Jules : **Le Chancellor** (1875).
ill. Debeurme, Ludovic.
Actes Sud Junior, Les Mondes connus et inconnus / Ville de Nantes, 2004.
19,50 € ISBN : 978-2-7427-5240-9
À partir de 11 ans

♥ **1548.** Verne, Jules : **Mirifiques Aventures de maître Antifer** (1892).
ill. Orhun, Emre.
Actes Sud Junior, Les Mondes connus et inconnus / Ville de Nantes, 2004.
22,80 € ISBN : 978-2-7427-5238-6
À partir de 13 ans

♥ **1549.** Verne, Jules : **Le Rayon vert** (1882).
ill. Angeli, May.
Syros Jeunesse, 2004.
18 € ISBN : 978-2-7485-0225-1
À partir de 13 ans

1550. Verne, Jules : **Le Sphinx des glaces** (1897).
ill. Hyman, Miles.
Actes Sud Junior, Les Mondes connus et inconnus / Ville de Nantes, 2004.
24,70 € ISBN : 978-2-7427-5241-6
À partir de 13 ans

1551. Verne, Jules : **Le Tour du monde en 80 jours** (1872).
Chêne, Bibliothèque illustrée, 2005.
20 € ISBN : 978-2-84277-611-4
ill. Neuville, C. ; Benett, L.
Gallimard Jeunesse, Folio Junior, 1997.
6,20 € ISBN : 978-2-07-051436-6
Raconté par Bernard Pivot : **Le Tour du monde en 80 jours.** (2 CD.)
18 € Gencod : 3260050680158
Gallimard Jeunesse, Écoutez lire, 2007
À partir de 11 ans

1552. Verne, Jules : **Vingt Mille Lieues sous les mers** (1870).
Croquis originaux Maurel, Gilbert.
Hachette, Bibliothèque Hachette, 2001.
18,80 € ISBN : 978-2-01-200621-8
ill. Neuville, C. ; Riou.
Gallimard Jeunesse, Folio Junior, 1998.
2 vol.
6,20 € chaque
ISBN : 978-2-07-051432-8
ISBN : 978-2-07-051433-5
L'École des loisirs, Classiques abrégés, 1978.
4,50 € ISBN : 978-2-211-04510-0
À partir de 11 ans

1553. Verne, Jules : **Voyage au centre de la Terre** (1864).
ill. Romano, Jong.
Actes Sud Junior, Les Mondes connus et inconnus / Ville de Nantes, 2004.
21 € ISBN : 978-2-7427-5239-3
ill. Riou.
Gallimard Jeunesse, Folio Junior, 1998.
6,20 € ISBN : 978-2-07-051437-3
L'École des loisirs, Classiques abrégés, 1981.
4,50 € ISBN : 978-2-211-06947-2
À partir de 11 ans

1554. Véry, Pierre : **Les Disparus de Saint-Agil** (1935).
ill. Vogel, Nathaële.
Gallimard Jeunesse, Folio Junior, 1998.
6,20 € ISBN : 978-2-07-051347-5
À partir de 11 ans

1555. Vildrac, Charles : **L'Île rose** (1924).
Thierry Magnier, Roman, 2006.
8,50 € ISBN : 978-2-84420-439-4
À partir de 9 ans

1556. Wilde, Oscar : **Le Prince heureux** (1888).
ill. Lemoine, Georges ; trad. Dupuigrenet-Desroussilles, François.
Gallimard Jeunesse, Gallimard album, 2002.
15 € ISBN : 978-2-07-054372-4
À partir de 6 ans

1557. Wilde, Oscar : **Le Fantôme de Canterville** (1891).
ill. Couvin, Yann ; trad. Robillot, Henri.
Gallimard Jeunesse, Folio Junior, 1999.
5,10 € ISBN : 978-2-07-051582-0
ill. Tillet, Pierrick ; trad. Castier, Jules.
Hachette Jeunesse, Le Livre de poche Jeunesse, Classiques, 2005.
4,50 € ISBN : 978-2-01-321886-3
À partir de 11 ans

1558. Wilder, Laura Ingalls : **La Petite Maison dans la prairie** (1935).
ill. Williams, Garth.
Flammarion-Père Castor, Castor poche Junior, 1998-1999.
1 : La Petite Maison dans la prairie.
trad. Seyrès, Hélène.
7 € ISBN : 978-2-08-164357-4
2 : Au bord du ruisseau.
trad. Cazier, Catherine ; Orsot, Catherine.
7 € ISBN : 978-2-08-164358-1
3 : Sur les rives du lac.
trad. Cazier, Catherine ; Orsot, Catherine.
7 € ISBN : 978-2-08-164533-2
4 : Un enfant de la terre.
trad. Jeanmaire, Marie-Agnès ; Seyrès, Hélène.
7 € ISBN : 978-2-08-164708-4
5 : Un hiver sans fin.
trad. Cazier, Catherine ; Orsot, Catherine.
7,50 € ISBN : 978-2-08-164398-7
6 : La Petite Ville dans la prairie.
trad. Cazier, Catherine ; Orsot, Catherine.
7 € ISBN : 978-2-08-164461-8
7 : Ces heureuses années.
trad. Jeanmaire, Marie-Agnès.
7, 50 € ISBN : 978-2-08-164399-4
8 : Les Jeunes Mariés.
trad. Seyrès, Hélène.
5 € ISBN : 978-2-08-164400-7
À partir de 9 ans

HISTOIRES COURTES ET NOUVELLES

Textes illustrés

1559. Richter, Jutta ; ill. Janssen, Suzanne ; trad. Catala, Genia : **Un soir, près d'un grand lac tranquille.**
La rencontre d'un homme et d'un petit garçon insomniaques : un récit énigmatique entrecoupé de poèmes, dont la belle traduction facilite la lecture à haute voix pour faire connaître ce livre un peu déroutant. Discrètement oniriques, apaisantes, les illustrations s'insèrent dans une mise en pages simple et raffinée.

La Joie de lire, Récits, 2004.
14,10 € ISBN : 978-2-88258-278-1
À partir de 6 ans

1560. Le Clézio, Jean-Marie Gustave ; ill. Lemoine, Georges : **Balaabilou.**
Une nouvelle de Jean-Marie Le Clézio extraite du recueil *Désert*. Naman, le vieux pêcheur, raconte à Lalla un joli conte oriental. Une histoire lente, poétique, magnifiquement soutenue par les illustrations de Lemoine. Une belle écriture, pour les amateurs de Le Clézio.
Gallimard Jeunesse, Folio Cadet, 2004.
5 € ISBN : 978-2-07-055933-6
À partir de 9 ans

1561. Morgiève, Richard ; ill. Pagni, Gianpaolo : **Bébé-Jo.**
Avec cette drôle d'histoire, celle de petits êtres qui tremblent de froid et de peur dans un univers glacé et dangereux, l'auteur propose un récit plein de chaleur et d'humanité : les sentiments les plus intenses s'y expriment – peur, amour, jalousie, angoisse de la mort – dans un langage original, qui marie joliment la gravité, la tendresse et l'humour.
Joëlle Losfeld, 2000.
15 € ISBN : 978-2-84412-039-7
À partir de 9 ans

1562. Morpurgo, Michael ; ill. Foreman, Michael ; trad. Gibert, Catherine : **La Trêve de Noël.**
Une vieille lettre, écrite par un soldat anglais mort peu de temps après, raconte avec beaucoup d'émotion comment soldats allemands et anglais ont décidé, de leur propre initiative, une trêve, le jour de Noël 1914. Cette histoire au ton juste et émouvant, sobrement illustrée, s'achève auprès d'une vieille dame toujours fidèle au souvenir de ce soldat.
Gallimard Jeunesse, Album Junior, 2005.
6,90 € ISBN : 978-2-07-057189-5
À partir de 9 ans

1563. Pogorelskij, Antony ; ill. Spirin, Gennadij ; trad. Nikly, Michelle : **La Petite Poule noire.**
Entre rêve et réalité, dans une Russie du temps passé superbement mise en images par des illustrations très raffinées, l'histoire du petit Alioscha se présente comme un conte intemporel. Car la leçon apprise au travers de sa mésaventure – il est cruellement puni pour avoir abusé d'un don reçu – a une résonance étonnamment actuelle… et une fin heureuse.
Albin Michel Jeunesse, 2003.
12,90 € ISBN : 978-2-226-14125-5
À partir de 9 ans

♥ **1564**. Van de Vendel, Edward ; ill. Cneut, Carll ; trad. Cunin, Daniel : **Pagaille.**
Pagaille, c'est la voix imaginaire inventée par trois petits garçons malmenés par la vie, qui permet de dire les blessures de leurs jeunes existences. Sur un sujet grave – la vie des immigrés clandestins – un livre d'une grande sensibilité, admirablement servi par l'illustration qui sait suggérer les émotions ressenties par les personnages.
Éditions du Rouergue, Varia, 2005.
13 € ISBN : 978-2-84156-626-6
À partir de 9 ans

1565. Auster, Paul ; ill. Claverie, Jean ; trad. Le Bœuf, Christine : **Le Noël d'Auggie Wren.**
Un soir de Noël, la rencontre inattendue et pleine d'humanité de deux inconnus. Un conte moderne, dont les illustrations offrent un regard à la fois réaliste et poétique sur les personnages et les décors d'un quartier de New York.
Actes Sud Junior, Les Romans, 1998.
10,50 € ISBN : 978-2-7427-1935-8
À partir de 11 ans

1566. Bernard, Fred ; ill. Roca, François : **L'Homme-bonsaï.**
Dans ce récit fantastique, la mer sert de cadre au destin extraordinaire d'un simple potier embarqué de force sur un navire. Grâce au cadeau que lui fait la nature, sa vengeance transformera sa vie à jamais. La richesse d'invention de cette histoire et la magie des grandes illustrations de François Roca en font une lecture passionnante.
Albin Michel Jeunesse, 2003.
14,90 € ISBN : 978-2-226-14088-3
À partir de 11 ans

1567. Dahl, Roald ; ill. Steadman, Ralph ; trad. Robillot, Henri : **Le Trésor de Mildenhall.**
Dans un grand album brillamment illustré, cette nouvelle inédite en français raconte l'histoire de la découverte d'un fabuleux trésor archéologique, pendant la guerre, par un paysan pauvre aussitôt spolié de ses droits. S'affirmant simple scribe de faits authentiques, Roald Dahl ajoute sa touche personnelle au récit par une ironie un brin cruelle.
Gallimard Jeunesse, 2000.
22,11 € ISBN : 978-2-07-054325-0
À partir de 11 ans

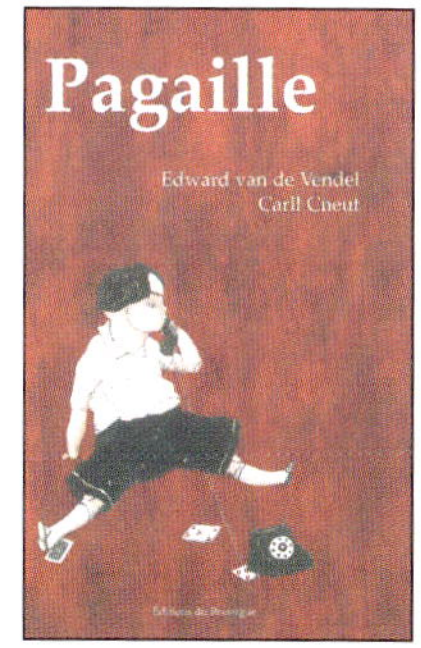

1568. Korolenko, Vladimir Galaktionovitch ; gravures Kichilov, Paul : **Le Songe de Makar.**
De la manière de plaider sa cause devant l'Éternel quand on vient de mourir de froid dans la neige, imbibé de vodka, après une vie pas très orthodoxe (dans tous les sens du terme). Cette longue nouvelle, à la fois fantastique, non dénuée d'humour et émouvante, illustrée de très belles gravures, évoque la terrible condition des paysans russes du début du XXe siècle.
Éd. Alternatives, Pollen, 2002.
12 € ISBN : 978-2-86227-336-5
À partir de 11 ans

1569. Pirandello, Luigi ; ill. Labate, Isabelle ; trad. Gardair, Jean-Michel : **La Jarre.**
Une sorte de farce, à propos d'une grosse jarre achetée neuve (ou cassée ?), mettant aux prises un riche marchand et un artisan. Une histoire de dupes et demi-dupes, enlevée comme un sketch et soutenue par des dialogues pleins de saveur. Une nouvelle écrite par le fameux dramaturge italien, en 1917, éditée dans une collection attrayante et largement illustrée.
Calligram, Storia, 1997.
7,95 € ISBN : 978-2-88445-358-5
À partir de 11 ans

♥ **1570.** Quiroga, Horacio ; ill. Roca, François ; trad. Boule-Christauflour, Annie : **Le Dévoreur d'hommes.**
Cette nouvelle publiée en Argentine, en 1911, raconte la vie d'un tigre du Bengale capturé par des chasseurs et vendu dans

un cirque où il fait l'objet d'un dressage d'une rare violence. Un récit intense, spectaculairement illustré par d'immenses et fascinantes peintures, et qui prête au fauve une terrible vision de l'humanité et de ses bassesses.
Seuil/Métailié, 2003.
12 € ISBN : 978-2-02-054518-1
À partir de 11 ans

1571. Sfar, Joann : **La Sorcière et la petite fille.**
Les aventures fantaisistes d'une petite fille bien décidée à devenir une sorcière sont contées et illustrées avec un humour qui joue à la fois sur un registre enfantin et sur le détournement d'éléments traditionnels du conte ou du fantastique. Une histoire farfelue qui tient en haleine jusqu'au bout !
Bréal Jeunesse, 2004.
15 € ISBN : 978-2-7495-0326-4
À partir de 11 ans

1572. Skarmeta, Antonio ; ill. Ruano, Alfonso ; trad. Millon, Marianne : **La Rédaction.**
Sujet de cette rédaction qu'un militaire demande de faire aux élèves de la classe de Pedro, jeune Chilien : « Ce que fait ma famille le soir »... On en comprend vite le but réel. Une histoire très bien menée, un ton juste et des illustrations fortes où se dévoile, à travers le quotidien d'un enfant, l'ambiance d'une période terrible de l'histoire du Chili.
Syros Jeunesse, Album – Tous les enfants du monde, 2003.
13 € ISBN : 978-2-7485-0203-9
À partir de 11 ans

1573. Crane, Stephen ; gravures sur bois Besson, Olivier ; trad. Leyris, Pierre : **Le Bateau ouvert.**
Cette nouvelle de l'écrivain américain Stephen Crane, publiée pour la première fois en 1898, est le récit d'une expérience vécue. Quatre hommes rescapés d'un naufrage luttent pour leur survie à bord d'un petit canot sur une mer déchaînée. Des illustrations gravées, très sobres, accompagnent ce beau texte d'une grande force d'humanité et d'émotion.
Seuil Jeunesse, 2005.
14 € ISBN : 978-2-02-063244-7
À partir de 13 ans

1574. Honwana, Luis Bernardo ; ill. Stassen, Jean-Philippe ; trad. Laban, Michel : **Nous avons tué le chien teigneux.**
Dans un village de l'Afrique coloniale, l'histoire d'un vieux chien révèle au jeune héros noir l'ambivalence de ses sentiments, entre désir de plaire au groupe et horreur de l'acte commis. Une écriture simple et une illustration dépouillée servent ce texte fort, magistrale démonstration des contraintes qu'exercent sur les individus les règles d'une société.
Chandeigne, 2006.
18 € ISBN : 978-2-915540-24-6
À partir de 13 ans

1575. Le Clézio, Jean-Marie Gustave ; ill. Lemoine, Georges : **Lullaby.**
Son père au loin, sa mère malade, une adolescente fuit le lycée où elle se sent étrangère et va chaque jour vivre au bord de la mer, en liberté. Poétique et attachant.
Gallimard Jeunesse, Folio Junior, Édition spéciale, 1997.
4,50 € ISBN : 978-2-07-051395-6
À partir de 13 ans

Histoires illustrées : recueils

1576. Kozlov, Serge ; ill. Camil, Colette ; trad. Karvoski, Alexandre ; adapt. Delval, Marie-Hélène : **Hérisson et ses amis : contes pour les douze mois de l'année.**
12 mois, 12 chapitres, 12 tranches de vie souvent gaies, parfois tristes... mais jamais pour longtemps. Texte rythmé qui convient bien à une lecture à haute voix, avec une grande illustration simple et sans prétention à chaque page.
Bayard, 1999.
13 € ISBN : 978-2-227-70137-4
À partir de 6 ans

1577. Tellegen, Toon ; ill. Crowther, Kitty ; trad. Roelandt, Véronique : **L'Anniversaire de l'écureuil et autres fêtes des animaux.**
Voici neuf petites histoires pleines de charme, de poésie, de doutes et de questions, avec de merveilleuses illustrations. La première donne son titre au recueil et occupe la moitié du livre, les autres sont parfois très courtes. Dans le deuxième titre, les animaux s'écrivent les uns aux autres : gais ou tristes, ces textes simples s'accompagnent avec bonheur de dessins joyeux.
Albin Michel Jeunesse, 2002.
14,90 € ISBN : 978-2-226-12910-9
Autre titre :
Lettres de l'écureuil à la fourmi. 2004.
10 € ISBN : 978-2-226-15492-7
À partir de 6 ans

1578. Lobel, Arnold ; trad. Chaine, Catherine : **Fables.**
Tous les personnages de ces courtes histoires sont des animaux dont les aventures sont contées et illustrées avec l'humour inimitable de Lobel, d'un beau et grand dessin pour chacune. Elles explorent les défauts ou les travers humains, prétextes à de petites leçons de vie qui débouchent sur une morale à la logique rigoureuse et facétieuse.
L'École des loisirs, 2003.
14,50 € ISBN : 978-2-211-07471-1
À partir de 7 ans

1579. Hohler, Franz ; ill. Heidelbach, Nikolaus ; trad. Graf, Marion : **Le Grand Nain : et autres histoires.**
Un recueil de vingt-neuf histoires, où les objets les plus ordinaires comme les personnages et les situations sont prétexte à un jeu plein d'imprévu qui fait doucement et joyeusement glisser dans l'imaginaire, entre rêverie, incongru, absurde et douceur. Des images aussi sages que subtilement délirantes entrouvrent un peu plus la porte de l'étrange.
La Joie de lire, Albums, 2004.
14,90 € ISBN : 978-2-88258-288-1
À partir de 9 ans

1580. Oster, Christian : **Le Grand Livre des contes.**
Un gros recueil reprenant vingt-quatre contes de Christian Oster, classés par thèmes : histoires d'animaux, de rois, d'ogres, de princes et de princesses, de légumes, d'objets, de fées et de lutins...,

entièrement illustré en noir et blanc. Un beau livre à lire à sa guise.
L'École des loisirs, 2005.
22 € ISBN : 978-2-211-08172-6
À partir de 9 ans

1581. Oulitskaïa, Ludmila Evguenievna ; ill. Lubarov, Vladimir ; trad. Benech, Sophie : **Le Miracle des choux : et autres histoires russes.**
Les six histoires de ce livre ont toutes pour héros des enfants et décrivent un moment qui se révèle décisif et se présente comme une épreuve, un défi dans leur vie ordinaire. Sobrement illustrés, ces récits forment un tableau très vivant de la société dans l'URSS de l'après-guerre, et dégagent toutes une note d'espoir ou de tendresse.
Gallimard Jeunesse, Album Junior, 2005.
12 € ISBN : 978-2-07-050859-4
À partir de 9 ans

♥ **1582.** Schubiger, Jurg ; ill. Berner, Rotraut Susanne ; trad. Musy, Gilbert : **Quand le monde était jeune...**
À mi-chemin du conte et de la fable, une vingtaine de nouvelles déclinent trois « temps » : le ciel et la terre ; les choses ; les animaux. Au fil des récits s'impose une vision du monde pleine de fantaisie, jouant volontiers de l'absurde et de la surprise, pour suggérer des étonnements sur le pourquoi des choses, du langage et des sentiments.
La Joie de lire, Récits, 2006.
9,60 € ISBN : 978-2-88258-362-8
À partir de 9 ans

1583. Solotareff, Grégoire : **Un jour, un loup : histoires d'amis, histoires d'amour.**
Douze brefs récits où lièvres, souris, lapins et loups se côtoient pour raconter l'amour, l'amitié, les désirs fous ou la sagesse. L'illustration en pleine page en vis-à-vis du texte, par la sobriété du trait et la chaleur des couleurs, souligne la naïveté pleine de profondeur et l'intensité du propos.
L'École des loisirs, 1994.
12,50 € ISBN : 978-2-211-02848-6
À partir de 11 ans

1584. Elzbieta : **Histoires d'enfances.**
Un souvenir bouleversant de la propre enfance de l'auteur révèle à quel point le monde des adultes néglige la « vie » des enfants. Suivent six histoires d'enfants « célèbres » : les dessins d'Elzbieta et ses collages occupent de grandes pleines pages, utilisant documents et photographies pour créer son propre univers, d'une grande valeur humaine.
Éditions du Rouergue, 2003.
22 € ISBN : 978-2-84156-460-6
À partir de 13 ans

Nouvelles : recueils

1585. Solotareff, Grégoire : **Contes d'automne.**
Seize contes modernes, ironiques, brefs, loufoques, peuplés d'animaux anthropomorphisés à qui les comédiens du théâtre du Tilleul prêtent leur voix. Leur interprétation très en relief, outrée, à la limite de la caricature, avec des bruitages faits uniquement avec la voix, rend parfaitement l'humour décalé à la limite du surréalisme de leur auteur.
Théâtre du Tilleul (108, rue de la Brasserie – B 1030 Lindenbeek, Belgique - Tél. 000 32 02 38035 37 – theatredutilleul@pandora.be)
21 €
À partir de 7 ans

1586. Quiroga, Horacio ; ill. Loustal ; trad. Boule-Christauflour, Annie : **Contes de la forêt vierge.**
Écrites en 1918 pour ses propres enfants par le grand écrivain argentin, ces huit histoires, toutes situées dans la forêt vierge au nord du fleuve Parana, mettent en scène des animaux, souvent dans leur relation avec des hommes. L'humour et la simplicité du ton, le message de solidarité et d'espoir qui s'exprime sans lourdeur ni mièvrerie font toute la force de ces récits pleins d'émotion.
Seuil / Métailié, 1998.
12,95 € ISBN : 978-2-02-032774-9
À partir de 9 ans

1587. Rodari, Gianni ; trad. Salomon, Roger : **Nouvelles à la machine.**
Seize nouvelles, d'une fantaisie débridée, ayant pour cadre l'Italie d'aujourd'hui, mélangeant des éléments issus de contes, westerns, Antiquité romaine, science-fiction... Un détournement de poncifs loufoque et pétillant à souhait.
La Joie de lire, Récits, 2001.
9,20 € ISBN : 978-2-88258-191-4
À partir de 11 ans

1588. Schubiger, Jurg ; ill. Berner, Rotraut Susanne ; trad. Gaillard, Ursula : **Où est la mer ?**
Une vingtaine d'histoires souvent courtes, toujours drôles, traitant de situations plutôt absurdes, jouant avec les mots et les idées, introduisent le lecteur dans un univers complètement décalé, mais réjouissant.
La Joie de lire, Récits, 2001.
9,20 € ISBN : 978-2-88258-203-4
À partir de 11 ans

1589. Singer, Isaac Bashevis ; trad. Bay, Marie-Pierre : **Un jour de plaisir**.
Joies, drames, anecdotes d'une enfance nourrie de tradition juive à travers dix-neuf récits autobiographiques.
Hachette Jeunesse, Le Livre de poche Jeunesse, Mon bel oranger, 1989.
4,50 € ISBN : 978-2-01-321624-1
À partir de 11 ans

1590. Benameur, Jeanne ; Cassim, Chaïne ; Evin, Kathleen *et al.* : **Des filles et des garçons.**
Ces nouvelles nous parlent des rapports entre les garçons et les filles, d'amour, de sexe, de machisme, de liberté des femmes... Elles sont politiquement engagées et inégales, mais ce plaidoyer pour l'amitié, la solidarité et le respect de l'autre mérite de figurer sur les rayons des bibliothèques, ne serait-ce que pour engager le débat et la discussion.
Thierry Magnier, Roman, 2003.
7 € ISBN : 978-2-84420-271-0
À partir de 13 ans

1591. Berry, James ; ill. Thers, Nicolas ; trad. Confiant, Raphaël : **Un voleur dans le village.**
Ces histoires, quotidiennes ou dramatiques, sont racontées à plusieurs voix par les enfants d'un village jamaïcain. Dans une excellente traduction, elles tournent autour de ces problèmes fondamentaux

que sont la justice, la mort, la quête de l'identité, toujours traités avec pudeur, simplicité et une certaine nostalgie.
Gallimard Jeunesse, Folio Junior, 2000.
5,50 € ISBN : 978-2-07-054100-3
À partir de 13 ans

1592. Blanc, Jean-Noël : **Fil de fer, la vie.**
Quatorze nouvelles qui forment le roman d'enfances difficiles, malheureuses : enfant du placard, enfant fou, enfant victime de la guerre. Multiples voix qui donnent à entendre le cri de l'enfance.
Gallimard Jeunesse, Scripto, 2003.
8 € ISBN : 978-2-07-055309-9
À partir de 13 ans

♥ **1593.** Blanc, Jean-Noël : **Tête de moi.**
Pas besoin d'aimer le sport pour apprécier ces superbes nouvelles, qui toutes parlent d'entraînement, d'effort, de victoires, d'espoirs fous. Petits ou grands lecteurs, attirés par les thématiques ou l'allure rapide des récits, tous apprécieront l'inventivité, le sens du suspense, le don de conteur de l'auteur dans ces histoires prenantes et fortes.
Gallimard Jeunesse, Scripto, 2002.
8,50 € ISBN : 978-2-07-053609-2
À partir de 13 ans

1594. Du Bouchet, Paule : **À la vie, à la mort.**
Sept nouvelles, évoquant différents conflits, autour du thème de la guerre. À travers sept morceaux de vie, parmi tant d'autres, elles montrent comment les individus, pris dans l'Histoire, se construisent et se détruisent. Des textes denses qui proposent une vraie réflexion sur l'héroïsme, la mémoire et l'oubli.
Gallimard Jeunesse, Scripto, 2002.
7,50 € ISBN : 978-2-07-053626-9
À partir de 13 ans

1595. Garrel, Nadèjda : **Giovanna ou le miracle des eaux.**
Des intrigues et des personnages bien différents, mais une remarquable unité de ton dans ces six nouvelles. Drames terribles ou petits événements déstabilisateurs sont évoqués comme des moments où le rêve, le sentiment et la réalité s'entremêlent, en soulignant la sensibilité particulière de l'enfance.
Gallimard Jeunesse, Page blanche, 1998.
5,50 € ISBN : 978-2-07-051640-7
À partir de 13 ans

1596. Éd. Guiot, Denis : **Demain la Terre.**
Ces recueils de nouvelles préfacés par Axel Kahn traitent, à travers des motifs très classiques, de la mise en cause de l'humanité par les progrès scientifiques, dans des domaines très divers. Chaque nouvelle est précédée de notes sur les références de l'auteur et l'optique du récit. Une vraie réussite, qui met à la portée des enfants des thèmes abordés par des maîtres de la science-fiction.
Mango Jeunesse, Autres mondes, 2003.
ISBN : 978-2-7404-1481-1
Autre titre :
Les Visages de l'humain : anthologie. 2001.
ISBN : 978-2-7404-1253-4
9 € chaque À partir de 13 ans

1597. Howker, Janni ; trad. Lermuzeaux, Antoine : **L'Homme aux œufs.**
Trois nouvelles où des adolescents face à des adultes marginaux accèdent à la maturité en intégrant chaque fois des expériences aussi douloureuses qu'éprouvantes.
Gallimard Jeunesse, Page blanche, 1988.
9,45 € ISBN : 978-2-07-056397-5
À partir de 13 ans

1598. Éd. Poslaniec, Christian : **Crimes parfaits : nouvelles policières.**
Une anthologie de huit nouvelles centrées sur le « crime parfait ». Un choix judicieux avec en prime une brève présentation des auteurs et de leurs œuvres, au cas – fort probable – où l'on aurait envie de prolonger le plaisir par d'autres lectures.
L'École des loisirs, Médium, 1999.
9,50 € ISBN : 978-2-211-05243-6
À partir de 13 ans

1599. Sebbar, Leïla : **La Jeune Fille au balcon.**
Six nouvelles pour dire le drame que vit le peuple algérien aujourd'hui des deux côtés de la Méditerranée. Par fragments s'y ébauche l'image d'un pays déchiré entre l'avenir et les résurgences du passé.
Seuil, Points, Point Virgule, 2006.
5,50 € ISBN : 978-2-02-089227-8
À partir de 13 ans

1600. Silver, Norman ; trad. Motsch, Élisabeth : **Un doute sur la couleur.**
Souvenirs d'enfance au Cap à travers une série de nouvelles où le comique frise souvent le tragique. Issu d'une famille juive, le narrateur découvre l'horreur du racisme à l'égard des Noirs puis de l'antisémitisme. Sans concession.
L'École des loisirs, Médium, 1994.
7,60 € ISBN : 978-2-211-01823-4
À partir de 13 ans

HUMOUR

1601. Bichonnier, Henriette ; ill. Pef : **Le Monstre poilu.**
C'est l'histoire d'un monstre plein de poils qui rêve de manger des gens. Mais la petite Lucile n'est pas du tout impressionnée et elle lui en fait voir de toutes les couleurs ! Les illustrations de Pef contribuent largement au succès de cette histoire drôle et bien menée, poil au nez !
Gallimard Jeunesse, Folio benjamin, 2001.
ISBN : 978-2-07-054798-2
Autre titre :
Le Retour du monstre poilu. 2001.
ISBN : 978-2-07-054805-7
5,50 € chaque À partir de 5 ans

♥ **1602.** Jolibois, Christian ; ill. Heinrich, Christian : **Les P'tites Poules. Nom d'une poule, on a volé le soleil !**
Panique au poulailler, le chant du coq ne réussit plus à faire lever le soleil et il pleut sans cesse ! Carmen, la petite poule, part à la recherche du soleil, avec son frère et le mouton Bélino. Ils arrivent dans l'atelier des frères Montgolfier… Une série pleine de rebondissements et de clins d'œil, tant dans les dessins que dans le texte. Trop drôle !
Pocket Jeunesse, Pocket albums, Les P'tites poules, 2005.
ISBN : 978-2-266-15663-9

Autres titres :

Charivari chez les p'tites poules. 2005.
ISBN : 978-2-266-14908-2

Le jour où mon frère viendra. 2005.
ISBN : 978-2-266-15852-7

4,40 € chaque À partir de 5 ans

1603. Könnecke, Ole ; trad. Kugler, Dominique : **Lola et le fantôme.**

Une savoureuse histoire qui se lit autant par le texte que par les illustrations qui s'insèrent habilement dans le récit et disent ce que le texte ne dit pas. C'est-à-dire que les deux compères, Grand-Père et son ami le Capitaine, sont deux poltrons à côté de la petite Lola, intrépide, audacieuse et téméraire. Un régal.

L'École des loisirs, Mouche, 1999.
ISBN : 978-2-211-05077-7

Autre titre :

Lola et les pirates. 2002.
ISBN : 978-2-211-06457-6

7,30 € chaque À partir de 5 ans

1604. Lévy, Didier ; ill. Wilsdorf, Anne : **Le roi des ogres ne veut pas s'excuser.**

Bouba veut goûter à tous les plats avant le repas. Mais un roi, parce qu'il est roi, peut-il tout se permettre ? Waldemar, le cuisinier, ne le pense pas et rend son tablier non sans dire ses quatre vérités à Sa Majesté Bouba, qui en perd son appétit légendaire... Drôle, astucieux, avec des dessins savoureux.

Nathan, Étoile filante, 2004.

5,35 € ISBN : 978-2-09-250358-4

Autres titres :

Le roi des ogres veut croquer la maîtresse.

Nathan, Mes P'tites histoires. 2005.
ISBN : 978-2-09-250814-5

Le Roi des ogres et la purée de carottes. 2005.
ISBN : 978-2-09-250813-8

5,95 € chaque À partir de 5 ans

♥ **1605.** Dr Seuss ; trad. Fournier Le Ray, Anne-Laure : **Le Chat chapeauté.**

Paru aux États-Unis en 1957, ce petit livre est un régal de fantaisie, d'humour et de poésie. Le texte et les illustrations sont parfaitement complémentaires et, comme le dit le Chat chapeauté, « Laissez-moi vous dire que nous allons bien rire ! ». À lire ou à se faire lire, les mots et les sonorités se prêtant parfaitement à une lecture à voix haute.

Pocket Jeunesse, Kid Pocket, 2004.

5,70 € ISBN : 978-2-266-11918-4
À partir de 5 ans

1606. Ben Kemoun, Hubert ; ill. Heitz, Bruno : **L'Œuf du coq.**

Ce petit livre, sous couvert de parler de l'origine des mots, dénonce le racisme. Les autres titres de cette série abordent avec humour les mots, les lettres, la lecture et la grammaire.

Casterman, Les Petits Duculot, 2005.

5,20 € ISBN : 978-2-203-52520-7

Autres titres :

Pas si bêtes ! : Les Jongleurs de lettres [contient : **Ça zozote au zoo. La Course de l'élan. Tu te trompes petit éléphant. Le Festin du morse**].

Casterman, 2004.

9,50 € ISBN : 978-2-203-16915-9
À partir de 7 ans

1607. Chabas, Jean-François ; ill. Besse, Christophe : **Barbak l'étrangleur.**

Barbak est un ignoble extraterrestre qui collectionne les êtres humains. À sa collection de 327 espèces, il manque un humain aux yeux rouges et aux cheveux bleus... mais tel est pris qui croyait prendre ! Un texte drôle et court qui ravira en particulier les jeunes collectionneurs.

Casterman, Romans cadet, Humour, 2003.

5,25 € ISBN : 978-2-203-12928-3
À partir de 7 ans

♥ **1608.** Friot, Bernard ; ill. Balez, Olivier ; Battut, Éric ; Bénaglia, Frédéric *et al.* : **Histoires pressées illustrées par plein de gens.**

Ce recueil réunit trois volumes des *Histoires pressées*, classées par thèmes, dans un grand format. L'éditeur a fait appel à trente-sept illustrateurs de talent qui apportent leur vision à ces histoires drôles, émouvantes, quotidiennes... Une écriture rapide, ciselée et inventive, d'une parfaite justesse du ton, merveilleusement servie par cette édition.

Milan Jeunesse, 2005.

19,95 € ISBN : 978-2-7459-1702-7
À partir de 6 ans

1609. Hirsching, Nicolas de ; ill. Claverie, Jean : **Le Mot interdit.**

Le jeu téléphonique aurait pu mal tourner, car dans ce cas précis, le jeu n'était pas un jeu. On joue gros et pour de vrai. Suspense, rires et frissons garantis.

Bayard Jeunesse, Bayard poche, J'aime lire, 2003.

4,90 € ISBN : 978-2-7470-0814-3
À partir de 7 ans

1610. Lindgren, Astrid ; ill. Duhême, Jacqueline ; adapt. Trébinjac, Sonia : **Zozo la Tornade.**

Zozo a l'air d'un ange : mieux vaut pourtant ne pas s'y fier ! Il accumule les bêtises et met tout sens dessus dessous. Un petit garçon débrouillard au grand cœur.

Hachette Jeunesse, Le Livre de poche Jeunesse, Humour, 2001.
ISBN : 978-2-01-321873-3

Les Nouvelles Farces de Zozo la Tornade. 2003.
ISBN : 978-2-01-322116-0

4,50 € chaque À partir de 6 ans

1611. Murail, Marie-Aude ; ill. Besnier, Yves : **L'Oncle Giorgio.**

L'oncle Giorgio, célibataire allergique aux enfants, se voit confier ses neveu et nièce pour quelques semaines. Il met en place tout un système sophistiqué pour veiller sur les enfants à distance... Une histoire délirante !

Bayard Jeunesse, J'aime lire, 2003.

4,90 € ISBN : 978-2-7470-0815-0
À partir de 7 ans

1612. Blume, Judy ; trad. Reinharez, Isabelle : **C'est dur à supporter.**

Comment on passe de Dribble, la tortue de Peter à... Tortue, son chien, parce qu'entre-temps Mousse, le petit frère infernal, a fait des bêtises. Dans cette famille les ennuis s'accumulent, mais l'humour est roi et le lecteur ne s'ennuie jamais.

L'École des loisirs, Neuf, 1986.
5,50 € ISBN : 978-2-211-02355-9
Autre titre :
Le Roi des casse-pieds. 1986.
8,50 € ISBN : 978-2-211-01247-8
À partir de 9 ans

1613. Brisou-Pellen, Évelyne ; ill. Merlin, Christophe : **Le Jongleur le plus maladroit.**
Une délicieuse farce intemporelle, particulièrement bien mise en valeur par les illustrations de Christophe Merlin, dans laquelle Aymeri, le jongleur au grand cœur, est un Robin des bois pour les opprimés.
Nathan, Nathan poche, Humour, 2005.
5,50 € ISBN : 978-2-09-250758-2
À partir de 9 ans

♥ **1614.** Chauveau, Léopold : **Les deux font la paire.**
Un père et son fils partagent le bonheur d'inventer et de raconter des histoires. Une délicieuse connivence règne entre eux. Au fil des dialogues, c'est un véritable festival d'inventions qui est offert au lecteur, dans une quarantaine de petits récits aussi loufoques qu'imparablement logiques.
La Joie de lire, Récits, 2003.
10,70 € ISBN : 978-2-88258-255-3
À partir de 9 ans

1615. Dahl, Roald ; ill. Blake, Quentin ; trad. Fabien, Camille : **Le Bon Gros Géant.**
Comme King Kong, il attrape la petite Sophie dans sa grosse patte... Elle a peur, juste le temps de s'apercevoir qu'elle est tombée entre de bonnes mains. Désopilant, et très bien traduit. Plein de merveilleux jeux de mots et de trouvailles de langage.
Gallimard Jeunesse, Folio Junior, Édition spéciale, 1998.
6,90 € ISBN : 978-2-07-051372-7
À partir de 9 ans

1616. Dahl, Roald ; ill. Blake, Quentin ; trad. Farré, Marie-Raymond : **La Potion magique de Georges Bouillon.**
Pour son horrible grand-mère, Georges prépare une mixture explosive en mélangeant au petit bonheur insecticides, crèmes de beauté et produits d'entretien. Les résultats dépassent, et de loin, ses espérances. Dans le genre iconoclaste, c'est une réussite irrésistible !
Gallimard Jeunesse, Folio Junior, Édition spéciale, 1999.
5,50 € ISBN : 978-2-07-051340-6
À partir de 9 ans

♥ **1617.** Fine, Anne ; ill. Deiss, Véronique ; trad. Haïtse, Véronique : **Journal d'un chat assassin.**
Tuffy est un chat qui vit comme un chat. Bon, d'accord, il en rajoute peut-être un peu, mais est-ce une raison suffisante pour que sa jeune maîtresse en fasse tout un drame ? Tuffy se sert du lecteur comme témoin, et avec une parfaite mauvaise foi, se met en position de victime. On jubile.
L'École des loisirs, Mouche, 2001.
7 € ISBN : 978-2-211-04287-1
Autre titre :
Le Chat assassin, le retour. 2006.
8 € ISBN : 978-2-211-07839-9
À partir de 9 ans

1618. Fleischman, Sid ; trad. Daladier, Nathalie : **Le Faiseur de pluie.**
Dans une ferme sans ferme ni maison, des pastèques poussent à vue d'œil, des lapins volent, un fantôme s'installe... car c'est un fermier plus marseillais que Tartarin qui y vit. Ce livre est paru précédemment sous le titre : *Les Incroyables Aventures de Mister MacMiffic*.
L'École des loisirs, Neuf, 2004.
8,50 € ISBN : 978-2-211-07502-2
À partir de 9 ans

1619. Fleischman, Sid ; trad. Cappon, Alain : **Le Souffre-Douleur.**
Mésaventures et réconciliation de Petite Peste, l'insupportable fils du roi, et de l'orphelin Jemmy, son souffre-douleur, engagé pour recevoir les coups lorsque le premier faisait des sottises. Un récit alerte, des dialogues vifs, illustrés de dessins pleins d'humour. Un conte moral et social.
L'École des loisirs, Neuf, 1988.
4,90 € ISBN : 978-2-211-04314-4
À partir de 9 ans

♥ **1620.** Goscinny, René ; ill. Sempé, Jean-Jacques : **Le Petit Nicolas.**
Un petit garçon rieur, malicieux et désinvolte raconte à sa façon les menus détails de sa vie à la maison et à l'école. Un ton dont l'innocence provoque, d'une manière d'autant plus irrésistible, rire et sourire. Jubilatoire ! Publié pour la première fois en 1960, c'est aussi le portrait d'une époque.
Denoël, 2002.
ISBN : 978-2-207-25400-4
Autres titres :
Les Récrés du Petit Nicolas. 2002.
ISBN : 978-2-207-25401-1
Les Vacances du Petit Nicolas. 2003.
ISBN : 978-2-207-25476-9
Le Petit Nicolas et les copains. 2004.
ISBN : 978-2-207-25492-9
Le Petit Nicolas a des ennuis. 2004.
ISBN : 978-2-207-25493-6
15 € chaque
Existe aussi chez Gallimard Jeunesse, Folio Junior, 1999.
5,50 € chaque
Histoires inédites du Petit Nicolas.
IMAV éditions, 2005.
38 € ISBN : 978-2-915732-01-6
Histoires inédites du Petit Nicolas : 2.
IMAV éditions, 2006.
20 € ISBN : 978-2-915732-02-3
À partir de 9 ans

1621. Greif, Jean-Jacques : **Le Paradis du miel.**
En faisant son jogging dans le Jardin des Plantes, le narrateur est intrigué par les cris déchirants d'une guenon. Il apprend le langage chimpanzé et découvre la triste histoire du jeune singe qu'il décide de faire évader. Un roman joyeusement invraisemblable et fantaisiste, une écriture enjouée, beaucoup d'humour.
L'École des loisirs, Neuf, 1996.
8,50 € ISBN : 978-2-211-04017-4
À partir de 9 ans

1622. King-Smith, Dick ; ill. Bloch, Serge ; trad. Esclapez, Michelle : **Harry est fou.**
Héritage de l'oncle d'Amérique : un perroquet gris... qui parle et montre une intelligence remarquable : il aide Harry pour ses devoirs, les parents pour les mots croisés ou la cuisine... Volé par un cambrioleur, il reviendra avec d'autres merveilleuses surprises. Une histoire très

amusante. Et ne pas chercher d'explications rationnelles, par pitié !
Gallimard Jeunesse, Folio Junior, 1998.
5 € ISBN : 978-2-07-051580-6
À partir de 9 ans

1623. Lindgren, Astrid ; ill. Maja, Daniel ; trad. Gnaedig, Alain : **Fifi Brindacier.**
Quand on est une petite fille aussi extraordinaire et fantaisiste que Fifi, la vie offre chaque jour l'occasion d'une nouvelle aventure. Pour preuve les exploits d'une petite héroïne célèbre dans le monde entier. Paru en Suède en 1945, un classique qui a fêté ses soixante ans de jeunesse, à découvrir dans une nouvelle traduction tonique et juste.
Hachette Jeunesse, Le Livre de poche Jeunesse, Humour, 2001.
ISBN : 978-2-01-321874-0
Autres titres :
Fifi à Couricoura. 2002.
ISBN : 978-2-01-322005-7
Fifi princesse. 2002.
ISBN : 978-2-01-322004-0
4,90 € chaque À partir de 9 ans

1624. Loe, Erlend ; ill. Hiorthoy, Kim ; trad. Coursaud, Jean-Baptiste : **Kurt et le poisson.**
Kurt est un peu bête mais gentil, il conduit un Fenwick pour décharger les caisses sur le port. Un jour, il trouve un énorme poisson, délicieux, et décide de partir en famille visiter le monde, tantôt sur les mers sur le dos du poisson, tantôt sur terre avec le poisson sur le Fenwick... Petite fable malicieuse, illustrée avec bonheur.
La Joie de lire, Récits, 2006.
7 € ISBN : 978-2-88258-343-7
À partir de 9 ans

♥ **1625.** Murail, Marie-Aude ; ill. Gay, Michel : **Le Hollandais sans peine.**
Un livre très réjouissant dans lequel l'auteur se moque allègrement des principes d'éducation et de pédagogie des parents. Une réflexion sur la communication et le langage, mais surtout des fous rires assurés. Jubilatoire !
L'École des loisirs, Mouche, 1990.
4,90 € ISBN : 978-2-211-04720-3
À partir de 9 ans

1626. Nöstlinger, Christine ; trad. Royer, Alain : **Le Môme en conserve.**
Comment un jour un « garçon en conserve », parfaitement obéissant, est livré par erreur à quelqu'un qui n'avait jamais eu d'enfant. Il doit apprendre à faire des bêtises pour pouvoir rester avec sa mère adoptive. Tendre et farfelu à souhait.
Hachette Jeunesse, Le Livre de poche Jeunesse, Humour, 2005.
4,80 € ISBN : 978-2-01-321903-7
À partir de 9 ans

1627. Pullman, Philip ; ill. Mostyn, Davis ; trad. Ménard, Jean-François : **Jack le vengeur.**
Tel Superman, Jack le vengeur sauve trois pauvres enfants fuyant l'abominable orphelinat dans lequel ils étaient enfermés. Texte parodique et style enlevé pour ce petit roman en images fort sympathique.
Gallimard Jeunesse, Folio Cadet, 2000.
5 € ISBN : 978-2-07-054076-1
À partir de 9 ans

1628. Rivais, Yak ; Laclos, Michel : **Les Sorcières sont NRV.**
Rien de mieux que des sorcières pour jouer avec ces diables de mots. Elles ont de l'imagination à revendre. D'amusants récits construits à partir de jeux de langage.
L'École des loisirs, Neuf, 1989.
6 € ISBN : 978-2-211-05503-1
À partir de 9 ans

1629. Thiès, Paul ; ill. Mérel : **Petit-Féroce n'a peur de rien.**
Dans une Préhistoire de fantaisie, une petite aventure bien rythmée, facile à lire par les jeunes lecteurs et joyeusement illustrée. C'est drôle et enlevé. Petit-Féroce, le narrateur, est un héros fier et courageux en tant qu'aîné, mais qui reste modeste et lucide : un héros bien sympathique et très humain.
Rageot, Rageot poche, 2005.
ISBN : 978-2-7002-3160-1
Autres titres :
Petit-Féroce va à l'école. 2005.
ISBN : 978-2-7002-3161-8
Petit-Féroce est un champion. 2005.
ISBN : 978-2-7002-3162-5
Petit-Féroce contre les Marmicreux. 2005.
ISBN : 978-2-7002-3163-2
5 € chaque À partir de 9 ans

1630. Vigne, Fabrice : **Jean Ier le Posthume, roman historique.**
Arthur, le héros, insomniaque, amoureux de la lune et coutumier de rêves bizarres, décide une nuit d'écrire un livre ! Ses deux meilleurs amis, Elsa, l'intello, et Stan, l'inventif, acceptent de l'assister dans cette vaste entreprise et, comme il s'agit d'un roman sur un roi de France... Une histoire originale, pleine d'invention et de fantaisie.
Thierry Magnier, Roman, 2006.
7,50 € ISBN : 978-2-84420-510-0
À partir de 9 ans

1631. Dahl, Roald ; ill. Blake, Quentin ; trad. Farré, Marie-Raymond : **Les Deux Gredins.**
Deux époux ignobles et malfaisants se jouent des farces sinistres. Mais patience ! Ils se feront « ratatiner » à leur tour.
Gallimard Jeunesse, Folio Junior, 1999.
4,50 € ISBN : 978-2-07-051518-9
À partir de 11 ans

♥ **1632.** Fall, Éric Lindor : **Pourquoi Cur Cu Ma pose des questions.**
Où l'on rencontre une impératrice du Très Céleste Empire qui ne peut avoir d'enfants, une petite fille trop curieuse née d'une cure de curcuma, des feuilles de dictionnaire aux vertus médicinales... Un univers fabuleux, des personnages irrésistibles, un humour et une écriture délectables.
L'École des loisirs, Neuf, 1996.
7,30 € ISBN : 978-2-211-03832-4
À partir de 11 ans

1633. Saunders, Kate ; ill. Stower, Adam ; Borralho, Frédéric ; adapt. Lamorlette, Marie-José : **La Bataille de la sardine sacrée.**
Tacha est nantie d'un père archéologue, d'une mère superwoman et d'un chat. Son père reçoit une pierre magique qu'il donne à sa fille... et la voilà à volonté transformée en chat. Une histoire délirante, très rythmée et pleine d'humour dans laquelle on suit avec délices ces aventures félines et guerrières.

Bravo pour les trouvailles de traduction !
Nathan Jeunesse, Nathan poche 10-12 ans, Humour, 2005.
6,50 € ISBN : 978-2-09-250549-6
À partir de 11 ans

1634. Stockton, Frank R. ; ill. Mikenushev, Alexander ; trad. Déon, Alice : **La Femme ou le tigre ?**
Un simple jeune homme ose aimer la fille du roi. Le monarque outragé soumet l'amoureux à une cruelle épreuve... qui est aussi un dilemme déchirant pour la belle. Une excellente histoire, publiée pour la première fois en 1884, pleine d'humour et de suspense, jusqu'à la très amusante pirouette finale.
Calligram, Storia, 1996.
7,95 € ISBN : 978-2-88445-347-9
À partir de 11 ans

1635. Temperley, Alan ; trad. Kiefé, Laurence : **Harry et les vieilles pommes.**
Un gamin orphelin, dont les richissimes parents ont fini ruinés, est confié à deux vieilles tantes qui lui réservent bien des surprises et des aventures, en compagnie d'inénarrables compères aux prises avec d'affreux vilains méchants. Une histoire farfelue, menée tambour battant, pleine de « rigolades » et de joyeuses invraisemblances.
Hachette Jeunesse, Le Livre de poche Jeunesse, Humour, 2002.
5,50 € ISBN : 978-2-01-322012-5
À partir de 11 ans

MERVEILLEUX

1636. Brisac, Geneviève ; ill. Gay, Michel : **La Craie magique.**
Au parc, Violette dessine une petite fille sur le sol. Mais la créature de craie n'est pas contente de son allure... Une toute première lecture fort plaisante, bruitée et imagée, avec des phrases simples, et des chapitres très courts.
L'École des loisirs, Mouche, 2000.
6,10 € ISBN : 978-2-211-05658-8
À partir de 6 ans

1637. Dahl, Roald ; ill. Galeron, Henri ; trad. Saint-Dizier, Marie ; Farré, Raymond : **Le Doigt magique.**
Une petite fille amie de la nature et des animaux, un brin sorcière, pointe son doigt magique sur tous ceux qui braquent leurs fusils ou brandissent l'injustice, transformant ainsi le bourreau en victime et le chasseur en proie. Petit conte fantastique, fable, cette histoire est racontée légèrement, avec esprit et entrain.
Gallimard Jeunesse, Folio Cadet, 2002.
5,50 € ISBN : 978-2-07-053723-5
À partir de 6 ans

♥ **1638.** Jansson, Tove ; adapt. Monteux, Cécilia ; Guillaume, Marie-Ange : **Moumine le Troll. 1 : Le Chapeau du sorcier.**
Quand on vit dans une vallée magique et qu'on est un troll, rien d'étonnant à trouver un chapeau de magicien tombé du ciel. Pour Moumine et ses amis, que de choses vont changer pourtant ! Un univers plein de charme, de fantaisie, de gravité et de poésie. 1e éd. française : 1968 (paru en Suède en 1948).
Nathan, Nathan poche, Contes, 2005.
ISBN : 978-2-09-250776-6
Autres titres :
2 : L'Été dramatique de Moumine. 2005.
ISBN : 978-2-09-250777-3
3 : Les Mémoires de Papa Moumine. 2006.
ISBN : 978-2-09-250848-0
4 : La comète arrive. 2006.
ISBN : 978-2-09-250849-7
5,70 € chaque À partir de 7 ans

1639. Murail, Marie-Aude ; ill. Bloch, Serge : **Mystère.**
Fille de roi, mal-aimée, elle a 8 ans, des cheveux bleus et un merveilleux appétit de vivre. Un délicieux anti-conte de fées, illustré avec humour.
Gallimard Jeunesse, Folio Cadet, 2002.
5,50 € ISBN : 978-2-07-053664-1
À partir de 7 ans

♥ **1640.** Banks, Lynne Reid ; trad. Challamel, Laurence : **L'Indien du placard.**
Comme tous les enfants, Omri joue aux Indiens et aux cow-boys. Le lecteur partagera l'émotion et les affres d'Omri lorsqu'une figurine de plastique devient – par la magie d'un placard et d'une clef – un Indien réel au caractère peu conciliant. L'auteur réussit parfaitement à traduire l'excitation et les préoccupations de l'enfant. Passionnant.
L'École des loisirs, Neuf, 2006.
6,40 € ISBN : 978-2-211-08492-5
Autre titre :
Trad. Hay, Nathalie : **Le Retour de l'Indien.** 1998.
9,20 € ISBN : 978-2-211-03880-5
À partir de 9 ans

♥ **1641.** Dahl, Roald ; ill. Blake, Quentin ; trad. Gaspar, Élisabeth : **Charlie et la chocolaterie.**
Willy Wonka invite cinq enfants dont Charlie, pauvre et gentil, à visiter sa chocolaterie. C'est un palais de gourmandise, rempli d'inventions, de personnages et de machines bizarres. D'un rythme trépidant, l'histoire a un humour qui est un peu celui des spectacles de Guignol, avec beaucoup plus de finesse et de détails savoureux. Irrésistible !
Gallimard Jeunesse, Folio Junior, Édition spéciale, 1998.
5,60 € ISBN : 978-2-07-051333-8
À partir de 9 ans

1642. Dahl, Roald ; ill. Blake, Quentin ; trad. Orange, Maxime : **James et la grosse pêche.**
James a 6 ans et deux tantes qui sont de vraies sorcières et le maltraitent à plaisir. Heureusement, une pêche géante va lui permettre de s'échapper. Un voyage fantastique à mourir de rire.
Gallimard Jeunesse, Folio Junior, Édition spéciale, 1997.
5,50 € ISBN : 978-2-07-051374-1
À partir de 9 ans

1643. Dahl, Roald ; ill. Blake, Quentin ; trad. Farré, Marie-Raymond : **Sacrées Sorcières.**
Grâce à ce livre, vous pourrez repérer infailliblement les sorcières ! Suspense, humour survolté et détails inimitables.
Gallimard Jeunesse, Folio Junior, Édition spéciale, 1998.
6,90 € ISBN : 978-2-07-051338-3
À partir de 9 ans

♥ **1644.** Desplechin, Marie : **Verte.**
Verte, héritière d'une longue lignée de sorcières, refuse dans un premier temps de cultiver ses dons. Récit à plusieurs voix, où tous les protagonistes racontent à leur tour et donnent leur point de vue. Un livre ensorcelé et amusant, où les problèmes se résolvent grâce à la magie, mais pas uniquement.
L'École des loisirs, Neuf, 1996.
7,50 € ISBN : 978-2-211-04178-2
À partir de 9 ans

1645. Dyer, Heather ; ill. Bailey, Peter ; trad. Rubio, Vanessa : **Le Poisson de la chambre 11.**
Un gamin orphelin, généreux et dégourdi, le méchant directeur d'un grand hôtel et sa peste de fils, un ancien capitaine de navire, une vieille dame alitée… et toute une famille de sirènes : ce sont les personnages d'une comédie légère, jouée dans le décor d'une station balnéaire. Un récit plein d'humour où le merveilleux se mêle avec grâce à la caricature. On se régale !
Gallimard Jeunesse, Folio Cadet, 2005.
6,90 € ISBN : 978-2-07-050876-1
À partir de 9 ans

1646. Horvath, Polly ; trad. Bureau, Benoîte : **Les Trolls.**
Dès l'arrivée de tante Sally, les enfants sont subjugués par son extravagance et ses histoires mettant en scène sa famille nombreuse et loufoque, aux prises avec la féroce palourde et les trolls dévoreurs. Invention, fantaisie et humour, sans oublier une touche de gravité, puisque la dernière histoire annonce la fin de leur enfance et la dispersion de la famille.
L'École des loisirs, Neuf, 2001.
9,50 € ISBN : 978-2-211-05802-5
À partir de 9 ans

1647. Mau, Olivier ; ill. Latyk, Olivier : **Armand dur à cuire et moi.**
Huit aventures du fils d'un commissaire de police et d'Armand, son inséparable et inénarrable canard – qui prend vie et parle en la seule présence de l'enfant –, regroupées en un seul volume illustré. On jubile avec ces histoires dans la veine de « Calvin et Hobbes ».
Syros Jeunesse, 2002.
7,50 € ISBN : 978-2-7485-0027-1
À partir de 9 ans

1648. Nesbit, Edith ; ill. Millar, H. R. ; trad. Formentelli, Bee : **Une drôle de fée.**
Cinq frères et sœurs découvrent une fée des sables, qui peut exaucer un vœu collectif par jour. Mais les enfants se trompent constamment dans leurs choix et leurs souhaits se retournent contre eux. C'est plein de charme, de fantaisie et d'aventures.
Gallimard Jeunesse, Folio Junior, 2004.
5,50 € ISBN : 978-2-07-055762-2
À partir de 9 ans

1649. Pullman, Philip ; ill. Bailey, Peter ; trad. Krief, Anne : **J'étais un rat !**
Roger était un rat avant de prendre l'apparence humaine, aussi a-t-il tout à apprendre du comportement des hommes. Aussi naïf qu'influençable, il fait indifféremment le mal ou le bien. Un mélange habile des genres et des modes d'écriture, imbriquant une histoire dans l'autre à l'aide de journaux à sensation et jouant avec les personnages du conte « Cendrillon »
Gallimard Jeunesse, Folio Junior, 1999.
5 € ISBN : 978-2-07-052701-4
À partir de 9 ans

♥ **1650.** Van Leeuwen, Joke ; trad. Lomré, Maurice : **Tchip-tchip !**
Un couple recueille et élève avec amour une drôle de petite créature, mi-petite fille, mi-oiseau. Mais voici qu'elle s'envole… Une charmante histoire, loufoque et tendre, racontée avec fantaisie et illustrée avec humour.
L'École des loisirs, Neuf, 2000.
9,50 € ISBN : 978-2-211-05071-5
À partir de 9 ans

♥ **1651.** Fombelle, Timothée de ; ill. Place, François : **Tobie Lolness. 1 : La Vie suspendue.**
« Tobie mesurait un millimètre et demi, ce qui n'était pas grand pour son âge ». À ce héros minuscule, terré dans un trou d'écorce, blessé, seul, échoit pourtant un destin exceptionnel ! Et le lecteur de plonger avec délices dans l'univers fascinant du grand arbre, en grimpant sur les brindilles, en tremblant devant l'araignée monstrueuse…
Gallimard Jeunesse, Hors-série littérature, 2006.
16 € ISBN : 978-2-07-057181-9
À partir de 11 ans
2 : Les Yeux d'Elisha. 2007
ISBN : 978-2-07-057893-1

♥ **1652.** Mourlevat, Jean-Claude : **La Rivière à l'envers. 1 : Tomek.**
Un jeune garçon part sur les traces d'une jeune fille juste aperçue dans sa boutique et qui l'entraîne dans un monde différent. Un mélange de réalisme et de merveilleux, une réflexion poétique sur la vie, la mémoire et le temps.
Pocket Jeunesse, Pocket Junior, Romans, contes, 2004.
5,20 € ISBN : 978-2-266-14671-5
Autre titre :
2 : Hannah. 2002.
4,80 € ISBN : 978-2-266-12313-6
À partir de 11 ans

♥ **1653.** O'Brien, Robert C. ; trad. Poslaniec, Michèle : **La Couronne d'argent.**
Le jour de ses 10 ans, Ellen trouve sur son oreiller une couronne d'argent. Quand sa maison et sa famille disparaissent dans un mystérieux incendie, elle décide de partir très loin. À mi-chemin du conte fantastique et du roman d'aventure, une histoire haletante de poursuite, d'étranges hommes encagoulés, d'une machine infernale, d'enfants conditionnés.
L'École des loisirs, Neuf, 1987.
6,40 € ISBN : 978-2-211-03238-4
À partir de 11 ans

1654. Pitzorno, Bianca ; trad. Michelin-Granier, Florence : **L'Étonnant Voyage de Polyxène.**
En un temps où vivaient des rois et des princesses, des marchands, des pirates et des saltimbanques, Polyxène part à la recherche de ses origines, qu'elle pressent forcément royales. Un voyage plein de rebondissements, invraisemblable et rocambolesque à plaisir, pour un joyeux hommage à l'imagination et à l'aventure.

L'École des loisirs, Médium, 1997.
10,40 € ISBN : 978-2-211-03386-2
À partir de 11 ans.

1655. Ubac, Claire : **L'Histoire impossible à peindre.**
Pour décourager d'éventuels prétendants à la main de Jala, douée pour le dessin, la reine leur impose de raconter des histoires que la jeune fille ne saurait illustrer. Arrive un berger, qui va raconter des histoires jamais entendues. Un roman d'une grande originalité grâce à l'invention féconde et au caractère poétique des racontages du berger.
L'École des loisirs, Neuf, 2003.
8,50 € ISBN : 978-2-211-07254-0
À partir de 11 ans

FANTASTIQUE ET FANTASY

♥ **1656.** Le Guin, Ursula K. ; ill. Schindler, S. D. ; trad. Formentelli, Bee : **Les Chats volants.**
Les quatre enfants d'une chatte des villes sont nés avec des ailes. Un jour, après un accident fâcheux où Harriett manque de perdre la vie, la mère prend une grande décision : puisque ses enfants en sont dotés, qu'ils volent de leurs propres ailes ! Récit d'un apprentissage de la liberté.
Gallimard Jeunesse, Folio Cadet, 2005.
ISBN : 978-2-07-051144-0
Autre titre :
Le Retour des chats volants. 2006.
ISBN : 978-2-07-057535-0
5 € chaque À partir de 7 ans

1657. Ndiaye, Marie ; ill. Nadja : **La Diablesse et son enfant.**
Tous sont effrayés par la diablesse aux sabots de chèvre qui erre dans la campagne à la recherche de son enfant perdu. L'enfant retrouvé lui rendra sa condition de femme ordinaire. Métaphore de l'amour qui détermine notre appartenance à l'humanité, dans le registre du conte fantastique.
L'École des loisirs, Mouche, 2000.
6 € ISBN : 978-2-211-05660-1
À partir de 7 ans

1658. Gandolfi, Silvana ; trad. Ménard, Diane : **Bille de singe.**
Sara, « la grande bringue à lunettes », trouve une bille bleue à l'intérieur de laquelle est blotti un petit singe avec qui elle communique. Il lui explique qu'avec une formule « magique » très simple, elle peut entrer dans la bille et lui-même prendre son apparence et faire à sa place ce qu'elle voudra. Tentant... mais risqué !
L'École des loisirs, Neuf, 2005.
11,50 € ISBN : 978-2-211-05121-7
À partir de 9 ans

♥ **1659.** Gandolfi, Silvana ; trad. Ménard, Diane : **Un chat dans l'œil.**
Initié à un secret magique – étonnant pouvoir du chocolat ! – Dante perçoit, même à distance, tout ce que voit Virgile, son petit chat. La poursuite du chaton, à travers les images entr'aperçues et interprétées, rythme cette *Divine comédie* d'un nouveau genre où se conjuguent art de l'intrigue, finesse des portraits et humour.
L'École des loisirs, Neuf, 1997.
8,80 € ISBN : 978-2-211-04152-2
À partir de 9 ans

1660. Ibbotson, Eva ; trad. Robert-Nicoud, Élie : **Le Secret du quai 13.**
Un magicien, une fée, un ogre et une jeune sorcière partent à la recherche d'un prince enlevé tout bébé il y a neuf ans. Le prince est-il réellement devenu cet enfant antipathique ? Et qui est Ben, le garçon de cuisine si gentil ? Odge, la petite sorcière ne s'y trompe pas. Une histoire fantastique au dénouement prévisible, mais sympathique et pleine d'humour.
Albin Michel, Wiz, 2005.
12 € ISBN : 978-2-226-15785-0
À partir de 9 ans

1661. Jones, Diana Wynne ; trad. Seyvos, Florence : **Ma sœur est une sorcière.**
Chat et sa sœur Gwendoline, orphelins, sont recueillis par une étrange famille dans un étrange château. Qui des deux enfants a vraiment des pouvoirs magiques ? Chrestomanci est-il un enchanteur bienfaisant ou un redoutable personnage ? Les éléments du puzzle, mis en place dès le début, se recomposent peu à peu pour donner une histoire fascinante, qui parle de justice et d'injustice, de solitude et de tendresse.
Gallimard Jeunesse, Folio Junior, 1996.
ISBN : 978-2-07-051972-9
Autres titres :
Trad. Simon, Sylvie : **Les Neuf Vies du magicien.** 1998.
ISBN : 978-2-07-056401-9
Trad. Sirat, Sabine : **Les Magiciens de Caprona.** 2000.
ISBN : 978-2-07-054499-8
6,90 € chaque À partir de 9 ans

♥ **1662.** Almond, David ; trad. Vassallo, Rose-Marie : **Skellig.**
Michaël vient d'emménager dans une nouvelle maison, avec ses parents et sa toute petite sœur, un bébé à la santé très fragile. Au fond du jardin, dans une cabane délabrée, il découvre un personnage étrange, Skellig, qui se nourrit de ce que lui apportent les chouettes, cache des embryons d'ailes, et manifeste d'étranges pouvoirs. Un roman original, qui parvient à créer une atmosphère étonnante autour de l'identité mystérieuse d'un être qui est oiseau, ange et humain à la fois.
Flammarion-Père Castor, Castor poche, 2000.
5,50 € ISBN : 978-2-08-164581-3
À partir de 11 ans

1663. Babbitt, Natalie ; trad. Vassallo, Rose-Marie : **La Source enchantée.**
Pour tromper son ennui, Winnie, 11 ans, s'aventure dans le bois de la propriété familiale. Elle y rencontre un jeune homme. Effrayé par la présence de la petite fille, il l'emmène dans son étrange famille douée d'immortalité... sous le regard d'un témoin mal intentionné : du suspense, de la fraîcheur et une bonne analyse psychologique.
Flammarion-Père Castor, Castor poche Junior, 1998.
5,50 € ISBN : 978-2-08-164391-8
À partir de 11 ans

1664. Beaude, Pierre-Marie ; ill. De Conno, Gianni : **Jeremy Cheval.**
Jeremy, jeune garçon indien, quitte la ferme de son père adoptif dans l'espoir de retrouver sa vraie mère. Accueilli par Flamme, l'étalon apaloosa qu'il a tenté en vain de dresser, il se métamorphose et

devient lui-même un pur-sang ! Une histoire totalement crédible et profondément originale, un hymne aux grands espaces, à la nature sauvage, à la liberté.
Gallimard Jeunesse, Hors-piste, 2003.
9,50 € ISBN : 978-2-07-053853-9
À partir de 11 ans

♥ **1665.** Beaude, Pierre-Marie : **La Maison des lointains.**
Un couple de pionniers s'installe dans le veld, au cœur de la Namibie. Leur fils grandit dans cet univers empreint de puissance, de dangers et de secrets, avant qu'un drame le précipite dans une longue errance, aux limites du désespoir et de la survie. Un très beau texte, plein de souffle et de délicatesse, qui entraîne le lecteur dans la fascination des lointains.
Gallimard Jeunesse, Scripto, 2002.
8,50 € ISBN : 978-2-07-053946-8
À partir de 11 ans

♥ **1666.** Bottero, Pierre : **La Quête d'Ewilan. 1 : D'un monde à l'autre.**
Entrée par hasard dans l'univers de Gwendalavir, un monde médiéval étourdissant, Camille se découvre de puissants pouvoirs magiques. Mais le royaume est menacé. Accompagnée de guerriers hauts en couleur, elle devra libérer l'élite des magiciens, dont ses parents, prisonniers de sorciers malveillants. Un récit plein de merveilles, qui allie subtilement humour, aventures et poésie.
Rageot, Rageot poche, 2006.
ISBN : 978-2-7002-3170-0
2 : Les Frontières de glace. 2006.
ISBN : 978-2-7002-3191-5
3 : L'Île du destin. 2006.
ISBN : 978-2-7002-3192-2
7,50 € chaque À partir de 11 ans

♥ **1667.** Colfer, Eoin ; trad. Ménard, Jean-François : **Artemis Fowl. 1.**
Artemis Fowl est un jeune garçon qui n'a de comptes à rendre ni à Lupin ni à Moriarty, pour l'ingéniosité comme pour l'audace et le raisonnement. Il est froid, sans scrupule et impitoyable, bénéficie d'une grande intelligence, d'une imagination sans limite et de complices redoutables. Un ensemble truculent, porté par un humour glacé.
Gallimard Jeunesse, Folio Junior, 2004.
ISBN : 978-2-07-055250-4
2 : Mission polaire. 2005.
ISBN : 978-2-07-052900-1
3 : Code éternité. 2006.
ISBN : 978-2-07-057404-9
6,90 € chaque
4 : Opération opale.
Gallimard Jeunesse, Hors-série littérature, 2006.
18 € ISBN : 978-2-07-052494-5
À partir de 11 ans

1668. De Mari, Silvana ; trad. Barbéri, Jacques : **Le Dernier Elfe.**
Un tout jeune elfe, dernier survivant de son espèce, affronte toutes sortes de dangers pour sauver le monde. Jouant habilement des codes de la fantasy, l'auteur donne à ses personnages une personnalité nuancée et émouvante. L'humour apporte une touche de légèreté à une intrigue passionnante, sans nuire, bien au contraire, à la tension dramatique.
Albin Michel, Wiz, 2005.
15 € ISBN : 978-2-226-14955-8
À partir de 11 ans

♥ **1669.** Forsyth, Frederick ; ill. Feck, Lou ; trad. Rambaud, Maurice : **Le Berger : un conte de Noël.**
On appelle berger un avion chargé de guider un appareil en détresse. En cette nuit de Noël 1957, un jeune pilote de la R.A.F. s'égare au-dessus de la mer du Nord. Seul, sa radio en panne, il ne lui reste plus que quelques minutes de carburant lorsqu'un mystérieux avion lui vient en aide. Une belle histoire à la fois réaliste et fantastique.
Gallimard Jeunesse, Folio Junior, 2003.
5 € ISBN : 978-2-07-052259-0
À partir de 11 ans

1670. Gandolfi, Silvana ; trad. Ménard, Diane : **La Mémoire de l'eau.**
Avec ses six orteils Nando passe pour une bête curieuse, mais le jour où il rejoint son oncle au Mexique, son destin prend un tour exceptionnel. L'oncle est un Indien maya qui explore les ruines d'une pyramide enfouie en pleine jungle. Et il compte sur l'enfant, incarnation d'un mystérieux personnage de pierre, pour aller plus loin. Une merveilleuse aventure, poétique et envoûtante.
L'École des loisirs, Médium, 2003.
11 € ISBN : 978-2-211-05977-0
À partir de 11 ans

♥ **1671.** Gandolfi, Silvana ; trad. Bauer, Nathalie : **Aldabra : la tortue qui aimait Shakespeare.**
Des rides, des membres qui s'épaississent, un visage qui se déforme, un dos de plus en plus voûté : ce que sa petite-fille a d'abord pris pour les signes d'un vieillissement accéléré sont en fait les étapes d'une transformation de sa grand-mère… en tortue ! Une histoire étrange, fantastique et onirique, avec une analyse subtile des sentiments, et beaucoup d'humour.
Seuil Jeunesse, 2003.
10 € ISBN : 978-2-02-055234-9
À partir de 11 ans

1672. Garrel, Nadèjda ; ill. Hyman, Miles : **Dans les forêts de la nuit.**
Fasciné par la beauté et la noblesse de la tigresse de Sibérie enfermée dans un zoo et que la captivité détruit, Benjamin choisit pour elle la liberté et pour lui-même une aventure démesurée. Vers l'est, de plus en plus loin, de forêt en forêt, il l'accompagne vers sa terre d'origine. Construit comme une quête initiatique, un récit riche de résonances symboliques, pour les bons lecteurs.
Gallimard Jeunesse, Folio Junior, 2004.
5 € ISBN : 978-2-07-055963-3
À partir de 11 ans

1673. Honaker, Michel : **Le Prince d'ébène.**
Un étrange maître de musique terrorise ses jeunes élèves dans un vieux manoir. L'arrivée d'un jeune prodige aussi pauvre que doué pour le violon va servir de révélateur. Du mystère, de l'aventure, un décor inquiétant, un bon suspense.
Rageot, Rageot Romans, 2006.
6,30 € ISBN : 978-2-7002-3306-3
À partir de 11 ans

1674. Horowitz, Anthony ; ill. Daniau, Marc ; trad. Le Goyat, Annick : **L'Île du Crâne.**

David est expédié par ses parents dans une étrange école, sur une île sinistre, au large de l'Angleterre. Vampires, morts-vivants, loups-garous et tout l'arsenal des classiques de la littérature fantastique vont peu à peu hanter les pages de ce roman, pour la plus grande joie des lecteurs amateurs d'humour noir.

Hachette Jeunesse, Le livre de poche Jeunesse, Fantastique, 2002.

ISBN : 978-2-01-322023-1

Autre titre :

Maudit Graal. 2005.

4,50 € chaque

ISBN : 978-2-01-322021-7

En un seul volume : **L'Île des sorciers.**

Hachette Jeunesse, 2006.

10,50 € ISBN : 978-2-01-201084-0

À partir de 11 ans

1675. Jones, Diana Wynne ; trad. Crichton, Anne : **Le Château de Hurle.**

Des magiciens, des sorciers, des malédictions, des transformations : l'univers des contes de fées se déploie avec beaucoup de fantaisie dans une histoire complexe et débridée. Une grande réussite, à découvrir pour changer de regard sur la fantasy anglaise.

Pocket Jeunesse, Pocket Junior, Romans, contes, 2005.

6,60 € ISBN : 978-2-266-13882-6

À partir de 11 ans

♥ **1676.** Levine, Gail Carson ; trad. Misserly, Hélène : **Les Deux Princesses de Bamarre.**

Deux princesses, l'intrépide Meryl et Addie « la peureuse », vivent dans un royaume où ce sont les pleutres qui règnent. Quand Meryl est menacée d'un terrible mal, Addie part à la recherche du remède qui sauvera sa sœur et le royaume. Un beau récit, mi-conte mi-fantasy, où les monstres et la magie permettent d'explorer, sur le mode de l'aventure, toutes les facettes de l'humanité.

L'École des loisirs, Neuf, 2004.

11 € ISBN : 978-2-211-06861-1

À partir de 11 ans

♥ **1677.** Lewis, Clive Staples ; ill. Baynes, Pauline ; trad. Dutheil de la Rochère, Cécile : **Les Chroniques de Narnia. 1 : Le Neveu du magicien.**

Un cycle mythique de la fantasy pour la jeunesse écrit autour de 1950. Narnia est un monde parallèle peuplé de créatures magiques où s'affrontent le bien et le mal. Les récits d'aventures mettent en scène des quêtes : celles de l'amitié, du courage et de la sincérité. Au-delà du rêve, l'auteur délivre un message d'espoir et de confiance : l'univers imaginaire des enfants est nécessaire à la survie du monde.

Gallimard Jeunesse, Folio Junior, 2001.

ISBN : 978-2-07-054642-8

Trad. Dalmais, Anne-Marie : **2 : L'Armoire magique.** 2001.

ISBN : 978-2-07-054643-5

♥ Trad. Morgaut, Philippe : **3 : Le Cheval et son écuyer.** 2001.

ISBN : 978-2-07-054644-2

Trad. Dalmais, Anne-Marie : **4 : Le Prince Caspian.** 2001.

ISBN : 978-2-07-054645-9

Trad. Morgaut, Philippe : **5 : L'Odyssée du passeur d'Aurore.** 2002.

ISBN : 978-2-07-054941-2

Trad. Morgaut, Philippe : **6 : Le Fauteuil d'argent.** 2002.

ISBN : 978-2-07-054942-9

Trad. Morgaut, Philippe : **7 : La Dernière Bataille.** 2002.

ISBN : 978-2-07-054943-6

De 8,20 € à 8,60 € À partir de 10 ans

1678. Lowry, Lois ; trad. Formentelli, Bee : **L'Élue.**

La société rurale du dernier village, après la fin du monde, est occupée à sa survie. C'est grâce à ses exceptionnels dons de brodeuse que Kira, l'adolescente boiteuse, survit dans cet univers brutal. À elle d'entretenir la Robe du Chanteur où est brodée la mémoire du monde. Mais il lui manque une couleur. Une très belle histoire sur les excès du pouvoir.

Gallimard Jeunesse, Folio Junior, 2002.

5 € ISBN : 978-2-07-053876-8

À partir de 11 ans

1679. Martin, Andreu ; ill. Chabot, Jean-Philippe ; trad. Lopez-Ballesteros, Virginia ; Malthet, Olivier : **Vampire malgré moi.**

Un garçon se réveille un matin incapable de bouger ou de parler. À sa grande horreur il est pris pour mort, déjà presque enterré. Et quand le mouvement lui revient… il est un mort-vivant bien sûr ! Une histoire pittoresque et pleine d'humour qui dénonce avec malice la crédulité et l'intolérance.

Gallimard Jeunesse, Folio Junior, 1999.

5,20 € ISBN : 978-2-07-051642-1

À partir de 11 ans

1680. Moka : **Cela.**

Une fillette naïve et pourtant dégourdie, un vieux fou tueur de chats, un logiciel intelligent qui prend vie, un être immonde et primitif qui dévore ses victimes de l'intérieur, un gamin passionné d'informatique : autant de personnages, innocents ou pervers, dont Moka entrecroise les destins pour construire une histoire haletante et un brin macabre.

L'École des loisirs, Médium, 2000.

8,20 € ISBN : 978-2-211-05684-7

À partir de 11 ans

Autre titre :

La chose qui ne pouvait pas exister. 1997.

7,90 € ISBN : 978-2-211-04617-6

1681. Rodda, Emily ; trad. Costa, Marianne : **La Montagne de glace.**

Dans un monde hors du temps, un petit village isolé est menacé de sécheresse. Huit villageois, guidés par un enfant désigné par la magie, partent dans la montagne pour vérifier si le dragon dont parlent les ancêtres est responsable du désastre. Évoque d'une façon très juste les mouvements de la peur, du courage, du désir de paix et du goût de l'aventure.

Hachette Jeunesse, Vertige Fantastique, 1997.

ISBN : 978-2-01-209772-8

Autre titre :

La Vallée d'or. 1998.

ISBN : 978-2-01-209830-5

4,29 € chaque À partir de 11 ans

♥ **1682.** Rowling, Joanne Kathleen ; trad. Ménard, Jean-François : **Harry Potter. 1 : Harry Potter à l'école des sorciers.**

Les aventures d'Harry Potter, jeune orphelin malheureux promis à un destin extraordinaire, nous entraînent dans un monde à la fois merveilleux et connu. Beaucoup d'aventures, un peu de magie, de l'humour, un univers proche de la vie des enfants : Harry Potter rencontre un immense succès chez les petits et les grands.
Gallimard Jeunesse, Folio Junior, 1998.
6,90 € ISBN : 978-2-07-051842-5
Autres titres :
2 : Harry Potter et la chambre des secrets. 1999
6,90 € ISBN : 978-2-07-052455-6
♥ **3 : Harry Potter et le prisonnier d'Azkaban.** 1999.
7,40 € ISBN : 978-2-07-052818-9
À partir de 11 ans
4 : Harry Potter et la coupe de feu. 2001.
8,60 € ISBN : 978-2-07-054351-9
5 : Harry Potter et l'ordre du Phénix. 2005.
13 € ISBN : 978-2-07-052557-7
6 : Harry Potter et le prince de Sang-Mêlé. 2006.
8,60 € ISBN : 978-2-07-057764-4
À partir de 13 ans

Les quatre premiers tomes existent aussi en CD au format MP3, dans la collection « Écoutez lire » (Gallimard), texte intégral lu par l'acteur Bernard Giraudeau :
Harry Potter à l'école des sorciers. 2007 (2 CD). 30 €
Gencod : 3260050680844
Harry Potter et la chambre des secrets. 2007 (2 CD). 30 €
Gencod : 3260050680851
Harry Potter et le prisonnier d'Azkaban. 2007 (2 CD). 30 €
Gencod : 3260050680868
Harry Potter et la coupe de feu. 2007. 39 €
Gencod : 3260050678612
Gallimard Jeunesse, Écoutez lire.

♥ **1683.** Tolkien, John Ronald Reuel ; trad. Ledoux, Francis : **Bilbo le Hobbit.**
Un classique qui a conquis l'Angleterre en 1937, publié en France en 1969. Bilbo découvre que l'aventure commence derrière sa porte et se retrouve cambriolant le trésor d'un dragon, affrontant des trolls et parcourant montagnes et forêts. Nains, elfes, magiciens et aigles au programme. Ou comment le merveilleux surgit dans un conte paisible.
Hachette Jeunesse, 2006.
12 € ISBN : 978-2-01-201085-7
À partir de 11 ans

1684. Westall, Robert ; trad. Costa, Marianne : **La Guerre au fond des yeux.**
Épisodiquement saisi par des accès de sensibilité intense qui le font souffrir à distance avec les victimes du mal, Figgis traverse une terrible épreuve au moment de la guerre du Golfe. Le voyant se débattre, son frère aîné comprend ce que représentent la guerre, la haine et l'indifférence. Un très beau roman sur la quête d'une identité perdue, qui réussit la gageure d'être à la fois facile et complexe, clair et troublant.
Déjà paru en 1995 sous le titre : *La Double Vie de Figgis.*
Hachette Jeunesse, Le Livre de poche Jeunesse, Histoires de vies, 2003.
4,50 € ISBN : 978-2-01-322168-9
À partir de 11 ans

1685. Brantôme, Marie : **L'Infante de Vélasquez.**
Au cours d'une visite au Louvre, Inès « entre » dans le tableau de Vélasquez *Les Ménines*, et prend la place de la demoiselle d'honneur de l'infante Marguerite. Témoin de sa disparition, son amie se démène pour la secourir. Entre réalité et fantastique, un roman riche en suspense où l'histoire et l'art se mêlent habilement aux contes et légendes dans un récit actuel.
Seuil Jeunesse, Fictions, 2003.
9 € ISBN : 978-2-02-056254-6
À partir de 13 ans

♥ **1686.** Hearn, Lian ; trad. Giraudon, Philippe : **Le Clan des Otori. 1 : Le Silence du rossignol.**
Dans un Japon imaginaire et féodal, le destin fait de courage et de renoncements d'un jeune garçon, Takeo, jouet des seigneurs de la guerre qui se disputent l'empire. Écartelé entre ses devoirs, plongé dans un univers d'intrigues, il affronte dangers et épreuves. Une saga foisonnante où l'on croit parfois se perdre mais la fluidité du style et la maîtrise du récit finissent par emporter complètement l'adhésion.
Gallimard Jeunesse, 2002.
ISBN : 978-2-07-053803-4
Autres titres :
2 : Les Neiges de l'exil. 2003.
ISBN : 978-2-07-053804-1
3 : La Clarté de la lune. 2004.
ISBN : 978-2-07-053805-8
17 € chaque
4 : Le Vol du héron. 2007.
23 € ISBN : 978-2-07-057903-7
À partir de 13 ans

1687. Lavachery, Thomas : **Bjorn le Morphir.**
La métamorphose de Bjorn, 12 ans, qui, d'enfant timide et craintif, devient le futur héros de sa génération. C'est au cours d'un interminable hiver en 1065 que Bjorn et sa famille résistent à la neige meurtrière. Des aventures, exténuantes et pleines de dangers. Dans un univers très original, un roman d'aventures et d'initiation inhabituel.
L'École des loisirs, Médium, 2004.
10 € ISBN : 978-2-211-07737-8
Autres titres :
Bjorn aux Enfers. 1 : Le Prince oublié. 2005.
ISBN : 978-2-211-07735-4
2 : La Mort du loup. 2005.
ISBN : 978-2-211-08106-1
3 : Au cœur du Tanarbrok. 2006.
ISBN : 978-2-211-08317-1
11 € chaque À partir de 13 ans

1688. Lehmann, Christian : **No pasaràn, le jeu.**
Trois copains, fanatiques de jeux vidéo, entrent dans l'univers proposé par une étrange et mystérieuse disquette. Un univers terrible, qui peu à peu les happe dans les conflits du réel, dans l'horreur de la guerre, les fantasmes personnels et les secrets familiaux. Chacun des garçons est amené à se situer dans cette histoire violente et à choisir son camp.
L'École des loisirs, Médium, 1996.
9 € ISBN : 978-2-211-03711-2
À partir de 13 ans

♥ **1689.** Lou, Virginie : **Le Miniaturiste.**
Témoin d'une scène de cruauté enfantine, une jeune femme se remémore sa propre enfance. Elle se souvient de figurines

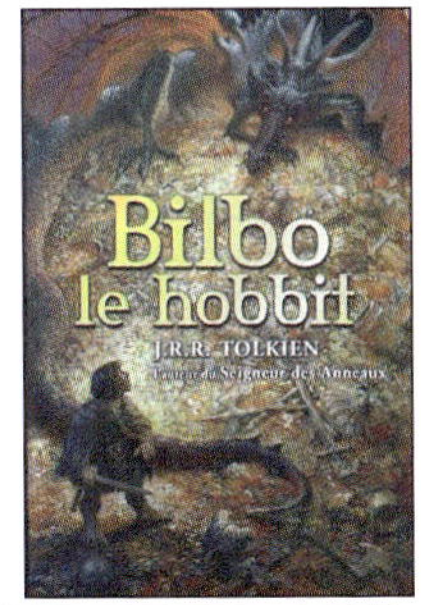

miniatures, d'un vieil homme étrange, d'une spirale d'événements où se mêlaient le jeu et la réalité, l'amour et la violence, la beauté et la terreur.
Gallimard Jeunesse, Folio Junior, 2002.
5 € ISBN : 978-2-07-053938-3
À partir de 13 ans

1690. Nicholson, William ; trad. Ménard, Diane : **Le Vent de feu. 1 : Les Secrets d'Amaranth.**
Aramanth est soumise à la dictature de la promotion sociale. Kestrel et Bowman s'enfuient. Ils se lancent à la poursuite d'un mythe qui précipiterait la fin de la dictature. Dans leur errance ils rencontrent d'autres sociétés. Cette trilogie pleine d'aventures est poétique et subtile et c'est une réflexion sur les rapports de l'homme à la société.
Gallimard Jeunesse, Folio Junior, 2002.
6 € ISBN : 978-2-07-053936-9
Autres titres :
2 : Les Esclaves de la Seigneurie. 2003.
ISBN : 978-2-07-053578-1
3 : Le Chant des flammes. 2004.
ISBN : 978-2-07-055893-3
6,90 € chaque À partir de 13 ans

1691. Norman, Roger ; trad. Piganiol, Agnès : **Les Maîtres du jeu.**
Un jeune garçon trouve un jeu – des figures et des cartes – ayant appartenu à son père. Il n'aura de cesse de comprendre, au cours de parties de plus en plus risquées, comment le jeu fonctionne, quels rapports il reproduit entre le hasard et la fiction, l'inconnu et la réalité. Le roman entrecroise l'affrontement des « figures » et les conflits entre les personnages réels. Un suspense efficace.
Flammarion-Père Castor, Castor poche, Roman Senior, 2001.
7 € ISBN : 978-2-08-164812-8
À partir de 13 ans

1692. Paolini, Christopher ; trad. Ferrier, Bertrand : **Eragon. 1 : L'Héritage.**
Eragon, promis à un destin d'exception, a fait éclore en secret un œuf de dragon, alors que l'espèce dotée de tant de pouvoirs légendaires est censée avoir disparu. Après un long périple aventureux en compagnie de sa dragonne aux yeux bleus, Saphira, merveilleuse complice, il donnera au monde un autre visage. Une lecture au long cours emplie de magie.
Bayard Jeunesse, Bayard poche, 2006.
8,90 € ISBN : 978-2-7470-2106-7
Autre titre :
Trad. Delval, Marie-Hélène : **2 : L'Aîné.**
Bayard Jeunesse, 2006.
19,90 € ISBN : 978-2-7470-1455-7
À partir de 13 ans

♥ **1693.** Peet, Malcom ; ill. Rébéna, Frédéric ; trad. Malthet, Olivier : **Le Gardien.**
Construit comme un flash-back, le récit retrace, au gré d'une interview, la carrière d'un footballeur brésilien, gardien de but dans l'équipe qui vient de gagner la Coupe du Monde. Un excellent roman avec une dimension fantastique, original et très prenant, qui aborde des thèmes très forts : la relation au père, l'attachement à la nature, la lucidité, la gloire...
Gallimard Jeunesse, Hors-piste, 2004.
10 € ISBN : 978-2-07-055929-9
À partir de 13 ans

♥ **1694.** Pullman, Philip ; trad. Esch, Jean : **À la croisée des mondes. 1 : Les Royaumes du Nord.**
Cette trilogie entraîne le lecteur, comme les protagonistes, dans un univers épique et coloré, parfois bouleversant. On y suit Lyra, qui passe de monde parallèle en monde parallèle, sur les traces de ses parents, d'ambitieux scientifiques engagés dans une lutte à mort. On y croise aussi une inoubliable galerie de personnages. Un récit envoûtant.
Gallimard Jeunesse, Folio Junior, 2000.
7,40 € ISBN : 978-2-07-054188-1
Autres titres :
2 : La Tour des anges. 2000.
6,90 € ISBN : 978-2-07-054189-8
3 : Le Miroir d'ambre. 2002.
7,40 € ISBN : 978-2-07-054376-2
À partir de 13 ans

1695. Thal, Lilli ; trad. Ziegler, Martin : **Mimus.**
Après une trahison ignominieuse, le roi de Montfield se retrouve dans les geôles du royaume ennemi. Seul le prince héritier peut sauver son père. Une peinture acide des compromissions du pouvoir, de la noirceur de l'âme humaine, de la violence, et une intrigue tendue, soutenue par des informations passionnantes sur la fonction de bouffon. Un roman original, fort et dérangeant.
Seuil Jeunesse, 2005.
16 € ISBN : 978-2-02-068582-5
À partir de 13 ans

1696. Thorau, Gabrielle : **Un de Winram.**
Quand ses parents décident de s'installer sur Winram, une île battue de grands vents, Simoun se laisse happer dans l'exploration de secrets millénaires : dangereuse spirale où il manque de laisser sa vie ou sa raison. Un roman très original et remarquablement construit, qui plonge dans un univers à la limite du fantastique et du mythique.
L'École des loisirs, Médium, 2003.
10,50 € ISBN : 978-2-211-06935-9
À partir de 13 ans

♥ **1697.** Tolkien, John Ronald Reuel ; ill. Munch, Philippe ; trad. Ledoux, Francis : **Le Seigneur des anneaux. 1 : La Communauté de l'anneau.**
La quête des Anneaux du Pouvoir, opposant les anciens peuples au seigneur des ténèbres Sauron, est menée par les hobbits. Une création mythologique complexe et passionnante, foisonnante, profonde et variée, à l'origine de toute la fantasy contemporaine. Une réflexion sur la nature du bien et du mal, sur les relations entre l'homme et la nature. Un succès de 1954 devenu un classique (1re éd. française : 1972).
Gallimard Jeunesse, Folio Junior, 2002.
ISBN : 978-2-07-051579-0
Autres titres :
2 : Les Deux Tours. 2003.
ISBN : 978-2-07-052268-2
3 : Le Retour du roi. 2003.
ISBN : 978-2-07-052269-9
7 € chaque À partir de 13 ans

1698. Wooding, Chris ; trad. Loubat-Delranc, Philippe : **Qui veut tuer Alaizabel Cray ?**
Dans un Londres dévasté, grouillant de monstrueuses créatures, où métro, fiacres

et dirigeables cohabitent, nous suivons un jeune homme qui traque les monstres. En recueillant une mystérieuse jeune fille, blessée et amnésique, il découvre un horrible complot. Un univers foisonnant et riche où le fantastique voisine avec l'horreur.
Gallimard Jeunesse, Folio Junior, 2003.
6,90 € ISBN : 978-2-07-053597-2
À partir de 13 ans

SCIENCE-FICTION

1699. Petit, Xavier-Laurent ; ill. Truong, Marcelino : **Le Monde d'en haut.**
An 2096 : enterrée depuis les grandes pollutions radioactives de l'année 2022, la population de Suburba vit désormais sous le contrôle de dirigeants qui lui interdisent tout contact avec la surface de la terre. Mais certains vont se battre pour la liberté. Une dénonciation habile de l'abus de pouvoir dans ce roman haletant et intelligemment mené.
Casterman, Romans Junior, 2006.
7,50 € ISBN : 978-2-203-15817-7
À partir de 9 ans

1700. Bondoux, Anne-Laure : **Le Destin de Linus Hoppe.**
Héros rebelle et libertaire dans un monde futur aussi ordonné qu'injuste, Linus Hoppe, dans une série de péripéties haletantes, lutte contre la répartition inégalitaire de la société. Un rythme narratif sans défaut et du suspense, une réflexion sur la liberté, l'égalité et la capacité des individus à prendre en mains leur destin.
Bayard Jeunesse, 2001.
12,20 € ISBN : 978-2-7470-0058-1
Autre titre :
La Seconde Vie de Linus Hoppe, 2002.
12 € ISBN : 978-2-7470-0483-1
À partir de 11 ans

1701. Colin, Fabrice : **Projet oXatan.**
Quatre enfants vivent sur Mars, dans une maison au centre d'un lac peuplé d'alligators, cerné par une forêt où rôdent des ogres. Une femme les y élève et les protège du monde. Mais les enfants cherchent à s'échapper. Entre science-fiction et conte, dont il a la violence symbolique, c'est une fable tragique sur l'amour étouffant des adultes envers des enfants qui ne rêvent que d'autonomie.
Mango Jeunesse, Autres mondes, 2002.
9 € ISBN : 978-2-7404-1393-7
À partir de 11 ans

1702. Grenier, Christian : **Virus LIV 3 ou La Mort des livres.**
À la fin du XXIe siècle, pour lutter contre la dictature des « Lettrés » qui imposent la tyrannie des livres et de la lecture, les « Zappeurs », adeptes de l'image et des écrans, ont mis au point une terrible revanche : un virus, introduit dans les livres, efface irrémédiablement les pages au fur et à mesure que le lecteur les lit. Un thème original et une héroïne courageuse.
Hachette Jeunesse, Le Livre de poche Jeunesse, Science-fiction, 2001.
4,80 € ISBN : 978-2-01-321857-3
À partir de 11 ans

1703. Lamarre, Roland ; ill. Rébéna, Frédéric : **Le Stoppeur.**
Une guerre qui ne dit pas son nom, dans un pays imaginaire, dans un temps futur. Des faits réalistes, une absence d'explications et de dialogues entre le père trop occupé à la guerre et le fils qui subit sans comprendre. Une lecture déconcertante qui traduit le malaise des temps de guerre où chacun s'inquiète et se débrouille comme il le peut, sans visibilité générale.
Casterman, Romans Dix & plus, 2001.
6,50 € ISBN : 978-2-203-11922-2
À partir de 11 ans

1704. Wul, Stefan ; ill. Fuente, Victor de la ; Boussot, Norbert : **Niourk.**
Dans un futur lointain, d'après cataclysme, un enfant noir assimile tout le savoir humain en un temps record, et le dépasse. Devenu tout-puissant, mais gardant toujours la candeur d'un enfant, il choisit de vivre à nouveau la vie de sa tribu de chasseur. Écrit en 1957, un roman d'aventures un peu dérangeant, brassant des thèmes variés : la régression de la civilisation, la pollution, l'évolution des espèces, le problème de la science bien ou mal utilisée, la normalité…
Gallimard Jeunesse, Folio Junior, 1999.
6 € ISBN : 978-2-07-051345-1
À partir de 11 ans

1705. Burgess, Melvin ; trad. Devaux, Laetitia : **La Déroute.**
La cavale épuisante et tragique de trois enfants misérables qui ont enlevé un bébé à ses richissimes parents. Un roman saisissant, pour lecteurs aguerris, qui offre une variation très sombre sur les thèmes chers à l'auteur : la soif de liberté, de dignité, la lutte pour la survie.
Gallimard Jeunesse, Frontières, 1999.
7,80 € ISBN : 978-2-07-052781-6
À partir de 13 ans

1706. Christopher, John ; trad. Reinharez, Isabelle : **Boule de feu.**
Une boule de feu projette deux cousins, Simon et Brad, dans un monde parallèle où l'Angleterre est restée sous domination romaine. Ce roman d'aventures, aux rebondissements fréquents, sous-tendus par la rivalité/complicité des deux cousins, incite mine de rien à la réflexion sur la pérennité des civilisations, le fanatisme, la nature profonde de l'homme…
L'École des loisirs, Médium, 1989.
ISBN : 978-2-211-06210-7
Autres titres :
Nouveau monde. 1989.
ISBN : 978-2-211-06318-0
La Danse du dragon. 1989.
ISBN : 978-2-211-06412-5
6,40 € chaque À partir de 13 ans

♥ **1707.** Christopher, John ; trad. Poslaniec, Michèle : **La Trilogie des tripodes. 1 : Les Montagnes blanches.**
Parce qu'ils mesurent l'importance vitale de la liberté de penser, des jeunes gens courageux et pleins d'idées décident de résister à une véritable entreprise de colonisation mentale. Un texte publié en 1966 au Royaume-Uni, qui commence comme un roman d'aventures et dévoile peu à peu la véritable nature des tripodes à combattre, et la richesse des caractères humains.
L'École des loisirs, Médium, 1988.
ISBN : 978-2-211-02932-2

Autres titres :
2 : La Cité d'or et de plomb. 1988.
ISBN : 978-2-211-03010-6
3 : Le Puits de feu. 1987.
ISBN : 978-2-211-03110-3
6,40 € chaque À partir de 13 ans

♥ **1708.** Farmer, Nancy ; trad. Dayre, Valérie : **La Maison du scorpion.**
Matt, 6 ans, reclus depuis sa naissance, s'enfuit et ne rencontre que le dégoût et la haine. Matt est un clone, celui du très vieux El Patron qui dirige la propriété et le pays d'une main de fer. Adolescent, il comprendra pourquoi il existe et ce sera terrible. Un roman fort et passionnant, parfois dur, posant de vraies questions sur l'appétit de pouvoir et la nature humaine...
L'École des loisirs, Médium, 2005.
12 € ISBN : 978-2-211-07185-7
À partir de 13 ans

1709. Keyes, Daniel ; trad. Gallet, Georges H. : **Des Fleurs pour Algernon.**
Réédition dans une collection pour la jeunesse d'un classique de la science-fiction paru pour la première fois en 1959. À la suite d'une intervention expérimentale, Charlie, jeune adulte simple d'esprit, fait des progrès fulgurants... Émotion et problèmes éthiques.
Flammarion, Tribal, 2004.
8 € ISBN : 978-2-08-162044-5
À partir de 13 ans

♥ **1710.** Lowry, Lois ; trad. Pressmann, Frédérique : **Le Passeur.**
Jonas vit dans un monde protégé où tout est organisé selon des règles strictes. À 12 ans il devient le dépositaire de la mémoire de l'humanité, ce qui l'oblige à ressentir le plaisir et la souffrance que le groupe se refuse à assumer. Variation moderne et personnelle sur le thème du meilleur des mondes, qui bascule peu à peu dans le fantastique.
L'École des loisirs, Médium, 1994.
8,80 € ISBN : 978-2-211-02166-1
À partir de 13 ans

1711. Mourlevat, Jean-Claude : **Le Combat d'hiver.**
Parce que leurs parents ont lutté contre « la Phalange », des enfants sont devenus orphelins et ont été placés dans des internats/prisons. Quatre d'entre eux s'enfuient et reprennent le combat de leurs parents. Un grand roman d'aventure humaine sur fond musical où le fantastique affleure dans une réalité tangible. Superbe.
Gallimard Jeunesse, 2006.
15 € ISBN : 978-2-07-057482-7
À partir de 13 ans

1712. Ziegler, Reinhold ; trad. Beaufils-Godde, Gisèle : **Version 5.12.**
Une nouvelle organisation politique confie à l'électronique la gestion de la ville de Wohnwiesen. La guerre sans merci, que le jeune Tubor Both engage contre le système avec une géniale hacker, n'a d'égale que l'horreur d'un tel régime. Qui gagnera, l'homme ou la machine ? La tension des situations et le caractère imprévisible des événements maintiennent l'intérêt de bout en bout.
L'École des loisirs, Médium, 2002.
11,50 € ISBN : 978-2-211-04904-7
À partir de 13 ans

DES ANIMAUX QUI PARLENT

1713. Bournay, Delphine : **Grignotin des Bois et Mentalo de la Vega.**
Grignotin et Mentalo sont amis, ils s'aiment, mais le petit demande sans cesse à être rassuré. Ces petites fables transportent allègrement le lecteur dans un univers de tendresse et d'humour réfléchis. Les dessins naïfs et le récit entrecoupé de dialogues en couleurs permettent au tout jeune lecteur d'entrer facilement dans ces succulentes petites histoires.
L'École des loisirs, Mouche, 2006.
ISBN : 978-2-211-08438-3
Autre titre :
Grignotin et Mentalo. 2006.
ISBN : 978-2-211-08098-9
8,50 € chaque À partir de 5 ans

1714. Dauer, Rosamond ; ill. Barton, Byron : **Grenouillard, Gertrude et Justin Serpent.**
Grenouillard et Gertrude, un couple de batraciens, vont camper dans les bois, et c'est à trois qu'ils reviennent avec « juste un serpent » ! Une histoire tendre d'amitié et d'adoption mutuelle où chacun connaît la saveur de ces petits riens qui agrémentent l'existence.
L'École des loisirs, Lutin poche, 1991.
5,50 € ISBN : 978-2-211-02832-5
À partir de 5 ans

1715. Heitz, Bruno : **La Grotte des loupiots.**
Quand ranger sa chambre devient facile grâce aux histoires de Papa Loup. Raconté autant par les images que par le texte, dans une mise en pages proche de la bande dessinée. Amusant, désarmant et efficace !
Hachette Jeunesse, Le Livre de poche Jeunesse, Humour, 2002.
4,50 € ISBN : 978-2-01-322052-1
À partir de 5 ans

♥ **1716.** Lobel, Arnold : **Hulul.**
Hulul, le hibou, vit seul dans sa confortable maison. Mais il doit faire face au désordre qu'y crée l'intrusion de l'hiver, à la difficulté d'habiter tout à la fois au rez-de-chaussée et à l'étage, à la tristesse. Un livre tout empreint de douce nostalgie, car il ne faut pas oublier que le meilleur thé se fait avec des larmes.
L'École des loisirs, Lutin poche, 1993.
5,50 € ISBN : 978-2-211-01798-5
À partir de 5 ans

♥ **1717.** Lobel, Arnold ; trad. Chagot, Adolphe : **Porculus.**
Le petit cochon adore se rouler dans la boue, mais la fermière aime trop laver et veut tout nettoyer. Fâché, Porculus décide de quitter la ferme... Une histoire parfaitement adaptée aux très jeunes lecteurs, avec des phrases courtes, quelques dialogues, et des images merveilleuses qui soutiennent parfaitement la lecture.
L'École des loisirs, Mouche, 2003.
ISBN : 978-2-211-07297-7
Autres titres :
Isabelle. 2003.
ISBN : 978-2-211-06992-2
♥ **Oncle Éléphant.** 2004.
ISBN : 978-2-211-07510-7
7 € chaque À partir de 5 ans

♥ **1718.** Lobel, Arnold ; trad. Chagot, Adolphe : **Sept Histoires de souris.**
Papa Souris a sept souriceaux. Le soir, il raconte sept histoires, une pour chacun ; des histoires de puits qui ont besoin de douceur pour exaucer les souhaits, de nuages qui deviennent chat menaçant, de chemin jusqu'au bout duquel il faut aller avec de beaux pieds tout neufs... Fantaisise, tendresse, beaucoup de bonheur...
L'École des loisirs, Mouche, 2003.
ISBN : 978-2-211-07299-1
Autre titre :
La Soupe à la souris. 2005.
ISBN : 978-2-211-07941-9
7 € chaque À partir de 5 ans

1719. Ramos, Mario : **Un monde de cochons.**
Quand ils jouent ensemble c'est Fanfan, le cochon, qui fait le loup, et Louis, le loup, qui fait le cochon. Fanfan fait si bien le loup qu'il va venir en aide à Louis, persécuté par trois méchants cochons. Un album dont le texte, assez long, est découpé en chapitres, avec beaucoup de dialogues, mais surtout des dessins joyeux et expressifs.
L'École des loisirs / Pastel, 2005.
11 € ISBN : 978-2-211-07981-5
À partir de 5 ans

♥ **1720.** Valckx, Catharina : **L'Incroyable Zanzibar.**
Il habite la forêt, est un as de l'omelette aux champignons. Il s'appelle Zanzibar et c'est un corbeau. Il était parfaitement heureux jusqu'au jour où un journaliste lui fait comprendre qu'il n'a rien d'extra-ordinaire. Zanzibar décide de relever le défi... C'est drôle, plein de gentillesse, farfelu à souhait.
L'École des loisirs, Mouche, 2003.
7,50 € ISBN : 978-2-211-07007-2
À partir de 5 ans

♥ **1721.** Dahl, Roald ; ill. Blake, Quentin ; trad. Saint-Dizier, Marie ; Farré, Raymond : **Fantastique maître Renard.**
Un malin renard se rit des trois fermiers qui le pourchassent. Il les malmène, les nargue, se régale à leurs dépens et gagne, dans l'affaire, toute l'admiration des siens. Ce roman est écrit avec tant d'esprit que grands et petits prendront un égal plaisir à le lire et le relire.
Gallimard Jeunesse, Folio Cadet, 2003.
6,70 € ISBN : 978-2-07-055268-9
À partir de 6 ans

1722. Desarthe, Agnès ; ill. Vaugelade, Anaïs : **C'est qui le plus beau ?**
Puisque sa mère lui serine que c'est lui le plus beau, Milos, le jeune gnou, veut bien la croire. Il se laisse même embarquer dans un concours de beauté, mais comprend très vite qu'il n'a aucune chance. Et puis ce concours n'a rien d'amusant. C'est au moment où il renonce que Milos va finalement connaître son heure de gloire... Amusant et très bien illustré.
L'École des loisirs, Mouche, 2005.
7 € ISBN : 978-2-211-07712-5
À partir de 6 ans

1723. Roy, Claude ; ill. Duhême, Jacqueline : **Houpi, le gentil kangourou.**
L'histoire facétieuse d'un kangourou champion de foot et qui a l'usage de la parole. Si Houpi est bien accueilli partout, les choses se gâtent en France, avec tout un tas de tracasseries et de dialogues ubuesques, jusqu'à ce qu'il rencontre le petit François qui comprend vite la situation. Un texte merveilleux, avec des dessins complices, déjà paru en 1965 chez Delpire.
Gallimard Jeunesse, Folio Cadet, 2001.
5,50 € ISBN : 978-2-07-054528-5
À partir de 6 ans

1724. Valckx, Catharina : **La Grande Adèle et son petit chat.**
Adèle est tout heureuse d'adopter un chat : elle a tout prévu, sauf que le chaton s'ennuie à longueur de journée. La solution ? Un copain ! Ce sera un petit chien. Sous les yeux ahuris d'Adèle, le miracle s'opère, les deux chenapans s'entendent à merveille... pour se moquer d'elle ! Mais une nuit d'orage... Une délicieuse petite fable, drôle et très bien illustrée.
L'École des loisirs, Mouche, 2006.
7 € ISBN : 978-2-211-08315-7
À partir de 6 ans

1725. Atxaga, Bernardo ; ill. Valverde, Mikel : **Shola et les lions.**
Shola, une petite chienne blanche, bavarde, menteuse, rêveuse et impulsive a un maître fort compréhensif avec qui elle parle d'égal à égal. Elle ne doute de rien, pas même d'être un lion, si bien qu'elle calque son comportement sur celui des félins. Une histoire drôle et des illustrations qui correspondent aux idées de grandeur de ce petit bout de chien.
La Joie de lire, Récits, 1999.
ISBN : 978-2-88258-143-3
Autre titre :
Shola et les sangliers. 1999.
ISBN : 978-2-88258-142-6
6,70 € chaque À partir de 7 ans

1726. Fejtö, Raphaël : **Gina et le lion.**
La rencontre fortuite, suivie d'un dialogue inattendu, entre la petite Gina et le lion du tableau de Carpaccio *Saint Jérôme et le lion*. Ce petit livre montre que l'art ouvre des mondes insoupçonnés pour qui veut bien regarder avec attention.
L'École des loisirs, Mouche, 2001.
6,10 € ISBN : 978-2-211-05850-6
À partir de 7 ans

1727. Joubert, Jean ; ill. Gay, Michel : **Hibou blanc et Souris bleue.**
Hibou blanc aime beaucoup les souris, mais toutes les souris ont peur de lui, sauf Souris bleue, qui décide de chasser ce fléau. Mais les hommes sont plus rapides pour capturer l'animal. Et quand Souris bleue retrouve le hibou enfermé dans une cage de cirque, il a l'air si malheureux que la souris laisse parler son cœur...
L'École des loisirs, Mouche, 1981.
5,20 € ISBN : 978-2-211-07005-8
Autre titre :
Ill. Huet, Elsa : **Jean, il y a des souris dans la cuisine !** 2005.
7 € ISBN : 978-2-211-08142-9
À partir de 7 ans

1728. Lobel, Arnold ; trad. Chagot, Adolphe : **Une paire d'amis.**
Ranelot est une grenouille pleine d'entrain et Bufolet un crapaud plutôt paresseux. Une profonde amitié les lie l'un à l'autre, dans le respect de leurs différences.

Chacun est plein d'attention pour l'autre, ce qui n'exclut pas humour et fantaisie.
L'École des loisirs, Mouche, 1995.
5,50 € ISBN : 978-2-211-03651-1
À partir de 7 ans

1729. Moser, Erwin ; trad. Mathieu, François : **Les Trois Petites Chouettes et sept autres histoires.**
Trois petites chouettes, huit taupes, une puce et bien d'autres... aussi petits que sages et pacifiques, donnent des leçons à plus grands, plus forts et surtout plus vaniteux qu'eux. Huit courts récits illustrés avec humour et finesse par l'auteur.
L'École des loisirs, Neuf, 1989.
4,90 € ISBN : 978-2-211-05400-3
À partir de 7 ans

1730. Oster, Christian ; ill. Mets, Alan : **Pas de vraies vacances pour Georges.**
Les vacances sont bien compliquées quand on est un oiseau migrateur et qu'on veut se rendre par ses propres moyens en Afrique, mais sans se séparer de son compagnon humain. Lequel se retrouve coincé dans une valise portée à bout de bec ! Une histoire loufoque où les rôles sont inversés, et les rencontres inénarrables.
L'École des loisirs, Mouche, 2000.
6,40 € ISBN : 978-2-211-05812-4
À partir de 7 ans

1731. Schwartz, Irène ; ill. Gay, Michel : **Minie Malakoff, la souris du métro.**
Une histoire savoureuse dans le métro parisien à hauteur de souris, où tickets, mouchoirs en papier, cannettes et autres bâtons de sucettes sont aussitôt transformés en objets d'usage courant dans le monde des petits rongeurs. Mais il y a aussi des dangers (rames de métros, mégots de cigarettes ou chewing-gum...).
L'École des loisirs, Mouche, 2004.
ISBN : 978-2-211-07512-1
Autre titre :
Minie Malakoff : Le Commando. 2006.
ISBN : 978-2-211-08313-3
7 € chaque À partir de 7 ans

1732. Sepulveda, Luis ; ill. Hyman, Miles ; trad. Metailié, Anne-Marie ; raconté par Giraudeau, Bernard : **Histoire d'une mouette et du chat qui lui apprit à voler.**
Zorbas, chat grand, noir et gros a promis à une mouette mazoutée et agonisante d'élever son poussin. Mais comment lui apprendre à voler ? Bernard Giraudeau s'est totalement investi dans ce récit cocasse qui est aussi une belle leçon de tolérance et d'humanité.
Naïve CD et Seuil/Métailié, 2004.
18,85 € (2 CD),
29,50 € (2 CD + livre)
ISBN : 978-2-02-068646-4
À partir de 7 ans

1733. Storr, Catherine ; ill. Wieland, Carlo ; trad. Séguin, Xavier : **Polly la futée et cet imbécile de loup.**
Polly est une petite fille bien appétissante que le loup rêve de croquer. Mais Polly est maligne ! Des histoires courtes où le loup utilise la magie et les ingrédients des contes de fées, mais Polly connaît elle aussi ces histoires... Et les contes ont réponse à tout, c'est bien connu !
Pocket Jeunesse, Kid Pocket, 2001.
ISBN : 978-2-266-11716-6
Autre titre :
Et si Polly mangeait le loup ? 2005.
ISBN : 978-2-266-15259-4
4,80 € chaque À partir de 7 ans

1734. Bondoux, Anne-Laure : **La Tribu.**
Reprend en un seul volume : *Le Peuple des rats : La grande menace*, *Au cœur de la tourmente* et *La tribu des forêts*. Le rat Vasco se trouve du jour au lendemain responsable de trois ratons : ils sont les seuls rescapés de la tribu, à la suite d'une extermination perpétrée par les hommes. Mais le danger ne vient pas que d'eux ! Des aventures somme toute très humaines, vécues tour à tour dans les égouts, sur un cargo, dans la forêt. Un ton et du souffle pour cette trilogie entraînante.
Bayard Jeunesse, Estampille, 2005.
11,90 € ISBN : 978-2-7470-1634-6
À partir de 9 ans

1735. Buzzati, Dino ; trad. Pasquier, Hélène : **La Fameuse Invasion de la Sicile par les ours.**
Une armée d'ours affamés fait la conquête d'une ville, mais dans les fêtes et les plaisirs, ne va-t-on pas oublier l'essentiel ? Un texte pittoresque et drôle, devenu un classique, paru en France en 1968.
Gallimard Jeunesse, Folio Junior, Édition spéciale, 1998.
5 € ISBN : 978-2-07-051365-9
À partir de 9 ans

♥ **1736.** Jarrell, Randall ; ill. Sendak, Maurice ; trad. Py Balibar, Isabelle : **Des animaux pour toute famille.**
La rencontre merveilleuse d'un chasseur solitaire et d'une sirène très curieuse de connaître les sentiments et le langage humain. Leur vie est étrangement harmonieuse en accord avec la nature et toutes les créatures. Un récit poétique à lire aux plus jeunes et à savourer plus tard.
L'École des loisirs, 1988.
13 € ISBN : 978-2-211-02308-5
Autre titre :
La Chauve-Souris poète.
L'École des loisirs, Neuf, 1980 [épuisé].
À partir de 9 ans

♥ **1737.** King-Smith, Dick ; ill. Rayner, Mary ; trad. Blanchet, Anne : **Babe, le cochon devenu berger.**
Un cochon en apparence comme les autres se découvre une vocation de berger et se voue à ce métier inattendu avec plus d'astuce et de gentillesse que tous les autres gardiens du troupeau. Une histoire pleine d'humour et qui fait réfléchir.
Gallimard Jeunesse, Folio Junior, 1996.
5 € ISBN : 978-2-07-051805-0
Il existe aussi une version racontée par Jean-Claude Dreyfus.
Gallimard Jeunesse, Livre-CD, 1996.
2 CD + 1 livre : 25 €
ISBN : 978-2-07-059469-6
À partir de 9 ans

1738. King-Smith, Dick ; ill. Rayner, Mary ; trad. Hérisson, Janine : **Magnus super souris.**
L'insatiable appétit de Magnus, souriceau géant, va entraîner ses parents dans de bien dangereuses aventures : où trouver

de la nourriture en abondance ? Humour et suspense.
Gallimard Jeunesse, Folio Junior, 1999.
5,50 € ISBN : 978-2-07-052653-6
À partir de 9 ans

♥ **1739.** King-Smith, Dick ; ill. Smith, Wendy ; trad. Esclapez, Michelle : **Une vie de château.**
Après le départ des hommes leurs maîtres, les chats, même les plus « civilisés », sont bien obligés de chasser pour se nourrir. Ah, que la vie sauvage est donc dure ! Mais peut-être pas pour tous... Une fable réjouissante sur l'organisation sociale, pleine d'humour et de charme.
Gallimard Jeunesse, Folio Junior, 1999.
5,50 € ISBN : 978-2-07-052699-4
À partir de 9 ans

1740. Léonard, Elmore ; trad. Bondil, Nicolas ; Bondil, Pierre : **Un coyote dans la maison.**
À Hollywood, dans les collines, règne Antwan, un jeune coyote fier et sauvage. Dans une villa chic cohabitent Buddy, berger-allemand, ex-star de cinéma, et miss Betty, ravissante caniche. Buddy rêve de vie sauvage et Antwan est tenté par les bienfaits de la civilisation : ils vont échanger leurs modes de vie. Un roman plein de rythme et d'humour.
Seuil Jeunesse, Fictions, 2005.
10 € ISBN : 978-2-02-059319-9
À partir de 9 ans

1741. Lowry, Lois ; trad. Butaud, Nadia : **Les Mémoires d'un chien.**
Dans la pure tradition des mémoires littéraires, voici le récit de vie plein d'humour et de suspense de Berger, chien d'une exceptionnelle intelligence et bâtard d'une grande beauté, successivement clochard, vedette de télévision et compagnon de la petite Emily. Un savoureux pastiche d'autobiographie !
L'École des loisirs, Neuf, 2004.
11,50 € ISBN : 978-2-211-05156-9
À partir de 9 ans

1742. Oster, Christian ; ill. Monfreid, Dorothée de : **Le Cochon en panne.**
Un cochon qui adore conduire tombe en panne, en pleine nuit, sur une route de campagne. Une vache lui indique une station-service où il trouve un gros bonhomme inquiétant. Mais que faire ? Un « Petit Chaperon rouge » à la mode Oster : terrifiant et drôle !
L'École des loisirs, Mouche, 2006.
7 € ISBN : 978-2-211-08021-7
À partir de 9 ans

♥ **1743.** Reuter, Bjarne ; ill. Mornet, Pierre ; trad. Renaud, Jean : **Oscar, à la vie à la mort.**
Personne ne veut le croire, mais Max, 7 ans, vivant au Danemark, est poursuivi par un lion gourmand, joueur et très capricieux... mais qui ne se montre qu'aux enfants. Un petit livre quasi philosophique, délicieux, avec une écriture imagée, pour les enfants rêveurs, aimant les étoiles et les pastilles de réglisse.
Hachette Jeunesse, Le livre de poche Jeunesse, Contes et merveilles, 2001.
4,50 € ISBN : 978-2-01-321935-8
À partir de 9 ans

♥ **1744.** Ribeiro, Aquilino ; ill. Rabier, Benjamin ; trad. Quintela, Diego ; Tissier, Bernard : **Le Roman de la renarde.**
Un classique de la littérature de jeunesse portugaise écrit en 1924, contant les aventures d'une renarde maligne et amusante, Attrape-Minon. Une société animale touchante et savoureuse, superbement illustrée.
Chandeigne, Série Lusitane, 2000.
20 € ISBN : 978-2-906462-69-4
À partir de 9 ans

♥ **1745.** Roy, Claude ; ill. Glasauer, Willi : **Le chat qui parlait malgré lui.**
Le chat Gaspard est doué de la parole mais il ne veut pas qu'on le sache. Son ami Thomas feint d'être ventriloque pour l'aider à garder son secret, d'où quelques situations embarrassantes ; mais tout finit bien. On pense naturellement au conte de Saki, *Tobermory*, mais Claude Roy fait ici, sur un thème proche, une création tout à fait originale.
Gallimard, Folio Junior, 1998.
5 € ISBN : 978-2-07-051422-9
À partir de 9 ans

♥ **1746.** White, E. B. ; ill. Williams, Garth ; trad. Chaine, Catherine : **La Toile de Charlotte.**
Comment une très astucieuse et habile araignée sauve, avec l'aide de la nièce du fermier, la vie d'un cochon, trop naïf pour comprendre les desseins de ceux qui l'engraissent. Une bonne traduction, avec d'excellentes illustrations. 1re éd. française : 1954.
L'École des loisirs, Neuf, 1984.
5,20 € ISBN : 978-2-211-02288-0
À partir de 9 ans

1747. White, E. B. ; ill. Williams, Garth ; trad. Chaine, Catherine : **Stuart Little.**
Les tribulations d'une souris dont la taille est inversement proportionnelle à son courage, son goût de l'aventure, sa bonne humeur et sa débrouillardise. Une histoire pleine de charme et de fantaisie, publiée il y a plus d'un demi-siècle.
L'École des loisirs, Neuf, 2000.
9,20 € ISBN : 978-2-211-05646-5
À partir de 9 ans

1748. Yeoman, John ; ill. Blake, Quentin ; trad. Houssin, Pascale : **Les Poules.**
L'aventure de deux poules, échappées d'un élevage industriel, qui ne goûtent pas tout de suite des joies de cette liberté imprévue, obnubilées qu'elles sont par les dangers et la peur. Mais leur libérateur involontaire, le choucas, est d'une patience angélique. Une petite fable très amusante, écologique et philosophique.
Gallimard Jeunesse, Folio Cadet, 2004.
5 € ISBN : 978-2-07-055906-0
À partir de 9 ans

1749. Moser, Erwin ; trad. René, Jean : **La Lune derrière les granges.**
Au pays des animaux, les rats, les campagnols et autres chats ont une organisation sociale et politique proche de celle des hommes : goût du pouvoir, coups d'état, traîtrise et intrigues font partie de la vie quotidienne.
L'École des loisirs, Neuf, 1988.
6,10 € ISBN : 978-2-211-04622-0
À partir de 11 ans

♥ **1750.** Mourlevat, Jean-Claude : **La Ballade de Cornebique.**

Un bouc efflanqué et musicien, un bébé lérot tombé du ciel, un vieux coq déplumé, médecin-charlatan ambulant : cet étrange équipage, digne des meilleurs fabulistes, parcourt les routes avec toute la méchanceté du monde à ses trousses. Un « road movie » palpitant où l'on peut entendre des échos de contes et de mythes, une histoire tendre à faire rire et pleurer.

Gallimard Jeunesse, Hors-piste, 2003.

9,50 € ISBN : 978-2-07-055559-8

À partir de 11 ans

1751. Oppel, Kenneth ; trad. Rigoureau, Luc : **Silverwing.**

Ombre est un jeune chauve-souriceau, de la tribu des Ailes d'argent. On s'envole avec délices dans le monde nocturne d'Ombre et de ses compagnons pour affronter avec lui l'inconnu de la grande migration d'hiver et échapper à des créatures terrifiantes. Un rythme enlevé, une histoire suffisamment complexe, une écriture efficace.

Bayard Jeunesse, Les Romans de Je bouquine, 2005.

6,90 € ISBN : 978-2-7470-1719-0

Autres titres :

Firewing. 2003.

12 € ISBN : 978-2-7470-0961-4

Sunwing. 2006.

6,90 € ISBN : 978-2-7470-1949-1

À partir de 11 ans

1752. Rodari, Gianni ; trad. Salomon, Roger : **Les Affaires de Monsieur le Chat : histoires et rimes félines.**

Cette fable poétique met en scène les mésaventures à répétition d'un jeune chat malin et industrieux, qui souhaite faire fortune sans efforts, en vendant des rats en conserve. Encore faut-il les convaincre de se prêter au jeu... Drôle et d'une écriture délicieuse, ce court texte est accompagné de poésies et variations sur le chat.

La Joie de Lire, Récits, 2006.

6,70 € ISBN : 978-2-88258-363-5

À partir de 11 ans

1753. Adams, Richard ; trad. Clinquart, Pierre : **Les Garennes de Watership Down.**

Le lapin Noisette va entraîner une bande de lapins à quitter leur garenne menacée. Les péripéties de leur expédition font de ce livre, paru en 1972 (1re éd. française : 1976), une véritable épopée. La rencontre avec un monde qui a ses conflits et ses lois, réplique exacte de la société des hommes.

Flammarion, 2004.

21 € ISBN : 978-2-08-068691-6

À partir de 13 ans

ANIMAUX DANS LA NATURE OU AVEC LES HOMMES

1754. Kemp, Gene ; ill. Howard, Paul ; trad. Model, Laurence : **Mon chien.**

Douze petits chapitres évoquent des souvenirs d'enfance heureuse à la campagne. Ils sont livrés avec fraîcheur et simplicité par La Rainette, une petite fille qui adore les animaux, et plus particulièrement Flamme, son chien.

Gallimard Jeunesse, Folio Cadet, 1999.

5 € ISBN : 978-2-07-050960-7

À partir de 7 ans

1755. King-Smith, Dick ; ill. Parkins, David ; trad. Jusforgues, Pascale : **Le Chat de Sophie.**

Rencontre pleine d'imprévus entre Sophie, 5 ans, fermement décidée à devenir fermière, et Le Chat, très indépendant. Chacun n'en fait qu'à sa tête, mais les obstacles ne les empêcheront pas d'arriver à leurs fins. Les aventures de Sophie sont de vrais petits romans, illustrés à chaque page, qui séduiront tous les inconditionnels d'animaux familiers.

Gallimard Jeunesse, Folio Cadet, 1998.

6,90 € ISBN : 978-2-07-052099-2

Autres titres :

Ill. Gay, Michel : **L'Escargot de Sophie.** 1998.

7,50 € ISBN : 978-2-07-052122-7

Trad. Farré, Marie : **Une surprise pour Sophie.** 1996.

7,80 € ISBN : 978-2-07-052473-0

À partir de 6 ans

1756. Orr, Wendy ; ill. Millard, Kerry ; trad. Mathieu, Dominique : **L'Arche des Noé.**

La rencontre idéale ! Sophie, 7 ans, se sent souvent seule chez elle et rêve d'animaux et de grands-parents ; quant aux Noé, ils ont un extraordinaire magasin d'animaux en forme de bateau et rêvent d'avoir des petits-enfants. Une petite lecture facile, sympathique et largement illustrée.

Flammarion-Père Castor, Castor poche Junior, 2001.

4 € ISBN : 978-2-08-164800-5

À partir de 7 ans

1757. Byars, Betsy ; ill. Beaujard, Yves ; trad. Vassallo, Rose-Marie : **Ma renarde de minuit.**

La fascination d'un jeune garçon solitaire pour une belle renarde noire qui le conduit à changer radicalement d'avis sur le fait de passer ses vacances à la ferme. Un ton particulier, un roman animalier pas comme les autres.

Flammarion-Père Castor, Castor poche, 1999.

5,50 € ISBN : 978-2-08-164603-2

À partir de 9 ans

1758. Di Camillo, Kate ; trad. Rigoureau, Luc : **Le chien qui souriait.**

India Opal vient d'arriver dans une ville où elle ne connaît personne. Elle adopte un grand chien fou, sale et remuant, car elle est séduite par... son sourire. Grâce à lui, Opal se fera des amis : un ex-détenu musicien, une mélancolique bibliothécaire, une vieille dame presque aveugle que tout le monde croit sorcière... Tendre et drôle.

Hachette Jeunesse, Le Livre de poche Jeunesse, Histoires de vies, 2004.

4,80 € ISBN : 978-2-01-322240-2

À partir de 9 ans

♥ **1759.** Donner, Chris ; ill. Dumas, Philippe : **Le cheval qui sourit.**

Dans une classe unique de campagne, les enfants voient leur rêve exaucé : ils achètent un cheval ! Mais ce cheval sourit d'une douloureuse façon... On suit avec beaucoup d'émotion ce court récit, partageant avec les enfants l'indignation et l'angoisse insupportable. Le message final est optimiste, les enfants n'ont écouté que leur cœur, et ils ont eu raison.

L'École des loisirs, Neuf, 1993.
5 € ISBN : 978-2-211-01283-6
À partir de 9 ans

♥ **1760.** Pennac, Daniel ; ill. Ferrandez, Jacques : **L'Œil du loup.**
Un roman à deux voix : celle du loup borgne, celle du garçon qui le regarde derrière la grille du zoo. Un puzzle d'histoires avec de la vraie tendresse, et un style particulier. Un récit efficace, une belle histoire d'amour.
Nathan, Pleine lune, Aventure, 2002.
6,75 € ISBN : 978-2-09-282492-4
À partir de 9 ans

1761. Pennac, Daniel ; ill. Hyman, Miles : **Cabot-Caboche.**
Un chien trouvé, recueilli puis rejeté, connaît la vie libre, les copains, les problèmes et se venge de ceux qui l'ont abandonné. Ce n'est pas un drame, mais une histoire d'amour.
Nathan, Pleine lune, 2002.
7,93 € ISBN : 978-2-09-282399-6
À partir de 9 ans

1762. Steinbeck, John ; ill. Héron, Bernard ; trad. Duhamel, Marcel ; Morise, Max : **Le Poney rouge.**
Dans un ranch de Californie, un jeune garçon mène une vie rude et solitaire. Il reçoit un jour, de son père, un poney qu'il entreprend de dresser. Mais le poney meurt... Une poignante et magnifique histoire, écrite en 1936 et devenue un classique.
Gallimard Jeunesse, Folio Junior, Édition spéciale, 1998.
5,10 € ISBN : 978-2-07-051348-2
À partir de 9 ans

1763. George, Jean Craighead ; trad. Perrin, Huguette : **Julie des loups.**
En fuyant un mariage forcé, la jeune fille inuit se perd dans la toundra canadienne. Adoptée par une bande de loups, elle vit au rythme de la nature, loin de la civilisation où elle finira par rejoindre son père. Ce roman de nature est aussi une étude de l'évolution du peuple inuit, dc plus en plus intégré à la civilisation américaine. 1re éd. 1972 (France : 1974).
Hachette Jeunesse, Le Livre de poche Jeunesse, Aventure, 2003.
4,50 € ISBN : 978-2-01-322201-3
À partir de 11 ans

1764. Eckert, Allan Wesley ; trad. Theureau, Henri : **La Rencontre : L'histoire véridique de Ben MacDonald.**
Le récit d'une étonnante amitié entre un petit garçon craintif et peu sociable et le blaireau dont il s'est occupé et qui le lui rend bien. Un texte prenant, des moments de suspense, d'autres de tendresse et un parti pris de tolérance bien affirmé.
Hachette Jeunesse, Le Livre de poche Jeunesse, Aventure, 2001.
4,80 € ISBN : 978-2-01-321850-4
À partir de 11 ans

1765. Farley, Walter ; trad. Brécard, Jacques : **L'Étalon noir.**
Un jeune garçon, Alec, est sauvé de la noyade par Black, un cheval sauvage. Aidé de son entraîneur, Alec le dompte et cherche à en faire un champion. Mais Black est enlevé. Aventures en cascades, pour passionnés de chevaux.
Hachette Jeunesse, 2004.
14,90 € ISBN : 978-2-01-200907-3
À partir de 11 ans

1766. North, Sterling ; ill. Schoenherr, John ; trad. Poslaniec, Michèle : **Rascal.**
Construit au rythme des mois de l'année 1918, avec pour décor la nature quasi sauvage du Nord des États-Unis, un récit à la fois vivant et grave sur l'amitié d'un garçon, Sterling, 11 ans, rêveur, imaginatif, amoureux de la nature et des bêtes, pour un raton-laveur, Rascal, plein de malice et de gentillesse.
L'École des loisirs, Médium, 1988.
5,80 € ISBN : 978-2-211-04942-9
À partir de 11 ans

1767. O'Hara, Mary ; ill. Glasauer, Willi ; trad. Claireau, Hélène : **Mon amie Flicka.**
Fils d'un éleveur de chevaux, Ken rêve tellement d'un poulain qu'il néglige ses études. Avant de comprendre par une dure expérience que, pour réaliser un rêve, il faut y mettre du sien. Une belle description de la vie des éleveurs de bétail dans l'Ouest américain.
Gallimard Jeunesse, Folio Junior, 1991.
6,90 € ISBN : 978-2-07-051413-7
Autres titres :
Le Fils de Flicka. 1998.
ISBN : 978-2-07-051411-3
L'Herbe verte du Wyoming. 1999.
ISBN : 978-2-07-051412-0
Trad. Gallet, Marianne : **Le Ranch de Flicka.** 1997.
ISBN : 978-2-07-051414-4
7,40 € chaque À partir de 11 ans

♥ **1768.** Peck, Robert Newton ; trad. Revellat, Marie-Alyx : **Vie et mort d'un cochon.**
À 12 ans, Robert assure comme un homme les travaux de la ferme. Quand il faudra sacrifier l'animal qu'il a élevé avec tendresse, il le fera sans faiblir. Pas de romantisme mais pourtant une grande sensibilité chez les personnages de ce roman.
Flammarion-Père Castor, Castor poche Senior, 1998.
5 € ISBN : 978-2-08-164428-1
À partir de 11 ans

1769. Narayan, Rasipuram Krishnaswamy ; ill. Durual, Christophe ; trad. Leobardy, Catherine de : **Un tigre pour Malgudi.**
Un tigre est capturé par les hommes et dressé, au prix de terribles souffrances, comme animal de cirque. Enrôlé pour le tournage d'un film, il parvient à s'enfuir et sème la terreur dans la ville avant d'être apaisé par un vieil homme qu'il adopte alors librement pour maître. De remarquables gravures scandent ce récit plein de souffle et de philosophie.
Seuil / Métailié, 2003.
14,95 € ISBN : 978-2-02-053961-6
À partir de 13 ans

1770. Westall, Robert ; ill. Hyman, Miles ; trad. Costa, Marianne : **L'Odyssée d'un chat noir.**
Une chatte part à la recherche de son maître à travers une Angleterre ravagée par les bombardements de la Seconde Guerre mondiale. Une alternance subtile entre le point de vue de la chatte et l'histoire des humains, civils ou militaires, qui croisent son chemin. Un récit convaincant sur les horreurs de la guerre, la peur et la solidarité.

Hachette Jeunesse, Bibliothèque verte, Verte aventure, 1994.
4,80 € ISBN : 978-2-01-020080-9
À partir de 13 ans

ROMANS D'AVENTURES

1771. Murail, Marie-Aude ; ill. Pommaux, Yvan : **Le Chien des mers.**
Au temps du roi de France et des corsaires, Jean, 9 ans, s'embarque comme mousse à bord du *Chien des mers*. Il quitte Saint-Malo et sa fiancée pour aller se battre contre les ennemis de toujours : les Anglais. Le rat Balthazar fait partie du voyage... Une aventure à la mesure des jeunes lecteurs, car au royaume des fées et des rois, rien n'est impossible.
L'École des loisirs, Mouche, 1989.
5,20 € ISBN : 978-2-211-04912-2
À partir de 7 ans

1772. Fleischman, Sid ; trad. Croce-Spinelli, Carlotta : **Le Cheval de minuit.**
Le jeune Touch est pauvre, orphelin, mais intrépide et insolent. Un vieil oncle avare et odieux veut lui rafler son héritage. Mais un magicien fantôme – l'est-il vraiment ? – va lui sauver la mise. Cette aventure, contée à la manière des romans populaires du XIXe siècle, se déroule sur un rythme endiablé avec une galerie de personnages pittoresques.
L'École des loisirs, Neuf, 1993.
6,10 € ISBN : 978-2-211-01148-8
À partir de 9 ans

1773. Fleischman, Sid ; trad. Lenglet, Laurence : **Jim l'Affreux.**
Nevada, 1894 : le père de Jake vient d'être enterré... mais grâce au flair de Jim l'Affreux, le chien que lui a laissé son père, Jake découvre que le cercueil est vide. S'ensuit alors pour Jake une errance dans tout l'Ouest, sur la piste de mystérieux comédiens et d'improbables diamants, et la découverte de personnages et de lieux étonnants. Une intrigue simple et sobre et de pittoresques péripéties.
L'École des loisirs, Neuf, 1994.
8,50 € ISBN : 978-2-211-03765-5
À partir de 9 ans

♥ **1774.** Fleischman, Sid ; trad. Ménard, Jean-François : **Jingo Django.**
À Boston, en 1854, le jeune Jingo vit dans un orphelinat miteux. Prêt à tout pour s'en échapper, il accepte de suivre un homme mystérieux qui l'« achète » 200 dollars... quitte à se retrouver embringué dans une folle série d'aventures aussi périlleuses qu'excitantes. Une intrigue pleine de rebondissements, d'optimisme et d'émotion.
L'École des loisirs, Neuf, 1998.
9,50 € ISBN : 978-2-211-01148-8
À partir de 9 ans

♥ **1775.** Karr, Kathleen ; trad. Misserly, Hélène : **La Longue Marche des dindes.**
Au XIXe siècle, un garçon que l'on dit benêt entreprend de convoyer, à travers les États-Unis, un troupeau de mille dindes. Récit d'une odyssée sans pareille, western d'un nouveau genre, où l'on découvre des personnages hauts en couleur et attachants. Un style enlevé, un rythme dynamique, un ton drôle et inventif pour des aventures originales.
L'École des loisirs, Neuf, 1999.
8,80 € ISBN : 978-2-211-05041-8
À partir de 9 ans

1776. King-Smith, Dick ; trad. Vassallo, Rose-Marie : **Le Petit Bandit de grands chemins.**
Tod est le très jeune héritier d'une lignée de bandits de grands chemins et veut reprendre le flambeau. Aidé par une ânesse sage et sentencieuse, un gros chien affectueux, une pie bavarde et voleuse... et un brave homme de pasteur, Tod finira par réaliser qu'il est plutôt fait pour être honnête. Une fable légère qui utilise les ressorts du conte au service d'une éducation non directive.
Flammarion-Père Castor, Castor poche Junior, 1998.
4,50 € ISBN : 978-2-08-164354-3
À partir de 9 ans

1777. Morpurgo, Michael ; ill. Geldart, William ; trad. Chassériau, Noël : **Le Trésor des O'Brien.**
Au cours d'une des terribles famines qui ont ravagé l'Irlande, vers 1870, Sean et Annie, seuls survivants de la famille, n'ont qu'une perspective : tenter de retrouver leur père parti tenter sa chance en Californie. Leur traversée des États-Unis sur la route des pionniers n'est pas sans dangers ni péripéties. Rythmé et sympathique.
Gallimard Jeunesse, Folio Junior, 1999.
6 € ISBN : 978-2-07-051676-6
À partir de 9 ans

1778. Ubac, Claire : **L'Histoire impossible.**
Balthazar, un jeune garçon rejeté par les habitants de l'île de Drôle, apprend d'une vieille femme qu'il existe ailleurs d'autres terres. Un jour, un bateau survient. La fuite sera pleine de péripéties, de dangers... D'aventure en aventure, « l'histoire impossible » de Balthazar captive le lecteur, embarqué dans un récit auquel il ne demande qu'à croire.
L'École des loisirs, Neuf, 2005.
11 € ISBN : 978-2-211-07954-9
À partir de 9 ans

1779. Atxaga, Bernardo ; ill. Valverde, Mikel ; trad. Gabastou, André : **Urkizu.**
Un jeune orphelin de 15 ans s'embarque comme mousse sur un bateau de pêche en partance pour Terre-Neuve. Il découvre la rudesse du métier et les modes de vie de populations qu'il n'avait jusque-là même pas imaginées au cours d'un long hiver qui lui fait frôler la mort. Un document passionnant et un récit riche en émotion, suspense et dépaysement.
La Joie de lire, Récits, 2002.
9,20 € ISBN : 978-2-88258-229-4
À partir de 11 ans

1780. Chabas, Jean-François : **Le Jardin de l'homme léopard.**
Wesley se souvient d'un épisode arrivé dans son enfance : au milieu de nulle part (le désert du Mojave, Californie, en 1954), un chantier s'installe ; les enfants veulent savoir ce qu'il cache. Un style qui sonne très juste, marqué par l'humour et surtout par une atmosphère dont l'auteur donne la clef : « Quand on a 11 ans, on possède encore (...) [la] faculté de mélanger l'ordinaire et le merveilleux. »
L'École des loisirs, Médium, 2006.
8,50 € ISBN : 978-2-211-08405-5
À partir de 11 ans

1781. Chabas, Jean-François ; ill. Blain, Christophe : **Les Secrets de Faith Green.**
Mickey trouve le journal intime de son arrière-grand-mère, une vieille dame excentrique. Il découvre alors avec fascination la personnalité de Faith Green et les tumultueuses aventures de sa jeunesse, en pleine époque de la prohibition. Un roman réussi qui fait alterner les voix de deux adolescents à presque quatre-vingts ans de distance, pour mieux les rapprocher.
Casterman, Romans Junior, 2006.
8,25 € ISBN : 978-2-203-15815-3
À partir de 11 ans

1782. Creech, Sharon ; trad. Krief, Anne : **Le Vallon rouge.**
Une nouvelle vie pour les jumeaux, Dallas et Florida, qui échappent d'abord aux mauvais traitements de l'orphelinat, découvrent dans une famille originale l'affection, la mansuétude et le respect, goûtent à l'aventure et vivent des rencontres providentielles. Une intrigue prenante, des personnages originaux et un texte vivant et léger.
Gallimard Jeunesse, Folio Junior, 2002.
6,90 € ISBN : 978-2-07-053545-3
À partir de 11 ans

1783. Cushman, Karen ; trad. Fejtö, Raphaël : **La Ballade de Lucy Whipple.**
En 1849, Lucy Whipple aide sa mère à tenir une cantine pour chercheurs d'or en Californie dans des conditions très éprouvantes. Elle rêve de regagner la civilisation de la côte Est où vit sa grand-mère. Cependant, après le remariage de sa mère, elle choisira un autre avenir. Roman d'apprentissage où soufflent l'énergie et la vitalité de l'esprit pionnier.
L'École des loisirs, Médium, 2002.
10,50 € ISBN : 978-2-211-04313-7
À partir de 11 ans

1784. Ferrier, Florian : **Naotak. 1 : L'Ombre du corbeau.**
En Angleterre, à la fin du XVIIIe siècle, le colonel chargé de la sécurité du roi George III a adopté un jeune Iroquois qu'il a inscrit dans une prestigieuse école. Naotak ne passe pas inaperçu, il a conservé sa coiffure et ses plumes sous son uniforme ! Ce personnage décalé, qui observe la société anglaise avec sa logique et la sagesse indienne, est une vraie trouvaille.
Magnard Jeunesse, Tipik littérature, 2005.
12 € ISBN : 978-2-210-96914-X
Autres titres :
2 : Complot à Lexington. 2005.
12 € ISBN : 978-2-210-96915-8
3 : Les Fantômes du Seagull. 2006.
14 € ISBN : 978-2-210-96920-4
À partir de 11 ans

1785. Garfield, Leon ; ill. Geldart, William ; trad. Chassériau, Noël : **À l'enseigne du diable.**
Les circonstances de leur naissance opposent d'emblée les deux jumeaux Peter et Paul : au premier, turbulent et mauvais garçon, échoit un destin troublé marqué par le diable et les fantômes. Son frère, petit ange chétif, est voué au bien. Une histoire incroyable et palpitante qui mêle invraisemblance et suspense, humour et terreur.
Gallimard Jeunesse, Folio Junior, 2000.
6,90 € ISBN : 978-2-07-052764-9
À partir de 11 ans

♥ **1786.** Garfield, Leon ; ill. Prunier, James ; trad. Chassériau, Noël : **La Montre en or.**
Dans les faubourgs crasseux de Londres, Nick et sa sœur, lancés sur la piste d'une montre en or, vont transformer Vieux Perroquet en un père acceptable. Des personnages et des décors étonnants, beaucoup de rythme et d'humour. Une réussite.
Gallimard Jeunesse, Folio Junior, 1998.
5 € ISBN : 978-2-07-052017-6
À partir de 11 ans

1787. Garfield, Leon ; ill. Rozier-Gaudriault ; trad. Depland, Daniel : **La Rose de décembre.**
Dans les faubourgs de Londres, à la fin du XIXe siècle, un passionnant roman d'aventures et d'espionnage où l'on suivra avec terreur et délices le destin chaotique de Petit-Crampon, le jeune ramoneur, victime de sa curiosité mais aussi de terribles filous. Un chef-d'œuvre de suspense et d'humour.
Gallimard Jeunesse, Folio Junior, 2000.
6,90 € ISBN : 978-2-07-054108-9
À partir de 11 ans

1788. Houston, James ; trad. Chapouton, Anne-Marie ; Coté, Maryse : **Akavak et deux récits esquimaux [Tikta'Liktak ; L'Archer blanc].**
Dans *Akavak*, un grand-père inuit et son petit-fils surmontent les privations, les dangers et les pièges d'une nature hostile, accomplissant ensemble, l'un son dernier voyage, l'autre le tout premier. Une belle histoire, rude et poétique. Les autres titres racontent aussi des histoires de vie dans une nature hostile où seuls la persévérance et le courage permettent aux jeunes héros de s'en sortir. Des aventures fortes.
Flammarion-Père Castor, Castor poche, 2001.
7,50 € ISBN : 978-2-08-160705-7
À partir de 11 ans

1789. Ibbotson, Eva ; trad. Seelow, Alice : **L'Étoile de Kazan.**
Où l'on découvre Vienne au début du XXe siècle, avec des personnages hauts en couleur : enfant abandonnée, mères adoptives, fougueux Gitan… et somptueux chevaux. Un gros pavé - près de 500 pages - qui se lit d'une traite grâce à la dynamique de l'intrigue, au rythme des rebondissements. Pour le plaisir de se laisser prendre au jeu des invraisemblances.
Albin Michel, Wiz, 2004.
15 € ISBN : 978-2-226-15484-2
À partir de 11 ans

1790. Ibbotson, Eva ; trad. Robert-Nicoud, Élie : **Reine du fleuve.**
Au début du XXe siècle, Maïa, riche orpheline et élève d'une honorable école londonienne, voit sa vie prendre un tour palpitant lorsque de lointains cousins l'invitent à les rejoindre au Brésil. Aventures, complots, secrets de famille, rebondissements en tout genre rythment allègrement ce savoureux roman de presque 400 pages qui se lisent d'une seule traite.
Albin Michel, Wiz, 2004.
15 € ISBN : 978-2-226-14022-7
À partir de 11 ans

1791. Larrea, Miguel ; trad. Bleton, Claude : **Les Tribulations de Kip Parvati.**
Clairement situé dans le temps, en 1917, le roman est plus flou sur le lieu : quelque part près de l'Inde, dans un village de pêcheurs... De fait, c'est ce contraste même entre précision et incertitude qui fait l'un de ses charmes : il invite ainsi à une lecture empreinte d'imaginaire aussi bien que de réel, vagabonde, à l'image de ce que vit et raconte Kip, le héros.
Seuil Jeunesse, Fictions, 2005.
16 € ISBN : 978-2-02-078821-2
À partir de 11 ans

1792. Mac Orlan, Pierre ; ill. Berthier, Marc P. G. : **Les Clients du Bon Chien jaune.**
Orphelin, Louis-Marie est recueilli par son oncle, tenancier d'une auberge à la clientèle douteuse. Il trouve là l'occasion de s'embarquer avec de vrais forbans rusés qui se font un jour, à leur tour, duper. Un roman d'aventures, écrit en 1926, et qui garde toute sa saveur.
Gallimard Jeunesse, Folio Junior, Édition spéciale, 1998.
5,60 € ISBN : 978-2-07-051403-8
À partir de 11 ans

1793. Malte, Marcus : **De poussière et de sang.**
Un enfant de 10 ans, jusque-là surprotégé, est le seul rescapé de la folie meurtrière de « Bandit », un cruel chef de bande. Il doit s'accommoder d'une vie nomade et brutale, où son sort est lié à celui de desperados dont il ne sait s'il doit les haïr ou les aimer. Un roman d'apprentissage et d'aventures, fort et intense.
Pocket Jeunesse, Grands formats, 2007.
14,50 € ISBN : 978-2-266-15264-8
À partir de 11 ans

1794. Morpurgo, Michael ; ill. Place, François ; trad. Gador, Patrick : **Le Roi de la forêt des brumes.**
Un jeune homme, obligé de fuir la mission dont son père est responsable en Chine, essaie d'atteindre le Tibet. Surpris par la neige et le froid, il est recueilli par une famille de yétis dont il va étroitement partager la vie pendant six mois. Un récit aussi audacieux que fantastique.
Gallimard Jeunesse, Folio Junior, 1999.
6,60 € ISBN : 978-2-07-051408-3
À partir de 11 ans

1795. O'Dell, Scott ; trad. Cappon, Alain : **Étoile Noire, Aube Claire.**
La traversée du Grand Nord, de l'Alaska à la mer de Bering, par la jeune Inuit Aube Claire, seule sur son traîneau. Simple comme un reportage, passionnant comme un bon roman.
L'École des loisirs, Neuf, 1990.
5,80 € ISBN : 978-2-211-07802-3
À partir de 11 ans

1796. Ollivier, Jean ; ill. Blain, Christophe : **Le Cri du kookabura.**
Lorsqu'en 1880 le prince de Galles veut visiter Sydney, les autorités entreprennent de débarrasser la ville de tous les indésirables, notamment des gamins des rues. Jeremy et son compagnon sont arrêtés et emmenés dans une plantation de canne à sucre où les attendent de terribles épreuves. Un roman bien mené où se conjuguent de façon efficace informations et aventures.
Casterman, Romans Junior, 2004.
8,75 € ISBN : 978-2-203-13029-6
Autres titres :
La Chasse aux merles. 2003.
8,25 € ISBN : 978-2-203-13013-5
Ill. Bonhomme, Matthieu : **L'Or des montagnes bleues.**
Casterman, Romans Dix & plus, Aventures, 2001.
8,75 € ISBN : 978-2-203-11921-5
À partir de 11 ans

1797. Oppel, Kenneth ; trad. Laruelle, Danielle : **Fils du ciel.**
Matt est garçon de cabine sur l'aérostat *l'Aurore*, mais ne rêve, comme son père décédé, que de devenir capitaine, un jour. Mêlant superbement histoire fantastique, aventure maritime et robinsonnade, ce roman devrait « scotcher » tous les amateurs de rêve et d'action.
Bayard Jeunesse, Estampille, 2004.
ISBN : 978-2-7470-1420-5
Autre titre :
Brise-Ciel. 2006.
ISBN : 978-2-7470-2114-2
13,90 € chaque À partir de 11 ans

1798. Paterson, Katherine ; trad. Bay, Marie-Pierre : **Robbie-la-Terreur.**
Cette fantaisie picaresque s'inscrit dans la lignée de Twain ou de Steinbeck pour le ton décalé et l'innocence des personnages. Robbie, le fils du pasteur, accumule les bêtises. Sa rencontre avec des vagabonds tournera au drame, et l'amènera à une prise de conscience assez convenue. L'ensemble fourmille d'humour et de situations cocasses, déclenchant les rires et la bonne humeur.
Hachette Jeunesse, Le Livre de poche Jeunesse, Mon bel oranger, 2002.
5,20 € ISBN : 978-2-01-321774-3
À partir de 11 ans

1799. Rees, Celia ; trad. Descombey, Anne-Judith : **Mémoires d'une pirate.**
Nancy, jeune Anglaise, fille d'armateur, raconte dans ses mémoires comment, pour échapper au mariage avec un richissime et douteux planteur à la Jamaïque, elle s'enfuit avec une esclave – qui se révèle être sa demi-sœur ! – pour mener une vie de proscrite sur un navire pirate, des Antilles à Madagascar, avec tempêtes, mutineries, combats et naufrages. Un palpitant roman d'aventures aux accents féministes.
Seuil Jeunesse, Romans, 2004.
14 € ISBN : 978-2-02-065548-4
À partir de 11 ans

1800. Willis, Patricia ; trad. Bay, Marie-Pierre : **Danger sur le fleuve.**
Trois enfants de pionniers américains, en route vers l'Ouest, sont faits prisonniers par des Peaux-Rouges dont la tribu a été attaquée. Un bon récit d'aventures, riche de péripéties, qui parvient à montrer, à travers la détermination des enfants et leur volonté de comprendre, l'absurdité des préjugés et des tabous.
Hachette Jeunesse, Le Livre de poche Jeunesse, Mon bel oranger, 1998.
4,81 € ISBN : 978-2-01-321606-7
À partir de 11 ans

♥ **1801.** Bondoux, Anne-Laure : **Les Larmes de l'assassin.**
Un criminel en errance surgit un jour dans une misérable ferme, au bout du bout du

monde, sur les terres désolées de l'extrême sud du Chili. Il tue les parents mais épargne leur enfant... Une étrange vie à deux s'organise alors, rude, terrible, mais non dénuée de tendresse. Un saisissant suspense psychologique, au rythme des passions et des malentendus.
Bayard Jeunesse, Millézime, 2003.
10,90 € ISBN : 978-2-7470-0775-7
À partir de 13 ans

1802. Bondoux, Anne-Laure : **Pépites.**
Au temps de la conquête de l'Ouest, Bella Rossa, fille splendide, assume avec un bel aplomb et une ténacité sans pareille le but qu'elle s'est fixé : oublier les calamités de sa vie passée pour se donner le temps et le bonheur de vivre avec quelqu'un qu'elle aime, sous des cascades de luxe et sans crainte du lendemain. Un beau défi aux idées reçues.
Bayard Jeunesse, Millézime, 2005.
11,90 € ISBN : 978-2-7470-1635-3
À partir de 13 ans

1803. Gavin, Jamila ; ill. Geldart, William ; trad. Formentelli, Bee : **Les Enfants volés.**
Que deviennent les enfants confiés à Meshak et qu'il prétend conduire à l'orphelinat ? Comment deux enfants volés vont-ils réussir à démasquer l'imposteur et dénoncer les trafics ? Des destins étonnants qui se croisent, des rebondissements permanents, la réalité cruelle de l'Angleterre du XVIIIe siècle.
Gallimard Jeunesse, Folio Junior, 2002.
6,90 € ISBN : 978-2-07-054743-2
À partir de 13 ans

1804. Karr, Kathleen ; trad. Misserly, Hélène : **Jeunes et dangereuses : les six filles de Hy Harper.**
D'un misérable ranch au fin fond du Texas, jusqu'aux théâtres new-yorkais, l'épopée pittoresque, au XIXe siècle, de six sœurs qui, pour rendre service à leur père couvert de dettes, endossent sans faillir les rôles les plus inattendus : voleuses de bétail, bandits de grands chemins, attendrissantes prisonnières ou éblouissantes comédiennes. Un récit savoureux.
L'École des loisirs, Médium, 2001.
11 € ISBN : 978-2-211-02172-2
À partir de 13 ans

1805. Marsden, John ; trad. Dariot, Valérie : **Apocalypse.**
De retour de camping dans le bush australien, six adolescents retrouvent un village désert : leur pays a été envahi par surprise. Ils vont passer de la survie aux actions de résistance. Un style remarquable, un très grand réalisme dans la peinture de l'évolution psychologique des personnages, un ton vrai et profond pour ces aventures qu'on lâche difficilement.
J'ai lu, Jeunes adultes, 2000.
5,30 € ISBN : 978-2-290-30211-8
Autres titres :
Trad. Benita, Paul : **2 : Opération survie.** 2000.
4,50 € ISBN : 978-2-290-30232-3
3 : Le Dernier Sacrifice. 2000.
5,30 € ISBN : 978-2-290-30308-5
Trad. Dariot, Valérie : **4 : Aller simple vers l'enfer.** 2000.
4,50 € ISBN : 978-2-290-30331-3
5 : Attention, danger ! 2000.
5,30 € ISBN : 978-2-290-30506-5
Trad. Benita, Paul : **6 : Chasse nocturne.** 2000.
4,50 € ISBN : 978-2-290-30507-2
À partir de 13 ans

1806. McCaughrean, Geraldine ; trad. Morgaut, Philippe : **Il était une fois dans l'Oklahoma.**
La naissance d'une ville, en 1893, le long d'une voie de chemin de fer, dans l'Ouest américain. Cissy et ses parents font partie des pionniers qui débarquent au milieu de nulle part. Une aventure passionnante, des conditions de vie précaires où la solidarité voisine avec la lâcheté...
Gallimard Jeunesse, Folio Junior, 2004.
6 € ISBN : 978-2-07-050785-6
À partir de 13 ans

1807. McCaughrean, Geraldine ; trad. Morgaut, Philippe : **Haoyou, fils du ciel.**
Dans la Chine ancienne, au temps de l'invasion mongole, Haoyou assiste impuissant à la mort de son père attaché à un cerf-volant pour servir de testeur de vent à un bateau. L'enfant deviendra à son tour un enfant-cerf-volant, mais dans un cirque. Ce roman, plein d'aventures sans grand espoir pour les héros, souligne les répercussions terribles des coutumes ancestrales.
Gallimard Jeunesse, Folio Junior, 2003.
6,90 € ISBN : 978-2-07-055252-8
À partir de 13 ans

1808. Monfreid, Henri de : **Les Secrets de la mer Rouge.**
Publié en 1932, traduit en plusieurs langues, le premier des romans d'aventures, largement autobiographiques et maritimes, de Henri de Monfreid. Parti dans son boutre à la recherche de perles, il fait face à des intempéries, tente la contrebande d'armes, s'oppose à l'Administration française à Djibouti... Passionnant.
Grasset, Lectures et aventures, 1994.
8,60 € ISBN : 978-2-246-02784-3
À partir de 13 ans

Robinsonnades

1809. George, Jean ; trad. Reinharez, Isabelle : **Ma montagne.**
Sam, jeune citadin, quitte sa famille pour un retour à la vie sauvage dans les montagnes Appalaches. Il doit réinventer les moyens d'y survivre, dans une nature inhospitalière. Cette robinsonnade moderne est un vrai manuel de survie, mais aussi un hymne à la nature, le récit d'une passion contagieuse, sans lyrisme mais d'une étonnante vitalité.
L'École des loisirs, Médium, 1988.
6,70 € ISBN : 978-2-211-03281-0
À partir de 11 ans

♥ **1810.** Morpurgo, Michael ; ill. Place, François ; trad. Ménard, Diane : **Le Royaume de Kensuké.**
Alors qu'il naviguait avec ses parents, un jeune garçon tombe à l'eau et échoue sur une île apparemment déserte. Il est sauvé par un mystérieux personnage : un soldat japonais qui, depuis la guerre, refuse de retourner à la civilisation. Cette belle robinsonnade moderne est empreinte d'une grande finesse psychologique et d'une profonde humanité.
Gallimard Jeunesse, 2000.
16 € ISBN : 978-2-07-054183-6
À partir de 11 ans

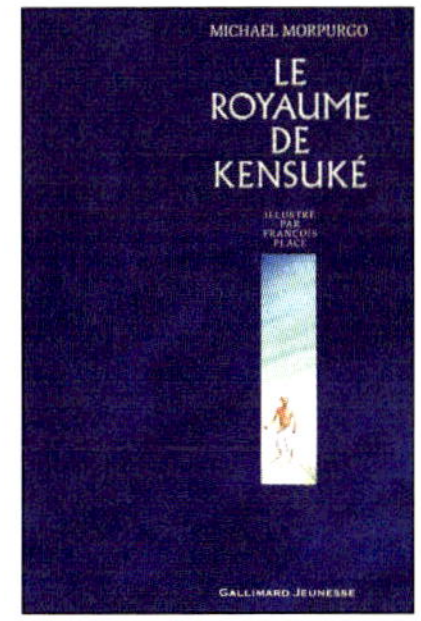

1811. Tournier, Michel ; ill. Lemoine, Georges ; Pilorget, Bruno : **Vendredi ou la vie sauvage.**
Un nouveau « Robinson » à qui Vendredi apprend la vie sauvage. Un livre d'aventures et une réflexion sur la civilisation, la nature et le monde.
Gallimard Jeunesse, Folio Junior, 1997.
5 € ISBN : 978-2-07-051329-1
À partir de 11 ans

1812. Golding, William ; ill. Lapointe, Claude ; trad. Tranec-Dubled, Lola : **Sa Majesté des Mouches.**
À la suite d'un accident d'avion, des collégiens britanniques sont isolés sur une île déserte. L'histoire de leur groupe retrace à rebours celle de la société, de la civilisation réglée à la nature la plus sauvage. Un bon récit d'aventures, paru en 1954, qui suscite en outre une réflexion d'ordre philosophique, sur la nature profonde de l'être humain et la civilisation.
Gallimard Jeunesse, Folio Junior, Édition spéciale, 1999.
6,90 € ISBN : 978-2-07-051384-0
À partir de 13 ans

1813. Holman, Felice ; ill. Baumfelder, Hanno ; trad. La Gravière, Jean : **Le Robinson du métro.**
Un garçon de 13 ans, démuni et traqué par des adolescents, survit tant bien que mal pendant plusieurs mois dans le métro de New York où il s'est réfugié. Un roman exceptionnel, publié en 1978.
Casterman, Romans, Junior, 2003.
7,50 € ISBN : 978-2-203-13014-2
À partir de 13 ans

1814. O'Dell, Scott ; trad. Damien, Jean-Baptiste : **L'Île des Dauphins bleus.**
Vers 1835, Karana, jeune fille de 12 ans, se retrouve seule sur l'île des Dauphins bleus. Elle apprend à survivre au quotidien sur cette terre ingrate, surmontant son désespoir et sa solitude. Inspiré d'un fait véridique, ce roman, publié pour la première fois en 1960, reconstitue dans un style sobre le cadre et les mœurs des tribus indiennes des îles du Pacifique.
Pocket Jeunesse, Pocket Junior, Romans, Contes, 2004.
6,60 € ISBN : 978-2-266-11915-3
À partir de 13 ans

1815. Rhodes, Evan H. ; trad. Sztajn, Liliane : **Le Prince de Central Park.**
De nos jours, à New York, un enfant perdu se réfugie en haut d'un chêne de Central Park pour échapper à sa misère et à un voyou qui veut lui faire la peau. Comment va-t-il s'en tirer, vivre, manger, se sauver de la solitude ? On suit le héros avec une sympathie, tantôt inquiète, tantôt amusée. Écrit en 1975, un titre qui n'a pas vieilli.
J'ai lu Jeunesse, Romans, 2004.
3,50 € ISBN : 978-2-290-30946-9
À partir de 13 ans

ROMANS HISTORIQUES

(classement par époques)

Sont ici regroupés des romans dans lesquels le contexte historique est primordial, sans que d'autres thèmes soient pour autant secondaires. C'est notamment le cas du grand nombre de récits (romans ou témoignages) situés pendant la Seconde Guerre mondiale, dont la plupart évoquent la Shoah pour en transmettre la mémoire aux enfants d'aujourd'hui.

Pour un repérage plus aisé, le classement proposé suit l'ordre chronologique des principales périodes traitées.

Préhistoire

1816. Dickinson, Peter ; ill. Andrew, Ian ; trad. Wajsbrot, Cécile : **La Tribu. 1 : Histoire de Suth.**
Les aventures et la survie d'un groupe d'enfants au temps de la Préhistoire, il y a 200 000 ans, en Afrique, chacun étant le héros principal d'un épisode. En une alternance de chapitres narratifs fort bien menés, et de contes autour de la cosmogonie imaginée de cette époque reculée, l'auteur réussit à passionner le lecteur en créant suspense et émotion.
Hachette Jeunesse, Le Livre de poche Jeunesse, Aventure, 2002.
4,80 € ISBN : 978-2-01-321833-7
Autres titres :
2 : Histoire de Noli. 2002.
5,30 € ISBN : 978-2-01-321838-2
3 : Histoire de Ko. 2002.
5,20 € ISBN : 978-2-01-321839-9
4 : Histoire de Mana. 2003.
4,80 € ISBN : 978-2-01-321840-5
À partir de 11 ans

♥ **1817.** Sutcliff, Rosemary ; ill. Munch, Philippe ; trad. Robillot, Henri : **La Pourpre du guerrier.**
En Angleterre, à la fin de l'âge du bronze, Drem, au bras atrophié, veut devenir chasseur et guerrier, comme tous les hommes de son clan. Ce qui n'est pas gagné d'avance vu son handicap... Un excellent roman historique appuyé sur des connaissances sérieuses sur la Préhistoire, mais jamais pesantes, et un récit fort et bouleversant.
Gallimard Jeunesse, Folio Junior, 1999.
6,90 € ISBN : 978-2-07-051979-8

Antiquité

1818. Guillot, René : **Le Champion d'Olympie.**
Donar-Kong a été capturé après un naufrage et vendu comme esclave sur la côte corinthienne. Au péril de sa vie, il va sauver son maître ainsi qu'une jeune fille. Comme il sait parler aux chevaux, il est chargé d'entraîner un quadrige pour les jeux à Olympie. Mais un rival rôde. Un excellent roman d'aventures dans la Grèce antique, publié pour la première fois en 1965.
Thierry Magnier, Roman, 2006.
8,50 € ISBN : 978-2-84420-437-0
À partir de 11 ans

1819. Zitelman, Arnulf ; trad. Friot, Bernard : **Hypatia.**
Dans l'Alexandrie du Ve siècle après J.-C., au milieu des conflits politiques et religieux, un magnifique portrait de femme philosophe qui revendique le droit à l'expression.
L'École des loisirs, Médium, 1991.
8,80 € ISBN : 978-2-211-05265-8
À partir de 13 ans

Moyen Âge

1820. Noguès, Jean-Côme ; ill. Delval, Julien : **Le Faucon déniché.**

Au Moyen Âge, les oiseaux de proie sont la chasse gardée des seigneurs. Nul n'a le droit d'y toucher. Or un petit paysan déniche un jeune faucon et l'élève en cachette. L'atmosphère est juste et bien rendue, dans une écriture sobre et efficace qui refuse le happy end. Un personnage enfantin tout à fait crédible.
Pocket Jeunesse, Pocket Junior, 2003.
4,30 € ISBN : 978-2-266-12602-1
À partir de 9 ans

1821. Cushman, Karen ; trad. Misserly, Hélène : **Matilda Bone.**
Après quatorze ans passés dans un douillet manoir, la jeune Matilda tombe de haut en débarquant dans la ruelle la plus populaire de Londres. Au service de Peg la Rousse, elle abandonne vite un vernis inutile de bonnes pensées et de manières désincarnées et le remplace par l'ouverture aux autres, le dévouement et le goût de la chaleur humaine. Humour garanti.
L'École des loisirs, Médium, 2005.
11 € ISBN : 978-2-211-07504-6
À partir de 11 ans

1822. Weil, Sylvie : **Le Mazal d'Elvina.**
Le « mazal », c'est l'ange gardien à qui Elvina, petite juive de 12 ans, s'adresse spontanément, comme si elle écrivait son journal. Un roman bourré de péripéties, où aventures et Histoire (on est au XIe siècle, à Troyes) se rejoignent, dans une famille chaleureuse et unie. Elvina est vive et généreuse, féministe et intelligente. Attachant et passionnant.
L'École des loisirs, Médium, 2001.
10 € ISBN : 978-2-211-06456-9
Autres titres :
Le Miroir d'Elvina. 2003.
10,50 € ISBN : 978-2-211-06955-7
Elvina et la fille du roi Salomon. 2004.
12 € ISBN : 978-2-211-07283-0
À partir de 11 ans

1823. Park, Linda Sue ; ill. Truong, Marcelino ; trad. Borel, Myriam : **L'Apprenti.**
En échange d'un repas quotidien, Lichen, petit garçon des rues, entre au service de Min, un des nombreux potiers de cette petite ville de Corée au XIIe siècle. Sa vie change insensiblement jusqu'à son adoption par le potier qui lui transmet son art. Un texte bien documenté qui est aussi un roman d'apprentissage avec des héros droits forçant l'admiration.
Flammarion-Père Castor, Castor poche, Histoires d'ailleurs, 2003.
6 € ISBN : 978-2-08-161602-8
À partir de 12 ans

♥ **1824.** Cushman, Karen ; trad. Fejtö, Raphaël : **Le Livre de Catherine.**
Une « demoiselle » du XIIe siècle, gamine de 13 ans, tient son journal. Féministe avant la lettre, elle y décrit avec verve la vie quotidienne de son époque (un régal de détails savoureux et pittoresques) mais aussi ses rêves et ses révoltes, ses dégoûts et ses engouements.
L'École des loisirs, Médium, 1998.
10 € ISBN : 978-2-211-03653-5
À partir de 13 ans

1825. Sauerwein, Leigh ; trad. Giraudon, Philippe : **Chanson pour Éloïse.**
L'histoire d'un amour impossible entre une demoiselle et un pauvre troubadour : à travers leurs rêves et leurs souffrances, le lecteur est entraîné dans un quotidien à la fois rude et poétique. La narration, focalisée successivement sur de nombreux personnages, déroule les péripéties comme une chanson, au rythme des saisons, des travaux et des jours.
Gallimard Jeunesse, Scripto, 2005.
8 € ISBN : 978-2-07-050890-7
À partir de 13 ans

XVIe siècle

1826. Wassermann, Jakob ; trad. Mathieu, François : **L'Or de Cajamalca.**
L'assassinat du prince inca Atahualpa par Francisco Pizarro, parvenu jusqu'à lui avec 300 soldats, en 1532 : les valeurs spirituelles des Incas bafouées par la cupidité des conquérants espagnols. Trente ans plus tard, l'un des chevaliers, devenu moine, se souvient et raconte. Un récit poignant, et une réflexion douloureuse sur les valeurs morales.
L'École des loisirs, Médium, 1990.
5,50 € ISBN : 978-2-211-09433-7
À partir de 12 ans

1827. Motsch, Élisabeth : **Le Jardin d'amour amer.**
À travers l'histoire de deux familles voisines (l'une aristocrate et catholique, l'autre bourgeoise et protestante), une plongée originale dans le XVIe siècle, en suivant le parcours d'une jeune fille tiraillée entre deux amours, sur fond de guerres de religion et d'épanouissement de la Renaissance. Le thème du jardin, métaphore de l'harmonie et du mystère, contribue à l'élégance de ce récit tout en finesse.
L'École des loisirs, Médium, 1999.
7,90 € ISBN : 978-2-211-05331-0
À partir de 13 ans

XVIIe siècle

1828. Noguès, Jean-Côme ; ill. Crévelier, Solvej : **Mon pays sous les eaux.**
Un jeune Hollandais aide à sauver son pays envahi par les troupes de Louis XIV. Malgré quelques anachronismes sociologiques, un bon roman, avec des personnages assez typés et sympathiques. Et surtout, on voit l'envers du décor, le point de vue hollandais : le Roi-Soleil, ici, est l'envahisseur.
Flammarion-Père Castor, Castor poche, 2000.
5,50 € ISBN : 978-2-08-164726-8
À partir de 11 ans

1829. Piquemal, Michel : **Le Pionnier du Nouveau Monde.**
Récit que fait un vieil homme de sa vie mouvementée : né en 1657 dans un pauvre village français, Jacques Baudrier s'embarque à 14 ans pour le Nouveau Monde où l'attendent aventures et découvertes. Un récit riche en péripéties et en personnages pittoresques et pleins d'humanité.
Milan poche Junior, 1999.
5 € ISBN : 978-2-84113-952-2
À partir de 11 ans

♥ **1830.** Rees, Celia ; trad. Albert, Marc : **Journal d'une sorcière.**
Après l'exécution de sa grand-mère condamnée pour sorcellerie, Mary se joint à un groupe de puritains en partance pour le Nouveau Monde. Au cours de ce long voyage éprouvant, méfiance et superstitions se manifestent. Une tou-

chante aventure humaine, mais aussi une intéressante réflexion sur l'intolérance et le fanatisme.
Seuil Jeunesse, Romans, 2002.
11 € ISBN : 978-2-02-051083-7
Autre titre :
Trad. Descombey, Anne-Judith : **Vies de sorcières.** 2003.
12 € ISBN : 978-2-02-051084-4
À partir de 12 ans

♥ **1831.** Borton de Trevino, Elizabeth ; trad. Brisac, Tessa : **Je suis Juan de Pareja né esclave à Séville, élève en secret de Velázquez, peintre malgré tout.**
Dans l'Espagne du XVIIe siècle, un jeune esclave noir assistant de Velázquez raconte sa vie avec le peintre, et nous livre bien des traits de sa personnalité. Une splendide reconstitution de l'Espagne et de l'Italie du XVIIe siècle.
L'École des loisirs, Médium, 1990.
8 € ISBN : 978-2-211-09102-2
À partir de 13 ans

1832. Clapp, Patricia ; trad. Moissard, Boris ; Lepelley, Eve : **Constance : journal d'une jeune fille aux premiers temps de la Nouvelle-Angleterre.**
Constance Hopkins, 14 ans, fait partie des premiers colons anglais à s'installer sur la côte Est des États-Unis. Elle confie à son journal intime, au jour le jour, événements et impressions qui ont marqué pour elle ce commencement du Nouveau Monde. Un récit attachant et très romanesque. Plus que réussi : captivant.
L'École des loisirs, Médium, 1989.
7 € ISBN : 978-2-211-06115-5
À partir de 13 ans

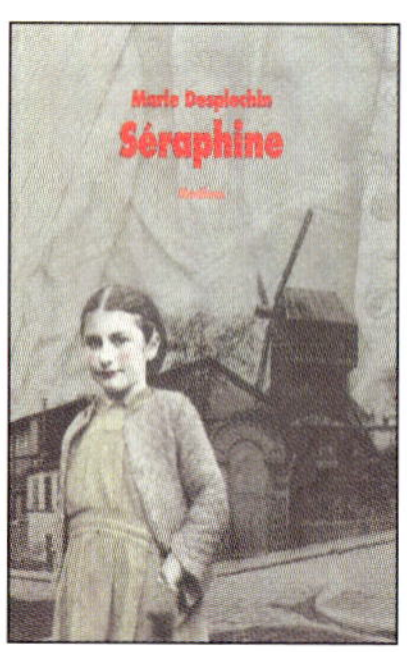

XVIIIe siècle

1833. Equiano, Olaudah ; ill. Zau ; adapt. Cameron, Ann ; trad. Bataille, Ariane : **Le Prince esclave : une histoire vraie.**
C'est l'autobiographie d'Olaudah Equiano, kidnappé à 11 ans, au Bénin, au XVIIIe siècle, qui est devenu esclave, a été vendu, revendu et encore revendu. Il a parcouru des kilomètres sur la terre et sur la mer, a appris à lire, a été battu mais aussi choyé. Un témoignage passionnant et véridique, adapté d'un récit paru pour la première fois en 1789.
Rageot, Cascade, 2002.
7,30 € ISBN : 978-2-7002-2780-2
À partir de 11 ans

1834. Mirande, Jacqueline ; ill. Meyer, Camille : **Libraire de nuit.**
Au XVIIIe siècle, Sylvain est l'aide d'un libraire ambulant, qui décide de risquer un gros coup : la vente clandestine des volumes de *l'Encyclopédie*, ouvrage interdit. Péripéties de la vente, menaces, ruses et risques s'enchaînent jusqu'au dénouement heureux. Un récit vivant, sympathique et enlevé, qui campe bien l'atmosphère du Paris d'avant la Révolution.
Flammarion-Père Castor, Castor poche Junior, 1998.
4 € ISBN : 978-2-08-164308-6
À partir de 11 ans

XIXe siècle

1835. Wilson, Jacqueline ; ill. Sharratt, Nick ; trad. Broca, Olivier de : **La Double Vie de Charlotte.**
Un roman plein d'humour qui met en parallèle, à la faveur d'un dossier scolaire, la vie de Charlie, alias Charlotte, enfant d'aujourd'hui dont la jeune mère célibataire a du mal à joindre les deux bouts, et celle de Lottie, alias Charlotte, jeune gouvernante dans une famille aisée à l'époque victorienne.
Gallimard Jeunesse, Folio Junior, 1998.
6 € ISBN : 978-2-07-051912-5
À partir de 10 ans

1836. Berry, James ; trad. Hérisson, Janine : **Le Royaume volé.**
À travers le destin d'Azelmah et de son fils Atu, enlevés en Afrique et vendus comme esclaves en 1807, ce court roman raconte le drame de la traite des Noirs. Il en explore avec finesse et retenue toutes les dimensions, passant avec aisance et naturel des trajectoires personnelles aux grands événements historiques, dans un style vivant et imagé.
Gallimard Jeunesse, Page blanche, 1999.
5,50 € ISBN : 978-2-07-052934-6
À partir de 11 ans

1837. Brisou-Pellen, Évelyne ; ill. Wintz, Nicolas : **Deux Graines de cacao.**
La quête des origines d'un enfant adopté, comme point de départ d'un voyage terrible à bord d'un navire négrier, de France jusqu'à Haïti. Révélations et découvertes se succèdent : traite des Noirs, colonisation, révoltes et secrets de famille. Une intrigue très bien menée, beaucoup d'informations précises et intéressantes, un style alerte.
Hachette Jeunesse, Le Livre de poche Jeunesse, Aventure, 2002.
5,20 € ISBN : 978-2-01-321928-0
À partir de 11 ans

1838. Desplechin, Marie : **Satin grenadine.**
En 1885, dans une famille bourgeoise, Lucie, 13 ans, esprit frondeur et raisonneur, se résigne mal à son destin : le mariage, si possible avec un beau parti. Avec la complicité de sa jeune gouvernante et l'aide de son seul ami, elle va à la découverte du monde extérieur, le vrai... Un ton original et un travail d'écriture tout à fait remarquable.
L'École des loisirs, Médium, 2004.
9 € ISBN : 978-2-211-07419-3
À partir de 11 ans

♥ **1839.** Desplechin, Marie : **Séraphine.**
Révolutionnaire dans l'âme, Séraphine, 13 ans, dont l'histoire personnelle se mêle à celle de la Commune, a envie d'améliorer la vie autour d'elle. Ce récit a d'abord le mérite de nous éclairer sur une période rarement traitée dans les romans pour la jeunesse, mais surtout l'humour, le ton et les personnages attachants en font un vrai délice !
L'École des loisirs, Médium, 2005.
9 € ISBN : 978-2-211-07934-1
À partir de 11 ans

1840. McCunn, Ruthanne Lum ; trad. Poslaniec, Michèle : **Mille Pièces d'or : roman biographique.**
Comment Lalu, jeune Chinoise du XIXe siècle vendue pour mille pièces d'or, va devenir l'esclave d'un Chinois tenancier d'un saloon aux États-Unis, puis être gagnée au poker par son mari. Un destin étonnant raconté avec toute la foi en la vie de celle qui a inspiré cet excellent roman.

L'École des loisirs, Médium, 1989.
7,30 € ISBN : 978-2-211-039-89-8
À partir de 13 ans

1841. Paterson, Katherine ; trad. Bay, Marie-Pierre : **L'Histoire de Jip.**
Tout ce que Jip sait de ses origines, c'est qu'un jour de 1847, bébé, il est tombé d'un chariot. Depuis il vit dans une « ferme des pauvres ». Un jour un étranger l'aborde et lui dit que son père est à sa recherche. Redoutant un piège, Jip s'enfuit. Une histoire pleine de vie et d'humanité, des personnages forts et attachants.
Hachette Jeunesse, Le Livre de poche Jeunesse, Mon bel oranger, 1997.
5,20 € ISBN : 978-2-01-321557-2
À partir de 13 ans

1842. Teisson, Janine : **Les Rois de l'horizon.**
L'armée coloniale française a décimé toute la famille de Meriem, 4 ans. Recueillie par Slimane, elle parcourt le désert, mais durant une attaque, Slimane perd la vie. La fillette est alors recueillie par un photographe français. Devenue Myriam, elle va vivre à Paris et commencer une nouvelle vie. Un texte palpitant, fort, qui tient en haleine et remue.
Syros Jeunesse, Les uns les autres, 2002.
7,50 € ISBN : 978-2-7485-0030-1
À partir de 13 ans

XXe siècle

1843. Chabas, Jean-François ; ill. Sala, David : **Le Porteur de pierres.**
Un vieil Irlandais raconte ses souvenirs : Seamus, son jeune frère, est beau, blond... et retardé. Sa beauté et son charme le servent auprès des filles, qu'il séduit aussi en leur montrant son incroyable force : il est capable de soulever des rochers. L'Irlande, en ce temps-là, est le lieu de luttes fratricides. Une écriture précise, concise, une atmosphère nostalgique et tendre.
Casterman, Romans Junior, 2004.
6,50 € ISBN : 978-2-203-13028-9
À partir de 13 ans

1844. Sautereau, François : **Le Cahier jaune.**
Paris, 1900 : trois clochards à la mine patibulaire sont les témoins des aventures des compagnons de la mystérieuse Croix du Sud, dans le Paris de l'Exposition universelle, celui des bistrots, des imprimeurs, des vendeuses et des clochards. Une intrigue complexe et prenante, une atmosphère glauque, un vrai plaisir romanesque.
Actes Sud Junior, Les couleurs de l'Histoire, 2000.
9,15 € ISBN : 978-2-7427-2969-2
À partir de 13 ans

Première Guerre mondiale

♥ **1845.** Morpurgo, Michael ; ill. Place, François ; trad. Dupuis, André : **Cheval de guerre.**
La guerre de 1914-1918 vécue par un cheval : une vision complètement renouvelée dans laquelle hommes et bêtes sont solidaires, où nul n'est jugé, parce que tous sont unis dans la souffrance de l'absurde.
Gallimard Jeunesse, Scripto, 2004.
14 € ISBN : 978-2-07-055890-2
À partir de 11 ans

♥ **1846.** Morpurgo, Michael ; trad. Ménard, Diane : **Soldat Peaceful.**
Dénonciation des horreurs et de l'absurdité de la guerre de 1914-1918 à travers le récit de Tommo, 17 ans, qui lors de la terrible nuit qui précède l'aube où son frère doit être fusillé, raconte leur jeunesse, leur fidélité réciproque et sa révolte. Un roman bouleversant qui entremêle histoire personnelle, familiale et collective, et montre comment des destins peuvent basculer, combien fragile est le bonheur.
Gallimard Jeunesse, 2004.
13,50 € ISBN : 978-2-07-055793-6
À partir de 11 ans

1847. Lawrence, Iain ; trad. Wajsbrot, Cécile : **Le Général des soldats de bois.**
Soldat de la guerre de 1914, le père de Johnny envoie à son fils des lettres accompagnées de figurines de soldats qu'il sculpte à l'image de ce qu'il vit et ressent. Le garçon, à travers les jeux qu'il organise avec ses soldats de bois, vit à son tour l'horreur et l'angoisse des combattants. Une vision très documentée et singulière de la Grande Guerre.
Hachette Jeunesse, Le Livre de poche Jeunesse, Histoires de vies, 2003.
5,20 € ISBN : 978-2-01-322099-6
À partir de 13 ans

Entre-deux-guerres

1848. Morpurgo, Michael ; ill. Foreman, Michael ; trad. Ménard, Diane : **Toro ! Toro !**
La mémoire oubliée d'un grand-père se réveille, et le ramène au jour où la guerre civile rejoignit son village, première victime des bombardements de masse. Une histoire d'amitié, un récit de fuite et de survie dans les montagnes, une écriture humaine, très construite mais toujours naturelle, une émotion qui affleure subtilement et accroche le lecteur.
Gallimard Jeunesse, Folio Cadet, 2002.
5,50 € ISBN : 978-2-07-054997-9
À partir de 9 ans

1849. Dische, Irène ; trad. Etoré, Jeanne : **Entre deux saisons de bonheur.**
Juste avant la Seconde Guerre mondiale, le petit Peter vit en Hongrie, chez son grand-père. Puis son père l'emmène dans le tourbillon de la vie berlinoise, en lui présentant comme une fête tous les drames qui se jouent. Peter ne comprendra que plus tard la tragédie qu'ont vécue son père et son grand-père et pourquoi et comment ils l'en ont protégé. Un très beau roman, très juste.
L'École des Loisirs, Neuf, 1998.
8,80 € ISBN : 978-2-211-04753-1
À partir de 11 ans

1850. Berger, Peter ; trad. Friot, Bernard : **La Maison rouge.**
À travers la vie d'une famille pauvre – et nombreuse – de 1924 à 1939 en Rhénanie, la chronique d'une époque : la crise, la montée du nazisme, les déchirements. Le récit montre un quotidien à la fois cocasse et dramatique et dévoile les ruses de l'idéologie nazie, son emprise sur la jeunesse ou son rejet. Un excellent roman qui fait réfléchir sans didactisme.
L'École des loisirs, Médium, 1989.
5,80 € ISBN : 978-2-211-05818-6
À partir de 13 ans

1851. O'Sullivan, Mark ; trad. Ménard, Diane : **Mélodie pour Nora.**
En 1922, l'Irlande proclame son indépendance et les Irréguliers s'organisent. C'est dans ce contexte que Nora, 14 ans, endosse la responsabilité de toute la famille, face à un père alcoolique et une mère mourante, avant de devoir tout quitter. Elle va réapprendre à vivre et à faire confiance, retrouver le goût du piano. Un roman passionnant avec des personnages exceptionnels.
L'École des loisirs, Médium, 1998.
10,50 € ISBN : 978-2-211-03672-6
Autre titre :
Blues à New York. Nora en Amérique. 1999 [épuisé].
À partir de 13 ans

♥ **1852.** Richter, Hans Peter ; ill. Ivers, Mette ; trad. Prélet, Christiane : **Mon ami Frédéric.**
Deux petits Allemands du même âge grandissent ensemble, mais l'un est Juif et dans l'Allemagne des années 1930, il n'y aura bientôt plus de place pour lui. Le simple récit d'une amitié d'enfance déchirée par la folie nazie et le drame d'un enfant et d'une famille juive parmi tant d'autres.
Hachette Jeunesse, Le Livre de poche Jeunesse, 2005.
4,80 € ISBN : 978-2-01-321878-8
À partir de 13 ans

1853. Taylor, Kathrine Kressmann ; trad. Lévy-Bram, Michèle : **Inconnu à cette adresse.**
La correspondance fictive de 1932 à 1934 entre Martin, un Allemand retourné en Allemagne et Max, un Juif américain. Martin, favorable aux nazis, ira jusqu'à abandonner aux nazis la sœur de Max, qui saura se venger subtilement. La force et l'efficacité de ce texte résident dans sa concision et sa simplicité. Écrit en 1938 aux États-Unis, cet ouvrage était inconnu en France jusqu'en 1999.
Hachette Jeunesse, Le Livre de poche Jeunesse, Histoires de vies, 2002.
4,50 € ISBN : 978-2-01-322017-0
À partir de 15 ans

Autour de la Seconde Guerre mondiale

1854. Erben, Eva ; trad. Karila, Anne : **Oubliée : souvenirs d'une jeune fille juive.**
Eva Erben a 9 ans lors de l'invasion de Prague par les Allemands. Elle porte l'étoile jaune, sera internée à Terezin, puis à Auschwitz, d'où « oubliée » par le destin elle sortira à demi-vivante mais seule. Recueillie par des paysans, elle vivra ensuite dans un orphelinat d'enfants survivants, jusqu'à son départ pour Israël en 1947. Un témoignage fort.
L'École des loisirs, Neuf, 2001.
8 € ISBN : 978-2-211-06322-7
À partir de 11 ans

1855. Frank, Anne ; éd. Frank, Otto H. ; Pressler, Mirjam ; trad. Noble, Philippe ; Rosselin-Bobulesco, Isabelle ; adapt. Oomes, Nicolette ; Noble, Philippe : **Le Journal d'Anne Frank.**
Une famille juive d'Amsterdam doit vivre cachée pour échapper à la persécution allemande. La plus jeune fille, Anne, confie ses pensées et ses impressions à son journal comme à un ami. Le texte de ce journal a été retrouvé après la guerre, alors qu'Anne est morte en camp de concentration. Publié en 1950, un document inoubliable.
LGF, Le Livre de poche, 2003.
6,50 € ISBN : 978-2-253-00127-9
À partir de 11 ans

♥ **1856.** Kerr, Judith ; trad. Moissard, Boris : **Quand Hitler s'empara du lapin rose.**
L'histoire autobiographique d'une petite fille juive qui, fuyant l'Allemagne nazie avec sa famille, gagne la Suisse, la France puis l'Angleterre et s'adapte à tout. Un livre plein de finesse, très littéraire aussi, qui rend bien le point de vue d'un enfant. La version intégrale du texte naguère paru sous le titre *Trois Pays pour la petite Anna.*
L'École des loisirs, Médium, 1991.
6,70 € ISBN : 978-2-211-03126-4
Autre titre :
Trad. Lermuzeaux, Antoine : **Ici Londres.** 1992.
7,30 € ISBN : 978-2-211-07016-4
À partir de 11 ans

1857. Lowry, Lois ; trad. Desarthe, Agnès : **Compte les étoiles.**
Un très beau roman sur la Résistance danoise qui permit à de nombreux Juifs de gagner la Suède en 1943. Deux petites filles mêlées à la tourmente vont apprendre le prix du courage et de l'amitié. Un récit chargé d'émotion et d'une lecture aisée.
L'École des loisirs, Neuf, 1991.
6 € ISBN : 978-2-211-03436-4
À partir de 11 ans

1858. Magorian, Michelle ; ill. Kang, Johanna ; trad. Hérisson, Janine : **Bonne nuit, monsieur Tom.**
À Londres, au début de la Seconde Guerre mondiale, les enfants sont envoyés dans des familles d'accueil à la campagne. Le petit Willie arrive chez Tom Oakley, vieil homme bourru et solitaire. Le récit montre leur apprivoisement réciproque : l'éveil à la tendresse et à la joie de vivre pour l'enfant et le bonheur d'aimer pour le vieil homme aigri. Un roman bouleversant servi par une écriture simple et efficace.
Gallimard Jeunesse, Folio Junior, 1998.
6,90 € ISBN : 978-2-07-052297-2
À partir de 11 ans

1859. Matas, Carol ; trad. Bay, Marie-Pierre : **Une lumière dans la nuit, les enfants du Chambon.**
Anna, son amie Klara et son frère sont Juifs allemands. Au cours de la Seconde Guerre mondiale, ils sont déportés avec leurs familles en France, au camp de Gurs, puis cachés au Chambon-sur-Lignon avant d'essayer de passer en Suisse. Un livre fort, bien documenté, qui témoigne du combat des associations et de tout un village pour sauver, à leurs risques et périls, bien des vies.
Hachette Jeunesse, Le Livre de poche Jeunesse, Mon bel oranger, 1999.
4,80 € ISBN : 978-2-01-321690-6
À partir de 11 ans

♥ **1860.** Moscovici, Jean-Claude : **Voyage à Pitchipoï.**
Petit garçon élevé à la campagne dans une famille juive, aimante et cultivée, Jean-Claude accompagné de sa petite sœur est

interné à Drancy, les membres de leur famille sont déportés. Leur mère réussit miraculeusement à retrouver les enfants et à les cacher jusqu'à la Libération. Un témoignage émouvant.
L'École des loisirs, Médium, 1995.
6,50 € ISBN : 978-2-211-03596-5
À partir de 11 ans

1861. Orlev, Uri ; trad. Cohen, Sylvie : **Cours sans te retourner.**
Srulik fuit à 8 ans le ghetto de Varsovie et entame de longues années de survie, caché dans les bois, travaillant dans des fermes où il se fait passer pour un jeune Polonais chrétien. Quand la guerre finit enfin, il a oublié jusqu'à son nom ! Une réussite exceptionnelle pour cette histoire incroyablement prenante et émouvante.
Flammarion-Père Castor, Castor poche, Voyage au temps de..., 2003.
7,50 € ISBN : 978-2-0816-1606-8
À partir 11 ans

♥ **1862.** Orlev, Uri ; trad. Tauber, Michèle : **Une île, rue des Oiseaux.**
Récit autobiographique : comment un jeune garçon d'une dizaine d'années arrive à survivre seul, plusieurs mois, dans les ruines d'un ghetto en Pologne. Des événements très sombres, mais un ton résolument optimiste, soutenu par une espérance.
Hachette Jeunesse, Le Livre de poche Jeunesse, Mon bel oranger, 2002.
5,20 € ISBN : 978-2-01-321931-0
À partir de 11 ans

♥ **1863.** Pressler, Mirjam ; trad. Lemaire, Nelly : **La Promesse d'Hanna.**
Pologne, 1943 : échappant à une rafle contre les Juifs, Malka, 7 ans, est séparée de sa mère Hanna et de sa sœur qui s'enfuient en Hongrie, et tente de survivre. Une histoire authentique, qui retrace en chapitres alternés l'errance de l'enfant et l'angoisse de la mère, de manière saisissante. Un roman puissant autour de la Shoah.
Milan Jeunesse, Macadam, 2006.
9,50 € ISBN : 978-2-7459-1827-7
À partir de 11 ans

1864. Siegal, Aranka ; trad. Brisac, Tessa : **Sur la tête de la chèvre.**
Comment, en Hongrie et en Ukraine, une petite fille et sa famille juive vivent le drame de la guerre et du ghetto sans désespoir ni haine mais avec un courage extraordinaire. Un texte sobre, indispensable.
Gallimard Jeunesse, Folio Junior, 2003.
6,90 € ISBN : 978-2-07-055632-8
Autre titre :
La Grâce au désert. 2004 [épuisé].
ISBN : 978-2-07-055786-8
À partir de 11 ans

1865. Teisson, Janine : **Le Petit Soleil jaune.**
Marie, 5 ans en septembre 1939, va grandir vite : son père disparaît, sa mère semble perdre la raison et les voilà parties à vélo sous la houlette d'une jeune tante à la recherche d'un endroit sûr... Un roman dense, profond et humain sur la guerre, mais aussi sur la force de l'amour et le poids du souvenir.
Syros Jeunesse, Les uns les autres, 2006.
7,50 € ISBN : 978-2-7485-0514-6
À partir de 11 ans

♥ **1866.** Vivier, Colette ; ill. Bloch, Serge : **La Maison des Quatre-Vents.**
Sous l'Occupation, la vie d'un immeuble et de tout un quartier de Paris. Un récit vivant et chaleureux de la résistance des adultes et des enfants, écrit et publié juste après la guerre, en 1946.
Casterman, Romans Dix & plus, Comme la vie, 2000.
8,75 € ISBN : 978-2-203-11892-8
À partir de 11 ans

1867. Westall, Robert ; ill. Tonnac, Anne ; trad. Robillot, Henri : **Le Vagabond de la côte.**
Rescapé du bombardement de la ville côtière qu'il habitait jusque-là avec sa sœur et ses parents, Harry se retrouve seul et décide de fuir pour échapper à l'orphelinat. Traité comme une robinsonnade moderne, ce récit rend compte de la maturité et de l'autonomie nouvelles du héros.
Gallimard Jeunesse, Folio Junior, 1998.
5,50 € ISBN : 978-2-07-052296-5
À partir de 11 ans

1868. Spinelli, Jerry ; trad. Rigoureau, Luc : **Même pas juif !**
Comment un jeune orphelin fait acte de résistance et preuve d'un courage à toute épreuve dans l'enfer du ghetto de Varsovie. Malgré son âge tendre et grâce à sa petite taille qui lui permet de se faufiler partout, Misha vient en aide à ceux qui l'entourent. Une figure inoubliable.
Hachette Jeunesse, Le Livre de poche Jeunesse, Roman historique, 2005.
5,50 € ISBN : 978-2-01-321149-9
À partir de 12 ans

1869. Uhlman, Fred ; trad. Lack, Léo : **L'Ami retrouvé.**
Court récit d'une amitié entre deux lycéens allemands, un noble et un juif, compromise par la montée du nazisme. Le premier, aveuglé par les théories du nazisme, finalement se rétracte ; le second, exilé, ayant survécu au massacre, se souvient. Un ton sobre, évitant tout sentimentalisme, et qui évoque avec justesse la psychologie de l'adolescence.
Gallimard Jeunesse, Folio Junior, Édition spéciale, 1999.
5 € ISBN : 978-2-07-052430-3
À partir de 12 ans

1870. Zei, Alki ; trad. Granperin, Gisèle : **L'Ombrelle mauve.**
Une grand-mère raconte ses souvenirs d'enfance à ses petits-fils. Des anecdotes rythmant la vie de cette famille modeste qui vit dans les faubourgs d'Athènes juste avant l'entrée de la Grèce dans la guerre (1940). La personnalité d'une fillette curieuse et intelligente confrontée à une éducation traditionnelle qui privilégie ses frères. Récit fin et sensible.
La Joie de lire, Récits, 2000.
10,70 € ISBN : 978-2-88258-181-5
À partir de 12 ans

♥ **1871.** Du Bouchet, Paule : **Chante Luna.**
Lula, surnommée Luna, a une voix exceptionnelle. Dans le ghetto de Varsovie son chant redonne du courage à tous et lui sauvera la vie. Si Lula, qui raconte les événements dix ans après, est au centre du récit, le texte est aussi un bouleversant témoignage sur la résistance du ghetto,

sur le courage et la force de l'humanité dans l'horreur.
Gallimard Jeunesse, 2004.
11 € ISBN : 978-2-07-055795-0
À partir de 13 ans

1872. Flutsztejn-Gruda, Ilona : **Quand les grands jouaient à la guerre.**
Récit autobiographique qui mêle avec talent souvenirs et commentaires d'une vieille dame qui avait 9 ans en 1939. Née dans une famille juive polonaise, elle raconte sa longue fuite avec ses parents en Lituanie, puis en Union soviétique, dans un récit vivant où l'on retrouve sa vision d'enfant et ses difficultés à comprendre les enjeux et les risques du conflit.
Actes Sud Junior, Ado Histoire, 2006.
9 € ISBN : 978-2-7427-5854-8
À partir de 13 ans

1873. Gasperoni, Ester Rota : **Orage sur le lac.**
Pour échapper aux fascistes, la famille de la petite Eva est contrainte à une longue fuite, de couvents en hameaux, au sein d'un réseau de protection aléatoire et menacé. Les événements, tantôt tragiques, tantôt anodins, sont racontés à travers le point de vue de la fillette qui ressent leur dimension dramatique sans perdre sa fantaisie ni sa joie de vivre.
L'École des loisirs, Médium, 1995.
10,40 € ISBN : 978-2-211-03134-9
Autre titre :
L'Arbre de Capulies.
Actes Sud Junior, Ado, 2006.
9,50 € ISBN : 978-2-7427-5850-0
À partir de 13 ans

1874. Greif, Jean-Jacques : **Une nouvelle vie, Malvina.**
L'auteur retrace la vie de sa mère, née en Pologne en 1916, en butte à l'antisémitisme, qui s'exile à Paris pour faire ses études puis entre dans la Résistance. Le portrait d'une femme à la personnalité hors du commun, qui affronte avec une ténacité et un courage exceptionnels coups du sort et obstacles divers et dont le destin personnel s'imbrique dans l'histoire chaotique de l'Europe.
L'École des loisirs, Médium, 2000.
ISBN : 978-2-211055-42-7
Autre titre :
Lonek le hussard. 2000.
11 € chaque
ISBN : 978-2-211-05839-1
À partir de 13 ans

1875. Greif, Jean-Jacques : **Mes enfants, c'est la guerre.**
Ce récit de Jacob-Jacquot retrace le long séjour forcé des enfants surpris par la guerre alors qu'ils étaient en colonie de vacances. À travers les détails concrets, drôles et cocasses, c'est un hommage au courage et au dynamisme de madame Christiane qui va les sauver et leur permettra de vivre dans une atmosphère chaleureuse jusqu'à la fin de la guerre.
L'École des loisirs, Médium, 2002.
8,90 € ISBN : 978-2-211-06567-2
À partir de 13 ans

♥ **1876.** Greif, Jean-Jacques : **Le Ring de la mort.**
Fuyant l'antisémitisme et la misère qui ont marqué son enfance en Pologne, Moshe s'est exilé à Paris où il partage sa vie entre son métier de cordonnier et la boxe. En 1941 il est arrêté, puis déporté à Auschwitz. L'auteur transmet le témoignage d'un rescapé des camps d'extermination nazis.
L'École des loisirs, Médium, 1998.
7,30 € ISBN : 978-2-211-04893-4
À partir de 13 ans

1877. Grobéty, Anne-Lise : **Le Temps des mots à voix basse.**
Le témoignage, écrit bien des années plus tard, du sentiment d'incompréhension et d'injustice éprouvé par un enfant au moment de la montée du nazisme. C'est par de menus faits, des impressions et des changements de comportements que l'adulte d'aujourd'hui analyse, qu'est suggérée la progression lente de l'étau qui se referme peu à peu sur la famille d'Oskar. Un formidable réquisitoire contre l'oubli.
La Joie de lire, Récits, 2001.
6,50 € ISBN : 978-2-88258-207-2
À partir de 13 ans

♥ **1878.** Gutman, Claude : **La Maison vide.**
Premier volume d'une trilogie. David, 15 ans en 1944, voit par deux fois partir ceux qu'il aime vers la mort. Racontant sa descente aux enfers d'adolescent juif dans la France de la Seconde Guerre mondiale, il écrit pour exorciser, se libérer de ce dont il se sent coupable : avoir survécu à ses parents et à ses amis. Un très beau livre, nécessaire et bouleversant.
Gallimard Jeunesse, Folio Junior, 1993.
ISBN : 978-2-07-051386-4
Autres titres :
L'Hôtel du retour. 1999.
ISBN : 978-2-07-052620-8
Rue de Paris. 2000.
5 € chaque ISBN : 978-2-07-052621-5
À partir de 13 ans

1879. Hahn, Mary Downing ; trad. Motsch, Élisabeth : **Résistance.**
Dans une petite ville des États-Unis, en 1944, deux fillettes, dont les frères aînés sont partis combattre en Europe, sont amenées à protéger un déserteur : la question de l'engagement et le problème de la guerre, vus à travers un regard d'enfants, et les relations entre des personnages attachants.
L'École des loisirs, Médium, 1999.
10 € ISBN : 978-2-211-02354-2
À partir de 13 ans

1880. Hautzig, Esther ; trad. Dion, Viviane de : **La Steppe infinie.**
Après dix ans de bonheur à Wilno en Pologne, Esther fait brusquement connaissance, un matin de juin 1941, avec l'horreur de la guerre, la déportation en Sibérie, puis la lutte contre le froid, la faim, le désespoir. Un livre émouvant et formidablement tonique.
L'École des loisirs, Médium, 1987.
6,50 € ISBN : 978-2-211-01629-2
À partir de 13 ans

1881. Richter, Hans Peter ; ill. Smith, Christopher ; trad. Royer, Alain : **J'avais deux camarades... : dix années dans les Jeunesses hitlériennes.**
Enrôlés de force ou séduits par les discours nazis, les jeunes Allemands sont, comme les adultes, jetés dans le feu de la guerre. Ce récit demande pour être bien compris une certaine maturité : les personnages

n'ont ni l'information ni la liberté d'esprit et d'action qui leur permettraient de réagir. Un témoignage sans littérature et d'autant plus frappant.
Hachette Jeunesse, Le Livre de poche Jeunesse, Roman historique, 2005.
5,20 € ISBN : 978-2-01-321967-9
À partir de 13 ans

♥ **1882.** Thor, Annika ; trad. Segol, Agneta : **Une île trop loin.**
1939 : Steffi et sa petite sœur Nelli, Juives autrichiennes, sont envoyées en Suède et doivent s'adapter à un monde radicalement différent de ce qu'elles ont connu. Les sentiments entremêlés sont très finement rendus, sans pathos, au fil des anecdotes : un ton d'une grande sensibilité, aux accents très justes, qui recrée une atmosphère.
Thierry Magnier, Roman, 2006.
ISBN : 978-2-84420-410-3
Autres titres :
L'Étang aux nénuphars. 2006.
ISBN : 978-2-84420-411-0
Les Profondeurs de la mer. 2006.
ISBN : 978-2-84420-399-1
9 € chaque
Vers le large. 2006.
9,50 € ISBN : 978-2-84420-484-4
À partir de 13 ans

1883. Vittori, Jean-Pierre : **1944-1945 : les sabots.**
Rémy, le narrateur, 17 ans, revient des camps de concentration : il a été déporté car sa famille a aidé un jeune résistant blessé. De courts chapitres alternés, entre le camp et le retour où le village se montre moins qu'accueillant. Le livre, qui se veut une œuvre de fiction, présente un intérêt essentiellement documentaire, en abordant avec courage un point rarement évoqué : la façon dont certains déportés ont été mal reçus à leur retour.
Nathan, Les Romans de la mémoire, 2003.
5 € ISBN : 978-2-09-211272-4
À partir de 13 ans

♥ **1884.** Burko-Falcman, Berthe : **L'Enfant caché.**
Pendant l'Occupation une petite fille juive a été cachée à la campagne où elle a grandi sous un nom d'emprunt. À la fin de la guerre, sa tante, seule survivante de la famille, l'emmène vivre avec elle à Paris. Le récit d'une existence à jamais bouleversée : toute sa vie Esther restera déchirée entre attachements et arrachements, projets et souvenirs, présences et absences.
Seuil Jeunesse, Fictions, 1996.
9,95 € ISBN : 978-2-02-028986-3
À partir de 14 ans

♥ **1885.** Grinspan, Ida ; Poirot-Delpech, Bertrand : **J'ai pas pleuré.**
Ce livre écrit par Bertrand Poirot-Delpech est le témoignage d'Ida Grinspan, déportée en janvier 1944, à 14 ans, et rescapée d'Auschwitz. La grande force de ce récit réside en l'évocation du temps d'avant la rafle, puis des camps, puis, et c'est plus rare, de l'après, pour conclure « qu'on ne revient jamais complètement d'Auschwitz ».
Pocket Jeunesse, Pocket Junior, Jeunes adultes, 2003.
6,20 € ISBN : 978-2-266-13331-9
À partir de 14 ans.

♥ **1886.** Mingarelli, Hubert : **La Lumière volée.**
Tout près du ghetto de Varsovie, un cimetière : c'est là que le jeune Élie se cache et tente de survivre, peuplant sa solitude de rêves et de poèmes. L'arrivée de Gad, un autre adolescent juif pourchassé, illumine un moment cette solitude. C'est l'ébauche d'une amitié, brutalement interrompue. Une écriture intense, brève et sensible, un roman bouleversant.
Gallimard Jeunesse, Folio Junior, 2002.
5 € ISBN : 978-2-07-053675-7
À partir de 14 ans.

Après-guerre

1887. Coerr, Eleanor ; ill. Daniau, Marc ; trad. Fraisse, Frédérique : **Les Mille Oiseaux de Sadako.**
En août 1954, Sadako participe aux commémorations du bombardement d'Hiroshima. La petite fille a une leucémie suite aux radiations nucléaires de la bombe. À l'hôpital, sa meilleure amie lui offre un oiseau en papier en lui rappelant une légende japonaise : si une personne malade réalise mille oiseaux en papier, les dieux la guériront… Inspiré d'une histoire vraie.
Milan, Milan poche cadet +, Ici et là-bas, 2003.
5,50 € ISBN : 978-2-7459-0956-5
À partir de 9 ans

1888. Caban, Géva ; ill. Tonnac, Anne : **La Lettre allemande.**
Cette nouvelle édition de *La Lettre allemande,* parue au Seuil en 1991, comporte une suite inédite, *Arthur,* dans laquelle on en apprend plus sur la petite Lo qui se mure dans le silence. On comprend mieux comment le passé et le présent se rejoignent et combien l'absence d'un être est douloureuse. Une suite intéressante qui clôt bien cette histoire originale.
Gallimard Jeunesse, Folio Junior, 2000.
4,50 € ISBN : 978-2-07-054257-4
À partir de 11 ans

1889. Koehn, Ilse ; trad. Poslaniec, Michèle : **Tilla.**
Après les bombardements de Dresde le 13 février 1945 qui ont tué sa famille, une adolescente fuit vers Berlin où elle va devoir commencer une autre vie. Un roman fort, une héroïne attachante, au caractère affirmé, dans la tourmente de la fin de la guerre en Allemagne, puis de la difficile reconstruction.
L'École des loisirs, Médium, 1990.
6,10 € ISBN : 978-2-211-02415-0
À partir de 13 ans

♥ **1890.** Potok, Chaïm ; trad. Lambert, Jérôme : **L'Arche de Noah.**
New York, 1947 : la narratrice, Davita, donne des cours d'anglais à Noah, 17 ans, seul survivant juif de sa ville, en Pologne. La petite sœur de Davita va réussir à apprivoiser Noah et à le faire parler, d'abord à travers des dessins, puis en racontant son passé. Ce récit exceptionnel de retenue, de beauté, de souffrance, d'espoir aussi, écrit dans une très belle langue. Superbe !
L'École des loisirs, Médium, 2004.
8,50 € ISBN : 978-2-211-06539-9
À partir de 13 ans

Guerre d'Algérie

1891. Delval, Jacques : **Le Train d'El-Kantara.**
La guerre d'Algérie vécue du côté d'un jeune garçon qui va, malgré lui, partager quelques jours la vie d'un groupe de soldats français et harkis. Une situation complexe abordée en peu de pages d'une écriture simple et non dépourvue de sensibilité. Un document nécessaire.
Flammarion-Père Castor, Castor poche, 1998.
3,50 € ISBN : 978-2-08-164463-2
À partir de 11 ans

1892. Bigot, Robert : **Sous le calme du djebel.**
En 1954, Hélèna, étudiante en ethnologie, part en Algérie dans les Aurès pour compléter ses recherches par un travail « de terrain ». Choquée par la réalité coloniale qu'elle découvre, passionnée par le pays et les gens qui l'accueillent, bouleversée par l'insurrection de la « Toussaint rouge » et sa répression, la jeune femme vit des aventures dramatiques à travers lesquelles on découvre ce que furent ces « événements » que l'on a si longtemps refusé de qualifier de guerre.
Actes Sud Junior, Les couleurs de l'Histoire, 2003.
10 € ISBN : 978-2-7427-4300-1
À partir de 13 ans

1893. Nozière, Jean-Paul : **Le « Ville de Marseille ».**
Mai 1962, en Algérie : au moment où les pieds-noirs fuient en masse vers la France, Paul, fils de colons, a encore quelques jours à passer sur le domaine familial. Construit sur l'alternance de plusieurs voix narratives, le récit dévoile peu à peu les imbrications du passé et du présent, les tensions familiales et politiques, la vie quotidienne et la détresse psychologique.
Seuil, Point Virgule, 2002.
4,95 € ISBN : 978-2-02-055083-3
À partir de 14 ans

LE MONDE ET SES DRAMES

Un choix de textes qui permettent de découvrir l'histoire ou la situation actuelle de pays éloignés du nôtre (surtout d'Afrique, d'Asie ou d'Amérique latine) à travers des destins personnels réels ou romancés.

♥ **1894.** Cameron, Ann ; ill. Allen, Thomas Burt ; trad. Déon, Alice : **Le Plus Bel Endroit du monde.**
La vie de Juan, petit cireur de chaussures au Guatemala. Un récit fort qui fait pénétrer les jeunes lecteurs dans un univers bien éloigné du leur, où l'instruction n'est pas systématique et où les enfants doivent gagner très tôt de quoi vivre.
L'École des loisirs, Mouche, 1991.
4,50 € ISBN : 978-2-211-03109-7
À partir de 9 ans

1895. Mens, Yann : **Champ de mines.**
Sur une route, en Afrique, un enfant marche, affamé, à bout de forces. Non loin, un avion chargé d'aide alimentaire, sur une piste isolée par des barbelés. Entre eux, un champ de mines. Mais l'enfant ne le sait pas, il voit les sacs, il s'approche… Un récit tout en tension et remarquablement efficace pour évoquer un sujet d'une terrible actualité.
Thierry Magnier, Petite poche, 2005.
5 € ISBN : 978-2-84420-379-3
À partir de 9 ans

1896. Bess, Clayton ; trad. Vassallo, Rose-Marie : **Par une nuit noire.**
Dans un village du Libéria, il y a une cinquantaine d'années, à la porte de la case où vit Momo, deux inconnues demandent l'hospitalité… pour aussitôt disparaître, abandonnant un bébé frappé de la variole. Une terrible maladie qui s'abat à son tour sur la famille, dès lors mise au banc du village. Un texte poignant dans sa simplicité tragique.
Flammarion-Père Castor, Castor poche, Histoires d'ailleurs, 2004.
4,50 € ISBN : 978-2-08-162041-4
À partir de 11 ans

1897. Divakaruni, Chitra Banerjee ; trad. Probst, Marie-Odile : **La Confrérie de la conque. 1 : Le Porteur de conque.**
Suite à la rencontre avec un vieil homme, un jeune garçon d'un bidonville de Calcutta se lance dans un long voyage plein de dangers pour rapporter une conque merveilleuse à la confrérie des guérisseurs qui vit dans une lointaine vallée de l'Himalaya. Merveilleux, magie et légendes transforment ce voyage en une quête initiatique où le bien lutte contre le mal.
Philippe Picquier, Picquier Jeunesse, 2004.
13,50 € ISBN : 978-2-87730-716-1
Autre titre :
2 : Le Miroir du feu et des rêves. 2006.
14,50 € ISBN : 978-2-87730-837-3
À partir de 11 ans

1898. Ellis, Deborah ; trad. Brisac, Anne-Laure : **Parvana, une enfance en Afghanistan.**
Un beau plaidoyer pour les femmes afghanes que ce roman qui dénonce, à travers la vie d'une fillette et de sa famille, la terreur et l'oppression que faisait régner le régime taliban. Déguisée en garçon pour pouvoir circuler dans les rues de Kaboul, Parvana se débat avec toute l'énergie du désespoir pour aider les siens à survivre pendant l'emprisonnement arbitraire de son père.
Hachette Jeunesse, Le Livre de poche Jeunesse, Histoires de vies, 2001.
4,80 € ISBN : 978-2-01-321836-8
Autres titres :
Le Voyage de Parvana. 2003.
4,80 € ISBN : 978-2-01-322141-2
On se reverra, Parvana… 2006.
5,20 € ISBN : 978-2-01-321122-2
À partir de 11 ans

♥ **1899.** Hugo, Hector : **Lambada pour l'enfer.**
À Medellin, en Colombie, la misère n'offre aux enfants d'autre choix que la violence et la délinquance. Seule la solidarité leur permet de garder leur dignité. Le prêtre qui tente de les aider se heurte à la corruption et à ses réseaux impitoyables. Une émotion sans pathos se dégage de ce récit dur, bref et saisissant.
Syros Jeunesse, Rat noir, 2006.
8 € ISBN : 978-2-7485-0513-9
À partir de 11 ans

1900. Laird, Elizabeth ; trad. Ménard, Diane : **Princes des rues.**
Un roman optimiste qui raconte la vie

d'enfants des rues à Addis-Abeba à travers la rencontre de deux garçons que tout sépare : l'un est issu d'une famille fortunée, l'autre est pauvre et orphelin. Fuyant chacun, qui un maître brutal, qui un père trop autoritaire, ils intègrent une bande de petits mendiants qui essaient de survivre dans la jungle urbaine.
Gallimard Jeunesse, Folio Junior, 2004.
6,90 € ISBN : 978-2-07-055798-1
À partir de 11 ans

1901. Laye, Camara : **L'Enfant noir.**
Publié en 1953, ce roman est né dans la solitude et l'exil. L'auteur raconte son enfance en Haute-Guinée : la figure forte du père artisan forgeron, la mère aimante et vigilante, mais aussi la familiarité avec le surnaturel, un mode de vie patriarcal, l'expérience de l'école, le moment-clé de l'initiation... Un livre parfois nostalgique, parfois lyrique, qui témoigne d'un attachement passionné à l'Afrique.
Pocket Jeunesse, Pocket Junior, Références, 2000.
5,20 € ISBN : 978-2-266-10815-7
À partir de 11 ans

1902. Needle, Jan ; trad. Delattre, Martine : **Mon ami Chafiq.**
L'amitié entre Bernard, l'Anglais, et Chafiq, le Pakistanais, dans un contexte social difficile. Aucun manichéisme et un thème abordé, pour une fois, avec originalité et nuances.
Flammarion-Père Castor, Castor poche Senior, Vivre aujourd'hui, 1986.
5,50 € ISBN : 978-2-08-161862-6
À partir de 11 ans

1903. Ondjaki ; ill. Lacroix, Émilie ; trad. Nédellec, Dominique : **Bonjour camarades.**
Plongée au cœur de la vie quotidienne à Luanda, en Angola, à la fin des années 1980, en compagnie d'un écolier d'une dizaine d'années : sa famille, l'école, ses copains, la ville. Moments banals et épisodes dramatiques se succèdent. Dans ce récit largement autobiographique, le ton est très vivant.
La Joie de lire, Récits, 2004.
9 € ISBN : 978-2-88258-282-9
À partir de 11 ans

1904. Selormey, Francis ; trad. Galle, Étienne : **Kofi, enfant du Ghana.**
Kofi adulte se souvient de son enfance et de son adolescence, marquées par le conflit avec un père très sévère, dans la Gold Coast des années 1920. Un style concis, aisé à lire, qui amène le lecteur dans l'intimité d'une famille, un lieu, une époque.
Dapper, Au bout du monde, 1998.
5,79 € ISBN : 978-2-906067-43-1
À partir de 11 ans

1905. Vasconcelos, José Mauro de ; ill. Mallard, Marie ; trad. Raillard, Alice : **Mon bel oranger : histoire d'un petit garçon qui, un jour, découvrit la douleur.**
Zézé, Brésilien de 5 ans, est plein de vitalité ; à la maison pas d'argent, mais il se débrouille dans la rue, et confie ses rêves à un petit pied d'oranger. L'auteur puise dans ses souvenirs d'enfance et conte, avec beaucoup de réalisme, mais aussi de tendresse, l'apprentissage douloureux de la vie.
Hachette Jeunesse, Le Livre de poche Jeunesse, Classiques, 2001.
5,20 € ISBN : 978-2-01-321882-5
À partir de 11 ans

1906. Agenor, Monique : **Les Enfants de la colline sacrée.**
Madagascar, 1842. Deux enfants réchappés d'un massacre sont déportés vers la Réunion et vendus dans une plantation. Servitude, humiliations, violences sont leur lot quotidien. Viendra le temps de la révolte, du « marronnage », et plus tard de l'abolition. D'un auteur réunionnais, un roman qui s'inscrit de manière sensible dans une page de l'esclavage peu évoquée.
Syros Jeunesse, Les uns les autres, 2005.
7,50 € ISBN : 978-2-7485-0274-9
À partir de 13 ans

1907. Anh, Duyên ; trad. Tran Van Nghiêm, Pierre ; Ripault, Ghislain : **Les enfants qui rêvaient de traverser la mer.**
En 1980, dans la ville de Saigon, un écrivain gagne maigrement sa vie en conduisant un pousse-pousse. Il sort d'une dure période d'emprisonnement et de « rééducation » et reste très surveillé par le nouveau régime. Il reprend goût à la vie en s'intéressant au sort des enfants abandonnés, enfants métis nés de soldats américains. Un texte particulièrement touchant, empreint d'une profonde humanité, qui donne un aperçu sans concession de la réalité quotidienne du Vietnam d'après-guerre.
Seuil, Fictions, 1999.
10,95 € ISBN : 978-2-02-026345-0
À partir de 13 ans

1908. Beake, Lesley ; trad. Déon, Alice : **Le Chant de Be.**
Be, adolescente bushman, s'est mutilée avec une flèche empoisonnée et revoit sa vie en attendant la mort. Elle est venue rejoindre sa mère sur les terres d'un fermier blanc pour y travailler. Tradition et modernité se heurtent dans ce texte poétique et convaincant.
L'École des loisirs, Médium, 1995.
7,30 € ISBN : 978-2-211-03639-9
À partir de 13 ans

1909. Beaude, Pierre-Marie : **Issa, enfant des sables.**
Avec Issa, leur tout jeune fils, une jeune femme et son mari quittent leur village africain sinistré par la sécheresse. Le roman décrit leur marche épuisante et obstinée à travers le désert, la force et les limites de leur espoir, la beauté hostile et envoûtante des étendues arides. Ils croisent une jeune femme médecin, engagée dans un organisme humanitaire.
Gallimard Jeunesse, Folio Junior, 2002.
5 € ISBN : 978-2-07-053940-6
À partir de 13 ans

1910. Couao-Zotti, Florent : **Charly en guerre.**
Un récit fort et poignant, aux limites de la fiction, qui met en scène l'errance d'un enfant d'une dizaine d'années dans un pays africain dévasté par la guerre. Charly, qui s'est enfui d'un camp de réfugiés après le meurtre de son père et l'enlèvement de sa mère, est pris en charge et initié aux ruses de la survie par un soldat à peine plus âgé que lui.
Dapper, Au bout du monde, 2001.
5,34 € ISBN : 978-2-906067-69-1
À partir de 13 ans

1911. Curtis, Christopher Paul ; trad. Pressmann, Frédérique : **Voyage à Birmingham, 1963.**
Chronique chaleureuse et vivante de la vie d'une famille noire américaine dans les années 1960. Mésaventures cocasses et épisodes dramatiques – comme l'expérience violente du racisme, lors de vacances dans le sud – s'enchaînent sur un rythme alerte.
L'École des loisirs, Médium, 1997.
8 € ISBN : 978-2-211-03950-5
À partir de 13 ans

♥ **1912.** Erdrich, Louise ; trad. Pressmann, Frédérique : **Omakayas.**
Au cœur d'une tribu amérindienne, le récit du destin étonnant d'une petite fille aux pouvoirs surnaturels qui lui donnent une familiarité avec les animaux et une connaissance des plantes et des soins à apporter aux malades décimés par une épidémie. Un savant mélange d'éléments documentaires portant sur la manière de vivre de ce peuple et d'éléments romanesques nourrit ce passionnant roman.
L'École des loisirs, Médium, 2002.
10,40 € ISBN : 978-2-211-05544-4
À partir de 13 ans

♥ **1913.** Farmer, Nancy ; trad. Silberfeld, Judith : **Elle s'appelait Catastrophe.**
Accusée d'être une sorcière, Nhabo, une jeune Mozambicaine, s'enfuit de son misérable village : elle aurait provoqué une épidémie de choléra. Errant de longs mois sur un radeau, elle rejoindra une terre de liberté. Un récit plein d'aventures où se mêlent des éléments réalistes, le rêve et la magie qui donnent vie à un personnage dynamique, original et attachant.
L'École des loisirs, Médium, 2000.
11 € ISBN : 978-2-211-05323-5
À partir de 13 ans

1914. Feng Ji Cai ; trad. Mirbeck, Marie-France de ; Nodot, Antoinette : **Que cent fleurs s'épanouissent.**
Dans la Chine de Mao, les souffrances et les humiliations que subit un jeune artiste lors de la révolution culturelle et comment la foi en son art lui donne la force de survivre, et de prouver que sous les plus terribles régimes, un ferment de liberté et d'espérance subsiste, plus fort et plus important que tout. Un récit à la première personne qui suscite la révolte et l'émotion du lecteur.
Gallimard Jeunesse, Scripto, 2003.
7,50 € ISBN : 978-2-07-055630-4
À partir de 13 ans

1915. Herzhaft, Gérard : **Catfish blues.**
Itinéraire complexe d'un adolescent noir du Sud profond pour accomplir son rêve de jouer et chanter le blues. Description d'un univers dur et pauvre mais d'une grande richesse humaine, une lecture facile et dynamique.
Seuil Jeunesse, Fictions, 1997.
9,95 € ISBN : 978-2-02-029506-2
Autre titre :
À Chicago, un harmonica sanglote le blues. 2000.
10,95 € ISBN : 978-2-02-035765-4
À partir de 13 ans

1916. Kherdian, David ; trad. Lenglet, Laurence : **Loin de chez moi : histoire d'une jeune Arménienne.**
Histoire d'une enfance en Arménie, détruite par l'exil, la déportation, les massacres provoqués par le gouvernement turc en 1916. Loin de chez elle, c'est la seule façon pour Véron – comme pour beaucoup d'autres Arméniens – de reconstruire sa famille en lui épargnant le poids des anciennes blessures. Un récit douloureux qui est également une leçon de courage.
L'École des loisirs, Médium, 1990.
7,60 € ISBN : 978-2-211-04515-5
À partir de 13 ans

1917. Kim, Helen ; trad. Berloger-Lecaye, Patricia : **La Longue Saison des pluies.**
À travers la chronique des événements de l'été 1969, tels que les rapporte Junehee, une fillette coréenne de 11 ans, le lecteur découvre un monde où peu à peu se devinent les tensions et les drames. Un très beau texte au ton toujours juste, empreint de nostalgie, qui restitue aussi bien le charme que la cruauté d'un univers d'enfance.
L'École des loisirs, Médium, 2001.
11 € ISBN : 978-2-211-04760-9
À partir de 13 ans

1918. Legendre, Françoise : **Le Petit Bol de porcelaine bleue.**
Les parents d'Andrei fuient la Roumanie communiste, et espèrent que leur fils et la grand-mère pourront les rejoindre en France. Les démarches n'aboutissent pas, et la grand-mère glisse dans la maladie, perd la mémoire, Andrei doit faire face tout seul. Au-delà de la transparence de l'écriture plane une incertitude qui sollicite l'interprétation du lecteur et crée l'émotion.
Seuil Jeunesse, Fictions, 1996.
9 € ISBN : 978-2-02-026346-7
À partir de 13 ans

1919. Mankell, Henning ; trad. Segol, Agneta : **Le Secret du feu.**
Le difficile retour à la vie de Sofia, jeune Mozambicaine, après la perte de ses jambes à cause d'une mine antipersonnel. Décidée à se battre contre la fatalité, elle apprend à marcher avec des jambes artificielles. Un roman qui traite d'une réalité encore trop répandue en Afrique.
Flammarion-Père Castor, Castor poche Senior, 1998.
5 € ISBN : 978-2-08-164201-0
Autre titre :
Le Mystère du feu. 2003.
6,50 € ISBN : 978-2-08-161267-9
À partir de 13 ans

1920. Missonnier, Catherine : **Le Goût de la mangue.**
Une adolescente blanche, mal intégrée à la jeunesse dorée des colons français, rencontre un jeune Malgache. Un lien très fort va se tisser entre eux. Les prémices de l'indépendance se font sentir et le contexte historique tendu est rendu avec nuance sans occulter la terrible répression de 1947. Une écriture sensible et sensuelle.
Thierry Magnier, Roman, 2006.
7,50 € ISBN : 978-2-84420-458-5
À partir de 13 ans

1921. Petit, Xavier-Laurent : **Maestro !**
Comment un extraordinaire chef d'orchestre, homme de cœur et de courage, réussit à donner confiance et force de vivre à des enfants des rues d'une grande ville d'Amérique latine où sévissent misère et

inégalités sociales criantes. Le jeune narrateur rencontre un jour cet ange gardien. Un roman tonique plein d'optimisme et de musique.
L'École des loisirs, Médium, 2005.
9,50 € ISBN : 978-2-211-08108-5
À partir de 13 ans

1922. Roger, Marie-Sabine : **Le Quatrième Soupirail.**
Après des années d'exil, Pablo revient dans son pays, quelque part en Amérique latine, dans la ville où son père a été prisonnier, torturé. Un récit sobre, rapide, auquel l'auteur ajoute des poèmes qui chantent la liberté : les voix d'Octavio Paz, de Desnos, d'Éluard... forment un contrepoint très justement choisi qui s'insère harmonieusement dans le texte.
Thierry Magnier, Roman, 2005.
7,50 € ISBN : 978-2-84420-419-6
À partir de 13 ans

1923. Ryan, Pam Munoz ; trad. Delord, Dominique : **Les Roses du Mexique.**
Esperanza va fêter ses 13 ans quand son père est assassiné, leur hacienda incendiée et sa mère menacée d'un remariage forcé. Elles émigrent aux États-Unis et vont partager la vie misérable des travailleurs agricoles mexicains. Témoignage poignant sur la vie des immigrants mexicains, c'est aussi un roman passionnant, au ton authentique.
Actes Sud Junior, Les couleurs de l'Histoire, 2003.
10 € ISBN : 978-2-7427-4299-8
À partir de 13 ans

1924. Schami, Rafik ; trad. Friot, Bernard : **Une poignée d'étoiles.**
La vie quotidienne dans les années 1970 à Damas. Un adolescent, fils d'un boulanger, devient journaliste et prend conscience de la réalité politique répressive de son pays. Réalisme, humour, force, tendresse, poésie.
L'École des loisirs, Médium, 1989.
6 € ISBN : 978-2-211-06601-3
À partir de 13 ans

1925. Schulz, Hermann ; trad. Kugler, Dominique : **Sur le fleuve.**
Dans les années 1930, en Afrique de l'Est, un missionnaire allemand remonte le fleuve en pirogue avec sa fillette mourante. À chaque escale des Africains l'aident et soignent sa fille, lui conseillent de lui parler. Alors, au cours de cet interminable voyage, il lui raconte son enfance. Un livre magnifique et original sur l'Afrique, le choc des cultures et la force de l'amour...
L'École des loisirs, Médium, 2004.
9 € ISBN : 978-2-211-05550-5
À partir de 13 ans

1926. Slovo, Gillian ; trad. Guiloineau, Jean : **Poussière rouge.**
Situé dans l'Afrique du Sud de l'après-apartheid, le roman a pour thème le travail des commissions Justice et Vérité dont il retrace les enjeux et les difficultés à travers l'histoire exemplaire d'une jeune avocate, lors du procès intenté par un couple de Noirs dont le fils a disparu en prison. La dimension policière se mêle magistralement à la réflexion politique et morale.
Gallimard Jeunesse, Scripto, 2006.
12 € ISBN : 978-2-07-055484-3
À partir de 13 ans

1927. Staples, Suzanne Fisher ; trad. Coulibœuf, Isabelle de : **Afghanes.**
Dans le contexte de l'après-11 septembre 2001, le roman retrace le destin d'une bergère afghane illettrée qui a tout perdu dans les bombardements américains et celui d'une jeune Américaine convertie à l'islam, mariée à un médecin pakistanais, qui s'occupe d'une petite école. Un profond respect pour le peuple afghan et sa culture se dégage du récit.
Gallimard Jeunesse, Scripto, 2006.
11,50 € ISBN : 978-2-07-057041-6
À partir de 13 ans

♥ **1928.** Staples, Suzanne Fisher ; trad. Coulibœuf, Isabelle de : **Le Feu de Shiva.**
Dans le sud de l'Inde naît une petite fille qui paraît dotée de pouvoirs surnaturels. Elle ne pense qu'à danser, sera recrutée par une école de danse réputée de Madras et permettra à sa famille de sortir de la misère. Peinture de l'Inde contemporaine et de ses contrastes, c'est aussi une réflexion sur l'art et la rigueur de l'apprentissage, servie par une écriture particulièrement évocatrice.
Gallimard Jeunesse, Scripto, 2003.
10,50 € ISBN : 978-2-07-054390-8
À partir de 13 ans

1929. Staples, Suzanne Fisher ; trad. Hérisson, Janine : **Shabanu.**
Au sud du Pakistan, parmi les nomades du désert, Shabanu, « la fille du vent », garde le bétail en attendant le mari choisi par ses parents, partagée entre la fidélité aux traditions ancestrales et le désir de libération. Un beau récit prenant et poétique.
Gallimard Jeunesse, Folio Junior, 2003.
6 € ISBN : 978-2-07-055305-1
À partir de 13 ans

1930. Stratton, Alan ; trad. Van Den Dries, Sidonie : **Le Secret de Chanda.**
Solidement documenté, ce roman se veut avant tout une dénonciation de la situation faite en Afrique aux malades du sida. L'auteur réussit la gageure de soutenir son propos par une fiction très bien construite, riche de personnages totalement crédibles, complexes et nuancés, où l'émotion et le suspense ne sont jamais gratuits ni racoleurs.
Bayard Jeunesse, Millézime, 2006.
ISBN : 978-2-7470-1460-1
À partir de 13 ans

♥ **1931.** Trân, Quôc Trung : **La Barque.**
L'image d'une barque glissant dans la brume, une présence devinée : seules traces de sa vie « d'avant » dans la mémoire d'un jeune garçon vietnamien qui a dû quitter très jeune son pays. À présent en France, on le presse à la fois de maintenir une tradition et de s'intégrer. Un très beau texte, qui allie remarquablement émotion et sobriété.
L'École des loisirs, Médium, 2001.
7 € ISBN : 978-2-211-06365-4
À partir de 13 ans

1932. Van Leeuwen, Joke ; Blain, Malika ; trad. Lomré, Maurice : **Libérez mon frère.**
À travers l'histoire d'une fillette dans le Maroc de la fin des années 1960, on découvre la vie quotidienne dans un milieu très pauvre, mais surtout, avec l'emprisonnement du frère aîné, la brutalité de la

répression contre les opposants au régime. Un authentique point de vue d'enfant, avec une dimension collective et politique.
L'École des loisirs, Médium, 2002.
10 € ISBN : 978-2-211-05645-8
À partir de 13 ans

1933. Zenatti, Valérie : **Une bouteille dans la mer de Gaza.**
Tal, jeune Israélienne, vit dans la terreur des attentats, note dans son journal ses réflexions, ses souvenirs, ses découragements… et décide de l'adresser « de l'autre côté », à une Palestinienne de son âge, avec qui elle pourrait amorcer un dialogue. Évidemment ce ne sera pas cette Palestinienne inventée qui lui répondra. Le roman, écrit d'une plume fluide et maîtrisée, n'évite pas tous les pièges de l'idéalisme, mais il est courageux, nuancé et suscite le débat.
L'École des loisirs, Médium, 2005.
9,50 € ISBN : 978-2-211-07275-5
À partir de 13 ans

QUESTIONS DE SOCIÉTÉ

1934. Halley, Achmy : **L'Oasis d'Aïcha.**
Dans sa rédaction Saroya a décrit avec beaucoup d'imagination toute la magie du couscous de sa chère Mamie Aïcha. La maîtresse la traite de menteuse. Atteinte au plus profond d'elle-même, la petite fille jure qu'on ne l'y reprendra plus. Une histoire d'enfant qui sonne juste.
Syros Jeunesse, Mini-Syros, Mini-Souris Sentiments, 1998.
2,90 € ISBN : 978-2-84146-507-1
À partir de 7 ans

1935. Werneck, Leny : **Ma grand-mère d'ailleurs.**
Emmanuel, né en France, se sent totalement Français, même si ses parents, et surtout sa grand-mère, parlent espagnol, parce que venus d'Amérique du Sud. Un livre intime qui dit, par petites touches successives, la difficulté et la richesse d'appartenir à des cultures différentes.
Syros Jeunesse, Mini-Souris Sentiments, 1999.
2,90 € ISBN : 978-2-84146-666-3
À partir de 7 ans

1936. Begag, Azouz ; ill. Louis, Catherine : **La Force du berger.**
Un enfant est déchiré entre deux vérités : celle de son père, berger illettré, tendre et tyrannique et celle du maître d'école, qui enseigne la théorie de la gravitation universelle. Un petit livre émouvant et pudique sur les conflits culturels que vivent les enfants d'immigrés.
La Joie de lire, Récits, 2000.
6,70 € ISBN : 978-2-88258-011-5
À partir de 9 ans

1937. Begag, Azouz ; ill. Louis, Catherine : **Un train pour chez nous.**
Souvenirs d'enfance d'Azouz Begag, ceux des vacances en Algérie chaque année au mois d'août. L'émotion du retour « au pays » est dite très simplement, avec nostalgie et tendresse envers ses parents et l'enfant qu'il était. Elle est servie par les magnifiques photos retouchées de Catherine Louis et le beau format du livre.
Thierry Magnier, 2001.
13,50 € ISBN : 978-2-84420-139-3
À partir de 9 ans

1938. Ben Aych, Gil ; ill. Martin : **Le Voyage de Mémé.**
De Paris à Champigny, la longue marche émouvante et comique d'un jeune émigré d'Algérie et de sa grand-mère, qui s'étonne ou s'indigne à chaque instant de mentalités et de conditions de vie qui lui sont étrangères. Leur dialogue, affectueux ou difficile, toujours savoureux, est une confrontation passionnante de points de vue, de réalités, de sentiments différents.
Pocket Jeunesse, Pocket Junior, 2006.
4,80 € ISBN : 978-2-266-16228-9
À partir de 9 ans

♥ **1939.** Daeninckx, Didier : **Le Chat de Tigali.**
Un chat de Kabylie est victime de la haine raciste. Une fable qui dénonce un fléau malheureusement bien connu chez les hommes.
Syros Jeunesse, Mini-Souris noire, 1997.
2,90 € ISBN : 978-2-84146-405-9
À partir de 9 ans

1940. Godden, Rumer ; ill. Saint Chamas, Élise de ; trad. Rouche, Gilles : **La Petite Fille à la roulotte.**
Après la mort de sa grand-mère, que deviendront Kizzy et son cheval Joe ? La petite bohémienne parviendra-t-elle à s'intégrer à l'école où les enfants ne l'acceptent pas ? Assez conventionnel mais touchant, ce texte a été publié au Royaume-Uni en 1972 (1e éd. française : 1974).
Gallimard Jeunesse, Folio Junior, 1998.
5 € ISBN : 978-2-07-051901-9
À partir de 9 ans

1941. Haugaard, Kay ; ill. Gambini, Cécile ; trad. Lassus-Saint-Genies, F. de : **La Petite Fille au kimono rouge.**
Une petite Japonaise vient vivre en Amérique avec ses parents : elle doit se faire accepter à l'école où elle se sent plutôt perdue. Un thème traité avec intelligence et délicatesse, sans mièvrerie. Des contacts entre les enfants naîtra un enrichissement mutuel et le livre s'achève dans une atmosphère tonique et sereine. Paru en 1967. 1e éd. française : 1971.
Hachette Jeunesse, Le Livre de poche Jeunesse, Enfants du monde, 2004.
4,50 € ISBN : 978-2-01-322232-7
À partir de 9 ans

1942. Héron, Jean-Olivier : **Une pomme de terre en or massif.**
Dernier d'une famille pauvre, dans un village pauvre, Edmond entre dans les affaires sans avoir bien compris comment, en payant à la journée et d'avance d'autres personnes qui ramassent des pommes de terre à sa place, lui-même étant payé au sac. Une amusante et excellente approche de l'économie, racontée comme un conte et très bien illustrée.
Sorbier / Gulf Stream, 2004.
8,50 € ISBN : 978-2-7320-3813-1
À partir de 9 ans

1943. Chabas, Jean-François ; ill. Blondon, Hervé : **Les Hermines.**
Raphaël décrit le choc qu'il a éprouvé, lui le gamin crasseux, désespéré, lorsque sont arrivées une « dame » et sa fille dans le bidonville où il survit avec son père et leurs compagnons de galère. Un texte fort, très vivant, qui aborde sans misérabilisme ni

fausse pudeur les thèmes de la pauvreté et de la solidarité.
Casterman, Romans Dix & plus, 2002.
6,50 € ISBN : 978-2-203-11942-0
À partir de 11 ans

1944. English, Karen ; trad. Delval, Marie-Hélène : **Francie.**
Aux États-Unis, en 1940, dans l'état d'Alabama, les Noirs n'ont pas les mêmes droits que les Blancs. Dans l'ensemble la petite Francie l'accepte, mais devant trop d'injustice elle se révolte et passe à l'action. La réussite du roman repose sur la personnalité de Francie, impulsive et pleine de joie de vivre.
Bayard Jeunesse, Les Littéraires, 2001.
11,43 € ISBN : 978--2-227-73914-2
À partir de 11 ans

1945. Fox, Paula ; trad. Lermuzeaux, Antoine : **L'Île aux singes.**
Clay, 11 ans, doit se débrouiller seul pour survivre à New York. Il partagera tout un hiver la vie de deux sans-abri dans un parc, connaîtra la faim, le froid et les agressions racistes, mais aussi l'amitié et la solidarité. Misère et marginalité, apprentissage social et moral caractérisent ce roman éclairé par une fin relativement heureuse.
L'École des loisirs, Médium, 1993.
6,40 € ISBN : 978-2-211-01272-0
À partir de 11 ans

1946. Gerber, Alain : **Le Roi du jazz.**
Noël, blanc, et Léon, noir, rêvent de devenir des jazzmen. Hélas, La Nouvelle-Orléans du début du XXe siècle n'est pas propice aux amitiés interraciales. Léon se retrouve en prison où il va devenir un vrai musicien. Une histoire un peu schématique mais écrite dans une langue savoureuse et dans laquelle la musique du livre fonctionne.
Bayard Jeunesse, Bayard poche, 2005.
5,80 € ISBN : 978-2-7470-0688-0
À partir de 11 ans

1947. Myers, Walter Dean ; trad. Westberg, Caroline : **Harlem blues.**
Deux adolescents sympathiques et courageux essaient d'améliorer leurs conditions de vie dans un monde très dur : celui du ghetto noir de Harlem et de la drogue. Un éclairage plutôt positif, sans complaisance ni exagération, avec une écriture directe qui touchera les lecteurs qui aiment ce qui sonne « vrai ».
Rageot, Métis, 2004.
8,50 € ISBN : 978-2-7002-2976-9
À partir de 11 ans

1948. O'Connor, Barbara ; trad. Bay, Marie-Pierre : **Rupert Goody et moi.**
La vie presque au jour le jour, les sentiments et les réflexions d'une fillette de 11 ans obligée du jour au lendemain de partager l'affection du vieil épicier du village, dont elle a fait son père idéal, avec le vrai fils de ce dernier. Un ton alerte et malicieux malgré des propos graves sur le racisme et l'exclusion. Un excellent moment.
Hachette Jeunesse, Le Livre de poche Jeunesse, Mon bel oranger, 2001.
4,29 € ISBN : 978-2-01-321772-9
À partir de 11 ans

1949. Piquemal, Michel : **Le Jobard.**
Le Jobard est un clochard dont la fréquentation n'est pas recommandée. Désœuvrée, la bande de Brice décide une attaque gratuite et méchante, mais un chien renverse la situation. Et les gamins participent au projet fou du Jobard : édifier une gigantesque tour de verre. Des personnages attachants par leurs propres contradictions et leur volonté de mener à bien leur projet.
Milan poche Junior, 1999.
4,50 € ISBN : 978-2-84113-909-3
À partir de 11 ans

♥ **1950.** Smadja, Brigitte : **La Tarte aux escargots.**
Lili, 10 ans, débarque de Tunisie en 1965, s'installe avec sa mère et ses petits frères à la Goutte d'Or et entre au lycée Jules-Ferry à Paris. Elle observe, s'étonne et s'amuse de tout, même si elle ne comprend pas toujours ses camarades (ni ce qu'ils mangent : d'où le joli titre de ce roman !) pour la plupart de milieu bourgeois. Amitiés, violences, rejets : un apprentissage difficile mais plein d'optimisme, raconté avec beaucoup de finesse.
L'École des loisirs, Neuf, 1995.
6,70 € ISBN : 978-2-211-03633-7
Autres titres :
Le Cabanon de l'oncle Jo. 1996.
7,30 € ISBN : 978-2-211-03792-1
Ill. Merlin, Christophe : **Quand papa était mort.**
Syros Jeunesse, 1996 [épuisé].
À partir de 11 ans

♥ **1951.** Tillage, Leon Walter ; ill. Roth, Susan L. ; trad. Ormières, Alice ; Butaud, Nadia : **Léon.**
Un Noir, né en Caroline du Nord en 1936, raconte aux enfants d'aujourd'hui son enfance et sa jeunesse dans un contexte où le racisme et la misère étaient l'ordinaire. Un ton très juste, des mots simples, des détails concrets, pour évoquer la dureté de la vie d'alors, la peur quotidienne, la solidarité et la révolte.
L'École des loisirs, Neuf, 1999.
6,70 € ISBN : 978-2-211-04888-0
À partir de 11 ans

1952. Begag, Azouz : **Le Gone du Chaâba.**
Dans la banlieue lyonnaise, les premières étapes de la réussite scolaire d'un jeune Beur qui lui a permis d'échapper au ghetto « immigré ». Un roman autobiographique écrit sur un mode très chaleureux et très simple.
Seuil Jeunesse, Romans, 2005.
10 € ISBN : 978-2-02-081613-7
À partir de 13 ans

1953. Cocho, Juan : **Chorizo.**
Fils d'immigrés espagnols, « Chorizo » joue sans cesse avec les mots et les phrases des autres pour s'inventer des monologues à la Devos et se moquer avec tendresse du parler de ses parents. Il raconte en courtes séquences cocasses, parfois tragiques, le quotidien d'un gamin « qui ne veut pas être étranger ». Le ton est toujours léger, les thèmes plus graves qu'ils n'y paraissent.
L'École des loisirs, Médium, 2004.
10 € ISBN : 978-2-211-07008-9
À partir de 13 ans

1954. Hiaasen, Carl ; trad. Sarda, Yves : **Chouette.**
À travers une aventure pleine de péripéties dans laquelle deux jeunes garçons s'op-

posent avec malice et témérité dans un combat écologique à des adultes uniquement soucieux de profit, un tableau plein d'humour d'une société où la corruption et la bêtise vont de pair et s'opposent aux valeurs simples et pourtant sûres de la génération nouvelle. Se lit d'une traite.
Gallimard Jeunesse, 2003.
12,50 € ISBN : 978-2-07-055222-1
Existe aussi en Folio Junior
6 € ISBN : 978-2-07-056477-4
À partir de 13 ans

1955. Hiçyilmaz, Gaye ; trad. Hay, Nathalie : **La Cascade gelée.**
Ayant quitté la Turquie avec sa mère et ses sœurs, pour rejoindre son père et ses frères qui travaillent en Suisse, cette adolescente séduite par les mœurs et les paysages découvre peu à peu l'ambiguïté du statut d'immigré. Un long roman qui propose une analyse psychologique riche et nuancée.
L'École des loisirs, Médium, 1996.
11,60 € ISBN : 978-2-211-02696-3
À partir de 13 ans

1956. Laird, Elizabeth ; trad. Rigoureau, Luc : **Les Coups durs.**
Jake, 14 ans, est tabassé par son beau-père. L'enfant se sent minable, coupable, inutile. Sa mère se décide à demander de l'aide à sa grand-mère qui fait face avec beaucoup de tempérament. Le roman envisage les choses selon plusieurs points de vue qui s'éclairent, et traduit bien la solitude dans laquelle les protagonistes sont enfermés.
Flammarion, Tribal, 2003.
8 € ISBN : 978-2-08-161635-6
À partir de 13 ans

1957. Lipsyte, Robert ; trad. Christelle Bécant : **La Dernière Épreuve.**
Pas facile de devenir champion de boxe quand on débarque à New York pour la première fois, qu'on est indien, qu'on ne connaît rien ni au milieu de la boxe ni aux réseaux de trafiquants de drogue toujours à l'affût de nouveaux venus. Sonny, grand adolescent naïf et plein d'illusions, fait un apprentissage douloureux des dures contraintes de la compétition sportive, des dangers de fausses amitiés, de la corruption et du racisme. Tout cela est dit avec humour et émotion.
L'École des loisirs, Médium, 1995.
8,80 € ISBN : 978-211-03628-3
À partir de 13 ans
Autres titres :
Le Défi d'Alfred. 1990 [épuisé].
Le Chef. 1995.
9,50 € ISBN : 978-2-211-02145-6
À partir de 13 ans

1958. Lowry, Lois ; trad. Kugler, Dominique : **Le garçon qui se taisait.**
Au début du XXe siècle, aux États-Unis, Kate accompagne souvent dans ses visites son père médecin, qu'elle admire pour sa profonde humanité. Elle partage son combat contre l'injustice et se heurte aux préjugés de ceux qui, ne supportant pas les différences, condamnent un jeune garçon étrange et silencieux à l'exclusion et à la folie.
L'École des loisirs, Médium, 2005.
10 € ISBN : 978-2-211-07278-6
À partir de 13 ans

1959. Moka : **Pourquoi ?**
Pourquoi Wafa, jeune fille docile, bonne élève et aînée d'une famille somalienne installée à Cherbourg, s'est-elle enfuie en emmenant sa petite sœur de 6 ans ? Sur un sujet particulièrement difficile – l'excision – Moka réussit à construire un récit clair, plein d'humanité, sans verser dans la caricature ou les jugements sommaires, mais en défendant avec efficacité ses convictions.
L'École des loisirs, Médium, 2005.
10 € ISBN : 978-2-211-07969-3
À partir de 13 ans

1960. Nozière, Jean-Paul : **Maboul à zéro.**
Le désarroi d'une adolescente d'origine algérienne, Aïcha, sa révolte, ses choix et ses questions face à une situation familiale difficile et face à la montée de l'intolérance. S'y mêle la compréhension du poids du passé, lorsqu'elle découvre l'histoire de sa mère. Un roman à la thématique complexe et riche, à la fois politique et psychologique.
Gallimard Jeunesse, Scripto, 2003.
8 € ISBN : 978-2-07-055359-4
À partir de 13 ans

1961. Recorvits, Helen ; trad. Masson, Jean-Robert : **Adieu, Walter Malinski.**
Dans l'Amérique des années 1930, la crise économique démantèle une famille d'immigrés polonais dans laquelle un père au chômage fait peser sur son fils, Walter, la frustration et la révolte causées par la misère soudaine. Un drame de l'incommunicabilité où seule la mort révèle la vérité des sentiments.
L'École des loisirs, Médium, 2000.
7,30 € ISBN : 978-2-211-05500-0
À partir de 13 ans

1962. Saalman, Günter ; trad. Lauxerois, Marie : **Le King, c'est moi !**
Le désarroi d'un adolescent, qui vit dans une petite ville de l'ex-Allemagne de l'Est, s'inscrit dans un contexte très déstabilisé : la chute du Mur provoque des bouleversements qui entraînent Rex dans des situations marquées par la violence, le désespoir, la haine. Un roman saisissant, dont la construction habile et le style efficace créent un terrible suspense.
L'École des loisirs, Médium, 1999.
10,70 € ISBN : 978-2-211-04560-5
À partir de 13 ans

1963. Sierra I Fabra, Jordi ; trad. Ferrier, Bertrand : **Le Prix de la peur.**
Ce roman est un plaidoyer implacable contre la drogue dont il montre le terrible engrenage à travers l'histoire de deux frères : Antonio, 23 ans, un drogué qui fait vivre sa famille en dealant, et Esteban, 17 ans, le cadet, protégé par l'aîné mais qui devient la cible d'une vengeance. Haletant et efficace.
Hachette Jeunesse, Le Livre de poche Jeunesse, 2005.
5,50 € ISBN : 978-2-01-321132-1
À partir de 13 ans

EN FAMILLES

Le pluriel est de mise tant est grande la diversité des situations : loin des modèles figés, les romanciers explorent les multiples dimensions, tantôt sécurisantes, tantôt tumultueuses ou traumatisantes des relations familiales.

1964. Walter, Mildred Pitts ; ill. Millet, Claude et Denise ; trad. Garreta, Bernadette : **Ma maman a besoin de moi.**
Le petit Simon est plein de bonnes intentions. Il tient absolument à aider sa maman qui rentre tout juste de la maternité. Mais en réalité, n'est-ce pas plutôt lui qui a besoin de sa maman ? Une tendre histoire très joliment illustrée.
Bayard Jeunesse, Les trésors des Belles Histoires, 2001.
9,90 € ISBN : 978-2-7470-0131-1
À partir de 5 ans

1965. Blake, Stéphanie : **La fille qui voulait être un garçon.**
Seule fille, l'aînée d'une ribambelle de petits frères se sent obligée de se comporter comme un garçon pour se faire aimer de son père, veuf et malheureux. Un message fort de souffrance partagée et de sentiments non exprimés à travers ce tout petit texte intimiste, abondamment illustré en noir, gris et blanc.
L'École des loisirs, Mouche, 2001.
6,10 € ISBN : 978-2-211-06055-4
À partir de 7 ans

1966. Dreyfuss, Corinne : **Un week-end sur deux.**
Le petit dernier vit avec son père et sa mère. Mais son père a eu des enfants avant lui, c'est « la famille des composés ». Du coup l'enfant vit au rythme des arrivées et des départs des grands, et lui, le petit narrateur, il voudrait tant qu'ils soient toujours ensemble. Un point de vue intéressant, rarement abordé, et une petite merveille de sensibilité.
Thierry Magnier, Petite poche, 2005.
5 € ISBN : 978-2-84420-382-3
À partir de 7 ans

1967. Godden, Rumer ; ill. Cooney, Barbara ; trad. Brisac, Tessa : **Prune et Fleur de Houx.**
La touchante adoption d'une poupée, Fleur de Houx, par une petite orpheline, Prune, elle-même adoptée par un couple sans enfant. Un vrai conte de Noël avec des illustrations fines et délicates. Magique.
Gallimard Jeunesse, Folio Cadet, 2002.
6,90 € ISBN : 978-2-07-053666-5
À partir de 7 ans

1968. Bawden, Nina ; trad. Bécant, Christelle : **Les Bonbons magiques.**
Pas facile pour Cora d'être la plus jeune de la famille et encore moins quand « les grands » décident – pour son bien évidemment ! – qu'elle passera quelque temps chez les voisines, une mère et sa fille qui sont de véritables pestes sous leur allure faussement angélique. Heureusement Cora a de la ressource ! Un joli portrait d'enfant, dynamique et sensible.
L'École des loisirs, Neuf, 1994.
6,40 € ISBN : 978-2-211-01913-2
Autre titre :
Mary et le clandestin. 1991.
6,70 € ISBN : 978-2-211-03915-4
À partir de 9 ans

1969. Byars, Betsy ; ill. Beaujard, Yves ; trad. Vassallo, Rose-Marie : **Balles de flipper.**
Ballottés par la vie, telles des « balles de flipper », trois enfants qui ne se connaissent pas – Carlie, 14 ans et révoltée, Thomas, 8 ans, le timoré, et Harvey, 13 ans, désespéré –, sont placés chez les mêmes parents nourriciers, accueillants et généreux. Les personnages sont peints sans complaisance mais avec un réalisme généreux. Un texte de 1977, publié en France en 1984.
Flammarion-Père Castor, Castor poche Junior, 2001.
5 € ISBN : 978-2-08-164424-3
À partir de 9 ans

1970. Chicheportiche, Josette ; ill. Catel : **Les Mercredis de Loulou.**
Loulou, fillette intrépide et pleine d'invention, bluffe son meilleur ami, Aurèle, par son esprit de décision. Par exemple quand elle décide de sécher les cours de danse classique auxquels sa mère veut l'obliger à assister, ou quand, cherchant à gagner un peu d'argent, elle devient la baby-sitter de terribles jumeaux. Un ton juste et plein d'humour, du rythme, des héros sympathiques.
Hachette Jeunesse, Bibliothèque rose, 2002.
ISBN : 978-2-01-200444-3
Autres titres :
Loulou fait la tête. 2003.
ISBN : 978-2-01-200862-5
La Chambre de Loulou. 2004.
ISBN : 978-2-01-200878-6
4,50 € chaque À partir de 9 ans

1971. Cleary, Beverly ; ill. Darling, Louis : **Ramona la peste.**
Ramona, 5 ans, fait une entrée fracassante à l'école maternelle. Mais est-on une peste parce qu'on joue des tours à l'école ? Une petite fille pleine de vie, une réputation imméritée, un très bon roman pour les plus jeunes.
L'École des loisirs, Neuf, 1987.
6,70 € ISBN : 978-2-211-01722-0
Autre titre :
La Future Meilleure Amie de Ramona. 2001.
11 € ISBN : 978-2-211-05654-0
À partir de 9 ans

♥ **1972.** Dahl, Roald ; ill. Blake, Quentin ; trad. Robillot, Henri : **Matilda.**
Comment résister à des parents bêtes et méchants et à une directrice d'école sadique quand on est une toute petite fille ? Grâce à une institutrice hors pair et aux livres. Une fable qui parle des enfants mal aimés et maltraités. On s'indigne mais on rit aussi aux larmes dans ce livre finalement optimiste où l'esprit triomphe de la sottise.
Gallimard Jeunesse, Folio Junior, Édition spéciale, 1999.
6,90 € ISBN : 978-2-07-051254-6
À partir de 9 ans

1973. Dayre, Valérie : **Retour en Afrique.**
À partir d'une petite histoire de rivalité enfantine autour d'un jouet (une girafe), l'auteur dialogue avec le lecteur en envisageant diverses conclusions possibles et en proposant des fins qui n'en sont pas, ce qui permet de rebondir dans le récit. Une première approche ludique des mystères de l'écriture romanesque.
L'École des loisirs, Neuf, 2004.
7 € ISBN : 978-2-211-07483-4
À partir de 9 ans

1974. Donner, Chris : **Les Lettres de mon petit frère.**
Un roman par lettres à l'humour mordant. Les vacances désastreuses d'une famille française au bord de la mer. En contrepoint, le destinataire des lettres, le grand frère, éloigné de la famille par une amitié homosexuelle.
L'École des loisirs, Neuf, 1992.
4,90 € ISBN : 978-2-211-03907-9
À partir de 9 ans

♥ **1975.** Fine, Anne ; trad. Desarthe, Agnès : **Billy le Transi.**
Clarrie raconte sa lutte opiniâtre contre les malheurs qui accablent sa famille : un père absent, une mère injustement emprisonnée, un oncle ventriloque dans un music-hall minable qui boit tout l'argent de ses cachets, un adorable petit frère... et Billy, la marionnette du tonton, ce « transi » par qui viendra le salut. Suspense et émotion dans une atmosphère à la Dickens.
L'École des loisirs, Neuf, 2006.
10 € ISBN : 978-2-211-08008-8
À partir de 9 ans

1976. Fleischman, Sid ; trad. Daladier, Nathalie : **Bo et Mad.**
À la mort de son père, Bo, 12 ans, est obligé de rejoindre l'autre clan familial, dans le désert. Il fait la connaissance d'un grand-père, d'une jeune femme et de Mad, 13 ans : des êtres généreux mais loufoques qui le recueillent en lui faisant sentir qu'il n'est pas des leurs. Aventures, western, sentiments : une histoire racontée avec rythme, humour et humanité. Jubilatoire.
L'École des loisirs, Neuf, 2005.
9 € ISBN : 978-2-211-07294-6
À partir de 9 ans

1977. Gruner, Nanine : **Isabelle et la porte jaune.**
Dans le Paris des années 1930, Isabelle est fascinée par une maison voisine : la porte est d'un magnifique jaune et par le soupirail on peut apercevoir une revêche cuisinière. Tout cela l'incite à imaginer qu'un vieillard et sa petite-fille y sont séquestrés. Et petit à petit la réalité rejoint la fiction... Un roman publié en 1937, qui n'a rien perdu de son charme.
Thierry Magnier, Roman, 2006.
8,50 € ISBN : 978-2-84420-438-7
À partir de 9 ans

♥ **1978.** Härtling, Peter ; ill. Ivers, Mette ; trad. Berman, Antoine : **Oma, ma grand-mère à moi.**
Kalle, orphelin à 5 ans, est recueilli sa grand-mère. Il faut maintenant apprendre à vivre ensemble et ce n'est facile ni pour l'enfant très attaché à sa mère, ni pour Oma d'une autre génération. Les chapitres sont ponctués par les pensées de la grand-mère qui ne mâche pas ses mots et ne cache pas non plus ses sentiments. Tonique et remuant.
Pocket Jeunesse, Pocket Junior, Romans, Contes, 2002.
5,70 € ISBN : 978-2-266-13091-2
À partir de 9 ans

1979. Hautzig, Esther ; ill. Diamond, Donna ; trad. Brauvois, Noémi : **Un cadeau pour maman.**
Sara n'a pas d'argent pour faire un cadeau à sa mère mais elle sait que les plus beaux cadeaux ne sont pas ceux qu'on achète. Un épisode de la vie d'une petite fille grave et sensible dans une famille juive, en Pologne, dans les années 1920. Un sujet mince mais une atmosphère très dense créée par l'écriture, qui permet de saisir toute la subtilité des sentiments.
L'École des loisirs, Mouche, 1989.
4,60 € ISBN : 978-2-211-05127-9
À partir de 9 ans

1980. Honoré, Christophe : **L'Affaire P'tit Marcel.**
Marcel, le petit dernier d'une fratrie de quatre garçons, ne supporte pas qu'on se moque de lui. Son incroyable grand-mère est la cause d'une grande peur, suivie d'une vexation qui le blesse profondément. Il s'enferme, avant de fuguer, mais la famille veille et tout se termine dans la bonne humeur. Une belle histoire, dans laquelle chaque personnage tient son rôle.
L'École des loisirs, Mouche, 1998.
5,50 € ISBN : 978-2-211-04762-3
À partir de 9 ans

1981. Honoré, Christophe ; ill. Le Gac, Gwen : **Noël, c'est couic !**
Anton et son père vont fêter Noël en famille. Anton est prié de bien se tenir. Au final pourtant ce n'est pas le petit garçon qui rompt la trêve mais son père, blessé dans son amour propre et qui claque la porte. Douze heures chargées d'émotion, racontées par Anton, mêlé malgré lui à des histoires de grands. Finement analysé et formidablement bien conté.
L'École des loisirs, Mouche, 2005.
7,50 € ISBN : 978-2-211-08147-4
À partir de 9 ans

♥ **1982.** Horvath, Polly ; trad. Bureau, Benoîte : **La Fille sur la balançoire rouge.**
Primrose, 11 ans, garde confiance même si ses parents ont disparu en mer. En attendant leur retour elle trouve du réconfort chez son oncle, célibataire endurci, et auprès de la propriétaire d'un restaurant. Une bonne dose d'aventures et beaucoup d'humanité. Un délice à lire et à déguster, car il y a aussi de surprenantes recettes.
L'École des loisirs, Neuf, 2005.
11,50 € ISBN : 978-2-211-06468-2
À partir de 9 ans

1983. Kästner, Erich ; trad. Lasne, René : **Deux pour une.**
Les parents de Lotte et Louise, deux sœurs jumelles, se sont séparés lorsqu'elles étaient toutes petites. Ils ont aussi séparé les fillettes, puisque chacun a gardé l'une d'elles. Mais sept ans plus tard, le hasard leur permet de faire connaissance... et de décider que la situation ne peut plus durer ! Un récit drôle et tonique, devenu un classique depuis sa parution en 1949.
Hachette Jeunesse, Le Livre de poche Jeunesse, Histoires de vie, 2003.
4,80 € ISBN : 978-201-321870-2
À partir de 9 ans

♥ **1984.** MacLachlan, Patricia ; ill. Blake, Quentin ; trad. Krief, Anne : **L'Histoire de Sarah-la-pas-belle. 1 : Sarah-la-pas-belle.**
Veuf, le père de Caleb et Anna souhaite se remarier. Après l'attente inquiète des enfants pleins d'espoir vient le temps de l'apprivoisement réciproque. Un admirable

petit livre, plein de sourire et d'amour. Dans les autres titres, le personnage de Sarah montre toujours la même personnalité tonique et positive. Une belle aventure humaine avec des personnages hors du commun.
Gallimard Jeunesse, Folio Cadet, 2004.
7,40 € ISBN : 978-2-07-055780-6
Autres titres :
2 : Sarah la-pas-belle se marie. 2004.
7,80 € ISBN : 978-2-07-055781-3
3 : Le Journal de Caleb. 2004.
8,60 € ISBN : 978-2-07-055647-2
4 : Un cadeau pour Cassie. 2006.
7,40 € ISBN : 978-2-07-051087-0
À partir de 9 ans

1985. Mebs, Gudrun ; ill. Berner, Rotraut Susanne ; trad. Laureillard, Rémi : **L'Enfant du dimanche.**
Élevée dans un orphelinat, une petite fille n'a pas de « parents du dimanche » pour la prendre chez eux le week-end. Mais voilà qu'un jour la réalité dépasse tous les rêves. On rit, on pleure, on pense au *Kid* de Chaplin.
Gallimard, Folio Junior, 1988.
5,50 € ISBN : 978-2-07-051406-9
À partir de 9 ans

1986. Morgenstern, Susie : **Lettres d'amour de 0 à 10.**
Le petit Ernest mène une vie mortifère entre sa grand-mère en deuil et la bonne déprimée. Il ignore la télé et les amis, jusqu'au jour où débarquent Victoire, sa famille nombreuse et son irrépressible vitalité. Dynamique.
L'École des loisirs, Neuf, 1996.
8,50 € ISBN : 978-2-211-03693-1
À partir de 9 ans

1987. Nanetti Casari, Angela ; ill. Badel, Ronan : **Mon grand-père était un cerisier.**
Le petit Tonino adore ses grands-parents qui vivent à la campagne, avec des animaux et un cerisier au bout du jardin. Mais sa grand-mère meurt. Un petit roman touchant et délicat qui, sur un ton léger, au fil d'épisodes parfois très drôles, propose un point de vue authentiquement enfantin et non dénué de gravité sur ce qui fait le prix et le sens de la vie.
Flammarion-Père Castor, Castor poche, 2005.
5,50 € ISBN : 978-2-08-162686-7
À partir de 9 ans

1988. Rauzier-Fontayne, Lucie : **La Petite Fille aux oiseaux.**
Claire, 10 ans, vit seule avec sa mère, dans le Paris encore populaire de la fin des années 1950. Sa mère part chercher du travail en Bretagne et ne revient pas... Que cache cette absence qui se prolonge ? Ce roman attachant, publié en 1958, nous tient en haleine jusqu'au bout et montre comment solidarité et amitié finissent par triompher des obstacles.
Thierry Magnier, Roman, 2006.
8,50 € ISBN : 978-2-84420-440-0
À partir de 9 ans

♥ **1989.** Vivier, Colette ; ill. Bloch, Serge : **La Maison des petits bonheurs.**
Pendant une absence momentanée de sa mère, Aline Dupin, 11 ans, se trouve responsable de toute la maisonnée. Elle raconte ses plaisirs et ses soucis. Un récit tendre et très vivant de la vie quotidienne d'une famille modeste de Paris, dans les années 1930, qui garde tout son charme plus d'un demi-siècle après sa publication (1941).
Casterman, Romans Junior, 2004.
8,75 € ISBN : 978-2-203-13042-5
À partir de 9 ans

1990. Arrou-Vignod, Jean-Philippe : **Léo des villes, Léo des champs.**
Somatisant ce qu'il vit comme un échec – un redoublement, le divorce de ses parents – Léo ne grandit plus. Envoyé à la campagne chez sa grand-mère, il découvre un tout autre univers, et après un temps d'adaptation, se découvre une passion (celle des échecs) et reprend goût à la vie. Une histoire très attachante.
Thierry Magnier, Roman, 2003.
7 € ISBN : 978-2-84420-237-6
À partir de 11 ans

♥ **1991.** Carter, Forrest ; trad. Léger, Jean-Marie : **Petit Arbre.**
Un orphelin de 5 ans vient vivre chez ses grands-parents d'origine cherokee. Dans leur cabane de rondins, il va apprendre à vivre et à être heureux, et tant pis si les gens de la ville les traitent de « sauvages » ! Tout est simple et vrai dans ce roman paru en 1976 (en France en 1979), et l'humour y coule de source. Une merveille absolue qui défie le temps.
Hachette Jeunesse, Le Livre de poche Jeunesse, 2001.
5,50 € ISBN : 978-2-01-321933-4
À partir de 11 ans

1992. Dahl, Roald ; ill. Boiry, Véronique ; trad. Léger, Jean-Marie : **Danny, le champion du monde.**
Le père de Danny est « merveilleux et épatant », il adore son fils avec qui il partage tout : la mécanique dans sa petite station-service, la vie dans les bois, le braconnage, les blagues énormes. Ils vivent tous deux dans une petite roulotte avec le strict nécessaire, mais ils profitent à fond de la vie et leur amour réciproque les rend tellement heureux!
Hachette Jeunesse, Le Livre de poche Jeunesse, 2001.
5,20 € ISBN : 978-2-01-321894-8
À partir de 11 ans

♥ **1993.** Dayre, Valérie : **C'est la vie, Lili.**
Premier temps : départ en vacances, et brusquement l'horreur : l'abandon de Lili, 12 ans, dans un relais d'autoroute. Lili tient un journal de ces événements. Deuxième temps : on comprend que Lili, en vacances avec ses parents, a inventé ce journal. Troisième temps : les parents découvrent le cahier. Quatrième temps... La grande habilité de ce récit est de piéger le lecteur à plusieurs reprises.
L'École des loisirs, Neuf, 2002.
8,20 € ISBN : 978-2-211-06519-1
À partir de 11 ans

1994. Dayre, Valérie : **Les Nouveaux Malheurs de Sophie.**
Une mère raconte à son fils un moment de sa propre enfance, dans un récit d'abord plutôt comique qui tourne brutalement au cauchemar. L'enfance heureuse et naïve soudainement dessillée, la cruauté des cousins riches et conscients de leur pouvoir, la démission qui naît des petites lâchetés sont rendues par une écriture brève et efficace.

L'École des loisirs, Médium, 2001.
8,50 € ISBN : 978-2-211-06298-5
À partir de 11 ans

1995. Dohertie, Berlie ; ill. Truong, Marcelino ; trad. Krief, Anne : **La Pierre-Serpent.**
Adopté tout bébé, avec comme seul indice de ses origines une « pierre-serpent » qu'il porte comme un talisman, James retrouve l'espace d'un instant sa mère biologique et peut ensuite retourner vers sa famille d'adoption en toute sérénité. Pour réfléchir sur la famille, l'hérédité, les liens du sang et ceux de l'amour.
Gallimard Jeunesse, Folio Junior, 1998.
5,50 € ISBN : 978-2-07-059297-5
À partir de 11 ans

1996. Fenner, Carol ; trad. Misserly, Hélène : **Le Génie de Yolonda.**
Yolonda est une fillette noire, très grande pour son âge, pleine d'énergie et jamais à court d'initiatives. Décidée à faire reconnaître par tous que son petit frère est un génie, elle déploie des trésors d'imagination, d'astuce et de volonté pour parvenir à ses fins. Attachant et tonique.
L'École des loisirs, Neuf, 1998.
9,50 € ISBN : 978-2-211-04346-5
À partir de 11 ans

♥ **1997.** Ferdjoukh, Malika : **Quatre Sœurs. 1 : Enid.**
Quatre tomes pour la saga des Verdelaine, famille de cinq sœurs qui survivent comme elles peuvent à la mort accidentelle et prématurée de leurs parents. Toujours unies mais chacune préservant sa singularité, elles affrontent situations périlleuses, comiques ou graves avec philosophie, énergie et malice. À la fois comédie de mœurs, de situation et de caractères, cet ensemble forme un morceau de choix où chacun trouvera des rires, des pleurs, des rêves, des amours, des aventures et quelques personnages inoubliables.
L'École des loisirs, Médium, 2003.
ISBN : 978-2-211-06957-1
Autres titres :
2 : Hortense.
ISBN : 978-2-211-06960-1
3 : Bettina.
ISBN : 978-2-211-07006-5
4 : Geneviève.
8 € chaque ISBN : 978-2-211-07096-6
Les Quatre Sœurs : coffret.
L'École des loisirs, Médium, 2004.
32 € ISBN : 978-2-211-07798-9
À partir de 11 ans

1998. Feth, Monika ; trad. Friot, Bernard : **Vol, envol.**
Dans la famille de Dolorès, on est voleur de père en fils. D'où la colère du père lorsque le fils aîné revendique un autre mode de vie, et les doutes de Dolorès quand elle tombe amoureuse d'un fils de policier. Une excellente démonstration de l'imperméabilité des logiques et un subtil jeu de remise en cause des bons principes... Agréablement subversif.
Thierry Magnier, Roman, 2006.
8,50 € ISBN : 978-2-84420-515-5
À partir de 11 ans

1999. Fine, Anne ; trad. Kugler, Dominique : **La Guerre sous mon toit.**
Inspiré par la lecture du journal d'un ancien combattant de 1914-1918, Will, 14 ans, tient une chronique de la vie familiale en décrivant ironiquement les grandes batailles que se livrent sa sœur, en pleine rébellion adolescente, et ses parents. Une vision à la fois juste et drôle de l'adolescence, où l'auteur mène habilement le jeu sur les tons et les registres.
L'École des loisirs, Médium, 2001.
10 € ISBN : 978-2-211-05325-9
À partir de 11 ans

2000. Fine, Anne ; trad. Desarthe, Agnès : **Le Jeu des sept familles.**
De la découverte d'un journal écrit par un jeune garçon il y a cent ans naissent les confidences de cinq enfants qui vivent des situations perturbantes : beaux-parents, demi-frères et sœurs, foyers multiples... Six récits composent ce roman original qui permet aux acteurs d'exprimer leurs souffrances, mais se garde bien de proposer une morale.
L'École des loisirs, Neuf, 1995.
7,30 € ISBN : 978-2-211-03428-9
À partir de 11 ans

2001. Gilbreth, Ernestine et Frank ; trad. Faure-Biguet, J.-N. : **Treize à la douzaine.**
Avec un père qui a une aussi forte personnalité et exerce son génie de l'organisation dans sa famille comme dans sa profession, les douze enfants sont à bonne école pour une vie peu banale, riche en aventures qui amusent toujours autant les lecteurs, petits et grands. Extrêmement tonique ! La première édition française date de 1949.
Gallimard Jeunesse, Folio Junior, Édition spéciale, 1998.
6 € ISBN : 978-2-07-051383-3
Autre titre :
Trad. Commin, Hélène : **Six Filles à marier.**
Hachette Jeunesse, Le Livre de poche Jeunesse, Humour, 2001.
4,50 € ISBN : 978-2-01-321854-2
À partir de 11 ans

2002. Hassan, Yaël ; ill. Truong, Marcelino : **Un grand-père tombé du ciel.**
Jusqu'à l'âge de 10 ans, Leah ignorait l'existence de son grand-père. Quand il débarque un jour dans sa vie, les premiers contacts sont décevants. Mais, dans un réciproque apprivoisement, le vieil homme livre à la fillette ses souvenirs, tandis qu'elle lui redonne goût à la vie. Un ton juste pour évoquer la tragédie de la Shoah et la transmission de la mémoire.
Casterman, Romans Junior, 2006.
6,50 € ISBN : 978-2-203-15810-8
À partir de 11 ans

♥ **2003.** Honoré, Christophe : **Tout contre Léo.**
P'tit Marcel a 10 ans quand il surprend une conversation et comprend que son frère Léo est atteint du sida et qu'il va mourir. Mais personne ne lui en parle. P'tit Marcel exprime comme il le peut sa révolte contre la maladie, le silence des adultes et la solitude censée le protéger. Un texte touchant et grave, très accessible.
L'École des loisirs, Neuf, 1996.
7,50 € ISBN : 978-2-211-03778-5
À partir de 11 ans
Autre titre :
Mon cœur bouleversé.
L'École des loisirs, Médium, 1999 [épuisé].
(À partir de 13 ans.)

2004. Ingvaldsen, Bjorn ; trad. Coursaud, Jean-Baptiste : **En haut du poteau.**
Bjornar ne part pas en vacances car sa mère est malade mais, avec son copain Simon, il passe des journées formidables... Ce n'est qu'à la fin du livre, lorsqu'un accident arrive à Simon, qu'il prend conscience que sa mère risque de mourir. Une narration pleine de sensibilité qui évoque avec finesse la difficulté de communiquer entre enfants et adultes.
L'École des loisirs, Médium, 2006.
9,50 € ISBN : 978-2-211-06180-3
À partir de 11 ans

2005. Lowry, Lois ; trad. Desarthe, Agnès : **Anastasia Krupnik.**
Dans cette première aventure, Anastasia apprend qu'elle va avoir un petit frère, et décide de quitter la maison. Elle note sous forme de listes tout ce qu'elle adore et tout ce qu'elle déteste, et remet très souvent ses listes à jour, car des événements imprévisibles la font changer d'avis. Ton humoristique aigre-doux et décalé.
L'École des loisirs, Neuf, 1996.
ISBN : 978-2-211-03987-1
Autres titres :
Anastasia, à votre service. 1992.
ISBN : 978-2-211-03035-9
Anastasia, demande à ton psy ! 1991.
ISBN : 978-2-211-04218-5
Anastasia connaît la réponse. 1999.
ISBN : 978-2-211-06334-0
C'est encore Anastasia. 2006.
9,50 € chaque
ISBN : 978-2-211-08392-8
À partir de 11 ans

♥ **2006.** Morgenstern, Susie : **L'Orpheline dans un arbre.**
Française et orpheline, Clara-Camille Caramel est invitée à passer Noël dans une famille californienne qu'elle imagine traditionnelle... et qui ne l'est pas ! Sa déconvenue se transforme vite en émerveillement. Par une coïncidence extraordinaire, elle y gagne un grand-père de rêve, et la conviction d'être aimée. Un ton juste pour une héroïne dynamique et une histoire à la fois réaliste et proche du conte de fées.
L'École des loisirs, Médium, 2005.
10 € ISBN : 978-2-211-07948-8
À partir de 11 ans

♥ **2007.** Mourlevat, Jean-Claude : **L'Enfant Océan.**
Subtile variation, dans un registre à mi-chemin du conte et du récit réaliste, sur l'histoire du Petit Poucet : ou la fugue de sept frères, menés par le tout-petit. Leur aventure est racontée à plusieurs voix, ce qui donne légèreté et rythme à un récit qui, sinon, serait terrible.
Pocket Jeunesse, Pocket Junior, 2002.
4,40 € ISBN : 978-2-266-09423-8
À partir de 11 ans

♥ **2008.** Murail, Marie-Aude : **Oh, boy !**
Une drôle de fratrie avec, d'un côté, deux enfants surdoués et une adorable petite dernière et, de l'autre, une ophtalmologue et un homosexuel paumé. Les enfants orphelins cherchent à se faire adopter par leurs aînés. Des situations extrêmes, une galerie de personnages « pas croyables », mais plus on avance dans la lecture, plus on se laisse prendre par l'émotion.
L'École des loisirs, Médium, 2000.
9,50 € ISBN : 978-2-211-05642-7
À partir de 11 ans

2009. Paterson, Katherine ; trad. Chicheportiche, Josette : **Comme les étoiles.**
Angel a 12 ans, mais c'est elle l'adulte de la famille : sa mère est incapable d'assumer son rôle et son père est en prison. Avec son petit frère ils trouvent chez une aïeule un foyer dans lequel ils se sentent en sécurité. Un oncle passionné par les étoiles aidera Angel à surmonter de nouvelles épreuves. Une héroïne pleine de force et de tonus.
Hachette Jeunesse, Le Livre de poche Jeunesse, 2005.
5,90 € ISBN : 978-2-01-322119-1
À partir de 11 ans

2010. Peskine, Brigitte : **L'Île de mon père.**
Dans les années 1960, des enfants réunionnais sont arrachés à leur famille et à leur île pour repeupler la France. C'est à travers des cahiers écrits par son père que Justin découvre comment celui-ci a été séparé à jamais de sa petite sœur. Une lecture poignante, même si elle est enrobée dans une histoire plus légère.
J'ai lu Jeunesse, Scènes de vie, 2003.
4,50 € ISBN : 978-2-290-33271-9
À partir de 11 ans

2011. Petit, Xavier-Laurent : **153 jours en hiver.**
Galshan, une fillette d'une dizaine d'années, habite dans une ville plus ou moins délabrée de l'ex-URSS. Des difficultés familiales l'obligent à passer plusieurs mois chez son grand-père, qui vit sur le mode ancestral, sous une tente, en pleine steppe. Dépaysement garanti, péripéties spectaculaires, pour un roman d'aventures avant tout riche d'humanité.
Flammarion-Père Castor, Castor poche, Roman Senior, 2002.
4,50 € ISBN : 978-2-08-161354-6
À partir de 11 ans

2012. Saint-Dizier, Marie ; ill. Lachèze, François : **Ne jouez pas sur mon piano !**
L'amour a changé la mère de Sophie qui a d'autant plus de mal à l'accepter que cela a des incidences sur sa propre vie : elle doit quitter son père, déménager et cohabiter avec le « Bourlingueur » et son « Ouistiti ». Raconté sur fond de piano, avec pour fidèle confident le chat. Une tranche de vie où perplexité, optimisme forcené et croche-pattes s'entremêlent.
Gallimard Jeunesse, Folio Junior, 1998.
5 € ISBN : 978-2-07-052007-7
À partir de 11 ans

2013. Smadja, Brigitte : **Maxime fait l'idiot.**
Les états d'âme et les contradictions de Maxime, à travers des situations familières au lecteur (ici l'angoisse de retrouver son professeur de mathématiques de l'an dernier), qui grandit au fil des titres. Dans un style léger qui n'enlève rien au sérieux des propos quand il le faut, l'auteur montre comment une personnalité se construit et s'affirme.
L'École des loisirs, Neuf, 1994.
6,50 € chaque
ISBN : 978-2-211-01968-2
Autres titres :
Maxime fait de la politique. 1992.
ISBN : 978-2-211-06340-1
À partir de 11 ans

ill. Bloch, Serge : **Maxime fait des miracles.**
L'École des loisirs, Mouche. 1991
4,60 € ISBN : 978-2-211-05256-6
À partir de 7 ans

Adieu Maxime.
L'École des loisirs, Médium. 2000.
7,60 € ISBN : 978-2-211-05827-8
À partir de 13 ans

2014. Stark, Ulf ; trad. Segol, Agneta : **Laissez danser les ours blancs.**
Un adolescent est tiraillé entre son amour pour son père, apparemment inculte et rude, et qu'il ne voit plus très souvent, et la volonté de sa mère, récemment remariée, d'accéder à une vie plus « convenable ». Un drame familial émouvant, qui suggère avec sensibilité une réflexion sur les différences sociales.
Flammarion-Père Castor, Castor poche Senior, Psychologie/sentiments, 1997.
5 € ISBN : 978-2-08-164209-6
À partir de 11 ans

♥ **2015.** Ubac, Claire : **L'Histoire impossible à sécher.**
Récit original à quatre mains, qui est aussi un livre dans un livre, où les héroïnes – des jumelles de 12 ans – écrivent. L'une est musicienne, l'autre littéraire et chacune à tour de rôle écrit un chapitre pour raconter l'été passé chez leur grand-mère, après le décès brutal de leur père. Dans ce roman attachant et riche se dessine l'art de l'écriture.
L'École des loisirs, Neuf, 2004.
11 € ISBN : 978-2-211-07760-6
À partir de 11 ans

2016. Vivier, Colette ; ill. Bloch, Serge : **La Porte ouverte.**
Bien que très préoccupée par tous les soucis du quotidien, une petite fille de milieu modeste ouvre grand son cœur à son amie qui vit une situation dramatique. Toutes deux sauront éveiller la générosité des adultes. Publiée en 1955, une histoire pleine de tendresse, mais sans aucune mièvrerie, qui nous plonge dans l'atmosphère du Paris ouvrier des années 1950.
Casterman, Romans Junior, 2003.
8,75 € ISBN : 978-2-203-13012-8
À partir de 11 ans

2017. Voigt, Cynthia ; ill. Beaujard, Yves ; trad. Vassallo, Rose-Marie : **Les Enfants Tillerman. 1 : C'est encore loin, la maison ?**
Dicey, 13 ans, James et Maybeth, 10 et 9 ans, Sammy, 6 ans, se retrouvent seuls sur un parking, « oubliés » par une mère déboussolée. Ils se mettent en route, à pied, pour la maison de leur grand-tante à quelque cent kilomètres. Une saga pleine d'aventures, très vivantes avec beaucoup de suspense.
Flammarion-Père Castor, Castor poche Junior, 1999.
7 € chaque ISBN : 978-2-08-164575-2
Autres titres :
2 : Et si on allait chez grand-mère ? 1999.
ISBN : 978-2-08-164576-9
3 : La Chanson de Dicey. 1999.
ISBN : 978-2-08-164721-3
4 : Dicey risque tout. 2000.
ISBN : 978-2-08-164701-5
5 : L'Enquête. 2000.
7,50 € ISBN : 978-2-08-164744-2
6 : Le Héron bleu. 1998.
ISBN : 978-2-08-164435-9
7 : Samuel Tillerman. 1992.
7,50 € ISBN : 978-2-08-162250-0
8 : Une fille impossible. 1999.
ISBN : 978-2-08-162189-3
À partir de 11 ans

2018. Wilson, Jacqueline ; ill. Sharratt, Nick ; trad. Broca, Olivier de : **À la semaine prochaine !**
Depuis le divorce de ses parents, Andy, 10 ans, vit alternativement chez l'un et l'autre. Elle fugue pour tenter de retrouver le bonheur passé. L'originalité de ce roman réside dans son écriture vivante et dans sa composition : les chapitres où elle expose un problème sont classés par ordre alphabétique et les drames familiaux sont traités avec humour.
Gallimard Jeunesse, Folio Junior, 2000.
4,50 € ISBN : 978-2-07-054317-5
À partir de 11 ans

♥ **2019.** Wilson, Jacqueline ; ill. Sharratt, Nick ; trad. Broca, Olivier de : **Maman, ma sœur et moi.**
Deux fillettes vivent seules avec leur mère, une jeune femme aussi fascinante qu'inquiétante, couverte de tatouages, vêtue de façon extravagante, incapable de se plier à la moindre norme, pas loin de la folie… mais drôle, créative et aimante. Si l'histoire est dure et grave, elle est racontée sur un ton chaleureux qui rend les personnages vivants et attachants.
Gallimard Jeunesse, Folio Junior, 2000.
6,90 € ISBN : 978-2-07-054102-7
À partir de 11 ans

2020. Creech, Sharon ; trad. Krief, Anne : **Le Voyage à rebours.**
Avec ses grands-parents, Salamanca entreprend un long voyage en voiture, à travers les États-Unis, en espérant retrouver sa mère, partie depuis plusieurs mois. La tension et l'inquiétude progressent à mesure qu'approche le terme du voyage, qu'on découvre comment se rejoignent les fils jusqu'alors dispersés du récit et qu'on pressent un drame. Un beau récit initiatique.
Gallimard Jeunesse, Folio Junior, 2003.
6,90 € ISBN : 978-2-07-055251-1
À partir de 13 ans

2021. Dahl, Roald ; trad. Hérisson, Janine: **Moi, Boy : souvenirs d'enfance.**
Avec émotion et humour, Roald Dahl raconte les épisodes marquants de sa jeunesse dans l'Angleterre d'avant-guerre : l'éducation dans les collèges anglais, les coups de canne, les farces et les fous rires, la tendresse de sa mère… Un ton très différent de ses autres livres, un livre fort.
Gallimard Jeunesse, Folio Junior, 1998.
6 € ISBN : 978-2-07-051519-6
À partir de 13 ans

2022. Fox, Paula ; trad. Ménard, Diane : **Le Cerf-Volant brisé.**
Liam a 13 ans et son père est atteint du sida. L'adolescent en veut à tout le monde : à sa mère qui lui cache la vérité, à son père qui est homosexuel, à lui-même qui ne parvient pas à sortir de l'étouffement, de la peur et du non-dit, de l'angoisse de la mort. Toute la complexité des sentiments est rendue dans ce très beau texte.
L'École des loisirs, Médium, 1997.
8,80 € ISBN : 978-2-211-04187-4
À partir de 13 ans

2023. Rosoff, Meg, ; trad. Collon, Hélène : **Maintenant, c'est ma vie.**
Daisy a quitté New York pour se retrouver en Angleterre, dans une vieille maison à la campagne, parmi des cousins farfelus et charmants. La guerre est déclarée (on ne saura rien sur cette guerre sauf que c'est une horreur sanglante). Le roman vaut tant par la force de l'histoire, que par celle de l'écriture, distanciée, désinvolte, sans explications inutiles.
Albin Michel Jeunesse, Wiz, 2006.
12 € ISBN : 978-2-226-17006-4
À partir de 13 ans

2024. Smith, Dodie ; trad. Krief, Anne : **Le Château de Cassandra.**
On se régale à suivre les péripéties de la vie de Cassandra, racontées et commentées par elle-même pendant une année. Au sein d'un tourbillon de rebondissements, d'amours, d'ambitions, de désillusions et de rêves, Cassandra garde la tête solide et la plume ferme. Elle trouve dans l'écriture la distance et l'humour qui donnent à son récit toute sa saveur.
Gallimard Jeunesse, 2004.
18 € ISBN : 978-2-07-055862-9
À partir de 13 ans

LE QUOTIDIEN

2025. Linde, Gunnel ; ill. Könnecke, Ole ; trad. Berg, Amélie : **Jop.**
Jop est une taupe, le doudou d'Ola, et il lui arrive bien des aventures : coincé dans l'ascenseur en panne, tombé dans le vide-ordures, avalé par la boîte aux lettres... La maman et un voisin ne cessent de « sauver » cette indispensable bestiole. De charmantes petites histoires à se faire lire à voix haute, chapitre après chapitre, en regardant les savoureux dessins.
La Joie de lire, 2006.
11,90 € ISBN : 978-2-88258-352-9
À partir de 5 ans

2026. Saint-Mars, Dominique de ; ill. Bloch, Serge : **Max n'aime pas lire.**
À chaque fois que Max va à la bibliothèque, il emprunte le même livre dont il ne vient jamais à bout ! Cette histoire fait partie d'une série qui compte plus de 80 titres conçus sous forme de petites bandes dessinées pour engager le dialogue et aider les jeunes lecteurs à trouver des réponses sur tous les petits et grands problèmes de leur vie. Un grand succès.
Calligram, Ainsi va la vie, Max et Lili, 1997.
ISBN : 978-2-88445-037-9
Autres titres :
Lili n'aime que les frites. 1997.
ISBN : 978-2-88445-107-9
Max et Lili ont volé des bonbons. 1994.
ISBN : 978-2-88445-190-1
4,90 € chaque À partir de 6-7 ans

2027. Brisac, Geneviève ; ill. Gay, Michel : **Olga.**
Pour Olga, petite fille bien sympathique et dotée d'une forte personnalité, la vie n'est pas simple. Geneviève Brisac a très bien su traduire les sentiments d'injustice de cette petite fille délurée qui n'hésite pas à défendre les causes auxquelles elle croit et réussit à transformer ses punitions en jeu. Un humour malicieux et enlevé, tout comme les illustrations.
L'École des loisirs, Mouche, 1991.
4,60 € ISBN : 978-2-211-05072-2
Autres titres :
Olga et les traîtres. 1996.
5,80 € ISBN : 978-2-211-03848-5
Ill. Deiss, Véronique : **Le Noël d'Olga.** 1994.
5,20 € ISBN : 978-2-211-02613-0
À partir de 7 ans

2028. Danziger, Paula ; trad. Jusforgues, Pascale ; ill. Ross, Tony : **Sept Bougies pour Lili Graffiti.**
Dans cette série il y a les « premières aventures » pour les lecteurs les plus jeunes avant d'autres histoires de Lili Graffiti plus longues. Le texte est court, dans une typographie assez grosse, avec des illustrations en couleurs à chaque page qui accompagnent et éclairent la lecture. Des histoires miroir, simples, justes, rigolotes et sympathiques.
Gallimard Jeunesse, Folio Cadet, Mes premières aventures, 2004.
5,50 € ISBN : 978-2-07-050403-9
Autres titres :
Lili Graffiti fait du camping. 2004.
5,50 € ISBN : 978-2-07-050877-8
Trad. Houssin, Pascale : **Lili Graffiti va à l'école.** 2005.
5 € ISBN : 978-2-07-050403-9
À partir de 6 ans

2029. Demers, Dominique ; ill. Ross, Tony : **Une aventure de Mlle Charlotte. 1 : La Nouvelle Maîtresse.**
Une personne de rêve que cette Mademoiselle Charlotte, avec son grand chapeau et surtout Gertrude, son caillou, à qui elle se confie avant de prendre toute décision. Quel bon moyen de gérer le stress, l'inconnu, et d'éviter de faire des impairs ! Un nouveau regard sur la vie, plein de confiance sur autrui : et si les lecteurs, petits et grands, s'en inspiraient ?
Gallimard Jeunesse, Folio Cadet, 2003.
ISBN : 978-2-07-055295-5
Autres titres :
2 : La Mystérieuse Bibliothécaire. 2004.
ISBN : 978-2-07-055887-2
3 : Une bien curieuse factrice. 2005.
5 € chaque ISBN : 978-2-07-055099-9
À partir de 6 ans

2030. Fine, Anne ; ill. Deiss, Véronique : **Louis le bavard.**
Louis est un bavard intarissable. Alors quand il se lance un défi à lui-même – un « silencethon » – tout le monde l'applaudit et l'encourage : famille, amis, professeurs... Un livre à mettre entre les mains de toutes les pipelettes !
L'École des loisirs, Mouche, 1999.
7,60 € ISBN : 978-2-211-05289-4
À partir de 7 ans

2031. Gutman, Claude ; ill. Bloch, Serge : **Les Cabinets.**
Les cabinets : lieu incontournable de la vie scolaire. L'art de dire vrai, de dédramatiser sans pour autant minimiser la question. Le livre fait partie d'une série qui fait le tour des problèmes rencontrés au CP. Des livres drôles et utiles, faciles à lire, et bien servis par l'illustration.
Casterman, Histoires Six & plus, Vive la grande école, 1998.
5,25 € ISBN : 978-2-203-12832-3
Autres titres :
Vive la grande école ! C'est la rentrée ! [contient : **La Rentrée ; La Cantine ; La Dame des poux ; La Discussion**].

Casterman, 2003.
9,50 € ISBN : 978-2-203-16905-0
À partir de 6 ans

2032. Morgenstern, Susie ; ill. Allancé, Mireille d' : **Joker.**
Un enseignant peu conventionnel et fort sympathique distribue en début d'année, à chacun de ses élèves de CM2, vingt-cinq jokers qui donnent droit à « rester au lit », « ne pas faire ses devoirs », « chanter à tue-tête »... Une pédagogie efficace et une lecture amusante.
L'École des loisirs, Mouche, 1999.
6 € ISBN : 978-2-211-05174-3
Autre titre :
Ill. Bronn, Theresa : **L'Autographe**. 2003.
6,50 € ISBN : 978-2-211-07156-7
À partir de 6 ans

2033. Creech, Sharon ; ill. Flusin, Marie ; trad. Krief, Anne : **J'aime pas la poésie !**
Jack n'est guère emballé par le projet de sa maîtresse qui veut faire découvrir la poésie à ses élèves. C'est au fil des pages rédigées ou recopiées par le garçon que le lecteur découvre d'abord son désarroi, puis la manière dont, peu à peu, les mots prennent sens. Un petit roman à la forme originale, plein de fraîcheur et de tendresse.
Gallimard Jeunesse, Folio Cadet, 2003.
5,50 € ISBN : 978-2-07-053707-5
À partir de 9 ans

2034. Cuvellier, Vincent ; ill. Dutertre, Charles : **Tu parles, Charles !**
Charles, « s'il n'existait pas, ce serait pareil ». Le jour où la maîtresse annonce qu'il est à l'hôpital, personne n'a remarqué son absence. Benjamin, le narrateur, est chargé de lui apporter ses devoirs. Lentement, une belle amitié va se nouer, toute en pudeur. Un beau texte remarquablement accompagné par les illustrations et la maquette.
Éditions du Rouergue, Zigzag, 2004.
6 € ISBN : 978-2-84156-552-8
À partir de 9 ans

2035. Danziger, Paula ; ill. Ross, Tony ; trad. Jusforgues, Pascale : **Moi, Lili Graffiti.**
Une série parfaitement adaptée aux jeunes lectrices qui seront charmées par Lili, cette petite héroïne sympathique et pleine de vie, qui raconte des histoires du quotidien où les enfants se reconnaîtront, que ce soit à l'école, avec les amis ou à la maison.
Gallimard Jeunesse, Folio Cadet, Les aventures de Lili Graffiti, 2003.
5,50 € ISBN : 978-2-07-055338-9
Autres titres :
Courage, Lili Graffiti ! 2003.
5 € ISBN : 978-2-07-055337-2
Un nouvel ami pour Lili Graffiti. 2003.
5 € ISBN : 978-2-07-055339-6
À partir de 8 ans

2036. Morgenstern, Susie : **La Sixième.**
Le trac avant la rentrée, les listes de fournitures, les manies des professeurs, les histoires avec les copains, la peur d'être mal aimée : tout sur la première année du collège, dans un style enlevé.
L'École des loisirs, Neuf, 1985.
7,90 € ISBN : 978-2-211-03503-3
À partir de 9 ans

2037. Nilsson-Brännström, Moni ; trad. Segol, Marianne : **Tsatsiki.**
Au fil des chapitres on entre dans l'univers de Tsatsiki, 6 ans, pour partager avec lui les petites choses de sa vie et ses grandes amours : sa maman, son grand-père, sa maîtresse, ses copains. Sans compter toutes ces autres grandes personnes qui sont parfois si compliquées ! Un récit charmant dont la réussite repose sur l'alliance de l'extraordinaire et de l'évidence tranquille.
Flammarion-Père Castor, La vie en vrai, 2004.
6 € ISBN : 978-2-08-161270-9
À partir de 9 ans

2038. Murail, Marie-Aude : **Baby-Sitter blues.**
Le baby-sitter est en l'occurrence un garçon de 15 ans, adolescent bien de son époque, plein d'idées et d'initiatives. Un ton qui sonne vrai et surtout un humour constant, qui ne faiblit pas au fil des titres. Tonique !
L'École des loisirs, Neuf, 2006.
ISBN : 978-2-211-08260-0
Autres titres :
Le Trésor de mon père. 2006.
ISBN : 978-2-211-08263-1
Le Clocher d'Abgall. 2006.
ISBN : 978-2-211-08267-9
Au bonheur des larmes. 2006.
ISBN : 978-2-211-08269-3
Un séducteur-né. 2006.
ISBN : 978-2-211-08271-6
Sans sucre, merci. 2006.
ISBN : 978-2-211-08276-1
Nos amours ne vont pas si mal. 2006.
ISBN : 978-2-211-08278-5
5,50 € chaque À partir de 11 ans

DES ENFANTS DIFFÉRENTS

2039. Delval, Marie-Hélène ; ill. Varley, Susan : **Un petit frère pas comme les autres.**
Le petit dernier de la famille lapin est trisomique. Sa sœur le houspille. Mais elle ne supporte pas que d'autres enfants se moquent de lui, alors elle l'oblige à grandir, tout en acceptant les limites de ses progrès. Un sujet grave abordé sereinement par le biais d'un récit tendre, illustré avec gaieté par Susan Varley.
Bayard Jeunesse, Les Belles Histoires, 2003.
4,90 € ISBN : 978-2-7470-0798-6
À partir de 7 ans

2040. Marchon, Anne ; ill. Camil, Colette : **Helen, la petite fille du silence et de la nuit.**
L'histoire incroyable et pourtant vraie de Helen Keller, la petite Américaine aveugle et sourde, racontée aux plus jeunes, avec des illustrations délicates et bien adaptées.
Bayard Jeunesse, Les Belles Histoires, 2003.
4,90 € ISBN : 978-2-7470-0988-1
À partir de 7 ans

2041. Motsch, Élisabeth ; ill. Dumas, Philippe : **Gabriel.**
Le nouveau est bizarre, il répond à peine quand on lui parle, se balance d'avant

en arrière, tourne en rond dans la cour de récréation… Il s'appelle « Leirbag », enfin Gabriel, et sait lire et parler à l'envers comme personne. Pourtant tous finissent par l'adopter. C'est le récit, drôle et émouvant, de l'intégration réussie d'un enfant atteint du syndrome d'Asperger.
L'École des loisirs, Mouche, 2006.
7 € ISBN : 978-2-211-08104-7
À partir de 7 ans

2042. Schneegans, Nicole ; ill. Boiry, Véronique : **Gaby, mon copain.**
L'histoire de Gaby, un enfant handicapé mental dont le petit Bastien s'est fait un ami, et qui est devenu le « jeteur officiel » des bouteilles dans le quartier. Un petit livre simple, qui n'occulte ni les difficultés ni la lassitude des échecs répétés. Mais l'amitié et la bonne volonté font le nécessaire.
Bayard Jeunesse, J'aime lire, 2005.
6 € ISBN : 978-2-7470-0823-5
À partir de 7 ans

2043. Davidson, Margaret ; ill. Dahan, André ; trad. Fabien, Camille : **Louis Braille, l'enfant de la nuit.**
Un petit garçon aveugle décide de vivre libre. Pour cela il faut savoir lire et écrire. Mais comment ? Dès 12 ans, Louis travaille sans relâche à ce qui deviendra le moyen de communication de tous les aveugles : l'alphabet Braille (reproduit en relief au dos du livre). Évitant les écueils de la biographie édifiante, ce livre est autant un documentaire que la passionnante aventure d'une vie.
Gallimard Jeunesse, Folio Cadet, 2002.
7,40 € ISBN : 978-2-07-053655-9
À partir de 9 ans

2044. Davidson, Margaret ; ill. Lemoine, Georges ; trad. Chassériau, Noël : **La Métamorphose d'Helen Keller.**
L'histoire bien connue de la petite Helen, aveugle, sourde et muette, gagne ici en intérêt et en originalité par la perspective adoptée qui consiste à montrer son parcours difficile, de la révolte à l'autonomie et presque à la sérénité. Exemplaire !
Gallimard Jeunesse, Folio Cadet, 2003.
7,40 € ISBN : 978-2-07-055597-0
À partir de 9 ans

2045. Hanno : **Sur le bout des doigts.**
On découvre Tom, un petit garçon craintif, en compagnie de son père, dans un parcours sportif. Il faudra avancer dans le récit pour comprendre que Tom est aveugle, et qu'il va avoir une petite sœur. Un texte sensible, dont l'originalité repose sur un choix narratif habile et discret qui suppose une lecture attentive.
Thierry Magnier, Petite poche, 2004.
5 € ISBN : 978-2-84420-291-8
À partir de 9 ans

2046. Jaoui, Sylvaine ; ill. Guillerey, Aurélie : **Je veux changer de sœur !**
Emma, 12 ans, cache un secret trop lourd pour elle : Aliénor, sa petite sœur, est autiste. Outre la peur du regard des autres, elle a l'impression que ses parents la négligent et ne s'occupent que d'Aliénor. Sur un ton léger qui permet de faire passer des propos graves, une réflexion sur la place de chacun dans une famille. Beaucoup de profondeur.
Casterman, Romans Junior, 2003.
6,50 € ISBN : 978-2-203-12877-4
À partir de 9 ans

2047. Radström, Niklas ; ill. Heitz, Bruno ; trad. Monteux, Cécilia ; Suffet, Danielle : **Robert.**
Robert, 7 ans, se réveille brusquement et s'aperçoit qu'« il fait complètement noir dans le monde entier ». Il est devenu aveugle. Son entourage s'affole, le surprotège. Robert explore les secrets de son nouvel univers et acquiert une autre liberté. Un récit original, empreint à la fois de magie et de réalisme enfantin, entremêlant gravité et humour avec finesse.
Casterman, Romans Cadet, 2006.
8,25 € ISBN : 978-2-203-15623-4
À partir de 9 ans

♥ **2048.** King-Smith, Dick ; ill. Bailey, Peter ; trad. Robillot, Henri : **Sauterelle.**
Un texte plein de tendresse et de sensibilité. Enfant attardé, recueilli par un couple de bergers aimants et attentionnés, Sauterelle fait preuve d'un don exceptionnel pour communiquer avec les animaux, qui sera reconnu à sa juste valeur. Attachant, sans pathos, mais avec un ton juste et touchant pour une histoire sympathique et vivante, malgré le douloureux contexte de guerre.
Gallimard Jeunesse, Folio Junior, 1999.
5 € ISBN : 978-2-07-052816-5
À partir de 11 ans

2049. Murail, Marie-Aude : **Simple.**
Le sauvetage par un adolescent de son frère simple d'esprit promis à l'enfermement dans une institution spécialisée ; par voie de conséquence, une manière originale pour le sauveur de gagner le respect des étudiants avec lesquels il partage un appartement, ainsi que l'amour d'une camarade de classe. Épisodes dramatiques et complications amoureuses s'enchaînent avec dynamisme.
L'École des loisirs, Médium, 2004.
10,50 € ISBN : 978-2-211-07469-8
À partir de 11 ans

♥ **2050.** Haddon, Mark ; trad. Demange, Odile : **Le Bizarre Incident du chien pendant la nuit.**
Christopher, 15 ans, autiste, découvre un chien tué. Sans s'apitoyer, il se lance dans une enquête minutieuse qui, outre l'auteur du délit, dévoilera bien des secrets. Un portrait juste et attachant de cet adolescent différent, aux performances exceptionnelles en mathématiques et à l'esprit de déduction étonnant.
Pocket Jeunesse, Pocket Junior, Romans, Contes, 2005.
6,20 € ISBN : 978-2-266-14283-0
À partir de 13 ans

♥ **2051.** Robin, Mathieu : **Pensée assise.**
L'histoire drôle et émouvante d'un garçon qui ne se sent pas à la hauteur, au sens propre (il est en fauteuil roulant) comme au sens figuré, et qui a du mal à construire une histoire d'amour. On a rarement fait aussi sobre et concis tout en disant autant de choses essentielles. Le livre est accompagné d'un DVD avec le court-métrage qui a précédé l'écriture du roman. Exceptionnel.
Actes Sud Junior, Ciné-roman, Ados, 2005.
13,90 € ISBN : 978-2-7427-5334-5
À partir de 13 ans

GRANDIR, C'EST DIFFICILE

Surmonter des épreuves et devenir soi-même : tel est le propos des romans initiatiques, très largement présent dans la littérature de jeunesse, bien au-delà donc des seuls romans regroupés ici. Mais ceux-ci en offrent un accent particulièrement convaincant.

2052. Caban, Géva ; ill. Modiano, Zina : **Je t'écris, j'écris.**
Première partie : les lettres d'une jeune fille, qui restent sans réponse, elle continue pourtant à écrire. Deuxième partie : journal intime, dans lequel elle fait progressivement le deuil de son amour. Un livre original pour apprenti amoureux, illustré de peintures modernes et colorées.
Gallimard Jeunesse, Folio Cadet, 2002.
6,90 € ISBN : 978-2-07-053724-2
À partir de 9 ans

2053. Kirkegaard, Ole Lund ; trad. Hoàng, Michel : **Tarzan à la gomme.**
Pauvre Ivan ! Il ne sait ni se battre, ni grimper aux arbres. Son père le traite de Tarzan à la gomme, et à l'école, il est le souffre-douleur d'une bande de garçons. Une sorcière lui permettra de prendre sa revanche, sauf que... Ce roman tellement juste, drôle et poignant, exemplaire pour sa construction, ses thèmes, son écriture, est délicieusement illustré par l'auteur. D'abord paru chez Nathan en 1985.
Mango Jeunesse, Biblio Mango, 2003.
7 € ISBN : 978-2-7404-1683-9
À partir de 9 ans

♥ **2054.** Kuijer, Guus ; ill. Hoogstad, Alice ; trad. Lomré, Maurice : **Unis pour la vie.**
Pauline, 11 ans, sait ce qu'elle veut, mais son entourage semble s'acharner à tout compliquer : son copain veut rompre, son père ne lui cause que des soucis et sa mère tombe amoureuse de son instituteur ! Un petit roman, tonique et juste, qui, sous la légèreté et l'humour des situations, rend compte avec subtilité des difficultés du monde d'aujourd'hui.
L'École des loisirs, Neuf, 2003.
9 € ISBN : 978-2-211-06555-9
Autre titre :
♥ **La vie, ça vaut le coup.** 2005.
9,50 € ISBN : 978-2-211-07765-1
À partir de 9 ans

2055. Potok, Chaïm ; ill. Blondel, Alain ; trad. Desarthe, Agnès : **L'Arbre d'ici.**
Le désarroi d'un petit garçon qui est amené à déménager souvent, et donc à quitter ses amis. Mais cette fois-ci, son ami le jardinier sait trouver un palliatif, un magnolia sera le lien entre le passé, le présent et l'avenir, quand Jason a quelqu'un à réconforter, à soigner. Un très beau texte, qui touche à l'intime.
L'École des loisirs, Mouche, 2000.
7,30 € ISBN : 978-2-211-05717-2
À partir de 9 ans

2056. Pressler, Mirjam ; trad. Friot, Bernard : **Difficile à dire.**
Le quotidien d'une famille allemande d'aujourd'hui à travers le personnage de Nickel, 9 ans, peu porté à la confidence surtout quand il a fait une chose interdite.
L'École des loisirs, Neuf, 1990.
5,20 € ISBN : 978-2-211-06291-6
À partir de 9 ans

2057. Reuter, Bjarne ; trad. Ahl, Nils : **Je suis Hodder.**
Tout est rude pour Hodder : la vie familiale brisée par la mort de sa mère, et la vie scolaire, avec des camarades peu enclins à la bienveillance. Mais les rêves et l'imagination lui offrent une fée sur mesure qui lui donne la force de sauver le monde et d'affronter les autres. Un texte délicat et original à la frontière du réel et de l'imaginaire.
L'École des loisirs, Neuf, 2003.
10 € ISBN : 978-2-211-06524-5
À partir de 9 ans

2058. Szac, Murielle : **J'attends maman.**
Peu de pages et de mots suffisent à dire, avec intensité, le sentiment d'abandon et d'espoir qu'éprouve le jeune Julien, chaque dimanche, où il attend en vain sa maman dans l'institution où elle l'a placé.
Thierry Magnier, Petite poche, 2003.
5 € ISBN : 978-2-84420-248-2
À partir de 9 ans

2059. Wilson, Jacqueline ; ill. Sharratt, Nick ; trad. Broca, Olivier de : **Ma chère momie.**
Bouleversée par la mort de sa chatte, Sofia entreprend en secret de « momifier » le cadavre. S'ensuit une série de gags et de bêtises qui rythment un récit au ton humoristique et léger. Mais l'histoire bascule dans un registre plus grave : ce déni de la mort est révélateur des angoisses de Sofia qui n'a jamais pu parler de la mort de sa mère qu'elle n'a pas connue.
Gallimard Jeunesse, Folio Cadet, 2002.
5 € ISBN : 978-2-07-054976-4
À partir de 9 ans

2060. Bowler, Tim ; trad. Moran, Cécile : **Le Garçon de la rivière.**
Jess sert de muse à son peintre de grand-père et veille sur lui malgré son caractère impossible. Avant de mourir, le vieil homme tient absolument à réaliser un dernier tableau : ce sera pour Jess l'occasion d'accomplir ce que son grand-père n'a pas réalisé en son temps. Le fantastique affleure dans ce roman intimiste qui parle si bien de la vie, de la mort et de la transmission.
Pocket Jeunesse, Pocket Junior, 2005.
6,60 € ISBN : 978-2-266-11725-8
À partir de 11 ans

2061. Burgess, Melvin ; trad. Rubio, Vanessa ; adapt. Hall, Lee : **Billy Elliot.**
Un roman très attachant, écrit d'après le film du même titre, qui raconte la touchante histoire du jeune Billy, orphelin de mère, élevé par son père et son grand frère, mineurs en grève, et qui se découvre un don pour la danse classique. Une narration à plusieurs voix souligne la vulnérabilité des personnages qui ont bien du mal à exprimer leurs sentiments.
Gallimard Jeunesse, Folio Junior, 2001.
5 € ISBN : 978-2-07-054817-0
À partir de 11 ans

♥ **2062.** Cushman, Karen ; trad. Fejtö, Raphaël : **L'Apprentie Sage-femme.**
En Angleterre, à une lointaine époque moyenâgeuse, une fillette sans nom survit en chapardant de la nourriture, dort sur un tas de fumier pour ne pas mourir de froid. La sage-femme du village, rude et forte en gueule, la prend à son service. Le langage

parfois cru, l'écriture très expressive et une stimulante philosophie contribuent à l'originalité du récit.
L'École des loisirs, Neuf, 1996.
9,50 € ISBN : 978-2-211-03675-7
À partir de 11 ans

♥ **2063.** Hannigan, Katherine ; trad. Ladd, Fanny ; Rollet, Noémie : **Ida B... et ses plans pour s'amuser à fond, éviter les désastres et éventuellement sauver le monde.**
Ida B. voit son monde s'écrouler lorsque sa mère tombe malade. Elle vit ces changements comme une trahison et décide de laisser son cœur se transformer en pierre, dur, sombre et froid. C'est son nouveau « plan » et elle est tenace ! Une gamine peu banale qui se régale d'introspection. Le lecteur jubile.
Seuil Jeunesse, 2005.
11 € ISBN : 978-2-02-079391-9
À partir de 11 ans

2064. Richter, Jutta ; trad. Català, Genia : **Ce jour-là j'ai apprivoisé les araignées.**
Un jeune garçon est marginalisé par les enfants du village où il s'est installé depuis peu avec sa mère. Il se révèle pourtant, pour qui veut bien le regarder (c'est le cas de la narratrice), un garçon courageux et gentil mais aussi plein de douleur. Une analyse de la difficile résistance aux opinions communes et de la découverte des différences.
La Joie de lire, Récits, 2002.
6,50 € ISBN : 978-2-88258-228-7
À partir de 11 ans

2065. Richter, Jutta ; trad. Català, Genia : **Derrière la gare, il y a la mer.**
Nono, 9 ans, le roi de l'esquive et de l'équilibre, se retrouve à la rue pour fuir son beau-père qui a frappé sa mère. Il rencontre Cosmos, un « grand » en route depuis toujours, et ils décident de réaliser leur rêve : partir à la mer. Un récit subtil qui évoque sans pathos des rencontres avec des personnages toujours en marge, au passé souvent douloureux.
La Joie de lire, Récits, 2003.
9,20 € ISBN : 978-2-88258-253-9
À partir de 11 ans

♥ **2066.** Roger, Marie-Sabine ; ill. Roca, François : **À la vie, à la...**
Le monologue intérieur d'un petit garçon qui devine qu'il va mourir. La lutte incessante contre la douleur, l'amour des proches, le besoin d'évasion dans les rêves et les histoires s'expriment dans un langage tout personnel où l'enfant recrée les mots et les expressions. Un remarquable travail sur la langue, sans mièvrerie.
Nathan Jeunesse, 2005.
4,50 € ISBN : 978-2-09-250674-5
À partir de 11 ans

2067. Ryan, Pam Munoz ; trad. Delord, Dominique : **Les Racines de Naomi.**
Naomi, 11 ans, enfant silencieuse, vit entre son arrière-grand-mère et son petit frère un peu bizarre. Leur univers chamboulé, les enfants partent à la recherche de leur père à travers le Mexique. Le temps pour Naomi, à la fois effacée et douée d'une force intérieure peu banale, de prendre de l'assurance et de trouver ses racines. Un roman très attachant, dans lequel le lecteur prend fait et cause pour Naomi.
Actes Sud Junior, Ado, 2006.
10,50 € ISBN : 978-2-7427-5852-4
À partir de 11 ans

2068. Sachar, Louis ; trad. Pressmann, Frédérique : **Le garçon qui avait perdu la face.**
De peur de passer pour une mauviette, David participe à une méchante blague que ses « copains » montent contre une vieille dame. Il se convainc qu'elle l'a maudit : d'ailleurs, depuis, il ne lui arrive que des trucs bizarres. À la fois léger et profond, ce roman traite avec humour les questions de la culpabilité et de l'amitié.
L'École des loisirs, Neuf, 2003.
11 € ISBN : 978-2-211-06616-7
À partir de 11 ans

2069. Wilson, Jacqueline ; trad. Jusforgues, Pascale : **Violette.**
Affligée de parents désespérément bornés, sans amis, Violette a deux passions : l'écrivain Casper Dream à qui elle écrit d'innombrables lettres, et Will, son frère aîné, tantôt tendre, tantôt cruel et violent, à la limite du pervers. Elle va lever un lourd secret familial et prendre la mesure de ses propres talents. Un roman bien construit, d'une lecture agréable et facile.
Albin Michel, Wiz, 2006.
12 € ISBN : 978-2-226-17202-0
À partir de 11 ans

2070. Adam, Olivier : **Sous la pluie.**
Au petit matin d'une nuit éprouvante en raison de la conduite irrationnelle de sa mère au bord de la folie, et la fatigue aidant, Antoine voit tout en noir et égrène les souvenirs de la terrible semaine qu'il vient de passer. Avant de comprendre, preuves à l'appui, que les choses peuvent s'arranger. Une écriture délicate, des propos tout en finesse, des personnages attachants.
L'École des loisirs, Médium, 2004.
8,50 € ISBN : 978-2-211-07522-0
À partir de 13 ans

♥ **2071.** Almond, David ; trad. Ménard, Diane : **Le Cracheur de feu.**
L'année de ses 11 ans, Bobby Burns prend conscience que le bonheur est fragile, que des événements historiques, familiaux ou personnels peuvent le menacer. Sa personnalité se forge, nourrie de ses propres expériences et de ses rencontres avec des personnes aux prises avec la guerre, la maladie, la ségrégation sociale et le mépris. Un univers original et un roman captivant.
Gallimard Jeunesse, Scripto, 2005.
12 € ISBN : 978-2-07-055872-8
À partir de 13 ans

2072. Almond, David ; trad. Van Belle, Anita : **Le Jeu de la mort.**
Dans le cadre symbolique d'une petite ville jadis minière près de Londres, deux adolescents participent à un jeu dangereux et effrayant qui les conduit aux portes de la mort. Un savant mélange de passé et de présent, de réalité dure et d'imaginaire, des personnages attachants, un emboîtement de récits et une écriture très visuelle composent un roman fascinant.
Gallimard Jeunesse, Scripto, 2003.
10,50 € ISBN : 978-2-07-054356-4
À partir de 13 ans

♥ **2073.** Beake, Lesley ; trad. Noizet, Yvonne : **Voyageur.**
Situé au début du XVIIIe siècle, en Afrique du Sud, le récit (inspiré d'un fait réel) met en scène la rencontre inattendue entre un marin anglais devenu aveugle et un adolescent chargé, contre son gré, de l'accompagner dans un long périple, jusqu'à l'extrême pointe du continent. Un beau récit d'apprentissage et d'apprivoisement mutuel.
L'École des loisirs, Médium, 1996.
10,40 € ISBN : 978-2-211-04169-0
À partir de 13 ans

2074. Brantôme, Marie : **Avec tout ce qu'on a fait pour toi : cahier de pensées commencé le 30 juillet 1951.**
En 1951, May commence à écrire son journal. Sa vie n'est pas gaie : son père est ruiné, son frère cadet bête et méchant, son grand frère tuberculeux, sa petite sœur morte récemment, et sa mère ne veut pas qu'elle fasse des études. Roman ou autobiographie ? On éprouve une vraie sympathie pour cette adolescente qui nous parle de sa douleur et de sa solitude.
Seuil Jeunesse, Fictions, 2005.
11 € ISBN : 978-2-02-069407-0
À partir de 13 ans

♥ **2075.** Chabas, Jean-François : **La Boxe du grand accomplissement.**
Rutger découvre que le directeur de l'orphelinat qui l'accueille s'entraîne à la boxe et c'est ainsi, à travers l'étude et la pratique de différents arts martiaux, qu'il commence à se libérer de ses peurs en les affrontant, à s'initier à la sagesse et à la compréhension du monde… Un livre plein d'humour et de tendresse, à l'écriture très travaillée, qui invite à la réflexion.
L'École des loisirs, Médium, 2004.
11 € ISBN : 978-2-211-07570-1
À partir de 13 ans

2076. Choldenko, Gennifer ; trad. Leymarie, Marie : **Mon étrange petite sœur et les prisonniers d'Alcatraz.**
Nous sommes en 1935, le père de Caribou a trouvé du travail à la prison d'Alcatraz. Il emmène sa femme et leurs deux enfants, Caribou, 12 ans, et Nathalie, 16 ans et autiste, sur l'île où se trouve en particulier le légendaire Al Capone. Un roman dense et passionnant, tant pour la vie à Alcatraz que sur l'autisme, maladie méconnue à l'époque.
Pocket Jeunesse, Littérature, 2006.
15 € ISBN : 978-2-266-14344-8
À partir de 13 ans

♥ **2077.** Cormier, Robert ; Poslaniec, Michèle : **La Guerre des chocolats.**
Aux États-Unis, dans un collège privé, la loi est faite par la « milice » des élèves. Un roman très dur, publié en 1984 dans sa version intégrale par L'École des loisirs, devenu un classique, qui, à travers la résistance du jeune héros, démonte les engrenages et les lâchetés qui font le lit du fascisme et de la dictature.
L'École des loisirs, Médium, 1986.
6,50 € ISBN : 978-2-211-02661-1
Autre titre :
Après la guerre des chocolats. 1986.
5,80 € ISBN : 978-2-211-01306-2
À partir de 13 ans

2078. Dufeutrel, Marie : **X comme Xad.**
Plongé au cœur des pensées et des émotions de Xad, dans son monologue haché, douloureux, le lecteur trouve peu à peu ses repères pour comprendre la situation : la mort d'un frère, le sentiment d'injustice, la révolte, le désir de vengeance envers un « ami » qui n'est qu'un traître et un lâche, l'impossibilité de tourner la page, de regarder l'avenir…
Éditions du Rouergue, DoAdo, 2005.
8,50 € ISBN : 978-2-84156-581-8
À partir de 13 ans

♥ **2079.** Fox, Paula ; trad. Todd, Camille : **L'Œil du chat.**
À 11 ans, Ned vit très seul entre un père pasteur parfait et exigeant et une mère malade. Le sentiment de culpabilité qu'il éprouve en permanence se cristallise dans un acte tragique et mystérieux. Parce qu'il tire une nuit à la carabine sur une forme fuyante, il est persuadé d'avoir crevé l'œil du chat. Une étude saisissante des états d'âme.
L'École des loisirs, Médium, 1992.
6,40 € ISBN : 978-2-211-02994-0
À partir de 13 ans

2080. Friot, Bernard : **Un autre que moi.**
Terrible adolescence que celle de ce garçon de 15 ans, mal dans sa peau, en retard sur le plan physique et en avance intellectuellement. Il se sent seul dans son internat comme à la maison et s'épuise à cacher ses sentiments. Un récit, raconté sur une semaine, qui ne tombe jamais dans le pathos car le héros « ne pleure pas, hein, il ne pleure pas. »
La Martinière, Confessions, 2003.
ISBN : 978-2-7324-3019-6
Autre titre :
Un dernier été. 2005.
ISBN : 978-2-7324-3256-3
8,50 € chaque À partir de 13 ans

2081. Gardner, Graham ; trad. Piat, Dominique : **Elliot.**
Elliot est dans une tension permanente pour survivre dans l'univers cruel et destructeur du collège où il vient d'arriver, pris dans le jeu très codé, impitoyable et pervers des pouvoirs entre garçons, à l'insu des adultes. Un véritable thriller psychologique qui dénonce les bassesses qui sont le terreau du fascisme.
Flammarion, Tribal, 2005.
8 € ISBN : 978-2-08-162634-8
À partir de 12 ans

2082. Hagerup, Hilde ; trad. Romand-Monnier, Céline : **Quelque chose que je regrette.**
Gerd, la narratrice, a perdu son père mort noyé. Siv, sa sœur, a réchappé au naufrage mais elle est bizarre depuis. Gerd, courageuse et têtue, se bat pour sortir de la tristesse et du cafard ambiant, et se cogne au réel : les difficultés de sa mère, sa grand-mère assez odieuse, les rivalités entre copines… On s'attache à ce personnage hors normes, mais touchant et authentique.
Seuil Jeunesse, Romans, 2005.
12 € ISBN : 978-2-02-061378-1
À partir de 13 ans

2083. Klass, David ; trad. Demanuelli, Jean et Claude : **Tu ne me connais pas.**
« Tu ne me connais pas » est le leitmotiv de la lettre rageuse que John adresse à sa

mère, où il exprime ce qu'il a sur le cœur (et le corps !) : la haine de son beau-père, son malaise au collège, ses amours sans espoir. Mais son solide sens de l'humour et de la dérision lui permettent d'affronter cette réalité hostile. Un rythme enlevé, un ton juste et drôle, une plume percutante.
Seuil Jeunesse, Romans, 2002.
10,50 € ISBN : 978-2-02-051123-0
À partir de 13 ans

2084. Levine, Gail Carson ; trad. Mapaula, Marie-Claude : **David s'évade.**
À New York, dans les années 1920, David, 11 ans, déjà orphelin de mère, perd son père. Le voilà dans un horrible orphelinat où les grands mangent, en plus de leurs rations, les assiettes des plus petits. David s'enfuit et fait la connaissance d'un prestidigitateur, d'une fillette noire ravissante et du monde nocturne du jazz. Superbe, plein d'émotion et de tendresse.
L'École des loisirs, Médium, 2005.
12 € ISBN : 978-2-211-05785-1
À partir de 13 ans

2085. Lovera Vitali, Corinne : **Lise.**
Au début, cela fait peur, ces longues phrases sans ponctuation, sans respiration, et puis cela devient un pur délice, à déguster, à relire doucement. Des mots, un rythme, un souffle, une écriture enfin, pour dire ce que Lise, esprit libre, précis, sensible, pense sur son « lidosto » où une jambe cassée l'immobilise. Un livre inclassable et superbe.
Thierry Magnier, Roman, 2005.
7 € ISBN : 978-2-84420-376-2
À partir de 13 ans

2086. Moeyaert, Bart ; trad. Both-Diez, Anne-Marie de : **À mains nues.**
La fin d'une enfance pour un petit garçon confronté à la violence et la bêtise des adultes, quand un voisin à l'allure de croquemitaine tue le chien de l'enfant pour se venger d'une bêtise. Récit terrible d'illusions et rêves brisés et d'un chagrin inconsolable.
Seuil Jeunesse, 1999.
9 € ISBN : 978-2-02-030628-7
À partir de 13 ans

2087. Murphy, Martina ; trad. Marchand, Alice : **En mille morceaux.**
Hannah, la narratrice, 17 ans, retrouve le journal qu'elle a tenu deux ans auparavant, quand son père a quitté la maison. Elle a vécu cela comme un drame et tout a déraillé pour elle. Elle a séché les cours, s'est mise à boire... et ça s'est terminé de façon tragique. Le roman, composé des deux récits entrelacés, ménage un vrai suspense. Un propos et un ton non convenus.
Grasset Jeunesse, Lampe de poche Adolescents, 2005.
9,50 € ISBN : 978-2-246-67451-1
À partir de 13 ans

♥ **2088.** Sachar, Louis ; trad. Ménard, Jean-François : **Le Passage.**
Un roman inventif et composite, à la structure délibérément complexe, qui joue avec les ruptures et les raccourcis chronologiques et entremêle les thèmes pour raconter la vie de Zéro et Stanley, dans un camp disciplinaire perdu dans le Texas. Jubilatoire par l'humour grinçant et l'ironie qui percent à chaque page.
L'École des loisirs, Médium, 2000.
9,50 € ISBN : 978-2-211-05287-0
À partir de 13 ans

2089. Sachar, Louis ; trad. Desarthe, Agnès : **Pas à pas.**
Aisselle, tout juste sorti d'un camp de redressement, est bien décidé à s'en sortir. Mais comment ne pas céder à l'insistance de son vieux copain, qui est sur un coup « absolument sans risque, pas vraiment malhonnête et qui va rapporter gros » ? Un excellent roman, qui campe un héros particulièrement attachant et des personnages secondaires délicieux.
L'École des loisirs, Médium, 2006.
11 € ISBN : 978-2-211-08242-6
À partir de 13 ans

2090. Saint-Dizier, Marie : **Je reviens.**
Le père de Nanette dirige une brasserie et a inventé une limonade qui a du succès. Elle vit dans une belle maison et est élevée plutôt par des bonnes que par sa mère, belle, lointaine, absente. La ruine menace... Une histoire assez terrible, un beau roman autobiographique, au ton mélancolique et au rythme nonchalant, une écriture riche et travaillée.
Gallimard Jeunesse, Scripto, 2003.
9 € ISBN : 978-2-07-055590-1
À partir de 13 ans

2091. Spinelli, Jerry ; trad. Mapaula, Marie-Claude : **L'Étrangleur.**
Tous les anniversaires ne sont pas des fêtes. La tradition veut que, dans la petite ville où habite Palmer, se déroule chaque année un tir au pigeon et que chaque garçon de 10 ans « bénéficie du privilège » d'achever les oiseaux blessés, en guise de rituel d'initiation. Tempête sous le crâne et dans le cœur de l'enfant qui cherche à s'y soustraire.
L'École des loisirs, Médium, 2000.
10,40 € ISBN : 978-2-211-05230-6
À partir de 13 ans

2092. Vieira, Alice ; trad. Robilliard, Marie-Amélie : **Voyage autour de mon nom.**
À partir d'une anecdote banale – un enfant juge son prénom ridicule et en choisit un autre – le récit ne cesse de s'enrichir, dans une subtile construction narrative. Une évocation simple du quotidien, qui aborde avec un humour léger des thèmes aussi graves que la mort, le deuil ou la quête d'identité.
La Joie de lire, Récits, 1998.
10,70 € ISBN : 978-2-88258-104-4
Autre titre :
Les Yeux d'Ana Marta. 2000.
9,20 € ISBN : 978-2-88258-173-0
À partir de 13 ans

2093. Welsh, Renate ; trad. Goustine, Luc de : **Johanna.**
En Autriche dans les années 1920, Johanna, 13 ans, enfant naturelle, est confiée à une famille de fermiers qui l'exploitent avant qu'elle ne parvienne à prendre elle-même son avenir en mains. Un destin individuel admirablement enchâssé dans la fresque collective : montée du fascisme, misère, crise... Un long roman dense.
L'École des loisirs, Médium, 1990.
6,70 € ISBN : 978-2-211-02647-5
À partir de 13 ans

2094. Winton, Tim ; trad. Gassié, Nadine : **L'amour est la septième vague.**
Lockie Leonard, adolescent australien grand amateur de surf, a déménagé. La plus belle fille de son nouveau lycée décide d'en faire son petit ami, sans lui demander son avis. Va-t-il se conformer aux conventions imposées par la communauté lycéenne ? Comment se faire accepter tout en restant soi-même ? Ses états d'âme sont rendus avec humour.
L'École des loisirs, Médium, 1998.
9,50 € ISBN : 978-2-211-04749-4
Autres titres :
Demain et le jour suivant. 2001.
9,20 € ISBN : 978-2-211-05749-3
Tu es une légende. 2003.
10 € ISBN : 978-2-211-06662-4
À partir de 13 ans

2095. Mingarelli, Hubert : **Le Bruit du vent.**
Sur une île battue des vents, espoirs et tourments d'un adolescent qui tente de communiquer ses passions et ses rêves à un père hanté par la guerre de 1914-1918 et à tout son entourage. Un beau texte subtil.
Gallimard Jeunesse, Folio Junior, 2003.
5 € ISBN : 978-2-07-055404-1
À partir de 14 ans

2096. Perez, Serge : **Les Oreilles en pointe.**
La terrible histoire de Raymond, enfant victime d'un entourage et d'événements aussi incompréhensibles que terrifiants : un maître insensible à sa détresse, une petite sœur retardée, des parents violents et eux-mêmes traumatisés, et un destin qui frappe encore, en éteignant inexorablement la seule lueur d'espoir. Beau, triste, voire désespéré.
L'École des loisirs, Médium, 1995.
6,70 € ISBN : 978-2-211-03398-5
Autres titres :
J'aime pas mourir. 1996 (épuisé).
Comme des adieux. 1997.
6,10 € ISBN : 978-2-211-03878-2
À partir de 14 ans

♥ **2097.** Van Lieshout, Ted ; trad. Roelandt, Véronique : **Frère.**
Un dialogue bouleversant entre deux frères par-delà la mort, où le survivant évoque les souvenirs de la maladie de son frère, son impuissance à l'aider et lui parler, sa révolte, sa culpabilité. Dans un second temps, Luc découvre et commente le journal que son frère a laissé. Un douloureux travail de deuil.
La Joie de lire, Récits, 2001.
10,20 € ISBN : 978-2-88258-206-5
À partir de 14 ans

♥ **2098.** Banks, Russell ; trad. Furlan, Pierre : **Sous le règne de Bone.**
À 14 ans Bone fugue : sa dérive le conduira d'un gang à un vieux rasta qui vit dans un bus posé sur un terrain vague, puis à la Jamaïque. En quittant cette île et son enfance, Bone paraît prendre un nouveau départ où il serait maître de son destin. Un récit initiatique passionnant, emblématique de l'univers du grand écrivain Russell Banks.
Actes Sud Junior, Babel J, 2006.
9,50 € ISBN : 978-2-7427-6059-6
À partir de 15 ans

2099. Casta, Stefan ; trad. Segol, Agneta : **Faire le mort.**
Pour Kim, adolescent indépendant et tourmenté, cherchant à s'intégrer dans la société des lycéens de son âge où il est amoureux de la douce Tove, l'expédition programmée au cœur de la forêt suédoise pour y observer les oiseaux tourne au cauchemar. Le récit alterne les souvenirs et cette nuit qu'il croit être la dernière, faite de souffrance, d'hallucinations et de questions.
Thierry Magnier, Roman, 2006.
9 € ISBN : 978-2-84420-505-6
À partir de 15 ans

AMOUR ET AMITIÉ

L'amour et l'amitié sont des thèmes tout à fait traditionnels dans les romans pour la jeunesse mais que les romanciers réussissent à renouveler sans cesse. Sous la plume des auteurs d'aujourd'hui, c'est toute l'ambiguïté des sentiments, voire la cruauté des rapports humains qui se dessinent, loin des clichés et de l'eau de rose.

2100. Lenain, Thierry ; ill. Guillerey, Aurélie : **Je me marierai avec Anna.**
Cora est amoureuse d'Anna. Ses parents, choqués, pensent que ce n'est que passager, mais Cora est sûre d'elle. Paru au Sorbier en 1992, cette histoire osait aborder avec justesse l'homosexualité. Aujourd'hui le sujet est moins rare dans l'édition pour la jeunesse, mais le texte reste une grande réussite par son ton et sa délicatesse.
Nathan Jeunesse, Première lune, 2004.
5,35 € ISBN : 978-2-09-282618-8
À partir de 7 ans

2101. Nöstlinger, Christine ; ill. Le Grand, Claire ; trad. Auger-Gougeat, Marie-Claude : **Mini est amoureuse.**
Quand sa copine Chloé lui présente ses deux cousins dont l'un ressemble au prince charmant, Mini tombe amoureuse. Chloé juge son cousin idiot, mais quand les lettres de Théo arrivent, tendres et pleines d'humour, elle est obligée de reconnaître son erreur. Sauf que ce n'est pas Théo l'auteur de ces lettres ! Un petit roman frais et tonique comme tous les titres de cette série.
Hachette Jeunesse, Bibliothèque rose, 2002.
ISBN : 978-2-01-200461-0
Autres titres :
Mini et Max le chat. 2000.
ISBN : 978-2-01-200236-4
Mini détective. 2000.
ISBN : 978-2-01-200186-2
4,50 € chaque À partir de 7 ans

2102. Pussey, Gérard ; ill. Dumas, Philippe : **Les Vélos rouillés.**
Curieuse histoire d'amitié véritable et précieuse entre Monsieur Victor, le vieux châtelain triste et replié sur lui-même depuis son veuvage, et un petit garçon pauvre du village. Le vieil homme peut donner libre cours à ses propres rêves, en exauçant ceux de l'enfant. L'histoire d'une complicité malgré la différence d'âge.
L'École des loisirs, Mouche, 1997.
5,80 € ISBN : 978-2-211-04311-3
À partir de 7 ans

2103. Smadja, Brigitte ; ill. Bloch, Serge : **Marie est amoureuse.**
Marie ne vit et ne respire plus que pour Samuel. Son goûter d'anniversaire tourne au supplice. Il est 17 heures, Samuel ne viendra plus... Marie a 6 ans, et l'amour c'est sacré !
L'École des loisirs, Mouche, 1993.
5,20 € ISBN : 978-2-211-01209-6
À partir de 7 ans

2104. Cuvellier, Vincent ; ill. Légaut, Charlotte : **La Nuit de mes neuf ans.**
Benjamin raconte le souvenir magique qu'il a de la nuit de son neuvième anniversaire, où son amie vient dormir chez lui. Entre tristesse (un drame à la maison pour Anne) et bonheur absolu (ils s'aiment !), avec des fous rires et une bataille de polochons, c'est un beau moment de complicité qui nous est décrit, dans lequel l'intimité des enfants est toujours préservée.
Éditions du Rouergue, Zigzag, 2005.
6 € ISBN : 978-2-84156-679-2
À partir de 9 ans

2105. Dayre, Valérie ; ill. Mets, Alan : **Sa dernière blague.**
Elles s'appellent toutes les deux Astrid. Elles sont le contraire l'une de l'autre, et l'une est le souffre-douleur de l'autre... Un livre sur la violence – psychologique aussi bien que physique –, dont la fin peut sembler excessive à certains lecteurs.
L'École des loisirs, Mouche, 1998.
6,10 € ISBN : 978-2-211-05006-7
À partir de 9 ans

2106. Desplechin, Marie ; ill. Dumas, Philippe : **Élie et Sam.**
Une bien jolie histoire à lire aux plus petits. Élie et Sam sont deux lutins et les meilleurs amis du monde. Fêtes et cérémonies se succèdent sur fond de mini-drames dus à la jalousie et à une timidité maladive. Un livre plein de charme et une belle ode à l'amitié.
L'École des loisirs, Neuf, 2004.
8,50 € ISBN : 978-2-211-07484-1
À partir de 9 ans

2107. Errera, Eglal ; ill. Corvaisier, Laurent : **L'Été des becfigues.**
L'amitié amoureuse entre une petite citadine, Rebecca, d'une famille juive d'Alexandrie, et Dahoud, un jeune nomade du désert. Un texte poétique et sensible, qui rend avec intensité les émotions et les sensations – la chaleur, le chant des insectes, la fraîcheur de l'eau... – et le trouble des premiers émois amoureux.
Actes Sud Junior, Les premiers romans Cadet, 2003.
6 € ISBN : 978-2-7427-4523-4
Autre titre :
Ill. Perrin, Renaud : **Les Fleurs d'Alexandrie.**
Actes Sud Junior, Cadet, 2006.
6 € ISBN : 978-2-7427-6037-4
À partir de 9 ans

2108. Härtling, Peter ; ill. Rosy ; trad. Berman, Antoine : **Ben est amoureux d'Anna.**
L'amour à 10 ans : on fait connaissance à l'école, on s'écrit, on se baigne ensemble, on se parle... mais voilà qu'Anna quitte la ville avec ses parents. Beaucoup de vérité dans ce livre sensible où les sentiments se lisent entre les lignes, publié en 1979 (1e éd. française : 1981) et devenu un classique et le modèle du genre.
Pocket Jeunesse, Kid Pocket, 1998.
4,80 € ISBN : 978-2-266-08640-0
À partir de 9 ans

♥ **2109.** Lindgren, Astrid ; ill. Ivers, Mette ; trad. Segol, Agneta ; Duval, Brigitte ; avec la collab. Bouniort, Jeanne : **Ronya, fille de brigand.**
Dans un immense château, Ronya est élevée librement par des brigands ; elle découvre seule l'univers enchanté de la forêt, les elfes et les nains gris. Elle rencontre Rik, l'enfant d'un brigand ennemi de son père. Ils décident de fuir pour vivre dans la nature. À la fois roman initiatique et roman d'aventures, publié en Suède en 1981 (1re éd. française : 1984).
Hachette Jeunesse, Le Livre de poche Jeunesse, Aventure, 2002.
5,20 € ISBN : 978-2-01-322053-8
À partir de 9 ans

2110. Nöstlinger, Christine ; ill. Schindler, Édith ; trad. Friot, Bernard : **Jacob, Julia et Jéricho.**
L'histoire d'un coup de foudre et d'une amitié sans ombre entre Julia et Jacob, 8 ans, qui se ressemblent et veulent absolument tout partager : Jéricho (le saint-bernard de Julia), leurs chaussures, leur argent de poche et bien sûr leurs bêtises. Un ton enlevé et plein d'humour pour un petit roman sympathique.
L'École des loisirs, Neuf, 1988.
5,50 € ISBN : 978-2-211-04434-9
À partir de 9 ans

♥ **2111.** Chabas, Jean-François : ill. Munoz, José : **Les Frontières.**
Deux gamins d'origine yougoslave, embrigadés dans la bande d'un certain Bradimir qui les exploite et les maltraite, réussissent à s'enfuir. Le lecteur accompagne cette fuite ponctuée de rencontres et découvre peu à peu les nuances de la personnalité des garçons, devinant sous la violence des mots et des gestes leur formidable besoin de dignité et de liberté.
Casterman, Romans Dix & plus, Comme la vie, 2001.
6,50 € ISBN : 978-2-203-11928-4
À partir de 11 ans

2112. Cousseau, Alex : **Poisson-Lune.**
Marius est aveugle. Complètement et depuis toujours. Il a un chien à qui il parle tout le temps : c'est ce qu'il lui raconte qui compose cette narration originale, à la fois monologue et paroles adressées à un « tu » qui peut tout entendre sans rien répondre. Une expression très vivante, au rythme de phrases courtes, imagées, pour une belle histoire d'amitié et d'amour.
Éditions du Rouergue, DoAdo, 2004.
7,50 € ISBN : 978-2-84156-578-8
À partir de 11 ans

2113. Dohertie, Berlie ; ill. Novi, Nathalie ; trad. Formentelli, Bee : **Le Grand Voilier dans les arbres.**
En 1910, un domaine, et plus particulièrement un marronnier, est le théâtre d'une rencontre et d'un amour inabouti entre l'héritier de la fortune et la fille du majordome. Une narration à trois voix entrecroisées, grâce à la participation du frère, fait le charme et la complexité de ce récit, à la fois psychologique, historique et social.
Gallimard Jeunesse, Folio Junior, 2000.
6 € ISBN : 978-2-07-052981-0
À partir de 11 ans

2114. Dowel, Frances O'Roark ; trad. Delval, Marie-Hélène : **Une maison, un jour…**
Dans un orphelinat aux États-Unis, Maddie, la narratrice, compose, à partir de collages, des livres qui représentent les maisons où elle rêverait d'habiter. Avec son copain, Rickie, et une nouvelle pensionnaire, Murphy, la petite fille se lance dans la construction d'une vraie cabane. Un roman pudique et sensible.
Bayard Jeunesse, Estampille, 2003.
11,50 € ISBN : 978-2-7470-1071-9
À partir de 11 ans

2115. Fine, Anne ; trad. Kugler, Dominique : **Mon amitié avec Tulipe : on ne naît pas méchant.**
Nathalie, nouvelle dans l'école, se lie d'amitié avec Tulipe, une enfant mal aimée, destructrice, au bord de la délinquance. D'abord fascinée par son amie, complice de ses jeux – toujours surprenants, parfois provocateurs –, Nathalie cherche bientôt à échapper à son influence, non sans quelque culpabilité. Une bonne analyse des ambiguïtés de l'amitié.
L'École des loisirs, Médium, 1998.
9,90 € ISBN : 978-2-211-04620-6
À partir de 11 ans

2116. Grenier, Christian : **Le Pianiste sans visage.**
Deux romans pour une seule histoire racontée dans chaque livre par l'un des deux protagonistes : la rencontre, la naissance de l'amour, la passion du piano, la découverte d'une œuvre musicale oubliée, sont autant d'épisodes communs aux deux récits, mais vécus et évoqués différemment.
Rageot, Métis, 2003.
ISBN : 978-2-7002-2970-7
Autre titre :
La Fille de 3e B. 2003.
ISBN : 978-2-7002-2969-1
6,50 € chaque À partir de 11 ans

2117. Kemp, Gene ; ill. Blake, Quentin ; trad. Ménard, Jean-François : **Le Terrible Trimestre de Gus.**
À première vue ce roman est une simple chronique scolaire. Mais l'histoire de Gus et de son amitié avec Danny est plus complexe qu'elle n'y paraît, comme on le découvre à la fin de ce livre drôle et émouvant.
Gallimard Jeunesse, Folio Junior, 1999.
5 € ISBN : 978-2-07-052426-6
À partir de 11 ans

2118. Moeyaert, Bart ; trad. Cunin, Daniel : **Oreille d'homme ou Comment on a failli tuer Stina.**
La cruauté des jeux d'enfants, entre plaisir, inconscience et méchanceté. Ce bref récit, mené à travers le point de vue d'une petite fille, la montre complice de son cousin, dans le regard décalé sur des adultes et dans le mépris pour la moche et bête Stina. Une vision sans complaisance, servie par une écriture rapide, mordante et terriblement efficace.
Éditions du Rouergue, DoAdo, 2006.
6 € ISBN : 978-2-84156-753-9
À partir de 11 ans

2119. Pussey, Gérard : **Monsieur Max ou Le Dernier Combat.**
Une tranche d'enfance provinciale dont le décor est une usine de gaufrettes et le héros, son gardien, un ancien boxeur. Un enfant rêveur et perspicace, un récit un peu rétro, qui ne se prend jamais au sérieux, un ton plein de verve et de tendresse. Ou comment oser affronter la vie réelle plutôt que de rester dans ses rêves.
L'École des loisirs, Neuf, 1989.
4,90 € ISBN : 978-2-211-05710-3
À partir de 11 ans

2120. Burgess, Melvin ; trad. Pracontal, Mona de : **Un été au bord du fleuve.**
Une amitié hors du commun entre un jeune garçon venu de la grande ville et une fillette sourde et muette, souffre-douleur des jeunes gens d'un village anglais des années 1930. Et comment un regard neuf posé sur la jeune handicapée peut changer le cours des choses. Un univers original qui laisse une grande place à l'imaginaire de la nature.
Gallimard, Page blanche, 1999.
7,50 € ISBN : 978-2-07-052956-8
À partir de 13 ans

2121. Chedid, Andrée : **L'Enfant multiple.**
Un enfant du Liban, mutilé d'un bras, orphelin à la suite d'un attentat, est recueilli en France. Il se lie d'amitié avec le propriétaire du vieux manège de la tour Saint-Jacques. Un très beau récit d'amitié et de confiance en la vie par-delà les déchirements. Le livre des rencontres et de l'espoir.
Flammarion-Père Castor, Castor poche Senior, 1998.
5,50 € ISBN : 978-2-08-164446-5
À partir de 13 ans

2122. Fine, Anne ; trad. Kugler, Dominique : **La Tête à l'envers.**
Ian, le narrateur, est le fils adoptif d'un couple chaleureux, tandis que les parents de son ami Stol ne se préoccupent que de leur carrière. Le récit commence avec l'accident (tentative de suicide ?) de Stol : Ian, à son chevet, se repasse le film de leur amitié. Une « introspection » pleine de finesse où l'humour tempère le drame, sans lui ôter sa gravité.
L'École des loisirs, Médium, 2006.
10 € ISBN : 978-2-211-06964-9
À partir de 13 ans

2123. Le Guin, Ursula K. ; trad. Laroche, Martine : **Loin, très loin de tout.**
Un magnifique roman d'initiation qui propose une réflexion intelligente et non conventionnelle sur l'amour, à partir de la rencontre entre Owen, 17 ans, curieux des choses de l'esprit, et Natalie, une fille passionnée de musique, qui veut devenir compositeur. Pour les deux c'est une rencontre unique, chacun a enfin trouvé un interlocuteur à sa mesure et selon son cœur.
Actes Sud Junior, Babel J, 2006.
6,50 € ISBN : 978-2-7427-6058-9
À partir de 13 ans

♥ **2124.** Marsden, John ; trad. Dayre, Valérie : **Lettres de l'intérieur.**
La correspondance entre deux adolescentes, commencée comme un jeu, alors qu'elles ne se connaissaient pas, prend un tour de plus en plus personnel et tragique au fur et à mesure que se révèle leur vraie personnalité, qu'elles renoncent aux men-

songes. Une tension et une progression remarquables, un dénouement saisissant qui laisse sous le choc.
L'École des loisirs, Médium, 1998.
9 € ISBN : 978-2-211-04299-4
À partir de 13 ans

2125. Masini, Beatrice ; Piumini, Roberto ; trad. Gallo-Selva, Sophie : **Amour, toujours.**
Hugo trouve une lettre d'amour que lui envoie une des filles de la classe. Oui, mais laquelle ? Il répond sur le tableau noir par un message sibyllin. S'ensuit un échange de lettres entre Hugo et… qui ? Sur un thème pourtant plus que rebattu, les auteurs ont réussi à écrire une merveille de fraîcheur, d'équilibre, de poésie, d'humour et de finesse.
La Joie de lire, Récits, 2005.
7,90 € ISBN : 978-2-88258-320-8
À partir de 13 ans

UN COIN DE PHILOSOPHIE

Quand les histoires questionnent les petits et les grands sur la mort, le bonheur, le temps, la liberté, la révolte.

♥ **2126.** Seyvos, Florence ; ill. Ponti, Claude : **Pochée.**
Pochée est une petite tortue qui veut vivre comme une grande, se prouver qu'elle est une « fille bien ». Une histoire exceptionnelle d'amour, de deuil et de vaillance, remarquablement illustrée par des dessins à la plume de Claude Ponti. Il existe aussi une version sous coffret avec un CD où l'histoire est dite par Irène Jacob et Pascal Légitimus, sur une musique de Jean-Pierre Seyvos (épuisé).
L'École des loisirs, Mouche, 1997.
5,20 € ISBN : 978-2-211-04438-7
À partir de 7 ans

2127. Couture, Amélie ; ill. Boutavant, Marc : **La Grève de la vie.**
Puisque « quand on fait la grève, c'est pour dire non, pour forcer les gens à se rendre compte qu'on n'est pas content », la petite Lucie entame une grève de la vie. Trop de chagrin, de révolte, de sentiment d'injustice, aucun espoir de se faire comprendre. L'auteur a su trouver les mots et les images qui sonnent juste pour émouvoir et convaincre.
Actes Sud Junior, Les premiers romans, Benjamin, 2002.
6 € ISBN : 978-2-7427-3741-3
À partir de 9 ans

2128. Gerstein, Mordicai ; trad. Nikly, Michelle : **Gisella et le pays d'avant.**
À travers l'histoire, semblable à un conte, d'une petite fille devenue renarde, l'auteur offre une fable aux multiples thèmes : la guerre, la sauvagerie, l'extermination, le passé irrévocable, l'espoir d'une vie nouvelle, la mémoire… Un très beau livre, à la fois simple, facile à lire et profondément émouvant.
Naïve, Naïve traversées, 2006.
12 € ISBN : 978-2-35021-040-5
À partir de 9 ans

2129. Lenain, Thierry : **Un marronnier sous les étoiles.**
Le grand-père de Jules est mort quand le petit garçon avait 8 ans et depuis son cœur est sec. Devenu infirmier il croise le chemin de la petite Lola, victime d'un accident de voiture. Juste avant de mourir, la petite fille sait trouver les mots pour l'apaiser. Un livre fort, à la fois dur et émouvant, sur le deuil, la mort, l'amour, la vie…
Syros Jeunesse, Mini-Syros, Mini-Souris Sentiments, 1998.
2,90 € ISBN : 978-2-84146-508-X
À partir de 9 ans

2130. Mathis, Jean-Marc : **Cinq, Six Bonheurs.**
Sujet de rédaction : le bonheur. N'ayant pas d'idée sur la question, Théophile interroge sa mère, son père, observe son petit frère… Tous semblent avoir leur propre idée, et le garçon conclut que, pour lui, « le bonheur, c'est d'avoir fini sa rédaction »… avant de ressentir un bonheur plus personnel. Un petit livre malin et plein d'optimisme.
Thierry Magnier, Petite poche, 2004.
5 € ISBN : 978-2-84420-324-3
À partir de 9 ans

2131. Ollivier, Mikaël : **Mange tes pâtes !**
La petite fille se pose de grandes questions métaphysiques à l'occasion de la mort de son grand-père. À ses questions, elle n'obtient pas vraiment de réponses, si bien qu'elle en trouve elle-même, ce qui fait jaillir de nouvelles questions auxquelles les adultes répondent avec un temps de retard. C'est bien vu, bien écrit et parfaitement accessible aux jeunes lecteurs.
Thierry Magnier, Petite poche, 2003.
5 € ISBN : 978-2-84420-207-9
À partir de 9 ans

2132. Steig, William ; trad. Robillot, Henri : **Dominic.**
Chien à l'esprit ouvert et au cœur généreux, Dominic prend la route, prêt à toutes les aventures, drôles, risquées, sentimentales, merveilleuses. Il rencontre des amis, des « affreux », et l'amour. Sous le pittoresque des personnages et des aventures, quelle leçon de sagesse et de philosophie souriante !
L'École des loisirs, Neuf, 2003.
11 € ISBN : 978-2-211-06131-5
À partir de 9 ans

2133. Alexander, Sue ; ill. Lemoine, Georges : **Leïla.**
Comment Leïla, la fille du cheik Tarik, va aider son père, muré dans le silence, à supporter puis accepter la disparition de son fils aîné. Un sujet grave, abordé dans un récit très court. La langue est belle, les illustrations en pleine page de Georges Lemoine sont superbes.
Gallimard Jeunesse, Folio Cadet, 2006.
5 € ISBN : 978-2-07-051219-5
À partir de 11 ans

2134. Bach, Richard ; trad. Clostermann, Pierre : **Jonathan Livingston le goéland.**
Pour Jonathan, vivre c'est apprendre à fond les courants, s'entraîner sans cesse à voler, se surpasser toujours. Exclu par les siens, il finit par rencontrer d'autres passionnés à qui transmettre sa philosophie de la vie. Un beau texte poétique qui parle de solitude et de liberté, de passion et de transmission, paru aux États-Unis en 1970 et devenu un classique.
Flammarion-Père Castor, Castor poche Senior, 1998.
4 € ISBN : 978-2-08-164345-1
À partir de 11 ans

2135. Ben Kemoun, Hubert : **L'Heureux Gagnant.**
Que faire quand un petit homme bien poli vous annonce calmement que dans trois jours exactement vous serez mort, mais que d'ici là il se fera un plaisir de satisfaire vos désirs les plus fous ? Un combat contre le diable et ses tentations, dans lequel Jean veut à tout prix avoir le dernier mot. Une course contre la mort fascinante et drôle à la fois.
Flammarion-Père Castor, Castor poche Junior, 1999.
4,50 € ISBN : 978-2-08-164430-4
À partir de 11 ans

2136. Garrel, Nadèjda ; ill. Lemoine, Georges : **Les Princes de l'exil.**
Sauvage et rebelle, Yliria, fille du roi de Swamoth, le pays de la lumière et du bonheur, est irrésistiblement attirée vers la muraille qui la sépare de Klomoth, le royaume de la nuit, où des révélations l'attendent, ainsi que bien des dangers. Un récit fantastique aux images très prenantes, une parabole qui saisit comme un vieux rêve.
Gallimard Jeunesse, Folio Junior, 2000.
5,50 € ISBN : 978-2-07-054241-3
À partir de 11 ans

2137. Grobéty, Anne-Lise : **Du mal à une mouche.**
Une vieille femme meurt : elle se retrouve devant une sorte d'épicier qui tient le registre de ses meurtres, par ordre alphabétique : abeilles, araignées, cafards, etc. Une histoire métaphysique à l'atmosphère kafkaïenne, mais pas du tout glauque. Pour réfléchir à l'écologie et à la philosophie.
La Joie de lire, Récits, 2004.
7 € ISBN : 978-2-88258-286-7
À partir de 11 ans

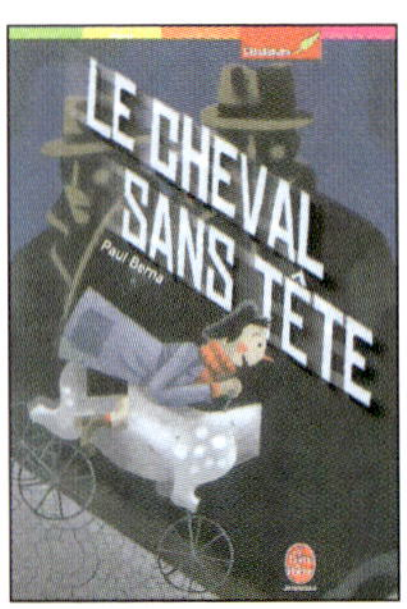

2138. Piumini, Roberto ; ill. Millerand, Alain ; trad. Monjo, Armand : **La Verluisette.**
Le fils du grand vizir est malade, peut-être va-t-il mourir. Son père lui offre la compagnie d'un peintre qui va enchanter sa solitude en représentant sur les murs du palais tous les merveilleux paysages de ses rêves. Une fable magnifique sur l'art et les enjeux de la vie, qui se lit comme un conte.
Hachette Jeunesse, Le Livre de poche Jeunesse, Contes et merveilles, 2002.
4,50 € ISBN : 978-2-01-322071-2
À partir de 11 ans

2139. Yumoto, Kazumi ; trad. Bouvier, Jean-Christian : **Les Amis.**
Le début peut sembler macabre puisqu'il montre trois jeunes garçons qui, n'ayant jamais vu de cadavre, espionnent un vieux marginal qui leur semble près de mourir. Mais l'homme les apprivoise, et ils deviennent tous de vrais amis. Seulement la mort est quand même au rendez-vous, mais apaisante et sereine. Un beau récit original, sur la vie plus que sur la mort.
L'École des loisirs, Neuf, 2004.
11,50 € ISBN : 978-2-211-04830-9
À partir de 11 ans

♥ **2140.** Bosse, Malcolm J. ; ill. Broutin, Christian ; trad. Vassallo, Rose-Marie : **Les 79 Carrés.**
L'amitié entre un garçon de 14 ans au bord de la délinquance, et un vieillard, ancien détenu, qui lui apprend à regarder la vie. Un ton juste pour ce livre extraordinaire qui pose bien des questions.
Flammarion-Père Castor, Castor poche Junior, 1998.
6 € ISBN : 978-2-08-164395-6
À partir de 13 ans

2141. Chedid, Andrée : **L'Autre.**
Le vieux Simm assiste au sauvetage d'un jeune enseveli au cours d'un tremblement de terre, comme à une naissance. Ne voulant pas se résigner à sa mort, pendant des jours il erre près des ruines, tente de percevoir le moindre bruit sous les décombres jusqu'au moment où l'autre répond, puis ne cesse de l'encourager jusqu'à ce que les sauveteurs le dégagent. Paru en 1979, un texte d'où se dégage une grande intensité des sentiments.
Flammarion-Père Castor, Castor poche Senior, 1981.
5 € ISBN : 978-2-08-161728-5
À partir de 13 ans

2142. Garrel, Nadine ; ill. Héron, Bernard : **Au pays du grand condor.**
Quatre récits qui abolissent les frontières entre la nouvelle, le conte et les mythes amérindiens, nous parlant de l'Amérique du Sud, des Indiens misérables et généreux, et d'animaux fabuleux : le lama, le grand condor, le grand léopard, l'anaconda… Aux Indiens écrasés de misère et d'injustice, ces animaux fabuleux apportent l'espoir et le courage de lutter.
Gallimard Jeunesse, Folio Junior, Édition spéciale, 1998.
6 € ISBN : 978-2-07-051381-9
À partir de 13 ans

♥ **2143.** Lluch, Victor Angel : **Le Condor.**
Un cinéaste occidental, avide d'exotisme, paie un paysan péruvien pour qu'il l'emmène à la chasse au condor et lui permette de filmer la traditionnelle cérémonie de mise à mort du rapace. Mais la jeune fille du chasseur fait échouer l'expédition. Un roman fascinant, où se mêlent sacré, violence, souffrance et danger.
Seuil Jeunesse, Fictions, 1998.
9,95 € ISBN : 978-2-02-032448-9
À partir de 13 ans

ROMANS POLICIERS, THRILLERS

♥ **2144.** Berna, Paul ; ill. Barthe, Jean-Paul : **Le Cheval sans tête.**
La joyeuse bande à Gaby et son Cheval sans tête nous entraînent dans une mystérieuse et mouvementée chasse aux brigands. Publié en 1955, présentant la vie quotidienne dans un quartier ouvrier d'une ville de banlieue, ce texte n'a pas vieilli. Les enfants s'expriment en langage familier, le récit vivant et concret nous met pleinement « dans l'ambiance ».
Hachette Jeunesse, Le Livre de poche Jeunesse, Classiques, 2002.
4,80 € ISBN : 978-2-01-321969-3
À partir de 9 ans

2145. Caban, Géva ; ill. Maja, Daniel : **La Peur au rendez-vous.**
Deux amis s'aimaient d'amour tendre… Un déménagement les sépare. L'un des deux se retrouve mêlé à un trafic de drogue. Un petit roman qui pose la question du secret et de l'amitié trahie et qui joue sur les pièges du sentiment et de la narration. Pour ceux qui savent lire entre les lignes. Déjà paru sous le titre *Faux ami*, en 1994, chez Syros.

Gallimard Jeunesse, Folio Junior, 2000.
4,50 €   ISBN : 978-2-07-054088-4
À partir de 9 ans

♥ **2146.** Drozd, Irina ; ill. Daniel, Thierry : **Identité volée.**
Ramassé dans un fossé par un automobiliste, un petit garçon d'une dizaine d'années est soigné à l'hôpital où l'on remarque sur son corps des traces de sévices. L'enfant dit ne se souvenir de rien... Vraie ou fausse amnésie ? Le récit mêle différents moments du passé et rapporte les points de vue parallèles de plusieurs personnages.
Casterman, Romans Dix & plus, 1995.
7,50 €   ISBN : 978-2-203-11771-6
À partir de 9 ans

2147. Drozd, Irina : **Un tueur à ma porte.**
Seul le soir et momentanément aveugle à la suite d'une brûlure aux yeux, Daniel, 10 ans, assiste – par sons interposés – à une tentative d'assassinat. Un suspense à rebondissements, bien maintenu tout au long du récit.
Bayard Jeunesse, Les romans de Je bouquine, 2005.
5,80 €   ISBN : 978-2-7470-1908-8
À partir de 9 ans

2148. Pennac, Daniel ; ill. Chabot, Jean-Philippe : **Kamo, l'agence Babel.**
Comment Kamo fit des progrès fulgurants en anglais, en correspondant avec une ravissante et passionnée jeune fille, fantôme. Mystère et fantaisie, avec un fantastique très habilement introduit au sein d'un réel très concret.
Gallimard Jeunesse, Folio Junior, 1997.
ISBN : 978-2-07-051447-2
Autres titres :
L'Évasion de Kamo. 1997.
ISBN : 978-2-07-051522-6
Kamo et moi. 1997.
ISBN : 978-2-07-051523-3
Kamo, l'idée du siècle. 1997
ISBN : 978-2-07-051524-0
4,50 € chaque   À partir de 9 ans
Il existe aussi dans la collection « Écoutez lire » (Gallimard) deux titres en CD, lus par l'auteur :
Kamo, l'agence Babel.
Gencod : 32600550672610
Kamo, l'idée du siècle.
Gencod : 32600550672603
Gallimard Jeunesse, Écoutez lire, 2004.
15 € chaque

2149. Villard, Marc : **Les Doigts rouges.**
Resté seul avec sa sœur et son grand frère dans la villa des vacances, Ricky trouve inquiétant et bizarre le comportement de ce dernier. Tout un scénario s'échafaude dans sa tête : il croit deviner que son grand frère a commis un crime. En fait, tous les indices s'expliquent par la préparation secrète d'un cadeau d'anniversaire. Suspense excellent, dénouement très crédible, écriture très visuelle.
Syros Jeunesse, Mini-Souris noire, 1997.
2,90 €   ISBN : 978-2-84146-420-2
À partir de 9 ans

2150. Brisou-Pellen, Évelyne ; ill. Hyman, Miles : **L'Incroyable Retour.**
Une enquête rondement menée pour dénouer le mystère d'une série de meurtres et de morts dans une famille où des mariages successifs compliquent la situation des héritiers et où une enfant oubliée surgit pour rappeler un passé qu'on avait pris soin de taire. Atmosphère étrange et intrigue bien montée.
Nathan, Comète, Aventure, 2002.
5,95 €   ISBN : 978-2-09-282382-8
À partir de 11 ans

2151. Brisou-Pellen, Évelyne ; ill. Caron, Philippe : **Le Mystère Éléonor.**
Le démantèlement d'une terrible machination où des personnages sans scrupules essaient de priver de ses droits une jeune héritière victime d'un accident qui lui a fait perdre la mémoire. Excellente intrigue.
Gallimard Jeunesse, Folio Junior, 1999.
5 €   ISBN : 978-2-07-052454-9
À partir de 11 ans

2152. Fall, Éric Lindor : **La Fabrique de savon.**
Un bon thriller que cette enquête menée avec audace, astuce et humour par deux jeunes détectives à la poursuite d'un conservateur d'art faussaire. L'intrigue se passe à Paris et le ton est vraiment très original. Un vrai plaisir de lecture.
L'École des loisirs, Médium, 1995.
8,80 €   ISBN : 978-2-211-03637-5
À partir de 11 ans

2153. Firdion, Jean-Marie : **Kidnapping.**
Benjamin est malade et reste seul dans la journée. Il est réveillé par des cambrioleurs, qui le kidnappent et demandent une rançon... Il retrouvera la liberté, mais tout va mal : l'enfant n'arrive pas à retrouver ses marques, ne peut plus dormir dans sa chambre, refuse d'aller au collège... Un ton juste et un parti pris qui renouvelle le genre.
Thierry Magnier, Roman, 2002.
7 €   ISBN : 978-2-84420-189-8
À partir de 11 ans

♥ **2154.** Horowitz, Anthony ; ill. Daniau, Marc ; trad. Le Goyat, Annick : **Le Faucon malté.**
Tim Diamant est un détective privé assez peu doué, sauf pour s'attirer les ennuis. Il mène ses enquêtes avec l'aide de son jeune frère, Nick. Trois « polars » à la Hitchcock, avec jeux de mots, humour noir et frissons à chaque page. On se régale.
Hachette Jeunesse, Le Livre de poche Jeunesse, Policier, 2002.
ISBN : 978-2-01-322022-4
Autres titres :
Devine qui vient tuer. 2002.
ISBN : 978-2-01-322024-8
L'Ennemi public n° 2. 2005.
ISBN : 978-2-01-322086-6
5,20 € chaque   À partir de 11 ans

2155. Klotz, Claude ; ill. Boiry : **Drôle de samedi soir** (suivi de) **Rue de la chance** (et de) **Le Mois de mai de monsieur Dobichon.**
Un type vraiment louche débarque chez Harper, alors que ses parents sont absents et qu'il se prépare, comme tous les samedis soir, à regarder confortablement la télévision. Trois nouvelles avec frissons garantis.
Hachette Jeunesse, Le Livre de poche Jeunesse, Policier, 2001.
4,80 €   ISBN : 978-2-01-321901-3
À partir de 11 ans

2156. Moka : **Jusqu'au bout de la peur.**
La course éperdue de deux enfants poursuivis par un fou décidé à les éliminer au milieu du Marais poitevin désert. La multiplication des obstacles, l'inexpérience des enfants et le caractère obsessionnel de l'assassin accentuent le suspense et provoquent chez le lecteur une grosse peur.
L'École des Loisirs, Neuf, 2004.
11,50 € ISBN : 978-2-211-07727-9
À partir de 11 ans

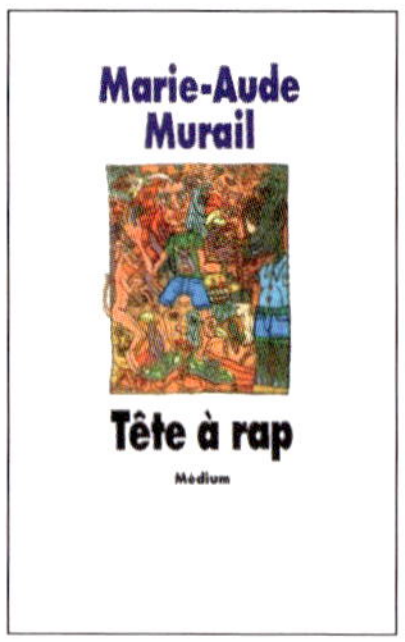

♥ **2157.** Murail, Marie-Aude : **Dinky rouge sang.**
Nils Hazard, professeur d'étrusque, raconte son passé douloureux et un traumatisme d'enfance, puis le roman se déroule comme une suite d'énigmes policières que relie une trame commune : haines familiales, secrets de famille, enfances perturbées... Un roman très prenant. Les autres titres sont également de bons polars où se mêlent suspense, humour, jeu sur le langage et émotion.
L'École des loisirs, Médium, 1992.
6 € ISBN : 978-2-211-07223-6
Autres titres :
L'Assassin est au collège. 1993.
5,80 € ISBN : 978-2-211-01670-4
La dame qui tue. 1994.
6 € ISBN : 978-2-211-02891-2
♥ **Tête à rap.** 1994.
8 € ISBN : 978-2-211-02572-0
À partir de 11 ans

2158. Nicodème, Béatrice : **Wiggins apprenti détective : Trois enquêtes du jeune assistant de Sherlock Holmes.**
Rassemble : **Wiggins et la ligne chocolat ; Wiggins et le perroquet muet ; Wiggins chez les Johnnies.**
Wiggins est un gamin des rues londoniennes, admirateur de Sherlock Holmes qu'il seconde à l'occasion. Des enquêtes mouvementées l'amènent à exercer ses multiples talents de déduction et de débrouillardise. Une parodie plaisante et joyeuse.
Syros Jeunesse, Souris noire, hors-série, 2006.
12 € ISBN : 978-2-7485-0400-2
Autres titres :
Wiggins et Sherlock contre Napoléon.
Syros Jeunesse, Souris noire, 2007.
5,90 € ISBN : 978-2-01-200033-9
Un rival pour Sherlock Holmes.
Hachette Jeunesse, Le Livre de poche Jeunesse, Policier, 2004.
4,50 € ISBN : 978-2-01-322277-8
Wiggins et les plans de l'ingénieur.
Syros Jeunesse, Souris noire, 2006.
5,90 € ISBN : 978-2-7485-0470-5
À partir de 11 ans

2159. Oppel, Jean-Hugues : **Dans le grand bain.**
Quand, ce jour-là, Delphine plonge dans le bassin du parc d'attractions marines où elle a l'habitude de jouer avec une femelle épaulard, ce n'est pas sa compagne de jeux habituelle qui l'attend, mais un requin blanc, redoutable tueur sanguinaire !... Suspense et angoisse garantis.
Syros Jeunesse, Souris noire, 1999.
5,90 € ISBN : 978-2-7485-0389-0
À partir de 11 ans

♥ **2160.** Oppel, Jean-Hugues : **Ippon.**
Les parents de Sébastien sont sortis, laissant leur fils à la garde d'une baby-sitter. Lorsque le garçon découvre la jeune fille baignant dans son sang à la cuisine, il comprend qu'un meurtrier est dans la maison et que lui-même sera sa prochaine victime... sauf s'il parvient à lui échapper. Mais y arrivera-t-il ? Un excellent roman de suspense, redoutablement efficace.
Syros Jeunesse, Souris noire, 2003.
5,90 € ISBN : 978-2-7485-0195-7
À partir de 11 ans

2161. Shipton, Paul ; trad. Bauduret, Thomas : **Tirez pas sur le scarabée.**
Un polar aux ingrédients des plus classiques... hormis le fait que tous les héros de cette joyeuse et loufoque parodie sont des insectes : scarabées, fourmis et autres sauterelles. Un roman original qui réussit à créer un suspense de haut vol, dans un amusant rétrécissement du point de vue. Aimablement parodique.
Hachette Jeunesse, Vertige, Policier, 2002.
ISBN : 978-2-01-322065-1
Autre titre :
Trad. Costa, Marianne : **Un privé chez les insectes.**
Hachette Jeunesse, Le Livre de poche Jeunesse, Policier, 2004.
ISBN : 978-2-01-322249-5
4,80 € chaque À partir de 11 ans

2162. Brooks, Kevin ; trad. Kiefé, Laurence : **Innocent Criminel.**
Témoin de la mort accidentelle de son père alcoolique, Martyn Pig décide qu'il vaut mieux la dissimuler, donc se débarrasser du cadavre : mais comment s'y prendre ? Échappera-t-il à la police ? Et à ceux qui le font chanter ? Un suspense efficace et angoissant, entièrement noir.
Hachette Jeunesse, Le Livre de poche Jeunesse, 2004.
5,20 € ISBN : 978-2-01-322226-6
À partir de 13 ans

2163. Cormier, Robert ; trad. Misserly, Hélène : **À la brocante du cœur.**
Jason, jeune garçon timide et introverti, vient de perdre une de ses amies, Alice, assassinée. Trent, lui, a pour métier de faire avouer leurs crimes aux délinquants les plus récalcitrants. Malheureusement pour Jason, c'est à lui qu'on confie l'enquête... Un roman intense, difficile à lâcher. Sa fin redoutable le réserve aux cœurs bien accrochés.
L'École des loisirs, Médium, 2003.
9,20 € ISBN : 978-2-211-06565-8
À partir de 13 ans

2164. Cormier, Robert ; trad. Poslaniec, Michèle : **Après la première mort.**
Au-delà des faits racontés, qui trouvent dans l'actualité un écho cruel (le terrorisme, la riposte de l'armée américaine, des enfants pris en otages...), Cormier aborde les questions du mal, de la monstruosité, de la culpabilité, de l'amour filial et paternel, de l'image de soi, en proposant un récit bouleversant, d'une tension extrême.
L'École des loisirs, Médium, 2005.
11,50 € ISBN : 978-2-211-07932-7
À partir de 13 ans

2165. Cormier, Robert ; trad. Pressmann, Frédérique : **De la tendresse.**
Éric, psychopathe inquiétant, sort de prison. Il a des « projets »... Lori, jeune

adolescente fugueuse, fascinée par son visage, le suit. Commence alors une longue cavale, menée comme un thriller, qui invite à découvrir les ambiguïtés du mal, de la violence et de la culpabilité.
L'École des loisirs, Médium, 1999.
9,50 € ISBN : 978-2-211-04767-8
Autres titres :
♥ Cormier, Robert ; trad. Fall, Éric Lindor : **En pleine nuit.** 1996.
9,80 € ISBN : 978-2-211-03860-7
À partir de 13 ans

2166. Ferdjoukh, Malika : **Fais-moi peur.**
Un roman au suspense angoissant, dont la thématique complexe a parfois prêté à controverse. On y voit, au moment de Noël, le mal et la haine rôder mystérieusement autour d'une famille... et l'on comprend qu'ils continueront à menacer. Une construction habile et efficace, au service d'une tension dramatique croissante et d'une réflexion sur le mal et l'innocence.
L'École des loisirs, Médium, 1995.
9,20 € ISBN : 978-2-211036-32-5
À partir de 13 ans

♥ **2167.** Ferdjoukh, Malika : **Sombres Citrouilles.**
Un roman policier original où une fête de famille se transforme en cauchemar, à cause d'un mort encombrant, et révèle que, derrière de belles apparences, la famille de Papigrand et Mamigrand cache des secrets jusque-là bien gardés. Enlevé, drôle, dramatique et plein de finesse.
L'École des loisirs, Médium, 1999.
8,50 € ISBN : 978-2-211-04851-4
À partir de 13 ans

2168. Grenier, Christian : **L'Ordinatueur.**
Logicielle, alias Laure-Gisèle, jeune lieutenant de police passionnée d'informatique, et son maître et ami, Germain, forment un duo d'enquêteurs étonnants, aidés de Max, amoureux de Logicielle. Les personnages sont sympathiques, les énigmes haletantes et l'humour et la dérision ne sont jamais bien loin. Un régal.
Rageot, Heure noire, 2004.
ISBN : 978-2-7002-2913-4
Autres titres :
Simulator. 2004.
ISBN : 978-2-7002-2911-0
@ssassins.net. 2004.
ISBN : 978-2-7002-2914-1
Coups de théâtre. 2004.
ISBN : 978-2-7002-2920-2
Arrêtez la musique ! 2004.
ISBN : 978-2-7002-2921-9
7,30 € chaque
Des nouvelles de Logicielle. 2006.
7,10 € ISBN : 978-2-7002-3123-6
À partir de 13 ans

2169. Harvey, John ; trad. Guérif, Benjamin : **Nick's blues.**
Affrontement entre un adolescent et des durs de sa cité : au-delà du suspense, c'est la composition d'un climat et d'un langage qui retiennent l'intérêt : par petites touches, dans des scènes brèves, des rencontres, des dialogues rapides, le portrait de Nick s'enrichit, et ses relations avec sa mère et l'enquête qu'il mène au sujet de son père disparu ouvrent des questionnements intéressants.
Syros Jeunesse, 2005.
12,50 € ISBN : 978-2-7485-0361-6
À partir de 13 ans

♥ **2170.** Honaker, Michel : **Dutton Memory, détective fantôme.**
Pénélope prend ses fonctions dans le commissariat d'un quartier chaud de New York, en 1938. Mal accueillie, elle est reléguée dans un bureau isolé où elle reçoit la visite de son prédécesseur, le détective Dutton Memory... tué quatre ans auparavant ! Sa première enquête sera de trouver le responsable de cette mort. Un polar très entraînant : on tremble, on rit, on écoute de la musique...
Hachette Jeunesse, Le Livre de poche Jeunesse, Policier, 2002.
4,80 € ISBN : 978-2-01-321991-4
À partir de 13 ans

2171. Hughes, Yves : **Septembre en mire.**
Yann Gray, policier au grand cœur, mène une enquête autour de la mort mystérieuse d'un passionné de tir. Une maîtrise parfaite de la narration, pleine de notes tendres et drôles, qui provoque un vrai plaisir de lecture. Une série réussie.
Gallimard Jeunesse, Scripto, 2002.
8,50 € ISBN : 978-2-07-054429-5
Autres titres :
Polar Bear : une enquête pour Yann Gray. 2004.
8,50 € ISBN : 978-2-07-054357-1
Vieilles Neiges : une enquête pour Yann Gray. 2005.
8 € ISBN : 978-2-07-051160-0
Boulevard du fleuve : une enquête pour Yann Gray. 2005.
9 € ISBN : 978-2-07-051159-4
À partir de 13 ans

2172. Irish, William ; trad. Endrèbe, Maurice-Bernard : **Une incroyable histoire.**
Une histoire qui vous glace, un vrai roman de terreur. Buddy, 12 ans, est le seul témoin d'un horrible meurtre, avec un corps découpé au rasoir. Mais comme il a l'habitude de raconter des bobards, personne ne le croit quand il le raconte. Or les meurtriers, eux, savent qu'il dit vrai ! Et ils sont prêts à tout pour le faire taire... Une véritable angoisse.
Syros Jeunesse, Souris noire, 2007.
4,90 € ISBN : 978-2-7485-0574-0
À partir de 13 ans

2173. Korman, Gordon ; trad. Gibert, Catherine : **Mon père est un parrain.**
Vince Luca, dont le père est un puissant parrain de la mafia, aime sincèrement les siens même s'il rechigne à entrer lui-même dans les trafics. Tout se corse quand il tombe amoureux de la fille d'un flic, celle-là même qui est chargé d'espionner et de poursuivre son père. Un récit original et drôle, des personnages hauts en couleur et une intrigue pleine de rebondissements.
Gallimard Jeunesse, Hors-série littérature, 2005.
ISBN : 978-2-07-055888-9
Autre titre :
2 : Embrouille à Hollywood. 2006.
Gallimard Jeunesse, Hors-série littérature, 2006.
ISBN : 978-2-07-057151-2
12 € chaque À partir de 13 ans

♥ **2174.** Martin, Andreu ; Ribera, Jaume ; trad. Millon, Marianne : **Tous les détectives s'appellent Flanagan.**
Un gamin des quartiers pauvres de Barcelone est pris dans d'inextricables et multiples intrigues. Il navigue d'un bord à l'autre de la ville et – non sans risques et avec pas mal de lucidité – démasque d'odieux trafics, dénonçant au passage les inégalités sociales d'une ville en proie aux convulsions d'une modernisation galopante. Suspense et humour.
Gallimard Jeunesse, Page noire, 1998.
7,80 € ISBN : 978-2-07-052247-7
À partir de 13 ans

2175. Missonnier, Catherine : **Folle à tuer ?**
La mère de Claire est morte dans un accident où la jeune fille a, elle aussi, été gravement blessée. Depuis, elle a perdu la mémoire de ce qui s'est passé ce jour-là et reste très perturbée, hantée par des cauchemars et des hallucinations, en proie à de confuses menaces. Trouble mental ou danger réel ? Un bon suspense, inquiétant et efficace.
Rageot, Heure noire, 2004.
7,10 € ISBN : 978-2-7002-2953-0
À partir de 13 ans

2176. Moka : **L'Écolier assassin.**
Histoire de sorcellerie et d'envoûtement dont les héros involontaires sont une institutrice et ses deux enfants, nouveaux venus dans un village berrichon. De vieilles femmes inquiétantes jettent sorts et maléfices. L'angoisse monte dans ce cadre champêtre et banal, rythmée par la ritournelle de l'écolier assassin. Les événements s'enchaînent implacablement.
L'École des loisirs, Médium, 2000.
7,90 € ISBN : 978-2-211-05798-1
À partir de 13 ans

2177. Neels, Christian : **Ni chien ni maître.**
Galère et vie pourrie, c'est le lot de deux copains, Patrice et Maxime, l'un parce qu'il vient d'Afrique et que sa situation est précaire, l'autre parce qu'il vit seul avec un père ravagé par l'alcool. Pourtant c'est l'espoir qui soude leur amitié, l'acharnement à réussir leur projet d'une vie meilleure, ailleurs. Un récit bref, haletant, noir, mais avec un rayon de lumière.
Syros Jeunesse, Rat noir, 2003.
7,50 € ISBN : 978-2-7485-0172-8
À partir de 13 ans

2178. Petit, Xavier-Laurent : **L'Homme du jardin.**
Seule dans la maison la nuit, morte de peur, Mélie compense en se jetant sur la nourriture... Un fait divers dramatique va servir de révélateur en permettant à la jeune fille de mettre au jour des secrets terribles enfouis dans sa toute première enfance. L'écriture sert parfaitement le thème et accompagne l'angoisse et le suspense de ce roman original.
L'École des loisirs, Médium, 2001.
8 € ISBN : 978-2-211-06169-8
À partir de 13 ans

2179. Smith, Roland ; trad. Piat-Couvert, Dominique : **Disparition programmée.**
Une famille ordinaire est soudainement bouleversée par l'arrestation du père, la révélation d'une activité illégale qui lui a fait croiser autrefois des trafiquants de drogue prêts à tout s'il parlait. La mère et les enfants sont désormais sous la menace et la police les aide à se cacher pour échapper aux tueurs. Un récit au suspense efficace.
Flammarion, Tribal, 2003.
8 € ISBN : 978-2-08-160283-0
À partir de 13 ans

LES ÉPUISÉS

On aimerait tant les voir réédités ; à garder précieusement si votre bibliothèque les a... (liste non exhaustive).

Bawden, Nina : **La Guerre de Fanny ; Un petit cochon de poche.**
Fitzgerald, John Dennis : **Grosse Tête.**
Garfield, Leon : **Smith.**
Härtling, Peter : **Béquille.**
Haugen, Tormod : **Joakim ; Les Oiseaux de nuit.**
Howker, Janni : **Isaac Campion ; La Vraie Nature de la bête ; Le Blaireau sur la péniche.**
Lindgren, Astrid : **Les Frères Cœur-de-Lion.**
Lowry, Loïs : **Les Ombres d'Autumn Street.**
Norton, Mary : **Les Chapardeurs ; Les Chapardeurs sur l'eau ; Les Chapardeurs aux champs ; Les Chapardeurs en ballon ; Les Chapardeurs sauvés ; Un chapardeur a disparu.**
Nöstlinger, Christine : **Hanneton vole ; Comme deux gouttes d'eau.**
Paterson, Katerine : **Gillie et la grosse baleine.**
Rodari, Gianni : **Histoires au téléphone.**
Roy, Claude : **C'est le bouquet.**
Sautereau, François : **Un trou dans le grillage ; La Cinquième Dimension.**
Schmidt, Anne : **Monsieur Ouiplala.**
Shepherd, Colin : **On demande une maman.**
Taylor, Mildred D. : **La Cadillac d'or ; Tonnerre entends mon cri ; Mary de la vallée haute ; Restons unis.**
Zei, Alki : **Le Tigre dans la vitrine.**

Bandes dessinées

La bande dessinée est une des branches les plus anciennes de la littérature produite pour la jeunesse, notamment sous ses formes archaïques d'histoires en images, et ce particulièrement en France, où jusqu'aux années 1970 elle fut quasi exclusivement produite pour les enfants (contrairement à la pratique américaine de strips ou de planches familiales ou adultes autant qu'enfantines, ou japonaise de segmentation des mangas par publics spécifiques). Elle fut aussi, de manière constante, l'une des plus populaires et des plus créatrices de mythes culturels : qui n'a pas entendu parler du Sapeur Camember, de Little Nemo, de Bécassine, des Pieds Nickelés, Zig et Puce, Guy l'Éclair, Mandrake... ? Puis de Tintin, Spirou, Lucky Luke, Astérix, Gaston ou autres Schtroumpfs ? La bande dessinée ne fut pour autant pas considérée comme légitime par les pédagogues, bibliothécaires ou même parents, au point d'être interdite, déconseillée ou soumise à des règles restrictives. Ce temps est heureusement globalement révolu, et les jeunes lecteurs bénéficient aujourd'hui d'importants et riches fonds dans leurs bibliothèques comme en librairie, et l'Éducation nationale continue d'intégrer progressivement l'existence de cette littérature dessinée dans ses conceptions de la lecture et ses programmes. Le genre lui-même s'est déployé vers de nouveaux publics, n'a cessé d'accueillir de nouveaux talents et d'explorer de nouveaux continents, qu'ils soient imaginaires ou bien réels. Et aujourd'hui, le champ éditorial de la bande dessinée vit bien un nouvel âge d'or, ce qui devrait réjouir les amateurs, mais provoque bien souvent des critiques ou des discours alarmistes ou pessimistes : paradoxe qui s'explique par les tendances profondément originales à l'œuvre à notre époque.

Depuis onze ans en effet, après une violente crise économique qui vit disparaître son moyen d'expression originel, la presse, l'édition de bande dessinée ne cesse de progresser, atteignant plus de 4 000 albums en 2006 ! Dont une écrasante majorité de titres inédits, et une proportion toujours croissante de titres importés. Mais cette bande dessinée n'est plus le genre fédérateur des enfants du baby-boom, partagé entre humour et aventures, mais au contraire un formidable conglomérat de sous-genres allant du réalisme social d'un Davodeau à la fantasy ironique d'Arleston, en passant par les études sentimentales de Cosey, les jeux oubapiens des cercles d'auteurs proches de l'Association, les aventures millimétrées de Van Hamme, le comique mordant ou absurde, et toujours la science-fiction, l'histoire, les intrigues policières et les histoires animalières... Sur nos rayons se croisent comme jamais parents, ados et enfants... et grands-parents !, comme voisinent Spider-Man, Yu-Gi-Oh, Marsupilami, Scorpion, Alix, Nombrils, Bloche, Corto ou Lapinot... L'ouverture et la reconnaissance d'une bande dessinée adulte voire pour adultes, puis d'artistes voire pour artistes ont finalement été digérées, et tous ces petits mondes coexistent avec plus ou moins de tolérance des acteurs, mais en tout cas dans les univers des lecteurs. Malgré tous les problèmes de « surproduction » (par rapport à la Corée, il reste de la marge...), de concurrence sur les étalages et de saturation des prescripteurs, le lecteur, depuis le jeune enfant en découverte de Genz Gys Khan ou d'Ariol jusqu'au lecteur originel de Blake et Mortimer, a aujourd'hui à sa disposition une variété inédite comme une quantité de rééditions précieuses qui continuent de faire vivre Tif, Tondu, Calvo, Kirby ou Tezuka. La véritable renaissance de la bande dessinée pour jeunes enfants, lancée par Guy Delcourt dans sa collection jeunesse, se confirme aujourd'hui chez de très nombreux éditeurs et dans des œuvres qui démontrent que pour l'auteur, aujourd'hui, écrire et dessiner pour l'enfant n'est plus faire une « sous-bande dessinée ». Bien des œuvres échappent également très largement au critère d'âge du lectorat, par leurs multiples niveaux de lecture comme par la pratique des lecteurs ou les évolutions culturelles parallèles de l'audiovisuel notamment, qui font paraître bien légères les audaces et les duretés des dessinateurs. Les éditeurs « commerciaux » s'enrichissent régulièrement des talents et des nouvelles voies explorées par les jeunes auteurs, sans tuer une « petite » édition qui n'a jamais été aussi grande et influente. La grande « invasion » du manga et maintenant du manhwa, si elle remet en cause les lectures traditionnelles, exerce en même temps une puissante diversification des thèmes et un renouvellement des modes narratifs, et influence de plus en plus de jeunes auteurs. Les séries japonaises redonnent un aspect feuilletonesque disparu, et leur intérêt pour les sentiments, les relations entre personnages, la vie quotidienne, ouvrent des champs très peu traités auparavant. Sélectionner les meilleures bandes dessinées disponibles dans un tel foisonnement, en intégrant ces tendances et (r)évolutions était donc une gageure : voici une proposition, cocktail au fort goût de classiques absolument vivants, de patrimoine à redécouvrir, de BD enfantine autant que d'adolescente, de genres marqués, et d'une sélection de mangas de forte qualité, appelés à durer, à faire rêver, pleurer, rire mais aussi réfléchir, bref d'œuvres à déguster pour plonger dans les merveilles du neuvième art.

Olivier Piffault

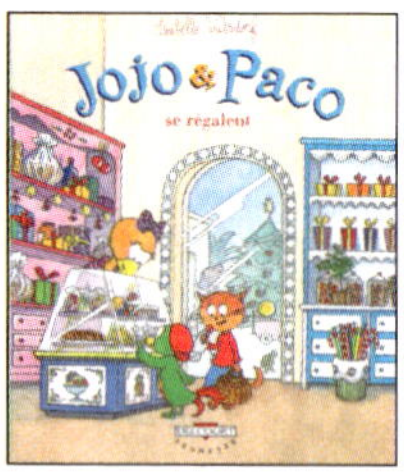

ENFANCE

2180. Berthommier, Martin : **Touffu.**
Un bon gros chien dont les gags sont plébiscités par les tout-petits. Plein de bonhomie.
Bayard Éditions Jeunesse, Bayard BD Poche, 2002.
9 titres 5,50 €
À partir de 3 ans

♥ **2181.** Bravo, Émile : **Boucle d'or et les sept ours nains.**
« Il était une fois, sept ours nains… » lesquels, en rentrant du boulot, trouvent une jeune fille couchée dans leur lit. Arrive un prince qui est en réalité le Vaillant Petit Tailleur, puis le Joueur de flûte et ses rats et on découvre que la fille a croqué une pomme empoisonnée… L'exercice de style est réjouissant, comme sa suite.
Seuil Jeunesse, La Bande des petits, 2004.
9 € ISBN : 978-2-02-062018-5
Autre titre : **La Faim des sept ours nains.**
ISBN : 978-2-02-083857-3
À partir de 3 ans

2182. Hansen, Carla ; Hansen, Wilhelm : **Petzi.**
Une série enfantine qui ne vieillit pas, à l'univers et aux personnages animaliers intemporels. Un peu d'humour, beaucoup de gentillesse et de tendresse.
Casterman, 2007.
24 titres 5,45 €
À partir de 3 ans

2183. Muzo : **Un chouette camping-car.**
Le père de Max vient d'acheter un beau et coûteux camping-car. Au terrain de camping, c'est le succès, et Max se lance dans le business : pour un chewing-gum on entre, pour deux bonbons on utilise les toilettes… mais les visiteurs se croient tout permis. Les personnages sont monstrueux, les couleurs pétantes et ça ressemble à la vie.
Seuil Jeunesse, La Bande des petits, 2004.
9 € ISBN : 978-2-02-062019-2
À partir de 3 ans

♥ **2184.** Dess. Robin, Thierry ; scén. Trondheim, Lewis : **Petit Père Noël.**
Le Père Noël existe, même si les adultes l'oublient, et c'est un adorable poète. Entouré de joyeux lutins industrieux, d'un pingouin secrétaire et d'une armée de bonshommes de neige facteurs, il fabrique les rêves des enfants et guérit tous les chagrins. Des albums sans texte, habités par la grâce, purs moments de bonheur.
Dupuis, 2004.
5 titres 8,50 €
À partir de 3 ans

♥ **2185.** Wilsdorf, Isabelle : **Jojo et Paco.**
De malicieuses histoires en deux pages, pleines de soleil et de couleurs tendres. Un franc succès (mérité) chez les plus jeunes lecteurs.
Delcourt, Jeunesse, 2004.
12 titres 7,50 €
À partir de 3 ans

2186. Scén. Cohen, Jacqueline ; Reberg, Évelyne ; dess. Després, Bernadette ; Guibert, Emmanuel : **Tom-Tom et Nana.**
Cela fait déjà plus de trente ans que les lecteurs s'enthousiasment pour les bêtises qui s'abattent en cascade sur le restaurant des parents de Tom-Tom et Nana. Le côté dynamique de la bande, la construction de l'histoire dans laquelle les enfants entrent sans aucun problème et son format expliquent sans aucun doute ce succès largement mérité.
Bayard Éditions Jeunesse, Bayard BD Poche, 2005.
33 titres 6,90 €
À partir de 6 ans

♥ **2187.** Dess. De Brab ; scén. Zidrou : **Choco.**
Le cirque Pili Pili rassemble des personnages tous plus improbables les uns que les autres, dont Archimède Baraka, le magicien le plus maladroit du monde, Choco, petit garçon-panthère noire-clown et sa sœur Lola Sparadrap. Douce folie et sentiments baignent cette série fort attachante.
Casterman, Première ligne, 2003.
3 titres 8,95 €
À partir de 6 ans

2188. Dess. De Thuin, David ; scén. Corbeyran, Éric : **Zélie et compagnie.**
Une bande de copains aux surnoms évocateurs : Einstein, Boycott, Coin-Coin et son petit frère Laglu, et bien sûr l'héroïne, Zélie Bistouri. Elle est toujours la première pour inventer des histoires d'enfer – autant d'enquêtes pour ce « Club des cinq » version moderne et impertinente. Le dessin style cartoon prédispose à la bonne humeur.
Bayard Éditions Jeunesse, Bayard BD, 2005.
3 titres 8,90 €
À partir de 6 ans

2189. Salma, Sergio : **Nathalie.**
Elle rêve du grand monde, et ne manque jamais d'imagination pour embêter son petit frère. Une série dans l'air du temps, enjouée et amusante.
Casterman, 2006.
16 titres 8,95 €
À partir de 6 ans

ANIMALIER

♥ **2190.** Dess. Boutavant, Marc ; scén. Guibert, Emmanuel : **Ariol.**
La chronique de la vie quotidienne de gamins, principalement centrée sur l'école. Guibert signe des scénarios d'une formidable finesse psychologique, que Boutavant restitue avec simplicité et sensibilité. Chaque enfant étant représenté comme un animal, on apprécie particulièrement qu'il garde quelques-unes des caractéristiques de son « totem ».
Bayard Éditions Jeunesse, Bayard BD, 2007.
7 titres 8,90 €
À partir de 3 ans

♥ **2191.** Heitz, Bruno : **Louisette la Taupe.**
Cette nouvelle héroïne est myope, c'est une taupe ! Elle a le goût de l'aventure, et rêve de son amour de jeunesse. Ses amis lui offrent un voyage plein de surprises. Puis Louisette affronte une mouette. Les plus beaux souvenirs se créent-ils en imagination ? Une nouvelle amie drôle et attachante pour les enfants, pleine d'audace et d'humour.
Casterman, MiniBD, 2007.

3 titres 7,90 €
À partir de 3 ans

2192. Scén. Omond, Éric ; dess. Yoann : **Toto l'ornithorynque.**
Toto et ses amis vivent près d'une rivière en Australie, où tout irait bien si... Des histoires simples et astucieuses, magnifiquement mises en images, qui enthousiasment les jeunes lecteurs... et leurs parents.
Delcourt, Jeunesse, 2005.
6 titres 8,90 €
À partir de 6 ans

♥ **2193.** Adapt. Plessix, Michel ; Grahame, Kenneth : **Le Vent dans les saules.**
Plessix se régale visiblement à cette adaptation d'un classique de la littérature enfantine. Son dessin minutieux traduit de façon convaincante le style drôle et charmant du texte original. Depuis, il a donné une suite tout aussi poétique et pleine d'émotion.
Delcourt, Jeunesse, 2006.
4 titres ou intégrale 8,90 €
Autre titre : **Le Vent dans les sables.**
À partir de 6 ans

♥ **2194.** Tanaka, Masashi : **Gon.**
Totalement muette, cette série, graphiquement très proche de l'illustration documentaire, présente les aventures d'un petit dinosaure capricieux, bagarreur mais aussi capable des meilleurs sentiments. Une réussite, tant pour l'originalité de la bande que pour la qualité du dessin.
Casterman, Sakka, 2007.
7 vol. 5,95 €
À partir de 6 ans

2195. Crécy, Nicolas de : **Salvatore.**
Nicolas de Crécy change de registre, avec un trait et une gamme chromatique beaucoup plus apaisés : Salvatore, chien garagiste, un peu misanthrope, est amoureux. Arrivera-t-il à séduire sa belle ? Un monde fantastique et animalier, plein d'étranges phénomènes, qu'il fait vivre avec beaucoup de poésie, et rend particulièrement accessible.
Dupuis, Expresso, 2006.
2 titres 9,80 €
À partir de 9 ans

HUMOUR

2196. Dégruel, Yann : **Genz Gys Khan.**
L'amitié entre un cheval et deux enfants, au sein de ce qu'on devine être une tribu de Mongols. Intermédiaire entre l'album illustré et la bande dessinée, cette série s'avère très attachante.
Delcourt, Jeunesse, 2006.
6 titres 6,95 €
À partir de 3 ans

2197. Dess. Laudec, Tony ; scén. Cauvin, Raoul : **Cédric.**
Gags tout en tendresse autour d'un gamin, ses parents, leur pavillon et une petite copine craquante : ou quand Cauvin se prend pour Roba.
Dupuis, 2006.
21 titres 8,50 €
À partir de 6 ans

2198. Trondheim, Lewis : **Monstrueux.**
La famille Trondheim au grand complet affronte des situations monstrueuses pour rire. Racontées du point de vue des enfants, ces courtes cavalcades échevelées font passer un bon moment.
Delcourt, Humour de rire, 2001.
4 titres 8,90 €
À partir de 6 ans

2199. Scén. Trondheim, Lewis ; dess. Parme, Fabrice : **Le Roi Catastrophe.**
Imaginez un enfant monarque que sa position autorise à imposer tous ses caprices... L'inépuisable Trondheim usine un scénario malin, efficacement mis en scène par Fabrice Parme, dont le graphisme fleure bon les années 1950. Le duo a aussi livré une redoutable parodie d'espionnage sur les chapeaux de roue, *Venezia*.
Delcourt, Jeunesse, 2005.
9 titres 8,90 €
Autre titre : **Venezia.**
À partir de 6 ans

♥ **2200.** Zep : **Titeuf.**
Le grand succès d'un humour jeune et largement potache, sur plusieurs tranches d'âges. Zep, redoutable conteur de gags en une planche, retrouve l'innocence et la naïveté des cours de récré. Qui peut lui résister ? Tchô ! Récompensé par le Grand Prix d'Angoulême 2004.
Glénat, Jeunesse, 2006.
11 titres 9,40 €
À partir de 6 ans

2201. Scén. Baraou, Anne ; dess. Sardon, Vincent ; color. Walter : **Les Ostings.**
Une famille de squelettes est l'héroïne de cette série. L'histoire bascule régulièrement dans une loufoquerie bien réjouissante. Anne Baraou possède un sens enviable de la péripétie imprévisible et Vincent Sardon met en images avec méticulosité et humour. Un régal.
Delcourt, Jeunesse, 2002.
2 titres 8,90 €
À partir de 9 ans

2202. Cestac, Florence ; scén. Roques, Nathalie : **Les Déblok.**
Qu'il s'agisse de recevoir la tante Grisemine, de faire une recette de cuisine ou de jouer avec le chien, le résultat est toujours le même : ça dérape inévitablement. La vie de famille vue par Florence Cestac, c'est malicieux, drôle et intelligent.
Dargaud, 2002.
7 titres 8,70 €
À partir de 9 ans

2203. Dess. Clarke ; scén. Gilson, François : **Mélusine.**
Gags sur une élève sorcière dans une ambiance très « Famille Adams ». Parfois un peu répétitif, mais Clarke a un talent fou pour dessiner son héroïne, et la galerie de personnages secondaires fournit des rebonds infinis.
Dupuis, 2007.
15 titres 8,50 €
À partir de 9 ans

2204. Cuadrado : **Parker et Badger.**
Suite de saynètes comiques, avec le très « cool » Parker et son blaireau, que tout le monde prend pour un chien. Aux aléas du quotidien s'ajoutent les déboires sentimentaux et la timidité du grand benêt. Le modèle du duo déséquilibré est classique en BD, mais il fonctionne toujours aussi bien. Drôle et intelligent.
Dupuis, 2007.
5 titres 8,50 €
À partir de 9 ans

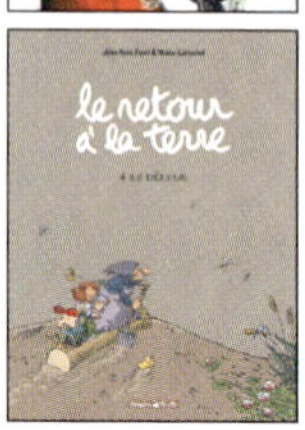

2205. Davis, Jim : **Garfield.**
Un chat insupportable, cynique autant que méchant, dont les plaisanteries continuent à faire rire petits et grands.
Dargaud, 2007.
44 titres 8,70 €
À partir de 9 ans

2206. Scén. De Groot, Bob ; dess. Turk : **Léonard.**
Flanqué d'un disciple qui subit sans discontinuer toutes les avanies qu'il lui inflige, Léonard expérimente pour le meilleur mais surtout pour le pire. Une bande dessinée qui parodie avec succès les inventeurs et scientifiques de tous poils. Les auteurs ont aussi parodié l'univers de la forêt de Sherwood.
Lombard/Appro, 2007.
37 titres 9,80 €
Autre titre : **Robin Dubois.**
À partir de 9 ans

2207. Oda, Eiichiro : **One Piece.**
Une délirante parodie des aventures de pirates, vue par un Japonais sans complexe. Un jeune garçon devient invincible grâce à un fruit magique et décide de devenir capitaine de pirates pour découvrir le trésor ultime : le One Piece. Une galerie de personnages hilarants qui s'affrontent dans un parcours très libre, où tout est prétexte à rire.
Glénat, Shônen, 2007.
37 vol. et HS
6,50 € À partir de 9 ans

2208. Scén. Sfar, Joann ; dess. Munuera, José-Luis ; Morvan, Jean-David : **Merlin.**
Quand Merlin était petit, il appliquait sa magie balbutiante à des activités fort peu recommandables. La série, très amusante, fonctionne à plusieurs niveaux et abonde en clins d'œil et citations.
Dargaud, 2003.
6 titres 8,70 €
À partir de 9 ans

♥ **2209.** Takahashi, Rumiko : **Ranma 1/2.**
Pas facile de vivre les premiers émois amoureux de l'adolescence et de mener une vie normale quand, après avoir été plongé dans des sources maléfiques, on change de sexe à la moindre goutte d'eau. Un manga sur l'indétermination, original et fort divertissant.
Glénat, Shônen, 2002.
38 vol. 6,50 €
À partir de 9 ans

2210. Tehem : **Malika Secouss.**
La banlieue vue par Malika et ses potes, ce n'est pas forcément triste... Si, des terrains de basket aux cages d'escaliers, rien ne manque au décor, les aventures ne sont dépourvues ni d'humour ni d'à-propos.
Glénat, Jeunesse, 2006.
8 titres 9,40 €
À partir de 9 ans

♥ **2211.** Toriyama, Akira : **Docteur Slump.**
Un univers délirant où l'on voit la jeune Aralé, robot invincible fasciné par les crottes, mettre sens dessus dessous la vie d'un paisible village. Une réussite et un manga culte.
Glénat, Manga poche, 1998.
18 vol. 6,50 €
À partir de 9 ans

♥ **2212.** Toriyama, Akira : **Dragon Ball.**
Adapté d'une légende chinoise, ce manga, qui relate la quête de sept boules de cristal, mélange avec talent arts martiaux et humour « pipi-caca ». C'est drôle, ça va vite et c'est rafraîchissant. Un best-seller incontournable et inusable.
Glénat, Manga poche, 2007.
42 vol. 9,40 €
À partir de 9 ans

2213. Scén. Tronchet, Didier ; dess. Tarrin, Fabrice ; dess. Krings, Jean-Marc : **Violine.**
Une jeune héroïne qui fait des ravages, dotée de pouvoirs mentaux et décidée. Cette gamine lit les pensées, libère les animaux de laboratoire et se fait accompagner partout par une souris blanche. Quatre volumes pleins d'humour et de libération (la mère est une dictatrice étonnante). Une réussite.
Dupuis, 2006.
4 titres 8,50 €
À partir de 9 ans

♥ **2214.** Watterson, Bill : **Calvin et Hobbes.**
La vie quotidienne d'un gamin et de son tigre en peluche. D'une drôlerie, d'une subtilité et d'une richesse incroyables. *Calvin et Hobbes* est le meilleur strip depuis les *Peanuts*. Pas moins.
Hors Collection, 2007.
24 titres ou intégrale 10 €
À partir de 9 ans

2215. Geluck, Philippe : **Le Chat.**
Des interrogations philosophiques aux affirmations d'une mauvaise foi totale, le Chat n'en est plus à un paradoxe près. En un dessin, un strip ou une planche, l'art du décalage et du non-sens atteint des sommets de perfection. Une version « familiale » avec un fils permet aux plus jeunes d'approcher cet humour très « nonsense ».
Casterman, 2005.
13 titres 9,95 €
Autre titre : **Le Fils du chat.**
À partir de 11 ans

♥ **2216.** Kunkel, Mike : **Herobear & the kid.**
Un jeune garçon et une peluche qui prend vie... Cette série dessinée en crayonnés et au graphisme résolument cartoon est un joli conte sur l'enfance. C'est l'aventure avec un grand A qui nous attend ! Tyler et son ours polaire héroïque apparaissent comme une parenthèse vivifiante dans la production comics du moment.
V20 éditions, 2007.
3 titres 11,50 €
À partir de 11 ans

♥ **2217.** Dess. Larcenet, Manu ; scén. Ferri, Jean-Yves : **Le Retour à la terre.**
Cette série de strips sur le retour à la terre d'un dessinateur, de sa compagne et de leur chat fait mouche à tous les coup. Le choc entre ces néo-ruraux empêtrés dans leurs cartons et les gens du cru s'avère constamment hilarant. On ne ménagera pas les compliments au dessinateur, excellent dans l'humour comme dans la restitution de décors rustiques.
Dargaud, Poisson Pilote, 2006.
4 titres ou intégrale 9,80 €
À partir de 11 ans

2218. Tofépi : **Les Carroulet.**
Ces histoires en noir et blanc sont d'une grande simplicité nourrie d'un solide sens du détail. Confectionner une fusée en boîte de conserve, faire (ou pas) ses devoirs de vacances, recevoir l'assistante sociale, les anecdotes sont bien racontées, drôles sans être pour autant des gags. Un ton très personnel, plein de justesse et de sensibilité.
Le Seuil, 2005.
3 titres 14 €
À partir de 11 ans

ABSURDE

♥ **2219.** Trondheim, Lewis : **La Mouche.**
La vie pleine d'embûches d'une mouche commune. L'histoire entièrement muette enchaîne les gags et devient fantastique vers la fin. Hommage un rien moqueur aux films de cape et d'épée, *Mildiou* n'est lui qu'un unique et trépidant morceau de bravoure : le duel entre le héros et le méchant ravagé par les mauvais instincts.
Le Seuil, Roman graphique n° 6, 1995.
9,50 € ISBN : 978-2-02-023191-6
Autre titre : **Mildiou.**
À partir de 3 ans

2220. Scén. Corcal ; dess. O'Grojnowsky : **Les Dragz.**
Ils sont monstrueux, plutôt bêtes et franchement marrants : ce sont les Dragz, qui réjouissaient les lecteurs de *Spirou* depuis quelques années. O'Groj dessine avec allant les gags franchement absurdes, et donc jubilatoires, de Corcal.
Dupuis, 2003.
3 titres 8,50 €
À partir de 6 ans

2221. Midam : **Kid Paddle.**
L'univers des jeux vidéo et du joystick décliné sur tous les tons. Un peu trop répétitif au goût des adultes mais les enfants adorent... La « sequel » met en scène les personnages des jeux.
Dupuis, 2005.
10 titres 8,50 €
Autre titre : **Game Over.**
À partir de 6 ans

2222. Parrondo, José ; scén. Trondheim, Lewis : **Le Petit Parrondo.**
Dessin minimaliste pour histoires d'une belle poésie naïve. Les plus jeunes lecteurs n'ont jamais rien lu de tel. Ils vont adorer. Associé à Trondheim chez Delcourt, l'auteur a confirmé son talent pour parler aux enfants.
Éditions du Rouergue/Delcourt, 2001.
3 vol. 10,52 €
Autre titre : **Allez raconte.**
À partir de 6 ans

♥ **2223.** Perret, Delphine : **Oncle Hector.**
Émouvante autant qu'hilarante, cette histoire montre une petite fille en vacances chez une drôle de tante, qui vit avec son poisson rouge, qu'elle croit être son mari réincarné. Voir les pompiers appelés pour faire du bouche-à-bouche au poisson rouge qui a mangé trop de miettes... À prendre absolument au sérieux dans un grand éclat de rire.
Thierry Magnier, Petite poche BD, 2006.
5 € ISBN : 978-2-84420-404-2
À partir de 6 ans

2224. Robin, Thierry : **La Teigne.**
L'un est nerveux et empli de méchanceté, l'autre est béat et amical. Le premier veut la mort du second, et échouera lamentablement. Dans ce récit entièrement muet, Robin retrouve l'esprit de certains dessins animés américains des années 1950.
Les Humanoïdes associés, Tohu-Bohu, 1998.
13,90 € ISBN : 978-2-7316-1303-2
À partir de 6 ans

2225. Scén. Trondheim, Lewis ; dess. Garcia, Sergio : **Les Trois Chemins.**
Sur la hauteur des doubles pages de ces albums, trois personnages suivent chacun un chemin qui les fait tantôt se côtoyer, tantôt s'entrecroiser... Un dessin fourmillant de détails met en valeur un scénario entièrement muet, dont les contraintes sont résolues avec beaucoup d'astuce.
Delcourt, Jeunesse, 2003.
2 titres 8,90 €
À partir de 6 ans

♥ **2226.** Azam, Jacques : **Faxer une andouillette.**
Le titre annonce la couleur : cet album tente d'inventorier toutes les farces domestiques qu'on peut faire à son entourage (et à soi-même). L'auteur fait preuve de beaucoup d'imagination dans la recherche et l'élaboration de ses gags. L'humour transparaît dans le texte autant que dans le dessin. Les amateurs de bêtises y trouveront leur bonheur.
Milan, 2003.
9,50 € ISBN : 978-2-7459-1226-8
Autres titres : **Cultiver la fleur qui pue (et autres bêtises) ; Chico Mandarine.**
À partir de 9 ans

♥ **2227.** Coudray, Philippe : **L'Ours Barnabé.**
Un excès de logique mène le plus souvent à l'absurde ! Avec un dessin d'une extrême simplicité, Coudray concocte de courts récits paradoxaux qui intriguent et font sourire les lecteurs de tous les âges.
Mango Jeunesse, 2006.
10 titres 8,50 €
À partir de 9 ans

2228. Mandel, Lisa : **Nini Patalo.**
La joyeuse bande de Nini est confrontée à des extra-terrestres qui cherchent de la nourriture pour leur roi. Ils enlèvent tout le monde, et ne sont pas déçus du résultat. Le style moderne, régulier et enfantin aide à faire passer les pires énormités et permet une grande liberté d'invention et de récit. Les histoires sont à la portée des enfants.
Glénat, Tchô ! la collec... 2006.
4 titres 9,40 €
À partir de 9 ans

♥ **2229.** Scén. McKean, Dave ; dess. Gaiman, Neil : **Le jour où j'ai échangé mon père contre deux poissons rouges.**
Sur une impulsion, un enfant échange son père, qui passe ses journées caché derrière les pages de son journal, contre deux poissons rouges. Sommé par sa mère de retrouver son géniteur, il va se rendre compte que la tâche n'est pas aisée. Un scénario pince-sans-rire servi par un traitement graphique ambitieux, qui mêle des techniques fort diverses.

Delcourt, Jeunesse, 2000.
12,90 € ISBN : 978-2-84055-557-5
À partir de 9 ans

2230. Scén. Desberg, Stephen ; dess. De Moor, Johan : **Lait entier.**
Depuis neuf albums, Pi, une paisible vache, quitte régulièrement les verts pâturages, pour devenir le meilleur agent de l'intelligence animale. Un cocktail réussi d'humour parodique, d'action et d'audace graphique. La série a été transférée de Casterman au Lombard, en changeant de titre.
Lombard, Troisième degré, 2002.
10 titres 9,80 €
Autre titre : **La Vache.**
À partir de 11 ans

♥ **2231.** F'Murr : **Le Génie des alpages.**
Un berger, son chien et son troupeau de moutons, observés par un roi de l'humour « nonsense ». Intemporel et hilarant.
Dargaud, 2007.
15 titres 9,80 €
À partir de 11 ans

♥ **2232.** Fred : **Philémon.**
Un adolescent a le pouvoir d'aller dans le monde des lettres de l'océan Atlantique, dont la logique est fort éloignée de la nôtre. Derrière l'humour et le merveilleux se cache une satire grinçante du « vrai » monde. Classique et sans âge.
Dargaud, 2004.
15 titres 13 €
À partir de 11 ans

♥ **2233.** Trondheim, Lewis ; Le Gall, Frank : **Lapinot.**
Lapinot, éternel adolescent, a le chic pour se mettre dans des situations incroyables. Qu'il explore le monde du western ou notre époque, le résultat est le même... Les dialogues, l'humour et le regard malicieux que Lewis Trondheim porte à l'espèce humaine, à travers ces personnages animaliers, réjouit des lecteurs toujours plus nombreux.
Dargaud, 2007.
10 titres 9,80 €
Autre titre : **Les Formidables Aventures sans Lapinot.**
À partir de 11 ans

2234. Fred : **Le Fond de l'air est frais.**
Recueils de gags et saynètes où Fred expérimente la liberté des cases et son humour poétique, décalant la presse du XIXe et ses représentations. Les histoires longues des autres titres sont animées d'une fantaisie et d'une poésie unique en bande dessinée, avec des moyens graphiques constamment renouvelés.
Dargaud, 1997.
13 € ISBN : 978-2-205-00662-9
Autres titres : **Cythère l'apprentie sorcière ; Hum ! ; Le Manu Manu ; Le Petit Cirque ; Y a plus de saison ; Ça va ça vient ; L'Histoire du corbac aux baskets ; L'Histoire de la dernière image ; L'Histoire du conteur électrique.**
À partir de 13 ans

2235. Lécroart, Étienne : **Cercle vicieux.**
Un professeur et sa secrétaire s'emploient à faire décoller une fusée... Dans ce court récit terre-à-terre se cache un palindrome d'une remarquable habileté, qui devrait bien amuser les lecteurs adolescents. Comme dans les autres titres, l'auteur se base sur une contrainte narrative forte pour construire un ouvrage au comique ravageur.
L'Association, Mimolette/Seuil, 2000.
6 € ISBN : 978-2-84414-038-8
Autres titres : **Et c'est comme ça que je me suis enrhumé ; Ratatouille.**
À partir de 13 ans

SENTIMENTS

♥ **2236.** Scén. Morvan, Jean-David ; dess. Nemiri, Nicolas : **Hyper l'hippo.**
Voilà un univers magique, plein de mystères et de secrets : celui de l'imaginaire, des compagnons affectifs, des vies rêvées, du quotidien transfiguré... Arthur a un copain énorme, bleu, un animal qui s'appelle Hyper : un hippopotame ! Personne ne le voit car il joue à cache-cache, il est capable de tous les exploits, c'est le complice du quotidien...
Delcourt, Jeunesse, 2005.
8,90 € ISBN : 978-2-84789-870-5
À partir de 3 ans

♥ **2237.** Scén. Dauvillier, Loïc ; dess. Lizano, Marc ; color. Rouger, Jean-Jacques : **La Petite Famille.**
Cette merveilleuse série méconnue met en scène une famille en visite chez les grands-parents à la campagne. Les silences du repas, le doux visage ridé de grand-mère, papi qui s'endort tout seul, et les enfants frais et directs... Des moments fragiles, de petits riens évoqués avec tendresse et justesse, dans un style graphique très enfantin.
Carabas, Crocodile, 2006.
3 titres 10 €
À partir de 6 ans

♥ **2238.** Dess. Durieux, Christian ; scén. Lapière, Denis : **Oscar.**
Sur un thème sensible (un enfant fugueur qui vit dans la rue), Durieux et Lapière ont concocté des albums fort attachants, malgré ou sans doute à cause de la légèreté assumée et de l'entrain du garçon. Le bagout du personnage principal est imbattable ! Les histoires mêlent émotion, psychologie et policier.
Dupuis, 2005.
5 titres 8,50 €
À partir de 6 ans

♥ **2239.** Geerts, André : **Jojo.**
La vie quotidienne d'un gamin rêveur élevé par sa grand-mère puis son père, plombier itinérant. Chronique tendre et malicieuse des petits bonheurs (et malheurs) de l'enfance éternelle.
Dupuis, 2006.
16 titres 8,50 €
À partir de 6 ans

♥ **2240.** Malot, Hector ; adapt. Dégruel, Yann : **Sans famille.**
L'histoire est connue de tous : séparé de sa mère, Rémi fait l'apprentissage de la vie de saltimbanque, aux côtés de Vitalis et de sa troupe. Yann Dégruel signe l'adaptation du roman de Hector Malot avec un vrai bonheur. Les couleurs chaudes et somptueuses adoucissent la misère. Le graphisme est superbe et l'histoire toujours aussi poignante.
Delcourt, Jeunesse, 2007.
5 titres 8,90 €
À partir de 6 ans

♥ **2241.** Sfar, Joann : **Petit Vampire.**
Un jeune orphelin élevé par son grand-père et un petit vampire deviennent amis. Une formidable série, drôle, touchante, et d'une remarquable finesse psychologique. Une version parallèle conte les aventures sentimentales du vampire, devenu Grand.
Delcourt, Jeunesse, 2005.
7 titres 8,90 €
Autre titre : **Grand Vampire.**
À partir de 6 ans

2242. Dess. De Brab ; scén. Zidrou ; Falzar : **Sac à puces.**
Reprise de « Margot et Oscar Pluche » chez Dupuis. Histoires et trait enfantins et dynamiques. Drôle, écologique et moderne.
Dupuis, 2005.
7 titres 8,50 €
À partir de 6 ans

♥ **2243.** Bravo, Émile : **Une épatante aventure de Jules.**
Jules est affligé d'une famille catatrophe, mais il a des amis extra-terrestres ou experts du clonage. Les aventures mêlent avec finesse sentiments, humour et réflexion. Les dialogues tombent en rafales et le dessin, clair et efficace, rend la lecture fort plaisante. Une série attachante, d'un ton incisif, rare dans la production pour les jeunes.
Dargaud, 2006.
5 titres 9,80 €
À partir de 9 ans

♥ **2244.** Dupuy, Philippe ; Berbérian, Charles : **Henriette.**
Bien loin des héroïnes de papier aux formes parfaites, Henriette est boulotte, myope et pas franchement séduisante. Dupuy et Berbérian excellent pourtant dans l'art de raconter ses aventures quotidiennes : les scénarios sont impeccables et le dessin mêle avec brio humour et élégance. La version *Fluide Glacial* est plus sombre et acide.
Les Humanoïdes associés/Dupuis, 2003.
4 titres 10 €
Autre titre : **Le Journal d'Henriette.**
À partir de 9 ans

♥ **2245.** Baudoin, Edmond : **Mat.**
Un garçon en rupture avec son père, lui-même à la dérive, trouve dans le rêve intérieur les moyens de ne pas désespérer. Baudoin dessine magnifiquement les incertitudes de l'adolescence, ou celle de l'enfance dans *Piero*.
Le Seuil, Roman graphique n° 9, 1996.
9,50 € ISBN : 978-2-02-029363-1
Autre titre : **Piero.**
À partir de 11 ans

♥ **2246.** Scén. Bom ; dess. Frank : **Broussaille.**
Un jeune adulte d'aujourd'hui, passionné par la faune, vit des aventures au quotidien qui sont autant d'avancées vers la maturité. D'une grande finesse psychologique, cette série est justement plébiscitée par les adolescents.
Dupuis, Repérages, 2003.
5 titres 9,80 €
À partir de 11 ans

♥ **2247.** Cosey : **Saigon-Hanoi.**
Le soir de Noël, quelque part à l'est des États-Unis, un vétéran du Vietnam répond à un coup de fil qu'il n'attendait pas... Le plus touchant album de Cosey est aussi un sommet de sophistication narrative. Les autres albums de la même collection révèlent un talentueux conteur des sentiments et de la fragilité humaine.
Dupuis, Aire libre, 2000.
13,50 € ISBN : 978-2-8001-3043-9
Autres titres : **Orchidea ; Joyeux Noël May.**
À partir de 11 ans

2248. Takaya, Natsuki : **Fruits Basket.**
Une drôle d'histoire qui met en scène une famille marquée par une malédiction : ses membres se transforment en leur animal zodiacal (chinois) dès qu'ils sont malades, fatigués ou embrassés. Une jeune lycéenne orpheline, Tohru, s'installe chez eux et provoque catastrophe et quiproquos, bouleversant les équilibres et les relations.
Delcourt, Akata, 2007.
20 vol. 5,95 €
À partir de 11 ans

2249. Davodeau, Étienne : **Chute de vélo.**
Davodeau porte toujours un regard fin et attentif sur le quotidien des gens et leur vie familiale ou sociale, qu'il s'agisse des petits riens, de politique ou de sentiments. La richesse des récits est le reflet de la vie humaine, c'est ce qui fait le prix de cette œuvre originale.
Dupuis, Aire libre, 2004.
14 € ISBN : 978-2-8001-3539-7
Autres titres : **Un monde si tranquille ; Les Mauvaises Gens.**
À partir de 13 ans

♥ **2250.** Dethan, Isabelle : **Éva aux mains bleues.**
Éva aux mains bleues est un récit de vie doux et sans emphase sur le passage de l'enfance à l'adolescence. Servi par un dessin classique aux très belles couleurs aquarellées, cet album est un petit moment de fraîcheur et de poésie adolescente.
Delcourt, Mirages, 2004.
13,95 € ISBN : 978-2-84789-071-6
À partir de 13 ans

♥ **2251.** Scén. Duprat, François ; dess. Savatier, Vanyda : **L'Année du dragon.**
Franck galère : au chômage, il squatte, son père a un cancer. Il aime Kim qui aime Éric... Mais là c'est son année, l'année du dragon. Kim le dit, Franck y croit. Dès lors, lorsque son quotidien ne lui convient pas, il s'imagine être un dragon. Introspection et sensibilité manifeste de François Duprat, avec la jeune Vanyda, élégante et habile.
Carabas, Urban, 2005.
3 vol. 13,90 €
Autre titre : **Mon cousin dans la mort.**
À partir de 13 ans

♥ **2252.** Gipi : **Le Local.**
Chef-d'œuvre italien : quatre adolescents se réunissent dans un cabanon pour faire du rock. Chacun porte ou vit ses problèmes, sa famille, chacun apporte son être au groupe. Le récit est structuré en chapitres, qui sont autant de chansons. Le lecteur a l'impression d'effleurer le ressenti des ados. On s'attache à leur richesse humaine, ni blanche ni noire.
Gallimard, Bayou, 2005.
15 € ISBN : 978-2-07-057300-4
À partir de 13 ans

2253. Sakuishi, Harold : **Beck.**
Un manga sur la vie d'un groupe de rock en gestation, à travers les yeux d'un collégien. L'originalité tient au mélange d'étude de la vie scolaire, de la vie sentimentale, et du monde de la musique, avec des sous-intrigues parallèles qui progressent continuellement. Le dessin assez rond donne une gaieté générale à une histoire parfois dure.
Delcourt, Akata, 2007.
15 vol. 7,50 €
À partir de 13 ans

♥ **2254.** Taniguchi, Jirô ; adapt. Boilet, Frédéric ; trad. Sekizumi, Kaoru : **Quartier lointain : l'intégrale.**
Un « salaryman » en crise se retrouve par hasard dans la ville de son enfance, et soudain est projeté dans la peau du collégien qu'il était, à l'époque de la disparition de son père. Peut-il et veut-il changer le passé, et sauver le couple de ses parents ? Une chronique hantée par l'incompréhension de la disparition des êtres chers.
Casterman, Écritures, 2006.
25,95 € ISBN : 978-2-203-39644-9
Autres titres : **Un ciel radieux ; Le Journal de mon père.**
À partir de 13 ans

2255. Tito : **Soledad.**
L'Espagne depuis la guerre civile, les blessures de la dictature : une chronique pudique d'un village castillan très banal, confronté aux haines mal enfouies, aux chocs de la modernité et de l'exode rural. Avec le trait délicat de Tito, très investi dans cette œuvre personnelle.
Casterman, 2002.
6 titres 8,95 €
À partir de 13 ans

2256. Toume, Kei : **Sing « Yesterday » for me.**
Une jolie chronique douce-amère du Japon contemporain, de jeunes adolescents et adultes, cherchant leur place : quelles études, pour quel métier, quel amour, pour quel futur ? Rikuo, ex-étudiant qui vit de petits boulots, Haru Kinoshita, musicien dilettante, et Shinako, jeune prof déjà veuve, se croisent : que feront-ils de leur vie ?
Delcourt, Akata, 2005.
4 vol. 7,50 €
À partir de 13 ans

♥ **2257.** Utsumi, Ryuichiro ; dess. Taniguchi, Jirô ; trad. Monthiers, Marie-Françoise : **L'Orme du Caucase.**
Recueil de huit nouvelles traitant de la famille, des blessures de l'enfance, du deuil ou de la contemplation de la nature. Portraits de jeunes adultes, d'enfants ou de personnes âgées que Taniguchi dresse avec beaucoup de pudeur et de délicatesse, privilégiant la contemplation à l'action. Un procédé que l'on retrouve dans ses autres œuvres.
Casterman, Écritures, 2005.
12,95 € ISBN : 978-2-203-39611-1
Autres titres : **Terre de rêves ; L'homme qui marche ; Le Gourmet solitaire.**
À partir de 13 ans

AMOUR

♥ **2258.** Adachi, Mitsuru : **Jinbé.**
Un condensé des thèmes de l'auteur et de sa technique, mêlant une situation embrouillée, des personnages qui s'attirent mais sont séparés, des faire-valoir qui menacent de devenir principaux personnages, l'humour très ironique et la connivence avec le lecteur. On rit beaucoup et on est souvent ému.
Tonkam, 2004.
10 € ISBN : 978-2-84580-470-8
À partir de 11 ans

♥ **2259.** Cosey : **Le Voyage en Italie.**
Un des grands chefs-d'œuvre de Cosey : le destin de deux amis, rivaux malheureux en amour, de la Californie à l'Italie, en passant par le Vietnam. Une construction complexe, qui fait affleurer l'émotion et rend les personnages vivants. Toute l'amertume, tout le charme de l'amour et de la vie. Les autres titres sont des variations sur les rencontres.
Dupuis, Aire libre, 2002.
2 vol. 13,50 € chaque
Autres titres : **Une maison de Frank L. Wright et autres histoires d'amour ; Zeke raconte des histoires.**
À partir de 11 ans

♥ **2260.** Hislaire : **Bidouille et Violette l'intégrale.**
Une série qui fit scandale dans *Spirou* par son approche sentimentale plutôt pessimiste, et par ses héros peu habituels. De l'émotion pour les premiers travaux du dessinateur de *Sambre*.
Glénat, Jeunesse, 1996.
30 € ISBN : 978-2-7234-2065-5
À partir de 11 ans

♥ **2261.** Neel, Julien : **Lou.**
Lou est une petite fille qui ne connaît pas son papa et vit seule avec sa maman. Lou est amoureuse de son voisin d'en face et se dit aussi que Richard, qui vient d'emménager sur son palier, pourrait très bien plaire à sa mère… L'auteur fait montre d'une réelle sensibilité dans ce petit bijou intelligent et drôle, empli de tendresse.
Glénat, Tchô ! la collec… 2006.
3 titres 9,40 €
À partir de 11 ans

♥ **2262.** Scén. Sfar, Joann ; dess. Guibert, Emmanuel : **La Fille du professeur.**
Au temps de la reine Victoria, une fille d'égyptologue anglais tombe amoureuse de la momie d'un pharaon. La suite de l'histoire est à la hauteur de ce début improbable et se résume en trois mots : charme, fantaisie, humour.
Dupuis, Expresso, 2003.
9,80 € ISBN : 978-2-8001-3454-3
À partir de 11 ans

2263. Yoshizumi, Wataru : **Marmalade Boy.**
Ce shojo manga typique, rempli d'histoires d'amours et de quiproquos, conte avec drôlerie les amours contrariées de Miki et Yû, fille et garçon d'une famille bizarrement recomposée, qui doivent gérer les erreurs de leurs parents en plus de leurs incertitudes adolescentes. L'auteur exploite gaiement les codes de ce type d'histoire.
Glénat, Shôjo, 2003.
8 vol. 6,50 €
À partir de 11 ans

♥ **2264.** Vanyda : **L'Immeuble d'en face.**
Un immeuble et des locataires à chaque étage, qui se croisent puis finissent par

prendre le temps de se connaître. Un univers intimiste où les histoires sont celles de la vie quotidienne. Un quotidien juste et vrai, narré avec une réelle maîtrise de raconteur d'histoire. Vanyda signe là une véritable petite perle.
La Boîte à bulle, Contre-jour, 2007.
2 vol. 14,50 € chaque
À partir de 13 ans

♥ **2265.** Yazawa, Aï : **Nana.**
Un manga pour fille, qui plaira aux garçons, un manga pour ados qui plaira aux adultes (ou le contraire ?). La punk et l'étudiante mêlent leurs espoirs, leurs déceptions amoureuses, leurs envies, dans une belle histoire d'amitié. La mélancolie générale est bien servie par une mise en pages très sobre, et les personnages longilignes et raides.
Delcourt, Akata, 2007.
16 vol. et 2 HS
5,95 € À partir de 13 ans

SAGESSE

2266. Scén. Bonneval, Gwen de ; dess. Duchazeau, Frantz : **Gilgamesh.**
La célèbre légende mésopotamienne est brillamment adaptée : le texte est poétique et compréhensible, inscrit dans les bulles dans un phrasé qui chante à la lecture, les personnages et les événements sont curieusement immédiatement familiers, et le graphisme qui rappelle les gravures du XIXe siècle est aussi sobre que séduisant.
Dargaud, Poisson Pilote, 2006.
15 € ISBN : 978-2-205-05948-9
À partir de 9 ans

♥ **2267.** Cosey : **Jonathan.**
Un héros contemplatif pour des aventures hantées par les thèmes de l'oubli et de l'amour impossible, dans le cadre somptueux des montagnes tibétaines. Un classique des lectures adolescentes. Les deux dyptiques montagnards de Cosey, sur la Suisse et le Tibet, concentrent ces thèmes pour une variation optimiste.
Lombard, 2001.
13 titres 11 €
Autres titres : **Le Bouddha d'azur ; À la recherche de Peter Pan.**
À partir de 9 ans

2268. Iwamura, Kazuo ; trad. Paludis, Paul : **Une grenouille.**
Aventures philosophiques d'une grenouille et de son petit compagnon, la souris. La justesse et la finesse du propos sont soutenues par un découpage des dessins qui joue sur l'immobilité, la répétition et les infimes variations, avec une grande sobriété de moyens. Un livre merveilleux dont on ressort comme rafraîchi par une étonnante rencontre.
Autrement Jeunesse, 2004.
4 titres 14,50 €
À partir de 9 ans

2269. Scén. Morrison, Slade et Toni ; dess. Lemaître, Pascal ; trad. Kiefé, Laurence : **À ton avis...**
Les fables anciennes peuvent-elles encore nous parler ? Toni Morrison (prix Nobel de littérature en 1993) et son fils Slade revisitent Ésope, avec le dessin de Pascal Lemaître. Ici plus de morale assénée, au jeune lecteur de se faire une opinion, ou de se poser simplement des questions sur les valeurs humaines... Une lecture stimulante et amusante.
Casterman, MiniBD, 2005.
3 titres 7,90 €
À partir de 9 ans

2270. Dess. Stassen, Jean-Philippe ; scén. Lapière, Denis : **Le Bar du vieux Français.**
Un jeune Africain fuit les massacres qui ravagent son pays, tandis qu'une jeune beurette vivant en France fait une fugue et traverse la Méditerranée. Tous deux passent par un bar tenu, dans un coin de désert, par un Français accueillant. Les ados adorent cette histoire sensible et pleine de subtilité.
Dupuis, Aire libre, 2003.
19,50 € ISBN : 978-2-8001-2862-7
À partir de 9 ans

♥ **2271.** Igarashi, Daisuke ; trad. Sekiguchi, Ryoko ; Cibot, Sahé : **Hanashippanashi** : **Patati Patata.**
Ces historiettes fantastiques, situées dans le Japon actuel, mettent en scène essentiellement des enfants. Histoires d'une rencontre, d'un passage, d'un contact avec la nature ou avec un phénomène étrange, qui montre l'univers comme différent, mystérieux, autre surtout. Chaque lecteur trouvera son interprétation et sa poésie.
Casterman, Sakka, 2006.
2 vol. 10,95 € chaque
Autre titre : **Sorcières.**
À partir de 11 ans

♥ **2272.** Matsumoto, Taiyo ; trad. Zouzoulkovsky, Vincent : **Gogo monster.**
Tashibana est un élève renfermé, qui vit dans notre monde et voit autre chose en même temps. Le graphisme assez torturé se fait vite oublier pour mieux nous plonger dans cette histoire étonnante et attachante, qui peut se lire à plusieurs niveaux, et dont le mystère plein de poésie est une invitation au rêve et à l'ouverture.
Delcourt, Akata, 2005.
29,95 € ISBN : 978-2-84789-937-5
Autre titre : **Number 5, Amer Béton**
À partir de 11 ans

2273. Scén. Sfar, Joann ; dess. Guibert, Emmanuel ; color. Walter : **Les Olives noires.**
Ce péplum d'un genre nouveau, lisible à plusieurs niveaux, se situe aux temps troublés où les troupes romaines contrôlent tant bien que mal la Palestine. Un jeune enfant est le héros – bien malgré lui – d'une saga tantôt dramatique, tantôt comique, tantôt philosophique, quand elle ne verse pas dans le pur vaudeville.
Dupuis, Repérages, 2003.
3 titres 9,80 €
À partir de 11 ans

2274. Scén. Sibran, Anne ; dess. Tronchet, Didier : **Là-bas.**
Un père brisé par l'exil, après avoir quitté l'Algérie des Pieds-Noirs, une petite fille qui cherche à lui redonner vie : un scénario bouleversant, porté par un dessin habituellement comique et ici plein d'émotion.
Dupuis, Aire libre, 2003.
13,50 € ISBN : 978-2-8001-3457-4
À partir de 11 ans

SOCIÉTÉ

2275. Wasterlain, Marc : **Jeannette Pointu.**
Cette photographe de presse parcourt le monde – elle est même allée sur Mars ! Toujours généreux, Wasterlain remplit ses scénarios très bien documentés d'une cascade de rebondissements haletants.
Dupuis, 2005.
20 titres 8,50 €
À partir de 6 ans

♥ **2276.** Baru : **Les Années Spoutnik.**
Il y a une quarantaine d'années, dans une ville ouvrière de l'Est de la France, les enfants de deux quartiers rivaux s'affrontent lors un match de foot dont les enjeux dépassent largement le cadre strictement sportif. Baru s'adresse aux préadolescents, dans un récit qui n'est pas sans rappeler *La Guerre des boutons*.
Casterman, 2003.
4 titres 9,50 €
À partir de 9 ans

2277. Byung Jun, Byun ; trad. Lim, Yeong-Hee ; Nogel, François : **Cours, Bong-Gu !**
Un manhwa (bande dessinée coréenne, donc) mettant en scène des SDF de Séoul. Bong-Gu est un enfant qui débarque de la campagne avec sa mère, à la recherche de son père. Mais celui-ci n'est plus qu'un chômeur SDF. Après une courte errance, les enfants convaincront les adultes de fuir la mégapole pour la côte rurale et l'espoir d'une vie simple.
Kana, Made in, 2005.
12,50 € ISBN : 978-2-87129-804-5
Autre titre : **Mijeong, récits.**
À partir de 11 ans

♥ **2278.** Scén. Christin, Pierre ; dess. Juillard, André : **Le Long Voyage de Léna.**
Une des plus belles réussites des deux auteurs : sur un canevas mystérieux et qui ne se révèle que progressivement au lecteur, Juillard nous offre un carnet de voyage de l'Europe au Moyen-Orient. L'histoire de Léna, de sa mystérieuse mission, son passé tragique se déroulent avec pudeur, ce qui confère paradoxalement au récit une grande intensité.
Dargaud, Long Courrier, 2006.
13,50 € ISBN : 978-2-205-05743-0
Autres titres : **Le Cahier bleu ; Après la pluie.**
À partir de 11 ans

♥ **2279.** Kouno, Fumiko ; trad. Desbief, Thibaud : **Le Pays des cerisiers.**
Ce court manga est le récit absolument bouleversant de la vie d'une famille de survivants d'Hiroshima, dans l'après-guerre : on suit les enfants qui grandissent, deviennent adultes, puis parents à leur tour, et toujours se heurtent à cette catastrophe qui pèse sur eux comme une malédiction. Prix Tezuka de la Culture 2005, LA référence pour le manga.
Kana, Made in, 2006.
10 € ISBN : 978-2-87129-928-8
À partir de 11 ans

♥ **2280.** Loyer, Jean-Luc ; Bétaucourt, Xavier : **Noir Métal.**
Les ouvriers et témoins du scandale Metaleurope se racontent avec leurs différents points de vue, en un kaléidoscope humain. Les auteurs sont témoins, récitants du discours des autres, avec une grande finesse. La simplicité de la narration, la clarté du récit rendent cette BD, très noire, facilement accessible.
Delcourt, Mirages, 2006.
14,95 € ISBN : 978-2-7560-0084-8
Autres titres : **Les Mangeurs de cailloux ; La Boîte à un franc.**
À partir de 11 ans

2281. Tito : **Tendre Banlieue.**
Tendre banlieue ou les affres de l'adolescence... Chaque volume met en scène des jeunes confrontés à des injustices individuelles, des problèmes familiaux ou des questions de société. Les adolescents y retrouvent des sujets qui les touchent, raison pour laquelle ils plébiscitent depuis de nombreuses années cette bande dessinée.
Casterman, Grande Ligne, 2006.
18 titres 8,95 €
À partir de 11 ans

♥ **2282.** Guibert, Emmanuel ; phot. Lefèvre, Didier ; concept. Lemercier, Frédéric : **Le Photographe.**
Une BD hors du commun, collaboration de trois auteurs et de deux techniques. Didier Lefèvre a participé à une mission sanitaire clandestine en Afghanistan en 1986, sous l'occupation soviétique. Le premier tome suit le voyage, le deuxième se concentre sur l'hôpital, le dernier sur le retour, tous sont déchirants d'humanité.
Dupuis, Aire libre, 2006.
3 vol. 19 €
À partir de 13 ans

♥ **2283.** Larcenet, Manu : **Le Combat ordinaire.**
Larcenet interroge la détresse humaine, les faiblesses et les écœurements de l'individu face à la brutalité du monde, son infantilisme aussi. Simplicité du trait, densité des histoires, travail sur les chutes et la brutalité des situations. D'une lecture extrêmement facile, les thèmes abordés réservent plutôt cet album à un public adolescent.
Dargaud, 2006.
3 titres 13 €
À partir de 13 ans

2284. Sato, Syuho : **Say hello to Black Jack.**
Un hommage évident à la célèbre œuvre de Tezuka, pour dénoncer le système de soins japonais, mais aussi pour parler de la vie, de la mort, du sens de la médecine, de l'investissement des soignants et des patients : l'humanité contre la bureaucratie, avec une fougue graphique et une sensiblerie incroyablement efficaces.
Glénat, Seinen, 2006.
13 vol. 6,50 €
À partir de 13 ans

SPORT

♥ **2285.** Scén. Hotta, Yumi ; dess. Obata, Takeshi : **Hikaru no Go.**
Un enfant découvre un goban (plateau de jeu de go) abandonné, et se retrouve habité par l'esprit d'un joueur du Moyen Âge. Ce génie lui fait découvrir le jeu, puis l'entraîne dans sa passion. Personnages attachants, récit pédagogique et accrocheur, étude psychologique et suspense, et vague d'intérêt pour le go, même à l'échelle française !
Tonkam, Shonen, 2006.
23 vol. 5,75 €
À partir de 9 ans

2286. Inoué, Takehiko : **Slam Dunk.**
Tous les stéréotypes du shonen sportif, mais l'auteur ne s'y est pas arrêté. Variant les rythmes, insérant des anecdotes, étirant follement le dernier match, avec des graphismes spéciaux, il donne une dimension mythique au parcours de cette équipe de basket, et étudie les rapports humains des joueurs en les faisant tous exister.
Kana, Shonen, 2006.
31 vol. et 1 HS 5,95 €
Autres titres : **Real ; Vagabond.**
À partir de 9 ans

♥ **2287.** Lax, Christian : **L'Aigle sans orteils.**
Alors que les champions modernes se dopent impunément, Lax revient aux temps héroïques et inhumains des premiers Tours, à travers l'histoire inventée d'un berger des Pyrénées tombé amoureux de la petite reine, et qui se révèle roi des grimpeurs, malgré l'amputation de ses orteils gelés en montagne.
Dupuis, Aire libre, 2005.
14 € ISBN : 978-2-8001-3711-7
À partir de 9 ans

2288. Matsumoto, Taiyo ; trad. Naruse, Julie : **Ping-Pong.**
Manga sportif consacré au tennis de table, et retraçant le parcours de gamins surdoués de la raquette. Le style torturé du dessin de Matsumoto dérange au premier abord, mais trouve toute sa justification dans les envolées de tension des matchs. L'étude psychologique est particulièrement soignée, et la fin inattendue.
Delcourt, Akata, 2004.
5 vol. 10,50 €
À partir de 9 ans

♥ **2289.** Adachi, Mitsuru : **H2.**
Tonkam comble la dernière grande lacune dans la traduction de l'œuvre d'Adachi, avec ce classique paru entre 1993 et 2000 en 34 volumes. Histoire de base-ball, comme *Touch,* mettant en scène les rivalités sportives et amoureuses de deux garçons et deux filles, d'une grande subtilité sentimentale, en même temps que passionnant sur le plan sportif.
Tonkam, Sky, 2007.
5 vol. 5,95 €
À partir de 11 ans

2290. Adachi, Mitsuru : **Rough.**
Cette série oppose deux adolescents évidemment amoureux l'un de l'autre mais qui se tournent autour, leurs parents étant adversaires héréditaires. L'univers de la natation de compétition et de l'internat changent de l'ambiance habituelle. L'humour est omniprésent, mais ne masque pas une certaine gravité.
Glénat, Shonen, 2006.
12 vol. 6,50 €
À partir de 11 ans

2291. Asada, Hiroyuki : **L'Il. – Génération Basket.**
Un manga sportif et sentimental, sur l'adolescence et l'amitié, graphiquement très réussi. Dynamique, avec une narration typiquement japonaise, souvent hachée par des flash-backs et temps morts.
Tonkam, 2005.
14 vol. 5,95 €
À partir de 11 ans

♥ **2292.** Scén. Baku, Yumemakura ; dess. Taniguchi, Jirô ; trad. Chollet, Sylvain : **Le Sommet des dieux.**
La quête d'un journaliste sur les traces d'un alpiniste habité par une passion dévorante qui sourd des pages tout en restant incommunicable au lecteur. La montagne, ses à-pics, les vents hurlants, la tension des cordées engagées dans des hivernales sont de magnifiques poèmes graphiques. L'homme face à la nature, à retrouver dans les autres titres.
Kana, Made in, 2005.
5 vol. 18 €
Autres titres : **K ; Seton le naturaliste qui voyage ; L'Homme de la toundra.**
À partir de 11 ans

♥ **2293.** Baru : **L'Enragé.**
Witko le boxeur, le cogneur sorti de sa banlieue, est déchu de son titre et jugé pour un meurtre dont il est innocent. S'il a beaucoup d'ennemis, il a aussi quelques amis et un public qui en a fait son idole. Baru dessine avec énergie, et ses personnages ont la beauté d'un coup de crayon qui semble jeté d'un trait rageur. De l'art populaire.
Dupuis, Aire libre, 2006.
2 vol. 13,50 € chaque
À partir de 11 ans

AVENTURE

2294. Dess. Ers, Benoît ; scén. Dugomier : **Muriel et Boulon.**
Le meilleur copain de Muriel est un gentil robot qui ressemble à une araignée géante. Héros d'une série télévisée, le duo connaît des aventures fort distrayantes.
Lombard, 2001.
6 titres 8,70 €
À partir de 6 ans

2295. Dess. Joub ; scén. Davodeau, Étienne : **Max & Zoé.**
Une série où deux enfants, aidés de véhicules qui parlent, aident leur père routier dans sa tâche. Si l'on osait, on dirait que ça « roule » bien...
Delcourt, Jeunesse, 2003.
5 titres 8,90 €
À partir de 6 ans

♥ **2296.** Bonhomme, Matthieu : **Le Voyage d'Esteban.**
Une aventure initiatique, celle d'un jeune Indien apprenti-baleinier au large du cap Horn. Le réalisme quasi documentaire est servi par un dessin qui fait penser aux gravures anciennes. L'ombre de Melville plane...
Milan, 2006.
2 titres 9,50 €
À partir de 9 ans

2297. Dess. Bravo, Émile ; scén. Regnaud, Jean : **Aleksis Strogonov, l'intégrale.**
Sur fond d'Allemagne vaincue de 1918, des aventures débridées emmènent un jeune Russe à la découverte de l'Europe des années folles. Le trait un peu simple joue la ligne claire, la crédibilité du récit n'est pas le premier souci. C'est pourtant un récit vraisemblable et prenant, plein d'humour, que dressent les auteurs.
Dargaud, 2004.
29 € ISBN : 978-2-205-05655-6
À partir de 9 ans

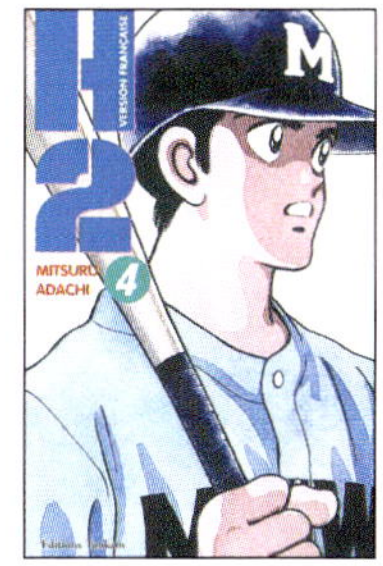

2298. Dess. Desorgher, Daniel ; scén. Desberg, Stephen : **Les Aventures de Jimmy Tousseul.**
Dans les années 1950, un jeune garçon part à la recherche de ses parents, disparus en Afrique noire. Cette saga atypique se place dans le contexte assez bien restitué des débuts de la décolonisation.
Glénat, Caravelle, 2006.
12 titres 9,40 €
À partir de 9 ans

♥ **2299.** Le Gall, Frank ; scén. Yann : **Les Aventures de Théodore Poussin.**
Frank Le Gall réussit le pari de créer une série d'aventures qui revisite avec talent les thèmes de la littérature de voyage. Album après album, l'histoire acquiert une profondeur de plus en plus grande et une qualité graphique indéniable. Une œuvre majeure.
Dupuis, Repérages, 2005.
12 titres 9,80 €
À partir de 9 ans

2300. Scén. Vehlmann, Fabien ; dess. Bonneval, Gwen de : **Samedi et Dimanche.**
Les héros sont deux lézards qui vivent sur une île déserte, mais Samedi est maintenant père de famille, alors que Dimanche veut courir l'aventure. L'amitié, l'émotion, la tendresse se mélangent dans cette série trop méconnue, petite pépite au graphisme épuré, qui séduira petits et grands.
Dargaud, Poisson Pilote, 2005.
4 titres 9,80 €
À partir de 9 ans

2301. Scén. Yann ; dess. Édith : **Basil et Victoria.**
Dans l'Angleterre victorienne, deux enfants des rues recueillent une princesse indienne. Puis une croisière les mène sur une île de légendes. Un hommage indirect à Dickens dans lequel on croise l'ombre de Jack l'éventreur : des scénarios à plusieurs niveaux, avec un dessin fin et enfantin.
Les Humanoïdes associés, Les 3 Masques, 2007.
5 titres 12,90 €
À partir de 9 ans

2302. Blain, Christophe : **Isaac le pirate.**
Au temps de la marine à voiles, un peintre jeune et naïf est embarqué de force sur un bateau pirate, tandis que sa fiancée entre au service d'un bel aristocrate… Isaac se tirera-t-il de ce mauvais pas, et le couple résistera-t-il à la séparation ? Christophe Blain en solo, pour une série palpitante, drôle et narquoise. Avant de retourner au western.
Dargaud, Poisson Pilote, 2005.
5 titres ou intégrale 9,80 €
Autre titre : **Gus.**
À partir de 11 ans

♥ **2303.** Scén. Cothias, Patrick ; dess. Juillard, André : **Plume aux vents : l'intégrale.**
Fin de la longue saga de Patrick Cothias (14e collaboration avec Juillard) et des aventures de la belle et triste Ariane de Troïl. Les personnages se rassemblent comme dans un final de théâtre. Gravité et tristesse planent avec un trait toujours magnifique et une mise en couleurs très poétique.
Dargaud, 2004.
4 titres ou intégrale 37 €
ISBN : 978-2-205-05667-9
Autres titres : **Masquerouge ; Les Sept Vies de l'Épervier.**
À partir de 11 ans

♥ **2304.** Dess. Marini, Enrico ; scén. Desberg, Stephen : **Le Scorpion.**
Sur un solide scénario de Desberg, un aventurier-archéologue-voleur affronte les neuf familles d'une Rome baroque prise de folie. C'est un peu Dumas revu par Moorcock, ou d'Artagnan rencontrant « Le Parrain ». Le dessin glisse en grandes courbes dynamiques, avec de chaudes couleurs ocre et rouges. Leur western est à redécouvrir.
Dargaud, 2006.
7 titres 9,80 €
Autre titre : **L'Étoile du désert.**
À partir de 11 ans

2305. Pellerin, Patrice : **L'Épervier.**
Victime d'une machination destinée à l'envoyer au bagne, L'Épervier réunit l'équipage de son corsaire et prend la mer pour se défendre et se disculper. Pellerin poursuit avec conviction la tradition du récit d'aventures maritimes.
Dupuis, Repérages, 2006.
7 titres 9,80 €
À partir de 11 ans

♥ **2306.** Pratt, Hugo : **Corto Maltese.**
Héritier de Stevenson et Milton Caniff, Pratt a fait de son marin un héros romantique dont les aventures mêlent politique, histoire, ésotérisme. Le cocktail est envoûtant.
Casterman, 2007.
10 titres en noir et blanc ou 13 en couleurs
15,95 € À partir de 11 ans

♥ **2307.** Pratt, Hugo : **Les Scorpions du désert.**
Pratt a vécu l'invasion italienne de l'Éthiopie. Il la restitue avec son habituelle économie de moyens, son sens de l'épopée et du tragique. L'absurde de la guerre y éclate avec force, comme dans les volumes consacrés aux aviateurs.
Casterman, 1994.
3 titres en noir et blanc ou en couleurs
13,95 €
Autres titres : **Dans un ciel lointain ; Koinsky raconte… Saint-Exupéry le dernier vol ; Morgan.**
À partir de 11 ans

♥ **2308.** Scén. Van Hamme, Jean ; dess. Vance, William : **XIII.**
Suspense, action et belles filles : la saga de l'amnésique le plus célèbre de la bande dessinée se compose d'un cocktail digne des meilleurs feuilletons… Si tous les spécialistes du 9e art ne sont pas convaincus par la série, le public a en revanche plébiscité cette bande dessinée qui caracole en tête des ventes à chaque nouveau volume.
Dargaud, 2007.
19 titres 9,80 €
À partir de 11 ans

2309. Scén. Van Hamme, Jean ; dess. Francq, Philippe : **Largo Winch.**
L'univers impitoyable de la haute finance aurait-il raison de Largo Winch, héritier, bien malgré lui, d'une immense fortune. Le scénariste renoue ici avec les ingrédients

du succès. La recette reste la même : cela va vite et les rebondissements sont nombreux, pour le plus grand bonheur des amateurs, sans éviter toutefois certaines ficelles.
Dupuis, Repérages, 2007.
15 titres 9,80 €
À partir de 13 ans

FANTASTIQUE

♥ **2310.** Alfred ; dess. Lejonc, Régis : **Magie magie !**
Une magnifique histoire sans parole, nous contant les mésaventures joyeuses d'un petit magicien pas très doué. Les petits personnages sont très attachants, le dessin à la touche très crayonné est séduisant et chaleureux : voilà des pages qui font sourire sans hésitation.
Thierry Magnier, Petite poche BD, 2006.
5 € ISBN : 978-2-84420-403-5
À partir de 3 ans

2311. BlexBolex : **La Longue-Vue.**
Un graphisme résolument avancé, lorgnant sur les effets de papier coupé (par les formes géométriques juxtaposées, ce n'est que du dessin en fait !), et qui nous emmène dans un voyage plein de surprises, par la grâce de la longue-vue du titre. Élégant, raffiné et poétique.
Thierry Magnier, Petite poche BD, 2006.
5 € ISBN : 978-2-84420-405-9
À partir de 3 ans

2312. Adapt. Chauvel, David ; dess. Fernandez, Enrique ; insp. de Baum, L. F. : **Le Magicien d'Oz.**
Le classique de Baum est ici joliment adapté à la mode Delcourt, avec des couleurs luxueuses et un graphisme très enfantin, bien qu'anguleux. Le récit est clair et séduira ceux qui connaissent l'histoire et ceux qui la découvrent, les personnages secondaires de l'univers se mémorisent bien.
Delcourt, Jeunesse, 2006.
3 vol. 8,90 €
À partir de 6 ans

2313. Dess. De Moor, Johan ; scén. Desberg, Stephen : **Gaspard de la nuit.**
Le mariage du fantastique flamand et de l'univers des contes de fées, porté par un scénariste efficace et inventif, et un dessin retenu, presque classique, mais enfantin.
Casterman, 1991.
4 titres 8,55 €
À partir de 6 ans

2314. Dess. Édith ; scén. Corcal : **Le Trio Bonaventure.**
Trois enfants qui ont fondé une société secrète explorent les frontières du fantastique. La dimension symbolique des récits est assumée, et la mort évoquée avec simplicité et justesse. Édith, un peu en retrait, se met entièrement au service d'un scénario qui pèche parfois par sa volonté de ne jamais perdre son lecteur.
Delcourt, Jeunesse, 2006.
3 titres 8,90 €
À partir de 6 ans

2315. Scén. Filippi, Denis-Pierre ; dess. Revel, Sandrine : **Un drôle d'ange gardien.**
Du rififi dans les enfers : un petit diable s'égare dans le Paris de 1908, tombe amoureux d'une ange gardienne, et se met à protéger les enfants pour la revoir. Effets comiques et grande tendresse, et un dessin très poétique.
Delcourt, Jeunesse, 2004.
6 titres 8,90 €
À partir de 6 ans

2316. Grimm, Jacob et Wilhelm ; adapt. Mazan : **Le Vaillant Petit Tailleur.**
Menée tambour battant, cette mise en images d'un conte classique archiconnu vaut par son style efficace et sa gamme de couleurs inattendue. Delcourt a développé une collection sur le concept.
Delcourt, Jeunesse, 1996.
8,90 € ISBN : 978-2-84055-104-1
Autres titres : **Apprendre à frissonner ; L'Oiseau d'or ; Le Diable aux trois cheveux d'or ; Le Chat botté ; Hänsel et Gretel.**
À partir de 6 ans

♥ **2317.** Battaglia, Dino et Laura ; trad. Jans, Michel : **Contes et légendes.**
Ruskin, Grimm, le folklore russe… toute la variété et la richesse de palette de ce grand dessinateur mort en 1983. Les magnifiques variations de « L'Oiseau de feu », d'après les dessins de Bilibine, font vibrer la magie du conte. L'utilisation des blancs des fonds, les détourages produisent une poésie graphique extrêmement expressive.
Mosquito, 2006.
15 € ISBN : 978-2-908551-85-3
Autre titre : **Contes et récits fantastiques.**
À partir de 9 ans

2318. Scén. Dugomier ; dess. Ers, Benoît ; color. Smulkovsky, Scarlett : **Les Démons d'Alexia.**
Alexia, héritière d'une sorcière et de ses pouvoirs, travaille dans un institut d'études paranormales, autrefois ravagé par une expérience interdite, et doit résoudre des énigmes sanglantes… Un récit surprenant et agréable, qui offre une approche facile du fantastique et de l'« horreur », sans excès.
Dupuis, 2006.
3 titres 8,50 €
À partir de 9 ans

2319. Johanna : **Les Phosfées.**
Un très beau dessin soutient ces histoires fantastiques pour les petits (mais les grands ont le droit d'aimer). La jeune Nana a un sommeil peuplé de cauchemars si particuliers qu'ils lui font visiter des mondes étranges et dangereux, pleins de sorcières. Tendre, plein de charme et de fraîcheur, et joliment raconté.
Delcourt, Jeunesse, 2002.
3 titres 8,90 €
À partir de 9 ans

♥ **2320.** Prado, Miguelanxo ; trad. Reichert, Franck : **Pierre et le loup.**
Des images fortes, une ambiance inquiétante et fascinante qui renouvellent de manière inattendue ce classique revu par l'un des maîtres de la bande dessinée espagnole. Superbe.
Casterman, 1999.
12,95 € ISBN : 978-2-203-18218-9
À partir de 9 ans

2321. Andreas : **Capricorne.**
Quand un personnage de *Rork* acquiert son autonomie et sa série. Le talent d'Andreas

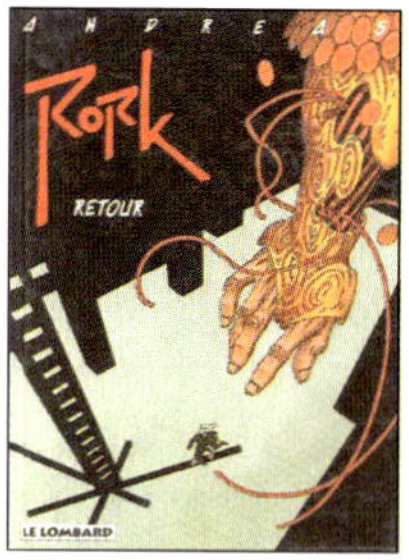

à se jouer des formes et des perspectives se conjugue à des intrigues touffues, hommages directs aux serials de fantastique et de science-fiction.
Lombard, Troisième vague, 2006.
11 titres 9,80 €
À partir de 11 ans

♥ **2322.** Andreas : **Rork.**
Cette série, très inspirée de Lovecraft, déclencha des polémiques dans *Tintin* par sa complexité et ses audaces graphiques. Avec un trait proche de la gravure et un renouvellement du fantastique, une grande réussite.
Lombard, 1994.
7 titres 12,50 €
Autre titre : **Cromwell Stone.**
À partir de 11 ans

2323. Davis, Jack E. ; Crandall, Reed ; Wood, Wallace : **Tales from the crypt.**
Ressortie inattendue de quelques-unes des meilleures histoires d'horreur concoctées au début des années 1950 et qui furent impitoyablement censurées. Cinquante ans plus tard, on les relit en souriant... Et quel dessin !
Albin Michel, 2000.
10 titres 8,99 €
À partir de 11 ans

♥ **2324.** Scén. Gibelin, Christophe ; dess. Wendling, Claire : **Les Lumières de l'Amalou.**
Un cycle qui a symbolisé le renouvellement de la BD française : une histoire qui glisse dans le fantastique, menant deux furets aviateurs à la découverte d'une communauté isolée, et d'êtres de légendes : les transparents, le Grand Arbre... Wendling crée tout un univers, et élève ces aventures au mythe.
Delcourt, Conquistador, 1996.
5 titres ou intégrale 12,50 €
À partir de 11 ans

2325. Dess. Magda ; scén. Lapière, Denis : **Charly.**
Tout a commencé le jour où les parents de Charly lui ont offert « Cap'tain Foudre »... Qui aurait pu penser qu'un simple jouet déclencherait un pareil cataclysme ? Une série d'épouvante psychologique efficace, dont le personnage grandit, et qui devient de plus en plus sombre et angoissée.
Dupuis, Repérages, 2007.
13 titres 9,80 €
À partir de 11 ans

2326. Scén. Moore, Alan ; dess. Totleben, John ; Bissette, Steve : **Swamp Thing : intégrale.**
Un classique du comics américain, par un grand dessinateur. Épouvante et gros traits, comme dans les séries B du cinéma. Une lecture qui peut se faire à différents degrés. Classique à savourer. À découvrir aussi le renouvellement des super-héros dans *Watchmen.*
Delcourt, Contre Bande, 2005.
3 vol. 25 €
Autre titre : **Watchmen.**
À partir de 11 ans

2327. Robin, Thierry : **Koblenz.**
Koblenz, c'est Sherlock Holmes chez X-Files, pour un sombre récit de mort et de remord qui se déroule dans l'Est, au temps des mines de charbon. Des ambiances et des intrigues qui ne vous lâchent plus. Robin avait déjà recréé une Chine de légende dans son cycle précédent.
Delcourt, Conquistador, 2005.
4 titres 12,90 €
Autre titre : **Rouge de Chine.**
À partir de 11 ans

2328. Takahashi, Rumiko : **Inu Yasha.**
Kagome, jeune lycéenne vivant dans un temple de Tokyo, découvre comment visiter l'époque Sengoku (Moyen Âge), dans lequel elle doit affronter nombre de démons, mais surtout collaborer avec l'un deux, Inu Yasha. Beaucoup d'humour et de bonne humeur, pour un grand plaisir de lecture.
Kana, Shonen, 2007.
25 vol. 5,95 €
À partir de 11 ans

♥ **2329.** Tardi, Jacques : **Les Aventures extraordinaires d'Adèle Blanc-Sec.**
De la Belle Époque aux lendemains de la Grande Guerre, aventures fantastiques d'une journaliste-détective, mêlant sans complexe la science-fiction, l'ésotérisme et le policier sur des canevas de roman-feuilleton traités avec un humour grinçant. Un hommage à Fantômas et à une culture populaire disparue, qui se lit à plusieurs niveaux.
Casterman, 2007.
9 titres 9,50 €
Autres titres : **Le Démon des glaces ; Adieu Brindavoine suivi de La Fleur au fusil ; C'était la guerre des tranchées.**
À partir de 11 ans

2330. Algésiras : **Candélabres.**
Une histoire à l'ambiance particulièrement originale, lorgnant vers le fantastique avec ses êtres de feu, et vers les sentiments par le récit de la vie de Paul, danseur et handicapé. Un récit intimiste et une vision de l'amour masculin vraiment réussis.
Delcourt, 2006.
4 titres 9,80 €
À partir de 13 ans

2331. Andreas : **Dérives.**
Six scénarios par six auteurs différents, six variations fantastiques mises en scène par Andreas, qui travaillait ici son style coloré et « rond ». Six glissements de la réalité vers un étrange inquiétant et réjouissant. Les autres titres d'Andreas chez Delcourt creusent le même sillon lovecraftien.
Delcourt, Conquistador, 2005.
12,90 € ISBN : 978-2-84789-667-1
Autres titres : **Coutoo ; Cyrrus ; Mil ; Révélations posthumes.**
À partir de 13 ans

♥ **2332.** Dess. Guibert, Emmanuel ; scén. B., David : **Le Capitaine écarlate.**
La collaboration de deux auteurs phares de la jeune BD française, pour un voyage littéraire et imaginaire où tout est permis. Hommage à Marcel Schwob, à une littérature de l'imaginaire et de l'aventure, cet extraordinaire récit bénéficie d'un dessin envoûtant et mystérieux de Guibert. David B. a récidivé, seul, sur la Grande Guerre, avec gravité.
Dupuis, Aire libre, 2000.
13,50 € ISBN : 978-2-8001-2971-6
Autre titre : **La Lecture des ruines.**
À partir de 13 ans

2333. Scén. Nury, Fabien ; Dorison, Xavier ; dess. Rossi, Christian : **W.E.S.T.**
Rossi livre ici une sombre histoire de sociétés secrètes, de pacte faustien, sur d'habiles scénarios qui multiplient les points de vue et les intrigues parallèles et convergentes. Des aventuriers paranormaux affrontent le mal, dans une synthèse des thèmes du « serial » façon « Fantômas », du fantastique lovecraftien et des super-héros américains.
Dargaud, 2006.
3 titres 13 €
À partir de 13 ans

2334. Otomo, Katsuhiro : **Dômu – Rêves d'enfants.**
La dernière production de l'auteur d'*Akira* traduite en France. Une série de courtes histoires fantastiques, autour de l'enfance et de ses crises. Une grande leçon de dessin et de narration.
Les Humanoïdes associés, 2003.
20 € ISBN : 978-2-7316-6246-7
À partir de 13 ans

♥ **2335.** Scén. Peeters, Benoît ; dess. Schuiten, François : **Les Cités obscures.**
Le cycle des univers parallèles se poursuit brillamment à chaque nouveau titre. Élégance du trait, imagination sans limites ouvrant sur des perspectives aussi fascinantes qu'inexplorées, cette série de livres construit un monde fascinant, sans oublier les hommes qui vivent dans ces architectures inouïes.
Casterman, 2007.
13 titres en noir et blanc ou en couleurs
12,95 € À partir de 13 ans

2336. Samura, Hiroaki ; trad. Zouzoulkovsky, Vincent : **L'Habitant de l'infini.**
Après une longue interruption, Casterman a repris l'édition de ce manga médiéval aux tonalités fantastiques, mettant en scène un samouraï perdu et ses compagnons de rencontre. Tout est ici affaire d'ambiance, de climat créés par les distorsions du dessin et de la narration, les brusques accélérations ou les gros plans sur des regards.
Casterman, Sakka, 2006.
17 vol. 9,95 €
À partir de 13 ans

♥ **2337.** Scén. Vehlmann, Fabien ; dess. Bonhomme, Matthieu : **Le Marquis d'Anaon.**
Côtoyant l'horreur, le héros va régulièrement au bout de lui-même, et démonte les monstruosités de l'âme humaine. Les couleurs magnifient les très beaux dessins de M. Bonhomme, créant une variété d'ambiances toutes plus fantastiques les unes que les autres. Une série qui ne cesse de progresser et de surprendre.
Dargaud, 2006.
4 titres ou intégrale 13 €
À partir de 13 ans

♥ **2338.** Will ; scén. Desberg, Stephen : **La 27e Lettre.**
Un album exceptionnel d'un grand maître de la BD belge d'après-guerre, où il s'affranchit de quarante ans de contraintes morales et techniques. Parabole sur l'amour, la connaissance et la chute dans le totalitarisme, cette histoire est somptueusement dessinée. Dommage que Dupuis n'édite plus son pendant, *Le Jardin des désirs*.
Dupuis, Aire libre, 2003.
13,50 € ISBN : 978-2-8001-2901-3
À partir de 13 ans

FANTASY

2339. Loyer, Jean-Luc : **Victor le voleur de lutins.**
Une parodie des contes de fées, dont le héros est un affreux méchant, mi-marionnettiste, mi-mage et vrai fourbe. Victor monte des intrigues plus compliquées les unes que les autres, mais l'amour le fait toujours échouer. Pour rire et frissonner.
Delcourt, Jeunesse, 2001.
3 titres 8,90 €
À partir de 6 ans

2340. Scén. Arleston, Scotch ; dess. Tarquin, Didier : **Lanfeust de Troy.**
Une grande saga d'heroic fantasy, qui reprend tous les poncifs du genre en les détournant avec un humour assez potache. Devenu culte chez les ados, imposée par les lecteurs, cette série a apporté une synthèse originale d'éléments forts répandus.
Soleil, Soleil de nuit, 2006.
8 titres ou intégrale 12,90 €
Autres titres : **Lanfeust des Étoiles ; Trolls de Troy ; Gnomes de Troy.**
À partir de 9 ans

2341. Scén. Ayroles, Alain ; dess. Masbou : **De cape et de crocs.**
Quand la quête d'un trésor se double d'une parodie des univers de Jean de La Fontaine et de Molière... Une cascade d'aventures en tous genres au pays des capes et épées.
Delcourt, Terres de légendes, 2006.
7 titres 12,90 €
À partir de 9 ans

2342. Scén. Ayroles, Alain ; dess. Maïorana : **Garulfo.**
C'est le monde à l'envers ! Dans ce conte de fées revu et corrigé, la grenouille se transforme en prince... et le prince en grenouille. Et comme si les choses n'étaient pas assez compliquées, chacun garde ses manières et sa vision du monde. Imaginez ce que deviennent les usages de la cour et la vie autour de la mare... Désopilant, sauf pour les ogres.
Delcourt, Terres de légendes, 2002.
6 titres ou intégrale 12,90 €
À partir de 9 ans

2343. Dess. Hausman, René ; scén. Dubois, Pierre : **Laïyna.**
Une des trop rares incursions de Hausman dans le 9e art. Son dessin transpose avec une force envoûtante l'univers fantastique imaginé par Dubois, un des grands connaisseurs du genre.
Dupuis, Aire libre, 2001.
19,50 € ISBN : 978-2-8001-2816-0
À partir de 9 ans

♥ **2344.** Scén. Le Tendre, Serge ; dess. Loisel, Régis : **La Quête de l'oiseau du temps.**
Une saga d'heroic fantasy devenue mythique, pleine d'humour et de second degré, mais qui joue aussi sur l'émotion et la capacité de la narration à créer des climats. Loisel y fait éclater son talent, dans des décors soignés et tout un monde de personnages baroques et marquants. Le cinquième volume, tentative de relance du cycle, n'apporte rien.
Dargaud, 1998.
4 premiers titres 13 €
À partir de 9 ans

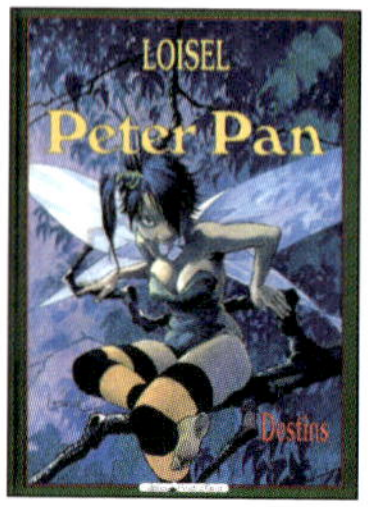

2345. Dess. Rosinski, Gregorz ; scén. Dufaux, Jean : **La Complainte des landes perdues.**
Dufaux a réinventé le légendaire avec Rosinski, dans cette épopée irlandaise sombre et tragique, mais pas sans humour. Terrifiants mages, rois maudits, princesses meurtries et chevaliers servants se croisent dans un tourbillon épique et fantastique. Le dessinateur de *Thorgal* donne vie à ce sombre opéra avec un talent impressionnant.
Dargaud, 2004.
4 titres ou intégrale 13 €
À partir de 9 ans

♥ **2346.** Sfar, Joann ; Trondheim, Lewis ; dess. Blain, Christophe ; color. Walter : **Donjon.**
Quand les maîtres de l'humour, amateurs de jeux de rôles, s'attaquent aux poncifs de l'heroic fantasy, le héros musculeux se transforme en canard et la quête n'est plus ce qu'elle était… Une bande dessinée hilarante qui séduit aussi bien les fans du genre que ses détracteurs.
Delcourt, Humour de rire, 2007.
29 titres 9,80 €
À partir de 9 ans

2347. Scén. Van Hamme, Jean ; dess. Rosinski, Gregorz : **Thorgal.**
Le fils d'Aegir est souvent maudit des dieux, et ses aventures lui apportent plus de plaies que de fortune. Aventures médiévales au parfum de science-fiction mêlée de mythologie, qui firent découvrir le talent de Rosinski, et certains des meilleurs scénarios de Van Hamme.
Lombard, 2006.
29 titres 9,80 €
À partir de 9 ans

2348. Crisse ; dess. Mitric, Nicolas : **Kookaburra.**
Création assez hallucinée de Crisse, transposant les univers médiévaux sur fond de space-opéra. L'œuvre a pris de l'ampleur et séduit un public de plus en plus large, un peu comme *Lanfeust* en son temps.
Soleil, 2006.
8 titres 12,90 €
Autre titre : **Kookaburra Universe.**
À partir de 11 ans

♥ **2349.** Loisel, Régis : **Peter Pan.**
Cette adaptation du classique de J. M. Barrie est à ce jour le grand œuvre de Loisel, qui ancre le récit d'origine dans la noirceur de l'Angleterre de la fin du XIXe siècle. Impressionnant. Loisel s'est renouvelé récemment avec une geste québécoise et rurale inattendue.
Vents d'Ouest, 2004.
6 titres 13 €
Autre titre : **Magasin général.**
À partir de 11 ans

2350. Smith, Jeff : **Bone.**
À mi-chemin entre les univers du conte, de l'heroic fantasy et du merveilleux, la série Bone réussit non seulement le prodige de développer un monde imaginaire tout à fait convaincant mais aussi de faire rire et d'émouvoir le lecteur. Aventures, mystère et amour… que demander de plus ? Une réussite incontestable.
Delcourt, Contre Bande, 2007.
14 vol. 12,90 €
À partir de 11 ans

♥ **2351.** Togashi, Yoshihiro : **Hunter X Hunter.**
Une série dont l'intérêt progresse régulièrement, et avec laquelle l'auteur tourne les clichés et les passages imposés du manga de combat pour mieux s'en libérer. Gon est à la recherche de son père avec ses amis. Un univers où les personnages valent plus par leurs histoires progressivement déroulées que par leur force.
Kana, Shonen, 2006.
23 vol. 5,95 €
À partir de 11 ans

HISTORIQUE

♥ **2352.** Pommaux, Yvan ; color. Pommaux, Nicole : **Angelot du lac.**
Une œuvre majeure de l'auteur de *Marion Duval*. Une vision enfantine du Moyen Âge qui, graphiquement, cite beaucoup Bourgeon ou Bergman. Une histoire charmante et pleine de rebondissements, au parfum de légende.
Bayard Éditions Jeunesse, BD Astrapi, 2006.
3 vol. 9,90 €
À partir de 6 ans

2353. Chaillet, Gilles : **Vasco.**
Aventures historiques et sentimentales dans l'Europe du XIVe siècle. Le héros, un banquier italien, est plus doué pour aimer les princesses byzantines que pour remplir ses missions. Les premiers albums sont les meilleurs.
Lombard, 2005.
5 premiers titres 9,80 €
À partir de 9 ans

2354. Scén. Furuyama, Kan ; dess. Taniguchi, Jirô : **Kaze no Shô, le livre du vent.**
La vie d'un samouraï extrêmement célèbre. Taniguchi livre un portrait presque métaphysique de ce combattant habité par son art et son devoir familial, tiraillé entre son éthique et la politique. Son style, très à l'aise dans le temps suspendu et la méditation, se révèle ici très efficace pour le mouvement et l'action.
Panini Manga, 2004.
14 € ISBN : 978-2-84538-292-3
À partir de 9 ans

♥ **2355.** Hermann : **Les Tours de Bois Maury.**
Le Moyen Âge par un dessinateur au sommet de sa technique et de ses découpages, servi par une belle mise en couleur : une vision dure et sans concessions, sans être archéologique, où l'on retrouve, derrière les fortes intrigues, les indignations de Hermann.
Glénat, Vécu, 2006.
13 titres 9,40 €
À partir de 9 ans

2356. Ferrandez, Jacques : **Carnets d'Orient.**
À travers quelques destins individuels, Jacques Ferrandez retrace l'histoire de la colonisation française en Algérie. Par petites touches, il met en scène les événements et comportements des colons et autochtones. Une évocation sensible, superbe sur le plan graphique et d'une grande rigueur documentaire.
Casterman, Studio (À suivre), 2005.
12 titres 14,95 €
À partir de 11 ans

♥ **2357.** Dess. Lax, Christian ; scén. Giroud, Frank : **Azrayen.**
Frank Giroud excelle dans les blessures de l'histoire et les destins brisés, qu'il s'attaque à l'Algérie, l'Indochine ou la Roumanie. La notion de choix et la fatalité en ressortent souvent malmenées, mais le pinceau de Lax transfigure ces sombres quêtes sans issues.
Dupuis, Aire libre, 2004.
19,50 € ISBN : 978-2-8001-3548-9
Autres titres : **Les Oubliés d'Annam ; La Fille aux ibis.**
À partir de 11 ans

2358. Dess. Michetz, Marc ; scén. Bosse : **Kogaratsu.**
Un Japon sombre et sanglant, où l'honneur est fait de trahisons. Mélange de policier et de Kurosawa plein de violence, et un dessin très efficace.
Dupuis, Repérages, 2002.
10 titres 9,80 €
À partir de 11 ans

2359. Mori, Hideki ; trad. Yano, Tetsuya : **Tsuru, princesse des mers.**
Tsuru, princesse de l'île Omishima et de son peuple de marins, est plutôt anticonformiste. En ce XVIe siècle, elle prend les armes contre les envahisseurs et les pirates, rencontre des étrangers et des parias, bouscule les traditions et rêve de découvrir le monde : le vieux débat japonais de l'ouverture ou de la fermeture au monde et au progrès.
Delcourt, Akata, 2005.
3 vol. 7,50 €
Autre titre : **Tengu.**
À partir de 11 ans

♥ **2360.** Pratt, Hugo : **Cato Zoulou.**
Une nouvelle rencontre du maître du dessin noir et blanc et de l'Afrique, sur fond de guerres entre Zoulous et Anglais. Magique.
Casterman, 1990.
18,95 € ISBN : 978-2-203-34406-8
À partir de 11 ans

2361. Vink : **Le Moine fou.**
Dans la Chine du Moyen Âge, l'Européenne He Pao a été initiée à un art martial d'une telle force qu'il en devient dangereux pour elle... Un travail documentaire remarquable et une somptuosité graphique caractérisent cette bande dessinée qui séduira de nombreux adolescents. Un nouveau cycle a pris le relais.
Dargaud, 2005.
10 titres ou intégrale 9,80 €
Autre titre : **Les Voyages d'He Pao.**
À partir de 11 ans

2362. Scén. Sente, Yves ; dess. Rosinski, Gregorz : **La Vengeance du comte Skarbek.**
Superbe cycle où le dessin semble s'être effacé derrière la pâte picturale. L'emploi des couleurs, généralement sombres, éclaboussées de taches de verts ou rouges vifs, est impressionnant. Tout cela au service d'un scénario habile, copie assumée de *Monte-Christo*, où l'on croise Chopin, des pirates et des peintres.
Dargaud, 2005.
2 titres 13 €
À partir de 13 ans

2363. Vautrin, Jean ; adapt. Tardi, Jacques : **Le Cri du peuple.**
Une recréation du roman de Vautrin : désespoir, anarchisme confinant à la critique nihiliste, gouaille populaire et trait plein de souplesse. Le choix du format à l'italienne se justifie dans certaines pages magnifiques. Inconnus et célébrités communardes se côtoient avec bonheur, dans une épopée pleine de souffle et d'amertume.
Casterman, Auteurs, 2005.
4 vol. 18,50 €
À partir de 13 ans

WESTERN

2364. Scén. Job ; dess. Derib : **Yakari.**
Un petit Indien adorable, né en 1969 grâce au papa de *Buddy Longway*, découvre le monde et la nature, notamment animalière. Un Far West poétique d'avant les blancs, puisant dans les mythes indiens des histoires simples et fraîches d'amitié et de respect.
Lombard, 2006.
32 titres 8,70 €
Autres titres : **Popotka le petit Sioux** de Chauvel et Simon chez Delcourt.
À partir de 6 ans

2365. Scén. Cauvin, Raoul ; dess. Salverius, Louis ; Lambil, Willy : **Les Tuniques bleues.**
Série humoristique sur fond de guerre de Sécession, chaque album abordant un thème ou un cliché de l'Amérique d'alors. Devenu classique grâce au public.
Dupuis, 2006.
50 titres 8,50 €
À partir de 9 ans

2366. Derib : **Buddy Longway.**
Inspiré de *Jeremiah Johnson*, une des meilleures BD de western, une des plus authentiques dans les décors et un point de vue plutôt pro-indien. On y voit Derib s'affirmer comme un grand dessinateur et un humaniste. À découvrir aussi *Red Road*, la version contemporaine : le désespoir des Indiens dans les réserves, la quête de la dignité.
Lombard, 2006.
20 titres 9,80 €
Autre titre : **Red Road.**
À partir de 9 ans

2367. Franz : **Lester Cockney.**
Une excellente série d'aventures dans l'empire britannique du XIXe siècle, avec un Irlandais têtu, une Hongroise libérée et une Indienne. Exotisme et contexte historique, une BD qui rebondit au rythme des chevaux magnifiquement dessinés par Franz.
Lombard, Intégrales, 2007.
2 vol. 47 € chaque
Autres titres : **Irish Melody ; Shamrock Song.**
À partir de 9 ans

♥ **2368.** Pratt, Hugo : **Fort Wheeling.**
La guerre d'Indépendance américaine, les forêts, trappeurs et Indiens, c'est un peu Fenimore Cooper revisité par Pratt, avec toujours l'absurdité de la guerre.
Casterman, 1995.
2 vol. en noir et blanc ou 1 en couleurs
40,95 € À partir de 9 ans

2369. Giraud, Jean ; scén. Charlier, Jean-Michel ; dess. Rossi, Christian : **Jim Cutlass.**
D'une histoire classique sur fond de guerre de Sécession, réalisée en parallèle à *Blueberry*, Giraud a créé, après la mort de

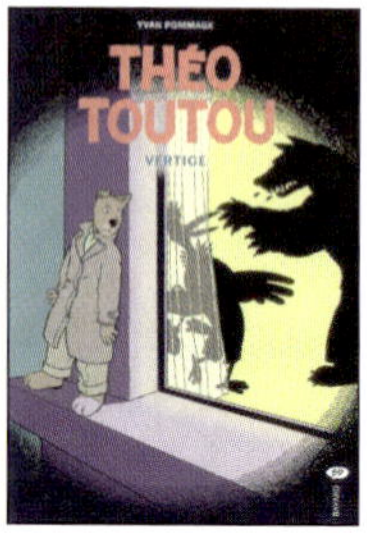

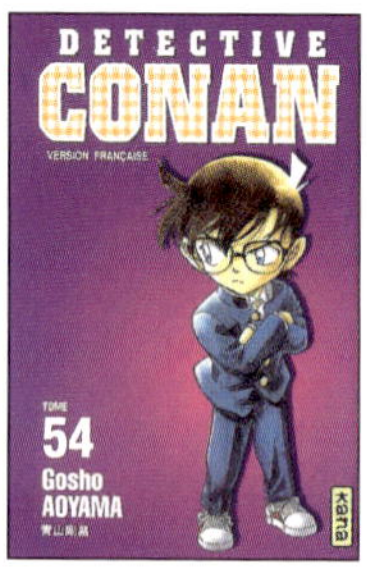

Charlier, une série hantée par le vaudou et la magie noire, à l'univers fantastique et exubérant.
Casterman, 1999.
7 titres 9,50 €
À partir de 11 ans

♥ **2370.** Hermann : **On a tué Wild Bill.**
Hermann est toujours très à l'aise dans les one-shot, et ce western glauque déconstruisant les mythologies cinématographiques est un des meilleurs. La vision politique de la Bosnie ou de l'Afrique est tout aussi corrosive.
Dupuis, Aire libre, 1999.
13,50 € ISBN : 978-2-8001-2804-7
Autres titres : **Sarajevo-Tango ; Missie Vandisendi.**
À partir de 11 ans

2371. Scén. Le Tendre, Serge ; dess. TaDuc, Olivier : **Chinaman.**
Aventures d'un Chinois en Californie, ou le samouraï reconverti dans le western : des intrigues soutenues, un personnage complexe et un beau dessin réaliste.
Les Humanoïdes associés, 2005.
8 titres 9,80 €
À partir de 11 ans

2372. Scén. B., David ; dess. Blain, Christophe : **Hop Frog.**
Les objets se révoltent et prennent parti dans le conflit qui oppose cow-boys et Indiens. Un scénario imprévisible et d'une rare intelligence, servi par un dessin aussi beau qu'inusité pour ce genre de récit. Blain a depuis publié seul un superbe western qui fait la synthèse entre les traditions, les mythes et la vision moderne.
Dargaud, 2000.
2 titres 9,80 €
Autre titre : **Gus.**
À partir de 13 ans

2373. Scén. Jouvray, Olivier ; dess. Jouvray, Jérôme : **Lincoln.**
Le cow-boy immortel et à l'horrible caractère parcourt l'Amérique en véritable souffre-douleur, occasion de scènes gaguesques et d'aventures échevelées. Cette œuvre familiale a réussi à trouver un ton particulier et à séduire un public de fans.
Paquet, 2006. 11 €
À partir de 13 ans

POLICIER ET ESPIONNAGE

2374. Dess. Bailly, Pierre ; dess. Mathy ; scén. Lapière, Denis : **Ludo.**
Fils de policier, Ludo est passionné par les aventures de l'inspecteur Castar, qu'il lit dans son journal préféré de bande dessinée. Entre quotidien et fantastique, une BD qui pratique un astucieux aller-retour entre imaginaire et réalité, chaque registre étant pris en charge par un dessinateur différent.
Dupuis, 2007.
7 titres 8,50 €
À partir de 6 ans

2375. Cabaneau, Jean-Claude ; Dieter ; scén. Fonteneau, Jean-Louis ; dess. Schwartz, Olivier ; color. Couturier, Christine : **Les Enquêtes de l'inspecteur Bayard.**
Compilation des courtes énigmes parues dans *Astrapi*, où le lecteur doit deviner la solution. Une BD ludique au trait simple et dynamique, à la portée des plus jeunes.
Bayard Éditions Jeunesse, Bayard BD, 2006.
15 titres 8,90 €
À partir de 6 ans

♥ **2376.** Pommaux, Yvan ; color. Pommaux, Nicole : **Les Enquêtes de Théo Toutou.**
Yvan Pommaux concilie son goût du policier et l'univers de la jeunesse, dans la lignée des enquêtes de John Chatterton. Théo Toutou, détective tranquille, et son amie libraire, Natacha, vivent de courtes énigmes ou aventures policières, bien adaptées aux enfants. L'adorable Marion Duval, plus sentimentale et moins drôle, reste une référence.
Bayard Éditions Jeunesse, Bayard BD, 2005.
4 titres 8,90 €
Autre titre : **Marion Duval.**
À partir de 6 ans

♥ **2377.** Aoyama, Gosho : **Détective Conan.**
Un adolescent émule de Sherlock Holmes est transformé par de mystérieux agents en enfant, et continue à résoudre les énigmes les plus abracadabrantes possibles. Exercices logiques et hommages aux auteurs policiers.
Kana, Shonen, 2007.
55 vol. 5,95 €
À partir de 9 ans

♥ **2378.** Dodier, Alain ; scén. Le Tendre, Serge ; Makyo : **Jérôme K. Jérôme Bloche.**
Distrait et lymphatique, Jérôme exerce pourtant avec savoir-faire son métier de détective. Le talent de Dodier pour passer de l'humour au suspense n'a d'égal que son goût pour les ambiances quotidiennes et les « seconds rôles » bien campés.
Dupuis, Repérages, 2006.
19 titres 9,80 €
À partir de 9 ans

2379. Scén. Rivière, François ; Bocquet, José-Louis ; dess. Berthet, Philippe : **Le Privé d'Hollywood : intégrale.**
Un hommage au film noir et au polar inspiré par Hammett, dans une ambiance presque sépia. Des intrigues basées sur l'atmosphère. Efficace. Les années 1940-50 sont revisitées avec un ton plus adulte et très kitsch dans l'autre série, consacrée aux jolies filles.
Dupuis, 1999.
19,67 € ISBN : 978-2-8001-2909-9
Autre titre : **Pin-up.**
À partir de 9 ans

♥ **2380.** Giardino, Vittorio : **Max Fridman.**
Aventures d'espionnage dans l'Europe de l'entre-deux-guerres. Fridman traîne sa bonhomie et sa sagacité dans les toiles d'araignée des dictatures. Un chef-d'œuvre de travail sur le rythme et la narration, qui reçut le Yellow Kid. Giardino a également donné une œuvre d'une grande richesse sur l'enfance sous la botte soviétique à Prague.
Glénat, Caractère, 2002.
4 titres 13 €
Autre titre : **Jonas Fink.**
À partir de 11 ans

2381. Heitz, Bruno : **Le Bolet de Satan.**
L'auteur a créé un personnage unique de détective amateur rural, qui résout des intrigues allant de l'absurde au crapu-

leux. Un jeu profondément réussi et plein d'humour.
Le Seuil, Roman graphique n° 18, 1998.
9,50 € ISBN : 978-2-02-034832-4
Autres titres : **Boucherie charcuterie même combat ; Le Fantôme du garde-barrière ; Un privé à la cambrousse ; L'Affaire Marguerite ; Au bout du canal ; Chambre froide ; Virage dangereux ; Une magouille pas ordinaire.**
À partir de 11 ans

2382. Lax, Christian : **Le Choucas : l'intégrale.**
Du policier classique, mais avec un héros qui arrive au résultat plus par ses gaffes que par son intelligence. Un drôle d'hommage au polar des années 1950.
Dupuis, Repérages, 2006.
30 € ISBN : 978-2-8001-3852-7
Autre titre : **Les Tribulations du Choucas.**
À partir de 11 ans

♥ **2383.** Malet, Léo ; adapt. Tardi, Jacques : Nestor Burma : **Brouillard au pont de Tolbiac.**
La première adaptation de Nestor Burma par Tardi, rencontre de deux amoureux d'un Paris populaire et disparu. L'ambiance est glauque et désespérée, comme le XIIIe arrondissement d'alors. Un récit très dense, plein de nostalgie. Depuis, Tardi délaye avec moins de réussite ses adaptations.
Casterman, 2007.
12,95 € ISBN : 978-2-203-39904-4
À partir de 11 ans

2384. Taymans, André : **Caroline Baldwin.**
Taymans a créé, avec cette détective privée fragile et régulièrement prise dans des embrouilles complexes, un personnage attachant. La psychologie développée et la variété des thèmes abordés, souvent originaux, fait tout le sel de la série.
Casterman, Ligne rouge, 2007.
13 titres 9,80 €
À partir de 11 ans

♥ **2385.** Scén. Tome, Philippe ; dess. Warnant, Luc ; Gazzoti, Bruno : **Soda.**
Quand un flic new-yorkais, traquant les voyous de la pire espèce, est obligé pour ménager le cœur de sa pauvre mère de se faire passer pour un paisible pasteur, cela donne une série efficace où action et humour sont au rendez-vous. L'humour y alterne avec l'obscurité de la société.
Dupuis, Repérages, 2005.
12 titres 9,80 €
À partir de 11 ans

♥ **2386.** Scén. Diaz Canales, Juan ; dess. Guarnido, Juanjo : **Blacksad.**
Cette trame de récit policier, on la connaît presque par cœur : un policier has been affronte les puissants d'une ville corrompue pour venger la mort d'un pion. C'est servi avec un prodigieux traitement graphique, appliqué à un univers animalier parfaitement maîtrisé. Un régal pour les yeux.
Dargaud, 2006.
3 titres 13 €
À partir de 13 ans

2387. Hojo, Tsukasa : **City Hunter.**
Les œuvres de Hojo se caractérisent par leur réalisme graphique, leur sens de la caricature énorme, et leur comique souvent troupier, croisé avec une réelle émotion. Un savoir-faire réel à l'œuvre dans cette improbable saga d'un privé obsédé, version moderne du gentil chevalier sauveur des veuves.
Panini Manga, 2007.
8 vol. 9,95 €
À partir de 13 ans

2388. Pétillon, René : **Jack Palmer.**
Le détective le plus mauvais de la bande dessinée et du polar réunis, ne supportant pas l'alcool ni les voitures, sévit toujours, semant la panique et le non-sens à chaque case. Une série qui a évolué d'un humour expérimental, presque onirique, vers des histoires dont la trame classique couvre un rire acide, mêlant l'absurde à la parodie.
Albin Michel, 2006.
13 titres 12,50 €
À partir de 13 ans

♥ **2389.** Urasawa, Naoki : **Monster.**
Épisode après épisode, le docteur Tenma et Nina s'approchent inexorablement de la vérité sur l'histoire du terrible Johann, et de la confrontation. L'auteur joue avec nos nerfs comme jamais, faisant montre d'un talent incroyable dans la narration et la montée du suspense, distillant les éléments de l'intrigue tout au long des tomes.
Kana, Big, 2005.
18 vol. 7,35 €
À partir de 13 ans

ANTICIPATION ET SCIENCE-FICTION

♥ **2390.** Scén. Guibert, Emmanuel ; dess. Sfar, Joann ; color. Walter : **Sardine de l'espace.**
Une pétaradante série de science-fiction pour beaucoup rire de situations improbables. Mais qu'on se rassure, les méchants (très moches) sont toujours punis à la fin !
Bayard Éditions Jeunesse, Bayard BD, 2005.
10 titres 8,90 €
À partir de 6 ans

♥ **2391.** Leloup, Roger : **Yoko Tsuno.**
Cette jeune savante japonaise vit des aventures de science-fiction très méticuleusement dessinées et plébiscitées depuis quarante ans par les jeunes lecteurs.
Dupuis/Casterman, 2006.
25 titres ou intégrale 8,50 €
Autre titre : **L'Écume de l'aube.**
À partir de 6 ans

♥ **2392.** Scén. Christin, Pierre ; dess. Mézières, Jean-Claude : **Valérian.**
Une narration classique pour d'ambitieuses spéculations futuristes. Une des BD qui popularisa la science-fiction dessinée en France. Depuis la fin de Galaxity, les derniers tomes sont très décevants.
Dargaud, 2007.
20 titres et intégrale 9,80 €
Autres titres : **Les Habitants du Ciel ; Les Extras de Mézières.**
À partir de 9 ans

2393. Scén. Trondheim, Lewis ; dess. Larcenet, Manu : **Les Cosmonautes du futur.**
Et si la vie que nous menons n'était qu'apparence ? Sur ce postulat paranoïaque, Trondheim a imaginé une histoire d'une

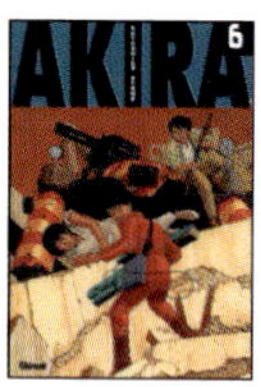

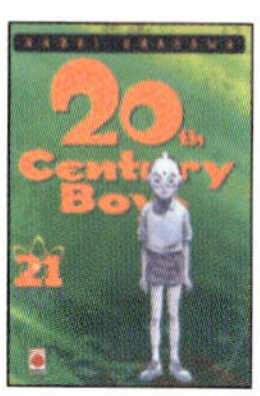

logique implacable, efficacement dessinée par Larcenet. Le dénouement vertigineux réserve sans doute ces albums aux plus grands lecteurs…
Dargaud, Poisson Pilote, 2004.
3 titres 9,80 €
À partir de 9 ans

2394. Scén. Convard, Didier ; dess. Gine, Christian : **Finkel.**
La deuxième série d'anticipation ésotérique du duo responsable de *Neige* : un monde aquatique, où les hommes luttent contre une étrange maladie qui les changent en poissons, cadre d'aventures à rebondissements. La mise en couleur très travaillée magnifie le travail de Gine et rappelle ses premières œuvres maritimes comme *Capitaine Sabre*.
Delcourt, Terres de légendes, 2005.
7 titres ou intégrale 12,90 €
À partir de 11 ans

♥ **2395.** Scén. Convard, Didier ; dess. Gine, Christian : **Neige.**
Ample saga post-atomique qui lorgne du côté du thriller et tient, pour notre bonheur, les promesses de ses premiers tomes.
Glénat, Grafica, 2003.
12 titres ou intégrale 12,50 €
À partir de 11 ans

♥ **2396.** Kishiro, Yukito : **Gunnm.**
Vision d'un monde déshumanisé où les pauvres n'ont plus d'autre solution que de vivre dans des décharges, Gunnm raconte l'histoire d'une androïde qui tente, malgré l'horreur de la situation, de trouver une issue et une réponse à ses questions. Une histoire attachante mais assez dure. La suite montre l'héroïne retrouver son passé.
Glénat, Seinen, 2007.
9 vol. 6,50 €
Autre titre : **Gunnm Last Order.**
À partir de 11 ans

♥ **2397.** Marvano ; adapt. Haldeman, Joe : **La Guerre éternelle.**
Adaptation d'un classique de la science-fiction, à l'époque lu comme une métaphore du Vietnam. Un futur inquiétant, des interrogations sur l'homme, un regard sombre qui refuse d'abdiquer. Le dessin et le découpage conviennent parfaitement. La complicité des auteurs s'est prolongée avec une suite très métaphysique.
Dupuis, Aire libre, 2002.
24,50 € ISBN : 978-2-8001-2640-1
Autre titre : **Libres à jamais.**
À partir de 11 ans

♥ **2398.** Miyazaki, Hayao : **Nausicaä de la vallée du vent.**
Manga écologique et futuriste réalisé à partir de 1982 par le futur auteur de *Porco Rosso*, *Mononoke* et autres chefs-d'œuvre. Les thèmes classiques de l'auteur sont déjà présents : aviation, opposition de la nature et de l'homme, guerre destructrice. Une histoire très intense, chef-d'œuvre absolu et mythique de la bande dessinée.
Glénat, Akira, 2006.
7 vol. 10,55 €
Autre titre : **L'Art de Nausicaä.**
À partir de 11 ans

2399. Scén. Moore, Alan ; dess. O'Neill, Kevin : **La Ligue des gentlemen extraordinaires, intégrale.**
Alan Moore poursuit avec éclat son exploration des classiques du récit populaire, en réunissant au sein d'une société secrète tous les héros archiconnus de la littérature anglo-saxonne d'aventures. Un exercice de style brillant, qu'on peut apprécier même quand on ne connaît pas les œuvres mythiques dont les auteurs se sont inspirés.
USA, 2004.
4 vol. 25 €
Autre titre : **Watchmen.**
À partir de 11 ans

♥ **2400.** Otomo, Katsuhiro : **Akira.**
2030, Néo-Tokyo après la Troisième Guerre mondiale. Un adolescent délinquant heurte de plein fouet un enfant-mutant, cela sera le début d'une descente aux enfers… Réflexion sur la violence et le pouvoir, cette saga formidablement rythmée a connu un succès international. Comme scénariste, l'auteur explore encore la violence avec *Mother Sarah*.
Glénat, Manga, 2000.
14 vol. en couleurs ou 6 en noir et blanc
14,99 €
Autre titre : **Mother Sarah** chez Delcourt.
À partir de 11 ans

♥ **2401.** Urasawa, Naoki : **20th Century Boys.**
Des enfants jouent à la fin du monde, qui menace d'aboutir à la vraie fin du monde, sur fond de secte. L'ennemi caché ne cesse de se dérober, et les héros sont pris dans des filets qui les dépassent. Héroïsme, émotion, réflexion sur le monde contemporain, l'anonymat de l'individu, dans un suspense permanent, où le lecteur est toujours surpris.
Panini Manga, 2007.
21 vol. 8,95 €
À partir de 11 ans

♥ **2402.** Yukimura, Makoto : **Planètes.**
Pas d'action ni de combats, quelques vaisseaux spatiaux, l'histoire est ici celle des astronautes. Les trois remarquables premiers tomes mettent en scène Hachimaki, jeune astronaute rêvant de participer à l'exploration de Jupiter, et se faisant sélectionner pour le projet. Une curiosité profondément exotique par rapport au tout-venant du manga.
Panini Manga, 2005.
4 vol. 11 €
À partir de 11 ans

2403. Hermann : **Jérémiah.**
La première série autonome de Hermann, une réussite immédiate. Aventures dans des États-Unis post-nucléaire, ou le Far West après la Bombe. L'ellipse élevée en dogme narratif, les couleurs éblouissantes et les indignations contemporaines de l'auteur transposées dans cet univers. Les derniers tomes sont beaucoup plus banals.
Dupuis, Repérages, 2007.
15 premiers titres ou intégrale 9,80 €
À partir de 13 ans

♥ **2404.** Scén. Lob, Jacques ; dess. Rochette, Jean-Marc : **Le Transperceneige.**
Un train fou lancé dans une nuit apocalyptique, un univers glacé, un monde en réduction. Pas si loin de *La Compagnie des Glaces*, une vision épurée et oppressante d'un futur en ruine. Un poème en noir et blanc, un roman graphique qui atteint des sommets.
Casterman, 1999.
13,95 € ISBN : 978-2-203-33479-3
À partir de 13 ans

2405. Scén. Mœbius ; scén. Annestay, Jean ; adapt. Taniguchi, Jirô : **Icare.**
L'unique collaboration de Jean Giraud versant SF, et du dessinateur de *Quartier lointain*, feuilleton avorté. C'est l'histoire d'un bébé qui flotte dans l'air, et élevé par le gouvernement comme un cobaye et une arme en puissance (on pense à *Akira*). Un jour, Icare sort de sa serre et découvre le monde extérieur, la liberté, la sexualité...
Kana, Made in, 2005.
18 € ISBN : 978-2-87129-866-3
À partir de 11 ans

2406. Nihei, Tsutomu : **Blame.**
Un fascinant univers de science-fiction, qui se dévoile petit à petit à nous. Un monde mort, désert et sans limite, un complexe de béton que parcourt le héros dont on ne sait presque rien. L'angoisse sourd et explose, les rencontres se jouent de l'espoir et ouvrent des perspectives en trompe-l'œil. Un dessin organique, une narration presque muette.
Glénat, Seinen, 2004.
10 vol. 6,50 €
À partir de 13 ans

♥ **2407.** Shirow, Masamune : **Ghost in the shell.**
Les œuvres de Shirow sont des exemples uniques de mélange de BD, de réflexion scientifique et philosophique et de prospectives de science-fiction. Qu'est-ce que l'humanité, la machine, l'âme ? Ce sont aussi de magnifiques récits d'action, opaques et envoûtants. Une policière lutte ici contre un étrange pirate informatique.
Glénat, Seinen, 2006.
5 vol. 12,90 €
Autre titre : **Appleseed.**
À partir de 13 ans

2408. Scén. Straczynski, J. Michael ; dess. Anderson, Brent : **Rising Stars.**
C'est un peu une synthèse moderne des tendances graphiques et scénaristiques des années 1990-2000 en comics. Cent treize enfants voient leurs gènes modifiés par une météorite, sont élevés par le gouvernement pour être des héros, avant d'être victimes d'une chasse à l'homme. Ces « Specials » incarnent la remise en cause du super-héros traditionnel.
Semic, La Mascara, 2005.
4 vol. 10,90 €
À partir de 13 ans

CLASSIQUES ANGLO-SAXONS

2409. Plauen, E. O. : **Père et fils, 50 frasques et aventures.**
Alternant la farce et l'humour visuel, ce formidable classique allemand d'avant-guerre, constitué de pages le plus souvent muettes, illustre avec humour et poésie l'amour complice que se portent un père tendre et bedonnant et son fils tour à tour espiègle et attentionné.
Le Seuil, 1999.
11,50 € ISBN : 978-2-02-034831-7
À partir de 9 ans

2410. Quino : **Mafalda l'intégrale.**
Quarante ans bientôt que Mafalda, la plus célèbre râleuse de la BD, ne cesse, depuis son Argentine natale, de s'interroger et de dénoncer les injustices de notre monde. Une bande dessinée efficace aux dialogues drôles et percutants qui a connu le succès international.
Glénat, Humour, 2004.
30 € ISBN : 978-2-7234-5006-5
À partir de 9 ans

♥ **2411.** Schulz, Charles M. : **Snoopy et les Peanuts. Intégrale.**
Traduction des célèbres Peanuts, dont les strips ont enchanté pendant cinquante ans les lecteurs des quotidiens du monde entier. Snoopy, le célèbre chien, Linus, Charlie Brown, Sally, Lucy... sont aujourd'hui au panthéon de l'humour et de la BD, et gardent un pouvoir comique et poétique hors du commun.
Dargaud, 2007.
39 titres et intégrale 29 €
À partir de 9 ans

♥ **2412.** Scén. Claremont, Chris ; scén. Lee, Stan ; dess. Byrne, John ; Kirby, Jack : **L'Intégrale X-Men.**
La grande époque de la saga des nouveaux X-Men, deuxième version, avec le cycle de Phénix notamment, personnage mythique. Le rythme et la qualité du scénario, son inventivité, restent les grands points forts de la série. La force des personnages, devenus des mythes commerciaux, frappe particulièrement, et les dessins sont extrêmement efficaces.
Marvel Panini France, 2006.
10 vol. 25 €
À partir de 11 ans

2413. Scén. Lee, Stan ; dess. Kirby, Jack : **Fantastic four l'intégrale.**
Les fameuses séries qui firent (entre autres) le succès de Marvel au début des Sixties. L'imagination du duo Lee-Kirby et la liberté graphique de ce dernier sont au sommet. Les histoires sont certes naïves, mais racontées avec une conviction encore palpable. Certes vieillis, ces épisodes sont la base d'une mythologie toujours populaire.
Marvel Panini France, Marvel Classic, 2006.
4 vol. 25 €
Autres titres : **Hulk ; Avengers ; Surfer d'argent.**
À partir de 11 ans

♥ **2414.** Scén. Lee, Stan ; dess. Ditko, Steve ; Romita, John : **L'Intégrale Spider-Man.**
Une belle page de l'histoire de la BD américaine, avec les épisodes mythiques de l'homme-araignée, sous les crayons de deux dessinateurs pétris de talent, et très inventifs. Les affres de l'anti-héros Peter Parker n'ont pas pris une ride, même si le contexte décrit semble suranné. L'imagination débordante de Stan Lee trouve ici à s'exercer.
Marvel Panini France, 2006.
10 vol. 25 €
À partir de 11 ans

♥ **2415.** Miller, Frank ; trad. Coulomb, Geneviève : **Daredevil l'intégrale.**
Miller, avec Janson, a fait exploser l'univers de DD l'homme sans peur et les standards du « Marvel Universe » par la noirceur des scénarios, le mysticisme orientalisant, la nouveauté du graphisme et le déplacement des héros sur le fil ténu qui sépare bien et mal, symbolisé par le personnage d'Elektra, héroïne meurtrière et folle. Un jalon.
Marvel Panini France, Marvel Classic, 2005.
3 vol. 25 €
À partir de 11 ans

♥ **2416.** Eisner, Will : **Petits Miracles.**
Le grand Eisner évoque avec retenue et humour quelques déclassés du Brooklyn de son enfance. Une mise en scène virtuose pour une suite de courtes nouvelles qui font penser à Isaac B. Singer. Pas moins. Les nombreux autres romans graphiques sont à découvrir absolument pour comprendre la richesse de la BD américaine.
Delcourt, Contre Bande, 2001.
13,90 € ISBN : 978-2-84055-713-5
Autres titres : **L'Appel de l'espace ; Mon dernier jour au Vietnam ; Fagin le juif ; Jacob le cafard.**
À partir de 13 ans

CLASSIQUES BELGES

2417. Degotte, Charles : **Le Flagada et les pépins de la pêche.**
Gags et histoires courtes autour d'une délirante bestiole jaune, par le regretté auteur des *Motards*, poète burlesque à ses heures.
Dargaud, Les classiques du rire n° 2, 2001.
16 € ISBN : 978-2-87129-103-9
À partir de 6 ans

♥ **2418.** Delporte, Yvan ; Will ; scén. Macherot, Raymond ; Franquin, André : **Isabelle.**
La marraine d'Isabelle est une fée. Pas étonnant donc que ses aventures abondent en fantômes, diables et autres créatures imaginaires. Le trait souple et élégant du regretté Will donnait un charme fou aux scénarios drôles et cultivés de Delporte.
Lombard, Intégrales, 2007.
3 vol. 16 €
À partir de 6 ans

2419. Dupa : **Cubitus.**
Comme un équivalent animalier d'Achille Talon, la philosophie en moins. Un toutou adorable, dans des gags ou aventures assez inégales, depuis 1968.
Lombard, 2006.
39 premiers titres 8,70 €
À partir de 6 ans

♥ **2420.** Franquin, André : **Gaston Lagaffe.**
Le garçon de bureau le plus inefficace du monde est devenu un classique de la BD d'humour. La verve comique y est portée par un dessin d'une prodigieuse efficacité. Le chef-d'œuvre de Franquin. Avant lui, il avait dessiné d'adorables gags domestiques sur un joyeux couple moderne : *Modeste et Pompon*.
Dupuis/Marsu Productions, 2005.
19 titres 8,50 €
Autre titre : **Modeste et Pompon.**
À partir de 6 ans

♥ **2421.** Franquin, André ; Jidehem ; scén. Greg ; Fournier ; Tome, Philippe ; dess. Janry : **Spirou.**
Même s'il n'a pas créé la série, Franquin en est l'auteur le plus marquant. Action, humour et dessin génial, c'est un sommet de la tradition belge, qui reste d'une fraîcheur sans pareille. Parmi les successeurs, Tome et Janry sont les plus convaincants.
Dupuis, 2006.
46 premiers titres et intégrale 8,50 €
À partir de 6 ans

2422. Hergé : **Quick et Flupke.**
En contrepoint des aventures de Tintin, Hergé dessinait ces gags courts, flirtant parfois avec l'absurde, qui mettent en scène deux gamins de Bruxelles. L'adaptation en dessin animé télévisé a donné lieu à des « prolongements » qui ne sont pas de la main de Hergé.
Casterman, 2002.
12 titres et 1 coffret
8,95 € À partir de 6 ans

♥ **2423.** Hergé : **Tintin.**
Le gamin à la houppe continue de fasciner les jeunes lecteurs, et a résisté à toutes les analyses et récupérations. Un formidable réservoir de rêves, de rire et d'émerveillement. La série familiale de Jo, Zette et leur singe Jocko, sans avoir la même ampleur, garde une grande force.
Casterman, 2006.
24 titres en couleurs, aussi en noir et blanc et VO
8,95 €
Autre titre : **Les Aventures de Jo, Zette & Jocko.**
À partir de 6 ans

♥ **2424.** Macherot, Raymond: **Chlorophylle.**
Rééditions malheureusement partielles de la très bonne série animalière parue dans *Tintin*. Un lérot, chou comme tout, lutte contre les ambitions de rats mégalomaniaques, dont le terrible Anthracite. Les épisodes à Coquefredouille sont particulièrement réussis. Macherot a poursuivi son univers animalier avec *Sybilline*, plus sombre.
Lombard, Millésime, 2006.
28 € ISBN : 978-2-8036-2208-5
Autre titre :
Chlorophylle à Coquefredouille.
À partir de 6 ans

2425. Macherot, Raymond ; Turk ; De Groot, Bob ; Bédu : **Clifton.**
Macherot a créé le génial dandy Clifton, roi des espions, et ses successeurs lui ont fait vivre quelques belles aventures, certes parfois inégales, mais souvent pleines d'humour et de bonne action (et de tasses de thé !).
Lombard, 2006.
20 titres et recueil Macherot
8,70 €
Autre titre : **Les Enquêtes du colonel Clifton.**
À partir de 6 ans

♥ **2426.** Morris ; scén. Goscinny, René : **Lucky Luke.**
Le cow-boy qui tire plus vite que son ombre reste un sommet comique de la tradition franco-belge. On privilégiera les premiers albums et ceux qui bénéficient des fabuleux scénarios de Goscinny. Le reste est plus discutable.
Dupuis/Lucky Comics, 2006.
69 titres, intégrale 8,50 €
À partir de 6 ans

♥ **2427.** Peyo ; dess. Will ; Walthéry, François ; Culliford, Thierry ; Garray : **Benoît Brisefer.**
Des rhumes intempestifs privent momentanément le jeune Benoît de sa force surhumaine. C'est drôlement embêtant quand on combat les méchants. Les volumes récents sont l'œuvre (très honnête) d'un studio.
Lombard, 2004.

13 titres 8,70 €
À partir de 6 ans

♥ **2428.** Peyo ; Delporte, Yvan ; Culliford, Thierry ; Maury : **Johan et Pirlouit.**
Délectable série médiévale, qui fut éclipsée par le succès des *Schtroumpfs*. *Johan et Pirlouit* prouve que Peyo était un formidable raconteur, aussi à l'aise dans l'action que dans l'humour et le fantastique. Les honnêtes volumes publiés au Lombard sont parus après la mort de Peyo.
Dupuis/Lombard, 2001.
17 titres 8,70 €
À partir de 6 ans

♥ **2429.** Peyo ; Culliford, Thierry : **Les Schtroumpfs.**
Apparus dans les aventures de Johan et Pirlouit, ces lutins bleus ont connu la gloire internationale. Leurs premières aventures ont conservé un grand pouvoir comique et poétique.
Dupuis/Lombard, 2007.
25 titres 8,70 €
À partir de 6 ans

♥ **2430.** Roba : **Boule et Bill.**
Des gags en une planche tendres et joyeux qui ont fait le bonheur des lecteurs de *Spirou* pendant des années. Un univers enfantin dont le succès continu autant que justifié a détourné le talentueux Roba de ses autres séries, comme l'excellente *Ribambelle*.
Dupuis/Dargaud, 2005.
27 premiers titres 8,70 €
Autre titre : **La Ribambelle. Intégrale.**
À partir de 6 ans

♥ **2431.** Scén. Charlier, Jean-Michel ; dess. Hubinon, Victor ; Jijé ; Gaty ; Lorg ; Pellerin : **Barbe-Rouge l'intégrale.**
Apparu au n° 1 de Pilote, ce pirate au cœur parfois tendre a écumé pendant trente ans toutes les mers du globe, sur des scénarios efficaces et pleins de rebondissements. Trésors, vengeances, missions désespérées et romantisme ponctuent les aventures de Barbe-Rouge, Éric, Baba et Triple-Pattes. Les albums conçus après la mort de Charlier sont inégaux.
Dargaud, 2004.
25 premiers titres ou intégrale 16 €
À partir de 9 ans

2432. Scén. Charlier, Jean-Michel ; dess. Hubinon, Victor ; Bergèse, Francis : **Buck Danny.**
Apparus en 1947 dans *Spirou*, Buck, Sonny et Tumbler ont fait rêver des générations de lecteurs à travers leurs aventures aériennes, militaires ou techniques, avec plus d'humour qu'il n'y paraît. Bergèse a réussi une reprise honnête sinon fidèle.
Dupuis, 2006.
51 titres ou intégrale 8,50 €
À partir de 9 ans

♥ **2433.** Scén. Charlier, Jean-Michel ; Giraud, Jean : **Lieutenant Blueberry.**
Un sommet du western réaliste, témoin de l'évolution de la BD franco-belge. Charlier construit un Ouest mythique tout autant que réaliste et sans concessions et crée un anti-héros ayant fort peu de qualités, qui subit les pires catastrophes et vieillit. Giraud, révélé par cette série, continue d'y expérimenter les modifications de son style.
Dargaud, 2005.
28 titres 9,80 €
Autre titre : **La Jeunesse de Blueberry.**
À partir de 9 ans

2434. Scén. Charlier, Jean-Michel ; dess. Uderzo, Albert ; Jijé : **Tanguy et Laverdure l'intégrale.**
Pilotes de chasse de l'armée de l'air française, Tanguy et Laverdure défendent la France contre les menées de méchants espions décidés à la détruire. Le propos a un peu vieilli, mais les scénarios sont impeccablement ficelés et le dessin d'Uderzo est un modèle de classicisme. La récente reprise est sans intérêt.
Dargaud, 2004.
18 premiers titres, en intégrale 16 €
À partir de 9 ans

♥ **2435.** Jacobs, Edgar P. ; dess. De Moor, Bob ; scén. Van Hamme, Jean ; dess. Benoît, Ted ; scén. Sente, Yves ; dess. Juillard, André : **Blake et Mortimer.**
Mystères historiques, complots scientifiques, vols de bijoux.... Quelles que soient les aventures, les deux héros *so british* de cette série n'en finissent pas de captiver les lecteurs. Le succès des volumes réalisés depuis la mort de Jacobs en est la meilleure preuve, même si les vrais fans préfèrent de loin les albums de la première époque.
Éditions Blake et Mortimer, 2004.
17 titres 13,50 €
Autre titre : **Le Rayon U.**
À partir de 9 ans

♥ **2436.** Martin, Jacques : **Alix.**
Une BD historique et réaliste, aux décors soignés et aux scénarios tragiques, très inspirés par le cinéma. Un jeune Gaulois ami de César parcourt le monde antique au cours d'aventures épiques. Un des premiers succès du journal *Tintin*. La formule a été déclinée au Moyen Âge avec qualité sur un dessin de Pleyers, dans *Jhen*.
Casterman, 2007.
18 premiers titres 9,50 €
Autre titre : **Jhen.**
À partir de 9 ans

♥ **2437.** Martin, Jacques ; dess. De Moor, Bob ; Chaillet, Gilles : **Lefranc.**
Depuis 1952, ce reporter intrépide et son ami Jeanjean sauvent le monde, entre intrigues politico-financières et science-fiction fantastique, face à un des méchants les plus complexes de la BD : Axel Borg. La série a très fortement décliné, mais la nouvelle équipe (Taymans) lui donne un second souffle.
Casterman, 2007.
11 premiers titres 9,50 €
À partir de 9 ans

2438. Tibet : **Chick Bill.**
Un exemple sans doute unique de western humoristique qui se place délibérément dans le registre de l'humour ballot. Une incontestable réussite dans son genre... Sur des scénarios parfois très réussis de Duchâteau, Tibet anime aussi les aventures contemporaines d'un journaliste détective au sourire énervant, *Ric Hochet*.
Lombard, 2007.
68 titres ou intégrale 16 €
Autre titre : **Ric Hochet.**
À partir de 9 ans

♥ **2439.** Tillieux, Maurice ; dess. Gos : **Gil Jourdan l'intégrale.**
Détonant mélange de polar « hard boiled » et d'humour potache, la série la plus célèbre

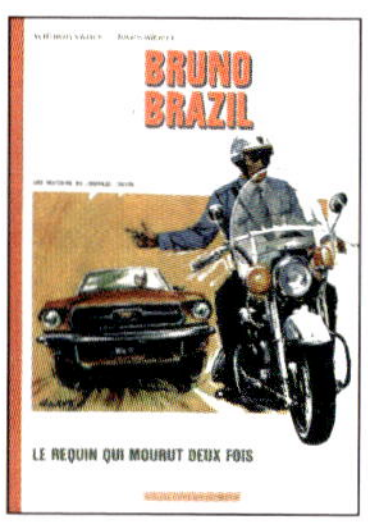

de Tillieux reste un modèle d'efficacité. Les premiers albums sont un pur régal. Plus dure encore et interdite à l'époque, la série *Félix* et ses courtes histoires a aussi gardé un punch intact.
Dupuis/Niffle, 1987.
6 vol. 16 €
Autre titre : **Félix. L'intégrale.**
À partir de 9 ans

♥ **2440.** Scén. Dineur, Fernand ; Desprechins ; Rosy, Maurice ; Tillieux, Maurice ; Desberg, Stephen ; dess. Will : **Tif et Tondu.**
Série policière lorgnant à l'occasion vers le fantastique, *Tif et Tondu* a bénéficié du dessin élégant du regretté Will et des scénarios remarquables de Rosy, Tillieux puis Desberg. Un classique enfin réédité, devenu curieusement intemporel.
Dupuis, Intégrale, 2007.
Intégrale en cours 7,61 €
À partir de 9 ans

2441. Scén. Culliford, Thierry ; Jannin, Frédéric : **Germain et nous : l'intégrale.**
Germain et sa bande firent les beaux jours de *Spirou* il y a une trentaine d'années. Les goûts des jeunes ont certes changé, mais certainement pas la psychologie de quelques spécimens (le dragueur, l'obsédée par son poids, l'amoureuse maladivement timide, etc.) rendus avec une acuité souvent hilarante. Par un des meilleurs héritiers de Franquin.
Lombard, Intégrakes, 2006.
4 vol. 16 €
À partir de 11 ans

♥ **2442.** Greg : **Achille Talon l'intégrale.**
Conçu comme un bouche-trou pour *Pilote*, le petit-bourgeois vaniteux aux dialogues torrentiels est devenu une vedette de la BD franco-belge. On préférera les premiers albums, quand la fraîcheur était encore là. La reprise récente n'ajoute rien. Dans une veine résolument « non sense », Greg créa aussi cet ovni qu'est *Olivier Rameau* avec Dany.
Dargaud, 2003.
43 titres ou intégrale 16 €
Autre titre : **Olivier Rameau** chez P&T.
À partir de 11 ans

2443. Scén. Greg ; dess. Hermann ; Aidans, Édouard : **Bernard Prince.**
Un détective irrésistible, un marin bourru et un jeune mousse, c'est le trio qui bourlingue, d'éruption volcanique en tsunami. Greg humaniste et grand dialoguiste est servi par le jeune Hermann et son énergie.
Lombard, 2000.
14 premiers titres 9,80 €
À partir de 11 ans

♥ **2444.** Scén. Greg ; dess. Vance, William : **Bruno Brazil.**
Un grand succès du journal *Tintin* dans les années 1970 : une équipe d'agents secrets sauve le monde ou arrête des criminels. Les personnages particulièrement bien individualisés et attachants et les audaces de Vance font le charme de cette série depuis occultée par *XIII*, autant que des scénarios très construits. Du meilleur Greg.
Lombard, 2006.
11 titres 9,80 €
À partir de 11 ans

2445. Scén. Greg ; dess. Hermann : **Comanche l'intégrale.**
Un excellent western âpre et sauvage, avec un dessin de Hermann qui atteignit des sommets, et des scénarios typiques de Greg : la légende de l'Ouest en train de s'écrire, le mythe construit sur du sordide. La reprise par Michel Rouge n'a pas fait oublier Hermann.
Lombard, 2005.
2 vol. 47 € chaque
À partir de 11 ans

2446. Walthéry, François ; Mitteï ; Mythic ; Peyo ; Tillieux, Maurice ; Van Linthout : **Natacha hôtesse de l'air.**
L'héroïne la plus célèbre de Dupuis, hôtesse de l'air lancée dans des histoires policières ou de science-fiction dans les années 1970. La série se perd un peu dans les multiples collaborations qui ne renforcent pas l'unité du dessin ou le punch des intrigues.
Dupuis, 2007.
9 premiers titres ou intégrale 8,50 €
À partir de 11 ans

CLASSIQUES FRANÇAIS

♥ **2447.** Scén. Goscinny, René ; dess. Uderzo, Albert : **Astérix le Gaulois.**
Le personnage français le plus lu dans le monde a été à l'origine d'une révolution des mœurs en France. Grâce à lui, les adultes se sont mis à lire des bandes dessinées. La série a beaucoup perdu avec la disparition de Goscinny, malgré quelques réussites.
Hachette/Albert-René, 2007.
27 premiers titres 8,90 €
À partir de 6 ans

2448. Scén. Goscinny, René ; dess. Uderzo, Albert : **Oumpah-Pah le Peau-Rouge.**
Quand les Français du XVIIIe siècle rencontrent les Indiens d'Amérique. L'autre série de Goscinny et Uderzo, occultée par le succès d'*Astérix*. On peut le regretter. Les autres œuvres sont plus mineures mais tout aussi drôles.
Albert-René, 2001.
3 titres 8,99 €
Autres titres : **Jehan Pistolet ; Les Étonnantes Aventures du signor Spaghetti ; Strapontin, chauffeur de taxi.**
À partir de 6 ans

2449. Scén. Job ; dess. Derib : **Pythagore.**
Une des premières séries de l'auteur de *Yakari*, mettant en scène un sympathique hibou et ses amis, un vieux lord scientifique et deux gamins, dans des aventures écologiques. Le dessin était déjà très affirmé, l'humour et la tendresse sont omniprésents. Une réussite qui n'a pas pris une ride.
Les Humanoïdes associés, 2007.
3 titres 5 €
À partir de 6 ans

2450. Bretécher, Claire : **Les Gnan-Gnan.**
Les quasi-premiers pas de Bretécher qui dessine des « Frustrés » au jardin d'enfants. Le ton inimitable est déjà perceptible.
Glénat, Jeunesse, 1999.
9,40 € ISBN : 978-2-7234-2956-6
À partir de 9 ans

2451. Scén. Corteggiani, François ; dess. Tranchand, Pierre : **Marine.**
Marine est la mascotte d'un équipage de corsaires plutôt débonnaire. La série se veut un hommage à une tradition bédéphile qui remonte à Mickey en passant par Pépito.
Clair de Lune, 2006.
14 titres 9 €
À partir de 9 ans

♥ **2452.** Scén. Goscinny, René ; dess. Gotlib, Marcel : **Les Dingodossiers : l'intégrale.**
Les années 1960 passées à la moulinette par deux grands humoristes. Certains gags ont vieilli, d'autres sont anthologiques.
Dargaud, 2005.
4 titres ou intégrale 39 €
ISBN : 978-2-205-05554-2
À partir de 9 ans

2453. Scén. Goscinny, René ; dess. Tabary, Jean : **Iznogoud.**
Il veut devenir calife à la place du calife. Tous les moyens lui sont bons pour y parvenir, mais il échoue immanquablement. Le canevas est simple. Goscinny et Tabary l'ont pimenté d'anachronismes et de jeux de mots abominables (les meilleurs).
Dargaud/Tabary, 1997.
14 premiers titres 9 €
À partir de 9 ans

2454. Tabary, Jean : **Totoche.**
Une série créée en 1959 autour des bandes d'enfants des villes, mélangeant le comique et l'émotion avec un certain bonheur. Les autres séries de Tabary fleurent bon le monde populaire et une certaine marginalité, alliant humour acide et bons sentiments.
Tabary, 2002.
11 titres 9,45 €
Autres titres : **Valentin le vagabond ; Corinne et Jeannot.**
À partir de 9 ans

2455. Gotlib, Marcel : **Gai-Luron l'intégrale.**
Le chien le plus placide de la BD, sa Belle Lurette et ses copains déjantés, dans des gags très non-sens de Gotlib. Joue souvent sur plusieurs niveaux. À signaler l'édition par Glénat de la série antérieure de Gotlib.
Fluide glacial, 2006.
2 vol. 39 € chaque
Autre titre : **Nanar, Jujube et Piette.**
À partir de 11 ans

♥ **2456.** Gotlib, Marcel : **La Rubrique-à-brac l'intégrale.**
Double page fourre-tout qui fit le bonheur des lecteurs de *Pilote*, la RAB permit à Gotlib de donner la pleine mesure de son humour « glacé et sophistiqué ». Parodies de contes et de films, détournements délirants des émissions télévisées, chroniques intimes aigres-douces constituent l'essentiel de ces albums qui ont inspiré des générations d'auteurs.
Dargaud, 2003.
5 titres ou intégrale 13 €
Autres titres :
Trucs en vrac ; Cinémastock.
À partir de 11 ans

2457. Scén. Harlé, Laurence ; dess. Blanc-Dumont, Michel : **Jonathan Cartland l'intégrale.**
Un western original, réaliste et pro-indien, porté par le dessin fidèle et un peu contemplatif de Blanc-Dumont. Les intrigues lorgnent parfois vers le fantastique, les personnages sont fouillés. La mort de la scénariste et les chiffres de vente ont clos ce classique.
Dargaud, Western, 2006.
10 titres ou intégrale 23 €
À partir de 11 ans

2458. Margerin, Frank : **Lucien.**
Lucien et les banlieusards amateurs de rock et de moto imaginés par Margerin dans les années 1980 sont doucement devenus des classiques de la BD humoristique française. Prototype même du pot de colle casse-pied insupportable, Manu, adaptation en BD d'un dessin animé TV, exaspère pour sa part son entourage et provoque des catastrophes.
Les Humanoïdes associés, Humour, 2006.
Coffret 8 titres 75,60 €
ISBN : 978-2-7316-1909-6
Autres titres : **Frank Margerin présente ; Manu.**
À partir de 11 ans

♥ **2459.** Druillet, Philippe : **Lone Sloane.**
Albin Michel a ressorti les premiers volumes de la saga flamboyante qui, dans les années 1970, contribua à relancer la science-fiction dessinée et dynamita les canons de la narration classique. Un grand moment de souffle épique, comme les autres créations de Druillet.
Albin Michel, 2001.
4 vol. 13,90 €
Autres titres : **Yragaël ; Salammbô.**
À partir de 13 ans

♥ **2460.** Forest, Jean-Claude : **Enfants, c'est l'Hydragon qui passe.**
Une fable poétique et décalée, qui envoûtera ceux qui s'y aventureront. Les œuvres de Forest ont ouvert d'autres chemins narratifs, que ce soit avec ses dessins ou avec Tardi, et ont influencé des générations d'auteurs.
Casterman, Classiques, 2004.
12,50 € ISBN : 978-2-203-39703-3
Autres titres : **Ici même ; La Jonque fantôme.**
À partir de 13 ans

CLASSIQUES JAPONAIS

♥ **2461.** Adachi, Mitsuru ; trad. Huynh, Flora : **Touch.**
LA série culte d'Adachi, qui a fait sa renommée. Kazuya le brillant et Tatsuya le renfermé, jumeaux, et leur amie Minami, sont les protagonistes de cette histoire sentimentale très complexe et d'une fine construction, au découpage et aux cadrages très étudiés. Triangles amoureux, base-ball, humour et gravité, la formule Adachi n'a pas vieilli.
Glénat, Shonen, 2007.
12 vol. en cours
6,50 € À partir de 9 ans

♥ **2462.** Matsumoto, Leiji : **Albator/ Captain Harlock.**
L'univers foisonnant de Matsumoto rebondit d'œuvre en œuvre par un subtil jeu d'intertextualité interne. La lutte du capitaine Harlock, navigateur solitaire, contre les Sylvidres, n'en est qu'un pan. Trente ans après, le dessin de ce grand

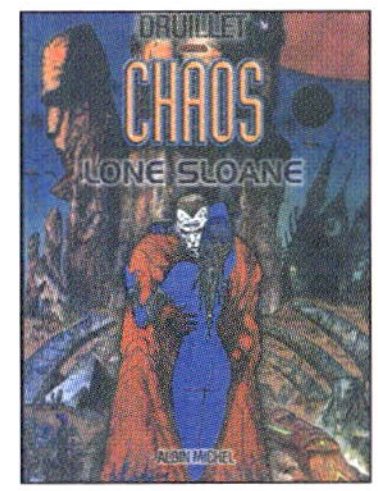

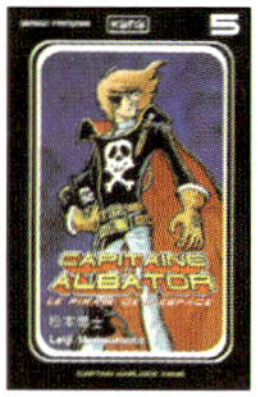

classique est daté, mais le scénario n'a pas pris de rides : efficace, bien construit et bourré de trouvailles.
Kana, Shonen, 2003.
5 vol. 5,95 €
À partir de 9 ans

♥ **2463.** Matsumoto, Leiji : **Galaxy Express 999.**
Un classique au dessin évidemment daté, qui reste un chef-d'œuvre. Cette série parallèle (où nombre de personnages ont des vies différentes, selon l'habitude de l'auteur) traite de la quête de l'immortalité, de la robotisation, de la nature de l'âme. Beaucoup d'ambition et de perspectives philosophiques sur fond de space opera.
Kana, Shonen, 2007.
16 vol. 5,95 €
À partir de 9 ans

♥ **2464.** Tezuka, Osamu ; trad. Chollet, Sylvain : **Princesse Saphir.**
Il était une fois un roi qui faisait passer sa fille pour un prince : et voici Saphir, princesse habile comme d'Artagnan, belle comme Aurore, malheureuse comme Cendrillon, condamnée à échapper au félon Duralmin et aux diables. Un grand classique japonais (1954) qui a fait le tour du monde en dessin animé et séduit par son dynamisme et sa richesse.
Soleil, Manga, 2005.
3 vol. 6,95 €
Autre titre : **Don Dracula.**
À partir de 9 ans

♥ **2465.** Ikeda, Ryoko : **La Rose de Versailles.**
Curiosité aussi étonnante qu'impressionnante que cette « Rose », réalisée en 1973, adaptée par Jacques Demy, et en dessin animé connue comme « Lady Oscar ». Elle étonne par le foisonnement des personnages et le respect de l'histoire de France (celle de Marie-Antoinette). Shojo manga, triangles amoureux impossibles, et beaucoup de liberté de ton.
Kana, 2005.
3 vol. 19 €
À partir de 11 ans

♥ **2466.** Tezuka, Osamu : **Ayako.**
Le « dieu vivant » du manga livra ces fables sur le Japon contemporain et ses compromissions. Jirô, fils d'une grande famille ruinée, et sa sœur Ayako sont broyés par l'Histoire. Un récit particulièrement sombre et sordide, d'une grande force narrative, servi par une science du récit consommée. Les autres titres sont autant de chefs-d'œuvre.
Delcourt, Akata, 2004.
3 vol. 7,95 €
Autres titres : **Dororo ; Kirihito ; Barbara ; Histoires pour tous.**
À partir de 11 ans

♥ **2467.** Tezuka, Osamu : **Black Jack.**
Un chirurgien rejeté par ses pairs s'est spécialisé dans les opérations à risques. Un exemple curieux et convaincant de série qui mêle médecine, suspense policier et grands sentiments échevelés. Une des séries mythiques de Tezuka. Les autres titres amènent un peu d'humour sur les mêmes thèmes.
Asuka, Le meilleur d'Osamu Tezuka, 2006.
17 vol. et 1 HS
6,50 €
Autres titres : **Vampires ; Nanairo Inko.**
À partir de 11 ans

♥ **2468.** Tezuka, Osamu : **Bouddha.**
Une œuvre majeure du grand dessinateur japonais, adaptation ambitieuse de la vie de Bouddha. Un roman échevelé plein de leçons de sagesse et d'humanité, un regard tendre et complexe sur les êtres vivants par un grand maître du 9e art.
Tonkam, Tsuki poche, 2006.
8 vol. 12 €
Autre titre : **L'Enfant aux trois yeux.**
À partir de 11 ans

♥ **2469.** Tezuka, Osamu : **Phénix l'oiseau de feu.**
Le chef-d'œuvre de Tezuka, d'une ambition et d'une dimension rarement abordées en bande dessinée. Le personnage du Phénix, toujours renaissant, est le symbole de ces histoires consacrées à la vie sous toutes ses formes, à l'humanité et à ses ambitions et tourments. Le nazisme ou les armes de terreur sont les thèmes des autres titres.
Tonkam, Tsuki poche, 2003.
11 vol. 9 €
Autres titres : **L'Histoire des trois Adolf ; MW.**
À partir de 11 ans

♥ **2470.** Scén. Koike, Kazuo ; dess. Kojima, Goseki : **Lone wolf and cub.**
Ce manga situé dans le Japon médiéval met en scène un ronin, Kozure Ogami, samouraï sans seigneur et assassin, qui voyage avec son fils. Il déjoue des pièges, accomplit des missions, met en scène la philosophie de l'honneur. Un classique, mais âmes sensibles et optimistes s'abstenir.
Panini Manga, 2007.
16 vol. 9,95 €
À partir de 13 ans

♥ **2471.** Nakazawa, Keiji : **Gen d'Hiroshima.**
L'histoire de Gen commence avant la Bombe, raconte la catastrophe, puis progresse au fil des tomes avec la reconstruction du Japon. On est ici dans les années 1950, et la politique et la démocratie sont les sujets principaux... toujours à travers le filtre d'Hiroshima. Le graphisme est certes daté, mais l'impact sur le lecteur n'en est pas diminué.
Vertige Graphic, 2007.
10 vol. 18 €
À partir de 13 ans

♥ **2472.** Takahashi, Rumiko ; trad. Pouly, Julien : **Urusei Yatsura.**
« Lamu » fut un énorme succès à la télévision française : voici la première édition française, certes datée mais totalement épuisante par la densité des gags, et l'art de l'auteur pour faire basculer le réel dans un délire qui contamine personnages, situations, intrigues... Picaresque, théâtral, un canevas de variations brillantes.
Glénat, Bunko, 2007.
12 vol. 7,50 €
À partir de 13 ans

PATRIMOINE

2473. Branner, Martin : **Bicot.**
Cette série américaine traite d'un thème intemporel : les bêtises qu'un groupe de

gamins peut accomplir quand il est laissé à lui-même. Ce classique des années 1930 a fait rêver nos pères et nos grands-pères.
Glénat, Classiques, 1998.
3 titres 12 €
À partir de 6 ans

2474. Scén. Caumery, Auguste ; dess. Pinchon, Joseph-Porphyre : **Bécassine.**
Née en 1905 dans les pages de *La Semaine de Suzette*, Bécassine vaut mieux que la réputation qu'on lui a faite. Elle est l'héroïne d'une chronique souriante de la France du début du XXe siècle, portée par le dessin élégant d'un des précurseurs de la ligne claire.
Gautier-Languereau, 2005.
28 titres 12,50 €
À partir de 6 ans

2475. Cézard, Jean : **Arthur le fantôme.**
Il ne fait pas peur, il fait rire, le gentil fantôme qui hanta les pages de *Pif* dans les années 1960. L'œuvre d'un maître oublié de l'humour populaire.
De Toth, 2006.
5 titres 15 €
À partir de 6 ans

♥ **2476.** Rabier, Benjamin : **Gédéon.**
Le grand dessinateur animalier imagina seize albums des aventures du fameux canard dans les années 1930. Un classique du rire plein de philosophie et d'observations sociales, dans une très bonne réédition.
Hoëbeke, 2004.
13 titres 13 €
Autre titre : **Les Contes du lapin vert.**
À partir de 6 ans

♥ **2477.** Saint-Ogan, Alain : **Zig et Puce.**
Réédition en tout point remarquable d'un classique qui introduisit la bulle dans la bande dessinée française, et qui fut l'une des influences majeures de Hergé débutant. Les scénarios sont parfois désuets, mais le dessin est un bonheur constant.
Glénat, Classiques, 2001.
18 titres 12 €
À partir de 6 ans

2478. Sullivan, Pat ; Mesmer, Otto : **Félix le chat.**
Ce chat affamé emploie les armes du rêve et de la poésie pour arriver à ses fins. L'humour visuel de ces pages reste diablement efficace.
Vents d'Ouest, Les chefs-d'œuvre de la BD populaire/Pierre Horay, 1996.
8,99 € ISBN : 978-2-86967-438-7
À partir de 6 ans

2479. Scén. Blonay, Paulette ; dess. Al, G. : **Lili.**
Une réédition bienvenue des épisodes des années 1960 des aventures naïves et humoristiques de cette gamine délurée apparue en 1909. Graphisme et attitudes sont datés, mais Lili était un personnage plutôt libéré, et le cadre largement imaginaire : un comique de situation qui fonctionne toujours. *Aggie* en était le pendant « américain ».
Vents d'Ouest, 2005.
27 titres 7,50 €
Autre titre : **Aggie.**
À partir de 9 ans

♥ **2480.** Scén. Dancette, Victor ; dess. Calvo, Edmond-François : **La bête est morte ! La Guerre mondiale chez les animaux.**
Dessiné à partir de 1942, ce chef-d'œuvre graphique raconte le second conflit mondial sur le mode animalier. Chaque nation est symbolisée par un animal : les Allemands sont des loups, les Russes des ours blancs... un discours fort et actuel sur la guerre. Plus léger mais autre chef-d'œuvre, *Rosalie* conte les aventures d'une voiture très spéciale.
Gallimard Jeunesse, 1995.
26 € ISBN : 978-2-07-059073-5
Autre titre : **Les Aventures de Rosalie.**
À partir de 9 ans

2481. Jijé : **Tout Jijé.**
La réédition complète des œuvres d'un maître prolixe et généreux de la BD belge qui a tâté de tous les genres : western, humour, aventure... Franquin, Mézières, Giraud et bien d'autres ont subi son influence.
Dupuis, 2004.
17 vol. 16 €
À partir de 9 ans

2482. Lacroix, Pierre : **Le Meilleur de Bibi Fricotin.**
Réédition bienvenue d'épisodes du personnage créé par Forton, jeune gamin inventif et dynamique. Daté et désuet, mais toujours efficace.
Vents d'Ouest, 2005.
30 € ISBN : 978-2-7493-0290-4
À partir de 9 ans

2483. McManus, Géo : **La Famille Illico.**
La vie quotidienne de cette famille d'Irlandais pauvres ayant fait fortune aux USA a amusé les lecteurs du monde entier. On ne louera jamais assez l'élégance graphique de Mc Manus.
Vents d'Ouest, Les chefs-d'œuvre de la BD populaire n° 7, 1994.
8,99 € ISBN : 978-2-86967-293-2
À partir de 9 ans

2484. Scén. Ollivier, Jean ; dess. Bastard, René : **Yves le loup.**
Créée dans *Valiant* en 1947, cette série inspirée du *Prince Valiant* de Foster se déroule dans l'univers de la Table ronde et possède sa propre personnalité. Un univers en quête de justice et d'honneur, qui fait une large place au peuple, par un grand dessinateur bien oublié.
Glénat, Patrimoine BD, 2004.
20 € ISBN : 978-2-7234-4768-3
À partir de 9 ans

2485. Pellos, René : **Les Pieds nickelés.**
Inventé par Forton, ce trio peu recommandable a connu une gloire durable sous le pinceau de Pellos. Les premiers volumes de leurs douteux (et comiques) exploits sont les meilleurs.
Vents d'Ouest, 2006.
32 vol. 13,99 €
À partir de 9 ans

2486. Cuvelier, Paul ; scén. Van Hamme, Jean : **Corentin.**
Fleuron du journal *Tintin*, Corentin y détonnait par la liberté de ses scénarios et la sensualité du trait de Cuvelier. Une grande leçon de dessin.
Lombard, 2006.
8 titres 11 €
À partir de 11 ans

♥ **2487.** Eisner, Will : **Le Spirit.**
Intégrale en cours d'une des séries policières classiques de la BD américaine. Action, humour, suspense, et un sens magistral de la narration !
Soleil, 2006.
7 titres 28,50 €
À partir de 11 ans

♥ **2488.** Dess. Gillon, Paul ; scén. Lécureux, Roger : **Fils de Chine.**
Un des classiques les plus célèbres des années 1950, contant les aventures d'un jeune chinois pendant la Longue Marche (côté communiste). Si l'histoire est politiquement autant que psychologiquement datée, le graphisme est un sommet du genre, notamment dans l'utilisation du noir et des ombres.
Glénat, Patrimoine BD, 2007.
30 € ISBN : 978-2-7234-5648-7
À partir de 11 ans

♥ **2489.** McCay, Winsor : **Little Nemo, 1905-1914.**
Chaque nuit le Petit Nemo s'endort et fait un cauchemar... Sur ce schéma simplissime, Mc Cay a brodé des variations d'une fascinante richesse graphique. Une des premières séries américaines, qui est devenue un classique intemporel. Les autres œuvres méritent aussi toujours le détour.
Taschen, Evergreen/Pierre Horay, 2006.
32 € ISBN : 978-3-8228-6344-2
Autres titres : **Les Cauchemars de l'amateur de fondue au chester ; Little Sammy Sneeze.**
À partir de 11 ans

2490. Dess. Poïvet, Raymond ; scén. Lécureux, Roger : **Les Pionniers de l'espérance.**
Une équipe de terriens est envoyée dans l'espace pour conjurer une menace. Cette série mythique anima la bande dessinée d'anticipation française de 1945 à 1973, au gré de l'imagination toujours renouvelée de ses créateurs, dans *Vaillant* puis dans *Pif*. Son ton ouvert et humaniste contrastait avec la science-fiction conquérante de l'époque.
Glénat, Patrimoine BD, 2005.
20 € ISBN : 978-2-7234-5253-3
Autre titre : **Nasdine Hodja**.
À partir de 11 ans

2491. Töpffer, Rodolphe : **Docteur Festus / Histoire de Monsieur Cryptogame.**
Redécouverte du Suisse qui « inventa » en 1833 la bande dessinée moderne. Ces histoires de bons bourgeois ridicules restent enlevées, moqueuses et étonnamment modernes.
Le Seuil, 1996.
18,60 € ISBN : 978-2-02-023730-7
Autres titres : **Monsieur Crépin ; Monsieur Pencil ; Monsieur Jabot ; Monsieur Vieux-Bois.**
À partir de 11 ans

2492. Frost, A. B. : **L'Anthologie A. B. Frost.**
Illustrateur de presse qui collabora avec Lewis Carroll, l'Américain A. B. Frost est également un des précurseurs méconnus de la bande dessinée. Ce volume, qui regroupe trois livres parus du vivant de l'artiste, dans la seconde moitié du XIXe siècle, permet de se faire une idée de son talent, remarquable dans la suggestion du mouvement.
L'An 2, Krazy Klassiks, 2003.
23,50 € ISBN : 978-2-84856-009-0
À partir de 13 ans

ÉTUDES ET MANUELS

2493. Thévenet, Jean-Marc ; dess. Cestac, Florence : **Comment faire de la « Bédé » sans passer pour un Pied-Nickelé.**
Cestac pour les Grands. Réédition augmentée d'un volume initialement paru chez Futuropolis au début des années 1980. Il ne s'agit pas d'un guide, mais d'une série de portraits d'apprentis dessinateurs venus montrer leurs travaux à un éditeur. Criant de vérité et hilarant.
Dargaud, 2001.
13 € ISBN : 978-2-205-05066-0
À partir de 11 ans

2494. Toriyama, Akira : **L'Apprenti mangaka : l'art du manga.**
Quand le créateur de *Dragon Ball* et du *Dr Slump* conçoit un guide à l'attention des futurs auteurs de mangas, les conseils bourrés d'humour et de gags incitent à ne pas se prendre au sérieux.
Glénat, Manga poche, 1997.
6,50 € ISBN : 978-2-7234-2404-2
À partir de 11 ans

2495. Trondheim, Lewis ; dess. Garcia, Sergio : **Bande dessinée, apprendre et comprendre.**
Tout ce que vous avez toujours voulu savoir sur le fonctionnement de la bande dessinée et la création d'un album de BD racontée... en bande dessinée. Garcia et Trondheim ont joué aux pédagogues avec efficacité.
Delcourt, 2006.
8,90 € ISBN : 978-2-7560-0227-9
Autre titre : **L'Aventure d'une B.D.**
À partir de 11 ans

2496. Bellefroid, Thierry : **Les Éditeurs de bande dessinée.**
Une série d'entretiens sur le métier d'éditeur, ses contraintes, les choix de la politique éditoriale, le marketing, la direction d'auteur. Grands et petits, commerciaux et élitistes, avant-garde et importation sont représentés, mais l'auteur n'évite pas toujours des juxtapositions caricaturales.
Niffle, Profession, 2005.
23 € ISBN : 978-2-87393-055-4
À partir de 13 ans

2497. Dayez, Hugues : **La Nouvelle Bande dessinée.**
Ce journaliste ausculte la nouvelle génération, dont beaucoup travaillent pour les adultes et les enfants. Entretien avec N. de Crécy, Dupuy et Berbérian, Guibert, Rabaté et Sfar... On pourra regretter des absences, mais on recommandera cet opus à tous ceux qui peinent à se repérer dans une production riche et protéiforme.
Niffle, Profession, 2002.
23 € ISBN : 978-2-87393-028-8
Autres titres : **Peyo, l'enchanteur.**
À partir de 13 ans

♥ **2498.** Eisner, Will ; trad. Gratien, Éric : **La Bande dessinée, art séquentiel.**
Quand un des maîtres de la BD américaine expose crayon en main les grands principes de la narration BD, on a envie de s'y mettre à son tour, tant la démonstration est convaincante.

Vertige Graphic, Les Maîtres du 9e art, 1997.
27,40 € ISBN : 978-2-908981-24-7
À partir de 13 ans

2499. Groensteen, Thierry : **La Bande dessinée.**
Pour ceux que la bande dessinée déroute encore, voici un survol clair, concis et documenté aux meilleures sources. Les autres titres sont, eux, destinés à un public très motivé, mais fertiles en réflexions.
Milan, Les Essentiels n° 66, 2005.
5,50 € ISBN : 978-2-7459-1039-4
Autres titres : **Un objet culturel non identifé : la bande dessinée ; Système de la bande dessinée.**
À partir de 13 ans

2500. Hergé ; éd. Goddin, Philippe : **Hergé : chronologie d'une œuvre.**
Une entreprise monumentale, sorte de catalogue raisonné comme on en fait pour les grands peintres. Ce n'est cependant pas une publication intégrale des travaux, mais une mise en pages soignée des fonds de la Fondation Hergé et de collectionneurs. Un objet de luxe qui illustre la diversité et l'évolution des travaux du créateur de *Tintin.*
Moulinsart, 2005.
5 vol. 105 €
À partir de 13 ans

2501. Jennequin, Jean-Paul **: Histoire du comic book, t. 1 : Des origines à 1954.**
On attendait cet ouvrage : une introduction claire et documentée sur le support le plus répandu outre-Atlantique, qui a généré la bande dessinée super-héroïque, genre typiquement américain. Jennequin connaît son sujet sur le bout des doigts, et le développe chronologiquement avec science et enthousiasme. À compléter par le J.-P. Gabilliet, plus économique et sociologique, **Les Comics et les hommes**, Éd. Du Temps.
Vertige Graphic, 2002.
25 € ISBN : 978-2-908981-59-9
À partir de 13 ans

2502. Le Gallo, Claude ; Van Kerckhove, D. : **Le Monde d'Edgar P. Jacobs.**
Une bonne étude du dessinateur de *Blake et Mortimer*, créateur intègre et à l'exigence légendaire.
Lombard, Auteurs Lombard, 2004.
22,50 € ISBN : 978-2-8036-2014-2
À partir de 13 ans

♥ **2503.** M. Cloud, Scott ; trad. Petit Faux, Dominique : **L'Art invisible : comprendre la bande dessinée.**
Pas à pas, Mc Cloud explore les spécificités de la bande dessinée. Ambitieuse, intelligente et pleine d'humour, sa démonstration présente en outre l'avantage d'être faite sous la forme même d'une bande dessinée, qu'on relit ensuite par plaisir.
Vertige Graphic, 1999.
15,10 € ISBN : 978-2-908981-41-4
À partir de 13 ans

♥ **2504.** Mouchart, Benoît : **À l'ombre de la ligne claire : Jacques Van Melkebeke, le clandestin de la B.D.**
Excellente et déprimante biographie d'un homme de l'ombre et de ses erreurs. Elle éclaire d'un jour nouveau l'idéologie d'un milieu, la bande dessinée belge, à l'époque profondément réactionnaire, et ce que l'on pouvait savoir des méthodes de travail de certains grands maîtres, dont Hergé. Le mythe du créateur seul et omniscient vole en éclats.
Vertige Graphic, 2002.
17 € ISBN : 978-2-908981-71-1
Autre titre :
La Damnation d'E. P. Jacobs.
À partir de 13 ans

♥ **2505.** Peeters, Benoît : **Hergé fils de Tintin.**
Biographie d'une érudition jamais pesante et d'une lumineuse intelligence à l'œuvre sur la vie du père de Tintin. L'autre volume apporte une abondante iconographie.
Flammarion, Champs n° 726, 2006.
10,50 € ISBN : 978-2-08-080173-9
Autre titre : **Le Monde d'Hergé.**
À partir de 13 ans

2506. Peeters, Benoît : **Lire la bande dessinée.**
Mise à jour d'un recueil d'articles lumineux sur la bande dessinée, son fonctionnement, sa grammaire et le travail des dessinateurs, par un praticien.
Flammarion, Champs n° 530, 2003.
7,50 € ISBN : 978-2-08-080053-4
À partir de 13 ans

2507. Sadoul, Numa ; Hergé : **Tintin et moi : entretiens avec Hergé.**
Pour la première fois dans ce livre, Hergé acceptait de répondre aux questions d'un journaliste. L'entretien-fleuve qui en sortit s'avère fascinant pour les amateurs de Tintin, et ceux qui s'interrogent sur les mystères de la création.
Casterman, Bibliothèque de Moulinsart, 2004.
18 € ISBN : 978-2-203-01717-7
À partir de 13 ans

2508. Vidal, Guy ; Goscinny, Anne ; Gaumer, Patrick ; Charlier, Jean-Michel ; Mouchart, Benoît ; Greg : **René Goscinny profession : humoriste.**
La vie et l'œuvre du père d'Astérix, Oumpah-Pah, Iznogoud et du Petit Nicolas et de bien d'autres séries. Des documents et de nombreuses citations de Goscinny lui-même, hilarantes. Une formule reprise avec Greg et Charlier.
Dargaud, L'univers de..., Portraits, 1997.
22,71 € ISBN : 978-2-205-04670-0
Autres titres : **Dialogues sans bulles : entretiens avec Greg ; Charlier : un réacteur sous la plume.**
À partir de 13 ans

Cédéroms

À la suite de nombreux rachats et regroupements de sociétés multimédias, le marché du cédérom éducatif et culturel s'est concentré autour d'un petit noyau d'éditeurs depuis les années 2000. Si le nombre d'exemplaires vendus est en hausse permanente et proportionnel à l'équipement croissant des Français en micro-informatique, le nombre de titres édités reste, quant à lui, à peu près constant.

En effet, hormis les jeux vidéo sur PC dont les ventes explosent et qui ont conquis un public croissant et attentif aux nouvelles sorties, le cédérom culturel demeure un marché stagnant, voire frileux.

Alors que la technique en perpétuelle évolution autorise des réalisations toujours plus performantes, la création est peu présente dans le paysage éditorial. Non pas que les créateurs manquent, mais plutôt que les éditeurs limitent les risques financiers en signant des accords de licences et en jouant la carte des produits dérivés. D'où une multitude de titres qui reprennent les héros de livres ou de séries télévisées, déjà bien connus des enfants.

Face à la faiblesse de ce marché, on peut légitimement s'interroger sur le devenir du cédérom et penser que s'il subsiste encore vis-à-vis d'Internet, c'est sans doute parce qu'il est gage de sécurité pour de nombreux parents.

Ce travail de sélection des cédéroms et dévédéroms a porté sur les titres publiés et testés avant octobre 2006. Contrairement aux livres, dont la date d'édition est toujours clairement mentionnée par l'éditeur et qui figure sur cette publication, il nous a été difficile d'en faire autant pour les cédéroms, ces derniers faisant régulièrement l'objet de rééditions avec de nouveaux *packagings* et parfois même un titre différent.

S'agissant du classement, les cédéroms et dévédéroms ont été répartis en neuf genres. Dans un même genre, ils sont classés par âge, puis par ordre alphabétique de titre, et non pas d'auteur comme c'est le cas pour les livres.

Si l'on compare la première version d'*Escales* avec celle-ci, on constate la disparition du genre « Fictions, albums, adaptations ». En effet les fictions interactives, qui constituaient une partie non négligeable de la production dans la seconde moitié des années 1990, ont été aujourd'hui quasi abandonnées par les éditeurs de cédéroms.

Néanmoins la production croissante de cédéroms, mêlant jeux d'aventures ou d'enquête avec un contenu documentaire, nous oblige à reconnaître le ludo-culturel comme un genre à part entière. Guère nouveau puisqu'il est apparu en 1998 avec *Versailles, complot à la cour du Roi-Soleil*, il s'est largement développé et a su gagner un public. Aujourd'hui, c'est sans doute à travers ce genre que les cédéroms éducatifs et culturels sont les plus inventifs.

Georgia Leguem

ÉVEIL ET APPRENTISSAGE

2509. Adiboud'Chou dans la jungle et la savane.
Le sympathique lutin, déclinaison de ses grands frères Adi et Adibou, nous revient pour de nouvelles aventures éducatives. Les jeux sont classiques et efficaces, l'univers est plus original (l'Afrique) et séduira les petits. Comme toujours la technique est impeccable, les chansons entraînantes et les personnages aident l'enfant à s'intégrer au titre. Une valeur sûre.
Mindscape / Coktel.
PC W 98 / Me / 2000 / XP, 800 MHz, 128 Mo RAM, CD-ROM x 16
Mac OS 10.2, iMac ou G4, 800 MHz, 256 Mo RAM, CD-ROM x 16
Autres titres :
Adiboud'Chou sur la banquise.
Adiboud'Chou à la mer.
Adiboud'Chou au cirque.
Adiboud'Chou fête son anniversaire.
Adiboud'Chou au pays des bonbons.
Adiboud'Chou à la campagne.
De 15 à 30 € À partir de 2 ans

2510. Chalmeau, Corinne : **Ding dong !**
Il fallait oser les livres cartonnés pour bébés avec cédérom. Albin Michel l'a fait : dans un petit album cartonné qui raconte une comptine, le mini-cédérom glissé dans la première de couverture la reprend et ajoute des jeux très simples : visiter la maison, le magasin ou le camping de Barnabé, découvrir des objets, écouter une chanson, le tout illustré avec des formes simples et colorées.
Albin Michel Jeunesse, Mon album cédérom.
PC W 95, 32 Mo RAM, carte son.
Mac iMac ou G3, système 8.6, 32 Mo RAM
Autres titres :
Bip bop bip !
Toc toc toc !
10 € chaque À partir de 2 ans

2511. Le Petit Monde de T'choupi.
Les tout-petits retrouvent l'univers graphique et sonore adapté du dessin animé de ce pingouin jovial et rassurant qui leur propose plusieurs activités dans sa maison et son jardin : guider une souris sans la faire sortir de la piste, jouer à cache-cache, cueillir des fleurs et les ranger dans un panier, chercher les ingrédients manquants... Rien de très inventif, mais l'ensemble est cohérent et correspond bien au public visé.
Nathan / Mindscape.
PC W 98 / 2000/ Me ou XP Pentium III, 128 Mo RAM, CD-ROM x 8
Mac Power PC G3, OS 9.2, 64 Mo RAM, CD-ROM x 8
30 € À partir de 2 ans

2512. Le Pique-nique de Loulou le Pou.
Loulou le Pou et ses amis organisent un pique-nique dans le jardin ! Les petits de 2 à 4 ans accompagneront Mireille l'Abeille, Siméon le Papillon et Barnabé le Scarabée pour trois promenades dans le jardin, afin de ramener des plats pour le pique-nique. Au cours de ces balades rythmées de scènes animées, de comptines amusantes, les enfants découvriront des jeux et des activités pour s'initier au multimédia.
Gallimard Jeunesse / Mindscape.
PC W 98 / Me / XP, 266 MHz, 64 Mo RAM (128 sous XP), CD-ROM x 8
Mac iMac ou G3, 233 MHz, OS 8.6 / 9.2 / X en mode Classic, 64 Mo RAM, CD-ROM x 8
25 €
À partir de 2 ans

2513. Roumanoff, Katherine : **La Promenade de Dim Dam Doum.**
Cet univers coloré nous fait découvrir la famille papillon, et les enfants chenilles Dim, Dam et Doum. Chacun invite l'enfant à le suivre dans des activités de jeux de mémoire, coloriage, apprentissage du maniement de la souris, puzzles entre autres. Une interface permet aux parents de visualiser l'évolution de l'enfant. Tout le charme réside dans ces personnages de doudous animés, l'univers doux, gai et tendre, et les chansons qui plairont aux petits sans irriter les plus grands.
Magnard / Mindscape.
PC W 98 / Me / XP, 350 MHz, CD-ROM x 32
Mac OS X, G4, CD-ROM x 32
30 € À partir de 2 ans

♥ **2514.** Lefèvre, Murielle ; ill. Pacovská, Květa : **Alphabet.**
Après le succès du *Théâtre de minuit*, c'est ce véritable abécédaire d'une grande richesse chromatique qui a été adapté par l'équipe de Murielle Lefèvre. Chaque lettre se révèle être le lieu d'une découverte originale et d'une invention, très loin des imagiers traditionnels. Une poésie qui fait appel à l'imaginaire et au rêve de l'enfant.
Dada média (Diffusion Dada média).
PC W 95 et sup., 100 MHz, 16 Mo RAM, CD-ROM x 8
Mac OS 8 et sup., 100 MHz, 16 Mo RAM, CD-ROM x 8
80 € pour les bibliothèques
À partir de 3 ans

2515. Babar : la chasse aux pièces d'or.
Il faut aider Babar à retrouver les pièces d'or de la collection royale qu'il a perdues. Grâce au plan, l'enfant peut retrouver tous les animaux dans le labyrinthe des tournesols, faire jouer les musiciens de la fanfare, ramasser les objets tombés au fond du lac, attraper les singes dans la bananeraie... Un cédérom où l'on retrouve le graphisme de la série télévisée dans un environnement encourageant pour les petits, avec deux niveaux de difficulté.
Nelvana / Mindscape.
PC W 98 SE / Me / XP, 500 MHz, 128 Mo RAM, CD-ROM x 16
Mac OS 9.2 / 10.2, G3, 450 MHz, 128 Mo sous OS X, CD-ROM x 16
30 € À partir de 3 ans

2516. Coffret : La Journée de Petit Ours Brun + Les Saisons de Petit Ours Brun.
Où l'on retrouve quelques-unes des histoires de ce personnage, complétées par une série d'activités associant habileté manuelle et observation.
Bayard / Mindscape.
PC W 98 / Me / XP, 233 MHz, 64 Mo (128 Mo sous XP), CD-ROM x 8
Mac Power PC, 200 MHz, systèmes 7.5 à 9.2, 64 Mo RAM, CD-ROM x 4
15 € À partir de 3 ans

2517. Fimbles. Viens jouer avec les Fimbles.
Une adaptation réussie de l'univers des Fimbles où les histoires et les jeux correspondent aux attentes des tout-petits, ainsi conviés à chercher des objets perdus dans un labyrinthe, à accompagner des chansons avec des instruments de musique ou à faire des collages sur le sable. Karaokés, jeux de mémoire, histoires sous-titrées et lues permettent aux enfants de répéter chaque passage. Des vidéos ponctuent chaque action.
Emme / BBC Multimedia.
PC W 98 / Me / XP, 400 MHz, 64 Mo RAM, lecteur CD-ROM
15 € À partir de 3 ans

2518. J'ai trouvé ! Le Coffre à jouets.
Ce troisième opus de la série des coffres à jeux interactifs s'adresse ici spécifiquement aux petits, pour l'éveil et la découverte. Nul besoin donc de savoir lire, mais un accompagnement parental fera la joie des enfants pour partager ces activités au beau graphisme.
Gallimard Multimedia.
PC W 95 / 98, 90 MHz, 16 Mo RAM, lecteur CD-ROM
Mac OS 7.5 ou sup., Power Mac 90 MHz, 16 Mo RAM, lecteur CD-ROM
10 € À partir de 3 ans

2519. Mes premiers clics avec Boowa & Kwala.
À travers une centaine d'animations représentant autant d'exercices ludiques, les enfants sont invités à découvrir comment utiliser la souris pour déclencher des actions, faire bouger des éléments dans un décor, changer les couleurs d'un dessin, déclencher des sons, créer des mélodies...
Up to Ten / Emme.
PC W 98 / 2000 / Me / XP, 350 MHz, 64 Mo RAM, lecteur CD-ROM
19,90 € À partir de 3 ans

2520. Lefèvre, Murielle ; ill. Duquennoy, Jacques : **Récréation fantôme.**
Récréation fantôme propose de nombreux jeux d'éveil originaux. Les jeux de grimaces, de déguisements, de cache-cache, d'association, de mémoire, d'orientation sont parfaitement adaptés au jeune public et laissent aussi la place à des activités tournées vers la création graphique et musicale. Vraiment, ces fantômes rondouillards et souriants ne peuvent que plaire !
Dada média (Diffusion Dada média).
PC W 95 / 98 / 98 SE / Me / NT / 2000 / XP, 200 MHz, 64 Mo RAM, lecteur CD-ROM x 8
80 € pour les bibliothèques
À partir de 3 ans

♥ **2521.** Lefèvre, Murielle ; ill. Pacovská, Květa, musique Oshima, Mishiru : **Le Théâtre de minuit.**
Une adaptation particulièrement réussie d'un titre paru en album, association de créateurs multimédias et d'une artiste qui se joue des formes et détourne la tradition du livre. Très poétique, un parcours aléatoire et une musique travaillée pour les enfants.
Dada média (Diffusion Dada média).
PC W 95 et sup., 100 MHz, 16 Mo RAM, CD-ROM x 8
Mac OS 8 et sup., 100 MHz, 16 Mo RAM, CD-ROM x 8
80 € pour les bibliothèques
À partir de 3 ans

♥ **2522. Le Tour du monde de Boowa & Kwala.**
Boowa le chien bleu part faire le tour du monde avec Kwala le koala jaune à la recherche des origines de ce dernier. Ce sont douze histoires, chansons et jeux (couleurs, chiffres, formes) conçues comme des balades à travers les pays. Un graphisme simpliste des plus agréables, en français ou en anglais.
Up to Ten / Emme.
PC W 98 / Me / XP, 350 MHz, 64 Mo RAM, lecteur CD-ROM
Autres titres :
Au cirque avec Boowa et Kwala.
Je fais la fête avec Boowa et Kwala.
Je fais comme les grands avec Boowa et Kwala.
20 € chaque À partir de 3 ans

2523. Viennot, Éric ; Delaye, Nicolas : **Arc-en-ciel et la baleine.**
Série adaptée du best-seller de Nord-Sud, le poisson Arc-en-ciel conserve les couleurs vives et les personnages attachants qui font le succès de cet univers. Dans chaque aventure, grâce à une interface très simple, les enfants se livrent à des activités d'éveil adaptées à leur âge.
Lexis Numérique / Emme.
PC W 98 / Me / XP, 266 MHz, 64 Mo RAM, CD-ROM x 8
Mac OS 7.5.3 jusqu'à Mac OS X, Power Mac 266 MHz, 64 Mo RAM, CD-ROM x 8
Autres titres :
Arc-en-ciel, le plus beau poisson des océans.
Arc-en-ciel, la grande fête des océans.
Arc-en-ciel et le lagon merveilleux.
15 € chaque À partir de 4 ans

2524. Bob le Bricoleur : Bob rénove un château.
Pour réparer ce château médiéval, Bob doit accomplir dix travaux différents : reboucher les trous d'un mur, repêcher les détritus des douves et les recycler, restaurer un labyrinthe... Ces jeux font appel à diverses compétences comme l'observation des formes et des couleurs, la rapidité, l'anticipation, la mémoire, l'esprit logique. Trois niveaux de difficulté sont possibles, ce qui aiguisera l'intérêt des plus débrouillards. Les animations en pâte à modeler devraient amuser les plus petits.
BBC / Emme.
PC W 98 / Me / XP, 400 MHz, 64 Mo RAM, lecteur CD-ROM
Autre titre :
Bob le Bricoleur : Bob construit un parc.
15 € chaque À partir de 4 ans

LUDO-ÉDUCATIF

2525. Adibou-Nature et Sciences.
L'enfant est invité à découvrir la nature grâce à une vingtaine d'activités, prétextes à l'apprentissage de notions basiques sur les végétaux et les animaux. La réussite de chaque activité est motivée par le gain d'un objet qui permettra de prendre soin de Tidino, le petit dinosaure mascotte. Des graphismes et des activités basiques, mais l'univers d'Adibou fonctionne toujours aussi bien.
Coktel / Mindscape.

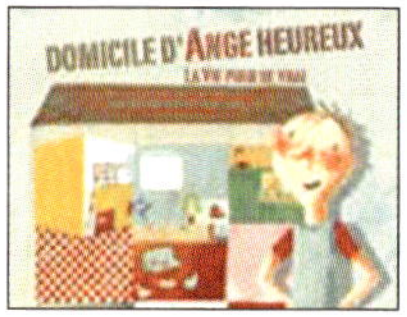

PC W 98 SE / Me / XP, 600 MHz, 128 Mo RAM, lecteur CD-ROM
Mac OS 10.3, iMac ou G3, 256 Mo RAM, lecteur CD-ROM
Autres titres :
2526. Adibou – Aventure dans le corps humain.
2527. Adibou – Anglais.
2528. Adibou – Musique, L'Orgue fantastique.
2529. Adibou – Le Secret de Paziral.
2530. Adibou et l'Ombre verte.
2531. Adibou, je lis, je calcule 4-5 ans.
2532. Adibou, je lis, je calcule 5-6 ans.
2533. Adibou, je lis, je calcule 6-7 ans.
2534. Adibou présente le dessin.
2535. Adibou présente la magie.
2536. Adibou présente la cuisine.
De 10 à 30 € À partir de 4 ans

2537. Clifford – Sur l'île de Birdwell.
L'enfant retrouve son héros, Clifford, avec lequel il va pouvoir réaliser dix activités. Pour apprendre à compter, jouer de la musique… tout en s'amusant. Trois niveaux de difficulté.
Scholastic / Anuman Interactive.
PC W 98 / 2000 / Me / XP, 166 MHz, 32 Mo RAM, CD-ROM x 8
Mac OS X, Power PC, 32 Mo RAM, CD-ROM x 8
Autres titres :
Clifford – En avant la musique !
Clifford – La fête d'anniversaire.
De 20 à 30 € À partir de 4 ans

2538. Toboclic.
À l'instar du magazine multimédia *Mobiclic*, Toboclic propose chaque mois pour les plus jeunes un récit, un reportage, des jeux, des activités, des chansons et la découverte des langues. Simple, efficace et bien adapté à l'âge visé.
Milan Presse.
79 € pour 10 cédéroms (abonnement annuel). 9 € le numéro
À partir de 4 ans

♥ **2539.** Lefèvre, Murielle ; ill. Bertrand, Frédérique : **Domicile d'Ange Heureux.**
Ce titre bénéficie d'un merveilleux graphisme tout en douceur, tons pastel et technique « crayonnée ». Le thème est l'apprentissage des dangers domestiques, à travers le libre parcours du petit Ange dans sa maison. Celle-ci, cube à neuf pièces tournantes, donne lieu à des saynètes drôles et poétiques, et des parcours-activités que l'on ne réussit que si l'on a compris les dangers.
Dada média.
PC W 95 / 98 / 98 SE / Me / XP, 266 MHz, 64 Mo RAM, CD-ROM x 8
Mac OS 8.6 ou sup., Power PC 233 MHz, iMac ou G3 233, 64 Mo RAM, CD-ROM x 8
80 € pour les bibliothèques
À partir de 5 ans

2540. J'ai trouvé ! C'est fantastique.
Chaque titre de la collection « J'ai trouvé ! » repose sur l'exploration d'un univers : malle aux trésors, maison hantée, océan, espace… Dans de beaux décors foisonnant de personnages et d'objets hétéroclites, les enfants vont rechercher des objets dissimulés, décoder des rébus, reconstituer des familles, résoudre des énigmes. Une quête qui nécessite observation, patience et réflexion.
Scholastic / Gallimard Multimédia / Mindscape.
PC W 95, P 266 MHz, 32 Mo RAM, 20 Mo espace disque, CD-ROM x 8
Mac OS 8.6, iMac / G3, 32 Mo RAM, CD-ROM x 24
Autres titres :
J'ai trouvé ! La Chasse au trésor.
J'ai trouvé ! Le Manoir hanté.
J'ai trouvé ! 1 000 façons de grandir.
De 15 à 30 € À partir de 5 ans

♥ **2541.** Antunes, Francisca : **Lémo, les bases de la lecture.**
Un cédérom d'une grande originalité par son graphisme et son approche de la lecture : dans une cave aux allures de fête, toutes les lettres s'animent et chacune d'entre elles possède sa propre couleur et son propre univers. Chaque phonème donne l'occasion de découvrir une histoire aux rimes bien choisies… Des jeux d'association entre écrit et oral, ou des exercices pour améliorer son geste « grapho-moteur », tout est fait pour accompagner l'enfant dans son apprentissage de la lecture. Poétique et splendide.
Alatrace / Mindscape.
PC W 98 / Me / NT / 2000 / XP, 900 MHz, 128 Mo RAM, CD-ROM x 16
40 € À partir de 5 ans

2542. Le Club des Trouvetout : La Cité perdue d'Amazonie. (CE2)
Une aventure et des énigmes assez faciles correspondant aux programmes du CE2, avec un graphisme simple sans être agressif, servent de support à des activités ludo-éducatives. Dynamique et efficace pour réviser le français, les mathématiques, les sciences et l'histoire-géographie.
Mindscape.
PC W 98 SE / Me / XP, 300 MHz, 128 Mo RAM, CD-ROM x 8
Autres titres :
2543. Le Club des Trouvetout : Les Secrets de la pyramide. (CM1)
2544. Le Club des Trouvetout : L'Énigme du volcan. (CM2)
2545. Le Club des Trouvetout : Les Plantes carnivores. (6e)
2546. Le Club des Trouvetout : Mystère au Tibet. (Mathématiques 9-11 ans)
De 15 à 20 € À partir de 8 ans

2547. Mobiclic. Le magazine multimédia des 7-12 ans.
Le périodique des éditions Milan poursuit avec succès sa route, en se renouvelant très progressivement techniquement, dans un équilibre réussi entre documentaire rapide, ateliers utiles ou amusants et simplicité générale.
Milan Presse.
PC W 95, 120 MHz, 32 Mo RAM
Mac OS 8.1, 120 MHz, 32 Mo RAM
79 € pour 10 cédéroms (abonnement annuel). 9 € le numéro
À partir de 8 ans

PREMIÈRES AVENTURES ÉDUCATIVES

2548. Forestia Junior.
Une version réussie pour les jeunes du best-seller de Lasermedia, avec un imagier à réaliser et imprimer et de nombreuses chansons.
Daddyoak / Emme.

PC Pentium 266 MHz, W 98 / Me ou XP, 64 Mo RAM, CD-ROM x 8
Mac OS 8.6 ou Mac OS X, iMac ou G3, 233 MHz, 64 Mo RAM, CD-ROM x 8
15 € À partir de 4 ans

2549. Pabo au secours des tortues.
Le retour du lézard rigolo et pas franchement joli, dans une série de jeux ludo-éducatifs ayant pour but théorique de reconstruire le village des tortues. Chaque jeu prend place dans un lieu différent, accessible depuis une carte qui permet de naviguer. L'esthétique simple et enfantine plaît beaucoup, les activités sont accessibles, les enfants aiment.
Gallimard Jeunesse.
PC W 95 / 98 / Me / 2000, 133 MHz, 16 Mo RAM, CD-ROM x 8
Mac OS 9, 166 MHz, 16 Mo RAM, CD-ROM x 8
Autre titre :
La Grande Aventure de Pabo.
15 € chaque À partir de 4 ans

♥ **2550. Perl et Gadoo au pays de l'eau.**
Cette aventure ludo-éducative en 3D met en scène deux gouttes d'eau descendues de leur nuage sur Terre, qui vont aider une jeune fille touareg à construire une douche-palmier. À cette occasion, l'enfant connaîtra le cycle de l'eau et sera sensibilisé aux problèmes de pollution et de sécheresse. Une réalisation qui mêle sérieux scientifique sans lourdeur pédagogique et poésie. Le travail sur les sons est remarquable, les dessins et univers très beaux, le parcours plein d'onirisme.
Strass productions / Unesco / Hachette Multimédia.
PC W 95 / 98 / 98 SE / Me / NT / 2000 / XP, 233 MHz, 64 Mo RAM, CD-ROM x 8, Mac OS 9, Power Mac, 200 MHz, 64 Mo RAM, CD-ROM x 8
40 € À partir de 4 ans

2551. Le Voyage de Plume.
Pendant son sommeil, Plume, le petit ours blanc de l'Arctique est transporté sur une plage tropicale. Pour rentrer chez lui et revoir ses parents, il doit surmonter six épreuves comme remonter la rivière en évitant les obstacles ou traverser le labyrinthe de la jungle... Les activités sont plaisantes, bien intégrées au scénario. L'illustration aux couleurs tendres adaptée du livre de Hans de Beer est simple, sans effets spéciaux et n'agresse pas les petits. Seule ombre au tableau : des voix agaçantes et une musique répétitive.
Anten / Emme.
PC W 95 / 98 / Me / XP, 266 MHz, 32 Mo RAM, CD-ROM x 8
Mac OS 8.1, iMac ou G3, 233 MHz, 32 Mo RAM, CD-ROM x 8
Autres titres :
Plume et la Grande Ourse.
Plume et Youri.
De 15 à 25 € À partir de 4 ans

2552. WWF Panda Junior.
En incarnant les personnages d'Alex ou d'Emma, les enfants partent sur le continent africain. Au cours de leur périple, ils vont aider plus d'une trentaine d'animaux mis en danger par la dégradation de leur écosystème. Basé sur l'observation, l'orientation spatiale et la collecte d'objets, le jeu est très simple et permet de sensibiliser les plus jeunes aux problèmes de déforestation, de chasse, de trafic d'animaux. Une esthétique quelque peu « disneyenne » compensée par des doublages réussis et une navigation facile.
WWF / Elektrogames / Neko / SG diffusion.
PC W 98, 400 MHz, 64 Mo RAM, CD-ROM x 12
30 € À partir de 4 ans

2553. Oui-Oui : La Grande Fête du pays des jouets.
Sur la place du village, tous les habitants sont réunis. Oui-Oui aide à installer la Grande Fête : Mirou l'oursonne tient le stand du maquillage, Melle Chatounette celui des glaces, le nain Potiron celui des cerfs-volants... Mais la nuit suivante, de méchants lutins saccagent tout. Oui-Oui doit tout nettoyer. Les jeux tournent autour des formes et des couleurs. Certaines épreuves manquent d'indications. La série en 3D est ici fidèlement transposée, jusqu'aux voix originales.
France 5 / Mindscape.
PC W 98 SE / Me / XP, 600 MHz, 128 Mo RAM, CD-ROM x 20
Mac OS 9.2, iMac ou G3, 128 Mo RAM, CD-ROM x 20
15 € À partir de 5 ans

2554. Dupouy, Olivier ; Derouetteau, Olivier : **Justine et l'étoile verte.**
Personnage de Marcus Pfister apprécié des enfants, Justine est une souris qui vit plein d'aventures sur son île. Les animations et décors en 3D sont dignes de l'éditeur Lexis Numérique. On aime particulièrement la structure non linéaire qui permet plus de liberté et de variété dans les parcours.
Lexis Numérique / Emme.
PC W 98, Pentium 266 MHz, 64 Mo RAM, CD-ROM x 8
Mac OS 8.6, 400 MHz, 64 Mo RAM, CD-ROM x 8
Autres titres :
Justine et la pierre de feu.
Justine et l'île aux fruits rouges.
Justine et l'étrange animal.
De 15 à 30 € À partir de 6 ans

2555. Obrecht, Cyril : **Pierre et le loup.**
Cette adaptation est conçue pour un usage PC comme en home ciné vidéo, avec lecteur de DVD de salon. Sont associés l'œuvre musicale, la narration par Jean Rochefort, chaleureuse et bien jouée, un dessin animé et des activités multimédias. Plusieurs parcours sont possibles et l'enfant maîtrise le déroulement, pouvant basculer en permanence d'un mode à l'autre. L'ergonomie est simple et le graphisme plutôt séduisant.
Ambroisie Interactive / Lorcom Production / Harmonia Mundi distribution.
1 DVD ou 1 CD PC + 1 CD audio couplés
30 € À partir de 7 ans

JEUX D'AVENTURES ET D'ENQUÊTE

♥ **2556.** Anthony, Hervé ; Pruvost, Stéphane ; Champigny, Jacques ; Elouet, Luc : **Forestia.**
En compagnie du lapin Sam et du doyen Papychêne, l'aventure commence très vite dans cette forêt où de nombreux personnages aux allures très « toons » nous demandent de l'aide : jeu de l'oie sur les

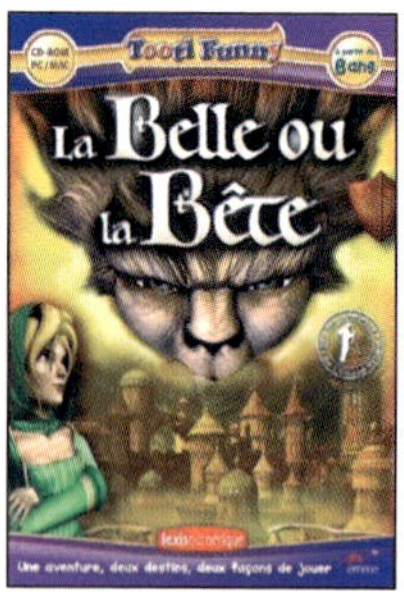

animaux de la forêt, jeu d'orientation et de rapidité dans la fourmilière, jeux d'observation, de mémoire et d'écoute musicale... Pour se diriger, on dispose d'un plan, d'un appareil photo pour photographier les animaux et d'un album que l'on remplit de plantes et de photos.
Daddyoak / Emme.
PC W 95 / 98 / 98 SE / Me / NT / 2000 / XP, 266 MHz, 64 Mo RAM, lecteur CD-ROM
Mac 9.2 ou 10.1.3, 266 MHz, 64 Mo RAM, lecteur CD-ROM
15 € À partir de 7 ans

2557. Scooby-Doo ! : Le Secret du Sphinx.
L'esprit loufoque de la série animée *Scooby-Doo* est bien reproduit à travers les personnages et les décors et l'on se prend rapidement au jeu des énigmes à résoudre. Ici il s'agit de retrouver une archéologue et de démasquer une momie cachée dans sa pyramide. L'essentiel de l'enquête consiste à chercher et à utiliser intelligemment des objets. Le scénario semble parfois linéaire et l'aide insuffisante. Mais le coupable change à chaque partie, ce qui relève l'intérêt. Avis aux fans...
Warner Bros / Mindscape.
PC W 95, 166 MHz, 32 Mo RAM (128 Mo sous XP), CD-ROM x 8
Autre titre :
Scooby-Doo ! : Le Monstre du musée.
15 € chaque À partir de 7 ans

♥ **2558. Terra Forestia.**
Zeko enquête car la nature est devenue folle : les fleurs gonflent jusqu'à exploser, les feuilles des arbres ne cessent de pousser et il pleut des noix ! Des rencontres avec de drôles de personnages, des paysages enchanteurs, des jeux variés : une fois l'aventure terminée on a juste envie de recommencer.
Daddyoak / Emme.
PC W 98 à XP, 350 MHz, 96 Mo RAM, CD-ROM x 12
Mac OS 8.6, Power Mac 350, 128 Mo RAM, CD-ROM x 12
30 € À partir de 7 ans

2559. Viennot, Éric et Mariette, Sandrine : **Alice au pays des merveilles.**
Le pari d'adapter cette œuvre littéraire était osé mais les concepteurs ont su élaborer un jeu d'aventure qui restitue justement la logique, l'humour, le non-sens, les jeux de mots, les devinettes présents dans l'œuvre originale. Tout au long du jeu, Alice change de taille pour pénétrer dans le jardin secret de la reine. Elle rencontre les personnages de ce monde extraordinaire qui lui soumettent des épreuves d'adresse, de logique, de langage, des énigmes et devinettes, le tout porté par une réalisation soignée.
Lexis Numérique / Emme.
PC W 95 / 98 / Me / XP, 266 MHz, 64 Mo RAM, CD-ROM x 8
Mac OS 7.5.3 à OS X, iMac ou G3, 64 Mo RAM, CD-ROM x 8
15 € À partir de 9 ans

♥ **2560.** Bataillon, Sarah ; Derouetteau, Olivier ; Viennot, Éric : **La Belle ou la Bête.**
Dans ce titre librement inspiré du conte, le joueur peut incarner l'univers mystérieux de la Belle qui doit retrouver son père prisonnier, ou de la Bête qui doit briser le maléfice qui l'a transformée en monstre. Exploration, énigmes et épreuves d'adresse, de logique et de réflexion : les jeux sont parfaitement intégrés à l'ingénieux scénario qui permet un cheminement multiple. Les musiques originales, les décors somptueux, les personnages en 3D bien campés nous offrent là un beau spectacle multimédia.
Lexis Numérique / Emme.
PC W 95 / 98 / 98 SE / Me / NT / 2000 / XP, 266 MHz, 32 Mo RAM, CD-ROM x 8, Mac OS 9, iMac ou G3, 32 Mo RAM, CD-ROM x 8
15 € À partir de 9 ans

♥ **2561.** Viennot, Éric : **La Statuette maudite de l'oncle Ernest.**
Dans ce nouvel opus de la série *Oncle Ernest*, on retrouve toujours le livre comme interface. Il faudra ramasser des plantes, des insectes ou des objets, en rapport avec la faune et la flore d'Asie. Le déroulement non linéaire du jeu fait appel à la logique et la dextérité. La force du titre réside dans l'ambiance poétique, une bande sonore envoûtante et un graphisme à l'aquarelle, de toute beauté.
Lexis Numérique / Emme.
PC W 98 / Me / XP, 266 MHz, 32 Mo RAM, CD-ROM x 8
Mac OS 8.1, Power Mac G3, 64 Mo RAM, CD-ROM x 8
Autres titres :
L'Album secret de l'oncle Ernest.
Le Fabuleux Voyage de l'oncle Ernest.
L'Île mystérieuse de l'oncle Ernest.
Le Temple perdu de l'oncle Ernest.
15 € chaque À partir de 9 ans

2562. Forestia Révoltozoo.
Ce troisième opus reprend l'univers des célèbres Forestia et Forestia Junior, dans le cadre d'une intrigue policière : des animaux ont disparu, il faut les retrouver et les délivrer d'un cirque. Ce sera le prétexte à d'étranges activités, et à des découvertes de personnages très réussis. Les auteurs ont créé une ambiance très attachante, et un univers graphique qui fonctionne. Les personnages en 3D sont réussis et adorables, et les jeux moins simples qu'il n'y paraît.
Daddyoak / Lasermedia / Emme.
PC W 98 à XP, 350 MHz, 96 Mo RAM, CD-ROM x 12
Mac OS 8.1, G3, CD-ROM x 2
15 € À partir de 9 ans

2563. Les Enquêtes de Nancy Drew : Danger au cœur de la mode.
Dans ce troisième volet, Nancy travaille pour une créatrice de mode parisienne au comportement étrange. En tâchant d'en découvrir les raisons, la jeune fille va enquêter dans les différents quartiers de Paris. Des énigmes faciles à résoudre avec patience et logique, un bon titre dans son genre. À noter que l'univers de la mode n'est pas montré sous ses plus beaux atours.
Her Interactive / Micro Application.
PC W 98 SE / Me / 2000 Pro / XP, 400 MHz, 1,2 Go, CD-ROM x 12
Autres titres :
Les Enquêtes de Nancy Drew : La Malédiction du manoir de Blackmoor.
Les Enquêtes de Nancy Drew : Le Mystère de l'horloge.
30 € chaque À partir de 10 ans

2564. Ham'fara : Mystère au manoir.
Un manuscrit ancien a été dérobé au musée de Bayeux : il existerait un trésor

viking sous le château de Kornequeue ! Il est temps de mener l'enquête, en compagnie des jeunes « inséparables ». Au cours des explorations du manoir et des alentours, il faut épier, fouiller, interviewer et rechercher des documents et des objets : clés, pelle, lampe-torche... Ces indices permettent alors de décrypter la tapisserie de Bayeux, de sortir d'un labyrinthe codé et de résoudre les nombreuses énigmes. Une enquête originale qui mêle l'attrait du film à suspense, car tout est filmé, et l'interactivité du jeu.
La Forêt Production / Emme.
PC W 98 / Me / XP, 266 MHz, 64 Mo RAM, lecteur DVD-ROM
Mac OS 8.6 ou OS X, iMac ou G3, 128 Mo RAM, lecteur DVD-ROM
35 € À partir de 11 ans

♥ **2565. Voyage au cœur de la Lune.**
Les créateurs de « Retour sur L'île mystérieuse » et « Au cœur de Lascaux » nous proposent cette fois un voyage lunaire s'inspirant du texte de Jules Verne, *De la Terre à la Lune*. Dans la peau du scientifique Michel Ardan, nous allons explorer la Lune et chercher le moyen de revenir sur Terre, en résolvant les différentes énigmes de l'astre et de ses habitants, extra-terrestres d'une ancienne civilisation. Le scénario, parfaitement mis en valeur par l'univers graphique, ravira les amateurs d'aventure !
Kheops Studio / The Adventure Company / Nobilis.
PC W 98 / Me / XP, 800 MHz, 1.4 Go
30 € À partir de 12 ans

2566. Druillet, Philippe : **Salammbô.**
Sauvé du naufrage de la faillite de Cryo, le dernier opus de Philippe Druillet, avec de belles musiques classiques, donne une nouvelle interprétation du chef-d'œuvre de Flaubert, après sa version en BD (1981-1988). Décors exceptionnels, vues subjectives en 360°, réalisation de l'équipe d'*Atlantis III*, scénario fidèle à l'histoire, basé sur des énigmes et explorations, difficulté modérée, voilà un titre bien équilibré, typique des jeux d'aventures « à la française ». Druillet donne du fantastique au climat, sans sombrer dans la grandiloquence.
The Adventure Company / Nobilis.
PC W 98, 300 MHz, 64 Mo RAM
15 € À partir de 13 ans

JEUX D'ACTION

♥ **2567.** Viennot, Éric ; design Delaye, Nicolas : **Big Bang Bidule ! chez l'oncle Ernest.**
Dans la lignée de l'*Oncle Ernest*, l'équipe d'Éric Viennot a réalisé une série pour les plus jeunes qui a pour environnement une boîte à bidules remplie de monte-charges, d'engrenages, de leviers, de manettes et habitée par de drôles de personnages : Gus, Toto, Bébert et Léonie. Les jeux d'adresse et de rapidité ont pour cadre un univers poétique et loufoque au graphisme soigné.
Lexis Numérique / Emme.
PC W 98 / Me / XP, 266 MHz, 64 Mo RAM, CD-ROM x 8
Mac OS 8.1, iMac ou G3, 266 MHz, 64 Mo RAM, CD-ROM x 8
Autres titres :
Le Bidulo Trésor de l'oncle Ernest.
La Boîte à Bidules de l'oncle Ernest.
De 20 à 35 € À partir de 5 ans

2568. Denner, Charlet ; ill. Prigent, Andrée ; musiques originales Denis, Étienne : **Tibili et l'île de la panthère.**
Après deux titres consacrés à la lecture et au calcul, l'éditeur scolaire reprend le personnage et l'univers de Tibili dans ce cédérom de jeux. Le héros part sur l'île de la panthère, à la recherche de ses trois amis capturés par l'odieuse pintade Kut Kut. Pour l'aider dans sa quête, le joueur doit réussir des épreuves d'adresse et de logique. L'univers graphique est plaisant, le scénario tient la route et les jeux fonctionnent bien. En revanche, on déplore les voix assez « godiches » et l'avancée trop linéaire de l'aventure.
Magnard / Hachette Multimédia.
PC W 95 / XP, 200 MHz, 64 Mo RAM, CD-ROM x 12
Mac OS 8.5, Power PC, CD-ROM x 12
30 € À partir de 6 ans

2569. Boule et Bill : Au voleur !
Les voisins de Boule et Bill se sont fait cambrioler. Bill sait que le voleur a caché les bijoux dans différents endroits de la maison. Pour les retrouver, il faut gagner des épreuves : faire traverser Bill en évitant les gouttes d'eau qui tombent du plafond, réussir un tour d'équilibrisme pour atteindre les cartons de la cuisine, tirer sur le voleur avec une catapulte... De l'humour, un graphisme et des doublages réussis.
Dargaud / Lexis Numérique / Emme.
PC W 98 / Me / XP, 400 MHz, 64 Mo RAM, lecteur CD-ROM
Mac OS 8.1 ou sup., iMac ou G3, 128 Mo RAM, lecteur CD-ROM
Autres titres :
Boule et Bill : Boule a rétréci.
Boule et Bill : À la rescousse !
De 15 à 30 € À partir de 7 ans

2570. Harry Potter à l'école des sorciers.
Si les films adaptés des best-sellers de J. K. Rowling sont aussi fidèles que fades, ce jeu de rôle et d'aventure nous fait découvrir l'univers des sorciers et l'école de Poudlard. Apprentissage du Quidditch, galerie des personnages inoubliables, tous les points attendus sont présents. Chacun connaissant par cœur l'histoire, la narration linéaire n'est pas gênante, grâce à quelques variantes et explorations du château. Les habiletés sollicitées sont suffisamment variées pour ne pas être répétitives. Une adaptation professionnelle, remarquablement jouable et très accrocheuse.
Warner / Electronic Arts Games.
PC W 95, 266 MHz, 32 Mo RAM, lecteur CD-ROM
Mac OS 8.6, G4 300 MHz, 96 Mo RAM, lecteur CD-ROM
15 € À partir de 8 ans

2571. Harry Potter et la chambre des secrets.
Un deuxième jeu pour le deuxième film du deuxième livre, mais beaucoup d'originalité dans le développement : l'utilisation de la magie et la structure du jeu de rôle ont une tout autre ampleur, la technique est graphiquement très supérieure, le cheminement est plus fractionné et moins prévisible. La musique et les voix créent une ambiance étonnante. Les créateurs ont su, pour une fois, allier les atouts des consoles et ceux du PC, pour aboutir à un parcours enlevé et haletant, qui nécessite

une solide réflexion pour écarter tous les suppôts de Serpentard !
Warner / Electronic Arts Games.
PC W 95, 266 MHz, 64 Mo RAM, Carte vidéo 3D, lecteur CD-ROM
25 € À partir de 8 ans

2572. Harry Potter et le prisonnier d'Azkaban.
Où l'on peut incarner plusieurs personnages (Harry, Ron et Hermione) et passer de l'un à l'autre en utilisant leurs pouvoirs pour réussir les nombreux défis et vaincre les ennemis. Une interactivité réussie et une grande jouabilité.
Warner / Electronic Arts Games.
PC W 95, 266 MHz, 64 Mo RAM, Carte vidéo 3D, lecteur CD-ROM
25 € À partir de 8 ans

2573. Harry Potter et la coupe de feu.
Mystérieusement sélectionné pour participer à un dangereux tournoi, Harry devra affronter bien des épreuves pour vaincre le dragon et libérer ses amis du lac aux eaux glacées. Une évolution graphique et de genre : on quitte les plates-formes de volets précédents pour plus d'action. Dans un style différent, toujours un aussi grand plaisir.
Warner / Electronic Arts Games.
PC W 2000 / XP, 1.2 GHz, 256 Mo RAM, lecteur DVD-ROM, carte graphique 64 Mo
35 € À partir de 8 ans

2574. Lucky Luke, Terreur sur Black Jack City.
Adaptations soignées de l'univers du cow-boy de Morris, ces cédéroms proposent des mini-jeux - dont certains plutôt originaux - basés sur l'observation et la rapidité. La difficulté est bien dosée et les animations assez réussies. Les enfants prendront plaisir à incarner « l'homme qui tire plus vite que son ombre ».
Lucky Comics / Emme.
PC W 98, 266 MHz, 32 Mo RAM, CD-ROM x 8
Mac OS 8.1, 400 MHz, 64 Mo RAM, CD-ROM x 8
Autre titre :
Lucky Luke, Le Fil qui chante.
30 € chaque À partir de 8 ans

2575. Thorgal : La Malédiction d'Odin.
Sur un scénario original Cryo nous offre, avec cette adaptation de Thorgal, un jeu d'aventures parsemé de casse-tête à résoudre, en interagissant avec les éléments du décor. Le principal intérêt de ce titre ne réside ni dans sa durée de vie limitée ni dans la qualité inégale de ses énigmes, mais plutôt dans sa retranscription fidèle de l'atmosphère de la BD. L'histoire, validée par Van Hamme, s'avère vite passionnante et les graphismes restent proches du dessin de Rosinski.
Le Lombard / The Adventure Company / Nobilis.
PC W 95 / 98 / 2000 / Me / XP, 400 MHz, 64 Mo RAM, CD-ROM x 8
15 € À partir de 10 ans

JEUX DE STRATÉGIE ET DE GESTION

♥ 2576. Fritz et Bianca. Vol. 2. Échecs dans le château du roi noir.
En compagnie de Fritz et Bianca, les enfants apprennent pas à pas les règles du jeu d'échecs. Au cours d'un scénario captivant où l'enfant passe de salle en salle sur des échiquiers différents, il apprend le déplacement des pièces, les règles et la stratégie du jeu. Une fois toutes les salles parcourues, l'étape ultime consiste à disputer une partie contre le roi noir. Une aventure très plaisante qui réussit parfaitement l'apprentissage des échecs.
Gost Publishing / Terzio.
PC W 95 / 98 / Me / XP, 233 MHz, 32 Mo RAM, CD-ROM x 16
40 €
Autre titre :
Fritz et Bianca. Vol. 1. À la découverte du jeu d'échecs.
30 € À partir de 5 ans

♥ 2577. Zoombinis : Archipel en danger.
Les Zoombinis sont de drôles de créatures très aimées des enfants et des enseignants. Si les premiers sont séduits par l'aventure toujours captivante et l'humour des personnages, les seconds apprécient le traitement des notions mathématiques et logiques par le jeu. Car à travers ces personnages aux caractères semblables ou différents, on aborde les fondements de la logique booléenne, la théorie des ensembles et dans ce titre, des notions de mécanique et d'écologie.
TLC Multimédia / Mindscape.
PC W 98 et sup., 200 MHz, 32 Mo RAM, 90 Mo disque dur, CD-ROM x 8
Mac OS 8.6-9.X, Power PC 233 MHz, 32 Mo RAM, 90 Mo disque dur, CD-ROM x 8
30 € À partir de 10 ans
Autre titre :
2578. Zoombinis : Mission au sommet.
15 € À partir de 8 ans

2579. Gravier, Sylvain et Payan, Charles : **Les 7 Énigmes de K'stêt.**
Pour libérer Wizz de la planète K'stêt, le joueur devra résoudre sept énigmes mathématiques : réussir à empiler des éléments sur une colonne tout en respectant un ordre donné ; assembler correctement des pièces aux formes géométriques diverses pour former un rectangle ; parvenir à combler l'espace d'une grille avec des pavés dominos... Conçu par deux chercheurs en « mathématiques discrètes », ce cédérom à l'habillage graphique et vocal ordinaire offre plusieurs niveaux de difficulté et propose des casse-tête très prenants qui permettent d'affiner son sens logique et de construire son raisonnement.
Génération 5.
PC W 95, Pentium II, 32 Mo RAM, CD-ROM x 8
Mac OS 8.5 à 9.2, 32 Mo RAM, CD-ROM x 8
25 € À partir de 11 ans

2580. Age of Mythology.
Désormais grand classique des jeux de stratégie en temps réel, la série des « Age of » s'enrichit d'un nouveau titre digne de ses prédécesseurs. Vous créez et développez toujours votre civilisation mais en évoluant désormais dans un univers fantastique riche de créatures et héros mythologiques. Une jouabilité irréprochable, des graphismes somptueux, une intelligence artificielle sans faille, voilà un titre complet et indispensable dans toute bonne logithèque.
Microsoft.
PC W 98 et sup., 450 MHz, 128 Mo RAM, lecteur CD-ROM
15 €

Autres titres :
Age of Empires III.
Age of Empires III : The Warchiefs (extension).
40 et 25 €
PC W XP, 2,8 GHz, 1 Go RAM, carte 3D 128 Mo RAM, lecteur CD-ROM
À partir de 12 ans

2581. Sim City 4.
Un des vétérans des programmes de simulation est ici remis à jour, et étendu aux embouteillages. Ce jeu culte permet de créer, développer et surtout gérer une ville : l'adolescent joue le maire, et gère en direct la ville et sa région. Les paramètres à modifier sont nombreux et permettent une variété toujours renouvelée. Tout est personnalisable, et il est facile de se faire déborder par l'intelligence artificielle du jeu. Pour apprendre aux adolescents qu'il n'y a pas que de la violence dans le jeu vidéo, et qu'on peut réfléchir et apprendre en même temps...
Maxis / Electronic Arts.
PC W 98 à XP, 500 MHz, 128 Mo RAM, CD-ROM x 16
20 €
Autre titre :
Sim City 4 : Rush Hour (extension).
40 € À partir de 12 ans

ACTIVITÉS DE CRÉATION

2582. Photo junior.
Après avoir importé des photographies à partir du disque dur, d'une disquette, d'un cédérom ou d'un appareil photo numérique, on peut les déformer dans l'atelier de morphing, insérer un portrait dans un cadre au style Joconde, Poulbot ou autre, ou écrire, dessiner et ajouter des effets spéciaux dans l'atelier de retouche. Il est ensuite possible de constituer des albums photos aux mises en pages variées pour les consulter, les imprimer ou les exporter pour le Web. La simplicité des icônes, l'aide sonore et le nombre restreint de fonctionnalités rendent l'enfant véritablement autonome dans l'utilisation de cet outil.
Génération 5.
PC W 98 et sup., Pentium II, 32 Mo RAM, CD-ROM x 8
25 € À partir de 7 ans

♥ 2583. Jeune Styliste : Fashion-Maker.
L'atelier de création de mode se développe : outre la création de tenues, un atelier de maquillage et de coiffure, on peut désormais concevoir ses propres tissus, en choisir les matières et les coloris. Ce jeu peut également fonctionner avec une tablette graphique.
Carré Multimédia / Jeunes Créateurs.
PC W 98 / 2000 / XP, 400 MHz, 128 Mo RAM, CD-ROM x 32
Mac OS X, Power Mac G3, 128 Mo RAM, CD-ROM x 32
Autres titres :
Jeune Styliste 1 : Haute couture.
Jeune Styliste 2 : Studio.
Jeune Styliste 3 : Star.
De 15 à 30 € À partir de 8 ans

LUDO-CULTUREL

2584. Mission Vétérinaire : Je soigne les animaux du zoo.
En rejoignant l'équipe de ce zoo, le joueur devient apprenti vétérinaire et doit soigner les animaux. Pour cela, il dispose de fiches signalétiques, des conseils avisés de soigneurs et vétérinaires et de toute une panoplie d'outils pour ausculter les animaux. Ce jeu de simulation en 3D, de bonne facture graphique, propose des scénarios réalistes conçus par des vétérinaires. Les informations sont toujours précises, les consignes claires et l'on peut choisir entre trois niveaux de difficulté.
Legacy Interactive / Mindscape.
PC W 98 SE / Me / XP, 800 MHz, 128 Mo RAM (256 sous XP), CD-ROM x 16
Mac OS X, iMac ou G4, 800 MHz, 256 Mo RAM (512 sous 10.4), CD-ROM x 16
Autre titre :
Mission Vétérinaire 2 : Je soigne les animaux familiers.
35 € chaque À partir de 7 ans

2585. Broomhead, Laurent : **Poney Club 2 : La Fête de Karakol.**
Pour cette suite, le Poney Club est transformé en parc d'attractions. Les épreuves proposées font appel à l'observation, la mémoire, l'adresse et la réflexion. Chaque jeu permet de découvrir un aspect différent de l'univers équestre : anatomie du cheval, alimentation, entretien... Une encyclopédie vidéo donne des précisions sur la vie des chevaux. L'ambiance est au rendez-vous, les animations et les voix de bonne facture. Et nul besoin de s'y connaître en canassons pour apprécier.
Emme / LBC / Equidia.
PC W 95 / 98 / Me / XP, 266 MHz, 64 Mo, CD-ROM x 8
Mac OS 8.6, iMac ou G3, G4, 64 Mo, CD-ROM x 8
Autre titre :
Poney Club : Les Aventures de Karakol.
15 € chaque À partir de 7 ans

2586. Les Aventures de Tête-Brûlée.
En 2050, la couche d'ozone a presque disparu et les hommes sont obligés de vivre sous terre. Il faut aider Tête-Brûlée à se protéger des méfaits du soleil. Il est guidé dans son aventure par un vieux sage qui l'emmènera à l'observatoire comprendre le système solaire, au musée de l'Homme étudier la peau, à la montagne et à la mer pour appliquer les conseils qui lui seront prodigués... L'éditeur, spécialisé dans les dangers domestiques, signe là un jeu instructif, pédagogique et original aux graphismes parfois pauvres.
2J-Média / Médiasanté / Génération 5.
PC W 98, Pentium III, 32 Mo RAM, lecteur CD-ROM
Mac OS 8.2, iMac ou G3, 32 Mo RAM, lecteur CD-ROM
53 € À partir de 8 ans

2587. Carmen Sandiego, La Trilogie.
L'intégrale des aventures de Carmen Sandiego qui ne laisse aucun répit à la police internationale. Après avoir dérobé la flamme olympique et tout le sel de la mer Morte, elle s'empare du précieux manuscrit « Les Voyages de Marco Polo ». Une course-poursuite qui permet de découvrir l'histoire, l'art et la géographie de cinquante pays grâce à une importante base de données. L'univers graphique et sa technique ont un peu vieilli, mais fonctionnent encore bien en terme de navigation.
Mindscape.
PC W 95 / 98 / 98 SE / Me / NT / 2000

/ XP, 166 MHz, 32 Mo RAM, CD-ROM x 8, Mac tout Mac OS, Power PC 180 MHz, 32 Mo RAM, CD-ROM x 8
30 € (coffret 3 cédéroms)
À partir de 8 ans

♥ 2588. Les Débrouillards : Eau secours ! Professeur Scientifix.
Le Bongo, pays d'Afrique, s'assèche sans que les plus grands chercheurs du monde comprennent pourquoi. Il faut aider les Débrouillards à résoudre ce mystère. Dans le manoir du professeur, le joueur doit réunir des indices, tester ses connaissances et accomplir des expériences scientifiques autour de l'eau. Un jeu captivant qui favorise la découverte des sciences par le jeu.
Creo / Némopolis.
PC W 98 SE minimum, 266 MHz, 128 Mo RAM, CD-ROM x 12
Mac OS 9, Power PC, 128 Mo RAM, CD-ROM x 12
Autre titre :
2589. L'Étrange disparition du Professeur Scientifix.
30 € chaque À partir de 8 ans

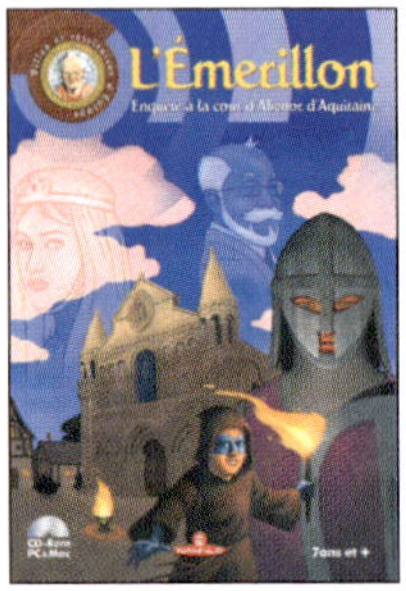

♥ 2590. L'Émerillon : Enquête à la cour d'Aliénor d'Aquitaine.
Oscar doit sauver son ami le professeur en remontant le temps : à Poitiers en 1137, il part à la poursuite de son ennemi le docteur Dunoï. Pour mener à bien sa mission il devra résoudre des énigmes, réussir des jeux d'adresse, autant d'occasions de découvrir le Moyen Âge dans un Poitiers entièrement reconstitué, en s'aidant d'un livre interactif très bien documenté.
Némopolis.
PC W 98 / 2000 / XP, 500 MHz, 256 Mo RAM, CD-ROM x 16
Mac OS X, Power Mac G3, 256 Mo RAM, CD-ROM x 16
Autre titre :
2591. L'Oricou : Enquête à Paris sous Napoléon.
40 € chaque À partir de 8 ans

2592. Thiébaud, Chantal ; ill. Kinka : **L'Enfant sans nom.**
Trois modes de consultation sont possibles : l'histoire, les jeux ou encore l'aventure qui intègre les jeux dans l'histoire. Celle-ci raconte comment l'enfant sans nom s'est enfui de chez une sorcière et recherche sa famille et son nom. Durant sa quête à travers six jeux de difficulté croissante, il développe mémoire, raisonnement logique, patience et habileté. L'histoire évoque avec émotion la misère et le message de paix et d'amitié entre les peuples passe bien.
ATD Quart Monde / Kaona.
PC W 95 / 98 / Me / 2000 / XP, 166 MHz, 32 Mo RAM, CD-ROM x 8
Mac OS 9, Power PC 120 MHz, G3, G4, 32 Mo RAM, CD-ROM x 8
30 € À partir de 8 ans

2593. Il était une fois la vie.
Le célèbre dessin animé d'Albert Barillé sert de support à un documentaire assez basique sur le corps humain, qui est cependant très accessible aux enfants. Un graphisme simple, une navigation claire à défaut d'être originale, et des extraits du dessin animé.
Mindscape, Club des héros.
PC W 95 / 98 / 98 SE / Me / NT / 2000 / XP, 350 MHz, 128 Mo RAM, CD-ROM x 8
Mac OS 9, iMac ou G3, 350 MHz, 128 Mo RAM, CD-ROM x 8
15 € À partir de 8 ans

♥ 2594. Phan, Minh : **Papyrus : La Vengeance d'Aker.**
Grâce à la créativité du studio Lexis, et notamment du créateur d'*Itacante*, Minh Phan, c'est une véritable aventure interactive, presque un jeu de rôle, qui attend ici l'enfant : on alterne entre la princesse Théti et le jeune héros, la trame est aléatoire, permettant de renouveler les parties, on peut même jouer à deux. Côté culture, des fiches pédagogiques sur l'Égypte ancienne amènent des informations correctes, mais ce n'est pas le premier objectif. Le graphisme est soigné, la fluidité excellente, les animations très belles.
Emme / Lexis Numérique, Kid Classics.
PC W 95 / 98 / Me / XP, 166 MHz, 32 Mo RAM, lecteur CD-ROM
Mac OS 8.91 ou sup., Power Mac, 32 Mo RAM, lecteur CD-ROM
15 € À partir de 8 ans

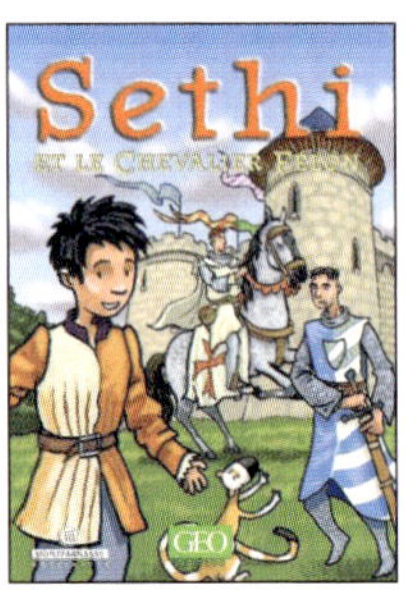

♥ 2595. Sethi et le chevalier félon.
Cette quatrième aventure de Sethi se déroule au XIIIe siècle : le chevalier Aymeric est victime du complot de Ghislain, le chevalier félon. Sethi va déjouer cette conspiration avec des jeux de réflexion et des activités pour découvrir la vie à l'époque médiévale. Un cédérom réussi tant par son graphisme soigné, son scénario, ses jeux et son apport documentaire bien dosé.
Montparnasse Multimédia / Mindscape / Géo Jeunesse.
PC W 98 SE / Me / 2000 / XP, 600 MHz, 128 Mo RAM, CD-ROM x 24
Mac OS 9.2 / 10.1.3, Power Mac G3, 128 Mo RAM, CD-ROM x 32
Autres titres :
2596. Sethi et la couronne d'Égypte.
2597. Sethi et le sorcier inca.
2598. Sethi et la tribu de Neandertal.
De 15 à 30 € À partir de 8 ans

2599. Les 9 Destins de Valdo.
Jeu d'aventure qui se déroule à l'époque des grandes découvertes. Lisbonne, 1580, à bord d'un galion portugais, le joueur se retrouve confronté aux pirates, aux requins, aux tempêtes et à des peuples inconnus... L'enfant doit aider Valdo à résoudre des énigmes en s'aidant d'une documentation sur la navigation et les grandes découvertes.
Mindscape.
PC W 98 SE / Me / XP, 233 MHz, 64 Mo de RAM (128 Mo sous XP), CD-ROM x 8
15,99 € À partir de 9 ans

2600. Artus contre le démon du musée.
Artus vit dans le musée que gardent ses parents. Un soir, le démon du musée, depuis longtemps emprisonné dans une des toiles, se libère et s'en prend à tous les tableaux. Dès lors, il faut aider Artus dans six missions qui ont pour cadre vingt-cinq chefs-d'œuvre de la peinture, reliés les uns aux autres par des passages, et dans lesquels il faut interroger les personnages pour gagner des indices et déchiffrer des énigmes. Mais une fois ces indices décodés, il faut aussi faire preuve d'observation, d'orientation, de logique et d'adresse. Un cédérom qui

combine brillamment jeu d'aventure et sensibilisation à la peinture.
RMN / Hachette.
PC W 95 ou sup, 200 MHz, 32 Mo RAM, lecteur CD-ROM
Mac OS 9, 32 Mo RAM, lecteur CD-ROM
20 € À partir de 9 ans

2601. Artus et le grimoire secret.
En consultant un vieux grimoire, Artus est propulsé au Moyen Âge. Son retour au XXIe siècle ne sera possible que s'il retrouve quatre objets, associés respectivement aux sciences, au commerce, à la noblesse et à la religion de la société médiévale. Dans sa quête, il rencontre des personnages qui lui fournissent des indices en échange de services, il doit résoudre des énigmes et surmonter des épreuves de logique et de réflexion. Ce jeu d'aventures est très soigné dans sa forme graphique et sonore, bien pensé sur le plan de la navigation et offre une grande jouabilité.
RMN / Musée du Louvre.
PC W 98 à XP, 400 MHz, 64 Mo RAM, lecteur CD-ROM
Mac OS 9, G3, comp. Mac OS X, 64 Mo RAM, lecteur CD-ROM
38 € À partir de 9 ans

2602. Artus et le vaisseau fantôme.
Le petit souriceau en 3D, en vacances dans un phare, doit affronter un vaisseau fantôme et protéger de vieux navires : une structure identique au premier titre. Des énigmes et des jeux intelligents permettent de progresser jusqu'à la résolution. Le graphisme est très réussi avec de somptueuses reconstitutions de voiliers, la navigation bénéficie d'astuces bien trouvées. L'enfant apprendra énormément, la foule d'informations mises en scène bénéficie ici d'un support pédagogique et culturel remarquable, en même temps que d'un jeu passionnant.
Musée national de la Marine / Réunion des musées nationaux / Gyoza Media.
PC W 95 ou sup, 200 MHz, 32 Mo RAM, lecteur CD-ROM
Mac OS 9, 32 Mo RAM, lecteur CD-ROM
20 € À partir de 9 ans

♥ **2603. C'est pas sorcier : Mystérieuse Disparition en Amazonie.**
Le photographe Paul Rostand, parti en reportage dans la forêt amazonienne, a disparu. Le joueur doit alors aider Fred et Jamy à le retrouver. À la manière d'une enquête basée sur la recherche d'indices dans différents endroits où Paul Rostand a séjourné, le joueur collecte des objets, les analyse, répare des machines... Il dispose d'un analyseur qui renseigne sur les objets et de films extraits de la série TV *C'est pas sorcier*. Le scénario enlevé, les personnages appréciés des enfants, les décors soignés, l'intérêt des activités font un cédérom plaisant qui manque cependant de rythme et nécessite un équipement puissant.
Mindscape / Lexis Numérique / France 3.
PC W 98 SE / XP, 600 MHz, 256 Mo RAM (512 sous XP), lecteur DVD-ROM
Mac OS 10.2 ou sup., iMac ou G3, 600 MHz, 512 Mo RAM, lecteur DVD-ROM
Autre titre :
2604. C'est pas sorcier : Menace sur le volcan Tamakou.
35 € chaque À partir de 9 ans

2605. Le Chemin de Tête-en-l'air.
En suivant les aventures de Tête-en-l'air qui ne connaît pas les règles de la sécurité routière, les enfants apprennent à circuler à pied, en vélo et comme passager à bord d'une automobile, à travers des séquences vidéo commentées par un adulte et de nombreux jeux de difficulté progressive : reconnaître les panneaux ou les situations de danger, apprendre à traverser une chaussée, maîtriser le vocabulaire de la rue... Ce cédérom au ton approprié joue adroitement la carte de l'éducation par le jeu.
2J-Média / MAIF / Génération 5.
PC W 98, P3, 32 Mo RAM, CD-ROM x 12
Mac OS 8.2, 64 Mo RAM, CD-ROM x 12
30 € À partir de 9 ans

2606. Imbert, Marie-Christine : **La Ferme de Paille la canaille.**
Le grand-père Anatole veut léguer sa ferme : il faut la mettre en état et chasser Paille l'épouvantail. Les missions arrivent avec les saisons : planter des légumes, ramasser les œufs... L'amusant Paille fait tout son possible pour égarer le joueur. Il a éparpillé les carnets d'Anatole qu'il faut retrouver pour se documenter. L'ambiance sonore, les décors en 3D sont recherchés et restituent justement la vie d'une ferme au fil des saisons. Enfin, la navigation à la fois intuitive et guidée participe pleinement à la réussite de ce cédérom.
Lasermedia / Emme.
PC W 98 / Me / XP, 400 MHz, 128 Mo RAM, CD-ROM x 24
Mac OS 8.6 ou sup., iMac ou G3, 400 MHz, 128 Mo RAM, CD-ROM x 24
15 € À partir de 9 ans

2607. La Quête de l'eau.
Ce titre, séduisant de par sa forme (le jeu) et son esthétique (les univers de fantasy), propose une sensibilisation autour du thème de l'eau. Ici les mondes à explorer sont sur notre bonne vieille Terre et les lieux de la quête sont les différents milieux. Des déserts arides aux froids polaires, le joueur découvre les différentes facettes de l'élément liquide, l'importance de la sauvegarde des ressources ou encore les conséquences des interventions humaines. Une approche globale réussie servie par une base documentaire de grande qualité.
Strass Productions / Unesco.
PC Pentium 166 MHz, W 95 / 98 / 98 SE / Me / NT / 2000 / XP, 32 Mo RAM, lecteur CD-ROM x 8
Mac Power Mac 160 MHz, OS 9, 32 Mo RAM, lecteur CD-ROM x 8
25 € À partir de 9 ans

2608. Yi et la malédiction de l'empereur céleste.
Yi, fils de la lune et du vent, est envoyé sur terre pour soigner les maux qui frappent le monde. C'est dans les écritures chinoises qu'il trouvera la solution. Pour avancer, l'enfant devra reconnaître et mémoriser divers signes chinois (utiliser le caractère feu pour éclairer une grotte...). Un cédérom d'une grande beauté pour découvrir la culture chinoise mais qui peut sembler un peu difficile pour les plus jeunes.
Les Auteurs Associés / Mindscape.
PC W 98 SE / Me / XP, 600 MHz, 128 Mo RAM, CD-ROM x 16
Mac OS 9.2 / 10 / 2, iMac ou Power PC G3, 128 Mo RAM, CD-ROM x 16
30 € À partir de 9 ans

2609. L'Île diabolique (Affaires à suivre n° 1).

Quatre adolescents vivent une aventure policière interactive, pleine de rebondissements et au scénario fouillé : apprentis journalistes contre contrebandiers, avec éruption volcanique ! L'interface type BD satisfera les jeunes, les ados attendent plus d'action, mais la trame est solide, consolidée par une documentation intéressante. Il faut alors se laisser prendre à cette énigme et ce pari graphique audacieux.

Mindscape / Belle Productions.

PC W 98 SE / Me / XP, 500 MHz, 128 Mo RAM (256 Mo sous XP), CD-ROM x 8.

Mac OS 9.2, 350 MHz, 128 Mo RAM, CD-ROM x 8

15 € À partir de 10 ans

2610. Le Secret de l'Alchimiste (Affaires à suivre n° 2).

Nous retrouvons ici les quatre jeunes invités malgré eux, en Italie, pour enquêter sur le secret bien gardé d'un alchimiste qui oppose deux familles romaines depuis la Renaissance. Au cours de l'aventure qui se déroule comme une BD interactive soignée, sept jeux d'observation et de logique sont des épreuves obligées pour continuer sa quête. Bien que difficiles, les plus tenaces seront conquis et pourront étancher leur soif de connaissances dans une importante documentation sur l'alchimie, l'histoire et la géographie de l'Italie et l'art de la Renaissance.

Belle Productions / Montparnasse Multimédia / Mindscape.

PC W 98, 300 MHz, 128 Mo RAM, CD-ROM x 16

Mac OS X 8.5, 300 MHz, 128 Mo RAM, CD-ROM x 16

30 € À partir de 11 ans

2611. Coffret Égypte I + II (Égypte-1156 av J.-C. : L'Énigme de la Tombe royale + Égypte II – La Prophétie d'Héliopolis).

Thèbes et la Vallée des Rois en 1156 av. J.-C., sous Ramsès II. Ramosé, un jeune scribe dont le père est condamné pour le pillage d'une tombe royale, dispose de trois jours pour l'innocenter. En 1360 av. J.-C., Héliopolis est menacée par une terrible épidémie. Tifet, jeune prêtresse de Sekmet, se lance à la recherche d'un remède pour sauver la population. L'histoire est intéressante, la progression difficile sans être impossible, la qualité des décors incomparable et l'intérêt documentaire n'est pas en reste.

RMN / Cryo Interactive / Mindscape.

PC W 95 / 98 / Me / 2000, 133 MHz, 16 Mo RAM, lecteur CD-ROM

10 € À partir de 12 ans

2612. Europa Universalis II.

Attirons l'attention sur ce petit bijou qui s'attache à reconstituer l'histoire du monde entre 1419 et 1820. Soit une durée de jeu considérable, où l'on peut prendre en charge n'importe quel pays ou même province, et peser sur les évolutions économiques, diplomatiques, politiques, religieuses... Les combats sont volontairement en marge. La fidélité historico-culturelle des données est impressionnante, l'interface agréable, avec une belle musique.

Paradox Entertainment / Ubisoft.

PC W 98 / Me / XP, 300 MHz, 128 Mo RAM, lecteur CD-ROM

15 €

Autre titre :

Europa Universalis III.

40 € À partir de 12 ans

2613. Les Mystères de Londres (Affaires à suivre n° 3).

Tom, Julie, Dora et Joao sont quatre jeunes que nous suivons dans un polar, selon le principe d'une BD interactive. Des planches défilent, s'animent, on doit cliquer sur des décors, des personnages ou des objets pour progresser. Entre deux lectures, des jeux consistent à rechercher, assembler et utiliser les objets environnants. Une documentation assez riche permet de résoudre les énigmes et de découvrir la culture et l'histoire de Londres.

Belle Productions / Mindscape / Montparnasse Multimédia / Affaires à suivre.

PC W 98 / Me / XP, 500 MHz, 128 Mo RAM, CD-ROM x 16

Mac OS 8.6 ou sup., iMac ou G3, 400 MHz, 128 Mo RAM, CD-ROM x 16

30 € À partir de 12 ans

2614. Paris 1313. Le Disparu de Notre-Dame.

Une reconstitution ludo-historique aussi originale que rare, donnant vie au Paris de l'apogée des Capétiens, sous Philippe le Bel. On admirera Notre-Dame, le palais médiéval disparu et sa magnifique grande salle, et on aura une vue crédible d'une ville moyenâgeuse. Une innovation intéressante du système de jeu : la possibilité d'incarner trois personnages différents et de choisir à chaque chapitre celui qui interprète l'action.

RMN / Cryo.

PC W 95 / 98 / 98 SE / Me / NT / 2000 / XP, 133 MHz, 32 Mo RAM, 120 Mo disque, lecteur CD-ROM

Mac OS 9, G3, 64 Mo RAM, lecteur CD-ROM

15 € À partir de 12 ans

2615. Rome Antique : la visite virtuelle de la ville éternelle.

Basé sur les travaux des équipes d'archéologues italiens, le logiciel offre une vaste base documentaire, remarquable et sans équivalent en édition jeunesse, et surtout douze visites virtuelles et reconstitutions à couper le souffle, en 360° : Panthéon, Colisée, thermes... avec possibilité de passer de l'état d'origine à l'état actuel. Une découverte fascinante d'une ville dont les ruines spectaculaires aident mal à imaginer l'extraordinaire richesse disparue.

RMN / Altaïr 4 Multimédia / Hachette Multimédia.

PC W 98, 350 MHz, 64 Mo RAM, CD-ROM x 24 ou lecteur DVD-ROM

39,90 € À partir de 12 ans

2616. Versailles II - Le Testament.

Le jeu qui a marqué la naissance du ludo-historique en France, et donné un nouveau souffle au cédérom culturel : visitez le palais de Louis XIV dans une 3D fluide et résolvez des intrigues poético-policières. Chaque titre est agrémenté d'une riche documentation sur la cour du roi, la vie du château et son environnement.

Cryo / Dreamcatcher / Réunion des musées nationaux.

PC, W 95, Pentium 500 Mhz, 128 Mo, lecteur DVD-ROM

Autre titre :
Versailles – Complot à la cour du Roi-Soleil.
10 € le coffret
À partir de 12 ans

DOCUMENTAIRES

2617. Mes premières découvertes de la nature : La Coccinelle.
La célèbre collection de documentaires pour petits « Mes premières découvertes », bénéficie ici d'une adaptation intelligente et graphiquement aussi fidèle qu'efficace, l'effet transparent s'animant à coups de souris et de clavier. La musique fluide et élégante, la beauté des dessins, l'ouverture du plan de navigation, qui permet la découverte autonome comme la contemplation, l'intuitivité générale se conjuguent pour donner envie d'apprendre. Une rare réussite de transposition des codes de l'imprimé traditionnel, pour les plus jeunes seulement.
Carré Multimédia / Gallimard Jeunesse, Mes premières découvertes.
PC W 95 / 98 / NT / 2000 / XP, 233 MHz, 64 Mo de RAM, CD-ROM x 8
Mac OS 8.6, Power PC, 233 MHz, 32 Mo de RAM, CD-ROM x 8
Autres titres :
2618. L'Arbre.
2619. La Grenouille.
2620. L'Oiseau.
15 € chaque / 40 € le coffret des 4
À partir de 4 ans

2621. La Maison de Tête-en-bois.
Pour sensibiliser les plus jeunes aux accidents domestiques sans effrayer et acquérir les bons réflexes de prudence pour éviter de se blesser. L'exploration de la maison est ponctuée par des animations, des jeux mettant en scène un pantin de bois et un guide adulte qui, dans sa fenêtre vidéo, accompagne l'enfant et explicite les dangers.
2J-Média / Jean de la Terre.
PC W 98 / Me / 2000 / XP, 133 MHz, 16 Mo RAM, lecteur CD-ROM
Mac OS 7.5, Power PC, 16 Mo RAM, lecteur CD-ROM
30 € À partir de 4 ans

2622. Ill. Delafosse, Claude : **Jean Bon : Aventures spatiales et autres missions scientifiques.**
Les habitués du site Planet Nemo connaissent déjà Jean Bon, le cochon détective qui enquête sur la science. Toujours armé de son chronox pour se propulser dans le futur ou le passé, de ses lunettes infratoutos pour voir à travers tout et d'un rapetit-grandisseur pour devenir microbe ou géant, il étudie le monde et ausculte des sujets aussi lointains que l'espace, la Lune, Mars, la fusée Ariane, ou plus proches de nous, comme la neige, le squelette ou les poux. Les enfants apprécieront sans doute le graphisme coloré, la bande-son soignée, le contenu adapté au public visé, mais resteront sur leur faim côté interactivité.
Planet Nemo / Agence spatiale européenne.
PC W 98, 400 MHz, 128 Mo RAM, lecteur DVD-ROM
Mac G4, OS 9, 256 Mo RAM, lecteur DVD-ROM
25 € À partir de 5 ans

2623. Enquête sur la Terre avec le Petit Prince.
En s'emparant des quatre signes magiques que sont l'eau, la terre, le vent et le feu, le roi a provoqué la colère de la Terre et le dépérissement des animaux et des plantes. Pour restaurer l'équilibre écologique de la planète, le Petit Prince doit retrouver les quatre symboles. Les nombreuses animations sur la géologie et l'écologie sont d'une qualité irréprochable, tant sur le plan sonore, graphique que scientifique. Dommage pourtant que l'interactivité se limite à quelques jeux et ne soit pas aussi de mise dans les animations.
Gallimard Jeunesse.
PC W 98 ou XP, Pentium III, 500 MHz, 128 Mo, lecteur CD x 16
Mac G4, OS 8.6, 128 Mo
Autre titre :
2624. Enquête sur les étoiles avec le Petit Prince.
28 € À partir de 6 ans

2625. Les Signes de Mano : Dictionnaire de langue des signes française pour enfants avec entrée bilingue.
Conçu pour les enfants sourds, ce cédérom a pour objet de faire découvrir la langue des signes. L'utilisateur navigue dans le titre à travers une ville, et les lieux introduisent des activités diverses : faire des courses, aller au restaurant, jouer sur la plage, se promener dans la rue... Les différents mots renvoient à des dessins explicatifs et à des vidéos permettant la visualisation des gestes, mais la recherche s'effectue également par le biais d'un lexique. Simple d'utilisation et unique en son genre, *Les Signes de Mano* devrait répondre à des attentes précises et sensibiliser les autres enfants.
International Visual Theatre (Commandes : Tour du Village : Château de Vincennes – 94300 Vincennes).
PC W 95 / 98 / 98 SE / Me / NT / 2000 / XP, Pentium ou équivalent, 64 Mo RAM, lecteur CD-ROM
59 € À partir de 6 ans

2626. Coffret 2 titres Petits Débrouillards : Pars à la découverte de la Vie et **Autour des Planètes.**
Ces deux cédéroms qui ont pour thèmes, pour le premier, l'air, l'eau, vivre dans l'eau, les propriétés de la matière ; pour le second, la mécanique, l'énergie, la lumière et le son, l'espace et l'astronomie. Avec un des six personnages rigolos, l'enfant choisit un parcours d'expériences autour d'un thème et réalise des expériences interactives et sans danger pour comprendre les grands phénomènes scientifiques. Les musiques et le graphisme aux couleurs vives et aux dessins style BD créent un environnement propice au plaisir de la découverte.
Mindscape.
PC W 98 SE / Me / XP, 300 MHz, 64 Mo RAM (128 sous XP), CD-ROM x 16
Mac OS 9, iMac ou G3, 64 Mo RAM, CD-ROM x 16
15 € À partir de 8 ans

2627. Le Monde des oiseaux.
Le monde des oiseaux regroupe dans un coffret trois cédéroms déjà parus séparément : les oiseaux d'eau, ceux des parcs et jardins, ceux des forêts et montagnes. On

peut identifier l'espèce, écouter son chant, connaître sa localisation géographique et obtenir des données sur l'habitat, la morphologie, l'alimentation et la reproduction. Les diaporamas offrent de belles photos à regarder, accompagnées de nombreux chants à écouter. Enfin, les jeux permettent d'associer les oiseaux à leurs nids, de composer des couples, de retrouver qui chante…
Génération 5 / Sittelle / Altaïr.
PC W 95, Pentium II, 32 Mo RAM, CD-ROM x 8
Mac OS Mac Classic 7 à 9.2, 32 Mo RAM, CD-ROM x 8
39,99 € À partir de 8 ans

2628. L'Étang : un écosystème.
Une impressionnante équipe scientifique est à la base de ce documentaire soigné et très complet réalisé par l'Éducation nationale. Le titre est conçu pour l'école comme pour la famille. Il offre une importante base documentaire sur les animaux, plantes, milieux et relations de l'étang. Fiches, photos, vidéos, animations, site internet… l'ampleur du titre séduit, les parcours sont variés, avec un peu de jeu. Une approche rare.
Scérén/CNDP
PC W 95, 200 MHz, 32 Mo RAM, lecteur CD-ROM x 8
44,21 € À partir de 9 ans

2629. Mon premier laboratoire.
Ce laboratoire virtuel est conçu spécialement pour expérimenter et comprendre les neuf plus grands principes de la physique : pesanteur, liquides, air, chaleur, mouvement, lumière et couleurs, aimants, électricité, sons. Ce cédérom fournit peu d'explications ; en revanche, il est très réussi sur le plan de l'interactivité car l'enfant est véritablement convié à faire par lui-même, à observer, à se poser des questions et à en tirer ses propres conclusions. Une vraie démarche scientifique !
Emme / Lascaux, Drôlement futés.
PC W 95 / 98 / Me, 75 MHz, 16 Mo RAM, CD-ROM x 4
Mac OS 7.5.3, Power Mac, 16 Mo RAM, CD-ROM x 4
15 € À partir de 9 ans

2630. Les Histoires de l'Art - La Préhistoire.
Construit à partir d'un récit de quarante-cinq minutes sous forme de diaporama qui retrace l'histoire de la Terre et les débuts de l'humanité, suivi des premiers artistes d'abord tailleurs de pierre, puis peintres, sculpteurs, orfèvres, faïenciers… nous découvrons comment l'art est apparu et s'est développé. Autour de ce récit, on peut activer une chronologie, des cartes interactives signalent les sites archéologiques et les objets trouvés. Le dico permet d'effectuer des recherches libres ou guidées, de chercher dans le récit ou dans les dix dossiers sur les sépultures, Lascaux, l'habitat, la poterie… Et de choisir une des dix activités : jeux d'observation, de classement, d'association, quiz et création. Un dévédérom riche en contenu, plaisant à utiliser et à naviguer et soigné sur le plan esthétique.
Réunion des musées nationaux / Carré Multimédia, Les Histoires de l'art.
PC 600 MHz, W 98 / 98 SE / 2000 / Me / XP, 256 Mo RAM, lecteur DVD-ROM x 16
Mac G4, OS X 10.4, 256 Mo RAM, lecteur DVD-ROM x 8
Autre titre :
2631. Les Histoires de l'Art - Au temps de l'Égypte ancienne.
35 € chaque À partir de 9 ans

2632. Silence ! On tourne.
Avec Max et Lilou les enfants vont devenir de vrais réalisateurs en herbe. Pas à pas, à partir de courts-métrages qu'ils peuvent visionner sur le DVD qui accompagne le cédérom, on leur explique les ficelles du métier : composition du scénario avec exercices pour se familiariser aux plans, aux séquences, aux mouvements de caméra, au montage, à la bande-son… L'interactivité est au service de l'apprentissage et du jeu. Les décors, la musique et l'environnement sonore sont d'une très bonne facture.
Gallimard Jeunesse / Sauve qui peut le court-métrage / Mindscape.
PC 1 GHz, W 98 SE / Me / 2000 / XP, 256 Mo RAM, lecteur CD-ROM
Mac OS 9.2 et OS X, G4, 800 Mhz, 256 Mo RAM, lecteur CD-ROM
35 € À partir de 9 ans

2633. De la mer au sel : À la découverte des marais salants charentais.
À la manière d'un livre documentaire, ce cédérom apporte beaucoup d'informations textuelles sur le sel et les marais salants : on revisite leur histoire, l'importance accordée au sel, son commerce, la gabelle ; on comprend grâce à des schémas animés le fonctionnement du marais salant ; on découvre les animaux et les plantes qui constituent un véritable milieu naturel. Le contenu sérieux et précis manque cependant d'interactivité. Heureusement, une partie plus ludique est présente avec les jeux et dans le labo où l'on peut réaliser des petites expériences.
Génération 5 / Écomusée du marais salant / Altaïr.
PC W 98 ou XP, 233 MHz, 64 Mo RAM
Mac OS 8.5 à 9.2, 64 Mo RAM
39,99 € À partir de 10 ans

2634. Terre merveilleuse.
Trois approches principales permettent de découvrir la planète : une chronologie de la création et de l'évolution du globe, une vue en 3D qui permet de visualiser phénomènes climatiques, milieux biologiques, végétations, populations … par l'interactivité, et enfin une série de documentaires qui nous présentent aventures, explorations, thèmes et problèmes actuels, appuyés sur des films et des photos. Pour en profiter, conseillons un bel et grand écran.
Mindscape / Montparnasse Multimédia / Géo.
PC W 98 SE / Me / XP, 350 MHz, 64 Mo RAM, CD-ROM x 8
Mac OS 9, iMac ou G3, 333 MHz, 64 Mo RAM, CD-ROM x 8
30 € À partir de 10 ans

♥ 2635. Comprendre les climats.
Météorologie, catastrophes naturelles, réchauffement climatique… Cette encyclopédie visuelle, reconnue d'intérêt pédagogique par l'Éducation nationale, regorge en effet de vidéos, d'animations, de schémas et de cartes pour comprendre les mécanismes du climat, le tout bien structuré et doté d'un outil de recherche performant.
Montparnasse Multimédia / Mindscape, Ça m'intéresse.

PC W 98 SE / Me / XP, 400 MHz, 128 Mo RAM (256 Mo sous XP), CD-ROM x 16
Mac OS 9.2 / 10.2, iMac ou G3, 128 Mo RAM (256 Mo sous OS X).

Autres titres :

2636. Comprendre la Terre.

2637. Comprendre l'Univers.

2638. Comprendre le Corps humain.

2639. Comprendre le Monde du Cheval.

2640. Comprendre la Construction de l'Europe.

2641. Comprendre le XXe siècle.

2642. Comprendre le Développement durable.

2643. Comprendre les Mers et Océans.

2644. Comprendre les Volcans.

2645. Comprendre les Catastrophes climatiques.

2646. Comprendre l'Afrique Sauvage.

15 € chaque À partir de 11 ans

2647. Châteaux forts.

Un titre d'abord traditionnel, qui refuse l'axe du jeu pour mieux faire revivre les châteaux forts à travers une grande base iconographique, une navigation par carte, des synthèses par époque et une reconstitution en 3D fort jolie d'une forteresse-type.

Emme / Syrinx.

PC W 95 / 98 / 98 SE / Me / NT / 2000 / XP, 133 MHz ; 32 Mo RAM, CD-ROM x 8, Mac OS 9, Power Mac 166 MHz ; 32 Mo RAM, CD-ROM x 8

16 € À partir de 12 ans

2648. Apprendre la télé : le JT.

À partir du JT des chaînes TF1, France 2, France 3, Arte, M6, RTBF et Radio Canada sur une soirée témoin, ce dévédérom offre une riche panoplie d'exercices et d'outils. On peut ainsi filtrer les sujets abordés, mesurer le temps consacré à chacun d'entre eux, analyser les Unes des journaux, la nature des images, accéder à une large documentation sur l'histoire du JT, les coulisses d'une rédaction, et enregistrer ou créer des extraits vidéo en leur associant un commentaire textuel. Un contenu irréprochable relevé par une navigation efficace.

CLEMI / INA / CEMEA / Jeriko / Studio hypermédia.

PC W 98, 300 MHz, 128 Mo RAM, lecteur DVD-ROM

Mac Power, Mac G3, OS 8.5, 128 Mo RAM, lecteur DVD-ROM

65 € À partir de 13 ans

2649. Défends ta planète !

L'augmentation de la population mondiale, la consommation croissante des ressources naturelles et la prise de conscience des limites de la planète ont fait naître l'idée forte de développement durable qui embrasse des domaines aussi vastes que les problèmes d'environnement, de pollution, de biodiversité, de choix politique en matière d'agriculture, d'énergie et de partage des richesses : alimentation, santé, éducation. À travers une multitude d'informations, de vidéos, de diaporamas, de cartes et de fiches « agir », ce cédérom d'un niveau ardu est passionnant pour qui s'intéresse à ces enjeux.

Strass / Unesco / Terra project / Planète Terre.

PC W 98, 233 MHz, 64 Mo RAM, CD-ROM x 8

Mac OS 8.1, Power Mac 200 MHz, G3, 64 Mo RAM, CD-ROM x 8

25 € À partir de 13 ans

2650. Secrets d'Orsay : À la découverte des secrets de la peinture du XIXe siècle.

Voici ici un jeu d'initiation à l'art et à la peinture, consacré au XIXe siècle puisque Orsay est maître d'œuvre. Une grosse partie documentaire est disponible sous forme de fiches claires et élégantes. Deux modes s'offrent à nous : l'atelier, qui permet d'appréhender par le biais de vrais travaux pratiques les techniques de la peinture, et le jeu, qui pose des énigmes artistiques sur une galerie de tableaux. L'ensemble est fin, parfois exigeant, et suppose une curiosité réelle des jeunes. Le principe de navigation est réellement intéressant.

Laforêt Productions / RMN / Emme.

PC W 95, 350 MHz, 64 Mo RAM, lecteur CD-ROM

Mac OS 8.6, G3, 64 Mo RAM, lecteur CD-ROM

40 € À partir de 13 ans

Documentaires

Le documentaire a une longue histoire que l'on fait traditionnellement remonter à la publication en 1658 de l'*Orbis sensualum pictus*, œuvre d'un pédagogue d'origine morave Jan Amos Komensky mieux connu sous son nom latin de Comenius, où l'image autant que le texte donne accès aux connaissances. L'attrait pour les sciences et le besoin de vulgarisation se développent au XIXe siècle, considéré comme l'âge d'or du documentaire mais c'est dans les années 1950 que naît le documentaire dans la forme et la diversité que nous lui connaissons aujourd'hui, sans oublier pour autant les grands précurseurs que sont les créateurs des « Bibliothèques du travail » autour de Célestin Freinet dans le contexte du développement des mouvements d'éducation nouvelle, ou Paul Faucher, fondateur de l'Atelier du Père Castor qui crée les collections « Le roman des bêtes » en 1934, « Le montreur d'images » en 1947 et en 1948 la célèbre collection « Les enfants de la terre », modèle encore de nombreuses collections de géographie d'aujourd'hui. Les années 1980 sont marquées par la place prise par l'image et plus généralement par l'illustration dans un mouvement impulsé notamment par les éditions Gallimard et Dorling Kindersley avec la création de la collection « Les yeux de la découverte ». Depuis une quinzaine d'années les collections encyclopédiques se multiplient dans un contexte de surproduction (2 044 documentaires en 2006) et de recherches de nouvelles manières de s'adresser aux enfants en lien notamment avec les nouvelles technologies.

Le documentaire occupe une place à part dans la production de littérature pour la jeunesse car il est porteur de fonctions spécifiques. Il est tout d'abord un vecteur de vulgarisation et de démocratisation de la culture scientifique. Outil de transmission et de construction des savoirs, il s'inscrit tout naturellement dans un rapport de complémentarité et de concurrence avec les manuels scolaires qui n'échappe pas aux éditeurs qui suivent pas à pas les programmes scolaires. Mais on ne saurait réduire le documentaire d'aujourd'hui à cette seule fonction tant la richesse des thématiques abordées, la diversité des formes et des procédés mis en œuvre ouvrent de portes pour susciter la curiosité des jeunes lecteurs et l'invitent à aller au-delà du seul apprentissage de la recherche documentaire. À l'instar du livre de fiction, il participe à la construction et au développement de l'imaginaire comme au sens artistique de l'enfant à travers des livres qui incitent à la découverte d'univers disparus, de contrées lointaines, de formes et de créations artistiques. À côté de la lecture de la fiction, toujours valorisée, la lecture du documentaire occupe une place spécifique souvent sous-estimée.

Cette sélection d'environ 1 200 titres s'adresse à des lecteurs de tous les âges. Elle a été établie par plusieurs groupes de travail par domaines (arts, sciences humaines, sciences et techniques, activités) réunissant des bibliothécaires, des enseignants et des documentalistes. Elle a pour objectifs de donner un aperçu de la production dans ce qu'elle a de meilleur, et de rendre compte de la diversité des thématiques abordées, de l'intérêt et de l'originalité des démarches proposées (utilisation de la double page, lecture linéaire, recours à la fiction) pour peu qu'elles ne se résument pas à de simples procédés. Bien entendu, la justesse scientifique, la pertinence des contenus, l'actualité de l'information proposée, l'accessibilité des textes, la diversité des publics visés mais aussi la qualité formelle des volumes sont autant de critères qui ont sous-tendu notre démarche de sélection. De ce choix, il ressort une certaine stabilité des thèmes porteurs, du côté des sciences et techniques (les dinosaures, les animaux de toutes sortes, l'astronomie...), des sciences humaines (la Préhistoire, l'Antiquité avec une prime à l'Égypte et ses pyramides, le Moyen Âge et ses châteaux forts qu'on assaille plus que jamais, les grandes découvertes) ou du livre d'activités (indémodable pâte à sel, initiation aux mystères de l'origami, redécouverte du tricot !). Néanmoins des thématiques nouvelles émergent dans tous les domaines en lien avec l'actualité : le développement durable et les questions environnementales sont présentes partout y compris dans les livres d'activités qui proposent de bricoler avec des matériaux de récupération. En sciences humaines, l'actualité est au cœur des publications, sous la forme de questions de société et de prise de conscience de la nécessité de défendre des valeurs communes (droits de l'homme et droits de l'enfant) et de transmettre un certain idéal républicain. Les questions philosophiques, de plus en plus présentes à travers des collections pour tous les âges, ouvrent de véritables pistes de réflexion dans le meilleur des cas, mais se résument parfois à une leçon de morale déguisée. En histoire, des sujets comme la Shoah, Hiroshima ou la guerre d'Algérie sont abordés sous des angles et des formes variés (exposé historique, témoignages, récits où la fiction se mêle à la réalité, albums). Les éditeurs proposent désormais une offre très diversifiée de livres d'art pour enfants dès le plus jeune âge, en donnant la parole aux artistes et aux institutions. Le plaisir des yeux se conjugue avec les plaisirs du palais : si nombreux sont les livres de cuisine !

Jacques Vidal-Naquet

Art

LIVRES ARTISTIQUES

♥ **2651.** Komagata, Katsumi : **L'Endroit où dorment les étoiles.**
Ce livre blanc et doux est propice à un profond sommeil au pays des étoiles. Le graphiste japonais fait merveille en offrant aux enfants des textures délicates qui se gardent en mémoire. Un livre apaisant pour s'endormir sans bruit.
Les Trois Ourses, 2004.
27 € ISBN : 978-2-9513083-7-4
Pour tous dès la naissance

♥ **2652.** Komagata, Katsumi : **Feuilles.**
Le cycle de la vie d'une feuille qui grandit, se colore et se disperse. Ce beau livre, aux textures diverses qui rendent les nervures des feuilles sensibles, est le troisième titre d'une série dirigée par Sophie Curtil pour initier voyants, malvoyants et non-voyants à une lecture artistique tactile.
Centre Georges-Pompidou / Les Doigts qui rêvent / Les Trois Ourses / One Stroke, 2004.
29,90 € ISBN : 978-2-84426-248-6
Pour tous

2653. Komagata, Katsumi : **Plis et Plans.** *(version japonaise)*
Katsumi Komagata, maître dans l'art de la communication visuelle, fait ici sentir les formes et l'espace du bout des doigts. Le lecteur explore et apprécie les développements géométriques à partir d'un rond, d'un carré et d'un triangle. La beauté des papiers et des découpes provoque un instant de calme tonifiant.
Les Doigts qui rêvent / Les Trois Ourses / One Stroke, 2002.
65 € ISBN : 978-2-911782-39-8
Pour tous

2654. Komagata, Katsumi : **Ça y est je vais naître.**
Ce livre invite l'enfant à renaître, à découvrir la magie et la beauté de la naissance à travers des pages translucides aux tons orangés, évoquant la manière dont l'univers apparaît au tout-petit dans le ventre protecteur de sa mère. L'enfant sera touché au plus profond de lui-même, fasciné par le mystère de son origine.
One Stroke, diffusion Les Trois Ourses, 1995.
29 € À partir de 3 ans

2655. Komagata, Katsumi : **Du bleu au bleu. Du vert au vert. Du jaune au rouge.**
De la rivière à la mer, l'aventure des saumons et leurs mystérieux trajets sur les traces invisibles de leurs parents. Un chat s'aventure par la fenêtre et découvre le monde. Un poussin cherche ses parents désespérément… Ces trois histoires se déploient au travers de papiers découpés de différentes matières dans des tons camaïeux.
One Stroke, diffusion Les Trois Ourses, 1994.
27 € chaque À partir de 3 ans

2656. Komagata, Katsumi : **Wind.**
Une balade musicale et printanière : découpes d'animaux rencontrés dans les prés et les forêts sur fonds camaïeux de feuilles vertes. L'auteur reprend ici les principes des livres de la série *Du bleu au bleu, Du vert au vert, Du jaune au rouge, L'Endroit où dorment les étoiles* et ajoute une subtile nuance à son travail sur les formes et les couleurs.
One Stroke, diffusion Les Trois Ourses, 2006.
15 € Pour tous à partir de 3 ans

♥ **2657.** Komagata, Katsumi : **Motion ; Shape ; Scene.**
Dans trois petits étuis carrés, douze cartes recto verso invitent à jouer librement avec les formes, le mouvement, les animaux mis en scène. Les petits et les grands composent des histoires, des tableaux à leur guise. Un éveil à l'art et à la créativité pour tous.
One Stroke, Mini Book, diffusion Les Trois Ourses, 1996.
16 € chaque
Pour tous à partir de 3 ans

♥ **2658.** Munari, Bruno : **Les Prélivres.**
Douze petits livres carrés, de matières et de reliures différentes, composent « une bibliothèque de rêve » à ranger soi-même provoquant des rapprochements et des surprises renouvelés. Une appréhension durable de l'objet-livre est proposée ainsi au petit lecteur par un grand maître du design. Une réédition saluée par la presse.
Corraini, diffusion Les Trois Ourses, 2003.
130 € ISBN : 978-88-87942-66-8
À partir de 2-3 ans

♥ **2659.** Munari, Bruno : **Livre illisible MN1.**
Des papiers aux couleurs vives, découpés et assemblés dans un petit livre au format carré, relié par un fil. Les tableaux abstraits se composent, se décomposent, les couleurs jouent entre elles. Une initiation visuelle à l'art.
Corraini, diffusion Les Trois Ourses, 2000.
8 € Pour tous à partir de 3 ans

2660. Charlip, Remy ; Munari, Bruno : **Boule de neige** (coffret comprenant : **On dirait qu'il neige** et **Le Petit Chaperon blanc).**
Remy Charlip envoie en 1957 une carte de vœux à Bruno Munari sous la forme d'un petit livre blanc : *On dirait qu'il neige*. Le designer italien lui répond vingt-sept ans plus tard en lui dédicaçant *Le Petit Chaperon blanc*. Les enfants écoutent, ouvrent grands les yeux, se bousculent pour mieux voir et éclatent de rire en savourant l'humour de ces deux grands artistes blagueurs.
Les Trois Ourses, 2004.
45 € À partir de 4 ans

2661. Goffin, Josse : **Ah !**
Un tube de peinture qui se transforme en chien amoureux de la Joconde quand on déplie la page… les surprises s'accumulent au fil des pages sans pouvoir soupçonner où l'auteur va nous emmener. Une rencontre ludique et originale avec le monde de l'art.
Réunion des musées nationaux, 2003.
10 € ISBN : 978-2-7118-4647-4
À partir de 5 ans

2662. Graumann, Hervé : **CitiZENs.**
Hervé Graumann aime bien faire de l'art avec des petites annonces ou des effets d'annonce. Ici tout est silencieux : seulement des photos de feuilles et de feuillages, le livre est vert, tout vert une fois ouvert. Dans cette forêt se promène un fantôme (ou l'âme de l'artiste) qui inquiète, pleure ou sourit. Offrez donc cette balade aux enfants et profitez-en aussi.
Quiquandquoi, Art y es-tu ?, 2001.
13 € ISBN : 978-2-940360-00-0
À partir de 5 ans

2663. Mari, Enzo : **Le Jeu des fables.**
Réédition des cartes à jouer produites par Danese dans les années 1970. Pour jouer tout seul ou à plusieurs en inventant, à partir du canevas des fables d'Ésope, ses propres histoires. Les cartes sont fendues en trois endroits, ce qui permet de les combiner à loisir : deux par deux ou en ribambelles.
Seuil Jeunesse, 2005.
20 € ISBN : 978-2-02-078866-3
À partir de 5 ans

2664. Mari, Enzo : **La Balançoire.**
Grande frise en accordéon qui reprend la première édition réalisée par Enzo Mari en 1961 à partir de son jeu de puzzle sur les animaux. Sans texte, ce livre-jeu permet d'évaluer mentalement par les images le poids d'un éléphant, d'un oiseau, d'un chien... et de les faire basculer de page en page.
Corraini, 2001.
30,49 € ISBN : 978-88-87942-23-1
Pour tous à partir de 5 ans

♥ **2565.** Veronesi, Luigi ; trad. de l'italien : **I Fiori.**
Un bleuet bleu, un poussin jaune, un coquelicot rouge... Puis, sur le blanc de la page, un grand triangle jaune rencontre un petit triangle jaune, vite rejoint par un triangle bleu, puis une forme rouge... Les formes et les couleurs se mélangent jusqu'au beau noir final. Dans un encadré noir, un texte explique la petite histoire des couleurs. Une initiation réussie.
Les Trois Ourses, 2003.
20 € À partir de 5 ans

♥ **2666.** Bertier, Anne : **Dessine-moi une lettre.**
Dessine-moi une lettre est un grand abécédaire poétique. Chaque lettre est associée à un dessin dont le sens n'est pas donné d'emblée : le C des chemins, des cachettes, le F d'une feuille, le H des hirondelles... La finesse du trait, les évocations secrètes, mènent à la découverte du signe abstrait : la lettre.
MeMo, Les abécédaires d'Anne Bertier
20 € ISBN : 978-2-910391-58-4
Autres titres :
2667. Construis-moi une lettre. 2004.
20 € ISBN : 978-2-910391-59-1
2668. Rêve-moi une lettre. 2005.
17 € ISBN : 978-2-910391-60-7
2669. Chiffres à conter. 2006.
16 € ISBN : 978-2-910391-85-0
2670. Chiffres en tête. 2006.
18 € ISBN : 978-2-910391-81-2
Pour tous à partir de 6 ans

2671. Cox, Paul : **Animaux.**
Le livre attire par son grand format et sa couleur orange. Des formes colorées sont ordonnées sur la page et forment un langage à décoder. À chaque forme sa lettre, abécédaire inventé, nouvelle graphie du mot. Peu à peu sous ces aplats de couleurs apparaît un bestiaire : de l'âne au zébu les formes dansent comme les voyelles de Rimbaud.
Seuil Jeunesse, 1997.
14,95 € ISBN : 978-2-02-030361-3
Pour tous à partir de 6 ans

2672. Cox, Paul : **Histoire de l'art.**
Luco Pax, peintre de talent, grâce à son pinceau magique, donne vie à ses sujets qui restent tout de même des personnages de papier. Cela le console de son amour impossible pour la princesse surveillée farouchement par son père et le vizir. Mine de rien cette histoire d'amour est une initiation à l'art, une approche de la perspective, de la représentation en deux dimensions, de la suggestivité du regard.
Le Seuil, 1999.
21,50 € ISBN : 978-2-02-036440-9
À partir de 6 ans

2673. Cox, Paul : **Le Livre le plus long.**
En quatre pages qui tournent sans fin autour d'une spirale, ce livre raconte l'histoire éternelle du jour et de la nuit. En page 1 le soleil se lève timidement à l'est, en 2 il monte à la verticale rond et brillant sur un ciel bleu, en 3 il se couche à l'horizon sur une mer violette, en 4 c'est la nuit sur la Terre, à nouveau le jour pâle et blanc...
Le lecteur de ce petit livre carré, du format d'un « pré-livre » de Munari, cligne des yeux et contemple en silence le souriant monde graphique de Paul Cox.
Les Trois Ourses, 2002.
10 € ISBN : 978-2-9513083-5-0
Pour tous à partir de 6 ans
Autre titre :
2674. Cependant...
Créé avec l'aide du Conseil général du Val-de-Marne et publié au Seuil, cet ouvrage entre en résonance avec son sous-titre qui en dit long : « Le Livre le plus court du monde ».
Seuil Jeunesse, 2002.
20,50 € ISBN : 978-2-02-056109-9
Pour tous à partir de 6 ans

2675. Cumont, Louise-Marie : **La Maison : variation en quatre couleurs.**
Livre en *leporello* sur le thème de la maison, qui décline de manière rigoureuse et claire la combinatoire des couleurs. On se surprend à rêver tout en opérant un comptage mathématique.
Éditions du Centre culturel de Tinqueux avec le soutien de la DRAC Champagne-Ardenne et le département de la Marne, diffusion Les Trois Ourses, 2000.
15 € ISBN : 978-2-915565-00-3
Pour tous à partir de 6 ans

♥ **2676.** Rossati, Chantal : **Quadrifogli.**
Une déclinaison pleine de poésie autour du trèfle à quatre feuilles. Le trait est délicat, plein de charme et de naïveté. De la déclaration d'amour au petit marchand de ballons, un livre porte-bonheur.
Les Trois Ourses, 1996.
26 € À partir de 11 ans

2677. Rossati, Chantal : **Nouvelle Cuisine.**
Après les trèfles à quatre feuilles et les plumes de pigeons, Chantal Rossati s'intéresse aux épluchures de pommes de terre. Elle les transforme et, comme toujours, son imagination galope en entraînant le lecteur à mieux regarder les choses du quotidien.
Les Trois Ourses, 2002.
26 € À partir de 11 ans

GUIDES ARTISTIQUES – GUIDES DE MUSÉES

♥ **2678.** Curtil, Sophie : **Le Musée en 10 couleurs.**

Dix œuvres monochromes des collections du musée national d'Art moderne à Paris. Tana Hoban fut l'inspiratrice de ce livre : au travers des ronds découpés regardons un détail puis tout entier : « Le Rhinocéros » de Xavier Velhan, « L'Arbre, grande éponge bleue » d'Yves Klein, « Le Jardin tropical II » de Louise Nevelson… Ces œuvres monochromes sont ainsi révélées singulières dans une présence nouvelle et de belles associations poétiques.

Milan Jeunesse / Centre Georges-Pompidou, 2006.

9,90 € ISBN : 978-2-7459-2144-4
ISBN : 978-2-84426-179-3
Pour tous à partir de 5 ans

2679. Alessi, France : ill. Battut, Éric : **Une balle, une pomme.**

En contrepoint de reproductions de tableaux du XIXe et début du XXe siècle, l'illustrateur déroule un petit récit évoquant le contexte et l'histoire des peintures ou documents choisis. Ses illustrations agréables et tendres sur fond jaune sable dialoguent avec les tableaux des « maîtres » accrochés aux murs des musées dans une harmonieuse disposition.

Bilboquet, Clin d'œil, 2004.

14 € ISBN : 978-2-84181-221-9
À partir de 6 ans

♥ **2680.** Sellier, Marie : **Arts décoratifs : entrée libre.**

Entrez, entrez ! Le musée des Arts décoratifs vous invite au spectacle. Meubles, vaisselle, bibelots… Cette mise en pages devient une mise en scène. Par-delà les siècles, les objets se rencontrent et dialoguent, composant deux par deux une courte scène. Jeux de mots, chahut dans le cadrage, couleurs, renouvellent l'intérêt à chaque double page.

Nathan Jeunesse / Musée des Arts décoratifs, 2006.

15 € ISBN : 978-2-09-250967-8
À partir de 6 ans

♥ **2681.** Sellier, Marie : **Arts primitifs : entrée libre.**

Jeu graphique entre l'objet présenté, les typographies et les couleurs. Les objets prennent la parole : les textes, empreints de poésie et rythmés comme des comptines, sont riches en indications sur leur histoire et leur signification. Ils donnent, en peu de mots, des informations sur les traditions, modes de vie ou rites religieux de peuples du monde.

Nathan, 2005.

15 € ISBN : 978-2-09-250829-9
À partir de 6 ans

2682. Amzallag-Augé, Élizabeth : **Spirales, ressorts et tourbillons.**

La spirale, élément naturel, industriel, primitif et contemporain, souvent mise en scène dans le *land art,* la photographie, la sculpture, la peinture ou le design, est un thème à découvrir dans les collections du centre Georges-Pompidou. Richesse et variété de ses représentations, choix pertinent des œuvres et qualité des photos font de ce livre un petit trésor.

Centre Georges-Pompidou, Zigzart, 2005.

12,50 € ISBN : 978-2-84426-230-1
À partir de 7 ans

♥ **2683.** Sélection des œuvres, illustrations et textes par Blake, Quentin ; trad. de l'anglais par Krief, Anne : **Quentin Blake et les demoiselles des bords de Seine.**

Catalogue d'une exposition au Petit Palais : carte blanche donnée à Quentin Blake sur le thème – choisi par lui – des femmes au XIXe siècle. Chaque tableau nous raconte une histoire, réelle ou imaginée de femmes, mystérieuses ou idylliques… Et les dessins de Quentin Blake, avec légèreté, nous guident joyeusement.

Gallimard Jeunesse / Paris-Musées / Petit Palais / Musée des Beaux-Arts de la Ville de Paris, 2005.

15 € ISBN : 978-2-07-057158-1
Pour tous à partir de 8 ans

2684. Bertherat, Marie : **Les Mythes racontés par les peintres.**

Vingt reproductions en pleine page de peintures de Poussin, Rubens, Botticelli, Cranach, Zurbaran, Chagall, Picasso… éclairées par une courte présentation d'un mythe d'après les textes d'Eschyle, Hésiode, Ovide, Homère, Euripide. Vénus, Vulcain, Orphée, Hercule, Icare, Œdipe, ainsi revisités, se présentent sous un jour nouveau.

Bayard Jeunesse, 2000.

19,90 € ISBN : 978-2-2276-1119-1
À partir de 9 ans

♥ **2685.** Curtil, Sophie ; Cvach, Miloš : **L'Art par 4 chemins.**

Une somme de réflexion et de travail revue sous la forme légère d'une balade aux quatre vents : du nord au sud, d'est en ouest, des œuvres d'artistes européens sous l'angle de la lumière. Peintures, sculptures, objets d'artistes de différentes époques. Ces parcours audacieux semblent couler de source. Ce guide est un bonheur où l'œil s'exerce en s'amusant.

Milan Jeunesse, 2003.

30 € ISBN : 978-2-7459-0460-7
Pour tous dès 9 ans

2686. Wehrli, Ursus : **L'Art en bazar.**

Une petite fugue menée d'une main experte de peintre, sur quelques tableaux que l'auteur « bouscule » pour mieux les regarder. Un agréable divertissement.

Milan Jeunesse, Albums, 2003.

14,90 € ISBN : 978-2-7459-1142-1
À partir de 10 ans

2687. Barbet-Massin, Olivia ; Larroche, Caroline : **La Grande Parade de l'art !**

Une promenade dans l'art autour de six thèmes : « Des hommes et des femmes », « De toutes les couleurs », « Dedans et dehors », « L'art et la manière », « Surprises et bizarreries », « Expressions et sentiments ». Une mosaïque d'œuvres, associées dans une très grande liberté pour le plaisir des découvertes.

Palette…, 2006

35 € ISBN : 978-2-915710-46-5
À partir de 11 ans

2688. Maruéjol, Florence : **L'Art égyptien au Louvre.**

Le livre retrace près de quatre siècles d'histoire. L'abondante iconographie et la diversité des œuvres sélection-

nées permettent d'aborder l'histoire, la société, la technique des œuvres d'art représentées.
Scala, Tableaux choisis, 1991.
15 € ISBN : 978-2-86656-132-1
À partir de 11 ans

2689. Pierrat, Geneviève : **Des creux et des bosses.**
Guides de musée et aperçus historiques d'une époque, ces petits livres très pédagogiques font un tour d'horizon rapide et clair des techniques. Le format de poche et un plan s'adaptent parfaitement à une visite au musée du Louvre pour voir la plupart des œuvres présentées.
Réunion des musées nationaux, Chercheurs d'art, 1991.
6,10 € ISBN : 978-2-7118-2442-7
Autre titre :
2690. Pierrat-Bonnefois, Geneviève : **L'Égypte au Louvre : une visite guidée.** 1997.
5,95 € ISBN : 978-2-7118-3631-4
À partir de 11 ans

2691. Sellier, Marie ; Bouvet-Lanselle, Violaine : **Voyage au cœur du Louvre.**
Les illustrations s'imposent invitant d'abord à une visite visuelle avant de passer au texte qui donne quelques éléments d'informations. Les œuvres sont séparées en neuf sections selon leur époque et leur origine. Un guide agréable pour une première visite du plus grand musée du monde.
Réunion des musées nationaux, 1999.
14,50 € ISBN : 978-2-7118-3836-3
À partir de 11 ans

2692. Sellier, Marie ; Peugeot, Catherine : **Voyage au musée d'Orsay.**
Nouveau parcours des salles du musée mené de manière assurée et rassurante par deux guides expertes dans la manière de s'adresser aux enfants. Le choix proposé tient compte des collections, de l'histoire, de l'intérêt des enfants et d'options personnelles.
Réunion des musées nationaux, 2001.
14,50 € ISBN : 978-2-7118-4060-1
À partir de 11 ans

2693. Domino, Christophe : **L'Art contemporain.**
Une entrée en matière passionnante dans l'univers méconnu de l'art contemporain. À partir de douze œuvres du Musée national d'Art moderne, l'auteur balaie l'ensemble des grands courants artistiques de notre époque. La mise en pages est soignée, les chapitres courts facilitent l'accès à l'information et la reproduction des œuvres donne la mesure des nombreux mouvements et artistes contemporains.
Scala Centre Georges-Pompidou, Tableaux choisis, 2005.
15 € ISBN : 978-2-86656-354-7
À partir de 12 ans

2694. Charleux, Isabelle ; Parlier, Édith : **L'Art bouddhique.**
S'appuyant sur douze œuvres des collections du musée Guimet rénové, les auteurs proposent un parcours à travers l'Asie et la culture bouddhique.
Scala, Tableaux choisis, 2000.
15 € ISBN : 978-2-86656-245-8
À partir de 12 ans

2695. Lobstein, Catherine : **L'Art : une histoire.**
Une collection très structurée : des questions, des analyses d'œuvres et des portraits d'artistes. La réflexion va à l'essentiel et nous éclaire sur l'art et son histoire, de la Préhistoire à nos jours.
Autrement Jeunesse, Autrement Junior/Scérén-CNDP, Série Arts, 2005.
11 € ISBN : 978-2-7467-0659-0
Pour tous à partir de 12 ans

2696. Sous la direction de Rey, Alain : **La Petite Encyclopédie de l'art.**
Un panorama sérieux de l'art, de la Préhistoire à nos jours, envisagé en trois grandes rubriques – l'art de bâtir, l'art de sculpter et l'art de peindre – accompagné d'une notice biographique concernant une centaine d'artistes. Cet ouvrage fondamental d'initiation à l'histoire de l'art (prix Sorcières 1995) est réédité avec une nouvelle couverture souple.
Réunion des musées nationaux / Éd. du Regard, La petite encyclopédie, 2002.
27 € ISBN : 978-2-7118-4445-6
À partir de 12 ans

2697. Monnin, Françoise : **L'Art brut.**
À travers douze artistes, créateurs hors norme, dont Gaston Chaissac ou le facteur Ferdinand Cheval, Françoise Monnin présente l'art brut, mouvement entre expression artistique et thérapie. L'iconographie rend parfaitement cet univers mystérieux, fantasmagorique, plein de couleurs et d'énergie.
Scala, Tableaux choisis, 1997.
15 € ISBN : 978-2-86656-166-6
À partir de 13 ans

2698. Robinson, Anette : **Le Louvre.**
Un parcours d'analyse de la peinture à partir de douze tableaux du Louvre. Le texte aborde la technique, la composition, l'histoire, le style, les écoles... Le format de poche permet d'aller voir les œuvres au musée accompagné de cet outil précieux.
Scala, Tableaux choisis, 1994.
15 € ISBN : 978-2-86656-120-8
À partir de 13 ans

2699. Domino, Christophe ; Magnin, André : **L'Art africain contemporain.**
Douze portraits d'artistes, dans la diversité et la liberté de leurs œuvres : peintures, photographies, sculptures, installations, vidéos... Fragments de mémoire et modernité, univers fabuleux ou témoignage d'une réalité tragique. Invention de langages et de signes. Nous découvrons ici des artistes-voyageurs – et souvent engagés – entre l'Afrique et l'Occident.
Scala, Tableaux choisis, 2005.
15 € ISBN : 978-2-86656-357-8
Pour tous à partir de 14 ans

2700. Maison Rouge, Isabelle de : **Mythologies personnelles : l'art contemporain et l'intime.**
Un petit tour sur les lieux de création contemporaine en France, du palais de Tokyo à la Maison rouge à Paris, de la Piscine de Roubaix au Fresnoy de Tourcoing... L'auteur présente un des courants de l'art actuel où les artistes mettent en œuvre leur propre vie, la racontent et l'exposent.
Scala, Tableaux choisis, 2004.
15 € ISBN : 978-2-86656-345-5
À partir de 15 ans

PEINTURE – SCULPTURE – ARCHITECTURE

♥ La collection « **L'Art en jeu** » de l'Atelier des enfants du Musée national d'Art moderne. Certains titres sont toujours disponibles, les titres épuisés restent indispensables.
Centre Georges-Pompidou, L'Art en jeu.
12,20 € chaque
Pour tous à partir de 7 ans

2701. Sous la dir. de Curtil, Sophie : **Joaquín Torrès-García : Composition universelle.**
Page à page *Composition universelle* est recomposé image par image, symbole par symbole au fur et à mesure que les carrés et les rectangles blancs se remplissent de signes de vie. Formes figuratives ou abstraites, simples et universelles, mystérieuses ou évidentes, chacun construit, classe, regroupe, recommence la lecture de ce code.
Centre Georges-Pompidou, L'Art en jeu, 1998.
ISBN : 978-2-85850-988-1

Autres titres disponibles :

2702. Sous la dir. de Amzallag-Augé, Élizabeth et Curtil, Sophie : **Georges Braque : Femme à la guitare.** 1987.
ISBN : 978-2-85850-389-6

2703. Pierre Bonnard : L'Atelier au mimosa. 1988.
ISBN : 978-2-85850-482-4

2704. Robert Delaunay : La Tour Eiffel. 1987.
ISBN : 978-2-85850-430-5

2705. Auguste Herbin : Vendredi 1. 1994.
ISBN : 978-2-85850-755-9

2706. Paul Klee : En rythme. 1993.
ISBN : 978-2-85850-715-3

2707. Fernand Léger : Les Grands Plongeurs noirs. 1985.
ISBN : 978-2-85850-314-8

2708. Casimir Malevitch : L'homme qui court. 1996.
ISBN : 978-2-85850-865-5

2709. Joan Miró : Bleu II. 1990.
ISBN : 978-2-85850-547-0

2710. Jackson Pollock : Argent sur noir, blanc, jaune et rouge : 1995.
ISBN : 978-2-85850-814-3

2711. Yves Tanguy : Jour de lenteur. 1991.
ISBN : 978-2-85850-570-8

2712. Bram Van Velde : Sans titre, 1936-1941. 1989.
ISBN : 978-2-85850-488-6

2713. Claude Viallat : Bâche. 1996.
ISBN : 978-2-85850-806-8

2714. Andy Warhol : Ten Lizes (Dix fois Liz). 1990.
ISBN : 978-2-85850-549-4

2715. Jean Arp : Pépin géant. 1987.
ISBN : 978-2-85850-388-9

2716. Alexandre Calder : Fishbones (Arêtes de poisson). 1989.
ISBN : 978-2-85850-477-0

2717. Constantin Brancusi : Le Coq. 1990.
ISBN : 978-2-85850-548-7

2718. Marcel Duchamp : Porte-chapeau. 1992.
ISBN : 978-2-85850-701-6

2719. Max Ernst : Loplop présente une jeune fille. 1991.
ISBN : 978-2-85850-633-0

2720. Le Centre Georges-Pompidou : Piano – Rogers. 1996.
ISBN : 978-2-85850-912-6

2721. Prats-Okuyama, Catherine et Okuyama, Kimihito : **Louise Nevelson : Tropical Garden II (Jardin tropical II).** 1997.
ISBN : 978-2-85850-905-8

PEINTURE

Imagiers

♥ **2722.** Le Saux, Alain ; Solotareff, Grégoire : **Petit Musée.**
Un imagier qui s'ouvre comme un coffre au trésor, pour reconnaître, nommer, rêver. Les mots s'enchaînent, rappelant la forme de la lettre – œil, œuf, oignon – ou des thèmes – piscine, plongeur… Les images viennent de tous horizons, de toutes époques. Un voyage à travers la peinture d'où l'on ressort la tête pleine d'images.
L'École des loisirs, 2005.
28,20 € ISBN : 978-2-211-04708-1
Pour tous à partir de 4 ans

♥ **2723.** Concept. Rosenstiehl, Agnès : **Peintres.**
Agnès Rosenstiehl aiguise le regard des enfants. Dès les pages de garde l'auteur joue avec les œuvres, les confronte. Leur juxtaposition est toujours judicieuse mettant en valeur une harmonie de couleurs ou de mouvement, un thème vu de manières différentes. Une initiation à la peinture où le regard s'évade, se perd, s'amuse.
Autrement Jeunesse, Peinture, 1997.
11,50 € ISBN : 978-2-86260-734-4
Autres titres :
2724. Charmes. 1997.
ISBN : 978-2-86260-733-7
2725. Chapeaux. 1997.
ISBN : 978-2-86260-614-9
2726. Bateaux. 1997.
ISBN : 978-2-86260-631-6
2727. Cheveux. 1996.
ISBN : 978-2-86260-630-9
2728. Chevaux. 1996.
ISBN : 978-2-86260-632-3
11,50 € chaque
Pour tous à partir de 4 ans

2729. Rosenstiehl, Agnès : **Têtes.**
À travers des petites histoires où l'humour est toujours présent, Agnès Rosenstiehl nous emmène à la découverte de la peinture à toutes les époques. À la fois initiation à l'art et imagiers originaux, ces petits livres nous ravissent par leur pertinence et leur impertinence. Sur une double page, une peinture est présentée et un texte suggère le thème du tableau. Le texte rythmé, parfois loufoque, nous entraîne dans ce voyage à travers la peinture.

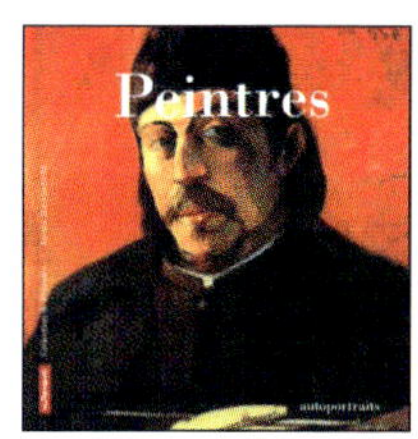

Autrement Jeunesse, Petite collection de peinture, 1997.
7,95 € ISBN : 978-2-86260-741-2
Autres titres :
2730. Bêtes. 1997.
ISBN : 978-2-86260-742-9
2731. Rêves. 1997.
ISBN : 978-2-86260-743-6
2732. Seins. 1997.
ISBN : 978-2-86260-744-3
2733. Mange. 1998.
ISBN : 978-2-86260-839-6
2734. Danse. 1998.
ISBN : 978-2-86260-838-9
2735. Mères. 1998.
ISBN : 978-2-86260-790-0
2736. Pères. 1998.
ISBN : 978-2-86260-789-4
2737. Filles. 1998.
ISBN : 978-2-86260-792-4
2738. Garçons. 1998.
ISBN : 978-2-86260-791-7
7,95 € chaque
2739. Câlins. 2000.
ISBN : 978-2-86260-985-0
2740. Colères. 2000.
ISBN : 978-2-86260-986-7
9 € chaque Pour tous à partir de 4 ans

2741. Rosenstiehl, Agnès : **Boîte de peinture : Verts en toute saison ; Jaunes de l'or à l'orange ; Bleus, air, eau, ciel ; Rouges du matin au soir.**
Réunis dans un coffret carré, quatre petits volumes font savourer les nuances des couleurs, à travers les reproductions de détails de tableaux de Jean de Limbourg, Giotto, Mary Cassatt, Wassily Kandinsky, Claude Monet pour prendre l'exemple du volume sur le bleu dans tous ses camaïeux. Cette « boîte de peinture » est une autre façon d'entrer dans les tableaux et prolonge les séries thématiques si bien composées par l'auteur.
Autrement Jeunesse, Petite collection de peinture, 2001.
Verts en toute saison.
ISBN : 978-2-7467-0133-5
Jaunes de l'or à l'orange.
ISBN : 978-2-7467-0135-9
Bleus, air, eau, ciel.
ISBN : 978-2-7467-0134-2
Rouges du matin au soir.
ISBN : 978-2-7467-0136-6
36 € le coffret / 9 € chaque
À partir de 4 ans

2742. Battut, Éric : **Pays sages.**
Un album qui permet de faire réfléchir les enfants sur le problème de la représentation en peinture. Comment se compose une image ? Que choisit-on d'y faire figurer ? Loin d'être pesant et normatif, l'album n'est au contraire que légèreté, poésie et liberté.
Bilboquet, Les incontournables, 2001.
13 € ISBN : 978-2-84181-144-1
À partir de 5 ans

2743. Mercier, Catherine-Jeanne : **Dans le tableau.**
Sur une page, un détail très agrandi : il suffit de tourner cette page pour le retrouver dans sa toile d'origine. On voit alors comment les artistes ont exprimé un pétale, le pli d'un châle ou d'un ruban, la lumière dans un ciel nuageux ou le jeu d'ombres sur un dos nu. Pour regarder autrement la peinture du XIXe siècle.
Seuil Jeunesse / Musée d'Orsay, L'œil malin, 2006.
ISBN : 978-2-02-084825-1
Autre titre :
2744. Juste un détail. 2006.
ISBN : 978-2-02-084826-8
14 € chaque À partir de 5 ans

2745. Browne, Anthony ; trad. de l'anglais Gombault, Ludovic-Jérôme : **Les Tableaux de Marcel.**
Cet illustrateur à l'humour décapant rend hommage à sa manière aux peintres qui l'ont inspiré : de Vermeer à Hopper en passant par toute une galerie de maîtres, tels que Blake, Caillebotte, Manet, Botticelli, Goya, Seurat... ses pastiches de grandes œuvres sont drôles ou dérangeants. Les commentaires ajoutent au piquant de cette lecture d'images.
Kaléidoscope, 2000.
13,60 € ISBN : 978-2-87767-296-2
À partir de 6 ans

2746. Concept. et réal. Baraud, Didier ; Demilly, Christian : **Pagaille à la cour !**
Ce pêle-mêle reprend le principe du cadavre exquis pour jouer avec rois et reines ! Le choix des tableaux est judicieux et les textes – rythmés comme des comptines – souvent pleins d'humour. À la fin de l'ouvrage, les tableaux sont présentés avec quelques lignes de biographie de ces têtes couronnées.
Réunion des musées nationaux / Palette..., 2004.
14,90 € ISBN : 978-2-7118-4865-2
À partir de 7 ans

Monographies

♥ **2747. Picasso en un trait.**
Magie, grâce, virtuosité, simplicité et poésie... au crayon, à la craie, à l'encre... des croquis « en un trait », fils légers à suivre du doigt « sans lever la main ». De belles photographies, des citations. Ce livre épuré révèle le geste et le regard de Picasso.
Palette..., 2004.
16 € ISBN : 978-2-915710-04-5
Pour tous à partir de 4 ans

2748. Pavlova, Anna ; adapt. Alglave, Stéphanie et Giroldi, Cécile ; ill. par les tableaux de Degas, Edgar : **J'ai rêvé que j'étais une ballerine.**
L'histoire vraie d'Anna Pavlova, conte de fées aussi beau que celui de *La Belle au bois dormant*, s'accompagne d'une sélection de reproductions de tableaux d'Edgar Degas pour la plupart conservés au Metropolitan Museum of Art de New York. Le livre est entraînant comme des pas de danse, léger comme un papillon sur la musique de Tchaïkovski...
Gautier-Languereau, 2001.
13 € ISBN : 978-2-01-390901-3
À partir de 5 ans

2749. Cvach, Miloš : **À partir d'un trait.**
Un trait gris, lancé au travers d'une page, et répété. Arrivent un trait jaune éclair, un trait bleu. Surgit un trait horizontal rouge coupant l'espace... la fuite en trait majeur se poursuit, légère, avec pour seul motif le plaisir de bouger les brindilles fragiles qui construisent des espaces imaginaires.
Les Trois Ourses, 2003.
10 €

Autre titre :
2750. Presque rien, n'importe quoi. 2002.
45 € Pour tous à partir de 6 ans

2751. César, Martine : **Yves Klein.**
Comme des poupées gigognes, au fur et à mesure de l'ouverture des fenêtres de formes différentes, on découvre successivement les nombreuses facettes de cet artiste et de ses passions. Pas de texte ajouté, seules des citations de Klein viennent en regard des œuvres pour les souligner et laisser chacun à sa réflexion.
Artissima, Flip Flap'Art, 2006.
13,50 € ISBN : 978-2-35398-000-0
À partir de 7 ans

2752. Hellings, Colette : **Delacroix : les tableaux racontent des histoires.**
Inspiré par le journal intime et le voyage au Maroc de Delacroix. Colette Hellings « illustre » chaque tableau d'une histoire. Le très grand format invite généreusement au voyage.
L'École des loisirs-Archimède, 1997.
25,80 € ISBN : 978-2-211-04108-9
À partir de 7 ans

La collection **« L'Enfance de l'art »** de la Réunion des musées nationaux : à travers les lettres de l'alphabet se dessinent sous nos yeux la vie d'un artiste, ses passions, son univers pictural. Les titres choisis sont évocateurs d'un moment, d'une technique, d'une personne, liés au peintre. Le procédé n'est pas pesant, l'iconographie et la mise en pages sont de grande qualité.
Réunion des musées nationaux, L'enfance de l'art.

2753. Amzallag-Augé, Élizabeth : **L comme Léger.** 1993.
ISBN : 978-2-7118-3564-5

2754. Larroche, Caroline : **C comme Corot.** 1996.
ISBN : 978-2-7118-3378-8

2755. Sellier, Marie : **B comme Bonnard.** 1993.
ISBN : 978-2-7118-2717-6

2756. B comme Bruegel. 1998.
ISBN : 978-2-7118-3780-9

2757. C comme Cézanne. 1995.
ISBN : 978-2-7118-3326-9

2758. C comme Chagall. 1995.
ISBN : 978-2-7118-3160-9

2759. D comme Delacroix. 1998.
ISBN : 978-2-7118-3681-9

2760. M comme Manet. 1994.
ISBN : 978-2-7118-3029-9

2761. M comme Matisse. 1993.
ISBN : 978-2-7118-2818-0

2762. M comme Monet. 1997.
ISBN : 978-2-7118-3563-8

2763. T comme Toulouse-Lautrec. 1992.
ISBN : 978-2-7118-2594-3

2764. V comme Van Gogh. 1999.
ISBN : 978-2-7118-3882-0
11,50 € chaque À partir de 7 ans

♥ Chez Palette... **« L'Art & la manière »** : reprise en français d'une des collections de monographies pour la jeunesse de l'éditeur allemand Prestel. Cette collection au format agréable présente sous un angle riche et intéressant des artistes et leur œuvre : savant équilibre entre le sérieux du texte et la mise en pages claire et aérée. La série des titres déjà parus constitue une véritable collection d'étude pour les jeunes qui, en restant classique, va à l'essentiel et offre une ouverture sur d'infinies variations de créations.
Palette..., L'Art & la manière, 2005.

2765. Strand, Claudia ; adapt. Demilly, Christian : **Incroyables Portraits d'Arcimboldo.**
ISBN : 978-2-915710-10-6

2766. Becker, Christoph ; adapt. Demilly, Christian : **Gauguin : L'invitation au voyage.**
ISBN : 978-2-915710-17-5

2767. La Valette, Désirée ; Stark, David ; recherche iconogr. Trojaborg, Ulrik ; adapt. Martin, Nicolas : **Keith Haring : et l'art descend dans la rue !**
ISBN : 978-2-915710-22-9

2768. Holzhey, Magdalena ; adapt. Demilly, Christian : **Frida Kahlo : une peinture de combat.**
ISBN : 978-2-915710-18-2

2769. Wenzel, Angela ; adapt. Martin, Nicolas : **Rêves dorés de Gustav Klimt.**
ISBN : 978-2-915710-21-2

2770. Hollein, Nina et Max ; adapt. Demilly, Christian : **Matisse : L'art du découpage.**
ISBN : 978-2-915710-09-0

2771. Breunesse, Caroline ; adapt. Demilly, Christian : **À la rencontre de Vincent Van Gogh.**
ISBN : 978-2-9521438-7-5
17 € chaque À partir de 9 ans

2772. Coleno, Nadine ; photogr. Veyrunes, Karine ; graphisme Privat, David : **Sur l'eau, Sarkis esquisse.**
Six enfants sont invités à un drôle de goûter organisé par Sarkis. La table est mise, assiettes creuses remplies d'une eau limpide, verres, pinceaux et boîte d'aquarelle. Un bouquet de fleurs multicolore sert de modèle aux enfants. Les pinceaux effleurent la surface de l'eau. Les pigments se déposent. Sarkis visionne les petits films qu'il réalise pour chacune de ces œuvres éphémères. Magique et poétique.
Scérén-CNDP / Éd. du Regard, 2002.
10 € ISBN : 978-2-84105-148-9
À partir de 9 ans

2773. Place, François : **Le Vieux Fou de dessin.**
L'auteur-illustrateur rend un bel hommage à Hokusaï en imaginant l'histoire d'un petit garçon qui arpente les rues populaires d'Edo que le peintre japonais a représentées dans des milliers de gravures. Le récit est vif, aussi précis et détaillé que le trait de crayon et les pinceaux des peintres.
Gallimard Jeunesse, 2001.
16 € ISBN : 978-2-07-054842-2
À partir de 9 ans

2774. May Angeli.
Les univers riches et variés de May Angeli sont harmonieusement déployés au fil des pages avec des gravures sur bois, des croquis d'animaux, des photos...
L'Art à la page, Images Images, 2006.
ISBN : 978-2-910915-01-8

2775. Sara.
Sara montre pour la première fois dans un livre son travail à l'huile, un chatoiement de couleurs plutôt sombres éclairé par une lumière dorée, et continue à nous étonner avec ses papiers déchirés.
Des références bibliographiques en fin de volumes pour compléter ces belles promenades artistiques.
L'Art à la page, Images Images, 2006.
ISBN : 978-2-910915-02-5
24 € chaque
Pour tous à partir de 10 ans

♥ **2776.** Huston, Nancy ; Koraïchi, Rachid : **Tu es mon amour depuis tant d'années.**
Les pages calligraphiées de Rachid Koraïchi illustrent les courtes phrases en forme de haïkus de Nancy Huston, à moins que ce ne soit le contraire. Ce bel hommage à l'ombre et à la lumière se déroule sans hâte dans un dialogue harmonieux entre un écrivain-poète et un peintre-sculpteur de lettres.
Thierry Magnier, 2001.
27 € ISBN : 978-2-84420-138-6
Pour tous à partir de 12 ans

♥ **2777.** Robinson, Anette : **Matisse.**
À travers douze tableaux commentés et de nombreux repères iconographiques, l'auteur présente l'univers de Matisse : ses recherches, ses objectifs... Les images claquent dans leurs belles couleurs vives et le texte éclaire pertinemment l'œuvre et la vie de l'artiste.
Scala, Tableaux choisis, 1999.
ISBN : 978-2-86656-198-7
Autre titre :
2778. Picasso au musée Picasso. 1999.
ISBN : 978-2-86656-200-7
15 € chaque À partir de 13 ans

2779. Baticle, Jeannine : **Goya d'or et de sang.**
Une biographie complète et très documentée du grand peintre espagnol. L'illustration abondante donne un aperçu des œuvres les plus importantes, des *Caprices* au *13 de Mayo*.
Gallimard, Découvertes Arts Peinture, 1986.
13,10 € ISBN : 978-2-07-053023-6
À partir de 14 ans

2780. Pierre, Arnauld : **Fernand Léger : peindre la vie moderne.**
Le livre s'ouvre par un très beau texte de Léger sur le cirque qu'illustre *La Grande Parade* et se referme sur la main de l'artiste tenant son pinceau. La mécanique est en place. L'auteur décortique les rouages de l'art de Fernand Léger, l'influence de l'industrialisation, de la publicité mais aussi l'harmonie avec la nature dans ses œuvres.
Gallimard / Centre Georges-Pompidou, Découvertes Arts Peinture, 1997.
ISBN : 978-2-07-053417-3
ISBN : 978-2-85850-963-8
Autres titres :
2781. Cachin, Françoise : **Gauguin, « ce malgré moi de sauvage ».** 1989.
ISBN : 978-2-07-053070-0
2782. Plazy, Gilles : **Le Douanier Rousseau : un naïf dans la jungle.** 1992.
ISBN : 978-2-07-053197-4
2783. Bonnafoux, Pascal : **Van Gogh : le soleil en face.** 1987.
ISBN : 978-2-07-053197-4
11,90 € / 13,10 € À partir de 14 ans

2784. Punyet Miró, Joan ; Lolivier-Rahola, Gloria : **Miró : le peintre aux étoiles.**
Les tableaux colorés de Joan Miró envahissent les pages. D'emblée cela donne envie de feuilleter le livre, de s'attarder sur une illustration. Le texte, chronologique, apporte de nombreuses informations sur la vie de Miró, sa passion de l'art.
Gallimard, Découvertes Arts Peinture, 2004.
13,10 € ISBN : 978-2-07-031544-4
À partir de 14 ans

SCULPTURE

Monographies

2785. Piquemal, Michel ; ill. Merlin, Christophe : **Le Manège de Petit Pierre.**
Michel Piquemal met son talent et sa sensibilité à raconter la vie de Pierre Avezard, « né tout mal foutu », qui va se mettre à créer un monde merveilleux et animé, fait de bouts de fils de fer, de boîtes de conserve, d'engrenages. Les images virtuoses composées par Merlin mêlent illustrations et photos de ces œuvres, aujourd'hui conservées à la Fabuloserie.
Albin Michel Jeunesse, 2005.
13,90 € ISBN : 978-2-226-14937-4
À partir de 6 ans

2786. Pfenninger, Margaret : **Quand le vide devient forme : petit album du regard avec Henri Laurens.**
Les œuvres sont mises en relief par des transparents et des caches qui font apparaître un détail. L'auteur donne des repères sur les formes, les matières, la lumière. Le texte reprend des citations de Henri Laurens. Un beau petit livre qui donne une approche sensible de l'œuvre du sculpteur et de la sculpture en général.
Musée d'Art moderne de Lille – Villeneuve-d'Ascq, 1992.
11,50 € ISBN : 978-2-86961-047-7
À partir de 7 ans

2787. Sellier, Marie : **Bourdelle.**
Antoine Bourdelle, élève de Rodin, connaît bien le bois et la pierre qu'il côtoie depuis l'enfance, influencé par la sculpture de la Grèce antique. Ce livre présente des œuvres et des détails de sculptures sur des pleines pages aux fonds colorés qui font ressortir les reproductions de manière forte et sensible.
Paris-Musées, Des mains pour créer, 2002.
12 € ISBN : 978-2-87900-732-8
À partir de 8 ans

♥ **2788.** Sellier, Marie : **Maillol.**
Les sculptures de femmes emplissent les pages. Plans rapprochés, détails des sculptures ou de la main du sculpteur,

ribambelles de statuettes en glaise : Marie Sellier campe avec élégance les corps gironds et évoque la biographie d'Aristide Maillol dont une citation nous rappelle que « tout ce que j'ai fait, je l'ai fait parce que cela m'amusait ».
Paris-Musées, Des mains pour créer, 2006.
14 € ISBN : 978-2-87900-952-0
À partir de 8 ans

♥ **2789.** Sellier, Marie : **Zadkine.**
Enfin un hommage au sculpteur Ossip Zadkine, d'origine russe, qui finira par s'installer à Paris en pleine effervescence cubiste. Il mourra à 77 ans laissant des sculptures en bois, en pierre, en plâtre, en bronze, des dessins à voir dans son ancien atelier, aujourd'hui transformé en musée, rue d'Assas à Paris.
Paris-Musées, Des mains pour créer, 2006.
14 € ISBN : 978-2-87900-951-3
À partir de 8 ans

2790. Coleno, Nadine ; photogr. Veyrunes, Karine ; graphisme Privat, David : **Kiefer s'attaque à la matière.**
Artiste allemand vivant à Barjac, Anselm Kiefer réalise des tableaux et des livres monumentaux. Des matériaux, plaques de métal, plomb, boîtes rouillées, négatifs de photographies, feuilles, tissus, jouets sont classés, répertoriés dans les vastes entrepôts qui entourent sa maison-atelier. Kiefer éprouve la matière, la tord, la secoue, contrarie ses fonctions premières et montre aux enfants ses expérimentations, première approche de cette bibliothèque singulière.
Scérén-CNDP / Éd. du Regard, L'Atelier, 2002.
10 € ISBN : 978-2-84105-146-5
À partir de 9 ans

2791. Limonde, Pascale : **L'Art révolté : Frans Krajcberg, un artiste pour sauver la forêt.**
Frans Krajcberg a quitté pour toujours la Pologne après la Seconde Guerre mondiale. Il vit au Brésil aux côtés des Indiens dans sa maison perchée sur un arbre. « La nature est son atelier », la source de ses œuvres. Son art est un combat pour dire le danger de la destruction de la forêt amazonienne, ses sculptures sont des forêts d'arbres-pinceaux magnifiques.
Gallimard Jeunesse – Giboulées, 2005.
15 € ISBN : 978-2-07-057313-4
Pour tous à partir de 10 ans

2792. Domino, Christophe : **Le Pot doré de Jean-Pierre Raynaud.**
Christophe Domino donne les clefs de l'univers insolite de l'artiste qui décida d'utiliser ses acquis d'horticulture en détournant un objet primaire, le pot de fleurs, de ses fonctions habituelles. Des pots déposés en divers endroits du monde, de Berlin à Pékin, couleur nature ou recouverts de feuilles d'or, rouges ou verts, intriguent le regard des passants.
Scala / Scérén-CNDP, Œuvre choisie, 2003.
8 € ISBN : 978-2-86656-311-0
ISBN : 978-2-240-01006-3
À partir de 11 ans

2793. Tabart, Marielle : **Brancusi : l'inventeur de la sculpture moderne.**
Les photographies du sculpteur ouvrent le livre. Partie intégrante de son œuvre, elles nous invitent à pénétrer dans l'atelier de l'artiste. Le livre explique clairement la démarche de Brancusi vers les formes les plus épurées. Un ouvrage complet et plein d'informations sur un sculpteur dont la modernité nous émerveille encore aujourd'hui.
Gallimard, Découvertes Arts Sculpture, 1995.
11,90 € ISBN : 978-2-07-053321-3
À partir de 13 ans

♥ **2794.** Pierre, Arnauld : **Calder : la sculpture en mouvement.**
Les mobiles de Calder ouvrent les pages du livre. À travers le parcours artistique du sculpteur, l'auteur montre en quoi Calder a été un précurseur. Le livre éclate de couleur, de gaieté et de légèreté comme les mobiles en équilibre, à la fois si libres et si bien contrôlés.
Gallimard / Paris-Musées, Découvertes Arts Sculpture, 1996.
11,90 € ISBN : 978-2-07-053383-1
ISBN : 978-2-87900-313-9
À partir de 14 ans

Généralités

2795. Willemin, Véronique ; Rodoreda, Joëlle : **Les Animaux fantastiques.**
Un bestiaire de sculptures photographiées magnifiquement par Véronique Willemin dans les musées et jardins de Paris et des environs. Le texte fournit quelques indications sur la symbolique des animaux à différentes époques.
Réunion des musées nationaux, Sculptures de rêve, 1999.
9,91 € ISBN : 978-2-7118-3949-0
À partir de 4 ans

2796. Bougeault, Pascale : **Pourquoi si fâchée ? Petit catalogue d'art traditionnel.**
Catalogue d'objets traditionnels conservés dans des musées du monde entier, sous forme de devinettes qui présentent des cuillères, des appuis-tête, des vases, des couteaux, des masques... d'Asie, d'Afrique, d'Amérique, d'Australie... Chaque pièce est replacée dans son contexte sous différentes latitudes à l'aide d'une scène familiale dessinée par Pascale Bougeault.
L'École des loisirs, 1999.
18,30 € ISBN : 978-2-211-05217-7
À partir de 5 ans

2797. Curtil, Sophie : **N'tchak, un pagne de fête au pays des Kuba.**
Chaque volume explore en profondeur un domaine de l'art africain. Jeu sur les formes, sur le devant et le derrière, à l'aide de découpes, de caches, les multiples facettes se dévoilent et font sens. En fin d'ouvrage une présentation d'autres représentations de l'objet montre le foisonnement de l'art africain.
Éd. du musée Dapper, 1991.
ISBN : 978-2-906067-15-8
Autres titres :
2798. Tchibinda, le héros chasseur. 1991.
ISBN : 978-2-906067-14-1
2799. Mia, les cuillers-sculptures. 1992.
ISBN : 978-2-906067-18-9
2800. Masque Vouvi, masque boa. 1992.
ISBN : 978-2-906067-19-6
9,60 € chaque À partir de 7 ans

2801. Nicolas, Alain : **L'Art des Papous et des Austronésiens de Nouvelle-Guinée.**
Grand masque malagan, peinture sur écorce des Kambot, crâne d'ancêtre d'Asmat, bouclier du Haut-Sepik, poupées mendi des hautes terres, autant d'œuvres (douze selon le principe de la collection) du musée des Arts africains, océaniens et amérindiens de Marseille, présentées et analysées par Alain Nicolas, commissaire de l'exposition du même nom.
Scala, Tableaux choisis, 2000.
15 € ISBN : 978-2-86656-210-6
À partir de 12 ans

2802. Domino, Christophe : **À ciel ouvert : l'art contemporain à l'échelle du paysage.**
L'art à ciel ouvert fait corps avec l'espace qui l'entoure. Œuvres éphémères, gigantesques, visibles parfois seulement du ciel, elles se singularisent. Cette première approche réussie présente les principaux artistes et les œuvres les plus remarquables.
Scala, Tableaux choisis, 1999.
15 € ISBN : 978-2-86656-355-4
À partir de 14 ans

ARCHITECTURE

♥ **2803.** Andréadis, Ianna : **Chantier ouvert au public : récit de la construction du musée du Quai Branly.**
Témoignage photographique à lire avec des yeux d'enfant curieux, comme un imagier sans pagination ni légende. Il s'agit pourtant d'un récit compartimenté en chapitres balisant les étapes du chantier. Bien mise en valeur par cette présentation, l'image plonge minutieusement dans le quotidien du travail, un univers qui ne laisse rien au hasard.
Musée du Quai Branly / Panama, 2006.
25 € ISBN : 978-2-7557-0171-5
ISBN : 978-2-915133-29-5
Pour tous à partir de 5 ans

2804. Antoine-Andersen, Véronique : **Promenade en architecture.**
Pour apprécier l'architecture, il ne suffit pas d'en reconnaître les styles, il faut comprendre à quoi elle sert. Ses différentes fonctions nous guident dans l'exploration d'édifices du monde entier, formes inséparables des modes de vie et savoir-faire des sociétés humaines qui les ont engendrées. La mise en pages favorise une lecture comparative.
Actes Sud Junior, 2006.
24 € ISBN : 978-2-7427-6314-6
À partir de 11 ans

2805. Les Mots de la ville, vol. 1 : Rues et quartiers ; Les Mots de la ville, vol. 2 : Les Édifices.
Une petite encyclopédie architecturale de la ville. Chaque double page aborde un édifice, un objet urbain : définition, projet architectural, nom et biographie succincte de l'architecte auteur du projet. Une initiation à l'architecture qui la replace dans le cadre de vie.
Archives d'Architecture Moderne Junior, Les mots de l'architecture, 1997.
ISBN : 978-2-87143-096-4
ISBN : 978-2-87143-099-5
14,60 € chaque À partir de 13 ans

2806. Jenger, Jean : **Le Corbusier : l'architecture pour émouvoir.**
Un livre qui rend compte de la grande énergie créatrice de l'architecte. Une analyse de ses travaux puristes, des « villas blanches » à la « Cité radieuse » à Marseille, les notions d'espace et de lumière transparaissent et donnent à ce parcours biographique une grande vitalité.
Gallimard, Découvertes Arts Architecture, 1993.
13,10 € ISBN : 978-2-07-053235-3
À partir de 14 ans

2807. Flouquet, Sophie : **L'Architecture contemporaine.**
Depuis l'Antiquité, selon les trois principes de Vitruve, l'architecture cherche son équilibre entre « solidité, commodité, beauté ». À chaque époque, cependant, de nouveaux matériaux remettent en cause et de nouvelles questions interrogent l'architecture. Des réponses de Herzog et de Meuron, Christian de Portzamparc, Henri Ciriani, Renzo Piano, Peter Zumthor, Henri Gaudin, Rudy Ricciotti... L'analyse guidée fait valoir les maisons en carton du Japonais Shigeru Ban.
Scala, Tableaux choisis, 2004.
15 € ISBN : 978-2-86656-316-5
Pour tous à partir de 15 ans

PHOTOGRAPHIE

♥ **2808.** Andréadis, Ianna : **Couleurs nature.**
Un voyage visuel planétaire à travers des photographies de champs, de montagnes et de mers, soigneusement choisies parmi les milliers de clichés de l'agence PHO.N.E. Une couleur dominante par page et sa complémentaire en vis-à-vis. Le déroulé du livre se fait par associations de formes et d'idées. Splendide imagier photographique pour les petits et pour les grands.
Seuil Jeunesse, 2002.
10 € ISBN : 978-2-02-049125-9
Pour tous à partir de 2 ans

2809. Concept. Serres, Alain ; photogr. Farey, Lily ; ill. Tallec, Olivier : **Abécédire.**
« Attendre, Boum !, Changer, Doucement, Écouter, Frisson, Non, Oui » : un vocabulaire élargi, poétique et actif accompagne des images tantôt photographiques, tantôt dessinées et peintes. Un livre pour tous, pour parler et rire ensemble, « Réfléchir, Faire Slurp et Zut » devant le cerceau qui s'enfuit et l'album qui se ferme déjà. Et si on recommençait ?
Rue du monde, L'album photo, 2001.
14,50 € ISBN : 978-2-912084-50-7
À partir de 2 ans

2810. Bassier, Anouk : **Regarde, regarde le loup dans le bois.**
Des photographies en couleurs, des gravures illustrent la comptine. Décalées « au pied de la lettre », drôles ou effrayantes, elles entraînent les enfants plus loin dans l'imaginaire. Chacun interprète, voit ce qu'il a envie d'y voir.
Passage Piétons, Imagier pour enfant moderne, 1998.
12 € ISBN : 978-2-913413-01-6
À partir de 3 ans

♥ **2811.** Jouet, Jacques : **Regarde, regarde les poissons dans la ville.**
Une fois franchi le passage pour piétons, sous la baguette de Jacques Jouet, poète

oulipien, l'univers urbain se révèle autrement. Plein de bruits, d'images, d'étrangeté, de drôlerie. Les photographies intriguent, interrogent, ne laissent jamais indifférents. Un imagier au sens « imaginaire », contemporain, qui bouscule et décape.
Passage Piétons, Imagier pour enfant moderne, 1998.
ISBN : 978-2-913413-00-9
Autre titre :
2812. Regarde, regarde les têtes en l'air.
ISBN : 978-2-913413-02-3
12 € chaque À partir de 3 ans

♥ **2813.** Munari, Bruno ; trad. Mirabel, Annie ; photogr. Arnone, Enzo : **Cicci, Coccò.**
L'enfance vue par Enzo Arnone et Bruno Munari est pleine de charme, de poésie, d'humour. Les photographies de ces enfants d'hier ressemblent à celles d'enfants d'aujourd'hui : les mêmes gestes, les mêmes regards, les mêmes jeux. Le texte parfois décalé renforce la facétie du livre, on se surprend à regarder, à revenir en arrière, à rêver à sa propre enfance.
Corraini, diffusion Les Trois Ourses, 2000.
16,50 € ISBN : 978-88-86250-83-2
Pour tous à partir de 3 ans

♥ **2814.** Darbois, Dominique ; texte Amrouche, Pierre : **Terre d'enfants.**
Un magnifique ouvrage consacré au travail de la grande reporter photographe Dominique Darbois qui a connu, aimé et photographié tant d'enfants du monde. Le choix, abondant, le tirage de haute qualité, le format, la couverture, le texte de Pierre Amrouche contribuent à une lecture émue, riche et chaleureuse du monde que l'on souhaite, avec Dominique Darbois, meilleur.
Éd. Xavier Barral, 2004.
37 € ISBN : 978-2-915173-05-5
Pour tous à partir de 5 ans

2815. Photogrammes et textes Fryszowski, Olivia : **Abécédaires : traces de lumière.**
Saviez-vous que l'on peut photographier sans appareil photo ? Les lecteurs de Tana Hoban ont découvert depuis longtemps, avec *Shapes and Things*, ce procédé mis en relief par Man Ray, dès 1922, dans *Les Champs délicieux*. Sous la forme d'un abécédaire, l'artiste associe une ribambelle d'objets. De ce bric-à-brac émergent des lumières comme des étoiles ou des ampoules de jours de fête.
Mango Jeunesse, Album Dada, ABC d'art, 2003.
17 € ISBN : 978-2-7404-1520-7
Pour tous à partir de 5 ans

2816. Andréadis, Ianna : **Éclipse 11 août 1999.**
Des photographies en noir et blanc d'hommes, de femmes et d'enfants le nez en l'air portant lunettes et instruments de protection, choisies et assemblées par Ianna Andréadis. C'est le passage de l'éclipse totale du 11 août 1999 : un moment de partage et de communion
Franck Bordas, 2001.
18,50 € Pour tous à partir de 6 ans

♥ **2817.** Hoban, Tana : **Traces d'ancêtres perdus.**
Les photographies abstraites que Tana Hoban a saisies au sol sont l'occasion d'engager un dialogue poétique ou amusant en se laissant aller à décrire à haute voix ce que les images suggèrent à la manière du jeu des nuages. Un livre contemplatif pour tous.
Les Trois Ourses, 2001.
23 € Pour tous à partir de 6 ans

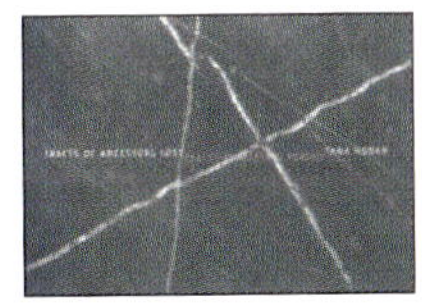

♥ **2818.** Hoban, Tana : **Regarde bien.**
Regarde bien à travers le trou de la page. Que représente-t-il ? Du plan rapproché au plan large, Tana Hoban joue avec notre perception des choses. On est surpris, ravi et on en redemande.
Kaléidoscope, 1999.
13,60 € ISBN : 978-2-87767-263-4
À partir de 6 ans

♥ **2819.** Deharme, Lise ; ill. de vingt photographies par Cahun, Claude : **Le Cœur de pic.**
Vingt photomontages, magnifiquement imprimés, sur un papier épais couleur crème, étonnent par leur audace, leur liberté, leur étrangeté. Les accompagnent avec le même charme étrange et complice les poèmes de Lise Deharme. Cet ouvrage historique surprend à nouveau et introduit un air de liberté, cher à Éluard qui préface, d'un court dialogue, le livre paru en 1937 chez José Corti.
MeMo, 2004.
30 € ISBN : 978-2-910391-52-2
Pour tous à partir de 9 ans

2820. Moon, Sarah :
L'Effraie.
Circuss.
Le Fil rouge. (DVD à la fin de chaque livre)
Sarah Moon interprète « Le Petit Soldat de plomb », « La Petite Marchande d'allumettes » et « Barbe-Bleue », rendant par ses photographies et ses films, ces contes terriblement contemporains. Avec l'air de ne pas y toucher, Sarah Moon s'approche de très près des plaies laissées ouvertes dans l'enfance et elle y passe le baume apaisant d'une chanson douce avec sa voix d'enfant, claire et envoûtante.
Kahitsukan, Kyoto Museum of Contemporary Art, diffusion Les Trois Ourses, 2003, 2005, 2006.
78 € chaque
Pour tous à partir de 13 ans

2821. Le Fèvre-Stassart, Isabelle : **Objectif photographie !**
Le livre pose en quelques chapitres courts largement illustrés des questions de fond : pourquoi, quand, comment, par qui, où ? L'auteur axe son propos sur la création : un point de vue nouveau dans les livres documentaires de jeunesse sur la photographie.
Autrement Jeunesse, Autrement Junior/ Scérén-CNDP, Série Arts, 2003.
11 € ISBN : 978-2-240-01282-1
À partir de 14 ans

ARTS GRAPHIQUES - DESIGN ET DESSIN

2822. Coleno, Nadine ; photogr. Veyrunes, Karine ; graphisme Privat, David : **Le Lit de Matali.**
On assiste au processus de création, on découvre ce qu'est un prototype, on joue avec « Oritapi », un sofa à construire soi-

même, on range le « lit de Jim quand il monte à Paris ». Si les photos du groupe d'enfants sont un peu trop pesantes et présentes, la collection a le vrai mérite d'explorer des terres de créations nouvelles.
Éd. du Regard / Scérén-CNDP, 2002.
10 € ISBN : 978-2-84105-150-2
À partir de 9 ans

2823. Fayolle, Claire : **Le Design.**
Publicité, mobilier, packaging, logo... toutes les formes du design sont présentées. Un livre qui montre que le design est présent, partout, dans notre vie quotidienne... jusque dans nos assiettes.
Scala, Tableaux choisis, 2005.
15 € ISBN : 978-2-86656-356-1
À partir de 9 ans

2824. Guenoun, Joël : **Les mots ont des visages : Elle ; Les mots ont des visages : Clé.**
Le graphisme de la lettre est décliné sur le mode de l'humour, de la poésie, de l'astuce. Les mots désignent des objets, des idées et leur graphie contient leur représentation. Ces petits livres nous ouvrent les yeux sur l'esthétisme visuel des mots, sur leur sens. Une grande réussite pour la mise en pages et pour le jeu. Les mots s'amusent et nous amusent.
Autrement Jeunesse, 1999.
ISBN : 978-2-86260-901-0
ISBN : 978-2-86260-935-5
9 € chaque À partir de 9 ans

2825. Baudoin, Edmond : **Questions de dessin.**
Edmond Baudoin questionne le trait, les formes, les couleurs autour d'œuvres de peintres. Promenade dans des paysages, sensations qui s'en dégagent... Dans ce parcours le lecteur apprendra peut-être la leçon essentielle de l'art : traduire l'intérieur de soi et pour cela travailler sans cesse.
Éd. de l'An 2, 2002.
15 € ISBN : 978-2-84856-000-7
À partir de 14 ans

♥ **2826.** Besson, Olivier : **Gravures de bêtes.**
Un superbe bestiaire pour appréhender avec clarté les techniques de gravure : de l'eau-forte à la gravure sur bois, du monotype au crayon et l'aquatinte au sucre : onze procédés commentés et expliqués. L'auteur donne à voir un sujet réalisé de diverses manières dont le choix détermine la création artistique. Les plus jeunes contempleront ces superbes planches d'éléphants, ours et autres coléoptères...
Thierry Magnier, 2006.
28,50 € ISBN : 978-2-84420-479-0
Pour tous

MODE – BIJOUX

2827. Coleno, Nadine ; photogr. Veyrunes, Karine ; graphisme Privat, David : **Christian Lacroix de fil en aiguille...**
Le couturier montre et explique la collection automne-hiver 2002-2003, de la conception à la réalisation. Il s'inspire du passé et du présent, des images d'« Arlésiennes », des costumes de toreros et des « santibelli » du XVIIIe siècle. Il invente des « Pêle-Mêle », combinant les matières. Dans l'atelier s'activent les mains des « premiers » et « premières »...
Éd. du Regard / Scérén-CNDP, 2002.
10 € ISBN : 978-2-84105-151-9
Autre titre :
2828. Coleno, Nadine ; photogr. Rouault, Jean-Baptiste ; graphisme Privat, David : **Découvre la mode de Karl Lagerfeld.** 2004.
11 € ISBN : 978-2-84105-170-0
À partir de 9 ans

2829. Biardeau, Sophie : **L'Art du bijou en Occident.**
Des origines à nos jours, on remonte le temps avec les apports successifs des civilisations dans cette histoire particulière : l'art de la parure, son rôle sacré, religieux ou guerrier ; l'évolution des usages, des symboliques, l'essor de la joaillerie, les styles, les grands noms et la création contemporaine. Un contenu riche et passionnant.
Pemf, Un œil sur..., 2006.
12 € ISBN : 978-2-84526-614-8
À partir de 12 ans

MUSIQUE

2830. Fontanel, Béatrice ; ill. Fomina, Victoria ; texte lu par Bonnaffé, Jacques : **Wolfgang Amadeus Mozart.**
Le 27 janvier 1756... naquit un enfant prénommé Wolfgang. C'est l'histoire de sa vie et de son œuvre racontée à l'aide d'un bel album illustré par la musique et le dessin. L'illustration élaborée est imaginative et précieuse, en harmonie avec le texte. L'écoute musicale permet encore mieux d'entrer dans l'univers du musicien.
Gallimard Jeunesse Musique, 2006.
22 € ISBN : 978-2-07-057549-7
À partir de 8 ans

2831. Présentation Rosenfeld, Michaël ; ill. Fronty, Aurélia ; Destours, Christine : **Tout sur la musique ! : Le guide indispensable pour s'initier à la musique.**
Une initiation, simple et claire, au solfège et à l'écriture musicale. Ce livre décrit aussi les grandes familles d'instruments, l'histoire de la musique occidentale dans ses principaux courants, cite ses compositeurs les plus illustres. Un CD-audio illustre le propos. Des illustrations aux gammes colorées rythment et éclairent le texte.
Gallimard Jeunesse Musique, 2006.
22 € ISBN : 978-2-07-055088-3
À partir de 9 ans

2832. Boulanger, Gérard ; ill. Gravier, Alice : **Le Dico de la musique.**
Un dictionnaire pour les plus jeunes : histoire de la musique, familles d'instruments, styles musicaux, interprètes dans tous les genres, œuvres choisies, techniques d'enregistrement, y sont autant d'entrées pour se familiariser avec un vocabulaire et des pratiques bien au-delà de nos frontières.
La Martinière Jeunesse, Le Dico de, 2005.
15 € ISBN : 978-2-7324-3253-3
À partir de 10 ans

2833. Fontanel, Béatrice : **La Parade des musiciens.**
Une entrée imagée dans la musique de tous les temps et tous les continents : voici un travail original dans l'édition jeunesse menée par Béatrice Fontanel avec

goût, ferveur et liberté. De l'envoûtante « Charmeuse de serpent » du Douanier Rousseau à la photo du musicien indien Ravi Shankar par Marc Riboud en passant par les peintures des Aborigènes, voilà bien de quoi valser à travers ce livre riche et entraînant.
Actes Sud Junior / Cité de la musique, Les globe-croqueurs, 2004.
23 € ISBN : 978-2-7427-5108-2
À partir de 10 ans

DANSE

2834. Mannoni, Gérard ; Ianco, Catherine : **La Danse : histoire, ballets, coulisses, étoiles.**
Recueil quasi encyclopédique : les origines, les grands moments de cet art ancien, la réalité du métier, l'apprentissage, les troupes et ballets. Sont aussi évoqués les légendes et les danseurs qui ont marqué l'histoire, les étoiles et les compagnies contemporaines. L'accent est aussi mis sur les métiers liés à la danse (costumier, décorateur, musicien).
Milan Jeunesse, 2005.
28 € ISBN : 978-2-7459-1485-9
À partir de 9 ans

CINÉMA

Thèmes

♥ **2835.** Ill. Martin, Jean-François : **Charlie Chaplin.**
Cet album ne doit manquer à aucun fonds documentaire des bibliothèques jeunesse. Les illustrations en noir et blanc, la maquette, les documents, les textes de Charlie Chaplin, ainsi que les dialogues extraits des films, tout concourt à rendre la dynamique tragi-comique du grand acteur.
Mango Jeunesse, Albums Dada, L'œil et le mot, 2002.
15 € ISBN : 978-2-7404-1474-3
À partir de 10 ans

Une nouvelle collection chez Actes Sud Junior et La Cinémathèque française, sur le cinéma et autour d'un thème, toujours passionnant et très illustré d'images de films :

2836. Bourgeois, Nathalie : **Grand / Petit au cinéma.**
Grand ou petit ? Cela est relatif. Alice et Gulliver nous le rappellent. Le cinéma, dès son invention, a joué de l'illusion. Une analyse passionnante de nombreux films, comme celle de « L'homme qui rétrécit » : à la fin, l'infiniment petit rejoint l'immensité de l'univers. La magie du cinéma est là et nous emmène dans ces mondes si étranges et familiers.
Actes Sud Junior / La Cinémathèque française, 2006.
16 € ISBN : 978-2-7427-6309-2
À partir de 10 ans

2837. Siety, Emmanuel : **La Peur au cinéma.**
Entre frayeur et délice, légère inquiétude et angoisse, le cinéma joue à nous faire peur. Le spectateur est immobile, protégé mais inquiet, toujours face à ses terreurs d'enfance. Ce livre explore ce « jeu de la peur » avec une grande finesse, au travers de magnifiques films classiques. L'auteur analyse et décode l'étrange langage de ce genre si mystérieux.
Actes Sud Junior / La Cinémathèque française, 2006.
18 € ISBN : 978-2-7427-6311-5
Pour tous à partir de 15 ans

Généralités

2838. Schapira, Catherine ; Reyt, Claude : **Quel cinéma !**
Une sensibilisation inventive au 7e art qui fait des choix obligés dans un fascicule de soixante pages largement illustré. Sans souci chronologique, les auteurs donnent avant tout envie de s'intéresser aux multiples aspects du cinéma : des inventions de Méliès aux salles de cinéma célèbres, en passant par « Jacquot de Nantes » et d'autres « gosses » du cinéma.
Autrement Jeunesse, Autrement Junior / Scérén-CNDP, Série Arts, 2003.
11 € ISBN : 978-2-240-01281-4
À partir de 9 ans

2839. Ciment, Michel ; Loiseau, Jean-Claude ; Magny, Joël : **La Petite Encyclopédie du cinéma.**
Des spécialistes analysent un siècle de cinéma. Une iconographie remarquable, un texte sérieux et documenté font, de ce livre, un ouvrage de référence. Tous les aspects sont abordés : histoire mondiale du cinéma, aspect technique (effets spéciaux, fabrication d'un film...), aspect économique. Des biographies de réalisateurs complètent le livre.
Éd. du Regard / Réunion des musées nationaux, La petite encyclopédie, 1998.
44,21 € ISBN : 978-2-7118-3646-8
À partir de 13 ans

♥ **2840.** Berthomé, Jean-Pierre : **Les Ateliers du 7e Art. 1 : Avant le clap.**
Toutes les étapes de la fabrication d'un film, de la préparation à la post-production, avec une présentation détaillée de chaque poste de travail et de pertinentes données historiques qui permettent de rendre compte des évolutions économiques, artistiques et techniques. Des livres passionnants, remarquables de clarté et de précision.
Gallimard, Découvertes Arts Cinéma, 1995.
ISBN : 978-2-07-053305-3
Autre titre :
2841. Amiel, Vincent : **Les Ateliers du 7e Art. 2 : Après le clap.**
ISBN : 978-2-07-053306-0
13,10 € chaque À partir de 14 ans

QUELQUES TITRES ÉPUISÉS

à garder précieusement si vous les avez dans votre fonds

Hoban, Tana : **Partout des couleurs**, Kaléidoscope, 1997.

Bauret Gabriel ; Solotareff, Grégoire : **Album**, L'École des loisirs, 1995.

Livres épuisés de la collection « L'Art en jeu », Centre Georges-Pompidou, L'Atelier des enfants.
Sous la dir. d'Amzallag-Augé, Élizabeth et Curtil, Sophie :
Marc Chagall : Double portrait au verre de vin, 1993.
Vassily Kandinsky : Bleu de ciel, 1988.
František Kupka : Autour d'un point, 1991.
Henri Matisse : La Tristesse du roi, 1991.

Piet Mondrian : New York City 1, 1992.

Pablo Picasso : Le Minotaure, 1987.

Kurt Schwitters : Le Point sur le i, 1994.

Jean Dubuffet : Le Jardin d'hiver, 1989.

Alberto Giacometti : Grande Femme, II, 1989.

Yves Klein : L'Arbre, grande éponge bleue, 1994.

Larminat, Max-Henri de : **Gaston Chaissac : Personnage aux cheveux verts, roses et blancs,** 1998.

Sciences humaines

SAGESSE – RELIGIONS

Sagesse

♥ **2842.** Saulière, Delphine ; ill. Saillard, Rémi : **Le Petit Livre de la mort et de la vie.**
Il s'agit là de guider enfants et éducateurs à travers le foisonnement des questions relatives à la mort, leur donner des informations, et leur faire part d'une réflexion qui n'occulte pas l'angoisse exprimée ou sous-jacente. Ce petit livre, par la prise en compte de la réalité et le refus de la dramatisation, jusque dans l'illustration, remplit la fonction qui lui est assignée.
Bayard Jeunesse, Les petits guides, 2005.
6,90 € ISBN : 978-2-7470-1677-3
À partir de 6 ans

2843. Tardy, Anne ; ill. Tallec, Olivier : **L'Île aux étoiles.**
Un récit tout simple et bien écrit pour une première sensibilisation à la conception de la mort et de l'au-delà chez les Aborigènes d'Australie. Les illustrations complètent justement le propos. Le petit format du volume ne retire rien à son intérêt, bien au contraire.
Desclée de Brouwer, Petite collection clé, 2001.
6 € ISBN : 978-2-220-04924-3
À partir de 6 ans

2844. Brenifier, Oscar ; ill. Moüy, Iris de : **La Vérité selon Ninon.**
Permettre aux plus jeunes de se poser des questions éthiques ou morales par le biais d'une fiction, c'est la gageure que relèvent avec brio ces « albums de philosophie » qui mettent en scène la petite Ninon dans des situations du quotidien et qui sont un parfait support à la discussion entre générations. L'intelligence du propos et le charme des illustrations font toujours mouche.
Autrement, Les petits albums de philosophie, 2005.
ISBN : 978-2-7467-0716-0
À partir de 8 ans

Autre titre :
2845. Le Bonheur selon Ninon. 2005.
ISBN : 978-2-7467-0717-7
13,50 € chaque À partir de 8 ans

2846. Kerisel, Françoise ; ill. Mansot, Frédérick : **La Lanterne de Diogène.**
Ce livre de tout petit format offre un joli et court récit pour évoquer la pensée de Diogène, philosophe grec du IVe siècle av. J.-C. Une belle leçon de liberté illustrée avec réussite et humour.
Desclée de Brouwer, Petite collection clé, 2001.
6 € ISBN : 978-2-220-04923-6
À partir de 9 ans

2847. Éd. Piquemal, Michel ; ill. Lagautrière, Philippe : **Mon premier livre de sagesse.**
Un recueil de citations d'origines très diverses mêlant des textes de pays et d'époques différentes à de nombreux proverbes de toutes les cultures. Sur des thèmes comme l'argent, l'échec, la fraternité, le père, la mère, les rêves, la vérité, ce florilège thématique incitera les jeunes à la réflexion. Une mise en pages séduisante, des illustrations colorées et amusantes.
Albin Michel, 2001.
12 € ISBN : 978-2-226-11822-6
À partir de 9 ans

2848. Adapt. Vulliez, Hyacinthe ; ill. Souppart, Étienne : **Les Secrets de Kaïdara.**
Trois jeunes Peuls partent à la recherche du lointain pays de Kaïdara. Ce récit initiatique, joliment illustré, sensibilise le jeune lecteur aux formes de sagesse africaines. De nombreuses notes dans les marges et un dossier documentaire élargissent le sujet à la place du conte dans la tradition africaine et à la signification de l'animisme.
Gallimard Jeunesse, Les contes du ciel et de la terre, 1996.
4,57 € ISBN : 978-2-07-056891-8
À partir de 9 ans

♥ **2849.** Saint-Dizier, Marie ; ill. Ishii, Atsuko : **Le Rire raconté aux petits curieux.**
Le rire s'explique, il a une histoire et des visages différents selon les pays, c'est ce que démontre brillamment ce beau volume qui mêle les approches philosophiques, psychologiques et historiques pour comprendre d'où vient le rire. L'illustratrice crée un univers singulier et décalé, aux couleurs pastel, pour accompagner ce beau voyage dans la culture du rire.
Syros, Les albums documentaires, 2006.
16 € ISBN : 978-2-7485-0449-1
À partir de 10 ans

2850. Eveno, Claude ; ill. Callias, Aurore : **Regarder le paysage.**
Une réflexion pertinente sur la perception du paysage à travers les siècles, selon les sensibilités et les courants de pensée d'une époque, et par le biais de supports techniques en permanente évolution : la peinture, la photographie, le cinéma. La progression du propos est claire, le ton alerte, pour une lecture séduisante.
Gallimard Jeunesse-Giboulées, 2006.
9,50 € ISBN : 978-2-07-057353-0
À partir de 13 ans

♥ **2851.** Éd. Hartman, Willem : **Paroles de sagesse viking.**
Pour aller au-delà des idées toutes faites et des clichés véhiculés sur les Vikings, ce joli recueil réunit des poèmes de l'Edda, ensemble de poèmes scaldiques et des extraits d'une immense littérature en prose, les sagas venues d'Islande. Un volume agréablement illustré par des reproductions de sculptures, de stèles gravées, de miniatures ou de pierres runiques.
Albin Michel, Carnets de sagesse, 2001.
10 € ISBN : 978-2-226-11879-0
À partir de 13 ans

♥ **2852.** Éd. Marchon, Benoît ; ill. Delafosse, Claude : **Le Dico philo.**
Ce dictionnaire de citations philosophiques se caractérise par la diversité des sources sollicitées (romans, poèmes, proverbes, quotidiens...) et par l'hétérogénéité des auteurs cités (écrivains, artistes, maîtres spirituels, chanteurs, journalistes, comédiens). Les illustrations à l'humour percutant, comme l'élégance de la mise en pages, prolongent le plaisir de la lecture.
Actes Sud Junior, Les petits nécessaires de culture, 2004.
17 € ISBN : 978-2-7427-4815-0
À partir de 13 ans

2853. Revault d'Allonnes, Myriam ; ill. Gerner, Jochen : **Pourquoi les hommes font-ils la guerre ?**
Cette très riche réflexion sur la guerre, ses causes, ses implications, ses enjeux, est en même temps une véritable initiation à la démarche philosophique. L'ouvrage est accessible aux plus grands qui seront aidés par une présentation aussi efficace qu'attractive.
Gallimard Jeunesse-Giboulées, Chouette penser !, 2006.
9,50 € ISBN : 978-2-07-051110-5
À partir de 13 ans

♥ **2854.** Robelin, Cécile et Jean ; ill. Koechlin, Lionel : **Qu'est-ce qu'un homme ? : Dialogue de Léo, chien sagace, et de son philosophe.**
L'humour de la situation, l'ironie que les protagonistes exercent l'un envers l'autre, permettent des approches aussi directes qu'inattendues. Cette apparente légèreté n'empêche pas le sérieux de la réflexion et le soin apporté aux inserts, précisions, encarts, index. Cette approche pédagogique originale est servie également par l'illustrateur.
Gallimard Jeunesse-Giboulées, Chouette penser !, 2006.
10,50 € ISBN : 978-2-07-057184-0
À partir de 13 ans

♥ **2855.** Éd. Rose, Jean : **Paroles d'avant l'écriture.**
Il y a quelque paradoxe à vouloir recueillir des paroles d'avant l'écriture, pari gagné pourtant par ce joli et élégant volume qui réunit des textes d'Yves Coppens, Claude Lévi-Strauss ou encore Mircea Eliade pour évoquer les origines de l'homme, la genèse du signe, la naissance de la création artistique. Des images préhistoriques relevées dans de nombreuses grottes illustrent avec bonheur le volume.
Albin Michel, Carnets de sagesse, 2001.
10 € ISBN : 978-2-226-11903-2
À partir de 13 ans

2856. Éd. Vautier, Maguy : **Paroles de Touaregs.**
Des paroles de sable, de désert et de soif qui touchent à l'universel et laissent percevoir avec force l'originalité de la culture des Touaregs, peuple qui tente de préserver son identité par tous les moyens. Double rencontre avec cet univers, par la parole mais aussi grâce aux photographies qui accompagnent parfaitement les textes.
Albin Michel, Carnets de sagesse, 1997.
10 € ISBN : 978-2-226-09005-8
À partir de 13 ans

Religions

♥ **2857.** Baussier, Sylvie ; ill. Maja, Daniel : **Petite Histoire des religions.**
Les principales religions sont traitées dans une perspective à la fois historique et contemporaine et les illustrations de Daniel Maja savent traduire la diversité des cultures représentées. Le texte, accessible, conserve une certaine distance critique et une place est réservée à l'agnosticisme et à l'athéisme.
Syros Jeunesse, Petites Histoires des hommes, 2004.
18 € ISBN : 978-2-7485-0162-9
À partir de 9 ans

♥ **2858.** Boilève, Marianne ; Mirza, Sandrine ; ill. Bar, Laurence ; Boyer, Vincent ; Brasseur, Jérôme : **Les Religions : de la Préhistoire à nos jours.**
Cet ouvrage présente les religions – dont certaines rarement évoquées – à travers le temps comme à travers l'espace et un dernier chapitre aborde les problématiques des sociétés contemporaines. La clarté des exposés, l'exhaustivité et la richesse de l'information font de ce livre très illustré à la présentation agréable, un outil de documentation autant que de réflexion.
Milan Jeunesse, Les encyclopes, 2005.
22,60 € ISBN : 978-2-7459-1517-7
À partir de 9 ans

2859. Clément, Olivier ; Boz, Pierre ; ill. Hériard, Patrick ; Thibault, Dominique : **Les Visiteurs du ciel.**
Six récits issus des différentes religions du Livre illustrent la fonction des anges et leur rôle d'intercesseurs entre Dieu et les hommes. Un texte à lire et à entendre, bien illustré.
Gallimard Jeunesse, Les contes du ciel et de la terre, 1997.
4,57 € ISBN : 978-2-07-059418-4
À partir de 9 ans

2860. Hill, Douglas ; ill. Wilson, Alex ; trad. Miadi, Fadwa : **Sorcellerie et magie.**
Pour tout savoir sur la sorcellerie : ses origines, ses pratiques, ses rites. Un vrai voyage à travers le monde, pour découvrir des magies diverses mais partagées par tous les peuples à tous les âges de l'histoire, et pour comprendre qu'être sorcière est difficile et souvent dangereux.
Gallimard Jeunesse, Les yeux de la découverte, 1997.
14 € ISBN : 978-2-07-050481-7
À partir de 9 ans

2861. Dir. Vallon, Jacqueline : **Le Livre des religions.**
Qu'est-ce qu'une religion ? En commençant par répondre à cette question, l'ouvrage développe, selon une construction solide et exhaustive, un panorama complet des rites et croyances du monde entier. Dans cette encyclopédie qui n'oublie pas la place centrale de l'homme dans la relation

au sacré, index, cartes, table des matières sont autant d'outils et d'entrées dans une ouvrage au format très maniable.
Gallimard Jeunesse, Découverte Cadet, Hors-série, 2004.
12 € ISBN : 978-2-07-050866-2
À partir de 9 ans

2862. Wilkinson, Philip ; photos Teague, Steve : **Histoire du bouddhisme.**
On trouve dans cet ouvrage et chacun des suivants une présentation riche et très documentée de chaque religion considérée et des contextes historiques, sociaux et religieux qui lui sont propres, à travers le monde et les différentes époques. La richesse et la variété de l'iconographie – d'usage dans cette collection – est au service d'un texte clair, accessible à une large tranche d'âge.
Gallimard Jeunesse, Les yeux de la découverte, 2004.
ISBN : 978-2-07-055731-8
Autres titres :
2863. Charing, Douglas ; trad. Dreyfus, Véronique : **Histoire du judaïsme.** 2003.
ISBN : 978-2-07-055241-2
2864. Wilkinson, Philip ; ill. Teague, Steve ; trad. Barrios-Delgado, Dominique : **Histoire du christianisme.** 2003.
ISBN : 978-2-07-055228-3
2865. Wilkinson, Philip ; trad. Delcambre, Anne-Marie ; Esch, Jean : **Histoire de l'islam.** 2002.
ISBN : 978-2-07-053733-4
14 € chaque À partir de 9 ans

♥ **2866.** Nancy, Jean-Luc : **Au ciel et sur la terre : petite conférence sur Dieu.**
Transcription d'une conférence suivie de questions et réponses d'un auditoire d'enfants, cette intervention sur les interrogations qui entourent l'existence des dieux, de Dieu et la représentation que s'en font les hommes est une belle leçon de philosophie, véritable invitation à la réflexion sur les religions au-delà des croyances des uns et des autres.
Bayard, Les petites conférences, 2004.
9,90 € ISBN : 978-2-227-47411-6
À partir de 11 ans

♥ **2867.** Dir. Baladier, Charles ; Lapierre, Jean-Pie : **La Petite Encyclopédie des religions.**
Des religions disparues aux religions toujours pratiquées dans le monde, un indispensable ouvrage de référence pour étudier les religions dans leur pluralité. Des textes denses, ambitieux mais accessibles, impeccablement mis en pages et magnifiquement illustrés passionneront les lecteurs soucieux de comprendre le sentiment religieux.
Réunion des musées nationaux / Éd. du Regard, La petite encyclopédie, 2003.
27 € ISBN : 978-2-7118-4662-7
Pour tous à partir de 13 ans

♥ **2868.** Desbordes, Astrid ; collab. Baubérot, Jean : **Des religions dans l'Histoire : bouddhisme, judaïsme, christianisme, islam, vodou.**
Les religions sont une réponse que chaque civilisation apporte aux questions existentielles. Dans cet ouvrage, les premiers chapitres sont consacrés à l'émergence et au devenir des grandes religions au fil de l'histoire. Le dernier chapitre est réservé aux fondements de la laïcité dans notre société.
Autrement, Autrement Junior, Série Histoire, 2003.
11 € ISBN : 978-2-7467-0412-1
À partir de 13 ans

♥ **2869.** Mistral, Laure : **Et Dieu créa les femmes : la religion et les femmes.**
C'est à partir d'un thème transversal – la religion et les femmes, le bien et le mal, le corps et l'âme, les conflits religieux – que chacun des ouvrages de cette collection évoque les trois grandes religions monothéistes, dans la diversité de leurs doctrines et de leurs pratiques. Richesse de l'information, liberté dans la réflexion, subtilité de l'iconographie, humour de la présentation, une approche dédramatisée qui convient aux plus grands pour traiter de sujets difficiles sur un mode quasiment jubilatoire.
Palette..., Nos religions, 2004.
ISBN : 978-2-9521438-8-2
Autres titres :
2870. Mistral, Laure : **Le Bien et le mal : la religion et la morale.** 2005.
ISBN : 978-2-915710-16-8
2871. Desbordes, Astrid : **Corps et âme : l'âme et le corps dans la religion.** 2005.
ISBN : 978-2-915710-15-1
2872. Veillères, Claire : **Guerre et paix : paix et conflits dans la religion.** 2005.
ISBN : 978-2-915710-14-4
16 € chaque À partir de 13 ans

Religions disparues

2873. Davidson, Marie-Thérèse ; ill. Maja, Daniel : **Dieux grecs.**
L'auteur nous conte la mythologie grecque comme une histoire aux multiples rebondissements. La qualité de l'écriture et des illustrations malicieuses soutient l'intérêt de la lecture, facilitée par des définitions en marge. Des apports documentaires sur des aspects de la civilisation de la Grèce antique font l'objet de doubles pages.
Gallimard Jeunesse, Sur les traces de..., 2005.
10 € ISBN : 978-2-07-057194-9
À partir de 9 ans

2874. Larousse Junior de la mythologie.
Cette encyclopédie de la mythologie est organisée en cinq thèmes : dieux, demi-dieux et héros, guerre de Troie, mythes, rapports des hommes aux dieux. Des paragraphes courts (récits abordant les données documentaires essentielles) et une iconographie très présente ouvrent les pistes pour découvrir et comprendre les divers aspects de la mythologie.
Larousse, 2004.
16 € ISBN : 978-2-03-565066-5
À partir de 9 ans

2875. Adapt. Rosenstiehl, Agnès : **Dieux grecs : *La Naissance des dieux* par Hésiode et les hymnes homériques.**
Le récit de la création du monde et de la naissance des dieux grecs est adapté de *La Naissance des dieux* de Hésiode et des hymnes homériques. En regard des textes, de superbes reproductions d'œuvres d'art

(céramiques, sculptures, fresques) offrent un contrepoint artistique bienvenu.
Autrement, Aubes du monde, 1999.
9 € ISBN : 978-2-86260-953-9
À partir de 9 ans

2876. Sturges, Philemon ; Laroche, Gilles ; trad. Seigneur, Edgard : **Lieux sacrés.**
Cet album évoque les principaux lieux sacrés des cinq grandes religions dans de spectaculaires illustrations, de style naïf, qui font appel à des techniques variées. Des regroupements thématiques permettent des confrontations et des comparaisons. Un voyage à travers le monde qui fait la part belle à l'Amérique du Nord.
Gautier-Languereau, 2002.
12,50 € ISBN : 978-2-01-390944-0
À partir de 9 ans

2877. Gandon, Odile ; ill. Broutin, Christian : **Les Dieux et les héros de l'Antiquité : toute la mythologie grecque et latine.**
Les grandes figures de la mythologie grecque expliquées avec simplicité, avec des arbres généalogiques, un index et une équivalence des noms romains : dieux et héros à la portée des enfants.
Hachette Jeunesse, Mythologie, 2004.
6,20 € ISBN : 978-2-01-322223-5
À partir de 10 ans

2878. Beck, Martine ; collab. Dubois, Yvonne ; Fert, Valérie ; Collognat-Barès, Annie : **Petit Dictionnaire de la mythologie.**
Un choix très complet des principaux dieux et héros de la Grèce antique, présentés avec méthode, et accompagné de jeux intelligents.
Pocket Jeunesse, Pocket Junior, 2003.
5,20 € ISBN : 978-2-266-10620-7
À partir de 11 ans

2879. Adapt. Blot, Nicolas ; Merle, Jean-Marie : **Encyclopédie des mythologies du monde.**
Un panorama des univers mythologiques propres aux grandes civilisations du monde. Selon un classement par grandes aires géographiques, on trouve les données essentielles sur les grandes civilisations, leur mythologie et leurs dieux. L'ouvrage est utile, pratique et permet des recherches ponctuelles comme des comparaisons et des confrontations.
Casterman, 1995.
23,50 € ISBN : 978-2-203-14245-9
À partir de 11 ans

♥ **2880.** Meirieu, Philippe ; Caniato, Victor : **De l'autre côté du monde : figures et légendes de la mythologie grecque.**
Un sculpteur, Victor Caniato, fasciné par le monde antique grec, se met à retracer à grands traits de peinture les mythes et légendes : le chaos d'origine s'organise sous l'œil puissant de Zeus. Un ouvrage que l'on a envie de lire, de relire et d'offrir. Un ensemble cohérent et fort sur des textes d'une actualité éternelle.
S. Bachès, 2002.
18 € ISBN : 978-2-9516680-3-4
À partir de 13 ans

Judaïsme et Christianisme

2881. Boukhobza, Chochana ; ill. Vautier, Mireille : **Quand la Bible rêve.**
Quatre histoires, quatre rêves : Le panetier et l'échanson, Le rêve de Pharaon, L'échelle de Jacob, Le songe de Nabuchodonosor. Une fascinante plongée dans les tourments des hommes de la Bible, servie par une écriture qui sait nous rendre proche ce texte si ancien, et par les illustrations, en pleine page dans ce grand format, qui restituent visuellement la puissance et le mystère des rêves.
Gallimard Jeunesse-Giboulées, 2005.
12 € ISBN : 978-2-07-057060-7
À partir de 6 ans

2882. Haddad, Gérard ; ill. François, Pierre : **Jonas ne veut pas.**
Une adaptation réussie du récit de Jonas. Les images où domine la couleur bleue – à l'exception d'une page rouge pour exprimer la colère divine – sont d'une grande qualité et s'accordent parfaitement au texte. Un petit livre à lire et à relire.
Desclée de Brouwer, Petite collection clé, 2003.
6 € ISBN : 978-2-220-05392-9
À partir de 6 ans

2883. Helft, Claude : **Dessine-moi la Bible : les images de l'Ancien Testament et des Évangiles.**
Ce volume propose un choix de récits extraits de l'Ancien et du Nouveau Testament adaptés pour les petits, et le recours à six illustrateurs aux registres différents souligne le parti pris de prépondérance de l'image. Pour ceux qui voudraient revenir au texte original, le texte renvoie aux références précises des récits cités.
Desclée de Brouwer, 2000.
19,52 € ISBN : 978-2-220-04840-6
À partir de 6 ans

2884. Laffon, Martine ; ill. Konaté, Dialiba : **Le Récit des origines.**
D'après les écrits bibliques, voici une adaptation du récit des origines d'une grande originalité. Le texte utilise une langue qui évoque la parole des griots et les illustrations, saisissantes par la force de leur graphisme, se réfèrent à l'Afrique noire. Ces choix qui tranchent avec des représentations plus conventionnelles redonnent au texte son universalité.
Seuil Jeunesse, 2005.
20 € ISBN : 978-2-02-061894-6
À partir de 6 ans

♥ **2885.** Éd. Rosenstiehl, Agnès : **Évangile : le début de l'Évangile de Jean.**
Ici le texte du début de l'Évangile de Jean évoque l'avènement du monde chrétien. Comme dans les autres titres de la collection, la confrontation avec des œuvres d'art suggère des prolongements et des interprétations toujours pertinentes.
Autrement, Aubes du monde, 1999.
9 € ISBN : 978-2-86260-955-3
À partir de 6 ans

♥ **2886.** Éd. Rosenstiehl, Agnès : **Fin du monde.**
L'annonce de la fin du monde est évoquée à travers des textes extraits de la Bible, des Évangiles et du Coran. Un dialogue s'instaure avec des reproductions d'œuvres de Masaccio, Picasso, Bosch, Goya, Bruegel ou Bacon dans des confrontations toujours pertinentes d'un point de vue esthétique et spirituel.
Autrement, Aubes du monde, 1999.
9 € ISBN : 978-2-86260-956-0
À partir de 6 ans

♥ **2887.** Éd. Rosenstiehl, Agnès : **Genèse : le début de la Genèse.**
Ce petit volume de format carré fait dialoguer le très beau texte du début de la Genèse et des reproductions des œuvres de Bosch, Turner, Courbet, Michel-Ange, le Tintoret, Uccello, Masaccio ou Cranach. La mise en pages suscite des rapprochements pertinents. Un texte à lire et à relire.
Autrement, Aubes du monde, 1999.
9 € ISBN : 978-2-86260-954-6
À partir de 6 ans

♥ **2888.** Tomi, Marianne ; ill. La Morinerie, Aurore de : **Comment Adam nomma les animaux.**
À partir d'une phrase de la Bible, un joli récit étiologique, dans une présentation soignée, sur l'origine des noms des animaux. Simplicité du texte illustré d'esquisses aux tons pastel : l'ouvrage s'adresse aux petits.
Desclée de Brouwer, 2000.
6 € ISBN : 978-2-220-04846-8
À partir de 6 ans

♥ **2889.** Bertherat, Marie ; Delval, Marie-Hélène : **La Bible racontée par les peintres.**
Dans cette collection, récits et tableaux d'époques différentes s'entremêlent pour mieux évoquer des épisodes de l'Histoire sainte, mais aussi pour sensibiliser le lecteur à l'art d'inspiration religieuse. Chacun des thèmes choisis est illustré d'un détail d'une œuvre qui figure en entier sur la page suivante, accompagnée d'un commentaire qui explicite la symbolique de la représentation et la démarche de l'artiste
Bayard Jeunesse, Raconté par les peintres, 1999.
ISBN : 978-2-227-60238-0
Autres titres :
2890. Le Tinier, Pascaline ; Rémond, Emmanuelle : **Jésus raconté par les peintres.** 2005.
ISBN : 978-2-7470-1606-3
♥ **2891.** Le Tinier, Pascaline ; Rémond, Emmanuelle : **Marie racontée par les peintres.** 2006.
ISBN : 978-2-7470-1711-4
2892. Lhébrard, Marie : **Les Saints racontés par les peintres.** 2006.
ISBN : 978-2-7470-0864-8
19,90 € chaque À partir de 9 ans

2893. Chalier, Catherine ; ill. Bienfait, Andrée : **Joseph à la cour de Pharaon.**
Le récit, extrait de la Genèse, de la vie de Joseph, fils de Jacob, permet au jeune lecteur de se familiariser avec le texte biblique et met l'accent sur la question de l'interprétation des songes. Un bon dossier documentaire complète le récit.
Gallimard Jeunesse, Les contes du ciel et de la terre, 1997.
4,57 € ISBN : 978-2-07-059295-1
À partir de 9 ans

♥ **2894.** Delval, Marie-Hélène : **Jésus de Nazareth.**
C'est un double voyage que propose cet ouvrage. D'abord par son sujet, qui retrace la vie du Christ à travers les paroles des Évangiles, ensuite par le choix des illustrations, reproductions de tableaux de maîtres des XVIe et XVIIe siècles. L'index des œuvres placé en fin de volume permet de préciser le contexte historique de chaque peinture et certains détails de sa composition.
Bayard, 2003.
14,50 € ISBN : 978-2-227-61085-9
À partir de 9 ans

♥ **2895.** Figueroa, Alejandra : **Petit Jésus.**
Sur une variation d'images de la Vierge à l'Enfant, photographies de sculptures du XIIIe au XVe siècle, le texte commente et évoque le personnage de Jésus et sa relation à la Vierge suggérée par les sculptures. Il propose des interprétations et donne des explications. La qualité d'un texte au ton juste, la présence de belles photographies en noir et blanc font de ce livre à la fois une première initiation à la sculpture médiévale et une rencontre avec le personnage de Jésus.
Desclée de Brouwer, Petite collection clé, 2000.
6 € ISBN : 978-2-220-04849-9
À partir de 9 ans

2896. Kessler, Colette ; Torton, Jean : **La reine qui ne craignait que Dieu.**
Le récit biblique d'Esther accompagné d'un dossier documentaire qui aborde non seulement l'histoire du texte mais aussi l'histoire des persécutions contre les Juifs et les origines de la fête de Pourim.
Gallimard Jeunesse, Les contes du ciel et de la terre, 1995.
4,57 € ISBN : 978-2-07-058824-4
À partir de 9 ans

♥ **2897.** Laffon, Martine ; Cugno, Alain ; ill. Chatellard, Isabelle ; Girel, Stéphane ; Usdin, Elene : **Les Mots de la Bible.**
Pour faciliter l'accès du jeune lecteur au texte de la Bible, les auteurs ont choisi, dans les premiers chapitres de la Genèse, quarante mots particulièrement significatifs. Donnés en français et en hébreu, ces mots sont regroupés selon sept grands thèmes puis resitués dans leur contexte textuel et culturel. Une démarche originale portée par des illustrations tout à fait réussies.
Bayard Jeunesse, 2003.
19,90 € ISBN : 978-2-227-61128-3
À partir de 9 ans

2898. Merdrignac, Bernard ; ill. Wintz, Nicolas : **Et Brendan découvrit le Paradis.**
Le récit – adaptation d'un texte largement diffusé au Moyen Âge – des navigations de l'abbé Brendan et de ses compagnons partis à la recherche du Paradis. Une façon attrayante de faire découvrir au jeune lecteur comment la religion chrétienne a pu se nourrir des traditions plus anciennes. Le dossier donne des informations sur le contexte religieux et culturel.
Gallimard Jeunesse, Les contes du ciel et de la terre, 1994.
4,57 € ISBN : 978-2-07-058530-4
À partir de 9 ans

2899. Mopsik, Aline et Charles ; ill. Thoisy, Marie-Geneviève : **L'homme qui ne mourut jamais.**
La vie du prophète Élie, racontée dans une transcription proche du texte biblique. Le texte est accompagné d'un excellent dossier sur le contexte historique du récit, ses différentes interprétations, sa réception et ses représentations dans les différentes religions monothéistes.

Gallimard Jeunesse, Les contes du ciel et de la terre, 1996.
4,57 € ISBN : 978-2-07-059204-3
À partir de 9 ans

2900. Musset, Jacques : **Le Livre de la Bible : l'Ancien et le Nouveau Testament.**
Cet ouvrage entend, dans un petit format, rendre accessible les textes de la Bible en les replaçant dans leur contexte historique et culturel. Un plan clair organise extraits et références au texte ainsi que les multiples notations et exposés qui l'explicitent et l'éclairent. La qualité d'une illustration foisonnante et minutieuse concourt à la réussite de l'ouvrage.
Gallimard Jeunesse, Découverte Cadet, Hors-série, 2003.
14,95 € ISBN : 978-2-07-055724-0
À partir de 9 ans

2901. Pernoud, Régine ; ill. Duntze, Dorothée : **Celui par qui la Gaule devint chrétienne.**
Alors que quelque deux cent trente-huit communes en France portent le nom de Saint-Martin, ce volume évoque le personnage à travers le récit de sa vie et un dossier documentaire qui s'intéresse aux sources qui nous le font connaître, au contexte historique et religieux dans lequel il a vécu et au culte qui lui est consacré.
Gallimard Jeunesse, Les contes du ciel et de la terre, 1996.
4,57 € ISBN : 978-2-07-059203-6
À partir de 9 ans

2902. Adapt. Quéré, France ; ill. Duntze, Dorothée : **Celle qui riait quand Dieu parlait.**
À travers l'histoire de Sarah, adaptée du texte biblique et accompagnée d'illustrations de qualité, ce volume contribue à familiariser le lecteur avec les différentes religions du Livre. De nombreuses annotations dans les marges et un dossier documentaire mettent en perspective le récit biblique.
Gallimard Jeunesse, Les contes du ciel et de la terre, 1993.
4,57 € ISBN : 978-2-07-056951-9
À partir de 9 ans

2903. Rousso-Lenoir, Fabienne ; ill. Souppart, Étienne : **Jonas, le prophète qui fuyait Dieu.**
Dans une collection qui facilite la connaissance des textes bibliques et de leur contexte géographique et historique, le récit de Jonas est suivi d'un dossier qui donne quelques pistes de réflexion sur la Bible et le judaïsme.
Gallimard Jeunesse, Les contes du ciel et de la terre, 1995.
4,57 € ISBN : 978-2-07-058645-5
À partir de 9 ans

♥ **2904.** Beaude, Pierre-Marie ; ill. Jolivet, Joëlle : **Jésus.**
Cette remarquable biographie du Christ remet en perspective les différentes étapes de sa vie, les resitue dans leur contexte historique et fournit les éclaircissements nécessaires à la compréhension, sans jamais ennuyer. La qualité des illustrations qui accompagnent discrètement le texte contribue à la réussite du volume.
Casterman, Épopée, 1996.
8,25 € ISBN : 978-2-203-16336-2
À partir de 11 ans

2905. Beaude, Pierre-Marie ; ill. Lemoine, Georges : **Le Livre de Moïse.**
Un beau et long texte qui puise dans les différents livres de la Bible pour faire le récit de la vie du prophète Moïse. Pour accompagner ce récit, de belles illustrations aux tons pastel.
Bayard Jeunesse, Okapi, 1992.
19,06 € ISBN : 978-2-227-60302-8
À partir de 11 ans

2906. Chavot, Pierre ; ill. Payet, Jean-Michel : **Moïse.**
Difficile de renouveler l'intérêt de lecture d'une histoire dont le personnage principal et toutes les péripéties sont parmi les plus connus, toutes cultures confondues. L'auteur livre néanmoins un texte de qualité que les parties documentaires accompagnent sans l'alourdir. C'est sans aucun doute un des titres les plus réussis de la collection.
Gallimard Jeunesse, Sur les traces de..., 2001.
10,90 € ISBN : 978-2-07-054597-1
À partir de 11 ans

2907. Trad. Boyer, Frédéric ; L'Hour, Jean ; ill. Avril, François ; Corbasson, Dominique : **La Bible illustrée.**
Un choix de trois cent vingt récits, dans une traduction publiée en 2001 par quarante-sept exégètes et écrivains. La multiplicité des intervenants, le foisonnement des commentaires confèrent au texte une grande diversité de tons et de niveaux de lecture, et l'apport d'une trentaine d'illustrateurs compose un étonnant et superbe univers graphique.
Bayard Jeunesse / Médiaspaul, 2003.
29,90 € ISBN : 978-2-7470-0847-1
ISBN : 978-2-89420-562-4
À partir de 13 ans

2908. Marquet, Claudette : **Les Protestants.**
De Luther aux enjeux d'aujourd'hui, l'ouvrage, à partir d'une perspective historique, rend compte de la spécificité de cette religion et d'une certaine façon « protestante » de regarder la vie et de se comporter.
Milan, Les essentiels Milan, 2006.
5,50 € ISBN : 978-2-7459-2131-4
À partir de 13 ans

Voir aussi les notices n^os **2863, 2864**

Islam

♥ **2909.** Pommier, Sophie ; ill. Mallard, Marie : **Le Voyage nocturne de Mahomet.**
Le récit du voyage initiatique de Mahomet vers Jérusalem, épisode relaté dès le VIIe siècle et qui s'enrichira ensuite de nombreux détails merveilleux. Une bonne introduction à l'histoire de l'islam.
Gallimard Jeunesse, Les contes du ciel et de la terre, 1995.
4,57 € ISBN : 978-2-07-058823-7
À partir de 9 ans

2910. Ries, Julien : **L'Islam.**
Cette présentation très complète de l'islam – doctrine et spiritualité, mais aussi contextes historiques, sociaux et culturels – est néanmoins accessible, par la clarté de son texte et de sa présentation, à une large tranche d'âge.
Cerf / Magnard, Les religions des hommes, 2000.
9 € ISBN : 978-2-204-06591-7
À partir de 9 ans

♥ **2911.** Éd. Khemir, Nacer : **Paroles d'islam.**
Loin des images réductrices, un choix de citations, tirées d'œuvres de formes, d'origines et de périodes très diverses, pour aborder la culture islamique. Autour d'une révélation divine et d'un livre fondateur, c'est l'immense diversité d'une civilisation qui apparaît dans la richesse et le raffinement d'une réflexion philosophique et d'une création esthétique.
Albin Michel, Carnets de sagesse, 1995.
10 € ISBN : 978-2-226-07048-7
À partir de 13 ans

2912. Reeber, Michel : **L'Islam.**
Afin de mieux connaître cette religion du Livre, l'ouvrage présente les piliers de l'islam ainsi que le lien intime qui lie la langue arabe à l'écriture même du Coran, texte sacré. On découvre également l'histoire de cette religion pour qui la parole divine est aussi texte de loi. Une bonne première approche de l'islam et de ses courants.
Milan, Les essentiels Milan, 2005.
5,50 € ISBN : 978-2-7459-1462-0
À partir de 13 ans

Voir aussi la notice n° **2865**

Religions d'Asie

2913. Holzman, Marie ; ill. Chen Chaopao : **Comment Lu Dongbin devint immortel.**
Une invitation à découvrir le taoïsme et la voie de la sagesse enseignée par Lu Dongbin. Intéressant notamment pour ce que le volume nous apprend de la religion chinoise, religion syncrétique qui mêle des éléments du taoïsme, du confucianisme et du bouddhisme.
Gallimard Jeunesse, Les contes du ciel et de la terre, 1995.
4,57 € ISBN : 978-2-07-058356-0
À partir de 9 ans

2914. Javary, Cyrille : ill. Clément, Frédéric : **Confucius.**
Construit comme une histoire parsemée des paroles du Maître, l'ouvrage initie à la pensée de Confucius et donne des informations biographiques. C'est une véritable immersion dans un univers étonnant. Le tout est soutenu par les illustrations de Frédéric Clément et quelques calligraphies chinoises. Cela permet une découverte très abordable d'un personnage qui pourra ainsi intéresser les jeunes.
La Joie de lire, Connus, méconnus, 1997.
16,50 € ISBN : 978-2-88258-103-7
À partir de 9 ans

♥ **2915.** Éd. Smedt, Marc de ; ill. Nou, Jean-Louis : **Paroles du Bouddha.**
Cette brève et belle sélection de textes nous offre un regard sur Bouddha et le bouddhisme. Une série de photographies, reportage sur les traces du périple terrestre du Bouddha, illustre magnifiquement l'ouvrage.
Albin Michel, Carnets de sagesse, 1993.
10 € ISBN : 978-2-226-06253-6
À partir de 13 ans

2916. Éd. Smedt, Marc de : **Paroles du tao.**
Un choix de citations pour entrer dans une philosophie qui, loin du modèle occidental, sait allier les contraires et permet la résolution des contradictions. En regard et en complémentarité des textes, des reproductions de la peinture traditionnelle chinoise.
Albin Michel, Carnets de sagesse, 1995.
10 € ISBN : 978-2-226-07050-0
À partir de 13 ans

2917. Éd. Smedt, Marc de ; ill. Lamothe, Marie-José : **Paroles du Tibet.**
Cet ouvrage donne un aperçu de la culture philosophique du Tibet en privilégiant son message de sagesse et de bon sens. Les textes sont illustrés de photographies prises aujourd'hui, elles témoignent de la résistance et de la survie de cette culture malgré le contexte politique actuel.
Albin Michel, Carnets de sagesse, 1999.
10 € ISBN : 978-2-226-09160-4
À partir de 13 ans

2918. Éd. Smedt, Marc de ; ill. Deshimaru, Taisen : **Paroles zen.**
À travers un choix de textes superbement illustrés, une approche de la philosophie zen, « voie de sagesse possible ». Un volume élégant et subtil où la complémentarité entre texte et image est particulièrement réussie.
Albin Michel, Carnets de sagesse, 1994.
10 € ISBN : 978-2-226-06438-7
À partir de 13 ans

Voir aussi la notice n° **2862**

SOCIÉTÉ

2919. Moignot, Daniel : **Les Pompiers.**
Pour tout savoir sur le métier de pompier : leurs tenues, leurs domaines d'intervention, leurs techniques. Une approche ludique mais aussi civique d'un métier que tous les enfants ont un jour rêvé de faire.
Gallimard Jeunesse, Mes premières découvertes, 1997.
9,90 € ISBN : 978-2-07-059692-8
À partir de 3 ans

♥ **2920.** Baussier, Sylvie ; ill. Caillou, Pierre : **Les Métiers.**
Pour faire découvrir aux plus petits la diversité des métiers, l'auteur a su choisir des approches originales : mille métiers autour de soi, le soir après le travail, visite d'usine, voyager à l'étranger – au service d'un contenu informatif riche et pertinent, accessible sans être réducteur, et qui évite les poncifs. L'illustration est agréable et les animations fonctionnent bien.
Nathan, Kididoc, 2005.
9,95 € ISBN : 978-2-09-250645-5
À partir de 4 ans

2921. Besson, Jean-Louis : **Le Livre des costumes. 2 : Les Uniformes militaires.**
Une histoire des uniformes de – 1800 av. J.-C. jusqu'à la Seconde Guerre mondiale. Un livre passionnant où l'on découvre que l'uniforme évolue selon la technologie militaire et que nos uniformes contemporains font aujourd'hui pâle figure.
Gallimard Jeunesse, Découverte Cadet, 1995.
ISBN : 978-2-07-059360-6
Autre titre :
2922. Besson, Jean-Louis : **Le Livre des costumes. 3 : Les Costumes traditionnels.** 1991.
ISBN : 978-2-07-059350-7
7,39 € chaque À partir de 6 ans

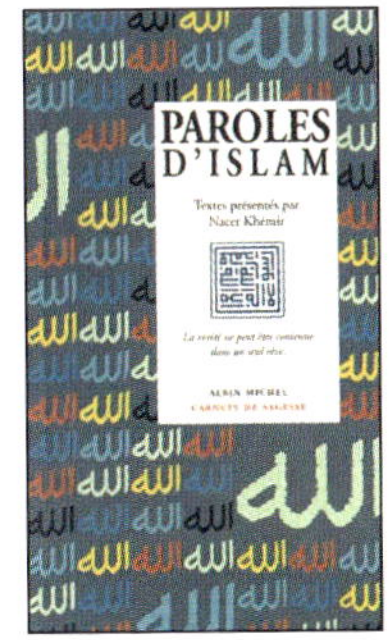

♥ **2923.** Tanaka, Josué ; ill. Mansot, Frédérick : **Achète-moi.**

L'enfant lecteur obéira-t-il à l'injonction qui donne son titre au volume ? Ne doutons pas qu'il adhérera à ce dialogue bref mais incisif entre un gros cadeau qui veut à tout prix se faire acheter et un enfant (le lecteur). Ce titre est tout à la fois une jolie fable philosophique et morale sur la valeur de l'argent, une petite leçon d'économie et une introduction à l'histoire de l'argent.

Desclée de Brouwer, Petite collection clé, 2002.

6 € ISBN : 978-2-220-05102-4

À partir de 6 ans

2924. Cé, Raphaëlle ; ill. Gauzère, Jean-Pierre : **Jadis, dans une ferme.**

La ferme au XIXe siècle : techniques agricoles, relations humaines et vie quotidienne des paysans. Au-delà de la découverte d'une exploitation, ce livre nous montre le passage du monde manuel au monde technologique et les inquiétudes face à la modernisation, dont le chemin de fer était le symbole.

Le Patio, Patrimôme, 1995.

9,91 € ISBN : 978-2-909219-09-7

À partir de 8 ans

2925. Albertini, Jean-Marie : **Le Monde des sous.**

Une histoire de la monnaie depuis ses tout débuts jusqu'à la naissance de l'euro. Grâce à un texte clair et précis, on comprend les différentes fonctions de la monnaie qui se sont développées au cours des temps, jusqu'à l'absence de monnaie matérielle. De nombreuses illustrations éclairent le texte.

Circonflexe, Aux couleurs du monde, 1998.

12 € ISBN : 978-2-87833-211-7

À partir de 9 ans

♥ **2926.** Guidoux, Valérie ; ill. Heitz, Bruno : **Passez la monnaie !**

À quoi sert l'argent ? Peut-on en gagner sans travailler ? Où vont les bénéfices des entreprises ? Le prix du marché, la bourse, le trésor public : autant de questions ardues et difficiles à expliquer qu'aborde sans complexe et avec humour ce volume, véritable initiation aux rouages de l'économie. L'humour des illustrations ne retire rien au sérieux de l'ensemble.

Casterman, 2001.

9 € ISBN : 978-2-203-12036-5

À partir de 9 ans

2927. Koechlin, Lionel : **Sandwich et compagnie : lexique illustré des noms propres devenus communs.**

Ce lexique répertorie des noms propres devenus communs. Une courte notice biographique présente ces personnages qui ont involontairement enrichi la langue française et donne le sens des mots dont ils sont à l'origine. Les illustrations de l'auteur, Lionel Koechlin, suscitent d'étonnantes rencontres. Ludique et instructif.

Gallimard Jeunesse-Giboulées, 2005.

13 € ISBN : 978-2-07-050509-8

À partir de 9 ans

2928. Rubio, Vanessa ; Dieuaide, Sophie ; ill. Supiot, François : **C'est de famille ! Héritage et transmission familiale.**

Les auteurs abordent la question de la transmission sous des éclairages divers : adoption et filiation, généalogie, recherche de ses origines, secrets de famille et psychologie, génétique. Des extraits de romans, une évocation de la législation et des débats qu'elle a suscités permettent de poursuivre la réflexion.

Autrement, Autrement Junior, Série Société, 2004.

9 € ISBN : 978-2-7467-0577-7

À partir de 9 ans

♥ **2929.** Serres, Alain ; ill. Zaü : **Comment un livre vient au monde.**

Les différentes étapes de la naissance d'un livre, de l'écriture du texte à son arrivée dans les mains du lecteur, à travers l'histoire de *Sous le grand banian*, album de Jean-Claude Mourlevat, illustré par Nathalie Novi. Des explications toujours claires pour entrer dans le monde du livre, en saisir à la fois les aspects créatifs mais aussi techniques ou économiques.

Rue du monde, Couleur carré, 2005.

13 € ISBN : 978-2-915569-34-6

À partir de 9 ans

♥ **2930.** Smith, David J. ; ill. Armstrong, Schlag ; trad. Bonhomme, Pierre : **Le monde est un village : la Terre et ses habitants.**

En ramenant notre planète à l'échelle d'un village de 100 habitants, cet ouvrage propose de rendre compréhensibles les statistiques mondiales établies au 1er janvier 2002. Les différents thèmes (nationalité, langue, argent, religion, alimentation) abordés dans les proportions de ce village imaginaire révèlent les contrastes du monde dans lequel on vit.

Circonflexe, Aux couleurs du monde, 2002.

13 € ISBN : 978-2-87833-302-2

À partir de 9 ans

2931. Le Duc, Michel ; Tordjman, Nathalie ; ill. Calarnou, Yves : **L'Argent et l'euro à petits pas**.

Ce volume d'une collection qui a maintes fois fait ses preuves replace le contexte de la création de l'euro dans une histoire plus globale de l'argent et de la monnaie. Que font les banques ? Comment se développe le rapport à l'argent au sein d'une société ? Les réponses à ces questions (et à bien d'autres) se trouvent dans ce livre indispensable.

Actes Sud Junior, À petits pas, 2001.

10,90 € ISBN : 978-2-7427-3399-6

À partir de 10 ans

♥ **2932.** Saturno, Carole ; ill. Balez, Olivier ; Burckel, Fabienne ; Dubois, Bertrand : **Enfants d'ici, parents d'ailleurs : histoire et mémoire de l'exode rural et de l'immigration.**

Alice, Yaël, Lola, Karim… À travers quinze portraits d'enfants est évoquée la diversité des origines de la population française. De 1850 à nos jours, cinq grandes périodes d'immigration, historiquement différenciées, sont traitées. Alternance des récits, témoignages et pages documentaires pour une lecture dépassionnée et passionnante.

Gallimard Jeunesse, Par quatre chemins, 2005.

22,90 € ISBN : 978-2-07-057175-8

À partir de 10 ans

♥ **2933.** Baussier, Sylvie ; ill. Angeli, May : **Petite Histoire de la guerre et de la paix.**
Étude de la guerre dans l'histoire, évocation des hommes dans la guerre, définition de notions telles que le pacifisme ou la guerre économique, interrogation sur l'impact des mots et des images : ce livre ambitieux permet de cerner les différentes facettes d'un sujet complexe et ouvre à la réflexion. Les illustrations inventives et sensibles de May Angeli contribuent à sa réussite.
Syros Jeunesse, Petites histoires des hommes, 2004.
18 € ISBN : 978-2-7485-0219-0
À partir de 11 ans

2934. Baussier, Sylvie ; ill. Maja, Daniel : **Petite Histoire des écritures.**
Une passionnante histoire des écritures, véritable voyage dans le temps et dans l'espace. De l'écriture sumérienne à la naissance des alphabets, le volume explicite les différents modes de transcription imaginés par les hommes pour pouvoir communiquer entre eux et fixer leur pensée. Les illustrations contribuent pleinement à la réussite du volume.
Syros Jeunesse, Petites histoires des hommes, 2005.
18 € ISBN : 978-2-7485-0370-8
À partir de 11 ans

♥ **2935.** Baussier, Sylvie ; ill. Angeli, May : **Petite Histoire des langues.**
À ceux qui penseraient que la linguistique est austère ou ardue, cet ouvrage apporte un séduisant démenti en présentant des réponses claires et sans jargon aux questions que chacun peut se poser sur la parole, les langues, le langage. Un grand format, une mise en pages aérée, avec une large place laissée aux gravures en couleurs, renforcent le plaisir de la découverte.
Syros Jeunesse, Petites histoires des hommes, 2004.
15 € ISBN : 978-2-84146-969-7
À partir de 11 ans

2936. Buisson, Lucien : **La Population.**
Sous forme de dictionnaire, cet ouvrage court et maniable expose de manière claire et précise les grandes notions qui concernent la démographie. Chaque terme est expliqué avec un texte et des illustrations, des chiffres, des cartes. Un index permet de se déplacer facilement d'un chapitre à l'autre.
PEMF, 30 mots-clés pour comprendre, 1998.
10 € ISBN : 978-2-87785-506-8
À partir de 11 ans

2937. Girard, Estelle ; ill. Michaud, Jean-Marie : **Histoires d'écritures.**
Ce document est une invitation au voyage à travers le temps et autour du monde. En quelques pages, il nous fait découvrir les différentes étapes de l'évolution de l'écriture : des premiers pictogrammes à l'invention de nos alphabets. Le texte est illustré d'œuvres muséologiques.
Flammarion-Père Castor, Castor doc, 2001.
6 € ISBN : 978-2-08-160087-4
À partir de 11 ans

2938. Irvoas-Dantec, Dominique ; Morel, Fabienne : **C'est quoi le patrimoine ?**
Qu'est-ce qui constitue le patrimoine ? Que préserver, restaurer, réhabiliter et comment ? Qui en sont les acteurs ? Abordés en double page, les multiples aspects de la mémoire collective sont éclairés d'exemples précis dans une iconographie riche. Un panorama complet des préoccupations et des enjeux d'un domaine peu abordé en documentaire jeunesse.
Autrement, Autrement Junior, Série Arts, 2004.
11 € ISBN : 978-2-7467-0518-0
À partir de 11 ans

2939. Jacobs, Jérôme ; ill. Avoine ; Millerand, Alain : **Dictionnaire des fêtes.**
Un dictionnaire pour découvrir ou redécouvrir une soixantaine de nos traditions qui jalonnent le calendrier. Cette sélection originale, ordonnée par ordre alphabétique, décrit les origines et le déroulement des fêtes civiles et des célébrations religieuses (catholiques, protestantes, juives, musulmanes et orthodoxes).
Hachette Jeunesse, Le Livre de poche Jeunesse, 1996.
5,50 € ISBN : 978-2-01-321461-2
À partir de 11 ans

♥ **2940.** Blanchard, Pascal ; Bancel, Nicolas : **De l'indigène à l'immigré.**
En partant de l'imagerie coloniale, on découvre comment se construisent les idées reçues, se diffusent les clichés et surtout comment ils perdurent. La fameuse affiche « y'a bon Banania » nous semblait lointaine, jusqu'à ce que les auteurs montrent certaines publicités actuelles utilisant des personnes de couleur noire. C'est un ouvrage magistral contre le racisme.
Gallimard, Découvertes Gallimard, Série Histoire, 1998.
12,30 € ISBN : 978-2-07-053429-6
À partir de 13 ans

♥ **2941.** Dir. Kayoko, Ikeda ; Lummis, Douglas C. ; ill. Masumi, Yamauchi ; trad. du japonais Lavigne-Kurihara, Dominique : **Si le monde était un village de 100 personnes.**
En ramenant la population du monde à un village de 100 habitants se dessine un portrait très fidèle et parlant de notre planète, de ses équilibres et déséquilibres. Un livre porteur d'un message en faveur d'une meilleure répartition des richesses et d'une réduction des inégalités. Des illustrations en majorité abstraites contribuent pleinement à la réussite de ce livre.
Philippe Picquier, Picquier Jeunesse, 2002.
8,50 € ISBN : 978-2-87730-620-1
À partir de 13 ans

♥ **2942.** Kayoko, Ikeda ; ill. Masumi, Yamauchi et Shoichi, Ono ; trad. du japonais Cardonnel, Sylvain : **Si le monde était un village de 100 personnes. 2 : L'Alimentation.**
Selon le même principe, la réflexion porte ici sur l'alimentation. Constats et contrastes saisissants sur les disparités : production/sous-alimentation, les problèmes de santé comme l'obésité, la répartition de l'eau.
Philippe Picquier, Picquier Jeunesse, 2006.
10,50 € ISBN : 978-2-87730-828-1
À partir de 13 ans

2943. Office national d'information sur les enseignements et les professions : **Le Dico des métiers : 500 idées pour votre avenir.**
Cet ouvrage de référence s'adresse à une large tranche d'âge. Un dictionnaire et même plus, car il informe sur des carrières possibles en fonction des goûts de chacun et indique le niveau d'étude requis et les formations nécessaires pour tel ou tel emploi. Un outil clair et de consultation facile qui peut s'avérer utile.
Milan, Milan éducation, 2004.
26 € ISBN : 978-2-7459-1526-9
Tout public

Questions de société

2944. Saint-Mars, Dominique de ; ill. Bloch, Serge : **Alex est handicapé.**
L'arrivée dans la classe de Max d'un enfant handicapé met les enfants face au problème de la différence. Une fois de plus Dominique de Saint-Mars a su écrire une petite histoire simple où tous les problèmes sont posés et trouver le ton juste, ni mièvre, ni pesant, pour aborder le thème du handicap. L'illustration sert à merveille cette collection que les enfants adorent.
Calligram, Ainsi va la vie, 1998.
4,90 € ISBN : 978-2-88445-426-1
À partir de 6 ans

2945. Saint-Mars, Dominique de ; ill. Bloch, Serge : **Lili a été suivie.**
Avec pudeur mais sans cacher la réalité, l'auteur aborde ici le problème épineux de la pédophilie. L'histoire est quasiment un manuel de comportement en cas d'agression et surtout elle met en avant l'importance de la parole dans ces situations, alors que la honte pousse souvent les victimes au silence. Un petit livre essentiel pour commencer un dialogue avec les enfants.
Calligram, Ainsi va la vie, 1994.
4,90 € ISBN : 978-2-88445-151-2
À partir de 6 ans

2946. Saint-Mars, Dominique de ; ill. Bloch, Serge : **Max va à l'hôpital.**
Le passage d'un enfant à l'hôpital est toujours source de crainte, autant pour lui que pour ses parents. Avec ce sujet, Dominique de Saint-Mars aborde la perception de l'univers hospitalier par les plus jeunes. Rester seul la nuit, ne pas savoir ce qu'on va vous faire sont autant de situations que l'auteur dédramatise pour accompagner l'enfant dans cette épreuve.
Calligram, Ainsi va la vie, 1993.
4,90 € ISBN : 978-2-88445-106-2
À partir de 6 ans

2947. Saint-Mars, Dominique de ; ill. Bloch, Serge : **Nina a été adoptée.**
Le doute sur ses origines est un passage quasi obligé pour tous les enfants : et si nos parents n'étaient pas nos vrais parents ? En partant de la crainte de ses personnages sur ce sujet, l'auteur propose une petite réflexion sur l'adoption et, au-delà, sur ce qu'être un parent veut dire. Comme toujours, la partie « Et toi ? » en fin d'ouvrage permettra d'approfondir le sujet par le dialogue.
Calligram, Ainsi va la vie, 1996.
4,90 € ISBN : 978-2-88445-313-4
À partir de 6 ans

2948. Saint-Mars, Dominique de ; ill. Bloch, Serge : **Le père de Max et Lili est au chômage.**
Même si l'histoire finit bien (le père retrouve du travail), toutes les incidences du chômage sont évoquées : la honte, le sentiment d'inutilité, la peur de la déchéance. Les enfants sont également partie prenante dans le problème du père, ils sont actifs. Une fois de plus le dialogue est mis en avant et permet une identification par les plus jeunes.
Calligram, Ainsi va la vie, 1998.
4,90 € ISBN : 879-2-88445-425-4
À partir de 6 ans

2949. Vaillant, Emmanuel : **Dire non à la violence.**
Pour faire le point sur une question qui touche de nombreux enfants, ce petit volume propose des définitions, brosse un rapide état de la question et suggère des pistes pour lutter contre la violence. De nombreux exemples pris dans l'histoire et dans l'actualité illustrent une analyse qui dégage les principales évolutions dans la perception du sujet.
Milan Jeunesse, Les essentiels Milan Junior, 2002.
6,50 € ISBN : 978-2-7459-0708-0
À partir de 9 ans

2950. Guibert, Françoise de ; Pontegnier, Delphine ; Moncomble, Gérard ; ill. Martin, Jean-François : **C'est de la drogue ! : produits psychoactifs et dépendance.**
Organisé en chapitres courts, cet ouvrage propose une vision élargie de la question des drogues : définitions (drogue, dépendance, psychotrope, sevrage...), analyse des mécanismes comportementaux (difficulté du refus, recherche de performance) et point sur la loi en France. Chaque exposé est étayé d'exemples et de précisions chiffrées.
Autrement, Autrement Junior, série Société, 2003.
9 € ISBN : 978-2-7467-0315-5
À partir de 10 ans

♥ **2951.** La Roche Saint-André, Anne de ; Ventrillon, Brigitte ; Moncomble, Gérard ; ill. Alemagna, Beatrice : **C'est trop cher : pourquoi la pauvreté ?**
Ce volume aborde la notion de pauvreté, ses causes et conséquences (chômage, précarité, exclusion) sur le plan social, économique mais aussi psychologique. Les moyens mis en œuvre pour lutter contre ces situations sont également exposés dans un texte clair étayé d'exemples chiffrés et d'illustrations sobres et pertinentes.
Autrement, Autrement Junior, Série Société, 2002.
9 € ISBN : 978-2-7467-0196-0
À partir de 10 ans

2952. Vincent, Béatrice ; Dieuaide, Sophie ; ill. Dubois, Bertrand : **Filles = garçons : l'égalité des sexes.**
Si l'égalité des hommes et des femmes est désormais inscrite dans la loi et les discours, elle ne l'est pas toujours dans les faits ni dans les mentalités. Autant prendre conscience des clichés sur les soi-disant attributs masculins ou féminins le plus tôt possible ! Ce petit ouvrage permettra

au lecteur préadolescent de se faire une idée sur la question.
Autrement, Autrement Junior, Série Société, 2001.
ISBN : 978-2-7467-0128-1

Autres titres :

♥ **2953.** Rubio, Vanessa ; Dieuaide, Sophie ; ill. Gibert, Bruno : **Ma mère se remarie : la famille recomposée.** 2001.
ISBN : 978-2-7467-0051-2

2954. La Roche Saint-André, Anne de ; Ventrillon, Brigitte ; Pavloff, Franck ; ill. Tallec, Olivier : **Mon copain a volé : l'interdiction du vol.** 2001.
ISBN : 978-2-7467-0052-9

2955. Laudemo ; Roger, Marie-Sabine ; ill. Guibert, Cassandre : **J'ai été rackettée : le racket, un acte de violence.** 2001.
ISBN : 978-2-7467-0056-7
9 € chaque À partir de 10 ans

2956. Thomazeau, Anne-Marie ; Bègue, Brigitte ; Serres, Alain ; ill. Heitz, Bruno : **Le Grand Livre contre toutes les violences.**
Traitée sous différents angles, la notion de violence est ici décortiquée et interrogée : ses multiples aspects, ses origines, ses manifestations, son histoire, les moyens de la combattre... Chaque sujet, illustré de photos et dessins, est complété par des interviews de personnalités (Akhenaton, Albert Jacquard...). Un ouvrage propice à la discussion.
Rue du monde, Les grands livres, 2003.
22,50 € ISBN : 978-2-912084-66-8
À partir de 11 ans

♥ **2957.** Blain, Christophe : **Carnet d'un matelot.**
Carnet de bord, mais aussi carnet intime et carnet de croquis, ce livre est une véritable réussite. Le texte et les dessins font découvrir le quotidien banal du matelot appelé sous les drapeaux, ainsi que ses émotions, ses découvertes. Des tranches de vie, prises sur le vif, donnent l'ambiance générale de la vie à bord.
Albin Michel / ADDIM, 1994.
25 € ISBN : 978-2-226-06455-4
À partir de 13 ans

2958. Vaisman, Anne ; ill. Maja, Daniel : **L'Homosexualité à l'adolescence.**
Si notre société se donne bonne conscience par quelques images « mode » et superficielles de l'homosexualité, elle ne laisse pas forcément autant de liberté à cette sexualité qui reste pour beaucoup encore « hors norme ». Cet ouvrage plus particulièrement destiné aux adolescents permettra de répondre à beaucoup de leurs questions et, si possible, de les déculpabiliser.
La Martinière Jeunesse, Hydrogène, 2002.
11 € ISBN : 978-2-7324-2906-9
À partir de 13 ans

Droits de l'Homme

♥ **2959.** Spier, Peter ; trad. Poslaniec, Christian : **Six Milliards de visages.**
L'auteur nous montre, à sa manière comme toujours riche et foisonnante, l'unité, mais aussi la variété des êtres humains qui peuplent la terre : grands et petits, jaunes et blancs, gentils et méchants, mangeurs de grenouilles et de légumes... : le lecteur émerveillé n'en finit pas de regarder et d'appréhender cette diversité mise en dessins.
L'École des loisirs, 2005.
13 € ISBN : 978-2-211-07625-8
À partir de 3 ans

2960. Muscat, Bruno ; ill. Boisteau : **Tous les enfants ont des droits !**
Un volume qui conjugue l'humour des illustrations et la simplicité des textes pour évoquer, avec les plus jeunes, les principaux droits des enfants inscrits dans la Convention internationale des droits de l'enfant et leur application dans le monde. L'alternance de pages énonçant un droit et d'exemples qui illustrent le propos montre l'immensité du chemin à parcourir.
Bayard Jeunesse, Les petits livres pour comprendre la vie, 2004.
6,90 € ISBN : 978-2-7470-1465-6
À partir de 6 ans

2961. Serres, Alain ; ill. Pef : **Le Premier Livre de mes droits d'enfant.**
Édité pour le 10e anniversaire de la Convention internationale des droits de l'enfant, ce livre s'adresse aux plus jeunes. Onze chapitres déclinent les droits principaux des enfants, leur reconnaissance ou non selon les pays. Actions à mener, témoignages, extraits de presse enfantine, illustrations humoristiques et photographies rendent l'ensemble très vivant.
Rue du monde, Les premiers livres, 1999.
14 € ISBN : 978-2-912084-26-2
À partir de 6 ans

♥ **2962.** Serres, Alain ; ill. Zaü : **Le Premier Livre de toutes nos couleurs.**
Ce plaidoyer en faveur du dialogue entre les hommes s'appuie sur des exemples historiques qui illustrent l'histoire du racisme. Un volume généreux pour faire comprendre aux enfants que l'humanité est un puzzle dont chaque pièce est nécessaire. Ce volume séduit par sa maquette faisant dialoguer des illustrations réussies et de superbes photographies.
Rue du monde, Les premiers livres, 2001.
14 € ISBN : 978-2-912084-52-1
À partir de 6 ans

2963. Lanchon, Anne : **Les Droits des enfants.**
Un bilan sans complaisance de la situation des droits des enfants en France et dans le monde. Chaque chapitre traite des grands thèmes présents dans la Convention internationale des droits de l'enfant : identité, respect, famille, droit d'opinion, droit d'expression, éducation, santé, travail, justice. Une approche concrète et vivante du sujet.
Flammarion-Père Castor, Castor doc, 2004.
8,50 € ISBN : 978-2-08-162547-1
À partir de 9 ans

2964. Serres, Alain ; ill. Zaü : **Le Grand Livre contre le racisme.**
Un ouvrage de référence indispensable dont l'approche transversale, croisant les points de vue sociologique, historique, scientifique et juridique, permet une réflexion qui évite les jugements hâtifs et les réactions épidermiques et affectives. Faits, témoignages, impressions, documents donnent au lecteur

des arguments utiles pour combattre les clichés et les idées reçues.
Rue du monde, Les grands livres, 1999.
22,50 € ISBN : 978-2-912084-19-4
À partir de 9 ans

♥ **2965.** Serres, Alain ; ill. Pef : **Le Grand Livre des droits de l'enfant.**
Ce livre dresse un bilan de la situation des enfants sur la terre. Il traite de tous les sujets abordés dans la Convention internationale des droits de l'enfant : famille, santé, école, travail, racisme, maltraitance, avec de nombreux documents : photos, chiffres, témoignages. Si des progrès ont été réalisés, il reste beaucoup à faire, et pas seulement dans les pays pauvres !
Rue du monde, Les grands livres, 2004.
22,50 € ISBN : 978-2-915569-15-5
À partir de 9 ans

♥ **2966.** ill. Wilson, William : **Déclaration universelle des droits de l'homme.**
La qualité essentielle de cet ouvrage tient à ses illustrations aux allures faussement naïves. Elles permettront aux plus jeunes de ressentir les idées maîtresses d'un texte parfois très conceptuel. Mais leur visée symbolique et la multiplicité de leur lecture donneront également aux adultes un regard différent, plus direct, plus impliqué de cette Déclaration de 1948.
Nations unies / Mango Jeunesse, Album Dada, Il suffit de passer le pont, 2003.
15 € ISBN : 978-2-7404-0722-6
À partir de 9 ans

♥ **2967.** ill. Wilson, William : **Nelson Mandela.**
Pour évoquer le parcours et la pensée de celui qui sut donner un autre visage à l'Afrique du Sud, ce superbe album puise pour l'essentiel dans la passionnante autobiographie de Nelson Mandela. Magnifiquement mis en pages, le volume doit beaucoup aux illustrations lumineuses et colorées qui enveloppent les extraits choisis et à quelques belles photographies en noir et blanc.
Mango Jeunesse, Album Dada, L'œil et le mot, 2001.
15 € ISBN : 978-2-7404-1267-1
À partir de 9 ans

♥ **2968.** Depardon, Raymond : **Silence rompu.**
L'évocation photographique des enfants d'un orphelinat roumain, confrontée à des extraits de la Convention internationale des droits de l'enfant, suscite l'émotion et invite à la réflexion. La violence de ce face-à-face confère au message de ce volume une portée universelle.
La Joie de lire, 1998.
15,50 € ISBN : 978-2-88258-111-2
À partir de 11 ans

2969. Godard, Philippe ; ill. Chéreau, Antoine : **Ces intolérances « ordinaires ».**
Comment combattre les intolérances « ordinaires » auxquelles chacun peut être confronté un jour ou l'autre ? L'auteur s'attache à définir les différentes formes d'intolérance possibles à travers des thèmes comme le racisme, l'antisémitisme, l'intolérance religieuse, le sexisme, l'argent... Le texte donne des clefs pour débattre, des pistes pour « réagir et agir ».
La Martinière Jeunesse, Hydrogène, 2005.
11 € ISBN : 978-2-7324-3352-3
À partir de 11 ans

2970. Thomazeau, Anne-Marie ; ill. Ballouhey, Pierre : **Découvrez tous vos droits.**
Ce livre répond aux questions que peuvent se poser des adolescents dans leur vie de tous les jours : famille, santé, sexualité, école, avenir. Les explications, écrites dans une langue simple et précise, sont complétées par des définitions importantes, et des adresses utiles.
La Martinière Jeunesse, Hydrogène, 2001.
11 € ISBN : 978-2-7324-2716-4
À partir de 11 ans

2971. Bayle, Reine-Marguerite : **Dolma la rebelle : le Tibet sous la botte chinoise.**
Deux récits exemplaires évoquent le difficile parcours d'enfants tibétains – le chemin de l'exil pour Sonam, son frère et ses sœurs ; le choix du refus pour Dolma, entrée dans un monastère bouddhiste à l'âge de 7 ans – et nous invite à prendre conscience de la vie au Tibet sous le joug de la Chine.
Syros Jeunesse, J'accuse, 2000.
7,50 € ISBN : 978-2-84146-769-3
À partir de 13 ans

2972. Boussuge, Agnès ; Thiébaut, Élise : **Le Pacte d'Awa : pour en finir avec les mutilations sexuelles.**
Des témoignages et des documents pour dire la douleur – physique et morale – et expliquer les mutilations sexuelles que des femmes subissent au nom de la tradition. Quatre récits d'adultes qui s'expriment pour conter leur histoire et dire comment un tel acte exercé sur elles ou sur leur enfant a eu des conséquences dramatiques et traumatiques à vie.
Syros Jeunesse, J'accuse, 2006.
7,50 € ISBN : 978-2-7485-0416-3
À partir de 13 ans

2973. CCMM - Centre Roger-Ikor ; réd. Monroy, Michel et Fournier, Anne : **Les Sectes.**
Ce petit volume présente très clairement les méthodes de recrutement et les dangers des groupes sectaires. Il définit précisément les différences entre sectes et religions et l'appartenance à des groupes politiques. Des conseils de prévention et d'aide son apportés en fin d'ouvrage.
Milan, Les essentiels Milan, 2005.
5,50 € ISBN : 978-2-7459-1794-2
À partir de 13 ans

♥ **2974.** Combesque, Marie-Agnès ; ill. Maja, Daniel : **Introduction aux droits de l'homme.**
Ce véritable ouvrage de référence sur la question des « droits humains » est à la fois l'histoire d'une idée, un constat, et une invitation à l'action et à l'engagement. Un texte toujours accessible propose des commentaires de textes, un état des lieux sur les violations des droits de l'homme dans le monde, et une sensibilisation aux actions des individus et des organisations.
Syros Jeunesse / Amnesty international, 2003.
15 € ISBN : 978-2-7485-0112-4
À partir de 13 ans

♥ **2975.** Mandela, Nelson ; trad. Guiloineau, Jean : **Un long chemin vers la liberté : autobiographie.**
Nelson Mandela retrace avec une grande simplicité son parcours, depuis sa naissance, au Transkei, en 1918, jusqu'au jour de sa libération, après vingt-sept années de captivité. Une réflexion qui permet une réelle prise de conscience politique et citoyenne du jeune lecteur. Cette autobiographie est la version abrégée d'un texte paru aux éditions Fayard en 1995.
L'École des loisirs, Médium, 1996.
11,60 € ISBN : 978-2-211-03699-3
À partir de 13 ans

2976. Singh, Balwant ; Godard, Philippe ; trad. Garrigues, Élisabeth de : **Une enfance intouchable : la condition des hors-castes en Inde.**
Le témoignage qui ouvre le volume est l'autobiographie traduite de l'anglais de Balwant Singh, né en 1933 dans une caste d'Intouchables du nord de l'Inde. Ce récit donne la mesure du caractère douloureux d'une situation dont la complexité est éclairée par un dossier documentaire très complet. Bibliographie, filmographie et liste de partenaires complètent cet ouvrage.
Syros Jeunesse / Amnesty international, J'accuse, 2006.
7,50 € ISBN : 978-2-7485-0465-1
À partir de 13 ans

2977. Solet, Bertrand : **Les Cris du silence contre la torture.**
Pour parler de la torture, deux témoignages, deux récits – l'un venu du Rwanda, l'autre de Turquie – et un dossier, tentative de définition et d'élargissement de la réflexion. On retrouve, ici, la sobriété habituelle de la collection pour décrire les faits sans heurter et susciter une prise de conscience.
Syros Jeunesse / Amnesty international, J'accuse, 1999.
7,50 € ISBN : 978-2-84146-763-1
À partir de 13 ans

2978. Zamora, Marilu : **Dernière solution : fuir ! : être réfugié politique aujourd'hui.**
Trois réfugiés politiques témoignent des conditions qui les ont contraints à fuir leur pays : la Colombie, le Pérou ou le Congo. Un dossier documentaire permet de comprendre l'histoire du droit d'asile en France et dans le monde, les procédures en place – rôle de l'OFPRA – et les raisons de préserver ce statut. Un ouvrage rigoureux et complet.
Syros Jeunesse / Amnesty international, J'accuse, 2006.
7,50 € ISBN : 978-2-7485-0462-0
À partir de 13 ans

Citoyenneté

2979. Épin, Bernard ; ill. Bloch, Serge : **Mon premier livre de citoyen du monde.**
Déclinaison pour les plus jeunes du *Grand Livre du jeune citoyen*, ce volume explore des thèmes identiques : état civil, école, quartier, vie associative, vie communale, élections et droit de vote, environnement… En regard du texte principal s'ajoutent, sur fond de couleurs, des informations complémentaires qui incitent l'enfant à se poser des questions et à agir.
Rue du monde, Les premiers livres, 2000.
14 € ISBN : 978-2-912084-33-0
À partir de 6 ans

2980. Rey, Alain ; ill. Élisem : **Des mots magiques !**
Bonjour, au revoir, allô, comment ça va, s'il te plaît, merci : ils sont nombreux ces petits mots de tous les jours dont on ne connaît pas toujours le sens et l'origine ; des petits mots qui semblent sans importance et qui sont cependant indispensables. Alain Rey jongle avec eux pour notre plus grand plaisir. Le texte dialogue joliment avec les illustrations.
Desclée de Brouwer, Petite collection clé, 2003.
6 € ISBN : 978-2-220-05283-0
À partir de 6 ans

2981. Duval, Stéphanie ; ill. Azam, Jacques : **Le Petit Livre de la justice.**
Un petit volume bien utile pour comprendre les grands principes de notre système judiciaire et le sens du mot « justice ». Au-delà de son apparente simplicité, le texte aborde des notions complexes : jurisprudence, indépendance de la justice, magistrature assise et magistrature debout, justice civile et justice pénale.
Bayard Jeunesse, Les petits guides pour comprendre la vie, 2006.
6,90 € ISBN : 978-2-7470-2008-4
À partir de 9 ans

♥ **2982.** Eastwood, Christiane ; ill. Gay, Pierre : **Liberté, égalité, fraternité à partir du collège.**
Simples et efficaces, ces trois volumes bleu, blanc et rouge, de petit format, mettent en regard des extraits des textes fondateurs de la République. De jolies et discrètes illustrations, une maquette très élégante laissent toute leur place aux textes qui illustrent notre devise nationale.
Seuil Jeunesse, 1999.
ISBN : 978-2-02-037177-3
À partir de 9 ans

Autre titre :
2983. Rosenstiehl, Agnès : **Liberté, égalité, fraternité dès la maternelle.** 2002.
ISBN : 978-2-02-052677-7
7,50 € chaque À partir de 6 ans

♥ **2984.** Épin, Bernard ; ill. Bloch, Serge : **Le Grand Livre du jeune citoyen.**
Dix chapitres pour explorer le thème de la citoyenneté, de la construction de l'individu à son engagement dans les grandes causes planétaires. Le livre donne une définition ample du sujet en montrant la place de l'individu et son rôle dans les différentes instances de la société : école, commune, institutions de la République. Une belle invitation à inventer sa propre manière de devenir citoyen.
Rue du monde, Les grands livres, 2004.
22,50 € ISBN : 978-2-915569-16-2
À partir de 9 ans

2985. Furois, Sylvie ; Furois, Jean-Marie : **Mini-guide du citoyen.**
Pour le lecteur, jeune ou moins jeune, qui se pose des questions sur le fonctionnement des institutions françaises, ou qui veut vérifier une information dont il n'est pas sûr. Ce mini-guide, mini par le format, mais riche par le contenu, est fort utile et écrit dans une langue claire et accessible. Le texte est accompagné d'un glossaire et d'une bibliographie.
Milan, Les essentiels Milan, 2006.
5,50 € ISBN : 978-2-7459-1931-1
À partir de 9 ans

2986. Cornulier, Édith de ; Tesson, Laure ; Dieuaide, Sophie ; ill. Choux, Nathalie : **Et toi, tu es français ou étranger ? : la nationalité, la nation et l'identité.**
Nationalité, double nationalité, nation, identité, immigration, émigration : ces notions complexes, très présentes dans l'actualité quotidienne, sont ici définies et illustrées avec des témoignages et des repères chiffrés. Une chronologie de la loi française et un état mondial de la question de la nationalité complètent ce documentaire concis et utile.
Autrement, Autrement Junior, Série Société, 2005.
9 € ISBN : 978-2-7467-0637-8
À partir de 10 ans

2987. Durand, Jean-Benoît ; ill. Bonté, Thérèse : **L'Europe à petits pas.**
Maniant avec finesse les visions d'ensemble (institutions, fonctionnement) et les petits détails qui font le sel du savoir (la consommation de viande des Européens), l'ouvrage permet de découvrir l'Europe d'une manière ludique grâce aux illustrations et à une mise en pages très lisible.
Actes Sud Junior, À petits pas, 2004.
12 € ISBN : 978-2-7427-4780-1
À partir de 10 ans

2988. Hoestland, Maud ; ill. Hubesch, Nicolas : **La Justice à petits pas.**
L'auteur réussit, en trois chapitres, à décrire les fondements de la justice française et son fonctionnement mais également la manière dont la justice tente de s'appliquer au niveau international (ONU, Cour pénale internationale). L'ouvrage, agrémenté d'illustrations humoristiques pertinentes, est didactique et clair, parfait pour les plus jeunes.
Actes Sud Junior, À petits pas, 2004.
12 € ISBN : 978-2-7427-4812-9
À partir de 10 ans

2989. Lamoureux, Sophie ; ill. Garrigue, Roland : **La Presse à petits pas.**
Ce volume nous guide pas à pas, avec une grande clarté, dans l'histoire de la presse, dans un panorama de ce qu'elle est aujourd'hui, entre quotidiens et magazines, dans les arcanes de la fabrication d'un journal et la connaissance des différents métiers mis en œuvre. Une réflexion sur les questions économiques et politiques liées à ce secteur termine le volume.
Actes Sud Junior, À petits pas, 2006.
12,50 € ISBN : 978-2-7427-6312-2
À partir de 10 ans

2990. Michel, François ; ill. Azam, Jacques : **La République à petits pas.**
Ce volume s'attache à donner au jeune lecteur les informations essentielles sur les institutions de la Ve République, les institutions européennes et les différents acteurs de notre vie démocratique. Des informations qui peuvent être complexes sont mises à la portée du lecteur novice. Les illustrations apportent la touche humoristique nécessaire.
Actes Sud Junior, À petits pas, 2002.
10,90 € ISBN : 978-2-7427-3616-4
À partir de 10 ans

2991. Baussier, Sylvie ; ill. Heitz, Bruno : **Encyclopédie du futur citoyen.**
De la place de l'individu dans les différents groupes qui l'entourent jusqu'aux responsabilités collectives et individuelles au niveau mondial, ce livre sensibilise le jeune lecteur aux grands principes de la démocratie et au fonctionnement de nos institutions. De cette lecture, il ressort que la citoyenneté peut avoir de multiples visages. Grande réussite des illustrations.
Casterman, 2005.
18,50 € ISBN : 978-2-203-13137-8
À partir de 11 ans

2992. Combres, Élisabeth ; Thinard, Florence ; Lamoureux, Sophie ; ill. Oubrerie, Clément ; Delesvaux, Antoine ; Ronget, Christian : **Les Clés de l'info : pour mieux comprendre les médias et l'actualité.**
Un ouvrage de référence organisé en deux temps. Une partie axée sur les médias d'information – principes et pratiques journalistiques – puis une analyse plus développée et documentée de sept grands thèmes d'actualités politico-économiques, judiciaires et environnementales. Offre des pistes de réflexions sur l'actualité et montre « l'info-spectacle ».
Gallimard Jeunesse, 2005.
21 € ISBN : 978-2-07-057066-9
À partir de 11 ans

♥ **2993.** Combres, Élisabeth ; Thinard, Florence ; ill. Oubrerie, Clément ; photos Agence Magnum : **Les 1 000 mots de l'info : pour mieux comprendre et décrypter l'actualité.**
Sous la forme d'un dictionnaire, un ouvrage de référence pour décrypter et mieux comprendre l'actualité. Il donne des clés aux lecteurs pour aborder les problèmes du monde actuel, les analyser, développer le sens critique et ouvrir le débat. Un texte clair pour des notions complexes. Des photographies témoignent de l'impact des images et de leur apport.
Gallimard Jeunesse, Hors-série documentaire, 2006.
21 € ISBN : 978-2-07-057773-6
À partir de 11 ans

2994. Poitrenaud, Robert ; Delobbe, Georges : **La Citoyenneté.**
Trente mots, de *Cité* à *Vote,* pour aborder le thème de la citoyenneté. Entre les deux termes sont abordées de manière synthétique des notions telles que la civilité, la Constitution, la décentralisation, les droits sociaux, l'État, l'exclusion ou le pouvoir. À la fois une approche de concepts généraux et une explication du fonctionnement des institutions françaises.
PEMF, 30 mots-clés pour comprendre, 2000.
10 € ISBN : 978-2-84526-115-0
À partir de 11 ans

2995. Poitrenaud, Robert : **La Justice.**
Sous forme de dictionnaire alphabétique, ce livre présente dans une langue claire et précise les principaux mots du vocabulaire de la justice en France. Le texte est complété par des tableaux également accessibles et par de nombreuses photos. Un glossaire-index donne des définitions et permet de se repérer dans le guide.
PEMF, 30 mots-clés pour comprendre, 2000.
10 € ISBN : 978-2-84526-101-3
À partir de 11 ans

2996. Centre de vulgarisation de la connaissance : **Guide de l'État.**
Un véritable voyage au cœur de l'État, depuis l'Ancien Régime jusqu'aux institutions de la Ve République. Une analyse claire et concise du régime mis en place en 1958, mais aussi une présentation de l'Administration, de son organisation et de ses missions. Un guide qui permet aux citoyens de mieux comprendre les enjeux et les méandres de l'État.
Milan, Les essentiels Milan, 1997.
5,50 € ISBN : 978-2-84113-529-5
À partir de 13 ans

2997. Centre de vulgarisation de la connaissance : **Guide de la région.**
Si le fonctionnement de la commune est connu, celui du département l'est moins. Quant à la région, elle reste pour le plus grand nombre une entité territoriale vague. Près de vingt-cinq ans après les lois de décentralisation de 1982, ce guide permet de mieux connaître cette collectivité devenue un échelon fondamental de l'organisation administrative française. Intelligent et didactique.
Milan, Les essentiels Milan, 2002.
5,50 € ISBN : 978-2-7459-0845-2
À partir de 13 ans

2998. Centre de vulgarisation de la connaissance ; réd. Le Marchand, Véronique et Touboul, Frédéric : **Guide de la commune.**
Un guide pour découvrir la commune et son fonctionnement, mais aussi pour mieux connaître le rôle du maire, des conseillers municipaux et les domaines d'intervention des municipalités, en particulier depuis les lois de décentralisation de 1982. Clair et précis.
Milan, Les essentiels Milan, 2002.
ISBN : 978-2-7459-0844-5
Autre titre :
2999. Centre de vulgarisation de la connaissance : **Guide du département.**
1996.
ISBN : 978-2-84113-460-1
5,50 € chaque À partir de 13 ans

3000. Brossy-Patin, Marie ; Lameyre, Xavier ; ill. Muzo : **Vous avez dit justice ?**
De la justice à l'école à la justice internationale, sans oublier les erreurs judicaires ou la peine de mort, les thèmes abordés sont nombreux et pertinents ; ils s'appuient sur un fait divers, un témoignage, l'écho d'une décision de justice qui a marqué l'opinion. Des réponses précises et argumentées soulignent l'imbrication de la justice et de notre vie quotidienne, le lien entre justice et démocratie.
Seuil Jeunesse / La Documentation française, 2006.
19 € ISBN : 978-2-02-084927-2
À partir de 13 ans

3001. Clayssen, Virginie : **Zoom sur les médias.**
En moins de cinquante pages très denses, la « planète média » est passée au crible. Une chronologie qui se développe sur quatre doubles pages donne une vision historique de l'évolution des médias. Des chiffres, des schémas expliquent leur fonctionnement technique mais aussi économique.
Hachette Jeunesse, Zoom, 2002.
5,95 € ISBN : 978-2-01-291961-7
À partir de 13 ans

3002. Les Clés du citoyen 2006.
Des clés pour comprendre le fonctionnement de nos institutions (avec notamment un chapitre tout à fait réussi sur le vote) et les partis politiques qui les animent. Une invitation à agir et s'investir (conseils de jeunes, syndicats, associations) pour s'engager comme citoyen. Adresses utiles, cartes, schémas complètent et facilitent l'accès à l'information.
Milan, 2006.
13 € ISBN : 978-2-7459-1643-3
À partir de 13 ans

3003. Furois, Sylvie : **Dictionnaire du citoyen.**
De A comme *Académie* à V comme *Vote*, un parcours original pour découvrir nos institutions, de l'échelon local à l'échelon européen. Près de trois cents termes couvrent l'ensemble du sujet, tant du point de vue de la collectivité que de celui de l'individu et de ses droits. Complété par un dictionnaire qui propose aussi d'autres voies d'accès : parcours fléchés, index, tableaux.
Milan, 2005.
14 € ISBN : 978-2-7459-1375-3
À partir de 13 ans

♥ **3004.** Herrenschmidt, Noëlle : **Carnets de prisons.**
Un saisissant carnet de voyage, véritable traversée des prisons, maisons d'arrêt et autres centres de détention, en France. La qualité du regard, toujours pudique, réside dans l'exceptionnelle réussite des dessins à l'aquarelle et dans l'intelligence du propos.
Albin Michel, 1997.
30 € ISBN : 978-2-226-08997-7
À partir de 13 ans

♥ **3005.** Herrenschmidt, Noëlle ; Garapon, Antoine : **Carnets du Palais.**
Sur le mode du carnet de croquis, une visite, souvent déconcertante, du Palais de justice de Paris et de ses coulisses, de ses acteurs connus et méconnus. Un regard humain et intelligent sur un lieu dont la diversité est parfaitement rendue par les croquis au crayon et à l'aquarelle.
Albin Michel, 1995.
29,70 € ISBN : 978-2-226-07129-3
À partir de 13 ans

3006. Roux, Marie-Claire : **La Citoyenneté des femmes en France.**
Il a fallu attendre 1985 pour que la notion de « chef de famille » disparaisse du droit fiscal ! Inutile de dire que la lutte pour l'égalité des hommes et des femmes n'est pas terminée, que ce soit en termes de salaire ou de représentation politique. Destiné aux adolescent(e)s, ce documentaire dit l'essentiel en quelques dizaines de pages. Indispensable.
PEMF, Regards sur le monde, 2000.
10 € ISBN : 978-2-84526-103-7
À partir de 13 ans

♥ **3007.** Éd. Royo, Daniel : **Paroles de sagesse laïque.**
Un recueil de textes sur la laïcité pour se rappeler, qu'en France, l'école de la République a souvent eu du mal à s'imposer. Un résumé de plus de cent ans de luttes pour se souvenir qu'aucun combat n'est gagné définitivement.
Albin Michel, Carnets de sagesse, 1998.
10 € ISBN : 978-2-226-09060-7
À partir de 13 ans

DÉCOUVRIR LE MONDE : PAYS ET PEUPLES

Atlas et annuaires géopolitiques

3008. Ill. Latyk, Olivier ; Truong, Marcelino ; Roudot, François : **Mon premier tour du monde : l'atlas des 5-8 ans.**
Un atlas original et lisible pour les plus petits. Les textes disent l'essentiel en prenant des angles d'attaque souvent inattendus et les illustrations, confiées à des illustrateurs différents pour chaque continent, apportent un éclairage vivant. Les cartes sont réussies et la découpe des pays en papier calque est pertinente.
Milan Jeunesse, 2002.
16 € ISBN : 978-2-7459-0645-8
À partir de 6 ans

3009. Atlas géographique : les régions de France et d'Europe.
Un atlas intéressant car il met en perspective les données statistiques des régions françaises avec celles des autres pays européens. Il permet de visualiser la réalité de l'Europe comme une entité propre. Un bon outil avec des entrées pertinentes, des textes d'analyse, des sources récentes et toujours citées. La maquette est classique mais aérée.
PEMF, 2002.
17 € ISBN : 978-2-84526-353-6
À partir de 9 ans

3010. L'Atlas du monde, Géo jeunesse.
Après une introduction sur la Terre en général, les continents sont présentés par groupes de pays. Issues d'images satellites, les cartes sont précises et des textes informatifs disent l'essentiel. Des photographies montrent de manière colorée et vivante la variété et la beauté des paysages, la diversité des populations, leurs activités, leurs traditions.
Gallimard Jeunesse, 2004.
19,50 € ISBN : 978-2-07-055739-4
À partir de 11 ans

3011. L'Atlas Gallimard jeunesse.
Après une présentation du monde, cet atlas accorde une place spéciale à la France, puis passe aux continents, avec une présentation générale puis régionale par groupes de pays. Des doubles pages rassemblent de nombreuses cartes thématiques complétées par des textes clairs. Une mise en pages soignée et aérée pour un ouvrage très complet et pédagogique.
Gallimard Jeunesse, 2002.
19,50 € ISBN : 978-2-07-055166-8
À partir de 11 ans

♥ **3012.** Azémar, Guy-Patrick ; Cordelier, Serge ; ill. Maja, Daniel : **L'État du monde junior : encyclopédie historique et géopolitique.**
Cet *État du monde junior* n'a rien à envier à son grand frère édité pour les adultes. Il a même l'avantage d'une plus grande clarté dans la mise en pages et dans la rédaction des notices explicatives. Tous les outils historiques, géographiques et géopolitiques sont ici à la disposition des adolescents (et des autres) pour comprendre le monde d'aujourd'hui.
La Découverte, L'état du monde, 2004.
19,50 € ISBN : 978-2-7071-4430-0
À partir de 13 ans

3013. Les Clés de l'Europe 2007.
Fidèle à son esprit de synthèse, cette nouvelle édition propose en moins de deux cents pages un regard sur l'actualité de l'Europe. Comment étudier, vivre, et mieux connaître la culture et la géographie des vingt-sept pays de l'Union ? L'ouvrage offre aux adolescents des réponses précises qu'ils pourront approfondir grâce aux pistes de lecture proposées.
Milan Jeunesse, 2006.
13 € ISBN : 978-2-7459-2369-1
À partir de 13 ans

3014. Les Clés du monde 2006.
Sous la forme d'un journal de l'année écoulée, ce volume propose à la fois des entrées thématiques, des points de vue de personnalités et un atlas regroupant des fiches sur 175 pays. C'est un véritable bilan économique, social, politique, culturel et environnemental de la planète. Ce volume est régulièrement remis à jour.
Milan Jeunesse, 2006.
15 € ISBN : 978-2-7459-2082-9
À partir de 13 ans

Pays et peuples du monde (par continents)

3015. Crampton, William G. : **Drapeaux et pavillons.**
Toute l'histoire des drapeaux et des pavillons pour mieux comprendre la symbolique de ces objets devenus si communs. Ainsi, derrière ces morceaux de tissus, c'est l'histoire du monde qui défile et nous comprenons que ces symboles reflètent l'histoire des hommes et, souvent, leurs luttes pour la construction de leurs nations.
Gallimard Jeunesse, Les yeux de la découverte, 1989.
14 € ISBN : 978-2-07-056471-2
À partir de 9 ans

3016. Laffon, Caroline ; Laffon, Martine ; ill. Hüe, Geneviève : **Enfants d'ailleurs racontés aux enfants d'ici.**
Être enfant en Afrique, en Asie ou en Europe ne recouvre pas les mêmes réalités. À travers cinq grands thèmes – nourriture, habillement, mode de vie, apprentissage, jeux et coutumes – la diversité des cultures est décrite, plaçant l'enfant au centre des situations présentées. De grandes photographies étayent un texte court, recadrant géographiquement le sujet abordé.
La Martinière Jeunesse, Le monde raconté aux enfants, 2004.
13 € ISBN : 978-2-7324-3194-9
À partir de 9 ans

3017. Messager, Alexandre ; ill. Duffet, Sophie : **Ahmed, Dewi et Wayan vivent en Indonésie.**
Une collection pour découvrir un pays à travers l'histoire de trois enfants, d'origine géographique et de statut social différents. Une approche contrastée qui allie histoire, politique, économie, culture et société. Les illustrations et les photographies se complètent ; elles traduisent en images l'ambiance des pays visités et donnent envie d'en savoir plus.
La Martinière Jeunesse, Enfants d'ailleurs, 2006.
ISBN : 978-2-7324-3459-9

Autres titres :
3018. Veillères, Claire ; ill. Duffet, Sophie : **Anna, Kevin et Nomzipo vivent en Afrique du Sud-Republiek van Suid-Afrika.** 2006.
ISBN : 978-2-7324-3393-6
3019. Messager, Alexandre ; ill. Duffet, Sophie : **Aoki, Hayo et Kenji vivent au Japon.** 2006.
ISBN : 978-2-7324-3392-9
3020. Freland, François-Xavier ; ill. Duffet, Sophie : **Joao, Flavia et Marcos vivent au Brésil : Brasil.** 2006.
ISBN : 978-2-7324-3391-2
3021. Thomas, Élisabeth ; Pilon, Pascal ; ill. Duffet, Sophie : **Meihua, Shuilin et Dui vivent en Chine.** 2005.
ISBN : 978-2-7324-3356-1
3022. Werth, Maïa ; ill. Duffet, Sophie : **Sacha, Andréï et Turar vivent en Russie.** 2006.
ISBN : 978-2-7324-3461-2
3023. Godard, Philippe ; ill. Duffet, Sophie : **Shubha, Jyoti et Bhagat vivent en Inde.** 2005.
ISBN : 978-2-7324-3357-8
12 € chaque À partir de 9 ans

Afrique

3024. Mwankumi, Dominique : **La Pêche à la marmite.**
Les illustrations lumineuses de cet album nous introduisent dans la chaleur de l'Afrique. On pourra leur reprocher leur côté coloré pour décrire l'univers d'enfants pauvres, obligés de travailler en « pêchant à la marmite » dès leur plus jeune âge. Elles seront pourtant un moyen pour les plus jeunes de découvrir la vie d'enfants de leur âge, bien loin de la leur. Le texte aidera à dépasser les clichés.
L'École des loisirs-Archimède, 1998.
11,30 € ISBN : 978-2-211-04458-5
À partir de 6 ans

3025. Witschger, Anne-Laure : **Voyage au Sénégal.**
Corinne, jeune Parisienne, découvre le Sénégal. Voici son carnet de voyage aux illustrations colorées, à base de peintures et de collages. Un texte simple, des définitions et des légendes précises permettent une approche exhaustive des multiples facettes du pays : la culture, le mode de vie, les religions, la nature...
Seuil Jeunesse, 2001.
12 € ISBN : 978-2-02-048138-0
À partir de 8 ans

3026. Kourouma, Ahmadou ; ill. Bacchin, Giorgio : **Le Chasseur, héros africain.**
Pour évoquer le rôle et la fonction du chasseur en Afrique, ce volume propose à la fois une approche documentaire et un récit retraçant la journée d'un chasseur. De belles illustrations rendent compte de la beauté des paysages africains et du déroulement de la vie dans les villages.
Grandir, 1999.
19 € ISBN : 978-2-84166-124-4
Autre titre :
3027. Une journée avec le prince, homme de pouvoir. 2000.
ISBN : 978- 2-84166-153-4
19 € chaque À partir de 9 ans

3028. Rivallain, Josette ; ill. Eyraud, Marie-Claude : **Les Calebasses.**
Avant de découvrir la spécificité des calebasses béninoises, on pourra aborder avec profit ce panorama général de l'histoire et de l'utilisation des calebasses dans six autres pays africains. La richesse des photographies et la précision des dessins qui accompagnent le texte permettent une présentation complète d'un sujet pour le moins original.
Sépia, Découverte pour la jeunesse, 1997.
8 € ISBN : 978-2-84280-014-7
À partir de 9 ans

3029. Nantet, Bernard ; ill. Joblin, Jean-Pierre : **Au cœur de l'Afrique.**
Ce livre sur l'Afrique du sud du Sahara met la géographie et l'insertion de l'homme dans la nature au cœur du sujet. La diversité de l'éclairage à la fois social, économique, culturel, politique et historique, contribue à donner une vision riche et nuancée de ce continent.
Milan Jeunesse, Les encyclopes, 2004.
22,60 € ISBN : 978-2-7459-1185-8
À partir de 11 ans

♥ **3030.** Safa, Karine : **L'Égypte : de l'expédition de Bonaparte à nos jours.**
À partir de l'expédition de Bonaparte, l'auteur évoque les soubresauts politiques et les figures charismatiques qui ont ponctué l'histoire de ce pays jusqu'à son indépendance. Des aspects culturels et sociologiques représentatifs apportent un complément. Pour donner au lecteur le goût d'une Égypte qui continue de fasciner, même loin de son fabuleux passé.
Autrement, Autrement Junior, Série Histoire, 2005.
11 € ISBN : 978-2-7467-0599-9
À partir de 11 ans

♥ **3031.** Éd. Dumestre, Gérard : **Paroles d'Afrique.**
Une belle sélection de chants, de prières, de proverbes et de contes pris comme traces, comme témoignages d'une civilisation orale. Le choix des citations est joliment illustré par des fixés sous verre, art spécifique du Sénégal, qui accompagnent les mots avec subtilité. Une très belle collection qui se charge de distiller quelques gouttes de sagesse d'un peuple ou d'une religion.
Albin Michel, Carnets de sagesse, 1996.
10 € ISBN : 978-2-226-07191-0
À partir de 13 ans

♥ **3032.** Goerg, Odile : **L'Afrique XVIIIe-XXIe siècle : du sud du Sahara au cap de Bonne-Espérance.**
Le choix des sujets de cette collection, toujours originaux, prend toute sa dimension dans cet ouvrage présentant un continent finalement méconnu. En abordant les thèmes habituels – esclavage, colonisation – sous des angles pertinents et en proposant des regards nouveaux sur d'autres faits, l'auteur donne une vision de l'Afrique bien loin des clichés.
Autrement, Autrement Junior, Série Histoire, 2005.
11 € ISBN : 978-2-7467-0600-2
À partir de 13 ans

3033. Jordi, Jean-Jacques : **L'Algérie des origines à nos jours.**
En neuf chapitres très clairs et précis, ce livre permet de mieux comprendre l'histoire de l'Algérie. De l'Algérie préislamique aux déchirements de la période contemporaine, le lecteur découvre l'histoire chaotique de ce pays et des guerres qui ont rythmé sa construction. Cette lecture permet de mieux

comprendre les tensions et les difficiles relations franco-algériennes d'aujourd'hui.
Autrement, Autrement Junior, Série Histoire, 2003.
11 € ISBN : 978-2-7467-0302-5
À partir de 13 ans

3034. Éd. Vautier, Maguy : **Paroles de Touaregs.**
Des paroles de sable, de désert et de soif qui touchent à l'universel et laissent percevoir avec force l'originalité de la culture des Touaregs, peuple qui tente de préserver son identité par tous les moyens. Double rencontre avec cet univers, par la parole mais aussi grâce aux photographies qui accompagnent parfaitement les textes.
Albin Michel, Carnets de sagesse, 1997.
10 € ISBN : 978-2-226-09005-8
À partir de 13 ans

3035. Éd. Voinchet, Mathilde ; Kourouma, Ahmadou ; ill. Soulé, Béatrice : **Paroles de griots.**
Des extraits de livres et de chansons, du Sénégal à l'Afrique du Sud. Ce ne sont pas pour la plupart des paroles venant de vrais griots, comme l'explique Ahmadou Kourouma dans sa remarquable préface sur les griots, mais elles se trouvent parmi « ce qui a été le mieux dit sur le continent ». Le deuxième « protagoniste » de cet album, ce sont les sculptures de l'exceptionnel artiste sénégalais Ousmane Sow.
Albin Michel, Carnets de sagesse, 2003.
10 € ISBN : 978-2-226-12921-5
À partir de 13 ans

Voir aussi la notice n° **3018**

Amériques

3036. Murdoch, David H. ; ill. Gardiner, Lynton ; adapt. Jacquin, Philippe ; American Museum of Natural History : **Sur la piste des Indiens.**
Ils étaient plus de 7 millions en 1500, répartis en 300 tribus, qui vivaient, selon leurs coutumes et leurs rites dans les Grandes Plaines, le froid du Grand Nord, les déserts du sud ; les Indiens ne sont plus que 2,5 millions aujourd'hui, dont la majorité vit dans des réserves. Au-delà de ce constat, ce livre revient, en images largement légendées, sur les modes de vie et les croyances de ces peuples.
Gallimard Jeunesse, Les yeux de la découverte, 2003.
14 € ISBN : 978-2-07-055689-2
À partir de 9 ans

♥ **3037.** Piquemal, Michel : **Les Indiens des plaines d'Amérique.**
Certes, les titres sur les Indiens d'Amérique ne manquent pas, mais ce volume écrit par un auteur qui a fait ses preuves en la matière apporte un regard différent en mettant en scène la vie des enfants. Des illustrations anciennes agrémentent un texte toujours fluide sur les rites de passage ou les jeux. Une vision intéressante sur une société malheureusement quasi disparue.
Sorbier, La vie des enfants, 2002.
12 € ISBN : 978-2-7320-3699-1
À partir de 9 ans

3038. Rudel, Christian ; ill. Souppart, Étienne : **Les Enfants de la lune.**
Une initiation au monde et aux croyances des Indiens yanomani qui vivent au cœur de l'Amazonie, menacés de totale disparition par la ruée des garimpeiros. Quelques pages documentaires en fin d'ouvrage replacent ce peuple dans un contexte géographique, historique, politique et religieux.
Gallimard Jeunesse, Les contes du ciel et de la terre, 1993.
4,57 € ISBN : 978-2-07-058284-6
À partir de 9 ans

3039. Delcourt, Laurent ; ill. Duffet, Sophie : **Le Brésil : du XVIe siècle à nos jours.**
Un portrait historique, géographique, politique, social et culturel du plus grand pays d'Amérique du Sud. Ces diverses approches thématiques bien choisies donnent une large vision sur la constitution de ce pays, depuis le XVIe siècle jusqu'à nos jours, avec toutes ses diversités et ses richesses.
Autrement, Autrement Junior, Série Histoire, 2005.
9 € ISBN : 978-2-7467-0620-0
À partir de 11 ans

3040. Legay, Gilbert : **Dictionnaire des Indiens d'Amérique du Nord.**
Un ouvrage soigné pour aller à la découverte ou approfondir ses connaissances sur les Indiens d'Amérique du Nord. Après un recadrage historique et linguistique dans l'espace géographique de ce continent, quatre cent soixante définitions pertinentes regroupent noms propres et noms communs. Les dessins en couleurs sont très évocateurs. Plus qu'un simple dictionnaire.
Casterman, 2005.
17,50 € ISBN : 978-2-203-13135-4
À partir de 11 ans

♥ **3041.** Éd. Piquemal, Michel ; ill. Curtis, Edward Sheriff : **Paroles indiennes : textes indiens d'Amérique du Nord.**
Une sélection de textes qui nous laissent percevoir la spiritualité indienne, une appréhension autre de la nature, de la vie et du monde. En contrepoint, quelques-unes des superbes photographies prises par Edward Curtis entre 1896 et 1930.
Albin Michel, Carnets de sagesse, 1993.
10 € ISBN : 978-2-226-06254-3
À partir de 11 ans

3042. Fontaine, Chloé : **Mes carnets du Mexique.**
Un parcours mexicain à l'écart des sentiers battus. Un voyage dans l'espace et dans le temps, de Zacatecas à Chihuahua, puis Mexico et Oaxaca, Teotihuacan et Palenque. Des rencontres, des extraits d'œuvres littéraires accompagnent la lecture : Le Clézio, Artaud, Pellicer... Une vision très personnelle influencée par la formation d'architecte de l'auteur.
Flammarion, Carnets, 2003.
25 € ISBN : 978-2-08-011148-7
À partir de 13 ans

Voir aussi la notice n° **3020**

Asie

♥ **3043.** Bourguignon, Séverine : **Dedi et le riz de Java en Indonésie.**
Une belle et simple invitation à découvrir quelques aspects d'un pays musulman de 240 millions d'habitants à travers la vie quotidienne d'un paysan indonésien. Le récit, sans lourdeurs inutiles, traduit et met en images un univers plus qu'il

ne cherche à l'expliquer. De belles illustrations, alternance de dessins au trait et d'images colorées, entrent en parfaite résonance avec le texte.
Grandir, 2006.
15 € ISBN : 978-2-84166-300-2
À partir de 6 ans

♥ **3044.** Chen, Jiang Hong : **Je ne vais pas pleurer ! : Bïn Bïn au marché chinois.**
Bïn Bïn s'est perdu dans le marché en s'attardant devant un spectacle de théâtre de rue. La recherche de ses parents va lui permettre de traverser tout le marché. Au fil de cette histoire, l'illustrateur nous fait découvrir cet univers foisonnant par de véritables tableaux sur des doubles pages. Le dépaysement est complet, et les plus jeunes découvriront émerveillés la vie de ce petit Chinois.
L'École des loisirs-Archimède, 1998.
12 € ISBN : 978-2-211-04917-7
À partir de 6 ans

3045. He, Zhihong : **Ma vie à Pékin au fil des mois.**
Pour découvrir, au fil des mois et des saisons, la vie quotidienne d'une enfant dans son cadre familier, et les moments importants qui ponctuent tant sa journée que l'année. C'est une ouverture sur une autre culture, exposée avec fraîcheur et simplicité, parfaitement adaptée à de jeunes lecteurs. Un ouvrage séduisant aussi par la qualité des images.
Syros Jeunesse, 2003.
13 € ISBN : 978-2-7485-0153-7
À partir de 6 ans

3046. Chan Keu ; Mandel, Lisa ; Moizie, Sylvain ; Albon, Lucie : **Sept Mois au Cambodge.**
Quatre illustrateurs racontent leurs expériences pédagogiques au Cambodge auprès d'enfants malentendants. Le récit est illustré de rencontres et le journal relate la richesse et la diversité des aspects de la société khmère actuelle, de son héritage culturel. Les styles graphiques se complètent agréablement pour un carnet de voyage riche en impressions.
Glénat, Sillage, 2003.
30 € ISBN : 978-2-7234-4392-0
À partir de 11 ans

3047. Dutrait, Liliane et Noël : **La Chine et les Chinois.**
Pour tout savoir ou presque sur la Chine et les Chinois au fil des temps : histoire, géographie, société, mode de vie, espace rural et urbain, arts et écriture, sciences et techniques, médecine. Une approche encyclopédique très complète, conçue avec l'apport et le regard de sinologues, de photographes et de journalistes.
Milan Jeunesse, Les encyclopes, 2005.
22,60 € ISBN : 978-2-7459-1237-4
À partir de 11 ans

3048. Ma, Yan ; ill. Usdin, Hélène ; collab. Haski, Pierre : **Ma Yan qui voulait aller à l'école.**
Voici le vrai journal de Ma Yan, 13 ans : elle habite une communauté musulmane dans une région déshéritée du nord-ouest de la Chine. Elle dépeint une vie quotidienne dans tous ses aspects et confie l'âpreté de la vie, la misère. Des journalistes étrangers de passage s'émeuvent, une solidarité s'installe pour lui permettre de continuer ses études.
Ramsay, 2002.
23 € ISBN : 978-2-84114-678-9
À partir de 11 ans

♥ **3049.** Godard, Philippe : **L'Inde : du XVIIIe siècle à nos jours.**
Du XVIIIe siècle à nos jours, le volume retrace l'histoire de la colonisation de ce pays et fait le portrait des acteurs majeurs : Tagore, Gandhi, Nehru... Sont aussi traités : la condition des femmes, la conquête de l'indépendance, la partition, le système des castes, les tensions et les violences entre les différentes communautés religieuses ou l'approvisionnement en eau.
Autrement, Autrement Junior, Série Histoire, 2003.
11 € ISBN : 978-2-7467-0303-2
À partir de 13 ans

♥ **3050.** Sis, Petr ; trad. Marchand, Alice : **Le Tibet : les secrets d'une boîte rouge.**
De retour à Prague dans la maison de son enfance, Petr Sis découvre le journal qu'a tenu son père lors d'un séjour au Tibet. Tout s'entremêle, l'évocation d'un pays fascinant, l'absence paternelle. Curiosité, nostalgie, rêves et tendresse sont magnifiquement exprimés par la diversité et l'harmonie d'illustrations magnifiques.
Grasset Jeunesse, 1998.
16,80 € ISBN : 978-2-246-56781-3
À partir de 13 ans et pour tous
Voir aussi les notices n^os **3017, 3019, 3021, 3023**

Océanie

♥ **3051.** Éd. Johnson, Thomas : **Paroles aborigènes : Australie.**
Ce recueil de citations évoque une mythologie particulière à travers des textes et des peintures d'artistes aborigènes, reprise des motifs traditionnels. À la qualité des textes et des images correspondent l'élégance et la réussite de la mise en pages.
Albin Michel, Carnets de sagesse, 1998.
10 € ISBN : 978-2-226-09080-5
À partir de 13 ans

Europe

3052. Carez, Céline ; ill. Ide, Raphaëlle : **Londres.**
Un tour d'horizon aussi bien de l'ambiance londonienne que des monuments incontournables lors d'une visite. La partie intitulée « coin lecture » donne un aperçu de la littérature et de l'histoire anglaises. Ce guide pour les jeunes est la meilleure première étape pour donner envie d'aller voir sur place et pour s'y repérer.
Casterman, Mon guide, 1999.
12 € ISBN : 978-2-203-17943-1
À partir de 9 ans

3053. Chabrol, Véronique : **Italie.**
Une vision plurielle de la péninsule, chaque région étant traitée et présentée, ainsi que les grands thèmes culturels, les habitudes, les objets, les mentalités. Une approche complète et ouverte.
Casterman, Mon guide, 1996.
12 € ISBN : 978-2-203-17932-5
À partir de 9 ans

♥ **3054.** Witschger, Anne-Laure : **Voyage en Islande.**
Pour découvrir l'Islande, le texte décrit avec justesse la vie des hommes et de la faune qui les entoure dans une nature « façonnée par les tremblements de terre,

les variations des glaciers et les éruptions volcaniques ». Très belles images pour décrire une nature minérale et glaciaire, une faune diversifiée et des lieux de vie colorés et humains.
Seuil Jeunesse, 2005.
13,50 € ISBN : 978-2-02-079568-5
À partir de 9 ans

♥ **3055.** Asch, Florine ; prés. Meslay, Olivier ; préf. Fernandez, Dominique : **Mes carnets d'Italie.**
Renouant avec le « Grand Tour », tradition anglaise du XVIIIe siècle, un éblouissant et lumineux voyage graphique au cœur de l'Italie. En écho aux aquarelles, un choix de textes : Shakespeare, Marcel Proust, Goldoni... accompagne le lecteur à la découverte, ici d'une ruelle, là d'un marché, d'un monument. Un certain regard sur une Italie d'hier et d'aujourd'hui.
Flammarion, Carnets, 2000.
9,95 € ISBN : 978-2-08-012829-4
À partir de 13 ans

3056. Asséo, Henriette : **Les Tsiganes : une destinée européenne.**
Pour mieux comprendre ce peuple aux visages multiples dont on trouve les premières traces au XVe siècle. Précis et détaillé, un excellent livre pour en finir avec les nombreux clichés colportés sur les Tsiganes.
Gallimard, Découvertes Gallimard, Série Histoire, 1994.
13,50 € ISBN : 978-2-07-053156-1
À partir de 13 ans

♥ **3057.** Shyam, Bhajju ; trad. Troller, Fenn : **Mon voyage inoubliable : un artiste indien hors de chez lui.**
Un carnet de voyage alliant originalité et humour. Des illustrations remarquables, inspirées de la mythologie indienne et de la tradition picturale Gond, traduisent un monde totalement étranger à l'auteur : Londres. La ville devient un fabuleux bestiaire. Un livre multiple : œuvre de création picturale, réflexion sur le voyage, étude anthropologique.
Syros Jeunesse, 2006.
15 € ISBN : 978-2-7485-0402-6
Tout public
Voir aussi la notice n° **3022**

La France et ses régions

3058. Chabrol, Véronique ; ill. Derrien, Loïc : **Provence, Côte d'Azur.**
Cette invitation à découvrir une région française est tout à la fois une présentation d'ensemble de ses principales caractéristiques (climat, paysages, coutumes, économie), un choix de visites incontournables et des propositions de lecture pour faire connaissance avec ses auteurs et ses peintres. Ce texte est toujours accessible et complet.
Casterman, Mon guide, 1996.
ISBN : 978-2-203-17936-3
Autres titres :
3059. Colombani, Vérène ; ill. Avrit, Fabrice : **Alpes.** 1997.
ISBN : 978-2-203-17939-4
3060. Chottin, Ariane ; ill. Munch, Philippe : **Alsace.** 1997.
ISBN : 978-2-203-17938-7
12 € chaque À partir de 9 ans

♥ **3061.** Kayser, Bernard et Renée ; ill. Desplanche, Vincent ; Girel, Stéphane ; Blanchard, Anne : **La France expliquée aux enfants.**
Ce grand et bel album conte la France agréablement comme un récit en utilisant un vocabulaire précis de spécialiste pour décrire reliefs, variations climatiques, fleuves... C'est aussi une promenade dans « l'Hexagone » à la découverte de la diversité façonnée par l'homme au cours de l'histoire. Une publication sérieuse soutenue par une illustration de qualité.
Gallimard Jeunesse, 2003.
15 € ISBN : 978-2-07-055619-9
À partir de 9 ans

♥ **3062.** Witschger, Anne-Laure : **Voyage à la Réunion.**
Bienvenue sur l'île de la Réunion ! Dépaysement garanti et réussi dans un grand format carré. À la fois documentaire, guide touristique et carnet de voyage, ce livre nous fait découvrir les richesses et la variété des composantes tant géographiques qu'humaines, religieuses, linguistiques, culinaires, de ce département français. Une invitation pour un beau voyage.
Seuil Jeunesse, 2004.
12 € ISBN : 978-2-02-061294-4
À partir de 9 ans

3063. Andreani, Jean-Jacques ; ill. Boudou, Jean-Marc ; Caudron, Olivier ; Chabot, Jean-Philippe : **Copain de la Corse : pour une première découverte de la Corse.**
La collection des « Copain » remplit son rôle de véritable petite encyclopédie, riche d'informations détaillées. Clair dans son propos, le texte nous fait découvrir une région sous tous ses aspects. Il est complété par de nombreuses illustrations, photographies et dessins. Une incitation alléchante pour découvrir des paysages et des traditions.
Milan Jeunesse, Copains, 2005.
ISBN : 978-2-7459-1841-3
Autres titres :
♥ **3064.** Frattini, Stéphane : **Copain de Paris.** 2006.
ISBN : 978-2-7459-1484-2
3065. Genevois, Françoise ; ill. Butterlin, Étienne ; Chabot, Jean-Philippe ; Charles, Benoît : **Copain de la Bretagne : pour une première découverte de la Bretagne.** 2005.
ISBN : 978-2-7459-1842-0
3066. Moirenc, Sandrine ; ill. Appell-Mertiny, Hélène ; Azam, Jacques : **Copain de la Provence : le guide des jeunes explorateurs.** 2001.
ISBN : 978-2-7459-0289-4
22,60 € chaque À partir de 10 ans

♥ **3067.** Burningham, John ; trad. Voline, Marc : **France.**
Quand un grand illustrateur anglais de livres pour enfants se penche sur notre pays, son regard peut être un rien sarcastique mais il n'est jamais dénué d'humour ni de tendresse. Des illustrations somptueuses et des textes de registres différents (textes de Balzac, extraits de presse, citations de De Gaulle, textes de la CEE) tissent un portait tout en finesse et en nuances. Magnifique et jubilatoire !
Le Seuil, 1999.
21,20 € ISBN : 978-2-02-035963-4
Tout public

HISTOIRE

♥ **3068.** Hochain, Serge : **Il y a très, très longtemps.**
L'illustration sur des doubles pages plonge les enfants dans un moment du passé caractéristique de l'évolution de la planète. Ils pourront ne regarder que les images, ou la légende, ou bien tout le texte explicatif. Chaque niveau de lecture est autonome et complémentaire des autres. Ce documentaire est un modèle de simplicité pour un voyage d'avant le big-bang jusqu'à 5000 av. J.-C.
L'École des loisirs-Archimède, 1994.
12 € ISBN : 978-2-211-02263-7
À partir de 6 ans

♥ **3069.** Millard, Anne ; ill. Noon, Steve ; adapt. Vierne, Béatrice : **Une ville au fil du temps : de la Préhistoire à nos jours.**
Cet album grand format nous montre comment une ville se transforme à travers l'histoire : de quelques huttes, on passe progressivement à un village protégé par un château, puis à une ville qui ne cesse de s'agrandir. Les styles architecturaux se succèdent. Chaque page présente en outre, grâce à des dessins en coupe des maisons, la vie quotidienne et les activités humaines à différentes époques.
Gallimard Jeunesse, 1998.
16 € ISBN : 978-2-07-052194-4
À partir de 6 ans

3070. Steel, Philip ; ill. Noon, Steve : **Une cité au fil du temps.**
Dans un grand et beau format oblong, une alternance de doubles pages présentant une période historique et de pages consacrées à un lieu ou un bâtiment emblématique est une véritable invitation à la découverte des modes de vie des habitants et de l'évolution de l'architecture. Le sens du détail dans la reconstitution de la vie de la ville éveille la curiosité du jeune lecteur.
Gallimard Jeunesse, 2004.
16 € ISBN : 978-2-07-050030-7
À partir de 6 ans

3071. Billioud, Jean-Michel : **Rois et reines de France.**
Durant quatorze siècles, soixante-neuf souverains se sont succédé sur le trône du royaume de France. Vingt-quatre d'entre eux sont étudiés ici. Sont évoqués leur caractère et les grandes étapes de leur vie, leur filiation, les événements qui ont marqué leur règne. La richesse iconographique de l'ouvrage vient à l'appui d'un texte clair et facilement accessible.
Gallimard Jeunesse, Les yeux de la découverte, 2005.
14 € ISBN : 978-2-07-057010-2
À partir de 9 ans

3072. Dir. Pierre, Michel : **Dictionnaire de l'histoire de France.**
Dans une langue simple et accessible, ce dictionnaire présente les acteurs, événements, régions et peuples de notre histoire, appuyé sur une chronologie et un mini-atlas. Les notices sont synthétiques mais nombreuses.
Casterman, 2003.
19 € ISBN : 978-2-203-13131-6
À partir de 9 ans

♥ **3073.** Baussier, Sylvie ; ill. Daufresne, Michelle : **Petite histoire des nourritures.**
Beau documentaire sur le thème de la nourriture dans l'histoire des civilisations humaines. Le propos, dense, enrichit la réflexion de citations extraites de textes littéraires, tandis que les illustrations invitent à l'évasion. Quatre grandes thématiques structurent l'ouvrage : l'alimentation dans l'histoire ; l'art du goût ; la nourriture, un partage ; l'obésité ici et la faim là-bas.
Syros Jeunesse, Petites histoires des hommes, 2005.
18 € ISBN : 978-2-7485-0339-5
À partir de 11 ans

♥ **3074.** Baussier, Sylvie ; ill. Angeli, May : **Petite Histoire du temps.**
Sur le thème du temps, ce livre divers dans ses approches fournit des interrogations et des réponses de tout ordre : scientifiques, techniques mais aussi philosophiques, poétiques ou légendaires... La beauté des gravures sur bois qui illustrent et complètent les textes donne envie de prendre le temps d'un regard attentif.
Syros Jeunesse, Petites histoires des hommes, 2003.
15 € ISBN : 978-2-7485-0043-1
À partir de 11 ans

3075. Coppin, Brigitte ; Joly, Dominique ; Beaujard, Yves ; ill. Furon, Frédéric ; Hoffmann, Ginette : **Dictionnaire des rois et reines de France.**
Un dictionnaire facile à consulter sur quatorze siècles d'Histoire de France. Pas moins de 430 entrées pour se renseigner sur les rois, reines, reines mères et empereurs qui ont gouverné tour à tour. Une galerie de portraits complétée utilement par des termes se rapportant à la fonction royale, à la vie à la cour, à des personnages influents, à des lieux.
Casterman, 2004.
17,50 € ISBN : 978-2-203-13122-4
À partir de 11 ans

3076. Coppin, Brigitte ; ill. Welply, Michaël : **La Peste : histoire d'une épidémie.**
La peste est à l'origine de grandes épidémies qui se sont propagées en Europe et dans le monde, de l'Antiquité au XVIIIe siècle, marquant la mémoire collective. Ce livre retrace l'histoire de cette maladie et des tentatives pour s'en défendre jusqu'à la découverte du bacille en cause et du mode de transmission par Alexandre Yersin, au XIXe siècle. Ce texte, largement illustré, est d'une lecture aisée.
Gallimard Jeunesse, Les yeux de l'histoire, 2006.
12 € ISBN : 978-2-07-051078-8
À partir de 11 ans

♥ **3077.** Godard, Philippe ; Merle, Claude : **L'Alimentation dans l'Histoire : de la Préhistoire à nos jours.**
Récit des recherches entreprises sur les habitudes alimentaires, des hommes préhistoriques aux nourritures de l'extrême, en Amazonie, sur la banquise ou bien encore en cas de famine. Ce volume est un passionnant voyage à travers l'histoire des modes d'alimentation selon les époques et les civilisations. Une histoire aussi de quelques aliments emblématiques tels que le pain, le café ou le sel.

Autrement, Autrement Junior, Série Histoire, 2002.

11 € ISBN : 978-2-7467-0179-3

À partir de 11 ans

3078. Dir. Naudin, Claude et Cuq, Marie-Lise : **L'Histoire de France.**

Une structure très traditionnelle, chronologique et politique, pour cet ouvrage qui fournit une base idéale pour aborder notre Histoire. Le récit est clair, efficace et sérieux, l'iconographie est abondante et bien servie par la mise en pages, et le découpage est pertinent.

Larousse, Encyclopédie des jeunes, 2005.

14,50 € ISBN : 978-2-03-565110-5

À partir de 11 ans

3079. Perrot, Michelle : **Il était une fois, l'histoire des femmes.**

Le dialogue se noue entre l'historienne et deux adolescentes autour de peintures ou de photographies proposant une véritable histoire de la représentation de la femme. Des propos toujours lumineux éclairent les enjeux d'aujourd'hui. Dix thèmes principaux font l'objet de discussions parmi lesquels la maison, le savoir, la citoyenneté, le corps, le travail ou le sport.

Lunes, 2001.

11,28 € ISBN : 978-2-914218-04-7

À partir de 11 ans

♥ **3080.** Godard, Philippe ; collab. Cornette, Joël : **Des femmes dans l'Histoire : du IXe siècle à nos jours.**

Pour évoquer le rôle et la place des femmes dans l'Histoire, neuf récits retracent des parcours individuels tels ceux d'Athanasia d'Égine, d'Aliénor d'Aquitaine, de Louise Michel ou, plus original, des parcours collectifs comme les mères de la Place de Mai ou les paysannes du Bangladesh. Autant d'exemples judicieux, de rencontres qui composent un tableau tout en finesse.

Autrement, Autrement Junior, Série Histoire, 2001.

11 € ISBN : 978-2-7467-0112-0

À partir de 13 ans

♥ **3081.** Godard, Philippe ; Merle, Claude : **Une histoire de l'eau : des origines à nos jours.**

Dans l'histoire de l'humanité l'eau est tout autant perçue comme une menace, l'instrument de la colère des dieux, qu'un élément salvateur et de nombreuses civilisations sont nées dans le bassin des grands fleuves. Le livre éclaire cette complexité, jusqu'à nos jours, aidant le lecteur à mesurer les enjeux politiques et économiques liés à la sauvegarde de cet élément sans lequel il n'y a pas de vie.

Autrement, Autrement Junior, Série Histoire, 2006.

11 € ISBN : 978-2-7467-0899-0

À partir de 13 ans

3082. Godard, Philippe ; collab. Sala-Molins, Louis : **Le Racisme : de la traite des Noirs à nos jours.**

La réussite de ce volume réside dans la diversité des approches proposées et dans le choix des thèmes traités : de la mise en place du Code noir par Louis XIV au massacre des Indiens au Guatemala de 1970 à 1980 et à la permanence du racisme dans l'Europe d'aujourd'hui. Des textes qui s'en tiennent à l'essentiel.

Autrement, Autrement Junior, Série Histoire, 2001.

11 € ISBN : 978-2-7467-0111-3

À partir de 13 ans

♥ **3083.** Mazoyer, Marcel ; Roudart, Laurence : **Agricultures du monde : du Néolithique à nos jours.**

Vaste évocation, dans l'espace et dans le temps, d'une activité humaine qui occupe presque la moitié de la population mondiale. Des exemples choisis dans une progression chronologique permettent de se faire une idée précise de l'évolution des techniques de culture, de l'introduction et de la domestication des plantes. Bien construit et riche en chiffres.

Autrement, Autrement Junior, Série Histoire, 2004.

11 € ISBN : 978-2-7467-0578-4

À partir de 13 ans

Archéologie

♥ **3084.** Dieulafait, Francis : **Copain de l'Archéologie : le guide des explorateurs du temps.**

De la recherche des sites à la restauration des objets, cet ouvrage nous donne des informations complètes sur l'archéologie. Son organisation très claire, son iconographie variée et son texte simple rendent toutes les informations parfaitement accessibles aux plus jeunes.

Milan Jeunesse, Copains, 2006.

22,60 € ISBN : 978-2-7459-1953-3

À partir de 9 ans

3085. McIntosh, Jane ; ill. Brightling, Geoff ; trad. Morvan, Frédéric : **Trésors de l'archéologie.**

Une très belle présentation des enjeux et techniques de l'archéologie, et des merveilles mises au jour. Le commentaire est précis et didactique, les images impressionnantes et très parlantes : un ouvrage qui éveillera des vocations.

Gallimard Jeunesse, Les yeux de la découverte, 1994.

14 € ISBN : 978-2-07-058480-2

À partir de 9 ans

3086. Aston, Mick ; Taylor, Timothy : **Atlas de l'archéologie.**

Du Paléolithique à l'ère industrielle, ce superbe volume est à la fois une approche chronologique des grands sites mondiaux et une étude thématique pour des sites présentant des caractéristiques culturelles ou physiques communes. Des séquences transversales et un dictionnaire des sites complètent ce véritable ouvrage de référence.

Gallimard Jeunesse, 1998.

34,30 € ISBN : 978-2-07-051311-6

À partir de 13 ans

Préhistoire`

3087. Delobbe, Karine : **Les Premiers Paysans.**

La construction du livre, qui mêle progression chronologique et thématique, permet d'englober tous les aspects de la vie de

nos ancêtres. Des premiers outils de silex aux armes de bronze, en passant par les objets d'art ou quotidiens, rien n'est laissé au hasard pour ce volume d'une collection qui a déjà fait ses preuves.
PEMF, Bonjour l'histoire, 1999.
9 € ISBN : 978-2-84526-001-6
À partir de 9 ans

3088. Melano, Olivier : **La Vallée des Merveilles : il y a 5 000 ans à l'âge du cuivre.**
Cette fiction, sous forme de bande dessinée, détaille le quotidien d'un village du Mercantour il y a 5 000 ans. Organisation, savoir-faire, croyances, environnement, fonte du minerai de cuivre pour fabriquer des métaux y sont décrits avec précision. Un lexique et un dossier relatent l'actuel travail scientifique mené *in situ* sur les gravures rupestres.
L'École des loisirs-Archimède, 2006.
11,50 € ISBN : 978-2-211-08094-1
À partir de 9 ans

3089. Panafieu, Jean-Baptiste de : **La Préhistoire des hommes.**
L'ensemble est dense mais intelligemment structuré, ce qui permet de saisir l'essentiel de cette saga ainsi que de préciser la connaissance que nous en avons. L'évolution, les périodes de transition ainsi que les particularités de ces « drôles de bipèdes » qui nous ont précédés sont très bien décrites. Écrit dans un style vivant et accessible.
Milan Jeunesse, Les encyclopes, 2003.
22,60 € ISBN : 978-2-7459-1148-3
À partir de 9 ans

3090. Pigeaud, Romain ; ill. Ageorges, Véronique : **Le Dico de la Préhistoire.**
Ce dictionnaire donne des définitions claires et précises des concepts retenus et apporte des informations sur la manière dont vivaient les premiers hommes, et sur leur évolution. Il mentionne les découvertes, présente les scientifiques impliqués, indique les lieux et les périodes concernés, et permet de combattre les idées reçues. Une lecture captivante.
La Martinière Jeunesse, Le Dico de..., 2005.
15 € ISBN : 978-2-7324-3349-3
À partir de 9 ans

♥ **3091.** Saint-Blanquat, Henri de ; Ageorges, Véronique : **Lascaux et son temps.**
Un livre clair et bien organisé sur la vie quotidienne des Magdaléniens. Le point de vue est intéressant : les affirmations sont étayées par des démonstrations, les auteurs mettent en évidence leurs incertitudes et l'emploi du conditionnel est fréquent. Pour remettre en question quelques-unes des idées reçues.
Casterman, 1999.
12,75 € ISBN : 978-2-203-14031-8
À partir de 9 ans

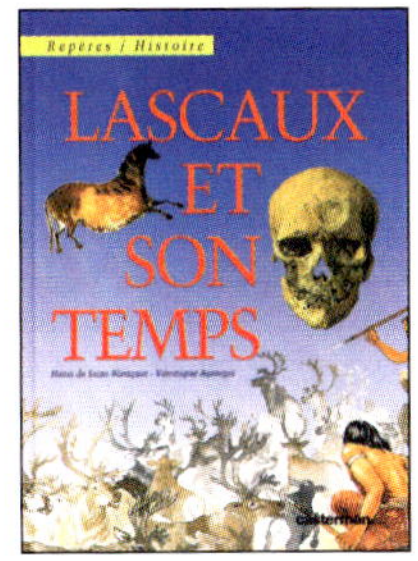

3092. Chairopoulos, Patricia ; Delpas, Clara ; dir. Coppens, Yves, d'après le film de Malaterre, Jacques : **Homo sapiens l'aventure de l'homme.**
Les grandes étapes de la naissance de l'Homo sapiens, de sa longue évolution vers l'homme moderne. Le travail des scientifiques nous donne à voir à quoi ressemblaient les premiers hommes, nous renseigne sur leur mode de vie et sur la création de leurs outils et nous fait part des hypothèses avancées sur les raisons de leurs migrations.
Flammarion-Père Castor, Castor doc, 2004.
8,50 € ISBN : 978-2-08-162699-7
À partir de 11 ans

♥ **3093.** Clottes, Jean : **La Préhistoire expliquée à mes petits-enfants.**
Cinq thèmes majeurs, présentés par un spécialiste de la Préhistoire dans un langage simple : les époques et les hommes, le monde de la Préhistoire, les modes de vie, les sociétés préhistoriques et les modes de pensée, auxquels il apporte des éléments d'information synthétiques mais précis. Un texte passionnant, lisible d'une seule traite par tous.
Le Seuil, 2002.
6 € ISBN : 978-2-02-052687-6
À partir de 13 ans

Antiquité

Mésopotamie et Palestine

3094. Cohat, Yves ; Ruffieux, Jean-Marie : **Babylone : la Mésopotamie au temps de Nabuchodonosor II.**
Peu de choses sont proposées sur la Mésopotamie, berceau de l'une des plus brillantes civilisations de l'Antiquité. Religion, vie quotidienne, guerre, culture sont abordées avec la précision et l'efficacité qui ont fait le succès de cette collection. Un bon ouvrage de découverte.
Hachette Jeunesse, La vie privée des hommes, 2003.
11,90 € ISBN : 978-2-01-265588-1
À partir de 9 ans

3095. Hunter, Erica ; trad. Blot, Anne et Nicolas : **La Mésopotamie de Sumer à Babylone.**
Un ouvrage qui nous ramène à la naissance de la civilisation, des villes et de l'écriture, traitant une Mésopotamie élargie au Croissant fertile et à l'Iran. Beaucoup de documents et de reconstitutions de monuments trop souvent disparus, et des cartes très lisibles permettent d'approcher une aire majeure injustement oubliée de nos programmes scolaires.
Casterman, Atlas historique, 1994.
16,75 € ISBN : 978-2-203-17107-7
À partir de 11 ans

♥ **3096.** Meuleau, Maurice ; ill. Payet, Jean-Michel : **Le Monde de la Bible.**
L'histoire de la Bible replacée dans son contexte géographique et historique. Tout à la fois l'histoire de la Palestine avant et après l'arrivée des Hébreux et l'histoire de la confrontation de ces derniers avec les peuples avec lesquels ils ont été en relation. Tant la qualité du texte que la richesse de l'iconographie contribuent à la réussite du volume.
Casterman, 1999.
12,75 € ISBN : 978-2-203-14034-9
À partir de 11 ans

Égypte

♥ **3097.** Delange, Élisabeth ; Sellier, Marie : **É comme Égypte.**
Un parcours en vingt-six thèmes pour apprendre à l'enfant à regarder au-delà des apparences et le sensibiliser à la civilisation de l'Égypte ancienne et à ses acteurs. Images de pharaons, images de dieux, images de scribes mais aussi images du grand peuple d'anonymes habitent ce

volume avec bonheur. Un texte simple et accessible permet d'apprendre à décoder le langage de l'art égyptien.
Réunion des musées nationaux, L'enfance de l'art, 1997.
11,50 € ISBN : 978-2-7118-3616-1
À partir de 6 ans

♥ 3098. Alphandari, Yves : **À la découverte des hiéroglyphes.**
Une entrée dans l'univers captivant des hiéroglyphes, pour en comprendre l'histoire, le rôle et les règles. Sont ainsi abordés leur origine sacrée, leurs fonctions sociales et religieuses, leurs supports, le rôle et la formation des scribes puis leur déchiffrement par Champollion. L'iconographie est d'autant plus remarquable qu'elle était absente de la précédente édition.
Flammarion-Père Castor, Castor doc, 2004.
8,50 € ISBN : 978-2-08-161683-7
À partir de 9 ans

3099. Chrisp, Peter ; trad. Wyckaert-Fetick, Sabine : **Les Momies.**
Le thème des momies est abordé sous des angles à la fois historique, géographique, scientifique et technique. L'Égypte ancienne occupe évidemment une place de choix mais le livre traite aussi des momies dans les autres civilisations ou à l'époque contemporaine. Enfin une tentative réussie de documentaire qui conjugue des médias aussi complémentaires que le livre et Internet !
Gallimard Jeunesse/Google, Les thématiques de l'encyclopédi@, 2005.
14,95 € ISBN : 978-2-07-057056-0
À partir de 9 ans

3100. Hart, George ; ill. Hayman, Peter : **Mémoire de l'Égypte.**
Histoire de la civilisation née du Nil, appuyée sur une iconographie irréprochable. Les phénomènes politiques, économiques, sociaux ou religieux sont analysés clairement.
Gallimard Jeunesse, Les yeux de la découverte, 2002.
14 € ISBN : 978-2-07-053959-8
À partir de 9 ans

3101. Koenig, Viviane ; ill. Golvin, Jean-Claude ; Étienne, Emmanuelle : **Deir el-Medineh : les artisans de Pharaon.**
La vie ordinaire et extraordinaire des habitants de Deir El-Medineh, village égyptien ayant la particularité de réunir les artisans et artistes chargés de la construction et de la décoration des tombes des pharaons et de leur entourage, entre 1500 et 1000 avant J.-C. De lecture facile, le volume décrit avec beaucoup de détails le rôle et la vie des différents corps de métiers.
Hachette Jeunesse / Musée du Louvre, 2002.
13,50 € ISBN : 978-2-01-265561-4
À partir de 9 ans

3102. Koenig, Viviane : **Ramsès II, futur pharaon.**
On suit dans ce livre, avec beaucoup de plaisir et de curiosité, la jeunesse, mais aussi l'éducation et l'apprentissage au métier de pharaon du plus célèbre d'entre eux : Ramsès II. Le texte rigoureux et l'iconographie donnent à cette biographie une solidité scientifique remarquable.
Sorbier, La vie des enfants, 2001.
12 € ISBN : 978-2-7320-3698-4
À partir de 9 ans

3103. Koenig, Viviane : **Toutankhamon : l'incroyable découverte.**
Depuis sa découverte, le tombeau de Toutankhamon fait rêver. Bonne occasion, avec cet ouvrage, d'aborder sa véritable histoire par le biais, entre autres, de portraits d'enfants. Photographies d'époque et images détourées du trésor illustrent ce texte riche en informations. En passant, l'auteur fait un sort à la fameuse malédiction, pure invention de journalistes.
La Martinière Jeunesse, La vie des enfants, 2006.
12 € ISBN : 978-2-7324-3373-8
À partir de 9 ans

♥ 3104. Macaulay, David ; trad. Servan-Schreiber, Élisabeth : **Naissance d'une pyramide.**
Un livre passionnant pour tout comprendre de la construction d'une pyramide, de sa création par les architectes jusqu'à l'inhumation du pharaon. Un livre simple, clair et efficace, devenu un classique du documentaire depuis sa première édition en français en 1975.
L'École des loisirs-Archimède, 2006.
15 € ISBN : 978-2-211-08558-8
À partir de 9 ans

♥ 3105. Noon, Steve ; Millard, Anne : **Le Nil au fil du temps : la fabuleuse histoire de l'Égypte de la source du fleuve au delta.**
Des sources du Nil à la Méditerranée, ce volume au beau et grand format oblong propose un long voyage dans l'espace et le temps. Au fil de la descente du fleuve, on découvre les événements qui ont jalonné l'histoire des États riverains et en particulier la civilisation égyptienne. La dimension ludique incite le jeune lecteur à regarder chaque détail des grandes et belles illustrations.
Gallimard Jeunesse, 2003.
16 € ISBN : 978-2-07-055482-9
À partir de 9 ans

3106. Pemberton, Jeremy : **Larousse Junior de l'Égypte.**
De belles et riches illustrations au service d'un texte pertinent, des angles d'attaque accrocheurs et inédits sur un thème largement traité font de ce livre un plaisir de lecture et de découvertes. Des paragraphes courts servent une argumentation documentaire claire. À la fois sérieux et avec des pointes d'humour, le texte est didactique et divertissant et s'adresse à un large public.
Larousse, Larousse Junior, 2005.
16 € ISBN : 978-2-03-565195-2
À partir de 9 ans

3107. Alphandari, Yves : **Momies et sarcophages.**
Les momies et plus généralement l'Égypte pharaonique passionnent toujours. L'intérêt de ce livre est principalement lié au fait que l'auteur s'intéresse spécifiquement aux rituels de préparation des momies en les remettant dans le contexte plus général de la religion égyptienne antique. Les jeux en fin d'ouvrage facilitent l'acquisition des connaissances.
Flammarion-Père Castor, Castor doc, 2001.
5,50 € ISBN : 978-2-08-161182-5
À partir de 11 ans

♥ **3108.** Bavay, Laurent ; Gallet, Laetitia ; Tallet, Pierre ; dir. Dorance, Sylvia ; ill. Delepierre, Gérard ; Horrenberger, Anne : **L'Égypte : tout ce qu'on sait et comment on le sait.**
Si on trouve dans ce livre tout ce que l'on peut attendre d'un ouvrage sur le sujet – détail des dynasties, faits historiques, cartes, panthéon divin, chronologie –, son originalité réside surtout dans les parties exposant les méthodes de recherche, l'organisation des fouilles ou encore la perception de l'Égypte par les autres civilisations, de l'Antiquité à nos jours.
La Martinière Jeunesse, 2003.
22,50 € ISBN : 978-2-7324-2772-0
À partir de 11 ans

3109. Lemerle, Marion ; ill. Choimet, Henri : **Le Monde des hiéroglyphes.**
Le livre invite le lecteur à pénétrer l'univers toujours aussi fascinant et mystérieux des hiéroglyphes. Au-delà de la fascination pour cette si mystérieuse écriture, la réussite de ce livre vient de la clarté des explications et des exercices d'application qui sont proposés.
Circonflexe, Aux couleurs du monde, 2003.
12 € ISBN : 978-2-87833-316-9
À partir de 11 ans

3110. MacDonald, Fiona ; ill. Molan, Chris ; trad. Tattevin, Marie-Anne : **Cléopâtre, la reine des rois.**
Abordées en doubles pages, les différentes phases de la vie et du règne de Cléopâtre sont traitées chronologiquement dans un texte court. De multiples détails, des illustrations réalistes et la richesse de l'iconographie éclairent une biographie vivante où les aspects historiques et les mentalités de cette époque sont relatés avec précision.
Gallimard Jeunesse, Les yeux de l'histoire, 2001.
12 € ISBN : 978-2-07-054619-0
À partir de 11 ans

3111. Maruéjol, Florence ; ill. Poissenot, Jean-Marie : **Atlas de l'Égypte des pharaons.**
Un véritable ouvrage de référence, plein de détails et bâti sur une architecture solide. Le plan est rigoureux et simple, on ne peut s'y perdre, tout est ici carré et excellent. Cartes précises, iconographie abondante et de qualité, avec un peu de recherche pour varier les documents, vocabulaire adapté.
Casterman, 2002.
22,75 € ISBN : 978-2-203-11649-8
À partir de 11 ans

3112. Schwentzel, Christian-Georges : **L'Égypte des Pharaons.**
Mêlant les approches chronologiques et thématiques, ce livre est un véritable voyage dans l'histoire de l'Égypte et de ses pharaons qui s'achève par un chapitre sur la redécouverte de cette civilisation par les Occidentaux à partir de Champollion. Une place intéressante est faite à celle des femmes dans l'Égypte ancienne. Une lecture facile portée par une large iconographie.
Milan Jeunesse, Les encyclopes, 2002.
22,60 € ISBN : 978-2-7459-0702-8
À partir de 11 ans

3113. Éd. Héry, François-Xavier ; Enel, Thierry : **Paroles de l'Égypte ancienne.**
Des paroles qui ont plus de 3 000 ans mais qui conservent une actualité philosophique et métaphysique. Un volume qui témoigne par la qualité de ses choix, de sa mise en pages et de ses illustrations, de la réussite de la collection.
Albin Michel, Carnets de sagesse, 1995.
10 € ISBN : 978-2-226-07107-1
À partir de 13 ans

Grèce

3114. Bombarde, Odile ; ill. Houbre, Gilbert : **Comment vivaient les Grecs ?**
La simplicité du texte comme la force des illustrations sont les atouts majeurs de cette introduction à la civilisation grecque. Publiés pour la première fois en 1988, texte et images bénéficient d'un format un peu plus grand et restent toujours attrayants.
Gallimard Jeunesse, Découverte benjamin, 2006.
2,95 € ISBN : 978-2-07-057449-0
À partir de 8 ans

3115. Koenig, Viviane : **La Vie des enfants en Grèce ancienne.**
Une plongée passionnante dans la civilisation grecque que l'on croit si connue, pour découvrir l'attitude originale et fort variée des Grecs face à leur progéniture. Les témoignages présentés sont peu connus, très beaux, et bien relayés par le texte. Le point de vue narratif proche de l'enfant apporte beaucoup à la lecture.
Sorbier, La vie des enfants, 2001.
12 € ISBN : 978-2-7320-3686-1
À partir de 9 ans

3116. Pearson, Anne ; ill. McAulay, Liz ; Nicholls, Nick : **Lumières de la Grèce.**
Un panorama de la Grèce, de la civilisation minoenne à la fin de la période hellénistique. Une place privilégiée est faite à l'iconographie, d'une grande richesse.
Gallimard Jeunesse, Les yeux de la découverte, 2002.
14 € ISBN : 978-2-07-053966-6
À partir de 9 ans

♥ **3117.** Jonas, Anne ; ill. PatCab : **La Grèce antique.**
Le phare de la civilisation, par son histoire complexe et ses régimes contrastés, se prête particulièrement bien au traitement décalé de la collection. Les titres sont accrocheurs, les doubles pages vont directement à l'information, c'est le traitement graphique qui est le vecteur du message. L'ensemble est un parcours séduisant au sein de la civilisation de la Grèce classique et hellénistique principalement.
Mango Jeunesse, Regard Junior, 2002.
11 € ISBN : 978-2-7404-1352-4
À partir de 10 ans

3118. Chrisp, Peter : **Grèce antique.**
Sous un angle à la fois chronologique et thématique, une découverte de l'histoire de la Grèce antique sous la forme de doubles pages très illustrées (photos, cartes, dessins). La nouveauté du volume réside dans l'exploitation réussie des liens vers un site Internet et sur les nombreuses possibilités de recherche proposées et adaptées pour les enfants.
Gallimard Jeunesse / Google, Les thématiques de l'encyclopedi@, 2006.
14,95 € ISBN : 978-2-07-057580-0
À partir de 11 ans

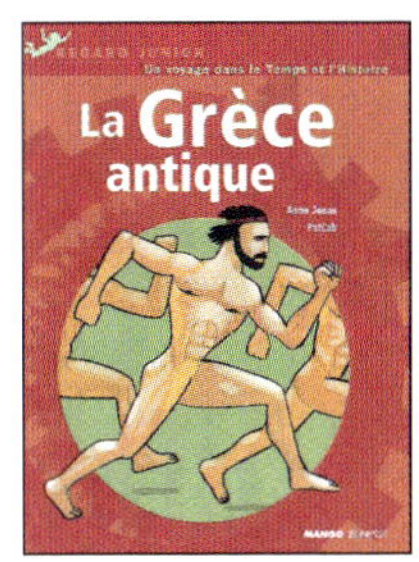

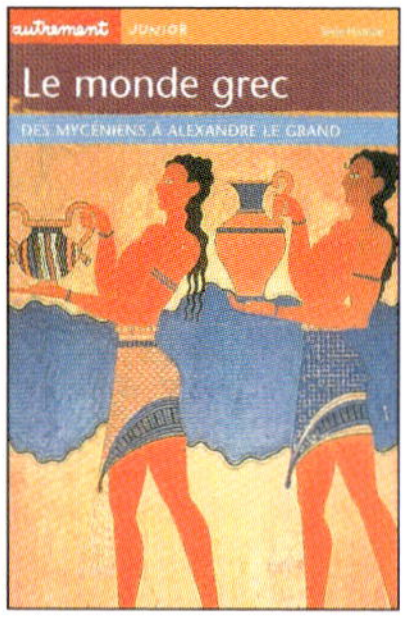

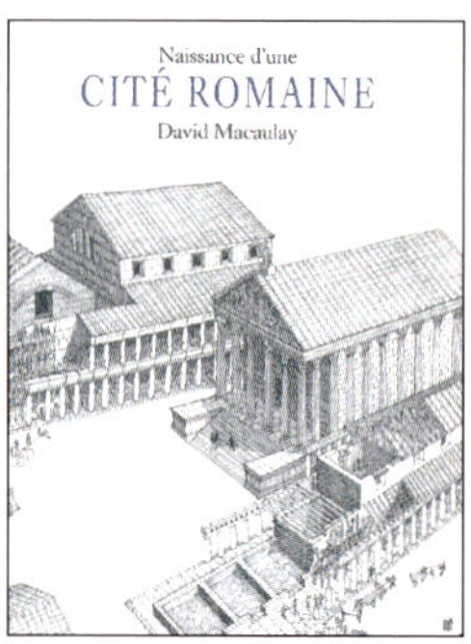

3119. Davidson, Marie-Thérèse ; ill. Poirier, Philippe : **Ulysse.**
Cette adaptation des chants de l'*Odyssée* s'organise sur une alternance de chapitres romancés, relatant les aventures d'Ulysse, et de doubles pages documentaires thématiques axées sur les coutumes et le quotidien de la Grèce antique. Un ouvrage complet qui sera une première entrée dans l'une des épopées fondatrices de notre civilisation.
Gallimard Jeunesse, Sur les traces de..., 2001.
10 € ISBN : 978-2-07-054594-0
À partir de 11 ans

3120. Jubert, Hervé : **Alexandre le Grand.**
L'épopée d'Alexandre le Grand racontée par un vétéran de son armée est une vraie réussite. Non seulement parce que ce livre est historiquement rigoureux, mais aussi parce qu'il met en valeur la volonté du roi de Macédoine de comprendre et de respecter les peuples conquis. Une aventure passionnante qui nous emmène jusqu'aux confins de l'Inde.
L'École des loisirs, Belles vies, 2006.
8,50 € ISBN : 978-2-211-08223-5
À partir de 11 ans

♥ **3121.** Lhommedet, Laurence ; Merle, Claude ; collab. Mossé, Claude : **Le Monde grec : des Mycéniens à Alexandre le Grand.**
Les dix siècles que couvrent ce volume sont la quintessence de la civilisation grecque. Philosophie, religion, art, politique : tout est présenté avec rigueur et intelligence dans cet ouvrage, qui permet à tous de comprendre l'exceptionnel apport de cette civilisation à l'histoire de l'humanité. L'iconographie remarquable aide à la compréhension et complète parfaitement le texte.
Autrement, Autrement Junior, Série Histoire, 2001.
11 € ISBN : 978-2-7467-0113-7
À partir de 11 ans

3122. Meuleau, Maurice ; ill. Rochut, Jean-Noël : **Les Grecs.**
Depuis l'installation des Hellènes en Grèce jusqu'à la constitution des royaumes hellénistiques, ce livre retrace de manière claire et vivante la vie des Grecs de l'Antiquité, illustrée par de nombreuses reproductions très variées. Cette présentation est complétée par un dossier utile : chronologie, bibliographie, muséographie...
Hachette éducation, En savoir plus, 1994.
10,95 € ISBN : 978-2-01-166664-2
À partir de 11 ans

3123. Ponthus, René ; ill. Poissenot, Jean-Marie : **Atlas de la Grèce antique.**
De l'époque minoenne à la Grèce hellénistique, cet atlas propose une vision globale tant historique que culturelle de cette civilisation antique. L'alternance de chapitres chronologiques et thématiques rend cet ouvrage particulièrement efficace pour mieux appréhender l'immense apport des Grecs à notre culture.
Casterman, 2003.
22,75 € ISBN : 978-2-203-11650-4
À partir de 11 ans

3124. Éd. Lacarrière, Jacques : **Paroles de la Grèce antique.**
Une invitation à découvrir les « mille visages de la sagesse grecque » sous la forme d'un beau choix de textes, illustrés de photographies prises par l'auteur. Pour une première approche de la philosophie grecque et de ses interrogations.
Albin Michel, Carnets de sagesse, 1994.
10 € ISBN : 978-2-226-06686-2
À partir de 13 ans

Rome

3125. Coulon, Gérard : **À Rome au temps des Césars.**
En prenant appui à la fois sur des vestiges archéologiques, sur des citations d'auteurs et sur des images, ce volume analyse de manière attractive la place des enfants à Rome selon les différentes catégories sociales. Des sources qui nous donnent des informations précieuses sur les différents moments de la vie des enfants dès leur naissance.
La Martinière Jeunesse, La vie des enfants, 2006.
12 € ISBN : 978-2-7324-3372-1
À partir de 9 ans

♥ **3126.** Coulon, Gérard : **La Vie des enfants à l'époque de Pompéi.**
Pompéi, 79 avant J.-C. Aemilius a 12 ans, il décrit les multiples aspects de la vie quotidienne, l'environnement dans lequel il évolue ; soudain l'éruption du Vésuve. La narration à la première personne rend le texte personnel et vivant. Fiction et documentaire se complètent à l'aide d'un vocabulaire riche en termes latins pour être encore plus précis.
Sorbier, La vie des enfants, 2002.
12 € ISBN : 978-2-7320-3747-9
À partir de 9 ans

3127. James, Simon ; ill. Graham, Christi ; Nicholls, Nick ; Shone, Karl : **Rome la conquérante.**
De la fondation de Rome à son déclin, ce livre retrace, en accordant une priorité à l'image, l'histoire de l'Empire romain. Un texte toujours intéressant dépeint sous ses différents aspects la société romaine : rôle de l'armée, place de la femme, école et loisirs, famille, jeux, artisanat, etc. La diversité de l'iconographie, propre à la collection, constitue l'attrait principal de l'ouvrage.
Gallimard Jeunesse, Les yeux de la découverte, 2002.
14 € ISBN : 978-2-07-053960-4
À partir de 9 ans

♥ **3128.** Macaulay, David ; trad. Hanoune, Roger : **Naissance d'une cité romaine.**
Une promenade au cœur d'une ville romaine et de la civilisation de l'urbanisme rationnel. De la fondation par les prêtres jusqu'à son épanouissement, on suit avec intérêt le développement de Verbonia et la vie quotidienne de ses habitants. Un texte riche et pertinent, soutenu par une illustration très réussie mêlant technique et esthétique. Un classique.
L'École des loisirs-Archimède, 2006.
15 € ISBN : 978-2-211-08556-4
À partir de 9 ans

3129. Michaux, Madeleine : **Gladiateurs et jeux du cirque.**
Voici un petit ouvrage qui fait un tour d'horizon complet du sujet et dont le but principal est de permettre à l'élève de faire un exposé : but parfaitement atteint.

Le thème des gladiateurs attirera certainement un public de passionnés qui y trouvera son compte.
Milan Jeunesse, Les essentiels Milan Junior, 2001.
4,50 € ISBN : 978-2-7459-0296-2
À partir de 9 ans

3130. Casali, Dimitri ; Auger, Antoine : **Rome.**
Voilà une approche ludique et sérieuse pour s'informer sur Rome en évitant l'ennui. Le plan construit un parcours historique engagé et pertinent qui prend appui sur des trouvailles graphiques et de mise en pages qui servent parfaitement le texte : le film de l'histoire, le *cursus honorum* sous forme d'un escalier, la roue de la fortune.
Mango Jeunesse, Regard Junior, 2001.
10,50 € ISBN : 978-2-7404-1181-0
À partir de 10 ans

3131. Dieulafait, Francis : **Rome et l'Empire romain.**
Vaste et très complet panorama de plus de 1 200 ans d'histoire de Rome et de son empire. Une approche à la fois historique, économique, sociale, artistique, religieuse. Le texte est clair, et des cartes resituent le propos dans un espace géographique. Un livre qui a reçu la collaboration de nombreux spécialistes du domaine et cela se voit !
Milan Jeunesse, Les encyclopes, 2003.
22,60 € ISBN : 978-2-7459-0703-5
À partir de 11 ans

3132. Morvillez, Éric ; ill. Guillon, Jean-Marie : **Rome et son empire.**
L'histoire de Rome est retracée depuis sa fondation jusqu'à la déposition du dernier empereur d'Occident. Les chapitres sont bien définis, le vocabulaire précis, l'iconographie soignée. L'ensemble est ponctué d'encarts thématiques, de citations d'auteurs anciens. Un dossier documenté « Du pain et des jeux », un petit lexique et une chronologie concluent cet ouvrage.
Casterman, Repères histoire, 1999.
12,75 € ISBN : 978-2-203-14037-0
À partir de 11 ans

3133. Platt, Richard ; ill. James, John ; Robins, Jim ; trad. Corradini, Nathalie ; collab. Sintes, Claude : **Jules César, maître de Rome.**
Dans ce livre, on peut suivre la carrière mouvementée de Jules César, l'un des hommes politiques les plus célèbres de l'Antiquité et constater que tous les moyens ont été bons pour satisfaire son ambition, laquelle l'a mené à une fin brutale. Une riche iconographie.
Gallimard Jeunesse, Les yeux de l'histoire, 2001.
12 € ISBN : 978-2-07-054452-3
À partir de 11 ans

3134. Chaillet, Gilles : **Dans la Rome des Césars.**
L'auteur reconstitue le paysage urbain de la Rome antique, en se fondant sur les travaux des archéologues italiens et la maquette établie par Gismondi. C'est l'époque de Constantin, apogée avant les destructions, qui revit ici, à travers un commentaire fictionnel, racontant la visite d'un notable provincial à Rome. Une œuvre de bénédictin qui donne à voir une réalité aujourd'hui totalement invisible.
Glénat, 2004.
35 € ISBN : 978-2-7234-4050-9
À partir de 13 ans

3135. Éd. Desombres, Benoît : **Paroles de la Rome antique.**
Ce volume est une autre manière d'appréhender le monde romain à travers des citations d'Épictète, de Sénèque, de Pline le Jeune, de Cicéron ou bien encore de Marc Aurèle. Pour illustrer ces textes l'éditeur a fait le choix judicieux de reproduire des fresques de Pompéi.
Albin Michel, Carnets de sagesse, 1994.
10 € ISBN : 978-2-226-06685-5
À partir de 13 ans

Gaule

♥ **3136.** Coulon, Gérard : **La Vie des enfants au temps des Gallo-Romains.**
S'il existe un grand nombre de documentaires sur les Romains et d'autres sur les Gaulois, la civilisation gallo-romaine est peu abordée dans les documentaires, et cet ouvrage vient combler avec intelligence cette lacune. Le texte est clair et l'iconographie bien choisie. Voilà une vraie réussite.
La Martinière Jeunesse, La vie des enfants, 2006.
12 € ISBN : 978-2-7324-3422-3
À partir de 9 ans

3137. Adapt. Delobbe, Karine : **Les Gallo-Romains.**
Un ouvrage abordable et didactique, aux illustrations sérieuses : pour connaître les descendants d'Astérix et leurs réalisations.
PEMF, Bonjour l'histoire, 1999.
9 € ISBN : 978-2-84526-003-3
À partir de 9 ans

3138. Adapt. Delobbe, Karine : **Les Gaulois.**
Une présentation claire et à la portée des enfants de la civilisation celtique d'avant la conquête romaine, avec ses richesses et ses particularités. De beaux témoignages archéologiques sont présentés.
PEMF, Bonjour l'histoire, 1999.
9 € ISBN : 978-2-84-526-002-3
À partir de 9 ans

3139. Hochain, Serge : **Mon enfance gauloise.**
Le récit fictif du parcours de Branogène invite le lecteur à se familiariser avec la vie d'une communauté gauloise à l'heure de la conquête romaine. La qualité du livre réside en particulier dans le grand format des illustrations qui savent évoquer une ambiance et dans la reprise de ces images, en fin de volume, encadrées par un commentaire historique.
L'École des loisirs-Archimède, 1987.
14,60 € ISBN : 978-2-211-03978-9
À partir de 9 ans

3140. Royer, Anne ; ill. Adam, Peggy : **La Gaule.**
Au-delà de la Gaule, c'est un regard sur les Gaulois et leur quotidien que l'ouvrage développe en évoquant des points importants de leur histoire. L'intérêt et l'originalité du texte tiennent aussi au fait qu'il indique le plus souvent possible l'origine de l'information (découverte archéologique ou même extrait de *La Guerre des Gaules*

de Jules César). Une bonne première approche.
Mango Jeunesse, Regard Junior, 2003.
11 € ISBN : 978-2-7404-1582-5
À partir de 9 ans

3141. Demoule, Jean-Paul ; ill. Cateux, Fabien : **Les Gaulois.**
De la civilisation de Hallstatt à la Gaule romaine, une passionnante histoire des Gaulois qui met l'accent sur les sources archéologiques de cette histoire. Un dossier final donne quelques pistes complémentaires.
Hachette éducation, En savoir plus, 1995.
10,95 € ISBN : 978-2-01-166661-1
À partir de 11 ans

Les autres civilisations

♥ **3142.** Chavot, Pierre ; ill. Estellon, Pascale ; Weiss, Anne ; collab. Wachtel, Nathan : **Incas.**
Suivant le modèle original et graphiquement réussi de leur collection, les auteurs livrent une bonne introduction, facilement abordable par les enfants, à cette civilisation précolombienne. Le propos n'est pas pour autant anecdotique, bien au contraire.
Mila, Les grandes aventures, 1999.
14,50 € ISBN : 978-2-84006-191-5
À partir de 9 ans

3143. Cotterell, Arthur ; ill. Hills, Alan ; Brightling, Geoff ; trad. Sentz-Michel, Dorothée : **La Chine des empereurs.**
Une vaste fresque en images de l'histoire de la Chine et de sa civilisation, dans l'espace d'un empire unifié de 221 av. J.-C. à 1912. À signaler, quelques repères chronologiques tout à fait utiles pour se retrouver dans les grandes périodes de l'histoire chinoise.
Gallimard Jeunesse, Les yeux de la découverte, 1994.
14 € ISBN : 978-2-07-058479-6
À partir de 9 ans

3144. Mirza, Sandrine : **Mayas, Aztèques, Incas.**
Une plongée à la découverte des trois civilisations qui donnent son titre à ce volume mais aussi des nombreuses civilisations de la Méso-Amérique (Olmèques, Zapotèques, Mixtèques, Toltèques) et des civilisations andines qui précédèrent les Incas. Le texte s'appuie sur toutes les traces que nous ont laissées ces peuples, pour donner une information aussi complète que possible.
Milan Jeunesse, Les encyclopes, 2006.
22,60 € ISBN : 978-2-7459-1869-7
À partir de 11 ans

3145. Wood, Marion : **L'Amérique précolombienne.**
Un véritable atlas aux très belles cartes, qui présente toutes les civilisations amérindiennes, de l'Arctique à la Terre de Feu. L'illustration réaliste correspond au parti pris de sérieux et de somme systématique. Une richesse qui incitera les enfants à aller plus loin.
Casterman, Atlas historique, 1991.
16,75 € ISBN : 978-2-203-17105-3
À partir de 11 ans

3146. Éd. Rose, Jean ; Piquemal, Michel : **Paroles aztèques.**
Ce volume nous ouvre le chemin d'un monde disparu et nous fait découvrir une forme de poésie qui ne se transmettait qu'oralement. C'est paradoxalement grâce au travail des évangélisateurs que ces poésies orales nous sont parvenues. Pour accompagner ces textes, des peintures extraites des codex de l'époque coloniale.
Albin Michel, Carnets de sagesse, 1999.
10 € ISBN : 978-2-226-09159-8
À partir de 13 ans

Moyen Âge

♥ **3147.** Dedieu, Thierry : **Jeanne.**
L'histoire de Jeanne d'Arc depuis son village jusqu'au bûcher où elle fut brûlée comme sorcière. Les décors sont juste suggérés pour mieux permettre aux personnages de prendre vie en se détachant des aplats de couleurs intenses. Le choix de ces couleurs, sur le grand format de cet album, dicte l'ambiance de chaque page et transmet sentiments et émotions.
Seuil Jeunesse, 2004.
13 € ISBN : 978-2-02-068686-0
À partir de 6 ans

♥ **3148.** Alexandre-Bidon, Danièle ; Riché, Pierre : **Au Moyen Âge.**
Un beau parcours thématique sur l'enfance au Moyen Âge qui accorde une place prépondérante à l'image, en l'occurrence des illustrations tirées de manuscrits conservés principalement à la Bibliothèque nationale de France, sans pour autant négliger le texte. Les différents moments de l'enfance sont clairement évoqués selon les différents milieux sociaux.
Sorbier, La vie des enfants, 2005.
12 € ISBN : 978-2-7320-3823-0
À partir de 9 ans
Autre titre :
3149. Lett, Didier : **Filles et garçons au Moyen Âge.**
La Martinière Jeunesse, 2006.
12 € ISBN : 978-2-7324-3467-4
À partir de 9 ans

3150. Éd. Casali, Dimitri : **Le Moyen Âge.**
Cet ouvrage allie au sérieux de la documentation et à la rigueur de l'organisation des contenus une surprenante présentation, de style journalistique : écriture, utilisation de l'illustration, mise en pages spectaculaires. Un ouvrage riche et original, d'une lecture stimulante.
Larousse, Larousse Junior, 2006.
16 € ISBN : 978-2-03-565182-2
À partir de 9 ans

3151. Cohat, Yves ; Girard, Estelle ; ill. Munch, Philippe : **Vikings.**
Dans l'histoire de l'Europe des IXe-XIe siècles, les Vikings ont laissé une trace sanglante. Image de terreur que cet ouvrage nous apprend à nuancer : plusieurs courts récits, complétés d'illustrations et de données historiques, présentent leur vie quotidienne et leurs coutumes, leur art dans la construction et la conduite des bateaux, leur habileté au commerce.
Gallimard Jeunesse, Sur les traces de…, 2003.
10,90 € ISBN : 978-2-07-055558-1
À partir de 9 ans

3152. Adapt. Delobbe, Karine : **Crises de la fin du Moyen Âge.**
Des temps troublés qui ne se limitent pas à la guerre de Cent Ans et à Jeanne d'Arc, et

qui sont ici bien décrits. Ce livre permet aux enfants d'aller au-delà des clichés.
PEMF, Bonjour l'histoire, 2000.
9 € ISBN : 978-2-84526-041-2
À partir de 9 ans

3153. Adapt. Delobbe, Karine : **Les Francs.**
Un livre qui permet de redécouvrir le peuple qui domina l'Occident chrétien pendant quatre siècles et qui donna son nom à notre pays, mais qui reste fort méconnu. L'illustration présente les rares témoignages et vestiges archéologiques existants, le texte est clair et bien organisé.
PEMF, Bonjour l'histoire, 1999.
9 € ISBN : 978-2-84526-004-7
À partir de 9 ans

3154. Dequeker-Fergon, Jean-Michel ; ill. Pommier, Maurice : **Jeanne d'Arc.**
La vie de Jeanne d'Arc, retracée à travers un récit imaginaire attribué à son frère, témoin privilégié et acteur des événements. Pour éclairer et compléter cette histoire vraie mais ici romancée, des informations sur cette période de fin du Moyen Âge s'intercalent dans le récit, écrit dans une langue qui se veut proche de celle de l'époque.
Gallimard Jeunesse, Sur les traces de..., 2003.
10 € ISBN : 978-2-07-055618-2
À partir de 9 ans

♥ **3155.** Muller, Jörg ; Siegfried, Anita ; Schneider, Jurg E. ; adapt. Debord, Didier : **Une ville au Moyen Âge.**
Quatre tableaux au rythme des saisons, quatre dates de 1309 à 1349 pour quatre histoires et quatre personnages : c'est le parcours proposé dans cette ville du Moyen Âge. Le texte final, lui, est strictement documentaire. Voici un des meilleurs exemples, tant sur le plan du contenu que des illustrations, d'un documentaire réussi, s'adressant à tout public.
Gründ, 1996.
18 € ISBN : 978-2-7000-4050-0
À partir de 9 ans

3156. Auger, Antoine ; Casali, Dimitri ; ill. Thers, Nicolas : **Le Moyen Âge.**
Difficile de résumer une aussi longue période historique en si peu de pages, pourtant le pari est tenu. Chaque double page expose un thème et ses dates clés. La chevalerie, les châteaux forts, sont bien entendu présents, mais aussi la place du christianisme et de l'islam. Une première approche simplifiée pour découvrir les figures et les faits marquants.
Mango Jeunesse, Regard Junior, 2001.
10,50 € ISBN : 978-2-7404-1182-7
À partir de 11 ans

3157. Bosetti, Noël ; ill. Morgan : **Le Siècle de Saint Louis.**
L'axe biographique du volume est le prétexte à une histoire de la France du XIIIe siècle et plus largement du Moyen Âge. Ainsi sont présentés la structure de la société féodale et ses acteurs. Deux intéressants chapitres sont consacrés au développement des villes et à l'histoire des croisades.
Casterman, Repères histoire, 1999.
12,75 € ISBN : 978-2-203-14036-3
À partir de 11 ans

3158. Coppin, Brigitte : **Pendant la guerre de Cent Ans : journal de Jeanne Letourneur, 1418.**
L'idée de passer par la fiction pour raconter l'Histoire n'est pas nouvelle. Il faut pourtant saluer la réussite de cet ouvrage qui parvient à rendre perceptible l'ambiance d'une époque à travers un (faux) journal intime sans trahir la vérité historique. Il allie la tension de lecture propre au roman au plaisir de la découverte du documentaire.
Gallimard Jeunesse, Mon histoire, 2005.
7,95 € ISBN : 978-2-07-051696-4
À partir de 11 ans

♥ **3159.** Le Goff, Jacques ; collab. Schlegel, Jean-Louis : **Le Moyen Âge expliqué aux enfants.**
Loin des clichés habituels, une magnifique introduction à l'histoire d'une si longue période qui s'interroge sur sa définition même. En huit courts chapitres limpides, Jacques Le Goff revient sur les lignes de force de cette période, en parlant des chevaliers, des châteaux forts, des tournois, des cathédrales mais aussi du pouvoir, de la religion, de la formation de l'Europe, de la culture. Une leçon d'histoire.
Seuil, Expliqué à, 2006.
8 € ISBN : 978-2-02-088809-7
À partir de 11 ans

♥ **3160.** Petit, Xavier-Laurent : **Charlemagne.**
Un ouvrage qui permet d'entrer dans l'intimité de l'empereur, amateur de livres et toujours en quête de connaissances, et d'assister à la construction d'un empire militaire, politique et religieux, aux bouleversements de l'enseignement. Une écriture alerte, un texte documenté pour une lecture qui passionnera les jeunes lecteurs.
L'École des loisirs, Belles vies, 2005.
8,50 € ISBN : 978-2-211-07767-5
À partir de 11 ans

♥ **3161.** Merle, Claude ; collab. Chélini, Jean : **Guerres et paix à la fin du Moyen Âge : XIVe-XVe siècle.**
Le choix de mettre en valeur les deux derniers siècles du Moyen Âge souligne combien la période médiévale est complexe et riche. Bien sûr, la guerre de Cent Ans est largement évoquée, mais aussi la lutte entre la France et la Bourgogne ou la chute de Constantinople. C'est l'occasion de rappeler qu'avec l'invention de l'imprimerie et l'émergence de l'Université, le Moyen Âge n'est pas seulement une époque d'obscurantisme.
Autrement, Autrement Junior, Série Histoire, 2003.
11 € ISBN : 978-2-7467-0411-4
À partir de 13 ans

♥ **3162.** Merle, Claude ; Lhommedet, Laurence ; collab. Chélini, Jean : **Le Haut Moyen Âge : des grandes invasions à l'apogée de Constantinople.**
La période du Haut Moyen Âge reste fort peu présentée dans les documentaires. Cette lacune est comblée grâce à ce volume. De la chute de Rome, en 476, à l'apogée de sa rivale Constantinople, les lecteurs découvrent les royaumes barbares, mais aussi l'épanouissement de la civilisation de l'Empire d'Orient à l'ombre grandissante de l'islam. Un excellent volume.
Autrement, Autrement Junior, Série Histoire, 2001.
11 € ISBN : 978-2-7467-0123-6
À partir de 13 ans

Société féodale

♥ **3163.** Biesty, Stephen ; Platt, Richard ; trad. Coppin, Brigitte : **À l'assaut d'un château fort.**
Un bel album pour parcourir l'intérieur d'un château fort du XIVe siècle et découvrir la vie quotidienne du Moyen Âge. Chaque double page évoque un élément d'architecture en le reliant aux activités humaines qui s'y déroulent. Un glossaire vient compléter la lecture de ce livre dont la mise en pages et les illustrations particulièrement réussies maintiennent la curiosité du lecteur constamment en éveil.
Gallimard Jeunesse, 1994.
15 € ISBN : 978-2-07-058481-9
À partir de 6 ans

3164. Delafosse, Claude ; ill. Millet, Denise et Claude : **Le Château fort.**
Un livre clair et précis pour comprendre dès le plus jeune âge le château fort : son architecture, son organisation et la vie quotidienne de ses habitants. Une première approche du Moyen Âge efficace et ludique.
Gallimard Jeunesse, Mes premières découvertes, 1993.
9,90 € ISBN : 978-2-07-035723-9
À partir de 6 ans

♥ **3165.** Klein-Gousseff, Catherine ; ill. Negrin, Fabian : **Le Chevalier parfait.**
Sous la forme d'un dialogue bien écrit entre une belle demoiselle et un petit chevalier, ce joli texte évoque avec simplicité le rôle du chevalier et les différents temps forts de sa vie (formation, serment, tournois, guerre...). Avec une grande économie de mots, ce récit résume l'esprit de la chevalerie et de l'amour courtois.
Desclée de Brouwer, Petite collection clé, 2001.
6 € ISBN : 978-2-220-04948-9
À partir de 6 ans

3166. Coppin, Brigitte : **Vivre dans un château fort.**
Il ne s'agit pas ici d'un énième et banal livre sur les châteaux forts. L'auteur, spécialiste du sujet, nous conduit à travers les différentes parties du château en expliquant avec simplicité et efficacité leur utilité, s'en oublier de prendre des exemples concrets.
Gallimard Jeunesse, Les racines du savoir, Histoire, 2002.
17 € ISBN : 978-2-07-053571-2
À partir de 9 ans

3167. Degresz, Christine ; ill. Héron, Jean-Benoît : **Vivre au Moyen Âge : la France en 1400.**
Un livre qui met en valeur l'extraordinaire richesse artistique de la production parisienne de la fin du Moyen Âge, avec des reproductions d'objets somptueux d'orfèvrerie, de livres précieux, de tapisseries. Il raconte le quotidien du roi et de sa cour, et aussi la vie paysanne difficile, les années noires qui contrastent avec le raffinement des arts.
Hachette Jeunesse / Musée du Louvre, L'histoire au musée.
14,50 € ISBN : 978-2-01-291992-1
À partir de 9 ans

3168. Gravett, Christopher ; ill. Dann, Geoff : **Le Temps des chevaliers.**
Une des plus belles réussites de cette collection. Les photos détourées des armures, armes et objets brillant de page en page, créent une ambiance aussi ludique que magique. Le sérieux du récit n'en est pas entamé.
Gallimard Jeunesse, Les yeux de la découverte, 2003.
14 € ISBN : 978-2-07-053809-6
À partir de 9 ans

3169. Icher, François : **Au temps des chevaliers.**
De sa naissance à son adoubement, de ses premiers pas comme page à son premier tournoi, le récit de la vie d'Aymeric illustre les grandes étapes de la formation d'un chevalier. Le récit est entrecoupé par des portraits de personnages imaginaires mais emblématiques. Le texte se lit avec facilité sans jamais ennuyer. Une iconographie somptueuse.
Sorbier, La vie des enfants, 2003.
12 € ISBN : 978-2-7320-3771-4
À partir de 9 ans

3170. Icher, François : **Les Bâtisseurs de cathédrales.**
Les grandes étapes de la construction d'une cathédrale, du choix du maître d'œuvre, au financement et à la réalisation du projet. Le récit toujours très documenté est entrecoupé par des séquences qui décrivent la vie du chantier à travers le regard des enfants qui s'y trouvent. Une iconographie riche et diversifiée et des schémas explicatifs complètent le récit.
Sorbier, La vie des enfants, 2004.
12 € ISBN : 978-2-7320-3785-1
À partir de 9 ans

3171. Le Magoarou, Bernard ; ill. Thouard, Jean-Louis : **Une vraie vie de château fort.**
Un récit original de la vie d'un de ces châteaux comme il y en eut tant, depuis sa construction, ses agrandissements et sa ruine, jusqu'à son sauvetage en cours. L'histoire vraie illustre bien l'enracinement de la forteresse dans son terroir et les incidences très variables des grands événements à cette échelle locale.
Le Patio, Patrimôme, 2000.
10,67 € ISBN : 978-2-909219-27-1
À partir de 9 ans

♥ **3172.** Macaulay, David ; trad. Hanoune, Roger : **Naissance d'un château fort.**
L'auteur retrace dans cet ouvrage, par le texte et par des illustrations (comme à son habitude en noir et blanc), la construction d'un château fort et de la ville qui l'entoure. On apprend par le détail comment cette double construction fut menée à bien, et comment elle répondit aussi bien aux nécessités de la défense qu'à celles de la vie quotidienne de ses occupants.
L'École des loisirs, Neuf, 1998.
6,10 € ISBN : 978-2-211-04821-7
À partir de 9 ans

♥ **3173.** Macaulay, David ; adapt. Roujoux, Paul de : **Naissance d'une cathédrale.**
La construction des cathédrales au Moyen-Âge fut une œuvre gigantesque. Celle qui est prise en exemple, ici, le montre bien par le nombre d'artisans au travail, les sommes engagées, les connaissances techniques demandées : un chantier qui dure de 1252 à 1338, et que l'auteur retrace grâce à un texte clair et des illustrations en noir et blanc très lisibles et évocatrices.

L'École des loisirs, Neuf, 1998.
6,40 € ISBN : 978-2-211-05066-1
À partir de 9 ans

♥ **3174.** Coppin, Brigitte : **Atlas des châteaux forts.**
Un bel atlas qui retrace avec force illustrations l'histoire des châteaux forts, des premiers châteaux en bois et en terre aux constructions en pierre. L'approche est à la fois historique – évolution des fonctions civiles et militaires – et géographique – caractéristiques propres aux différents pays à l'échelle européenne et mondiale. Un passionnant volume.
Casterman, Atlas, 2001.
22,75 € ISBN : 978-2-203-11647-4
À partir de 11 ans

♥ **3175.** Duchet-Suchaux, Gaston ; Pastoureau, Michel ; ill. Politzer, Michel ; Pruvot, Jamy : **Les Châteaux forts.**
Un indispensable outil pour tout connaître des châteaux forts : construction, rôle social, vie quotidienne et dimension patrimoniale. À lire et relire, d'autant que l'iconographie, très riche, est remarquable.
Hachette éducation, En savoir plus, 1994.
10,95 € ISBN : 978-2-01-019142-8
À partir de 11 ans

3176. Fay-Sallois, Fanny : **Le Trésor des heures : pages choisies des livres d'heures des XIVe et XVe siècles...**
Une superbe évocation des livres d'heures des XIVe et XVe siècles. Au travers d'un choix d'images, simplement mais bien commentées, le volume permet d'en découvrir les principaux aspects : calendrier, portrait d'évangélistes, heures de la Vierge, portrait des commanditaires ou donateurs, principaux épisodes du Nouveau Testament. Un livre à mettre entre toutes les mains.
Desclée de Brouwer, 2002.
23 € ISBN : 978-2-220-04998-4
À partir de 11 ans

♥ **3177.** Wiéner, Magali : **À la rencontre des chevaliers.**
Une passionnante histoire du chevalier vue sous l'angle historique et littéraire. On suit pas à pas les différents jalons de sa formation, de son enfance à son adoubement, et les principaux aspects de son parcours : croisades, jeux, tournois. Un choix de textes, de Chrétien de Troyes à Régine Pernoud, allié à une iconographie sans faille, confirme la réussite de la démarche choisie.
Flammarion-Père Castor, Castor doc, 2004.
8,50 € ISBN : 978-2-08-162536-5
À partir de 11 ans

3178. Pastoureau, Michel : **Figures de l'héraldique.**
L'héraldique enfin décryptée et comprise, voilà l'intérêt de ce livre. De sa symbolique sociale jusqu'au vocabulaire et à la construction du blason, le lecteur s'émerveille de tant d'inventions. Enfin « l'héraldique pour tous » qui trouve sa modernité dans nos logos et autres sigles.
Gallimard, Découvertes Gallimard, Série Culture et société, 1996.
12,30 € ISBN : 978-2-07-053365-7
À partir de 13 ans

Les Temps modernes

Explorations et découvertes

♥ **3179.** Sis, Petr : **Christophe Colomb.**
Une superbe transposition en images de la longue quête de Christophe Colomb, à travers l'évocation de son premier voyage en Amérique.
Grasset Jeunesse, 1996.
15 € ISBN : 978-2-246-53391-7
À partir de 6 ans

3180. Chrisp, Peter ; Dennis, Peter ; trad. Prigent, Christiane : **Christophe Colomb découvreur de l'Amérique.**
Le récit de l'expédition de Christophe Colomb, des voyages successifs et des nombreuses démarches qui l'ont précédée et des difficultés rencontrées à toutes les étapes. De nombreuses informations éclairent le contexte historique de la découverte de l'Amérique. Le livre laisse une large place à des illustrations réalistes et à quelques documents historiques.
Gallimard Jeunesse, Les yeux de l'histoire, 2001.
12 € ISBN : 978-2-07-054620-6
À partir de 9 ans

3181. Cohat, Yves ; Miquel, Pierre ; Duchet-Suchaux, Gaston : **Les Grandes Découvertes : 1450-1550, l'éveil de l'Europe.**
Un volume centré sur l'histoire de l'Europe de la fin du Moyen Âge et de la Renaissance où sont abordées les thématiques telles que le commerce, les artistes, les nouvelles industries, l'agriculture, la religion, les monarchies, l'art de la guerre. Le propos, centré sur la vie quotidienne, est toujours simple dans sa forme mais riche dans son contenu.
Hachette Jeunesse, La vie privée des hommes, 2007.
10,50 € ISBN : 978-2-01-292054-5
À partir de 9 ans

3182. Coppin, Brigitte : **Au temps des grandes découvertes.**
Un récit, intelligemment mis en perspective, qui rend sensible l'aventure des expéditions maritimes aux XVe et XVIe siècles au départ du Portugal, de l'Espagne mais aussi de l'Angleterre et de la France à la recherche de nouvelles voies maritimes. Un juste équilibre entre des textes bien écrits et accessibles et des images remarquables qui donnent un aperçu de l'histoire de la représentation du sujet.
Sorbier, La vie des enfants, 2005.
12 € ISBN : 978-2-7320-3835-3
À partir de 9 ans

3183. Koenig, Viviane : **La Vie d'un mousse au temps des caravelles.**
Un récit vivant pour partager la vie des mousses embarqués à bord de caravelles au XVe siècle. Ce sont les péripéties de ces voyages qui menaient les équipages au-delà des mers connues vers l'Amérique qui sont retracées : les préparatifs de l'expédition, le détail de la vie en mer, les interrogations et le doute qui s'installent dans les esprits, l'arrivée sur des rivages inconnus, le retour.
Sorbier, La vie des enfants, 2005.
12 € ISBN : 978-2-7320-3836-0
À partir de 9 ans

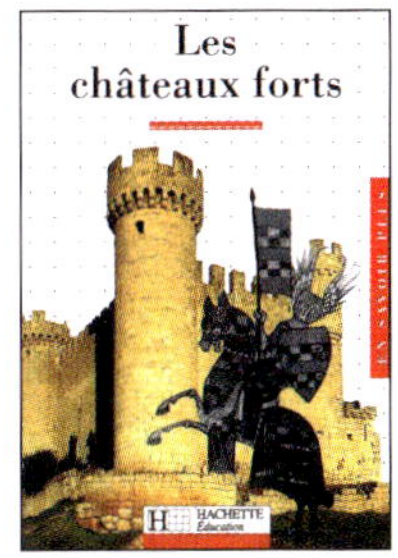

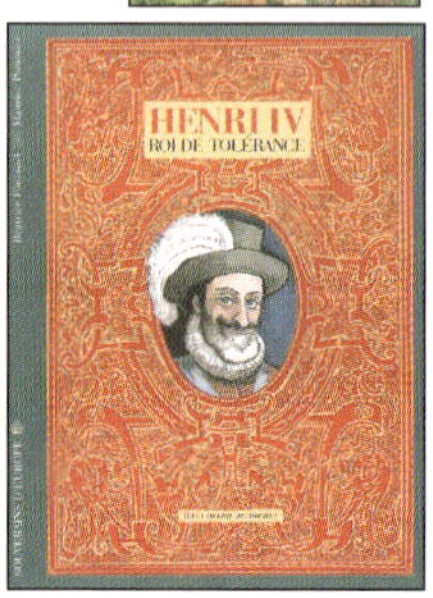

♥ **3184.** Place, François : **Découverte du monde. 3 : Le Livre des explorateurs.**
Les explorateurs ont tous, à leur façon et à leur époque, écrit un chapitre de la connaissance de la Terre et des peuples qui l'habitent. Les biographies de ces explorateurs présentent de manière vivante et plaisante leurs voyages, leurs difficultés et leurs motivations. Une chronologie détaillée par continents complète utilement le récit de ces épopées, qui font toujours rêver aujourd'hui.
Gallimard Jeunesse, Découverte Cadet, 1996.
7,39 € ISBN : 978-2-07-059394-1
À partir de 9 ans

3185. Place, François : **Découverte du monde. 4 : Le Livre des marchands.**
Des Phéniciens, Ier millénaire avant J.-C., jusqu'au colonialisme, XIXe siècle : presque trente siècles de commerce, qui virent s'édifier des fortunes immenses, des puissances, se faire des conquêtes territoriales, et des hommes partir braver tous les dangers à la recherche des marchandises et de la richesse à travers la terre entière. Un livre facile à lire et bien illustré.
Gallimard Jeunesse, Découverte Cadet, 1996.
7,39 € ISBN : 978-2-07-059395-8
À partir de 9 ans

♥ **3186.** Mason, Antony ; Atelier Lauriot Prévost : **Atlas des explorations.**
Continent par continent, l'atlas dresse la carte des explorations que l'homme a menées pour découvrir et connaître la planète. Des cartes dessinent le parcours des différents explorateurs concernés. Et en bonne logique, le dernier chapitre est consacré aux endroits « extrêmes » de la Terre et à l'exploration spatiale : une construction irréprochable.
Casterman, 1994.
22,75 € ISBN : 978-2-203-11635-1
À partir de 9 ans

3187. Matthews, Rupert : **Explorateurs de tous les temps.**
Le temps des découvertes a commencé très tôt dans l'histoire de l'humanité, et il n'est pas encore terminé. Grâce à ces nombreuses illustrations, ce livre nous plonge dans l'univers de ces hommes de temps et d'origines variés, qui partirent à la découverte du monde à leurs risques et périls, depuis les Phéniciens jusqu'aux astronautes et aux explorateurs des abysses.
Gallimard Jeunesse, Les yeux de la découverte, Histoire & civilisations, 2003.
14 € ISBN : 978-2-07-055498-0
À partir de 9 ans

3188. Rumford, James ; trad. Troller, Fenn : **Le Fabuleux Voyage d'Ibn Battuta : 1325-1354.**
Le récit de voyage adapté d'un manuscrit original qui relate le périple qu'Ibn Battuta effectua au XIVe siècle. Parti de Tanger vers l'Est, il y est revenu trente ans plus tard. Le format oblong participe à l'impression de cheminement à travers le texte et les contrées traversées. L'auteur a su combiner l'art de la calligraphie avec sa passion pour la cartographie.
Syros Jeunesse, 2002.
13 € ISBN : 978-2-7485-0039-4
À partir de 9 ans

3189. Buron, Aurélie : **Christophe Colomb.**
L'extraordinaire aventure de Christophe Colomb, ses négociations avec la cour d'Espagne, ses quatre voyages à la recherche d'une nouvelle route maritime vers les Indes et ce qui s'ensuivit sont relatés de manière vivante et attrayante. Quand cela est nécessaire, l'auteur sait expliciter ses partis pris et ses choix.
L'École des loisirs, Belles vies, 2005.
8,50 € ISBN : 978-2-211-07953-2
À partir de 11 ans

♥ **3190.** Duviols, Jean-Paul ; ill. Pommier, Maurice : **Christophe Colomb.**
Des premières recherches de Christophe Colomb pour financer son voyage à sa fin douloureuse, ce volume est un récit captivant où le sens du détail et la richesse de l'information vont de pair avec une écriture simple et accessible. La réussite des illustrations et la richesse de l'iconographie contribuent à la qualité du volume.
Gallimard Jeunesse, Sur les traces de..., 2004.
10,90 € ISBN : 978-2-07-053895-9
À partir de 11 ans

Renaissance et XVIe siècle

♥ **3191.** Fontanel, Béatrice ; ill. Pommier, Maurice : **Henri IV, roi de tolérance.**
À la manière de leurs prestigieux prédécesseurs (G. Montorgueil et Job), ce volume retrouve le goût du récit historique en nous contant la geste du roi Henri IV. Le récit s'attache à faire ressortir l'esprit de tolérance qui caractérise le personnage et évoque avec simplicité et nuances les grandes étapes de la vie du souverain. Un ouvrage de belle facture superbement illustré.
Gallimard Jeunesse, Souverains d'Europe, 2006.
18 € ISBN : 978-2-07-057755-2
À partir de 9 ans

♥ **3192.** Macaulay, David ; trad. Mapaula, Marie-Claude : **Naissance d'une mosquée.**
Une plongée au cœur du XVIe siècle pour vivre, jour après jour, les différentes étapes de la naissance d'une mosquée et du complexe architectural qui l'entoure. David Macaulay rend lumineuses des notions complexes à l'aide de schémas et d'illustrations précises et très lisibles. Au-delà de la qualité esthétique des illustrations, c'est leur fonction documentaire qui séduit ici.
L'École des loisirs-Archimède, 2004.
19,50 € ISBN : 978-2-211-07524-4
À partir de 9 ans

♥ **3193.** McKissack, Patricia C. ; trad. Saint-Dizier, Marie : **Nzingha, princesse africaine : 1595-1596.**
Le parcours hors norme d'une princesse africaine dans l'Angola de la fin du XVIe siècle, qui se distingua par son refus de l'esclavage. Le récit, bien écrit, traduit avec sensibilité et sans manichéisme les interrogations et les hésitations d'une jeune fille destinée contre toute attente à régner pendant plus de trente ans.
Gallimard Jeunesse, Mon histoire, 2006.
6,95 € ISBN : 978-2-07-057036-2
Autre titre :
3194. McKissack, Patricia C. ; trad. Formentelli, Bee : **Je suis une esclave : journal de Clotée, 1859-1860.** 2005.
9,95 € ISBN : 978-2-07-057037-9
À partir de 9 ans

♥ **3195.** Coppin, Brigitte : **La Renaissance : voyage dans l'Europe des XVe et XVIe siècles.**
Du voyage de Magellan autour du monde à l'Angleterre de Henri VIII et d'Élisabeth Ie, neuf chapitres décrivent une période captivante qui connaît de profonds bouleversements tant d'un point de vue économique, géopolitique ou culturel qu'artistique et scientifique. Une iconographie limitée mais bien choisie permet d'entrer pleinement dans l'esthétique de ce temps.
Autrement, Autrement Junior, Série Histoire, 2005.
11 € ISBN : 978-2-7467-0644-6
À partir de 11 ans

3196. Pierre, Michel : **Renaissance et nouveaux mondes.**
Cette histoire de la Renaissance, des années 1450 à 1550, aborde le sujet dans toute sa diversité et dresse un portrait nuancé d'une période de changements, dans les arts comme dans les sciences, dans la perception même du monde à travers le récit des voyages. Le volume n'ignore pas les guerres et conflits qui marquent l'époque sans oublier les mutations dans la vie quotidienne des Français.
Casterman, Repères histoire, 2000.
12,75 € ISBN : 978-2-203-14038-7
À partir de 11 ans

3197. Bittar, Thérèse : **Soliman l'empire magnifique.**
Centré sur ce contemporain de Charles Quint et François Ier qui fit trembler l'Europe, ce livre parcourt en fait l'histoire de l'Empire ottoman. Une source d'information précieuse pour découvrir une civilisation largement ignorée en France.
Gallimard, Découvertes Gallimard, Série Histoire, 1994.
14 € ISBN : 978-2-07-053201-8
À partir de 13 ans

3198. Desbordes, Astrid ; Godard, Philippe ; Lhommedet, Laurence ; collab. Cornette, Joël : **Foi et violences, XVIe-XVIIe siècle : l'Europe des guerres de Religion.**
Le volume réussit à donner un aperçu synthétique et pertinent sur les guerres de Religion. Il pointe non seulement les moments clefs de la période (Édit de Nantes, guerre de Trente Ans) et les personnages importants (Savonarole, Calvin), mais le choix des chapitres s'élargit à des faits parallèles qui ont leur importance pour le sujet (développement de l'imprimerie, humanisme).
Autrement, Autrement Junior, Série Histoire, 2002.
11 € ISBN : 978-2-7467-0267-7
À partir de 13 ans

3199. Pérez, Joseph : **Charles Quint, empereur des deux mondes.**
L'histoire du souverain d'Europe qui cumula le plus de couronnes et régna sur un empire où le soleil ne se couchait jamais, grâce à ses explorateurs et conquistadors. Le point de vue de l'ouvrage porte essentiellement sur l'Espagne.
Gallimard, Découvertes Gallimard, série Histoire, 1994.
13,50 € ISBN : 978-2-07-053237-7
À partir de 13 ans

XVIIe et XVIIIe siècle

3200. Hochain, Serge ; Brochard, Philippe : **Le Joyeux Requiem.**
Comment vivent les pirates ? Quelles différences y a-t-il entre un pirate et un corsaire ? Comment attaque-t-on un galion ? Ces questions et bien d'autres trouvent une réponse dans ce livre, où l'on suit les aventures de Donatien, enlevé par des pirates de la mer des Antilles au XVIIe siècle. Passionnant et bien documenté.
L'École des loisirs-Archimède, 2001.
11,60 € ISBN : 978-2-211-04911-5
À partir de 6 ans

3201. Platt, Richard ; ill. Chambers, Tina : **Corsaires et pirates.**
Un thème porteur, une iconographie abondante et haute en couleur, une exploration des différentes formes de piraterie à travers les âges, tout cela constitue un album réjouissant et très complet.
Gallimard Jeunesse, Les yeux de la découverte, 2002.
14 € ISBN : 978-2-07-053977-2
À partir de 6 ans

♥ **3202.** Boitel, Philippe : **La Vie du futur roi Louis XIV.**

♥ **3203.** Grimmer, Claude : **La Vie des enfants au temps du Roi-Soleil.**
Deux titres complémentaires sur le siècle de Louis XIV, l'un évoque l'enfance du roi et de ses familiers, l'autre celle des enfants, humbles ou riches, qui vivent sous son règne. Une approche thématique (société, religion, école, jeu) entrecoupée de portraits d'enfants, imaginaires ou réels, mais toujours parfaitement crédibles, pour une lecture aisée.
Sorbier, La vie des enfants, 2000.
ISBN : 978-2-7320-3663-2
La Martinière Jeunesse, La vie des enfants, 2006.
ISBN : 978-2-7324-3423-0
12 € chaque À partir de 9 ans

3204. Adapt. Delobbe, Karine : **Louis XIV le Grand.**
Le volume dresse un intéressant bilan de l'action de Louis XIV, tant d'un point de vue militaire que culturel. Avec une iconographie contemporaine de l'époque.
PEMF, Bonjour l'histoire, 2000.
9 € ISBN : 978-2-84526-044-3
À partir de 9 ans

3205. Gaussen, Dominique ; ill. Desmazières, Pascale : **Le Siècle de Louis XIV.**
Avec l'humour décapant qui a fait la marque de la collection, l'ouvrage dresse un portrait juste et complet du Roi-Soleil et de son siècle. Des personnages principaux aux infimes détails (le port de la mouche), tout y est servi par une organisation originale et des illustrations amusantes.
Mango Jeunesse, Regard Junior, 2001.
10,50 € ISBN : 978-2-7404-1183-4
À partir de 9 ans

3206. Grimmer, Claude : **La Vie des enfants au siècle des Lumières.**
Une approche thématique de l'enfance au XVIIIe siècle : la naissance, l'alimentation, la famille, l'éducation, le travail, les jeux et fêtes. De nombreuses gravures, contemporaines du sujet traité, illustrent avec bonheur le propos. Des portraits d'enfants

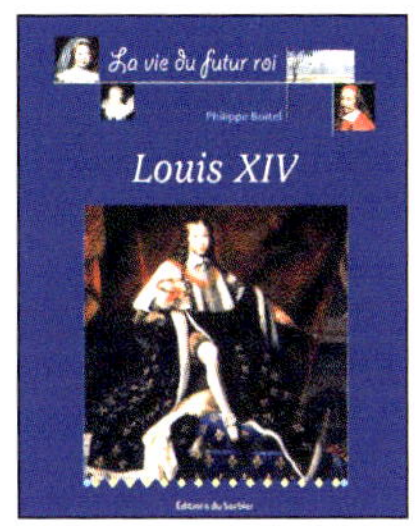

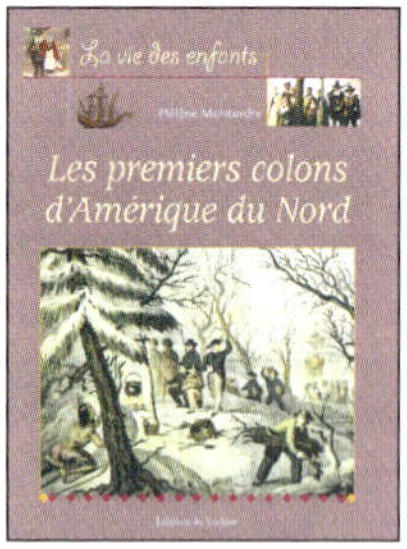

facilitent la compréhension du sujet par des enfants d'aujourd'hui.
Sorbier, La vie des enfants, 2001.
12 € ISBN : 978-2-7320-3700-4
À partir de 9 ans

♥ **3207.** Montardre, Hélène : **Les Premiers Colons d'Amérique du Nord.**
L'histoire captivante des pionniers partis sur le *Mayflower*, de leurs motivations et de leur vie quotidienne tant pendant le voyage qui les conduit vers l'Amérique que lors de leur installation sur le nouveau continent. Le récit retrace avec vivacité l'arrivée en Amérique, la fondation de la ville de Plymouth et la marche vers l'indépendance.
Sorbier, La vie des enfants, 2004.
12 € ISBN : 978-2-7320-3786-8
À partir de 9 ans

3208. Aprile, Thierry ; ill. Place, François : **Pirates.**
Ce n'est pas seulement la vie des pirates qui est contée mais aussi celle de tous ceux qui constituaient la société des Antilles au XVIIe siècle. Voilà l'intérêt de cet ouvrage conçu comme une fiction documentaire, illustrée avec tout le talent de François Place. Des doubles pages « encyclopédiques » apportent un complément d'informations variées.
Gallimard Jeunesse, Sur les traces des..., 2003.
10, 90 € ISBN : 978-2-07-053699-3
À partir de 11 ans

3209. Delaville, Charles ; ill. Étienne, Emmanuelle : **Louis XIV.**
Un portrait du roi Louis XIV et un rappel de divers aspects de son règne : sa vie à Versailles, son action dans les domaines de la politique et de la guerre, mais aussi des arts et des sciences. Une grande place est faite aux reproductions des œuvres des artistes qui ont contribué à la gloire du siècle.
Hachette Jeunesse / Musée du Louvre, L'histoire au musée, 2005.
14,50 € ISBN : 978-2-01-292005-7
À partir de 11 ans

3210. Adapt. Delobbe, Karine : **La France de Louis XV et Louis XVI.**
Une présentation plus thématique que dans les autres volumes pour cette période charnière de l'histoire de France, où émerge progressivement un monde nouveau. Un point de vue intéressant pour une époque aussi peu étudiée que comprise.
PEMF, Bonjour l'histoire, 2000.
9 € ISBN : 978-2-84526-045-0
À partir de 11 ans

3211. Dodeller, Sylvie : **Molière.**
Jean-Baptiste Poquelin, dit Molière, aurait dû devenir marchand tapissier comme son père et mener la vie confortable d'un bourgeois de Paris. Son parcours a été bien différent : comédien, metteur en scène et directeur de troupe. La notoriété n'est pas venue tout de suite et l'ouvrage montre bien les difficultés quotidiennes dues à la mentalité de l'époque, au bon vouloir du roi....
L'École des loisirs, Belles vies, 2005.
8,50 € ISBN : 978-2-211-07769-9
À partir de 11 ans

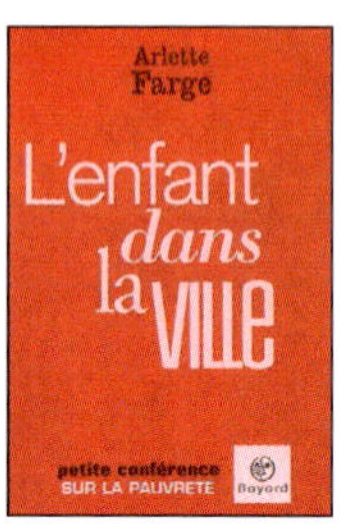

♥ **3212.** Farge, Arlette : **L'Enfant dans la ville : petite conférence sur la pauvreté.**
L'auteur retrace remarquablement la vie quotidienne des enfants des rues au XVIIIe siècle en insistant sur la perception de l'enfance à cette époque : ni indifférence, ni similitude parfaite avec celle d'aujourd'hui. Le rôle et la place des enfants dans la société, leur rôle dans la circulation de l'information sont expliqués très simplement à l'aide de quelques anecdotes.
Bayard, Les petites conférences, 2005.
9,90 € ISBN : 978-2-227-47460-4
À partir de 11 ans

3213. Lasky, Kathryn ; trad. Formentelli, Bee : **En route vers le Nouveau Monde : journal d'Esther Whipple 1620-1621.**
À mi-chemin entre le roman et le documentaire, ce volume retrace l'aventure des pionniers du *Mayflower* à travers le journal d'une jeune fille. Le récit réussit, de manière vivante, à rendre compte de leurs motivations, des conditions extrêmes durant la traversée qui durait plusieurs semaines, de la fondation de Plymouth.
Gallimard Jeunesse, Mon histoire, 2006.
8,95 € ISBN : 978-2-07-057038-6
À partir de 11 ans

3214. Lasky, Kathryn : **Marie-Antoinette : princesse autrichienne à Versailles, 1769-1770.**
C'est le récit très personnel de la jeune Marie-Antoinette, le journal imaginaire qu'elle a tenu pendant deux ans, depuis l'annonce de sa demande en mariage alors qu'elle n'était qu'une petite princesse insouciante à la cour de Vienne, jusqu'à son installation en tant que Dauphine à Versailles. Apprendre le métier de reine n'est pas sans difficulté !
Gallimard Jeunesse, Mon histoire, 2005.
9,50 € ISBN : 978-2-07-051156-3
À partir de 11 ans

3215. Oldfield, Pamela : **L'Année de la Grande Peste : journal d'Alice Paynton, 1665-1666.**
Le procédé du journal utilisé par l'auteur a déjà fait ses preuves, mais il atteint ici parfaitement son but. Le lecteur suit avec plaisir la jeune Alice, personnage tout à fait crédible, et apprend beaucoup sur le Londres du XVIe siècle par le récit de la peste et du Grand Incendie. En fin d'ouvrage, un complément documentaire très utile.
Gallimard Jeunesse, Mon histoire, 2005.
8,95 € ISBN : 978-2-07-051154-9
À partir de 11 ans

3216. Ponthus, René ; Wintz, Nicolas : **Le Siècle de Louis XIV.**
Ce volume s'intéresse tout à la fois au règne de Louis XIV et à la vie des vingt millions de Français loin des fastes de la cour. Un texte complet, enrichi de nombreux encadrés et d'un dossier sur Versailles, bénéficie d'une iconographie riche et diversifiée.
Casterman, Repères histoire, 1999.
12,75 € ISBN : 978-2-203-14032-5
À partir de 11 ans

La Révolution et l'Empire

3217. Cohat, Yves ; Miquel, Pierre ; Drouet, Augustin : **Sous le règne de Napoléon : l'Europe au temps de l'Empire.**
Un classique de la collection « La vie privée des hommes », qui permet au lecteur, de façon efficace et synthétique, de com-

prendre l'épopée napoléonienne. L'œuvre du grand homme est parfois présentée de façon un peu trop partiale pour certains, mais ce livre reste un incontournable.
Hachette Jeunesse, La vie privée des hommes, 2007.
10,50 € ISBN : 978-2-01-292055-2
À partir de 9 ans

♥ **3218.** Dequeker-Fergon, Jean-Michel ; ill. Prunier, James : **Napoléon.**
C'est une salutaire lecture critique, entre légende noire et légende dorée, que nous propose ce récit de l'épopée napoléonienne. Un officier imaginaire nous raconte sans complaisance et en distinguant le vrai du faux les grandes étapes du règne. Un texte convaincant démontre la maestria avec laquelle Napoléon organisait sa propagande.
Gallimard Jeunesse, Sur les traces de..., 2004.
10 € ISBN : 978-2-07-050073-4
À partir de 9 ans

3219. Londner, Claude ; Barbier, Jean-François : **Le Droit au bonheur : la naissance de l'Assemblée nationale.**
La naissance de l'Assemblée nationale, vécue de l'intérieur et vue par sept députés bretons dont Guy Le Chapelier. Nous suivons avec plaisir et intérêt la disparition d'un monde et la construction d'un nouveau dont les fondements sont la démocratie et les droits de l'homme.
Le Patio, Commune mémoire, 1998.
10,67 € ISBN : 978-2-909219-16-5
À partir de 9 ans

♥ **3220.** Godard, Philippe ; collab. Cornette, Joël : **La France en Révolution, 1789-1799.**
De l'ouverture des États généraux à Versailles jusqu'à la prise du pouvoir par Bonaparte : un choix judicieux de sujets originaux hors des sentiers battus. L'ouvrage permet de resituer la Révolution dans sa globalité, mais aussi de comprendre ses incidences sur notre société contemporaine.
Autrement, Autrement Junior, Série Histoire, 2002.
11 € ISBN : 978-2-7467-0174-8
À partir de 11 ans

♥ **3221.** Godard, Philippe : **Les Paysans : de la Révolution française à 1914.**
De 1789 à la veille de la Première Guerre mondiale, le monde rural a connu des changements importants avec l'apport des machines, des moyens de transport. De nouvelles méthodes de travail et d'organisation s'installent et c'est tout le quotidien qui s'en trouve modifié. Un ouvrage pour apprendre aux jeunes du XXIe siècle comment vivait la paysannerie d'alors.
Sorbier, La vie des enfants, 2004.
12 € ISBN : 978-2-7320-3817-9
À partir de 11 ans

3222. Lopez, Jean : **Napoléon Bonaparte : 1769-1821.**
Affirmer que Napoléon Bonaparte est un personnage énigmatique et difficile à cerner est un lieu commun. Pourtant ce *Napoléon Bonaparte*, qui nous est donné à lire, permet très justement de comprendre les grandes étapes de la période, mais aussi de découvrir, sans complaisance, les multiples facettes d'un des personnages les plus complexes de notre histoire nationale.
Autrement, Autrement Junior, série Histoire, 2004.
11 € ISBN : 978-2-7467-0459-6
À partir de 11 ans

XIXe siècle

3223. Aprile, Thierry ; ill. Ronzon, Antoine ; Étienne, Emmanuelle ; Favreau, Luc : **Pendant la Révolution industrielle : Joseph, le Creusot, 1868-1872.**
Le journal d'un enfant du Creusot dans les années 1870, fils d'ouvrier et futur ouvrier lui-même, restitue avec véracité la condition ouvrière et le travail des enfants pendant la Révolution industrielle. En toile de fond se dessine la prise de conscience de la force politique ouvrière dans un contexte national tourmenté. L'illustration soignée participe à la réussite de cet ouvrage.
Gallimard Jeunesse, Le journal d'un enfant, série Histoire, 2005.
12,90 € ISBN : 978-2-07-057141-3
À partir de 8 ans

♥ **3224.** Baussier, Sylvie : **Champollion et le mystère des hiéroglyphes.**
La biographie captivante de celui qui réussit, après bien des recherches, à déchiffrer les hiéroglyphes. Magnifiquement illustré, le texte très documenté revient sur l'enfance de ce génie des langues – il maîtrise à 13 ans le latin, le grec, l'hébreu, l'arabe, le syriaque et le chaldéen – et met en lumière le lien avec son frère qui le guide tout au long des années de formation.
Sorbier, La vie des enfants, 2002.
12 € ISBN : 978-2-7320-3748-6
À partir de 9 ans

3225. Brochard, Philippe ; ill. Hochain, Serge : **Et puis on est partis : un émigrant raconte.**
L'histoire de l'émigration vers l'Amérique vue à travers les méandres du parcours d'un jeune Russe. L'auteur évoque subtilement les grandes pages de cette histoire (Grande Guerre, gangs de Chicago, place des Indiens dans la société américaine). Les pages finales du volume replacent historiquement tous les événements. L'illustration soutient le texte avec légèreté.
L'École des loisirs-Archimède, 2003.
12,50 € ISBN : 978-2-211-06392-0
À partir de 9 ans

3226. Adapt. Delobbe, Karine : **La France au XIXe siècle.**
Cette histoire événementielle et chronologique du XIXe siècle, de la Restauration à l'avènement de la IIIe République propose un parcours parfois un peu rapide du siècle mais heureusement complété par des chapitres transversaux. Ils évoquent l'évolution du monde rural, les transformations sociales, la naissance des socialismes et la création d'une école laïque et obligatoire.
PEMF, Bonjour l'histoire, 2000.
9 € ISBN : 978-2-84526-047-4
À partir de 9 ans

♥ **3227.** Godard, Philippe : **La Vie des enfants travailleurs pendant la Révolution industrielle.**

♥ **3228.** Brisson, Dominique : **La Vie des écoliers au temps de Jules Ferry.**
Deux pans de l'enfance au XIXe siècle : la dure condition des enfants à l'usine, dans les mines, dans les forges, dans les sucreries ou dans l'industrie textile dans le contexte de la Révolution industrielle ; l'enfant à l'école, laïque, gratuite et obligatoire qui mettra fin progressivement au travail des enfants. Dans les deux cas un texte bien illustré rend compte des débats de l'époque.
Sorbier, La vie des enfants, 2001.
ISBN : 978-2-7320-3685-4
ISBN : 978-2-7320-3684-7
12 € chaque À partir de 9 ans

3229. Grégoire, Fabian : **Les Enfants de la mine.**
Un documentaire évocateur du travail des enfants dans la région minière de Saint-Étienne à la fin du XIXe siècle. Louis, 10 ans, découvre l'univers harassant de la mine de charbon, le « fond » à la lueur des lampes, la peur du coup de grisou. Un récit dur, des couleurs jaune orangé et noir concourent à restituer avec réalisme l'atmosphère des galeries.
L'École des loisirs-Archimède, 2006.
12,50 € ISBN : 978-2-211-06928-1
À partir de 9 ans

3230. Guyon, Thibaud ; Schwartz, Irène : **Cap sur San Francisco : au temps des chercheurs d'or.**
On suit avec grand intérêt les aventures de Stan parti sur les traces de son oncle en Californie, au milieu du XIXe siècle. Il découvre San Francisco et la Ruée vers l'or durant une période clé de l'histoire des États-Unis. De superbes illustrations viennent, très justement, compléter le propos de l'auteur.
L'École des loisirs-Archimède, 2000.
12 € ISBN : 978-2-211-05721-9
À partir de 9 ans

3231. Hochain, Serge : **La Statue de la Liberté : quatre garçons racontent son histoire.**
La statue de la Liberté, symbole mondialement connu, a été élaborée et fabriquée en France, avant son installation sur l'île de Bedloe à l'entrée du port de New York en 1886 pour le centenaire de l'Indépendance. Une belle et passionnante histoire racontée avec force détails techniques par quatre enfants qui ont participé à cette grande aventure.
L'École des loisirs-Archimède, 2004.
12 € ISBN : 978-2-211-07004-1
À partir de 9 ans

3232. Joly, Dominique : **Paris à la fin du XIXe siècle.**
Tout au long du XIXe siècle Paris se développe et se transforme ; de nombreux chantiers s'ouvrent qui lui donnent son visage et son organisation d'aujourd'hui. Le récit habilement mis en perspective permet au jeune lecteur de suivre les chantiers en cours et de connaître la vie quotidienne des Parisiens et leur répartition sociale. Un portrait vivant et bien illustré de la ville.
La Martinière Jeunesse, La vie des enfants, 2005.
12 € ISBN : 978-2-7324-3333-2
À partir de 9 ans

♥ **3233.** Piettre, Pauline ; ill. Mussat, Xavier : **Le Siècle de la Révolution industrielle.**
Siècle des bouleversements, des inventions qui feront entrer l'humanité dans la modernité, ce XIXe siècle a modifié complètement le paysage mondial. Révolution industrielle, mais aussi révolution des mentalités, exode rural, chaque double page expose un des points clefs de cette période. Les astuces graphiques propres à la collection servent parfaitement le propos.
Mango Jeunesse, Regard Junior, 2003.
11 € ISBN : 978-2-7404-1583-2
À partir de 9 ans

3234. Rumford, James : **Champollion : l'homme qui déchiffra les hiéroglyphes égyptiens.**
Le texte raconte la vie de l'égyptologue comme un véritable feuilleton à rebondissements ; des illustrations très expressives pointent les moments importants. La force du livre est aussi de rendre sensible aux plus jeunes l'esprit d'une époque, romantique et orientaliste et surtout il redonne chair au personnage de Champollion. Une biographie réussie.
L'École des loisirs-Archimède, 2002.
12,50 € ISBN : 978-2-211-06581-8
À partir de 9 ans

3235. Delobbe, Karine : **La France industrielle : XIXe-XXe siècle.**
C'est un panorama, précieux en raison de sa simplicité et de son accessibilité, des trois périodes industrielles qui vont marquer les XIXe et XXe siècles : la révolution de la métallurgie, celle de l'électricité et celle de l'informatique. Un lexique et quelques repères chronologiques concluent utilement l'ouvrage.
PEMF, Bonjour l'histoire, 2000.
9 € ISBN : 978-2-84526-048-1
À partir de 11 ans

♥ **3236.** Agulhon, Maurice ; Bonte, Pierre : **Marianne, les visages de la République.**
Pour tout savoir sur Marianne, la femme la plus célèbre de la République, mais aussi sur les difficultés qu'elle a rencontrées pour s'imposer dans un temps où les idées républicaines restaient encore fragiles. Un ouvrage passionnant rempli de surprises.
Gallimard, Découvertes Gallimard, Série Histoire, 1992.
12,30 € ISBN : 978-2-07-053208-7
À partir de 13 ans

3237. Birnbaum, Pierre : **L'Affaire Dreyfus, la République en péril.**
Sur un sujet fort peu représenté dans l'édition jeunesse, un livre qui donne une bonne idée de l'Affaire et de son impact sur la société française. Une iconographie remarquable.
Gallimard, Découvertes Gallimard, Série Histoire, 1994.
12,30 € ISBN : 978-2-07-053277-3
À partir de 13 ans

3238. Icher, François ; ill. Pommier, Maurice : **Le Tour de France de Languedoc Noble Cœur.**
On suit avec passion, dans ce récit documentaire, le Tour de France de Joseph, un jeune apprenti menuisier au milieu du XIXe siècle. On découvre, bien sûr, la France,

mais également cette culture particulière du compagnonnage qui est aussi une école de la vie. Cet ouvrage est une véritable réussite.
La Martinière Jeunesse, 2005.
15 € ISBN : 978-2-7324-3348-6
À partir de 13 ans

3239. Kaspi, André : **La Guerre de Sécession : Les États désunis.**
La naissance d'une nation, et la guerre la plus meurtrière de l'histoire des États-Unis, présentées à travers le fil rouge de l'esclavage, au niveau des soldats comme des politiques.
Gallimard, Découvertes Gallimard, Série Histoire, 1999.
14 € ISBN : 978-2-07-053165-3
À partir de 13 ans

3240. Kahn, Michèle : **Justice pour le capitaine Dreyfus !**
Ce livre, qui se lit d'une traite, retrace les différentes étapes d'une Affaire qui va durablement diviser la société française. Le choix de l'auteur est de se centrer sur la personnalité du capitaine Dreyfus, patriote et militaire dans l'âme. L'écriture traduit l'intensité du débat, la violence de l'injustice faite au capitaine et la force des engagements suscités.
Oskar, 2006.
15,90 € ISBN : 978-2-35000-067-1
À partir de 13 ans

3241. Rougerie, Jacques : **Paris insurgé : la Commune de 1871.**
Sur un sujet presque toujours oublié, une synthèse accessible et pleine de vie sur la dramatique guerre civile qui suivit la défaite face à l'Allemagne. Les idées, les espoirs d'une utopie, et les hommes de la dernière révolution de Paris.
Gallimard, Découvertes Gallimard, Série Histoire, 1995.
13,50 € ISBN : 978-2-07-053289-6
À partir de 13 ans

XXe et XXIe siècles

3242. Adapt. Delobbe, Karine : **La France au XXe siècle.**
Les deux conflits mondiaux, la décolonisation, l'avènement de la Ve République, ainsi que les grandes mutations économiques et sociales de ce siècle. Le texte peut sembler parfois un peu rapide mais il a le mérite d'évoquer, pour les plus jeunes, des questions complexes.
PEMF, Bonjour l'histoire, 2000.
9 € ISBN : 978-2-84526-049-8
À partir de 9 ans

3243. Ill. Lesueur, Christine : **Gandhi, l'œil et le mot.**
Une biographie de Gandhi, disciple de la non-violence, qui en 1948 tomba sous les balles d'un fanatique hindou. Le dessin et les aquarelles fines et sensibles sont en harmonie avec un texte qui mêle écrits et citations du Mahatma, parcourant les grandes étapes de sa vie. De nombreuses photographies donnent corps au personnage et restituent une époque.
Mango Jeunesse, Albums Dada, 2004.
15 € ISBN : 978-2-7404-1827-7
À partir de 9 ans

3244. Platt, Richard ; ill. Dann, Geoff ; Gorton, Steve : **Histoires d'espions.**
L'univers de Le Carré et de Fleming, avec tous ses stéréotypes et ses symboles. Centré sur notre siècle, le livre ne s'interdit pas des incursions inattendues dans le passé, et prouve que les gadgets du cinéma sont souvent en deçà de la réalité.
Gallimard Jeunesse, Les yeux de la découverte, 1996.
14 € ISBN : 978-2-07-059533-4
À partir de 9 ans

♥ **3245.** Pommier, Maurice : **Le Sac du mousse.**
Ce titre raconte une histoire palpitante d'aventuriers et de trésors à travers le récit réaliste de la vie d'un mousse de 12 ans sur un terre-neuvas durant une longue campagne de pêche en 1902. C'est la fabuleuse aventure des grands voiliers et des pêcheurs bretons qui partaient des mois entiers pour une tâche périlleuse magnifiquement mise en images.
La Martinière Jeunesse, 2004.
18 € ISBN : 978-2-7324-3195-6
À partir de 10 ans

3246. Causse, Rolande : **Les Enfants d'Izieu.**
Un long poème à la mémoire des enfants martyrs de la maison d'Izieu et un hymne à la mémoire pour que la barbarie ne réapparaisse pas. Un témoignage bouleversant.
Le Seuil, 1994.
11,30 € ISBN : 978-2-02-022132-0
À partir de 11 ans

♥ **3247.** Éd. Dana, Jean-Yves ; photos Dolémieux, Pascal : **J'ai vécu la Première Guerre mondiale, 1914-1918.**
Une collection qui donne la parole aux témoins des conflits qui ont marqué le XXe siècle. Des témoignages souvent poignants, toujours utiles pour comprendre le déroulement des événements. À travers leur histoire individuelle, c'est l'histoire douloureuse des guerres et de leurs dérives qui transparaît. De nombreux documents photographiques issus des collections privées témoignent de ces parcours à la fois singuliers et pluriels.
Le Mémorial de Caen / Bayard Jeunesse, Les dossiers Okapi, J'ai vécu, 2004.
ISBN : 978-2-7470-1446-5

Autres titres :
♥ **3248.** Éd. Abbundo, Antoine d' ; photos Dolémieux, Pascal : **J'ai vécu la guerre d'Algérie.** 2004.
ISBN : 978-2-7470-1445-8
3249. Éd. Fidelin, Benoît : **J'ai vécu la guerre du Cambodge : les Khmers rouges.** 2005.
ISBN : 978-2-7470-1872-2
3250. Lagrange, Simone ; Szenberg, Christine ; Migdal, André ; Éd. Guillaud, Véronique ; photos Zaubitzer, S. : **J'ai vécu les camps de concentration : la Shoah.** 2004.
ISBN : 978-2-7470-1441-0
3251. Liska, Ted ; Börner, Johannes ; Gautier, Léon ; éd. Rieublandou, Pierrette : **J'ai vécu le débarquement en Normandie : le 6 juin 1944.** 2004.
ISBN : 978-2-7470-1442-7
♥ **3252.** Éd. Rieublandou, Pierrette ; Belbéoch, Roger ; Bohec, Jeanne ; Frisch, Alfred : **J'ai vécu la Résistance.** 2005.
ISBN : 978-2-7470-1503-5
3253. Éd. Sauerwein, Leigh : **J'ai vécu la guerre du Vietnam.** 2006.
ISBN : 978-2-7470-1502-8
9,90 € chaque À partir de 11 ans

Autour de la Première Guerre mondiale

3254. Pef ; adapt. Serres, Alain : **Zappe la guerre.**
Chaque village de France a son monument aux morts de la guerre de 1914-1918, avec les noms gravés de nos arrière-grands-pères morts pour leur pays, comme nous le rappellent des documents historiques insérés dans l'album. Et si certains d'entre eux venaient voir ce qu'est devenu le monde ? Un conte contre la guerre, contre toutes les guerres, imaginé et mis en image avec force et sensibilité.
Rue du monde, Histoire d'histoire, 1998.
12,20 € ISBN : 978-2-912084-10-1
À partir de 6 ans

♥ **3255.** Cali, Davide ; Bloch, Serge : **L'Ennemi.**
C'est la guerre : un désert avec deux trous de tranchées et deux soldats ennemis. Un des soldats monologue, ce pourrait être l'autre et il dirait la même solitude, l'attente, la faim, la peur de cet ennemi si cruel qu'il n'en est plus humain. En quelques phrases et quelques puissants traits de crayon, c'est toute l'absurdité de la guerre qui est magistralement démontrée.
Sarbacane, 2007.
16 € ISBN : 987-2-84865-141-5
À partir de 8 ans

3256. Godard, Philippe : **La Grande Guerre : 1914-1918.**
La Grande Guerre a causé tant par sa durée – quatre ans – que par l'ampleur des dégâts du conflit de profonds changements dans la vie quotidienne des populations, en particulier celle des enfants. Le principe de la collection est exploité ici pleinement, les enfants sont présents tout au long de l'ouvrage, construit selon un schéma chronologique et thématique.
Sorbier, La vie des enfants, 2003.
12 € ISBN : 978-2-7320-3761-5
À partir de 9 ans

3257. Ponthus, René : **La Première Guerre mondiale.**
Ce récit clair n'omet rien des horreurs d'une guerre qui transforma l'Europe et le monde. Ce massacre sans précédent bouleversa les équilibres mondiaux mais aussi les civilisations. Le livre s'appuie sur de nombreux documents d'archives illustrant parfaitement ce terrible conflit et ses conséquences. Un dossier sur « vivre et mourir dans les tranchées » complète utilement le propos.
Casterman, Repères histoire, 2000.
12,75 € ISBN : 978-2-203-14044-8
À partir de 11 ans

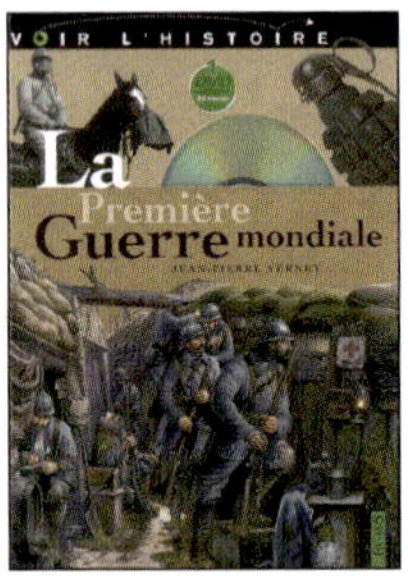

♥ **3258.** Verney, Jean-Pierre : **La Première Guerre mondiale.**
Ce livre est l'un des meilleurs ouvrages publiés depuis longtemps sur ce sujet vaste et difficile. L'auteur nous montre, avec intelligence, la complexité des origines de la guerre mais aussi l'ensemble des étapes du conflit. L'iconographie illustre utilement et avec précision le texte. Un DVD de documents d'archives vient compléter ce livre tout à fait remarquable.
Fleurus, Voir l'histoire, 2006.
15,50 € ISBN : 978-2-215-05352-1
À partir de 11 ans

♥ **3259.** Rebérioux, Madeleine : **Jaurès, la parole et l'acte.**
Publié à l'occasion du 80e anniversaire de l'assassinat de Jaurès, ce volume est une bonne introduction, superbement illustrée, pour comprendre cette grande voix du socialisme français.
Gallimard, Découvertes Gallimard, Série Histoire, 1994.
13,50 € ISBN : 978-2-07-053291-9
À partir de 13 ans

3260. Werth, Nicolas : **1917, la Russie en révolution.**
Un grand spécialiste replace dans le contexte du sanglant conflit mondial et raconte au jour le jour les révolutions qui firent chuter un empire millénaire et ébranlèrent le monde. Très bonne iconographie.
Gallimard, Découvertes Gallimard, Série Histoire, 1997.
13,50 € ISBN : 978-2-07-053415-9
À partir de 13 ans

Voir aussi notice n° **3247**

Du Front populaire à la Seconde Guerre mondiale

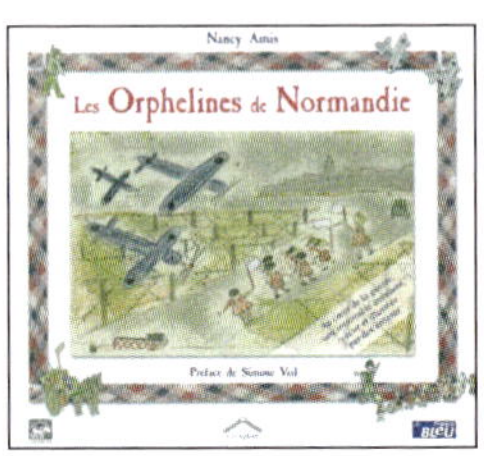

♥ **3261.** Amis, Nancy : **Les Orphelines de Normandie.**
Été 1944, le voyage de tous les dangers pour une centaine de petites orphelines sous les bombardements de la bataille de Normandie. En regard des dessins et de leurs commentaires de l'époque figurent les photographies et les témoignages de quelques-unes de ces enfants, devenues adultes. Une confrontation toujours captivante.
Circonflexe, Aux couleurs du monde, 2004.
15 € ISBN : 978-2-87833-333-6
À partir de 9 ans

3262. Daeninckx, Didier ; ill. Pef : **Les Trois Secrets d'Alexandra. 1 : Il faut désobéir 1940-1944, la France sous Vichy.**

3263. Les Trois Secrets d'Alexandra. 2 : Un violon dans la nuit, la mémoire des camps.

3264. Les Trois Secrets d'Alexandra. 3 : Viva la liberté ! 1939 à 1945, la Résistance.
Cet ensemble de trois volumes mêle subtilement fiction et information documentaire pour évoquer la période de la Seconde Guerre mondiale, ses horreurs, ses tragédies, ses lâchetés mais aussi ses actes héroïques. Au cœur de cette histoire, c'est la volonté de transmission qui est mise en voix et en images par le choix du recours à des vignettes photographiques et aux illustrations de Pef.
Rue du monde, Histoire d'histoire, 2003.
ISBN : 978-2-912084-34-7
ISBN : 978-2-912084-85-9
ISBN : 978-2-915569-09-4
12,20 € chaque À partir de 9 ans

3265. Du Bouchet, Paule : **Dans Paris occupé : journal d'Hélène Pitrou, 1940-1945.**
Une bonne évocation, sous la forme d'un journal intime, de la vie à Paris pendant l'Occupation d'une jeune fille qui a 11

ans en 1940. Le récit agréable à lire rend bien compte de l'époque vue à travers le regard d'une enfant, de ses peurs, de ses interrogations et de ses moments heureux et malheureux.
Gallimard Jeunesse, Mon histoire, 2005.
9,50 € ISBN : 978-2-07-052020-6
À partir de 9 ans

3266. Godard, Philippe : **La Seconde Guerre mondiale, 1939-1945.**
Ce documentaire propose de présenter la Seconde Guerre mondiale du point de vue des enfants. Ce qui fait l'intérêt de ce livre est certainement d'aborder sans détours des sujets aussi difficiles que la déportation des enfants ou de lever le tabou des femmes tondues à la Libération. L'iconographie judicieusement choisie vient compléter efficacement le texte.
Sorbier, La vie des enfants, 2003.
12 € ISBN : 978-2-7320-3772-1
À partir de 9 ans

♥ **3267.** Maruki, Toshi ; trad. Coulon, Nicole : **Pika, l'éclair d'Hiroshima.**
Comment parler d'Hiroshima aux enfants ? Cette œuvre nous plonge dans le feu de l'enfer. Texte magnifique et images tourmentées se mêlent en une plainte infinie dont le chant douloureux ne quittera plus celui qui les a vus, lus ou entendus.
Actes Sud Junior, Les grands livres, 2005.
13,50 € ISBN : 978-2-7427-5447-2
À partir de 9 ans

♥ **3268.** Poole, Joséphine ; ill. Barrett, Angela ; adapté de l'œuvre de Frank, Anne ; trad. Krief, Anne : **Anne Frank.**
Un récit empreint de force et de simplicité dit le déroulement des événements, sans trahir le journal original d'Anne Frank. Les illustrations installent une atmosphère douceâtre et pesante par ses décors minutieux et les visages impassibles de ses personnages. En rendant palpable la tension qui monte, elles donnent une vision extrêmement sensible et émouvante de cette histoire.
Gallimard Jeunesse, 2005.
14 € ISBN : 978-2-07-051105-1
À partir de 9 ans

3269. Ponthus, René ; ill. Pau, Jean-Marc : **Le Jour J : débarquement en Normandie.**
Le rappel de la situation, la préparation du débarquement puis le début de la victoire sont les points principaux de cet ouvrage articulé en cinq chapitres. Il replace également les personnages essentiels, propose une chronologie et des cartes. Bref, c'est un résumé excellent d'un moment précis et décisif de la Seconde Guerre mondiale.
Casterman / Le Mémorial de Caen, 2004.
7,50 € ISBN : 978-2-203-18908-9
À partir de 9 ans

♥ **3270.** Rapaport, Gilles : **Champion.**
Le récit véridique d'un combat de boxe au cœur d'un camp d'extermination, entre un ancien champion du monde et un nazi. L'intensité de l'affrontement, la force de ce qu'il symbolise sont exprimés par un texte qui dit l'essentiel, et par des images magistrales qui traduisent les différentes phases du combat par un jeu subtil des couleurs.
Circonflexe, Albums, 2005.
13 € ISBN : 978-2-87833-373-2
À partir de 9 ans

3271. Serres, Alain ; ill. Zaü : **Hiroshima, deux cerisiers et un poisson-lune.**
Une approche sensible de l'histoire d'Hiroshima. Au-delà des faits, sobrement rappelés, le dialogue entre une petite fille et sa grand-tante dit le traumatisme d'une survivante qui se réfugie dans l'oubli et la négation de la réalité. Une évocation réussie de la question de la transmission et de la mémoire que traduisent parfaitement les illustrations aux teintes mordorées ou bleutées.
Rue du monde, Histoire d'histoire, 2005.
12,20 € ISBN : 978-2-915569-28-5
À partir de 9 ans

♥ **3272.** Vander Zee, Ruth ; ill. Innocenti, Roberto ; trad. Pingault, Emmanuelle : **L'Étoile d'Érika.**
En frontispice, l'image sépia d'un train qui doucement s'éloigne résume les nombreuses interrogations qui habitent ce bel album. Qui étaient ces voyageurs, connaissaient-ils leur destin... ? Des questions sans réponses qui obsèdent Érika, une petite fille devenue grand-mère, qui a échappé miraculeusement à une fin tragique. Des images qui ne peuvent laisser indifférent et qui dialoguent magnifiquement avec le texte.
Milan Jeunesse, 2003.
14 € ISBN : 978-2-7459-0993-0
À partir de 9 ans

3273. Adams, Simon ; ill. Crawford, Andy ; trad. Esch, Jean : **La Seconde Guerre mondiale.**
Un livre qui renoue pleinement avec le principe de base de la collection : documents d'époque uniquement, détourés sur fond blanc, de l'anecdotique aux photos les plus connues, en passant par les machines de cryptage ou la bombe atomique. La présentation remarquable de ce conflit, en déroule chronologiquement les grandes étapes, traitant au passage quelques thèmes transversaux.
Gallimard Jeunesse, Les yeux de la découverte, 2004.
14 € ISBN : 978-2-07-055688-5
À partir de 11 ans

3274. Lawton, Clive A. ; trad. Esch, Jean : **Histoire de la Shoah : de la discrimination à l'extermination.**

Auschwitz : l'histoire d'un camp d'extermination nazi.
Deux titres pour expliquer les mécanismes qui conduisirent à l'extermination systématique des Juifs d'Europe. Le premier inscrit ses explications dans le contexte historique, le second se focalise sur le cas du camp d'Auschwitz-Birkenau, du choix du site à la libération du camp par les Russes. Sérieux et bien documentés, ces deux titres réunissent une iconographie diversifiée et enrichissante.
Gallimard Jeunesse, 2002-2003.
ISBN : 978-2-07-055745-5
ISBN : 978-2-07-053910-9
13,50 € chaque À partir de 11 ans

3275. Wieviorka, Annette ; Pierre, Michel : **La Seconde Guerre mondiale.**
Le récit, toujours clair et convaincant, de l'histoire de la Seconde Guerre mondiale.

Aux chapitres linéaires et chronologiques s'adjoignent deux approches thématiques : un chapitre sur résistances et collaboration et un dossier consacré au génocide. La qualité du choix iconographique qui associe des photographies et des affiches de propagande des différents acteurs du conflit offre une utile et passionnante lecture des événements.
Casterman, Repères histoire, 1999.
12,75 € ISBN : 978-2-203-14039-4
À partir de 11 ans

♥ **3276.** Gaussen, Dominique ; dir. Mounier, Alain : **Jean Moulin et ceux qui ont dit « non ! »**
Un livre magique, cumulant une mise en pages brillante et inventive, un plan plein d'intelligence et d'une construction remarquable, une finesse des analyses et une justesse des témoignages. Le livre explique l'homme et les événements, posant des questions et réfléchissant au sens de l'engagement, de la guerre, des choix. De l'histoire, et parfois une leçon de civisme à son plus haut degré.
Mango Jeunesse, Regard d'aujourd'hui, 2002.
17,50 € ISBN : 978-2-7404-1420-0
À partir de 13 ans

♥ **3277.** Gerbaud, Chantal : **Irène Hajos : le témoignage d'une Juive hongroise.**
Le témoignage poignant d'une Juive hongroise qui survit à sa déportation à Auschwitz. C'est le récit d'une vie entière : Irène Hajos raconte non seulement l'histoire de sa déportation mais aussi les difficultés et les obstacles rencontrés dans sa lente reconstruction depuis son émigration en France, puis son engagement après quarante ans de silence. Une belle leçon de vie !
Syros, Les documents Syros, 2006.
10 € ISBN : 978-2-7485-0418-7
À partir de 13 ans

3278. Rousso, Henry : **Les Années noires : vivre sous l'Occupation.**
Les heures les plus sombres de l'histoire de France depuis la guerre de Cent Ans, par un spécialiste de Vichy, dans un livre clair, pédagogique et plus nuancé que la vulgate actuelle. Henry Rousso retrace avec précision la défaite de la France puis la nature de l'Occupation, ses implications sur la vie des Français, jusqu'à la postérité actuelle de cette période.
Gallimard, Découvertes Gallimard, Série Histoire, 1992.
13,50 € ISBN : 978-2-07-053217-9
À partir de 13 ans

♥ **3279.** Tartakowsky, Danielle : **Le Front populaire : la vie est à nous.**
Alors que l'Italie et l'Allemagne ont basculé dans le fascisme et le nazisme, la France cherche sa voie. C'est au printemps 1936 que les socialistes alliés aux communistes arrivent au pouvoir. Le Front populaire va transformer la France et la faire devenir un laboratoire social, reflet des espérances des ouvriers. Un tableau social, culturel et politique de 1936 en tous points remarquable.
Gallimard, Découvertes Gallimard, Série Histoire, 1996.
13,50 € ISBN : 978-2-07-053330-5
À partir de 13 ans

3280. Wieviorka, Annette : **Auschwitz expliqué à ma fille.**
Sous la forme d'un dialogue entre une mère et sa fille, l'auteur tente d'expliquer l'inexplicable : l'extermination systématique et organisée de millions d'hommes, de femmes et d'enfants sous le prétexte qu'ils étaient juifs ou tsiganes. Au fil des pages le texte propose certaines définitions indispensables et rend compte de nombreux débats suscités par cette question.
Le Seuil, 1999.
6 € ISBN : 978-2-02-036699-1
À partir de 13 ans

Voir aussi les notices n^os^ **3246, 3250, 3251, 3252**

De 1945 à nos jours

♥ **3281.** Pommaux, Yvan : **Avant la télé.**
Un fascinant flash-back sur la France des années 1950 où le trait d'Yvan Pommaux fait merveille pour reconstituer les petits riens de la vie quotidienne dans un monde en grande partie disparu. Au gré des pages, l'adulte nostalgique reconnaîtra un décor, des objets ; l'enfant découvrira avec curiosité le monde de ses grands-parents. Un livre à découvrir en famille, un soir sans télé.
L'École des loisirs-Archimède, 2002.
21,50 € ISBN : 978-2-211-06863-5
À partir de 8 ans et pour tout public

♥ **3282.** Sebbar, Leïla ; ill. Belkadi, Catherine : **J'étais enfant en Algérie : juin 1962.**
Ce sujet difficile et encore tabou est traité dans ce livre avec subtilité et intelligence. La guerre d'Algérie racontée par une fillette sur le quai du port d'Alger en partance vers Marseille et qui tourne le dos à son pays. Un livre brillant et sensible qui fait mieux comprendre cette guerre sans nom.
Sorbier, J'étais enfant..., 2001.
6,40 € ISBN : 978-2-7320-3706-6
À partir de 9 ans

3283. Vittori, Jean-Pierre ; ill. Ferrandez, Jacques : **Midi pile, l'Algérie.**
Les enfants d'une cité s'interrogent sur un vieil homme installé devant leur repaire et se préparent à l'assaillir. Parallèlement au récit qui ménage des allers et des retours entre hier et aujourd'hui, de petites vignettes photographiques légendées rappellent les principaux épisodes de la guerre d'Algérie. Un beau texte superbement illustré où le souvenir se mêle au présent pour aborder un point noir de notre histoire.
Rue du monde, Histoire d'histoire, 2001.
12,20 € ISBN : 978-2-912084-54-5
À partir de 9 ans

♥ **3284.** Zhang, Ange ; trad. Bonhomme, Pierre : **Terre rouge, fleuve jaune.**
Une plongée au cœur de la Révolution culturelle chinoise vue par un adolescent tiraillé entre l'humiliation ressentie devant le spectacle de la mise en accusation publique de son père, écrivain reconnu, et son souhait de participer aux événements en cours en rejoignant les Gardes rouges. L'histoire magnifiquement illustrée d'un cheminement intérieur, d'une prise de conscience politique.
Circonflexe, Aux couleurs du monde, 2005.
13 € ISBN : 978-2-87833-366-4
À partir de 9 ans

3285. Ellis, Deborah ; trad. Eschebrenner, Raphaële : **Trois vœux : paroles d'enfants palestiniens et israéliens.**
Deborah Ellis s'est lancée dans un travail documentaire en récoltant les témoignages d'enfants israéliens et palestiniens. Replaçant chaque fois le contexte de la prise de parole offerte à des enfants d'environnements très divers, l'auteur leur propose de faire trois vœux. Ils laissent peu d'espoir à une sortie de crise tant la situation semble sans issue, même pour ces enfants.
Hachette Jeunesse, Le Livre de poche Jeunesse, Enfants du monde, 2006.
5,20 € ISBN : 978-2-01-321215-1
À partir de 11 ans

3286. Greif, Jean-Jacques : **Nine eleven.**
Ce matin-là, Eleanore, Andrew, Laura et quelques autres sont au lycée quand ils entendent un grand bruit : une chaudière qui a explosé ? Une bombe ? Non, un, puis deux avions ont percuté les deux tours du World Trade Center. À mi-chemin entre la fiction et le documentaire, l'auteur nous raconte cette journée avec son aura de peur, de souffrance, de mort, d'héroïsme, de sauvetages inattendus.
L'École des loisirs, Médium, 2003.
9,50 € ISBN : 978-2-211-07292-2
À partir de 11 ans

♥ **3287.** Binet, Laurence : **Le Chardon tchétchène : la Tchétchénie sous le rouleau compresseur russe.**
Le conflit tchétchène à travers deux récits : celui de Maaka, jeune Tchétchène de 17 ans, qui raconte son terrible parcours et celui de sa famille avant son exil. Il est suivi du récit épistolaire de Pavel, jeune appelé russe envoyé contre son gré en Tchétchénie. Deux textes qui nous sensibilisent avec force et conviction aux différents visages de cette guerre.
Syros Jeunesse, J'accuse, 2003.
7,50 € ISBN : 978-2-7485-0199-5
À partir de 13 ans

♥ **3288.** Combres, Élisabeth ; Thinard, Florence : **Mondes rebelles Junior.**
Régulièrement remis à jour, *Mondes rebelles Junior* est la version pour les plus jeunes de *Mondes rebelles*, ouvrage annuel de référence sur les conflits géopolitiques de la planète. En cinq parties l'ouvrage fait le tour des conflits actuels mais n'hésite pas non plus à revenir sur des points importants tel le génocide du Rwanda ou sur des pays que l'actualité laisse dans l'ombre. Nombreuses cartes.
Michalon, 2006.
19 € ISBN : 978-2-84186-294-8
À partir de 13 ans

3289. Fauré, Christine : **Mai 68 jour et nuit.**
La démarche de l'auteur s'inscrit résolument dans une volonté d'objectivité sur des événements qui ont vite pris une allure de mythe. Les photographies donnent le ton d'une époque. Le texte restitue le contexte historique de cette volonté de changement de la société qui n'a pas touché que la France. Preuve que le moment était venu pour ce joli mois de mai.
Gallimard, Découvertes Gallimard, Série Histoire, 1998.
13,50 € ISBN : 978-2-07-053448-7
À partir de 13 ans

3290. Lewin, André : **L'ONU, pour quoi faire ?**
Pour connaître l'origine et la réalité de cette institution souvent décriée. En éclairant son fonctionnement par des exemples concrets, l'auteur soulève les contradictions et les espoirs portés par le « machin ».
Gallimard, Découvertes Gallimard, Série Histoire, 2006.
14 € ISBN : 978-2-07-033859-7
À partir de 13 ans

COLLECTIONS ÉPUISÉES

Si les meilleures collections actuelles dans le secteur des sciences humaines pour la jeunesse viennent opportunément réactualiser et renouveler les fonds, on ne peut cependant que regretter la disparition de certaines collections dont la démarche et l'approche n'ont pas été remplacées. On citera notamment :

Chez Albin Michel
La collection « **Carnets du monde** » sur le concept du reportage : journal de bord et carnets de croquis.
Exemple de titre : *Dans le sillage des boat-people*, de Marina Dyja, ill. Noëlle Herrenschmidt.
La collection « **Un lieu, des hommes, une histoire** »
Exemple de titre : *Une forteresse au temps des croisades : le Krak des chevaliers*, de Philippe et Pierre Brochard.

Chez Bayard
La collection « **J'explore** »
Exemple de titre : *L'Amérique latine*, d'Ana Maria Machado ; trad. Nelly Lhermillier.

Chez Casterman
La collection « **L'histoire à la trace** »
Exemple de titre : *Le Mont-Saint-Michel*, de Claire Willerval, ill. Loïc Derrien.
La collection « **Des objets font l'histoire** »
Exemple de titre : *La Boussole, cap sur les nouveaux mondes*, de Brigitte Coppin.

Chez Hachette
La collection « **Demi-page** »
Exemple de titre : *Une journée à Hanoï,* de Laurence Ottenheimer-Maquet, ill. Marcelino Truong.

Chez Hatier
La collection « **Le grenier des merveilles** »
Exemple de titre : *Sous nos pas la Gaule*, de Renée Grimaud.

Chez Mango
La collection « **Regard d'aujourd'hui** »
Exemple de titre : *Louis XIV et Versailles*, de Dominique Gaussen.

PEMF
À l'heure de remettre le manuscrit, nous apprenons la liquidation judiciaire des PEMF. Dans le seul domaine des documentaires de sciences humaines, ce sont plusieurs collections qui se distinguaient par la diversité des sujets étudiés qui risquent de devenir inaccessibles.

Sciences et techniques

HISTOIRES DES SCIENCES ET DES TECHNIQUES

♥ **3291**. Anno, Mitsumasa ; adapt. française Poslaniec, Christian : **Comment la Terre est devenue ronde.**
Paru en 1982 et réédité, cet album prend en compte les représentations de la Terre au fil du temps pour mieux faire ressentir le bouleversement qu'a représenté le passage d'une vision du monde à une autre. Les superbes illustrations, les enluminures à la façon du Moyen Âge, et l'écriture à la manière d'un conte se renforcent mutuellement.
L'École des loisirs, 2000.
12,50 € ISBN : 978-2-211-08451-2
À partir de 5 ans

3292. Froment, Isabelle de ; Bloch, Serge : **Petite Histoire amusante du progrès.**
Montre, journal, savon, congés payés, moyens de transport... font partie de notre environnement quotidien, « pourtant les choses n'ont pas toujours été ainsi ». Le rythme entraînant, le texte court et amusant, les dessins drôles et instructifs sont une incitation à en savoir plus.
Bayard Jeunesse, Les petits savoirs, 1994.
7,47 € ISBN : 978-2-227-70233-2
À partir de 7 ans

3293. Joly, Dominique : **Les Grandes Inventions.**
Du silex à Internet, 130 inventions et découvertes sont proposées dans l'ordre chronologique. Chacune est traitée sur une double page : un texte concis et clair avec en regard l'illustration. Un livre « à l'ancienne », doté d'index aux multiples entrées, offre un panorama très large des découvertes essentielles dans le domaine des sciences et des techniques.
Hachette Jeunesse, 1997.
12 € ISBN : 978-2-01-223676-9
À partir de 7 ans

3294. Alphandari, Yves ; Porée, Jean-Dominique : **À la découverte des pôles.**
Les auteurs passionnés par leur sujet introduisent au monde des pôles et à leur découverte en s'appuyant sur le récit d'une expédition norvégienne menée dans l'Arctique de 1898 à 1902, puis sur le duel entre Scott et Amundsen pour gagner le pôle Sud en 1910. Un ouvrage complet et très bien documenté.
Flammarion-Père Castor, Castor doc, 2003.
8,50 € ISBN : 978-2-08-161287-7
À partir de 9 ans

♥ **3295**. Badinter, Élisabeth ; ill. Duhême, Jacqueline : **Les Passions d'Émilie : la marquise du Châtelet, une femme d'exception.**
Une biographie vivante de Madame du Châtelet illustrée avec talent. Femme libre et passionnée, elle réalise un parcours à la fois mondain et savant. Elle rivalise avec les meilleurs savants de son époque en mathématiques, physique, et traduit les *Principia* de Newton. Amie et complice intellectuelle de Voltaire, elle est comme la première femme de sciences française.
Gallimard Jeunesse, 2006.
12,50 € ISBN : 978-2-07-057332-5
À partir de 9 ans

♥ **3296**. Badinter, Élisabeth ; ill. Duhême, Jacqueline : **Voyage en Laponie de Monsieur de Maupertuis.**
La Terre a-t-elle une forme de mandarine ou ressemble-t-elle à une courge ? C'est à cette question que l'explorateur Maupertuis doit répondre, à la demande de Louis XV, en partant en Laponie. Cette aventure humaine et scientifique est rapportée dans ce livre, vraiment réussi, qui nous plonge dans une époque où la géographie moderne se mettait en place.
Seuil Jeunesse, 2003.
10 € ISBN : 978-2-02-057121-0
À partir de 9 ans

3297. Djebbar, Ahmed ; Blanchard, Anne ; ill. Cerisier, Emmanuel ; calligraphie Metoui, Lassaâd : **Le Grand Livre des sciences et inventions arabes.**
Les sciences arabes ont connu leur âge d'or du VIIIe au XIe siècle. L'ouvrage restitue cet héritage scientifique en mathématiques, médecine, géométrie, astronomie, mécanique... Des découvertes qui seront le fondement sur lequel s'épanouira la Renaissance européenne. Une approche de la naissance de l'Islam et des premiers empires musulmans.
Bayard Jeunesse / Institut du monde arabe, 2006.
14,90 € ISBN : 978-2-7470-2007-7
À partir de 9 ans

3298. La Cotardière, Philippe de : **Le Monde du temps.**
Depuis l'Antiquité les hommes ont essayé de mesurer le temps. Un livre sur l'histoire de cette recherche qui aboutit à l'utilisation de notre calendrier et de quelques autres à travers le monde. La représentation des différents instruments de mesure du temps, au fil des siècles, permet de suivre la conquête de la précision dans ce domaine. Clair et bien illustré.

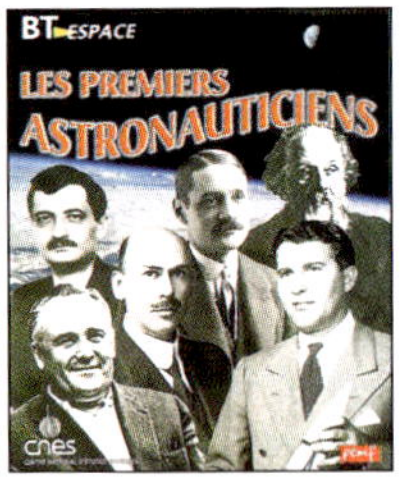

Circonflexe, Aux couleurs du monde, 1997.
12 € ISBN : 978-2-87833-185-1
À partir de 9 ans

♥ **3299**. Penot, Jean-Pierre ; Mouriaux, Pierre-François : **Les Premiers Astronauticiens.**
La science astronautique s'est constituée à la fin du XIXe siècle, grâce à des hommes passionnés et visionnaires. Depuis le Russe Tsiolkovski – le premier théoricien – jusqu'à von Braun – savant nazi, concepteur des missiles V2 – « récupéré » par les Américains pour leur projets spatiaux en dépit de son passé. Théories et découvertes sont exposées de manière très compréhensible.
PEMF, BT Espace, 2003.
10 € ISBN : 978-2-84526-487-8
À partir de 9 ans

♥ **3300**. Piettre, Pauline ; Lambilly, Élisabeth de ; ill. Audouin, Laurent ; Beaucousin, Pierre ; Renaux, Axel : **Petites et Grandes Inventions.**
L'histoire des transports, de la nutrition, des arts ménagers, de la mesure et du calcul, de l'hygiène, des arts et des loisirs nous est contée avec simplicité et drôlerie. Depuis les baignoires de terre cuite de Mésopotamie jusqu'à l'invention du Caddie, en passant par celle du stylo Bic. Un voyage dans le temps accessible et jubilatoire.
Mango Jeunesse, Regard Junior, 2005.
20 € ISBN : 978-2-7404-1963-2
À partir de 9 ans

3301. Stott, Carole : **L'Astronomie.**
L'astronomie est abordée par le biais de l'Histoire des sciences. Connaître les pionniers de l'astronomie et leurs successeurs, de l'Antiquité jusqu'au XXe siècle et les outils de l'astronome, permet de mieux situer les découvertes sur les composantes du système solaire. Une mise en pages claire pour une lecture accessible aux jeunes.
Nathan Jeunesse, Tout un monde, 2003.
10,50 € ISBN : 978-2-09-240162-0
À partir de 9 ans

3302. Joly, Dominique ; ill. Passeron, Joëlle : **Dictionnaire des inventions**.
D'Allumettes à Yaourt en passant par Coca-Cola, CD, Internet ou Tee-shirt, 88 entrées permettent de naviguer dans ce dictionnaire contemporain et d'accéder à des informations claires et complètes sur l'histoire et l'actualité de ces inventions. Le tout assaisonné d'une bonne dose d'humour.
Hachette Jeunesse, Le Livre de poche Jeunesse, Dico Junior, 1999.
5,50 € ISBN : 978-2-01-321605-0
À partir de 11 ans

3303. Labbé, Brigitte ; Puech, Michel : **Freud.**
Cet ouvrage retrace avec respect et objectivité la vie et l'œuvre du père fondateur de la psychanalyse. Franchissant les étapes qui le conduisirent à élaborer la théorie psychanalytique, nous saisissons clairement les concepts fondamentaux et l'enchaînement de ses découvertes. Un récit remarquablement articulé et livré sans parti pris.
Milan Jeunesse, De vie en vie, 2005.
ISBN : 978-2-7459-1633-4
Autres titres :
3304. **Darwin**. 2004.
ISBN : 978-2-7459-1183-4
3305. **Einstein**. 2003.
ISBN : 978-2-7459-1112-4
3306. **Marie Curie**. 2005.
ISBN : 978-2-7459-1390-6
6 € chaque À partir de 11 ans

♥ **3307**. Panafieu, Jean-Baptiste de ; ill. Desplanche, Vincent : **Charles Darwin.**
Sur les pas de Darwin, jeune naturaliste embarqué pour un tour du monde : une évocation de son travail comme naturaliste et géologue qui aboutit à la théorie de l'évolution, théorie révolutionnaire en contradiction avec les valeurs de l'Église dans l'Angleterre victorienne. Il s'insurgera aussi contre le racisme et l'esclavagisme. Une lecture riche et agréable.
Gallimard Jeunesse, Sur les traces de..., 2004.
10 € ISBN : 978-2-07-050864-8
À partir de 11 ans

♥ **3308**. Petit, Xavier-Laurent : **Marie Curie**.
Une biographie sobre et factuelle de Marie Curie, centrée sur son œuvre scientifique et la découverte du radium. Un texte qui va à l'essentiel : la carrière de chercheuse, avec son mari puis seule, les découvertes, le prix Nobel. Un dossier documentaire complète le tout. Se lit d'une seule traite.
L'École des loisirs, Belles vies, 2005.
ISBN : 978-2-211-07395-0
Autre titre :
3309. Bousquet, Catherine : **Gregor Mendel : le jardinier de l'hérédité**. 2006.
ISBN : 978-2-211-08320-1
8,50 € chaque À partir de 11 ans

3310. Sauzereau, Olivier ; ill. Ceccarelli, Serge : **La Boussole, le nord et l'aimant**.
Au XIe siècle les Chinois inventent la boussole. L'auteur fait part des évolutions depuis la découverte du pouvoir de la magnétite il y a 2 500 ans. Il explique comment les marins naviguaient grâce aux étoiles, comment ils mesuraient la vitesse d'un bateau, et quelles améliorations ont conduit à l'invention du compas, du cardan et du GPS.
Actes Sud Junior, Les globe-croqueurs, 2004.
13 € ISBN : 978-2-7427-5107-5
À partir de 11 ans

♥ **3311**. Sis, Peter ; trad. Marchand, Alice : **L'Arbre de la vie ou La vie de Charles Darwin, naturaliste, géologue et penseur**.
Un magnifique album illustré avec talent par Peter Sis consacré à la vie et à l'œuvre de Charles Darwin. Dans une esthétique très réussie et originale sont exposés sa jeunesse, le contexte social de la genèse de son œuvre, son voyage et l'essentiel de la théorie de l'évolution et de la sélection naturelle. Une lecture sensible.
Grasset Jeunesse, 2004.
14,90 € ISBN : 978-2-246-66411-6
À partir de 11 ans

3312. Maury, Jean-Pierre : **Galilée, le messager des étoiles**.
Portrait de Galilée qui, seul et contre tous, remet en question la vision de l'Univers, en affirmant que la Terre tourne autour du Soleil. C'est l'histoire d'un homme dont les découvertes ont bouleversé les anciennes croyances en astronomie et qui dut subir l'épreuve de l'Inquisition.
Gallimard, Découvertes, Sciences et Techniques, 2005.
ISBN : 978-2-07-031713-4
Autres titres :
3313. **Comment la Terre devint ronde**. 2005.
ISBN : 978-2-07-031891-9
3314. **Newton et la mécanique céleste**. 2005.
ISBN : 978-2-07-031714-1
3315. Balibar, Françoise : **Einstein : la joie de la pensée**. 1993.
ISBN : 978-2-07-0532-20-9
3316. Raichvarg, Daniel : **Louis Pasteur : l'empire du microbe**. 1995.
ISBN : 978-2-07-053300-8
De 11,90 € à 13,50 €
À partir de 13 ans

♥ **3317**. Sauzereau, Olivier ; ill. Ceccarelli, Serge : **Les Étranges Lunettes de monsieur Huette**.
En 1840 Jules se promène sur les quais de Nantes. Les yeux levés vers un cadran solaire, il s'interroge sur la mesure du temps. Un opticien de marine l'initie à la science astronomique, au maniement de la lunette et du sextant. Un récit illustré « à l'ancienne » pour saisir l'importance et la précision des instruments des navigateurs de l'époque.
Actes Sud Junior, Les grands livres, 2002.
15 € ISBN : 978-2-7427-4071-0
À partir de 13 ans

3318. Perrot, Annick ; Schwartz, Maxime ; ill. Poissenot, Jean-Marie : **Pasteur, des microbes au vaccin.**
Une biographie de Pasteur : son enfance, ses études, ses observations et découvertes dans le domaine de la chimie et de la biologie, puis sa lutte contre les maladies infectieuses. Des éclairages sur le contexte social et politique de l'époque et sur l'héritage du savant aujourd'hui. Un texte dense agrémenté par des illustrations variées.
Casterman, Repères Sciences, 1999.
12,75 € ISBN : 978-2-203-14041-7
À partir de 14 ans

SCIENCES

3319. **L'Encyclopédi@ des sciences.**
Les sujets sont classés en huit domaines : Matière et matériaux, Forces et énergie, Électricité et magnétisme, Espace, La Terre, Les plantes, Les animaux, Le corps humain. Une encyclopédie d'un genre nouveau : une présentation papier associée et complétée par un site Internet propose un millier de liens actualisés et une intéressante galerie de photographies, dessins et schémas.
Gallimard Jeunesse / Google, 2005.
26,50 € ISBN : 978-2-07-050038-3
À partir de 13 ans

3320. Poitrenaud, Robert : **Bio, le préfixe de la vie**.
Beaucoup de mots scientifiques ou techniques utilisant le préfixe « bio » appartiennent au langage courant. Ils introduisent la notion de vie. Pour comprendre ce vocabulaire spécifique, l'auteur a sélectionné trente mots (de bio à biotope), dont il donne une définition précise, les champs d'application auxquels ils se réfèrent, et des exemples. Intéressant.
PEMF, 30 mots-clés pour comprendre, 2005.
10 € ISBN : 978-2-84526-583-7
À partir de 13 ans

Mathématiques

3321. Grébille, Olivier ; ill. Roman, Alain : **L'Automath.**
L'automath Mathauto a 1 nez, 2 yeux, 3 roues. Il y a 9 personnes dans la famille. Mathauto s'amuse avec les chiffres et le lecteur joue avec lui. Les objets s'additionnent, se soustraient, se multiplient à l'infini. Sur les pages de l'album les mots racontent les opérations avec rythme et poésie. Une intéressante balade au pays des maths.
Éd. du Ricochet, Les flibustiers, 2004.
15 € ISBN : 978-2-911013-66-9
À partir de 6 ans

♥ **3322**. Tang, Greg ; ill. Briggs, Harry ; trad. Bonhomme, Pierre : **Maths sans échec junior**.
Une façon dynamique et astucieuse d'aborder le calcul mental. Rendre l'enfant actif et imaginatif en présentant des situations de comptage variées et ludiques : telle est la stratégie de l'auteur. Gageons qu'elle marche car petits et grands se prennent vite au jeu, et grappillent avec plaisir dans les illustrations de synthèse colorées.
Circonflexe, Aux couleurs du monde, 2003.
ISBN : 978-2-87833-319-0
Autre titre :
♥ **3323**. Deledicq, André : **Le Monde des chiffres**. 1997.
ISBN : 978-2-87833-173-8
12 € chaque À partir de 6 ans

3324. Van der Meer, Ron ; Gardner, Bob ; trad. Witkowski, Nicolas : **Maths**.
Ce livre-outil en trois dimensions aborde les mathématiques de façon très attrayante grâce à sa forme ludique. Des exercices les plus simples aux notions complexes, les animations astucieuses et pertinentes permettent de comprendre les mathématiques en s'amusant. Cet ouvrage fera plaisir à toute la famille.
Seuil Jeunesse, Un livre animé en 3 dimensions, 1994.
19,95 € ISBN : 978-2-02-022528-1
À partir de 6 ans

♥ **3325**. Scieszka, Jon ; ill. Smith, Lane ; trad. Fromental, Jean-Luc : **La Malédiction des maths.**
Tout, autour de nous, est chiffre et prétexte à calcul. La journée d'une petite fille vue sous un angle mathématique nous fera entrer dans un tourbillon obsessionnel. L'humour du texte qui mélange rationnel et loufoque, ainsi que la beauté des illustrations, font de cet album une grande réussite.
Seuil Jeunesse, Philo, 1997.
13,90 € ISBN : 978-2-02-029998-5
À partir de 9 ans

3326. Tsobgny, Brigitte ; ill. Warzala, François : **Ponok-Ponok : drôles d'histoires mathématiques.**
Dans un village africain, des enfants se rassemblent chaque jour autour du vieil instituteur. Il les tient en haleine et glisse des notions mathématiques sur la relativité, la proportionnalité, les nombres relatifs, les aires et les volumes, les fractions, les équations. Une écriture qui coule, pleine de piment et d'un humour malicieux.
Odin, 2002.
26,90 € ISBN : 978-2-913167-18-6
À partir de 11 ans

3327. Ball, Johnny ; trad. et adapt. Spanjaard, Eve : **Les maths c'est magique !**
La couverture représente un décor en trois dimensions illustrant judicieusement l'univers ludique des mathématiques. La mise en pages et en couleurs exerce un attrait immédiat. Le lecteur est guidé à travers l'histoire prodigieuse et magique des nombres, des chiffres, des figures et des formes géométriques. À découvrir et à comprendre en s'amusant.
Nathan, 2006.
14,95 € ISBN : 978-2-09-250915-9
À partir de 13 ans

Physique – Chimie

3328. Waring, Geoff ; trad. Lauriot-Prévost, Claude : **Oscar et le papillon : un livre sur la lumière.**
Un chaton curieux nommé Oscar pose des questions sur son environnement. Réussi et attrayant ce volume évoque la rotation de la Terre sur elle-même et autour du Soleil, les étoiles, la lumière électrique, celle des êtres vivants sur terre et sous la mer, l'ombre projetée. Le propos simple correspond bien a un questionnement enfantin.
Albin Michel Jeunesse, 2006.
ISBN : 978-2-226-16835-1
Autre titre :
3329. **Oscar et la grenouille : un livre sur la croissance.** 2006.
ISBN : 978-2-226-14956-5
9,90 € chaque À partir de 3 ans

3330. Wells, Robert E. ; trad. Bonhomme, Pierre : **Plus gros que la baleine ?**
Comment aborder avec des enfants la notion de l'infiniment grand ? En empilant 2 000 baleines bleues, en les comparant au mont Everest, minuscule bosse à la surface de la vaste Terre, elle-même toute riquiqui à côté de notre grand et beau soleil... minuscule étoile perdue dans le vaste univers. Une chouette balade qui donne un peu le vertige.
Millepages, 1998.
10 € ISBN : 978-2-84218-047-8
À partir de 5 ans

3331. Uzan, Jean-Philippe ; ill. Martinez, Barbara : **La Gravitation ou pourquoi tout tombe toujours.**
Une collection qui constitue une encyclopédie scientifique à la portée de tous. Un récit écrit par un spécialiste du sujet est suivi d'expériences à réaliser, d'un index et d'un sommaire. Le texte se lit en continu. Les explications et démonstrations sont claires, faciles à comprendre, illustrées de dessins souvent humoristiques. À consommer sans modération.
Le Pommier, Les minipommes, 2005.
ISBN : 978-2-7465-0256-7
Autres titres :
3332. Klein, Étienne ; ill. Jansem, Sophie : **Les Atomes de l'univers.** 2005.
ISBN : 978-2-7465-0231-4
3333. Lehoucq, Roland ; ill. Stud : **La Lumière à la loupe.** 2005.
ISBN : 978-2-7465-0248-2
8 € chaque À partir de 9 ans

3334. **L'Énergie et la matière.**
Sur les constituants de la matière, ses transformations naturelles et industrielles, ainsi que les différentes formes d'énergie et les utilisations auxquelles elle se prête. Puis des réponses à des questions comme : Pourquoi les micro-ondes chauffent-elles les aliments ? Pourquoi voit-on l'éclair avant d'entendre le tonnerre ? Des portraits de physiciens, de chimistes, un index.
Larousse, Encyclopédie des jeunes, 1996.
14,50 € ISBN : 978-2-03-652409-5
À partir de 11 ans

3335. This, Hervé ; ill. Backès, Michel : **La Casserole des enfants.**
Faire la cuisine, c'est de la physique ou de la chimie ? Oui répond Hervé This, physico-chimiste au Collège de France et spécialiste de ce qu'il appelle la gastronomie moléculaire. Faire cuire un œuf, brûler un poulet ou réussir une mayonnaise, autant d'expériences concrètes qui permettent de comprendre les propriétés de la matière.
Belin, 1998.
14,50 € ISBN : 978-2-7011-2309-7
À partir de 11 ans

3336. Gilmore, Robert ; trad. Bouquet, Évelyne et Alain : **Il était une fois l'Univers : et autres contes du physicien perché.**
Pour une initiation à la nature mystérieuse de l'espace et du temps, et pour réfléchir sur les lois du mouvement, de la relativité ainsi que sur la vie et la mort des étoiles et autres trous noirs. La démarche s'opère à travers six contes : pour chacun un héros est confronté aux phénomènes physiques. Pour les plus grands et passionnés de physique.
Le Pommier, Romans & plus, 2005.
23 € ISBN : 978-2-7465-0242-0
À partir de 13 ans

3337. Gribbin, John et Mary ; photos Chambers, Tina ; trad. Feferman, Rosine et Theraeu, Gilles : **Le Temps et l'espace.**
Un kaléidoscope d'images et d'informations pour offrir au lecteur – d'emblée séduit par le choix iconographique et la mise en pages éclatée – de multiples regards sur le sujet. Explication de notions complexes, exposés de théories, récits d'expériences, présentation d'instruments, un survol qui éveille la curiosité et donne envie d'en savoir plus.
Gallimard Jeunesse, Passion des sciences, 1995.
14 € ISBN : 978-2-07-058662-2
À partir de 13 ans

Jeux et expériences

3338. Desjours, Pascal ; ill. Bénaglia, Frédéric : **La Maison et ses secrets.**
Chaque ouvrage thématique de cette collection comporte dix chapitres. Chacun regroupe une courte histoire introductive, une description puis l'explication de l'expérience, un complément d'information pour les adultes et un petit jeu en rapport avec le thème. Le ton est amusant, le graphisme rigolo, le contenu fiable et la démarche vraiment scientifique.
Albin Michel Jeunesse, Les petits débrouillards 5-7 ans, 2001.
ISBN : 978-2-226-11843-1
Autres titres :
3339. **L'Odorat et la nature.** 2004.
ISBN : 978-2-226-15308-1
3340. Desjours, Pascal ; ill. Lemaître, Pascal : **La Campagne et l'aventure.** 2001. ISBN : 978-2-226-11846-2

3341. Desjours, Pascal ; ill. Martin, François : **Le Goût et la cuisine.** 2004.
ISBN : 978-2-226-15307-4
3342. Desjours, Pascal ; ill. Millet, Claude et Denise : **La Vue et les couleurs.** 2004. ISBN : 978-2-226-15311-1

3343. Desjours, Pascal ; ill. Muzo : **L'Ouïe et la musique.** 2004.
ISBN : 978-2-226-15309-8
3344. Desjours, Pascal ; ill. Proteaux, Catherine : **La Nuit et le sommeil.** 2001. ISBN : 978-2-226-11845-5

3345. Desjours, Pascal ; ill. Roederer, Charlotte ; Faller, Régis : **Le Toucher et le corps.** 2004.
ISBN : 978-2-226-15310-4
De 6,90 € à 10,50 € chaque
À partir de 5 ans

3346. Aulas, François ; ill. Pronto : **Expériences avec les aimants.**
Se poser des questions, réaliser des expériences et aboutir à des explications documentaires, telle est la démarche scientifique de cette collection basée sur l'observation. Des vrais-faux, des jeux, des volets à ouvrir, des objets à monter, des rabats à déplier, des fiches d'expériences rendent le parcours ludique.
Cité des sciences et de l'industrie / Nathan Jeunesse, Croq'sciences, 2006.
ISBN : 978-2-09-250862-6
Autres titres :
3347. Chavigny, Isabelle ; ill. Ruillier, Jérôme : **Expériences avec les sons.** 2005. ISBN : 978-2-09-250542-7
3348. Domenichini, Nora ; ill. Billet, Marion : **Expériences avec les ombres.** 2005. ISBN : 978-2-09-250541-0
3349. Grinberg, Delphine ; ill. Boutavant, Marc : **Expériences à déguster.** 2004.
ISBN : 978-2-09-211363-9
3350. Grinberg, Delphine ; ill. Dankerleroux : **Expériences avec les miroirs.** 2006.
ISBN : 978-2-09-250863-3
3351. Grinberg, Delphine ; ill. Dorémus, Gaëtan : **Expériences pour construire.** 2005. ISBN : 978-2-09-211369-1
3352. Grinberg, Delphine ; ill. Guillerey, Aurélie : **Expériences avec l'air.** 2006.
ISBN : 978-2-09-250864-0
3353. Grinberg, Delphine ; ill. Mathy, Vincent : **Expériences avec les plantes.** 2005. ISBN : 978-2-09-250544-1
3354. Grinberg, Delphine ; ill. Mühle, Jörg : **Expériences avec l'eau.** 2004.
ISBN : 978-2-09-211368-4
3355. **Expériences pour rouler.** 2005.
ISBN : 978-2-09-250543-4
3356. Grinberg, Delphine ; ill. Saillard, Rémi : **Expériences avec le corps.** 2005. ISBN : 978-2-09-211362-2
De 11,50 € à 13,95 € chaque
À partir de 6 ans

3357. Bernhard, Emmanuel ; ill. Allen, Peter : **La Météo**.
Ludique et scientifique. Une collection pour découvrir la science en s'amusant et réaliser des expériences simples. Elles permettront aux enfants d'aborder et de comprendre les principes des phénomènes scientifiques dont ils voient les implications ou les applications dans leur vie de tous les jours.
Mango Jeunesse, Kézako ?, 2002.
ISBN : 978-2-7404-1413-2
Autres titres :
3358. Dingersheim, Charles ; ill. Allen, Peter : **La Chimie.** 2004.
ISBN : 978-2-7404-1721-8
3359. **Les Cinq Sens.** 2004.
ISBN : 978-2-7404-1722-5
3360. Nessmann, Philippe ; ill. Allen, Peter : **L'Air.** 2002.
ISBN : 978-2-7404-1235-0
3361. **La Couleur.** 2002.
ISBN : 978-2-7404-1234-3
3362. La Lumière. 2005.
ISBN : 978-2-7404-1914-4
3363. **L'Électricité.** 2002.
ISBN : 978-2-7404-1233-6
3364. Les Plantes. 2003.
ISBN : 978-2-7404-1514-6
3365. Zeitoun, Charline ; ill. Allen, Peter : **L'Eau**. 2002.
ISBN : 978-2-7404-1236-7
3366. **Les Codes secrets.** 2006.
ISBN : 978-2-7404-2095-9
3367. **Les Machines.** 2005.
ISBN : 978-2-7404-1913-7
20 titres disponibles
10 € chaque
À partir de 6 ans et plus

3368. Nordqvist, Sven ; trad. Bertrand, Pierre ; Moissard, Boris : **Les Découvertes de Nick.**
En allant cueillir des framboises, Nick fait deux découvertes : la première est une chaise, la seconde une brouette. Bien des questions traversent alors son esprit : à quoi servent de tels objets ? Comment s'asseoir sur une chaise ? Pour comprendre, Nick observe, expérimente, émet des hypothèses et nous fait vivre des situations cocasses et farfelues.
L'École des loisirs-Archimède, 1998.
11,60 € ISBN : 978-2-211-04773-9
À partir de 6 ans

Association des Petits Débrouillards : **Les Petits Débrouillards.**
Une collection de dix titres publiés depuis 1998. Certains font l'objet d'une réédition. L'approche est identique. Pour chaque thème quatre chapitres proposent chacun une vingtaine d'expériences ou d'observations, sous forme de fiches détachables. Chaque fiche est conçue sur le même modèle : énoncé de la question, liste du matériel, manipulation, explication du phénomène scientifique et exemple concret d'application. Les expériences sont précises, claires et réalisables avec du matériel de récupération. Un outil formidable et ludique mais qui nécessite une médiation.
Albin Michel Jeunesse, Encyclopédie pratique des Petits Débrouillards.

3369. **À la découverte de l'eau** : « Les transformations de l'eau », « Terre, planète de vie », « Du brouillard à l'orage », « La vie est apparue dans l'eau ». 2006.
ISBN : 978-2-226-17189-4

3370. **L'Invisible** : « Le goût et l'odorat », « Des étoiles et des galaxies », « Les forces qui nous entourent », « Le piège des mesures ». 1998.
ISBN : 978-2-226-09053-9

3371. **Vivre de mille manières** : « Comment vivaient les hommes préhistoriques », « Manger, à chacun son style », « Une maison pleine d'énergie », « Les astuces de la chimie au quotidien ». 1998.
ISBN : 978-2-226-09054-6

3372. **Les Secrets de l'air** : « Les vents », « 1.2.3. Respirez », « De l'algue à l'éléphant », « Comment bouger dans l'air ». 1998.
ISBN : 978-2-226-09055-3

3373. **Planète Terre** : « Planètes et satellites », « Voyage à l'intérieur de la Terre », « Les saisons et les climats », « Les richesses du monde vivant ». 2006.
ISBN : 978-2-226-17190-0

3374. **Le Monde des extrêmes** : « Vivre dans l'eau », « Habiter dans l'espace », « Grandes vitesses et petits poids », « Voir du plus petit au plus loin ». 1989.
ISBN : 978-2-226-09057-7

3375. **Des machines pour explorer le monde** : « L'exploration des océans », « Fusées et satellites », « Moteurs en tous genres », « Fabriquer des engins ». 1999.
ISBN : 978-2-226-10133-4

3376. **L'Infiniment Petit** : « Les surprises du toucher », « Le solide et le fragile », « Au cœur des roches et des minéraux », « Aux origines de la vie ». 1999.
ISBN : 978-2-226-10134-1

3377. **L'Univers, la Terre et les humains** : « Où vivent les humains ? », « Le puzzle des continents », « Les ordres de grandeur », « L'univers vu de la terre ».
ISBN : 978-2-226-10188-4

3378. **Qui sommes-nous ?** : « L'arbre généalogique de l'humanité », « D'où nous vient la parole », « Humain ou animal ? », « Où vivrons-nous demain ? ». 1999.
ISBN : 978-2-226-10189-1
10,90 € et 15 € À partir de 8 ans

3379. Association des Petits Débrouillards : **Les Petits Débrouillards.**
La collection **« Science en poche »** propose quinze expériences par titre extraites des volumes de « l'Encyclopédie pratique des Petits Débrouillards » décrite ci-dessus. Les enfants comprendront ce qui fait le poids d'un objet, comment calculer une distance, une hauteur, une durée, la probabilité qu'un événement arrive, ce que sont les illusions d'optique et l'attraction terrestre.
Albin Michel Jeunesse, Sciences en poche.
16 titres disponibles
5,30 € chaque
À partir de 8 ans

3380. Desjours, Pascal ; ill. Boisteau, Manu : **Le Corps humain, un étonnant système.**
Des thématiques à exploiter selon une démarche organisée en quatre temps. Un questionnement, une expérimentation, une expliquation, une application. En tout quinze expériences sont proposées par volume, toujours amusantes et faciles à réaliser.
Albin Michel Jeunesse, Hors-série Petits Débrouillards. 2002.
ISBN : 978-2-226-11884-4

3381. **Les Climats, pourquoi changent-ils ?** 2004.
ISBN : 978-2-226-11787-8

3382. **Les Volcans, une puissance incontrôlable.** 2002.
ISBN : 978-2-226-12871-3
8,90 € chaque À partir de 9 ans

3383. Prache, Denys ; ill. Lapointe, Claude : **Les Plus Belles Illusions optiques.**
Un professeur et deux enfants curieux font un tour d'horizon de différents types d'illusions naturelles – mirages, camouflage des animaux – ou artificielles – cinéma, peinture, sculpture. Figures impossibles, jeux de couleurs et de lignes et une « galerie d'artistes donneurs d'illusions » : Signac, Magritte, Ernst ou Escher.
Circonflexe, Aux couleurs du monde, 2001.
13 € ISBN : 978-2-87833-288-9
À partir de 9 ans

3384. Beynié, Marc ; ill. Beynié, Marc : **100 % labo : les meilleures expériences d'Images Doc.**
Ce livre-chevalet est une adaptation de la rubrique « La manip sciences » parue dans la revue *Images Doc*. Il réunit les expériences en six thèmes : la Terre, l'Eau, la Nature, le Corps, l'Homme fabrique, le Ciel. Les expériences sont dans l'ensemble faciles à réaliser et peu coûteuses.
Bayard Jeunesse, 2004.
15,90 € ISBN : 978-2-7470-1439-7
À partir de 11 ans

♥ **3385**. Wick, Walter ; trad. Bonhomme, Pierre : **Mon œil : jeux d'optique.**
Des moulages de boulons, de peignes, de coquillages apparaissent, en creux ou en relief. Un cube, des triangles défient les lois de la géométrie. Au milieu de grossières pièces de bois surgit, tel un précieux bas-relief, un bel animal... qui n'a jamais été sculpté. Les photographies sont superbes et les explications scientifiques claires et compréhensibles.
Millepages, 1998.
12 € ISBN : 978-2-84218-049-2
À partir de 11 ans

UNIVERS

Astronomie

3386. Houck, Véronique ; Houck, Aurore : **Léa découvre l'Univers.**
Les auteurs, aidés de spécialistes, expliquent aux plus petits la formation de l'Univers à l'aide d'un langage adapté. Le graphisme à base de gouache vivement

colorée est dynamique. Une initiative intéressante et réussie.
Circonflexe, Aux couleurs du monde, 2004.
10,50 € ISBN : 978-2-87833-343-5
À partir de 3 ans

3387. Ledu, Stéphanie ; ill. Balicevic, Didier : **L'Espace.**
Un livre aux pages en papier indéchirable, aux dessins vifs et colorés assortis d'un texte simple où les notions scientifiques et techniques sont abordées avec pertinence. Une première initiation réussie à l'astronomie et à la conquête de l'espace.
Milan Jeunesse, Mes p'tits docs, 2005.
6 € ISBN : 978-2-7459-1969-4
À partir de 3 ans

3388. Masson, Claudine et Jean-Michel ; Roane, Alexandre ; ill. Pillot, Frédéric : **Étoiles et planètes.**
Ce voyage dans l'univers débute par la visite du Soleil, se poursuit par celle de la Terre et de sa Lune, reprend sa course vers les planètes du système solaire et s'achève dans l'infini des étoiles. Le texte est bref, clair, il donne des clés sur les notions d'échelle, de taille, de distance. La mise en pages est légère et les illustrations plaisantes.
Milan Jeunesse, Mes premiers docs, 2002.
12 € ISBN : 978-2-7459-0616-8
À partir de 6 ans

3389. Verdet, Jean-Pierre ; ill. Broutin, Christian ; Galleron, Henri ; Valat, Pierre-Marie : **Le Ciel, le Soleil et le jour.**
Ce petit documentaire présente le Soleil qui procure la chaleur et la lumière nécessaires à la vie sur notre planète. Le livre parle aussi des relations que l'astre entretient avec la Terre et la Lune, auxquelles nous devons le jour, la nuit, les saisons, les éclipses.
Gallimard Jeunesse, Découverte benjamin, 2005.
2,95 € ISBN : 978-2-07-051177-8
À partir de 6 ans

♥ **3390**. Verdet, Jean-Pierre ; ill. Bon, Pierre : **Plus haut, plus loin.**
Tout ce qu'il est possible d'observer dans le ciel et bien au-delà ! Avions, navettes spatiales, satellites, planètes, étoiles, vaisseaux défilent dans l'espace accompagnés d'un bref commentaire. La lecture, possible dans deux sens différents, symbolise les deux visions du monde, avant et après l'invention du télescope. Un album documentaire remarquable.
L'École des loisirs, Lutin poche, 1999.
5,50 € ISBN : 978-2-211-05270-2
À partir de 6 ans

3391. Haigneré, Claudie : **Andromède : carnet de bord.**
Un reportage photographique sur le voyage de Claudie Haigneré, son séjour à bord de la station spatiale internationale : entraînement des astronautes, décollage, amarrage de la fusée, vie à bord et retour sur Terre. Dans le CD-audio de l'émission radiophonique de France Inter, la cosmonaute raconte sa mission et livre ses impressions personnelles.
PEMF, 2002.
23 € ISBN : 978-2-84526-352-9
À partir de 9 ans

3392. Jenkins, Alvin ; ill. Jenkins, Steve ; trad. Bonhomme, Pierre : **Le Système solaire.**
Ce voyage nous rapproche du Soleil, des planètes et de leurs satellites. Chaque double page consacrée à un corps céleste nous renseigne sur ses propriétés et les distances considérables qui les séparent. Les belles illustrations, à l'apparente simplicité, contrastent avec la complexité du thème abordé, suscitant ainsi l'intérêt des plus jeunes.
Circonflexe, Aux couleurs du monde, 2005.
12 € ISBN : 978-2-87833-360-2
À partir de 9 ans

3393. Labouze, Xavier : **Sommes-nous tout seuls dans l'Univers ?**
Peut-on envisager l'existence d'extraterrestres à partir des hypothèses sur les origines de l'Univers et des différentes formes d'apparition de vie sur Terre ? L'homme a toujours été fasciné par cette perspective. À l'aide de vaisseaux spatiaux et aussi de son imaginaire, il explore le ciel à la recherche de signes de vie. Un agréable petit livre.
Milan, Les essentiels Milan Junior, Sciences, 2000.
4,50 € ISBN : 978-2-7459-0091-3
À partir de 9 ans

3394. Love, Ann ; Drake, Jane ; ill. Collins, Heather ; trad. Masson, Jean-Michel : **Mon grand livre du ciel.**
Véritable guide pratique d'observation du ciel, cet ouvrage est aussi un recueil de récits mythologiques, de jeux, d'activités, etc. Grâce à une démarche très pragmatique, il initiera les enfants à l'observation de la Lune, des étoiles et du ciel selon les saisons, en dépit d'une illustration en deux couleurs seulement.
Milan Jeunesse, 2005.
14,95 € ISBN : 978-2-7459-1870-3
À partir de 9 ans

3395. Masson, Claudine et Jean-Michel ; ill. Beaujard, Yves ; Gangloff, Sylviane ; Jagerschmidt, Vincent ; Locoste, Nathalie ; Pillot, Frédéric : **Copain du ciel : explorer le ciel pour mieux connaître la Terre.**
Cet ouvrage décrit le Soleil et la Lune et leur influence sur la Terre, les étoiles et les constellations, les planètes ainsi que les comètes et astéroïdes. Il donne des conseils pour observer le ciel et propose de nombreuses expériences et activités. Un intéressant tour de la question, accessible.
Milan Jeunesse, Copains, 2005.
22,60 € ISBN : 978-2-7459-1872-7
À partir de 9 ans

3396. Texte et cartographie, Sauzereau, Olivier ; ill. Besnier, Yves : **Le Ciel étoilé.**
Comment reconnaître les étoiles, les planètes et les constellations ? Pour nous aider dans notre observation du ciel, l'auteur propose des cartes fluorescentes détaillées indispensables pour distinguer les principaux astres. L'ouvrage est très intéressant pour acquérir des notions d'astronomie, affiner ses connaissances ou se découvrir une passion !
Gulf Stream Junior, Un grand livre lumineux, 2006.
19,50 € ISBN : 978-2-909421-41-4
À partir de 9 ans

3397. Verdet, Jean-Pierre ; ill. Broutin, Christian : **Le Ciel.**
La perception du ciel au fil du temps, en touches « impressionnistes », est ponctuée par des doubles pages illustrées d'images en couleurs en trois dimensions : une paire de lunettes permet la vision en relief. Une première approche d'illustres scientifiques comme Ptolémée, Copernic, Wright.
Hachette Jeunesse, Explorateur 3D, 2000.
12 € ISBN : 978-2-01-291922-8
À partir de 9 ans

3398. Salès, Laure ; Wending, Milène ; Willemez, Anne : **Espace.**
Cette encyclopédie illustrée comporte six parties pour comprendre l'Univers, sa formation, son évolution et les moyens dont disposent les hommes pour percer ses mystères. À signaler qu'elle prend en compte les nouvelles dimensions du système solaire qui, depuis août 2006, ne compte plus que huit planètes mais accueille une nouvelle famille de corps célestes.
Fleurus, Encyclopédie Fleurus Junior, 2006.
19,95 € ISBN : 978-2-21505356-9
À partir de 10 ans

♥ **3399**. Cruzalèbes, Pierre ; Froeschlé, Michel ; Rabbia, Yves ; ill. Metzger, Doan : **L'Astronomie : tout ce qu'on sait et comment on le sait.**
Les auteurs sont tous astronomes ou astrophysiciens. Ils présentent l'essentiel de ce que l'on connaît aujourd'hui, mais aussi comment on le sait. Pour cela ils s'appuient sur leurs recherches et sur celles de leurs prédécesseurs. Un ouvrage dense, complet, parfaitement accessible et passionnant. Une réussite !
La Martinière Jeunesse, Tout ce qu'on sait..., 2002.
22,50 € ISBN : 978-2-7324-2831-4
À partir de 11 ans

♥ **3400**. Kunth, Daniel : **Le Grand Univers et nous : petite conférence sur l'astronomie.**
Cette « petite conférence », lumineuse et passionnée, s'articule en deux parties : l'une consacrée à l'Univers et l'autre aux étoiles, le Soleil et nous (avec LA question cruciale : sommes-nous seuls ?). La conférence est suivie de questions/réponses échangées avec les enfants présents lors des séances organisées au Centre dramatique national de Montreuil.
Bayard, Les petites conférences, 2005.
ISBN : 978-2-227-47461-1
9,90 € À partir de 11 ans

3401. Lehoucq, Roland ; ill. Bonniol, Magali : **Le Soleil, notre étoile.**
Cette fiction documentaire nous invite à suivre le dialogue d'enfants avec un passionné d'astronomie. On découvre au fil du récit la structure, le fonctionnement, et l'évolution du Soleil. De nombreux exemples ponctuent les explications tandis que les dessins humoristiques aèrent le texte. Quelques expériences complètent utilement l'information.
Le Pommier, Les minipommes, 2004.
ISBN : 978-2-7465-0195-9
Autre titre :
3402. Bouquet, Alain ; ill. Dutertre, Charles : **La Vie d'une étoile**. 2006.
8 € chaque ISBN : 978-2-7465-0268-0
À partir de 11 ans

3403. Kerrod, Robin : **Étoiles et planètes.**
Ce volume de la collection se penche sur les étoiles et les planètes avec son savoir-faire habituel : une maquette attractive alternant photographies de qualité, schémas et dessins. Retraçant les découvertes qui ont fait progresser l'astronomie, ce livre, écrit par un « vieux routier » de la vulgarisation, est agréable et efficace.
Gallimard Jeunesse, Les yeux de la découverte, 2003.
ISBN : 978-2-07-055229-0
Autre titre :
3404. Murray, Stuart : **Planète Mars.** 2005.
ISBN : 978-2-07-051071-9
14 € chaque À partir de 13 ans

Astronautique

3405. Goursac, Olivier de ; ill. Laye, Pascal : **La Conquête spatiale racontée aux enfants.**
L'auteur, spécialiste de l'espace, a su parfaitement vulgariser un sujet difficile. Les chapitres traitent de l'espace, des moyens de s'y rendre, d'y vivre et sont enrichis par les principales étapes de la conquête spatiale. Les nombreuses photos d'archives de la NASA rendent cet ouvrage attrayant.
La Martinière Jeunesse, Le monde raconté aux enfants, 2006.
13 € ISBN : 978-2-7324-3408-7
À partir de 9 ans

3406. Stott, Carole ; photos Gorton, Steve : **La Conquête de l'espace.**
En attendant que les astronautes se rendent sur Mars et que l'espace accueille les premiers touristes, la course et la coopération des nations se poursuit pour l'exploration, l'étude et l'exploitation de l'espace. Où en est-on sur le plan des observations, des expériences et des projets de constructions et d'applications futures ?
Gallimard Jeunesse, Les yeux de la découverte, 2003.
14 € ISBN : 978-2-07-053815-7
À partir de 11 ans

GÉOLOGIE

Terre

3407. Morin, Patrick : **Dans le secret des grottes : la spéléologie.**
Un album documentaire avec deux fils conducteurs : un récit fictionnel – la découverte de Kévin, apprenti spéléologue, parti explorer une grotte en Lozère – et, parallèlement, des vignettes précises et légendées donnant une information documentaire sur les grottes, leur formation, leur structure, leur faune étonnante. Un sujet intéressant et peu abordé.
L'École des loisirs-Archimède, 2004.
12 € ISBN : 978-2-211-06911-3
À partir de 9 ans

3408. Turner, Matt ; ill. Longworth, Mark ; trad. Dorville, Christine et Deraime, Sylvie ; cartographie Mumford, Simon : **La Terre.**
Un volume qui témoigne du souci d'être clair, structuré et complet. En dépit d'une

mise en pages éclatée, le texte principal, les légendes des illustrations et les mots-clés renvoient au site Internet et se complètent mutuellement. L'association imprimé/Internet fonctionne bien avec des informations à la portée des enfants.
Gallimard Jeunesse / Google, Les thématiques de l'encyclopédi@, 2005.
14,95 € ISBN : 978-2-07-057054-6
À partir de 9 ans

3409. Williams, Brian ; trad. Commergnat, Noëlle : **L'Histoire de la Terre.**
Pour aborder l'évolution de notre planète, depuis sa naissance jusqu'à l'apparition de l'Homo sapiens. Les bouleversements, l'apparition de la vie, l'adaptation des êtres vivants et l'évolution des espèces jusqu'à l'époque actuelle sont exposés dans des chapitres courts, illustrés, et très pédagogiques. Un glossaire et un index complètent l'ensemble.
Gamma Jeunesse, L'histoire du temps, 2002.
10 € ISBN : 978-2-7130-1951-7
À partir de 9 ans

Minéralogie

♥ **3410**. Jacopin, Pierre-Yves ; ill. Tirabosco, Tom : **Les Cailloux de Chacha.**
Un garçon collectionneur de cailloux a bien remarqué qu'il n'y en a pas deux pareils. On apprend avec lui comment les pierres se détachent de la montagne, s'entassent en moraines, descendent la rivière puis, après un voyage de plusieurs siècles, deviennent des grains de sable et terminent leur vie à la mer. Un long périple conté avec poésie et humour.
La Joie de lire, Les p'tits suisses, 2000.
13 € ISBN : 978-2-88258-180-8
À partir de 6 ans

♥ **3411**. Michel, François ; ill. Robin : **La Géologie à petits pas.**
Un ouvrage complet sur le sujet et exposé de manière claire et vivante, appuyé par des dessins humoristiques. Qu'est-ce qu'une roche, sa nature, son type ? Beaucoup de précisions, des exemples. L'auteur termine par le cycle des roches et leur exploitation par l'homme. Idéal en préalable à une promenade, ou pour débuter une collection de cailloux...
Actes Sud Junior, À petits pas, 2005.
12 € ISBN : 978-2-7427-5703-9
À partir de 9 ans

3412. Pinet, Michèle ; ill. Korkos, Alain : **Découvre les roches et les minéraux.**
Les minéraux sont partout autour de nous. Pour apprendre à les connaître, ce livre très pratique propose de les récolter au cours d'excursions minéralogiques, puis de les analyser afin de les identifier et de connaître leurs propriétés en réalisant des expérimentations.
Mango Jeunesse, Guide nature mode d'emploi, 1996.
9 € ISBN : 978-2-7404-0526-0
À partir de 9 ans

3413. Taylor, Paul ; photos Keates, Colin : **L'Énigme des fossiles.**
Une histoire des fossiles, de leur formation, à travers une multitude de photographies et d'illustrations plus vraies que nature.
Gallimard Jeunesse, Les yeux de la découverte, 2004.
14 € ISBN : 978-2-07-055716-5
À partir de 9 ans

3414. Duranthon, Francis ; ill. Eydoux, Anne : **Fossiles d'Europe.**
Ce guide décrit 101 fossiles végétaux et animaux de façon précise, en utilisant des termes scientifiques exacts. Toutefois il ne donne pas de conseils pratiques : c'est donc un bon guide d'identification, mais il ne convient pas pour une première initiation.
Milan Jeunesse, Carnets de nature, 2005.
5,80 € ISBN : 978-2-7459-1619-8
À partir de 13 ans

Montagne

3415. Couzy, Agnès ; ill. Ballouhey, Pierre ; Delétraz, Corinne ; Appell-Mertiny, Hélène : **Copain des Alpes : pour une première découverte des Alpes.**
Un guide illustré destiné aux enfants qui souhaitent tout connaître sur les Alpes, leur histoire, leur géologie, leurs glaciers, les sommets, la faune, la flore. Une quantité de conseils pour apprécier de longues randonnées dans ces fabuleux paysages qui s'étendent du Sud de la France jusqu'en Slovénie. Une collection attractive.
Milan Jeunesse, Copains, 2006.
ISBN : 978-2-7459-2255-7
Autres titres :
3416. Kayser, Bernard ; ill. Ballouhey, Pierre : **Copain des Pyrénées : le guide des petits Pyrénéens.** 1997.
ISBN : 978-2-84113-318-5
3417. Lisak, Frédéric ; ill. Pillot, Frédéric : **Copain des montagnes : le guide des petits montagnards.** 2007.
ISBN : 978-2-84113-323-9
22,60 € chaque À partir de 9 ans

Volcans

3418. Grégoire, Fabian : **Nuit sur l'Etna**.
À travers les yeux d'une fillette, Silvia, le lecteur assiste à l'éruption de l'Etna, le plus grand volcan actif d'Europe. Sauvée par des volcanologues, elle observe leur travail de terrain. Danger et beauté des coulées de lave sont rendus par des illustrations aux couleurs chaudes.
L'École des loisirs-Archimède, 2001.
12 € ISBN : 978-2-211-05734-9
À partir de 7 ans

3419. Photos Bourseiller, Philippe ; textes Montardre, Hélène ; ill. Giraudon, David : **Les Volcans racontés aux enfants.**
Amoureux des grands espaces, l'auteur s'intéresse aux volcans et rapporte de ses voyages des photographies aussi belles que spectaculaires ou étranges. Les textes parlent des différents types de volcans, des éruptions, du travail des volcanologues. Des pages expliquent la naissance des volcans, le travail du photographe.
La Martinière Jeunesse, Le monde raconté aux enfants, 2002.
13 € ISBN : 978-2-7324-2927-4
À partir de 9 ans

3420. Michel, François ; ill. Robin : **Les Volcans à petits pas.**
L'auteur aborde le volcanisme en géologue. Sur un sujet rebattu, il choisit de ne pas se limiter à la peau de la Terre et à ses volcans qui font peur et fascinent. Il fait comprendre ce qu'est l'activité volcanique de la planète toute entière. Un ouvrage structuré, clair. Les dessins amusants et dynamiques contribuent à une mise à distance qui permet la réflexion.
Actes Sud Junior, À petits pas, 2005.
12 € ISBN : 978-2-7427-5446-5
À partir de 9 ans

3421. Pelloté, Marc : **À la découverte des volcans.**
Une mise en pages dynamique avec des photographies, cartes et schémas pertinents. Des informations et des explications sur l'origine des volcans, leur situation géographique, les types d'éruptions, les dangers et les bienfaits qu'ils provoquent, les systèmes de surveillance et de protection. Un livre clair, vivant, complété de ressources bibliographiques.
Flammarion-Père Castor, Castor doc, 2003.
8,50 € ISBN : 978-2-08-161682-0
À partir de 9 ans

3422. Van Rose, Susanna ; photos Stevenson, James : **La Colère des volcans.**
Constitution de la Terre, plaques continentales, dérive des continents et formation des volcans constituent le début de ce livre qui prend ensuite délibérément le parti du sensationnel. Pompéi, l'explosion de la montagne Pelée, celle du mont Sainte-Hélène... sont superbement évoqués.
Gallimard Jeunesse, Les yeux de la découverte, 2002.
14 € ISBN : 978-2-07-053964-2
À partir de 9 ans

Mer

3423. Guidoux, Valérie : **Le Bord de mer.**
La mer façonne les rivages. Sans cesse bousculés par les vagues, au rythme des marées et sculptés par le vent, ils sont en perpétuelle évolution. Pour découvrir la plage de sable, la falaise rocheuse, la digue du port ... ainsi que la faune et la flore spécifiques de ces milieux. De belles photographies pour une balade vivifiante !
Mango Jeunesse, Qui es-tu ? Nature, 2003.
9 € ISBN : 978-2-7404-1576-4
À partir de 6 ans

3424. Cohat, Yves ; ill. Fuhr, Ute ; Sautai, Raoul : **La Vie sous la mer.**
Une scène en trois dimensions introduit chaque chapitre. On y plonge pour observer la diversité de la vie sous-marine et son évolution depuis 600 millions d'années. Du littoral jusqu'aux abysses on rencontre des êtres plus ou moins surprenants, on découvre aussi des entreprises humaines vécues ou imaginées pour explorer les fonds marins.
Hachette Jeunesse, Explorateur 3D, 2001.
12 € ISBN : 978-2-01-291951-8
À partir de 8 ans

3425. Sarano, Véronique : **Planète océan.**
Des chapitres courts, une problématique logique, des textes accessibles complétés par des encadrés et des légendes. De la formation des océans à la protection des écosystèmes, les thèmes présentés de façon agréable et dynamique, font le tour de la question. Le DVD de qualité apporte des compléments documentaires réels.
Fleurus, Voir la terre, 2006.
15,50 € ISBN : 978-2-215-05344-6
À partir de 9 ans

3426. Tracqui, Valérie ; ill. Heinrich, Christian ; Robin, Pascal ; Dastrevigne, Dominique : **Copain des mers : le guide des petits loups de mer.**
La mer est ici évoquée sous une multitude d'aspects : un milieu propice au développement de la vie, avec sa faune et sa flore spécifiques, un espace à protéger face aux activités de l'homme comme les activités de loisirs et l'exploitation des ressources. Des propositions d'activités complètent l'information.
Milan Jeunesse, Copains, 2006.
22,60 € ISBN : 978-2-7459-2056-0
À partir de 9 ans

3427. Braconnot, Jean-Claude : **La Mer.**
Une présentation par ordre alphabétique des mots importants du vocabulaire maritime permet d'envisager à la fois les aspects écologiques, commerciaux, juridiques et zoologiques de la mer. Dessins et schémas, index et glossaire rendent cet ouvrage très facile à utiliser.
PEMF, 30 mots-clés pour comprendre, 1999.
10 € ISBN : 978-2-84526-009-2
À partir de 11 ans

Climat

3428. Dressler, Sophie : **Force 10 ! : avis de tempête.**
Acompagnée d'aquarelles de l'auteur, l'histoire aborde le thème du climat et ses implications sur la forêt et sa faune. Des enfants surpris par une tempête se réfugient toute la nuit dans un blockhaus, au matin ils constatent les ravages. Explications scientifiques et expériences liées à la connaissance du climat et de l'environnement complètent la fiction.
L'École des loisirs-Archimède, 2003.
12,50 € ISBN : 978-2-211-06328-9
À partir de 6 ans

3429. Berthelot, Louis-Marie : **Climats et météorologie.**
Ouvrage rédigé par un mathématicien soucieux de vulgarisation pour le jeune public (y compris pour le DVD intitulé « Quel temps fait-il ? »). Qualité et accessibilité pour un contenu classique et prudent sur les menaces climatiques. Le film fidèle aux thématiques du texte permet d'aborder la complexité scientifique du climat en général.
Fleurus, Voir les sciences, 2006.
14,50 € ISBN : 978-2-215-05354-5
À partir de 9 ans

3430. Chémery, Laure ; ill. Poissenot, Jean-Marie ; Rochut, Jean-Noël ; Soro, Amato : **Le temps qu'il fait.**
L'équilibre texte/illustrations, le vocabulaire simple et les phrases courtes rendent ce livre très abordable. Les informations sont assez limitées mais elles sont claires et l'enfant trouvera ici bon nombre de repères sûrs. Il pourra même faire quelques expériences.

Larousse, Ma première encyclopédie, 2006.
8 € ISBN : 978-2-03-565149-5
À partir de 9 ans

3431. Masson-Delmotte, Valérie ; Dubrulle, Bérengère ; ill. Gambini, Cécile : **Le Climat : de nos ancêtres à vos enfants.**
Grâce à Chone qui vit en 2143 et qui voyage dans le temps à l'aide du chronotron inventé par son père, Éloise et Zohra se baladent à différentes époques où le climat a été tantôt plus chaud, tantôt plus froid qu'aujourd'hui. Une petite histoire facile à suivre. Le jeu des questions-réponses avec l'auteur fait rebondir d'un concept à l'autre.
Le Pommier, Les minipommes, 2005.
8 € ISBN : 978-2-7465-0239-0
À partir de 9 ans

3432. Romejko, Laurent : **Zoom sur le climat.**
L'histoire et l'évolution du climat sont replacées dans un contexte global, ses différentes manifestations sont expliquées. La météorologie apparaît comme une science à la fois fiable et aléatoire, et les activités de l'homme sont dénoncées comme responsables de bouleversements écologiques. Une prise de conscience émerge.
Hachette Jeunesse, Zoom sur, 2002.
5,95 € ISBN : 978-2-01-291945-7
À partir de 13 ans

ÉVOLUTION

Animaux

3433. Barner, Bob ; trad. Bonhomme, Pierre : **Dinosaures.**
Chaque double page présente quelques informations de base sur les fossiles, leur découverte en Angleterre vers 1820, la reconstitution des squelettes, les différentes espèces, herbivores et carnivores. Un album très dynamique dans l'art d'utiliser les papiers découpés.
Circonflexe, Aux couleurs du monde, 2002.
12 € ISBN : 978-2-87833-296-4
À partir de 6 ans

3434. Henderson, Douglas ; trad. Bertrand, Pierre : **L'Arbre aux dinosaures.**
Cet album documentaire, superbement illustré, rigoureux sur le plan scientifique et très persuasif nous entraîne dans une histoire imaginaire située dans la forêt pétrifiée d'Arizona, célèbre pour ses troncs d'arbres fossiles. Nous y suivons, depuis les origines, la vie d'un « petit arbre » et d'un « petit dinosaure ».
L'École des loisirs-Archimède, 1997.
11 € ISBN : 978-2-211-02996-4
À partir de 6 ans

3435. Kawai, Masao ; ill. Yabuuchi, Masayuki : **Des pieds et des mains.**
Observées aux rayons X, toutes les pattes des mammifères présentent la même structure de base : deux mains et deux pieds dotés de cinq doigts. Ce livre place l'observation au premier plan et utilise des jeux et des devinettes. Il explique comment les doigts des mammifères ont évolué en fonction de leur adaptation à un milieu de vie particulier.
L'École des loisirs-Archimède, 1995.
11 € ISBN : 978-2-211-03460-9
À partir de 6 ans

3436. Strosberg, Serge : **Au royaume des dragons.**
Ce très bel album retrace sous la forme d'un récit – inspiré du *Voyage d'un naturaliste autour du monde* – la vie de Charles Darwin, les découvertes qu'il fit aux îles Galapagos sur différentes espèces d'iguanes, de tortues géantes et de pinsons, et sa théorie révolutionnaire de l'Évolution.
L'École des loisirs-Archimède, 1999.
12,80 € ISBN : 978-2-211-04722-7
À partir de 6 ans

♥ **3437**. Lamigeon, Maryse ; ill. Vincent, François : **Opération mammouth chez les Dolgans de Sibérie.**
L'aventure d'un jeune nomade sibérien qui découvrit deux défenses de mammouth lors d'une partie de chasse, il y a quelques années. L'album documentaire explique le programme de recherches « Mammuthus », la civilisation nomade des Dolgans dont une minorité de familles vit de manière traditionnelle, et donne des informations sur ce que l'on connaît des mammouths.
L'École des loisirs-Archimède, 2004.
12 € ISBN : 978-2-211-07537-4
À partir de 9 ans

♥ **3438**. Philippo, Sophie ; ill. Dutertre, Charles ; Mussot, Xavier ; Norwood, Julien *et al.* : **Les Dessous du mammouth.**
Un livre ludique et passionné, avec une mise en pages et une illustration diversifiées qui soutiennent un propos scientifique et humoristique. Une façon adroite de nous initier au travail des spécialistes, avant de nous exposer les connaissances sur le mammouth puis de le comparer à l'éléphant.
Tourbillon / Muséum national d'histoire naturelle, 2004.
12 € ISBN : 978- 2-84801-092-2
À partir de 9 ans

3439. Allain, Ronan : **Les Dinosaures : le passé retrouvé.**
Ce volume rédigé par un paléontologue procède d'une démarche scientifique cohérente et explicite : « naissance » des dinosaures, fossiles, origines, diverses espèces, reproduction, alimentation et mode de vie, hypothèses sur les causes de leur extinction... sont complétés par des informations accessibles dans le cédérom.
Hachette Jeunesse, Big Bang, 2004.
22 € ISBN : 978-2-01-265582-9
À partir de 11 ans

3440. Panafieu, Jean-Baptiste de ; ill. Archer, Philippe ; Faleschini, Gian Paolo ; Grant, Donald *et al.* : **Les Dinosaures et autres animaux préhistoriques.**
Le thème principal est l'évolution des espèces : des origines de la vie sur Terre à l'apparition de l'homme. Riches et précises, les descriptions et explications sont tirées des enseignements de la paléontologie, de la biologie, ou de la géologie. Un livre très documenté et bien organisé.
Milan Jeunesse, Les encyclopes, 2005.
22,60 € ISBN : 978-2-7459-1187-2
À partir de 11 ans

Hommes

3441. Gay, Michel : **Cromignon.**
Dans une grotte, Cromignon attend au côté de sa maman le retour des chasseurs. Il souffle de la terre rouge, s'amusant à laisser l'empreinte de sa main libre sur les parois... Une aventure s'ensuit à l'extérieur de la grotte laissant libre cours à l'imaginaire que chacun développe sur notre passé préhistorique.
L'École des loisirs, Lutin poche 2001.
5,50 € ISBN : 978-2-211-06183-4
À partir de 5 ans

3442. Bernard, Frédéric : **Les Hommes préhistoriques.**
L'auteur introduit judicieusement son sujet en montrant la minuscule place des hommes dans l'histoire de la Terre. Après un point rapide sur l'apparition de la vie, des reptiles et des vertébrés, viennent les différents hommes. L'évolution des diverses branches est bien montrée, ainsi que les découvertes récentes. Idéal pour une première approche.
Milan Jeunesse, Les essentiels Milan Junior, 2002.
6,50 € ISBN : 978-2-7459-0424-9
À partir de 9 ans

3443. Goldie, Sonia ; collab. Pic, Pascal ; ill. Estellon, Pascale ; Weiss, Anne : **Préhistoire.**
De format généreux avec des doubles pages à rabats et une mise en pages raffinée, ce livre raconte l'histoire de l'évolution humaine depuis l'Australopithèque jusqu'à l'Homo sapiens. Une restitution chronologique depuis la naissance de la Terre permet de situer l'arrivée des premiers hommes et, avec l'invention de l'écriture la fin de la Préhistoire.
Mila, Les grandes aventures, 1999.
14,50 € ISBN : 978-2-84006-184-7
À partir de 9 ans

♥ **3444**. Jenkins, Steve : **La Vie : une histoire de l'évolution.**
Des illustrations colorées à base de collages animent cette histoire remarquablement racontée. L'apparition de la vie, la théorie de Darwin, la variabilité et les mutations des espèces sont expliquées simplement et de manière très complète. Une frise chronologique, « la vie en une journée », concrétise à merveille le déroulement temporel de l'évolution.
Circonflexe, Aux couleurs du monde, 2003.
13 € ISBN : 978-2-87833-328-2
À partir de 9 ans

3445. Parker, Steve : **De l'os au squelette.**
Cet ouvrage montre, à l'aide de photographies de grande qualité, des os et des squelettes d'hommes et d'animaux et donne des informations sur leurs fonctions, les motifs de leurs structures, ainsi que ceux de leurs similitudes et différences qui sont liées aux lois de l'évolution.
Gallimard Jeunesse, Les yeux de la découverte, 2002.
14 € ISBN : 978-2-07-053621-4
À partir de 9 ans

3446. Delpas, Clara ; Chairopoulos, Patricia ; photos Glaize, Patrick ; sous la dir. scient. de Coppens, Yves ; d'après le film de Malaterre, Jacques : **Homo sapiens : l'aventure de l'homme.**
Cette aventure présente l'Homo sapiens, de ses origines à la naissance de l'homme moderne. Le travail des scientifiques permet de voir à quoi ressemblaient les premiers hommes, nous renseigne sur leur mode de vie, et nous livre les hypothèses avancées sur les raisons de leurs migrations. Un livre sérieusement documenté destiné à une vulgarisation exemplaire.
Flammarion-Père Castor, Castor doc, 2005.
8,50 € ISBN : 978-2-08-162699-7
À partir de 11 ans

3447. Gamlin, Linda ; photos Crawford, Andy ; Fletcher, Neil et Gorton, Steve ; trad. Porlier, Bruno : **L'Évolution : les transformations du vivant.**
C'est l'aspect historique de l'idée de l'Évolution qui est développé ici : la création telle qu'on l'a imaginée autrefois dans différentes parties du monde, les divers tâtonnements et tentatives d'explications, la théorie de Darwin puis les théories actuelles avec preuves et remises en cause. Nombreuses biographies de savants.
Gallimard Jeunesse, Passion des sciences, 1994.
14 € ISBN : 978-2-07-057986-0
À partir de 13 ans

3448. Haines, Tim ; Chambers, Paul ; ill. Morris, Tom et Brandt, Robert ; trad. Dreyfus, Véronique : **Préhistoire : des dinosaures aux premiers hommes.**
Cette encyclopédie, réalisée en complément de trois séries télévisées de la BBC, est une réussite. Dense mais clair, le texte est autant accessible aux adultes qu'aux enfants. Il est illustré avec des images des films, des photographies de fossiles et des tableaux : périodes géologiques et généalogie des espèces.
Fleurus / BBC France, 2006.
20 € ISBN : 978-2-215-05395-8
À partir de 13 ans

BIOLOGIE

Corps humain

♥ **3449**. Stojic, Manya ; trad. Bonhomme, Catherine : **Voilà la pluie !**
« Ça y est ! Voilà la pluie ! », s'écrient les animaux de la savane. Ils la sentent, la flairent, l'entendent, la voient en se le disant les uns aux autres avec jubilation et enthousiasme : un album aux couleurs vives, qui respire la joie de vivre. Une façon d'aborder les cinq sens très dynamique.
Circonflexe, Albums, 2000.
12 € ISBN : 978-2-87833-265-0
À partir de 3 ans

3450. Cole, Babette : **Poils partout.**
Un petit ours en peluche explique à sa jeune maîtresse les incroyables métamorphoses du corps et de l'esprit « qui transforment les enfants en adultes ». Grâce au talent narratif et graphique de l'auteur, c'est drôle, roboratif, tendre et, bien qu'assez délirant, totalement juste. Un vrai album documentaire.
Seuil Jeunesse, 1999.
11,80 € ISBN : 978-2-02-038028-7
À partir de 6 ans

3451. Branzei, Sylvia ; ill. Keely, Jack ; trad. Dieuaide, Sophie : **Cradologie : la science impolie du corps humain.**
Une thématique peu abordée et jusqu'ici plutôt taboue : tout ce qui relève des émis-

sions du corps dans un langage cru. Pour les enfants, la terminologie « correcte », habituelle mais compliquée, est un frein à la compréhension de ces phénomènes simples, et cette nouvelle approche plus ludique met davantage à leur portée les mystères de la vie.
Pocket Jeunesse album, 2005.
6,60 € ISBN : 978-2-266-15438-3
À partir de 9 ans

3452. Montagnat, Serge ; ill. Beaucousin, Pierre : **Le Corps à petits pas.**
Une étude du corps sous toutes ses coutures. Détails anecdotiques ou amusants sont distillés par le biais de courts paragraphes, ponctués d'illustrations humoristiques, sans oublier des informations scientifiques. Quelques exemples montrent l'évolution de la société : regards sur l'obésité, l'alimentation, l'homosexualité... On apprend tout en s'amusant !
Actes Sud Junior, À petits pas, 2005.
ISBN : 978-2-7427-5465-6
Autre titre :
3453. Tordjman, Nathalie ; ill. Mühle, Jörg : **Les Dents à petits pas.** 2004.
10 et 12 € ISBN : 978-2-7427-5113-6
À partir de 9 ans

3454. Bègue, Brigitte ; ill. Frapar : **60 questions autour de la puberté : des transformations physiques aux interrogations plein la tête, ça se passe comment exactement ?**
Articulé autour de seize thématiques, cet ouvrage est un jeu de questions-réponses à travers lesquelles les adolescents pourront facilement s'identifier, et qui saura les guider dans cette période de transition importante de la vie. Les illustrations sont efficaces et amusantes. Les informations déclinées avec humour vont droit à l'essentiel.
La Martinière Jeunesse, Oxygène, 2005.
ISBN : 978-2-7324-3251-9
Autre titre :
3455. Boutaudou, Sylvie ; ill. Aynié, Laëticia : **Marre de mes kilos en trop.** 2003.
ISBN : 978-2-7324-2971-7
11 € chaque À partir de 11 ans

3456. Degos, Laurent ; ill. Jansem, Sophie : **Mon corps : cent mille milliards de cellules.**
Ce livre aborde la question complexe de la constitution du vivant. Le texte rigoureux et accessible, les dessins ludiques qui le complètent, offrent une approche scientifique réussie de la biologie. Approche qui n'en demeure pas moins difficile à saisir de par la nature même du sujet traité.
Le Pommier, Les minipommes, 2005.
ISBN : 978-2-7465-0218-5
Autre titre :
3457. Hudebine, Louis-Marie ; ill. Wehrling, Yann : **Être vivant, quelle aventure !** 2005.
8 € chaque ISBN : 978-2-7465-0230-7
À partir de 11 ans

3458. Dumont, Virginie ; Montagnat, Serge ; ill. Slocombe, Romain ; Bloch, Serge ; Barborini, Robert : **Questions d'amour : 11-14 ans.**
Ce manuel recense 150 questions que se posent les jeunes sur leur corps, ses changements et sur la sexualité. Une première partie s'intéresse à la période de la puberté, la seconde est consacrée à la dimension sociale et affective de la sexualité. Le style est direct, les dessins proches de la BD et les photographies plaisantes.
Nathan Jeunesse, Questions d'amour, 2004.
ISBN : 978-2-09-250350-8
Autres titres :
3459. Dumont, Virginie ; Montagnat, Serge ; ill. Millet, Denise et Claude : **Questions d'amour : 8-11 ans.** 2004.
ISBN : 978-2-09-250351-5
3460. Dumont, Virginie ; ill. Rosy : **Questions d'amour : 5-8 ans.** 2004.
ISBN : 978-2-09-250352-2
11 € chaque À partir de 11 ans

3461. Stassart, Gilles : **C'est bon, c'est beau ! Les Arts du goût.**
Nos sens nous mettent l'eau à la bouche et provoquent l'envie ou le dégoût. Ce livre dont l'approche originale croise l'alimentation, le goût et l'art, traite des habitudes alimentaires à travers l'histoire et les cultures. Le texte passionnant et très accessible est délicieusement servi par une iconographie appétissante et variée qui stimule les papilles.
Autrement Jeunesse, Junior, Arts, 2002.
11 € ISBN : 978-2-7467-0251-6
À partir de 11 ans

3462. Ubac, Claire ; ill. Chemin, Isabelle : **Les filles, votre corps change.**
La couverture fait un peu craindre une approche magazine féminin du sujet. Crainte injustifiée. Claire Ubac sait parler aux filles, avec les mots vrais et la bonne distance, sur ce qui les préoccupe profondément à l'âge délicat du « complexe du homard ».
La Martinière Jeunesse, Hydrogène, 2002.
ISBN : 978-2-7324-2820-8
Autre titre :
3463. Lanchon, Anne ; ill. Gastaut, Charlotte : **En finir avec vos complexes.** 2003.
ISBN : 978-2-7324-3036-2
11 € chaque À partir de 13 ans

3464. Walker, Richard ; ill. Hunter, Robin ; Gibbons, Lee ; Doshi, Rajeev ; trad. Boghossian, Manuel : **Le Corps humain.**
Voici une encyclopédie très riche et très abondamment illustrée d'images de synthèse qui autorise plusieurs niveaux de lecture. Un site Internet coréalisé par Gallimard et Google permet d'accéder à une sélection de sites qui constituent un réel complément documentaire.
Gallimard Jeunesse / Google, Les thématiques de l'encyclopedi@, 2006.
14,95 € ISBN : 978-2-07-057271-7
À partir de 13 ans

Santé

3465. Bernheim, Cathy ; ill. Sarrazin, Jean-Charles : **Solo à l'hôpital.**
Solo, le fidèle éléphant en peluche d'Antoine, l'accompagne à l'hôpital où il vient d'être admis en urgence... Une histoire très documentée et très aseptisée où il n'est jamais question de la douleur ou de la peur, qui offre un panorama complet de tous les services et peut être utile pour

dédramatiser un séjour à l'hôpital.
L'École des loisirs-Archimède, 2001.
11,50 € ISBN : 978-2-211-06258-9
À partir de 3 ans

♥ **3466**. Lenain, Thierry ; ill. Bloch, Serge : **Graine de bébé : mais par où passent les bébés ?**
Les hypothèses les plus variées et farfelues sont abordées à partir des questions que les enfants se posent. Par le biais de textes courts et d'illustrations dynamiques, les réponses sont claires et abordent des notions rarement évoquées.
Nathan Jeunesse, Albums Nathan, 2003.
12,50 € ISBN : 978-2-09-211038-6
À partir de 3 ans

♥ **3467**. Szejer, Myriam ; ill. Czarnecki, Monike : **Moi, je connais bien les bébés.**
Barnabé va avoir un petit frère. Une occasion pour informer sur les besoins et les capacités du nouveau-né et du tout-petit. L'auteure prend le temps d'expliquer en mettant l'accent sur des informations fondamentales : rôle du liquide amniotique, du placenta, de la parole. Elle dénonce certaines idées reçues : les caprices, la jalousie des chats...
Albin Michel Jeunesse, La cause des bébés, 2002.
13,90 € ISBN : 978-2-226-11889-9
À partir de 3 ans

3468. Mira Pons, Michèle ; ill. Boutavant, Marc : **Le Soleil à petits pas.**
Un guide d'information et de prévention contre les méfaits des rayons ultraviolets, responsables de cancers de la peau et de cataractes. Tests, quiz et devinettes incitent les enfants et les adultes à ménager leur capital soleil. L'essentiel est dit sur les aspects positifs ou négatifs du soleil et le message passe bien.
Actes Sud Junior, À petits pas, 1999.
10 € ISBN : 978-2-7427-2208-2
À partir de 6 ans

♥ **3469**. Osterwald, Hans-Ulrich ; trad. et collab. Bertrand, Pierre : **Les Os de mon squelette : l'histoire d'une fracture.**
L'histoire d'une fracture est prétexte à un documentaire très pointu sur les os. Un petit garçon tombe et se fracture le tibia. On suit toutes les étapes de ce qu'il va vivre jusqu'à son retour de l'hôpital. L'illustration étonnante et efficace sert un sujet original mais ne s'adresse pas aux plus petits.
L'École des loisirs-Archimède, 2004.
12 € ISBN : 978-2-211-07198-1
À partir de 6 ans

3470. Andrieu, Philippe ; ill. Kiehl, Stéphane : **Les scientifiques sont-ils fous ?**
Cet ouvrage a le mérite d'aborder la question des manipulations génétiques d'une manière assez complète et concise : un enfant rêve d'avoir son clone qui ferait toutes les choses désagréables à sa place. Une excellente sensibilisation à des problèmes complexes.
Autrement Jeunesse, Junior, Société, 2004.
9 € ISBN : 978-2-7467-0472-5
À partir de 9 ans

3471. Boulard, Denis ; dir. Frydman, René ; film Tavernier, Nils : **L'Odyssée de la vie racontée aux enfants.**
Ce documentaire inspiré du film réalisé en 2005 par Nils Tavernier, sous la direction scientifique du professeur René Frydman, raconte les étapes complexes du développement *in utero*. La maquette est attrayante, les textes accessibles et les images de synthèse belles et émouvantes. De quoi aborder avec les enfants l'extraordinaire histoire de la vie.
Hachette Jeunesse, 2006.
10,50 € ISBN : 978-2-01-225326-1
À partir de 9 ans

3472. Claybourne, Anna ; ill. Moncrieff, Stephen ; trad. Sherman, Christine : **Les Gènes et l'ADN.**
Pas toujours facile de parler de la génétique aux enfants, mais ce documentaire richement illustré aborde tous les aspects de la génétique, de la biologie à l'éthique. Pas à pas l'auteur explique ce que sont les gènes et l'ADN. Les bases historiques de la recherche génétique sont posées, sans bien sûr oublier l'état de la recherche actuelle.
Usborne, Guides complets, 2004.
14 € ISBN : 978-0-7460-5002-6
À partir de 9 ans

3473. Eustache, Francis ; ill. Graumer, Odile : **Les Petites Cases de ma mémoire.**
L'auteur élabore un court récit en continu expliquant la maladie d'Alzheimer, la mémoire à court et long terme, celle des bébés, des animaux et même des hommes préhistoriques. Un langage simple et imagé lui permet d'aborder des notions complexes tout en restant compréhensible.
Le Pommier, Les minipommes, 2005.
8 € ISBN : 978-2-7465-0220-8
À partir de 9 ans

♥ **3474**. Grillot, Marie-Françoise ; ill. Pef : **Tant qu'on a la santé ! : le petit citoyen.**
Un livre de prévention et d'éducation, réalisé avec le Comité français d'éducation pour la santé, qui aborde sans tabou et avec humour aussi bien les thèmes qui touchent au quotidien des enfants – hygiène, maladies bénignes – que des sujets plus graves : alcoolisme, tabagisme, cancer, sida, maladies dans le Tiers-Monde.
Casterman, 1995.
9 € ISBN : 978-2-203-12032-7
À partir de 9 ans

3475. Morguet, Brice : **Je sais ce que je mange.**
Quatre chapitres permettent de faire un tour d'horizon complet de l'alimentation et de la diététique. Sous une forme rapide mais ludique, une vraie réflexion est proposée sur le fait de se nourrir. Informations utiles et anecdotes étonnantes pimentent le propos.
Magnard, Je sais, je comprends, 2001.
7,10 € ISBN : 978-2-210-74738-8
À partir de 11 ans

3476. Pouilloux, David ; ill. Azam, Jacques : **Cannabis, mieux vaut être informé.**
Face à la banalisation de la consommation du cannabis, ce livre apporte des informations sur cette drogue et prévient sur les risques encourus par un usage habituel. À partir de témoignages réels ou imaginés, l'auteur explique quelles sont les causes et les motivations qui poussent autant de jeunes à en fumer.
La Martinière Jeunesse, Oxygène, 2004.
ISBN : 978-2-7324-3099-7

Autre titre :
3477. Osman, Monique ; ill. Czarnecki, Monike : **Pourquoi la cigarette vous tente ?** 2003.
ISBN : 978-2-7324-3021-8
11 € chaque À partir de 11 ans

3478. Dolto, Catherine : **Dico ado : les mots de la vie.**
De nombreux spécialistes, médecins, gynécologues, psychologues, pédopsychiatres, anthropologues ont participé à la rédaction de cet ouvrage. Un ton juste, une maquette efficace et un design réussi mêlent photographies de jeunes et dessins humoristiques. Complet et accessible grâce à ses multiples entrées, un excellent guide d'informations sur la santé.
Gallimard Jeunesse-Giboulées, 2006.
25,15 € ISBN : 978-2-07-057576-3
À partir de 13 ans

3479. Shankland, Rébecca ; Van Lerberghe, Clothilde ; ill. Wehrling, Yann : **La Boulimie, sortir de l'engrenage.**
Une attaque frontale du sujet. Les descriptions de ce trouble grave du comportement alimentaire sont directes, un atout quand on s'adresse à des adolescents en situation de souffrance. Des solutions sont ensuite proposées, et différentes thérapies expliquées. Un ouvrage émaillé de témoignages très émouvants de malades aujourd'hui guéris.
La Martinière Jeunesse, Hydrogène, 2004.
ISBN : 978-2-7324-3074-4
Autres titres :
3480. Auderset, Marie-José ; Held, Jean-Blaise ; Bloch, Jean-François ; ill. Coste, Christine : **Héroïne, cocaïne, voyage interdit**. 2001.
ISBN : 978-2-7324-2712-6
3481. Colinon, Marie-Christine ; ill. Lemoult, Sandrine : **Modifier son corps.** 2003.
ISBN : 978-2-7324-3066-9
3482. Sargueil, Sylvie ; ill. Baestlein, Cornélia : **Quand les peurs deviennent phobies.** 2004.
ISBN : 978-2-7324-3101-7
3483. Shankland, Rébecca ; ill. Soledad : **L'Anorexie, sortir du tunnel.** 2003.
ISBN : 97862-7324-2956-4
3484. Vaillant, Maryse ; Laouénan, Christine ; ill. Livache, Philippe : **Quand les violences vous touchent.** 2004.
ISBN : 97862-7324-3104-8
11 € chaque À partir de 13 ans

3485. Snedden, Robert ; trad. Commergnat, Noëlle : **La Diversité de la vie.**
Une maquette sévère pour un ouvrage consacré à la cellule. Elle n'en est pas moins fort bien faite, avec des illustrations choisies et correctement légendées. Un ouvrage qui répond à un besoin criant de documents clairs et accessibles pour les plus grands sur ce sujet. Indispensable !
Gamma / École active, Les cellules et la vie, 2004.
ISBN : 978-2-7130-2006-3
Autre titre :
3486. Snedden, Robert ; trad. Canezza, Jacques : **La Division cellulaire et la génétique.** 2004.
ISBN : 978-2-7130-2008-7
12 € chaque À partir de 13 ans

ZOOLOGIE

♥ **3487**. Jolivet, Joëlle : **Zoo logique.**
Par milieux ou par couleurs, par tailles ou par modes de vie, les 400 animaux de tous poils, cornes, plumes ou bigarrures nous attendent, peints sur de larges pages où ils s'emboîtent comme un puzzle. Un petit caméléon nous les présente et joue les Charlie pour la joie des plus jeunes. Ce bestiaire est une véritable introduction à la classification animale. Superbe !
Seuil Jeunesse, 2002.
21 € ISBN : 978-2-02-041385-5
À partir de 3 ans

3488. Valat, Pierre-Marie : **Je grandis et je me transforme.**
Des caches, des transparents, une page qui se déploie comme un éventail, de larges dessins aux couleurs franches, une présentation soignée, une progression et une dynamique efficaces font de ce livre une réussite. Il s'agit d'une déclinaison autour de la transformation et de la croissance : la graine devient arbre, le têtard grenouille... et l'enfant ?
Gallimard Jeunesse, Papillon, 2003.
5 € ISBN : 978-2-07-053691-7
À partir de 3 ans

3489. **Mini-Patte.**
La collection propose des livres de première approche pour se familiariser avec l'univers des animaux présents sous toutes les latitudes. De belles photographies, une maquette soignée, des textes clairs, une typographie simple favorisent une première lecture où l'essentiel est dit sur l'alimentation, le mode de vie et la reproduction. De quoi passionner les enfants dès le plus jeune âge.
Milan Jeunesse, Mini-Patte.
40 titres disponibles
9,50 € chaque
À partir de 4 ans

3490. **Qui es-tu ?**
Les ouvrages de cette collection destinée aux plus jeunes sont conçus comme des reportages photographiques. Ils nous livrent des informations sur la naissance, la croissance, les apprentissages et les modes de vie d'animaux sauvages et familiers et sur leurs petits. Sous couverture noire, ils sont illustrés de photographies issues d'agences spécialisées.
Mango Jeunesse, Qui es-tu ?
46 titres disponibles
9 € chaque
À partir de 4 ans

3491. Wormell, Christopher ; trad. Bonhomme, Pierre : **Crocs, griffes et cornes, un livre à compter.**
Dans ce livre à compter, chaque double page présente, en regard d'un chiffre, de 1 à 20, un détail, souvent inattendu et surprenant, isolé du corps d'un animal. À la fin de l'ouvrage, des notices apportent des précisions scientifiques sur chacun des animaux rencontrés. Cet album vaut autant pour son intérêt documentaire que pour son exceptionnelle réussite graphique et picturale.
Circonflexe, Aux couleurs du monde, 2006.
14 € ISBN : 978-2-87833-394-7
À partir de 5 ans

3492. Fontanel, Béatrice : **Monstres : l'encyclopédie des animaux les plus moches.**
Au palmarès de ces monstres : l'étrange batracien axolotl, le grangousier, poisson des abysses, le chlamydophore, ce drôle de petit tatou... Les photographies en gros plan accentuent l'aspect étrange ou effrayant des animaux, et le texte aux touches humoristiques éblouit et surprend.
Mango Jeunesse, 1998.
15 € ISBN : 978-2-7404-0815-5
À partir de 6 ans

3493. Jean, Didier ; ill. Zad : **La Maison des animaux.**
Il y a ceux qui creusent, ceux qui tissent, et puis ceux qui sécrètent, ceux qui assemblent et ceux qui façonnent. Il y a la taupe et la mygale, l'abeille et le poisson-perroquet, l'aigle royal et le castor... Une trentaine d'animaux et autant de manières d'élire domicile. Les illustrations sont superbes, les textes vivants et la mise en pages réussie.
La Martinière Jeunesse, 1998.
12 € ISBN : 978-2-7324-2466-8
À partir de 6 ans

3494. Jenkins, Steve : **Cris, chants et coassements : les animaux communiquent.**
Pour s'esquiver, se rassembler, s'accoupler, marquer leur territoire, les animaux utilisent comportements, sons et odeurs. Des plus connus aux plus surprenants, les mœurs des castors, loups, singes, chauves-souris, araignées ou hippopotames sont détaillées avec précision. La technique de papiers découpés au style graphique affirmé sert bien le propos.
Circonflexe, Aux couleurs du monde, 2002.
10,50 € ISBN : 978-2-87833-293-3
À partir de 6 ans

3495. **Patte à Patte.**
Complémentaire de la collection « Mini-Patte », la collection « Patte à Patte » s'adresse à des enfants d'une classe d'âge supérieure en proposant des ouvrages plus documentés. Un large choix d'animaux est présenté avec de nombreux détails sur la morphologie, la naissance, la croissance et l'évolution, la nourriture, l'éducation des petits et la protection des espèces. Les photographies, souvent prises sur le vif, complètent agréablement les textes.
Milan Jeunesse, Patte à Patte.
33 titres disponibles
9,50 € chaque
À partir de 6 ans

♥ **3496**. Stehr, Gérald ; ill. Chabrier, Renaud : **Les lunettes à voir le squelette.**
Souricette et souriceau ont trouvé des lunettes à voir le squelette. Ils vont enfin découvrir à quoi ressemble leur ossature. Puis ce sera au tour de la pie chapardeuse et du crapaud. Les lunettes circuleront ensuite de becs en pattes. Un complément d'informations documentaires permet de mieux comprendre ce qu'est le squelette et son importance pour l'être vivant.
L'École des loisirs-Archimède, 2002.
12,50 € ISBN : 978-2-211-06546-7
À partir de 6 ans

♥ **3497**. Baussier, Sylvie ; ill. Haumont, Marie : **Les Animaux racontés aux petits curieux.**
Cet album raffiné et d'une originalité rare traite de la notion d'animalité autant que de la diversité des relations homme/animal. Le parcours témoigne de l'omniprésence de l'animal dans les sociétés humaines et de la façon dont la relation a évolué. Les magnifiques illustrations très créatives confèrent à ce livre toute la magie d'un album.
Syros, Les albums documentaires, 2006.
16 € ISBN : 978-2-7485-0448-4
À partir de 9 ans

3498. **La Hulotte**.
Un magazine qui paraît depuis 1972 à raison de deux numéros par an. Il raconte la vie des animaux sauvages, des arbres et des fleurs de France. Des petits dessins à la plume, précis, clairs et drôles, des textes passionnants écrits avec humour, enchantent les lecteurs de tous les âges. Le dernier numéro de *La Hulotte* paru est le n° 88 : *Petits Mystères des grands bois*.
La Hulotte (Diffusion 08240-Boult-aux-Bois)
site Internet : www.lahulotte.fr
Abonnement pour 6 numéros : 17,50 €
À partir de 9 ans

3499. Lebloas-Julienne, Renée ; ill. Robin, Pascal ; Toussaint, Sophie : **Le Monde des océans.**
Très illustré de photographies pertinentes et réussies, l'ouvrage aborde en six parties les records, la communication, les migrations, l'alimentation, les amours, les ruses et les armes des animaux marins. Une langue vivante, des anecdotes amusantes qui accrochent le lecteur et le tirent vers des notions essentielles. Une réussite sur un sujet rebattu.
Milan Jeunesse, Les encyclopes, 2001.
22,60 € ISBN : 978-2-7459-0308-2
À partir de 9 ans

3500. Mills, Andrea ; trad. Porlier, Bruno : **Animaux en danger.**
15 000 espèces sont menacées d'extinction. Tel est le constat alarmant présenté par ce documentaire réalisé en collaboration avec le WWF. Sont recensées vingt-cinq espèces d'animaux en danger, réparties en cinq milieux naturels. Les textes sont clairs, précis, et très lisibles. Les photographies sont superbes.
Gallimard Jeunesse / WWF International, 2005.
18 € ISBN : 978-2-07-057057-7
À partir de 9 ans

Les Oiseaux du bord de mer.
Une collection axée sur les rivages français. Les récits, les dessins à l'aquarelle et les croquis fournissent des informations indispensables à la connaissance des oiseaux marins et de leur milieu naturel. Incité avec pertinence à respecter son environnement, le lecteur trouvera des éléments facilitant une observation sur le terrain. Le martin-pêcheur, le butor et la sterne sont remarquables.
Hesse / Dexia, Les Oiseaux du bord de mer.
12 titres disponibles dont :
♥ **3501**. **Butor.** 2004.
ISBN : 978-2-911272-67-7
♥ **3502**. **Martin-pêcheur.** 2004.
ISBN : 978-2-911272-68-4
♥ **3503**. **Sterne**. 2004.
ISBN : 978-2-911272-69-1
10,60 € chaque À partir de 9 ans

3504. Burnie, David (sous la dir. de) : **Le Règne animal.**
Élaborée par une importante équipe de scientifiques, cette encyclopédie animale constitue un livre de référence. Plus de 2 000 espèces sont regroupées selon la classification habituelle, et sont décrites et illustrées de photographies remarquables.
Gallimard Jeunesse, Encyclopédie universelle, 2006.
49 € ISBN : 978-2-07-057840-5
À partir de 10 ans

Invertébrés

3505. Ingves, Gunilla ; trad. Lin, C. : **Nounours et le ver de terre.**
Découvrons, observons, comprenons la vie d'un lombric avec Nounours qui nous emmène à la suite d'un ver de terre dans les galeries souterraines peuplées d'autres bestioles, mille-pattes et collemboles. Un bel album, attachant.
L'École des loisirs-Archimède, 2000.
11,60 € ISBN : 978-2-211-05931-2
À partir de 3 ans

3506. Pegeon, Élisabeth ; ill. Caneparo, Céline : **C'est comment un escargot.**
La couverture épaisse, les spirales, le papier glacé et une maquette très dynamique rendent ce livre très attrayant. On y trouve beaucoup de photographies présentant souvent un détail anatomique. Le texte à la typographie parfois audacieuse propose trois niveaux de lecture : une accroche en gros caractères, des petits encarts informatifs et des comptines ou citations.
Rustica, Les imagiers de la campagne, 2001.
4,50 € ISBN : 978-2-84038-417-5
À partir de 3 ans

3507. Langeland, Deirdre ; ill. Petruccio, Stephen James ; trad. Bertrand, Pierre : **Une cachette pour le poulpe.**
Dans les eaux de la Méditerranée, à sept mètres de profondeur, on rencontre le poulpe. En le suivant dans sa recherche de nourriture et d'un abri, on apprend à connaître son comportement, son alimentation, son habitat et ses moyens de défense. Le texte est agréable et les illustrations à l'aquarelle sont de toute beauté.
L'École des loisirs-Archimède, 2003.
12 € ISBN : 978-2-211-05218-4
À partir de 6 ans

Insectes

♥ **3508**. Nagata, Tatsu ; trad. Dedieu, Thierry : **La Fourmi.**
Une présentation plutôt loufoque de ce petit insecte réalisée par Tatsu Nagata, savant naturaliste japonais. Avec simplicité et brièveté, l'essentiel est dit. Une vulgarisation réussie et un vrai plaisir pour les yeux.
Seuil Jeunesse, Les sciences naturelles de Tatsu Nagata, 2006.
8,50 € ISBN : 978-2-02-089269-8
À partir de 3 ans

♥ **3509**. Fauroux, Catherine ; ill. Legendre, Patricia : **Dytik, l'ogre de la mare.**
La description de la vie d'un dytique, de l'état de larve à sa métamorphose adulte, nous permet de découvrir végétaux, animaux et insectes qui peuplent la mare. Les aquatintes japonisantes de Patricia Legendre, aux tons bruns, verts et bleus, restituent parfaitement l'atmosphère du lieu. Narration et illustration se répondent avec clarté et simplicité.
L'École des loisirs-Archimède, 2001.
11 € ISBN : 978-2-211-05852-0
À partir de 6 ans

♥ **3510**. Fauroux, Catherine ; ill. Chen Jiang Hong : **La Folle Journée de Céleste.**
Céleste le papillon, un azuré bleu céleste, vit dans la garrigue de mai à septembre. Nous suivons sa journée au fil des butinages et des rencontres, végétales ou animales. C'est une promenade délicieuse. À la rêverie succèdent des explications documentaires qui donnent envie de mieux connaître la garrigue méditerranéenne et ses habitants.
L'École des loisirs-Archimède, 2003.
12,50 € ISBN : 978-2-211-06950-2
À partir de 6 ans

3511. Texte et photos, Jaubert, Jean-Pierre ; ill. Nicolas, Bernard : **Le Pacha à deux queues et l'arbousier : de l'œuf au papillon.**
À partir de photographies en gros plan, ce livre nous dévoile le cycle de vie du papillon pacha à deux queues, de la croissance de la chenille à l'envol du papillon, en passant par la chrysalide, en lien avec la présentation de l'arbousier, l'arbre lieu de ponte et de vie de la chenille. Les textes simples permettent une compréhension globale du phénomène.
Ophrys Jeunesse, 2003.
12 € ISBN : 978-2-7080-1046-8
À partir de 6 ans

♥ **3512**. Möller, Anne ; trad. Brossier, Claudie : **Les Insectes, d'ingénieux bâtisseurs.**
Ce livre surprend par sa clarté, son « érudition » et la beauté de ses dessins. Sept insectes sont observés. Chacun est traité en un court chapitre qui déroule toutes les étapes de la construction. On retrouve dans les illustrations – papiers peints, découpés et déchirés – la précision du dessin naturaliste et la magie de l'album. Une réussite !
Gulf Stream, Dame nature, 2006.
11,50 € ISBN : 978-2-909421-52-0
À partir de 6 ans

3513. Bonotaux, Gilles : **Les Sales Bêtes.**
Insectes, myriapodes et arthropodes, treize sortes de bestioles qui nous agacent ou nous répugnent, se présentent et justifient pourquoi ils piquent, mordent, puent ou envahissent. Les pages grouillent de petites bêtes en colère ou taquines qui dénoncent notre ignorance et irréflexion. Un texte dynamique, clair et amusant.
Milan Jeunesse, Album nature, 2006.
12 € ISBN : 978-2-7459-1906-9
À partir de 8 ans

3514. Anderson, Margaret J. ; ill. Le Glatin Keis, Marie ; trad. Lombard, Roselyne : **Les Insectes de Jean-Henri Fabre : Les Enfants de l'été.**
Avec ce récit biographique, nous pénétrons dans la famille du célèbre entomologiste du XIXe siècle. À travers le regard de son plus jeune fils, nous découvrons de nouvelles

espèces d'insectes. Un texte classique, illustré sobrement en noir et blanc, un peu austère, réservé aux enfants passionnés de sciences naturelles.
Éd. A. Barthélemy, 2004.
14 € ISBN : 978-2-87923-178-5
À partir de 9 ans

3515. Baliteau, Lucas : **Tous les insectes du monde.**
Ce documentaire, riche en photographies lumineuses et soignées, montre la grande diversité des espèces autant que leur utilité écologique. Qu'ils soient piqueurs, suceurs, sauteurs ou encore carnivores ou ailés, les insectes sont identifiés par leur appartenance à une famille (coléoptère, lépidoptère, hyménoptère...), leur localisation géographique et leur milieu de vie (biotope).
Milan Jeunesse, Animaux du monde, 2005.
16,50 € ISBN : 978-2-7459-1536-8
À partir de 9 ans

♥ **3516**. Rogez, Léon ; ill. Charles, Benoît ; Eydoux, Anne ; Grosson, Jean *et al.* : **Copain des petites bêtes : le guide du petit entomologiste.**
Léon Rogez, entomologiste et grand vulgarisateur, nous fait partager sa passion dans ce livre très riche en informations sur les insectes et autres petites bêtes. L'intelligent panachage de belles photographies et de dessins qui illustrent et expliquent le propos contribue également au plaisir de la lecture. Pour petits et grands curieux !
Milan Jeunesse, Copains, 2005.
22,60 € ISBN : 978-2-7459-1995-3
À partir de 9 ans

3517. Rogez, Léon ; ill. Pillot, Frédéric : **Élever des petites bêtes.**
Clair et attrayant, ce petit livre donne une foule de conseils pour élever des animaux de nos climats et d'autres plus exotiques. Il ne minimise pas l'ampleur des soins à dispenser et l'implication que cela représente au niveau de la législation et du respect de la faune. Liste d'organismes, index et lexique le complètent utilement.
Milan Jeunesse, Carnets de nature, 2006.
5,80 € ISBN : 978-2-7459-1611-2
À partir de 9 ans

3518. Rougerie, Rodolphe : **Étonnants Insectes.**
Le principe de cet ouvrage est d'allier l'image au savoir scientifique, par le biais d'un DVD. Du côté du livre, une présentation classique mais complète avec des photographies d'excellente qualité extraites du DVD ou des dessins. Le DVD, lui, nous entraîne dans le monde fascinant des coléoptères.
Fleurus / BBC France, Voir les animaux, 2006.
15,50 € ISBN : 978-2-215-05351-4
À partir de 9 ans

♥ **3519**. Marchenay, Philippe ; Bérard, Laurence ; ill. Gravier, Alice : **Des abeilles.**
Un documentaire complet, très documenté et richement illustré, pour découvrir l'histoire de la « mouche à miel », le quotidien de la ruche, les différents types de miel, le métier d'apiculteur, ainsi que le rôle essentiel des abeilles dans l'écosystème. Une vraie réussite qui ravira les plus grands.
Gulf Stream, Sauvegarde, 2004.
12,50 € ISBN : 978-2-909421-33-9
À partir de 11 ans

3520. Burnie, David ; ill. Longworth, Mark ; Hunter, Robin ; trad. Porlier, Bruno : **Les Insectes.**
Une encyclopédie de référence enrichie de plus de 150 liens Internet et liée à un site spécifique donnant accès à des documents actualisés et gratuits. D'une grande précision, les illustrations complètent des textes riches qui abordent des thèmes aussi variés que la reproduction, la croissance, la vie en groupe ou les relations avec l'homme.
Gallimard Jeunesse / Google, Les thématiques de l'encyclopedi@, 2006.
14,95 € ISBN : 978-2-07-057272-4
À partir de 13 ans

Batraciens

♥ **3521**. Nagata, Tatsu ; trad. Dedieu, Thierry : **La Grenouille.**
Expert en matière de mutations des batraciens, l'auteur met bien les caractéristiques de la grenouille à la portée des enfants. Une réussite !
Seuil Jeunesse, Les sciences naturelles de Tatsu Nagata, 2006.
8,50 € ISBN : 978-2-02-087242-3
À partir de 3 ans

3522. Clarke, Barry ; photos Brightling, Geoff et Greenaway, Frank : **La Vie des grenouilles.**
Le comportement des grenouilles dans leur milieu naturel. Une mine d'informations pratiques et synthétiques accompagnées de belles illustrations dont de nombreuses et remarquables photographies.
Gallimard Jeunesse, Les yeux de la découverte, 1993.
14 € ISBN : 978-2-07-056685-3
À partir de 9 ans

Reptiles

♥ **3523**. Nagata, Tatsu ; trad. Dedieu, Thierry : **Le Crocodile.**
Tout est dit avec simplicité et brièveté sur le crocodile. L'auteur, naturaliste reconnu, met en scène des animaux dans son univers à lui, plutôt loufoque. Chaque album est une approche amusante et inoubliable de l'animal présenté. Une belle vulgarisation.
Seuil Jeunesse, Les sciences naturelles de Tatsu Nagata, 2006.
8,50 € ISBN : 978-2-02-089271-1
À partir de 3 ans

3524. Geraghty, Paul ; trad. Duval, Élisabeth : **Tortuga, une histoire naturelle.**
Cet album aux couleurs chaudes raconte les aventures de la tortue Tortuga qu'une tempête fait échouer sur une île inconnue. Les œufs qu'elle vient de pondre font aussitôt le festin des oiseaux de mer. Tortuga devra encore résister à l'attaque des varans et supporter la solitude avant de revoir une partie de sa progéniture heureusement épargnée.
Kaléidoscope, 2000.
12 € ISBN : 978-2-87767-302-0
À partir de 6 ans

3525. Henry, Philippe : **L'Alligator.**
Au travers de photographies d'une qualité exceptionnelle, l'auteur nous livre un documentaire très complet sur la faune et la flore du parc Brazos Bend au Texas. Beaucoup d'informations sur le mode de vie des alligators, désormais protégés, mais aussi sur la démarche du documentariste photographe et des scientifiques qu'il accompagne. Passionnant !
L'École des loisirs-Archimède, 2003.
12,50 € ISBN : 978-2-211-06315-9
À partir de 9 ans

3526. Toumayan, Rafi : **Surprenants Serpents et lézards.**
Ce documentaire familiarise avec ces animaux mal aimés, en nous faisant découvrir leurs milieux de vie, leurs modes de déplacement et de reproduction, leur anatomie, leur alimentation et le phénomène de la mue qui les caractérise. Les textes sont clairs et les photos de qualité. Le DVD se consacre plus particulièrement au venin mortel des serpents.
Fleurus / BBC, Voir les animaux, 2005.
14,50 € ISBN : 978-2-215-05331-6
À partir de 9 ans

Poissons

3527. Morin, Patrick : **Comme des sardines.**
À la suite de l'attaque d'un banc de sardines par des maquereaux, trois d'entre elles s'égarent dans l'océan. La recherche de leur banc sera un prétexte pour découvrir l'étrange faune des profondeurs. Pour tout savoir sur le mode de vie des sardines et comprendre pourquoi certains animaux marins se déplacent en bancs
L'École des loisirs-Archimède, 2003.
11,50 € ISBN : 978-2-211-06143-8
À partir de 6 ans

3528. Tomita, Momoaki ; adapt. Lecointre, Sandrine : **Les Animaux des mers profondes.**
Une mise en pages originale : une lecture dans le sens de la hauteur pour donner une sensation de profondeur. Chaque double page nous emmène un peu plus profondément dans la mer, les couleurs deviennent de plus en plus sombres, les animaux de plus en plus étranges. Le texte se résume à quelques phrases, mais tous les animaux sont légendés.
L'École des loisirs-Archimède, 1992.
10,40 € ISBN : 978-2-211-01818-0
À partir de 6 ans

3529. Braunwarth, Anne ; Bertrand, Pierre : **Au menu, le plancton.**
Cet album documentaire révèle la multiplicité et la richesse des espèces microscopiques de planctons (animal et végétal), aux formes étonnantes et belles comme des bijoux. La précision des dessins et de l'échelle choisie renforce son intérêt documentaire.
L'École des loisirs, 1993.
11,30 € ISBN : 978-2-211-03485-2
À partir de 9 ans

3530. Louisy, Patrick : **Tous les poissons marins du monde.**
Un même principe régit cette collection à base de très belles photographies : une première partie présente des informations générales, puis des « fiches » sont proposées pour chaque espèce : nom scientifique, localisation géographique, habitat, taille, alimentation, etc. Un outil encyclopédique précieux, doublé d'un magnifique livre d'images.
Milan Jeunesse, Animaux du monde, 2005.
16,50 € ISBN : 978-2-7459-1671-6
À partir de 9 ans

♥ **3531**. Vadon, Catherine ; ill. Boyer, Vincent ; Dutertre, Charles ; Norwood, Julien : **Les Dessous des requins.**
La conception ludique de cet ouvrage permet une approche renouvelée de la connaissance des quelque 400 espèces de requins, mal aimés et mal connus des hommes. Photographies et dessins, sérieux ou humoristiques, illustrent abondamment de courts textes informatifs. Un petit bijou d'humour et de savoir scientifique réunis pour séduire les enfants.
Tourbillon / Muséum national d'histoire naturelle, Histoires naturelles, 2006.
12 € ISBN : 978-2-84801-194-3
À partir de 9 ans

♥ **3532**. Panafieu, Jean-Baptiste de ; Aubin, Daniel ; ill. Picard, Caroline ; Favreau, Luc ; Robin, Pascal : **Des poissons d'élevage : l'histoire, l'anatomie et la diversité.**
Une approche réussie et originale. Une présentation de l'apparition et de l'histoire de la pisciculture dans le monde, des techniques d'élevage contemporaines, des procédés de préparation des poissons en vue de leur consommation. Un panorama des quarante-six espèces de poissons élevées en France complète l'ensemble, très appétissant !
Gulf Stream, Sauvegarde, 2004.
ISBN : 978-2-909421-31-5
Autre titre :
♥ **3533**. Panafieu, Jean-Baptiste de ; Aubin, Daniel ; ill. Favreau, Luc ; Robin, Pascal : **Des fruits de la mer : l'histoire, l'anatomie, l'élevage, et la diversité.**
2004.
ISBN : 978-2-909421-29-2
12,50 € chaque À partir de 13 ans

3534. Soury, Gérard : **Le Requin, seigneur des mers.**
Un ouvrage passionnant. Une exploration de l'univers des requins tant du point de vue zoologique qu'écologique. La maquette aérée, ainsi que les nombreuses illustrations, donnent à ce livre un aspect agréable. Le DVD qui l'accompagne complète parfaitement les propos.
Fleurus / BBC France, Voir les animaux, 2005.
15,50 € ISBN : 978-2-215-05296-8
À partir de 13 ans

Oiseaux

3535. Malineau, Jean-Hugues ; ill. Morin, Patrick : **Ouek, ouek, au secours ! : histoire du caneton Kouac.**
Le récit du caneton perdu sert de prétexte pour découvrir les autres habitants de la rivière. Si l'histoire se termine bien par l'arrivée du papa, la dernière page précise que les pères colverts « ne s'occupent jamais de leurs petits, sauf dans les contes ! ». Cette précision et celle des superbes dessins en font un vrai documentaire.
L'École des loisirs-Archimède, 1999.
12 € ISBN : 978-2-211-04909-2
À partir de 3 ans

♥ **3536**. Nagata, Tatsu ; trad. Dedieu, Thierry : **La Chouette.**
Une approche amusante et inoubliable de cet animal nocturne méconnu et « oiseau préféré des sorcières ». Pour faire aimer la nature aux tout-petits.
Seuil Jeunesse, Les sciences naturelles de Tatsu Nagata, 2006.
8,50 € ISBN : 978-2-02-087240-9
À partir de 3 ans

3537. Fauroux, Catherine ; ill. Melano, Olivier : **Les Malheurs d'Arlette la chouette.**
Arlette, la chouette chevêche, ne peut se reposer le jour. Elle est constamment dérangée par le bruit des animaux diurnes qui viennent chercher nourriture ou abri dans le chêne où elle a fait son nid. Cet album aux couleurs automnales sensibilisera les jeunes lecteurs à l'écologie et leur fera connaître un animal qui tend à disparaître.
L'École des loisirs-Archimède, 1998.
11,10 € ISBN : 978-2-211-03681-8
À partir de 6 ans

3538. Henry, Philippe : **Cygnes.**
Ce livre nous fait suivre un couple de cygnes, puis les petits qui vont naître, depuis la saison des amours (février-mars) jusqu'à l'hiver suivant. Le texte est simple et intéressant. Les photographies qui l'accompagnent sont tout à fait exceptionnelles.
L'École des loisirs-Archimède, 1993.
11 € ISBN : 978-2-211-01849-1
À partir de 6 ans

3539. Sayre, April Pulley ; ill. Schindler, Steven D. ; trad. Bertrand, Pierre : **L'Oiseau à miel.**
Dans la brousse africaine, si on a de la chance, on rencontre parfois un « indicateur » qui nous amène à dénicher pour lui un rayon de miel. Le récit entraîne le lecteur dans la brousse et lui montre les habitants qu'il ne faut pas déranger. Les illustrations en pleine page dans les tons ocre sont comme une succession de tableaux.
L'École des loisirs-Archimède, 2001.
12 € ISBN : 978-2-211-04317-5
À partir de 6 ans

3540. Burnie, David : **Le Nid, l'œuf et l'oiseau.**
De magnifiques photographies apportent de nombreuses informations précises, principalement sur les caractéristiques physiques des oiseaux, mais aussi leurs nids et leurs œufs.
Gallimard Jeunesse, Les yeux de la découverte, 2002.
14 € ISBN : 978-2-07-053953-6
À partir de 9 ans

3541. Couloumy, Christian ; ill. Clavreul, Denis : **Aigle**.
Une description vivante et poétique des milieux et des comportements invite le lecteur à découvrir ce bel et grand oiseau sauvage afin de mieux le connaître et le protéger. Une réussite tant au niveau du texte que de l'écriture et des illustrations.
Hesse / Dexia, Faune sauvage, 2003.
ISBN : 978-2-911272-61-5
Autre titre :
3542. Gypaète. 2004.
ISBN : 978-2-911272-72-1
11 € chaque À partir de 9 ans

3543. Lhote, Olivier ; ill. Grosson, Jean ; Pillot, Frédéric : **Des oiseaux à la maison.**
Ce petit guide prodigue des conseils pour choisir, nourrir, soigner et peut-être réussir à apprivoiser son oiseau. Il apporte aussi des informations sur la morphologie et le comportement de certaines espèces faciles à élever. La précision des illustrations permet une bonne identification des volatiles.
Milan Jeunesse, Carnets de nature, 2002.
5,80 € ISBN : 978-2-7459-0615-1
À partir de 9 ans

♥ **3544**. Maison, Jérôme ; d'après le film de Jacquet, Luc : **La Marche de l'empereur.**
Un magnifique livre adapté du film de Luc Jacquet qui fera découvrir la fabuleuse épopée du manchot empereur. Des conditions de vie extrêmes, une existence presque exclusivement vouée à sa reproduction, une lutte au quotidien pour sauvegarder sa progéniture. Un vrai documentaire, bien loin du simple produit dérivé d'un film.
Hachette Jeunesse, 2005.
10,50 € ISBN : 978-2-01-224714-7
À partir de 9 ans

3545. Photos Martin, Gilles ; textes Guidoux, Valérie ; Dubois, Philippe ; ill. Chevallier, Jean : **Les Oiseaux racontés aux enfants.**
Un ouvrage organisé en grandes thématiques – l'origine, la diversité, le vol, le plumage, la nourriture... – où textes et images fonctionnent particulièrement bien entre eux. Un régal et une réussite !
La Martinière Jeunesse, Le monde raconté aux enfants, 2004.
13 € ISBN : 978-2-7324-3148-2
À partir de 9 ans

3546. Teulière, Jean-Michel ; ill. ; Faurie-Juteau, Catherine : **L'Incroyable Histoire de Tana la grue.**
Un joli conte sur la fidélité des grues doté d'illustrations parfois de qualité moyenne, mais complété par un texte documentaire riche en informations sur l'espèce des grues cendrées : mode de vie, localisation, migrations, reproduction, protection. Une mine de renseignements pour petits et grands sur un sujet peu exploité.
Limousin nature environnement / L. Souny, Saint-Paul (Haute-Vienne), 2004.
15 € ISBN : 978-2-84886-006-0
À partir de 9 ans

3547. Tracqui, Valérie : **Tous les oiseaux d'Europe.**
De belles photographies accompagnent le lecteur dans la découverte des oiseaux présents sur le territoire européen. La structure du texte tout autant que la mise en pages harmonieuse et aérée permettent d'avoir rapidement une représentation précise et complète des oiseaux dont les noms, pour la plupart, nous sont familiers.
Milan Jeunesse, Animaux du monde, 2005.
ISBN : 978-2-7459-0906-0
Autre titre :
3548. Lhote, Olivier : **Tous les rapaces du monde.** 2005.
ISBN : 978-2-7459-1730-0
16,50 € chaque À partir de 9 ans

3549. Bretagnolle, Vincent : **Pourquoi les oiseaux chantent-ils ?**
Le chant des oiseaux n'aura plus aucun secret pour vous. L'auteur s'emploie à expliquer les fonctions du chant (communication, séduction) mais aussi la notion d'apprentissage. Cet ouvrage sérieux et instructif s'adresse plutôt aux adolescents qui n'entendront plus le chant des oiseaux de la même oreille.
Le Pommier, Les petites pommes du savoir, 2005.
4,50 € ISBN : 978-2-7465-0241-3
À partir de 13 ans

Mammifères

3550. Boutinot, Véronique : **Môco fait le singe !**
Môco appartient au groupe de chimpanzés communs d'Afrique. Le temps d'une journée, lui et ses pairs nous font découvrir quelques aspects de leur comportement : attitudes, protection maternelle, relations sociales et capacité à utiliser des outils. Les dessins, précis et vivants, sont simplement commentés par quelques lignes de texte.
L'École des loisirs-Archimède, 1999.
11 € ISBN : 978-2-211-04656-5
À partir de 3 ans

3551. Galeron, Henri : **La Girafe.**
Un très joli volume bien adapté aux petits. Les girafes sont très séduisantes, gracieuses et naturelles. Les transparents et les caches fonctionnent bien. Des thèmes variés : mode de vie, naissance du girafon, espèces, mais aussi, ce qui est captivant pour les petits, l'histoire de l'apparition de la girafe en Occident. Une réussite.
Gallimard Jeunesse, Mes premières découvertes, 2004.
ISBN : 978-2-07-055874-2
Autres titres :
3552. Hugo, Pierre de : **Le Cerf.** 2005.
ISBN : 978-2-07-056977-9
3553. Peyrols, Sylvaine : **Le Dauphin.** 2004.
ISBN : 978-2-07-055842-1
9,90 € chaque À partir de 3 ans

3554. Kawamichi, Mieko ; ill. Kanao, Keiko ; trad. Nervi, Nadine : **Tami de la forêt du Nord.**
En suivant Tami, cet écureuil terrestre du Grand Nord, on découvre son mode de vie et son comportement au fil des saisons. La délicatesse du trait et la douceur des tons jaunes, verts et bruns dépeignent admirablement l'animal et participent grandement à la réussite de ce livre.
L'École des loisirs-Archimède, 1999.
11,60 € ISBN : 978-2-211-05364-8
À partir de 3 ans

3555. Morin, Patrick : **La Visiteuse du soir, la hérissonne.**
Ce petit animal omnivore vit surtout la nuit. Il fréquente nos jardins, se reproduit au printemps et entre en léthargie aux premiers froids. L'illustration est très soignée et le texte bien adapté aux plus jeunes.
L'École des loisirs-Archimède, 1999.
11,60 € ISBN : 978-2-211-03661-0
À partir de 3 ans

♥ **3556**. Nagata, Tatsu ; trad. Dedieu, Thierry : **La Taupe.**
La taupe fait des trous, creuse des galeries, se nourrit de vers de terre, est myope. L'essentiel est dit clairement. Naturaliste, l'auteur met en scène cet animal et c'est bien vu. Une approche amusante et inoubliable dans ses moindres détails.
Seuil Jeunesse, Les sciences naturelles de Tatsu Nagata, 2006.
ISBN : 978-2-02-087243-0
Autres titres :
♥ **3557**. **La Baleine.** 2006.
ISBN: 978-2-02-089268-1
♥ **3558**.**Le Castor.** 2006.
ISBN: 978-2-02-089270-4
♥ **3559**. **Le Renard.** 2006.
ISBN: 978-2-02-087244-7
8,50 € chaque
À partir de 3 ans

♥ **3560**. Prap, Lila ; trad. Bonhomme, Pierre : **Pourquoi les zèbres sont-ils en pyjama ?**
La question est posée et les réponses fusent. Le petit lecteur a le choix entre la fantaisie, et la réponse juste. Quatorze espèces sauvages sont ainsi passées au crible de questions saugrenues, soutenues par une illustration forte et pleine d'humour. Un régal pour petits et grands, qui, en plus de s'instruire, pourront s'amuser.
Circonflexe, Aux couleurs du monde, 2004.
12 € ISBN : 978-2-87833-342-8
À partir de 3 ans

3561. Abegg, Christophe ; ill. Dressler, Sophie : **Sacrés Singes.**
En Inde, les macaques bonnets sont chassés de leur territoire à cause de la déforestation. Ils se réfugient dans les villes où les hommes les tolèrent et les moines hindous les protègent. Cette histoire peint les rapports complexes entre les hommes et un groupe de singes à la fois vénérés et chassés. Une étude éthologique aussi bien qu'ethnologique.
L'École des loisirs-Archimède, 2001.
12 € ISBN : 978-2-211-05582-6
À partir de 6 ans

♥ **3562**. Bergmann, Peter ; trad. Bertrand, Pierre : **Mes bébés marmottes.**
Des bébés marmottes sont recueillis et élevés par un garde-chasse et sa femme. L'histoire de leur adaptation à l'homme et leur peine à retrouver leur habitat naturel est une leçon d'écologie. Les dessins en noir et blanc au fusain croquent les rongeurs sur le vif et les planches en couleurs les situent dans leur environnement. Magnifique de tendresse.
L'École des loisirs-Archimède, 2001.
21,30 € ISBN : 978-2-211-05933-6
À partir de 6 ans

3563. Cerisier, Emmanuel : **Samik et l'ours blanc.**
Pour la première fois de sa vie, Samik va partir chasser l'ours blanc avec son père et surtout son grand-père, guide doublé d'un merveilleux conteur, qui lui explique les ruses et les techniques. Les gouaches réalistes évoquent la vie du peuple Inuit qui, bien qu'occidentalisé, demeure tourné vers la culture, les pratiques et les rites ancestraux.
L'École des loisirs-Archimède, 2002.
11,50 € ISBN : 978-2-211-06550-4
À partir de 6 ans

3564. Fauroux, Catherine ; ill. Legendre, Patricia : **Férox de Madagascar.**

Férox, le plus gros animal sauvage de l'île, règne en maître sur son territoire. Nous le suivons la nuit pendant sa chasse. Des dessins légendés et des notes en bas de pages nous renseignent sur la faune et la flore de Madagascar. Une partie documentaire décrit le comportement arboricole du cryptoprocte, espèce de Férox, et son milieu de vie.

L'École des loisirs-Archimède, 1999.
12 € ISBN : 978-2-211-05040-1
À partir de 6 ans

3565. Hellings, Colette ; ill. Jacobs, Nadine : **La Bande des suricates.**

Petites mangoustes, les suricates vivent en groupe dans les déserts et les savanes d'Afrique australe. La solidarité est essentielle à leur survie. Lili, une jeune femelle isolée, devra déployer des trésors de stratégie pour s'intégrer à la bande. Un bel album plein de rebondissements pour se familiariser avec cet étonnant carnivore.

L'École des loisirs-Archimède, 2000.
11,90 € ISBN : 978-2-211-04891-0
À partir de 6 ans

3566. Hellings, Colette ; ill. Jacobs, Nadine : **Un bébé tombé du ciel.**

La naissance du girafeau nous est racontée ici à l'aide d'un texte percutant et de belles illustrations. L'astuce et le charme de l'ouvrage tiennent au format à l'italienne : la girafe adulte est trop grande et ne rentre pas dans la hauteur du livre. Nous en voyons donc soit le haut, soit le bas.

L'École des loisirs, Lutin poche, 1999.
5,50 € ISBN : 978-2-211-05251-1
À partir de 6 ans

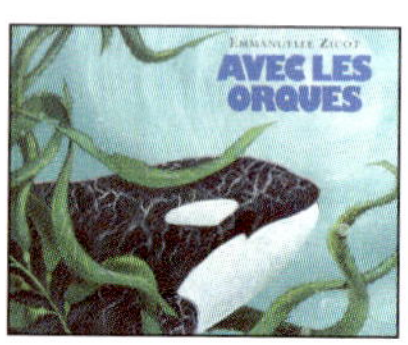

3567. Ryder, Joanne ; ill. Rothman, Michael ; trad. Bertrand, Pierre : **Le Lutin des mers.**

Le temps d'un songe, une petite fille devient... une loutre de mer, animal joueur et attendrissant qui s'abrite dans de vastes forêts d'algues géantes où avec ses congénères elle trouve nourriture, repos et protection. Un très bel hymne à la beauté de la nature sauvage le long des côtes du Pacifique.

L'École des loisirs-Archimède, 1997.
11 € ISBN : 978-2-211-04090-7
À partir de 6 ans

♥ **3568**. Stehr, Gérald ; ill. Glasauer, Willi : **Comment les girafes disent-elles maman ?**

C'est le premier jour d'école dans la savane et tous les animaux peuvent répondre à l'appel en barrissant, en barétant... Tous, sauf le girafon qui ne pipe mot. Avec un brio narratif et surtout graphique, les auteurs nous font comprendre la communication animale. Muette, la girafe ? Si elle n'a pas de cordes vocales, elle a les gestes pour exprimer sa tendresse !

L'École des Loisirs-Archimède, 2004.
12 € ISBN : 978-2-211-07166-6
À partir de 6 ans

♥ **3569**. Stehr, Gérald ; ill. Glasauer, Willi : **Mais où est donc Ornicar ?**

Ornicar l'ornithorynque trouvera-t-il sa place dans un des groupes que son institutrice a constitués pour mettre de l'ordre dans sa classe ? Pas si facile car Ornicar boit du lait, porte une fourrure, possède un bec d'oiseau et pond des œufs. Devant ce mystère, la maîtresse cherche une nouvelle façon d'organiser sa classe.

L'École des loisirs-Archimède, 2000.
11,50 € ISBN : 978-2-211-05637-3
À partir de 6 ans

3570. Strosberg, Serge : **Rouquin des bois.**

Les illustrations comme des tableaux aux tons verts, bruns, roux sont superbes et nous plongent avec délice au cœur de la forêt tropicale, hélas en voie de disparition, pour suivre une histoire d'amitié entre une petite fille de Bornéo et un bébé orang-outang. Une occasion rêvée pour découvrir le mode de vie de notre cousin à quatre pattes.

L'École des loisirs-Archimède, 2000.
12,40 € ISBN : 978-2-211-05189-7
À partir de 6 ans

3571. Weidner Zoehfeld, Kathleen ; ill. Petruccio, Steven James ; trad. Bertrand, Pierre : **Bébé lamantin cherche sa maman.**

Un jeune lamantin et sa mère nagent vers des sources chaudes où ils passeront l'hiver. Le récit est bref et les illustrations créent une superbe ambiance subaquatique. L'histoire est précédée et suivie d'une partie documentaire où l'essentiel est dit. L'ensemble est un émouvant plaidoyer pour la sauvegarde d'une espèce menacée.

L'École des loisirs-Archimède, 1998.
12 € ISBN : 978-2-211-04432-5
À partir de 6 ans

♥ **3572**. Zicot, Emmanuelle : **Avec les orques.**

Des pages fluides, joliment aquarellées, nous plongent littéralement dans l'univers aquatique des orques. Un petit groupe chasse, se repose, s'ébat, fuit les touristes, échange avec ses congénères et avec des humains. Les informations détaillées de la postface renseignent davantage sur les modes de vie et de reproduction de ces mammifères.

L'École des loisirs, 2004.
12,50 € ISBN : 978-2-211-07090-4
À partir de 6 ans

3573. Zicot, Emmanuelle : **Descends de là, paresseux !**

Chaque semaine, le paresseux doit quitter les arbres où il a élu domicile pour rejoindre le sol et y faire ses besoins. Le voyage est long et périlleux pour cet animal maladroit et lent. L'ambiance de la forêt tropicale est superbement restituée par une illustration de qualité.

L'École des loisirs-Archimède, 1997.
11,60 € ISBN : 978-2-211-04461-5
À partir de 6 ans

3574. Frattini, Stéphane : **Tous les félins du monde.**

Ce document, illustré de photographies remarquables, fera découvrir les félins du monde, en passant par le lynx boréal, le plus grand félin d'Europe, puis par le serval aux grandes oreilles dressées, et enfin par le chat viverrin connu aussi sous le nom de « chat pêcheur ». Des fiches descriptives aideront à mieux les connaître.

Milan Jeunesse, Animaux du monde, 2003.
ISBN : 978-2-7459-1003-5

Autres titres :
3575. **Tous les singes du monde.** 2004.
ISBN : 978-2-7459-1537-5
3576. Lisak, Frédéric : **Tous les mammifères du monde.** 2004.
ISBN : 978-2-7459-1308-1
16,50 € chaque À partir de 9 ans

3577. Génot, Jean-Claude ; ill. Legendre-Kvater, Philippe : **Raconte le lynx.**
Cet ouvrage illustré d'aquarelles sensibles aux tons doux est une fiction documentaire pour mieux faire connaître le lynx, un félin très secret. Un grand-père repère avec ses petits-enfants des traces de cet animal et leur explique son mode de vie. Un ouvrage abouti, avec des informations sur la réintroduction de l'espèce qui complètent le tout.
Hesse, Raconte, 2003.
13 € ISBN : 978-2-911272-55-4
À partir de 9 ans

♥ **3578**. Lagier, Marie ; ill. Bloch, Serge : **Le Livre du loup.**
Ce livre est plus qu'un simple documentaire, il nous renseigne sur l'histoire des rapports homme-loup : expressions et jeux de mots, sorcellerie, croyances. Il décrit la façon dont l'animal est représenté dans les contes, la littérature et le cinéma. Le trait cinglant et drôle de l'illustrateur participe à la réussite de cet ouvrage original.
Nathan, 1997.
16,50 € ISBN : 978-2-09-277245-4
À partir de 9 ans

3579. Tongane, Charles ; ill. Clavreul, Denis : **Marmotte.**
De conception identique à la série « Les Oiseaux du bord de mer », chez le même éditeur, cette collection est dirigée par les Parcs nationaux de France. Chaque titre raconte la vie d'un animal présent dans ces espaces protégés. Récits, notes et illustrations invitent le lecteur à découvrir la faune sauvage pour mieux la connaître et la protéger.
Hesse / Dexia, Faune sauvage, 2003.
ISBN : 978-2-911272-59-2

Autres titres :
3580. Espinassous, Louis ; ill. Rime, Jacques : **Ours.** 2006.
ISBN : 978-2-911272-86-8
3581. Keck, Robert ; ill. Chevallier, Jean : **Chamois.** 2004.
ISBN : 978-2-911272-70-7
11 € chaque À partir de 9 ans

3582. Green, Jen ; Burnie, David ; ill. Longworth, Mark ; Kerr, Andrew ; Hunter, Robin ; trad. Porlier, Bruno : **Les Mammifères.**
Gallimard et Google ont créé un site internet dédié aux mammifères sur lequel il suffit de saisir un mot-clé visible à chaque chapitre pour avoir accès à une sélection de sites. Des thèmes abordés classiques - croissance, reproduction, intelligence - et des angles d'approche croisés donnent une vision d'ensemble très satisfaisante et intéressante.
Gallimard Jeunesse / Google, Les thématiques de l'encyclopedi@, 2006.
14,95 € ISBN : 978-2-07-057273-1
À partir de 13 ans

3583. Huet, Philippe : **En compagnie des loups.**
Une exploration de l'univers des loups d'un point de vue tant zoologique qu'écologique et de nombreuses anecdotes qui relancent le sujet. La maquette est claire, et les nombreuses illustrations donnent à ce livre un aspect agréable. Le DVD qui l'accompagne explore encore plus avant le monde de l'animal.
Fleurus / BBC France, Voir les animaux, 2005.
ISBN : 978-2-215-05305-7
Autre titre :
3584. Marion, Rémy ; Véron, Géraldine : **Sur la piste des ours.** 2006.
ISBN : 978-2-215-05335-4
15,50 € chaque À partir de 13 ans

Animaux familiers – Animaux de la ferme

3585. Jeram, Anita ; ill. Wallace, Karen ; trad. Bertrand, Pierre : **Ma poule, mes poussins.**
Un petit garçon parle de sa poule avec amour et entrain : il décrit l'animal et les principaux traits de son comportement. Un second niveau de lecture apporte des informations complémentaires sur la digestion ou sur l'éclosion des œufs. Les dessins sont à la fois humoristiques et chaleureux.
L'École des loisirs-Archimède, 1999.
11,90 € ISBN : 978-2-211-03622-1
À partir de 3 ans

3586. King-Smith, Dick ; ill. Jeram, Anita ; trad. Bonhomme, Pierre : **Adorables Cochons d'Inde.**
D'où viennent les cochons d'Inde ? De quoi ont-ils besoin ? Comment bien les soigner ? Comment vivre avec eux et sans eux ? Cet album aux illustrations pleines de charme et d'humour, au ton jamais mièvre et toujours juste, est idéal pour aider les jeunes enfants et leurs parents à vivre leur relation avec l'animal.
Circonflexe, Aux couleurs du monde, 1998.
10,50 € ISBN : 978-2-87833-209-4
À partir de 3 ans

3587. Binder, Jean : **Pipo et Sifflet sont des cobayes.**
Cet album raconte le voyage de deux cochons d'Inde en Amérique du Sud, d'où sont originaires leurs ancêtres. Trois pages documentaires complètent les informations sur cet animal et sur les soins à lui apporter. De superbes illustrations utilisant la technique de la carte à gratter donnent une impression très forte de mouvement et de vie.
L'École des loisirs-Archimède, 1995.
13 € ISBN : 978-2-211-02948-3
À partir de 6 ans

3588. Comte, Hubert ; photos Silvester, Hans : **Les Chats racontés aux enfants.**
Principalement composé de superbes photographies, cet ouvrage n'est cependant pas un catalogue. Il s'attache plutôt à nous montrer les particularités du chat : ses attitudes, ses rapports avec l'homme. Le texte agréable à lire apporte des renseignements classiques. À noter les aquarelles délicates.
La Martinière Jeunesse, Le monde raconté aux enfants, 2004.
13 € ISBN : 978-2-7324-3175-8

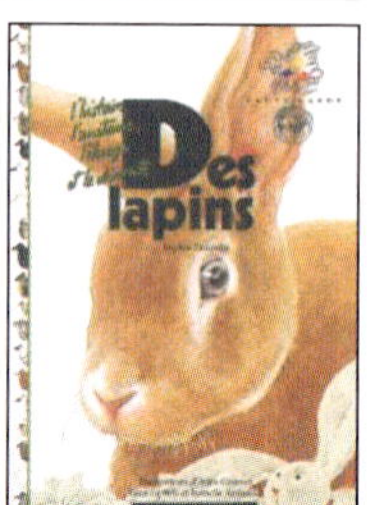

Autre titre :
3589. Rousseau, Élise ; ill. Bréguet, Marguerite : **Les Chevaux racontés aux enfants.** 2005.
ISBN : 978-2-7324-3293-9
13 € chaque À partir de 6 ans

3590. Frattini, Stéphane ; ill. Toussaint, Sophie ; Delanghe, Bernard : **Copain des chats.**
Tout pour faire connaissance avec les races et l'histoire de ces animaux domestiques. Il s'agit aussi d'un guide pratique avec de multiples conseils pour choisir, accueillir, soigner, éduquer et comprendre les chats. Il rappelle aussi l'engagement et la responsabilité de l'enfant face à l'animal domestique.
Milan Jeunesse, Copains, 2006.
22,60 € ISBN : 978-2-7459-1843-7
Autres titres :
3591. Ballereau, Jean-François ; Delaborde, Gilles ; ill. Fuggetta, Hélène ; Henriot, Jean-Louis ; Houbre, Gilbert : **Copain des chevaux.** 2005.
ISBN : 978-2-7459-1954-0
3592. Simon, Serge et Dominique ; ill. Toussaint, Sophie ; Vogel, Nathaële : **Copain des chiens.** 2005.
ISBN : 978-2-7459-1845-1
22,60 € chaque À partir de 9 ans

3593. Grandjean, Dominique ; photos Travers, Éric : **La Grande Odyssée : Profession : chiens de traîneaux.**
Un ouvrage sur les courses de chiens de traîneaux. Les thèmes abordés sont la difficile profession de musher et de handler, les relations homme-animal, les différentes races de chiens, l'entraînement et l'aspect technique des courses. Très documenté et superbement illustré, ce livre comblera un large public.
Hachette Jeunesse, 2006.
10,50 € ISBN : 978-2-01-225362-9
À partir de 9 ans

♥ **3594**. Carette, Janine ; ill. Navello, Jean-Marc ; Santi, Odile ; Dumoulin, Élodie : **Des ânes et des mulets.**
Les livres de la collection « Sauvegarde » explorent tout ce qui peut permettre de faire connaissance avec l'animal présenté : ses origines, les mythes, les différentes races, ses rapports avec l'homme hier et aujourd'hui. La présentation raffinée et variée, et les illustrations à la fois précises et poétiques, en font des ouvrages intéressants et agréables à lire.
Gulf Stream, Sauvegarde, 2004.
ISBN : 978-2-909421-34-6
Autres titres :
♥ **3595**. Bourdon, Anne ; Lizet, Bernadette ; ill. Desbordes, François ; Héron, Jean-Olivier et Domitille : **Des chevaux.** 2004.
ISBN: 978-2-909421-23-0
♥ **3596**. Brisebarre, Anne-Marie ; Dirand, André ; Hubert, Germain ; ill. Héron, Jean-Olivier et Domitille et Alban : **Des moutons.** 2002.
ISBN : 978-2-909421-20-9
♥ **3597**. Cohat, Yves ; Desombre, Estelle ; ill. Larousse, Alban ; Héron, Jean-Olivier et Domitille : **Des cochons.** 2002.
ISBN: 978-2-909421-22-3
3598. Courreau, Jean-François ; Courreau, Marie-José ; ill. Chambon, Yannick ; Houbre, Gilbert ; Arslanian, Isabelle : **Des chiens des champs.** 2004.
ISBN : 978-2-909421-28-5
3599. Courreau, Jean-François et Marie-José ; ill. Chambon, Yannick ; Houbre, Gilbert ; Arslanian, Isabelle : **Des chiens des villes.** 2004.
ISBN : 978-2-909421-27-8
3600. Dubois, Philippe ; Panafieu, Jean-Baptiste de ; ill. Dufour, Daniel ; Héron, Jean-Olivier : **Des vaches.** 2002.
ISBN : 978-2-909421-19-3
♥ **3601**. Fauvette, Sophie ; ill. Gravier, Alice ; Le Bris, Yann ; Arslanian, Isabelle : **Des lapins.** 2004.
ISBN : 978-2-909421-32-2
♥ **3602**. Panafieu, Jean-Baptiste de ; ill. Clavreul, Denis ; Héron, Jean-Olivier ; Dumoulin, Élodie : **Des chèvres.** 2002.
ISBN : 978-2-909421-21-6
♥ **3603**. Périquet, Jean-Claude ; ill. Le Bris, Yann ; Arslanian, Isabelle ; Sinier, Michel : **Des poules.** 2004.
ISBN : 978-2-909421-24-7
3604. Vaisman, Sylvia ; ill. Le Bris, Yann ; Lefebvre, Sandrine ; Vogel, Nathaële : **Des chats.** 2005.
ISBN : 978-2-909421-35-3
12,50 € chaque À partir de 11 ans

NATURE

Écologie et milieux naturels

♥ **3605**. Mettler, René : **La Nature du plus près au plus loin.**
Un album très gai qui incite les enfants à l'observation de la nature grâce à un ingénieux système de zooms. D'une cerise en gros plan dont on s'éloigne, à une framboise vue d'avion dont on se rapproche, on explore tour à tour un environnement domestiqué et une nature sauvage.
Gallimard Jeunesse, 2004.
13,50 € ISBN : 978-2-07-055355-6
À partir de 3 ans

♥ **3606**. Bertrand, Pierre ; ill. Zicot, Emmanuelle : **En attendant la pluie ou L'eau, c'est la vie.**
La pluie est attendue avec impatience par les animaux de la savane qui commencent à souffrir de la sécheresse. Nous partageons l'attente d'une mère guépard et de ses deux petits et l'anxiété qu'elle éprouve alors que s'étire la saison sèche. De grandes planches colorées animent cet album documentaire qui illustre un sujet rarement traité.
L'École des loisirs-Archimède, 2001.
12 € ISBN : 978-2-211-05923-7
À partir de 6 ans

3607. Matsuoka, Tatsuhide ; adapt. Bertrand, Pierre ; trad. Bouvier, Jean-Christian : **Avec mon père au bord de la mer.**
Un jeune garçon et son père sont en vacances au bord de la mer. On les suit lors de l'exploration de la plage, des rochers ou durant des séances de pêche. Sur chaque page un grand dessin présente tout ce que les deux héros ont vu ; chaque plante ou animal est clairement dessiné et nommé. Un premier documentaire vivant et agréable.
L'École des loisirs-Archimède, 1993.
11,90 € ISBN : 978-2-211-01050-4
À partir de 6 ans

3608. Mettler, René : **Explorons l'estuaire.**
Le style classique de René Mettler semble destiner cette collection aux plus jeunes. En réalité, le texte comporte énormément

d'informations sur le milieu abordé et la structure intéressante de cet ouvrage en fait un bon outil documentaire pour les plus grands. Des activités sont proposées en complément. Peut-être un peu désuet dans la forme.
Gallimard Jeunesse, Apprends à voir la nature avec René Mettler, 2006.
ISBN : 978-2-07-051133-4
Autres titres :
3609. **Explorons l'étang.** 2006.
ISBN : 978-2-07-051131-0
3610. **Explorons la montagne.** 2006.
ISBN : 978-2-07-051130-3
3611. **Explorons la rivière.** 2006.
ISBN : 978-2-07-053132-7
6,50 € chaque À partir de 6 ans

3612. Royer, Anne : **La Rivière.**
Des textes clairs et simples, de jolies photographies, des notions d'écologie illustrant les rapports entre le monde animal, la végétation et le milieu naturel, voici l'ambition de la collection « Qui es-tu ? Nature ». Une bonne introduction au cycle de la vie et aux écosystèmes.
Mango Jeunesse, Qui es-tu ? Nature, 2006.
ISBN : 978-2-7404-2105-5
Autres titres :
3613. Fronty, Mireille : **La Mare.** 2005.
ISBN : 978-2-7404-1935-9
3614. Guidoux, Valérie : **La Forêt.** 2005.
ISBN : 978-2-7404-1935-9
3615. Montardre, Hélène : **La Haie.** 2004.
ISBN : 978-2-7404-1764-5
9 € chaque À partir de 6 ans

♥ **3616**. Muller, Gerda : **Où vont-ils quand il pleut ?**
Une balade dans la campagne est prétexte à collecter quelques informations sur les animaux rencontrés. Lorsque la pluie survient, la question se pose de savoir qui aime l'eau et qui ne l'aime pas. Comment s'en protéger quand on ne peut pas rester dessous ? Les réponses sont claires et passionnantes. Le livre se termine par une explication du cycle de l'eau.
L'École des loisirs-Archimède, 2002.
12 € ISBN : 978-2-211-06326-5
À partir de 6 ans

3617. Nakano, Hirotaka ; adapt. Bertrand, Pierre ; trad. Bouvier, Jean-Christian : **Tout pourrit !**
En partant d'un exemple de la vie quotidienne (les déchets ménagers), l'auteur explique le cycle de la vie et l'importance de la décomposition des aliments. L'illustration très lisible et l'apport progressif des informations facilitent réellement la compréhension. Une agréable leçon de biologie.
L'École des loisirs-Archimède, 1993.
10,70 € ISBN : 978-2-211-03351-0
À partir de 6 ans

3618. Weinzaepflen, Nathalie : **Les pépins ont disparu !**
Sur le ton d'une enquête policière, cet album documentaire raconte pourquoi les pépins de la pomme ont disparu et dévoile le coupable. Un second niveau de lecture, qui s'appuie sur des illustrations détaillées et des légendes précises, explique la pollinisation et les interactions entre la fleur et l'abeille, la chenille et le fruit.
L'École des loisirs-Archimède, 1996.
11,60 € ISBN : 978-2-211-03598-9
À partir de 6 ans

3619. Michel, François ; ill. Boutavant, Marc : **L'Écologie à petits pas.**
Géologue, l'auteur aborde avec pertinence et simplicité un sujet complexe. Il explique la mutation des paysages, l'équilibre fragile des écosystèmes, la chaîne alimentaire, les cycles de l'eau et du carbone, les pollutions de l'eau, de l'air, du sol et leurs effets. Cet excellent livre d'éducation à l'environnement et à la citoyenneté est admirablement illustré.
Actes Sud Junior, À petits pas, 2000.
12 €
ISBN : 978-2-7427-2660-8
Autre titre :
3620. Michel, François ; ill. Barborini, Robert : **L'Eau à petits pas.** 2003.
11,50 € ISBN : 978-2-7427-4011-6
À partir de 8 ans

3621. Benlakhel, Nadia ; ill. Audouin, Laurent ; Bonté, Thérèse : **L'Alimentation.**
Beaucoup d'informations dans ce petit ouvrage qui traite de l'écologie, de la santé et du commerce équitable. Les trois parties : « Je découvre », « Je comprends », « J'agis » sont écrites dans un style vivant et humoristique. L'auteur fait preuve d'un parti pris totalement affiché et revendiqué avec une volonté : convaincre.
Milan Jeunesse, Agir pour ma planète, 2005.
6 € ISBN : 978-2-7459-1921-2
À partir de 9 ans

3622. Beugné, Richard ; ill. Bar, Laurence ; Brasseur, Jérôme ; David, Bruno : **Le Monde des pôles.**
Pour découvrir l'Arctique et l'Antarctique. Un ouvrage complet, bien documenté, qui aborde tous les aspects de la géographie physique et le côté humain, en décrivant le mode de vie des peuples autochtones et les aventures des explorateurs à la conquête des pôles Nord et Sud. Pour sensibiliser les enfants et les préparer à l'Année polaire internationale 2007-2008.
Milan Jeunesse, Les encyclopes, 2006.
22,60 € ISBN : 978-2-7459-1971-7
À partir de 9 ans

3623. Costa de Beauregard, Diane : **Des forêts et des arbres.**
À lui tout seul, ce livre est une véritable exposition : depuis la germination de la graine jusqu'à l'utilisation du bois par l'homme. Différents procédés sont utilisés dans la mise en pages pour créer une succession de surprises au fil de la lecture : des écorces en relief, un séquoia qui dépasse du livre. Un documentaire de toute beauté !
Gallimard Jeunesse, Les racines du savoir, 1993.
16,77 € ISBN : 978-2-07-058196-2
À partir de 9 ans

3624. Jenkins, Steve ; adapt. Bonhomme, Pierre : **Sur le toit du monde : à la conquête du mont Everest.**
C'est avec beaucoup de talent que Steve Jenkins fait le récit de la longue et passionnante conquête de l'Everest. L'esthétisme des illustrations, créées à partir de papiers déchirés, restitue remarquablement et avec poésie l'ambiance de cette montagne et exprime toute la fascination qu'ont les hommes à son égard.

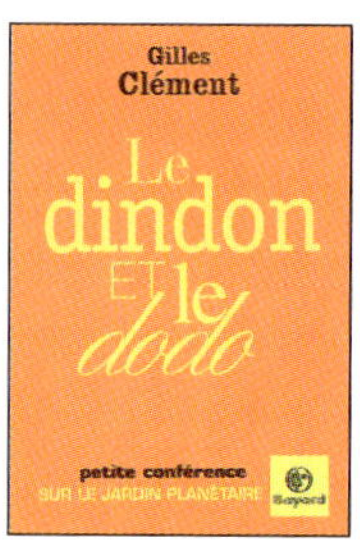

Circonflexe, Aux couleurs du monde, 2006.
12 € ISBN : 978-2-87833-381-7
À partir de 9 ans

3625. Matsuoka, Tatsuhide : **La Jungle.**
Spécialisé dans l'illustration des sciences naturelles, l'auteur nous fait partager son voyage et ses découvertes naturalistes dans la jungle du Costa Rica. Il dépeint des paysages envoûtants, offre des dessins minutieux de plantes et d'animaux et sensibilise sur la diversité des espèces hélas menacées par la destruction des forêts tropicales.
L'École des loisirs-Archimède, 2001.
14,50 € ISBN : 978-2-2110-3403-6
À partir de 9 ans

♥ **3626**. Mettler, René : **La Nature au fil de l'eau.**
De la source des cours d'eau au printemps jusqu'à la mer en hiver, l'eau s'étale dans toutes ses dimensions et sous tous ses aspects : fleuve, étang, rivière, marais. Sur ses berges, flore et faune vivent dans des micro-milieux croqués avec une précision minutieuse et raffinée. Un index de 300 mots en français et en latin complète cet album grand format.
Gallimard Jeunesse, 2002.
14,95 € ISBN : 978-2-07-054573-5
À partir de 9 ans

♥ **3627**. Nicolino, Fabrice : **La France sauvage racontée aux enfants.**
Un superbe documentaire au ton très personnel et illustré avec talent. Le récit vivant et passionné permet de saisir la richesse et la beauté des sites sauvages de France. Le parcours jalonné de brillantes illustrations (aquarelle, gouache, crayon) est intelligent ; il est aussi sérieux, artistique et sensible. Une réussite !
Sarbacane, 2005.
23 € ISBN : 978-2-84865-040-1
À partir de 9 ans

3628. Panafieu, Jean-Baptiste de ; ill. Desbordes, François ; Drochon, Christophe ; Houdre, Gilbert : **Écologie, la planète vivante.**
Une première partie, extrêmement riche, décrit notre planète comme un système global où chaque espèce a un rôle déterminant à jouer. Le reste de l'ouvrage s'intéresse, quant à lui, aux problèmes environnementaux. Les illustrations nombreuses et diverses, selon le principe de la collection, apportent beaucoup d'informations.
Gallimard Jeunesse, Les racines du savoir, 2003.
17 € ISBN : 978-2-07-055300-6
À partir de 9 ans

3629. Parker, Steve ; photos Dowell, Philip : **L'Étang et la rivière.**
Animaux et plantes de l'étang forment un écosystème foisonnant où chaque espèce participe au maintien d'un équilibre fragile. Les photographies remarquables et la mise en pages raffinée facilitent grandement l'accès à ce documentaire réussi.
Gallimard Jeunesse, Les yeux de la découverte, 2003.
14 € ISBN : 978-2-07-053819-5
À partir de 9 ans

3630. Pény-Étienne, Elsa : **Les Aventures d'Elliot et Basile à Clipperton.**
Une étude scientifique à Clipperton, occasion d'une correspondance entre Jean-Louis Étienne et un groupe d'enfants, est à l'origine de cet ouvrage. Il est question d'Elliot qui a vécu avec ses parents sur l'île pendant quatre mois tel Robinson Crusoé, et de ses aventures avec son ami Basile, un petit crabe de terre.
Seuil Jeunesse, Septième continent, 2005.
13 € ISBN : 978-2-02-084470-3
À partir de 9 ans

3631. Bouchardy, Christian ; ill. Ballouhey, Pierre : **Copain de la nature.**
Du jardin à l'étang, de la ville au pré, de la forêt à la rivière, tous les milieux sont abordés pour permettre au lecteur de comprendre et respecter son environnement. Les conseils des premières pages à propos de l'équipement, des moments favorables à l'observation de la faune et la flore sont précieux.
Milan Jeunesse, Copains, 2004.
ISBN : 978-2-84113-602-5
Autre titre :

3632. Kayser, Renée ; ill. Ballouhey, Pierre : **Copain des bois.** 2005.
ISBN : 978-2-7459-1844-4
22,60 € chaque À partir de 11 ans

♥ **3633**. Clément, Gilles : **Le Dindon et le dodo : petite conférence sur le jardin planétaire.**
Pour l'auteur, la Terre doit être considérée comme un jardin, et c'est en jardinier qu'il faut l'observer et s'occuper d'elle. À travers une série de questions-réponses, l'auteur fait prendre conscience de l'extrême interdépendance entre les plantes et les animaux. Un style simple et direct, des images fortes.
Bayard, Les petites conférences, 2005.
9,90 € ISBN : 978-2-227-47459-8
À partir de 11 ans

3634. Pasques, Patrick : **Zoom sur l'eau.**
Ce livre aborde pratiquement tous les aspects de l'eau dans la nature : son origine, les problèmes de pollution, notre rapport à cet élément vital, sa maîtrise au niveau de l'agriculture ou source de production d'énergie. Cet ouvrage, à l'iconographie efficace, sait rester clair et complet.
Hachette Jeunesse, Zoom sur, 2003.
5,95 € ISBN : 978-2-01-291966-2
À partir de 13 ans

Environnement et pollution

3635. Cerisier, Emmanuel ; Lafitte, Marie : **Mais où va-t-il donc ?**
Alice veut savoir où va son pipi une fois qu'elle a tiré la chasse d'eau. C'est l'occasion pour la famille de visiter les égouts et de découvrir les dessous de la ville avec ses canalisations, ainsi que les différentes étapes du traitement des eaux usées. L'illustration apporte une grande part d'informations.
L'École des loisirs-Archimède, 1998.
11,60 € ISBN : 978-2-211-05063-0
À partir de 6 ans

3636. Labbé, Brigitte ; Puech, Michel ; ill. Azam, Jacques : **La Nature et la pollution.**
Ce livre souligne les contradictions entre confort personnel et devoir collectif. Il

explique simplement comment l'homme brise les cycles naturels pour produire toujours plus. Est-il illusoire de limiter les risques écologiques quand les lois sont différentes dans chaque pays ? Quelle est la vraie place de l'homme dans la nature ?
Milan Jeunesse, Les goûters philo, 2005.
6 € ISBN : 978-2-7459-1928-1
À partir de 9 ans

3637. Toutain, Caroline ; ill. Audouin, Laurent : **L'Air et sa pollution.**
Les thèmes abordés sont classiques : notions de base sur les gaz, les types de pollution et les comportements à adopter. Le tout est agrémenté de témoignages, de petits jeux et d'expériences à réaliser. Le contenu documentaire est clair, l'essentiel est dit. Plutôt réussies, les illustrations sont toujours en parfaite adéquation avec le texte.
Milan Jeunesse, Agir pour ma planète, 2005.
ISBN : 978-2-7459-1919-9
Autres titres :
3638. Grundmann, Emmanuelle ; ill. Audouin, Laurent ; Bonté, Thérèse : **Les Espèces menacées.** 2006.
ISBN : 978-2-7459-2162-8
3639. Mira Pons, Michèle ; ill. Lebot, Sophie ; Audouin, Laurent : **L'Eau.** 2005.
ISBN : 978-2-7459-1910-6
3640. Mira Pons, Michèle ; ill. Lebot, Sophie ; Audouin, Laurent : **Le Bruit.** 2005.
ISBN : 978-2-7459-1911-3
3641. Noblet, Jean-François ; Levesque, Catherine ; ill. Audouin, Laurent : **J'aime ma planète.** 2006.
ISBN : 978-2-7459-2163-5
3642. Noblet, Jean-François ; ill. Audouin, Laurent : **Les Déchets.** 2005.
ISBN : 978-2-7459-1920-5
3643. Ramade-Masson, Isabelle ; ill. Audouin, Laurent ; Bonté, Thérèse : **L'Énergie.** 2005.
ISBN : 978-2-7459-1918-0
6 € chaque À partir de 9 ans

♥ **3644**. Bouttier-Guérive, Gaëlle ; Thouvenot, Thierry ; ill. Dorémus, Gaëtan : **Planète attitude junior.**
Réalisé avec le WWF, cet ouvrage, très documenté, informe l'enfant comme l'adulte et les met en position de responsabilité. Il développe sept thèmes ayant trait à l'environnement et liés à un animal menacé de disparition. L'ensemble est assez concret pour que le lecteur comprenne à quel point notre mode de vie a une influence sur celui de ces animaux. Une réussite.
Seuil Jeunesse / WWF, 2005.
15 € ISBN : 978-2-02-080035-8
À partir de 11 ans

3645. Sourd, Christine ; ill. Herzog, Lise : **Les Réserves de biosphère.**
Ce petit volume présente le Programme mondial de création de réserves de biosphère, lieux privilégiés de préservation de la nature. À l'aide d'une documentation variée, cet ouvrage incite les jeunes lecteurs à devenir des citoyens actifs et responsables.
Nane éd. / Unesco, Citoyen, 2004.
4,60 € ISBN : 978-2-84368-048-9
À partir de 11 ans

3646. Photos Arthus-Bertrand, Yann ; texte Dubois, Philippe ; Guidoux, Valérie ; ill. Bataille, Sylvia : **L'Avenir de la Terre : le développement durable raconté aux enfants.**
De magnifiques photographies de Yann Arthus-Bertrand illustrent les désastres de l'action de l'homme sur son environnement à travers le monde. Face aux conséquences déjà visibles de la pollution, l'accent est mis sur l'urgence de réagir pour changer les comportements. Efficace.
La Martinière Jeunesse, Le monde raconté aux enfants, 2003.
13 € ISBN : 978-2-7324-3028-7
À partir de 13 ans

3647. Paskoff, Roland : **Les plages vont-elles disparaître ?**
Géographe, membre du Conseil scientifique du Conservatoire du littoral, Roland Paskoff nous livre un ouvrage dense et très complet sur le thème de l'érosion des plages. Il aborde tour à tour les causes naturelles et les causes aggravantes d'origine humaine. Les nombreux exemples cités allègent quelque peu la technicité des propos.
Le Pommier, Les petites pommes du savoir, 2005.
4,50 € ISBN : 978-2-7465-0238-3
À partir de 13 ans

Botanique

3648. Fauroux, Catherine ; ill. Cagnard, Marthe : **Graine de chêne.**
Sur un chêne centenaire, Petit Gland profite de la fin de l'été pour se développer totalement. Par chance, il échappe aux animaux qui auraient pu s'en régaler ou y déposer leurs œufs. Mûr, il tombe au sol pour y germer et fabriquer ses racines. Ce bel album documentaire aux aquarelles délicates dépeint précisément le milieu forestier au fil des saisons.
L'École des loisirs-Archimède, 1999.
11,90 € ISBN : 978-2-211-05044-9
À partir de 3 ans

3649. Guiberson, Brenda Z. ; ill. Lloyd, Megan ; trad. Bertrand, Pierre : **Hôtel Cactus.**
Un livre sur le cactus saguaro qui se dresse tel un arbre dans le désert d'Amérique du Nord. En traitant des interactions entre les animaux et les plantes, l'ouvrage propose un exemple concret d'adaptation à un milieu.
L'École des loisirs-Archimède, 2002.
10,40 € ISBN : 978-2-211-01941-5
À partir de 6 ans

3650. Hellings, Colette ; ill. Maes, Dominique : **L'Églantine**.
Cet album documentaire, aux dessins raffinés, raconte le cycle de l'églantier. Ses jolies fleurs, pollinisées par les abeilles, deviennent des fruits remplis de graines dont la couleur rouge attire les mésanges. Ce livre ne manquera pas d'étonner le lecteur qui découvrira pour la première fois ce phénomène de reproduction.
L'École des loisirs-Archimède, 1993.
8,80 € ISBN : 978-2-211-01070-2
À partir de 6 ans

3651. Lachaud, Catherine ; Doinet, Mymi : **Les Fleurs des champs.**
Les apprentis botanistes trouveront les informations nécessaires à la réalisation d'un herbier : conseils pour cueillir vingt fleurs des champs et les faire sécher. Pour chaque fleur, une illustration et un court texte descriptif permettent de l'identifier. Un lexique aide à connaître le vocabulaire précis.
Flammarion, Mon herbier, 2002.
ISBN : 978-2-08-161262-4
Autre titre :
3652. Lachaud, Catherine ; Gourier, James : **Les Plantes de saveurs.** 2003.
ISBN : 978-2-08-161621-9
15 € chaque À partir de 6 ans

3653. Melano, Olivier : **Attention, plantes carnivores.**
La coccinelle de Léa est entrée dans le terrarium de papa et risque sa vie car il y cultive des plantes carnivores ! Un album documentaire aux illustrations précises pour découvrir cinq espèces de plantes carnivores et les ruses et pièges qu'elles utilisent pour capturer leurs proies.
L'École des loisirs-Archimède, 1996.
11,30 € ISBN : 978-2-211-03938-3
À partir de 6 ans

3654. Mettler, René : **Le Palmier.**
Le thème est beaucoup plus large puisqu'il est aussi question d'autres plantes des pays tropicaux. Le système des transparents fonctionne ici remarquablement et les très belles coupes de fruits frais sont particulièrement alléchantes ! Un petit livre réussi sur un sujet peu traité.
Gallimard Jeunesse, Mes premières découvertes, 1993.
9,90 € ISBN : 978-2-07-058278-5
À partir de 6 ans

♥ **3655**. Möller, Anne ; trad. Brossier, Claudie : **Les Graines, de grandes voyageuses.**
Le texte et l'illustration nous font découvrir un monde poétique et plein d'intelligence, un univers du petit rarement observé, à travers de véritables tableaux peints. Le voyage des différents types de graines est expliqué en détail, ce qui est rarement le cas pour ce sujet complexe.
Gulf Stream, Dame nature, 2006.
11,50 € ISBN : 978-2-909421-53-7
À partir de 6 ans

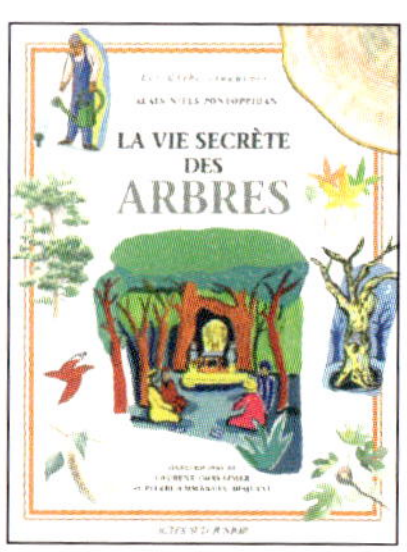

3656. Montardre, Hélène : **L'Arbre.**
De manière simple et succincte, l'auteur évoque tous les aspects de l'arbre. La présentation agréable joue sur l'alternance de photographies en pleine page et de vignettes et propose plusieurs niveaux de lecture : le texte général donne les notions de base, les légendes apportent des précisions.
Mango Jeunesse, Qui es-tu ? Nature, 2003.
ISBN : 978-2-7404-1575-7
Autre titre :
3657. Guidoux, Valérie : **Le Champignon.** 2004.
ISBN : 978-2-7404-1824-6
9 € chaque À partir de 6 ans

3658. Pommaux, Yvan : **Où vont les trucs du pissenlit quand le vent les emporte ?**
Comment poussent les pissenlits ? Ou comment aborder le développement des plantes à travers l'observation de la nature : un dialogue style BD au sein d'une famille de campagnols. Une vivante et sympathique initiation à la botanique.
Sorbier, 1981.
4 € ISBN : 978-2-7320-3022-7
À partir de 6 ans

3659. Reviers, Bruno de ; ill. Renaud, Isabelle : **Algues**.
Par le biais d'une fiction illustrée, cet album apporte une documentation complète sur les différentes espèces d'algues. On trouve aussi des informations sur leur utilisation dans l'industrie alimentaire, leur récolte et leur culture. Des indications, en fin d'ouvrage, facilitent l'identification et la réalisation d'un alguier.
L'École des loisirs-Archimède, 1993.
11,90 € ISBN : 978-2-211-01060-3
À partir de 6 ans

♥ **3660**. Durand, Jean-Benoît ; Feterman, Georges ; ill. Gindre, Robin : **La Forêt à petits pas.**
Trois chapitres : la forêt en tant qu'ensemble, l'arbre pris individuellement, les promenades en forêt et des conseils. Le tout est complété par diverses activités pratiques comme la réalisation du moulage d'une empreinte.
Actes Sud Junior / Office national des forêts, À petits pas, 2002.
11,50 € ISBN : 978-2-7427-3998-1
À partir de 9 ans

♥ **3661**. Voake, Charlotte ; Petty, Kate : **Mon guide des fleurs sauvages.**
Une atmosphère bucolique se dégage de ce guide : illustrations de fleurs, d'insectes, de plantes parsèment les pages de ce livre et en font un ouvrage de poésie tout autant qu'un guide d'initiation à la botanique. Classées par couleur, de nombreuses espèces sont clairement présentées.
Gallimard Jeunesse, Gallimard album, 2004.
13 € ISBN : 978-2-07-055747-9
À partir de 9 ans

3662. Vadon, Catherine : **Le Monde mystérieux des plantes.**
Voici un ouvrage vivant, au ton accrocheur quoique très dense autour des thèmes du cycle de la vie, de la croissance et des usages que l'homme fait des plantes. Plus de 300 plantes présentées, une mise en pages agréable, de magnifiques photographies font de ce livre une mine d'informations.
Actes Sud Junior, Les globe-croqueurs, 2005.
ISBN : 978-2-7427-5106-8
Autre titre :
♥ **3663**. Pontoppidan, Alain ; ill. Corvaisier, Laurent ; Dequest, Pierre-Emmanuel : **La Vie secrète des arbres.** 2005.
ISBN : 978-2-7427-4540-1
20 € chaque À partir de 13 ans

Agriculture – Alimentation

3664. Wabbes, Marie : **La soupe ça fait grandir.**
Les dessins de Marie Wabbes illustrent de manière toute simple la confection d'une soupe de légumes : tous les ingrédients nécessaires sont présentés tour à tour jusqu'à leur réunion et leur cuisson, puis leur consommation. Un

livre presque naïf, qui donne envie de déguster.
L'École des loisirs, 2003.
10,50 € ISBN : 978-2-211-06749-2
À partir de 3 ans

3665. Brice, Raphaëlle ; ill. Millet, Claude et Millet, Denise : **L'Aventure de la pomme de terre.**
Pour mieux connaître ce légume que les Français aiment tant : origine, variété, conservation. À noter, quelques pages surprenantes pour vous aider à transformer ce tubercule en une préparation jolie et délicate. Une valeur sûre.
Gallimard Jeunesse, Découverte benjamin, 2005.
2,95 € ISBN : 978-2-07-051173-0
À partir de 6 ans

3666. Dumas, Philippe : **Une ferme : croquis sur le vif d'une ferme d'autrefois.**
De superbes illustrations à l'encre et à l'aquarelle nous invitent à découvrir et à partager l'ambiance paisible et douce d'une ferme anglaise qui s'obstine à vivre et à travailler comme autrefois. Un livre désuet et merveilleux qui réapprend aux hommes à vivre en harmonie avec les bêtes et la nature.
L'École des loisirs-Archimède, 1997.
28,20 € ISBN : 978-2-211-04491-2
À partir de 6 ans

3667. Ill. Maucler, Christian : **Manger bio / Lua le génie du riz.**
Un ouvrage sur l'alimentation, en général, et les aliments « bio », en particulier. Il est aussi une sensibilisation au risque encouru à consommer les produits issus de l'agriculture intensive. Ce reportage photographique est bien construit, clair et accessible. Le conte est accessoire.
PEMF, Côté pile côté face, 2005.
11 € ISBN : 978-2-84526-515-8
À partir de 6 ans

3668. Mwankumi, Dominique : **Les Fruits du soleil.**
Quel est ce fruit exotique et d'où vient-il ? Au moment de la cueillette, deux enfants nous invitent à les suivre pour découvrir plantes et paysages où poussent ces fruits alléchants que nous retrouvons sur nos marchés. Une ambiance chaude et douce qui met l'eau à la bouche.
L'École des loisirs-Archimède, 2002.
12 € ISBN : 978-2-211-06631-0
À partir de 6 ans

3669. Combet, Claude ; Lefèvre, Thierry ; ill. Héliot, Éric : **Le Sucre à petits pas.**
De nombreux thèmes abordés : l'histoire du sucre, sa fabrication, le lien sucre-corps humain, les sucreries. Il propose quelques recettes sucrées, un petit tour du monde des habitudes alimentaires, des jeux et des quiz. Un ouvrage attrayant et plein d'informations sur un sujet peu traité.
Actes Sud Junior, À petits pas, 2003.
11 € ISBN : 978-2-7427-4542-5
À partir de 9 ans

3670. Garay, Lluis ; trad. Brisac, Tessa : **L'Arbre à chocolat.**
Une très belle histoire entre Lucia, fille d'un propriétaire de cacaoyers, et l'Ekchuah, l'esprit protecteur des arbres à cacao. À la fois documentaire et fiction, ce livre est illustré de belles photographies représentant le cacao sous toutes ses formes, de sa graine à son utilisation pour la fabrication du chocolat.
L'École des loisirs-Archimède, 1999.
12 € ISBN : 978-2-211-03967-3
À partir de 9 ans

♥ **3671**. Goldschmidt, Aline ; ill. Meurisse, Catherine : **Le P'tit Miam : bien se nourrir, mode d'emploi.**
Après la lecture de ce documentaire, plus aucun enfant ne pourra détester les fruits et les légumes car c'est avec humour que des conseils de nutrition leur sont donnés. Une histoire loufoque introduit chaque précepte alimentaire. Un ouvrage supervisé par des spécialistes.
Bayard Jeunesse, 2004.
11,90 € ISBN : 978-2-7470-1369-7
À partir de 9 ans

3672. Bourget, Dorothée ; ill. Curiace, Gismonde ; Lhez, Philippe : **Des pommes de terre : l'histoire, la culture et la diversité.**
Justement sous-titrée « L'histoire, la culture et la diversité », cette collection est une réussite complète. Clairement structuré et agréablement illustré, ce titre nous invite à découvrir les origines, la culture et les usages de la pomme de terre et met l'accent sur la nécessaire préservation de la biodiversité.
Gulf Stream, Sauvegarde, 2003.
ISBN : 978-2-909421-26-1
Autres titres :
♥ **3673**. Chauvet, Michel ; ill. Héron, Jean-Olivier ; Politzer, Michel ; Jousson, Jacky : **Des céréales.** 2004.
ISBN : 978-2-909421-25-4
3674. Marchenay, Philippe ; Bérard, Laurence ; ill. Lhez, Philippe ; Dumoulin, Élodie ; Héron, Jean-Olivier : **Des pommes.** 2004.
ISBN : 978-2-909421-30-8
12,50 € chaque À partir de 13 ans

TECHNIQUES

3675. Wilkes, Angela ; ill. Thomas, Éric ; trad. Dreyfus, Véronique : **Une ferme au fil du temps : du Moyen Âge à nos jours.**
L'histoire débute en l'an 800, sans doute dans la campagne anglaise... Au fil des illustrations panoramiques, nous suivons la vie des paysans et leur travail à la ferme, l'évolution des techniques agricoles, de l'habitat, et les transformations du paysage à travers les saisons et les siècles. Un principe qui rappelle les planches de Jörg Müller.
Gallimard Jeunesse, 2001.
16 € ISBN : 978-2-07-054115-7
À partir de 9 ans

♥ **3676**. Munari, Bruno ; trad. Montalant, Nathalie : **Les Machines de Munari.**
« Ventilateur à ailes battantes », « Moteur à lézard pour tortues fatiguées », « Agitateur de queue pour chien paresseux »... Voici quelques machines drôles et merveilleuses du surprenant graphiste italien. Plans, croquis et savoureux commentaires permettent de comprendre la logique de ces étranges mécanismes. La technique devient objet poétique, machine à rêver et à rire.
CERA-NRS éditions, 1998.
18,50 € ISBN : 978-2-9510395-2-0
À partir de 11 ans

Énergie

3677. Michel, François ; ill. Gindre, Robin : **L'Énergie à petits pas.**
L'auteur décline l'énergie sous toutes ses formes : définition, histoire de son utilisation, ses sources, l'épuisement des ressources fossiles, la recherche de solutions alternatives et termine sur des concepts écologiques de gestion de l'énergie. Un sujet scientifique abordé avec sérieux et pédagogie, et illustré avec humour.
Actes Sud Junior, À petits pas, 2005.
12 € ISBN : 978-2-7427-5913-2
À partir de 9 ans

3678. Parrondo, José : **L'Électricité.**
Irrésistiblement drôles et iconoclastes, les courts chapitres et les dessins aux couleurs pétantes de cet OVNI à l'humour ravageur donnent envie, après avoir bien ri évidemment, d'aller chercher dans des livres plus sérieux les vraies réponses aux questions délirantes, mais fort judicieuses, posées par l'auteur.
L'Ampoule, Je le savais ! 2002.
13 € ISBN : 978-2-84804-003-5
À partir de 13 ans

Industrie

3679. Miyakawa, Momoko ; ill. Imai, Mariko ; trad. et adapt. Bouvier, Jean-Christian et Seyvos, Florence : **Le Coton**.
Après une description précise de la croissance de la plante, ce bel album documentaire explore l'utilisation d'un matériau toujours prisé des hommes pour ses qualités. Le contenu reste à la portée des plus jeunes grâce à un fil narratif proche de leur univers et aux très beaux dessins.
L'École des loisirs-Archimède, 1992.
10,40 € ISBN : 978-2-211-01720-6
À partir de 6 ans

3680. Bridgman, Roger ; photos Teague, Steve ; trad. Porlier, Bruno : **Les Robots au service de l'homme.**
Ces machines sont utilisées par l'homme pour effectuer des tâches simples ou complexes. L'auteur nous les présente dans différents contextes (industrie, aéronautique, cinéma, jeu...), qu'ils soient utilitaires ou ludiques, le plus souvent au service du progrès, du rêve et de la fiction.
Gallimard Jeunesse, Les yeux de la découverte, 2005.
14 € ISBN : 978-2-07-050033-8
À partir de 11 ans

♥ **3681**. Biasi, Pierre-Marc de : **Le Papier : une aventure au quotidien.**
Sous la plume érudite mais jamais ennuyeuse d'un spécialiste, ce livre nous convie à une passionnante saga historique, technique, économique et culturelle. Iconographie riche et variée, textes littéraires, bibliographie et répertoire d'adresses complètent utilement l'ouvrage.
Gallimard Jeunesse, Découvertes Gallimard, 1999.
13 € ISBN : 978-2-07-053445-6
À partir de 13 ans

Construction

♥ **3682**. Delebecque, François : **Quel chantier !**
Sa couverture vive et son petit format carré rendent d'emblée cet album attirant. À l'intérieur, chaque page comporte un volet à soulever, qui laisse apparaître une illustration en noir et blanc de l'engin en action, ainsi qu'une courte phrase expliquant sommairement sa fonction. Un documentaire beau et efficace.
Seuil Jeunesse, 2003.
10,50 € ISBN : 978-2-02-053045-3
À partir de 3 ans

3683. Rascal : **Boîte à outils.**
Du nouveau dans la boîte à outils : pince arquée comme un beau A, clé anglaise à la forme chaloupée pour le S, agrafeuse Rutilante, les outils paradent comme dans une galerie d'art. Ils se présentent par ordre alphabétique, l'astuce étant de faire correspondre la lettre à la forme de l'outil et non à son nom. On peut être bricoleur et avoir des lettres !
L'École des loisirs / Pastel, 2001.
9 € ISBN : 978-2-211-06182-7
À partir de 3 ans

3684. Banks, Kate ; ill. Hallensleben, Georg ; trad. Bouchony, Anne de : **Une nuit au chantier.**
Une nuit Max peut enfin accompagner son papa sur le grand chantier où il travaille. Les grandes planches très colorées de cet album évoquent le ballet poétique et réaliste des grues et des engins de travaux magnifiés par les faisceaux de lumière.
Gallimard Jeunesse, Folio Benjamin, 2004.
5,50 € ISBN : 978-2-07-050477-0
À partir de 4 ans

3685. Grinberg, Delphine ; ill. Sapin, Mathieu : **Le Chantier.**
Que se passe-il sur un chantier ? Comment fonctionne une grue ? Quels sont les métiers du bâtiment ? Autant de questions posées par une spécialiste de la vulgarisation scientifique de la Cité des sciences qui propose, dans ce livre animé, un programme intelligemment pensé et adapté aux enfants.
Nathan Jeunesse, Kididoc, 2002.
9,95 € ISBN : 978-2-09-250336-2
À partir de 6 ans

3686. Desmoulin, Christine ; ill. Salas, Nestor : **Le Centre Georges-Pompidou.**
L'auteure propose dans ce livre, aux illustrations vivantes et colorées, de nous faire découvrir ce Meccano géant, bâtiment symbolique de l'architecture contemporaine, depuis le projet de ses architectes jusqu'à sa réalisation. Les caractéristiques essentielles du bâtiment sont décrites, les polémiques qu'il a suscitées expliquées ainsi que son usage actuel.
Norma / Éditions du centre Georges-Pompidou, Archibald, 2002.
ISBN : 978-2-909283-67-8
Autres titres :
3687. **Le Stade de France.** 2001.
ISBN : 978-2-909283-59-3
3688. **La Villa Savoye.** 2001.
ISBN : 978-2-909283-58-6
3689. **La Boîte à vent.** 2001.
ISBN : 978-2-909283-60-9
3690. **L'Aéroport de Roissy.** 2002.
ISBN : 978-2-909283-69-2
10 € chaque À partir de 9 ans

♥ **3691**. Deyer, Francis ; ill. Dufour, Daniel ; photos Plisson, Philip : **Les Phares racontés aux enfants.**
À travers des photographies très inspirées, l'auteur nous fait partager sa passion des phares. Leur fonctionnement, les principes de signalisation, les différents types de phares sont évoqués, avant de pénétrer à l'intérieur et d'en découvrir les merveilles. On nous conte aussi la rudesse de la vie des gardiens et les dangers de l'automatisation.
La Martinière Jeunesse, Le monde raconté aux enfants, 2005.
12 € ISBN : 978-2-7324-3294-6
À partir de 9 ans

3692. Le Duc, Michel ; Tordjman, Nathalie ; ill. Calarnou, Yves : **La Ville à petits pas.**
L'auteur nous convie à un petit tour du monde pour découvrir des villes de toutes sortes. Nous visitons l'une d'elles, observons son architecture et l'aménagement urbain, apprenons quels en sont les acteurs et terminons sur les problèmes de croissance, d'urbanisme et de pollution. Le ton est dynamique et les encarts stimulent la curiosité des enfants.
Actes Sud Junior, À petits pas, 2003.
11 € ISBN : 978-2-7427-4544-9
À partir de 9 ans

♥ **3693**. Macaulay, David ; trad. Roche, Daniel : **Les Grandes Constructions.**
Pourquoi et comment, sont les maîtres mots de l'architecte David Macaulay, à qui l'on doit de nombreux ouvrages merveilleusement et minutieusement illustrés. Il révèle, à l'aide d'exemples précis pris aux quatre coins du monde à différentes époques, les idées et les techniques qui ont permis de réaliser ponts, barrages, dômes. Du bel art !
L'École des loisirs-Archimède, 2002.
28,50 € ISBN : 978-2-211-06256-5
À partir de 11 ans

Transports

3694. Bingham, Caroline ; trad. Giraud, Robert : **Mon grand livre des véhicules de secours.**
Treize véhicules de secours sont présentés dans ce grand format. Un court texte de présentation est complété par des légendes claires. Les photographies plairont aux enfants même s'ils ne sont pas familiers de tous ces véhicules de secours utilisés en Amérique du Nord.
Dorling Kindersley, Mon grand livre des..., 2001.
9,60 € ISBN : 978-0-7513-3421-0
À partir de 6 ans

3695. Lamigeon, Maryse ; ill. Vincent, François : **Roland Garros et la petite aviatrice.**
Bien plus que la vie de Roland Garros, ce sont surtout celles des premières aviatrices qui sont abordées ici. Louise, l'héroïne, symbolise à elle seule toutes ces femmes. La fiction donne vie à cette aventure, et les pastels rendent le livre attrayant.
L'École des loisirs-Archimède, 2002.
11,50 € ISBN : 978-2-211-07474-2
À partir de 6 ans

3696. Ville, Wenzel ; ill. Glasauer, Willi : **À toute vapeur !**
Deux enfants nous entraînent à bord de la locomotive à vapeur qui dessert la ligne Saint-Jean-du-Gard - Anduze. C'est l'occasion de prendre un cours de mécanique et d'apprendre comment fonctionne la locomotive. Les explications et les schémas sont clairs et précis, les illustrations au fusain s'harmonisent parfaitement avec le sujet.
L'École des loisirs-Archimède, 1999.
12 € ISBN : 978-2-211-04658-9
À partir de 6 ans

3697. Weinzaepflen, Nathalie : **Rémi répare un vélo.**
Pour participer à une course de vélo, Rémi emprunte une bicyclette hors d'usage. Avec l'aide de son père, le jeune garçon la remet en état de marche. Grâce aux dessins clairs et précis, on apprend à réparer une chaîne, changer une chambre à air, remplacer les patins et le câble des freins. Une idée empruntée à une collection japonaise, « L'ami des sciences ».
L'École des loisirs-Archimède, 1994.
11,60 € ISBN : 978-2-211-02758-8
À partir de 6 ans

3698. Brewster, Hugh ; ill. Marschall, Ken : **Au cœur du Titanic.**
À travers le récit de deux naufragés, ce documentaire offre une foule d'informations sur le *Titanic* : de nombreuses illustrations, en grand format et en vue de coupe, montrent les différents espaces qui le composent, tandis que des photographies d'actualité nous replongent au cœur du drame.
Casterman, 1997.
15 € ISBN : 978-2-203-15606-7
À partir de 9 ans

3699. Grégoire, Fabian : **Les Disparus de l'Aéropostale.**
En 1930, Julien doit rejoindre son père en Mauritanie à bord d'un avion de l'Aéropostale. Le voyage va s'avérer beaucoup plus mouvementé que prévu. Ce bel album illustré par les aquarelles de l'auteur rend un très bel hommage aux légendaires héros que furent les pionniers de l'aviation.
L'École des loisirs-Archimède, 1999.
12 € ISBN : 978-2-211-05329-7
À partir de 9 ans

3700. Kentley, Eric ; ill. Noon, Steve ; trad. Lauriot-Prévost, Claude : **À bord du Titanic.**
L'illustration détaille les différentes étapes de la construction du *Titanic* mais aussi l'aménagement intérieur, le ravitaillement, l'embarquement des passagers, la traversée, le naufrage et le sauvetage. C'est l'occasion de découvrir aussi la construction navale et les prouesses technologiques du début du XXe siècle.
Dorling Kindersley, 2002.
12 € ISBN : 978-0-7513-4475-2
À partir de 9 ans

3701. Mallard, Neil ; ill. Crawford, Andy ; Tanner, Steve ; trad. Piantone, Hélène : **L'Odyssée des sous-marins.**
Une histoire détaillée des sous-marins : principes de fonctionnement, rôle joué pendant les guerres jusqu'à l'avènement des sous-marins nucléaires. On découvre la vie à bord, les catastrophes sous-marines et l'exploration des abysses. Très complet, ce documentaire se termine avec les sous-marins de plaisance et ceux du futur.

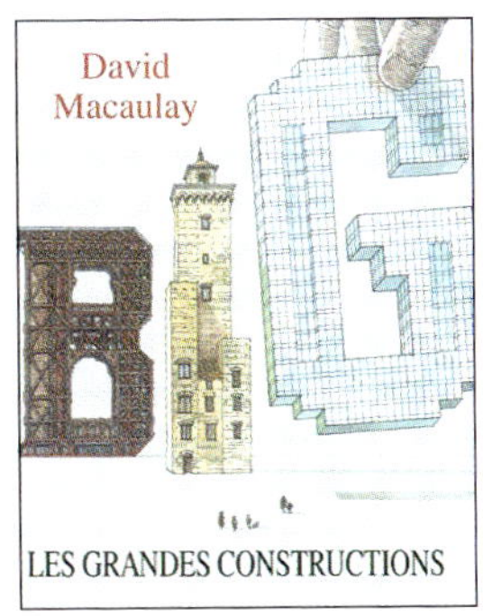

Gallimard Jeunesse, Les yeux de la découverte, 2004.
14 € ISBN : 978-2-07-055732-5
À partir de 9 ans

3702. Vandewiele, Agnès ; ill. Vincent, François : **Lindbergh traverse l'Atlantique.**
Ce documentaire retrace la première traversée aéronautique de l'Atlantique : la prise de décision, la route à prendre, les conditions de vol, la détermination du pilote et enfin, la joie à l'arrivée. L'ouvrage relate aussi les diverses tentatives de traversées et présente une rapide chronologie consacrée à Lindbergh. Un livre instructif et agréable.
Casterman, Les grandes premières de l'Histoire, 2005.
7,50 € ISBN : 978-2-203-17310-1
À partir de 9 ans

♥ **3703**. Macaulay, David : **La Caravelle.**
Cette fiction permet de suivre le travail d'archéologues sous-marins à la recherche d'une épave : une caravelle espagnole du XVIe siècle – et d'en suivre la construction à travers le journal du constructeur. Le texte est agréable, les illustrations magnifiques et le plaisir que nous avons à lire ce livre repose également sur le travail artistique de l'auteur.
L'École des loisirs-Archimède, 1995.
29,70 € ISBN : 978-2-211-02764-9
À partir de 11 ans

3704. Woods, Michael et Mary B. ; ill. Michaud, Jean-Marie ; trad. Giraud, Robert : **Aux temps anciens : les transports.**
Une histoire des transports dans laquelle les auteurs décrivent les différents véhicules et s'intéressent également aux routes, ponts, chaussures, bêtes de somme, cartes, boussoles, etc. Les constantes références aux travaux des chercheurs ou aux représentations et textes anciens rendent la lecture de cet ouvrage passionnante.
Flammarion-Père Castor, Castor doc, 2001.
6 € ISBN : 978-2-08-163863-1
À partir de 11 ans

♥ **3705**. Parrondo, José : **Le Vol : notions de base.**
Dès l'avant-propos, le lecteur sait qu'il va s'amuser à la lecture de ce chef-d'œuvre qui réunit humour, exactitude et virtuosité. Plusieurs situations, raisonnements et anecdotes comiques ou loufoques s'attachent rigoureusement à rendre perceptible toute la complexité du sujet, depuis sa définition jusqu'à ses applications. Extrêmement réjouissant !
L'Ampoule, Mieux vaut le savoir !, 2003.
13 € ISBN : 978-2-84804-009-7
À partir de 13 ans

Communication

3706. Hochain, Serge : **Aurore joue dans un film de Méliès.**
Aurore va jouer dans un film de Georges Méliès, remarquable illusionniste, créateur de spectacles cinématographiques et inventeur de truquages. Nous découvrons le premier studio de cinématographie au monde à Montreuil-sous-Bois et assistons au tournage du film. Cet album documentaire offre six pages biographiques avec un choix iconographique intéressant.
L'École des loisirs-Archimède, 2002.
12 € ISBN : 978-2-211-06022-6
À partir de 6 ans

3707. Brookfield, Karen : **L'Écriture et le livre.**
Des origines à l'invention de l'écriture, ce livre est un livre sur le livre. Magnifiques planches d'alphabets phénicien, étrusque, romain, hébreu, grec, cyrillique, arabe. Invention du papier, livres enluminés, feuilles de palmier décorées, poinçon, casse de typographes : des documents magnifiquement mis en pages.
Gallimard Jeunesse, Les yeux de la découverte, 2004.
14 € ISBN : 978-2-07-055772-1
À partir de 9 ans

3708. Clausener-Petit, Magali ; Petit, Pascal : **Télé, ouvre l'œil !**
Ce livre sur la télévision ne se limite pas à ses coulisses, ses métiers ou la fabrication d'une émission. Il propose une critique de la télévision en tant qu'entreprise, éclaire sur le paysage audiovisuel : chaînes publiques et privées, gratuites et payantes, audimat et publicité, la dernière partie portant sur le décryptage des images, la violence et la télé-réalité.
Milan Jeunesse, Les essentiels Milan Junior, Société, 2003.
6,50 € ISBN : 978-2-7459-0530-7
À partir de 9 ans

3709. Imbeau, Élodie : **Lanternes magiques.**
Apparue dès le XVIIe siècle, la lanterne magique permet d'animer les images. L'ouvrage explique son fonctionnement, la peinture des plaques, et comment la technique de sa conception a évolué jusqu'à proposer trois objectifs sur une même lanterne. De nombreuses reproductions de plaques colorées, dont l'histoire du *Chat botté*, complètent l'approche pédagogique et poétique.
Actes Sud Junior / La Cinémathèque française, Cinémathèque, 2006.
13 € ISBN : 978-2-7427-6313-9
À partir de 9 ans

3710. Samoyault, Tiphaine ; ill. Phodox, Frida : **Le Monde des alphabets.**
Qu'est-ce que la calligraphie ? La typographie ? Peut-on faire de l'art avec des lettres ? Ce livre répond joliment à ces questions et à bien d'autres, il a aussi la bonne idée de présenter les alphabets dans leur intégralité.
Circonflexe, Aux couleurs du monde, 1996.
12 € ISBN : 978-2-87833-172-1
À partir de 9 ans

3711. Buckingham, Alan ; photos Crawford, Andy ; King, Dave ; trad. Porlier, Bruno : **Histoire de la photographie.**
Ce titre, à la très riche iconographie, est assez complet. Il aborde l'histoire et l'évolution des techniques, ainsi que l'approche artistique ou les divers genres de photographies. Le classement chronologique et le dossier avec dictionnaire des termes spécifiques permettent de faire une recherche précise. Un livre bien structuré et très utile.
Gallimard Jeunesse, Les yeux de la découverte, 2006.
14 € ISBN : 978-2-07-050378-0
À partir de 11 ans

Informatique – Nouvelles technologies

3712. Schuhl, Alain ; ill. Stud : **À l'intérieur de l'ordinateur.**
L'ordinateur utilise des procédés complexes pour analyser des milliards d'informations en des temps records. Mais comment fonctionne-t-il au juste ? Quels sont ses composants ? Nous les découvrons ainsi que leurs mécanismes, leurs fonctions et leurs interactions. Le texte est clair, les enchaînements pertinents et les dessins amusants.
Le Pommier, Les minipommes, 2005.
ISBN : 978-2-7465-0221-5
Autre titre :
3713. Virieux, Françoise ; ill. Chebret, Sébastien : **Internet : quel drôle de réseau !** 2006.
ISBN : 978-2-7465-0271-0
8 € chaque À partir de 9 ans

3714. Woodford, Chris ; Collins, Luke ; Witchalls, Clint ; ill. Kerr, Andrew ; Gibbons, Lee ; trad. Porlier, Bruno : **100 % technologique.**
Cet ouvrage décrit le fonctionnement des nombreux objets qui représentent l'innovation technologique. Les appareils étudiés sont d'usage courant ou rare et lié à un secteur précis. Des photographies étayées de schémas légendés permettent d'en comprendre la structure, les matériaux et le fonctionnement. Des annexes complètent utilement ce documentaire.
Gallimard Jeunesse, 2006.
24,50 € ISBN : 978-2-0705-7289-2
À partir de 10 ans

QUELQUES TITRES ÉPUISÉS MAIS INDISPENSABLES

Anno, Mitsumasa et Masaichiro ; trad. Vassalo, Rose-Marie : **Jeux mathématiques (3 vol.) ; Le Pot magique** ; **Les Graines magiques**, Flammarion-Père Castor.

Cooper, Lisa ; trad. Bonhomme, Pierre : **On construit une maison**, Circonflexe (Aux couleurs du monde).

French, Vivian ; ill. Voake, Charlotte : **Mystérieuses Chenilles**, Circonflexe (Aux couleurs du monde).

Gaussen, Dominique ; Monnet, Christine : **Lumière s'il vous plaît**, Fontaine (Regards d'aujourd'hui).

Geisert, Arthur : **Comptez comme les Romains**, Circonflexe (Aux couleurs du monde).

Lucht, Irmgard ; trad. Bertrand, Pierre : **La Chenille en danger**, L'École des loisirs-Archimède.

Macaulay, David : **Comment ça marche**, Larousse.

Morris, Robert A. ill. Lobel, Arnold ; trad. Déon, Alice : **L'Hippocampe**, L'École des loisirs (Lutin poche).

Muller, Gerda : **Pivoine, mon âne**, L'École des loisirs-Archimède.

Schwartz, David M. ; ill. Kellogg, Stephen : **1 000 milliers de millions**, Circonflexe (Aux couleurs du monde).

Activités - loisirs

ACTIVITÉS MANUELLES

3715. Dupont, Nathalie ; ill. Corazza, Lynda : **Mon livre d'activités : 60 jeux d'intérieur ou d'extérieur pour apprendre, s'amuser, créer et bricoler.**
Jouer, expérimenter, bricoler, bouger... en profitant de tout ce qui a été appris à la maternelle : un livre pour ceux qui partagent des activités avec les enfants. À chaque proposition : introduction, matériel, explication de la réalisation étape par étape, conseils aux enfants et aux parents, temps nécessaire, nombre de participants. Des idées souvent originales, un livre agréablement illustré.
La Martinière Jeunesse, 2001.
20 € ISBN : 978-2-7324-2756-0
À partir de 3 ans

♥ **3716.** Picon, Daniel : **Bonbons et biscuits.**
Tous les gourmands se précipiteront sur cette invitation à créer des personnages ou des animaux à partir de biscuits et de bonbons. L'auteur met l'eau à la bouche avec des photos, des réalisations appétissantes. Très utile pour animer des anniversaires, des fêtes ou pour préparer des desserts originaux.
Mango Jeunesse, Livres-jeux, 2005.
13 € ISBN : 978-2-7404-1915-1
À partir de 3 ans

3717. Lebailly, Vanessa : **Bricolo-récup.**
Comment donner une seconde vie aux emballages en carton ou en plastique ? Vous le saurez en piochant dans ces nombreuses idées pour des réalisations gaies et colorées. Des pots de yaourts aux grenouilles musicales, il n'y a qu'un pas à franchir grâce aux explications claires accompagnées de croquis pour une meilleure compréhension.
Fleurus, Les petits créateurs, 2003.
5,95 € ISBN : 978-2-215-07465-6
À partir de 5 ans

3718. Casagranda, Brigitte : **Le Livre de la pâte à sel : techniques, figurines et décors.**
L'ouvrage réunit en un seul volume des explications et des modèles proposés dans d'autres titres de l'auteur, publiés précédemment de manière thématique. Les explications sont précises et les réalisations présentées étape par étape.
Dessain et Tolra, 2005.
18,50 € ISBN : 978-2-295-00043-9
À partir de 6 ans

3719. Cauquetoux, Denis ; photos Huissier, Olivier : **Flocons de maïs.**
Le flocon de maïs est un matériau écologique composé de maïs, d'eau et de colorants alimentaires. Sa simplicité d'utilisation (il s'assemble avec de l'eau et non de la colle) lui permet d'être accessible aux plus petits pour réaliser des animaux, des arbres ou toutes sortes d'autres figures sorties de leur imagination et toujours très colorées.
Fleurus, Les petits créateurs, 2005.
6 € ISBN : 978-2-215-07657-5
À partir de 6 ans

♥ **3720.** Messenger, Norman : **Imagine.**
Ce livre-jeu aux propositions très variées – observation de l'image, pêle-mêle, transformations par pliage ou superpositions, énigmes – propose un voyage au pays de l'imaginaire. L'illustration, de facture classique, avec des traits précis, colorés, cite de nombreux peintres avec subtilité, et contribue au raffinement et à l'inventivité de ce livre inépuisable.
Seuil Jeunesse, 2005.
15 € ISBN : 978-2-02-081056-2
À partir de 6 ans

3721. Picon, Daniel : **Vis et boulons.**
Enchantement avec des réalisations utilisant vis, boulons, rondelles et autre petit outillage de quincaillerie. Pointes et couvercles de conserve font aussi partie des personnages, animaux ou formes créés (prudence recommandée). Les propositions sont originales, ingénieuses, amusantes et faciles à réaliser, en laissant libre cours à l'imagination.
Mango Jeunesse, 2006.
13 € ISBN : 978-2-7404-2098-0
À partir de 6 ans

3722. Romano, Pasqual : **Le Livre de la magie : a... bra cadabra.**
Une centaine de tours révélés aux enfants, avec niveaux de difficulté, patrons pour les accessoires et explications avec photos et schémas. Bon manuel qui aborde les tours de cartes, le close-up, la magie du papier, la magie générale, les défis magiques et les grandes illusions. Clair et accessible, il ne faut cependant pas oublier que la magie nécessite beaucoup d'entraînement.
Fleurus, ABC Fleurus, 2001.
15,70 € ISBN : 978-2-215-07043-6
À partir de 6 ans

3723. Recoura, Aline : **Les Allumettes.**
Pour réaliser des personnages filiformes, des boîtes et du mobilier avec des allu-

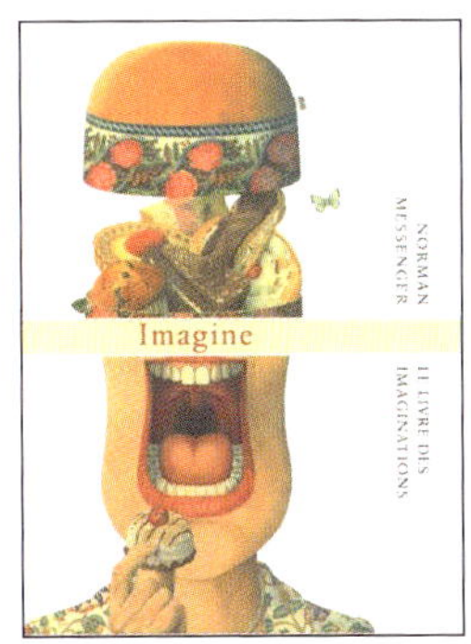

mettes. Ce livre propose des modèles à copier qui seront aussi source d'inspiration pour en inventer. Tout est bien expliqué, mais la finesse du matériau de base demande beaucoup de minutie : il est prudent de réserver cet ouvrage aux plus patients et à des enfants assez grands.
Le Temps apprivoisé, Loisirs créatifs, 2002. ISBN : 978-2-283-58512-2
À partir de 9 ans
Autre titre :
3724. Les Bouchons. 2002.
ISBN : 978-2-283-58513-9
7,50 € chaque À partir de 6 ans

3725. Seret, Natacha ; Mentink, Catherine ; Cauquetoux, Denis ; ill. Marchand, Véronique ; Weinzaepflen, Nathalie ; Cauquetoux, Denis ; photos Scotto, Jean-Luc ; Mussotte, Bertrand : **Loisirs créatifs : bâtonnets plats, chenilles, pinces à linge.**
Compilation de trois titres parus séparément : trois accessoires de base pour des activités variées. Matériel, conseils, patrons, étapes de réalisation dessinées et photo du résultat final mis en scène : tout est simple et détaillé pour réaliser des objets, personnages ou animaux pour tous les goûts.
Fleurus, Activités Junior, 2005.
13 € ISBN : 978-2-215-07745-9
À partir de 9 ans

3726. Wichegrod, Laurence : **Collage de serviettes.**
Que faire avec une serviette en papier et de la colle ? La seule limite sera celle de votre imagination. Les résultats obtenus sur du tissu, du bois ou du carton sont époustouflants. Vous n'aurez bientôt plus qu'une idée en tête : dénicher des serviettes en papier colorées, vives et aux motifs originaux !
Mango Jeunesse, Mes petits ateliers, 2003.
10 € ISBN : 978-2-7404-1593-1
À partir de 9 ans

Avec du papier

3727. Boursin, Didier ; photos Waldman, Francis ; Ploton, Olivier : **Pliages pour jouer.**
Cette fois, les pliages de papier s'animent pour devenir jeux ou jouets. Seize modèles à fabriquer : croquis d'étapes, photo de l'objet terminé et photo en situation avec des enfants. Modèles simples qui, en quelques pliages, deviennent rapidement ludiques. C'est presque magique !
Dessain et Tolra, J'sais pas quoi faire, 2006.
9,90 € ISBN : 978-2-295-00082-8
À partir de 4 ans

3728. Biddle, Steve et Megumi ; adapt. Fraisse, Frédérique : **Origami junior : origami inspirés d'œuvres du Metropolitan Museum of Art.**
Pour guider les débutants à partir de vingt œuvres du MoMA de New York sur le thème des animaux. Une dizaine d'étapes pour créer l'animal choisi, des croquis explicatifs pas à pas, et la magie du pliage opère. La difficulté est croissante au fil des modèles. Quarante feuilles de papier de couleur sont fournies pour se lancer très vite dans l'aventure.
Gautier-Languereau, 2003.
19 € ISBN : 978-2-01-391007-1
À partir de 6 ans

3729. Boursin, Didier ; photos Jeanbor : **Pliages.**
Deuxième réédition d'un classique : vingt modèles présentés pour les enfants à partir de 6 ans, guidés par un adulte. Belle initiation à l'art du pliage pour donner envie d'aller plus loin dans la découverte et la pratique de l'origami. Une double page par modèle : d'un côté, la photo du pliage terminé et, de l'autre, une série de croquis explicatifs et clairs.
Dessain et Tolra, Premiers pas, 2004.
9,90 € ISBN : 978-2-04-720170-1
À partir de 6 ans

3730. Boursin, Didier ; photos Cactus studio : **Pliages magiques.**
Pour retrouver la cocotte, la salière et beaucoup d'autres modèles classiques (onze en tout). Il y a trois niveaux de difficulté, les étapes sont bien expliquées. La réussite aisée d'un modèle incitera l'enfant à le refaire avec des papiers de toutes les couleurs : la fabrication « en série » devient un jeu ! Livre à conseiller aux débutants.
Dessain et Tolra, Tout en papier, 2004.
8 € ISBN : 978-2-04-720150-3
À partir de 6 ans

♥ **3731.** Cœur, Ferdinand : **Jeux de pliage.**
Réédition remarquable dans la collection fac-similé du Père Castor. Initiation aux pliages, à l'origami : simplicité, clarté et précision s'allient pour une découverte ludique de la géométrie. D'un simple carré de papier surgissent des objets, des jouets ou des animaux qui s'animent au gré des pliages successifs. Schémas et explications sont limpides.
Flammarion–Père Castor, Les albums du Père Castor, 2004.
7 € ISBN : 978-2-08-165409-9
À partir de 6 ans

3732. Estellon, Pascale : **Animaux à créer.**
Dans une chemise grand format, des planches de dix têtes accompagnées de formes prédécoupées (truffes, yeux, moustaches et oreilles) pour créer des animaux réalistes ou des créatures fantastiques : tous les ingrédients pour jouer au cadavre exquis. Les combinaisons nombreuses sont loufoques ou surprenantes. Graphisme enjoué, coloré au service d'un amusement garanti.
Seuil Jeunesse, 2005.
ISBN : 978-2-02-079567-8
Autre titre :
3733. Portraits à créer. 2004.
ISBN : 978-2-02-063794-7
12 € chaque À partir de 6 ans

♥ **3734.** Parain, Nathalie : **Ribambelles.**
Réédition remarquable dans la collection fac-similé du Père Castor pour laquelle Nathalie Parain a apporté un style nouveau, une expression graphique stylisée adaptée à la technique du pliage et du découpage. Magie des motifs qui prennent vie après avoir été « dessinés » avec des ciseaux. Jeux sur le vide et le plein.
Flammarion–Père Castor, Les albums du Père Castor, 2004.
7 € ISBN : 978-2-08-165408-2
À partir de 6 ans

3735. Serres, Alain ; ill. Franek, Claire : **Je fais un oiseau pour la paix.**
Ce livre sert une bonne cause. L'auteur s'inspire de l'histoire vraie d'une petite Japonaise malade après Hiroshima : elle croyait qu'en pliant des centaines de grues avec ses amis, elle serait guérie, mais en vain. Cet ouvrage propose aux enfants de fabriquer des oiseaux de papier. L'éditeur les enverra ensuite au parc de la Paix d'Hiroshima, où se trouve un monument aux enfants victimes de la guerre.
Rue du monde, Pas comme les autres, 2005.
12 € ISBN : 978-2-915569-29-2
À partir de 6 ans

3736. Six, Maryse : **Pliages d'animaux : créations d'origamis faciles.**
Vous avez dix minutes, du papier, des ciseaux, un feutre ? C'est assez pour réaliser une cocotte, une chauve-souris, un dauphin, un loup ; avec plus de temps un paon, et encore plus de temps une grenouille. C'est bien expliqué, relativement facile et les modèles sont plaisants. Il existe d'autres livres sur le sujet, l'intérêt de celui-ci repose sur la facilité des modèles présentés.
Casterman, Brico & co, 2002.
6,50 € ISBN : 978-2-203-14815-4
À partir de 6 ans

♥ **3737.** Aytüre-Scheele, Zülal : **L'Encyclopédie des origami.**
Présentation sous forme de coffret. Explications précises, photographies en couleurs pour chaque étape de la réalisation, nombreux modèles dont on apprécie la variété et la qualité esthétique. Un des meilleurs livres sur le sujet.
Fleurus, Savoir créer, 2001.
42 € (coffret 3 vol.)
ISBN : 978-2-215-07136-5
À partir de 9 ans

3738. Hirota, Junko : **Initiation à l'origami.**
Après un rappel de l'histoire de cet art ancestral, des conseils de fabrication (et choix du papier) et des indications précieuses sur les plis de base pour vingt-sept modèles classiques, originaux et d'inspiration japonaise. Les étapes sont clairement expliquées (schémas lisibles), le modèle terminé est photographié. Ce thème est ici très bien renouvelé.
Fleurus, Idées-jeux, 2005.
10 € ISBN : 978-2-215-07743-5
À partir de 9 ans

Dessin et peinture

3739. Andréadis, Ianna : **Coloriages.**
Dans des petits coffrets rappelant les coffrets de feuilles de dessin, dix dessins en lithographie invitent les enfants à laisser libre cours à leur talent de « barbouilleurs », de coloristes. À la gouache, à l'encre, au crayon…, ils mettent de la couleur, créant à chaque lithographie un petit tableau unique qu'ils pourront encadrer.
Les Trois Ourses, Atelier Franck Bordas, Fabrique du Pont-d'Aleyrac, 1999.
12 €
À partir de 18 mois

♥ **3740.** Cox, Paul : **Cahier de dessin.**
Un album de coloriage à l'envers ! Les images proposées sont déjà coloriées, seuls les contours, les dessins au trait sont à compléter pour inventer des images. Un thème classique revu de façon originale : l'esprit créatif de Paul Cox est bien là !
Edizioni Corraini, diffus. Les Trois Ourses, 2006.
15 € ISBN : 978-88-7270-020-4
À partir de 3 ans

♥ **3741.** Gerner, Jochen : **Coloriage !**
L'auteur propose un beau volume à utiliser en toute liberté. Les dessins aux contours épais (qu'il est conseillé de dépasser) se prêtent bien aux coloriages, labyrinthes ou dessins à compléter. Imagination et humour sont présents partout : les enfants seront interpellés et agréablement surpris de l'implication inhabituelle et si imaginative que l'auteur leur demande.
Milan, 2006.
12 € ISBN : 978-2-7459-2025-6
À partir de 3 ans

3742. Gomi, Tarô : **Le Printemps : un livre à dessiner et à colorier.**
On appréciera le graphisme toujours léger et enfantin et les propositions pleines d'humour de cet auteur qui donne une empreinte originale aux albums à colorier. Ce quatrième tome clôt le tour des quatre saisons.
Seuil Jeunesse, 2006.
8,90 € ISBN : 978-2-02-085826-7
Autres titres :
L'Été. 2003.
ISBN : 978-2-02-060509-0
L'Hiver. 2003.
ISBN : 978-2-02-061343-9
L'Automne. 2003.
ISBN : 978-2-02-061342-2
8 € chaque À partir de 3 ans

3743. Nicolas-Cocagne, Marie-Pascale ; ill. Bridget : **Les petites mains dessinent.**
Voici un grand cahier à dessiner : des illustrations simples, stylisées sont proposées pour être coloriées ou complétées au fil des pages. Crayons, feutres ou pinceaux sont sollicités pour transformer des images. Adapté aux évolutions de l'expression graphique des petits, ce livre est ludique, drôle et imaginatif.
Bayard Jeunesse, 2006.
9,90 € ISBN : 978-2-7470-1929-3
À partir de 3 ans

3744. Piroux, Nicolas : **Dessins zinzins et saute-mouton.**
Créativité, imagination en toute liberté avec ce cahier que l'enfant va s'approprier au gré de ses envies : dessiner, gribouiller, colorier, découper, coller ou s'inspirer de ce qui est proposé ; explorer quelques pistes graphiques, rêver à partir d'un début de dessin ou d'une photo, inventer des histoires, raconter ou simplement observer ce qui l'entoure.
Dessain et Tolra, Les cahiers de créativité, 2003.
12,80 € ISBN : 978-2-04-720105-3
À partir de 3 ans

3745. Gomi, Tarô ; adapt. Henriet, Yves : **Gribouillages : un livre à dessiner et à colorier.**
Sur papier recyclé, un bel ensemble compact de propositions variées, ordonnées, drôles et poétiques à offrir aux enfants « barbouilleurs ». Tout en stimulant l'imaginaire, ce gros livre de brouillon laisse l'enfant libre de ses interventions créatrices. Idéal pour un atelier en bibliothèque.
Seuil Jeunesse, 2001.
16,95 € ISBN : 978-2-02-041351-0

Autres titres :
Gomi, Tarô ; adapt. Henriet, Yves : **Gribouillages (encore) : un livre à dessiner et à colorier.** 2002.
16,95 € ISBN : 978-2-02-054704-8
Gomi, Tarô : **Gribouillages (à volonté).** 2007.
12 € ISBN : 978-2-02-090678-4
À partir de 4 ans

3746. Bresner, Lisa ; ill. La Morinerie, Aurore de : **Qui es-tu ? Je suis le roi.**
Une collection qui initie les enfants à l'idéogramme chinois. L'illustration au pinceau détaille chaque idéogramme qui, assemblé, forme un mot. Poésie et originalité sont dans ces livres. Le long format, la reliure à la chinoise, le papier double lient l'objet-livre à son contenu. Une approche sensible et pratique à une autre écriture.
MeMo, 1999.
ISBN : 978-2-910391-17-1
Autres titres :
Qui es-tu ? Je suis l'oiseau des îles. 1998.
ISBN : 978-2-910391-13-3
Qui es-tu ? Je suis un monstre. 1998.
ISBN : 978-2-910391-09-6
Que fais-tu ? Je me promène. 1998.
ISBN : 978-2-910391-08-9
Qui es-tu ? Je suis l'éléphant. 1999.
ISBN : 978-2-910391-16-4
Qui es-tu ? Je suis la tortue. 2000.
ISBN : 978-2-910391-28-7
Que fais-tu ? Je peins. 2000.
ISBN : 978-2-910391-29-4
15 € chaque À partir de 6 ans

3747. Dupeux, Cécile : **Animaux bizarres et bêtes curieuses : un bestiaire abécédaire du Moyen Âge à colorier.**
Délicatement imprimé en gris argenté, cet album de coloriage fait défiler des gravures d'animaux réels ou fabuleux (antilope, dragon, limaçon) à colorier ou à enluminer. Les gravures sont tirées d'ouvrages des collections du XVe siècle de la Bibliothèque nationale et universitaire de Strasbourg, réunies à l'occasion d'une exposition.
Musées de Strasbourg, 1998.
3,80 € ISBN : 978-2-901833-39-0
À partir de 6 ans

♥ **3748.** Blake, Quentin ; Cassidy, John ; trad. Delcourt, Anne : **Dessiner : une méthode pas comme les autres !**
Un manuel rigolo et encourageant pour prendre le crayon. La première page donne le ton en demandant au lecteur de devenir auteur… Un livre d'activités extrêmement stimulant où l'on peut s'entraîner à faire le « portrait du rare goinfrier à floraison mortelle », humour anglais *of course* ! Ce livre a gagné un prix à Bologne dans la catégorie Livre d'art.
Nathan, 2002.
9,90 € ISBN : 978-2-09-279084-7
À partir de 9 ans

3749. Bresner, Lisa ; ill. Louis, Catherine : **Mon premier livre de chinois.**
Voici un cahier d'exercices où les illustrations de Catherine Louis se prêtent bien à l'Asie et Lisa Bresner prend plaisir à raconter une histoire pour faire découvrir cette langue qui se dessine plus qu'elle ne s'écrit. Juliette, petite fille qui apprend le chinois, est guidée pas à pas – lexique et idéogrammes à découper – pour un voyage initiatique en Chine.
Philippe Picquier, Picquier Jeunesse, 2004.
14,50 € ISBN : 978-2-87730-696-6
Autres titres :

3750. Yang Fu Jing ; trad. Sun Yu : **Mon premier livre de peinture chinoise : les animaux.** 2005.
13,50 € ISBN : 978-2-87730-811-3

3751. Yang Fu Jing ; trad. Sun Yu : **Mon premier livre de peinture chinoise : enfants, fleurs et oiseaux.** 2006.
13,50 € ISBN : 978-2-87730-873-1

3752. Olive, Guillaume ; texte et ill. He Zhihong : **J'apprends la calligraphie chinoise.** 2006.
18,50 € ISBN : 978-2-87730-893-9
À partir de 9 ans

DÉGUISEMENTS, MASQUES ET MAQUILLAGES

3753. Cauquetoux, Denis ; ill. Cauquetoux, Denis ; photos Mussotte, Bertrand : **Déguisements.**
Trucs, conseils, patrons à agrandir, pour découvrir les treize modèles de déguisements à réaliser sans fil ni aiguille. Thèmes classiques avec des idées originales d'accessoires pour donner du volume au petit mousse – qui navigue avec son bateau – au dragon impressionnant avec sa longue queue, ou bien au clown avec son pantalon trop grand ! Une collection astucieuse.
Fleurus, Les petits créateurs, 2005.
6 € ISBN : 978-2-215-07652-0
À partir de 5 ans avec un adulte

3754. Van de Wouver, Brigitte : **Maquillages faciles.**
Une vingtaine de maquillages sont ici proposés avec des schémas explicatifs simples, clairs et précis pour réussir la transformation des visages ; l'ordre de difficulté est croissant. Le résultat final est photographié avec les accessoires qui complètent les sujets présentés. Les thèmes restent classiques et sont réussis.
Casterman, Le petit atelier, 1998.
9,25 € ISBN : 978-2-203-14944-1
À partir de 9 ans

CUISINE

3755. Fontaine, Jeanne : **Le chocolat c'est trop bon.**
Ce livre, délicieusement décalé par rapport à la production actuelle, propose des recettes traditionnelles et gourmandes autour du chocolat. Des conseils culinaires, des informations autour du cacao et du chocolat puis des recettes simples à réaliser, agrémentées de conseils prodigués par un adulte (peut-être une grand-mère) qui cuisine avec l'enfant.
Le Goût des mots, Les recettes des bout'choux, 2004.
ISBN : 978-2-9523493-0-7
Autres titres :
Thin, Benoît ; ill. Montoriol, Cassandre : **La fraise c'est pas de la tarte.** 2005.
ISBN : 978-2-9523493-2-1
Thin, Benoît ; ill. Gastaut, Charlotte : **La pomme de terre ça roule.** 2005.
ISBN : 978-2-9523493-3-8
Thin, Benoît ; ill. Brillant, Marjolaine : **L'œuf c'est pas dur.** 2005.
ISBN : 978-2-9523493-1-4

Thin, Benoît ; ill. Hémar, Doris : **La pomme c'est trognon.** 2006.
ISBN : 978-2-9523493-4-5
9,80 € chaque À partir de 3 ans

3756. Albaut, Corinne ; ill. Guillerey, Aurélie : **12 Menus pour petits chefs.**
La cuisine par couleurs : menu vert pour le printemps, menu rouge pour l'été. Les recettes proposées sont simples et attrayantes et le ton est poétique sans être niais. Les dessins d'Aurélie Guillerey sont gais et appétissants. Un petit régal à conserver au frais.
Actes Sud Junior, À table, 2002.
ISBN : 978-2-7427-3736-9
Autres titres :
3757. Douceurs d'ici, saveurs d'ailleurs. 2003.
ISBN : 978-2-7427-4341-4
3758. Albaut, Corinne ; ill. Robert, Yannick : **40 Recettes sans cuisson.** 2004.
ISBN : 978-2-7427-4820-4
12 € chaque À partir de 6 ans

♥ **3759.** Dahl, Roald ; ill. Blake, Quentin ; photos Baldwin, Jan ; recettes Newman, Lori-Ann ; trad. Prigent, Christiane : **Les Nouvelles Recettes irrésistibles de Roald Dahl.**
Voulez-vous goûter les gobigoulettes, les nouilles flambées au poil de caniche sur garniture de tuyau d'arrosage, ou les sucettes lumineuses à manger au lit la nuit ? Précipitez-vous sur ces recettes merveilleuses imaginées à partir de l'œuvre de Roald Dahl. Les illustrations de Quentin Blake jouent avec l'humour et l'absurde, les photographies sont appétissantes.
Gallimard Jeunesse, 2002.
14,95 € ISBN : 978-2-07-053628-3
À partir de 6 ans

3760. Figueras, Emmanuelle ; Goumy, Lionel ; ill. Robert, Yannick : **Léo, cuistot écolo : recettes pour la planète.**
Cuisine et écologie : impression sur papier recyclé, encres à bases d'huiles végétales, éditeur sensibilisé par la protection de l'environnement, recettes bio ! Celles-ci sont liées aux saisons avec un truc écolo en plus. Classiques, elles sont proposées dans un esprit différent qui permettra de prendre de nouvelles habitudes pour préserver la planète.
Terre vivante, 2005.
20 € ISBN : 978-2-914717-14-4
À partir de 6 ans

3761. Fontalbe, Françoise ; Bénard, Johan ; ill. Peltier, François : **Il n'est jamais trop tôt pour cuisiner avec art.**
Un grand format digne d'un album présente de façon claire et aérée quarante-huit recettes en tous genres, par saisons, accompagnées d'idées de menus et expliquées pas à pas. Les ingrédients, techniques et astuces sont bien visibles. Le tout est ponctué de peintures originales pleines d'humour ! Plaisirs culinaires garantis grâce à ce vrai livre de cuisine.
Le Sablier, L'art à ta table, 2003.
15 € ISBN : 978-2-84390-112-6
À partir de 6 ans

♥ **3762.** Kreider-Stempfle, Ruth ; Frensemeier, Bettina ; trad. Chapuisod, Elke : **Petits Gâteaux à quatre mains.**
Cet ouvrage donne envie de passer des après-midi entiers à la confection de biscuits en tous genres. De simples petits gâteaux servent en effet de matériau à des réalisations plus prestigieuses : damier, château fort, etc. Patience et dextérité feront naître toutes ces formes qui pourront être offertes sans souci pour les fêtes. Accessible aux plus petits accompagnés d'adultes comme aux plus grands, cet atelier de pâtisserie fera des heureux autant à la création qu'à la dégustation !
La Joie de lire, 2004.
16,90 € ISBN : 978-2-88258-302-4
À partir de 6 ans

♥ **3763.** Kreider-Stempfle, Ruth ; Frensemeier, Bettina ; trad. Catala, Génia : **Petits Gâteaux et pâte à choux.**
Avec la recette de la pâte à choux, créons des gâteaux extraordinaires qui seront l'occasion de rencontrer des extraterrestres ou de donner naissance à un volcan en éruption. Les réalisations sont sensationnelles et les idées originales. C'est un jeu d'enfant de faire des gâteaux appétissants sortant de l'ordinaire.
La Joie de lire, 2005.
19,90 € ISBN : 978-2-88258-337-6
À partir de 6 ans

3764. Oliver, Michel : **La cuisine est un jeu d'enfants.**
Comment faire joyeusement et facilement la cuisine : les recettes sont présentées avec soin (on ne saute aucune étape), les détails sont pratiques et les démarches simplifiées ; la joyeuse humeur, dans le texte et les images, du maître queux Michel Oliver rend le tout très appétissant.
Plon, 2002.
20 € ISBN : 978-2-259-00180-7
Autre titre :
La pâtisserie est un jeu d'enfants. 2005.
21 € ISBN : 978-2-259-00181-6
À partir de 6 ans

3765. Pontoppidan, Alain ; Hignard, Lionel ; ill. Baas, Thomas : **La Cuisine de la reine des prés.**
Recettes originales et inventives pour apprendre à utiliser les plantes des prés et des chemins et réaliser de bons petits plats. On appréciera les conseils aux cuisiniers en herbe sur la nature et les ustensiles utilisés, le double classement des recettes (catégories et saisons), la présence d'un index et la présentation d'un herbier.
Actes Sud Junior, À table, 2004.
ISBN : 978-2-7427-4821-1
Autre titre :
Hignard, Lionel ; Pontoppidan, Alain ; ill. Guillerey, Aurélie : **La Cuisine de Robin des bois.** 2002.
ISBN : 978-2-7427-3864-9
12 € chaque À partir de 6 ans

3766. Serres, Alain ; ill. Jarrie, Martin : **Une cuisine grande comme un jardin.**
Aux fourneaux, Alain Serres qui transmet des recettes familiales et originales à partir de fruits et légumes de nos jardins ; aux pinceaux, Martin Jarrie qui, par ses peintures, magnifie ce voyage. Des proverbes du monde entier soulignent chaque page, avec une anecdote sur le fruit ou le légume concerné par la recette. Un grand et bel album pour tous !
Rue du monde, 2005.
ISBN : 978-2-915569-47-6
À partir de 6 ans

Autre titre :
3767. Serres, Alain ; ill. Zaü : **Une cuisine grande comme le monde.** 2003.
ISBN : 978-2-912084-36-1
23,50 € chaque À partir de 9 ans

3768. Theulet-Luzié, Bernadette ; Vinçon, Gérard : **Cuisine amusante : pour les petits et les grands.**
Quand un livre de cuisine devient un livre d'activités, on se régale à plusieurs niveaux : plaisir de faire, des yeux et de la dégustation. Variations pour des créations inventives, drôles et colorées : on assiste, par exemple, à la transformation d'une pomme de terre en dromadaire, d'un concombre en canoë avec rameurs ou encore d'une brioche en singe !
Casterman, Les grands livres, 2005.
16,75 € ISBN : 978-2-203-14541-2
À partir de 6 ans

♥ **3769.** Valmary, Nathalie ; photos Mouton, Laurence : **Génial ! Je cuisine avec maman.**
Livres familiaux et modernes dans leur esprit, les recettes, la mise en pages et les photos : enfants et parents deviennent metteurs en scène et acteurs. Les photos ont un air d'enfance et de vie quotidienne bien tentant. À la fin du livre, quelques pages blanches (pour ajouter ses recettes) et quelques bonnes adresses pour dénicher des produits de qualité.
Minerva, 2004.
ISBN : 978-2-8307-0735-9
Autre titre :
Génial ! On popote avec papa. 2004.
ISBN : 978-2-8307-0736-6
26 € chaque À partir de 6 ans

♥ **3770.** Mardam-Bey, Farouk ; ill. Buttier, Stéphanie : **Le Petit Ziryâb : recettes gourmandes du monde arabe.**
Recettes sous forme de carnet de voyage dans les pays du Maghreb et du Proche-Orient. Mélange réussi entre photos (natures mortes, ambiances) et illustrations (études documentaires). On y aborde aussi l'histoire de certains légumes, fruits, épices ou condiments avec quelques conseils culinaires judicieux. Un bel équilibre qui réveille les papilles.
Actes Sud Junior, Globe-croqueurs, 2005.
23 € ISBN : 978-2-7427-5806-7
À partir de 7 ans avec un adulte

3771. Ferber, Christine ; Model, Philippe ; Winkelmann, Bernhard ; Laurendon, Gilles et Laurence ; ill. Jaulme, Marie-Paule ; adapt. contes Luthaud, Anne : **La Petite Cuisine des fées.**
Version adaptée et allégée pour les enfants (celle pour adultes date de 1999), avec une part plus importante consacrée aux contes classiques : gourmandises sucrées comme les doigts de fée, allumettes au sucre ou dents de loup. Étapes claires, ingrédients, temps de préparation, de cuisson et matériel utile bien indiqués et complets. Très belle qualité des photos et du stylisme.
Le Chêne, 2005.
19,90 € ISBN : 978-2-84277-642-8
À partir de 8 ans avec un adulte

3772. Foulkes, Maït ; ill. Axelsson, Katarina : **Lan et Lulu cuisinent chinois.**
Plus qu'un manuel, cet ouvrage se veut une initiation et une invitation à la cuisine chinoise. Les recettes sont mêlées au récit qui met en scène deux enfants, Lucien, dit Lulu, et Lan. Leur rencontre et leur amitié servent de prétexte pour découvrir le monde et la culture chinoise attachée à la nourriture. Très beau document !
Philippe Picquier, Picquier Jeunesse, 2003.
13,50 € ISBN : 978-2-87730-668-3
À partir de 9 ans

3773. Guérard, Michel : **La Cuisine gourmande des juniors.**
Prenez une mise en pages claire, des recettes originales et faciles à réaliser, ajoutez des conseils astucieux, des informations pertinentes, sans oublier un glossaire très utile et des photographies appétissantes. Vous avez tous les ingrédients pour un très bon premier livre de cuisine. Succès garanti !
Laffont, 1997.
22 € ISBN : 978-2-221-08534-9
À partir de 9 ans

3774. Lenôtre ; recettes présentées par Fabre, Isabelle ; réalisées par Mary, Vincent : **Les Petites Toques sucrées Lenôtre : recettes pour tous les gourmets.**
Voici trente-deux recettes de desserts, dont de nombreux classiques de la pâtisserie, proposées au rythme des saisons et des fêtes de l'année. Ingrédients, ustensiles, temps de préparation et recettes font face à la photo en pleine page du résultat final, réel plaisir des yeux. La caution de Gaston Lenôtre accompagne ce livre gourmand.
Le Cherche Midi, 2003.
ISBN : 978-2-7491-0148-4
Autre titre :
Mary, Vincent ; photos Nicoloso, Loïc ; ill. Doutreligne, Cathy : **Les Petites Toques salées Lenôtre : recettes pour tous les gourmets.** 2004.
ISBN : 978-2-7491-0303-7
22 € chaque À partir de 9 ans

3775. Loiseau, Bernard ; collab. Vié-Marcadé, Blandine ; ill. Pef : **Je cuisine comme un chef.**
Rigueur et humour sont les ingrédients de ce livre où les recettes sont très bien expliquées (ingrédients, matériel, consignes, étapes). Pef apporte sa touche personnelle, vivante et drôle. Les recettes variées, originales et basiques (peu de livres de cuisine pour enfants apprennent à faire la mayonnaise...) sont très appétissantes. Ne pas s'en priver !
Albin Michel Jeunesse, 2000.
13,50 € ISBN : 978-2-226-11225-5
À partir de 9 ans

3776. Noiville, Florence ; ill. Noiville, Christine : **Petites histoires de derrière les fourneaux.**
Ce livre va au-delà de la simple transmission de recettes : le lecteur est transporté dans le temps, l'histoire, à la rencontre de personnages, lieux ou événements qui ont donné naissance – et parfois leur nom – à une recette. On découvre des anecdotes et des recettes des plats évoqués. Une petite galerie de portraits de cuisiniers célèbres complète l'ensemble.
Actes Sud Junior, Les petits nécessaires de culture, 2006.
11,90 € ISBN : 978-2-7427-6067-1
À partir de 9 ans

3777. Politi, Antonino ; ill. Meurisse, Catherine ; photos Schwartz, Marc : **Les Pâtes : les 50 meilleures recettes d'Antonino.**
Concept de livre-chevalet qui présente vingt-sept variétés de pâtes, leur meilleure utilisation, avec un point culinaire sur leurs principaux accompagnements. Des conseils futés pour la cuisson, les cinquante recettes font preuve d'originalité, de simplicité et de créativité. Petits croquis pour les étapes et photos du résultat final appétissantes. Faites votre choix !
Bayard Jeunesse, 100 % excellent, 2006.
11,90 € ISBN : 978-2-7470-1779-4
À partir de 9 ans

3778. Roland, Claudine ; Grosjean, Didier ; ill. Deletraz, Corinne ; Locoste, Nathalie ; Mac, Régis [et al.] : **Copain de la cuisine : pour une première découverte de la cuisine.**
Plus qu'un livre de cuisine, ce livre est un vrai guide de gastronomie, classé par famille de produits, dont il présente l'origine, les caractéristiques diététiques ainsi que nombre d'astuces et de recettes, originales et réalisables. Une véritable mine d'informations qui séduira toute la famille.
Milan Jeunesse, 2005.
22,60 € ISBN : 978-2-7459-1965-6
À partir de 9 ans

3779. Stassart, Gilles : **C'est bon, c'est beau ! Les arts du goût.**
Tout comme les peintres, les cuisiniers créent des émotions visuelles qui titillent nos sens pour nous mettre l'eau à la bouche. L'approche originale de ce livre croise l'alimentation, le goût et l'art, et traite des habitudes alimentaires à travers l'histoire et les cultures. Le texte, passionnant, est délicieusement servi par une iconographie appétissante et variée !
Autrement / Scéren, Autrement Junior, Arts, 2002.
10 € ISBN : 978-2-7467-0251-6
À partir de 9 ans

3780. Stern, Sam : **Les Recettes de Sam.**
Ce livre dédié aux ados est écrit par un tout jeune Britannique. Tout est fait pour que la cuisine soit un plaisir quotidien et les recettes faciles à réaliser. Ton et mise en pages sont traités comme un magazine : l'ensemble devrait séduire les ados (peut-être moins les filles) et leur donner envie de cuisiner pour eux-mêmes, leurs copains ou la famille !
Gallimard Jeunesse, 2006.
14,90 € ISBN : 978-2-07-057465-0
À partir de 13 ans

FÊTES

3781. Béhar, Agnès : **Fêtez Noël et la Saint-Nicolas : comment préparer, organiser et réussir la fête de Noël et la Saint-Nicolas.**
Histoire, magie et traditions autour de la Saint-Nicolas et de Noël : cartes, décorations pour le sapin, pour décorer la maison, jeux et activités pour la veillée et recettes ; l'Épiphanie est aussi évoquée. Ce petit guide, modeste dans sa forme, est complet et passe en revue l'ensemble des réjouissances liées à ces fêtes hivernales.
Bornemann, Fêtes d'hier et d'aujourd'hui, 2001.
ISBN : 978-2-85182-613-8
Autre titre :
3782. Montesquieu, Marie-Laure de ; avec la collab. de Béhar, Agnès et Reysset, Karine : **Fêtez Pâques : comment préparer, organiser et réussir la fête des œufs, des cloches et des lapins.** 1999.
ISBN : 978-2-85182-599-5
9 € chaque
À partir de 6 ans avec un adulte

3783. Claudius, Christel ; ill. Ansermet, Danielle : **Œufs décorés pour Pâques.**
Toutes les techniques, des plus simples aux plus élaborées, pour décorer les œufs de Pâques. Tout un art, à partir d'œufs naturels, en plastique ou en polystyrène : techniques de base pour ensuite se lancer dans les effets les plus divers. Très illustré, ce thème est ici abordé dans sa riche diversité.
Fleurus, Les activités Fleurus, 2000.
8 € ISBN : 978-2-215-09365-7
À partir de 9 ans

JEUX ET JOUETS

3784. Ateliers Magazine : **Jeux de société.**
Ateliers Magazine était une excellente revue, qui n'existe plus. Les éditions Mango puisent dans ce fonds pour réaliser des livres sur les jeux de société du monde, traditionnels, à fabriquer soi-même avant de jouer. Le matériel de base est facile à trouver et les patrons sont fournis. Les explications sont claires, tant pour la fabrication que pour les règles des jeux.
Mango Jeunesse, Mes petits ateliers, 2002.
10 € ISBN : 978-2-7404-1374-6
À partir de 6 ans

3785. Bellac, Brigitte : **Le Livre des jeux d'extérieur pour les 6-12 ans.**
Ce guide pratique propose, outre un grand nombre de jeux classiques, de découvrir des inédits. Âge, durée et matériel requis sont visibles ainsi que l'objectif et le type de jeu choisi. Les illustrations en couleurs animent la mise en pages qui reste classique. Le choix et la variété des jeux de ce livre se révéleront utiles aux parents, animateurs ou enseignants.
Fleurus, ABC Fleurus, 2003.
ISBN : 978-2-215-07466-3
Autre titre :
3786. Lecarme, Pierre : **Le Livre des jeux d'intérieur pour les 6-12 ans.** 2001.
ISBN : 978-2-215-07019-1
15,70 € chaque À partir de 6 ans

3787. Brami, Élisabeth ; ill. Rébéna, Frédéric : **Petites Popotes pour les petits potes : un livre-jeu. Charades, devinettes, histoires, blagues, tests.**
Belle démonstration de la richesse de la langue en mots et expressions diverses et variées autour de la cuisine et de tout ce qui se mange : ce livre-jeu est à déguster avec délices, à croquer avec gourmandise et surtout à consommer sans modération !
Seuil Jeunesse, 2003.
16,50 € ISBN : 978-2-02-059322-9
À partir de 6 ans

♥ **3788.** Institut Bakulé ; compositions de Ruda : **Je fais mes jouets avec des plantes.**
Réédition de ce livre paru en 1933 ! Grand format, mise en pages simple et sobre, harmonie dans la gamme d'ocres, de bruns et verts : mise en appétit enthousiasmante pour petits et grands. Les textes, aussi importants que les illustrations, sont de véritables histoires qui entraînent dans la fabrication de jouets ou de personnages pour de nouvelles aventures.
Flammarion-Père Castor, Les albums du Père Castor, 2003.
15 € ISBN : 978-2-08-165405-1
À partir de 6 ans

3789. Picon, Daniel : **Casse-tête et jeux magiques : environ 50 jeux.**
Ces jeux et casse-tête font appel à l'observation, l'astuce et la logique, avec beaucoup de références mathématiques et de théories anciennes. Entraînement et minutie sont conseillés pour des manipulations surprenantes. Explications, solutions, planches de jeux, biographies de mathématiciens, ingénieurs, magiciens et créateurs de jeux. Un bel outil d'ingéniosité.
Mango Jeunesse, 2005.
17 € ISBN : 978-2-7404-1964-9
À partir de 8 ans avec un adulte

3790. Myers, Bernard ; ill. Billet, Marion ; Bonnefoy, Alexandre ; Derrien, Philippe : **Le Livre des jeux de réflexion.**
L'auteur propose plus de 200 jeux : voyage dans l'espace, le fantastique, autour du monde, dans le monde animal et à travers l'histoire. Observation, astuce, logique, calcul, mémoire ou projection dans l'espace sont sollicités. La qualité des jeux est variée, ainsi que les illustrations : ce livre s'adresse à un large public d'enfants curieux.
Fleurus, ABC Fleurus, 2004.
15,70 € ISBN : 978-2-215-07667-4
À partir de 9 ans

3791. Prache, Denys ; ill. Meurice, Éric ; Mehée, Loïc ; Tino : **Remue-méninges : 100 jeux avec 1 000 mots.** Récits-mystères, pistes à suivre, grilles, phrases à double sens, jeux inédits à faire muni d'un crayon à papier et d'une gomme. De bonnes trouvailles pour jouer avec les mots, une mise en pages et des illustrations attractives. Que ceux qui hésitent à se lancer dans cette chasse d'un nouveau genre soient rassurés : les solutions sont à la fin du livre !
Albin Michel Jeunesse, Les petits débrouillards, 2004.
7,90 € ISBN : 978-2-226-14134-7
À partir de 9 ans

MODE

♥ **3792.** Rousseau, Amélie : **Les Fabuleux Tricots d'Amélie Rousseau.**
Le tricot est à la mode et ce livre permet de s'initier. Attrayante, sa mise en pages est un délice ainsi que son graphisme. L'explication des points est claire, simple et agrémentée de schémas. Un véritable cours est proposé avant d'aborder la réalisation des modèles qui séduisent par le choix des couleurs et du fil, et surtout par leur simplicité d'exécution.
Fleurus, Idées-jeux, 2004.
7,50 € ISBN : 978-2-215-07535-6
Autre titre :
3793. Guidicelli, Catherine ; photos Santrot, Dominique : **Le crochet, c'est tendance.** 2006.
8 € ISBN : 978-2-215-07898-2
À partir de 9 ans

3794. Revol, Valérie ; ill. Jost, Dorothée : **Je crée mes bijoux.**
Collection pour les adolescentes : comment donner une touche personnelle à ses vêtements, chaussures, ou créer ses accessoires ; conseils pratiques sur la couture, le bon usage des outils et des matériaux ; mise en pages aérée qui mêle croquis, couleurs et photos, typographie et illustrations. Des idées pour customiser, métamorphoser sa garde-robe avec un budget de poche.
Fleurus, Carrément filles, 2005.
ISBN : 978-2-215-07636-0
Autres titres :
3795. Je crée mes sacs. 2005.
ISBN : 978-2-215-07637-7
3796. Je personnalise mes chaussures. 2005.
ISBN : 978-2-215-07778-7
3797. Je personnalise mes vêtements. 2005.
ISBN : 978-2-215-07733-6
10 € chaque À partir de 13 ans

NATURE

3798. Larosa, Claude ; ill. Larosa, Claude ; textes français Boyer, Murielle ; textes anglais Fournier, Dominique : **Ma balade dans les forêts de France : explorer, dessiner et peindre.**
Ce petit livre bilingue, entre le livre de coloriage et le carnet de voyage, aide à explorer les forêts de France : différentes pistes d'expression plastique (dessin, peinture ou collage) que le lecteur suivra au gré de ses découvertes pour constituer son propre album où seront rassemblés croquis, coloriages, herbier.
Loisirs de campagne, Visiter et apprendre en coloriant, 2002.
7 € ISBN : 978-2-914630-03-0
À partir de 3 ans

3799. Picon, Daniel : **Coquillages.**
À emporter absolument en vacances au bord de la mer ! L'auteur surprend et ravit avec ce nouveau titre qui présente des animaux ou des personnages construits avec des coquillages. Huîtres, moules, bigorneaux, palourdes, pétoncles (à ramasser sur la plage) servent de matériel de base pour des réalisations toujours épatantes et pleines d'originalité !
Mango Jeunesse, 2005.
ISBN : 978-2-7404-1939-7
Autre titre :
3800. Galets et cailloux. 2004.
ISBN : 978-2-7404-1724-9
13 € chaque À partir de 3 ans

3801. Fontalbe, Françoise ; Charles, François : **Jardin gourmand.**
« Sur une terrasse, un balcon, des étagères, crée ton mini-jardin », précise la couverture de ce petit manuel de jardinage au papier épais, au format agréable et aux dessins un peu rétro, pleins de tendresse. Chaque double page est clairement organisée autour des conseils d'achat, de plantation, de recettes de cuisine ou d'idées de décoration.
Le Sablier, Pouce vert, 2001.
ISBN : 978-2-84390-054-9

Autre titre :
Stein-Aubert, Danielle ; Karpouchko, Valérie ; ill. Karpouchko, Valérie : **Jardin sauvage : contes des prés verts.** 2003.
ISBN : 978-2-84390-118-8
12,50 € chaque À partir de 6 ans

3802. Lisak, Frédéric : **Nature aux 4 saisons : activités et découvertes.**
Découvrir la nature au gré des saisons : jardinage, bricolage, recettes de cuisine, jeux, sensibilisation écologique, activités artistiques, catalogue de plantes ou d'animaux. Le grand format et la mise en pages rendent ce livre agréable à consulter et servent au mieux les abondantes illustrations. Un peu d'humour ponctue le sérieux des sujets traités.
Milan Jeunesse, 2005.
22,50 € ISBN : 978-2-7459-1672-3
À partir de 6 ans

3803. Pailler, Muriel ; Lentin, Dany : **Le Manuel de l'apprenti jardinier.**
Le livre est organisé autour des douze mois de l'année : des rubriques avec des jeux, des visites à faire ou des plantes à connaître. Puis des rubriques spécifiques au mois en cours avec des ateliers, des expériences, des recettes de cuisine qui mettent en avant la pratique du jardinage. Très illustré (photographies et dessins), ce livre séduira les apprentis jardiniers.
Bonneton Jeunesse, 2005.
15 € ISBN : 978-2-86253-342-1
À partir de 6 ans

3804. Willery, Didier ; ill. Bertrand, Philippe ; Saillard, Rémi : **Mon petit jardin.**
De nombreux conseils pour faire pousser des fruits, des plantes, des fleurs ou même des arbres avec d'étonnantes informations sur des « records » et autres spécificités. Les textes, courts et explicatifs, sont joliment illustrés de dessins naïfs mais précis.
Larousse, 2004.
16,50 € ISBN : 978-2-03-553057-8
À partir de 6 ans

♥ **3805.** Espinassous, Louis ; ill. Labarre, Amandine ; Pillot, Frédéric ; Verdun, Christian : **Le Livre des cabanes.**
Beau répertoire avec une diversité des matériaux, des styles et de la complexité de réalisation d'une vingtaine de cabanes. Illustrations couleurs, détails en sépia, encadrés avec détails historiques, infos sur l'habitat d'ici et d'ailleurs, la flore, les techniques de construction, l'outillage, l'art des nœuds, les techniques pour fabriquer du mobilier ainsi que les différents usages des cabanes.
Milan Jeunesse, 2006.
11,50 € ISBN : 978-2-7459-2157-4
À partir de 9 ans

3806. Mathy, Olivier ; ill. Couleuvre, Céline : **Mon premier jardin en pots.**
Quelques pots et un balcon suffisent pour réaliser son propre jardin. Toutes les saisons permettent un décor végétal original. En automne avec les citrouilles ou à l'intérieur de la maison entre les parois d'un pot en verre, les jardiniers aux pouces verts verront leurs plantations croître et embellir avec plaisir.
Maison rustique, 2005.
15 € ISBN : 978-2-7066-0228-3
À partir de 9 ans

3807. Brunon, Hervé ; Mosser, Monique : **Le Jardin contemporain : renouveau, expériences et enjeux.**
Thème d'actualité bien traité : rappel historique du rôle des jardins, de leur évolution avec une véritable démarche de création. Les tendances du XXe siècle sont présentées avec douze jardins exemplaires, publics ou privés, et leurs auteurs. Un projet est aussi mis en avant pour une analyse guidée (concept, démarche et réalisation). Tout un art !
Scala, Tableaux choisis, 2006.
15 € ISBN : 978-2-86656-375-2
À partir de 15 ans

SPORT

3808. Whitford, Rebecca ; ill. Selway, Martina ; trad. Alglave, Stéphanie : **Le Yoga des petits.**
Pour découvrir et initier les tout-petits au yoga : postures simples, faciles à imiter grâce aux jolies illustrations. Des conseils aux parents et aux éducateurs sur les bienfaits du yoga : concentration, coordination et assurance chez les petits. Quelques conseils pratiques, des descriptions des postures et des enfants photographiés dans les postures.
Gallimard Jeunesse, 2005.
ISBN : 978-2-07-052222-4
Autre titre :
Le Yoga des petits pour bien dormir. 2006.
ISBN : 978-2-07-057624-1
9,50 € chaque À partir de 3 ans

3809. Baumgartner, Martine ; photos Chéhu, Frédéric : **Une année de danse.**
Guide pratique et complet autour de la danse classique : l'entrée à l'école de danse (tenue, accessoires, professeur, studio), la leçon de danse (bases, positions, exercices), le métier abordé avec une danseuse professionnelle, préparer un spectacle, l'Opéra, les grands ballets. Des photos d'attitudes, de détails, dans une ambiance pastel bien adaptée au sujet.
Fleurus, Idées-jeux, 2005.
15 € ISBN : 978-2-215-07776-3
À partir de 6 ans

3810. Ambrosiano, Marc : **Le Football.**
Tout y est : l'histoire, les lois du jeu, les règles et leur évolution, les lieux, l'équipement, les hommes, le jeu, les compétitions (clubs et sélection), les stars, les clubs de légende, les sélections magiques au fil d'une chronologie sur 150 ans. Sont aussi abordées les questions liées à l'argent et la télé. Beaucoup de photos dans une mise en pages proche d'un magazine.
Milan Jeunesse, Ma grande encyclopédie, 2005.
20 € ISBN : 978-2-7459-1510-8
À partir de 9 ans

3811. Bricourne, Mathilde ; Perry, Mélanie ; ill. Pagni, Gianpaolo ; histoire Dieuaide, Sophie : **Vive le sport ! : pratique du sport et phénomène sportif.**
Le sport est abordé sous différents angles et comme un véritable phénomène de société : utilité dans l'équilibre corps-esprit, sport et santé, sport et argent.

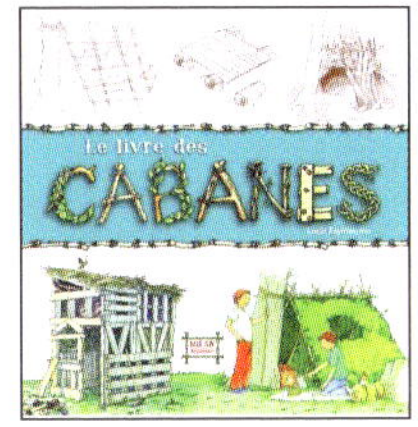

Quelques pistes bibliographiques sont données pour répondre à des questions comme « Un garçon peut-il faire de la danse ? » ou « Peut-on échapper au dopage en faisant du sport de haut niveau ? ». On trouvera aussi des indications sur l'évolution de la loi en matière de sport, l'histoire des J.O.
Autrement, Autrement Junior, Société, 2006.
9 € ISBN : 978-2-7467-0806-8
À partir de 9 ans

3812. Dumas, Philippe : **À cheval : la passion de l'art équestre.**
On se souvient des comptines illustrées par Philippe Dumas et on connaît son amour pour les chevaux et l'équitation. Son récit personnel en fait une leçon de philosophie : l'équitation « apprend à être actif dans le repos, tranquille dans le mouvement, énergique dans la douceur, autoritaire dans le respect, souple dans l'effort, attentif dans la confiance, réfléchi dans l'action » .
L'École des loisirs-Archimède, 2002.
22 € ISBN : 978-2-211-06613-6
À partir de 9 ans

3813. Landuré, Paul ; ill. Diament, Michel : **Le Handball : la technique, la stratégie, la compétition.**
Pour tout savoir sur les sports abordés dans cette collection : leur histoire, les règles, l'organisation d'un club, etc. Une bonne approche de la pratique et de la technique.
Milan, Sport, 2006.
ISBN : 978-2-7459-1936-6
Autres titres :
3814. Legrand, Lucine ; Rat, Michel ; ill. Morera, Alfred : **Le Basket-ball : la tradition, la technique, la compétition.** 2005.
ISBN : 978-2-7459-1937-3
3815. Demongeot, Isabelle ; ill. NHD Communication ; Diament, Michel : **Le Tennis : la technique, la tactique, la pratique.** 2005.
ISBN : 978-2-7459-1784-3
20 € chaque À partir de 9 ans

3816. Ranford, Sandy ; photos Langrish, Bob ; adapt. Lefebvre, Claire : **Larousse Junior du cheval et du poney.**
À tous les enfants passionnés par le dressage des chevaux et des poneys, ce livre apportera toutes les notions nécessaires et fondamentales pour devenir un bon cavalier. Bien monter un cheval, c'est aussi bien s'en occuper. Les bases de l'équitation et du dressage sont abordées pas à pas et une foule de conseils accompagne les explications.
Larousse Junior, 2002.
14,50 € ISBN : 978-2-03-565072-6
À partir de 9 ans

DIVERS

3817. Gomi, Tarô : **Qu'est-ce que c'est ? Comment c'est ? Encyclopédie des mots, noms et adjectifs.**
Adaptation de plusieurs ouvrages de l'auteur : noms et adjectifs expliqués de façon drôle et impertinente, sous un angle inhabituel que les enfants devraient savourer avec délice ; apartés, sous-entendus pour une certaine connivence avec le lecteur ; les images simples sont toujours efficaces pour donner un sens aux mots. Un régal de créativité et d'humour.
Bayard Jeunesse, 2006.
17,90 € ISBN : 978-2-7470-2120-3
À partir de 7 ans

3818. Bird, Malcolm ; trad. Mélo, Amélie : **Le Grand Livre pratique de la sorcière, en 10 leçons.**
Pour connaître les secrets, modes de vie des sorcières, leur habitat, leurs habitudes alimentaires, leurs recettes de beauté, leur matériel ou leurs croyances. Des planches légendées où l'on cherchera les détails avec délectation et des planches façon bande dessinée. L'humour est le fil conducteur de cette réédition, tant au niveau des illustrations que du texte.
Gulf Stream, 2006.
13,50 € ISBN : 978-2-909421-40-7
À partir de 9 ans

Littératures d'Afrique et du Monde arabe

AFRIQUE

La littérature africaine de jeunesse francophone au sud du Sahara se développe, au gré des avancées éditoriales des différents pays, depuis une trentaine d'années. D'une diffusion confidentielle à ses débuts, elle est aujourd'hui davantage accessible et recherchée hors de ses frontières.

Lorsqu'apparaît cette littérature écrite et illustrée spécifiquement pour les jeunes dans les années 1970, son inspiration est très marquée, à l'instar de toute littérature, par un patrimoine oral d'une incomparable richesse, naturellement impliqué dans une fonction éducative. Un patrimoine qui entame une nouvelle vie dans l'écriture de narrateurs, à commencer par les plus grands comme Senghor ou Hampâté Bâ. Cette littérature, qui a la particularité de s'écrire dans une langue qui n'est souvent pas la langue maternelle, est marquée par un souci de formation, de transmission culturelle. Elle l'est aussi par les grandes (r)évolutions sociales que sont la décolonisation, l'urbanisation... Une littérature représentative enfin de l'enfant, lecteur et inspirateur direct, dans son mode de vie actuel, ses relations à sa famille, son environnement social, scolaire, culturel... sa place dans la société, évoluant elle aussi.

Actuellement, la forme « album » est très privilégiée, que ce soit dans le domaine de la fiction intégrant le conte qui reste une « valeur sûre », comme du documentaire qui fait une percée avec des ouvrages souvent adaptés aux plus jeunes. D'une manière générale, tous les genres n'hésitent pas à intégrer des thématiques souvent graves, car la littérature de jeunesse est aussi utilisée comme outil éducatif et de transmission de valeurs, telles que la scolarisation des filles, la prévention contre le sida, la sensibilisation au travail des enfants... À travers des structures très variées, les éditeurs investissent la littérature de jeunesse qui apparaît comme un espace plein de possibilités, dans une démarche souvent très personnelle : édition d'ouvrages en langues nationales, recherches de coédition, développement d'une politique d'auteurs.

La sélection proposée ici, parmi une production d'ouvrages disponibles, permet d'accéder à une grande variété d'écritures et d'illustrations, de contextes culturels et de sensibilités, de genres et de niveaux. Une diversité représentative de ce qui nous semble le meilleur d'une production en plein essor, créée dans des conditions souvent difficiles. Le choix privilégie intérêt et qualité, caractère d'universalité aussi, sans se fixer l'objectif de représenter chaque pays ou maison d'édition.

Pour faciliter l'accès à ces livres, nous proposons en fin de chapitre les coordonnées des éditeurs, distributeurs, libraires, et pour aller plus loin, un carnet d'adresses téléchargeable sur le site ‹www.lajoieparleslivres.com›, « L'édition africaine pour la jeunesse », *ainsi que la revue spécialisée* Takam Tikou.

Marie Laurentin

Livres d'images

3819. Keïta, Fatou ; ill. Mobio, Claire : **Sinabani, la petite dernière.**
Sinabani, « dernier-né » en malinké, est la benjamine de la famille... jusqu'au jour où un petit frère vient lui ravir sa place. Une histoire très simple qui énonce – avec des illustrations chaleureuses, sereines, teintées d'humour – des choses justes de l'enfance.
NEI, Nouvelles Éditions Ivoiriennes (Côte d'Ivoire), 1997.
ISBN : 978-2-911725-34-0
Autres titres :
3820. Kyatou cache ses dents. 2000.
ISBN : 978-2-84487-056-8
3821. Le Billet de 10 000 F. 2000.
ISBN : 978-2-84487-172-5
5,34 € chaque À partir de 3 ans

♥ **3822.** Mayaba, Hortense : **Le Syllabaire de Gadjo.**
Voyant son garçon si absorbé, si heureux lorsqu'il lit, Papa décide d'apprendre à lire pour que les livres lui « parlent » à lui aussi. Dialogue simple et vivant entre père et enfant, illustration gaie en aplats de couleurs vives, un ton juste et léger pour un sujet profond.
Ruisseaux d'Afrique (Bénin), Cérès (Tunisie), Éburnie (Côte d'Ivoire), La Libellule, 2003. Distribution Afrilivres et AMCPS.
ISBN : 978-99919-50-16-7
ISBN : 978-9973-19-601-9
ISBN : 978-2-84770-054-1
Autre titre :
3823. Molie au port de pêche.
Ruisseaux d'Afrique (Bénin), Cérès (Tunisie), Éburnie (Côte d'Ivoire), Ganndal (Guinée), La Libellule, 2002. Distribution Afrilivres et AMCPS.
ISBN : 978-99919-970-2-5
ISBN : 978-9973-19-558-6
ISBN : 978-2-84770-002-2
ISBN : 978-2-913326-53-8
5 € chaque À partir de 3 ans

3824. Osu Library Fund ; ill. Boadu, Therson ; trad. Keïta, Fatou : **Fati et l'arbre à miel.**
Fati part au champ à vélo avec son père. Elle grimpe sur le manguier, puis sur l'arbre à miel interdit. Au retour, Papa roule trop vite, les deux tombent par terre ; à la maison, Maman et Grand-Mère soignent la jambe de Fati. Et voilà ! Une petite tranche de vie portée par des illustrations au charme singulier, une atmosphère paisible, un album attachant.
Sub-Saharan Publishers (Ghana), 2002. Distribution African Books Collective.
16,50 € ISBN : 978-9988-550-42-4
À partir de 3 ans

Collection **Le Caméléon vert**
Cette collection d'albums très illustrés, souples, est le fruit d'une collaboration entre Edicef (France) et dix maisons d'édition dont huit africaines. Les titres, souvent issus d'ateliers de création organisés localement avec les auteurs et les illustrateurs, dans des contextes culturels variés, offrent une gamme très remarquable d'imaginaires et de talents, reflétant thèmes et lieux familiers aux enfants africains. Contes ou histoires du quotidien inspirent une trentaine d'ouvrages.

♥ **3825.** Bebey, Kidi ; ill. Kingué Epanya, Christian : **Pourquoi je ne suis pas sur la photo ?**
« Où est-ce qu'on est quand on n'est pas né ? », se demande Titi, absent de certaines photos de l'album de famille. Un texte simple, qui sonne vrai, progressant au rythme des interrogations, des illustrations emplies de vie et de couleur. Un album réussi.
Clé (Cameroun), Edicef (France), Le Caméléon vert, 1999.
ISBN : 978-2-7235-0560-4
ISBN : 978-2-84129-634-7
Autre titre de l'illustrateur :
3826. Le Petit Camion de Garoua. 2001.
ISBN : 978-2-84129-794-8
2,94 € chaque À partir de 6 ans

♥ **3827.** Clacherty, Glynis ; ill. Bouma, Paddy ; trad. Rogo-Lévénez, Eva : **L'Histoire de Simon.**
Simon entend encore la voix de sa maman qui chantait le gospel. Il n'arrive pas à supporter sa disparition et à s'intégrer aux autres enfants. Texte et illustration tout en délicatesse pour accompagner avec les justes mots ce temps de deuil et de souffrance.
Heinemann (Grande-Bretagne, Afrique du Sud, Botswana), Auteurs africains junior VIH / Sida, 2005. Distribution Belin.
ISBN : 978-0-435-90313-8
Autre titre sur le même sujet :
3828. Krone, Bridget ; trad. Rogo-Lévénez, Eva ; ill. Bouma, Paddy : **Le Sac de Dielo.** 2005.
ISBN : 978-0-435-89137-4
5 € chaque À partir de 6 ans

3829. Keïta, Fatou ; ill. Mobio, Claire : **La Voleuse de sourires.**
C'est une histoire, improbable et cocasse, de sorcière allergique aux sourires des enfants, au point de les confisquer à coup de sifflet magique ! Seule une petite fille « haute comme trois bananes » échappe au charme maléfique... Un des premiers et nombreux albums de Fatou Keïta, auteur reconnu et fécond, dans un registre de narration et d'illustration, résolument débridé.
NEI, Nouvelles Éditions Ivoiriennes (Côte d'Ivoire), Le Bois sacré, 1996.
ISBN : 978-2-911725-05-0
Autres titres :
3830. Le Retour de la voleuse de sourires. 1999.
ISBN : 978-2-84487-024-7
3831. Le Petit Garçon bleu. 1996.
ISBN : 978-2-910190-87-3
4,57 € chaque À partir de 6 ans

3832. Lalinon Gbado, Béatrice ; ill. Kokou Zannou, Ponce E. : **La Belle Debô.**
Un charme tout féminin. Dans un décor que crée à merveille l'illustration très picturale, l'histoire raconte la fascination qu'exerce Debô, la belle Peulh, sur Céci et Fémi, deux petites sœurs en vacances au village. Au détour, un salut à l'artisanat et aux leçons de beauté locales.
Le Flamboyant (Bénin), Edicef (France), Le Caméléon vert, 1999.
ISBN : 978-2-84129-619-4
Autre titre :
3833. Les Aventures de Biki. 2000.
ISBN : 978-2-84129-731-3
2,94 € chaque À partir de 6 ans

♥ **3834.** Lalinon Gbado, Béatrice ; ill. Alladayé, Hervé : **Kaïvi, l'enfant placée.**
Kaïvi, 8 ans, travaille dans un « maquis » pour sa tante. Elle aime l'accompagner au marché aux poissons, et, chaque fois, elle imagine que sa mère débarquera enfin d'un bateau pour la voir... L'illustration aquarellée, délicate, est au diapason de la tristesse et de l'espérance de la petite fille. Un thème grave traité avec sensibilité et sans pesanteur par cet auteur phare, également éditrice.
Ruisseaux d'Afrique (Bénin), La Libellule, 2002. Distribution Afrilivres et AMCPS.
5 € ISBN : 978-9973-19-547-0
À partir de 6 ans

♥ **3835.** Mayaba, Hortense ; ill. Atoro, Taofik : **Arouna le petit champion.**
Avec ses tongs rouges et ses petits jambes Arouna participe, sur le grand vélo de son père, à la course organisée dans son village, malgré les moqueries des concurrents. Devinez qui va gagner ! Illustrations vives avec de grands aplats lumineux, expressivité des personnages, impression de vitesse et d'emballement de l'histoire, succès garanti !
Ruisseaux d'Afrique (Bénin), Cérès (Tunisie), Éburnie (Côte d'Ivoire), La Libellule, 2003. Distribution Afrilivres et AMCPS.
ISBN : 978-99919-50-14-3
ISBN : 978-9973-19-604-0
ISBN : 978-2-84770-057-2
5 € À partir de 6 ans

3836. Ndiaye Sow, Fatou ; ill. Ndiaye, Moustapha : **Le Mouton d'Aminata.**
Aminata se réjouit à l'approche de la fête de la Tabaski. Une belle robe, de belles nattes... mais il manque l'essentiel : le mouton ! Et Aminata s'inquiète... Les illustrations de M. Ndiaye mettent bien en scène la vie quotidienne au Sénégal.
NEI, Nouvelles Éditions Ivoiriennes (Côte d'Ivoire), 1996.
ISBN : 978-2-910190-84-2
Autre titre (poésie) du même auteur :
3837. Takam-Tikou « J'ai deviné ». 1997.
ISBN : 978-2-911725-31-9
4,57 € chaque À partir de 6 ans

3838. Nomo, Vincent : **Le Vieux Char.**
Une histoire insolite tout autant que véridique, ou comment un vieux char « recyclé » redonne la vie à un village ravagé par la guerre. L'aspiration écologique et pacifique s'appuie sur des images saisissantes – opposition entre une machine carrée, agressive, et des personnages vulnérables – d'une manière très personnelle et convaincante.
Akoma Mba (Cameroun), Afrique en lecture, 2006. Distribution Afrilivres et AMCPS.
ISBN : 978-9956-10-017-0
Autre titre de la même collection :
3839. Njeng, Pierre-Yves : **Vacances au village.** 2004.
ISBN : 978-9956-10-019-4
5,50 € chaque À partir de 6 ans

3840. Seck, Awa ; ill. Maury-Kaufmann, Marianne : **L'Affaire des sandales de Tante Fatou.**
Tante Fatou s'est faite belle pour un baptême, mais quand elle veut repartir chez elle, ses nouvelles sandales ne sont plus dans l'entrée ! Heureusement, sa nièce mène l'enquête... Illustration saisissante avec des peintures sur toile.
Kalaama (Sénégal), Edicef (France), Le Caméléon vert, 2001.
2,94 € ISBN : 978-2-84129-816-7
À partir de 6 ans

♥ **3841.** Tadjo, Véronique : **Grand-Mère Nanan.**
Le texte concis dit toute la magie du lien qui unit la grand-mère à ses petits-enfants et à une mystérieuse poupée ; des photographies colorisées se mêlent de manière saisissante aux dessins très stylisés. Émotion, tendresse infinie. Tout le talent d'un grand auteur-illustrateur. Existe en anglais (NEI) et en bilingue français-anglais.
NEI, Nouvelles Éditions Ivoiriennes (Côte d'Ivoire), Le Bois sacré, 1996.
4,57 € ISBN : 978-2-910190-85-9
À partir de 6 ans

♥ **3842.** Tadjo, Véronique : **Si j'étais roi... Si j'étais reine...**
Sur chaque page, des portraits de rois et de reines – du Ghana, du Congo, d'Égypte... En regard, répondant au jeu du « si j'étais roi, si j'étais reine... », des vœux que tout enfant pourrait formuler. Des plus attendus, des plus enfantins, on glisse vers des souhaits autrement ambitieux. La grâce des illustrations de l'auteur fait comme toujours merveille pour servir un propos moins simple qu'il n'y paraît.
NEI, Nouvelles Éditions Ivoiriennes (Côte d'Ivoire), 2004.
9,15 € ISBN : 978-2-84487-173-2
À partir de 6 ans

♥ **3843.** Asare, Meshack : **L'Appel de Sosu.**
Sosu ne peut pas marcher mais sa vie change le jour où il sauve héroïquement son village d'une inondation. Ce bel album fort et sensible, touchant tant par son texte que par son illustration à l'aquarelle, aborde sans pesanteur le sort de l'enfant « différent ». Seul livre traduit en français du grand auteur-illustrateur ghanéen Meshack Asare.
Sub-Saharan Publishers (Ghana), 2002. Distribution African Books Collective.
16,50 € ISBN : 978-9988-550-48-6
À partir de 9 ans

3844. Keïta, Ina ; ill. Diallo, Karim : **Des jambes pour Aliou.**
Quelle aventure ! Tidiane et Djénéba ont décidé de prendre en charge Aliou, un enfant handicapé. Une belle entreprise de solidarité qui mènera l'enfant sur le chemin de l'école, avec pour cadre Bamako que l'illustration rend bien présente.
Donniya (Mali), Enfances, Les Aventures de Tidiane et Djénéba, 2006. Distribution Afrilivres et AMCPS.
6 € ISBN : 978-2-911741-41-8
À partir de 9 ans

Contes

♥ **3845.** Tadjo, Véronique : **Le Grain de maïs magique.**
Soro part à la recherche du grain de maïs magique volé par une pintade. Phrases courtes et rythmées, dialogue vif, refrain, scandent le périple, tandis que l'enfant court, court... Chaque double page, des tableaux à la beauté hiératique et naïve, éclate de couleurs. Grâce et bonheur irrésistibles. Existe en anglais (NEI).

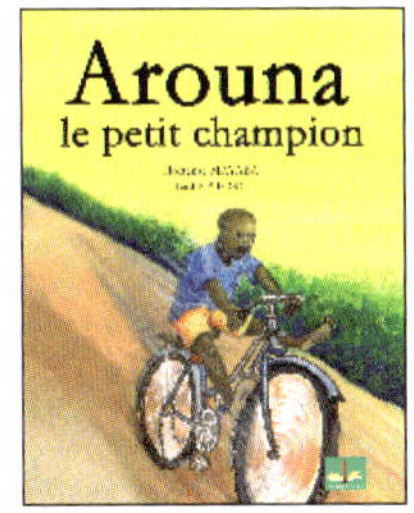

NEI, Nouvelles Éditions Ivoiriennes (Côte d'Ivoire), Le Bois sacré, 1996.
4,57 € ISBN : 978-2-910190-63-7
À partir de 3 ans

♥ **3846.** Tadjo, Véronique : **Mamy Wata et le monstre.**
Ce personnage mythique du monde aquatique est ici l'héroïne bienfaisante qui libère de sa métamorphose un horrible monstre mangeur d'hommes, mais si fragile par ses sentiments bien humains. Une belle histoire efficacement, simplement racontée. Les illustrations, magnifiques, audacieuses et naïves, créent l'enchantement. Existe en anglais (NEI).
NEI, Nouvelles Éditions Ivoiriennes (Côte d'Ivoire), Le Bois sacré, 1994.
4,57 € ISBN : 978-2-910190-19-4
À partir de 3 ans

3847. Honomou, Nema-Soua ; ill. Jolsen Koffi, Mark : **Un mari pour Luopou.**
Une belle version, guinéenne, très illustrée du conte de la jeune fille qui voulait épouser un homme au corps sans défaut. Mais le prétendant, le beau Togba, s'avère être un diabolique serpent...
NEI, Nouvelles Éditions Ivoiriennes (Côte d'Ivoire), Ganndal (Guinée), 1999.
4,57 € ISBN : 978-2-84487-006-3
ISBN : 978-2-913326-04-0
À partir de 6 ans

♥ **3848.** Raharimanana ; ill. Ravelona, Jean A. : **Landisoa et les trois cailloux.**
Entre rêve et réalité, la randonnée d'une petite fille qui avance dans le brouillard avec cette phrase-leitmotiv dans la tête : « Je vais, je vais » et dans la main, trois petits cailloux... Illustrations très picturales, qui entretiennent l'aspect onirique, parfois poétique de l'histoire, en jouant sur les fondus de tonalités douces.
Tsipika (Madagascar), Edicef (France), Le Caméléon vert, 2001.
ISBN : 978-2-84129-806-8
ISBN : 978-2-912290-27-4
Autre titre de Madagascar :
3849. Harivelo Arline, Lala ; ill. Patou : **Kinga et l'ogre Kakabe.** 2000.
ISBN : 978-2-84129-734-4
ISBN : 978-2-912290-18-2
2,94 € chaque À partir de 6 ans

3850. Senghor, Léopold Sédar ; Sadji, Abdoulaye ; ill. Lorofi, Georges : **Les Aventures de Leuk-le-lièvre.**
Version bande dessinée de quelques-unes des aventures de ce héros de la savane, telles que racontées par Senghor et Sadji dans *La Belle Histoire de Leuk-le-Lièvre*. Une illustration savoureuse où les animaux évoluent à la manière des humains, sans jamais perdre leur humour. Un classique paru en 1975.
NEAS, Les Nouvelles Éditions Africaines du Sénégal, 2003.
10 € ISBN : 978-2-7236-1583-9
À partir de 6 ans

3851. Waberi, Abdourahman A. ; ill. Bougeault, Pascale : **Bouh et la vache magique.**
C'est la famine. Devant Bouh, le petit berger, surprise !, une énorme vache apparaît qui l'invite à s'introduire dans son ventre. Et là, il y a tout en abondance, de quoi nourrir toute sa famille pendant des mois... jusqu'à ce que la jalousie s'en mêle. D'un auteur pour adultes reconnu, un conte de Djibouti surprenant, délicieusement illustré.
Couleur locale (Djibouti), Edicef (France), Le Caméléon vert, 2002.
2,94 € ISBN : 978-2-84129-820-4
À partir de 6 ans

♥ **3852.** Senghor, Léopold Sédar ; Sadji, Abdoulaye ; ill. Jeanjean, Marcel : **La Belle Histoire de Leuk-le-Lièvre.**
Œuvre pionnière, classique de la littérature africaine de jeunesse, par deux grands écrivains sénégalais, cette « belle histoire » foisonnante est un roman de formation, en courts chapitres. Leuk, le rusé, a beaucoup à apprendre pour devenir le sage qu'il aspire à être... Fac-similé de l'édition originale de 1953, livre de lecture illustré avec des questions de français, il est disponible aussi en version poche très austère.
Edicef (France), 2001.
9,20 € ISBN : 978-2-85069-053-2
À partir de 9 ans

♥ **3853.** Sidibé, Modibo ; ill. Ameganknpoé, Svetlana : **La Légende du Ouagadou Bida.**
Une légende bien connue de l'histoire des Soninké, au temps de l'empire du Ghana. Le dieu-serpent, le terrible Ouagadou Bida, exige chaque année le sacrifice de la plus belle fille, en échange de la prospérité. Illustration somptueuse et documentée qui crée l'émerveillement.
Donniya (Mali), Mythes bleus d'Afrique, 1999. Distribution Afrilivres et AMCPS.
ISBN : 978-2-911741-11-1
Autre titre :
3854. L'Épopée de Soundjata. 2006.

ISBN : 978-2-911741-42-5
10 € chaque À partir de 9 ans

3855. Abega, Séverin Cécile : **La Hache des chimpanzés.**
Mbia coupe des arbres pour agrandir sa plantation, et la forêt s'amenuise... Les chimpanzés volent sa hache et, pour la récupérer, Mbia se transforme en chimpanzé... Récit à épreuves, description de la vie des chimpanzés (et des hommes), invitation à la réflexion, leçon de sagesse où écologie et enseignement hérité se rejoignent. Un récit du Cameroun central, très bien raconté par S. C. Abega, qui est aussi anthropologue.
Clé (Cameroun), Jeunesse, 2001. Distribution Afrilivres et AMCPS.
10 € ISBN : 978-2-7235-0094-4
À partir de 11 ans

3856. Binlin-Dadié, Bernard : **Légendes africaines.**
Un classique (1953) de l'écrivain ivoirien réunissant seize récits de sa région, entre autres : « La Légende baoulé » du sacrifice de la reine Pokou ; « La Légende de la fumée » avec Codjo l'orphelin ; « La Route » avec Kakou Ananzè l'araignée... Belle écriture, efficace et vivante.
NEI, Nouvelles Éditions Ivoiriennes (Côte d'Ivoire), Lire Dadié, 2003.
ISBN : 978-2-84487-206-7
Autre titre, autobiographique :
3857. Climbié. 2003.
ISBN : 978-2-84487-205-0
À partir de 11 ans
7 € chaque

Poésie

♥ **3858.** Gey, Anne-Marie ; ill. Calin, Isabelle : **Anthologie de la poésie négro-africaine pour la jeunesse.**

Des poèmes accessibles aux jeunes – depuis les petits jusqu'aux adolescents – extraits des œuvres de poètes africains et malgaches, de poètes de la diaspora, célèbres ou moins connus. Les textes sont regroupés par thèmes (Bestiaires, Couleurs, Racines...). Mention du lieu de publication originale de chaque poème et brève information sur chaque auteur.

NEAS, Les Nouvelles Éditions Africaines du Sénégal, Edicef (France), Afrique en poche, Poésie, 2001.

3,25 € ISBN : 978-2-84129-815-0

À partir de 9 ans

♥ **3859.** Lalinon Gbado, Béatrice ; ill. artistes sous-verre de Dakar : **Maman.**

Au fil des illustrations aux teintes vives et acidulées propres aux « fixés sous-verre » du Sénégal, se déroule sans rupture une ode, véritable hommage, poétique, sensible, de l'auteur à sa mère, à toutes les mères. Vers courts, mots simples et pleins de tendresse composent ce bel hommage à la maternité. Un charme très particulier.

Ruisseaux d'Afrique (Bénin), 2006. Distribution Afrilivres et AMCPS.

15 € ISBN : 978-99919-53-33-5

Pour tous

Théâtre

♥ **3860.** Alem, Kangni : **Atterrissage.**

Une pièce à la mémoire des deux jeunes Guinéens trouvés morts de froid dans les roues d'un avion. Six scènes où transparaît l'expérience de l'écrivain togolais comme homme de théâtre. Une tragédie rendue encore plus poignante par l'humour, l'ironie mordante, le plaisir de la langue, une teneur de farce enjouée.

Ndzé (Cameroun, France), 2002.

8 € ISBN : 978-2-911464-13-3

À partir de 15 ans

Romans

3861. Diallo, Muriel ; ill. Nguessan, Dan : **Hamid le petit porteur.**

Orphelin, sans toit, un adolescent survit en portant des sacs sur le marché. La nuit, il retrouve ses amis les chiens avec qui il communique grâce à un étrange pouvoir. Entre une nouvelle famille adoptive et la meute des chiens errants s'impose un choix douloureux. Un récit abondamment illustré qui oscille entre le familier et le fantastique.

CEDA (Côte d'Ivoire), Histoires merveilleuses, 1997.

5,50 € ISBN : 978-2-86394-177-5

À partir de 9 ans

3862. Kingué, Marie Angèle ; ill. Merola, Caroline : **Une voix dans la nuit.**

Une bande de cousins en vacances au village enquête sur la mystérieuse cérémonie du « ndjé », interdite aux non-initiés. Car il y a des problèmes depuis la mort de l'oncle... Un récit bien mené, avec des dialogues vivants, une fin ouverte aux débats, et bien complété par un dossier documentaire.

Hurtubise HMH, Plus, 1999.

7 € ISBN : 978-2-89428-300-4

À partir de 9 ans

3863. Lalinon Gbado, Béatrice ; ill. Alladayé, Hervé : **Mémé**.

Une petite histoire pleine de saveur, écrite à la première personne par un petit garçon qui parle de sa grand-mère – sans pareille pour commenter les matchs de foot – comme d'une amie. C'est vif, joliment écrit, avec le charme de l'instant vécu et, au détour, les allusions à la vie comme elle va.

Ruisseaux d'Afrique (Bénin), Tanéka, 2003. Distribution Afrilivres et AMCPS.

2,50 € ISBN : 978-99919-51-48-5

À partir de 9 ans

♥ **3864.** Clair, Andrée ; Hama, Boubou : **L'Aventure d'Albarka, 1 et 2.**

Un itinéraire de vie, celui de Boubou Hama, écrivain et homme politique nigérien : sa jeunesse villageoise au début du XXe siècle, le déchirement avec l'intrusion de « l'école des Blancs », son regard sur un monde qui s'est élargi... Un récit exemplaire écrit en collaboration avec la grande Andrée Clair au début des années 1980.

NEAS, Nouvelles Éditions Africaines du Sénégal, Edicef (France), Afrique en poche junior (tome 1, 2004 ; tome 2, 2007)

3,25 € ISBN : 978-2-84129-934-8

ISBN : 978-2-84129-284-4

À partir de 11 ans

3865. Coulibaly, Micheline ; ill. Les studios Zohoré : **Kamba la sorcière.**

En vacances au village, Kamba, 14 ans, apprend que sa grand-mère guérisseuse est une sorcière et, qui plus est, qu'elle-même est une sorcière ! Et son apprentissage commence... Un joli petit roman où le merveilleux et l'aventure côtoient sagesse de vie et amour de ses racines.

NEI, Nouvelles Éditions Ivoiriennes (Côte d'Ivoire), JL, 2004.

ISBN : 978-2-84487-213-5

Autre titre :

3866. Les Confidences de Médor. Edilis (Côte d'Ivoire), Avelec, 2001. Distribution Afrilivres et AMCPS.

3,20 € chaque

ISBN : 978-2-909238-47-0

À partir de 11 ans

3867. Kanta, Abdoua ; ill. Ciecko, Sylvie : **Halimatou.**

C'est la rude vie d'Halimatou, jeune bergère peule du Niger. Peu d'amour exprimé, un père parti au loin. Son retour change la vie de la jeune fille et aussi le jeune Aliou qui fait battre son cœur. Récit riche d'une vie traditionnelle dont Halimatou ne comprend pas toujours très bien les codes.

NEAS, Les Nouvelles Éditions Africaines du Sénégal, Edicef (France), Afrique en poche cadet, 1987

3,25 € ISBN : 978 -2-8506-9448-6

À partir de 11 ans

3868. Bebey, Kidi : **Dans la cour des grands.**

Stella, 17 ans, nous ouvre son journal et livre les grands changements intérieurs qui la traversent... et la découverte de l'amour. Un roman ancré dans la vie quotidienne des adolescentes dans une grande ville. Sans peur d'aborder la sexualité, il offre une image juste du microcosme de l'héroïne et de son passage à l'âge adulte.

CEDA (Côte d'Ivoire), Hurtubise HMH (Canada), Lire au présent, 1999.
3,96 € ISBN : 978-2-86394-297-0
ISBN : 978-2-89428-249-6
À partir de 13 ans

3869. Doumbi-Fakoly ; ill. N'Guessan, Dan : **Un mariage forcé.**
Nakany se prépare à passer le bac et rêve d'être médecin mais son père, au chômage, décide de la marier à un riche commerçant qui a déjà deux femmes. L'écrivain malien évoque ici un sujet de société sensible, l'arrêt de la scolarisation des filles pour une vie qu'elles n'approuvent pas toujours. De beaux personnages de femmes indépendantes, la subtilité et la complexité des liens familiaux.
CEDA (Côte d'Ivoire), Hurtubise HMH (Canada), Lire au présent, 1999.
3,96 € ISBN : 978-2-86394-298-7
ISBN : 978-2-89428-248-2
À partir de 13 ans

♥ **3870.** Mintsa, Justine ; ill. Tognevi, Kokou Maurice : **Premières Lectures.**
Les émotions et les questionnements d'Obone, adolescente éprise de lecture bien que cela ne soit pas une évidence dans son milieu villageois. Surimposée à ce monde plus large révélé par les livres, l'amitié amoureuse avec un jeune Blanc qui l'initie à la poésie, au théâtre. Une belle nouvelle, un hommage à la lecture.
Haho (Togo), 1998. Distribution Afrilivres et AMCPS.
5,95 € ISBN : 978-2-906718-70-8
À partir de 13 ans

3871. Ramanantsoa, Christiane ; ill. Patou : **Lamba.**
Le lamba est cette pièce du vêtement traditionnel malgache, une étole pouvant envelopper tout le corps et qui peut être aussi un linceul. Il est ici au centre d'une jolie nouvelle traitant avec humour, réalisme et merveilleux des liens rares qui unissent, par-delà la mort, un grand-père et sa petite fille, adulte, dont il vient hanter le sommeil… pour qu'enfin il puisse reposer en paix.
Tsipika (Madagascar), 2000. Distribution Afrilivres et AMCPS.
3 € ISBN : 978-2-912290-12-0
À partir de 13 ans

Sciences humaines

♥ **3872.** Gbado, Béatrice ; ill. Kokou Zannou, Ponce E. : **Le Bain de bébé.**
Le cérémonial du bain est prétexte à une découverte intime et sensorielle du corps du bébé, progressant au fil des questions des enfants et des réponses simples de l'aïeule. Illustrations exceptionnelles et climat de tendresse pour ce dialogue autour du corps et de la vie.
Ruisseaux d'Afrique (Bénin), Éburnie (Côte d'Ivoire), Kalaama (Sénégal), À la découverte de la vie, 2004. Distribution Afrilivres et AMCPS.
ISBN : 978-99919-53-17-5
ISBN : 978-2-84770-092-3
ISBN : 978-2-915343-46-5
À partir de 6 ans

Autre titre :
3873. Je voudrais redevenir bébé. 2004.
ISBN : 978-99919-53-16-8
ISBN : 978-2-84770-091-6
ISBN : 978-2-915343-15-1
12 € chaque À partir de 3 ans

Collection **Lucy**
« Parce que l'histoire de l'Afrique, c'est aussi l'histoire du monde », les éditions franco-maliennes Cauris proposent, avec cette collection, des récits documentaires largement illustrés pour découvrir des grandes figures de l'Afrique et des communautés noires du monde. Héros de l'histoire (voire de la préhistoire avec *Lucy*) ou légendaires, grandes figures de la culture, du sport, chaque ouvrage, conçu par un spécialiste et un illustrateur de talent, permet de découvrir en une vingtaine de pages des personnalités remarquables d'hier ou d'aujourd'hui.
10 titres parus dont :
3874. Depagne, Rinaldo ; ill. Maury-Kaufmann, Marianne : **Fela Kuti. Le Génial Musicien du Nigéria.** 2003.
ISBN : 978-2-914605-11-3
3875. Prof. Lu ; ill. Maury-Kaufmann, Marianne : **Bob Marley, la star légendaire du reggae.** 2004.
ISBN : 978-2-914605-15-1
3876. Kerisel, Françoise ; ill. Calin, Isabelle : **Makeda, la reine de Saba.** 2006.
ISBN : 978-2-914605-20-5
3877. Lubabu Muitubile, Tshitenge K. ; ill. Kingué Epanya, Christian : **Léopold Sédar Senghor : le poète-président du Sénégal.** 2005.
ISBN : 978-2-914605-16-8
Cauris (Mali, France), Lucy.
5 € chaque
À partir de 9 ans

♥ **3878.** Konaté, Moussa ; ill. Zoromé, Aly : **Le Pays dogon.**
Belle édition, charme et présence d'une illustration pleine de vie et de détails, texte simple et cependant précis, à hauteur d'enfant, pour cet album qui offre une approche vivante du mode de vie et de la culture très complexe des Dogons. Une efficace simplicité.
Le Figuier (Mali, France), Voyage jeunesse, 2006.
ISBN : 978-2-84258-097-1
Autres titres :
3879. Djenné. 2006.
ISBN : 978-2-84258-095-7
3880. Tombouctou. 2006.
ISBN : 978-2-84258-096-4
12 € chaque À partir de 6 ans

Sciences et techniques

3881. Wabbes, Marie : **La Pêche sur le fleuve Congo.**
En quelques phrases, une jolie description des différentes étapes de la technique de pêche de nuit, à la lampe-torche. Les doubles pages tout en images traduisent bien l'aspect silencieux, calme, et un peu secret, du fleuve et de la nuit. D'autres albums à retenir dans cette collection à portée documentaire.
Afrique Éditions (République démocratique du Congo), Un, deux, trois j'ai lu, 2002. Distribution Afrilivres et AMCPS.
2,60 € ISBN : 978-2-84517-026-1
À partir de 3 ans

Collection **Métiers d'Afrique**

Créée en 2001 par les éditions maliennes du Figuier, cette collection est à souligner à plus d'un titre : son orientation documentaire à portée des plus jeunes (encore peu présente dans l'édition africaine), la thématique choisie (métiers pratiqués sur le continent), une préoccupation patrimoniale avec le souci de la reconnaissance de savoir-faire traditionnels. Une belle présentation matérielle (grand format, couverture cartonnée) met en valeur, essentiellement par l'image en double page précisée par un texte simple, le travail et le talent des artisans, les outils, les gestes. Présenter ces métiers en les insérant dans la vie marque la préoccupation de cette collection et de ses auteurs, Moussa Konaté et l'illustrateur Aly Zoromé.

7 titres dont :

3882. Konaté, Moussa ; ill. Zoromé, Aly : **La Teinturière.** 2001.
ISBN : 978-2-84258-079-7

3883. La Savonnière. 2003.
ISBN : 978-2-84258-082-7

3884. Le Tisserand. 2001.
ISBN : 978-2-84258-080-3

3885. Les Mineurs du désert. 2006.
ISBN : 978-2-84258-086-5

Le Figuier (Mali, France), Métiers d'Afrique.
12 € chaque

À partir de 6 ans

MONDE ARABE

À ses débuts (fin XIXe, début XXe siècle[1]), la littérature de jeunesse du monde arabe est surtout perçue comme un moyen de parfaire l'éducation morale des enfants et de leur transmettre des connaissances. Elle est notamment constituée de revues[2], les livres étant assez rares. Les enfants doivent se contenter des manuels scolaires, qui aident à combler en partie le manque de livres. Les textes proposés sont souvent des œuvres traduites en arabe, et les illustrations restent marquées par l'influence occidentale.

La fin de la Seconde Guerre mondiale, ainsi que l'accession à l'indépendance des pays arabes, vont occasionner un essor de la littérature de jeunesse, qu'on considère entre autres comme un outil de transmission des valeurs nationales arabes. Ainsi, certains États arabes financent les publications. D'autre part, une classe moyenne s'étant créée, la demande de livres pour la jeunesse s'accroît et se généralise. La production comporte surtout des œuvres de fiction. Quant aux illustrateurs, ils tentent de renouer avec la tradition arabe et cherchent à faire la synthèse, dans leurs créations, entre l'apport de l'Occident et celui de l'Orient.

En 1974, une maison d'édition à vocation panarabe est créée à Beyrouth : Dar Al Fata Al Arabi[3] veut offrir des livres-miroirs aux enfants arabes mais aussi leur ouvrir des fenêtres sur le monde. On y publie des œuvres de fiction – notamment des contes, des albums – ainsi que des documentaires. Il s'agit de valoriser le patrimoine arabe mais aussi de faire découvrir les traditions d'autres pays. L'aventure trop brève de cette maison d'édition fera des émules, nombre d'éditeurs créeront des départements jeunesse à la suite de son succès, et sa démarche marquera les parcours des professionnels du livre dans la région.

Actuellement, la production jeunesse dans les pays arabes connaît un développement considérable. Les œuvres originales de qualité abondent, notamment au Liban et en Égypte. La langue de prédilection reste l'arabe, et certains éditeurs du Maghreb publient des versions arabes de leurs textes parus précédemment en français[4]. Quant aux genres, les contes et les albums restent les plus représentés, avec un intérêt particulier porté aux titres pour les tout-petits, surtout dans les dernières années. On aborde la vie quotidienne des enfants, leurs questionnements et soucis, indépendamment de la nécessité de transmettre un message ou des valeurs nationales. Cette création originale s'accompagne de traductions d'albums marquants de la production internationale[5]. Les documentaires restent cependant minoritaires, et sont surtout issus de traductions[6]. La bande dessinée, cantonée précédemment au Maghreb, avec peu de titres, fait de timides conquêtes dans d'autres pays. La visibilité de cette littérature s'accroît, notamment en raison de la présence de nombre d'éditeurs du monde arabe dans les Salons internationaux, comme la Foire internationale du livre pour enfants de Bologne[7].

La sélection présentée ici englobe des livres en français et bilingues français-arabe, français-berbère, voire trilingues français-arabe-berbère. Ils sont publiés dans les pays du monde arabe ou en France. Un carnet d'adresses des libraires, distributeurs et éditeurs est proposé en fin de sélection.

Hasmig Chahinian

1. Le premier livre destiné aux enfants publié dans le monde arabe est une traduction par Mohammad Othman Jallal des *Fables* de La Fontaine, imprimée en 1874 en Égypte. La première revue pour enfants, *Al samir al saghir [Le Petit Compagnon]*, commence à être publiée en Égypte en 1897. Mais il faudra attendre 1912 pour la publication du premier livre pour la jeunesse créé dans le monde arabe : *Al qutaytat al izaz [Les Chers Petits Chatons]*, publié par Dar Al Maaref au Caire.

2. Comme l'hebdomadaire *Al awlad [Les Enfants]*, en Égypte.

3. La quasi-totalité des titres de cet éditeur est disponible au Centre de ressources de La Joie par les livres.

4. Comme Yanbow Al Kitab et Yomad, au Maroc.

5. L'éditeur Dar Al Balsam, au Caire, s'est spécialisé dans ce domaine.

6. Ainsi, la maison d'édition Dar Al Nabtah, en Arabie Saoudite, traduit en arabe les titres de la collection « Mes premières découvertes » de Gallimard Jeunesse.

7. Cette Foire a d'ailleurs accueilli une exposition consacrée aux illustrateurs arabes en 2002.

Livres d'images

3886. Al-Maari, Boutros : **Compter avec Fahim.**

الأعداد مع فهيم

Le petit Fahim (l'Intelligent, celui qui comprend facilement), avec son chapeau pointu, présente les chiffres dans ce petit imagier bilingue français-arabe plein d'originalité et de poésie.
L'Harmattan (France), Contes des quatre vents, 2004.
ISBN : 978-2-7475-5825-9
Autre titre :
3887. Les Couleurs de Fahim. 2004.
ألوان فهيم
ISBN : 978-2-7475-5824-2
6,40 € chaque À partir de 3 ans

♥ **3888.** Dir. Couprie, Katy ; ill. artistes palestiniens : **Un monde palestinien.**

عالم فلسطيني

Un superbe imagier sans texte qui permet de découvrir une quarantaine d'artistes palestiniens, qui ont travaillé dans le cadre d'un atelier animé par Katy Couprie, à Ramallah. Un mélange de techniques d'illustration, une flânerie entre imaginaire et réalité pour nous faire découvrir les Territoires palestiniens sous un jour différent.
Thierry Magnier (France) / Le Petit Shourouk (Territoires palestiniens), 2001.
14 € ISBN : 978-2-84420-141-6
À partir de 3 ans

3889. Schneider, Stéphanie ; ill. Nachabe Taan, Yasmine : **Princesse Angélique.**
« Angélique est une princesse aux pouvoirs magiques ». Un claquement des doigts, une formule magique, et voilà la chambre rangée, la soupe transformée en bonbons... Une façon agréable de changer le monde, juste en claquant des doigts... Un monde tout en rose bonbon mis en images par Yasmine Nachabe Taan.
Al-Ahlia (Liban), Angélique mais pas trop, [s.d.].
7 500 LL : 5 € [Sans ISBN]
À partir de 4 ans

♥ **3890.** Ouajjou, Sonia : **Le Mariage de Tata Keltoum.**
Malika et son petit frère Karim sont invités au mariage de Tata Keltoum. Une petite chèvre et Dame Lune les accompagnent jusqu'à la ville. Avec eux, nous assistons aux préparatifs de la noce, puis à tous les rituels de la fête. Une certaine naïveté dans le dessin n'exclut pas la présence d'un grand nombre de détails amusants à observer.
Yanbow Al Kitab – La Croisée des chemins (Maroc), Malika et Karim, 2003.
ISBN : 978-9981-896-15-4
Autre titre :
3891. Le Tajine de Ftouma. 2002.
ISBN : 978-9981-896-23-9
48 DH : 6,90 € chaque
À partir de 6 ans

Contes

♥ **3892.** Le Craver, Jean-Louis ; ill. Bourre, Martine ; trad. Brik, Mohammed ; Khaldi, Karima : **Les Deux Oursons.**

الدبان الصغيران

Deux oursons gloutons, partis explorer le vaste monde, trouvent un fromage. Comment le partager équitablement ? La dispute éclate. Survient un renard, qui n'est pas rusé pour rien. Pour faire deux parts égales de fromage, il prend une bouchée par ci, une bouchée par là... Ce sympathique conte d'animaux d'origine hongroise est proposé dans une version bilingue français-arabe.
Librairie Papeterie Nationale (Maroc) / Didier Jeunesse (France), À petits petons, 2006.
ISBN : 978-9954-433-27-0
ISBN : 978-2-278-05682-8
Autres titres :
3893. Darwiche, Jihad ; Voltz, Christian ; trad. Khallad, Fatima : **La Souris et le voleur.** 2006.
الفأرة واللّص
ISBN : 978-9954-433-28-7
ISBN : 978-2-278-05681-1

3894. Gay-Para, Praline ; ill. Prigent, Andrée : **Quel radis dis donc !** 2004.
يا لها من فجلة !
ISBN : 978-9954-433-06-5
ISBN : 978-2-278-05679-8

3895. Le Craver, Jean-Louis ; ill. Saillard, Rémi : **Les Trois boucs.** 2005.
التيوس الثلاثة
ISBN : 978-9954-433-07-2
ISBN : 978-2-278-05678-1
49 DH : 8 € chaque À partir de 3 ans

3896. Al-Maari, Boutros : **Abou az-Zoulouf et le loup : Conte de Syrie bilingue arabe-français.**

أبو الزلف و الذئب

Les illustrations qui accompagnent ce conte traditionnel de Syrie, dans cette version bilingue arabe-français, lui donnent toute sa saveur. Car si le récit est mené avec une belle sobriété, les images apportent vie, chaleur et humour. Elles sont truffées de détails, merveilleusement colorées, pour raconter cette joyeuse farce jouée au loup par Abou az-Zoulouf et son âne.
Éd. du Jasmin (France), 2005.
12,50 € ISBN : 978-2-912080-38-X
À partir de 6 ans

3897. Darwiche, Jihad ; ill. Ahmed, Hassaan Ali : **La Ruse du lièvre.**

حيلة الأرنب

Ce conte bilingue français-arabe est inspiré de la fable « Le lièvre et le lion » de *Kalila et Dimna* d'Ibn al-Mukaffa'. Le lièvre débarrasse la forêt d'un lion vorace en l'obligeant, par la ruse, à sauter dans un puits. Les superbes illustrations de Hassaan Ali Ahmed créent une ambiance onirique, ajoutant au merveilleux du conte. Le sens de la lecture choisi est celui du français.
Lirabelle (France), 2004.
15 € ISBN : 978-2-914216-25-8
À partir de 6 ans

3898. Dib, Mohammed ; ill. Logié, Alexis : **Salem et le sorcier.**
Ce petit conte en forme de randonnée raconte la désobéissance de Salem, au service d'un sorcier, soutenu par tous les animaux, objets ou éléments que le sorcier tente d'utiliser pour briser la rébellion. L'illustration est composée avec des papiers déchirés.
Yomad (Maroc), Hikayat, 2000.
35 DH : 5,35 €
ISBN : 978-9954-0-0025-0
À partir de 6 ans

3899. Chelbi, Mustapha ; adapt. Ghachem, Moncef ; ill. Waeckerlé, Joël : **Rass el-Ghoul : le géant à la tête fertile.**

Rass el-Ghoul est un bon géant, qui met sa chevelure inépuisable au service des habitants d'un village : ils en fabriquent des vêtements, et surtout de merveilleux tapis. Mais un commerçant averti vient passer commande de milliers de ces tapis et la folie s'empare du village... Un texte simple et vivant, bien servi par de belles illustrations au style original.

Alif – Les Éditions de la Méditerranée (Tunisie), 1998.

5 500 DT : 6 €

ISBN : 978-9973-716-78-1

À partir de 7 ans

♥ **3900.** Al-Maari, Boutros ; trad. et adapt. Hammad, Manar : **Al-Homsi et le conteur.**

الحمصي المهووس بعنترة

Ce texte bilingue français-arabe nous transporte dans un café de Damas où un « hakawati », ou conteur, tient son public en haleine en racontant les aventures d'Antara, figure mythique et populaire. Les illustrations influencées par l'art islamique et la miniature de Boutros al-Maari, artiste syrien, donnent un cachet très particulier à ce livre.

L'Harmattan (France), Contes des quatre vents, Contes du Levant, 2004.

9 € ISBN : 978-2-7475-3753-7

À partir de 8 ans

♥ **3901.** Al-Maari, Boutros ; trad. et adapt. Hammad, Manar : **At-Tinawi et Picasso.**

أبو صبحي التيناوي و بيكاسو

At-Tinawi découvre la peinture sur verre, et se fâche quand on compare son art à celui de Picasso, convaincu que ce dernier est un artiste damascène qui lui fait concurrence... Ce texte bilingue français-arabe est accompagné par des illustrations en noir et blanc à grands traits qui semblent inspirées de l'art persan. Le texte en arabe, calligraphié par l'artiste, constitue souvent un élément de l'illustration.

L'Harmattan (France), Contes des quatre vents, Contes du Levant, 2004.

9 € ISBN : 978-2-7475-5388-9

À partir de 8 ans

3902. Laâbi, Jocelyne ; ill. Yahia, Karim : **Lounja l'ghzala.**

Lounja l'ghzala (la gazelle) est une jeune fille superbe au point de susciter la convoitise d'un génie. Mais pas n'importe lequel : un génie respectueux des usages, qui accepte de laisser Lounja tranquille, puisqu'elle est déjà fiancée, à une condition : qu'on ne fasse jamais cuire des beignets chez la jeune fille, sinon il viendra la chercher...

Paris-Méditerranée (France) / Yomad (Maroc), Yemma, 2000.

35 DH : 6,50 €

ISBN : 978-2-84272-091-9

ISBN : 978-9954-0-0026-7

À partir de 8 ans

3903. Ahmed, Hassaan Ali ; trad. Musa, Patricia : **Le Monstre de la jungle.**

الوحش الغريب

Un monstre étrange sème la panique parmi les animaux de la forêt et les tue avec ses flèches empoisonnées. Ils devront unir leur force pour en venir à bout. Ce livre, paru précédemment en arabe aux éditions Sudanese Studies Center, est proposé ici dans une version bilingue français-arabe et dans un format qui permet aux superbes illustrations de Hassaan Ali Ahmed de s'épanouir.

Grandir (France), 2004.

20 € ISBN : 978-2-84166-227-2

À partir de 9 ans

3904. Al-Jâhiz, Amr Ibn Bahr ; trad. Souami, Lakhdar : **Le Cadi et la mouche : le livre des animaux.**

القاضي والذبابة:
مختارات من كتاب الحيوان

Une sélection de dix textes tirés du *Livre des animaux* d'Al-Jâhiz, illustrés par le peintre tunisien Ahmed Hajeri. Une initiation à la littérature arabe classique dans une présentation bilingue. La préface d'André Miquel permet de découvrir la vie et l'œuvre d'Al-Jâhiz.

Institut du monde arabe / Ipomée-Albin Michel (France), 2001.

22 € ISBN : 978-2-226-11970-4

À partir de 9 ans

3905. Dahoun, Zerdalia ; ill. Jomaray-Ayrolles, Josette : **Kdar : Qder : كدر: conte traditionnel algérien.**

Ce conte, recueilli auprès des mères et grands-mères d'origine algérienne par l'association « La Maison de toutes les couleurs », à Paris, est proposé dans trois langues : l'arabe algérien, le kabyle et le français, dans de très bonnes traductions. Il raconte l'histoire d'une princesse qui n'hésite pas à se déguiser en homme pour se rapprocher de celui qu'elle aime.

Le Temps des cerises (France), Du soleil au cœur, 2002.

10 € ISBN : 978-2-84109-338-0

À partir de 9 ans

3906. Dahoun, Zerdalia ; ill. Yvonnet, Marie-Noëlle : **L'Artiste et la princesse : conte traditionnel algérien trilingue.**

كيف المرأة، كيف الرجل، كيفكيف

Les déboires d'un artiste qui apprendra à ses dépens que l'expression « ce que peut faire une femme, l'homme le réussit deux fois mieux » n'est pas du tout justifiée... Ce conte trilingue arabe algérien, kabyle et français a été recueilli auprès des mères et grands-mères d'origine algérienne par l'association « La Maison de toutes les couleurs », à Paris.

Le Temps des cerises (France), Du soleil au cœur, 2002.

10 € ISBN : 978-2-84109-423-3

À partir de 9 ans

3907. Hafnaoui, C. ; ill. Akkari, M. : **La Couronne. Conte tunisien.**

Ce conte traditionnel tunisien est accompagné de quelques illustrations pleines de charme. Il raconte l'histoire d'un mendiant qu'un riche commerçant chasse en lui disant qu'il pourrait faire fortune dans un pays lointain. L'homme part et revient riche. Le commerçant, jaloux, veut à son tour tenter l'expérience. Il reviendra ruiné...

Alyssa-Juniors (Tunisie), Graine de sésame, [s.d.].

6,40 € ISBN : 978-9973-758-28-6

À partir de 9 ans

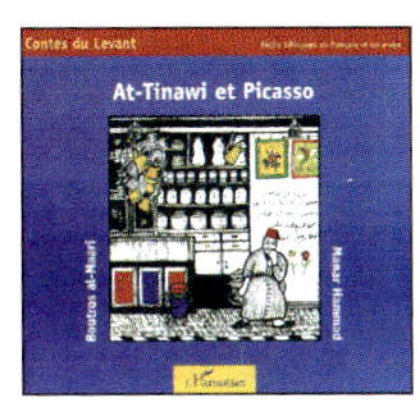

3908. Laâbi, Jocelyne ; ill. Logié, Nathalie : **Douze Malices du hérisson.**
Qui aurait dit que le hérisson était un animal si malin ? Le voilà qui se joue du chacal, du chameau, de la vieille dame... Douze histoires courtes, qui révèlent la ruse du hérisson dans toute sa gloire, illustrées par les belles gravures de Nathalie Logié.
Yomad (Maroc), Contes du Maroc, 2001.
6,50 € ISBN : 978-9954-0-0039-7
À partir de 9 ans

3909. Monastiri, Zeineb ; ill. Limaïm, Sarra : **Les Contes merveilleux de Ommi Aïchoucha : contes de chez nous.**
Trois contes sympathiques qui parlent du bonheur, nécessairement lié au mariage avec un prince ou un sultan et réservé aux filles très belles... Les mots d'arabe utilisés dans le texte sont expliqués en notes de bas de page et confèrent une touche d'authenticité aux contes.
Alyssa (Tunisie), Grain de sésame, 2002.
6,50 € ISBN : 978-9973-758-35-4
À partir de 9 ans

Poésie

♥ **3910.** Berceuses, rondes, chansons arabes et berbères recueillies par Favret, Hafida et Lerasle, Magdeleine ; ill. Novi, Nathalie : **À l'ombre de l'olivier : le Maghreb en 29 comptines.**
في ظلّ الزّيتونة
Ces comptines, berceuses, rondes, chansons du Maghreb, arabes ou berbères, sont transcrites en caractères français et arabes, traduites en français, avec une indication concernant le pays d'origine. Les illustrations lumineuses de Nathalie Novi créent une ambiance chaleureuse, accueillante. Un CD accompagne le livre.
Didier Jeunesse (France), 2001.
23,50 € ISBN : 978-2-278-05002-4
À partir de 3 ans

3911. Ill. Mollet, Charlotte ; trad. Brik, Mohammed : **Une souris verte.**
فأر أخضر.
La célèbre comptine de la souris verte nous est proposée ici dans une version bilingue français-arabe. Le livre s'ouvre dans le sens de la lecture en français.
Librairie Papeterie Nationale (Maroc) / Didier Jeunesse, Pirouette, 2004.
49 DH : 8 € ISBN : 978-9954-433-02-7
ISBN : 978-2-278-05680-4
À partir de 3 ans

♥ **3912.** Karray, Raouf ; trad. Musa, Hassan et Patricia ; ill. Karray, Raouf : **Devinettes traditionnelles de Tunisie.**
ألغاز من تونس
Des devinettes traditionnelles tunisiennes nous sont proposées dans ce livre bilingue conçu pour « fonctionner » quel que soit le sens de la lecture adopté. En effet, l'illustration, qui donne la clef de la devinette, est intercalée entre le texte arabe et sa traduction. Il s'agit de véritables tableaux sur double page du peintre tunisien Raouf Karray, dans une gamme de couleurs chaudes et lumineuses.
Grandir (France), 2001.
15 € ISBN : 978-2-84166-172-5
À partir de 9 ans

♥ **3913.** Alani, Ghani ; ill. Koraïchi, Rachid : **La Poésie algérienne : petite anthologie.**
قصائد من الشّعر الجزائري
Cette anthologie magnifiquement illustrée trouve sa cohérence, par-delà les accents singuliers de chaque époque, de chaque expérience, dans la continuité des thèmes qui sont autant de fils conducteurs – la révolte contre la misère et l'injustice, le désenchantement, le passé douloureux de la guerre, la recherche d'une identité mais aussi l'espoir, le rêve d'un monde différent...
Mango Jeunesse (France), Il suffit de passer le pont, 2003.
15 € ISBN : 978-2-7404-1578-8
À partir de 13 ans

♥ **3914.** Kacimi, Mohammed ; ill. Koraïchi, Rachid : **Bouqala : chants des femmes d'Alger.**
Ces bouqalas, poèmes de quatre à six vers, en arabe dialectal algérien, sont transcrits ici dans une calligraphie dépouillée qui répond bien à la simplicité touchante des poèmes. Mohammed Kacimi nous propose en français de véritables créations poétiques qui s'inspirent des textes en arabe. Les illustrations si particulières de Rachid Koraïchi, fortement marquées par l'art islamique et les miniatures, ouvrent une dimension nouvelle à la lecture.
Thierry Magnier (France), 2006.
22 € ISBN : 978-2-84420-259-8
À partir de 13 ans

♥ **3915.** Mardam-Bey, Farouk ; ill. Koraïchi, Rachid : **La Poésie arabe : petite anthologie.**
قصائد من الشّعر العربي
Un florilège harmonieux réunissant dix-neuf grandes figures de la poésie arabe du VIe siècle à nos jours, de l'Arabie à l'Andalousie. Ces œuvres pour la plupart méconnues chantent l'amour, la mort, la nostalgie, l'ivresse et l'exil. Des poèmes vibrants illuminés par de superbes illustrations aux dominantes or, noir et bleu, inspirées de la tradition arabe.
Mango Jeunesse (France), Il suffit de passer le pont, 2003.
15 € ISBN : 978-2-7404-0828-5
À partir de 13 ans

Romans

3916. Baccar Bournaz, Alia ; ill. Mahfoudh, Lofti : **Elissa-Didon reine de Carthage.**
Après le meurtre de son mari par son frère, Elissa, princesse phénicienne, doit s'enfuir de la ville de Tyr. Elle choisit de s'établir en Afrique du Nord, et demande au roi numide Iarbas, maître des lieux, de lui céder une terre pouvant être circonscrite par une peau de bœuf. Ayant découpé la peau en fines lanières, elle délimite un territoire immense et crée la ville mythique de Carthage.
Cérès (Tunisie), Le Miroir d'encre, 2003.
1 500 DT : 1 €
ISBN : 978-9973-19-611-8
À partir de 9 ans

3917. Bousquet, Charlotte ; ill. Oumouloud, Saïd : **Zaïna et le fils du vent.**
Zaïna, orpheline, vit dans un village berbère du Moyen Atlas, chez son oncle. Elle est mal acceptée par tous car sa mère était française. Sa vie bascule lorsque son oncle achète un cheval pour participer à la pro-

chaine fantasia. Personne d'autre que Zaïna n'arrive à dompter l'animal...
Yomad (Maroc), Yemma, 2000.
ISBN : 978-9954-0-0013-7
La suite des aventures de Zaïna dans :
3918. Ill. Lahrech, Noureddine : **Le Défi de Zaïna.** 2001.
ISBN : 978-9954-0-0037-3
43 DH : 7 € chaque À partir de 9 ans

3919. Marzouki, Samir ; ill. Belhadj, Nabil : **Le Rocher dans la mer.**
Profitant de l'absence de ses parents, un garçon emprunte le bateau de son père et met le cap sur « le rocher dans la mer », qu'il a toujours vu de loin, et qu'on lui a défendu d'approcher. Mais ce qui s'annonçait comme une petite aventure se transforme en cauchemar. Encore heureux que le héros de cette robinsonnade soit plein d'imagination et de ressources !
Cérès (Tunisie), Le Miroir d'encre, 2003.
1 500 DT : 1 €
ISBN : 978-9973-19-609-5
À partir de 9 ans

Bandes dessinées

3920. Belkhodja, Abdelaziz ; ill. Darghouth, Seïfallah ; Darghouth, Heythem ; Bey, Omar : **Hannibal : le défi de Carthage.**
Cet ouvrage raconte l'histoire d'Hannibal et des premières guerres puniques. Bien documenté et convenablement illustré, il donne un aperçu de la situation sur les rives de la Méditerranée au IIIe siècle avant notre ère, et présente la rivalité entre Rome et Carthage sous un angle un peu différent de celui habituellement proposé de ce côté-ci de la « Mare Nostrum ».
Apollonia (Tunisie), L'Histoire illustrée, 1998.
12 DH : 10 €
ISBN : 978-9973-9737-2-6
À partir de 10 ans

Art

♥ **3921.** Ellabbad, Mohieddine ; trad. Gonzalez-Quijano, Yves : **Le Carnet du dessinateur.**
كشكول الرسّام
Les images et les odeurs de l'enfance, les petites et les grandes choses de la vie nous entraînent dans un rêve doux, tendre, parfois drôle. Les illustrations où la calligraphie se mêle au dessin sont pleines de lumière, foisonnent de détails et de souvenirs.
Mango Jeunesse / Institut du monde arabe (France), 1999.
15 € ISBN : 978-2-7404-0769-1
À partir de 9 ans

3922. Naoum, Nabil ; trad. Barbulesco, Luc : **Textes sur images : art contemporain arabe.**
حكايات الشكل واللون.
الفن التشكيلي المعاصر
Un très beau livre d'art bilingue français-arabe, qui présente en majorité des œuvres provenant de la collection d'art contemporain de l'Institut du Monde arabe à Paris. On y découvre une confrontation dynamique entre tradition et modernité, une grande ouverture à la diversité des formes et l'expression libre et individuelle de véritables artistes.
ACR / Institut du Monde arabe (France), 2000.
23 € ISBN : 978-2-86770-136-8
À partir de 13 ans

Sciences humaines

3923. Cherbi, Moh ; Deslot, Thierry ; ill. Tayeb-Hammami, Hamid : **Les Rois berbères de la dynastie massyle.**
Un documentaire bilingue français-berbère qui traite d'un sujet rarement abordé dans les livres pour enfants : l'histoire des rois berbères. Le livre retrace la vie des différents souverains qui se sont succédé du IIIe siècle jusqu'à l'an 40 avant J.-C., de Massinissa, grand guerrier amoureux de Sophonisbe la carthaginoise, à Ptolémée, mis à mort à Lyon sur ordre de Caligula.
Edif 2000 (Algérie) / Yanbow Al Kitab – La Croisée des chemins (Maroc) / Paris-Méditerranée (France), Azar, 2001.
60 DH : 7,50 € chaque
ISBN : 978-2-84272-119-0
ISBN : 978-9981-896-21-5
Autre titre :
3924. Cherbi, Moh ; Deslot, Thierry ; ill. Bellahcène, Tarek : **Kahena, reine des Berbères.** 2002.
65 DH : 9 € ISBN : 978-2-84272-162-6
ISBN : 978-9981-896-13-0
À partir de 9 ans

3925. Daoud, Zakya : **Abdelkrim le héros du Rif.**
Zakya Daoud nous propose ici, dans un format de poche, un texte entraînant et vivant, très documenté, illustré de photos en noir et blanc, relatant la vie et l'œuvre de ce fin stratège combattant dans les années 1920 pour la libération de la région du Rif, au Maroc, du joug étranger et ayant atteint une reconnaissance internationale.
Yomad (Maroc), Raconte-moi l'histoire, 2004.
40 DH : 4 € ISBN : 978-9954-0-0052-6
À partir de 9 ans

3926. Safa, Karine ; ill. Joganne : **L'Invraisemblable Histoire de Cadmos le Phénicien et de sa sœur Europe.**
Zeus est tombé amoureux de la princesse phénicienne Europe, de la ville de Tyr, au Liban. Transformé en taureau, il l'enlève. Cadmos, le frère préféré d'Europe, parti à sa recherche, recevra l'ordre des Dieux de ne plus chercher sa sœur et de fonder la ville de Cadmée ou Thèbes. Il transmettra à la population de cette ville le savoir phénicien.
Éditions du Béryl (Liban), 2000.
ISBN : 978-9953-9008-0-3
Autre titre :
3927. La Folle Odyssée de Didon, princesse de Tyr, reine de Carthage. 2002.
12 € chaque
ISBN : 978-9953-9008-1-0
À partir de 9 ans

Sciences et techniques

3928. Association nationale des petits débrouillards ; trad. Ait Taleb, Saïda ; Al Mediani, Fatima ; Alaoui, Mohamed ; ill. Faller, Régis : **Les Astuces de la chimie : des expériences faciles et amusantes.**
خبايا الكيمياء. تجارب سهلة و مسليّة
L'Agence de développement des activités ludiques et éducatives (ADALE) publie une version bilingue français-arabe des documentaires de la collection « Les petits débrouillards » parus initialement chez Albin Michel Jeunesse. Il s'agit d'initier les enfants à la science par le biais d'expériences pratiques à réaliser soi-même. Le sens de la lecture est celui de l'arabe.

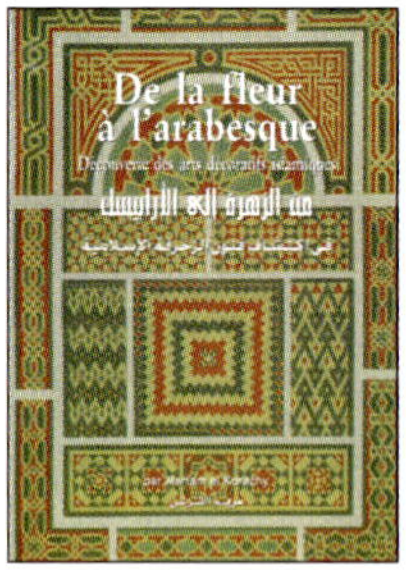

Adal-Educ (Maroc), Les petits débrouillards, 2005.
70 DH : 8 € [Sans ISBN]
Autre titre :
3929. Les Transformations de l'eau : des expériences faciles et amusantes. 2006.
تحولات الماء. تجارب سهلة و مسلّية
40 DH : 4 € ISBN : 978-9954-8699-0-1
À partir de 9 ans

3930. Ben Moussa, Nadia ; ill. Goëttel, Mireille : **Raconte-moi le zellige.**
Cette fiction documentaire, basée sur le récit de la vie d'Ali et de son maître hadj Omar, fournit des informations très détaillées sur les techniques et l'histoire du zellige, cet art marocain qui consiste à composer des mosaïques de faïence représentant des formes géométriques ou des arabesques. Illustrations à l'aquarelle et photos en couleurs. Ce livre existe aussi en version arabe.
Yanbow Al Kitab – La Croisée des chemins (Maroc), Raconte-moi, 2004.
80 DH : 14 €
ISBN : 978-9981-896-50-5
À partir de 9 ans

3931. Medlej, Youmna Jazzar ; ill. Medlej, Joumana : **La Pourpre et la soie.**
Un livre qui aborde deux richesses qui ont fait la gloire du Liban d'antan à des moments différents de son histoire. Des techniques de fabrication au contexte historique, une découverte des industries, aujourd'hui disparues, de la pourpre et de la soie. Notons que la pourpre, « phoinix » en grec, aurait été à l'origine du terme « phénicien ».
Dar An-Nahar (Liban), 2005.
10 000 LL : 6 €
ISBN : 978-9953-74-045-4
Autre titre :
3932. Les Fouilles de Beyrouth. 2004.
7 500 LL : 4,50 €
ISBN : 978-9953-74-024-9
À partir de 9 ans

♥ **3933.** El Korachy, Mariam ; Iché, Sandra : **De la fleur à l'arabesque : découverte des arts décoratifs islamiques.**
من الزهرة إلى الأرابيسك :
في اكتشاف فنون الزخرفة الإسلاميّة
Une collection de documentaires bilingues valorisant le patrimoine culturel arabe. Les livrets aux dos spiralés s'ouvrent à la verticale, ce qui permet de traiter sur la même page les informations en français et en arabe sans contrainte liée au sens de l'ouverture du livre.
Centre français de culture et de coopération du Caire (Égypte), 2002.
50 LE : 8 € [Sans ISBN]

Autres titres :
3934. Maitte, Bernard ; Djebbar, Ahmed ; trad. Kacimi El-Hossani, Mustapha ; Hanna, Jean-Michel ; El-Garhi, Samir : **La Géométrie dans les arts décoratifs islamiques.** 2003.
الهندسة في فن الزخرفة الإسلاميّة
[sans ISBN]

3935. Lavergne, Nicolas de ; trad. Fouad, Amani : **Avicenne, une vie pour la science.** 2003.
ابن سينا، حياة من أجل العلم
[sans ISBN]
À partir de 10 ans

Où se procurer les ouvrages d'Afrique et du Monde arabe :

En librairie dans la région parisienne :

Librairie Alkindi : 16, rue des Fossés-Saint-Bernard, 75005 Paris. Tél./Fax 01 55 42 02 57.
Librairie Anibwé : 52, rue Greneta, 75002 Paris. Tél./Fax. 01 45 08 48 33. k2inter@voila.fr - www.anibwe.com
Librairie Avicenne : 25, rue Jussieu, 75005 Paris. Tél. 01 43 54 63 07, Fax 01 43 29 37 54.
Librairie L'Harmattan : 16, rue des Écoles, 75005 Paris. Tél. 01 43 26 04 52.
Librairie de l'Institut du Monde arabe : 1, rue des Fossés-Saint-Bernard, 75005 Paris. Tél. 01 40 51 38 38.
Librairie Présence Africaine : 25 bis, rue des Écoles, 75005 Paris.
Tél. 01 43 26 04 52.
Librairie Servédit : 15, rue Victor-Cousin, 75005 Paris. Tél. 01 44 41 49 37,
Fax 01 43 25 77 41, servedit@wanadoo.fr

Auprès des distributeurs :

African Books Collective (ABC) : Unit 13, Kings Meadow, Ferry Hinksey Road, Oxford, OX2 0D, Royaume-Uni. Tél. (44) 1865 726686, Fax (44) 1865-793298. abc@africanbookscollective.com – www.africanbookscollective.com
Afrilivres : 047 BP 1154, Cadjèhoun Cotonou, Bénin. Tél. (229) 21 38 59 21. afrilivresieg@yahoo.fr – www.afrilivres.com
AMCPS, Agence de médiation culturelle des pays du Sahel : 5, Centre Mendès France, 33165 Saint-Médard-en-Jalles, France. Tél. 05 56 95 74 09. mediation.culturelle@wanadoo.fr – www.mediation-culturelle.net
Belin : 8 rue Férou, 75278 Paris cedex. Tél. 01 55 42 84 90
Fax : 01 55 42 84 30
michel.levenez@editions-belin.fr
www.editions-belin.com
Hivernage : 50, rue Jules-Noriac, 87000 Limoges, France.
Tél./Fax 05 55 77 51 95.
konatem@wanadoo.fr

Adresses des éditeurs étrangers cités :

Adal-Educ (Agence de développement des activités ludiques et éducatives) : 8, impasse Moulay Abdelhafid, Appt. 2 Hassa, Rabat, Maroc. Tél. (212) 37 76 11 03 / 61 39 05 51, Fax (212) 37 83 22 88. badr.bellahcen@menara.ma
Afrique Éditions : BP 9986, Kin 1, Kinshasa Gombe, République démocratique du Congo. Tél. (243) 89 25 699, Fax (243) 88 03 812.
nyembo_jp@yahoo.fr - bpongo@ckt.cd - bpongo@ic.cd
Akoma Mba : BP 20189, Yaoundé, Cameroun. Tél. (237) 544 95 67, Fax (237) 222 43 43.
akomamba@hotmail.com
Al-Ahlia : BP 369, Zouk Mikaël, Liban. Tél. (961) 9 214 144 / 5, Fax (961) 9 213 499. al-ahlia@dm.net.lb
Alif – Les Éditions de la Méditerranée : 44, rue du Niger, 1002 Tunis Belvédère, Tunisie. Tél. (216) 71 28 17 55, Fax (216) 71 28 15 60. alif.edition@planet.tn–alif.commercial@gnet.tn
Alyssa : 7, rue de Thameur, 2026 Sidi Bou Saïd, Tunisie. Tél. (216) 71 748 015, Fax (216) 71 74 09 89. alys@planet.tn

Apollonia : 4, rue Claude-Bernard, 1002 Tunis, Tunisie. Tél. (216) 71 786 381, Fax (216) 71 799 190. apolonia@gnet.tn – sales@apollonia.com.tn – www.apollonia.com.tn
Cauris : BP E96, Hamdallaye, Bamako, Mali. Tél. (223) 229 49 55 / 229 49 57. caurislibrairie@ikaso.net
et 10, rue Bleuc, 75009 Paris, France. Tél. 01 45 71 04 34,
Fax. 01 42 46 78 32.
cauris2@aol.com – cauriseditions@aol.com – www.caurisleditions.fr
CEDA : voir **NEI**
Cérès : 6, avenue Alain-Savary, BP 56, 1002 Tunis Belvédère, Tunisie. Tél. (216) 71 280 505 / 281 550 / 281 138,
Fax (216) 71 287 216.
ceres@planet.tn www.ceres-editions.com
CFCC (Centre français de culture et de coopération du Caire) : 1, rue Madrasset El Huquq Al Frinseya, Mounira, Le Caire, Égypte.
Tél. (20) 2 794 76 79 / 794 40 95, Fax (20) 2 795 71 36 / 795 71 418. www.ambafrance-eg.org/cfcc/
Clé : BP 1501, Yaoundé, Cameroun. Tél. (237) 222 35 54, Fax (237) 223 27 09. cle@camnet.cm – editionscle_edition@yahoo.fr – www.wagne.net/cle
Couleur locale / Rift Valley Djibouti : BP 3500, Djibouti, République de Djibouti. couleurloc@intnet.dj
Dar An-Nahar : 36, rue Andraous, Imm. Press Media, BP 11-226, Beyrouth, Liban. Tél. (961) 1 561 687 / 8,
Fax (961) 1 561 693.
darannahar@darannahar.com – www.darannahar.com
Donniya : Cité du Niger, BP 1273, Bamako, Mali. Tél. (223) 221 45 99, Fax (223) 221 90 31.
imprimcolor@cefib.com – www.imprimcolor.cefib.com
Eburnie : 01 BP 1984, Abidjan 01, Côte d'Ivoire. Tél. (225) 20 21 64 65 / 20 21 57 58, Fax (225) 20 21 45 46. amoikon.ma@aviso.ci - eburnie@aviso.ci -
Edicef – Hachette International : 58 rue Jean-Bleuzen, 92178 Vanves Cedex, France.
Tél. 01 55 00 11 04,
Fax 01 55 00 11 60.
gmariesainte@hachette-livre-intl.fr. – www.hachette-livre-intl.com
Edif 2000 : 57 chemin Romain, Birkhadem Alger, Algérie. Tél. (213) 21 55 47 89 / 061 53 35 57, Fax (213) 21 55 44 21. edif2000boila@yahoo.fr – edif2000mokrane@yahoo.fr
Edilis : 10 BP 477, Abidjan 10, Côte d'Ivoire. Tél. (225) 21 24 46 50 / 21 24 68 05. edilis@africaonline.co.ci
Éditions du Béryl : 103, rue Charles-Debbas, Tabaris, Beyrouth, Liban. Tél. (961) 1 330 568, Fax (961) 1 329 527. editionsduberyl@yahoo.com
Le Figuier : BP E 2605, 151, rue 56, Bdala Sema, Bamako, Mali. Tél. (223) 223 32 11 / 671 51 83. ballabax@yahoo.fr – konatem@wanadoo.fr
Le Flamboyant : BP 08271, Cotonou, Bénin. Tél. (229) 21 31 02 20,
Fax (229) 21 31 20 79.
Ganndal : BP 542, Conakry, Guinée. Tél./Fax (224) 46 35 07 – ganndal@mirinet.net.gn
Haho – CTCE : BP 378, 1, rue du Commerce, Lomé, Togo. Tél. (228) 221 45 82, Fax (228) 221 29 67. ctce@cafe.tg
Heinemann : Halley Court, Jordan Hill, Oxford X2 8EJ, Royaume-Uni.
Tél. (44) 1865 314 076,
Fax (44) 1865 314 169.
www.heinemann.co.uk
Hurtubise HMH : 1815 avenue de Lorimier, H2K 3W6, Montréal (Québec), Canada. Tél. (1) 514 523 1523, Fax (1) 514 523 5955. commandes@hurtubisehmh.com – www.hurtubisehmh.com
Kalaama : BP 1331, Dakar, Sénégal.
Tél. (221) 864 43 37,
Fax (221) 824 74 02.
kalaama@hotmail.com
Librairie Papeterie Nationale : Lotissement El Ferah n° 2, Quartier industriel, Mohammedia, Maroc. Tél. (212) 23 319 630, Fax (212) 23 311 099.
ldybbro@librairienationale.co.ma – www.librairienationale.co.ma
Ndzé : BP 647, Bertoua, Cameroun.
Tél. (237) 959 68 14.
limbonaalexis@yahoo.fr – www.ndze.com
Et **Michel Cadence**, 55, boulevard Soult, 75012 Paris, France :
Tél. 33 (0)1 43 44 23 56.
cadence@ndze.com
NEAS, Les Nouvelles Éditions Africaines du Sénégal : BP 260, Dakar Ponty, Sénégal.
Tél. (221) 822 15 80,
Fax (221) 822 36 04. neasg@sentoo.sn
NEI, Nouvelles Éditions Ivoiriennes / CEDA : 01 BP 1818, Abidjan 01, Côte d'Ivoire. Tél. (225) 21 21 64 70, Fax (225) 21 21 64 86. info@nei-ci.com – edition@nei-ci.com – www.nei-ci.com
Le Petit Shourouk : Rue principale de Ramallah, Ramallah, Territoires palestiniens. Tél. (972) 2 296 16 13.
Ruisseaux d'Afrique : 04 BP 1154, 04 Cotonou, Bénin.
Tél./Fax (229) 21 38 31 86 – ruisseau@otitelecom.bj
Sub-Saharan Publishers : PO Box 358, Legon-Accra, Ghana.
Tél. (233) 21 233 371,
Tél./Fax (233) 21 234 251.
saharanp@africaonline.com.gh
Tsipika : 5 rue Ratsimilaho, Antananarivo 101, Madagascar.
Tél. (261) 20 22 623 15,
Fax (261) 20 22 245 95.
tsipikae@malagasy.com
Yanbow Al Kitab – La Croisée des chemins : Rue Essanaâni, ex-rue Daguerre, Quartier Bourgogne, 20050 Casablanca, Maroc. Tél. (212) 22 29 43 64,
Fax (212) 22 26 05 01.
yanbow06@yahoo.fr
Yomad : 28, rue Dayet Aoua, n° 4, Agdal, 10000 Rabat, Maroc.
Tél. (212) 37 68 64 30,
Fax (212) 37 68 64 31.
yomadeditions@menara.ma – yomadeditions@yahoo.com

Bibliographie : Le Livre et la lecture, les bibliothèques, les auteurs et les illustrateurs pour la jeunesse

Cette bibliographie propose un choix de livres disponibles – à de rares exceptions près – ainsi que quelques revues et sites Web.

LIVRES ET LECTURE AVANT 1950

Histoire et héros de la littérature de jeunesse

Bécassine inconnue
Marie-Anne Couderc. – CNRS Éditions, 2000

Le Club des Cinq, Fantômette, Oui-Oui et les autres… : les grands succès des Bibliothèques Rose et Verte
Armelle Leroy, Laurent Chollet. – Hors collection, 2005

L'Évolution de la littérature de jeunesse, de 1850 à nos jours au travers de l'instance narrative
Christian Poslaniec. – Presses universitaires du Septentrion, 1998, Thèse à la carte

Guide de la littérature pour la jeunesse
Marc Soriano. – Fac-sim. de l'éd. Flammarion, 1974. – Delagrave, 2002 [épuisé]

La Saga de la Bibliothèque rose
Armelle Leroy. – Hachette Jeunesse, 2006

La Semaine de Suzette : Histoires de filles
Marie-Anne Couderc. – CNRS Éditions, 2005

Suzette et les autres : un demi-siècle de journaux pour la jeunesse
Dir. Didier Delaborde. – Fédération française pour la coopération des bibliothèques / Médiathèque de Pontiffroy, Metz, 2001 (Re-Découvertes)

Patrimoine et histoire des bibliothèques

Les Bibliothèques pour enfants entre 1945 et 1975 : modèles et modélisation d'une culture pour l'enfance
Hélène Weis. – Electre-Éd. du Cercle de la Librairie, 2005, Bibliothèques

L'Heure Joyeuse, 70 ans de jeunesse : 1924-1994
Témoignages réunis par Viviane Ezratty, Françoise Lévèque, Françoise Tenier. – Agence culturelle de Paris, 1994

Le Livre pour la jeunesse, un patrimoine pour l'avenir : de quelles sources disposent les chercheurs, enseignants, bibliothécaires, éditeurs ? : actes des rencontres inter-professionnelles, journées organisées par la Bibliothèque l'Heure joyeuse, les 14 et 15 novembre 1994.

Répertoire des fonds de conservation de livres pour la jeunesse en France et en Belgique (données 1994-1996)
Dir. Viviane Ezratty, Françoise Lévèque. – Agence culturelle de Paris, 1997

Le Livre pour la jeunesse, patrimoine et conservation répartie : actes de la journée d'étude du 5 octobre 2000
Fédération française pour la coopération des bibliothèques / La Joie par les livres / Paris Bibliothèques, 2001

Répartir la conservation des fonds jeunesse : enjeux et perspectives : actes du colloque national du 7 octobre 2004
BnF / La Joie par les livres / Paris Bibliothèques, 2005

LIVRES ET LECTURE AUJOURD'HUI

Lecture, littérature et édition jeunesse en Europe

Aimer lire. Guide pour aider les enfants à devenir lecteur
Bayard Jeunesse / Scérén-CNDP, 2004

L'Édition pour la jeunesse en France de 1945 à 1980
Michèle Piquard. - Villeurbanne : Presses de l'Enssib, 2004, Référence

L'Enfant lecteur : de la comtesse de Ségur à Harry Potter, les raisons du succès
Sophie de Mijolla-Mellor. - Bayard, 2006

Le Guide de l'édition jeunesse 2007 : l'outil de référence pour (bien) travailler dans l'édition jeunesse
MCL, 2006

Guide européen du livre de jeunesse
Centre de promotion du livre de jeunesse Seine-Saint-Denis ; dir. Henriette Zoughebi. - Electre-Éd. du Cercle de la Librairie, 1994, Jeunesse

Il était une fois... et pour toujours : à propos de la littérature enfantine
Alison Lurie, trad. Emmanuelle Fletcher. - Rivages, 2004, Rivages-Littérature étrangère

Jeux et enjeux du livre d'enfance et de jeunesse
Jean Perrot. - Electre-Éd. du Cercle de la Librairie, 1999, Bibliothèques

La Lecture et l'enfant
Bruno Bettelheim, Karen Zelan, trad. Théo Carlier. - Nouv. éd. - Robert Laffont, 2005, Réponses

Littérature de jeunesse, incertaines frontières : colloque de Cerisy-la-Salle
Centre culturel international Cerisy-la-Salle ; textes réunis et présentés par Isabelle Nières-Chevrel. - Gallimard Jeunesse, 2005

La Littérature enfantine
Isabelle Jan. - 5e éd. - Éditions de l'Atelier, 1990, Enfance heureuse

Le Livre pour enfants : regards critiques offerts à Isabelle Nières-Chevrel
Dir. Cécile Boulaire, comité scientifique Annie Renonciat, Denise von Stockar-Bridel, Michel Defourny, Jean Perrot. - Presses universitaires de Rennes, 2006, Interférences

Ne le dites pas aux grands : essai sur la littérature enfantine
Alison Lurie, trad. Monique Chassagnol. - Rivages, 1999, Rivages-Poche. Bibliothèque étrangère

Regards sur le livre et la lecture des jeunes : La Joie par les livres a 40 ans : actes du colloque tenu au grand auditorium de la Bibliothèque nationale de France les 29 et 30 septembre 2005. - La Joie par les livres, 2006

En Afrique et dans les pays arabes

Amabhuku : Illustrations d'Afrique = Illustrations from Africa : Catalogue de l'exposition « Amabhuku » présentée à la Foire internationale du livre pour enfants de Bologne. - La Joie par les livres / AJPL, 1999

Illustrateurs arabes de livres pour enfants : exposition organisée par l'Institut du monde arabe du 13 juin au 31 août 2003. - Institut du monde arabe, 2003

La Littérature de jeunesse dans les pays arabes : perspectives historiques et enjeux actuels
Mohieddine, Ellabbad. - *Takam Tikou, Bulletin de La Joie par les livres*, n° 9, 2002

La Littérature pour enfants d'Afrique francophone
Marie Laurentin. - In : « Faire vivre une bibliothèque jeunesse : Guide de l'animateur ». - La Joie par les livres, 2005

Plaidoyer pour un renouveau de la littérature de jeunesse arabe
Mohieddine, Ellabbad. - *Takam Tikou, Bulletin de La Joie par les livres*, n° 11, 2004

Bibliothèques jeunesse et animation

Les Adolescents et la lecture : actes de l'université d'été d'Évian, octobre 1994.
Dir. Serge Goffard, Annick Lorant-Jolly. - CRDP de Créteil, 1995, Argos

Conte en bibliothèque
Dir. Evelyne Cevin. - Electre-Éd. du Cercle de la Librairie, 2005, Bibliothèques

Conter aux adolescents : une merveilleuse aventure
Hélène Loup, Chantal Ferdinand, ill. Brigitte Breyton, Anne-Marie Tropet. - Édisud, 2006, L'Espace du conte

De la bibliothèque au droit de cité. Parcours de jeunes
Michèle Petit, Chantal Balley, Raymonde Ladéfroux, Isabelle Rossignol. - Bibliothèque publique d'information, 1996, Études et recherche

Espace à lire : La bibliothèque des enfants à Clamart
Gérard Thurnauer, Geneviève Patte, Catherine Blain. - Gallimard, 2006, Albums Beaux-livres

Faire vivre une bibliothèque jeunesse : Guide de l'animateur
Dir. Viviana Quiñones. - La Joie par les livres, 2005, Hors-série *Takam Tikou*

Laissez-les lire : les enfants et les bibliothèques
Geneviève Patte. - Nouv. éd. à paraître. - Gallimard Jeunesse, 2007, Hors-série

Lectures, livres et bibliothèques pour enfants
Dir. Claude-Anne Parmegiani. - Electre-Éd. du Cercle de la Librairie, 1993, Bibliothèques

Lire à haute voix des livres à des tout-petits
Éd. Agence nationale des pratiques culturelles autour de la littérature jeunesse (« Quand les livres relient »), Patrick Ben Soussan, Élisabeth Bergeron, Véronique Bous [et al.]. - Érès, 2006, Mille et un bébés. Les bébés et la culture

Lire des livres à des bébés
Dominique Rateau. - Érès, 1998, Mille et un bébés. Les bébés et la culture

La Littérature jeunesse a-t-elle bon goût ?
Agence nationale des pratiques culturelles autour de la littérature jeunesse (« Quand les livres relient »). - Érès, 2005, Mille et un bébés

Les Livres, c'est bon pour les bébés
Marie Bonnafé. - Hachette Littératures, 2003, Pluriel

DU LIVRE D'IMAGES AU MULTIMÉDIA : DES GENRES DE LA LITTÉRATURE DE JEUNESSE

L'album et l'illustration

L'Album, une initiation à l'art du récit
Claude Le Manchec. - L'École, 1999

Guide pratique de l'illustrateur
Dir. Marie Laurentin, Viviana Quiñones. - ADPF [Association pour la diffusion de la pensée française], 2003, Hors-série *Notre librairie*
Illustrateur jeunesse : comment créer des images sur les mots ?
Daniel Maja. - Sorbier, 2004, La Littérature jeunesse, pour qui, pour quoi ?
Images des livres pour la jeunesse : lire et analyser
Dir. Sophie Van der Linden, Annick Lorant-Jolly ; Annie Mirabel, Nathalie Beau, Joëlle Turin [et al]. - Thierry Magnier / Scérén-CRDP de Créteil, 2006
Lire l'album
Sophie Van der Linden. - L'Atelier du poisson soluble, 2006
Les Petits Français illustrés 1860-1940 : l'illustration pour enfants en France de 1860 à 1940, les modes de représentation, les grands illustrateurs, les formes éditoriales
Claude-Anne Parmegiani. - Electre-Éd. du Cercle de la Librairie, 1989, Bibliothèques

Le conte et les conteurs

ABC de l'apprenti conteur : une expérience d'heures du conte auprès d'enfants de 7 à 13 ans (1924-1968)
Marguerite Gruny. - 2e éd. rev. - Agence culturelle de Paris, 1995
La Clé des contes
Bernadette Bricout, ill. Olivier Besson. - Seuil, 2005
Comment raconter des histoires à nos enfants. Tome 1
Sarah Cone Bryant. - Nathan, 1983 [cop. 1926], Histoires à raconter [épuisé]
Le Conte populaire : approche socio-anthropologique
Michel Valière. - Armand Colin, 2006, Cursus. Sociologie
Conter, un art ? : propos sur l'art du conteur, 1990-1995
Michel Hindenoch. - Le Poiré-sur-Vie (Vendée) : Association d'idées, 2002
Contes et diversité des cultures : le jeu du même et de l'autre
Nadine Decourt, Michèle Raynaud. - CRDP de Lyon, 1999, Argos. Démarches
Le Conteur amoureux
Bruno de La Salle. - Casterman, 1995 [épuisé]. [Nouvelle éd. à paraître. - Le Rocher, 2007, Littérature]
Encore un conte ? : Le Petit Chaperon Rouge à l'usage des adultes
Claude de La Genardière. - L'Harmattan, 1996, Écriture et transmission
L'Histoire des contes
Catherine Velay-Vallantin. - Fayard, 1992
Il était une fois... les contes de fées : exposition
Dir. Olivier Piffault. - Seuil / Bibliothèque nationale de France, 2001
L'Interprétation des contes de fées
Marie-Louise von Franz, trad. Francine Saint René Taillandier. - Dauphin, 2003, La Fontaine de Pierre [épuisé]
La Petite Fille dans la forêt des contes
Pierre Péju. - Nouv. éd. - Robert Laffont, 2006, Réponses
Le Pouvoir des contes
Georges Jean. - Casterman, 1990 [épuisé]
Les Pouvoirs du conte
Sylvie Loiseau. - Presses universitaires de France, 1992, L'Éducateur
Psychanalyse des contes de fées
Bruno Bettelheim. - Pocket, 1999

Le roman

L'Adolescent et le récit. Pour une approche concrète de la littérature de jeunesse
Claude Le Manchec. - L'École, 2000
Enquête sur le roman policier pour la jeunesse
Dir. Françoise Ballanger. - La Joie par les livres / Paris Bibliothèques, 2003
Histoire du récit pour la jeunesse au XXe siècle (1929-2000)
Ganna Ottevaere-Van Praag. - 2e éd. - Bruxelles : PIE - Peter Lang, 2002
Le Moyen Âge dans la littérature pour enfants : 1945-1999
Cécile Boulaire. - Presses universitaires de Rennes, 2002, Interférences
Le Roman historique : invention ou réalité ?
Bertrand Solet. - Sorbier, 2003, La Littérature jeunesse, pour qui, pour quoi ?
Le Roman policier : bonne ou mauvaise lecture ?
Béatrice Nicodème. - Sorbier, 2004, La Littérature jeunesse, pour qui, pour quoi ?
Le Roman pour adolescents aujourd'hui : écriture, thématiques et réception
Daniel Delbrassine. - Scérén-CRDP de Créteil / La Joie par les livres, 2006, Argos références
Le Roman pour ados, une question d'existence
Josée Lartet-Geffard. — Sorbier, 2005, La Littérature jeunesse, pour qui, pour quoi ?
Le Roman pour la jeunesse : approches, définitions, techniques narratives
Ganna Ottevaere-Van Praag. - 3e éd. - Berne : Peter Lang, 1999
La SF : La science-fiction à l'usage de ceux qui ne l'aiment pas
Christian Grenier. - Sorbier, 2003, La Littérature jeunesse, pour qui, pour quoi ?
Les Séries : chronique d'un malentendu littéraire
Anne-Marie Pol. - Sorbier, 2004, La Littérature jeunesse, pour qui, pour quoi ?
Un siècle de fictions pour les 8 à 15 ans (1901-2000) : à travers les romans, les contes, les albums et les publications pour la jeunesse
Raymond Perrin. - 3e éd. rev. - L'Harmattan, 2006

Le livre documentaire et la poésie

À la découverte des documentaires pour la jeunesse : cycle III, 6e, 5e
Dir. Françoise Ballanger, Annick Lorant-Jolly. - La Joie par les livres / CRDP de Créteil, 1999, Argos. Démarches
Découvrir et exploiter les écrits documentaires
Nadia Miri, Anne Rabany. - Bordas, 2003, Formation des enseignants
Le Documentaire aujourd'hui : entre information, narration et réflexion : journée d'étude du 22 octobre 2004
Centre de lecture publique de la communauté française de Belgique [« Espace 27 septembre », bureau 1B074, bd. Léopold II, 44 - 1080 Bruxelles], 2006
De quelques albums qui ont aidé les enfants à découvrir le monde et à réfléchir
Michel Defourny. - L'École des loisirs - Archimède, 2003
Rimes et comptines : une autre voix
Évelyne Resmond-Wenz. - Érès, 2003, Mille et un bébés. Les Bébés et la culture
Une rose inutile et nécessaire... ou La Poésie, les enfants, l'école
Georges Jean. - Sedrap, 1994, L'École en questions

Les Sciences communiquées aux enfants : travail d'édition et éducation non formelle
Daniel Jacobi. – Presses universitaires de Grenoble, 2005, La Communication en plus

La bande dessinée

L'Art invisible : comprendre la bande dessinée
Scott McCloud, trad. Dominique Petit Faux. – Vertige Graphic, 2000 [épuisé]
Avant la case : Histoire de la bande dessinée francophone du XXe siècle racontée par les scénaristes
Gilles Ratier. – Nouvelle éd. – Sangam, 2005
Case, planche, récit : comment lire la bande dessinée
Benoît Peeters. – Nouv. éd. mise à jour. – Casterman, 1998 [épuisé]
Les Éditeurs de bande dessinée : L'Association, Casterman, Cornélius, Dargaud, Delcourt, Dupuis, Frémok, Glénat, Les Humanoïdes Associés, Kana, Soleil
Entretiens avec Thierry Bellefroid. – Bruxelles : Niffle, 2005, Profession
Les Musées imaginaires de la bande dessinée
Dir. Thierry Groensteen, Gaby Scaon. – CNBDI / Éditions de L'An 2, 2004
La Nouvelle Bande dessinée : Blain, Blutch, David B., de Crécy, Dupuy-Berberian, Guibert, Rabaté, Sfar
Entretiens avec Hugues Dayez. – Bruxelles : Niffle, 2002, Profession
Principes des littératures dessinées
Harry Morgan. – Éd. de L'An 2, 2003, Essais
L'Univers des mangas : une introduction à la bande dessinée japonaise
Thierry Groensteen. – Nouv. éd. rev. et augm. – Casterman, 1996

La presse

« Haro sur le gangster ! » La moralisation de la presse enfantine : 1934-1954
Thierry Crépin. – CNRS Éditions, 2001
On tue à chaque page ! : la loi de 1949 sur les publications destinées à la jeunesse
Coord. Thierry Crépin, Thierry Groensteen, dir. Jean-Paul Gabilliet. – Éd. du temps / Musée de la Bande Dessinée, Angoulême, 1999
La Presse des jeunes
Jean-Marie Charon. – La Découverte, 2002, Repères
Revues et magazines : guide des périodiques à l'intention des bibliothèques publiques
Dir. Éric Peltier. – Nouv. éd. – Electre-Éd. du Cercle de la Librairie, 2006, Bibliothèques

LIVRES ET LECTURE À L'ÉCOLE

Activités de lecture à partir de la littérature de jeunesse
Christian Poslaniec, Christine Houyel. – Hachette Éducation, 2000, Pédagogie pratique à l'école
Activités de lecture à partir de la littérature policière
Christian Poslaniec, Christine Houyel. – Hachette Éducation, 2001, Pédagogie pratique à l'école
L'Album à l'école et au collège
Rémy Stoecklé. – 3e éd. – L'École, 1999
Albums mode d'emploi, cycles I, II et III
Dominique Alamichel. – CRDP de Créteil, 2000, Argos. Démarches
L'Aventure littéraire dans la littérature de jeunesse : quand le livre, l'auteur et le lecteur sont mis en scène dans le livre
Dir. Catherine Tauveron, Daniel Claustre, Denis Dormoy, Bernadette Gromer [et al.]. – CRDP de Grenoble, 2002, Documents actes et rapports pour l'éducation
CDI : un atout pour les lycées professionnels
Geneviève Bordet, Marie Guelpa, Alain Potin. – CRDP de Créteil, 2002, Argos. Démarches
Les Chemins de la littérature au cycle 3
Dir. Marie-Luce Gion. – CRDP de Créteil, 2004, Argos. Démarches
Le Conte au service de l'apprentissage de la langue : Cycles 2 et 3
Anne Popet, Évelyne Roques. – Retz, 2000 [+ 1 CD audio]
Donner le goût de lire : des animations pour faire découvrir aux jeunes le plaisir de lire
Christian Poslaniec. – Nouv. éd. – Sorbier, 2004, La Littérature jeunesse, pour qui, pour quoi ?
L'Enfance de lire : la lecture au cycle 1
Dossier de l'Association française pour la lecture ; coord. Yvanne Chenouf. – Association française pour la lecture [65, rue des Cités – 93308 Aubervilliers Cedex], 2005
L'Expérience narrative à l'école maternelle
Claude Le Manchec. – INRP, 2005, Didactiques, apprentissages, enseignements
Lire des récits longs : romans, nouvelles, albums : cycle 3 / Collège
Patrick Joole. – Retz / CRDP de Versailles, 2006, Comment faire ?
Lire la littérature à l'école : pourquoi et comment conduire cet apprentissage spécifique ? de la GS au CM2
Dir. Catherine Tauveron, Christine Campoli, Daniel Claustre, Denis Dormoy [et al.]. – Hatier, 2002, Hatier pédagogie
Littérature (2) : Liste de référence des œuvres de littérature de jeunesse pour le cycle 3
Scérén / CNDP, 2004 [nouvelle éd. à paraître en 2007]
La Littérature à la portée des enfants : Enjeux des ateliers d'écriture dès l'école primaire
Marie-Josée Desvignes. – L'Harmattan, 2000
La Littérature dès l'alphabet : pour une première culture littéraire et artistique à l'école primaire
Dir. Henriette Zoughebi. – Gallimard Jeunesse, 2002
Livres et apprentissages à l'école
Observatoire national de la lecture ; Marie-Claude Javerzat, Raymond Le Loch, Françoise Rouyer-Marie. – Hachette Littératures / CNDP / Savoir Livre, 2003, Lecture en jeu
Le Pari de la littérature : quelles littératures de l'école au lycée ? : actes des journées d'étude des 28 et 29 mars 2002 organisées par le Groupe de recherche en didactique de la littérature, dir. Anick Brillant-Annequin, Jean-François Massol. – Scérén / CRDP de Grenoble, 2005
Pour une lecture littéraire : histoire, théories, pistes pour la classe
Jean-Louis Dufays, Louis Gemenne, Dominique Ledur. – 2e éd. – De Boeck, 2005, Savoirs en pratique

Les Sentiers de la littérature en maternelle
Dir. Françoise Caminade-Riffault. – CRDP de Créteil, 2005, Argos. Démarches
Travailler avec des écrivains
Emmanuel Virton, André Delobel. – Hachette Éducation, 1995, Pédagogies pour demain. Didactiques
Vers la lecture littéraire. Cycle III
Dir. Rosine Lartigue. – CRDP de Créteil, 2001, Argos. Démarches
Le Voyage-lecture : bibliothèques et écoles associées ou Comment vivre avec douze livres une histoire commune de lecture
Véronique-Marie Lombard. – Electre-Éd. du Cercle de la Librairie, 2003, Bibliothèques

DES AUTEURS ET DES ILLUSTRATEURS CONTEMPORAINS

Anthony Browne
Christian Bruel. – Être, 2001, Boîtazoutils [épuisé]
Auteur jeunesse : comment le suis-je devenue, pourquoi le suis-je restée ?
Marie-Aude Murail. – Sorbier, 2003, La Littérature jeunesse, pour qui, pour quoi ?
Claude Ponti
Sophie Van der Linden. – Être, 2000, Boîtazoutils
La Damnation d'Edgar P. Jacobs : biographie
Benoît Mouchart, François Rivière . – Seuil, 2006, Points. Essais
L'Enfance de l'art
Elzbieta. – Nouv. éd. rev. et augm. – Éd. du Rouergue, 2005
Entretiens : Jeanne Benameur, Shaïne Cassim, Arnaud Cathrine, Cédric Érard, Jean-Paul Nozière, Marie-Sabine Roger
Jean-Baptiste Coursaud. – Thierry Magnier, 2005, Essais
Entretiens avec Edmond Baudoin
Edmond Baudoin, Philippe Sohet. – Saint-Egrève (Isère) : Mosquito, 2001
Farol de Sonhos [Phare des rêves] : Katsumi Komagata. 1° encontro sobre o livro e o imaginàrio infantil 2006 = 1re rencontre sur le livre et l'imaginaire des enfants
Cascais, Camara Municipal, 2006 (Diff. Les Trois Ourses)
François Place, illustrateur : ou comment s'invente un livre ?
François Bon. – Casterman, 2000
Hergé, fils de Tintin
Benoît Peeters. – Nouv. éd. – Flammarion, 2006, Champs. Sciences humaines
Je suis un auteur jeunesse
Christian Grenier. – Rageot, 2004
J.K. Rowling : la magicienne qui créa Harry Potter
Sean Smith, trad. Jean-Daniel Pellet. – Favre, 2002, Dossiers et actualité
Juillard : une monographie
Michel Jans, Jean-François Douvry, N. Douvry [et al.]. – Saint-Egrève (Isère) : Mosquito, 1996, Monographies
Lire Claude Ponti, encore et encore
Yvanne Chenouf. – Être, 2006, Boîtazoutils
Lire et jouer avec Enzo Mari
Les Trois Ourses [2 passage Rauch – 75011 Paris], 2000
La Maison des Trois Ours : hommage à Rojankovsky
Les Trois Ourses, 1998
May Angeli
May Angeli. – L'Art à la page, 2006, Images images
Passion couleurs : Jacqueline Duhême
Entretiens avec Florence Noiville. – Gallimard Jeunesse / Le Seuil, 1998
Peyo l'enchanteur : biographie
Hugues Dayez. – Bruxelles : Niffle, 2003, Profession
Peter Sis ou L'imagier du temps
Michel Host. – Grasset, 1996
Regarde bien / Look again : les albums photographiques de Tana Hoban
Les Trois Ourses, 2001
Rencontre avec Philip Pullman
Nicholas Tucker, trad. François Gallix. – Gallimard Jeunesse, 2004, Hors-série littérature
René Goscinny : profession humoriste
Anne Goscinny, Guy Vidal, Patrick Gaumer. – Dargaud, 1997, L'Univers de...
Sara
Sara. – L'Art à la page, 2006, Images images
La Vie de la page : exposition
Quentin Blake, trad. Henri Robillot. – Gallimard Jeunesse, 1995
Yan Nascimbene, Page blanche et autres couleurs
Gallimard Jeunesse, 2002

DES REVUES SPÉCIALISÉES

CITROUILLE / ALSJ (Association des librairies spécialisées pour la jeunesse), [20, allée des Cerisiers – 85340 Olonne-sur-Mer. Tél. 04 38 37 04 07], 1992-
3 numéros par an
Des thèmes, des questions d'actualité, des rencontres avec des auteurs et des éditeurs... Une revue à la fois destinée au grand public et aux professionnels.
GRIFFON [4, rue Trousseau – 75011 Paris. Tél. 01 48 57 70 60], 1986-
5 numéros par an
Cartes blanches aux auteurs et illustrateurs (Jacqueline Duhême, Antonin Louchard, Jo Hoestlandt...) et numéros thématiques (le cochon, la fantasy, la guerre...).
LECTURE JEUNE : revue de réflexion, d'information et de choix de livres pour adolescents / Association Lecture Jeunesse [190, rue du Faubourg-Saint-Denis – 75010 Paris. Tél. 01 44 72 81 50], 1977-
4 numéros par an
Lecture Jeune s'intéresse aux médias accessibles aux adolescents : livres, cédéroms, films, presse... Un sujet par numéro : la place des adolescents en bibliothèque, l'héroïc fantasy, littératures et cinéma...
LIRE AU COLLÈGE / Scérén-CRDP de l'Académie de Grenoble [11, avenue Général-Champon - 38031 Grenoble Cedex. Tél. 04 76 74 74 24], 1981-
3 numéros par an
Axé sur le collège et en lien avec les programmes scolaires, avec un dossier thématique. Il existe aussi *Lire au lycée professionnel.*
LIRE POUR COMPRENDRE : critiques et analyses de livres documentaires pour la jeunesse / Association Lire pour comprendre [65, rue de Versailles – 91300 Massy. Tél. 01 69 20 63 85], 1984-
4 numéros par an
Revue spécialisée sur les livres documentaires pour la jeunesse. Chaque numéro regroupe des livres parus dans les derniers mois autour d'un thème : les livres d'histoire, d'art, de sciences, de nature, de religion... et tous les deux ans, un numéro spécial recense les meilleurs livres documentaires disponibles pour la jeunesse (n° 86-87, 2006).

LIVRES JEUNES AUJOURD'HUI / Union nationale Culture et Bibliothèques pour Tous [18 bis, rue Violet - 75015 Paris. Tél. 01 58 01 10 25], 1970-
11 numéros par an
Un large panorama de l'actualité de l'édition pour la jeunesse avec des analyses autour de quatre rubriques : romans, images, bandes dessinées et documentaires pour enfants et adolescents.

NOUS VOULONS LIRE ! : trimestriel d'information sur le livre d'enfance et de jeunesse / Association Nous Voulons Lire / CRALEJ [Bibliothèque de Mériadeck, 85, cours du Maréchal-Juin – 33075 Bordeaux Cedex. Tél. 05 56 99 20 60], 1972-
5 numéros par an
Articles, interviews, histoire de la littérature de jeunesse et zooms sur l'édition et les collections jeunesse actuelles.

LA REVUE DES LIVRES POUR ENFANTS / La Joie par les livres [25, boulevard de Strasbourg - 75010 Paris. Tél. 01 55 33 44 44], 1965-
6 numéros par an
Des dossiers thématiques : Les tout-petits et les livres, l'analyse des livres d'images, Contes et identités culturelles, Jeunes.lecteurs.et.multimedi@ ; sur des auteurs : Grégoire Solotareff, Andersen, Maurice Sendak ; des pays : l'Italie, la Russie, l'Inde... Un numéro spécial sélectionne les meilleurs livres de l'année.

DES SITES WEB

Citrouille : http://lsj.hautetfort.com
Site de l'association des librairies spécialisées jeunesse, avec de nombreuses archives consultables en ligne.

CRDP de Créteil - Télémaque : www.crdp.ac-creteil.fr/CRDP/artsculture/litterature.html
Site du CRDP de l'académie de Créteil et du PNR : Pôle national de ressources en littérature de jeunesse, proposant bibliographies, fiches pédagogiques, comptes-rendus de formations et colloques, entretiens avec des auteurs...

CRDP de Grenoble : www.crdp.ac-grenoble.fr
Le CRDP de Grenoble, qui est aussi Pôle national de ressources en littérature de jeunesse, propose sur son site des ressources bibliographiques, des liens, une présentation des revues professionnelles consacrées à la littérature de jeunesse...

IBBY : www.ibby.org
International Board on Books for young people ou Union internationale pour les livres de jeunesse, réseau de personnes cherchant à favoriser la rencontre entre l'enfant et le livre, avec des sections nationales dans plus de 65 pays.

Lecture Jeunesse : www.lecturejeunesse.com
Site de l'association Lecture Jeunesse, pour tout ce qui concerne la lecture des adolescents, avec notamment une partie des articles de leur revue *Lecture Jeune* en ligne.

La Joie par les livres : www.lajoieparleslivres.com
Catalogue en ligne, avec les critiques de livres pour les titres les plus récents, *La Revue des livres pour enfants* et *Takam Tikou* en texte intégral, l'actualité sur la littérature de jeunesse et le conte.

Lille 3 jeunesse : http://jeunet.univ-lille3.fr/spip
Site de l'université de Lille III, avec notamment de nombreux travaux d'étudiants sur la littérature de jeunesse en ligne.

Livres au Trésor : www.livresautresor.net
Site de Livres au Trésor, centre de ressources sur le livre de jeunesse en Seine-Saint-Denis. On y trouve notamment toutes leurs sélections annuelles depuis 1990.

Ricochet : www.ricochet-jeunes.org
Site du CIELJ : Centre international d'études en littérature de jeunesse. De nombreuses ressources sur la littérature de jeunesse, les livres, les éditeurs, les manifestations autour de la littérature de jeunesse.

Index des auteurs

A

Aakeson, Kim Fupz **347**
Abbundo, Antoine d' **3248**
Abega, Séverin Cécile **3855**
Abegg, Christophe **3561**
Abeyà, Elisabet **1036**
Abrahams, Roger D. **683**
Aceval, Nora **829**
Achache, Carole **90**
Adachi, Mitsuru **2258, 2289, 2290, 2461**
Adam, Olivier **2070**
Adam, Peggy **3140**
Adams, Richard **1753**
Adams, Simon **3273**
Adda, Anne-Marie **1461, 1470**
Afanassiev, Aleksandr Nikolaevitch **655, 656, 1006**
Agel, Léon **1457**
Agence Magnum **2993**
Agenor, Monique **1906**
Ageorges, Véronique **3090, 3091**
Agnant, Marie-Célie **1159**
Agulhon, Maurice **3236**
Ahl, Nils **1020, 1023, 2057**
Ahlberg, Allan **8, 1328**
Ahlberg, Janet **8, 1328**
Ahmed, Hassaan Ali **877, 3897, 3903**
Ahond, Aline **1422**
Aidans, Edouard **2443**
Aït Ahmed, Sakina **824**
Ait Taleb, Saïda **3928**
Akaba, Suekichi **393, 949**
Akkar, Abdallah **1422**
Akkari, M. **3907**
Al-Araj, Wassini **1422**
Al Mediani, Fatima **3928**
Al, G. **2479**
Alani, Abdel Ghani **1422**
Alani, Ghani **1208, 3913**
Alaoui, Mohamed **3928**
Alban **3596**
Albaut, Corinne **3756, 3758**
Albert, Marc **1830**
Albert, Sylvie **783**
Albertini, Jean-Marie **2925**
Albon, Lucie **3046**
Albukrek-Sebban, Sandra **1138**
Alçada, Isabel **1140**
Alcott, Louisa May **1494**
Aldjidi, Virginie **333**
Alem, Kangni **3860**
Alemagna, Beatrice **287, 444, 449, 458, 578, 698, 1430, 2951**
Alessi, France **2679**
Alexander, Sue **2133**
Alexandre, Jean-François **1228**
Alexandre-Bidon, Danièle **3148**
Alfred **2310**
Algésiras **2330**
Alglave, Stéphanie **2748, 3808**
Alibert-Kouraguine, Daniel **1520**
Alibeu, Géraldine **358, 596, 755, 1356**
Aliki **305**
Alison, Kim **1422**
Al-Jâhiz, Amr Ibn Bahr **3904**
Alladayé, Hervé **3834, 3863**
Allain, Ronan **3439**
Allancé, Mireille d' **2032**
Allart, Jean-Luc **1391**
Allen, Peter **3357, 3359-3367**
Allen, Thomas Burt **1894**
Al-Maari, Boutros **3886-3887, 3896, 3900, 3901**
Almond, David **1662, 2071, 2072**
Alphandari, Yves **3098, 3107, 3294**
Altuntas, Hawa **903**
Aman, Kimiko **443**
Ambrosiano, Marc **3810**
Ameganpkoé, Svetlana **3853, 3854**
Amiel, Vincent **2841**
Amis, Nancy **3261**
Amrouche, Pierre **2814**
Amzallag-Augé, Élizabeth **2682, 2702-2720, 2753**
Andersen, Hans Christian **639, 660-661, 1245, 1259-1278, 1374, 1379**
Anderson, Brent **2408**
Anderson, Margaret J. **3514**
Anderson, Rolande **420**
Andréadis, Ianna **2803, 2808, 2816, 3739**
Andreani, Jean-Jacques **3063**
Andreas **2321, 2322, 2331**
Andrej **1055, 1063**
Andrew, Ian **1816**
Andrieu, Philippe **3470**
Andrieux, Brigitte **205**
Angeli, May **133, 140, 359, 781, 1285-1295, 1549, 2933, 2935, 3074**
Angelidou, Maria **1503**
Anh, Duyên **1907**
Anissimov, Myriam **684**
Annestay, Jean **2405**
Anno, Mitsumasa **78, 83, 124, 3291**
Ans, André-Marcel d' **1152**
Ansermet, Danielle **3783**
Anthony, Hervé **2556**
Antibes, Marine d' **1280**
Antoine-Andersen, Véronique **2804**
Antunes, Francisca **2541**
Aoyama, Gosho **2377**
Appell-Mertiny, Hélène **3066, 3415**
Aprile, Thierry **3208, 3223**
Aragon, Louis **1426**
Aramburu, Jacques **1448**
Arcady **1498**
Archer, Philippe **3440**
Archipowa, Anastassija **1078**
Ardizzone, Edward **360, 361, 362**
Arisman, Marshall **1062**
Arleston, Scotch **2340**
Armengaud, Françoise **1444**
Armstrong, Schlag **2930**
Arnason, Jon **657, 1017**

Arnaudin, Félix **1097**
Arnold, Katya **990**
Arnone, Enzo **2813**
Arrou-Vignod, Jean-Philippe **141, 1990**
Arslanian, Isabelle **3598, 3599, 3601, 3603**
Arthus-Bertrand, Yann **3646**
Artigues, Anne d' **1013**
Artistes sous-verre de Dakar **3859**
Aruego, José **34, 164, 550, 551**
Asada, Hiroyuki **2291**
Asare, Meshack **3843**
Asbjørnsen, Peter-Christian **1021**
Asch, Florine **3055**
Asch, Frank **427**
Asch, Nils **347**
Asdis R. **657, 1017**
Asséo, Henriette **3056**
Association des Petits Débrouillards **3369-3382, 3928**
Aston, Mick **3086**
Atelier Lauriot Prévost **3186**
Atlan, Liliane **1490**
Atoro, Taofik **3835**
Attayyeb, Abdallah M. **878**
Atxaga, Bernardo **1725, 1779**
Aubin, Daniel **3532, 3533**
Aubrun, Christian **1125**
Auchet, Marc **661**
Auderset, Marie-José **3480**
Audouin, Laurent **3300, 3621, 3637-3643**
Auger, Antoine **3130, 3156**
Auger, Marie-Claude **1063, 1536**
Auger-Gougeat, Marie-Claude **2101**
Aulas, François **3346**
Aulnoy, Madame d' **1251-1253**
Auster, Paul **1565**
Avoine **2939**
Avril, François **2907**
Avrit, Fabrice **3059**
Axelsson, Katarina **3772**
Aylesworth, Jim **748, 765, 1024**
Aymé, Marcel **1495**
Aynié, Laëticia **3455**
Ayroles, Alain **2341, 2342**
Aytüre-Scheele, Zülal **3737**
Azam, Jacques **2226, 2981, 2990, 3066, 3476, 3636**
Azémar, Guy-Patrick **3012**

B

B., David **905, 2332, 2372**
Bâ, Amadou Hampâté **676**
Baas, Thomas **3765**
Babbitt, Natalie **1406, 1663**
Babin, Claire **873**
Baccar Bournaz, Alia **3916**
Bacchin, Giorgio **3026, 3027**
Bach, Richard **2134**
Bachelet, Gilles **526, 527, 548, 549**
Backès, Michel **3335**
Backhouse, Helen **821**
Badel, Ronan **1987**
Badescu, Ramona **214, 559**
Badinter, Élisabeth **3295, 3296**
Baestlein, Cornélia **3482**
Bai, Durga **35**
Bailey, Peter **784, 1645, 1649, 2048**
Bailly, Pierre **2374**
Baker, Carolyn **1387**
Baku, Yumemakura **2292**
Baladier, Charles **2867**
Baldwin, Jan **3759**
Balez, Olivier **214, 720, 1608, 2932**
Balibar, Françoise **3315**
Balicevic, Didier **3387**
Baliteau, Lucas **3515**
Ball, Johnny **3327**
Ballereau, Jean-François **3591**
Ballester, Arual **746**
Ballouhey, Pierre **2970, 3415, 3416, 3631, 3632**
Ball-Simon, Danièle **496, 1170**
Balzamo, Elena **658, 1022**
Balzamo, Michel **1137**
Bamba, François Moïse **846-847**
Bancel, Nicolas **2940**
Bandlow, Katja **1050**
Banks, Kate **184, 185, 216, 3684**
Banks, Lynne Reid **1640**
Banks, Russell **2098**
Banus,Tudor **1518**
Banyai, Istvan **91, 96**
Bar, Laurence **2858, 3622**
Baraou, Anne **2201**
Baraud, Didier **2746**
Barbara, Diane **762, 779**
Barber, Antonia **965, 1305**
Barbéri, Jacques **1668**
Barbet-Massin, Olivia 2687
Barbier, Jean-François **3219**
Barborini, Robert **3458, 3620**
Barbulesco, Luc **3922**
Barner, Bob **3433**
Barrak-Chagnollaud, Anusa **823**
Barré, François **704, 706**
Barrère, Claude **1414**
Barrett, Angela **1039, 1266, 3268**
Barrett, Judi **500**
Barrett, Ron **500**
Barrie, James Matthew **1496**
Barrios-Delgado, Dominique **2864**
Barroux **1159**
Barthe, Jean-Paul **2144**
Barthélémy, Mimi **1160-1163, 1167**
Barton, Byron **101, 332, 618, 619, 620, 621, 771, 1714**
Barton, Tony **821**
Baru **2276, 2293**
Barwin, Gary **1365**
Basile, Giambattista **641, 1244**
Basset, René **673**
Bassier, Anouk **2810**
Bastard, René **2484**
Bataille, Ariane **1833**
Bataille, Bertrand **786, 962, 1475**
Bataille, Marion **26, 1418**
Bataille, Sylvia **3646**
Bataillon, Sarah **2560**
Baticle, Jeannine **2779**
Battaglia, Dino **2317**
Battaglia, Laura **2317**
Battut, Éric **306, 587, 1038, 1113, 1117, 1300, 1430, 1608, 2679, 2742**
Baubérot, Jean **2868**
Baudoin, Edmond **2245, 2825**
Bauduret, Thomas **2161**
Bauer, Jutta **307, 348**
Bauer, Nathalie **1671**
Baum, Lyman Franck **1497, 2312**
Baumfelder, Hanno **1477, 1813**
Baumgartner, Martine **3809**
Baussier, Sylvie **2857, 2920, 2933, 2934, 2935, 2991, 3073, 3074, 3224, 3497**
Bavay, Laurent **3108**
Bawden, Nina **1968**
Bay, André **1501**
Bay, Marie-Pierre **976-978, 1589, 1798, 1800, 1841, 1858, 1948**
Bayard, E. **1521**
Bayard, Émile **1533**
Bayle, Reine Marguerite **2971**
Bayley, Nicola **1515**
Baynes, Pauline **1677**
Beake, Lesley **1908, 2073**
Beaucousin, Pierre **3300, 3452**
Beaude, Pierre-Marie **1178, 1664, 1665, 1909, 2904, 2905**
Beaude, Sophie **281**
Beaufils-Godde, Gisèle **1712**
Beaujard, Yves **1757, 1969, 2017, 3075, 3395**
Beaumont, Madame Leprince de **1247-1248, 1250**

Bebey, Kidi **3825, 3826, 3868**
Bécant, Christelle **1957, 1968**
Beck, Martine **2878**
Becker, Christoph **2766**
Bédu **2425**
Begag, Azouz **1936, 1937, 1952**
Bègue, Brigitte **2956, 3454**
Béhar, Agnès **3781, 3782**
Belamri, Rabah **825-826**
Belbéoch, Roger **3252**
Belhadj, Nabil **3919**
Belin, Victor **1394**
Belkadi, Catherine **3282**
Belkhodja, Abdelaziz **3920**
Bellac, Brigitte **3785**
Bellahcène, Tarek **3924**
Bellefroid, Thierry **2496**
Belmont, Nicole **645, 652**
Belvès, Pierre **104, 764, 998**
Bemelmans, Ludwig **491, 492, 493**
Ben Aych, Gil **1938**
Ben Kemoun, Hubert **1606, 2135**
Ben Meyer, Hannah **1427**
Ben Moussa, Nadia **3930**
Bénaglia, Frédéric **1608, 3338, 3339**
Benameur, Jeanne **1590**
Bénard, Johan **3761**
Bencheikh, Jamel Eddine **669-670, 893**
Benech, Sophie **684, 1581**
Beneduce, Ann Keay **1026**
Benett, L. **1551**
Benita, Paul **1805**
Benlakhel, Nadia **3621**
Benoît, Ted **2435**
Benson, Patrick **241**
Bérard, Laurence **3519, 3674**
Berbérian, Charles **1417, 2244**
Berchoud, Bruno **1449**
Berg, Amélie **2025**
Berger, Peter **1850**
Bergèse, Francis **2432**
Bergmann, Peter **3562**
Berloger-Lecaye, Patricia **1917**
Berman, Antoine **1978, 2108**
Berna, Paul **2144**
Bernadette **1065**
Bernard, Fred **394, 428, 433, 434, 436, 482, 1566, 3442**
Bernatchez, Patrick **1381**
Berner, Rotraut Susanne **186, 265, 266, 267, 268, 560, 1582, 1588, 1985**
Bernhard, Emmanuel **3357**
Bernheim, Cathy **3465**
Bernos, Clotilde **561**
Berry, James **1591, 1836**
Bertall **1530, 1531**
Berthelot, Louis-Marie **3429**
Bertherat, Marie **2684, 2889**
Berthet, Philippe **2379**
Berthier, Marc P.G. **1792**
Berthomé, Jean-Pierre **2840**
Berthommier, Martin **2180**
Bertier, Anne **1358, 2666-2670**
Bertrand, Frédérique **217, 263, 264, 2539**
Bertrand, Patrick **1435**
Bertrand, Philippe **3804**
Bertrand, Pierre **3368, 3434, 3469, 3507, 3529, 3539, 3562, 3567, 3571, 3585, 3606, 3607, 3617, 3649**
Besançon, Dominique **647-648**
Beskow, Elsa **142**
Besnier, Michel **1445**
Besnier, Yves **1611, 3396**
Bess, Clayton **1896**
Besse, Christophe **1607**
Besson, Jean-Louis **1483, 2921, 2922**
Besson, Olivier **1167, 1573, 2826**
Bétaucourt, Xavier **2280**
Betjeman, Hannah **1535**
Beucler, André **134**
Beugné, Richard **3622**
Beuville **1087, 1232**
Bey, Omar **3920**
Beynié, Marc **3384**
Bhend, Käthi **575**
Bianco-Levrin, Nicolas **607**
Biardeau, Sophie **2829**
Biasi, Pierre-Marc de **3681**
Bichonnier, Henriette **789, 1601**
Biddle, Megumi **3728**
Biddle, Steve **3728**
Bienfait, Andrée **2893**
Biesty, Stephen **3163**
Biga, Daniel **1443**
Bigot, Robert **1892**
Bilibine, Yvan Yakoulévitch **1003**
Billet, Marion **3348, 3790**
Billioud, Jean-Michel **3071**
Billout, Guy **92**
Binder, Jean **126, 3587**
Binet, Laurence **3287**
Bingham, Caroline **3694**
Binlin-Dadié, Bernard **3856**
Bird, Malcolm **3818**
Birmingham, Christian **577**
Birnbaum, Pierre **3237**
Bissette, Steve **2326**
Biswas, Pulak **390, 389**
Bittar, Thérèse **3197**
Blachon, Roger **882, 1298**
Bladé, Jean-François **651, 1096**
Blain, Christophe **1781, 1796, 2302, 2346, 2372, 2957**
Blain, Malika **1932**
Blake, Quentin **37, 243, 356, 455, 459, 501, 502, 529, 593, 790-791, 1000, 1333, 1421, 1615, 1616, 1631, 1641, 1642, 1643, 1721, 1748, 1972, 1984, 2117, 2683, 3748, 3759**
Blake, Stéphanie **1965**
Blanc, Bernard **1505**
Blanc, Jean-Noël **1592, 1593**
Blanc-Dumont, Michel **2457**
Blanchard, Anne **3297**
Blanchard, Pascal **2940**
Blanchet, Anne **1737**
Blanchin, Matthieu **1094**
Blanpain, Jean-Pierre **1160**
Blatter, Ulrike **1451**
Blegvad, Erik **726**
Bleton, Claude **1791**
BlexBolex **902, 2311**
Bloch, Jean-François **3480**
Bloch, Muriel **722, 736, 781, 792, 808-809, 819, 873, 967-968, 973, 1172, 1181, 1317-1319, 1380**
Bloch, Serge **215, 256, 564, 1622, 1639, 1866, 1989, 2013, 2016, 2026, 2031, 2103, 2944-2948, 2979, 2984, 3255, 3292, 3458, 3466, 3578**
Blonay, Paulette **2479**
Blondel, Alain **2055**
Blondon, Hervé **783, 1943**
Blot, Anne **3095**
Blot, Nicolas **2879, 3095**
Blume, Judy **1612**
Boadu, Therson **3824**
Bobo Dioulasso **847**
Bocquet, José-Louis **2379**
Bodding, Révérend **925**
Boel, Catherine **836**
Bogacki, Tomek **216**
Boghossian, Manuel **3464**
Bograd, Larry **380**
Bohec, Jeanne **3252**
Bohy, Hélène **692**
Boileau, Michèle **1154**
Boilet, Frédéric **2254**
Boilève, Marianne **2858**
Boiry **1395-1396, 2155**
Boiry, Véronique **1512, 1992, 2042**
Boissy, Philippe de **1445**
Boisteau, Manu **2960, 3380**

Boitel, Philippe **3202**
Bolliger, Max **562**
Bom **2246**
Bombarde, Odile **3114**
Bon, Pierre **3390**
Bondil, Nicolas **1740**
Bondil, Pierre **1740**
Bondoux, Anne-Laure **1700, 1734, 1801, 1802**
Bone, Betty **63, 64, 919**
Bonhomme, Catherine **55, 236, 272, 316, 373, 465, 507, 537, 765, 769, 928, 944, 1024, 1067, 1151, 1207, 1282, 1320, 1343, 1376, 3449**
Bonhomme, Matthieu **1796, 2296, 2337**
Bonhomme, Pierre **190, 2930, 3284, 3322, 3330, 3385, 3392, 3433, 3491, 3560, 3586, 3624**
Bonnaffé, Jacques **2830**
Bonnafoux, Pascal **2783**
Bonnefoy, Alexandre **3790**
Bonneval, Gwen de **2266, 2300**
Bonniol, Magali **143, 864, 900, 3401**
Bonotaux, Gilles **3513.**
Bonte, Pierre **3236**
Bonté, Thérèse **2987, 3621, 3638, 3643**
Bopp, Raul **1446**
Boratav, P.N. **671**
Borel, Myriam **1823**
Borel, Petrus **1506**
Born, Adolf **1227, 1508**
Börner, Johannes **3251**
Borralho, Frédéric **1633**
Borton de Trevino, Elizabeth **1831**
Bory, Jean-François **171**
Boscher, Anne **853**
Bosetti, Noël **3157**
Bosquet, Alain **1430**
Bosse **2358**
Bosse, Malcolm J. **2140**
Both-Diez, Anne-Marie de **354, 2086**
Bottero, Pierre **1666**
Boubeker, Hamsi **823**
Bouchardy, Christian **3631**
Boucher, Michel **1517**
Bouchony, Anne de **243, 261, 459, 1386, 3684**
Boudakian, Elo **914**
Boudet, Alain **1445**
Boudou, Jean-Marc **3063**
Bougeault, Pascale **845, 2796, 3851**
Boujon, Claude **301, 381, 503, 504**
Boukhobza, Chochana **2881**
Boulanger, Gérard **2832**
Boulard, Denis **3471**
Boule-Christauflour, Annie **1570, 1586**
Bouma, Paddy **3827, 3828**
Bouquet, Alain **3336, 3402**
Bouquet, Évelyne **3336**
Bour, Céline **786, 962**
Bour, Laura **786, 962, 1158**
Bourdon, Anne **3595**
Bourgeois, Nathalie **2836**
Bourget, Dorothée **3672**
Bourguignon, Laurence **41**
Bourguignon, Séverine **3043**
Bournay, Delphine **1713**
Bourre, Martine **107, 711, 722, 729, 735, 752, 767, 1444, 3892**
Bourseiller, Philippe **3419**
Boursin, Didier **3727-3730**
Bousquet, Catherine **3309, 3917**
Boussot, Norbert **1704**
Boussuge, Agnès **2972**
Boutaudou, Sylvie **3455**
Boutavant, Marc **2127, 2190, 3349, 3468, 3619**
Boutefeu, Jean-Louis **1503**
Boutet de Monvel, Louis-Maurice **719, 1212**
Boutinot, Véronique **3550**
Bouttier-Guérive, Gaëlle **3644**
Bouvet-Lanselle, Violaine **2691**
Bouvier, Jean-Christian **727, 2139, 3607, 3617, 3679**
Bouvier, Yann **1410**
Bowen, Betsy **1019**
Bowler, Tim **2060**
Boyer, Frédéric **2907**
Boyer, Murielle **3798**
Boyer, Régis **660, 1259, 1277**
Boyer, Vincent **2858, 3531**
Boz, Pierre **2859**
Bozellec, Anne **206, 257**
Braconnot, Jean-Claude **3427**
Bral, Filip **981**
Brami, Élisabeth **65, 1407, 3787**
Brandt, Robert **3448**
Branner, Martin **2473**
Brantôme, Marie **1685, 2074**
Branzei, Sylvia **3451**
Brassens, Georges **1457**
Brasseur, Jérôme **2858, 3622**
Braunwarth, Anne **3529**
Brauvois, Noémi **1979**
Bravi, Soledad **505**
Bravo, Émile **2181, 2243, 2297**
Bravo-Villasante, Carmen **1139**
Brécard, Jacques **1506, 1765**
Bréguet, Marguerite **3589**
Brenifier, Oscar **2844**
Bresner, Lisa **144, 934, 3746, 3749**
Bretagnolle, Vincent **3549.**
Bretécher, Claire **2450**
Breucker, Roland **1445**
Breunesse, Caroline **2771**
Brewster, Hugh **3698**
Brice, Raphaëlle **3665**
Brick-Aïda, Pascale **1517**
Bricourne, Mathilde **3811**
Bridget **3743**
Bridgman, Roger **3680**
Briggs, Harry **3322**
Briggs, Raymond **269, 282, 563, 589**
Brightling, Geoff **3085, 3143, 3522**
Brik, Mohammed **3892, 3911**
Brillant, Marjolaine **3755**
Brisac, Anne-Laure **1898**
Brisac, Geneviève **1636, 2027**
Brisac, Tessa **456, 1831, 1864, 1967, 3670**
Brisebarre, Anne-Marie **3596**
Brisou-Pellen, Évelyne **1104, 1613, 1837, 2150, 2151**
Brisson, Dominique **3228**
Broca, Olivier de **1835, 2018, 2019, 2059**
Brochard, Philippe **3200, 3225**
Bronn, Theresa **2032**
Brookfield, Karen **3707**
Brooks, Kevin **2162**
Broomhead, Laurent **2585**
Brossier, Claudie **3512, 3655**
Brossy-Patin, Marie **3000**
Brouillard, Anne **65, 84, 85, 270, 327**
Broutin, Alain **135**
Broutin, Christian **991, 2140, 2877, 3389, 3397**
Brown, Ken **1386**
Brown, Margaret Wise **55, 187, 218, 219**
Brown, Ruth **103, 992**
Browne, Anthony **46, 66, 119, 145, 146, 147, 148, 193, 196, 220, 244, 247, 460, 481, 1035, 1501, 2745**
Browning, Robert **1279**
Bruel, Christian **1, 98, 100, 206, 221, 245, 257, 262, 355, 565, 718, 1348, 1433**
Brulet, Gilles **1443**
Bruley, Marie-Claire **634-635, 709**
Brun-Cosme, Nadine **1474**
Brunel, Aude **1070**
Brunhoff, Jean de **25, 487, 489**
Brunhoff, Laurent de **488**
Brunon, Hervé **3807**
Brüsch, Béat **1082**
Bryan, Ashley **838, 839**
Buchholz, Quint **483**
Buckingham, Alan **3711**
Budde, Nadia **100**

Buguet, Anne **883, 959**
Buisson, Lucien **2936**
Bunting, Ève **136, 596, 597**
Buquet, Jean-Luc **1355**
Burckel, Fabienne **149, 326, 616, 2932**
Bureau, Aline **1094**
Bureau, Benoîte **1646, 1982**
Burger, Ludwig **1258**
Burgess, Melvin **1705, 2061n 2120**
Burko-Falcman, Berthe **1884**
Burnett, Frances Hodgson **1498-1500**
Burnie, David **3504, 3520, 3540, 3582**
Burningham, John **283, 363, 382, 383, 445, 446, 3067**
Buron, Aurélie **3189**
Bury, Laurent **1332**
Bustarret, Anne **689**
Butaud, Nadia **1741, 1951**
Butel, Lucile **110**
Butor, Michel **1430**
Butscher-Widmer, Verena **782**
Butterlin, Étienne **3065**
Buttier, Stéphanie **3770**
Buzkova, Jamila **975**
Buzzati, Dino **1735**
Byars, Betsy **1757, 1969**
Byrne, John **2412**
Byung Jun, Byun **2277**

C

Caban, Géva **1888, 2052, 2145**
Cabaneau, Jean-Claude **2375**
Cabaud, Marie-Christine **921**
Cabral, Tristan **1450**
Cachin, Françoise **2781**
Cactus studio **3730**
Cadic, François **649**
Cagnard, Marthe **3648**
Cahun, Claude **2819**
Caillou, Pierre **2920**
Calarnou, Yves **2931, 3692**
Cali, Davide **506, 564, 3255**
Calin, Isabelle **3858, 3876**
Callias, Aurore **2850**
Calvino, Italo **642, 1132, 1134**
Calvo, Edmond-François **2480**
Camara, Siré **853**
Cameron, Ann **1833, 1894**
Camil, Colette **1576, 2040**
Campan, Josiane **1466**
Campan, Maurice **1466**
Caneparo, Céline **3506**
Canezza, Jacques **3486**
Caniato, Victor **2880**
Capek, Jindrich **1013**
Cappon, Alain **1619, 1795**
Caputo, Natha **104, 271, 637, 764, 783**
Carcano, Bérangère **56**
Cardonnel, Sylvain **2942**
Carême, Maurice **1424**
Carette, Janine **3594**
Carez, Céline **3052**
Carle, Eric **41**
Caron, Philippe **2151**
Carpenter, Nancy **136**
Carrara, Émile **1457**
Carrara, Marco **940, 1315**
Carré, Claude **167**
Carré, Patrick **948**
Carrer, Chiara **940, 1315**
Carrière, Jean-Claude **686**
Carroll, Lewis **1501, 1502**
Carter, Forrest **1991**
Casagranda, Brigitte **3718**
Casali, Dimitri **3130, 3150, 3156**
Casanave, Daniel **1383**
Casanova, Mary **928**
Casanova, Nicole **1258**
Cassabois, Jacques **887, 1014-1015**
Cassidy, John **3748**
Cassim, Chaïne **1589**
Casta, Stefan **2099**
Castan, Bruno **1485**
Castelli, Horace **1529, 1534**
Castier, Jules **1557**
Català, Genia **1559, 2064, 2065, 3763**
Catel **1970**
Cateux, Fabien **3141**
Caudron, Olivier **3063**
Cauly, Delphine **1001**
Caumery, Auguste **2474**
Cauquetoux, Denis **705, 708-709, 3719, 3725, 3753**
Causse, Rolande **3246**
Cauvin, Raoul **2197, 2365**
Cavanna, François **495**
Cazals, Thierry **1445**
Cazenove, Laure **926**
Cazier, Catherine **1558**
CCMM-Centre Roger Ikor **2973**
Cé, Raphaëlle **2924**
Ceccarelli, Serge **1435, 3310, 3317**
Celija, Maja **384**
Celli, Rose **991, 998**
Cendrars, Blaise **677, 837, 1426, 1430**
Cerisier, Emmanuel **3297, 3563, 3635**
Cervantes Saavedra, Miguel de **1503**
César, Martine **2751**
Cestac, Florence **2202, 2493**
Cézard, Jean **2475**
Chabas, Jean-François **1607, 1780, 1781, 1843, 1943, 2075, 2111**
Chabot, Jean-Philippe **1679, 2148, 3063, 3065**
Chabrier, Renaud **3496**
Chabrol, Véronique **3053, 3058**
Chaffert, Véronique **824**
Chagot, Adolphe **377, 213, 233, 239, 370, 457, 522-523, 555, 583, 584, 1254, 1375, 1717, 1718, 1728**
Chaillet, Gilles **2353, 2437, 3134**
Chaine, Catherine **479, 1578, 1746,1747**
Chairopoulos, Patricia **3092, 3446**
Chalier, Catherine **2893**
Challamel, Laurence **1640**
Chalmeau, Corinne **1126, 2510**
Chambers, Paul **3448**
Chambers, Tina **3201, 3337**
Chambon, Yannick **3598, 3599**
Chamoiseau, Patrick **1166**
Champigny, Jacques **2556**
Chan Keu **3046**
Chapeau, Thierry **1083**
Chaplet, Kersti **156**
Chaplet, Pierre **156**
Chapouton, Anne-Marie **1059, 1788**
Chapron, Estelle **1025**
Chapuisod, Elke **3762**
Char, René **1427**
Charbin, Alice **1105-1106**
Charing, Douglas **2863**
Charlemagne, Paule **1432**
Charles, Benoît **3065, 3516**
Charles, François **3801**
Charleux, Isabelle **2694**
Charlier, Jean-Michel **2369, 2431- 2434, 2508**
Charlip, Remy **507, 2660**
Charpentier, Olivier **170, 1418**
Charpentier, Véronique **890**
Charpentreau, Jacques **1412, 1465, 1467**
Chassériau, Noël **1522, 1777, 1785, 1786, 2044**
Chatellard, Isabelle **706, 1110, 1416, 2897**
Chaud, Benjamin **559**
Chaumié, Agnès **692-693**
Chauveau, Léopold **395, 396, 1213, 1614**
Chauvel, David **2312, 2364**
Chauvet, Michel **3673**
Chavigny, Isabelle **3347**
Chavot, Pierre **2906, 3142**
Chebret, Sébastien **3713**
Chedid, Andrée **2121, 2141**

Chéhu, Frédéric **3809**
Chelbi, Mustapha **3899**
Chélini, Jean **3161, 3162**
Chémery, Laure **3430**
Chemin, Isabelle **3462**
Chen Chaopao **2913**
Chen Chih-Yuan **150**
Chen Jiang Hong **352, 397, 398, 553, 832-834, 850, 891, 897-898, 910, 925, 943, 1164-1165, 3044, 3510**
Chen Zhiyuan **222**
Cherbi, Moh **3923, 3924**
Chéreau, Antoine **2969**
Chermayeff, Ivan **1072**
Chess, Victoria **399**
Chevalier, Christian **1422**
Chevallier, Jean **3545, 3581**
Chèze, Bernard **795**
Chicandard, Catherine **1047**
Chicheportiche, Josette **1970, 2009**
Chiostri **1504**
Choimet, Henri **3109**
Choldenko, Gennifer **2076**
Chollet, Sylvain **2292, 2464**
Chottin, Ariane **3060**
Choux, Nathalie **2986**
Chraibi, Aboubakr **673**
Chrisp, Peter **3099, 3118, 3180**
Christin, Pierre **2278, 2392**
Christopher, John **1706, 1707**
Chwast, Seymour **1018**
Cibot, Sahé **2271**
Ciecko, Sylvie **3867**
Ciment, Michel **2839**
Clacherty, Glynis **3827**
Clair, Andrée **3864**
Claireau, Hélène **1767**
Clameau, Corinne **708**
Clapp, Patricia **1832**
Claremont, Chris **2412**
Clarke **2203**
Clarke, Barry **3522**
Claudel, Paul **1423**
Claudet, Philippe **513**
Claudius, Christel **3783**
Clausener-Petit, Magali **3708**
Clavel, Bernard **813-815**
Claveloux, Nicole **1, 98, 221, 245, 262, 439, 530, 1240-1241, 1248, 1348, 1501**
Claverie, Jean **608, 1123, 1340, 1565, 1609**
Clavreul, Denis **3541, 3542, 3579, 3602**
Claybourne, Anna **3472**
Clayssen, Virginie **3001**
Cleary, Beverly **1971**
Clément, Claude **1002**
Clément, Frédéric **24, 1251, 1252**
Clément, Gilles **3633**
Clément, Jean-Baptiste **1458**
Clément, Olivier **2859**
Clement, Sabien **331**
Clément, Yves-Marie **1171**
Clinquart, Pierre **1753**
Clostermann, Pierre **2134**
Clottes, Jean **812, 3093**
Cneut, Carll **166, 316, 328, 1564**
Coat, Janik **27**
Cocho, Juan **1953**
Cocteau, Jean **1426**
Coerr, Eleanor **1887**
Cœur, Ferdinand **3731**
Coffinières, Hervé **1469**
Cohat, Yves **3094, 3151, 3181, 3217, 3424, 3597**
Cohen, Jacqueline **2186**
Cohen, Olivier **1228, 1504, 1506**
Cohen, Sylvie **1860**
Cole, Babette **508, 3450**
Coléno, Bernadette **960**
Coleno, Nadine **2790, 2822, 2827, 2828, 2839**
Colfer, Eoin **1667**
Colin, Fabrice **1701**
Colinon, Marie-Christine **3481**
Collier, John **1115**
Collins, Heather **3394**
Collins, Luke **3714**
Collodi, Carlo **1504**
Collognat-Barès, Annie **2878**
Collon, Hélène **2023**
Colmont, Marie **284, 293**
Colombani, Vérène **3059**
Combesque, Marie-Agnès **2974**
Combet, Claude **3669**
Combres, Élisabeth **2992, 2993, 3288**
Comeyras, Françoise **1447**
Commergnat, Noëlle **3409, 3485**
Commin, Hélène **2001**
Comte, Hubert **3588**
Cone Bryant, Sara **636, 783**
Confiant, Raphaël **1591**
Conrod, Daniel **628**
Consiglieri, Pedroso **1140**
Convard, Didier **2394, 2395**
Convers Wyeth, Newell **1539**
Cooke, Trish **291**
Cooney, Barbara **1967**
Coppens, Yves **3092, 3446**
Coppin, Brigitte **3075, 3076, 3158, 3163, 3166, 3174, 3182**
Coran, Pierre **1238**
Corazza, Lynda **105, 3715**
Corbasson, Dominique **1423, 2907**
Corbeyran, Eric **2188**
Corcal **2220, 2314**
Corde-Cortez, Martine **810**
Cordelier, Serge **3012**
Corderoc'h, Jean-Pierre **786, 962**
Corentin, Philippe **285, 385, 531, 532, 533, 534, 535, 1349, 1384**
Cormier, Robert **2077, 2163-2165**
Cornalba, Jean-Louis **1350, 1368**
Cornec, Félix **725**
Cornette, Joël **3080, 3198, 3220**
Cornulier, Édith de **2986**
Corradini, Nathalie **3133**
Corteggiani, François **2451**
Corvaisier, Laurent **696, 812, 912, 1409, 1430, 1439, 2107, 3663**
Cosem, Michel **1436, 1447**
Cosey **2247, 2259, 2267**
Cosquin, Emmanuel **652**
Costa de Beauregard, Diane **3623**
Costa, Marianne **1497, 1681, 1684, 1770, 2161**
Coste, Christine **3480**
Coté, Maryse **1788**
Cothias, Patrick **2303**
Cots, Jordi **776**
Cotterell, Arthur **3143**
Couao-Zotti, Florent **1910**
Coudray, Philippe **2227**
Couleuvre, Céline **3806**
Coulibaly, Micheline **3865**
Coulibœuf, Isabelle de **1927, 1928**
Coulom, Nicole **208, 387, 631**
Coulomb, Geneviève **2415**
Coulon, Gérard **3125, 3126, 3136.**
Coulon, Nicole **3267**
Couloumy, Christian **3541, 3542**
Couprie, Katy **2, 3, 33, 188, 1430, 3888**
Courgeon, Rémi **179, 180, 598, 1414**
Courreau, Jean-François **3598, 3599**
Courreau, Marie-José **3598, 3599**
Coursaud, Jean-Baptiste **1624, 2004**
Cousseau, Alex **2112**
Couture, Amélie **2127**
Couturier, Christine **2375**
Couzy, Agnès **3415**
Cox, Paul **20, 2671-2674, 3740**
Coyaud, Maurice **937, 953, 955, 1150**
Coyaud, Maurice-Robert **679, 680**
Crampton, William G. **3015**
Crandall, Reed **2323**

Crane, Stephen **1573**
Crawford, Andy **3273, 3447, 3701, 3711**
Crécy, Nicolas de **2195**
Creech, Sharon **1782, 2020, 2033**
Crévelier, Solvej **1139, 1828**
Crichton, Anne **1675**
Crisse **2348**
Croce-Spinelli, Carlotta **1772**
Cros, Charles **1430**
Crowther, Kitty **151, 152, 153, 154, 168, 194, 201, 349, 364, 461, 536, 1457, 1577**
Crozat, François **1233**
Cruzalèbes, Pierre **3399**
Cuadrado **2204**
Cuevas, Lou **1153**
Cugno, Alain **2897**
Culliford, Thierry **2427- 2429, 2441**
Cumont, Louise-Marie **2675**
Cunin, Daniel **331, 1032, 1564, 2118**
Cuq, Marie-Lise **3078**
Curiace, Gismonde **1500, 1506, 3672**
Curtil, Sophie **2678, 2685, 2701-2720, 2797-2800**
Curtis, Christopher Paul **1911**
Curtis, Edward Sheriff **3041**
Curwood, James Oliver **1505**
Cushman, Karen **1783, 1821, 1824, 2062**
Cuvelier, Paul **2486**
Cuvellier, Vincent **2034, 2104**
Cvach, Miloš **2685, 2749-2750**
Czarnecki, Monike **3467, 3477**

D

Da Silva, Joël **1480**
Dabl, Fouca **1523**
Dacosta, Luisa **1140**
Daeninckx, Didier **1939, 3262, 3263, 3264**
Dahan, André **881, 2043**
Dahl, Roald **1333, 1567, 1615, 1616, 1631, 1637, 1641-1643, 1721, 1972, 1992, 2021, 3759**
Dahoun, Zerdalia **3905, 3906**
Daladier, Nathalie **827, 925, 1098, 1106, 1618, 1976**
Dalbray, Muse **1296**
Dalmais, Anne-Marie **1677**
Dalrymple, Jennifer **137, 155**
Daly, Jude **870**
Daly, Niki **223, 869**
Damien, Jean-Baptiste **1814**
Dana, Jean-Yves **3247**
Dancette, Victor **2480**
Daniau, Marc **591, 978, 1430, 1674, 1887, 2154**
Daniel, Thierry **2146**
Danison, Catherine **1019, 1149**
Dankerleroux **3350**
Dann, Geoff **3168, 3244**
Danziger, Paula **2028, 2035**
Daoud, Zakya **3925**
Darbois, Dominique **2814**
Darghouth, Heythem **3920**
Darghouth, Seïfallah **3920**
Dariot, Valérie **1805**
Darling, Louis **1971**
Darwiche, Jihad **753, 877, 895-896, 902, 905, 906, 3893, 3897**
Dastrevigne, Dominique **3426**
Dau Melhau, Jan **1102**
Daudet, Alphonse **587, 588**
Dauer, Rosamond **1714**
Daufresne, Michelle **1445, 1451, 3073**
Dautremer, Rébecca **1125**
Dauvillier, Loïc **2237**
Davaine, Philippe **1436, 1527**
David, Bruno **3622**
David, François **1437-1438, 1445**
Davidson, Margaret **2043, 2044**
Davidson, Marie-Thérèse **2873, 3119**
Daviet, Lise **1443**
Davis, Jack E. **2323**
Davis, Jim **2205**
Davodeau, Étienne **2249, 2295**
Davois, Bernard **1454**
Davol, Marguerite W. **1151**
Davreu, Robert **1073**
Davrichevry, Kéthévane **915**
Dayez, Hugues **2497**
Dayre, Valérie **484, 1708, 1973, 1993, 1994, 2105, 2124**
De Bœl, Anne-Catherine **106**
De Brab **2187, 2242**
De Conno, Gianni **1664**
De Doncker, Wally **565**
De Groot, Bob **2206, 2425**
De Kockere, Geert **316, 328, 331**
De Mari, Silvana **1668**
De Moor, Bob **2435, 2437**
De Moor, Johan **2230, 2313**
De Regniers, Beatrice Schenk **207**
De Thuin, David **2188**
Deacon, Alexis **365**
Debeurme, Ludovic **1538, 1547**
Debon, Nicolas **750**
Debord, Didier **3155**
Déchin, Brigitte **463, 1077**
Decorvet, Gilles **663**
Decroisette, Françoise **641**
Dedieu, Thierry **400, 429, 1118, 3147, 3508, 3521, 3523, 3536, 3556-3559**
Defoe, Daniel **1506**
Degans, Claire **1037, 1125**
Degas, Edgar **2748**
Degos, Laurent **3456**
Degotte, Charles **2417**
Degresz, Christine **3167**
Dégruel, Yann **2196, 2240**
Deharme, Lise **2819**
Deiss, Véronique **1466, 1616, 2027, 2030**
Delaborde, Gilles **3591**
Delacroix, Sibylle **1033, 1116**
Delafosse, Claude **2622, 2852, 3164**
Delange, Élisabeth **3097**
Delanghe, Bernard **3590**
Delattre, Martine **1902**
Delaville, Charles **3209**
Delaye, Nicolas **2523, 2567**
Delcambre, Anne-Marie **2865**
Delcourt, Anne **3748**
Delcourt, Laurent **3039**
Delebecque, François **4, 21, 3682**
Deledicq, André **3323**
Delepierre, Gérard **3108**
Delessert, Étienne **28, 129, 350, 1249**
Delesvaux, Antoine **2992**
Delétraz, Corinne **3415, 3778**
Delobbe, Georges **2994**
Delobbe, Karine **3087, 3137, 3138, 3152, 3153, 3204, 3210, 3226, 3235, 3242**
Deloraine, Catherine **219, 391, 453, 768, 1337**
Delord, Didier **639**
Delord, Dominique **1923, 2067**
Delpas, Clara **3092, 3446**
Delporte, Yvan **2418, 2428**
Delval, Jacques **1891**
Delval, Julien **1820**
Delval, Marie-Hélène **1576, 1692, 1944, 2039, 2114, 2889, 2894**
Delvaux, Claire **1125**
Delye, Pierre **107**
Demange, Odile **2050**
Demanuelli, Claude **2083**
Demanuelli, Jean **2083**
Dembélé, Ouahiribé **846**
Demers, Dominique **2029**
Demilly, Christian **2746, 2765, 2766, 2768, 2770, 2771**
Demongeot, Isabelle **3815**
Demoule, Jean-Paul **3141**
Dendooven, Gerda **355, 565, 981**
Denieul, Pierre **779**
Denis, Étienne **2568**

Denis, Lily **1542**
Denner, Charlet **2568**
Dennis, Peter **3180**
Denslow, William Wallace **1497**
Déon, Alice **1634, 1894, 1908**
Depagne, Rinaldo **3874**
Depardon, Raymond **2968**
Depland, Daniel **1787**
Dequeker-Fergon, Jean-Michel **3154, 3218**
Dequest, Pierre-Emmanuel **3663**
Der Melkonian Minassian, Chaké **914**
Deraime, Sylvie **3408**
Derib **2364, 2366, 2449**
Derouetteau, Olivier **2554, 2560**
Derrien, Loïc **3058**
Derrien, Philippe **3790**
Dès, Vincent **911**
Desarthe, Agnès **478, 567, 599, 623, 1722, 1857, 1975, 2000, 2005, 2089**
Desberg, Stephen **2230, 2298, 2304, 2313, 2338, 2440**
Desbief, Thibaud **2279**
Desbordes, Astrid **2868, 2871, 3198, 3595, 3628**
Deschamps, Alain **682**
Descombey, Anne-Judith **1799, 1830**
Deshimaru, Taisen **2918**
Deshusses, Pierre **1258**
Desjours, Pascal **3338-3345, 3380**
Deslot, Thierry **3923, 3924**
Desmarteau, Claudine **568**
Desmazières, Pascale **3205**
Desmoinaux, Christel **783**
Desmoulin, Christine **3686- 3690**
Desnos, Robert **1427, 1430**
Desombre, Estelle **3597**
Desombres, Benoît **3135**
Desorgher, Daniel **2298**
Desplanche, Vincent **3061, 3307**
Desplechin, Marie **1644, 1838, 1839, 2106**
Desprechins **2440**
Desprès, Bernadette **2186**
Destouches, Rozenn **512, 513**
Destours, Christine **709, 1454, 2831**
Dethan, Isabelle **2250**
Devaux, Laetitia **1705**
Devaux, Stefany **705, 708, 709, 714**
Dewanckel, Gœle **318**
Dewey, Ariane **34, 164, 551**
Deyer, Francis **3691**
Di Camillo, Kate **1758**
Di Maso, Andrea **1137**
Di Maso, Silvia **1137**
Diallo, Karim **3844**
Diallo, Muriel **3861**
Diament, Michel **3813, 3814**
Diamond, Donna **1979**
Diaz Canales, Juan **2386**
Dib, Mohammed **3898**
Dickens, Charles **1507**
Dickinson, Peter **1816**
Didiot, Béatrice **324**
Diep, Françoise **758, 846-849**
Dieter **2375**
Dieuaide, Sophie **2928, 2952, 2953, 2986, 3451, 3811**
Dieulafait, Francis **3084, 3131**
Dillon, Diane **1149**
Dillon, Leo **1149**
Dineur, Fernand **2440**
Dingersheim, Charles **3358, 3359**
Dion, Viviane de **1880**
Dirand, André **3596**
Dische, Irène **1849**
Ditko, Steve **2414**
Divakaruni, Chitra Banerjee **1897**
Djebbar, Ahmed **3297, 3934**
Dodeller, Sylvie **3211**
Dodier, Alain **2378**
Dohertie, Berlie **1995, 2113**
Doinet, Mymi **3651**
Dolémieux, Pascal **3247, 3248**
Dolezelova, Mila **1010**
Dolto, Catherine **3478**
Domenichini, Nora **3348**
Domino, Christophe **2693, 2792, 2802, 2699**
Domont, Philippe **688**
Donner, Chris **1759, 1974**
Dor, Rémy **909, 917**
Dorance, Sylvia **3108**
Doray, Malika **224, 339**
Doré, Gustave **886, 1127, 1129, 1177**
Dorémus, Gaëtan **1457, 3351, 3644**
Dorison, Xavier **2333**
Dorville, Christine **3408**
Doshi, Rajeev **3464**
Doumbi-Fakoly **3869**
Doutreligne, Cathy **3774**
Douzou, Olivier **57, 67, 86, 87, 169, 202, 263, 264, 366**
Dowel, Frances O'Roark **2114**
Dowell, Philip **3629**
Dr Seuss **1605**
Drake, Jane **3394**
Dressler, Sophie **3428, 3561**
Dreyfus, Jean-Claude **1737**
Dreyfus, Véronique **2863, 3448, 3675**
Dreyfuss, Corinne **1966**
Drochon, Christophe **3628**
Drouet, Augustin **3217**
Drouin, Evelyne **1075**
Drozd, Irina **2146, 2147**
Druillet, Philippe **2459, 2566**
Du Bouchet, Paule **308, 1594, 1871, 3265**
Du Sorbier, Françoise **662, 1030-1031**
Dubois, Bertrand **2932, 2952**
Dubois, Lou **1427**
Dubois, Philippe **3545, 3600, 3646**
Dubois, Pierre **816, 2343**
Dubois, Yvonne **2878**
Dubost, Jean-Pascal **1450**
Dubrulle, Bérengère **3431**
Duchazeau, Frantz **2266**
Duchet-Suchaux, Gaston **3175, 3181**
Dufaux, Jean **2345**
Dufeutrel, Marie **2078**
Duffet, Sophie **3017-3023, 3039**
Duffour, Jean-Pierre **892**
Dufour, Daniel **3600, 3691**
Dugas, Denis **1250**
Dugin, Olga **1055, 1063**
Dugomier **2294, 2318**
Duhamel, Jérôme **1466**
Duhamel, Marcel **1762**
Duhême, Jacqueline **837, 1430, 1434, 1610, 1723, 3295, 3296**
Dumas, Alexandre **1508**
Dumas, Philippe **317, 325, 351, 386, 401, 438, 634-635, 827, 1007, 1017, 1030-1031, 1058, 1097, 1111, 1334, 1429, 1458, 1472, 1495, 1759, 2041, 2102, 2106, 3666, 3812**
Dumestre, Gérard **3031**
Dumont, Jean-François **1539**
Dumont, Virginie **3458-3460**
Dumortier, David **1450**
Dumoulin, Élodie **3594, 3602, 3674**
Duntze, Dorothée **1048, 1061, 1265, 2901, 2902**
Dupa **2419**
Dupeux, Cécile **3747**
Dupin, Nicolas **1130**
Dupont, Nathalie **3715**
Dupouy, Olivier **2554**
Duprat, François **2251**
Duprat-Debenne, Mireille **1139**
Dupuigrenet-Desroussilles, François **1285-1295, 1556**
Dupuis, André **1845**
Dupuy, Philippe **1417, 2244**
Duquennoy, Jacques **509, 2520**
Durand, Jean-Benoît **2987, 3660**
Durand, Pierre **1074**

Duranthon, Francis **3414**
Durieux, Christian **2238**
Durual, Christophe **1192, 1497, 1769**
Dutertre, Charles **2034, 3402, 3438, 3531**
Dutertre, Sophie **865, 973**
Dutheil de la Rochère, Cécile **1677**
Dutrait, Liliane **3047**
Dutrait, Noël **3047**
Dutrait, Vincent **1397**
Duval, Brigitte **2109**
Duval, Élisabeth **42, 46, 113, 115, 116, 119, 193, 211, 247, 276, 296, 365, 369, 371, 392, 402, 455, 460, 1035, 3524**
Duval, Stéphanie **2981**
Duval, Thomas **402**
Duviols, Jean-Paul **3190**
Duvoisin, Roger **367, 537**
Dyer, Heather **1645**
Dymchitz, Valery **684**

E

Eastwood, Christiane **2982**
Eckert, Allan Wesley **1764**
Edelmann, Heinz **1016**
Édith **2301, 2314**
Edy-Legrand, Edouard-Léon-Louis **590**
Ehrhard, Dominique **1108**
Ehrhart-Devay, Vincent **1394**
Eidrigevicius, Stasys **1273**
Einsikat, Klaus **562**
Eisner, Will **2416, 2487, 2498**
El Khir, Oum **831**
El Korachy, Mariam **3933**
El-Garhi, Samir **3934**
Elias Lujan, Jorge **225**
Elisem **2980**
Ellabbad, Mohieddine **3921**
Ellis, Deborah **1898, 3285**
El-Mur, Salah **859**
Elouet, Luc **2556**
Elschner, Géraldine **763, 1120**
Éluard, Paul **1426-1427, 1430**
Elzbieta **108, 109, 226, 342, 538, 610, 1308, 1584**
Emberley, Ed **42**
Enault, Louis **1540**
Endrèbe, Maurice-Bernard **2172**
Enel, Thierry **3113**
English, Karen **1944**
Eole, Antoine **1394**
Épin, Bernard **2979, 2984**
Equiano, Olaudah **1833**
Erben, Eva **1854**
Erdoes, Richard **682**
Erdrich, Louise **1912**
Eriksson, Eva **232, 347**
Erlbruch, Étienne **339**
Erlbruch, Wolf **195, 309, 339, 484, 512, 513, 566, 569**
Errera, Eglal **2107**
Ers, Benoît **2294, 2318**
Escande, Elisée **726**
Esch, Jean **1694, 2865, 3273, 3274**
Eschebrenner, Raphaële **3285**
Esclapez, Michelle **1622, 1739**
Espinassous, Louis **3580, 3805**
Essade-Koller, Elles **195**
Estellon, Pascale **3142, 3443, 3732, 3733**
Esterl, Arnica **995, 1055, 1063**
Étienne, Emmanuelle **3101, 3209, 3223**
Étienne, Lorraine **851**
Etoré, Jeanne **1849**
Eustache, Francis **3473**
Eveno, Claude **2850**
Evin, Kathleen **1589**
Eydoux, Anne **3414, 3516**
Eyraud, Marie-Claude **3028**
Ezratty, Viviane **173**

F

Fabbri, Jacques **1240-1241**
Fabien, Camille **1615, 2043**
Fabine, Camille **529**
Fabre d'Églantine **1458**
Fabre, Isabelle **3774**
Fabulet, Louis **1283-1284, 1514, 1515**
Faisans-Maury, L. **1510**
Falconer, Ian **227**
Faleschini, Gian Paolo **3440**
Fall, Eric Lindor **1632, 2152, 2165**
Faller, Régis **3345, 3928**
Falzar **2242**
Fampou, François **1468**
Fancher, Lou **1320**
Fang Yi-K'lun **740**
Farey, Lily **2809**
Farge, Arlette **3212**
Fargeas, Emilie **745, 748, 772**
Farley, Walter **1765**
Farmer, Nancy **1708, 1913**
Farré, Marie **242, 501, 1755**
Farré, Marie-Raymond **345, 462, 1616, 1631, 1643**
Farré, Raymond **1637, 1721**
Fatio, Louise **367**
Fatou, Hélène **1329**
Faucher, Paul **294**
Fauliot, Pascal **1199, 1201, 1204**
Fauré, Christine **3289**
Faure-Biguet, J.-N. **2001**
Faurie-Juteau, Catherine **3546**
Fauroux, Catherine **3509, 3510, 3537, 3564, 3648**
Fauser, Jacob **1307**
Fauvette, Sophie **3601**
Favaro, Patrice **945**
Favreau, Luc **3223, 3532, 3533**
Favret, Hafida **694, 3910**
Fayolle, Claire **2823**
Fay-Sallois, Fanny **3176**
Fazekas, Mihaly **984**
Fdida, Jean-Jacques **793, 1085-1086**
Fearnley, Jan **1361**
Feck, Lou **1669**
Feferman, Rosine **3337**
Feiffer, Jules **510**
Fejtö, Raphaël **974, 1726, 1783, 1824, 2062**
Félix, Monique **1034**
Fender, Kay **317**
Feng Ji Cai **1914**
Fenner, Carol **1996**
Ferber, Christine **3771**
Ferdjoukh, Malika **1997, 2166, 2167**
Fernandez, Dominique **3055**
Fernandez, Enrique **2312**
Ferrandez, Jacques **1760, 2356, 3283**
Ferré, Léo **1461**
Ferri, Jean-Yves **2217**
Ferri, Michele **1414**
Ferrier, Bertrand **1692, 1963**
Ferrier, Florian **1784**
Fert, Valérie **2878**
Ferté, Elisabeth **1452**
Feterman, Georges **3660**
Feth, Monika **1998**
Fetta, Mokran **674**
Fialova, Magdalena **1070**
Fidelin, Benoît **3249**
Figueras, Emmanuelle **3760**
Figueroa, Alejandra **2895**
Filippi, Denis-Pierre **2315**
Fine, Anne **1617, 1975, 1999, 2000, 2030, 2115, 2122**
Fink, Dagmar **638**
Finkenstaedt, Isabel **38, 66, 145, 196, 220, 241, 244, 305, 481, 592, 970, 1366**
Firdion, Jean-Marie **2153**
Firth, Barbara **192**
Fisseau, Serena **1172**
Fix, Philippe **820, 1329**

Flack, Marjorie **295**
Fleischman, Sid **1618, 1619, 1772-1774, 1976**
Fletcher, Neil **3447**
Fleurieu, Chantal de **749, 780, 1066, 1069,1309**
Floc'h, Arnaud **1344**
Flouquet, Sophie **2807**
Floury, Marie-France **230**
Flusin, Marie **2033**
Flutsztejn-Gruda, Ilona **1872**
F'Murr **2231**
Fogel, Catherine **980, 1345**
Fogel, Paul **980**
Fombelle, Timothée de **1651**
Fomina, Victoria **2830**
Fontaine, Chloé **3042**
Fontaine, Jeanne **3755**
Fontalbe, Françoise **3761, 3801**
Fontanel, Béatrice **2830, 2833, 3191, 3492**
Fonteneau, Jean-Louis **2375**
Fordacq, Marie-Odile **942**
Foreman, Michael **1366, 1562, 1848**
Forest, Jean-Claude **2460**
Forgeot, Claire **1175**
Formentelli, Bee **1648, 1656, 1678, 1803, 2113, 3194, 3213**
Forsyth, Frederick **1669**
Fort, Paul **1427, 1430**
Fortier, Natali **167, 279, 310, 353, 1430**
Fouad, Amani **3935**
Fouillet, Pierre **1091**
Foulkes, Maïté **3772**
Foulquier **1532, 2421**
Fournier, Anne **2973**
Fournier, Dominique **3798**
Fournier, Jacques **1447**
Fournier, Vincent **1261**
Fox, Paula **1945, 2022, 2079**
Fraisse, Frédérique **1887, 3728**
Franck, Martine **1215**
François, André **379, 456, 1027**
François, Paul **110, 156, 740, 1232**
François, Pierre **2882**
Francq, Philippe **2309**
Franek, Claire **258, 1430, 3735**
Frank **2246**
Frank, Anne **1855, 3268**
Frank, Nino **642, 1134**
Frank, Otto H. **1854**
Franquin, André **2418, 2420, 2421**
Franquin, Gérard **761, 879, 1102, 1119, 1230, 1514**
Franz **2367**
Frapar **3454**
Frattini, Stéphane **3064, 3574, 3575, 3590**
Frazier, Craig **88, 89**
Fred **2232, 2234**
Freland, François-Xavier **3020**
Frémeaux, Alain **1415**
French, Vivian **742**
Frensemeier, Bettina **3762, 3763**
Friot, Bernard **309, 483, 1452-1453, 1608, 1819, 1850, 1924, 1998, 2056, 2080, 2110**
Frisch, Alfred **3252**
Frobenius, Léo **674**
Froeschlé, Michel **3399**
Froment, Isabelle de **3292**
Fromental, Jean-Luc **40, 1330-1331, 3325**
Fronty, Aurélia **697, 716, 793, 939, 1153, 1454, 2831**
Fronty, Mireille **3613**
Frost, A.B. **2492**
Frydman, René **3471**
Fryszowski, Olivia **2815**
Fucikova, Renata **1276**
Fuente, Victor de la **1704**
Fuggetta, Hélène **3591**
Fuhr, Ute **3424**
Furlan, Pierre **2098**
Furois, Jean-Marie **2985**
Furois, Sylvie **2985, 3003**
Furon, Frédéric **3075**
Furuyama, Kan **2354**
Futamata, Eigoro **727**

G

Gabastou, André **1779**
Gador, Patrick **1794**
Gail, Bénédicte de **1505**
Gaïl, François de **1545**
Gaillard, Ursula **1588**
Gaiman, Neil **2229**
Gainsbourg, Serge **1462**
Galabru, Michel **1240-1241**
Galard, Madame de **1518**
Galbert, Élisabeth de **787**
Galdone, Paul **373, 725, 745, 769, 772**
Galea, Claudine **318**
Galeron, Henri **131, 907, 1259, 1434, 1445, 1637, 3551, 3389**
Galland, Antoine **667, 881-882, 884, 886, 890**
Galle, Étienne **1904**
Gallet, Georges H. **1709**
Gallet, Laetitia **3108**
Gallet, Marianne **1767**
Gallimard, Clémence **773**
Gallo-Selva, Sophie **2125**
Galvin, Michel **447**
Gambini, Cécile **1420, 1430, 1941, 3431**
Gamlin, Linda **3447**
Gandolfi, Silvana **1658, 1659, 1670, 1671**
Gandon, Odile **2877**
Gangloff, Sylviane **3395**
Garabédian, Michèle **705, 708**
Garapon, Antoine **3005**
Garay, Lluis **3670**
Garay, Nora **721, 1206, 1271**
Garberi, Francesca **776**
Garcia, Sergio **2225, 2495**
Garda, Claude **1412**
Gardair, Jean-Michel **1569**
Gardiner, Lynton **3036**
Gardner, Bob **3324**
Gardner, Graham **2081**
Garfield, Leon **1785, 1786, 1787**
Garray **2427**
Garrel, Nadèjda **1595, 1672, 2136**
Garrel, Nadine **2142**
Garreta, Bernadette **1964**
Garrigue, Roland **2989**
Garrigues, Élisabeth de **2976**
Gaspar, Élisabeth **1641**
Gasperoni, Ester Rota **1873**
Gassié, Nadine **2094**
Gastaud, Charlotte **872, 1014, 1313, 3463, 3755**
Gaston-Dreyfus, Fabienne **336**
Gaty **2431**
Gaudasinska, Elzbieta **1079**
Gaumer, Patrick **2508**
Gaussel, Alain **1388-1390**
Gaussen, Dominique **3205, 3276**
Gautier, Léon **3251**
Gautray, Isabel **18, 703**
Gauzère, Jean-Pierre **2924**
Gavin, Jamila **1803**
Gay, Michel **203, 286, 437, 770, 1005-1006, 1625, 1636, 1727, 1731, 1755, 2027, 3441**
Gay, Pierre **2982**
Gay-Para, Praline **729-732, 757, 759, 777, 835, 865, 897-899, 901, 1164-1165, 3894**
Gayraud, Joël **640**
Gazzoti, Bruno **2385**
Gbado, Béatrice **3872, 3873**
Gbogbomou, François **843**
Geerts, André **2239**
Geisert, Arthur **425**
Geldart, William **1507, 1777, 1785, 1803**
Geluck, Philippe **2215**
Gencé, Madame de **1504**

Genevois, Françoise **3065**
Génot, Jean-Claude **3577**
Gens de Lorraine **707**
George, Jean Craighead **1763**
George, Jean **1809**
Georges, Anne **904**
Geraghty, Paul **3524**
Gerbaud, Chantal **3277**
Gerber, Alain **1946**
Gerner, Jochen **2853, 3741**
Gerstein, Mordicai **2128**
Gervais, Bernadette **516**
Gey, Anne-Marie **3858**
Ghachem, Moncef **3899**
Giardino, Vittorio **2380**
Gibbons, Lee **3464, 3714**
Gibelin, Christophe **2324**
Gibert, Bruno **2953**
Gibert, Catherine **1562, 2173**
Gilbreth, Ernestine **2001**
Gilbreth, Frank **2001**
Gillon, Paul **2488**
Gilmore, Robert **3336**
Gilson, François **2203**
Gindre, Robin **3660, 3677**
Gine, Christian **2394, 2395**
Ginsburg, Mirra **332**
Giorda **1313**
Gipi **2252**
Girard, Estelle **2937, 3151**
Girard, Frank **942**
Giraud, Jean **2369, 2433**
Giraud, Robert **751, 760-761, 872, 913, 952, 993, 1004, 3694, 3704**
Giraudeau, Bernard **1682, 1732**
Giraudon, David **3419**
Giraudon, Philippe **1686, 1825**
Girel, Stéphane **706, 2897, 3061**
Girodroux, Bernard **1398**
Giroldi, Cécile **2748**
Giroud, Frank **2357**
Gisbert, Jean Manuel **485**
Glaize, Patrick **3446**
Glasauer, Willi **1247, 1431, 1745, 1767, 3568, 3569, 3696**
Gloaguen, Christine **927**
Gnaedig, Alain **1507, 1623**
Godard, Alex **246**
Godard, Philippe **2969, 2976, 3023, 3049, 3077, 3080, 3081, 3082, 3198, 3220, 3221, 3227, 3256, 3266**
Godden, Rumer **1940, 1967**
Goddin, Philippe **2500**
Godiveau, Florence **935**
Godoc, Maud **1494**
Godon, Ingrid **254**
Goerg, Odile **3032**
Goethe, Johann Wolfgang von **1254**
Goëttel, Mireille **3930**
Goffette, Guy **1419**
Goffin, Josse **68, 69, 2661**
Gogol, Nikolaï Vasilievitch **1509**
Goldie, Sonia **3443**
Golding, William **1812**
Goldschmidt, Aline **3671**
Golvin, Jean-Claude **3101**
Gombault, Ludovic-Jérôme **2745**
Gomez, Feliciano **851**
Gomi, Tarô **3742, 3745, 3817**
Gonzalez-Quijano, Yves **3921**
Goormaghtigh, Leyla **848**
Gorbachev, Valeri **788**
Gorton, Steve **3244, 3406, 3447**
Gos **2439**
Goscinny, Anne **2508**
Goscinny, René **1620, 2426, 2447, 2448, 2452, 2453**
Gotlib, Marcel **2452, 2455, 2456**
Gougaud, Henri **817**
Gouichoux, René **439**
Goumy, Lionel **3760**
Gourier, James **3652**
Gourounas, Jean **499**
Goursac, Olivier de **3405**
Goustine, Luc de **2093**
Govignon, Brigitte **2687**
Grado, Janet **1322**
Graf, Marion **1579**
Gräfin Schönfeldt, Sybil **1509**
Graham, Christi **3127**
Grahame, Kenneth **498, 2193**
Grandin, Aurélia **792, 1501**
Grandjean, Dominique **3593**
Grandville **1541**
Granperin, Gisèle **1870**
Grant, Donald **3440**
Gratias, Carole 1498
Gratien, Éric **2498**
Graumann, Hervé **2662**
Graumer, Odile **3473**
Gravel, François **1381**
Graves, Robert **462**
Gravett, Christopher **3168**
Gravier, Alice **2832, 3519, 3601**
Gravier, Sylvain **2579**
Grébille, Olivier **3321**
Green, Jen **3582**
Greenaway, Frank **3522**
Greenaway, Kate **1279**
Greg **2421, 2442-2445, 2508**
Grégoire, Ernest **639, 1274, 1276**
Grégoire, Fabian **3229, 3418, 3699**
Greif, Jean-Jacques **1621, 1874-1876, 3286**
Gremaud, Florence **1469**
Grenier, Christian **1702, 2116, 2168**
Grenier, Delphine **733, 1260, 1374**
Grenouilleau, Sophie **1443**
Gribbin, John **3337**
Gribbin, Mary **3337**
Grillot, Marie-Françoise **3474**
Grimbert, Anouk **1504**
Grimm, Jacob et Wilhelm **639, 653-654, 737, 1033-1054, 1056-1065, 1071-1081, 1350, 1355, 1368, 2316**
Grimmer, Claude **3203, 3206**
Grinberg, Delphine **3349-3356, 3685**
Grindley, Sally **196**
Grinspan, Ida **1885**
Gripari, Pierre **1284, 1391-1405**
Grobéty, Anne-Lise **1877, 2137**
Grobler, Piet **592**
Grœbner, Dominic **1281**
Groebner, Dominique **984**
Groensteen, Thierry **2499**
Grosjean, Didier **3778**
Grosléziat, Chantal **695-696, 709**
Grosson, Jean **3516, 3543**
Gruel-Apert, Lise **655-656**
Grumberg, Jean-Claude **1475**
Grundmann, Emmanuelle **12, 3638**
Grunelius-Hollard, Agnès **734**
Gruner, Nanine **1977**
Guarnaccia, Steven **747**
Guarnido, Juanjo **2386**
Guenoun, Joël **2824**
Guérard, Michel **3773**
Guérif, Benjamin **2169**
Guerne, Armel **639, 653, 1042-1046, 1075, 1077, 1079**
Guettier, Bénédicte **157, 228, 506, 938**
Guiberson, Brenda Z. **3649**
Guibert, Cassandre **2955**
Guibert, Emmanuel **2186, 2190, 2262, 2273, 2282, 2332, 2390**
Guibert, Françoise de **2950**
Guidicelli, Catherine **3793**
Guidoux, Valérie **2926, 3423, 3545, 3614, 3646, 3657**
Guilcher, Jean-Michel **1087**
Guillaud, Véronique **3250**
Guillaume, Marie-Ange **330, 399, 1638**
Guillaumond, Françoise **916**

Guillerey, Aurélie **741, 2046, 2100, 3352, 3756, 3765**
Guillevic, Eugène **1426, 1434**
Guillon, Jean-Marie **3132**
Guillot, Claude **616, 1818**
Guiloineau, Jean **1926, 2975**
Guiot, Denis **1596**
Guiraud, Florence **1432**
Guittard, Bruno **1042-1046, 1223-1224**
Gurney, David **774**
Gurney, Nancy **774**
Gutman, Anne **137, 229, 280**
Gutman, Claude **1878, 2031**
Guyennon-Duchêne, Claudie **757, 1163, 1459**
Guyon, Thibaud **3230**
Guyot, Charles **1184**

H

Haddad, Gérard **2882**
Haddon, Mark **2050**
Hafnaoui, C. **3907**
Haga, Yae **70**
Hagerup, Hilde **2082**
Hague, Michaël **1049**
Hahn, Mary Downing **1879**
Haigneré, Claudie **3391**
Hainaut-Baertsoen, Nelle **232, 1346**
Haines, Tim **3448**
Haïtse, Véronique **1616**
Haldeman, Joe **2397**
Hall, Lee **2061**
Hallensleben, Georg **138, 184, 185, 229, 280, 308, 3684**
Halley, Achmy **1934**
Halperin, Wendy Anderson **1024**
Hama, Boubou **3864**
Hammad, Manar **3900, 3901**
Handford, Martin **93**
Hanna, Jean-Michel **3934**
Hannigan, Katherine **2063**
Hanno **2045**
Hanoune, Roger **3128, 3172**
Hansen, Carla **2182**
Hansen, Wilhelm **2182**
Haraldson, Harald **1012**
Hardy, Pierrick **1172**
Harivelo Arline, Lala **3849**
Harlé, Laurence **2457**
Harraki, Boubker **822**
Harrison, David L. **1329**
Hart, George **3100**
Härtling, Peter **1978, 2108**
Hartman, Willem **2851**
Harvey, John **2169**
Haski, Pierre **3048**
Hassan, Yaël **2002**
Hatsue, Nakawaki **357**
Haudot, France **1222**
Hauff, Wilhelm **1257-1258**
Haugaard, Kay **1941**
Haumont, Marie **3497**
Hauptmann, Tatjana **200**
Hausman, René **2343**
Hautzig, Esther **1880, 1979**
Hawthorne, Nathaniel **1179**
Hay, Nathalie **1028, 1157, 1640, 1955**
Hayashi, Akiko **208, 387**
Hayat, Candice **709**
Hayel, Kélig **1443**
Hayman, Peter **3100**
Hazen, Barbara **1254**
He Zhihong **931-933, 3045, 3752**
Hearn, Lian **1686**
Heidelbach, Nikolaus **127, 463, 1077, 1277, 1369, 1579**
Heine, Helme **402, 448**
Heinrich, Christian **1540, 1602, 3426**
Heinzel, Myriam **1218**
Heitz, Bruno **9, 403, 511, 539, 1427, 1430, 1457, 1606, 1715, 2047, 2191, 2381, 2926, 2956, 2991**
Held, Jean-Blaise **3480**
Helft, Claude **352, 939, 2883**
Héliot, Éric **3669**
Hellé, André **29**
Hellings, Colette **2752, 3565, 3566, 3650**
Hémar, Doris **3755**
Henderson, Douglas **3434**
Henkes, Kevin **296, 369**
Hénon, Daniel **601, 1201, 1204**
Henriet, Yves **3745**
Henriot, Jean-Louis **3591**
Henry, Jean-Marie **1229, 1408-1411, 1420**
Henry, Philippe **3525, 3538**
Heo, Yumi **1151, 1378**
Herbauts, Anne **297, 298, 319, 329, 570**
Hergé **2422, 2423, 2500, 2507**
Hériard, Patrick **2859**
Hérisson, Janine **1738, 1836, 1858, 1929, 2021**
Hermann **2355, 2370, 2403, 2443, 2445**
Hermeline **54, 747**
Héron, Bernard **1762, 2142**
Héron, Domitille **3595, 3596, 3597**
Héron, Jean-Benoît **3167**
Héron, Jean-Olivier **1942, 3595-3597, 3600, 3602, 3673, 3674**
Herrenschmidt, Noëlle **3004, 3005**
Héry, François-Xavier **3113**
Herzhaft, Gérard **1915**
Herzog, Lise **3645**
Hess, Jean-Louis **346**
Hess, Paul **965**
Hétier, Patrick **1088-1091**
Hiaasen, Carl **1954**
Hiçyilmaz, Gaye **1955**
Hié, Vanessa **1476**
Hignard, Lionel **3765**
Hill, Douglas **2860**
Hillerman, Tony **1322**
Hills, Alan **3143**
Himler, Ronald **334**
Hiorthoy, Kim **1624**
Hirose, Gen **582**
Hirota, Junko **3738**
Hirsching, Nicolas de **1609**
Hislaire **2260**
Hoàng, Michel **2053**
Hoarau, Jean-Christophe **699**
Hoban, Tana **5, 6, 10, 11, 71, 2817-2818**
Hobson, Sally **742**
Hochain, Serge **3068, 3139, 3200, 3224, 3231, 3706**
Hoestland, Maud **2988**
Hoestlandt, Jo **591, 611**
Hoffmann, Ernst Theodor Amadeus **1255**
Hoffmann, Félix **1056**
Hoffmann, Ginette **3075**
Hoffmann, Heinrich **495, 496**
Höglund, Anna **320**
Hohler, Franz **1579**
Hoizey, Dominique **930**
Hojo, Tsukasa **2387**
Holand, Louis **1276**
Hollein, Max **2770**
Hollein, Nina **2770**
Holman, Felice **1813**
Holzhey, Magdalena **2768**
Holzman, Marie **2913**
Holzwarth, Werner **512, 513**
Homère **1180-1183**
Honaker, Michel **1673, 2170**
Honomou, Nema-Soua **3847**
Honoré, Christophe **1980, 1981, 2003**
Honwana, Luis Bernardo **1574**
Hoogstad, Alice **2054**
Horak, Jiri **982**
Horowitz, Anthony **1674, 2154**
Horrenberger, Anne **3108**
Horvath, Polly **1646, 1982**
Hosemann, Théodor **1258**

Hotta, Yumi **2285**
Houbre, Gilbert **3114, 3591, 3598, 3599**
Houck, Aurore **3386**
Houck, Véronique **3386**
Houdart, Émmanuelle **128, 1407**
Houdre, Gilbert **3628**
Houssin, Pascale **1748, 2028**
Houston, James **1788**
Howard, Paul **1754**
Howe, John **1070**
Howker, Janni **1597**
Huber-Kono, Aoi **275**
Hubert, Germain **3596**
Hubesch, Nicolas **2988**
Hubinon, Victor **2431, 2432**
Hubschmid, Arthur **448**
Hudebine, Louis-Marie **3457**
Hudrisier, Cécile **709, 756**
Hüe, Geneviève **3016**
Huet, Elsa **842, 843, 847, 903, 1131, 1147, 1447, 1727**
Huet, Philippe **3583**
Hughes, Yves **2171**
Hugo, Hector **1899**
Hugo, Pierre de **3552**
Hugo, Victor **1427, 1430**
Hugues, Richard **330**
Huissier, Olivier **3719**
Huline-Guinard, Julie **406**
Hulpach, Vladimir **989**
Humières, Robert d' **1283-1284, 1514, 1515**
Hunter, Erica **3095**
Hunter, Robin **3464, 3520, 3582**
Hurd, Clement **55, 187, 218, 219, 368, 768**
Huston, Nancy **2776**
Hutchins, Pat **38, 204**
Huynh, Flora **2461**
Hylten-Cavallius, Gunnar Olof **658**
Hyman, Miles **1520, 1550, 1672,1732, 1761, 1770, 2150**

I

Ianco, Catherine **2834**
Ibbotson, Eva **1660, 1789, 1790**
Ibn al Muqaffa, Abdallah **666, 1208**
Iché, Sandra **3933**
Icher, François **3169, 3170, 3238**
Ide, Raphaëlle **3052**
Idriss, Zaoro **842**
Igarashi, Daisuke **2271**
Ikeda, Ryoko **2465**
Iliès, Sidi Mohamed **812**
Imai, Mariko **3679**
Imbeau, Élodie **3709**
Imbert, Marie-Christine **2606**
Infante, Francesc **999**
Ingvaldsen, Bjorn **2004**
Ingves, Gunilla **3505**
Innocenti, Roberto **486, 1112-1255, 1504, 1507, 3272**
Inoué, Takehiko **2286**
Institut Bakulé **3788**
Ionesco, Eugène **129**
Irish, William **2172**
Irving, John **200**
Irvoas-Dantec, Dominique **2938**
Ishii, Atsuko **2849**
Ispirescu, Petre **986-987**
Ivanovitch-Lair, Albena **700, 872**
Ivers, Mette **918, 966, 983, 1023, 1028, 1098, 1135-1136, 1141, 1272, 1504, 1511, 1852, 1978, 2109**
Iwamura, Kazuo **259, 260, 571, 572, 573, 574, 2268**

J

Jabès, Edmond **1434**
Jabra, Ibrahim **1209-1210**
Jacob, Max **1427**
Jacobs, Edgar P. **2435**
Jacobs, Jérôme **2939**
Jacobs, Joseph **728**
Jacobs, Nadine **3565, 3566**
Jacopin, Pierre-Yves **3410**
Jacques, Benoît **102, 528**
Jacquet, Luc **3544**
Jacquin, Philippe **3036**
Jaffé, Laura **12**
Jaffe, Nina **974**
Jagerschmidt, Vincent **3395**
Jagodzinski, Bernard **1383**
James, John **3133**
James, Simon **230, 3127**
Jammes, Francis **1434**
Jandl, Ernst **171**
Jannin, Frédéric **2441**
Janry **2421**
Jans, Michel **2317**
Jansem, Sophie **3332, 3456**
Janssen, Éliane **589**
Janssen, Susanne **1053, 1132, 1496, 1559**
Jansson, Tove **1638**
Jaoui, Sylvaine **2046**
Jarrell, Randall **1736**
Jarrie, Martin **415, 783, 3766**
Jaubert, Jean-Pierre **3511**
Jaudel, Philippe **1486**
Jaulme, Marie-Paule **3771**
Javary, Cyrille **2914**
Jean, Didier **3493**
Jeanbor **3729**
Jeanjean, Marcel **3852**
Jeanmaire, Marie-Agnès **1558**
Jeffers, Susan **1516**
Jenger, Jean **2806**
Jenkins, Alvin **3392**
Jenkins, Steve **3392, 3444, 3494, 3624**
Jennequin, Jean-Paul **2501**
Jeram, Anita **292, 3585, 3586**
Jeunet, Bernard **825**
Jidehem **2421**
Jijé **2431, 2434, 2481**
Joanniez, Sébastien **1439**
Job **2364, 2449**
Joba, Anne **1494**
Joblin, Jean-Pierre **3029**
Joganne **3926-3927**
Johan, François **1187-1191**
Johanna **2319**
Johansen, Hanna **575**
Johnson, Crockett **212**
Johnson, Donald B. **576**
Johnson, Stephen T. **30**
Johnson, Steve **1320, 1376**
Johnson, Thomas **3051**
Joire, Françoise **895**
Jolibois, Christian **1602**
Jolivet, Joëlle **12, 13, 40, 333, 705, 724, 811, 844, 1029, 1107, 1178, 1203, 1345, 2904, 3487**
Jolsen Koffi, Mark **3847**
Joly, Dominique **1176, 3075, 3232, 3293, 3302**
Joma **776**
Jomaray-Ayrolles, Josette **3905**
Jonas, Anne **883, 1114, 3117**
Jones, Diana Wynne **1661, 1675**
Joos, Louis **412, 416**
Joquel, Patrick **1440**
Jordi, Jean-Jacques **3033**
Jorisch, Stéphane **1145, 1146, 1365**
Jost, Dorothée **3794-3795**
Jouanneau, Joël **1476**
Joub **2295**
Joubert, Jean **1447, 1727**
Jouet, Jacques **18, 2811-2812**
Jourdheuil, Jean **1483**
Jousson, Jacky **3673**
Jouvray, Jérôme **2373**
Jouvray, Olivier **2373**
Joyce, James **1298**

Jubert, Hervé **3120**
Juillard, André **2278, 2303, 2435**
Junge, Norman **171**
Jusforgues, Pascale **88, 89, 427, 431, 788, 1755, 2028, 2035, 2069**

K

Kabakova, Galina **1137**
Ka-Be-Mub-Be (William Camus) **1155**
Kacimi El-Hossani, Mustapha **3934**
Kacimi, Mohammed **3914**
Kahn, Michèle **1177, 1512, 3240**
Kajikawa, Kimiko **1378**
Kallay, Dusan **1501**
Kamoun, Josée **200**
Kanao, Keiko **3554**
Kang, Johanna **611, 1858**
Kanta, Abdoua **3867**
Karila, Anne **1854**
Karpouchko, Valérie **3801**
Karr, Kathleen **1775, 1804**
Karray, Raouf **849, 3912**
Karvoski, Alexandre **1576**
Kasano, Yuichi **158**
Kasparavicius, Kestutis **1066**
Kaspi, André **3239**
Kästner, Erich **1510-1513, 1983**
Kawai, Masao **3435**
Kawamichi, Mieko **3554**
Kayoko Ikeda **2941, 2942**
Kayser, Bernard **3061, 3416**
Kayser, Renée **3061, 3632**
Keates, Colin **3413**
Keats, Ezra Jack **272**
Keay Beneduce, Ann **1543**
Keck, Robert **3581**
Keely, Jack **3451**
Keïta, Fatou **3819-3821, 3824, 3829-3831**
Keïta, Ina **3844**
Kelley, Gary **1309-1310**
Kemp, Gene **1754, 2117**
Kenny, Mike **1477**
Kentley, Eric **3700**
Kerba, Muriel **945**
Kerisel, Françoise **2846, 3876**
Kerloc'h, Jean-Pierre **1110, 1113**
Kern, Élisabeth **871**
Kerner, Emmanuel **817**
Kerr, Andrew **3582, 3714**
Kerr, Judith **1856**
Kerrod, Robin **3403**
Kessler, Colette **2896**
Kesteloot, Lylian **1203**
Keyes, Daniel **1709**
Khaldi, Karima **3892**
Khalidy, Soraya **900**
Khallad, Fatima **3893**
Khawam, René R. **888**
Kheiriyeh, Rashin **894**
Khemir, Esma **830, 1211**
Khemir, Nacer **830-831, 1211, 2911**
Kherdian, David **1916**
Kichilov, Paul **1568**
Kiefé, Laurence **576, 784, 965, 997, 1635, 2162, 2269**
Kiehl Stéphane **3470**
Kikuta, Mariko **343**
Kim, Helen **1917**
Kimura, Ken **231**
King, Dave **3711**
King-Smith, Dick **1622, 1737-1739, 1755, 1776, 2048, 3586**
Kingue Epanya, Christian **159, 209, 3825, 3826, 3877**
Kingué, Marie Angèle **3862**
Kinka **2592**
Kipling, Rudyard **1283-1297, 1486, 1514, 1515**
Kirby, Jack **2412, 2413**
Kirkegaard, Ole Lund **2053**
Kishida, Eriko **727**
Kishiro, Yukito **2396**
Klass, David **2083**
Klein, Étienne **3332**
Klein-Gousseff, Catherine **3165**
Klever, Oscar **1261**
Klotz, Claude **2155**
Knappert, Jan **839, 1231**
Knight, Eric **1516**
Knight, Hilary **497**
Koechlin, Lionel **2854, 2927**
Koehn, Ilse **1889**
Koenig, Viviane **3101-3103, 3115, 3183**
Koide, Tan **422**
Koide, Yasuko **422**
Koike, Kazuo **2470**
Kojima, Goseki **2470**
Kokou Zannou, Ponce E. **3832, 3833, 3872, 3873**
Kolton, Batia **144**
Komagata, Katsumi **2651-2657**
Konaté, Dialiba **1202, 2884**
Konaté, Moussa **3882-3885, 3878-3880**
Könnecke, Ole **160, 161, 1603, 2025**
Koraïchi, Rachid **1422, 2776, 3913-3915**
Korkos, Alain **3412**
Korman, Gordon **2173**
Korolenko, Vladimir Galaktionovitch **1568**
Kost'Lavro **749**
Kouno, Fumiko **2279**
Kourouma, Ahmadou **3026, 3027, 3035**
Kouyaté, Hassan **1506**
Kowarsky, Didier **754**
Kozlov, Serge **1576, 1648, 1782, 1984, 1995, 2020, 2024, 2033**
Kraus, Robert **550, 551**
Kreider-Stempfle, Ruth **3762, 3763**
Kremlacek, Josef **954, 1008**
Krief, Anne **184, 185, 216, 367, 368, 486, 502, 1000, 1333, 1649, 2683, 3268**
Krings, Jean-Marc **2213**
Kristensen, Evald Tang **659, 1023**
Kronauer, Elli **1323-1327**
Krone, Bridget **3828**
Krüss, James **1066**
Kugler, Dominique **1603, 1925, 1958, 1999, 2115, 2122**
Kühne, Barbara **372, 1359**
Kuijer, Guus **2054**
Kulikov, Boris **236**
Kunio, Yamagita **681**
Kunkel, Mike **2216**
Kunth, Daniel **3400**
Kuroi, Ken **408**
Kushner, Tony **599**

L

L'Hour, Jean **2907**
La Chesnais, P.G. **639**
La Cotardière, Philippe de **3298**
La Fontaine, Jean de **1212-1228**
La Gravière, Jean **1813**
La Morinerie, Aurore de **934, 2888, 3746**
La Roche Saint-André, Anne de **2951, 2954**
La Valette, Désirée **2767**
Laâbi, Jocelyne **3902, 3908**
Laban, Michel **1574**
Labaronne, Charlotte **716, 1425**
Labarre, Amandine **3805**
Labate, Isabelle **1569**
Labbé, Brigitte **3303-3306, 3636**
Labouze, Xavier **3393**
Lacarrière, Jacques **3124**
Lachaud, Catherine **3651, 3652**
Lachèze, François **2012**
Lack, Léo **1869**
Laclos, Michel **1628**
Lacroix, Émilie **1903**
Lacroix, Pierre **2482**
Ladd, Fanny **2063**

Ladoix, Jenny **1255**
Laffon, Caroline **3016**
Laffon, Martine **326, 1202, 2884, 2897, 3016**
Lafitte, Marie **3635**
Lafonta, Isabelle **796-807**
Lagautrière, Philippe **2847**
Lager, Claude **136, 175, 192, 292, 341, 510, 742**
Lagerlöf, Selma **1517**
Lagier, Marie **3578**
Lagrange, Simone **3250**
Lahrech, Noureddine **3918**
Laird, Elizabeth **1900, 1956**
Lalinon Gbado, Béatrice **3832, 3859, 3863, 3834**
Lalou, Franck **775**
Lamarre, Roland **1703**
Lambert, Jérôme **1890**
Lambil, Willy **2365**
Lambrechts, Rémy **1507**
Lambilly, Élisabeth **3300**
Lameyre, Xavier **3000**
Lamigeon, Maryse **3437, 3695**
Lamorlette, Marie-José **577, 1140, 1633**
Lamothe, Marie-José **2917**
Lamoureux, Sophie **2989, 2992**
Lancereau, Edouard **665**
Lanchon, Anne **2963, 3463**
Landowski, Cécile **1221**
Landström, Lena **162**
Landström, Olof **162**
Landuré, Paul **3813**
Langeland, Deirdre **3507**
Langlois, Annie **876**
Langrish, Bob **3816**
Laouénan, Christine **3484**
Lapière, Denis **2238, 2270, 2325, 2374**
Lapierre, Jean-Pie **2867**
Lapointe, Boby **1457, 1460**
Lapointe, Claude **1392-1393, 1402, 1524, 1524, 1545, 1812, 3383**
Laporte, Michel **1174-1180, 1500**
Larcenet, Manu **2217, 2283, 2393**
Laroche, Gilles **2876**
Laroche, Martine **2123**
Larosa, Claude **3798**
Larousse, Alban **3597**
Larrea, Miguel **1791**
Larroche, Caroline **2687, 2754**
Larsen, Lulu **1513**
Laruelle, Danièle **1321, 1797**
Lasky, Kathryn **3213, 3214**
Lasne, René **1983**
Lassara, Christine **1427**
Lassus-Saint-Genies, F. de **1941**
Latorre, Maria-Dolors **776**
Latyk, Olivier **1041, 1094, 1647, 3008**
Lauchon, Agnès **1209-1210**
Laudec, Tony **2197**
Laudemo **2955**
Laureillard, Marie **150**
Laureillard, Rémi **1985**
Laurendon, Gilles **3771**
Laurendon, Laurence **3771**
Lauriot Prévost, Claude **234, 3328, 3329, 3700**
Lauxerois, Marie **1256, 605, 1962**
Lavachery, Thomas **1687**
Lavergne, Nicolas de **3935**
Lavigne-Kurihara, Dominique **2941**
Lawrence, Iain **1847**
Lawton, Clive A. **3274**
Lax, Christian **2287, 2357, 2382**
Laye, Camara **1901**
Laye, Pascal **3405**
Le Boeuf, Christine **1519, 1565**
Le Bris, Yann **3601, 3603, 3604**
Le Brun, Charles **1200**
Le Clézio, Jean-Marie Gustave **1471, 1560, 1575**
Le Clézio, Jémia **1471**
Le Craver, Jean-Louis **723, 733, 735, 752, 767, 929, 964, 3892, 3895**
Le Duc, Michel **2931, 3692**
Le Fèvre-Stassart, Isabelle **2821**
Le Foll, Alain **885**
Le Gac, Gwen **1981**
Le Gall, Frank **2233, 2299**
Le Gallo, Claude **2502**
Le Glatin Keis, Marie **3514**
Le Goff, Jacques **3159**
Le Goistre, Rémy **1466**
Le Goyat, Annick **1674, 2154**
Le Grand, Claire **2101**
Le Guin, Ursula K. **1656, 2123**
Le Magoarou, Bernard **3171**
Le Marchand, Véronique **2998**
Le Néouanic, Lionel **1126, 1430, 1475**
Le Saux, Alain **120, 2722**
Le Tendre, Serge **2344, 2371, 2378**
Le Tinier, Pascaline **2890, 2891**
Le Touzé, Anne Isabelle **705, 708**
Le Touze, Guillaume **1479**
Lear, Edward **1445**
Lebailly, Vanessa **3717**
Lebeau, Suzanne **1478**
Lebedev, Vladimir **1428**
Lebloas-Julienne, Renée **3499**
Lebot, Sophie **3639, 3640**
Lebrun, Séverine **355, 565, 585**
Lecarme, Pierre **3786**
Lecaye, Olga **176, 311, 313, 322, 404**
Leclercq, Pierre Olivier **906**
Lecointre, Sandrine **3528**
Lécroart, Étienne **2235**
Lécureux, Roger **2488, 2490**
Ledoux, Francis **1683, 1697**
Ledu, Stéphanie **3387**
Lée, Jeanne M. **946**
Lee, Stan **2412, 2413, 2414**
Lefebvre, Claire **3816**
Lefebvre, Sandrine **3604**
Lefèvre, Didier **2282**
Lefèvre, Murielle **2514, 2520, 2521, 2539**
Lefèvre, Thierry **3669**
Lefort, Luc **1538**
Légaut, Charlotte **2104**
Legay, Gilbert **3040**
Legendre, Françoise **353, 1918**
Legendre, Patricia **3509, 3564**
Legendre-Kvater, Philippe **3577**
Léger, Jean-Marie **1991, 1992**
Léger-Cresson, Nathalie **336**
Legrand, Lucine **3814**
Legrand, Maud **1443**
Legris, Pierre **1179**
Lehmann, Christian **1688**
Lehoucq, Roland **3333, 3401**
Lejeune, Francine **1095**
Lejonc, Régis **1086, 1229, 1267, 1430, 2310**
Leloup, Roger **2391**
Lemaire, Nelly **1863**
Lemaître, Pascal **1238, 2269, 3340**
Lemant, Albert **1460**
Lemercier, Frédéric **2282**
Lemerle, Marion **3109**
Lemieux, Michèle **1069**
Lemirre, Élisabeth **643, 1253**
Lemoine, Georges **1264, 1268, 1270, 1303-1304, 1556, 1560, 1575, 1811, 2044, 2133, 2136, 2905**
Lemoult, Sandrine **3481**
Lenain, Thierry **2100, 2129, 3466**
Lenglet, Laurence **1773, 1916**
Lenglet, Maud **1442**
Lenôtre **3774**
Lentin, Dany **3803**
Leobardy, Catherine de **1769**
Léonard, Elmore **1740**
Lepelley, Eve **1832**
Lerasle, Magdeleine **694, 697, 705, 708, 3910**
Lergen, Gilles **1342**
Lermuzeaux, Antoine **1498, 1597, 1856, 1945**

Leroy-Allain, J. **1234**
Lesarova-Roubickova, Michaela **989**
Lesch, Christiane **1092**
Lestrade, Agnès de **172**
Lesueur, Christine **1200, 3243**
Lett, Didier **3149**
Letuffe, Anne **715**
Levesque, Catherine **3641**
Levine, Gail Carson **1676, 2084**
Lévy, André **290, 464, 600, 678, 1352, 1377, 1604**
Lévy-Bram, Michèle **1853**
Lewin, André **3290**
Lewis, Clive Staples **1677**
Lewis, J. Patrick **486, 994, 1309**
Leyloyan, Anna **913**
Leymarie, Marie **2076**
Leyris, Pierre **1573**
Lhébrard, Marie **2892**
Lhez, Philippe **3672, 3674**
Lhommedet, Laurence **3121, 3162, 3198**
Lhote, Olivier **3543, 3548**
Li Jin-Mieung **955**
Lida **624, 743**
Lidberg, Sylvia **320**
Lim, Yeong-Hee **2277**
Limaïm, Sarra **3909**
Limonde, Pascale **2791**
Lin, C. **3505**
Linde, Gunnel **2025**
Lindgren, Astrid **1610, 1623, 2109**
Lindgren, Barbro **232**
Lins, Rico **1501**
Lionni, Leo **370, 552, 555**
Lipsyte, Robert **1957**
Lisak, Frédéric **3417, 3576, 3802**
Liska, Ted **3251**
Livache, Philippe **3484**
Lizano, Marc **2237**
Lizet, Bernadette **3595**
Lloyd, Megan **3649**
Lluch, Victor Angel **2143**
Lob, Jacques **2404**
Lobel, Arnold **111, 1130, 1316, 1578, 1716-1718, 1728**
Lobstein, Catherine **2695**
Locoste, Nathalie **3395, 3778**
Loe, Erlend **1624**
Logié, Alexis **3898**
Logié, Nathalie **3908**
Loiseau, Bernard **3775**
Loiseau, Jean-Claude **2839**
Loisel, Régis **2344, 2349**
Lolivier-Rahola, Gloria **2784**
Lombard, Roselyne **3514**
Lomré, Maurice **498, 981, 1650, 1932, 2054**
Londner, Claude **3219**
London, Jack **1518-1520**
Longworth, Mark **3408, 3520, 3582**
Lonsdale, Michel **1297**
Lopez, Jean **3222**
Lopez-Ballesteros, Virginia **1679**
Lorg **2431**
Lorioux, Félix **1534**
Lorofi, Georges **3850**
Losantos, Cristina **1036**
Lou, Virginie **1689**
Loubat-Delranc, Philippe **1698**
Louchard, Antonin **2, 3, 7, 33, 99, 188, 701, 1430**
Louis, Catherine **22, 1452-1453, 1936, 1937, 3749**
Louisy, Patrick **3530**
Loustal **1586**
Love, Ann **3394**
Lovera Vitali, Corinne **2085**
Lowry, Lois **1678, 1710, 1741, 1857, 1958, 2005**
Loyer, Jean-Luc **2280, 2339**
Lubabu Muitubile, Tshitenge K. **3877**
Lubarov, Vladimir **1581**
Lubert, Melle de **1242**
Luda **912, 1003**
Lummis, Douglas C. **2941**
Lundangi, Franck K. **1422**
Lunelli, Giuliano **1120**
Lunge-Larsen, Lise **1019**
Lupton, Hugh **789**
Luthaud, Anne **3771**
Luzel, François-Marie **650, 1105, 1243**
Lynch, P.J. **1263, 1305, 1507**

M

Ma Yan **3048**
Mac, Régis **3778**
Macaulay, David **3104, 3128, 3172, 3173, 3192, 3693, 3703**
MacCay, Winsor **2489**
MacDonald, Alan **1346**
MacDonald, Fiona **3110**
Machado, Jean-Marie **1085-1086**
Machado, Sandra **1446**
Macherot, Raymond **2418, 2424, 2425**
Macias, Agnieszka **966**
MacLachlan, Patricia **1984**
MacLeod, Fiona **1029**
MacManus, Géo **2483**
MacOrlan, Pierre **1792**
Maes, Dominique **3650**
Magalhaes, Ana-Maria **1140**
Magda **2325**
Magdalena **112**
Magnier, Bernard **1422**
Magnin, André **2699**
Magnusdottir **1017**
Magny, Joël **2839**
Magois, Séverine **1477**
Magorian, Michelle **1858**
Mahfoudh, Lofti **3916**
Maillet, Béatrice **1463**
Maïofiss, Michel **1214**
Maïorana **2342**
Maison Rouge, Isabelle de **2700**
Maison, Jérôme **3544**
Maitte, Bernard **3934**
Maja, Daniel **1510, 1623, 2145, 2857, 2873, 2934, 2958, 2974, 3012**
Majaluoma, Markus **372**
Makyo **2378**
Malet, Léo **2383**
Malineau, Jean-Hugues **1416, 1431, 1447, 1466, 3535**
Malkovych, Ivan **749**
Mallard, Marie **1905, 2909**
Mallard, Neil **3701**
Malmezat, Isabelle **1162**
Malone, Vincent **1350, 1368**
Malot, Hector **1521, 2240**
Malte, Marcus **405, 1793**
Malthet, Olivier **1679, 1693**
Maly, Milos **989**
Mammeri, Mouloud **828**
Mandel, Lisa **2228, 3046**
Mandela, Nelson **2975**
Mangione, Cristiano **444**
Manier, Jean-François **1450**
Mankell, Henning **1491, 1919**
Mannoni, Gérard **2834**
Manoukian, Isabelle **1216, 1220**
Mansot, Frédérick **762, 1525, 2846, 2923**
Manushkin, Fran **334**
Mapaula, Marie-Claude **2084, 2091, 3192**
Marchak, Samuel **1428**
Marchand, Alice **419, 563, 2087, 3050, 3311**
Marchand, Véronique **3725**
Marchenay, Philippe **3519, 3674**
Marchon, Anne **2040**
Marchon, Benoît **1417, 2852**
Mardam-Bey, Farouk **1422, 3770, 3915**
Mardrus, Joseph Charles **668, 892**
Maréchal, Arnault **983**

Margerin, Frank **2458**
Mari, Enzo **59, 60, 2663, 2664**
Mari, Iela **58, 59, 60, 273**
Mariette, Sandrine **2559**
Marineau, Michèle **615**
Marini, Enrico **2304**
Marion, Rémy **3584**
Mariotti, Mario **94**
Markale, Jean **1108**
Markowicz, André **1428**
Marquet, Claudette **2908**
Marschall, Ken **3698**
Marsden, John **1805, 2124**
Martin **1938**
Martin, Andreu **1679, 2174**
Martin, François **3341**
Martin, Gilles **3545**
Martin, Jacques **2436, 2437**
Martin, Jean-François **737, 751, 1064, 1424, 1427, 2835, 2950**
Martin, Joël **1466**
Martin, Nicolas **2767, 2769**
Martin, Rafe **952**
Martinez, Barbara **758, 3331**
Maruéjol, Florence **2688, 3111**
Maruki, Toshi **3267**
Marvano **2397**
Mary, Vincent **3774**
Marzouki, Samir **3919**
Masbou **2341**
Masini, Beatrice **2125**
Mason, Antony **3186**
Massignon, Geneviève **645**
Masson, Claudine **3388, 3395**
Masson, Jean-Michel **3388, 3394, 3395**
Masson, Jean-Robert **1961**
Masson-Delmotte, Valérie **3431**
Masumi Yamauchi **2941, 2942**
Mata, Marta **746**
Matas, Carol **1859**
Mathie, Gérard **1462**
Mathiesen, Egon **595**
Mathieu, Dominique **1378, 1756**
Mathieu, François **1033, 1040, 1511, 1729, 1826**
Mathis, Jean-Marc **197, 2130**
Mathy **2374**
Mathy, Olivier **3806**
Mathy, Vincent **3353**
Matouk, Olivier **1156-1157, 915**
Matsui, Tadashi **949**
Matsumoto, Leiji **2462, 2463**
Matsumoto, Taiyo **2272, 2288**
Matsuoka, Tatsuhide **3607, 3625**
Matta, Federica **1321**
Matthews, Rupert **3187**
Mau, Olivier **1647**
Maucler, Christian **3667**
Mauclin, Valérie **930**
Maunoury, Jean-Louis **907**
Maurel, Gilbert **1552**
Maurel, Hélène **1181**
Maury **2428**
Maury, Jean-Pierre **3312-3314**
Maury-Kaufmann, Marianne **3840, 3874, 3875**
Mayaba, Hortense **3822, 3823, 3835**
Mayer, Mercer **190, 198**
Mazan **2316**
Mazet, Elbio **1161**
Mazoué, Patrice **1468**
Mazoyer, Marce **3083**
McAfee, Annalena **247**
McAulay, Liz **3116**
McBratney, Sam **292**
McCaughrean, Geraldine **1806, 1807**
McClintock, Barbara **748, 765, 1207**
McCloskey, Robert **173, 406**
McCloud, Scott **2503**
McCulley, Johnston **1522**
McCunn, Ruthanne Lum **1840**
McDonnell, Patrick **163**
McGuire, Richard **54**
McIntosh, Jane **3085**
McKean, Dave **2229**
McKee, David **113, 371**
McKissack, Patricia C. **3193, 3194**
Mebs, Gudrun **1985**
Meddaugh, Susan **1359**
Medlej, Joumana **3931-3932**
Medlej, Youmna Jazzar **3931-3932**
Mehée, Loïc **3791**
Meirieu, Philippe **2880**
Melano, Olivier **3088, 3537, 3653**
Mélinand, Lise **911**
Mellinette, Martine **1448-1450**
Mélo, Amélie **3818**
Melquiot, Fabrice **1487**
Melville, Herman **1523**
Ménard, Diane **1658, 1659, 1670, 1690, 1810, 1846, 1848, 1851, 1900, 2022, 2071**
Ménard, Jean-François **435, 497, 593, 1627, 1667, 1682, 1774, 2088, 2117**
Mens, Yann **1895**
Mensah, Israël **851**
Mentink, Catherine **3725**
Mercié, Tina **330**
Mercier, Catherine-Jeanne **810, 2743**
Mercier, Tina **690**
Merdrignac, Bernard **2898**
Mérel **1629**
Mérimée, Prosper **1280**
Merle d'Aubigné, Laure **485**
Merle, Claude **3077, 3081, 3121, 3161, 3162**
Merle, Jean-Marie **2879**
Merlin, Christophe **1382, 1613, 1950, 2785**
Mermet, Daniel **131**
Merola, Caroline **3862**
Merveille, David **73**
Meslay, Olivier **3055**
Mesmer, Otto **2478**
Messager, Alexandre **3017, 3019**
Messenger, Norman **3720**
Metailié, Anne-Marie **1732**
Metoui, Lassaâd **3297**
Mets, Alan **514, 1730, 2105**
Mettler, René **3605, 3608-3611, 3626, 3654**
Metzger, Doan **3399**
Meuleau, Maurice **3096, 3122**
Meunier, Henri **130**
Meurice, Eric **3791**
Meurisse, Catherine **3671, 3777**
Meyer, Camille **1834**
Mézières, Jean-Claude **2392**
Miadi, Fadwa **2860**
Michaud, Jean-Marie **2937, 3704**
Michaux, Madeleine **3129**
Michel, François **2990, 3411, 3420, 3619, 3620, 3677**
Michelin-Granier, Florence **1654**
Michetz, Marc **2358**
Micou, Hélène **731**
Midam **2221**
Miermont, Dominique **348**
Migdal, André **3250**
Mignon, Philippe **1196-1197**
Mignot, Christine **1026**
Mikenushev, Alexander **1634**
Millar, H.R. **1648**
Millard, Anne **3069, 3105**
Millard, Kerry **1756**
Miller, Frank **2415**
Millerand, Alain **2138, 2939**
Millet, Cathy **840**
Millet, Claude **1964, 3164, 3342, 3459, 3665**
Millet, Denise **1964, 3164, 3342, 3459, 3665**
Millon, Marianne **1572, 2174**
Mills, Andrea **3500**
Minarik, Else Holmelund **233**
Mindy, Paul **697-698**
Mingarelli, Hubert **1886, 2095**
Mingau, Muriel **1306**
Minne **279, 310**

Mintsa, Justine **3870**
Miquel, André **666, 669-670, 889, 1208-1210**
Miquel, Pierre **3181, 3217**
Mira Pons, Michèle **3468, 3639, 3640**
Mirabel, Annie **2813**
Mirande, Jacqueline **1834**
Mirbeck, Marie-France de **1914**
Mirza, Sandrine **2858, 3144**
Misraki, Paul **1457**
Misserly, Hélène **1676, 1775, 1804, 1821, 1996, 2163**
Missonnier, Catherine **1920, 2175**
Mistral, Laure **2869, 2870**
Mitral, Yvette **1497**
Mitric, Nicolas **2348**
Mitteï **2446**
Mitton, Tony **784**
Miura, Taro **114, 622**
Miyakawa, Momoko **3679**
Miyazaki, Hayao **2398**
Mobio, Claire **3819-3821, 3829-3831**
Model, Laurence **1754**
Model, Philippe **3771**
Modiano, Zina **2052**
Moebius **2405**
Moeyaert, Bart **981, 2118, 2086**
Moignot, Daniel **2919**
Moirenc, Sandrine **3066**
Moissard, Boris **210, 1334, 1832, 1856, 3368**
Moizie, Sylvain **3046**
Moka **1680, 1959, 2156, 2176**
Molan, Chris **3110**
Moland, L. **639, 1274**
Molènes, Thalie de **947**
Möller, Anne **3512, 3655**
Mollet, Charlotte **712, 3911**
Momaday, N. Scott **1321**
Monastiri, Zeineb **3909**
Moncomble, Chloë **569**
Moncomble, Gérard **2950, 2951**
Moncond'huy, Dominique **1441**
Moncrieff, Stephen **3472**
Monférier, Claire **664**
Monfort, Sylvia **1296**
Monfreid, Dorothée de **1742**
Monfreid, Henry de **1808**
Monjo, Armand **2138**
Monnier, Jean-Gabriel **1544**
Monnin, Françoise **2697**
Monroy, Michel **2973**
Monsabert, Anne-Sophie de **1356**
Montagnat, Serge **3452, 3458, 3459**
Montalant, Nathalie **3676**
Montardre, Hélène **3207, 3419, 3615, 3656**
Montelle, Édith **688, 782, 1082**
Montesquieu, Marie-Laure de **3782**
Monteux, Cécilia **1638, 2047**
Monthiers, Marie-Françoise **2257**
Montmoulineix, Sylvie **1434**
Montoriol, Cassandre **716, 3755**
Monzein, Brigitte **1544**
Moon, Sarah **1124, 2820**
Moore, Alan **2326, 2399**
Moore, Inga **498**
Mopsik, Aline **2899**
Mopsik, Charles **2899**
Morais Rego, Ciro de **1446**
Moran, Cécile **2060**
Moreau, Bernard **1443**
Moreau, Jean-Luc **750**
Morel, Étienne **743, 778, 922**
Morel, Fabienne **2938**
Morel, Jean-Paul **1504**
Morency, Marie **1513**
Morera, Alfred **3814**
Moreu, René **274**
Morgan **1074, 1134, 3157**
Morgaut, Philippe **1677, 1806, 1807**
Morgenstern, Mayah **207**
Morgenstern, Susie **553, 1986, 2006, 2032, 2036**
Morgiève, Richard **1561**
Morguet, Brice **3475**
Mori, Hideki **2359**
Morin, Patrick **3407, 3527, 3535, 3555**
Morise, Max **1762**
Morita, Hélène **950**
Mornet, Pierre **1743**
Morpurgo, Michael **577, 1562, 1777, 1794, 1810, 1845, 1846, 1848**
Morris **2426**
Morris, Tom **3448**
Morrison, Slade **2269**
Morrison, Toni **2269**
Morton, Leith Douglas **465**
Morvan, Françoise **580, 581, 1105, 1428**
Morvan, Frédéric **1135-1136, 3085**
Morvan, Jean-David **2208, 2236**
Morvillez, Éric **3132**
Moscovici, Jean-Claude **1860**
Moser, Erwin **1729, 1749**
Mosner, Ricardo **819**
Mossé, Claude **3121**
Mosser, Monique **3807**
Mostyn, Davis **1627**
Motsch, Elisabeth **1600, 1827, 1879, 2041**
Motte-Florac, Élisabeth **866**
Mouchart, Benoît **2504, 2508**
Mounié, Didier **1382**
Mounier, Alain **3276**
Mounier, Fabienne **601**
Mouriaux, Pierre-François **3299**
Mouriaux, Valérie **790**
Mouridi, Aboubacar **875**
Mourlevat, Jean-Claude **1652, 1711, 1750, 2007**
Mouton, Laurence **3769**
Mouy, Iris de **2844**
Mühle, Jörg **3354, 3453**
Muller, Gerda **79, 293, 294, 740, 3616**
Muller, Hélène **993, 1002**
Müller, Jörg J. **629, 630, 3155**
Mumford, Simon **3408**
Munari, Bruno **32, 47, 48, 49, 50, 61, 72, 80, 81, 2658-2660, 2813, 3676**
Munch, Philippe **1199, 1521, 1697, 1817, 3060, 3151**
Munoz, José **2111**
Munuera, José-Luis **2208**
Murail, Marie-Aude **1611, 1625, 1639, 1771, 2008, 2038, 2049, 2157**
Murakami, Tsutomu **950**
Murakami, Yasunari **231**
Murakami, Yukuo **465**
Muray, Jean **1518, 1523**
Murdoch, David H. **3036**
Murphy, Jill **234**
Murphy, Martina **2087**
Murray, Stuart **3404**
Murschetz, Luis **1464**
Musa, Hassan **854-858, 861-863, 880, 3912**
Musa, Patricia **859-864, 878, 3903, 3912**
Muscat, Bruno **2960**
Muso **3343**
Mussat, Xavier **3233**
Musset, Jacques **2900**
Mussot, Xavier **3438**
Mussotte, Bertrand **3725, 3753**
Musy, Gilbert **1582**
Muth, Jon J. **944, 1282, 1314**
Muzi, Jean **741, 839, 852, 879, 1099, 1230**
Muzo **2183, 3000**
Mwankumi, Dominique **174, 602, 3024, 3668**
Myers, Bernard **3790**
Myers, Walter Dean **1947**
Mythic **2446**

N

N'Dongo, Tidiane **846**
Nachabe Taan, Yasmine **3889**
Nadja **311, 312, 440, 466, 540, 541, 542, 543, 1173, 1335, 1354, 1357, 1371, 702, 785, 1657**

Nagata, Tatsu **3508, 3521, 3523, 3536, 3556- 3559**
Nakano, Hirotaka **3617**
Nakazawa, Keiji **2471**
Nancy, Jean-Luc **2866**
Nanetti Casari, Angela **1987**
Nantet, Bernard **3029**
Naoum, Nabil **3922**
Narayan, Rasipuram Krishnaswamy **1769**
Naruse, Julie **2288**
Naudin, Claude **3078**
Navello, Jean-Marc **3594**
Ndiaye, Marie **1657**
Ndiaye, Moustapha **3836, 3837**
Ndiaye Sow, Fatou **3836, 3837**
Néaumet, Jean **672**
Nédellec, Dominique **1903**
Needle, Jan **1902**
Neel, Julien **2261**
Neels, Christian **2177**
Negrin, Fabian **1152, 3165**
Neis, Lilo **562, 575**
Nemiri, Nicolas **2236**
Nervi, Nadine **3554**
Nesbit, Edith **1648**
Nessmann, Philippe **3360-3364**
Nétillard, Suzanne **1546**
Neuville, C. **1551, 1552**
Newman, Lori-Ann **3759**
N'Guessan, Dan **3861, 3869**
Nguyên-nga **956, 957, 958**
Nguyen-Xuân-Hùng **959**
Nicholls, Nick **3116, 3127**
Nicholson, William **1690**
Nickl, Peter **407**
Nicodème, Béatrice **2158**
Nicolas, Alain **2801**
Nicolas, Bernard **3511**
Nicolas-Cocagne, Marie-Pascale **3743**
Nicolino, Fabrice **3627**
Nicoloso, Loïc **3774**
Nihei, Tsutomu **2406**
Niimi, Nankichi **408**
Nikly, Michelle **454, 766, 990, 1048, 1052, 1054, 1061, 1065, 1257, 1311, 1563, 2128**
Nilsson-Brännström, Moni **2037**
Njeng, Pierre-Yves **3839**
Noble, Philippe **1854**
Noblet, Jean-François **3641, 3642**
Nodot, Antoinette **1914**
Noël, Bernard **253, 885, 1279, 1508**
Nogel, François **2277**
Noguès, Jean-Côme **1192, 1820, 1828**
Noiville, Christine **3776**
Noiville, Florence **3776**
Noizet, Yvonne **2073**
Nollet, François-Robert **1088**
Nomo, Vincent **3838**
Noon, Steve **3069, 3070, 3105, 3700**
Norac, Carl **166, 225**
Nordqvist, Sven **3368**
Nordstrom, Jockum **175**
Norge, Géo **1430**
Norman, Howard **1149**
Norman, Roger **1691**
North, Sterling **1766**
Norwood, Julien **3438, 3531**
Nöstlinger, Christine **1626, 2101, 2110**
Nou, Jean-Louis **2915**
Nougaro, Claude **1457**
Nouhen, Élodie **248, 695, 713**
Novarino, Albine **1214**
Novi, Nathalie **561, 694, 1040, 1085, 1409, 1430, 1457, 2113, 3910**
Nozière, Jean-Paul **1893, 1960**
Nury, Fabien **2333**
Nygren, Tord **210**

O

O'Grojnowsky **2220**
Oakley, Graham **95**
Obata, Takeshi **2285**
Obin, Manféï **844**
Obrecht, Cyril **2555**
O'Brien, Robert C. **1653**
O'Connor, Barbara **1948**
Oda, Eiichiro **2207**
O'Dell, Scott **1795, 1814**
O'Hara, Mary **1767**
Ohtake, Shinro **409**
Okuyama, Kimihito **2721**
Olce, Nicolas d' **1414**
Oldfield, Pamela **3215**
Olive, Guillaume **931-933**
Oliver, Michel **3764**
Olivier, Guillaume **3752**
Ollivier, Jean **274, 1796, 2484**
Ollivier, Mikaël **2131**
Omond, Eric **2192**
Ondjaki, Nédellec **1903**
O'Neill, Kevin **2399**
Oomes, Nicolette **1854**
Oppel, Jean-Hugues **2159, 2160**
Oppel, Kenneth **1751, 1797**
Oram, Hiawyn **992**
Orange, Maxime **1642**
Orhun, Emre **1548**
Orlev, Uri **1861, 1862**
Ormerod, Jan **1496**
Ormières, Alice **1951**
Orr, Wendy **1756**
Orsot, Catherine **1558**
Ortiz, Alfonso **682**
Oshima, Mishiru **2521**
Osman, Fathi **860**
Osman, Monique **3477**
Oster, Christian **1580, 1730, 1742**
Osterwald, Hans-Ulrich **3469**
Osu Library Fund **3824**
O'Sullivan, Mark **1851**
Otomo, Katsuhiro **2334, 2400**
Ouajjou, Sonia **3890-3891**
Oubrerie, Clément **2993, 2992**
Oulitskaïa, Ludmila Evguenievna **1581**
Oumouloud, Saïd **3917**
Oxenbury, Helen **115, 291, 556, 1338, 1501**

P

Pacovská, Květa **74, 75, 76, 721, 2514, 2521**
Pagni, Gianpaolo **23, 82, 1561, 3811**
Pailler, Muriel **3803**
Paludis, Paul **231, 425, 554, 557, 558, 571, 572, 573, 574, 2268**
Panafieu, Jean-Baptiste de **3089, 3307, 3440, 3532, 3533, 3600, 3602, 3628**
Paolini, Christopher **1692**
Papin, Nathalie **1488**
Papy, Jacques **1501, 1539**
Pâqueforêt, Marcus **235**
Paquet, Dominique **1492**
Paraf, Anne-Mathilde **1266, 1276**
Parain, Nathalie **62, 134, 189, 3734**
Parayre, Edouard **1542**
Paringaux, Philippe **250**
Paris, Paulin **1236-1237**
Parisot, Henri **1501**
Park, Linda Sue **1823**
Parker, Steve **3445, 3629**
Parkins, David **1755**
Parlier, Édith **2694**
Parme, Fabrice **2199**
Parmentier, Catherine **1090**
Parrondo, José **2222, 3678, 3705**
Parseval, Estelle de **927**
Paskoff, Roland **3647**
Pasques, Patrick **3634**
Pasquet, Jacques **1148**
Pasquier, Hélène **1735**

Passaret, Anne-Marie **910, 918, 1001, 1005, 1006, 1009**
Passeron, Joëlle **3302**
Pastoureau, Michel **3175, 3178**
PatCab **3117**
Paterson, Katherine **1798, 1841, 2009**
Patou **3849, 3871**
Patrix, Blaise **1317**
Pau, Jean-Marc **3269**
Pauget, Gilles **1379**
Pavloff, Franck **2954**
Pavlova, Anna **2748**
Payan, Charles **2579**
Payet, Jean-Michel **888, 2906, 3096**
Pearson, Anne **3116**
Peck, Robert Newton, **1768**
Pécoud, André **1530, 1532**
Pedersen **1275**
Peet, Mal **1693**
Peeters, Benoît **2335, 2505, 2506**
Pef **121, 544, 1466, 1601, 2961, 2965, 3254, 3262-3264, 3474, 3775**
Pegeon, Élisabeth **3506**
Pellerin **2431**
Pellerin, Patrice **2305**
Pellerin, Simone **682**
Pelletier, Ninon **169**
Pellos, René **2485**
Pelloté, Marc **3421**
Peltier, François **3761**
Pemberton, Jeremy **3106**
Pennac, Daniel **1760, 1761, 2148**
Pennart, Geoffroy de **1360, 1362-1364**
Penot, Jean-Pierre **3299**
Pény-Étienne, Elsa **3630**
Perche, Eric **692**
Perec, Georges **609**
Pérez, Joseph **3199**
Perez, Serge **2096**
Pergaud, Louis **1524**
Périer, François **1296**
Périquet, Jean-Claude **3603**
Pernoud, Régine **2901**
Perrault, Charles **639, 644, 738, 1109-1120-1129**
Perret, Delphine **515, 545, 2223**
Perret, Michèle **1197**
Perrin, Huguette **1763**
Perrin, Jean-Michel **1499**
Perrin, Martine **43, 44, 45**
Perrin, Renaud **1299, 2107**
Perrot, Annick **3318**
Perrot, Michelle **3079**
Perruchon, Agnès **1217**
Perry, Mélanie **3811**
Pertuzé, Jean-Claude **1093**
Peskine, Brigitte **2010**
Pétillon, René **2388**
Petit Faux, Dominique **2503**
Petit, Pascal **3708**
Petit, Xavier-Laurent **1699, 1921, 2011, 2178, 3160, 3308**
Pétreault, Françoise **705, 708**
Petruccio, Stephen James **3507, 3571**
Petty, Kate **3661**
Peugeot, Catherine **2692**
Peyo **2427-2429, 2446**
Peyrols, Sylvaine **3553**
Pfenninger, Margaret **2786**
Pfister-Mesavage, Vanessa **1138**
Phan, Minh **2594**
Philippo, Sophie **3438**
Philipponneau, Olivier **1219**
Phodox, Frida **3710**
Piantone, Hélène **3701**
Piat, Dominique **2081**
Piat-Couvert, Dominique **2179**
Pic, Pascal **3443**
Picard, Caroline **3532**
Picon, Daniel **3716, 3721, 3789, 3799, 3800**
Pienkowski, Jan **53**
Piéplu, Claude **1240-1241**
Pieroni, Christian **1447**
Pierrat, Geneviève **2689**
Pierrat-Bonnefois, Geneviève **2690**
Pierre, Arnauld **2780, 2794**
Pierre, Emmanuel **893**
Pierre, Michel **3072, 3196, 3275**
Piettre, Pauline **3233, 3300**
Piganiol, Agnès **1691**
Pigeaud, Romain **3090**
Pillet, Françoise **1480**
Pillot, Frédéric **3388, 3395, 3417, 3517, 3543, 3805**
Pilon, Pascal **3021**
Pilorget, Bruno **1103, 1182-1183, 1535, 1811**
Pin, Isabel **639**
Pinchon, Joseph-Porphyre **2474**
Pinchon, Serge **1469**
Pinel, Florence **1126**
Pinet, Michèle **3412**
Pingault, Emmanuelle **3272**
Pinguilly, Yves **840, 1107**
Piquemal, Michel **248, 1413-1414, 1829, 1949, 2785, 2847, 3037, 3041, 3146**
Pirandello, Luigi **1569**
Pirotte, Geneviève **1539**
Piroux, Nicolas **3744**
Pitre, Giuseppe **1136**
Pittau, Francesco **516**
Pitzorno, Bianca **1654**
Piumini, Roberto **2125, 2138**
Pivot, Bernard **1551**
Place, François **410, 421, 628, 1651, 1794, 1810, 1845, 2773, 3184, 3185, 3208,**
Platiel, Susy **850**
Platt, Richard **3133, 3163, 3201, 3244**
Plauen, E.O. **2409**
Plazy, Gilles **2782**
Plessix, Michel **2193**
Plisson, Philip **3691**
Ploton, Olivier **3727**
Podeval, Mark **967**
Poe, Edgar Allan **1525**
Pogorelskij, Antony **1563**
Poillevé, Sylvie **1385**
Poirier, Philippe **3119**
Poirot-Chérif, Sandra **1440**
Poirot-Delpech, Bertrand **1885**
Poissenot, Jean-Marie **3111, 3123, 3318, 3430**
Poitrenaud, Robert **2994, 2995, 3320**
Poïvet, Raymond **2490**
Poizat, Chloé **1427**
Poliakova, Sacha **699, 795**
Politi, Antonino **3777**
Politzer, Michel **3175, 3673**
Pomerantz, Charlotte **34**
Pommaux, Nicole **2352, 2376**
Pommaux, Yvan **388, 411, 426, 430, 609, 1353, 1367, 1370, 1372, 1771, 2352, 2376, 3281, 3658**
Pommet, Françoise **1060**
Pommier, Maurice **1523, 3154, 3190, 3191, 3238, 3245**
Pommier, Sophie **2909**
Poncelet, Béatrice **181, 182, 183, 255**
Pons, Émile **1541**
Pontegnier, Delphine **2950**
Ponthus, René **3123, 3216, 3257, 3269**
Ponti, Claude **14, 15, 16, 441, 467, 468, 469, 470, 471, 472, 473, 474, 475, 476, 477, 517, 518, 567, 1473, 2126**
Pontoppidan, Alain **3663, 3765**
Poole, Joséphine **1039, 3268**
Porée, Jean-Dominique **3294**
Porlier, Bruno **3447, 3500, 3520, 3582, 3680, 3711, 3714**
Poslaniec, Christian **491, 492, 493, 1233, 1598, 2959, 3291**
Poslaniec, Michèle **491, 492, 493, 579, 1653, 1707, 1766, 1840, 1889, 2077, 2164**
Poslaniec, Sylvain **618**

Postic, Fanch **649**
Potier, Jean Henri **199**
Potok, Chaïm **1890, 2055**
Potter, Beatrix **494**
Pouchkine, Alexandre **996, 1526**
Pouilloux, David **3476**
Poulbot **1527**
Poulin, Stéphane **1381**
Poullet, Hector **696**
Pouly, Julien **2472**
Pourrat, Henri **1100-1101**
Poussier, Audrey **139**
Prache, Denys **1466, 3383, 3791**
Pracontal, Mona de **1497, 2120**
Prado, Miguelanxo **2320**
Prap, Lila **3560**
Prats-Okuyama, Catherine **2721**
Pratt, Hugo **2306, 2307, 2360, 2368**
Pratt, Pierre **249, 1067**
Prélet, Christiane **1852**
Pressler Mirjam **1854, 1863, 2056**
Pressmann, Frédérique **1710, 1911, 1912, 2068, 2165**
Preussler, Ottfried **1195**
Prévert, Jacques **1430, 1434**
Prigent, Andrée **700, 736, 758, 1430, 2568, 3894**
Prigent, Christiane **3180, 3759**
Prince, April Jones **431**
Privat, David **2772, 2790, 2822, 2827, 2828**
Probst, Marie-Odile **1897**
Prof. Lu **3875**
Prokofiev, Serge **1300, 1301**
Promeyrat, Coline **724, 755, 756**
Pronto **3346**
Prose, Francine **967**
Proteaux, Catherine **3344**
Prual, Yves **704, 706**
Prunier, Guy **1379**
Prunier, Jame's **1520, 1523, 1786, 3218**
Pruvost, Stéphane **2556**
Pruvot, Jamy **3175**
Pu Songling **678**
Pucek, Vladimir **954**
Pudles, Daniel **1004, 1171**
Puech, Michel **3303-3306, 3636**
Puig-Rosado **1400-1401**
Pullman, Philip **1627, 1649, 1694**
Punyet Miró, Joan **2784**
Pussey, Gérard **2102, 2119**
Puybaret, Éric **728**
Py Balibar, Isabelle **1736**
Py, Olivier **1481**

Q

Queneau, Raymond **132, 1430**
Quentin, Corinne **343, 409**
Quéré, France **2902**
Quino **2410**
Quintela, Diego **1744**
Quiroga, Horacio **1570, 1586**

R

Rabard, Corinne **1388-1390**
Rabbia, Yves **3399**
Rabelais, François **1240-1241**
Rabier, Benjamin **1234, 1744, 2476**
Rachmuhl, Françoise **963**
Radström, Niklas **2047**
Radunsky, Vladimir **250**
Raharimanana **3848**
Raichvarg, Daniel **3316**
Raillard, Alice **1905**
Ramade-Masson, Isabelle **3643**
Ramanantsoa, Christiane **3871**
Ramanathan, Rathma **942**
Rambaud, Maurice **1669**
Ramos, Mario **39, 51, 519, 520, 1719**
Ranford, Sandy **3816**
Rao, Sirish **35, 942**
Rapaport, Gilles **612, 617, 1352, 1377, 3270**
Raphoz, Fabienne **687**
Rascal **412, 416, 738, 744, 3683**
Raschka, Chris **734, 1457**
Rasmussen **1147**
Rat, Michel **3814**
Rathmann, Peggy **442**
Rauzier-Fontayne, Lucie **1988**
Ravelona, Jean A. **3848**
Ravishankar, Anushka **35, 389, 390**
Rayner, Mary **1737, 1738**
Rébéna, Frédéric **597, 1693, 1703, 3787**
Reberg, Évelyne **951, 2186**
Rebérioux, Madeleine **3259**
Recorvits, Helen **1961**
Recoura, Aline **3723, 3724**
Reeber, Michel **2912**
Rees, Celia **1799, 1830**
Regnaud, Jean **2297**
Reichert, Franck **2320**
Reinharez, Isabelle **101, 164, 289, 619, 621, 1612, 1706, 1809**
Rémond, Emmanuelle **2890, 2891**
Renard, Jules **1527, 1528**
Renaud, Isabelle **3659**
Renaud, Jean **639, 657, 659, 1017, 1743**
Renaux, Axel **3300**
René, Jean **1749**
Retureau, Gaëlle **546, 1060**
Reuter, Bjarne **1743, 2057**
Revault d'Allonnes, Myriam **2853**
Revel, Sandrine **2315**
Revellat, Marie-Alyx **1768**
Reviers, Bruno de **3659**
Revol, Valérie **3794-3795**
Rey, Alain **2696, 2980**
Reysset, Karine **3782**
Reyt, Claude **2838**
Reznikov, Patricia **1148**
Rhodes, Evan H. **1815**
Rhozali, Banyounes **822**
Ribeiro, Aquilino **1744**
Ribera, Jaume **2174**
Ribeyron, Samuel **754**
Rich, Claude **1506**
Richard, Jean-Pierre **1514**
Riché, Pierre **3148**
Richter, Hans Peter **1852, 1881**
Richter, Jutta **1559, 2064, 2065**
Richter, Ludwig **1076**
Ries, Julien **2910**
Rieublandou, Pierrette **3251, 3252**
Riff, Hélène **251, 252, 335**
Rigoureau, Luc **1751, 1758, 1868, 1956**
Rihova-Allendes, Hana **983**
Rime, Jacques **3580**
Riot, Elen **1501**
Riou **1552, 1553**
Ripault, Ghislain **1907**
Rivais, Yak **1628**
Rivallain, Josette **3028**
Rivière, François **2379**
Rizek, Tomas **975**
Roane, Alexandre **3388**
Roba **2430**
Robbins, Arthur **1302**
Robelin, Cécile **2854**
Robelin, Jean **2854**
Robert, Marthe **639, 654, 1038, 1056**
Robert, Yannick **3758, 3760**
Robert-Nicoud, Elie **1660, 1790**
Roberts, Bruce **615**
Roberts, Moss **935**
Robilliard, Marie-Amélie **2092**
Robillot, Henri **1496, 1496, 1567, 1817, 1867, 1972, 2048, 2132**
Robin **3411, 3420**
Robin, Mathieu **2051**
Robin, Pascal **3426, 3499, 3532, 3533**
Robin, Thierry **2184, 2224, 2327**

Robins, Arthur **1168-1169**
Robins, Jim **3133**
Robinson, Anette **2698, 2777-2778**
Roca, François **394, 428, 431, 433, 434, 436, 482, 976, 977, 1539, 1566, 1570, 2066**
Rocard, Ann **786, 962, 1094**
Roche, Daniel **3693**
Rochedy, André **1450**
Rochefort, Jean **1235**
Rochette, Jean-Marc **1109, 1121, 1504, 2404**
Rochut, Jean-Noël **3122, 3430**
Rodari, Gianni **449, 578, 1351, 1587, 1752**
Rodda, Emily **1681**
Rodoreda, Joëlle **2795**
Rodriguez, Béatrice **423**
Roederer, Charlotte **3345**
Roelandt, Véronique **1577, 2097**
Roger, Marie-Sabine **1922, 2066, 2955**
Rogez, Léon **3516, 3517**
Rogo-Levenez, Eva **3827**
Rojankovsky, Feodor **31, 284, 413, 624**
Roland, Claudine
Rolland, Eugène **633**
Rollet, Noémie **2063**
Roman, Alain **3321**
Romand-Monnier, Céline **2082**
Romano, Jong **1012, 1553**
Romano, Pasqual **3722**
Romanova, Yelena **236**
Romby, Anne **1114**
Romejko, Laurent **3432**
Romita, John **2414**
Ronget, Christian **2992**
Ronzon, Antoine **3223**
Root, Phyllis **556**
Roques, Nathalie **2202**
Rosano, Laura **1253**
Rose, Françoise **1543**
Rose, Jean **2855, 3146**
Rosen, Michael **115, 356**
Rosenfeld, Michaël **2831**
Rosenstiehl, Agnès **2723-2741, 2875, 2983, 2885, 2886, 2887**
Rosinski, Gregorz **2345, 2347, 2362**
Rosoff, Meg **2023**
Ross, Tony **1205, 1337, 1341, 1347, 2028, 2029, 2035**
Rossati, Chantal **2676, 2677**
Rosselin-Bobulesco, Isabelle **1854**
Rossi, Christian **2333, 2369**
Rosy **2108, 3460**
Rosy, Maurice **2440**
Roth, Susan L. **1951**
Rothman, Michael **3567**
Rottova, Inna **975**
Rouault, Jean-Baptiste **2828**
Roubaud, Jacques **1430, 1434, 1441**
Rouche, Gilles **1940**
Roudart, Laurence **3083**
Roudot, François **3008**
Rougé-Garma, Aurélie **983**
Rouger, Jean-Jacques **2237**
Rougerie, Jacques **3241.**
Rougerie, Rodolphe **3518**
Rouil, Christophe **887**
Roujoux, Paul de **3173**
Roumanoff, Katherine **2513**
Roure, Roland **1410**
Rousseau, Amélie **3792**
Rousseau, Elise **3589**
Roussel, Matthieu **290, 464, 600**
Rousselot, Jean **1430**
Rousso, Henry **3278**
Rousso-Lenoir, Fabienne **2903**
Roux, Marie-Claire **3006**
Rowe, John A. **763, 766**
Rowling, Joanne Kathleen **1682**
Roy, Claude **1430, 1723, 1745**
Roy, Indrapramit **923**
Roy, Jeroo **1231**
Roy, Ron **373**
Royer, Alain **1626, 1881**
Royer, Anne **3140, 3612**
Royo, Daniel **3007**
Rozier-Gaudriault **1498, 1787**
Ruano, Alfonso **485, 1572**
Rubio, Vanessa **1645, 2061, 2928, 2953**
Ruda **3788**
Rudel, Christian **3038**
Ruffieux, Jean-Marie **3094**
Ruillier, Jérôme **281, 1126, 3347**
Rumford, James **3188, 3234**
Rush, Barbara **971**
Russo, Marisabina **116**
Rustelli, Grazia **841**
Ryan, Pam Munoz **1923, 2067**
Ryder, Joanne **3567**

S

Saalman, Günter **1962**
Sabathe, Philippe **1520**
Sabatier, Claudine **717, 1495**
Sabatier, Roland **717, 816, 1495**
Sachar, Louis **2068, 2088, 2089**
Sadat, Mandana **225, 299, 414**
Sadji, Abdoulaye **3850, 3852**
Sadoul, Numa **2507**
Sadoun, Chloé **1350, 1368**
Safa, Karine **3030, 3926-3927**
Sage, James **1067**
Saillard, Rémi **405, 723, 730, 732, 777, 924, 929, 964, 2842, 3356, 3804, 3895**
Saint Chamas, Benoît de **817**
Saint Chamas, Elsie de **1940**
Saint Chamas, Emmanuelle de **817**
Saint Mars, Dominique de **2026, 2944-2948**
Saint-Blanquat, Henri de **3091**
Saint-Dizier, Marie **356, 1637, 1721, 2012, 2090, 2849, 3193**
Saint-Ogan, Alain **2477**
Saint-Pol-Roux **1299**
Saito, Junko **582**
Sakaï, Komako **237, 357, 443**
Sakuishi, Harold **2253**
Sala, David **1843**
Sala-Molins, Louis **3082**
Salas, Nestor **3686-3690**
Salem-Marin, Anne **562**
Salès, Laure **3398**
Salim, Hatoubou **875**
Salma, Sergio **2189**
Salomon, Roger **1587, 1752**
Salverius, Louis **2365**
Samivel **1068, 1239**
Samoyault, Tiphaine **3710**
Samura, Hiroaki **2336**
San Souci, Robert D. **1310**
Sander, Camille **1186, 1193-1194**
Sandron, Emmanuèle **254, 328**
Sanna, Alessandro **1351**
Santi, Odile **3594**
Santrot, Dominique **3793**
Sapin, Mathieu **3685**
Sara **344, 374, 417, 594, 603**
Sarano, Véronique **3425**
Sarda, Yves **1954**
Sardinha, Ana Isabel **1141**
Sardon, Vincent **2201**
Sargueil, Sylvie **3482**
Sarrazin, Jean-Charles **3465**
Satô, Satoru **950**
Sato, Syuho **2284**
Saturno, Carole **2932**
Sauerwein, Leigh **1153, 1158, 1168, 1169, 1302, 1825, 3253**
Saulière, Delphine **2842**
Saunders, Kate **1633**
Sautai, Raoul **3424**
Sautereau, François **1844**
Sauvant, Henriette **787, 1054**
Sauzereau, Olivier **3310, 3317, 3396**

Savatier, Paul **1432**
Savatier, Vanyda **2251**
Sawano, Hitoshi **554**
Sayre, April Pulley **3539**
Scarry, Richard **17**
Scavée, Emmanuel **1055**
Schami, Rafik **1924**
Schamp, Tom **1319**
Schapira, Catherine **2838**
Scheffler, Axel **52**
Schindler, Édith **2110**
Schindler, Steven D. **1656, 3539**
Schlegel, Jean-Louis **3159**
Schmid, Eléonore **1057**
Schneegans, Nicole **2042**
Schneider, Jurg E. **3155**
Schneider, Stéphanie **3889**
Scho Carey, Valérie **1130**
Schoch, Irène **77, 450, 1172**
Schoenherr, John **1766**
Schönfeldt Grafin, Sybil **996**
Schrœder, Binette **407, 451, 452, 1059**
Schubiger, Jurg **1582, 1588**
Schuhl, Alain **3712**
Schuiten, François **2335**
Schulz, Charles M. **2411**
Schulz, Hermann **1925**
Schwartz, Howard **971**
Schwartz, Irène **1731, 3230**
Schwartz, Marc **3777**
Schwartz, Maxime **3318**
Schwartz, Olivier **2375**
Schwentzel, Christian-Georges **3112**
Schydlowsky-Nielsen, Catherine **595, 869**
Scieszka, Jon **1330, 1331, 1342, 1376, 3325**
Scotto, Jean-Luc **3725**
Sebbar, Leïla **1599, 3282**
Sébillot, Paul **647-648, 1106**
Séchan, Olivier **1499**
Seck, Awa **3840**
Seelow, Alice **1789**
Segol, Agneta **1517, 1882, 1919, 2014, 2099, 2109**
Segol, Marianne **2037**
Segovia, Carmen **1306**
Séguin, Xavier **1733**
Ségur, Sophie comtesse de **1529, 1530, 1531, 1532, 1533, 1534**
Seigneur, Edgard **2876**
Seignolle, Claude **646**
Sekiguchi, Ryoko **2271**
Sekizumi, Kaoru **2254**
Sellier, Marie **2680, 2681, 2691, 2692, 2755-2764, 2787-2789, 3097**
Selormey, Francis **1904**
Selway, Martina **3808**
Sempé, Jean-Jacques **1620**
Sendak, Maurice **199, 207, 213, 233, 238, 253, 462, 599, 604, 972, 1073, 1080, 1081, 1736**
Sénégas, Stéphane **867**
Senghor, Léopold Sédar **3850, 3852**
Sente, Yves **2362, 2435**
Sentz-Michel, Dorothée **3143**
Sephiba, Marc-Olivier **1060**
Sepulveda, Luis **1732**
Seret, Natacha **3725**
Sermain, Jean-Paul **667**
Serre-Milan, André **1506**
Serres, Alain **337, 415, 700, 1267, 1409, 2809, 2929, 2956, 2961, 2962, 2964, 2965, 3254, 3271, 3735, 3766, 3767**
Serval, Déodat **1539**
Servan-Schreiber, Élisabeth **3104**
Seydou, Christiane **845**
Seyrès, Hélène **1558**
Seyvos, Florence **160, 161, 162, 237, 357, 443, 477, 613, 620, 1661, 2126, 3679**
Sfar, Joann **1571, 2208, 2241, 2262, 2273, 2346, 2390**
Sha'arawy, Ibrahim **834**
Shah, Idries **672, 908**
Shankland, Rébecca **3479, 3483**
Shannon, George **164**
Sharkey, Niamh **760, 789, 1025**
Sharratt, Nick **1835, 2018, 2019, 2059**
Shelley, Mary **1535**
Shepard, Aaron **997**
Sherman, Christine **3472**
Shi, Bo **22**
Shipton, Paul **2161**
Shirow, Masamune **2407**
Shoichi Ono **2942**
Shone, Karl **3127**
Shulevitz, Uri **205, 276, 969, 970, 1332**
Shyam, Bhajju **3057**
Sibon, Marcelle **1507**
Sibran, Anne **2274**
Sidibé, Modibo **3853, 3854**
Sieffert, Geneviève **681**
Siegal, Aranka **1864**
Siegfried, Anita **3155**
Sierra I Fabra, Jordi **1963**
Sierra, Guy **788**
Siety, Emmanuel **2837**
Silberfeld, Judith **1913**
Silver, Norman **1600**
Silverstein, Shel **546, 579, 580, 581**
Silvester, Hans **3588**
Siméon, Jean-Pierre **1450**
Simmonds, Posy **432**
Simon **2364**
Simon, Dominique **3592**
Simon, Florence **703**
Simon, Isabelle **1437**
Simon, Romain **739**
Simon, Serge **3592**
Simon, Sylvie **1661**
Simonsen, Michèle **1095**
Sinding, Terje **1491**
Sineux, Michel **142**
Singer, Isaac Bashevis **972, 976-978, 1589**
Singh, Balwant **2976**
Sinier, Michel **3603**
Sintes, Claude **3133**
Sirat, Sabine **1661**
Sis, Petr **122, 419, 420, 3050, 3179, 3311**
Sithamma, Monique **960**
Six, Maryse **3736**
Skarmeta, Antonio **1572**
Skorpen, Liesel Moak **190**
Slaughter, Tom **36**
Slocombe, Romain **3458**
Slovo, Gillian **1926**
Smadja, Brigitte **1489, 1950, 2013, 2103**
Small, David **323, 324**
Smedt, Marc de **2915-2918**
Smith, Alexander McCall **871**
Smith, Christopher **1881**
Smith, David J. **2930**
Smith, Dodie **2024**
Smith, Jeff **2350**
Smith, Lane **1330-1331, 1342, 3325**
Smith, Roland **2179**
Smith, Wendy **1739**
Smulkovsky, Scarlett **2318**
Snedden, Robert **3485, 3486**
Sochard, Frédéric **874, 876, 904, 920, 926, 935, 947, 952, 963, 971, 1140, 1174, 1176, 1180, 1186, 1193**
Solal, Anna **334**
Solange, Thierry **961**
Soldi, David **639, 1260, 1274-1275, 1374**
Soledad **3483**
Solet, Bertrand **919, 920, 1011, 1103, 2977**
Sollie, André **191**
Solotareff, Grégoire **176, 288, 302, 303, 304, 312, 313, 314, 321, 322, 1354, 1371, 1583, 1585, 2722**
Soriano, Marc **644**
Soro, Amato **3430**
Souami, Lakhdar **3904**

Souchon, Monique **93**
Soulé, Béatrice **3035**
Soulières, Robert **1146**
Soupault, Philippe **794**
Soupault, Ré **794**
Souppart, Étienne **2848, 2903, 3038**
Sourd, Christine **3645**
Sourine **1011, 1155**
Soury, Gérard **3534**
Soussana, Nathalie **698-699**
Spanjaard, Eve **3327**
Spier, Peter **277, 375, 623, 2959**
Spinelli, Jerry **1868, 2091**
Spirin, Gennadij **994-997, 1026, 1084, 1195, 1509, 1543, 1563**
Spyri, Johanna **1536**
Stahl, P.J. **1537**
Stanclova, Kamila **1278**
Stangl, Katrin **1060, 1307**
Staples, Suzanne Fisher **1927-1929**
Stark, David **2767**
Stark, Ulf **2014**
Stassart, Gilles **3461, 3779**
Stassen, Jean-Philippe **1574, 2270**
Steadman, Ralph **435, 1567**
Steel, Philip **3070**
Stefani, Rémi **222, 432**
Stehr, Frédéric **135, 1339**
Stehr, Gérald **3496, 3568, 3569**
Steig, William **211, 391, 453, 454, 455, 2132**
Stein-Aubert, Danielle **3801**
Steinbeck, John **1762**
Steiner, Joan **97**
Stéphane, Nelly **456**
Stephens, George **658**
Stern, Sam **3780**
Stevenson, James **3422**
Stevenson, Robert Louis **1538, 1539**
Steward, Diane **870**
Stewart, Sarah **323, 324**
Stockton, Frank R. **1634**
Stojic, Manya **3449**
Stone, Bernard **435**
Storr, Catherine **1733**
Stott, Carole **3301, 3406**
Stowe, Harriet Beecher **1540**
Stower, Adam **1633**
Straczynski, J. Michael **2408**
Strand, Claudia **2765**
Straparola, Giovan Francesco **640**
Strassmann, Susanne **796-807, 909, 955, 1022, 1150**
Stratton, Alan **1930**
Strete, Craig Kee **1320**
Strosberg, Serge **3436, 3570**
Stud **3333, 3712**
Les Studios Zohoré **3865, 3866**
Sturges, Philemon **2876**
Suard, François **1185, 1196**
Suffet, Danielle **2047**
Sullivan, Pat **2478**
Sun Yu **3750, 3751**
Supervielle, Jules **1425-1426, 1430**
Supiot, François **2928**
Supree, Burton **507**
Sureau, Ayyam **832-834, 891**
Sutcliff, Rosemary **1817**
Sveltine, Vassilev **1503**
Swift, Jonathan **1541**
Szabo, Akos **1494, 1516**
Szac, Murielle **2058**
Szejer, Myriam **3467**
Szenberg, Christine **3250**
Szittya, Gabor **1505**
Sztajn, Liliane **1815**

T

Tabart, Marielle 2793
Tabary, Jean **2453, 2454**
Tabery, Françoise **989**
Tabery, Karel **954, 989**
Tadjo, Véronique **3841, 3842, 3845, 3846**
TaDuc, Olivier **2371**
Takahashi, Kazue **557, 558**
Takahashi, Rumiko **2209, 2328, 2472**
Takaya, Natsuki **2248**
Tallec, Olivier **141, 951, 1385, 1430, 2809, 2843, 2954**
Tallet, Pierre **3108**
Tamachia, Janick **696**
Tamarozzi, Federica **1137**
Tanaka, Béatrice **770, 943**
Tanaka, Josué **2923**
Tanaka, Masashi **2194**
Tang, Greg **3322**
Taniguchi, Jirô **2254, 2257, 2292, 2354, 2405**
Tanikawa, Shuntarô **582**
Tanitoc **1422**
Tanner, Steve **3701**
Taos Amrouche, Marguerite **675**
Tardi, Jacques **988, 2329, 2363, 2383**
Tardieu, Jean **1427, 1430, 1434, 1482**
Tardy, Anne **946, 2843**
Tarquin, Didier **2340**
Tarrin, Fabrice **2213**
Tartakowsky, Danielle **3279**
Tashlin, Frank **583, 584**
Tattevin, Marie-Anne **3110**
Tauber, Michèle **1862**
Tavernier, Nils **3471**
Tayeb-Hammami, Hamid **3923**
Taylor, C.J. **1154**
Taylor, Kathrine Kressmann **1853**
Taylor, Paul **3413**
Taylor, Talus **490**
Taylor, Timothy **3086**
Taymans, André **2384**
Tchekhov, Anton **1542**
Teague, Steve **2862, 2864, 3680**
Tegner, Hans **1274**
Tehem **2210**
Teisson, Janine **1842, 1865**
Tejima, Keizaburo **631**
Tellegen, Toon **1577**
Temperley, Alan **1635**
Tenniel, John **1501, 1502**
Tesseydre, Fabienne **1126**
Tesson, Laure **2986**
Teulière, Jean-Michel **3546**
Tezuka, Osamu **2464, 2466, 2467, 2468, 2469**
Thal, Lilli **1695**
Thay Thay, Najima **822**
The Tjong-Khing **376**
Theraeu, Gilles **3337**
Thers, Nicolas **851, 1434, 1591, 3156**
Theulet-Luzié, Bernadette **3768**
Theureau, Henri **1764**
Thévenet, Jean-Marc **2493**
Thiam, Guilla **1317**
Thibault, Dominique **2859**
Thiébaud, Chantal **2592**
Thiébaut, Élise **2972**
Thierry, Christophe **295**
Thiès, Paul **1629**
Thin, Benoît **3755**
Thinard, Florence **2993, 2992, 3288**
This, Hervé **3335**
Thoisy, Marie-Geneviève **2899**
Thomas, Élisabeth **3021**
Thomas, Eric **3675**
Thomas, Yan **1409**
Thomazeau, Anne-Marie **2956, 2970**
Thompson, Kay **497**
Thor, Annika **1882**
Thorau, Gabrielle **1696**
Thouard, Jean-Louis **3171**
Thouvenot, Thierry **3644**
Tibet **2438**
Tillage, Leon Walter **1951**
Tillet, Pierrick **1557**
Tillieux, Maurice **2439, 2440, 2446**

Tino **3791**
Tirabosco, Tom **3410**
Tison, Annette **490**
Tissier, Bernard **1744**
Tito **2255, 2281**
Todd, Camille **2079**
Tofépi **2218**
Togashi, Yoshihiro **2351**
Tognevi, Kokou Maurice **3870**
Tolkien, John Ronald Reuel **1683, 1697**
Tolstoï, Alexis **760**
Tolstoï, Léon **1281-1282**
Tolstoï, Lev Nikolaevitch **1543**
Tome, Philippe **2385, 2421**
Tomi, Marianne **2888**
Tomita, Momoaki **3528**
Tongane, Charles **3579**
Toniduran **710**
Tonnac, Anne **1867, 1888**
Töpffer, Rodolphe **2491**
Topor, Roland **1051, 1430**
Tordjman, Nathalie **2931, 3453, 3692**
Toriyama, Akira **2211, 2212, 2494**
Torre, Attilio **1137**
Torton, Jean **2896**
Totleben, John **2326**
Touboul, Frédéric **2998**
Touillier, Colette **1442**
Toumayan, Rafi **3526**
Toume, Kei **2256**
Tourn, Lya **634-635**
Tournier, Michel **1304, 1811**
Toussaint, Sophie **3499, 3590, 3592**
Toutain, Caroline **3637**
Touzeil, Jean-Claude **1443**
Tracqui, Valérie **3426, 3547**
Tran Van Nghiêm, Pierre **1907**
Trân, Quôc Trung **1931**
Tranchand, Pierre **2451**
Tranchant, Christophe **1361**
Tranec-Dubled, Lola **1812**
Travers, Éric **3593**
Travers, Pamela Lyndon **1544**
Trébinjac, Sonia **1610**
Treille, Jean-Christophe **1379**
Trénet, Charles **1457**
Trivizas, Eugène **1338**
Trnka **982**
Les Trois 8 **1181**
Trojaborg, Ulrik **2767**
Troller, Fenn **323, 389, 597, 3057, 3188**
Tronchet, Didier **2213, 2274**
Trondheim, Lewis **2184, 2198, 2199, 2219, 2222, 2225, 2233, 2346, 2393, 2495**
Trotereau, Anne **325, 604, 1429, 1472**
Truong, Marcelino **1414, 1699, 1823, 1995, 2002, 3008**
Tsobgny, Brigitte **3326**
Tsuchiya, Yukio **615**
Tubiana, Joseph **868**
Tubiana, Marie-José **868**
Tullet, Hervé **19, 1413**
Tulloch, Sharon **896**
Turc, René **894, 949, 1050, 1131, 1147**
Turconi, Sofia **1351**
Turin, Philippe-Henri **1099**
Turk **2206, 2425**
Turkington, Nola **869**
Turner, Matt **3408**
Turrier, Fabrice **1379, 1457**
Tusseau, Jean-Pierre **1198**
Tvrdikova, Michaela **1008**
Twain, Mark **1545, 1546**

U

Ubac, Claire **1539, 1655, 1778, 2015, 3462**
Uderzo, Albert **2434, 2447, 2448**
Uhlman, Fred **1869**
Ungerer, Tomi **239, 377, 424, 457, 521, 522, 523, 605, 1254, 1375**
Urasawa, Naoki **2389, 2401**
Usdin, Elene **829, 916, 1434, 2897, 3048**
Utsumi, Ryuichiro **2257**
Uzan, Jean-Philippe **3331**
Uzunoglu-Ocherbauer, Adelheid **904**

V

Vadon, Catherine **3531, 3662**
Vaillant, Emmanuel **2949**
Vaillant, Maryse **3484**
Vaisman, Anne **2958**
Vaisman, Sylvia **3604**
Vajtechovska, Katerina **1070**
Valassi, Zoé **664**
Valat, Pierre-Marie **3389, 3488**
Valckx, Catharina **524, 547, 1720, 1724**
Valentin, Karl **1483**
Valentinis, Pia **1133**
Valeri, Maria Eulàlia **999**
Vallencien, Grégoire **1089**
Vallon, Jacqueline **2861**
Valmary, Nathalie **3769**
Valverde, Mikel **1725, 1779**
Van Allsburg, Chris **289, 478, 479, 480**
Van Belle, Anita **2072**
Van de Vendel, Edward **254, 355, 1433, 1564**
Van de Wouver, Brigitte **3754**
Van den Berg, Marcel **1032**
Van Den Dries, Sidonie **212, 1930**
Van Der Meer, Ron **3324**
Van Der Weel, Fleur **1433**
Van Hamme, Jean **2308, 2309, 2347, 2435, 2486**
Van Kerckhove, D. **2502**
Van Laan, Nancy **116**
Van Leeuwen, Joke **1650, 1932**
Van Lerberghe, Clothilde **3479**
Van Lieshout, Ted **2097**
Van Linthout **2446**
Van Ommen, Sylvia **354**
Van Reek, Harriët **585**
Van Rose, Susanna **3422**
Vance, William **2308, 2444**
Vander Zee, Ruth **3272**
Vander, Maurice **1457**
Vandewiele, Agnès **3702**
Vanyda **2264**
Varley, Susan **345, 2039**
Varnoux, Hélène **984**
Vasconcelos, José Mauro de **1905**
Vassallo, Rose-Marie **283, 445, 446, 556, 838, 935, 971, 1231, 1405, 1662, 1663, 1757, 1776, 1896, 1969, 2017, 2140**
Vasseur, Clémence **866**
Vassilissa **739**
Vaugelade, Anaïs **117, 177, 240, 315, 378, 525, 614, 1336, 1722**
Vautier, Maguy **2856, 3034**
Vautier, Mireille **808-809, 1170, 1318, 1430, 2881**
Vautrin, Jean **2363**
Vaxelaire, Daniel **874**
Vehlmann, Fabien **2300, 2337**
Veillères, Claire **2872, 3018**
Velthuijs, Max **341, 773**
Ventrillon, Brigitte **2951, 2954**
Verdet, Jean-Pierre **3389, 3390, 3397**
Verdun, Christian **1447, 3805**
Verioca **1172**
Verlaine, Paul **1426**
Verne, Jules **1547-1553**
Vernette, Véronique **178, 278**
Verneuil, Henri **914**
Verney, Jean-Pierre **3258**
Véron, Géraldine **3584**
Veronesi, Luigi **2665**
Verrœn, Dolf **340**
Véry, Pierre **1554**
Veyrunes, Karine **2772, 2790, 2822, 2827**

Vian, Boris **1430**
Victor, Paul-Émile **627**
Vidal, Guy **2508**
Vidal, Montserrat **776**
Vieilhomme-Callais, Paulette **1500**
Vieira, Alice **2092**
Vié-Marcadé, Blandine **3775**
Viennot, Éric **2523, 2559-2561, 2567**
Vierne, Béatrice **3069**
Vigne, Fabrice **1630**
Vigneault, Gilles **1455**
Vildrac, Charles **1555**
Villard, Marc **2149**
Ville, Wenzel **3696**
Villebonne, Janine de **1516**
Villeneuve, Madame de **1249**
Vincent, Béatrice **2952**
Vincent, François **3437, 3695, 3702**
Vincent, Gabrielle **165, 338, 418**
Vincent, Hélène **1434**
Vinçon, Gérard **3768**
Vincze, Éva **985, 1225**
Vink **2361**
Virieux, Françoise **3713**
Vittori, Jean-Pierre **1883, 3283**
Vivier, Claudine **1145**
Vivier, Colette **1866, 1989, 2016**
Voake, Charlotte **3661**
Vogel, Nathaële **1187-1191, 1546, 1554, 3592, 3604**
Voigt, Cynthia **2017**
Voigt, Erna **1301**
Voinchet, Mathilde **3035**
Voline, Marc **80, 81, 3067**
Volkoff, Vladimir **1544**
Voltz, Christian **123, 346, 704, 753, 3893**
Voriskova, Marie **1010**
Voutch **118**
Vulliez, Hyacinthe **2848**

W

Wabbes, Marie **3664, 3881**
Waberi, Abdourahman A. **3851**
Wachtel, Nathan **3142**
Waddell, Martin **192, 241**
Waechter, Friedrich Karl **586, 606**
Waechter, Philip **300**
Waeckerlé, Joël **3899**
Wajsbrot, Cécile **1816, 1847**
Waldman, Francis **3727**
Waldmann, Richard **1082**
Walker, Richard **1025, 3464**
Wallace, Karen **3585**
Walpole, Horace **1246**
Walter **2201, 2273, 2346, 2390**
Walter, Mildred Pitts **1964**
Walthéry, François **2427, 2446**
Waring, Geoff **3328, 3329**
Warnant, Luc **2385**
Warren, Ludwig **780**
Warzala, François **3326**
Wassermann, Jakob **1826**
Wasterlain, Marc **2275**
Watanabe, Keiko **422**
Watterson, Bill **2214**
Weber, Theodor **1258**
Wegenast, Bettina **1484**
Wehrli, Ursus **2686**
Wehrling, Yann **3457, 3479**
Weidner Zoehfeld, Kathleen **3571**
Weijburg, Rolf **826, 852**
Weil, Sylvie **1822**
Weinzaepflen, Nathalie **3618, 3697, 3725**
Weiss, Anne **3142, 3443**
Wells, Robert E. **3330**
Wells, Rosemary **242, 261, 1516**
Welply, Michaël **3076**
Welsh, Renate **2093**
Wending, Milène **3398**
Wendling, Claire **2324**
Weninger, Brigitte **763**
Wenzel, Angela **2769**
Werneck, Leny **1935**
Werth, Maïa **3022**
Werth, Nicolas **3260**
Westall, Robert **1684, 1770, 1867**
Westberg, Caroline **1947**
Weulersse, Odile **926**
White, E.B. **1746,1747**
Whitford, Rebecca **3808**
Whybrow, Ian **52**
Wichegrod, Laurence **3726**
Wick, Walter **3385**
Wieland, Carlo **1096, 1733**
Wiéner, Magali **3177**
Wiesel, Elie **685**
Wiesner, David **1343**
Wieviorka, Annette **3275, 3280**
Wilde, Oscar **1556, 1557**
Wilder, Laura Ingalls **1558**
Wilkes, Angela **3675**
Wilkinson, Philip **2862, 2864, 2865**
Will **2338, 2418, 2427, 2440**
Willemez, Anne **3398**
Willemin, Véronique **2795**
Willery, Didier **3804**
Williams, Brian **3409**
Williams, Garth **1558, 1746,1747**
Williams, Richard **672**
Williamson, Gwyneth **1346**
Willis, Patricia **1800**
Wilsdorf, Anne **588, 1373, 1604, 1835, 2018, 2019, 2059, 2069**
Wilsdorf, Isabelle **2185**
Wilson, Alex **2860**
Wilson, William **1166, 1380, 2966, 2967**
Winkelmann, Bernhard **3771**
Winkler, Svea **586, 606**
Winkler-Irigoin, Svea **1484**
Winter, Jules **1007**
Winton, Tim **2094**
Wintz, Nicolas **1837, 2898, 3216**
Wise Brown, Margaret **768**
Wisniewski, David **1312**
Witchalls, Clint **3714**
Witkowski, Nicolas **3324**
Witschger, Anne-Laure **3025, 3054, 3062**
Wolf, Gita **923, 942**
Wood, Marion **3145**
Wood, Wallace **2323**
Woodford, Chris **3714**
Wooding, Chris **1698**
Woods, Mary B. **3704**
Woods, Michael **3704**
Wormell, Christopher **392, 3491**
Worms **884**
Woronoff, Michel **1182, 1183**
Wul, Stefan **1704**
Wyckaert-Fetick, Sabine **3099**

X

Xia, Mo **1427**

Y

Yabuuchi, Masayuki 3435
Yahia, Karim **3902**
Yamamoto, Kumiko **172**
Yamashita, Haruo **259, 260**
Yang Fu Jing **3750, 3751**
Yann **2299, 2301**
Yano, Tetsuya **2359**
Yazawa, Aï **2265**
Yekmalyan, Harutyun **913**
Yeoman, John **790-791, 1000, 1748**
Yoann **2192**
Yoshida, Toshi **632**
Yoshizumi, Wataru **2263**
Young, Ed **928, 941**
Yourcenar, Marguerite **1303**

Yukimura, Makoto **2402**
Yumoto, Kazumi **2139**
Yvonnet, Marie-Noëlle **3906**

Z

Zad **3493**
Zakhia, Elsa **1209-1210**
Zambon, Catherine **1493**
Zamora, Marilu **2978**
Zarcate, Catherine **170, 811, 924**
Zaü **112, 337, 873, 1408, 1411, 1430, 1445, 1833, 2929, 2962, 2964, 3271, 3767**
Zaubitzer, S. **3250**
Zei, Alki **1870**
Zeitlin, Steve **974**
Zeitoun, Charline **3365-3367**
Zelinsky, Paul **1047**
Zemach, Margot **968**
Zenatti, Valérie **1933**
Zep **2200**
Zhang, Ange **3284**
Zicot, Emmanuelle **3572, 3573, 3606**
Zidrou **2187, 2242**
Ziegler, Martin **1695**
Ziegler, Reinhold **1712**
Zimet, Ben **979**
Zimmer, Dick **380**
Zitelman, Arnulf **1819**
Zoromé, Aly **3878, 3882-3885**
Zouzoulkovsky, Vincent **2336**
Zwerger, Lisbeth **1052, 1206, 1262, 1257, 1269, 1271, 1497, 1501**

Index des titres

1, 2, 3 **36**
7 contes du Maroc **821**
Les 7 Énigmes de K'stêt **2579**
9 contes de Grimm **1075**
Les 9 destins de Valdo **2599**
10 contes d'Australie **876**
10 contes d'Afrique noire **838**
10 contes de Turquie **904**
10 contes du Grand Nord **1149**
10 contes du Japon **952**
10 histoires de diable **1405**
10 petits soldats **612**
12 contes de Guyane **1171**
12 menus pour petits chefs **3756**
12 récits de l'Iliade et l'Odyssée **1180**
13 contes de Chine **935**
13 contes de Mongolie **926**
14 contes de Russie **1004**
15 contes d'Afghanistan **920**
16 contes du monde arabe **879**
17 contes d'Algérie **826**
17 contes d'Espagne **1139**
17 contes du bouddhisme **947**
19 contes du Limousin **1102**
19 fables de renard **1230**
1917, la Russie en révolution **3260**
1944-1945 : les sabots **1883**
20 contes du Niger **852**
20th Century Boys **2401**
21 éléphants sur le pont de Brooklyn **431**
Les 3 petits cochons **1344**
3 vœux **985**
30 contes du Viêt-nam **959**
Le 35 mai **1512**
37 fables d'Afrique **1231**
40 recettes sans cuisson **3758**
75 comptines, chansons et jeux de doigts **692**
Les 79 carrés **2140**
100 % technologique **3714**
100% labo : les meilleures expériences d'Images Doc **3384**
153 jours en hiver **2011**
365 contes de la tête aux pieds **809**
365 contes en ville **819**
365 contes pour tous les âges **808**
365 pingouins **40**
512 **95**
60 questions autour de la puberté : des transformations physiques aux interrogations plein la tête, ça se passe comment exactement ? **3454**
999 têtards, la nouvelle maison **231**
Les 1000 mots de l'info : pour mieux comprendre et décrypter l'actualité **2993**

A

À bord du Titanic **3700**
À ce moment précis ou La Paix des dimanches **126**
À cheval : la passion de l'art équestre **3812**
À Chicago, un harmonica sanglote le blues **1915**
À ciel ouvert : L'art contemporain à l'échelle du paysage **2802**
À deux, c'est tellement mieux ! **300**
À l'ombre de la ligne claire : Jacques Van Melkebeke, le clandestin de la B.D. **2504**
À l'ombre du flamboyant : 30 comptines créoles, Haïti, Guadeloupe, Martinique et la Réunion **696**
À la brocante du cœur **2163**
À la croisée des mondes : La Tour des anges **1694**
À la croisée des mondes : Le Miroir d'ambre **1694**
À la croisée des mondes : Les Royaumes du Nord **1694**
À la découverte de l'eau **3369**
À la découverte des hiéroglyphes **3098**
À la découverte des pôles **3294**
À la découverte des volcans **3421**
À la fête foraine **46**
À la recherche de Peter Pan **2267**
À la rencontre de Vincent Van Gogh **2771**
À la rencontre des chevaliers **3177**
À la semaine prochaine ! **2018**
À la vie, à la... **2066**
À la vie, à la mort **1594**
À l'assaut d'un château fort **3163**
À l'enseigne du diable **1785**
À l'intérieur de l'ordinateur **3712**
À l'ombre de l'olivier : le Maghreb en 29 comptines **694, 3910**
À mains nues **2086**
À nous de jouer ! **204**
À partir d'un trait **2749**
À pas de géants 33 comptines et chansons pour l'enfant qui grandit **704**
À pas de louve **591**
À quai **417**
À quatre pattes les bébés sont partis **442**
À qui la faute ? **940**
À Rome au temps des Césars **3125**
À ton avis... **2269**
À tout petits pas **230**
À toute vapeur ! **3696**
À trois **214**
L'A.B.C. de Babar **25**
L'ABC du Père Castor **31**
ABC. Une petite leçon d'anglais **32**
Abdelkrim le héros du Rif **3925**
Abécédaires. Traces de lumière **2815**
Abécédire **2809**
Aboie, Georges ! **510**
Abou az-Zoulouf et le loup : Conte de Syrie bilingue arabe-français **3896**
Achète-moi **2923**
Achille Talon l'intégrale **2442**
Adèle et la pelle **15**
Adèle s'en mêle **16**
Adibou – Anglais **2527**
Adibou – Aventure dans le corps humain **2526**
Adibou – Le Secret de Paziral **2529**
Adibou – Musique, L'Orgue Fantastique **2528**

Adibou – Nature et sciences **2525**
Adibou et l'Ombre Verte **2530**
Adibou présente la Cuisine **2536**
Adibou présente la Magie **2535**
Adibou présente le Dessin **2534**
Adibou, je lis, je calcule 4-5 ans **2531**
Adibou, je lis, je calcule 5-6 ans **2532**
Adibou, je lis, je calcule 6-7 ans **2533**
Adiboud'Chou à la campagne **2509**
Adiboud'Chou au pays des bonbons **2509**
Adiboud'Chou dans la jungle et la savane **2509**
Adiboud'Chou à la mer **2509**
Adiboud'Chou au cirque **2509**
Adiboud'Chou fête son anniversaire **2509**
Adiboud'Chou sur la banquise **2509**
Adieu Brindavoine suivi de La Fleur au fusil **2329**
Adieu Maxime **2013**
Adieu, Walter Malinski **1961**
L'Adoptée **1476**
Adorables cochons d'Inde **3586**
L'Aéroport de Roissy **3690**
L'Affaire des sandales de Tante Fatou **3840**
L'Affaire Dreyfus la République en péril **3237**
L'Affaire Marguerite **2381**
L'Affaire P'tit Marcel **1980**
Les Affaires de Monsieur le Chat : histoires et rimes félines **1752**
Afghanes **1927**
L'Afrique de Zigomar **385**
L'Afrique XVIIIe-XXe siècle : du sud du Sahara au Cap de Bonne-Espérance **3032**
Age of empires III **2580**
Age of empires III : The Warchiefs (extension) **2580**
Age of Mythology **2580**
Aggie **2479**
Agricultures du monde : du Néolithique à nos jours **3083**
Ah ! **2661**
Ah non ! Et alors ? une histoire d'hommes et de poules **560**
Ahmed, Dewi et Wayan vivent en Indonésie **3017**
Aigle **3541**
L'Aigle sans orteils **2287**
L'Air **3360**
L'Air et sa pollution **3637**
Akavak et deux récits esquimaux : Tikta'Liktak ; L'Archer blanc **1788**
Akira **2400**
Aladin et la lampe merveilleuse **883**
Albator / Captain Harlock **2462**
Alboum **98**
L'Album d'Adèle **14**
L'Album secret de l'Oncle Ernest **2561**
Aldabra : la tortue qui aimait Shakespeare **1671**
Aleksis Strogonov, l'intégrale **2297**
Aleodor empereur **987**
Alex est handicapé **2944**
Alexandre Calder : Fishbones (Arêtes de poisson) **2716**
Alexandre le Grand **3120**
L'Algérie des origines à nos jours **3033**
Algues **3659**
Al-Homsi et le conteur **3900**
Ali Baba et les quarante voleurs **881-882**
Alice au pays des merveilles **1501, 2559**
Alice racontée aux petits **1502**
L'Alimentation **3621**
L'Alimentation dans l'histoire : de la Préhistoire à nos jours **3077**
Aliocha Popovitch et la rivière Saphrate **1325**
Alionouchka et Ivanouchka. Contes russes **1001**
Alix **2436**
Allez raconte **2222**
L'Alligator **3525**
L'Alligator et le chacal et autres contes d'animaux **791**
Allons voir la nuit ! **195**
Allumette **1375**
Les Allumettes **3723**
Alors ? **201**
Alors, je chante **703**
Alpes **3059**
Alphabet **2514**
L'Alphabet des sables : de l'alphabet arabe comme alphabet des sables **1211**
Alphabetville **30**
Alphanimaux **1432**
L'Amérique précolombienne **3145**
L'Ami retrouvé **1869**
L'Amie **323**
Les Amis **2139**
Un Amour de ballon **237**
Amour est la septième vague **2094**
Amour, toujours **2125**
Amourons-nous **331**
Anaïs et Bovi **1160**
Anaït, la fiancée malicieuse **912**
Anastasia connaît la réponse **2005**
Anastasia Krupnik **2005**
Anastasia, à votre service **2005**
Anastasia, demande à ton psy ! **2005**
Andromède : carnet de bord **3391**
Andy Warhol : Ten Lizes (Dix fois Liz) **2714**
L'Âne de Djeha **825**
L'Ange de Grand-Père **348**
Angelman **464**
Angelot du Lac **2352**
Angus et la chatte **295**
Animaux **2671**
Animaux à créer **3732**
Animaux bizarres et bêtes curieuses : un bestiaire abécédaire du Moyen Âge à colorier **3747**
Les Animaux de la ferme **4**
Les Animaux de la jungle **1456**
Les Animaux de personne **1441**
Les Animaux de tout le monde **1441**
Les Animaux des mers profondes **3528**
Animaux en danger **3500**
Les Animaux fantastiques **2795**
Les Animaux qui cherchaient l'été **271**
Les Animaux racontés aux petits curieux **3497**
Anna Maria Sofia et petit Max **254**
Anna, Kevin et Nomzipo vivent en Afrique du Sud Republiek van Suid-Afrika **3018**
Anne Frank **3268**
Une Année de danse **3809**
L'Année de la grande peste : journal d'Alice Paynton, 1665-1666 **3215**
L'Année du dragon **2251**
Les Années noires : vivre sous l'Occupation **3278**
Les Années Spoutnik **2276**
L'Anniversaire de l'écureuil et autres fêtes des animaux **1577**
L'Anniversaire de monsieur Guillaume **117**
L'Anniversaire de monsieur Loup **1361**
L'Anorexie, sortir du tunnel **3483**
L'Anthologie A.B. Frost **2492**
Anthologie de la Poésie Négro-Africaine pour la jeunesse **3858**
Anthologie nègre **677**
Anton est magicien **161**
Anton et les filles **160**
Aoki, Hayo et Kenji vivent au Japon **3019**
Apocalypse **1805**
Apocalypse : Aller simple vers l'enfer **1805**
Apocalypse : Attention, danger ! **1805**
Apocalypse : Chasse nocturne **1805**
Apocalypse : Le Dernier sacrifice **1805**
Apocalypse : Opération survie **1805**
Apoutsiak, le petit flocon de neige **627**
L'Appel de l'espace **2416**
L'Appel de la forêt **1518**
L'Appel de Sosu **3843**
Appleseed **2407**
Apprendre à frissonner **2316**
Apprendre la télé : le JT **2648**
L'Apprenti **1823**
L'Apprenti mangaka : L'Art du manga **2494**

L'Apprentie sage-femme **2062**
Après la Guerre des chocolats **2077**
Après la pluie **2278**
Après la première mort **2164**
Après Noël **287**
L'Arbre **3656**
L'Arbre à chocolat **3670**
L'Arbre à soleil : légendes du monde entier **818**
L'Arbre aux dinosaures **3434**
L'Arbre aux trésors **818**
L'Arbre de capulies **1873**
L'Arbre de la vie ou La vie de Charles Darwin, naturaliste, géologue et penseur **3311**
L'Arbre d'ici **2055**
L'Arbre en bois **531**
L'Arbre généreux **579**
L'Arbre qui pense **1430**
L'Arbre sans fin **467**
L'Arbre, le loir et les oiseaux **273**
Arbres de grand vent **1436**
Arc-en-ciel et la baleine **2523**
Arc-en-ciel et le lagon merveilleux **2523**
Arc-en-ciel, la grande fête des océans **2523**
Arc-en-ciel, le plus beau poisson des océans **2523**
L'Arche de Noah **1890**
L'Arche de Noé **29, 375, 1756**
L'Architecture contemporaine **2807**
L'Argent et l'Euro à petits pas **2931**
Ariol **2190**
Armand dur à cuire et moi **1647**
Armeline Fourchedrue ou La Bicyclette infernale **529**
Armstrong **1457**
Arouna le petit champion **3835**
Arrêtez la musique ! **2168**
L'Art : une histoire **2695**
L'Art africain contemporain **2699**
L'Art bouddhique **2694**
L'Art brut **2697**
L'Art contemporain **2693**
L'Art de Nausicaä **2398**
L'Art des mots, l'eau des mares : mes premières contrepèteries **1466**
L'Art des Papous et des Austronésiens de Nouvelle-Guinée **2801**
L'Art du bijou en occident **2829**
L'Art égyptien au Louvre **2688**
L'Art en bazar **2686**
L'Art invisible : comprendre la bande dessinée **2503**
L'Art par 4 chemins **2685**
L'Art révolté : Frans Krajcberg, un artiste pour sauver la forêt **2791**
Artemis Fowl **1667**
Artemis Fowl : Code éternité **1667**
Artemis Fowl : Mission polaire **1667**
Artemis Fowl : Opération opale **1667**
Arthur le fantôme **2475**
Article 309 du code pénal du jardin **429**
L'Artiste et la princesse : conte traditionnel algérien trilingue **3906**
Arts décoratifs : entrée libre **2680**
Arts primitifs : entrée libre **2681**
Artus contre le démon du musée **2600**
Artus et le grimoire secret **2601**
Artus et le vaisseau fantôme **2602**
L'Assassin est au collège **2157**
L'Assassin sans scrupules Hasse Karlsson dévoile la terrible vérité : comment la femme est morte de froid sur le pont de chemin de fer **1491**
Assassins@ssassins.net **2168**
Astérix le Gaulois **2447**
L'Astronomie **3301**
L'Astronomie : tout ce qu'on sait et comment on le sait **3399**
Les Astuces de la chimie : des expériences faciles et amusantes **3928**
Les Ateliers du 7ᵉ Art : Après le clap **2841**
Les Ateliers du 7ᵉ Art : Avant le clap **2840**
Atlas de l'archéologie **3086**
Atlas de l'Égypte des pharaons **3111**
Atlas de la Grèce antique **3123**
Atlas des châteaux forts **3174**
Atlas des explorations **3186**
Atlas des géographes d'Orbae **421**
L'Atlas du monde, Géo jeunesse **3010**
L'Atlas Gallimard jeunesse **3011**
Atlas géographique : les régions de France et d'Europe **3009**
Les Atomes de l'univers **3332**
Attention, plantes carnivores **3653**
Atterrissage **3860**
At-Tinawi et Picasso **3901**
Au bonheur des larmes **2038**
Au bout du canal **2381**
Au ciel et sur la terre : petite conférence sur Dieu **2866**
Au cinéma **154**
Au cirque avec Boowa et Kwala **2522**
Au clair de la lune **1458**
Au cœur de l'Afrique **3029**
Au coeur du « Titanic » **3698**
Au creux de la noisette **1306**
Au croco ! Au croco ! **389**
Au feu les pompiers ! **713**
Au fil de l'eau et autres histoires **498**
Au fil des flots : 29 chansons de la mer **706**
Au jardin **3**
Au jardin des plantes **1430**
Au menu, le plancton **3529**
Au Moyen Âge **3148**
Au musée **153**
Au pays des nuages **445**
Au pays du grand condor **2142**
Au revoir Blaireau **345**
Au royaume des dragons **3436**
Au temps des chevaliers **3169**
Au temps des grandes découvertes **3182**
Au théâtre **1483**
L'Auberge de l'Ange Gardien **1532**
L'Auberge de nulle part **486**
Auguste Herbin : Vendredi 1 **2705**
Aurore joue dans un film de Méliès **3706**
Auschwitz : l'histoire d'un camp d'extermination nazi **3274**
Auschwitz expliqué à ma fille **3280**
L'Autographe **2032**
L'Automath **3321**
L'Automne **3742**
L'Automne de l'ours brun **631**
L'Autre **2141**
Un Autre que moi **2080**
Aux commencements du monde **810**
Aux fous les pompiers ! **544**
Aux temps anciens : les transports **3704**
Avant la télé **3281**
Avec des ailes **1443**
Avec les orques **3572**
Avec mon père au bord de la mer **3607**
Avec tout ce qu'on a fait pour toi : cahier de pensées commencé le 30 juillet 1951 **2074**
Avengers **2413**
L'Avenir de la Terre : le développement durable raconté aux enfants **3646**
L'Aventure d'Albarka **3864**
L'Aventure d'une B.D. **2495**
L'Aventure de la pomme de terre **3665**
Une Aventure de Mlle Charlotte : La Mystérieuse bibliothécaire **2029**
Une Aventure de Mlle Charlotte : La Nouvelle maîtresse **2029**
Une Aventure de Mlle Charlotte : Une Bien curieuse factrice **2029**
Les Aventures d'Alice au pays des merveilles **1501**
Les Aventures d'Elliot et Basile à Clipperton **3630**
Les Aventures d'Huckleberry Finn **1546**
Les Aventures d'une petite bulle rouge **58**
Les Aventures de Biki **3833**
Les Aventures de Jimmy Tousseul **2298**

Les Aventures de Jo, Zette & Jocko **2423**
Les Aventures de Léna Léna **585**
Les Aventures de Leuk-le-lièvre **3850**
Les Aventures de Nasrudin : contes d'Orient **672**
Les Aventures de Pinocchio **1504**
Les Aventures de Rosalie **2480**
Les Aventures de Sindbad le marin **888**
Les Aventures de Tête-brûlée **2586**
Les Aventures de Théodore Poussin **2299**
Les Aventures de Tom Sawyer **1545**
Les Aventures du chevalier Huon **1196**
Les Aventures extraordinaires d'Adèle Blanc-Sec **2329**
Avicenne, une vie pour la science **3935**
Ayako **2466**
Azrayen **2357**

B

B comme Bonnard **2755**
B comme Bruegel **2756**
Baba Yaga **991**
Baba Yaga, un conte traditionnel russe **990**
Babar : la Chasse aux pièces d'or **2515**
Babar : la Fête de Célesteville **488**
Babe, le cochon devenu berger **1737**
Babylone : La Mésopotamie au temps de Nabuchodonosor II **3094**
Baby-sitter blues **2038**
Le Bain de bébé **3872, 3873**
Le Baiser maléfique **1146**
Le Bal pour enfants **707**
Balaabilou **1560**
Balade **63**
Le Balai magique **478**
La Balançoire **2664**
La Baleine **3557**
La Ballade de Cornebique **1750**
La Ballade de Lucy Whipple **1783**
Balles de flipper **1969**
La Bande des suricates **3565**
La Bande dessinée **2499**
Bande dessinée, apprendre et comprendre **2495**
La Bande dessinée, art séquentiel **2498**
Le Bar du vieux Français **2270**
Barbak l'étrangleur **1607**
Barbapapa **490**
Barbara **2466**
La Barbe bleue **1117-1118**
Barbe Rouge l'intégrale **2431**
Barbedor **1304**
Barnabé et la vache qui marchait au plafond **439**
La Barque **1931**
Basil et Victoria **2301**
Le Basket-ball : la tradition, la technique, la compétition **3814**
La Bataille de la sardine sacrée **1633**
Batbout et autres contes libanais **897**
Le Bateau ouvert **1573**
Le Bateau vert **459**
Le Bateau, la Terre **1430**
Bateaux **2726**
Les Bâtisseurs de cathédrales **3170**
Le Beau ver dodu **116**
Bébé **334**
Le Bébé bonbon **517**
Bébé-Jo **1561**
Bébé lamantin cherche sa maman **3571**
Un Bébé tombé du ciel **3566**
Bébés chouettes **241**
Bécassine **2474**
Beck **2253**
La Belle au Bois Dormant **1056, 1115**
La Belle Debô **3832**
Belle des eaux **1485**
La Belle et la Bête **1247-1249**
La Belle et la Bête et autres contes **1250**
La Belle histoire de Leuk-le-Lièvre **3852**
La Belle lisse poire du prince de Motordu **121**
La Belle ou la Bête **2560**
Ben est amoureux d'Anna **2108**
Ben Gué dessine comme un cochon **157**
Benoît Brisefer **2427**
Berceuses du monde entier **690-691**
Berceuses et paroles pour appeler le sommeil **635**
La Berge haute **1493**
Le Berger : un conte de Noël **1669**
Bernard Prince **2443**
Bernique **1087**
La Bête curieuse **600**
La Bête est morte ! La Guerre mondiale chez les animaux **2480**
Bêtes **2730**
Bêtes de longue mémoire **1444**
La Bévue des anges : histoires de Chelm **967**
La Bible illustrée **2907**
La Bible racontée par les peintres **2889**
Bichoui **308**
Bicot **2473**
Bidou **365**
Bidouille et Violette l'intégrale **2260**
Le Bidulo trésor de l'Oncle Ernest **2567**
La Bielleuse **1493**
Le Bien et le mal : la religion et la morale **2870**
Big Bang Bidule ! chez l'Oncle Ernest **2567**
Bilbo le Hobbit **1683**
Bili-Bili **222**
Bille de singe **1658**
Le Billet de 10 000 F **3821**
Billy Elliot **2061**
Billy le Transi **1975**
Billy se bile **193**
Bio, le préfixe de la vie **3320**
Bip bop bip ! **2510**
Le Bizarre incident du chien pendant la nuit **2050**
Bjorn aux Enfers : Au cœur du Tanarbrok **1687**
Bjorn aux Enfers : La Mort du loup **1687**
Bjorn aux Enfers : Le Prince oublié **1687**
Bjorn le Morphir **1687**
Black Jack **2467**
Blacksad **2386**
Blaise et le château d'Anne Hiversère **468**
Blake et Mortimer **2435**
Blame **2406**
Blanc sur noir **5**
Blanche Neige **1037**
Blancheneige **1038**
Blanche-Neige **1039**
Bleu blanc gris **1489**
Bleus, air, eau, ciel **2741**
Blues à New York. Nora en Amérique **1851**
Bo et Mad **1976**
Bob le Bricoleur : Bob construit un parc **2524**
Bob le Bricoleur : Bob rénove un château **2524**
Bob Marley, la star légendaire du reggae **3875**
Bobo Dodo, l'infatigable **235**
Le Boby Lapointe **1460**
Un Bœuf de Chine **1430**
La Boîte à bidules de l'Oncle Ernest **2567**
Boîte à comptines **702**
Boîte à outils **3683**
La Boîte à vent **3689**
Boîte de peinture **2741**
Le Bol magique **1024**
Le Bolet de Satan **2381**
Le Bon gros géant **1615**
Un Bon petit diable **1534**
Bon pour le coiffeur **169**
Bonbons et biscuits **3716**
Les Bonbons magiques **1968**
Bone **2350**
Le Bonheur **1430**
Le Bonheur selon Ninon **2845**
Le Bonhomme de neige **269**
Le Bonhomme de Pain d'épice **765**
Bonjour camarades **1903**
Bonjour Tommy **186**

Bonjour, bonsoir **189**
Bonjour, poussin **332**
La Bonne bouillie **755**
Bonne nuit, monsieur Tom **1858**
Le Bonnet rouge **763**
Les Bons amis **294, 740**
Bonsoir, lune **187**
Bord de mer **3423**
Boréal-Express **289**
Borka **382**
Boucherie charcuterie même combat **2381**
Les Bouchons **3724**
Boucle d'or **746**
Boucle d'or et les sept ours nains **2181**
Boucle d'or et les trois ours **744, 747**
Boucles d'or et les trois ours **748**
Bouddha **2468**
Le Bouddha d'azur **2267**
Bouh et la vache magique **3851**
Boule de feu **1706**
Boule de Neige **2660**
Boule et Bill **2430**
Boule et Bill : À la rescousse ! **2569**
Boule et Bill : Au voleur ! **2569**
Boule et Bill : Boule a rétréci **2569**
Boulevard du fleuve : une enquête pour Yann Gray **2171**
Bouli Miro **1487**
Bouli redéboule **1487**
La Boulimie, sortir de l'engrenage **3479**
Bouqala : chants des femmes d'Alger **3914**
Bourdelle **2787**
Bourru **626**
La Boussole, le Nord et l'aimant **3310**
Une Bouteille dans la mer de Gaza **1933**
Le Bouvier et la tisserande **927**
La Boxe du Grand Accomplissement **2075**
Bram van Velde : Sans titre, 1936-1941 **2712**
Brancusi : l'inventeur de la sculpture moderne **2793**
Le Brésil : du XVIe siècle à nos jours **3039**
Bricolo-récup **3717**
Le Briquet **1261**
Brise cabane **761**
Brise-ciel **1797**
Le Brochet **995**
La Brouille **301**
Broussaille **2246**
Le Bruit **3640**
Le Bruit de quelqu'un qui essaie de ne pas faire de bruit **200**
Le Bruit du vent
Brun l'ours **1239**
Brundibar **599**
Bruno Brazil **2444**
Buck Danny **2432**
Buddy Longway **2366**
Le Buffle et l'oiseau **170**
Le Buffle et le grain de riz = Con trâu và hat lua **956**
Butor **3501**

C

C comme Cézanne **2757**
C comme Chagall **2758**
C comme Corot **2754**
C'est de la drogue ! : Produits psychoactifs et dépendance **2950**
C'est moi le plus beau **520**
C'est moi **1450**
C'est pas sorcier : Menaces sur le volcan Tamakou **2604**
C'est pas sorcier : Mystérieuse disparition en Amazonie **2603**
C'est quoi le patrimoine ? **2938**
C'est trop cher : pourquoi la pauvreté ? **2951**
Ça pourrait être pire **968**
Ça va ça vient **2234**
Ça y est je vais naître **2654**
Ça zozote au zoo **1606**
Le Cabanon de l'oncle Jo **1950**
Le Cabinet des fées **643**
Les Cabinets **2031**
Cabot-Caboche **1761**
Les Cacatoès **501**
Une Cachette pour le poulpe **3507**
Le Cadeau de Noël de Gaston Grippemine **283**
Un Cadeau pour maman **1979**
Le Cadi et la mouche : le livre des animaux **3904**
Le Cahier bleu **2278**
Cahier de dessin **3740**
Le Cahier jaune **1844**
Les Cailloux de Chacha **3410**
Calder : la sculpture en mouvement **2794**
Les Calebasses **3028**
Calinours va faire les courses **135**
Câlins **2739**
Calmar un jour, calmar toujours. Fables bestiales, nouvelles morales **1331**
Calvin et Hobbes **2214**
Camino **1488**
La Campagne et l'aventure **3340**
Candélabres **2330**
La Cane de Jeanne **1457**
Cannabis, mieux vaut être informé **3476**
La Cantine **2031**
Cap sur San Francisco : au temps des chercheurs d'or **3230**
Capitaine des myrtilles **1443**
Le Capitaine écarlate **2332**
Capricorne **2321**
Le Carambolier = Cây Khê **957**
La Caravelle **3703**
La Caresse du papillon **346**
Carmen Sandiego, La Trilogie **2587**
Le Carnet du dessinateur **3921**
Carnet d'un matelot **2957**
Carnets de prisons **3004**
Carnets d'Orient **2356**
Carnets du Palais **3005**
Caroline Baldwin **2384**
Carotte ou pissenlit ? **133**
Les Carroulet **2218**
La Cascade gelée **1955**
La Case de l'Oncle Tom **1540**
Casimir Malevitch : L'Homme qui court **2708**
Casse-noisette **1255**
La Casserole des enfants **3335**
Casse-tête et jeux magiques : environ 50 jeux **3789**
Le Castor **3558**
Catfish blues **1915**
Cato Zoulou **2360**
Les Cauchemars de l'amateur de fondue au chester **2489**
Ce changement-là **351**
Ce jour-là **78**
Ce jour-là j'ai apprivoisé les araignées **2064**
Ce que mangent les maîtresses **257**
Cédric **2197**
La Ceinture magique **1145**
Cela **1680**
Célébration : portraits et légendes **685**
Celle qui riait quand Dieu parlait **2902**
Celui par qui la Gaule devint chrétienne **2901**
Cendrillon **1112**
Cendrillon, suivi de La Belle au bois dormant et Les Fées **1128**
La Cendrouse et autres contes du Jutland **659**
Cent fables de La Fontaine **1214**
Le Centre Pompidou **3686**
Le Centre Georges Pompidou : Piano-Rogers **2720**
Cependant... **2674**
Le Cercle des menteurs : contes philosophiques du monde entier **686**
Cercle vicieux **2235**
Cérémonies **1492**
Le Cerf **3552**

Le Cerf-volant brisé **2022**
Ces gens qui sont des arbres **1450**
Ces intolérances « ordinaires » **2969**
Ces nains portent quoi ??????? **20**
César, le coq du village **401**
C'est bon, c'est beau ! Les arts du goût **3461, 3779**
C'est chez moi ! **164**
C'est comment un escargot **3506**
C'est de famille ! Héritage et transmission familiale **2928**
C'est dur à supporter **1612**
C'est écrit là-haut **568**
C'est encore Anastasia **2005**
C'est la p'tite bête **99**
C'est la vie, Lili **1993**
C'est moi le plus fort **519**
C'est papa qui conduit le train **1442**
C'est qui le plus beau ? **1722**
C'était la guerre des tranchées **2329**
C'était l'hiver **275**
Chahrazade **831**
La Chaise bleue **503**
La Chambre de Loulou **1970**
Chambre froide **2381**
Chamois **3581**
Champ de mines **1895**
Le Champignon **3657**
Champignon Bonaparte **548**
Champion **3270**
Le Champion d'Olympie **1818**
Champollion : l'homme qui déchiffra les hiéroglyphes égyptiens **3234**
Champollion et le mystère des hiéroglyphes **3224**
Le Chancellor **1547**
La Chanson de la petite bête **7**
Chanson pour Eloïse **1825**
Chansons de France **716**
Chansons de France pour les petits Français **719**
Chansons pour le hérisson **1429**
Le Chant de Be **1908**
Le Chant de l'oiseleur **1450**
Un Chant de Noël **1507**
Le Chant du moineau et autres contes égyptiens **832**
Chante Luna **1871**
Chanter contre le racisme **1459**
Chanter en voiture **1454**
Le Chantier **3685**
Chantier ouvert au public : récit de la construction du musée du Quai Branly **2803**
Chantiers en cours **90**
Chapeau perdu **140**
Le Chapeau. Et c'est toujours la même histoire **405**
Chapeaux **2725**
Chaperon Rouge : collection privée **1357**
Les Charades **1466**
Le Chardon tchétchène : la Tchétchénie sous le rouleau compresseur russe **3287**
Charivari chez les p'tites poules **1602**
Charlemagne **3160**
Charles Darwin **3307**
Charles Quint : empereur des deux mondes **3199**
Charlie Chaplin **2835**
Charlie et la chocolaterie **1641**
Charlier : un réacteur sous la plume **2508**
Charly **2325**
Charly en guerre **1910**
Charmes **2724**
La Chasse à l'ours **115**
La Chasse aux merles **1796**
Un Chasseur **38**
Le Chasseur de rivières **1448**
Le Chasseur et l'oiseau **1162**
Le Chasseur : un Conte chinois **928**
Le Chasseur, héros africain **3026**
Chat **359**
Le Chat **2215**
Le Chat assassin, le retour **1616**
Le Chat botté **1119-1121, 2316**
Le Chat chapeauté **1605**
Un Chat dans l'œil **1659**
Le Chat de Sophie **1755**
Le Chat de Tigali **1939**
Le Chat du boulanger **432**
Le Chat et le coq **749**
Le Chat et le diable **1298**
Le Chat noir **1243, 1525**
Le Chat qui parlait malgré lui **1745**
Le Chat qui s'en allait tout seul **1286**
Le Château de Cassandra **2024**
Le Château de Hurle **1675**
Le Château fort **3164**
Le Château hanté = O castelo assombrado. ZAC A DIT **1142**
Châteaux forts **2647**
Les Châteaux forts **3175**
Chaton **1305**
Les Chatouilles **206**
Les Chats racontés aux enfants **3588**
Les Chats volants **1656**
La Chatte blanche et autres contes **1252**
La Chatte Cendrillonne **1244**
Le Chat-tigre : conte yao de Chine **929**
La Chauve-souris poète **1736**
Le Chef **1957**
Le Chemin bleu **327**
Le Chemin de Tête-en-l'air **2605**
La Chemise de la fée et autres contes **1100**
La Chenille qui fait des trous **41**
Chère Mili : un conte inédit **1073**
Cheval de guerre **1845**
Le Cheval de minuit **1772**
Le Cheval de Troie **1181**
Le Chevalier étincelant **1387**
Le Cheval qui sourit **1759**
Le Cheval sans tête **2144**
Cheval vêtu **433**
Le Chevalier parfait **3165**
Chevaliers = Ritter **1307**
Chevaux **2728**
Les Chevaux racontés aux enfants **3589**
Cheveux **2727**
La Chèvre de Monsieur Seguin **587, 588**
Le Chevreau de mon père **775**
Chez Adama, mécanique générale **178**
Chez Elle ou chez elle **181**
Chick Bill **2438**
Chico Mandarine **2226**
Chien bleu **440**
Le Chien boiteux et autres contes **658**
Le Chien des mers **1771**
Le Chien invisible **469**
Le Chien qui souriait **1758**
Chiffres à conter **2669**
Chiffres en tête **2670**
La Chimie **3358**
Chinaman **2371**
La Chine des empereurs **3143**
La Chine et les Chinois **3047**
Chlorophylle **2424**
Chlorophylle à Coquefredouille **2424**
Choco **2187**
Le Chocolat c'est trop bon **3755**
Choix de poèmes **1426**
Chorizo **1953**
La Chose **878**
La Chose qui ne pouvait pas exister **1680**
Le Choucas : l'intégrale **2382**
Chouette **1954**
La Chouette **3536**
Un Chouette camping-car **2183**
Christian Lacroix de fil en aiguille... **2827**
Christophe Colomb **3179, 3189, 3190**
Christophe Colomb découvreur de l'Amérique **3180**
Chroniques de l'étrange **678**

Les Chroniques de Narnia : L'Armoire magique **1677**
Les Chroniques de Narnia : L'Odyssée du Passeur d'Aurore **1677**
Les Chroniques de Narnia : La Dernière Bataille **1677**
Les Chroniques de Narnia : Le Cheval et son Écuyer **1677**
Les Chroniques de Narnia : Le Fauteuil d'argent **1677**
Les Chroniques de Narnia : Le Neveu du magicien **1677**
Les Chroniques de Narnia : Le Prince Caspian **1677**
Chut, chut, Charlotte ! **242**
Chute de vélo **2249**
Ciccì, Coccò **2813**
Le Ciel **3397**
Le Ciel étoilé **3396**
Un Ciel radieux **2254**
Le Ciel, le Soleil et le jour **3389**
Cinémastock **2456**
La Cinq fois belle **1396**
Les Cinq sens **3359**
Cinq, six bonheurs **2130**
Cinquième **171**
Circuss **2820**
Cirque Mariano **623**
Le Cirque **1456**
Une Cité au fil du temps **3070**
Les Cités Obscures **2335**
CitiZens **2662**
La Citoyenneté **2994**
La Citoyenneté des femmes en France **3006**
City Hunter **2387**
Le Clan des Otori : La Clarté de la lune **1686**
Le Clan des Otori : Le Silence du rossignol **1686**
Le Clan des Otori : Le Vol du héron **1686**
Le Clan des Otori : Les Neiges de l'exil **1686**
La Classe volante **1511**
Claude Viallat : Bâche **2713**
Cléopâtre, la reine des rois **3110**
Les Clés de l'Europe 2007 **3013**
Les Clés de l'info : pour mieux comprendre les médias et l'actualité **2992**
Les Clés du citoyen 2006 **3002**
Les Clés du monde 2006 **3014**
Les Clients du Bon Chien Jaune **1792**
Clifford : En avant la musique ! **2537**
Clifford : La Fête d'anniversaire **2537**
Clifford : Sur l'île de Birdwell **2537**
Clifton **2425**
Le Climat : de nos ancêtres à vos enfants **3431**
Climats et météorologie **3429**
Les Climats, pourquoi changent-ils ? 2004 **3381**
Le Clocher d'Abgall **2038**
Clown **108**
Le Clown **1430**
Le Club des Trouvetout : L'Énigme du volcan **2544**
Le Club des Trouvetout : La Cité perdue d'Amazonie **2542**
Le Club des Trouvetout : Les Plantes carnivores **2545**
Le Club des Trouvetout : Les Secrets de la pyramide **2543**
Le Club des Trouvetout : Mystère au Tibet **2546**
Cobra norato : nheengatu de la rive gauche de l'Amazone **1446**
Le Cochon en panne **1742**
Le Cochon enchanté **988**
Cochon, Cochon et Cie **1341**
Cochon-Neige ou Les Tribulations d'un petit cochon trop mignon, suivi de Les Origines du miroir magique **1368**
La Cocotte qui tap-tip-tope **756**
Cocozumba **1318**
Les Codes secrets **3366**
Le Cœur de pic **2819**
Un Cœur qui bat **333**
La Colère des volcans **3422**
Colères **2740**
Colin et Pauline **325**
Collage de serviettes **3726**
Le Collectionneur d'instants **483**
La Colline au Serpent **846**
La Colo **180**
Coloriage **3741**
Coloriages **3739**
Comanche l'intégrale **2445**
Le Combat d'hiver **1711**
Le Combat ordinaire **2283**
La Comédie de la jungle **1486**
Commandeur de pluie, suivi de L'Accra de la richesse **1166**
Comme des adieux **2096**
Comme des sardines **3527**
Comme les étoiles **2009**
Comment Adam nomma les animaux **2888**
Comment Benjamin est tombé amoureux **312**
Comment devenir un Prince Charmant en 10 leçons ou ma véritable histoire racontée par moi-même **1377**
Comment faire de la « Bédé » sans passer pour un Pied-Nickelé **2493**
Comment il poussa une bosse au chameau **1289**
Comment la Grand-mère se fit des amis **741**
Comment la nuit vint au monde et autres contes brésiliens **1172**
Comment la Terre devint ronde **3313**
Comment la Terre est devenue ronde **3291**
Comment le léopard se fit des taches **1287**
Comment le rhinocéros se fit la peau **1288**
Comment les girafes disent-elles maman ? **3568**
Comment Lu Dongbin devint immortel **2913**
Comment on fabriqua l'alphabet **1293**
Comment raconter des histoires à nos enfants **636**
Comment ses amis délivrèrent la gazelle **919**
Comment te sens-tu ? **305**
Comment un livre vient au monde **2929**
Comment vivaient les Grecs ? **3114**
Comment Wang-Fô fut sauvé **1303**
Le Compagnon de voyage **1245**
La Complainte de Mandrin **720**
La Complainte des Landes perdues **2345**
Comprendre l'Univers **2637**
Comprendre la construction de l'Europe **2640**
Comprendre la Terre **2636**
Comprendre l'Afrique sauvage **2646**
Comprendre le XXe siècle **2641**
Comprendre le corps humain **2638**
Comprendre le développement durable **2642**
Comprendre le monde du cheval **2639**
Comprendre les catastrophes climatiques **2645**
Comprendre les climats **2635**
Comprendre les mers et océans **2643**
Comprendre les volcans **2644**
Compte les étoiles **1857**
Compter avec Fahim **3886**
Comptine **1430**
Comptines du jardin d'Eden : 28 comptines juives **698**
Comptines et berceuses de babouchka : 29 comptines slaves **699**
Comptines et berceuses du baobab : l'Afrique noire en 30 comptines **695**
Comptines et chansons du papagaio : le Brésil et le Portugal en 30 comptines **697**
Le Condor **2143**
Les Confidences de Médor **3866**
La Confrérie de la conque : Le Miroir du feu et des rêves **1897**
La Confrérie de la conque : Le Porteur de conque **1897**
Confucius **2914**
La Conquête de l'espace **3406**

La Conquête spatiale racontée aux enfants **3405**
Constance : journal d'une jeune fille aux premiers temps de la Nouvelle-Angleterre **1832**
Constantin Brancusi : Le Coq **2717**
Construire un feu **1519**
Construire une maison **618**
Construis-moi une lettre **2667**
Le Conte de Luna **981**
Le Conte de tous les contes **784**
Le Conte des contes ou le divertissement des petits enfants **641**
Un Conte peut en cacher un autre **1333**
Contes **1101**
Contes [de Perrault] **644, 1125, 1127**
Contes [de Wilhelm Hauff] **1258**
Contes à l'envers **1334**
Contes anglais : Peau de chat **1028**
Contes arméniens **914**
Contes berbères : La Tourterelle de Youssef Yousfine **827**
Contes berbères de Kabylie : Machaho ! Tellem Chaho ! **828**
Contes biélorusses : Le Beau-frère du soleil **1007**
Les Contes bleus du chat perché **1495**
Les Contes rouges du chat perché **1495**
Contes cachés d'Europe centrale **965**
Contes chinois : Le Bouvier et la tisserande **934**
Contes d'ailleurs et d'autre part **1403**
Contes d'Andersen **1275-1278**
Contes d'automne **1585**
Contes d'Europe **962**
Contes d'Islande : Lineik et Laufey **1017**
Contes danois : Atis et Watis **1023**
Contes de Basse-Bretagne : La Femme du loup gris **1105**
Contes de Bohême **982**
Contes de Bretagne **1108**
Contes de Corée **954**
Contes de fées **785**
Contes de France **1094**
Contes de Grèce et de Chypre **663**
Contes de Grimm **653, 654, 1077, 1079**
Contes de Haute-Bretagne : La Seraine de la Fresnaye **1106**
Contes de l'Ouest américain **1302**
Les Contes de la Folie Méricourt **1402**
Contes de la forêt vierge **1586**
Contes de la mer Caspienne : le secret de Silaïma-sans-nez **910**
Contes de la Nubie : Fana la discrète **834**
Contes de la rue Broca **1399**
Contes de ma mère l'Oye **1129**
Contes de Mandchourie : le fleuve du dragon noir **933**
Contes de Norvège **1021**
Contes de Perrault : histoires ou contes du temps passé, avec des moralités **1126**
Contes de Provence : La Toute petite **1098**
Contes de Sibérie **1008**
Contes de Syrie : La Fille du génie **900**
Contes de tous les pays **786**
Contes de Turquie **671**
Contes derviches **908**
Contes des Balkans **989**
Contes des calligraphes et des sultans **880**
Contes des landes de Gascogne : Les Fées de la dune **1097**
Contes des Mille et Une nuits **667, 891-892**
Contes des peuples de Chine **932**
Contes des peuples de la Chine **937**
Contes des quatre vents **637**
Contes des sages et des fous **789**
Contes des Santals : la naissance de l'herbe sabbaï **925**
Contes des Vikings **1013**
Contes du Caire : Ce que j'ai de plus précieux **833**
Contes du Cambodge : Les Deux frères et leur coq **961**
Contes du cheval **795**
Contes du désert **812**
Contes du djebel Amour **829**
Contes du Kordofan : Jemeil, attaché sur la bête sauvage **864**
Les Contes du lapin vert **2476**
Contes du Liban : La Femme chatte **899**
Les Contes du Petit Peuple **816**
Les Contes du serpent **1151**
Contes du vampire **924**
Contes du yiddishland : paroles du peuple juif **979**
Contes écossais : Le Brownie du vallon aux Fougères **1030**
Contes en partage **793**
Contes et fables d'Afrique **839**
Contes et histoires [d'Andersen] **661**
Contes et histoires pygmées **866**
Contes et légendes **2317**
Contes et légendes d'Afrique d'Ouest en Est **840**
Contes et légendes de Bretagne **1107**
Contes et légendes de Bretagne : les contes populaires **649**
Contes et légendes d'Italie **1137**
Contes et légendes de Centre-Asie **917**
Contes et légendes de Corée **955**
Contes et légendes de Flandre **1032**
Contes et légendes de la Bible : Du jardin d'Eden à la Terre promise **1177**
Contes et légendes de la Bible : Juges, rois et prophètes **1177**
Contes et légendes de Suède **1022**
Contes et légendes de Turquie **909**
Contes et légendes des Comores **875**
Contes et légendes des Inuit **1150**
Contes et légendes des landes et des grèves **647**
Contes et légendes des Vikings **1012**
Contes et légendes du Japon 953
Contes et légendes du Maroc **822**
Contes et récits fantastiques **2317**
Les Contes hiéroglyphiques **1246**
Contes irlandais : Le Cornemuseux de Galway **1031**
Contes japonais **679**
Contes judéo-espagnols : La Mariée de sucre et de miel **1138**
Contes kabyles **674**
Contes kirghiz : La Bague du Khan **918**
Les Contes merveilleux de Ommi Aïchoucha : contes de chez nous **3909**
Contes merveilleux des pays de France : 99 contes choisis **638**
Contes n°1 et 2 pour enfants de moins de trois ans **129**
Contes norvégiens : Le Château de Soria Moria **1020**
Contes peuls : Mère-Lionne **845**
Contes polonais : Maciek et Wojtek **966**
Contes populaires de Basse-Bretagne **650**
Les Contes populaires de la Gascogne **651**
Contes populaires de la Haute-Bretagne : Contes des marins **648**
Contes populaires de la Haute-Bretagne : Contes des paysans et des pêcheurs **648**
Contes populaires de la Haute-Bretagne : Contes merveilleux **648**
Contes populaires de Lorraine, comparés avec les contes des autres provinces de France et des pays étrangers **652**
Contes populaires de Palestine **901**
Contes populaires du Maroc **820**
Contes populaires italiens : Italie centrale **642**
Contes populaires italiens : Italie des Apennins **642**
Contes populaires italiens : Italie du Nord **642**
Contes populaires italiens : Les Iles **642**
Contes populaires juifs d'Europe orientale **684**
Les Contes populaires russes **655**
Contes portugais : La Fille du roi maure **1141**
Contes pour les enfants et les parents **1076**
Contes ritournelles **782**

Contes russes **1003, 1006**
Contes russes : Les Fileuses d'or **1005**
Contes sànan du Burkina Faso : La Fille caillou **850**
Contes sibériens : Le Renne du soleil **1009**
Contes siciliens : Le prince d'amour **1136**
Contes tchèques : Cheveux d'or **983**
Contes traditionnels de Bretagne **1104**
Contes traditionnels de Corse **1099**
Contes traditionnels de Normandie **1103**
Contes tziganes **1010**
Contes Zaghawa du Tchad. Trente sept contes et deux légendes **868**
Contes, devinettes et proverbes du Japon **680**
Contes, récits et légendes des pays de France : Bretagne, Normandie, Poitou-Charentes, Gascogne, Pays basque **646**
Contes, récits et légendes des pays de France : Nord, Flandres, Artois, Picardie, Champagne, Alsace, Bourgogne, Franche-Comté **646**
Contes, récits et légendes des pays de France : Paris, Ile de France, Val de Loire, Berry, Sologne, Limousin **646**
Contes, récits et légendes des pays de France : Provence, Corse, Languedoc-Roussillon, Alpes, Auvergne **646**
Les Contraires **516**
Copain de l'Archéologie : le guide des explorateurs du temps **3084**
Copain de la Bretagne : pour une première découverte de la Bretagne **3065**
Copain de la Corse : pour une première découverte de la Corse **3063**
Copain de la cuisine : pour une première découverte de la cuisine **3778**
Copain de la nature **3631**
Copain de la Provence : le guide des jeunes explorateurs **3066**
Copain de Paris **3064**
Copain des Alpes : pour une première découverte des Alpes **3415**
Copain des bois **3632**
Copain des chats **3590**
Copain des chevaux **3591**
Copain des chiens **3592**
Copain des mers : le guide des petits loups de mer **3426**
Copain des montagnes : le guide des petits montagnards **3417**
Copain des petites bêtes : le guide du petit entomologiste **3516**
Copain des Pyrénées : le guide des petits pyrénéens **3416**
Copain du ciel : Explorer le ciel pour mieux connaître la Terre **3395**
Le Coq prend la mouche **1168**
Coquillages **3799**
Corentin **2486**
Corinne et Jeannot **2454**
Cornes de lièvre et plumes de tortue. Contes populaires du Tibet **948**
Le Corps à petits pas **3452**
Corps et âme : l'âme et le corps dans la religion **2871**
Le Corps humain **3464**
Le Corps humain, un étonnant système **3380**
Corsaires et pirates **3201**
Corto Maltese **2306**
Les Cosmonautes du futur **2393**
Le Coton **3679**
Coucou **625**
La Couleur **3361**
Couleur couleurs **76**
Les Couleurs de Fahim **3887**
Couleurs nature **2808**
Coups de théâtre **2168**
Les Coups durs **1956**
La Cour couleurs. Anthologie de poèmes contre le racisme **1408**
Le Courage de la jeune Inuit **1148**
Courage Lili Graffiti ! **2035**
Courage, Zuza ! **177**
La Couronne d'argent **1653**
La Couronne. Conte tunisien **3907**
Cours sans te retourner **1861**
Cours, Bong-gu ! **2277**
La Course **770**
La Course au gâteau **376**
La Course de l'élan **1606**
La Course du renard **358**
Coutoo **2331**
Un Coyote dans la maison **1740**
Le Coyote et les corbeaux et autres contes d'animaux **790**
Le Crabe qui jouait avec la mer **1292**
Le Cracheur de feu **2071**
Cradologie : la science impolie du corps humain **3451**
La Craie magique **1636**
Le Crapaud perché **381**
Crasse-Tignasse **495**
Le Cri du kookabura **1796**
Le Cri du peuple **2363**
Crictor **521**
Crimes parfaits : nouvelles policières **1598**
Les Cris du silence contre la torture **2977**
Cris, chants et coassements : les animaux communiquent **3494**
Crises de la fin du Moyen Âge **3152**
Crobards et mounièques **1443**
Croc-Blanc **1520**
Le Crochet, c'est tendance **3793**
Le Crocodile **1430, 3523**
Crocodile, crocodile **407**
Crocs, griffes et cornes, un livre à compter **3491**
Les Croissants et autres contes plaisants **1389**
Cromignon **3441**
Cromwell Stone **2322**
Les Cubes **255**
Cubitus **2419**
Cuisine amusante : pour les petits et les grands **3768**
La Cuisine de la reine des prés **3765**
Cuisine de nuit **199**
La Cuisine de Robin des bois **3765**
La Cuisine est un jeu d'enfants **3764**
La Cuisine gourmande des juniors **3773**
Une Cuisine grande comme le monde **3767**
Une Cuisine grande comme un jardin **3766**
Cultiver la fleur qui pue (et autres bêtises) **2226**
Cygnes **3538**
Cyrrus **2331**
Cythère l'apprentie sorcière **2234**

D

D comme Delacroix **2759**
Dadaïstes et surréalistes **1419**
Le Daim mangeur de tigre et autres contes chinois **931**
La Dame de pique **1526**
La Dame des poux **2031**
Dame Hiver **1040**
Dame Merveille et autres contes d'Égypte **835**
La Dame qui tue **2157**
Dame Tartine **714**
La Damnation d'E. P. Jacobs **2504**
Le Danemark d'Andersen **125**
Danger sur le fleuve **1800**
Daniel Boone. Les Aventures d'un chasseur américain parmi les Peaux-Rouges **413**
Danny, le champion du monde **1992**
Dans la cour des grands **3868**
Dans la forêt profonde **460**
Dans la nuit noire **80**
Dans la Rome des Césars **3134**
Dans le brouillard de Milan **81**
Dans le grand bain **2159**
Dans le noir **942**
Dans le secret des grottes : la spéléologie **3407**
Dans le tableau **2743**
Dans les forêts de la nuit **1672**
Dans ma chambre... **205**

Dans Paris il y a... **1430**
Dans Paris occupé : Journal d'Hélène Pitrou, 1940-1945 **3265**
Dans un ciel lointain **2307**
Danse **2734**
La Danse du dragon **1706**
La Danse. Histoire, ballets, coulisses, étoiles **2834**
Le Danseur de vent **1153**
La Danseuse **869**
Daredevil l'intégrale **2415**
Darwin **3304**
Le Dauphin **3553**
David s'évade **2084**
De bouche oreille. Anthologie de contes populaires français **645**
De cape et de crocs **2341**
De la fleur à l'arabesque : découverte des arts décoratifs islamiques. **3933**
De la mer au sel : à la découverte des marais salants charentais **2633**
De la petite taupe qui voulait savoir qui lui avait fait sur la tête **512, 513**
De la Rivière rouge au pays des Zizotls **421**
De la tendresse **2165**
De l'autre côté **96**
De l'autre côté de l'arbre **414**
De l'autre côté du miroir **1501**
De l'autre côté du monde : figures et légendes de la mythologie grecque **2880**
De l'indigène à l'immigré **2940**
De l'os au squelette **3445**
Les Déblok **2202**
Debout sur un pied **974**
Débrouillards : Eau secours ! Professeur Scientifix **2588**
Le Début des tatous **1291**
Les Déchets **3642**
Déclaration universelle des droits de l'homme **2966**
La Découverte de Petit-Bond **341**
Découverte du monde : Le Livre des explorateurs **3184**
Découverte du monde : Le Livre des marchands **3185**
Les Découvertes de Nick **3368**
Découvre la mode de Karl Lagerfeld **2828**
Découvre les roches et les minéraux **3412**
Découvrez tous vos droits **2970**
Dedi et le riz de Java en Indonésie **3043**
Défends ta planète ! **2649**
Le Défi d'Alfred **1957**
Le Défi de Zaïna **3918**
Déguisements **3753**
Deir el-Medineh : les artisans de Pharaon **3101**
Le Déjeuner des loups **1362**
Delacroix : les tableaux racontent des histoires **2752**
Demain et le jour suivant **2094**
Demain la Terre **1596**
Le Démon des glaces **2329**
Les Démons d'Alexia **2318**
Les Dents à petits pas **3453**
De poussière et de sang **1793**
Depuis, Lune et Soleil rêvent au ciel : conte africain **841**
Dérives **2331**
Le Dernier elfe **1668**
Un Dernier été **2080**
La Dernière épreuve **1957**
Dernière solution : fuir ! : être réfugié politique aujourd'hui **2978**
Les Derniers géants **410**
La Déroute **1705**
Derrière la gare, il y a la mer **2065**
Des abeilles **3519**
Des ânes et des mulets **3594**
Des animaux pour toute famille **1736**
Des belles et des bêtes : anthologie de fiancés animaux **687**
Des céréales **3673**
Des chats **3604**
Des chevaux **3595**
Des chèvres **3602**
Des chiens des champs **3598**
Des chiens des villes **3599**
Des cochons **3597**
Des couleurs et des choses **10**
Des creux et des bosses **2689**
Des femmes dans l'Histoire du IXe siècle à nos jours **3080**
Des filles et des garçons **1589**
Des fleurs pour Algernon **1709**
Des forêts et des arbres **3623**
Des fruits de la mer : l'histoire, l'anatomie, l'élevage, et la diversité **3533**
Des invités bien encombrants **247**
Des jambes pour Aliou **3844**
Des jours pas comme les autres **114**
Des lapins **3601**
Des lunettes à voir le squelette **3496**
Des machines pour explorer le monde **3375**
Des milliards d'étoiles **33**
Des mots magiques ! **2980**
Des moutons **3596**
Des nouvelles de Logicielle **2168**
Des oiseaux à la maison **3543**
Des os dans un panier : légendes amérindiennes sur les origines du monde **1154**
Des pieds et des mains **3435**
Des poissons d'élevage : l'histoire, l'anatomie et la diversité **3532**
Des pommes **3674**
Des pommes de terre : l'histoire, la culture et la diversité **3672**
Des poules **3603**
Des religions dans l'Histoire : bouddhisme, judaïsme, christianisme, islam, vodou... **2868**
Des vaches **3600**
Descends de là, paresseux ! **3573**
Le Design **2823**
Le Desnos **1427**
Dessine-moi la Bible : les images de l'Ancien Testament et des Évangiles **2883**
Dessine-moi une lettre **2666**
Dessiner : une méthode pas comme les autres **3748**
Dessins zinzins et saute-mouton **3744**
Les Dessous des requins **3531**
Les Dessous du Mammouth **3438**
Le Destin de Linus Hoppe **1700**
La Destinée du roi Arthur **1191**
Détective Conan **2377**
Les Deux dormeurs. Conte guerzé de Guinée **843**
Les Deux font la paire **1614**
Les Deux goinfres **532**
Deux graines de cacao **1837**
Les Deux gredins **1631**
Deux grenouilles **392**
Deux histoires comme ça (L'Enfant d'éléphant, Le Chat qui s'en va tout seul) **1296**
Les Deux maisons **754**
Deux oiseaux **306**
Les Deux oursons **752, 3892**
Deux par deux **191**
Deux pour une **1983**
Les Deux princesses de Bamarre **1676**
Devine combien je t'aime **292**
Devine qui fait quoi. Une promenade invisible **79**
Devine qui vient tuer **2154**
Devinettes sardes, en français, italien et sarde. Indeinzos sardos **1133**
Devinettes traditionnelles de Tunisie **3912**
Devinettes turques **903**
Le Dévoreur d'hommes **1570**
Le Diable aux cheveux blancs **1394**
Le Diable aux trois cheveux d'or **2316**
Le Diable et la mère pétrin **1130**
La Diablesse et son enfant **1657**
Dialogues sans bulles : Entretiens avec Greg **2508**
Dico ado : les mots de la vie **3478**

Le Dico de la musique **2832**
Le Dico de la Préhistoire **3090**
Le Dico des métiers : 500 idées pour votre avenir **2943**
Le Dico philo **2852**
Dictionnaire de l'histoire de France **3072**
Dictionnaire des fêtes **2939**
Dictionnaire des Indiens d'Amérique du Nord **3040**
Dictionnaire des inventions **3302**
Dictionnaire des rois et reines de France **3075**
Dictionnaire du citoyen **3003**
Dictionnaire du Père Noël **288**
Les Dieux et les héros de l'Antiquité : toute la mythologie grecque et latine **2877**
Dieux grecs **2873**
Dieux grecs : la naissance des dieux par Hésiode et les hymnes homériques **2875**
Difficile à dire **2056**
Un Dimanche à Kyoto **1455**
Din'Roa la vaillante **735**
Le Dindon et le dodo : petite conférence sur le jardin planétaire **3633**
Le Dîner fantôme **509**
Ding dong ! **2510**
Les Dingodossiers : l'intégrale **2452**
Dinky rouge sang **2157**
Dinosaures **3433**
Dinosaures, dinosaures **619**
Les Dinosaures : le passé retrouvé **3439**
Les Dinosaures et autres animaux préhistoriques **3440**
Dire non à la violence **2949**
La Discussion **2031**
Dis-moi un poème qui espère **1409**
Disparition programmée **2179**
Les Disparus de l'aéropostale **3699**
Les Disparus de Saint-Agil **1554**
Diversité de la vie **3485**
La Division cellulaire et la génétique **3486**
Dix **250**
Dix contes de loups **1096**
Dix dodus dindons **1466**
Dix grenouilles **37**
Djenné **3879**
Docteur Festus / Histoire de Monsieur Cryptogame **2491**
Docteur Slump **2211**
Dodo **188**
Dodoitzu et l'escargot alpiniste **1423**
Le Doigt magique **1637**
Les Doigts rouges **2149**
Dolma, la rebelle : le Tibet sous la botte chinoise **2971**
Domicile d'Ange Heureux **2539**
Dominic **2132**
Dômu - Rêves d'enfants **2334**
Don Dracula **2464**
Don Quichotte **1503**
Donjon **2346**
Dororo **2466**
Le Douanier Rousseau : un naïf dans la jungle **2782**
La Double vie de Charlotte **1835**
Doucette **1048, 1050**
Douceurs d'ici, saveurs d'ailleurs **3757**
Le Doudou méchant **470**
Un Doute sur la couleur **1600**
Douze contes de princesses **1015**
Douze malices du hérisson **3908**
Dragon Ball **2212**
Les Dragz **2220**
Drapeaux et pavillons **3015**
Dring, dring ! **511**
Le Droit au bonheur : la naissance de l'Assemblée nationale **3219**
Les Droits des enfants **2963**
Un Drôle d'ange gardien **2315**
Une Drôle de fée **1648**
Drôle de pizza **211**
Drôle de samedi soir **2155**
Du bleu au bleu **2655**
Du bruit sous le lit **197**
Du jaune au rouge **2655**
Du mal à une mouche **2137**
Du pays de Jade à l'île Quinookta **421**
Du pays des Amazones aux îles Indigo **421**
Du temps **344**
Du vert au vert **2655**
Dutton Memory, détective fantôme **2170**
Dytik, l'ogre de la mare **3509**

E

E comme Égypte **3097**
L'Eau **3365, 3639**
L'Eau à petits pas **3620**
L'Eau de la vie 1481
L'Eau de la vie : contes allemands **1256**
Échos, disait-il **1434**
Éclipse 11 août 1999 **2816**
L'École de Léon **256**
L'Écolier assassin **2176**
L'Écologie à petits pas **3619**
Écologie, la planète vivante **3628**
L'Écoute-aux-portes **471**
L'Écriture et le livre **3707**
L'Écume de l'aube **2391**
Les Éditeurs de bande dessinée **2496**
L'Effraie **2820**
L'Églantine **3650**
Egon **380**
L'Égypte : tout ce qu'on sait et comment on le sait **3108**
L'Égypte au Louvre : une visite guidée **2690**
L'Égypte de l'expédition de Bonaparte à nos jours **3030**
L'Égypte des Pharaons **3112**
Égypte, la prophétie d'Héliopolis II **2611**
Égypte 1156 av. J.-C., l'énigme de la tombe royale **2611**
Einstein **3305**
Einstein : la joie de la pensée **3315**
L'Électricité **3363, 3678**
Éléphants **374**
L'Éléphant et la chèvre **842**
Un Éléphant peut en cacher un autre **1438**
Les Éléphants de Noé **780**
Élever des petites bêtes **3517**
Elie et Sam **2106**
Elissa-Didon reine de Carthage **3916**
Elle s'appelait Catastrophe **1913**
Elliot **2081**
Elmer **371**
Éloïse **497**
L'Élue **1678**
Élvina et la fille du roi Salomon **1822**
L'Émerillon : Enquête à la cour d'Aliénor d'Aquitaine **2590**
Émile **522**
Émile et Angèle, correspondance **1480**
Émile et les détectives **1510**
En allant acheter des œufs **150**
En attendant la pluie ou L'eau, c'est la vie **3606**
En compagnie des loups **3583**
En finir avec vos complexes **3463**
En haut du poteau **2004**
En mille morceaux **2087**
En pleine nuit **2165**
En route vers le Nouveau Monde : journal d'Esther Whipple 1620-1621 **3213**
En t'attendant
Les Enchantements de Merlin **1187**
L'Encyclopédi@ des sciences **3319**
Encyclopédie des mythologies du monde **2879**
L'Encyclopédie des origami **3737**
Encyclopédie du futur citoyen **2991**
L'Endroit où dorment les étoiles **2651**
L'Énergie **3643**
L'Énergie à petits pas **3677**
L'Énergie et la Matière **3334**
Enfance en poésie **1434**

Une Enfance intouchable : la condition des hors castes en Inde **2976**
L'Enfant aux trois yeux **2468**
L'Enfant caché **1884**
L'Enfant dans la ville : petite conférence sur la pauvreté **3212**
L'Enfant de Gertrude **330**
L'Enfant Dieu **1487**
L'Enfant du dimanche **1985**
L'Enfant multiple **2121**
L'Enfant noir **1901**
L'Enfant Océan **2007**
L'Enfant qu'on envoie se coucher **1430**
L'Enfant racine **461**
L'Enfant sans nom **2592**
L'Enfant sauvage **1485**
Enfantines **634**
Enfants d'ailleurs racontés aux enfants d'ici **3016**
Les Enfants de la colline sacrée **1906**
Les Enfants de la lune **3038**
Les Enfants de la mine **3229**
Enfants d'ici, parents d'ailleurs : histoire et mémoire de l'exode rural et de l'immigration **2932**
Les Enfants d'Izieu **3246**
Les Enfants du soleil **1321**
Les Enfants qui rêvaient de traverser la mer **1907**
Les Enfants Tillerman : C'est encore loin, la maison ? **2017**
Les Enfants Tillerman : Dicey risque tout **2017**
Les Enfants Tillerman : Et si on allait chez grand-mère ? **2017**
Les Enfants Tillerman : La Chanson de Dicey **2017**
Les Enfants Tillerman : Le Héron bleu **2017**
Les Enfants Tillerman : L'Enquête **2017**
Les Enfants Tillerman : Samuel Tillerman **2017**
Les Enfants Tillerman : Une fille im-pos-sible **2017**
Les Enfants volés **1803**
Enfants, c'est l'Hydragon qui passe **2460**
Enfin la paix **234**
L'Énigme des fossiles **3413**
L'Ennemi **3255**
L'Ennemi public n° 2 **2154**
Enquête sur la Terre avec le Petit Prince **2623**
Enquête sur les étoiles avec le Petit Prince **2624**
Les Enquêtes de l'inspecteur Bayard **2375**
Les Enquêtes De Nancy Drew : Danger au cœur de la mode **2563**
Les Enquêtes De Nancy Drew : La Malédiction du manoir De Blackmoor **2563**
Les Enquêtes De Nancy Drew : Le Mystère de l'horloge **2563**
Les Enquêtes de Théo Toutou **2376**
Les Enquêtes du colonel Clifton **2425**
L'Enragé **2293**
Entre deux saisons de bonheur **1849**
Envolez-vous, oiseaux ! **393**
Une Épatante aventure de Jules **2243**
L'Épervier **2305**
L'Épopée de Gilgamesh **1175**
L'Épopée de Soundiata Keïta **1202**
L'Épopée de Soundjata **3854**
L'Épopée du Roi Singe **1201**
Eragon : L'Aîné **1692**
Eragon : L'Héritage **1692**
Ernest et Célestine ont perdu Siméon **165**
Erwin & Grenouille **1484**
Escales. Carnet de croquis **416**
Les Escapades de Benjamin **372**
L'Escargot de Sophie **1755**
L'Espace **3387**
Espace **3398**
Les Espèces menacées **3638**
Esquimau **366**
Et après... **339**
Et Brendan découvrit le Paradis **2898**
Et c'est comme ça que je me suis enrhumé **2235**
Et Dieu créa les femmes : la religion et les femmes **2869**
Et la gelée, framboise ou cassis ? **182**
Et moi et moi ! **1474**
Et on mangera des réglisses... **354**
Et puis on est partis : un émigrant raconte **3224**
Et si Polly mangeait le loup ? **1733**
Et toi, tu es français ou étranger ? : la nationalité, la nation et l'identité **2986**
L'Étalon noir **1765**
L'Étang aux nénuphars **1882**
L'Étang et la rivière **3629**
L'Étang, un écosystème **2628**
L'État du Monde Junior : encyclopédie historique et géopolitique **3012**
L'Été **3742**
Un Été au bord du fleuve **2120**
L'Été des becfigues **2107**
L'Étoile de Kazan **1789**
L'Étoile d'Érika **3272**
L'Étoile du désert **2304**
Étoile Noire, Aube Claire **1795**
Étoiles et planètes **3388, 3403**
L'Étonnant voyage de Polyxène **1654**
Les Étonnantes aventures du signor Spaghetti **2448**
Les Étonnants animaux que le fils de Noé a sauvés **415**
Étonnants insectes **3518**
L'Étrange cas du Dr Jekyll et de M. Hyde **1538**
L'Étrange disparition du Professeur Scientifix **2589**
Les Étranges lunettes de monsieur Huette **3317**
L'Étrangleur **2091**
Être le loup **1484**
Être vivant, quelle aventure ! **3457**
L'Étroit cavalier **447**
Europa Universalis II **2612**
Europa Universalis III **2612**
L'Europe à petits pas **2987**
Éva aux mains bleues **2250**
Évangile : le début de l'évangile de Jean **2885**
L'Évasion de Kamo **2148**
L'Évolution : les transformations du vivant **3447**
Exactement le contraire **11**
Exercices de style **132**
Expériences à déguster **3349**
Expériences avec l'air **3352**
Expériences avec le corps **3356**
Expériences avec l'eau **3354**
Expériences avec les aimants **3346**
Expériences avec les miroirs **3350**
Expériences avec les ombres **3348**
Expériences avec les plantes **3353**
Expériences avec les sons **3347**
Expériences pour construire **3351**
Expériences pour rouler **3355**
L'Explorateur **82**
Explorateurs de tous les temps **3187**
Explorons la montagne **3610**
Explorons la rivière **3611**
Explorons l'estuaire **3608**
Explorons l'étang **3609**
Les Extras de Mézières **2392**

F

La Fable du dragon **1216**
Fables **1213, 1226, 1578**
Fables choisies pour les enfants **1212**
Fables complètes **1227**
Fables d'Ésope **1206, 1207**
Les Fables de la chèvre **1217**
Les Fables de La Fontaine **1215, 1228**
Les Fables de la grenouille **1218**
Les Fables du chat **1219**
Les Fables du cheval **1220**
Les Fables du chien **1221**
Les Fables du coq **1222**
Les Fables du rat **1223**
Les Fables du serpent **1224**
Les Fables du singe **1225**
Fables juives du Moyen Âge **980**
La Fabrique de savon **2152**

Le Fabuleux fablier **1229**
Les Fabuleux tricots d'Amélie Rousseau **3792**
Le Fabuleux voyage de l'Oncle Ernest **2561**
Le Fabuleux voyage d'Ibn Battuta **1325-1354 3188**
Fagin le juif **2416**
La Faim des sept ours nains **2181**
La Faim du lion **923**
Faire le mort **2099**
Le Faiseur de pluie **1618**
Fais-moi peur **2166**
La Fameuse invasion de la Sicile par les ours **1735**
La Famille Illico **2483**
La Famille ogre **130**
Fantastic four L'Intégrale **2413**
Fantastique maître Renard **1721**
Le Fantôme de Canterville **1557**
Le Fantôme du garde-barrière **2381**
Fati et l'arbre à miel **3824**
Le Faucon déniché **1820**
Le Faucon malté **2154**
Le Faux calife et autres contes (extraits des Mille et Une Nuits) **889**
Faxer une andouillette **2226**
Federigo **1280**
La Fée des renards **443**
Les Fées **1111**
Fela Kuti. Le Génial musicien du Nigéria **3874**
Félix le chat **2478**
Félix. L'Intégrale **2439**
La Femme feuille **1018**
La Femme ou le tigre ? **1634**
La Femme panthère et autres contes du Bénin **851**
La Femme qui épousa un lion **871**
Une Ferme : croquis sur le vif d'une ferme d'autre-fois **3666**
Une Ferme au fil du temps : du Moyen Âge à nos jours **3675**
La Ferme de Paille la canaille **2606**
Ferme les yeux **184**
Fernand Léger : peindre la vie moderne **2780**
Fernand Léger : Les Grands plongeurs noirs **2707**
Férox de Madagascar **3564**
Le Festin de Yoshi **1378**
Le Festin du morse **1606**
La Fête en poésie **1412**
Fêtez Noël et la Saint-Nicolas : comment préparer, organiser et réussir la fête de Noël et la Saint-Nicolas **3781**
Fêtez Pâques : comment préparer, organiser et réussir la fête des œufs, des cloches et des lapins **3782**
Le Feu de Shiva **1928**
Feuilles **2652**
Fidèles éléphants **615**
Un Fieffé tailleur. Conte persan **894**
Fifi à Couricoura **1623**
Fifi Brindacier **1623**
Fifi princesse **1623**
Figures de l'héraldique **3178**
Fil de fer, la vie **1592**
Le Fil rouge **2820**
La Fille aux ibis **2357**
La Fille de 3e B **2116**
La Fille de l'ogre. Conte du Liban **895**
La Fille de l'oiseau vert. Conte baggara du Soudan **860**
La Fille de neige **993**
La Fille du professeur **2262**
La Fille du Roi des mers **997**
La Fille qui voulait être un garçon **1965**
La Fille sur la balançoire rouge **1982**
Filles **2737**
Filles = garçons : l'égalité des sexes **2952**
Filles et garçons au Moyen Âge **3149**
Les Filles, votre corps change **3462**
La Fillette inuit **1147**
Fils de Chine **2488**
Le Fils de Flicka **1767**
Le Fils de Soizic et autres contes celtiques **964**
Le Fils du chat **2215**
Fils du ciel **1797**
Les Fils du soleil, légende épique des Indiens de l'Arizona **1204**
Fimbles. Viens jouer avec les Fimbles **2517**
Fin du monde **2886**
Finissez vos phrases ! **1482**
Finkel **2394**
Firewing **1751**
Le Flagada et les pépins de la pêche **2417**
Fleur-de-Lupin **451**
Les Fleurs d'Alexandrie **2107**
Les Fleurs des champs **3651**
Flix **605**
Flocons de maïs **3719**
Flon-Flon et Musette **610**
Florian et Tracteur-Max **452**
Foi et violences, XVIe-XVIIe siècle : l'Europe des guerres de religion **3198**
Folio Junior en poésie **1412, 1426**
Folle à tuer ? **2175**
La Folle journée de Céleste **3510**
La Folle odyssée de Didon, princesse de Tyr, Reine de Carthage **3927**
La Folle poursuite **368**
Le Fond de l'air est frais **2234**
Le Football. Ma grande encyclopédie **3810**
Force 10 ! : avis de tempête **3428**
La Force du berger **1936**
Forestia **2556**
Forestia Junior **2548**
Forestia Révoltozoo **2562**
La Forêt **3614**
La Forêt à petits pas **3660**
Les Formidables aventures sans Lapinot **2233**
Fort Wheeling **2368**
Fossiles d'Europe **3414**
Les Fouilles de Beyrouth **3932**
La Fourmi **3508**
Foxtrott **402**
La Fraise c'est pas de la tarte **3755**
Le Français est un poème qui voyage : anthologie de poèmes francophones pour les enfants **1420**
France **3067**
La France au XIXe siècle **3226**
La France au XXe siècle **3242**
La France de Louis XV et Louis XVI **3210**
La France en Révolution, 1789-1799 **3220**
La France industrielle : XIXe-XXe siècle **3235**
La France sauvage racontée aux enfants **3627**
Francie **1944**
Les Francs **3153**
Frank Margerin présente **2458**
Frankenstein **1535**
Frédéric **555**
Frère Lapin prend le frais : contes afro-américains **1169**
Frère **2097**
Freud **3303**
Frida Kahlo : Une peinture de combat **2768**
Fritz et Bianca : À la découverte du jeu d'échec **2576**
Fritz et Bianca : Échecs dans le château du roi noir **2576**
Front blanc **1542**
Le Front populaire : la vie est à nous **3279**
Les Frontières **2111**
Fruits Basket **2248**
Les Fruits du soleil **3668**
La Fugue **388**
La Future meilleure amie de Ramona **1971**

G

Gabriel **2041**
Gaby, mon copain **2042**
Gai-Luron. L'Intégrale **2455**
Le Gainsbourg 1462
Galaxy Express 999 **2463**
Galets et cailloux **3800**

Galilée, le messager des étoiles **3312**
Les Gallo-Romains **3137**
Game Over **2221**
Gandhi, l'œil et le mot **3243**
Le Garçon de la rivière **2060**
Le Garçon qui avait perdu la face **2068**
Le Garçon qui criait « Au loup ! » **1205**
Le Garçon qui inventa la libellule **1322**
Le Garçon qui se taisait **1958**
Garçons **2738**
Gardez la culotte **264**
Le Gardien **1693**
Le Gardien de l'oubli **485**
Les Garennes de Watership Down **1753**
Garfield **2205**
Gargantua (suivi de) Pantagruel **1240-1241**
Gargouilles, sorcières et compagnie **1308**
Garulfo **2342**
Gaspard & Lisa aux grands magasins **138**
Gaspard de la nuit **2313**
Gaston Lagaffe **2420**
Gauguin, « ce malgré moi de sauvage » **2781**
Gauguin : L'Invitation au voyage **2766**
La Gaule **3140**
Les Gaulois **3138, 3141**
Le Géant de Zéralda **377**
Le Géant poilu-velu **1161**
La Géante dans la barque de pierre et autres contes d'Islande **657**
Gédéon **2476**
Gen d'Hiroshima **2471**
Le Général des soldats de bois **1847**
Le Général Dourakine **1533**
Les Gènes et l'ADN **3472**
Genèse : le début de la Genèse **2887**
Génial ! Je cuisine avec maman **3769**
Génial ! On popote avec papa **3769**
Le Génie de Yolonda **1996**
Le Génie des Alpages **2231**
Le Gentil facteur ou Lettres à des gens célèbres **1328**
Le Gentil petit diable et autres contes de la rue Broca **1400**
Genz Gys Khan **2196**
La Géologie à petits pas **3411**
La Géométrie dans les arts décoratifs islamiques **3934**
Georges Braque : Femme à la guitare **2702**
Georges Lebanc **472**
Germain et nous. L'Intégrale **2441**
Ghost in the shell **2407**
Gigi a perdu sa casquette : où peut-elle bien être ? **50**
Gil Jourdan l'intégrale **2439**
Gilgamesh **2266**
Gina et le lion **1726**
Giovanna ou le miracle des eaux **1595**
La Girafe **3551**
Gisella et le pays d'Avant **2128**
Gladiateurs et jeux du cirque **3129**
Les Gnan-gnan **2450**
Gnomes de Troy **2340**
Gon **2194**
Le Gone du Chaâba **1951**
Le Gourmet solitaire **2257**
Le Goût de la mangue **1920**
Le Goût et la cuisine **3341**
La Goutte de miel **911**
Goya d'or et de sang **2779**
La Grâce au désert **1864**
Le Grain de maïs magique **3845**
Le Grain magique : contes, poèmes, proverbes berbères de Kabylie **675**
Graine de bébé : mais par où passent les bébés ? **3466**
Graine de chêne **3648**
Les Graines du soleil : un conte d'Afrique du Sud **870**
Les Graines, de grandes voyageuses **3655**
Grand / petit au cinéma **2836**
Le Grand arbre **598**
Le Grand cerf et le lapin des champs **739**
Le Grand désordre **168**
Le Grand dessin **593**
Le Grand livre contre le racisme **2964**
Le Grand livre contre toutes les violences **2956**
Le Grand livre des contes **1580**
Le Grand livre des devinettes **1466**
Le Grand livre des droits de l'enfant **2965**
Le Grand livre des rébus **1466**
Le Grand livre des sciences et inventions arabes **3297**
Le Grand livre du jeune citoyen **2984**
Le Grand livre pratique de la sorcière, en 10 leçons **3818**
Le Grand livre vert **462**
Le Grand nain : et autres histoires **1579**
Le Grand sommeil : une enquête de John Chatterton **1370**
Le Grand Univers et nous : petite conférence sur l'astronomie **3400**
Grand vampire **2241**
Le Grand voilier dans les arbres **2113**
La Grande Adèle et son petit chat **1724**
La Grande aventure de Pabo
La Grande Guerre : 1914-1918 **3256**
La Grande odyssée : Profession : chiens de traîneaux **3593**
La Grande panthère noire **110**
La Grande parade de l'art ! **2687**
La Grande peur sous les étoiles **611**
La Grande question **566**
Les Grandes constructions **3693**
Les Grandes découvertes : 1450-1550, l'éveil de l'Europe **3181**
Les Grandes inventions **3293**
Les Grandes vacances **384**
Grand-mère Albert **1352**
Grand-Mère avait connu la guerre **616**
Grand-mère loup y es-tu ? **1386**
Grand-mère Nanan **3841**
Grand-père **617**
Grand-père est né… ! **830**
Grand-père est un fantôme **347**
Un Grand-père tombé du ciel **2002**
Les Grands contes de Grimm **1078**
La Gravitation ou pourquoi tout tombe toujours **3331**
Gravures de bêtes **2826**
La Grèce antique **3117**
Grèce antique **3118**
Les Grecs **3122**
Gregor Mendel : le jardinier de l'Hérédité **3309**
Grenouillard, Gertrude et Justin Serpent **1714**
Une Grenouille **2268, 3521**
La Grève de la vie **2127**
Gribouillages (à volonté) **3745**
Gribouillages (encore) : un livre à dessiner et à colorier **3745**
Gribouillages : un livre à dessiner et à colorier **3745**
Grignotin des Bois et Mentalo de la Vega **1713**
Grignotin et Mentalo **1713**
Grigrigredinmenufretin **1047**
Grimoire de sorcière **538**
Le Gros navet **760**
La Grosse bête de Monsieur Racine **523**
Grosse légume **499**
La Grosse pomme et autres contes de gourmandise **1388**
La Grotte des loupiots **1715**
La Guerre **614**
La Guerre au fond des yeux **1684**
La Guerre de Sécession : Les États désunis **3239**
La Guerre des boutons **1524**
La Guerre des chocolats **2077**
Guerre et paix : paix et conflits dans la religion **2872**
La Guerre éternelle **2397**
La Guerre sous mon toit **1999**
Guerres et paix à la fin du Moyen Âge : XIVe-XVe siècle **3161**

Le Guerrier et le sage **1312**
Guide de la commune **2998**
Guide de la région **2997**
Guide de l'État **2996**
Guide du département **2999**
Guillaume, l'apprenti sorcier **1254**
Guillevic : choix de poèmes **1426**
Guinguette **1457**
Gunnm **2396**
Gunnm Last Order **2396**
Gus **2302, 2372**
Gypaète **3542**

H

H2 **2289**
L'Habitant de l'infini **2336**
Les Habitants du Ciel **2392**
Les Habits neufs de l'empereur **1266, 1379**
La Hache des chimpanzés **3855**
La Haie **3615**
Halimatou **3867**
Ham'fara : Mystère au manoir **2564**
Hamid le petit porteur **3861**
Hanashippanashi : Patati Patata **2271**
Le Handball : la technique, la stratégie, la compétition **3813**
Hannibal : le défi de Carthage **3920**
Hans le balourd **1267**
Hänsel et Gretel **1033-1036, 2316**
Hänsel et Gretel (Jeannot et Margot) **1034**
Hans-mon-Hérisson **1042**
Hans-mon-hérisson et 13 autres contes **1080**
Haoyou, fils du ciel **1807**
Le Hareng Saur **1430**
Harlem blues **1947**
Harquin le renard qui descendit dans la vallée **383**
Harry est fou **1622**
Harry et les vieilles pommes **1635**
Harry Potter à l'école des sorciers **1682, 2570**
Harry Potter et la chambre des secrets **1682, 2571**
Harry Potter et la coupe de feu **1682, 2573**
Harry Potter et le prince de Sang-Mêlé **1682**
Harry Potter et le prisonnier d'Azkaban **1682, 2572**
Harry Potter et l'ordre du Phénix **1682**
Hassan le Brave et autres contes libanais **898**
Hatchiko, chien de Tokyo **352**
Le Haut Moyen Âge : des grandes invasions à l'apogée de Constantinople **3162**
Heidi **1536**
Heidi grandit **1536**
Helen, la petite fille du silence et de la nuit **2040**
Hélène et son lion. Douze histoires de Crockett Johnson **212**
Henri IV, roi de tolérance **3191**
Henriette **2244**
L'Herbe verte du Wyoming **1767**
Hergé : Chronologie d'une œuvre **2500**
Hergé fils de Tintin **2505**
Hérisson et ses amis : contes pour les douze mois de l'année **1576**
Les Hermines **1943**
Herobear & the kid **2216**
Héroïne, cocaïne, voyage interdit **3480**
L'Heure des parents **245**
L'Heureux gagnant **2135**
Hi hi, ho ho, ha ha, je suis le bonhomme en pain d'épices et tu ne m'attraperas pas ! **766**
Hibou blanc et Souris bleue **1727**
Hikaru no Go **2285**
Hiroshima, deux cerisiers et un poisson-lune **3271**
Une Histoire à quatre voix **119**
Histoire connue **403**
Histoire d'Aladdin ou la lampe merveilleuse **884**
Histoire de Babar, le petit éléphant **487**
L'Histoire de France **3078**
L'Histoire de Jip **1841**
L'Histoire de la dernière image **2234**
Histoire de la photographie **3711**
Histoire de la Shoah : de la discrimination à l'extermination **3274**
L'Histoire de la Terre **3409**
L'Histoire de la vieille bique et de ses sept biquets **1347**
Histoire de l'art **2672**
Une Histoire de l'eau des origines à nos jours **3081**
Histoire de l'islam **2865**
Histoire de roitelet **395**
L'Histoire de Sarah-la-pas-belle : Le Journal de Caleb **1984**
L'Histoire de Sarah-la-pas-belle : Sarah-la-pas-belle **1984**
L'Histoire de Sarah-la-pas-belle : Sarah la-pas-belle se marie **1984**
L'Histoire de Sarah-la-pas-belle : Un cadeau pour Cassie **1984**
L'Histoire de Simon **3827**
Histoire de Sindbad le marin **886**
L'Histoire des trois Adolf **2469**
Histoire des trois souhaits et autres contes **977**
L'Histoire du bonbon **525**
Histoire du bouddhisme **2862**
Histoire du christianisme **2864**
Histoire du comic book : des origines à 1954 **2501**
L'Histoire du conteur électrique **2234**
L'Histoire du corbac aux baskets **2234**
Histoire du Judaïsme **2863**
Histoire du petit tabouret **601**
Histoire du prince Pipo, de Pipo le cheval et de la Princesse Popi **1404**
Histoire d'une mouette et du chat qui lui apprit à voler **1732**
L'Histoire impossible **1778**
L'Histoire impossible à peindre **1655**
L'Histoire impossible à sécher **2015**
Une Histoire pas terrible, terrible **539**
Une Histoire sombre, très sombre **103**
Histoires comme ça **1283-1285**
Histoires comme ça (L'Enfant d'éléphant, La Baleine et son gosier, Le Léopard et ses taches, La Complainte du petit père kangourou, Le Rhinocéros et sa peau, Le Commencement des tatous) **1297**
Histoires d'arbres : des sciences aux contes **688**
Histoires d'écritures **2937**
Histoires d'enfances **1584**
Histoires d'espions **3244**
Histoires d'habits magiques **807**
Histoires d'oiseaux **802**
Histoires de chats **804**
Histoires de chiens **803**
Histoires de fleurs **800**
Histoires de fruits et légumes **801**
Les Histoires de l'Art - Au temps de l'Égypte Ancienne **2631**
Les Histoires de l'Art - La Préhistoire **2630**
Histoires de montagnes **798**
Histoires de pains et de gâteaux **796**
Histoires de petites bêtes **805**
Histoires de trésors **806**
Histoires des quatre saisons **799**
Histoires du soleil et de la lune **797**
Histoires inédites du Petit Nicolas **1620**
Histoires merveilleuses des cinq continents : Amours et jalousies **794**
Histoires merveilleuses des cinq continents : Au temps où les bêtes parlaient **794**
Histoires merveilleuses des cinq continents : Sur les routes, l'aventure **794**
Histoires naturelles **1528**
Histoires pour tous **2466**
Histoires pressées illustrées par plein de gens **1608**
L'Hiver **3742**
Ho ! **69**
Le Hollandais sans peine **1625**

L'Homme **589**
L'Homme au camion **47**
L'Homme aux œufs **1597**
L'Homme caché, conte soufi du Soudan **854**
L'Homme de la Toundra **2292**
L'Homme du jardin **2178**
L'Homme qui marche **2257**
L'Homme qui ne mourut jamais **2899**
L'Homme-bonsaï **1566**
Les Hommes préhistoriques **3442**
Homo sapiens : l'aventure de l'homme **3092, 3446**
L'Homosexualité à l'adolescence **2958**
Hop Frog **2372**
L'Horrible petite princesse **540**
Hôtel Cactus **3649**
Hôtel d'été **450**
Houpi, le gentil kangourou **1723**
Le Hugo **1427**
Hulk **2413**
La Hulotte **3498**
Hulul **1716**
Hum ! **2234**
L'Humour en mots **1466**
Hunter X Hunter **2351**
Hypatia **1819**
Hyper l'hippo **2236**

I

I fiori **2665**
I Prelibri **61**
I'll - Génération Basket **2291**
Icare 2405
Ici Londres **1856**
Ici Même **2460**
Ida B... et ses plans pour s'amuser à fond, éviter les désastres et éventuellement sauver le monde **2063**
Identité volée **2146**
Il était un petit navire **710**
Il était une fois dans l'Oklahoma
Il était une fois, l'histoire des femmes **3079**
Il était une fois l'Univers : et autres contes du physicien perché **3336**
Il était une fois la vie **2593**
Il ne faut pas habiller les animaux **500**
Il neige **276**
Il n'est jamais trop tôt pour cuisiner avec art **3761**
Il pleut **277**
Il pleut bergère **1458**
Il pleut des poèmes : anthologie de poèmes minuscules **1411**
Il suffit de passer le pont **1427**
Il y a encore quelque chose qui cloche
Il y a très, très longtemps **3068**
Il y a un cauchemar dans mon placard **198**
L'Île au trésor **1539**
L'Île aux étoiles **2843**
L'Île aux singes **1945**
L'Île de mon père **2010**
L'Île des dauphins bleus **1814**
L'Île des sorciers **1674**
L'Île diabolique (Affaires à suivre n° 1) **2609**
L'Île du Crâne **1674**
L'Île du droit à la caresse **131**
L'Île du monstril **411**
L'Île mystérieuse de l'Oncle Ernest **2561**
L'Île Rose **1555**
Une Île trop loin **1882**
Une Île, rue des Oiseaux **1862**
Ilia Mouromietz et le rossignol brigand **1324**
L'Iliade **1182**
L'Imagier des bruits **9**
Imagine **3720**
Imaginier **19**
L'Immeuble d'en face **2264**
Incas **3142**
Inchallah : conte soufi du Soudan **855**
Inconnu à cette adresse **1853**
L'Incroyable histoire de Tana la grue **3546**
Une incroyable histoire **2172**
L'Incroyable retour **2150**
L'Incroyable Zanzibar **1720**
Incroyables portraits d'Arcimboldo **2765**
L'Inde du XVIIIe siècle à nos jours **3049**
L'Indien de la Tour Eiffel **436**
L'Indien du placard **1640**
Les Indiens des plaines d'Amérique **3037**
L'Inébranlable soldat de plomb **1263**
L'Infante de Vélasquez **1685**
L'Infiniment petit **3376**
Initiation à l'origami **3738**
Innocent criminel **2162**
Les Insectes **3520**
Les Insectes de Jean-Henri Fabre : Les enfants de l'été **3514**
Les Insectes, d'ingénieux bâtisseurs **3512**
L'Intégrale Spider-Man **2414**
L'Intégrale X-Men **2412**
Internet : quel drôle de réseau ! **3713**
Introduction aux droits de l'Homme **2974**
Inu Yasha **2328**
L'Invisible **3370**
Invisible mais vrai **179**
L'Invitation **176**
L'Invraisemblable histoire de Cadmos le phénicien et de sa sœur Europe **3926**
Ippon **2160**
Iq et Ox **1475**
Irène Hajos : le témoignage d'une Juive hongroise **3277**
Irène la courageuse **391**
Irish Melody **2367**
Isaac le pirate **2302**
Isabelle **1717, 2418**
Isabelle et la porte jaune **1977**
L'Islam **2910, 2912**
Issa, enfant des sables **1909**
Italie **3053**
Ito ou la vengeance du Samouraï **951**
Itouma et la forêt trahie **823**
Iznogoud **2453**

J

J'ai été racketté : le racket, un acte de violence **2955**
J'aime... **310**
J'aime l'été **279**
J'aime la galette **711**
J'aime ma planète **3641**
J'aime pas la poésie ! **2033**
J'aime pas mourir **2096**
J'ai pas pleuré **1885**
J'ai rêvé que j'étais une ballerine **2748**
J'ai trouvé ! 1000 façons de grandir **2540**
J'ai trouvé ! C'est fantastique **2540**
J'ai trouvé ! La Chasse au trésor **2540**
J'ai trouvé ! Le Coffre à jouets **2518**
J'ai trouvé ! Le Manoir hanté **2540**
J'ai un mot sur la langue **1469**
J'ai un problème avec ma mère **508**
J'ai vécu la guerre d'Algérie **3248**
J'ai vécu la guerre du Cambodge : les Khmers rouges **3249**
J'ai vécu la guerre du Vietnam **3253**
J'ai vécu la Première Guerre mondiale, 1914-1918 **3247**
J'ai vécu la Résistance **3252**
J'ai vécu le débarquement en Normandie : le 6 juin 1944 **3251**
J'ai vécu les camps de concentration : la Shoah **3250**
J'apprends la calligraphie chinoise **3752**
J'attends maman **2058**
J'avais deux camarades... : dix années dans les Jeunesses hitlériennes **1881**
J'étais enfant en Algérie : juin 1962 **3282**
J'étais un rat ! **1649**
Jack et la sorcière de mer et autres contes d'Écosse **1029**

Jack et le haricot magique **1026**
Jack le Noir et Jack le Blanc. Contes afro-américains **683**
Jack le vengeur **1627**
Jack Palmer **2388**
Jackson Pollock : Argent sur noir, blanc, jaune et rouge **2710**
Jacob le cafard **2416**
Jacob, Julia et Jéricho **2110**
Jacques et le haricot magique **1025, 1027**
Le Jacquot de Monsieur Hulot **73**
Jadis, dans une ferme **2924**
Jamais contents ! **48**
Jamais deux sans trois **74**
James et la grosse pêche **1642**
Le Jardin contemporain : renouveau, expériences et enjeux **3807**
Le Jardin d'amour amer **1827**
Le Jardin de l'homme léopard **1780**
Jardin gourmand **3801**
Jardin sauvage : contes des prés verts **3801**
Le Jardin secret **1498**
Le Jardin secret de Lydia **324**
La Jarre **1569**
Jaunes de l'or à l'orange **2741**
Jaurès, la parole et l'acte **3259**
Je crée mes bijoux **3794**
Je crée mes sacs **3795**
Je cuisine comme un chef **3775**
Je fais ce que je peux **1439**
Je fais comme les grands avec Boowa et Kwala **2522**
Je fais la fête avec Boowa et Kwala **2522**
Je fais mes jouets avec des plantes. Créations des enfants de l'Institut Bakulé **3788**
Je fais un oiseau pour la paix **3735**
Je ferai des miracles **553**
Je grandis et je me transforme **3488**
Je m'amuse en rimant **1434**
Je me marierai avec Anna **2100**
Je me souviens **609**
Je ne sais qui, je ne sais quoi **1398**
Je ne vais pas pleurer ! : Bïn Bïn au marché chinois **3044**
Je personnalise mes chaussures **3796**
Je personnalise mes vêtements **3797**
Je reviens **2090**
Je sais ce que je mange **3475**
Je sais nager, monsieur Grenouille **18**
Je souris toute l'année **77**
Je suis Hodder **2057**
Je suis Juan de Pareja né esclave à Séville, élève en secret de Velazquez, peintre malgré tout **1831**
Je suis perdu **313**
Je suis revenu **1364**
Je suis une esclave : journal de Clotée, 1859-1860. **2005 3194**
Je t'aime tous les jours **224**
Je t'écris, j'écris **2052**
Je te tiens **102**
Je vais me sauver ! **219, 768**
Je veux changer de sœur ! **2046**
Je voudrais redevenir bébé **3873**
Je voulais une tortue **444**
Jean Arp : Pépin géant **2715**
Jean Bon : Aventures spatiales et autres missions scientifiques **2622**
Jean Cocteau : choix de poèmes **1426**
Jean de la lune **457**
Jean Ier le Posthume, roman historique **1630**
Jean le Teigneux et autres contes populaires français **1095**
Jean Moulin & ceux qui ont dit « non ! » **3276**
Jean, il y a des souris dans la cuisine ! **1727**
Jean-Loup des montagnes **1090**
Jeanne **3147**
Jeanne d'Arc **3154**
Jeanne et le mokélé **434**
Jeannette Pointu **2275**
Jean-Yves à qui rien n'arrive **1405**
Jehan Pistolet **2448**
Jemeil et Jamla. Conte baggara du Soudan **859**
Jérémiah **2403**
Jeremy Cheval **1664**
Jérôme K. Jérôme Bloche **2378**
Jésus **1178, 2904**
Jésus Betz **394**
Jésus de Nazareth **2894**
Jésus raconté par les peintres **2890**
Le Jeu de la mort **2072**
Le Jeu des fables **2663**
Le Jeu des sept familles **2000**
La Jeune fille au balcon **1599**
La Jeune fille qui épousa un ours, contes indiens **1156**
Jeune styliste : Haute couture **2583**
Jeune styliste : Star **2583**
Jeune styliste : Studio **2583**
Jeune styliste : FashionMaker . **2583**
Jeunes et dangereuses : les six filles de Hy Harper **1804**
La Jeunesse de Blueberry **2433**
Jeux de pliage **3731**
Jeux de société **3784**
Jeux d'enfants. A comme alphabet, Le Goût des chiffres, Tout en couleur **28**
Jhen **2436**
Jim Cutlass **2369**
Jim l'affreux **1773**
Jinbé **2258**
Jingo Django **1774**
Joan Miró : Bleu II **2709**
Joao, Flavia et Marcos vivent au Brésil : Brasil **3020**
Joaquín Torrès-García : Composition universelle **2701**
Le Jobard **1949**
Johan et Pirlouit **2428**
Johanna **2093**
John Chatterton, détective **1353**
Jojo **2239**
Jojo et Paco **2185**
Jojo la mache **67**
Joker **2032**
La Jolie Petite princesse **541**
Jonas Fink **2380**
Jonas ne veut pas **2882**
Jonas, le prophète qui fuyait Dieu **2903**
Jonathan **2267**
Jonathan Cartland l'intégrale **2457**
Jonathan Livingston le goéland **2134**
Le Jongleur le plus maladroit **1613**
La Jonque fantôme **2460**
Jop **2025**
Jorinde et Joringel : extrait des Contes d'enfants et du foyer / Kinder-und Hausmärchen, 1812 **1060**
Joseph à la cour de Pharaon **2893**
Jouer avec les poètes : 200 poèmes-jeux inédits de 65 poètes contemporains **1467**
Le Joueur de flûte de Hamelin **1068-1970**
Le Joueur de pipeau d'Hamelin **1279**
Jour de ménage pour Mimosa **137**
Jour de neige **272**
Un jour de plaisir **1589**
Le Jour du mange-poussin **441**
Le Jour J : débarquement en Normandie **3269**
Le Jour où j'ai échangé mon père contre deux poissons rouges **2229**
Le Jour où mon frère viendra **1602**
Le Jour où papa a tué sa vieille tante : histoire vraie **251**
Un Jour, un loup : histoires d'amis, histoires d'amour **1583**
Le Journal d'Anne Frank **1854**
Le Journal de mon père **2254**
Le Journal d'Henriette **2244**
Journal d'un chat assassin **1616**
Journal d'une sorcière **1830**
Une Journée à la plage **158**
Une Journée avec le prince, homme de pouvoir **3027**
La Journée de Petit Ours Brun **2516**

Joyeux Noël May **2247**
Joyeux Noël, Pénélope **280**
Le Joyeux Requiem **3200**
Jules César : maître de Rome **3133**
Jules Supervielle : choix de poèmes **1426**
Julie des loups **1763**
Juliette s'inquiète **296**
Jumanji **479**
La Jungle **3625**
Jusqu'au bout de la peur **2156**
Juste un détail **2744**
Juste une gorgée ! **592**
La Justice **2995**
La Justice à petit pas **2988**
Justice pour le capitaine Dreyfus ! **3240**
Justine et l'étoile verte **2554**
Justine et l'étrange animal **2554**
Justine et l'île aux fruits rouges **2554**
Justine et la pierre de feu **2554**

K

K **2292**
Kachtanka **1542**
Kahena, reine des Berbères **3924**
Kaïvi, l'enfant placée 3834
Kalila et Dimna : fables choisies **1208**
Kamba la sorcière **3865, 3866**
Kamo et moi **2148**
Kamo, l'agence Babel **2148**
Kamo, l'idée du siècle **2148**
Kangio la tortue chanteuse d'Haïti et autres contes d'Haïti **1167**
Kazan **1505**
Kaze no Shô, le livre du vent **2354**
Kdar : Qder : conte traditionnel algérien **3905**
Keith Haring : Et l'art descend dans la rue ! **2767**
Ken, le renard d'Aki **208**
Kid Paddle **2221**
Kidnapping **2153**
Kiefer s'attaque à la matière **2790**
Le King, c'est moi ! **1962**
Kinga et l'ogre Kakabe **3849**
Kirihito **2466**
Koblenz **2327**
Kofi, enfant du Ghana **1904**
Kogaratsu **2358**
Koinsky raconte... **2307**
Koko et Kodi : conte nouba du Soudan **861**
Kookaburra **2348**
Kookaburra Universe **2348**
Koulkoul et Molokoloch **106**
Kuma Kuma et moi **558**
Kurt et le poisson **1624**
Kyatou cache ses dents **3820**

L

L comme Léger **2753**
Là-bas **2274**
Le Lac endormi et autres poèmes **1425**
La Laide au bois dormant **1371**
Laissez danser les ours blancs **2014**
Laissez passer les canards **406**
Lait entier **2230**
Laïyna **2343**
Lamba **3871**
Lambada pour l'enfer **1899**
Lan et Lulu cuisinent chinois **3772**
Lancelot chevalier du lac **1192**
Lancelot du lac **1188**
Landisoa et les trois cailloux **3848**
Lanfeust de Troy **2340**
Lanfeust des étoiles **2340**
La Langue au chat **1468**
La Lanterne de Diogène **2846**
Lanternes magiques **3709**
Le Lapin facteur **311**
Lapinot **2233**
Largo Winch **2309**
Les Larmes de crocodile **379**
Les Larmes de l'assassin **1801**
Larousse Junior de l'Égypte **3106**
Larousse Junior de la mythologie **2874**
Larousse Junior du cheval et du poney **3816**
Lascaux et son temps **3091**
Lassie **1516**
Lassie chien fidèle **1516**
Laura, le terre-neuve d'Alice **386**
Laurent tout seul **315**
Léa découvre l'Univers **3386**
Le Corbusier : l'architecture pour émouvoir **2806**
La Lecture des ruines **2332**
Lefranc **2437**
La Légende d'Yvain, le chevalier au lion **1194**
La Légende de la licorne **1195**
La Légende de la ville d'Ys. D'après les anciens textes **1184**
La Légende de Mélusine **1197**
La Légende du Ouagadou-Bida **3853**
La Légende du sapin **1083**
Légendes africaines **3856**
Légendes de dragons **936**
Légendes de la mer **813**
Légendes des lacs et des rivières **814**
Légendes des montagnes et des forêts **815**
Légendes juives **975**
Leïla **2133**
Lemo, les bases de la lecture **2541**
Léo **550**
Léo, cuistot écolo : recettes pour la planète **3760**
Léo des villes, Léo des champs **1990**
Le Léo Ferré **1461**
Léon **1951**
Léon et son croco **112**
Léonard **309, 2206**
Léopold Sédar Senghor : le poète-président du Sénégal **3877**
Lester Cockney **2367**
La Lettre allemande **1888**
Lettres d'amour de 0 à 10 **1986**
Lettres de l'écureuil à la fourmi **1577**
Lettres de l'intérieur **2124**
Les Lettres de mon petit frère **1974**
Leurs mains **1449**
Libérez Lili ! **1372**
Libérez mon frère **1932**
Liberté, égalité, fraternité à partir du collège **2982**
Liberté, égalité, fraternité dès la maternelle **2983**
Libraire de nuit **1834**
Libres à jamais **2397**
Lieutenant Blueberry **2433**
Lieux sacrés **2876**
Le Lièvre et le singe **848**
La Ligue des gentlemen extraordinaires, intégrale **2399**
Lilas, une enquête de John Chatterton **1367**
Lili **2479**
Lili a été suivie **2945**
Lili Graffiti fait du camping **2028**
Lili Graffiti va à l'école **2028**
Lili n'aime que les frites **2026**
Lincoln **2373**
Lindbergh traverse l'Atlantique **3702**
Un Lion à Paris **458**
Le Lion heureux **367**
Lire la bande dessinée **2506**
Lise. **2085**
Le Lit de Matali **2822**
Le Lit magique **363**
Little Lou **608**
Little Nemo, 1905-1914 **2489**
Little Sammy Sneeze **2489**
Le Livre de Catherine **1824**
Le Livre de Kalila et Dimna **666**
Le Livre de l'automne **268**
Le Livre de l'hiver **266**
Le Livre de la Bible : l'Ancien et le Nouveau Testament **2900**
Le Livre de la jungle **1514**

Le Livre de la magie : a... bra cadabra **3722**
Livre de la pâte à sel : techniques, figurines et décors **3718**
Le Livre de l'été **265**
Livre de lettres **26**
Le Livre de Moïse **2905**
Le Livre de nuit **70**
Le Livre de tous les bébés **8**
Le Livre des amusettes : jeux, devinettes, énigmes, comptines, 180 poèmes et dessins inédits **1465**
Le Livre des cabanes **3805**
Le Livre des chansons : chansons de France et d'ailleurs **717**
Le Livre des costumes : Les costumes traditionnels **2922**
Le Livre des costumes : Les uniformes militaires **2921**
Le Livre des créatures **1173**
Le Livre des géants ingénus **1329**
Le Livre des jeux d'extérieur pour les 6-12 ans **3785**
Le Livre des jeux d'intérieur pour les 6-12 ans **3786**
Le Livre des jeux de réflexion **3790**
Le Livre des religions **2861**
Le Livre du loup **3578**
Le Livre du printemps **267**
Le Livre fou avec des trous **54**
Livre illisible MN1 **2659**
Le Livre le plus long **2673**
Un Livre pour Élie **127**
Un Livre pour toi **75**
Le Local **2252**
Loin de chez moi : histoire d'une jeune Arménienne **1916**
Loin, très loin de tout **2123**
Loisirs créatifs : bâtonnets plats, chenilles, pinces à linge **3725**
Lola et le fantôme **1603**
Lola et Léon **320**
Lola et les pirates **1603**
Londres **3052**
Lone Sloane **2459**
Lone wolf and cub **2470**
Lonek le hussard **1874**
Un Long chemin vers la liberté : autobiographie **2975**
Le Long voyage de Léna **2278**
La Longue marche des dindes **1775**
La Longue saison des pluies **1917**
La Longue-vue **2311**
Lou **2261**
Louis Aragon : choix de poèmes **1426**
Louis Braille, l'enfant de la nuit **2043**
Louis le bavard **2030**
Louis Pasteur : l'empire du microbe **3316**
Louis XIV **3209**
Louis XIV le Grand **3204**
Louise Nevelson : Tropical Garden II (Jardin tropical II) **2721**
Louisette la Taupe **2191**
Le Loukoum à la pistache et autres contes d'Orient **811**
Loulou **302**
Loulou fait la tête **1970**
Lounja l'ghzala **3902**
Loup **57**
Le Loup **594**
Le Loup est revenu **1363**
Le Loup et la mésange **722**
Le Loup, mon œil ! **1359**
Un Loup peut en cacher un autre **1438**
Le Loup rouge **606**
Le Loup sentimental **1360**
Loup y es-tu ? **83, 712**
Loupiot **776**
Le Loup-Noël **286**
Le Louvre **2698**
Luchien **86**
Lucien **2458**
Lucky Luke **2426**
Lucky Luke, Le Fil qui chante **2574**
Lucky Luke, Terreur sur Black Jack City **2574**
Ludo **2374**
Lullaby **1575**
La Lumière **3362**
La Lumière à la loupe **3333**
Une Lumière dans la nuit, les enfants du Chambon **1858**
La Lumière volée **1886**
Lumières de la Grèce **3116**
Les Lumières de l'Amalou **2324**
Lundi **570**
La Lune derrière les granges **1749**
La Lune rouge de Noël **1309**
Le Lutin des mers **3567**

M

M comme Manet **2760**
M comme Matisse **2761**
M comme Monet **2762**
Ma balade dans les forêts de France : explorer, dessiner et peindre **3798**
Ma chère momie **2059**
Ma culotte **514**
Ma grand-mère d'ailleurs **1935**
Ma maison, c'est la nuit **1450**
Ma maîtresse a dit qu'il fallait bien posséder la langue française **120**
Ma maman a besoin de moi **1964**
Ma mère se remarie : la famille recomposée **2953**
Ma montagne **1809**
Ma poule, mes poussins **3585**
Ma renarde de minuit **1757**
Ma sœur est une sorcière **1661**
Ma vallée **473**
Ma vie à Pékin au fil des mois **3045**
Ma vie de grenouille **574**
Ma voiture **620**
Ma Yan qui voulait aller à l'école **3048**
Maboul à zéro **1960**
Macao & Cosmage ou L'Expérience du bonheur **590**
Machenka et l'ours et autres contes russes **1002**
Machin chouette **533**
Les Machines **3367**
Les Machines de Munari **3676**
Madame Misère **1381**
Madeleine **491**
Madeleine et les Bohémiens **493**
Mademoiselle Sauve-qui-peut **1349**
Madlenka **122**
Maestro ! **1921**
Mafalda. L'Intégrale **2410**
Magasin Général **2349**
Magasin zinzin, aux merveilles d'Alys **24**
Le Magicien **969**
Le Magicien d'Oz **1497, 2312**
Le Magicien des couleurs **111**
Le Magicien Oulala **1089**
Le Magicien vert **49**
Les Magiciens de Caprona **1661**
Magie magie ! **2310**
Magnus super souris **1738**
Une Magouille pas ordinaire **2381**
Mahakapi, le Singe Roi **945**
Mai 68 jour et nuit **3289**
Maillol **2788**
Main ! **94**
Maintenant, c'est ma vie **2023**
Mais je suis un ours ! **583**
Mais où est donc Ornicar ? **3569**
Mais où va-t-il donc ? **3635**
La Maison : variation en quatre couleurs **2675**
Une Maison de Frank L. Wright et autres histoires d'amour **2259**
La Maison de Tête-en-bois **2621**
La Maison des animaux **3493**
La Maison des lointains **1665**
La Maison des petits bonheurs **1989**

La Maison des Quatre-Vents **1866**
La Maison du scorpion **1708**
La Maison et ses secrets **3338**
La Maison hantée **53**
La Maison rouge **1850**
La Maison vide **1878**
Une Maison, un jour... **2114**
Le Maître Chat ou Le Chat Botté **1122**
Le Maître voleur **1091**
Les Maîtres du jeu **1691**
Makeda, la reine de Saba **3876**
La Malédiction des maths **3325**
Les Malheurs d'Arlette la chouette **3537**
Les Malheurs de Sophie **1529**
Malika Secouss **2210**
Maman **3859**
Maman ! **39**
La Maman des poissons **1457**
Maman-dlo **246**
La Maman et le bébé terrible **232**
Maman ! Maman ! j'ai mal au ventre ! **507**
Maman, ma sœur et moi **2019**
Maman Quichon se fâche **240**
Les Mammifères **3582**
Mamy Wata et le monstre **3846**
Le Manège de Petit Pierre **2785**
Mange **2733**
Mange tes pâtes ! **2131**
Mange-pieds et le garçon sans nom **1320**
Manger bio / Lua le génie du riz **3667**
Les Mangeurs de cailloux, La Boîte à un franc **2280**
Manu **2458**
Le Manu Manu **2234**
Le Manuel de l'apprenti jardinier **3803**
Maquillages faciles **3754**
Marcel Duchamp : Porte-chapeau **2718**
Marcel et Hugo **147**
Marcel la mauviette **145**
Marcel le champion **146**
Marcel le magicien **148**
La Marchande de soleils **1317**
La Marche de l'empereur **3544**
La Mare **3613**
La Mare aux aveux **753**
Margot la folle **328**
Un Mari pour Luopou **3847**
Le Mariage de Tata Keltoum **3890**
Un Mariage forcé **3869**
Marianne, les visages de la République **3236**
Marie Curie **3306, 3308**
Marie est amoureuse **2103**
Marie racontée par les peintres **2891**
Marie-Antoinette : princesse autrichienne à Versailles, 1769-1770 **3214**
Marin et son chien **175**
Marine **2451**
Marion Duval **2376**
Marlaguette **293**
Marmalade Boy **2263**
Marmotte **3579**
La Marque de Zorro **1522**
Le Marquis d'Anaon **2337**
Marre de mes kilos en trop **3455**
Un Marronnier sous les étoiles **2129**
Martin pêcheur **626**
Le Martin-pêcheur **3502**
Mary et le clandestin **1968**
Mary Jolie, fille du Mississippi **1319**
Mary Poppins **1544**
Masque Vouvi, Masque boa **2800**
Masquerouge, Les Sept vies de l'Epervier **2303**
Mat **2245**
Mathieu **314**
Mathieu des oies : un conte traditionnel hongrois **984**
Maths **3324**
Les Maths c'est magique ! **3327**
Maths sans échec junior **3322**
Matilda **1972**
Matilda Bone **1821**
Matisse **2777**
Matisse : L'art du découpage **2770**
Maudit Graal **1674**
Les Mauvaises gens **2249**
Max & Zoé **2295**
Max Ernst : Loplop présente une jeune fille **2719**
Max et les Maximonstres **238**
Max et Lili ont volé des bonbons **2026**
Max Fridman **2380**
Le Max Jacob **1427**
Max n'aime pas lire **2026**
Max va à l'hôpital **2946**
Maxime fait de la politique **2013**
Maxime fait des miracles **2013**
Maxime fait l'idiot **2013**
May Angeli **2774**
Mayas, Aztèques, Incas **3144**
Le Mazal d'Elvina **1822**
Méchante **466**
Meihua, Shuilin et Dui vivent en Chine **3021**
Le Meilleur ami du fils du sultan **856**
Le Meilleur de Bibi Fricotin **2482**
Méli-mélo **44**
Mélodie pour Nora **1851**
Mélusine **2203**
Même pas juif ! **1868**
Mémé **3863**
Mémed et les 40 menteurs : d'après un conte traditionnel d'Azerbaïdjan **916**
La Mémoire de l'eau **1670**
Mémoire de l'Égypte **3100**
Les Mémoires d'un chien **1741**
Mémoires de griot **853**
Mémoires d'une pirate **1799**
Le Mendiant aveugle et autres récits de colportage anglais du dix-huitième siècle **662**
Menu, menu **1434**
La Mer **3427**
Les Mercredis de Loulou **1970**
Mères **2735**
Merlin **2208**
Le Merveilleux voyage à travers la nuit **448**
Le Merveilleux voyage de Nils Holgersson à travers la Suède **1517**
Mes bébés marmottes **3562**
Mes carnets d'Italie **3055**
Mes carnets du Mexique **3042**
Mes enfants, c'est la guerre **1875**
Mes poules parlent **1445**
Mes premières découvertes de la nature : L'Arbre **2618**
Mes premières découvertes de la nature : L'Oiseau **2620**
Mes premières découvertes de la nature : La Coccinelle **2617**
Mes premières découvertes de la nature : La Grenouille **2619**
Mes premiers clics avec Boowa & Kwala **2519**
La Mésopotamie de Sumer à Babylone **3095**
La Métamorphose d'Helen Keller **2044**
La Météo **3357**
Les Métiers **2920**
Métiers **622**
Meunier, tu dors **715**
Mia, les cuillers-sculptures **2799**
Michka **284**
Midi pile, l'Algérie **3283**
Mijeong, récits **2277**
Mik **202**
Mikhaïlo Potyk et Mariya la très-blanche mouette : byline **1323**
Mil **2331**
Mildiou **2219**
Mille ans de contes : Indiens d'Amérique du Nord **1155**
Mille ans de contes classiques **639**
Mille ans de contes tsiganes **1011**
Mille ans de poésie **1416**
Mille et un contes, récits et légendes arabes **673**
Les Mille et Une nuits **668, 890**
Les Mille et une Nuits : contes choisis **669**

Les Mille et Une Nuits : Nuits 1 à 327 **670**
Les Mille et Une Nuits : Nuits 327 à 719 **670**
Les Mille et Une Nuits : Nuits 719 à 1001 **670**
Mille Fourrures **1054**
Les Mille oiseaux de Sadako **1887**
Mille pièces d'or : roman biographique **1840**
Mimus **1695**
Les Mineurs du désert **3885**
Ming Lo déplace la montagne **1316**
Mini est amoureuse **2101**
Mini Patte **3489**
Le Miniaturiste **1689**
La Mini-bibliothèque de Pierre Lapin **494**
Minie Malakoff, la souris du métro **1731**
Minie Malakoff : Le Commando **1731**
Mini-guide du citoyen **2985**
Le Miracle des choux et autres histoires russes **1581**
Mirifiques aventures de Maître Antifer **1548**
Miró, le peintre aux étoiles **2784**
Le Miroir d'Elvina **1822**
Misako **144**
Missie Vandisendi **2370**
Mission vétérinaire : soigne les animaux du Zoo **2584**
Mission vétérinaire 2 : soigne les animaux familiers **2584**
Mobiclic. Le Magazine multimédia des 7-12 ans **2547**
Moby Dick **1523**
Môco fait le singe ! **3550**
Modeste et Pompon **2420**
Modifier son corps **3481**
Moi et rien **349**
Moi, Boy, souvenirs d'enfance **2021**
Moi, Fifi **321**
Moi, j'attendais la pluie **278**
Moi, j'attends... **564**
Moi, je connais bien les bébés **3467**
Moi, le loup et les chocos **545**
Moi, Lili Graffiti **2035**
Moi, Ming **561**
Le Moine fou **2361**
Le Mois de mai de monsieur Dobichon **2155**
Moïse **2906**
Moitié de garçon et autres contes italiens **1135**
Molie au port de pêche **3823**
Molière **3211**
Le Môme en conserve **1626**
Les Momies **3099**
Momies et sarcophages **3107**
Momo. L'Intégrale **543**
Mon amant de Saint-Jean **1457**
Mon ami Chafiq **1902**
Mon ami Frédéric **1852**
Mon amie Flicka **1767**
Mon amitié avec Tulipe : on ne naît pas méchant **2115**
Mon bel oranger : histoire d'un petit garçon qui, un jour, découvrit la douleur **1905**
Mon chat **134**
Mon chat le plus bête du monde **526**
Mon chien **1754**
Mon cœur bouleversé **2003**
Mon copain a volé : l'interdiction du vol. **2954**
Mon corps : cent mille milliards de cellules **3456**
Mon cousin dans la mort **2251**
Mon dernier jour au Vietnam **2416**
Mon enfance gauloise **3139**
Mon étrange petite sœur et les prisonniers d'Alcatraz **2076**
Mon grand livre des véhicules de secours **3694**
Mon grand livre du ciel **3394**
Mon grand-père était un cerisier **1987**
Mon guide des fleurs sauvages **3661**
Mon imagier chinois **22**
Mon lion **299**
Mon livre d'activités : 60 jeux d'intérieur ou d'extérieur pour apprendre, s'amuser, créer et bricoler **3715**
Mon loup **1358**
Mon meilleur ami **236**
Mon miel, ma douceur **248**
Mon œil ! : jeux d'optique **3385**
Mon papa **220**
Mon pays sous les eaux **1828**
Mon père est un parrain **2173**
Mon petit jardin **3804**
Mon petit lapin est amoureux **303**
Mon petit monde **218**
Mon premier jardin en pots **3806**
Mon premier laboratoire **2629**
Mon premier livre de chinois **3749**
Mon premier livre de citoyen du monde **2979**
Mon premier livre de peinture chinoise : les animaux **3750**
Mon premier livre de peinture chinoise : enfants, fleurs et oiseaux **3751**
Mon premier livre de sagesse **2847**
Mon premier tour du monde : l'atlas des 5-8 ans **3008**
Mon pull **139**
Mon voyage inoubliable : un artiste indien hors de chez lui **3057**
Un Monde de cochons **1719**
Le Monde de Edgar P. Jacobs **2502**
Le Monde de la Bible **3096**
Le Monde de Lucien **149**
Le Monde d'en haut **1699**
Le Monde d'Hergé **2505**
Le Monde des alphabets **3710**
Le Monde des chiffres **3323**
Le Monde des extrêmes **3374**
Le Monde des hiéroglyphes **3109**
Le Monde des océans **3499**
Le Monde des oiseaux **2627**
Le Monde des pôles **3622**
Le Monde des sous **2925**
Le Monde du temps **3298**
Le Monde est un village : la Terre et ses habitants **2930**
Le Monde grec : des Mycéniens à Alexandre le Grand **3121**
Le Monde mystérieux des plantes **3662**
Un Monde palestinien **3888**
Un Monde si tranquille **2249**
Mondes rebelles Junior **3288**
Monsieur Crépin **2491**
Monsieur Fernand et Mademoiselle Estelle **1000**
Monsieur Fugue ou le mal de terre **1490**
Monsieur Hippopotame **582**
Monsieur Jabot **2491**
Monsieur Jarry **409**
Monsieur Max ou Le Dernier combat **2119**
Monsieur Pencil **2491**
Monsieur Vieux Bois **2491**
Monster **2389**
Le Monstre Chatouille **52**
Le Monstre de la jungle **3903**
Le Monstre et le bébé **732**
Le Monstre poilu **1601**
Monstre, ne me mange pas **166**
Monstres : l'encyclopédie des animaux les plus moches **3492**
Monstres malades **128**
Monstrueux **2198**
La Montagne aux trois questions **943**
La Montagne de glace **1681**
La Montre en or **1786**
Morgan **2307**
Le Mot interdit **1609**
Mother Sarah **2400**
Motion **2657**
Les Mots de la Bible **2897**
Les Mots de la ville : Les Édifices **2805**
Les Mots de la ville : Rues et quartiers **2805**
Les Mots ont des visages. Clé **2824**
Les Mots ont des visages. Elle **2824**
La Mouche **2219**
La Moufle **762**

Moumine le Troll : L'Été dramatique de Moumine **1638**
Moumine le Troll : La Comète arrive **1638**
Moumine le Troll : Le Chapeau du sorcier **1638**
Moumine le Troll : Les Mémoires de Papa Moumine **1638**
Mourir à Vukovar : petit carnet de Bosnie **1450**
La Moustache magique **1365**
Le Mouton d'Aminata **3836**
Mowgli : trois histoires originales de Rudyard Kipling **1515**
Le Moyen Âge **3150, 3156**
Le Moyen Âge expliqué aux enfants **3159**
Muriel et Boulon **2294**
Le Musée des mystères **425**
Le Musée en 10 couleurs **2678**
Les Musiciens de Brême **1064, 1066**
Les Musiciens de la Ville de Brême **1065**
MW **2469**
Mystère **1639**
Le Mystère du feu **1919**
Le Mystère Eléonor **2151**
Les Mystères de Harris Burdick **480**
Les Mystères de Londres (Affaires à suivre n° 3) **2613**
Mythes et légendes des Indiens d'Amérique du Nord : Et Coyote créa le monde **682**
Mythes et légendes des Indiens d'Amérique du Nord : L'Oiseau tonnerre et autres histoires **682**
Les Mythes racontés par les peintres **2684**
La Mythologie navajo **1158**
Mythologies personnelles : l'art contemporain et l'intime **2700**

N

Nabil **418**
Naftali le conteur et son cheval Süs **978**
Le Nain long nez **1257**
La Naissance de Célestine **338**
Naissance d'un château fort **3172**
Naissance d'une cathédrale **3173**
Naissance d'une cité romaine **3128**
Naissance d'une mosquée **3192**
Naissance d'une pyramide **3104**
Nana **2265**
Nanairo Inko **2467**
Nanar, Jujube et Piette **2455**
Nang Phom Hom, la fille aux cheveux parfumés **927**
Nanasse et Gigantet **1391**
Naotak : Complot à Lexington **1784**
Naotak : L'Ombre du corbeau **1784**
Naotak : Les Fantômes du Seagull **1784**
Napoléon **3218**
Napoléon Bonaparte : 1769-1821 **3222**
Nasdine Hodja **2490**
Nasr Eddin Hodja, un drôle d'idiot **907**
Natacha hôtesse de l'air **2446**
Nathalie **2189**
Natsarkékia, celui qui fouille la cendre et autres contes géorgiens **915**
La Nature au fil de l'eau **3626**
Nature aux 4 saisons : activités et découvertes **3802**
La Nature du plus près au plus loin **3605**
La Nature et la pollution **3636**
Naturellement : anthologie de poèmes sur la nature, l'homme et son environnement **1409**
Nausicaä de la vallée du vent **2398**
Ne bouge pas ! **357**
Ne jouez pas sur mon piano ! **2012**
Ne m'appelez plus jamais mon petit lapin **304**
Neige **322, 2395**
Neigeblanche et Roserouge **1051**
Nelson Mandela l'œil et le mot **2967**
Nestor Burma : Brouillard au pont de Tolbiac **2383**
Neuf contes de géants **1019**
Les Neuf vies du magicien **1661**
Newton et la mécanique céleste **3314**
Le Nez **1509**
Ni chien ni maître **2177**
Niamanto : conte du Burkina Faso **847**
Nick's blues **2169**
Le Nid, l'œuf et l'oiseau **3540**
Le Nil au fil du temps : la fabuleuse histoire de l'Égypte de la source du fleuve au delta **3105**
Nina a été adoptée **2947**
Nine eleven **3286**
Nini Patalo **2228**
Niourk **1704**
Nisse va chez le coiffeur **162**
No pasaràn, le jeu **1688**
Le Noël d'Auggie Wren **1565**
Le Noël d'Olga **2027**
Noël en poésie **1412**
Noël, c'est couic ! **1981**
Noir métal **2280**
Noir sur blanc **6**
Nos amours ne vont pas si mal **2038**
Nounours et le ver de terre **3505**
Nours **1**
Nous avons tué le chien teigneux **1574**
Le Nouveau **290**
Nouveau monde **1706**
Nouveaux contes populaires russes **656**
Les Nouveaux malheurs de Sophie **1994**
Un Nouvel ami pour Lili Graffiti **2035**
La Nouvelle bande dessinée **2497**
Nouvelle cuisine **2677**
Une Nouvelle maison pour la famille Souris **260**
Une Nouvelle vie, Malvina **1874**
Nouvelles à la machine **1587**
Les Nouvelles ailes **152**
Les Nouvelles farces de Zozo la Tornade **1610**
Les Nouvelles recettes irrésistibles de Roald Dahl **3759**
Les Nouvelles réflexions d'une grenouille **572**
N'tchak, un pagne de fête au pays des Kuba **2797**
La Nuit **64**
Une Nuit au chantier **3684**
La Nuit de mes neuf ans **2104**
La Nuit de qui ? **1152**
La Nuit et le sommeil **3344**
Nuit sur l'Etna **3418**
Une Nuit, un chat **426**
Les Nuits de Léo **1479**
Les Nuits facétieuses **640**
Nul en calcul **528**
Number 5 **2272**
Nzingha, princesse africaine : 1595-1596 **3193**

O

L'Oasis d'Aïcha **1934**
Objectif photographie ! **2821**
L'Oca **1493**
Odette. Un printemps à Paris **317**
L'Odorat et la nature **3339**
L'Odyssée **1183**
L'Odyssée de la vie racontée aux enfants **3471**
L'Odyssée des sous-marins **3701**
L'Odyssée d'un chat noir **1770**
L'Œil du chat **2079**
L'Œil du loup **1760**
L'Œuf c'est pas dur **3755**
L'Œuf du coq **1606**
L'Œuf et la poule **59**
Œufs décorés pour Pâques **3783**
Œuvres. 1. Contes [d'Andersen] **660**
L'Ogre Babborco **736**
L'Ogre et le charpentier **949**
L'Ogre, le loup, la petite fille et le gâteau **1384**
L'Ogrelet **1478**
Ogres et fées du Népal / Contes merveilleux **921**
L'Ogresse en pleurs **484**
L'Ogresse et les sept chevreaux **729**
Oh ! **68**
Oh, boy ! **2008**
Oh ! les amoureux ! **1437**
Ohé ! Les comptines du monde entier **700**

L'Oiseau à miel **3539**
L'Oiseau bleu **1430**
L'Oiseau bleu et autres contes **1251, 1253**
L'Oiseau d'Or **2316**
L'Oiseau d'Ourdi **1062**
L'Oiseau de vérité **1086**
L'Oiseau qui faisait les tempêtes, contes indiens d'Amérique du Nord **1157**
Les Oiseaux du bord de mer **3501-3503**
Les Oiseaux racontés aux enfants **3545**
Okilélé **474**
Olga **2027**
Olga et les traîtres **2027**
Les Olives noires **2273**
Olivia **227**
Olivier Rameau **2442**
Oma, ma grand-mère à moi **1978**
Omakayas **1912**
L'Ombre de l'ours **404**
L'Ombrelle mauve **1870**
On a tué Wild Bill **2370**
On dirait qu'il neige **2660**
On est tous dans la gadoue **604**
On n'aime guère que la paix **1409**
On ne copie pas **263**
On peut se tromper **1430**
On se reverra, Parvana... **1898**
Oncle éléphant **1717**
L'Oncle Giorgio **1611**
Oncle Hector **2223**
One Piece **2207**
L'ONU, pour quoi faire ? **3290**
Opération mammouth chez les Dolgans de Sibérie **3437**
L'Opossum qui avait l'air triste **584**
L'Or de Cajamalca **1826**
L'Or des montagnes bleues **1796**
L'Orage **270**
Orage sur le lac **1873**
L'Oranger magique : conte d'Haïti **1159**
Orchidea **2247**
L'Ordinatueur **2168**
Oreille d'homme ou Comment on a failli tuer Stina **2118**
Les Oreilles à l'air **1445**
Les Oreilles en pointe **2096**
L'Oricou, Enquête à Paris sous Napoléon **2591**
Origami junior : origami inspirés d'œuvres du Metropolitan Museum of Art **3728**
Oriyou le pêcheur et autres contes de la Caraïbe **1165**
L'Orme du Caucase **2257**
L'Orpheline dans un arbre **2006**
Les Orphelines de Normandie **3261**
L'Os de mon squelette : l'histoire d'une fracture **3469**
Oscar **551, 2238**
Oscar, à la vie, à la mort **1743**
Oscar et la grenouille : un livre sur la croissance **3329**
Oscar et le papillon : un livre sur la lumière **3328**
Les Ostings **2201**
Oswald le singe **595**
Otto. Autobiographie d'un ours en peluche **613**
Où est Charlie ? **93**
Où est la mer ? **1588**
Où est Petit-Tigre ? **390**
Ou li bou ni che ? **105**
Où vont les trucs du pissenlit quand le vent les emporte ? **3658**
Où vont-ils quand il pleut ? **3616**
Oubliée : souvenirs d'une jeune fille juive **1854**
Les Oubliés d'Annam **2357**
Ouek, ouek, au secours ! : histoire du caneton Kouac **3535**
L'Ouïe et la musique **3343**
Oui-Oui : La Grande Fête du Pays des Jouets **2553**
Oumpah-Pah le Peau-rouge **2448**
Ours **3580**
Un Ours à ma fenêtre **190**
L'Ours Barnabé **2227**
Un Ours bien nigaud **751**
Ourson et les chasseurs **66**

P

Les P'tites poules. Nom d'une poule, on a volé le soleil ! **1602**
Pabo au secours des tortues **2549**
Le Pacha à deux queues et l'arbousier : de l'œuf au papillon **3511**
Le Pacte d'Awa : pour en finir avec les mutilations sexuelles **2972**
Pagaille **1564**
Pagaille à la cour ! **2746**
Une Paire d'amis **1728**
Le Palmier **3654**
Panache **625**
Pancatantra **665**
Le Papa qui avait 10 enfants **228**
Papa se met en quatre **252**
Le Papier : une aventure au quotidien **3681**
Le Papillon qui tapait du pied **1295**
Papyrus : la vengeance d'Aker **2594**
Par une nuit noire **1896**
La Parade des musiciens **2833**
Le Paradis du miel **1621**
Un Paradis pour Petit Ours **339**
Parfois **1443**
Le Pari aux trois colères **1132**
Paris 1313. Le Disparu de Notre-Dame **2614**
Paris à la fin du XIXe siècle **3232**
Paris insurgé : la Commune de 1871 **3241**
Parker et Badger **2204**
Paroles aborigènes : Australie **3051**
Paroles amoureuses **1414**
Paroles aztèques **3146**
Paroles d'Afrique **3031**
Paroles d'avant l'écriture **2855**
Paroles de griots **3035**
Paroles de la Grèce antique **3124**
Paroles de la Rome antique **3135**
Paroles de l'Égypte ancienne **3113**
Paroles de liberté **1413**
Paroles de paresse **1414**
Paroles de révolte **1414**
Paroles de sagesse laïque **3007**
Paroles de sagesse viking **2851**
Paroles de Touaregs **2856, 3034**
Paroles des poètes d'aujourd'hui **1414**
Paroles d'islam **2911**
Paroles du Bouddha **2915**
Paroles du tao **2916**
Paroles du Tibet **2917**
Paroles indiennes : textes indiens d'Amérique du Nord **3041**
Paroles zen **2918**
Parvana, une enfance en Afghanistan **1898**
Pas à pas **2089**
Pas de baiser pour maman **239**
Pas de violon pour les sorcières **1345**
Pas de vraies vacances pour Georges **1730**
Pas si bêtes les animaux **1431**
Pas si bêtes ! : Les Jongleurs de lettres **1606**
Pas si vite Songololo **223**
Le Passage **2088**
Le Passeur **1710**
Passez la monnaie ! **2926**
Les Passions d'Émilie : la marquise du Châtelet, une femme d'exception **3295**
Pasteur, des microbes au vaccin **3318**
Patatras ! **534**
Les Pâtes : les 50 meilleures recettes d'Antonino **3777**
Les Patins d'argent **1537**
La Pâtisserie est un jeu d'enfants **3764**
Le Patrimoine de la poésie pour enfants **1415**
Patte à Patte **3495**
Le Paul Éluard **1427**
Paul Éluard : choix de poèmes **1426**

Paul et son habit neuf **142**
Le Paul Fort **1427**
Paul Klee : En rythme **2706**
Paul Verlaine : choix de poèmes **1426**
Le Pays des cerisiers **2279**
Le Pays dogon **3878**
Pays sages **2742**
Les Paysans : de la Révolution française à 1914 **3221**
Peau d'Âne **1113-1114**
Peau d'Âne : histoire ancienne et véritable de la Peau d'ânesse **1085**
La Pêche à la baleine **1434**
La Pêche à la marmite **174, 3024**
La Pêche sur le fleuve Congo **3881**
Le Pêcheur et l'oie **84**
Le Pêcheur et sa femme **1070**
Peintres **2723**
Le Pélican **1430**
La Pelle mécanique ou La Mutation d'une ville **630**
Pendant la guerre de cent ans : journal de Jeanne Letourneur, 1418 **3158**
Pendant la révolution industrielle : Joseph, le Creusot, 1868-1872 **3223**
Pensée assise **2051**
Les Pépins ont disparu ! **3618**
Pépites **1802**
Perceval le Gallois **1189**
Perceval ou le conte du Graal **1193**
Le Père de Max et Lili est au chômage **2948**
Père et fils, 50 frasques et aventures **2409**
Le Père Noël et les fourmis **285**
Pères **2736**
Perl et Gadoo au pays de l'eau **2550**
Peronnik : conte breton du Graal **1092**
La Peste : histoire d'une épidémie **3076**
Peter Pan **1496, 2349**
Petit aigle **397**
Petit Arbre **1991**
Le Petit bandit de grands chemins **1776**
Le Petit bateau de Petit Ours **136**
Petit Bodiel et autres contes de la savane **676**
Le Petit bol de lait dans le ciel **369**
Le Petit bol de porcelaine bleue **1918**
Le Petit bout manquant **580**
Le Petit bout manquant rencontre le Grand O **581**
Un Petit cadeau de rien du tout **163**
Le Petit camion de Garoua **209, 3826**
Un Petit chacal très malin **922**
Le Petit Chaperon blanc **2660**
Le Petit Chaperon de ta couleur **1350**
Le Petit Chaperon Rouge a des soucis **1356**
Le Petit Chaperon Rouge : la scène de la chemise de nuit **1355**
Le Petit Chaperon Rouge **737-738, 1043, 1052-1053, 1124**
Le Petit Chaperon vert **1354**
Petit chou **502**
Le Petit Cirque **2234**
Le Petit cochon têtu **767**
Petit Couci-Couça **109**
Un Petit creux **758**
Le Petit cul tout blanc du lièvre **1445**
Petit dictionnaire de la mythologie **2878**
Un Petit frère pas comme les autres **2039**
Le Petit garçon bleu **3831**
Le Petit homme de fromage et autres contes trop faits **1330**
Petit Jésus **2895**
Petit lapin Hoplà **342**
Petit lapin stupide **355**
Le Petit livre de la justice **2981**
Le Petit livre de la mort et de la vie **2842**
Le Petit Lord Fauntleroy **1499**
Le Petit monde de T'choupi **2511**
Petit musée **2722**
Le Petit Nicolas **1620**
Le Petit Nicolas a des ennuis **1620**
Le Petit Nicolas et les copains **1620**
Petit oiseau d'or : jeux comptines et rondes pour les tout-petits **689**
Petit Ours **233**
Le Petit paon et la pièce d'or et autres contes grecs **664**
Le Petit Parrondo **2222**
Petit Père Noël **2184**
Petit Point et ses amis **1513**
Petit poisson devenu grand **396**
Le Petit poisson d'or **998**
Le Petit Poucet **1109-1110**
Petit prince Pouf **567**
Le Petit renard Gon **408**
Le Petit roi des fleurs **721**
Le Petit soldat de plomb **1264**
Le Petit soleil jaune **1865**
Le Petit souci **298**
Petit Vampire **2241**
Le Petit Ziryâb : recettes gourmandes du monde arabe **3770**
Petit-bleu et Petit-jaune **552**
Petit-camion **203**
La Petite Cafarde Martina et autres contes de la Caraïbe **1164**
La Petite cuisine des fées **3771**
La Petite encyclopédie de l'art **2696**
La Petite encyclopédie des religions **2867**
La Petite Encyclopédie du cinéma **2839**
La Petite famille **2237**
La Petite fille à la roulotte **1940**
La Petite fille au kimono rouge **1941**
La Petite fille aux allumettes **1270**
La Petite fille aux oiseaux **1988**
Petite fille et le loup **734**
La Petite fourmi qui va à Jérusalem : un conte du Languedoc **779**
La Petite géante **438**
Petite histoire amusante du progrès **3292**
Petite histoire de la guerre et de la paix **2933**
Petite histoire des écritures **2934**
Petite histoire des langues **2935**
Petite histoire des nourritures **3073**
Petite histoire des religions **2857**
Petite histoire du temps **3074**
La Petite maison dans la prairie **1558**
La Petite maison dans la prairie : Au bord du ruisseau **1558**
La Petite maison dans la prairie : Ces heureuses années **1558**
La Petite maison dans la prairie : La Petite ville dans la prairie **1558**
La Petite maison dans la prairie : Les Jeunes mariés **1558**
La Petite maison dans la prairie : Sur les rives du lac **1558**
La Petite maison dans la prairie : Un enfant de la terre **1558**
La Petite maison dans la prairie : Un hiver sans fin **1558**
Petite musique du jour **1447**
La Petite poule noire **1563**
La Petite poule rouge **773**
Petite Poule Rousse et Renard Rusé **742**
La Petite poule rousse **771-772**
La Petite princesse **1500**
Une Petite princesse **1500**
La Petite princesse nulle **542**
La Petite sirène **1271**
La Petite sœur de Lisa **229**
Les Petites cases de ma mémoire **3473**
Petites et grandes inventions **3300**
Les Petites filles modèles **1530**
Petites histoires à raconter **783**
Petites histoires de derrière les fourneaux **3776**
Les Petites mains dessinent **3743**
Les Petites malices de Nassreddine **902**
Petites météorologies **319**
Petites poésies pour jours de pluie et de soleil **1434**
Petites popotes pour les petits potes : un livre jeu. Charades, devinettes, histoires, blagues, tests **3787**

Les Petites toques salées Lenôtre : recettes pour tous les gourmets **3774**
Les Petites toques sucrées Lenôtre : recettes pour tous les gourmets **3774**
Petit-Féroce contre les Marmicreux **1629**
Petit-Féroce est un champion **1629**
Petit-Féroce n'a peur de rien **1629**
Petit-Féroce va à l'école **1629**
Petit-Frère et Petite-Sœur **226**
Petits chaperons loups **1348**
Petits contes nègres pour les enfants des blancs **837**
Petits contes zen **944**
Les Petits Débrouillards **3369-3382**
Petits débrouillards : Pars à la découverte de la Vie et des Planètes **2626**
Petits gâteaux à quatre mains **3762**
Petits gâteaux et pâte à choux **3763**
Les Petits géants **1430**
Les Petits héritages **217**
Petits miracles **2416**
Pétronille et ses 120 petits **475**
Pétunia **537**
Petzi **2182**
La Peur au cinéma **2837**
La Peur au rendez-vous **2145**
Peut-être oui **1452**
Les Phares racontés aux enfants **3691**
Phénix l'oiseau de feu **2469**
Philémon **2232**
Philipok **1543**
Les Phosfées **2319**
Photo junior **2582**
Le Photographe **2282**
Le Pianiste sans visage **2116**
Picasso au musée Picasso **2778**
Picasso en un trait **2747**
La Pièce secrète **970**
Les Pieds nickelés **2485**
Piège géométrique **858**
Piero **2245**
Pierre Bonnard : L'Atelier au mimosa **2703**
Pierre et le loup **1300-1301, 2320, 2555**
Pierre l'Ébouriffé et consorts. Albums et histoires en images **496**
La Pierre-serpent **1995**
Pika, l'éclair d'Hiroshima **3267**
Pilotin **370**
Ping-pong **2288**
Pinocchio **1504**
Pinok et Barbie : Là où les enfants n'ont rien **1475**
Pin-up **2379**
Le Pionnier du Nouveau monde **1829**
Les Pionniers de l'espérance **2490**
Pipo et Sifflet sont des cobayes **3587**
Le Pique-nique de Loulou le Pou **2512**
Pirates **3208**
Pirlipipi, deux sirops, une sorcière **1392**
Les Plages vont-elles disparaître ? **3647**
Planète attitude junior **3644**
Planète Mars **3404**
Planète océan **3425**
Planète Terre **3373**
Planètes **2402**
Les Plantes **3364**
Les Plantes de saveurs **3652**
Pliages **3729**
Pliages d'animaux : créations d'origamis faciles **3736**
Pliages magiques **3730**
Pliages pour jouer **3727**
Plis et Plans **2653**
Plouf ! **535**
Plouf **625**
Plume aux vents : l'intégrale **2303**
Plume et la Grande Ourse **2551**
Plume et Youri **2551**
Les Plumes du dragon **1055**
Le Plus beau des trésors **872**
Les Plus beaux contes classiques **787**
Les Plus beaux contes de Suisse **1082**
Le Plus bel endroit du monde **1894**
La Plus belle nuit de Noël **281**
Les Plus belles chansons des petits lascars **708**
Les Plus belles comptines des petits lascars **705**
Les Plus belles illusions optiques **3383**
Le Plus féroce des loups **1385**
Le Plus grand livre du monde **17**
Plus gros que la baleine ? **3330**
Plus haut, plus loin **3390**
La Plus mignonne des petites souris **778**
Pochée **2126**
Poèmes à dire et à manger **1407**
Poèmes à lire et à rêver **1407**
Poèmes à rire et à jouer **1407**
Poèmes de Maurice Carême : une anthologie **1424**
Poèmes pris au vol **1447**
Poèmes sans queue ni tête d'Edward Lear **1445**
La Poésie africaine **1422**
La Poésie algérienne : petite anthologie **1422, 3913**
La Poésie américaine **1422**
La Poésie arabe : petite anthologie **1422, 3915**
Poésie et chanson brésiliennes **1422**
La Poésie médiévale : petite anthologie **1418**
La Poésie surréaliste **1418**
Poésies **1417**
Poètes pour le temps présent **1419**
Une Poignée d'étoiles **1924**
Poil de carotte **1527**
Le Poil de la moustache du tigre suivi de La Moustache impériale et de Le Qui, quand, quoi **792**
Poils partout **3450**
Un Poisson dans mon arbre **1474**
Un Poisson d'avril **1430**
Le Poisson d'or **999**
Le Poisson de la chambre 11 **1645**
Poisson-lune **2112**
Polar bear : une enquête pour Yann Gray **2171**
Polly la futée et cet imbécile de loup **1733**
Pomelo est bien sous son pissenlit **559**
La Pomme c'est trognon **3755**
Pomme de reinette et pomme d'api : Les Comptines des petits **701**
La Pomme de terre ça roule **3755**
Une Pomme de terre en or massif **1942**
La Pomme et le papillon **60**
Pommes de lune **1430**
Les Pompiers **2919**
Poney Club : Les Aventures de Karakol **2585**
Poney Club : La Fête de Karakol **2585**
Le Poney rouge **1762**
Ponok-Ponok : drôles d'histoires mathématiques **3326**
Popotka le petit Sioux **2364**
Popov et Samothrace **27**
La Population **2936**
Porculus **1717**
La Porte ouverte **2016**
Le Porteur de pierres **1843**
Portraits à créer **3733**
Portraits devinettes d'auteurs illustres : pastiches et anagrammes **1472**
Le Pot doré de Jean-Pierre Raynaud **2792**
La Potion magique de Georges Bouillon **1616**
Le Pou et la puce **777**
Poucette **1262**
Poucette et douze autres contes **1274**
Poule Plumette **769**
La Poule qui voulait pondre des œufs en or **575**
Poule rousse **743**
Les Poules **1748**
Poulpo et Poulpette **505**
Pour vivre : presque poèmes **1452**
La Pourpre du guerrier **1817**
La Pourpre et la soie **3931**
Pourquoi ? **1959**
Pourquoi Cur Cu Ma pose des questions **1632**
Pourquoi je ne suis pas sur la photo ? **3825**
Pourquoi la cigarette vous tente ? **3477**

Pourquoi le perroquet parle-t-il ? **1383**
Pourquoi les hommes font-ils la guerre ? **2853**
Pourquoi les libellules ont le corps si long : d'après un conte zaïrois **867**
Pourquoi les oiseaux chantent-ils ? **3549**
Pourquoi les zèbres sont-ils en pyjama ? **3560**
Pourquoi si fâchée ? petit catalogue d'art traditionnel **2796**
Pourquôôâà ? **118**
Pousse-poussette **437**
Poussière rouge **1926**
Le Poussin et le chat **730**
Préhistoire **3443**
Préhistoire : des dinosaures aux premiers hommes **3448**
La Préhistoire des hommes **3089**
La Préhistoire expliquée à mes petits enfants **3093**
Les Prélivres **2658**
Le Premier camping de Nahotchan **387**
Le Premier livre de mes droits d'enfant **2961**
Le Premier livre de toutes nos couleurs **2962**
Le Premier livre des merveilles **1179**
Premier voyage de Gulliver : voyage à Lilliput **1541**
Première année sur la Terre **337**
La Première Guerre mondiale **3257, 3258**
La Première lettre **1294**
Les Premières aventures du roi Arthur : d'après Le Chevalier au Papegau, roman du XIVe siècle **1186**
Premières lectures **3870**
Les Premiers astronauticiens **3299**
Les Premiers colons d'Amérique du Nord **3207**
Les Premiers paysans **3087**
Presque poèmes, écriture poétique **1453**
Presque rien, n'importe quoi **2750**
Presque tout **12**
La Presse à petits pas **2989**
Prière pour aller au paradis avec les ânes suivi de J'aime l'âne **1434**
Le Prince courageux et autres contes d'Éthiopie **865**
Le Prince de Central Park **1815**
Le Prince de la rue **602**
Le Prince d'ébène **1673**
Le Prince esclave : une histoire vraie **1833**
Le Prince Grenouille **1059**
Le Prince Grenouille, suite... **1376**
Le Prince heureux **1556**
Prince Ring **1016**
Le Prince tigre **398**
Les Princes de l'exil **2136**
Princes des rues **1900**
Princesse **1373**
Princesse Angélique **3889**
La Princesse au petit pois **1265, 1374**
La Princesse barbue **1397**
La Princesse Camion **1242**
La Princesse Grenouille **994**
La Princesse qui ne riait jamais **1084**
Princesse Saphir **2464**
Le Printemps : un livre à dessiner et à colorier **3742**
Un Privé à la cambrousse **2381**
Un Privé chez les insectes **2161**
Le Privé d'Hollywood : intégrale **2379**
Le Prix de la peur **1963**
Les Profondeurs de la mer **1882**
Projet oXatan **1701**
La Promenade de Dim Dam Doum **2513**
Promenade de Quentin Blake au pays de la poésie française **1421**
La Promenade d'un distrait **449**
Promenade en architecture **2804**
La Promesse d'Hanna **1863**
Les Protestants **2908**
Provence, Côte d'Azur **3058**
Prune et Fleur de Houx **1967**
Le Prunier **1311**
Le P'tit bonhomme des bois **107**
Le P'tit du bocal **586**
Le P'tit miam : bien se nourrir, mode d'emploi **3671**
Une Puce dans la savane **1382**
Pythagore **2449**

Q

Qu'est-ce que c'est ? Comment c'est ? Encyclopédie des mots, noms et adjectifs **3817**
Quadrifogli **2676**
Quamar et Latifa **896**
Quand Big Mama a créé le monde **556**
Quand Coulicoco dort **156**
Quand deux fables se rencontrent : la laitière et le dévôt... **1209**
Quand deux fables se rencontrent : le berger et le chacal **1210**
Quand Hitler s'empara du lapin rose **1856**
Quand j'étais petit **51**
Quand je suis triste **356**
Quand l'oiseau Lou raconte des histoires à dormir debout **1332**
Quand la Bible rêve **2881**
Quand la neige tombe **274**
Quand la poésie jonglait avec l'image **1428**
Quand le monde était jeune... **1582**
Quand le vide devient forme : petit album du regard avec Henri Laurens **2786**
Quand les grands jouaient à la guerre **1872**
Quand les peurs deviennent phobies **3482**
Quand les violences vous touchent **3484**
Quand mon chat était petit **527**
Quand Papa était loin **253**
Quand Papa était mort **1950**
Quand serons-nous diables ? Toujours, toujours, toujours **718**
Quand serons-nous sages ? Jamais, jamais, jamais **718**
Quand Shlemiel s'en fut à Varsovie et autres contes **976**
Quartier lointain : l'intégrale **2254**
Quartiers d'orange **353**
Les Quatre filles du Docteur March **1494**
Les Quatre fils Aimon **1185**
Quatre pommes rouges **113**
Les Quatre sœurs **1997**
Quatre sœurs 1 : Enid **1997**
Quatre sœurs 2 : Hortense **1997**
Quatre sœurs 3 : Bettina **1997**
Quatre sœurs 4 : Geneviève **1997**
Les Quatre-chemins **1450**
Le Quatrième soupirail **1922**
Que cent fleurs s'épanouissent **1914**
Que fais-tu ? Je me promène **3746**
Que fais-tu ? Je peins **3746**
Que fait la lune la nuit ? **297**
Que sais-tu des rêves du lézard ? **1440**
Quel cafouillage ! **1351**
Quel chantier ! **21, 3682**
Quel cinéma ! **2838**
Quel filou ce renard ! **750**
Quel genre de bisous ? **530**
Quel radis dis donc ! **758, 3894**
Quelque chose que je regrette **2082**
Quentin Blake et les demoiselles des bords de Seine **2683**
La Querelle **632**
Qu'est-ce qu'on fait d'un soulier ? **207**
Qu'est-ce qu'un homme ? : dialogue de Léo, chien sagace, et de son philosophe **2854**
Questions d'amour : 5-8 ans **3460**
Questions d'amour : 8-11 ans **3459**
Questions d'amour : 11-14 ans **3458**
Questions de dessin **2825**
La Quête de l'eau **2607**
La Quête de l'oiseau du temps **2344**
La Quête d'Ewilan : D'un monde à l'autre **1666**
La Quête d'Ewilan : L'île du destin **1666**
La Quête d'Ewilan : Les Frontières de glace **1666**

La Quête du Graal **1190**
Qui a commencé ? **939**
Qui a tué Rouge-Gorge ? **350**
Qui de l'œuf, qui du poussin ? **781**
Qui es-tu ? **3490**
Qui es-tu ? Je suis le roi **3746**
Qui es-tu ? Je suis l'oiseau des îles **3746**
Qui es-tu ? Je suis un monstre **3746**
Qui es-tu ? Je suis l'éléphant **3746**
Qui es-tu ? Je suis la tortue **3746**
Qui sommes-nous ? **3378**
Qui veut tuer Alaizabel Cray ? **1698**
Qui, où, quoi **45**
Quick et Flupke **2422**
Quinze contes d'Arménie **913**
Quinze contes d'Europe **963**
Quinze contes de l'Océan Indien **874**
Quinze contes du Portugal **1140**
Quinze contes juifs du monde entier : le pichet magique **971**
Quinze récits d'animaux dans la Bible : d'après la Bible de Jérusalem **1176**
Quipic **625**

R

Les Racines de Naomi **2067**
Le Racisme de la traite des Noirs à nos jours **3082**
Raconte le lynx **3577**
Raconte-moi le Zellige **3930**
Rafara, un conte populaire africain **836**
Raiponce **1049**
Le Râmâyana **1199-1200**
Ramona la peste **1971**
Rampono **1093**
Ramsès II, futur pharaon **3102**
Le Ranch de Flicka **1767**
Ranma 1/2 **2209**
Le Rap des rats **1445**
Rascal **1766**
Rass el-Ghoul : le géant à la tête fertile **3899**
Le Rat célibataire et autres contes de Côte-d'Ivoire **844**
Ratatouille **2235**
Le Rayon U **2435**
Le Rayon vert **1549**
Real **2286**
Rébus proverbes **1470**
Les Recettes de Sam **3780**
Le Récit des origines **2884**
Récréation fantôme **2520**
Les Récrés du petit Nicolas **1620**
Red Road **2366**
La Rédaction **1572**
Réflexions d'une grenouille **571**
Le Refrain du vieux kangourou **1290**
Regarde bien **71, 2818**
Regarde, regarde le loup dans le bois **2810**
Regarde, regarde les poissons dans la ville **2811**
Regarde, regarde les têtes en l'air **2812**
Regarder le paysage **2850**
La Règne animal **3504**
La Reine des abeilles **1058**
La Reine des couleurs **307**
La Reine des fourmis a disparu **428**
La Reine des Neiges **1272-1273**
Reine du fleuve **1790**
La Reine Gisèle **463**
La Reine qui ne craignait que Dieu **2896**
Les Religions : de la Préhistoire à nos jours **2858**
Rémi répare un vélo **3697**
Remue-ménage chez madame K **569**
Remue-méninges : 100 Jeux avec 1000 mots **3791**
Renaissance et nouveaux mondes **3196**
Le Renard **465, 3559**
Renard et renard **562**
Le Renard et sa queue suivi de Le Gel au nez rouge **1395**
La Rencontre : l'histoire véridique de Ben MacDonald **1764**
Rendez-vous à quatre heures et demie **258**
Le René Char **1427**
René Goscinny profession : humoriste **2508**
La Rentrée **2031**
La République à petit pas **2990**
Le Requin, seigneur des mers **3534**
Les Réserves de biosphère **3645**
Résistance **1879**
Le Retour à la terre **2217**
Le Retour de la voleuse de sourires **3830**
Le Retour de l'Indien **1640**
Le Retour des chats volants **1656**
Le Retour du monstre poilu **1601**
Retour en Afrique **1973**
La Revanche des trois ours **1346**
Le Rêve de Léon **172**
Rêve de lune **65**
Le Réveil **151**
Révélations posthumes **2331**
Rêve-moi une lettre **2668**
Rêves **2731**
Les Rêves d'une grenouille **573**
Rêves dorés de Gustav Klimt **2769**
La Révolte **56**
Révolution **603**
Le Rhino facile **546**
La Ribambelle. Intégrale **2430**
Ribambelles **3734**
Ric Hochet **2438**
Rien faire **143**
Rimes et chansons des p'tits loupiots **709**
Rimes et jeux de l'enfance **633**
Le Ring de la mort **1876**
Riquet à la houppe **1123**
Le Rire des cascades **1445**
Le Rire raconté aux petits curieux **2849**
Rising Stars **2408**
Rita et Machin **141**
Un Rival pour Sherlock Holmes **2158**
La Rivière **3612**
La Rivière à l'envers : Hannah **1652**
La Rivière à l'envers : Tomek **1652**
Robbie-la-Terreur **1798**
Robert **2047**
Robert Delaunay : La Tour Eiffel **2704**
Robin Dubois **2206**
Robinson Crusoé **1506**
Le Robinson du métro **1813**
Les Robots au service de l'homme **3680**
Le Rocher dans la mer **3919**
Le Rocher du diable **1131**
Rockorico ! **1366**
Le Roi Catastrophe **2199**
Le Roi couvert de boutons et autres contes farfelus **1390**
Le Roi de la forêt des brumes **1794**
Le Roi des casse-pieds **1612**
Le Roi des ogres et la purée de carottes **1604**
Le Roi des ogres ne veut pas s'excuser **1604**
Le Roi des ogres veut croquer la maîtresse **1604**
Le Roi du jazz **1946**
Le Roi et la poule **524**
Le Roi Grenouille et autres contes **1074**
Le Roi, les souris et le fromage **774**
Les Rois berbères de la dynastie massyle **3923**
Les Rois de l'horizon **1842**
Rois et reines de France **3071**
Le Roitelet et l'ours **1045**
Le Roitelet, Le Serpent blanc **1046**
Roland **456**
Roland Garros et la petite aviatrice **3695**
Le Roman de la renarde **1744**
Le Roman de Mélusine **1198**
Le Roman de Renard **1234**
Le Roman de Renart (1170-1250) **1233-1238**
Le Roman des bêtes **624, 626**
Romarine **1134**
Rome **3130**

Rome Antique : la visite virtuelle de la ville éternelle de l'Antiquité à nos jours **2615**
Rome et l'Empire romain **3131**
Rome et son empire **3132**
Rome la conquérante **3127**
Ronde annuelle des marteaux-piqueurs ou La Mutation d'un paysage **629**
Ronds et carré **62**
Rork **2322**
La Rose de décembre **1787**
La Rose de Versailles **2465**
Les Roses du Mexique **1923**
Rosie **213**
Le Rossignol **1269**
Le Rossignol de l'empereur de Chine **1268**
Rouge de Chine **2327**
Rouges du matin au soir **2741**
Rough **2290**
Roule galette **104, 764**
Roulé le loup ! **731**
Rouquin des Bois **3570**
Les Rousses **1493**
Le Royaume de Kensuké **1810**
Le Royaume volé **1836**
La Rubrique à brac l'intégrale **2456**
Rue de la chance **2155**
Rupert Goody et moi **1948**
La Ruse du lièvre **877, 3897**

S

Sa dernière blague **2105**
Sa Majesté des Mouches **1812**
Sabila et Kotchéli **863**
Sac à puces **2242**
Le Sac à soucis **1380**
Le Sac de Dielo **3828**
Le Sac du mousse **3245**
Sacha, Andréï et Turar vivent en Russie **3022**
Sacré Père Noël **282**
Sacrée Zoé ! **316**
Sacrées sorcières **1643**
Sacrés singes **3561**
Sadko et le tsar de toutes les mers océanes **1327**
La Sagesse de Wombat **577**
Sagesses et malices de la tradition juive **973**
Sagesses et malices de Nasreddine, le fou qui était sage **905-906**
Sagesses et malices des anges et des pauvres diables **817**
Saïgon-Hanoï **2247**
Saint-Exupéry le dernier vol **2307**
Saint Nicolas des Ardennes **1299**
Les Saints racontés par les peintres **2892**
Les Saisonniers **596**
Les Saisons de Petit Ours Brun **2516**
Sal et Koché **862**
Salammbô **2459, 2566**
Salem et le sorcier **3898**
Les Sales bêtes **3513**
Salomon le clou rouillé **453**
Salvatore **2195**
Sam et son papa **215**
Samedi et dimanche **2300**
Samik et l'ours blanc **3563**
Sandwich et compagnie : lexique des noms propres devenus communs **2927**
Sankitchi le renard **950**
Sans Famille **1521, 2240**
Sans frontières fixes **1450**
Sans sucre, merci **2038**
Sans toi **318**
Sara **2775**
Sarajevo-Tango **2370**
Sardine de l'espace **2390**
Satin grenadine **1838**
Sauterelle **2048**
Le Sauvetage de Madeleine **492**
La Savonnière **3883**
Say hello to Black Jack **2284**
Scaf **626**
Scene **2657**
Les Schtroumpfs **2429**
Les Scientifiques sont-ils fous ? **3470**
Scooby-Doo ! : Le Monstre du musée **2557**
Scooby-Doo ! : Le Secret du Sphinx **2557**
Le Scorpion **2304**
Les Scorpions du désert **2307**
Scritch scratch dip clapote ! **194**
Le Second livre des merveilles **1179**
La Seconde Guerre mondiale **3273, 3275**
La Seconde Guerre mondiale 1939-1945 **3266**
La Seconde vie de Linus Hoppe **1700**
Le Secret **378**
Le Secret de Chanda **1930**
Le Secret de l'alchimiste (Affaires à suivre, n° 2) **2610**
Le Secret du feu **1919**
Le Secret du quai 13 **1660**
Secrets d'Orsay : à la découverte des secrets de la peinture du 19e siècle **2650**
Les Secrets de Faith Green **1781**
Les Secrets de Kaïdara **2848**
Les Secrets de l'air **3372**
Les Secrets de la Mer Rouge **1808**
Les Sectes **2973**
Un Séducteur-né **2038**
Le Seigneur des anneaux : La Communauté de l'anneau **1697**
Le Seigneur des anneaux : Le Retour du roi **1697**
Le Seigneur des anneaux : Les Deux tours **1697**
Seins **2732**
Une semaine de Monsieur Monsieur **518**
Semer. En ligne ou à la volée **183**
Sept bougies pour Lili Graffiti **2028**
Sept contes de trolls **1014**
Les Sept corbeaux **1044**
Sept histoires de souris **1718**
Sept mois au Cambodge **3046**
Sept souris dans le noir **941**
Septembre en mire **2171**
Séraphine **1839**
Le Serpent blanc **1046**
Le Serpent blanc, conte chinois **930**
Sethi et la couronne d'Égypte **2596**
Sethi et la tribu de Neandertal **2598**
Sethi et le Chevalier Félon **2595**
Sethi et le sorcier Inca **2597**
Seton le naturaliste qui voyage **2292**
Shabanu **1929**
Shamrock Song **2367**
Shape **2657**
Shola et les lions **1725**
Shola et les sangliers **1725**
Shubha, Jyoti et Bhagat vivent en Inde **3023**
Un Si beau bal **399**
Un Si bel été **173**
Si je fusse une grenouille... **506**
Si j'étais roi... si j'étais reine... **3842**
Une si jolie rencontre **326**
Si la lune pouvait parler **185**
Si le monde était un village de 100 personnes **2941**
Si le monde était un village de 100 personnes : L'Alimentation **2942**
Siam. La Grande histoire de Siam, éléphant d'Asie **628**
Sidola = Sidola. ZAC A DIT **1143**
Le Siècle de la Révolution industrielle **3233**
Le Siècle de Louis XIV **3205, 3216**
Le Siècle de Saint Louis **3157**
Les Signes de Mano : Dictionnaire de langue des signes française pour enfants avec entrée bilingue **2625**
Silence la queue du chat balance **1435**
Silence rompu **2968**
Silence ! On tourne **2632**
Le Silure et le crapaud = Trê và coc **958**
Silverwing **1751**
Sim City 4 **2581**
Sim City 4 : Rush Hour **2581**

Simon sans nuit **607**
Simple **2049**
Simulator **2168**
Sinabani, la petite dernière **3819**
Sindbad le Marin **885, 887**
Sing « Yesterday » for me **2256**
Le Singe à Buffon **549**
Le Singe et le crocodile : petites histoires racontées par le Bouddha **946**
Sirandanes : suivies d'un petit lexique de la langue créole et des oiseaux **1471**
Six filles à marier **2001**
Six milliards de visages **2959**
Six récits de Babylonie **1174**
La Sixième **2036**
Skellig **1662**
Sketches **1483**
Slam Dunk **2286**
Snoopy et les Peanuts. Intégrale **2411**
Soda **2385**
Un Soir, près d'un grand lac tranquille **1559**
Soldat Peaceful **1846**
Soledad **2255**
Le Soleil à petits pas **3468**
Soleil d'hiver **225**
Le Soleil, notre étoile **3401**
Soliman l'empire magnifique **3197**
Solo à l'hôpital **3465**
Sombres citrouilles **2167**
Sommes-nous tout seuls dans l'Univers ? **3393**
Le Sommet des dieux **2292**
Le Songe de Makar **1568**
Sorcellerie et magie **2860**
La Sorcière aux trois crapauds : un conte traditionnel **992**
La Sorcière de la rue Mouffetard et autres contes de la rue Broca **1401**
La Sorcière et la fleur = A bruxa e a flor **1144**
La Sorcière et la petite fille **1571**
La Sorcière et le commissaire **1393**
Sorcières **2271**
Les Sorcières sont NRV **1628**
Le Souffre-douleur **1619**
Soukmane fils de Soukmane et les fleurs écarlates **1326**
Les Souliers usés par la danse **1061**
Soundiata l'enfant-lion. Une épopée du Mali **1203**
La Soupe à la souris **1718**
Une Soupe au caillou **1336**
La Soupe aux cailloux **1314, 1337**
La Soupe ça fait grandir **3664**
La Sourate du taureau ? **857**
La Source enchantée **1663**
Le Sourire de Jules **1528**
La Souris de M. Grimaud **427**
La Souris et le voleur **3893**
Une Souris verte **3911**
Sous la pluie **2070**
Sous le calme du djebel **1892**
Sous le règne de Bone **2098**
Sous le règne de Napoléon : l'Europe au temps de l'Empire **3217**
Le Sphinx des glaces **1550**
Spirales, ressorts et tourbillons **2682**
Le Spirit **2487**
Spirou **2421**
Le Stade de France **3687**
Stanley part en balade **88**
Stanley tond la pelouse **89**
La Statue de la liberté : quatre garçons racontent son histoire **3231**
La Statuette maudite de l'Oncle Ernest **2561**
La Steppe infinie **1880**
Sterne **3503**
Le Stoppeur **1703**
Strapontin, chauffeur de taxi **2448**
Stuart Little **1747**
Le Sucre à petits pas **3669**
Sunwing **1751**
Super gloupi **1433**
Super super gloupi **1433**
Sur l'eau, Sarkis esquisse **2772**
Sur la corde raide suivi de L'Enfant perdue **1477**
Sur la piste des Indiens **3036**
Sur la piste des ours **3584**
Sur la tête de la chèvre **1864**
Sur le bout des doigts **2045**
Sur le chantier **621**
Sur le chemin **43**
Sur le fleuve **1925**
Sur le toit du monde : À la conquête du Mont Everest **3624**
Sur les traces de Don Quichotte **124, 125**
Sur l'île des Zertes **476**
Les Sur-Fées. Analyse des faits sur textes certifiés (Grimm, Perrault, etc.) et réactualisation, réévaluation, redistribution des dons (éventuellement) **1335**
Surfer d'argent **2413**
Surprenants serpents et lézards **3526**
Une Surprise pour Sophie **1755**
Suzie la malice **1067**
Swamp Thing : intégrale **2326**
Le Syllabaire de Gadjo **3822**
Sylvain note tout **210**
Sylvestre et le caillou magique **454**
Le Système solaire **3392**

T

T comme Toulouse-Lautrec **2763**
Les Tableaux de Marcel **2745**
Le Tajine de Ftouma **3891**
Takam-Tikou « J'ai deviné » **3837**
Tales from the crypt **2323**
Les Talons rouges **1310**
Le Tambourin magique **824**
Tami de la forêt du Nord **3554**
Tanguy et Laverdure l'intégrale **2434**
Tant qu'on a la santé ! : le petit citoyen **3474**
Tapalapatau **1088**
Tap-tap **554**
Le Tardieu **1427**
La Tarte aux escargots **1950**
Tarzan à la gomme **2053**
La Taupe **3556**
Le Taxi-brousse de Papa Diop **159**
Tchibinda, le héros chasseur **2798**
Tchip-tchip ! **1650**
La Teigne **2224**
La Teinturière **3882**
Télé, ouvre l'œil ! **3708**
La Tempête **477**
Le Temple perdu de l'Oncle Ernest **2561**
Le Temps des cerises **1458**
Le Temps des chevaliers **3168**
Le Temps des mots à voix basse **1877**
Le Temps et l'Espace **3337**
Le Temps qu'il fait **3430**
Tendre banlieue **2281**
Tengu **2359**
Le Tennis : la technique, la tactique, la pratique **3814**
Terra Forestia **2558**
La Terre **3408**
Terre d'enfants **2814**
Terre de rêves **2257**
Terre merveilleuse **2634**
Terre rouge, fleuve jaune **3284**
Le Terrible trimestre de Gus **2117**
La Tête à l'envers **2122**
Tête à queue : d'après une fable de La Fontaine **938**
Tête à rap **2157**
Tête de moi **1593**
Têtes
Textes sur images : art contemporain arabe **3922**
Le Théâtre de minuit **2521**
Thorgal **2347**
Thorgal : La Malédiction d'Odin **2575**
Le Tibet : Les Secrets d'une boîte rouge **419, 3050**

Tibili et l'île de la panthère **2568**
Tif et Tondu **2440**
Un Tigre pour Malgudi **1769**
Tiguê Guêlê **849**
Tilla **1889**
Tim et Charlotte **361**
Tim fait naufrage **360**
Tim, Lucie et les mutins **362**
Tintin **2423**
Tintin et moi : Entretiens avec Hergé **2507**
Le Tireur de langue : anthologie de poèmes insolites, étonnants ou carrément drôles **1410**
Tirez pas sur le scarabée **2161**
Le Tisserand **3884**
Titeuf **2200**
Tobie Lolness : La Vie suspendue **1651**
Toboclic **2538**
Toc toc toc ! **2510**
Toc, toc, toc **422**
Toc ! Toc ! Qui est là ? **196**
Toi, vole ! **597**
La Toile de Charlotte **1746,1747**
Tom Pouce **1041**
Tom Pouce et Ribambelle chantent avec Agnès Chaumié **693**
Tom Tom et Nana **2186**
Tombouctou **3880**
Toro ! Toro ! **1848**
La Tortue d'or **960**
Tortuga, une histoire naturelle **3524**
Toto l'ornithorynque **2192**
Totoche **547, 2454**
Touch **2461**
Le Toucher et le corps **3345**
Touchez pas au roquefort ! **435**
Touffu **2180**
Toujours devant **262**
Toujours rien ? **123**
Le Tour de France de Languedoc Noble Cœur **3238**
Le Tour du monde de Boowa et Kwala **2522**
Le Tour du monde en 80 jours **1551**
Tourbillon **23**
Les Tours de Bois Maury **2355**
Tous les détectives s'appellent Flanagan **2174**
Tous les enfants ont des droits ! **2960**
Tous les félins du monde **3574**
Tous les insectes du monde **3515**
Tous les mammifères du monde **3576**
Tous les oiseaux d'Europe **3547**
Tous les poissons marins du monde **3530**
Tous les rapaces du monde **3548**
Tous les singes du monde **3575**
Tout change **244**
Tout contre Léo **2003**
Tout est calme ! **430**
Tout Jijé **2481**
Le Tout petit garçon et la mouche **757**
Le Tout petit invité **335**
Le Tout petit os **733**
Tout petit, très grand, petites bêtes et éléphants **55**
Tout pourrit ! **3617**
Tout sur la musique ! Le Guide indispensable pour s'initier à la musique **2831**
Tout un monde **2**
Tout va très bien, Madame la Marquise **1457**
Toutankhamon : l'incroyable découverte **3103**
La Toute petite dame **101**
Toutou tondu **515**
Traces d'ancêtres perdus **2817**
Train de nuit **446**
Le Train d'El-Kantara **1891**
Le Train des souris **259, 260**
Le Train jaune **482**
Un Train pour chez nous **1937**
Les Transformations de l'eau : des expériences faciles et amusantes. **3929**
Le Transperceneige **2404**
Treize à la douzaine **2001**
La Treizième fée : un conte pour les maîtresses **1369**
Trente haïku rouges ou bleus **1447**
Très, très fort ! **291**
Le Trésor d'Arif **1315**
Un Trésor dans mon jardin **1455**
Le Trésor de Mildenhall **1567**
Le Trésor de mon père **2038**
Le Trésor des heures : pages choisies des livres d'heures des XIVe et XVe siècles **3176**
Le Trésor des O'Brien **1777**
Trésors de l'archéologie **3085**
La Trêve de Noël **1562**
La Tribu **1734**
La Tribu : Histoire de Ko **1816**
La Tribu : Histoire de Mana **1816**
La Tribu : Histoire de Noli **1816**
La Tribu : Histoire de Suth **1816**
Les Tribulations de Kip Parvati **1791**
Les Tribulations du Choucas **2382**
Tricycle **87**
La Trijolie : Bonjour et Où sont les mamans ? **1473**
La Trijolie : La Pantoufle **1473**
La Trilogie des tripodes : La Cité d'or et de plomb **1707**
La Trilogie des tripodes : Le Puits de feu **1707**
La Trilogie des tripodes : Les Montagnes blanches **1707**
Le Trio Bonaventure **2314**
Tristesse **1542**
Les Trois arbres de la vie **1313**
Les Trois boucs **723, 3895**
Les Trois brigands **424**
Les Trois chemins **2225**
Les Trois Chinois avec la contrebasse **1464**
Les Trois clés d'or de Prague **420**
Les Trois cochons **1343**
Les Trois ermites **1281**
Trois histoires folles de Monsieur Pol **536**
Les Trois langages **1072**
Les Trois mousquetaires **1508**
Les Trois ours **745**
Les Trois petites chouettes et sept autres histoires **1729**
Les Trois petites cochonnes **1339**
Trois petits canards... et puis s'en vont **373**
Les Trois petits cochons **725, 727-728, 1340**
Les Trois Petits Loups et le Grand Méchant Cochon **1338**
Les Trois petits pourceaux **724**
Les Trois plumes **1057**
Les Trois plumes et 12 autres contes **1081**
Les Trois questions **1282**
Les Trois secrets d'Alexandra : Il faut désobéir 1940-1944, la France sous Vichy **3262**
Les Trois secrets d'Alexandra : Un Violon dans la nuit la mémoire des camps **3263**
Les Trois secrets d'Alexandra : Viva la liberté ! 1939 à 1945, la Résistance **3264**
Trois tours de Renard **1232**
Trois vœux : paroles d'enfants palestiniens et israéliens **3285**
Les Trolls **1646**
Trolls de Troy **2340**
La Trompe de l'éléphant **1430**
Trompe-l'œil **97**
Trucs en vrac **2456**
Le Tsar Saltan **996**
Tsatsiki **2037**
Les Tsiganes : une destinée européenne **3056**
Tsuru, princesse des mers **2359**
Tu es mon amour depuis tant d'années **2776**
Tu es une légende **2094**
Tu ne dors pas, Petit Ours ? **192**
Tu ne me connais pas **2083**
Tu parles, Charles ! **2034**
Tu rentres à la maison **167**
Tu seras toujours avec moi **343**
Tu te trompes petit éléphant **1606**
Un Tueur à ma porte **2147**
Les Tuniques bleues **2365**
Le Tunnel **481**

U

Ug. Le Petit génie de l'âge de pierre **563**
Ulysse **3119**
Un canard, un autre canard **34**
Un de Winram 1696
Un et sept **578**
Un, deux, trois et toi **100**
Un, deux, trois, dans l'arbre ! **35**
Une balle, une pomme **2679**
Unis pour la vie **2054**
L'Univers, la Terre et les Humains **3377**
Urkizu **1779**
Urusei Yatsura **2472**

V

V comme Van Gogh **2764**
Va faire un tour **364**
Les Vacances **1531**
Vacances au village **3839**
Les Vacances de Zéphir **489**
Les Vacances du Petit Nicolas **1620**
La Vache **2230**
Vagabond **2286**
Le Vagabond de la côte **1867**
Vague **329**
Le Vaillant petit dernier et les pommes d'or **986**
Vaillant petit tailleur **1063, 2316**
Valentin le vagabond **2454**
Valérian **2392**
La Vallée des Merveilles : il y a 5000 ans à l'âge du cuivre **3088**
La Vallée d'or **1681**
Le Vallon rouge **1782**
Vampire malgré moi **1679**
Vampires **2467**
Van Gogh : le soleil en face **2783**
Vasco **2353**
Va-t'en, grand monstre vert ! **42**
Les Vélos rouillés **2102**
Vendredi ou la vie sauvage **1811**
Venezia **2199**
La Vengeance de Zorro **1522**
La Vengeance du comte Skarbek **2362**
Le Vent dans les sables **2193**
Le Vent dans les saules **2193**
Le Vent de feu : Le Chant des flammes **1690**
Le Vent de feu : Les Esclaves de la Seigneurie **1690**
Le Vent de feu : Les Secrets d'Amaranth **1690**
Verdurette et compagnie... **504**
La Véritable histoire des trois petits cochons **726**
La Vérité selon Ninon **2844**
La Vérité sur l'affaire des trois petits cochons **1342**
La Verluisette **2138**
Vers d'un peu partout **1451**
Vers le large **1882**
Versailles, complot à la cour du Roi-Soleil **2616**
Versailles II, le Testament **2616**
Version 5.12 **1712**
Verte **1644**
Verts en toute saison **2741**
Victor le voleur de lutins **2339**
La Vie : une histoire de l'évolution **3444**
La Vie ça vaut le coup **2054**
La Vie d'un mousse au temps des caravelles **3183**
La Vie d'une étoile **3402**
Une Vie de château **1739**
La Vie de Kuma Kuma **557**
La Vie des écoliers au temps de Jules Ferry **3228**
La Vie des enfants à l'époque de Pompéi **3126**
La Vie des enfants au siècle des Lumières **3206**
La Vie des enfants au temps des Gallo-Romains **3136**
La Vie des enfants au temps du Roi-Soleil **3203**
La Vie des enfants en Grèce ancienne **3115**
La Vie des enfants travailleurs pendant la Révolution industrielle **3227**
La Vie des grenouilles **3522**
La Vie des mots, l'ami des veaux : premier livre de contrepèteries pour tous **1466**
La Vie du futur roi Louis XIV **3202**
Vie et mort d'un cochon **1768**
La Vie exemplaire de Martha et Paul **249**
La Vie secrète des arbres **3663**
La Vie sous la mer **3424**
Vieilles chansons et rondes pour les petits enfants **719**
Vieilles neiges : une enquête pour Yann Gray **2171**
Viens chez moi, Arouna **155**
Vies de sorcières **1830**
Vieux caïman. Contes des grandes îles de la mer Caraïbe **1163**
Le Vieux char **3838**
Le Vieux fou de dessin **2773**
Vikings **3151**
Le Vilain petit canard **1259, 1260**
La Villa Savoye **3688**
La Ville à petits pas **3692**
Une Ville au fil du temps : de la Préhistoire à nos jours **3069**
Une Ville au Moyen Âge **3155**
Le « Ville de Marseille » **1893**
Les Vingt contes les plus drôles du monde **788**
Les Vingt et Une Nuits **893**
Vingt mille lieues sous les mers **1552**
La Vingt-septième lettre **2338**
Violette **2069**
Violine **2213**
Virage dangereux **2381**
Virelangues **1463**
Virus LIV 3 ou La Mort des livres **1702**
Vis et boulons **3721**
Les Visages de l'humain **1596**
Les Visiteurs du ciel **2859**
La Visiteuse du soir, la hérissonne **3555**
Vive la grande école ! C'est la rentrée ! **2031**
Vive le sport ! : pratique du sport et phénomène sportif **3811**
Vivre au Moyen Âge : la France en 1400 **3167**
Vivre dans un château fort **3166**
Vivre de mille manières **3371**
Vivre sans moi, je ne peux pas **565**
Voilà la pluie ! **3449**
Voilà maman ! **216**
Une Voix dans la nuit **3862**
Le Vol : notions de base **3705**
Vol, envol **1998**
Les Volcans à petits pas **3420**
Les Volcans racontés aux enfants **3419**
Les Volcans, une puissance incontrôlable **3382**
Un Voleur dans le village **1591**
Le Voleur de poule **423**
La Voleuse de sourires **3829**
Vous avez dit justice ? **3000**
Voyage à Birmingham, 1963 **1911**
Voyage à la Réunion **3062**
Voyage à Pitchipoï **1860**
Le Voyage à rebours **2020**
Voyage au centre de la Terre **1553**
Voyage au cœur de la Lune **2565**
Voyage au cœur du Louvre **2691**
Voyage au Musée d'Orsay **2692**
Voyage au Sénégal **3025**
Voyage autour de mon nom **2092**
Le Voyage de Mémé **1938**
Le Voyage de Parvana **1898**
Le Voyage de Plume **2551**
Le Voyage d'Esteban **2296**
Le Voyage d'Henry **576**
Le Voyage d'Oregon **412**
Voyage en Islande **3054**
Le Voyage en Italie **2259**
Voyage en Laponie de Monsieur de Maupertuis **3296**
Le Voyage nocturne de Mahomet **2909**

Les Voyages d'He Pao **2361**
Voyages d'hirondelles **1447**
Voyageur **2073**
Le Voyageur et les oiseaux **85**
Une vraie vie de château fort **3171**
Vrrr **221**
La Vue et les couleurs **3342**

W

W.E.S.T **2333**
Watchmen **2326, 2399**
Un Week-end sur deux **1966**
Wiggins apprenti détective : Trois enquêtes du jeune assistant de Sherlock Holmes **2158**
Wiggins chez les Johnnies **2158**
Wiggins et la ligne **2158**
Wiggins et le perroquet muet **2158**
Wiggins et les plans de l'ingénieur **2158**
Wiggins et Sherlock contre Napoléon **2158**
Wind **2656**
Wizzil **455**
Wolfgang Amadeus Mozart **2830**
WWF Panda junior **2552**

X

X comme Xad **2078**
XIII **2308**

Y

Y'a d'la joie **1457**
Yakari **2364**
Yakouba **400**
Yatiri et la fée des brumes **1170**
Les Yeux précieux du serpent **681**
Yi et la malédiction de l'Empereur céleste **2608**
Le Yoga des petits **3808**
Yoko **261**
Yoko Tsuno **2391**
Yragaël **2459**
Yves Klein **2751**
Yves le loup **2484**
Yves Tanguy : Jour de lenteur **2711**

Z

Zadkine **2789**
Zagazou **243**
Zaïna et le fils du vent **3917**
Zappe la guerre **3254**
Le Zébu né d'un œuf d'oiseau de Paradis **873**
Zeke raconte des histoires **2259**
Zélie et compagnie **2188**
Zig et Puce **2477**
Zlateh la chèvre, et autres contes **972**
Zoo **72, 1430**
Zoo logique **12, 3487**
Zoom **91**
Zoom sur l'eau **3634**
Zoom sur le climat **3432**
Zoom sur les médias **3001**
Zoombinis : Archipel en danger **2577**
Zoombinis : Mission au sommet **2578**
Zorro et son double **1522**
Zozo la Tornade **1610**

Index des mots-clés

Cet index a été établi d'après la liste d'autorité matières RAMEAU (en usage dans les bibliothèques publiques) avec quelques adaptations quand cela a semblé nécessaire. L'indexation des titres complète les possibilités de recherche que permet par ailleurs le plan de classement. Certaines entrées qui comptaient trop d'occurrences ont été réparties par genre.

A

Abandon **313, 322, 1761, 1945, 1969, 1993, 2017, 2058**
Abd el-Krim, Muhammad ibn (1882-1963) **3925**
Abécédaires **25, 26, 29, 30, 31, 32, 288, 1432, 2666, 2667, 2668, 2671, 2809, 2815**
Abeilles **3519**
Aborigènes d'Australie **2843**
Absence **224, 225, 241, 318**
Accidents domestiques **2539, 2621**
Activités subversives **523**
Administration publique - France - Ouvrages de vulgarisation **2996**
Adolescence **1999, 2079, 2038, 2079, 2080, 2244, 2245, 2250, 2263, 2281, 2441, 3860, 3868, 3870**
Adolescents - Droits - France **2970**
Adolescents - Psychologie **2958, 3455, 3478**
Adolescents - Santé et hygiène **3478, 3479, 3480, 3481, 3482, 3483, 3484**
Adolescents - Statut juridique - France **2970**
Adolescents fugueurs **1575, 2050, 2098, 2109, 2111, 2165**
Adoption **222, 330, 338, 424, 502, 1650, 1714, 1724, 1837, 1967, 1985, 1995, 2048, 2122, 2947**
Aéroport Charles de Gaulle **3690**
Aéroports **597**
Afghanistan **1898, 1927, 2282, 2367**
Afrique **112, 155, 174, 178, 209, 400, 434, 592, 602, 632, 1422, 1574, 1665, 1816, 1895, 1896, 1901, 1909, 1910, 1930, 2217, 2270**
Afrique - Citations **3031**
Afrique - Histoire **3876, 3877**
Afrique coloniale **3857, 3864**
Afrique du Sud **223, 1600, 1908, 1926, 2073, 2967, 2975, 3018**
Afrique noire **1913, 3026, 3028, 3029, 3032**
Afrique orientale **1925**
Agriculture **88, 89, 452, 3666**
Agriculture - Histoire **3083, 3087**
Aigles **3541**
Aimants **3346**
Air **3352, 3360, 3372**
Albums de photographies **3825**
Alcoolisme **568, 1851, 2087, 2177**
Alexandre III (roi de Macédoine ; 356-323 av. J.-C.) **3120**
Algérie **248, 1599, 1842, 1937, 1939, 1960, 2274, 2356, 2357,**
Algérie - 1954-1962 (Guerre d'Algérie) **1891, 1892, 1893, 3248, 3282, 3283**
Algérie - Histoire **3033**
Algues **3659**
Alimentation **40, 41, 116, 117, 199, 532, 555, 2942, 3371, 3475**
Aliments **133, 166, 377, 509, 1407, 1934, 2026, 2942, 3073, 3335**
Aliments - Dans l'art **2733**
Aliments - Décoration **3716**
Allemagne **2297**
Allemagne - 1933-1945 **1852, 1853, 1869**
Voir aussi National-socialisme
Allemagne - 1989-1990 (réunification) **1962**
Alligators **3525**
Allumettes **3723**
Alpes **3059, 3415**
Alphabet **2232, 3710**
Alpinisme **2292, 3624**
Alsace (France) **3060**
Amazonie (Brésil) **1446, 1693, 1790**
Amérique - Découverte et exploration **1826, 3180, 3190**
Amérique latine **1873, 1921, 1922, 1935, 2143**
Amitié - Bandes dessinées **2241, 2252**
Amitié - Contes **739, 740, 741, 781, 856, 919**
Amitié - Livres d'images **119, 160, 163, 176, 236, 290, 293, 294, 299, 300, 302, 311, 321, 322, 341, 342, 440, 452, 464, 469, 547, 552, 600**
Amitié - Romans **1583, 1590, 1660, 1668, 1677, 1682, 1700, 1713, 1727, 1728, 1730, 1736, 1758, 1764, 1805, 1817, 1852, 1857, 1869, 1877, 1878, 1879, 1881, 1902, 1903, 1908, 1920, 1933, 1946, 1948, 1954, 1970, 1971, 1976, 1977, 1986, 2016, 2034, 2035, 2037, 2042, 2047, 2049, 2088, 2102, 2104, 2105, 2106, 2107, 2109, 2110, 2111, 2112, 2113, 2114, 2115, 2117, 2118, 2119, 2120, 2121, 2122, 2124, 2126, 2145, 2162, 2177**
Amitié - Théâtre **1475, 1491, 1492**
Amnésie **2151, 2175**
Amour - Bandes dessinées **2125, 2197, 2213, 2248, 2251, 2253, 2258, 2259, 2260, 2261, 2262, 2263, 2264, 2265, 2289, 2290, 2302, 2330, 2461**
Amour - Contes **768, 831, 896**
Amour - Légendes **1197, 1198**
Amour - Livres d'images **249, 292, 300, 303, 306, 312, 323, 325, 331, 352, 394, 436, 579, 594, 610**

Amour - Poésie **1437**
Amour - Romans **1583, 1590, 1634, 1736, 1749, 1825, 1827, 1889, 2023, 2024, 2049, 2051, 2052, 2089, 2099, 2100, 2101, 2103, 2107, 2108, 2113, 2116, 2123, 2162, 3868**
Amour - Théâtre **1476**
Amour chez l'adolescent **3463**
Anagrammes **1472**
Analphabétisme **3822**
Anarchisme **2383**
Anatomie **3496**
Anatomie comparée **3445**
Anciens combattants **3254**
Andersen, Hans-Christian (1805-1875) **125**
Andersen, Hans-Christian (1805-1875) - Adaptations cinématographiques **2820**
Androïdes **2215**
Ânes **3594**
Anges **817, 2315, 2859**
Anglais - Acquisitions **2527**
Angleterre (GB) **2062, 2301**
Angola **1903, 3193**
Animaux **29, 37, 43, 44, 45, 55, 56, 82, 375, 500, 592, 1431, 1432, 1441, 1576, 1577, 1578, 1580, 1583, 1585, 1586, 1637, 1729, 1749, 1750, 1756, 2192, 2364, 2424, 2480, 2584, 2609, 3487, 3489, 3490, 3491, 3492, 3493, 3495, 3497, 3504, 3895, 3896, 3897, 3898, 3903, 3904, 3908**
Voir aussi au nom de chaque animal
Animaux - Afrique **632**
Animaux - Anthologies **1444, 1729**
Animaux - Dans l'art **2795**
Animaux - Élevage **3517**
Animaux - Madagascar **3564**
Animaux - Manuels d'amateurs **3732**
Animaux - Mœurs et comportement **3498**
Animaux des étangs **3509**
Animaux disparus **3440, 3448**
Animaux domestiques **4, 133, 2476**
Animaux familiers **134, 141, 386, 444, 3833**
Animaux marins **3499**
Animaux menacés **3500, 3644**
Animaux pélagiques **3528**
Animisme **2848**
Anniversaires **117, 291, 468, 1577, 2028, 2091, 2103, 2104, 2149**
Antar **3900**
Antilles **246**
Antiquités (objets anciens) **3085, 3086**
Antisémitisme **1600, 1860, 1861, 1862, 1872, 1874**
Apprentissage **34, 226, 230, 332, 380, 418, 521, 550, 567, 585, 1928, 3886, 3887**
Araignées **1746, 3513**
Arbre de vie **2324**
Arbres **273, 467, 531, 579, 598, 1436, 1450, 1651, 1815, 1987, 2055, 2113, 2618, 3623, 3656, 3663**
Arbres - Contes **688**
Arche de Noé **29, 375, 415**
Archéologie **2304, 3084, 3085, 3086**
Architecture **2803, 2804, 2805, 2807**
Architecture - Histoire **3070**
Architecture du paysage **2850**
Architecture gothique **3173**
Architecture romaine **3128**
Arcimboldo, Giuseppe (1527-1593) **2765**
Arctique **1763, 1788, 1795**
Argent (monnaie) **576, 579, 598, 2923, 2925, 2926, 2931, 3821**
Arithmétique **40, 528**
Arménie **1916**
Arp, Jean (1887-1966) **2715**
Art **1726, 3888, 3901**
Art - 1945-..... **2700, 3921, 3922**
Art - Encyclopédies **2687, 2696**
Art - Histoire **2695**
Art - Thèmes, motifs **2732, 2734, 2735, 2736, 2737, 2738**
Art africain **2699, 2797, 2798, 2799, 2800, 3859**
Art brut **2697, 2785**
Art égyptien **2631, 3101**
Art et politique **3236**
Art in situ **2802**
Art islamique **3933, 3934**
Art populaire **2796**
Art préhistorique **3091**
Art primitif **2681, 2801**
Art urbain **2802**
Arthur (roi) **2484**
Artisanat **3891**
Artistes **170, 608**
Arts de la Renaissance **2610**
Arts décoratifs **3933, 3934**
Arts martiaux **397, 2075, 2216, 2361**
Asie **2075**
Asie centrale **2011**
Assassinat **2162**
Assassins **1801, 2160**
Assistance humanitaire **1909**
Astronautique **3299, 3405, 3406**
Astronomie **2622, 2624, 2637, 3301, 3373, 3387, 3388, 3390, 3394, 3395, 3396, 3398, 3399, 3400, 3401, 3402, 3403**
Astronomie - 17e siècle **3312, 2785**
Aviation **1669, 1797, 2432, 2434, 2446**
Aviation - Histoire **3695, 3699**
Avicenne (980-1037) **3935**
Aztèques **3144, 3146**

B

Babylone (ville ancienne) **3094**
Bains **3872**
Baleines **3557**
Balkans **989**
Bandes de jeunes **1805, 2053, 2077, 2081, 2094, 2099, 2144, 2276, 2314, 2454, 2458, 2473, 2482**
Bandes dessinées **2493, 2494, 2495, 2496, 2497, 2498, 2499, 2500, 2501, 2502, 2503, 2504, 2505, 2506, 2507, 2508**
Bandits et brigands **720, 1667, 1776, 1793, 1804, 1998, 2109, 2144**
Banlieues **1952, 2169, 2210**
Banquiers **2353**
Barbe-Bleue **2820**
Barcelone (Espagne) **2174**
Base-ball **2289, 2461**
Basket-ball **2286, 2291, 3814**
Bateaux **136, 360, 361, 362, 459, 1771, 1829, 2602**
Bateaux - Dans l'art **2726**
Bateliers **2460**
Baudoin, Edmond (1942-....) **2825**
Beau-père **2258**
Beauté **1123, 1722, 3832**
Bébés **8, 235, 334, 357, 437, 442, 3872, 3873**
Bénin **1833**
Berbères **3923, 3924**
Berceuses **635, 690, 691, 694, 695, 696, 697, 698, 699, 709, 3910**
Bergers **2231**
Berlin (Allemagne) **1849**
Bestiaires **13, 27, 31, 35, 37, 415, 3850, 3852**
Bêtises **227, 232, 238, 408, 495, 497, 524, 535, 537, 1605, 1610, 1612, 1626, 1658, 1798, 1992, 2110, 3824**
Beyrouth (Liban) **3932**
Bible **2881, 2883, 2888, 2897, 2900, 2902, 2907, 3096**
Bible - Dans l'art **2885, 2886, 2887, 2889**
Bibliothèques **2029**
Bicyclettes **529, 2056, 2102, 3697, 3835**
Bidonvilles **1897, 1943**
Bien et mal **1697, 2166**
Bijoux **2829**

Bijoux - Fabrication **3794**
Biographie **2040, 2043, 2044**
Biologie **2589, 2593, 3617**
Biosphère **3645**
Biscuits **3716**
Blaireaux **1764, 2204**
Blandy (Seine-et-Marne) - Château **3171**
Blues (musique) **1915**
Bois fossile **3434**
Bon voisinage **2442**
Bonbons **517, 525, 3716**
Bonheur **2130, 2845, 3909**
Bonnard, Pierre (1867-1947) **2703, 2755**
Boston (Mass.) **406**
Boucaniers **3200**
Bouchons de liège **3724**
Boucs **723**
Bouddha **2468**
Bouddhisme **2862, 2915**
Bouddhisme zen **2918**
Boulangerie **2290**
Boulons et écrous **3721**
Bourdelle, Émile-Antoine (1861-1929) **2787**
Boussoles **3310**
Boxe **1876, 1957, 2075, 2119, 2293**
Brancusi, Constantin (1876-1957) **2717, 2793**
Braque, Georges (1882-1963) **2702**
Brendan (Saint, 484 ?-577 ?) **2898**
Brésil **1905, 3020, 3039**
Bretagne (France) **3065**
Broderie Kuba **2797**
Brouillard **81**
Bruegel, Pieter (1525 ?-1569) **328, 2756**
Bruit **9**
Buffon, George-Louis Leclerc (1707-1788 ; comte de) **549**
Bylines **1323, 1324, 1325, 1326, 1327**

C

Cabanes **2006, 2114, 3805**
Cacaoyer **3670**
Cacatoès **501**
Cactus **3649**
Cadeaux **1979**
Cadmos (mythologie grecque) **3926**
Caïmans **1163**
Calder, Alexander (1898-1976) **2716, 2794**
Calebasses - Afrique noire **3028**
Califes **2453**
Californie (États-Unis) **1762, 2371**
Calligrammes **1411**
Calligraphes **880**
Calligraphie **3746, 3752**
Calligraphie arabe **2776**
Calligraphie chinoise **2608**
Cambodge **3046**
Cambodge - 1970-1975 (Guerre civile) - Récits personnels **3249**
Camions **209**
Camping **2183**
Camps de concentration **1854, 1859, 1876, 1885**
Canards **406, 625, 1647, 2476**
Cancer **2251**
Canetons **3535**
Cannabis **3476**
Caravelles **3703**
Casse-tête **3789**
Castes **2976**
Castors **3558**
Cathédrales - Conception et construction **3170, 3173**
Cauchemars **2319**
Cavernes **3407**
Cécité **1908, 2040, 2043, 2044, 2045, 2047, 2073, 2112, 2147**
Cellules **3456**
Celtes - Gaule **3141**
Censure - 18e siècle **1834**
Centre national d'art et de culture Georges-Pompidou (Paris) **2720, 3686**
Céramistes **1823**
Céréales **3673**
Cerfs **3552**
Cerfs-volants **1807**
César, Jules (100-44 av. J.-C.) **3133**
Cézanne, Paul (1839-1906) **2757**
Chagall, Marc (1887-1985) **2758**
Chamois **3581**
Champignons **548, 3657**
Champollion, Jean-François (1790-1832) **3224, 323**
Changelins **657, 732, 816**
Chansons **703, 704, 708, 711, 712, 713, 714, 715, 716, 717, 719**
Chansons maghrébines **3910**
Chantiers de construction **21, 90, 621, 3682, 3684, 3685**
Chants de marins **706, 710**
Chapeaux - Dans l'art **2725**
Chaplin, Charles (1889-1977) **2835**
Charlemagne (742-814) **3160**
Charles-Quint (empereur germanique ; 1500-1558) **3199**
Chars d'assaut **3838**
Chasse **38, 66, 110, 383, 389, 390, 400**
Chasseurs de baleines **2296**
Chasseurs de primes **2351, 2387, 2396**
Chat **134, 359, 368, 426, 526, 527, 533, 605, 1119, 1120, 1121, 1122, 1219, 1435, 1605, 1617, 1633, 1659, 1656, 1724, 1732, 1739, 1745, 1752, 1755, 1770, 1939, 2012, 2059, 2101, 2205, 2211, 2478, 3588, 3590, 3604**
Châteaux **2346**
Châteaux forts **2647, 3163, 3164, 3166, 3171, 3172, 3174**
Châteaux forts - Europe **3175**
Chatons **369**
Chaussures **3796, 3840**
Chauves-souris **1751**
Chefs-d'œuvre (art) **2691, 2692**
Chemins de fer **1806, 1891**
Chênes **3648**
Chenilles **41**
Chercheurs d'or - États-Unis - Histoire **3230**
Cheval **433, 447, 795, 1220, 1664, 1717, 1759, 1762, 1765, 1767, 1789, 1845, 2367, 2585, 2639, 3589, 3591, 3595, 3917, 3918**
Cheval - Dans l'art **2728**
Chevalerie **3169**
Chevaliers **2340, 2348, 2428, 2484, 2590, 2595, 3165, 3168, 3177**
Cheveux **3899**
Cheveux - Dans l'art **2727**
Chèvres **1217, 3602**
Chien **309, 344, 352, 368, 399, 440, 510, 533, 605, 1221, 1724, 1725, 1740, 1741, 1754, 1758, 1761, 1773, 1949, 2033, 2086, 2110, 2112, 2132, 2180, 2242, 2411, 2419, 2430, 2455, 3592, 3598, 3599, 3861**
Chiens de traîneau **3593**
Chiffres **28, 33, 36, 37, 38, 39, 40, 74, 501, 2669, 2670, 3322, 3323, 3491, 3886**
Chili **1572, 1801**
Chimie **3334, 3335, 3358, 3370, 3928**
Chimpanzés **3550, 3855**
Chine **397, 398, 2209, 2361, 2488, 2608**
Chine - 19e siècle **1840**
Chine - 1966-1969 (Révolution culturelle) **1914**
Chine - Civilisation **3047, 3143**
Chine - Conditions sociales - 1949-.... **3284**
Chine - Histoire **3143**
Chine - Mœurs et coutumes **3021, 3044**
Chine – Moyen Âge **1807**
Chocolat **1641**
Chômage **1961, 1962, 2277, 2280, 2948**

Choucas **1748**
Chouettes **241, 1729, 3536, 3537**
Christianisme **2864**
Ciel **3397**
Cinéma **2836, 2837, 2838, 2839**
Cinéma - Technique **2632, 2840, 2841, 3706**
Cirque **394, 412, 431, 623, 1456, 1570, 1769, 1807, 2187**
Cirque - Rome **3129**
Citations grecques **3124**
Citations latines **3135**
Citoyenneté **2979, 2983, 2984, 2991, 2994, 3002, 3003**
Civilisation **410, 1704**
Civilisation - Histoire **3069**
Civilisation assyro-babylonienne **3094, 3095**
Civilisation celtique **3141**
Civilisation gallo-romaine **3137**
Civilisation islamique **2865**
Civilisation médiévale **3159, 3161, 3162, 3168, 3174, 3177**
Civilisations anciennes **1819**
Civilisations précolombiennes **3144, 3145**
Civisme **2979**
Cléopâtre VII (reine d'Égypte ; 69-30 av. J.-C.) **3110**
Climat **2635, 2645, 3381, 3428, 3429, 3431, 3432**
Clipperton (Polynésie française ; île) **3630**
Clonage **3470**
Clones **1708**
Clowns **108**
Coccinelles **2617**
Cochons **724, 725, 726, 727, 728, 767, 1717, 1719, 1737, 1742, 1746, 1768, 2195, 3597**
Cochon d'Inde **3586, 3587**
Codes chiffrés et télégraphiques **3366**
Cœur **3147, 3179**
Coiffeurs **162, 169**
Colère **238**
Collage **3726**
Collections **1607**
Collèges **2036**
Colocation **2049**
Colomb, Christophe (1450 ?-1506) **3179, 3180, 3189, 3190**
Colombie **1899**
Colonies de vacances **1875**
Colonisation **1842**
Colons - États-Unis - Histoire **3207**
Coloriage **3739, 3740, 3741, 3742, 3743, 3744, 3745, 3747**
Commerce - Histoire **3185**
Commerce équitable **3621**
Communes - France **2998**
Communication **365**
Communication animale **3494**
Communications avec les animaux **1764, 2048**
Compagnonnage - France - 19e siècle **3238**
Compétition (psychologie) **26**
Compétitions **3835**
Comptines **105, 350, 355, 633, 634, 689, 692, 693, 694, 695, 696, 697, 698, 699, 700, 701, 702, 703, 704, 705, 709, 711, 712, 713, 714, 715, 1429, 1455, 3911, 3910**
Concours **1722**
Conflit de générations **411, 578**
Conflit israélo-arabe **3285**
Conflit israélo-palestinien **1933**
Confucius (551 ?-479 av. J.-C. ?) **2914**
Congo (République démocratique) **2298**
Congo (République démocratique) - Mœurs et coutumes **3024**
Conquête de l'espace **2402**
Conquête de l'ouest **1800**
Constantinople, Europe - 392-814 **3162**
Construction **3351**
Constructions **3686, 3687, 3688, 3689, 3690**
Constructivisme (mouvement littéraire) **1428**
Contes **414, 460, 1481, 1655, 2313, 2316, 2320**
Contes - Adaptations cinématographiques **2820**
Contes afghans **919, 920**
Contes africains **676, 677, 836, 837, 838, 839, 840, 841, 842, 843, 844, 845, 846, 847, 848, 849, 850, 851, 852, 853, 854, 855, 856, 857, 858, 859, 860, 861, 862, 863, 864, 865, 866, 867, 868, 869, 870, 871**
Contes afro-américains **683, 734, 1168, 1169, 1319**
Contes algériens **674, 675, 823, 824, 825, 826, 827, 828, 829, 3905, 3906**
Contes allemands **653, 654, 755, 1033, 1034, 1035, 1036, 1037, 1038, 1039, 1040, 1041, 1042, 1043, 1044, 1045, 1046, 1047, 1048, 1049, 1050, 1051, 1054, 1055, 1056, 1057, 1058, 1059, 1060, 1061, 1062, 1063, 1064, 1065, 1066, 1067, 1071, 1072, 1073, 1074, 1075, 1076, 1077, 1078, 1079, 1080, 1081**
Contes alsaciens **1083**
Contes américains **765, 766**
Contes amérindiens **682, 770, 1151, 1152, 1153, 1154, 1155, 1156, 1157, 1158, 1320**
Contes anglais **662, 725, 726, 727, 728, 744, 745, 746, 747, 748, 769, 1024, 1025, 1026, 1027, 1028**
Contes antillais **1166**
Contes arabes **673, 879**
Contes arméniens **911, 912, 913, 914**
Contes ashkénazes **684, 685, 967, 968, 969, 971, 972, 974, 976, 977, 978, 979, 980**
Contes australiens **876**
Contes auvergnats **1100, 1101**
Contes azerbaïdjanais **916**
Contes babyloniens **1174**
Contes béninois **851**
Contes berbères **824**
Contes bibliques **1176, 1177**
Contes biélorusses **1007**
Contes birmans **730**
Contes bochimans **869**
Contes botswaniens **871**
Contes bouddhiques **769, 938, 939, 940, 941, 942, 944, 945, 946, 947, 1282, 1314**
Contes brésiliens **1172**
Contes bretons **647, 648, 649, 650, 964, 1092, 1104, 1105, 1106, 1107, 1108**
Contes burkinabè **846, 847, 848, 849, 850**
Contes cachinahuas **1152**
Contes canadiens de langue française **1145, 1146**
Contes caribéens **1164, 1165**
Contes caucasiens **910**
Contes celtes **964**
Contes chiliens **1170**
Contes chinois **678, 735, 740, 927, 928, 929, 930, 931, 932, 933, 934, 935, 936, 937, 943, 944, 947, 1303**
Contes chypriotes **663**
Contes comoriens **874, 875**
Contes congolais **867**
Contes coréens **778, 954, 955**
Contes corses **1099**
Contes cubains **1318**
Contes d'Afrique australe **871**
Contes d'Afrique du sud **870**
Contes d'animaux **655, 656, 790, 791, 876, 1064, 1065, 1066, 1096**
Contes d'Asie centrale **917**
Contes d'avertissement **849, 911, 998, 999, 1000, 1024, 1071, 1077, 1162**
Contes d'Europe centrale **965**
Contes danois **659, 756, 1014, 1015, 1023**
Contes de fées **2181, 2317, 2339, 2342, 2464**
Contes de fous **789**
Contes de l'Inde **665, 922, 923, 924, 925, 939, 940, 941, 942, 945, 946**

Contes de logique **1384**
Contes de mensonges **671, 753, 830, 835, 1302**
Contes de Noël **1309**
Contes de randonnées **633, 655, 656, 782**
Contes de sagesse **686, 789, 792, 808, 811, 818, 854, 855, 856, 857, 867, 879, 911, 912, 922, 924, 938, 939, 940, 941, 942, 943, 945, 946, 947, 973, 1281, 1315, 1380**
Contes écossais **964, 1029, 1030, 1306**
Contes égyptiens **757, 832, 833, 835**
Contes espagnols **776, 1139**
Contes éthiopiens **865**
Contes étiologiques **796, 797, 798, 799, 800, 801, 802, 803, 804, 805, 806, 807, 808, 822, 835, 841, 855, 867, 876, 909, 917, 937, 940, 955, 1022, 1032, 1083, 1137, 1151, 1152, 1153, 1161, 1170**
Contes étiologiques littéraires **1283, 1284, 1285, 1286, 1287, 1288, 1289, 1290, 1291, 1292, 1293, 1294, 1295**
Contes européens **962, 963**
Contes facétieux **657, 788, 789, 824, 825, 894, 917, 937, 967, 973, 985, 1000, 1067, 1077, 1087, 1132, 1316**
Contes fantastiques **733, 935, 950**
Contes flamands **1032**
Contes français **638, 645, 646, 647, 648, 649, 650, 651, 652, 724, 733, 741, 767, 779, 964, 1083, 1084, 1085, 1086, 1087, 1088, 1089, 1090, 1091, 1092, 1093, 1094, 1095, 1096, 1097, 1098, 1099, 1100, 1101, 1102, 1103, 1104, 1105, 1106, 1107, 1108, 1108, 1109, 1110, 1111, 1112, 1113, 1114, 1115, 1116, 1117, 1118, 1119, 1120, 1121, 1122, 1123, 1124, 1125, 1126, 1127, 1128, 1129, 1298**
Contes gascons **651, 779, 1093, 1096, 1097**
Contes géorgiens **915**
Contes grecs **663, 664, 754, 1396**
Contes guinéens **842, 843**
Contes guyanais **1171**
Contes haïtiens **1159, 1160, 1161, 1162, 1163, 1167**
Contes hongrois **752, 984, 985**
Contes inuit **1147, 1148, 1149, 1150**
Contes irlandais **964, 1031**
Contes islandais **657, 1014, 1015, 1016, 1017**
Contes italiens **640, 641, 642, 736, 1130, 1131, 1132, 1134, 1135, 1136, 1137**
Contes ivoiriens **844**
Contes japonais **679, 680, 681, 949, 950, 951, 952, 953**
Contes judéo-espagnols **1138**
Contes juifs **684, 685, 775, 967, 968, 969, 970, 971, 972, 973, 974, 976, 977, 978, 979, 980, 1138**
Contes kabyles **674, 675, 826, 827, 828**
Contes khmers **961**
Contes kirghizs **918**
Contes laotiens **960**
Contes lapons **750**
Contes libanais **729, 753, 895, 896, 897, 898, 899**
Contes limougeots **1102**
Contes littéraires allemands **653, 654, 1060, 1062, 1254, 1255, 1256, 1257, 1258**
Contes littéraires anglais **1028, 1309**
Contes littéraires danois **660, 661, 1245, 1259, 1260, 1261, 1262, 1263, 1264, 1265, 1266, 1267, 1268, 1269, 1270, 1271, 1272, 1273, 1274, 1275, 1276, 1277, 1278**
Contes littéraires français **643, 644, 1247, 1248, 1249, 1250, 1251, 1252, 1253**
Contes littéraires italiens **640, 641, 642**
Contes lorrains **652**
Contes malgaches **872, 873**
Contes maliens **845**
Contes mandchous **933**
Contes marocains **820, 821, 822, 3902, 3908**
Contes mauriciens **874**
Contes merveilleux **639, 647, 649, 648, 650, 655, 656, 657, 658, 671, 687, 721, 785, 787, 794, 795, 808, 835, 836, 846, 847, 850, 860, 861, 862, 863, 864, 895, 921, 948, 961, 964, 986, 987, 988, 992, 994, 995, 996, 998, 999, 1001, 1002, 1003, 1005, 1006, 1007, 1015, 1016, 1017, 1018, 1019, 1020, 1021, 1025, 1026, 1027, 1028, 1030, 1031, 1033, 1034, 1035, 1036, 1037, 1038, 1039, 1040, 1042, 1043, 1044, 1045, 1046, 1047, 1048, 1049, 1050, 1051, 1054, 1055, 1056, 1057, 1058, 1059, 1060, 1061, 1062, 1063, 1071, 1072, 1073, 1074, 1075, 1076, 1077, 1078, 1079, 1080, 1081, 1084, 1085, 1086, 1089, 1090, 1092, 1095, 1098, 1100, 1101, 1105, 1106, 1108, 1109, 1110, 1111, 1112, 1113, 1114, 1115, 1116, 1117, 1118, 1119, 1120, 1121, 1122, 1123, 1124, 1125, 1126, 1127, 1128, 1129, 1134, 1135, 1141, 1159**
Contes merveilleux français **638**
Contes merveilleux littéraires français **1242, 1243**
Contes merveilleux littéraires italiens **1244**
Contes mongols **926, 1004**
Contes mythologiques grecs **1179**
Contes népalais **921**
Contes nigériens **852**
Contes normands **1103**
Contes norvégiens **723,1014, 1015, 1018, 1019, 1020, 1021**
Contes nubiens **834**
Contes palestiniens **901**
Contes persans **894**
Contes peuls **676, 845**
Contes philosophiques **686**
Contes polonais **966**
Contes portugais **1140, 1141, 1142, 1143, 1144**
Contes provençaux **1098**
Contes pygmés **866**
Contes religieux **817, 1280, 1281, 1299**
Contes réunionnais **874**
Contes roumains **986, 987, 988**
Contes russes **655, 656, 749, 751, 760, 761, 762, 763, 764, 990, 991, 993, 994, 995, 996, 997, 998, 999, 1000, 1001, 1002, 1003, 1004, 1005, 1006, 1008, 1009, 1394, 1395, 1398**
Contes santals **925**
Contes sardes **736**
Contes scandinaves **657, 658, 659, 723, 756, 758, 1012, 1013, 1014, 1015, 1016, 1017, 1018, 1019, 1020, 1021, 1022, 1023**
Contes sénégalais **853**
Contes sépharades **971, 974, 1138**
Contes seychellois **874**
Contes sibériens **1008, 1009**
Contes siciliens **1136**
Contes slovaques **981**
Contes soudanais **854, 855, 856, 857, 858, 859, 860, 861, 862, 863, 864**
Contes soufis **672, 878, 902, 905, 906, 907, 908**
Contes suédois **658, 758, 1022**
Contes suisses **1082**
Contes syriens **900, 3896**
Contes tchadiens **868**
Contes tchèques **743, 982, 983**
Contes tchétchènes **1004**
Contes tibétains **948**
Contes tunisiens **830, 831, 3907, 3909**
Contes turcs **671, 672, 902, 904, 905, 906, 907, 908, 909**
Contes tziganes **1010, 1011**
Contes vietnamiens **956, 957, 958, 959**
Contes zaïrois **867**
Contes zimbabwéens **871**
Conteurs **3900**
Continents **3377, 3378**
Contraires **11, 516**
Contre-Réforme **3198**

Contrebande **1808**
Coq **749, 750, 1222**
Coquetterie **3832**
Coquillages **3799**
Corée (République) **1823, 1917, 2277**
Corot, Camille (1796-1875) **2754**
Corps humain **191, 449, 809, 2526, 2593, 2622, 2638, 3356, 3380, 3451, 3464, 3847**
Corse (France) **3063**
Costa Rica **3625**
Costume **2921, 2922**
Côte d' Ivoire **3027**
Coton **3679**
Coucous **625**
Couleurs **10, 28, 76, 111, 307, 2641, 2655, 2678, 2741, 2808, 3361, 3887**
Couple **316, 320, 569**
Courage **145, 391, 522, 562, 601**
Cours d'eau **814, 1448, 3612**
Cow-boys **2370, 2372, 2373, 2426, 2433, 2438, 2445, 2457, 2481**
Création **556, 2888** *Voir aussi* Contes étiologiques
Créatures fantastiques **1663, 1667, 1674, 1677, 1683, 1697**
Créatures minuscules **1640, 1650, 1651**
Crimes et criminels **1598**
Crocodiles **112, 379, 389, 407, 3523**
Croisades **2355**
Croissance **3329, 3488**
Cruauté **496**
Cuillères - Niger **2799**
Cuisine **1982, 2536, 3755, 3756, 3757, 3758, 3759, 3760, 3761, 3764, 3765, 3766, 3767, 3768, 3769, 3770, 3771, 3772, 3773, 3774, 3775, 3776, 3777, 3778, 3780**
Cuisine - Histoire **3776, 3779**
Culpabilité **251, 2056, 2068, 2079, 2163**
Curie, Marie (1867-1934) **3306, 3308**
Curiosité **1632**
Cvach, Miloš (1945-....) **2750**
Cycle hydrologique **2550, 3929**
Cygnes **3538**

D

Dadaïsme (littérature) **1419**
Dadié, Bernard Binlin (1916-....) **3857**
Damas (Syrie) **3900, 3901**
Danemark **125, 1857**
Dangers **426, 430**
Danse **707, 1928, 2061, 2330, 2834**
Danse classique **3809**
Danse - Dans l'art **2734**
Darwin, Charles (1809-1882) **3304, 3307, 3311**
Darwinisme **3307**
Dauphins **3553**
Déclaration universelle des droits de l'homme **2966**
Découpage (art) **3734**
Découverte et exploration **3294**
Découvertes géographiques **3181**
Découvertes géographiques - Histoire **3182, 3184, 3186**
Découvertes scientifiques **3293**
Défenseurs des droits de l'homme **2974**
Degas, Edgar (Edgar de Gas, dit) (1834-1917) **2748**
Déguisement **3753**
Deir el-Médineh (Égypte ; site archéologique) **3101**
Delacroix, Eugène (1798-1863) **2752, 2759**
Delaunay, Robert (1885-1941) **2704**
Délinquance juvénile **2056, 2088, 2089, 2111, 2124, 2955**
Déménagement **231, 2012, 2055, 2108**
Dents - Soins et hygiène **3453**
Dents de lait **3820**
Déportation **1864, 1883** *Voir aussi* Camps de concentration
Déportation - Récits personnels **3277**
Déserts **812, 1909**
Design **2823**
Désobéissance **3898**
Désobéissance civile **3262**
Dessin **157, 456, 593, 1636, 1655, 1890, 2534, 3740, 3741, 3742, 3743, 3744, 3745, 3748, 3798**
Dessinateurs de bandes dessinées **2213**
Détectives **2188, 2327, 2329, 2375, 2376, 2377, 2378, 2379, 2381, 2382, 2383, 2384, 2386, 2388, 2423, 2435, 2437, 2439, 2440, 2443, 2481, 2487**
Deuil **339, 350, 355, 356, 2257, 3827, 3828**
Développement durable **2642, 2649, 3646**
Devinettes et énigmes **633, 843, 903, 1133, 1468, 1471, 3912**
Dévotion à l'Enfant Jésus **2895**
Diable **817, 1146, 1298, 1406, 2315, 2418, 2464**
Dictature **1490, 1572, 1922**
Didon (personnage légendaire) **3927**
Dieu **2866**
Dieux grecs - Dans l'art **2875**
Différences **168, 202, 254, 322, 365, 382, 457, 474, 533, 584, 605, 1459, 2959, 3831**
Différences entre sexes **600, 2209, 2952**
Dihya (reine ; 6.. ?-704 ?) **3924**
Dimensions **3330**
Dindes **1775**
Dinosaures **619, 2194, 3433, 3439, 3448**
Diogène Laërce **2846**
Dirigeables **1602**
Diversité biologique **3485**
Divorce **1983, 1990, 2000, 2012, 2014, 2018, 2028, 2035, 2087, 2254**
Dogons (peuple d'Afrique) **3878**
Doudou *Voir* Objets transitionnels
Dragons **939, 1216, 1668, 1687, 1692, 2220**
Drapeaux **3015**
Dressage **1570, 1769**
Dreyfus, Affaire (1894-1906) **3237, 3240**
Drogues **1899, 1947, 1957, 1963, 2145, 2950**
Droit d'asile **2978**
Droits civils et politiques **2983, 2994**
Droits de l'homme **2962, 2974, 2977, 3874**
Du Châtelet, Gabrielle - Émilie Le Tonnelier de Breteuil (1706-1749 ; marquise) **3295**
Duchamp, Marcel (1887-1968) **2718**

E

Eau **592, 2588, 2607, 3081, 3354, 3365, 3369, 3374, 3620, 3634, 3929**
Eaux usées **3635**
Échecs (jeux) **1990**
Éclipse 11 août 1999 **2816**
École **120, 256, 257, 258, 259, 261, 262, 263, 264, 567, 1489, 1620, 1719, 1759, 1934, 1936, 1941, 1950, 1954, 1971, 1972, 1989, 2013, 2027, 2028, 2029, 2030, 2031, 2032, 2033, 2034, 2035, 2036, 2037, 2041, 2063, 2081, 2117, 2130, 2148, 2203, 3857, 3864**
Écoliers **2190, 2200**
Écoliers - Chine - 21e siècle **3048**
Écoliers - France - 1870-1914 **3228**
Écologie **1748, 1954, 2137, 2398, 2577, 2588, 2607, 2623, 2628, 2634, 2649, 3619, 3621, 3626, 3628**
Écologie des cours d'eau **3611, 3629**
Écologie des estuaires **3608**
Écologie des étangs **3609, 3629**
Écologie des montagnes **3415, 3416, 3417, 3610**
Écologie des rivages **3647**
Écologie humaine **3633**

Économie politique **1942**
Écriture **1630, 1973, 2015**
Écriture - Histoire **2934, 2937, 3707**
Écriture idéographique **22**
Écrivains musulmans - Citations **2911**
Écureuils **625, 3554**
Éducation **1485, 3869**
Éducation civique **2991, 2994, 3003**
Éducation sexuelle des enfants **3458, 3459, 3460**
Égalité **2982, 2983**
Égalité des sexes **2952**
Églantiers **3650**
Égypte **418, 2107**
Égypte - 332-30 av. J.-C. **3110**
Égypte - Antiquités **2688, 2690, 3097**
Égypte - Civilisation **2594, 2611, 3097, 3106**
Égypte - Civilisation - 332 av. J.-C.-640 **3108**
Égypte - Civilisation - Citations **3113**
Égypte - Civilisation - Jusqu'à 332 av. J.-C. **3100, 3108, 3111, 3112**
Égypte - Mœurs et coutumes - Jusqu'à 332 av. J.-C **3112**
Égypte- 1798-.... **3030**
Égypte ancienne **2594, 2596, 2611**
Égyptien (langue) - Écriture hiéroglyphique **3098, 3109, 3224, 3234**
Einstein, Albert (1879-1955) **3305, 3315**
Électricité **3363, 3678**
Électronique **2391**
Éléphants **374, 431, 487, 526, 527, 628, 1438, 1717**
Elfes **816, 1668, 1683, 2343**
Élie (prophète biblique) **2899**
Empire carolingien - 768-814 (Charlemagne) **3160**
Empire Ottoman - Histoire **3197**
Employées de maison **1835**
Employés **2420, 2474**
Énergie **3371, 3677,**
Enfants **2218, 2222, 2236, 2272, 2334, 2411, 2422, 2430, 2450**
Enfants - France - 1900-1945 **3266**
Enfants - 1900-1945 **3256**
Enfants - Afrique - Mœurs et coutumes **3864, 3867**
Enfants - Alimentation **3667, 3671**
Enfants - Conditions sociales - 19e siècle **3227**
Enfants - Droits **2592, 2960, 2961, 2963, 2965, 2968**
Enfants - France - 17e siècle **3203**
Enfants - France - 1643-1715 (Louis XIV) **3203**
Enfants - France - 18e siècle **3206**
Enfants - France - 19e siècle **3223**
Enfants - France - Paris (France) - 19e siècle **3232**
Enfants - Gaule **3136**
Enfants - Grèce - Antiquité **3115**
Enfants - Italie - Pompéi (ville ancienne) **3126**
Enfants - Mœurs et coutumes **3016**
Enfants - Moyen Âge **3148, 3149**
Enfants - Photographies **2814**
Enfants - Rome **3125**
Enfants - Soins hospitaliers **2946**
Enfants - Travail **1894, 3834**
Enfants de familles pauvres - France - 18e siècle **3212**
Enfants de la rue **1564, 1796, 1899, 1900, 1907, 1921, 2062, 2065, 2158, 3861**
Enfants déportés **2010**
Enfants fugueurs **388, 1664, 1980, 2007, 2018, 2065, 2084**
Enfants handicapés **1678, 1817, 1908, 1919, 2051, 2120, 2121**
Enfants handicapés sensoriels **2043**
Enfants indiens - 19e siècle **3037**
Enfants israéliens - Récits personnels **3285**
Enfants juifs **3246, 3272**
Enfants malades mentaux **1709, 1843, 2039, 2042, 2048, 2049, 2076, 2096**
Enfants maltraités **1592, 1858, 1956, 1969, 1972, 2009, 2053, 2096, 2146**
Enfants palestiniens - Récits personnels **3285**
Enfants réfugiés - Récits personnels **3261**
Enfants sauvages **1485, 1486**
Enfants tibétains 1990-.... **2971**
Enfants soldats **1910**
Enlèvement **1705, 2153**
Enquêtes **86, 87, 262, 376, 423, 425, 428, 429, 435, 436, 512, 513, 2154, 2158, 2168, 2170, 2171, 2174**
Enseignement - 19e siècle **3228**
Environnement - Protection **1596, 2552, 2603, 2649, 3636, 3637, 3638, 3639, 3640, 3641, 3642, 3643, 3644**
Épopées africaines **1202, 1203**
Épopées amérindiennes **1204**
Épopées chinoises **1201**
Épopées grecques **1180, 1181, 1182, 1183**
Épopées indiennes **1199, 1200**
Épopées maliennes **1203**
Épopées mandingues **1202**
Épopées médiévales **1185, 1186, 1187, 1188, 1189, 1190, 1191, 1192, 1193, 1194, 1196**
Épopées russes **1323, 1324, 1325, 1326, 1327**
Épopées sumériennes **1175, 2266**
Équitation **2585, 3812, 3816**
Ernst, Max (1891-1976) **2719**
Errance **2017**
Escargots **3506**
Esclavage **1706, 1796, 1799, 1831, 1833, 1836, 1837, 1840, 1841, 1906, 3193, 3194**
Ésope (620 ?-560 ? Av. J.-C.) **2663**
Ésotérisme **2321, 2394, 2395**
Espace **2622, 2637, 3387**
Espace et temps **3337, 3374**
Espagne **124, 1963, 2255**
Espagne - 17e siècle **1831**
Espagne - 1936-1939 (Guerre civile) **1848**
Espèces (biologie) - Origines **3447**
Espérance **2141**
Espionnage **2278, 2308, 2353, 2380, 2425, 2444, 3244**
Espionnes **2230**
Espions **2354**
Esprit et corps **2871**
Esther (personnage biblique) **2896**
Établissements de correction **2088**
Étangs **392, 2628, 3613**
État **2996**
États-Unis **413, 608, 1879, 1915, 1944, 1951, 2020, 2084, 2501**
États-Unis - 17e siècle **1829, 1830, 1832**
États-Unis - 19e siècle **1777, 1804, 1806, 1841, 1984**
États-Unis - 1861-1865 (guerre de sécession) **2365, 2369, 2433, 3239**
États-Unis - 20e siècle **1780, 1958, 3225**
États-Unis (1930) **1961**
États-Unis - 1901-1953 **1781**
États-Unis - 1961-1969 **1911**
États-Unis - Émigration et immigration **1923, 3225**
États-Unis - Histoire **3213**
Été **158, 265, 271, 273, 279**
Éthiopie **1900, 2307**
Etna (Italie ; volcan) **3418**
Étoiles **1743, 2009, 3370, 3394, 3401, 3402**
Étrangers (droit) **2978**
Euro **2931**
Europe **2987**
Europe - 1789-1815 **3217**
Europe - Histoire religieuse - 16e-17e siècles **3198**
Europe - Mœurs et coutumes - Moyen Âge **3163**
Europe (mythologie grecque) **3926**
Europe - Cartes **3009**
Europe centrale **965**

Éverest, Mont **2292, 3624**
Évolution (biologie) **3068, 3409, 3444, 3447, 3457**
Excision (ethnologie) **1959**
Exil **600, 1459, 1489, 1873, 1880, 1893, 1902, 1916, 1918, 1923**
Exode rural - France - Histoire **2932**
Exorcisme **2318**
Expéditions scientifiques - Histoire **3186**
Expériences scientifiques **2603, 2604, 2626, 2629, 3368, 3379, 3384**
Exploitations agricoles - Histoire **3675**
Explorateurs **2599, 3184, 3187**
Extorsion **2955**
Extraterrestres **249, 365, 600, 1587, 1607, 1707, 2228, 2243, 2347, 2390, 2391, 2392, 2393, 2397, 2472**

F

Fables **1205, 1206, 1207, 1210, 1212, 1213, 1214, 1215, 1216, 1217, 1218, 1219, 1220, 1221, 1222, 1223, 1224, 1225, 1226, 1227, 1228, 1229, 1230, 1231, 1578, 1586, 1737, 1749, 1752, 2269, 3897, 3904**
Fables africaines **1231**
Fables arabes **666, 877, 1208, 1209, 1211**
Fables indiennes **665**
Fables philosophiques **1582**
Fabre, Jean-Henri-Casimir (1823-1915) **3514**
Faim **534, 535**
Famille - Livres d'images **119, 211, 214, 217, 221, 231, 233, 234, 236, 240, 241, 243, 244, 245, 250, 251, 252, 260, 286, 291, 318, 324, 334, 351, 406, 475, 505**
Famille - Poésie **1442**
Famille - Romans **1611, 1620, 1626, 1629, 1635, 1638, 1644, 1662, 1684, 1708, 1718, 1747, 1766, 1776, 1783, 1849, 1850, 1858, 1865, 1866, 1870, 1884, 1893, 1948, 1950, 1956, 1964, 1965, 1967, 1968, 1970, 1971, 1972, 1973, 1974, 1975, 1976, 1977, 1979, 1980, 1981, 1982, 1983, 1985, 1986, 1987, 1988, 1989, 1990, 1991, 1992, 1993, 1994, 1995, 1996, 1997, 1998, 1999, 2000, 2001, 2002, 2003, 2004, 2005, 2006, 2007, 2008, 2009, 2010, 2011, 2012, 2013, 2014, 2015, 2016, 2017, 2018, 2019, 2020, 2021, 2022, 2023, 2024, 2047, 2057, 2067, 2074, 2079, 2086, 2090, 2092, 2127 2166, 2167, 2169, 2179, 2187, 2190, 2197, 2198, 2202, 2223, 2237, 2242, 2243, 2249, 2254, 2279, 2430, 2450, 2483, 2928, 3825, 3862**
Famille - Théâtre **1487**
Famille africaine **155**
Famille recomposée **245, 247, 1966, 1969, 1978, 1984, 2000, 2012, 2953**
Familles d'accueil **1969, 2093**
Famines **3851, 3852**
Fantaisie **384, 405, 409, 439, 449, 450, 451, 454, 459, 529, 536, 593, 1619, 1650, 1653, 1736**
Fantasmes **199, 253**
Fantastique **92, 290, 363, 365, 446, 447, 456, 460, 461, 464, 465, 480, 482, 484, 485, 486, 600, 1568, 1571, 1579, 1618, 1633, 1657, 1658, 1659, 1660, 1661, 1662, 1663, 1664, 1665, 1669, 1670, 1671, 1672, 1673, 1674, 1679, 1680, 1684, 1685, 1688, 1689, 1691, 1693, 1785, 1797, 1912, 2148, 3861**
Fantasy **1666, 1667, 1668, 1675, 1676, 1677, 1678, 1681, 1682, 1683, 1686, 1687, 1690, 1692, 1694, 1695, 1697, 1698**
Fantômes **509, 1603, 1618, 1785, 2170, 2285, 2475**
Far West **1773, 1774, 1775, 1783, 1802**
Faussaires **2152**
Fées **1580, 1648, 1667**
Félins **3574**
Féminisme **1799, 1802, 1824, 1838, 2170**
Femmes **3832, 3840**
Femmes - Conditions sociales **1590, 1840, 1870, 1898, 1927, 1929, 1960, 2093, 3079, 3080**
Femmes - Dans l'art **2724, 2732**
Femmes - Droits **1819, 3006, 3917, 3918**
Femmes - Histoire **3079, 3080**
Femmes - Oppression **1590, 1959**
Femmes et religion **2869**
Féodalité **1820, 2590, 2595**
Fermes **4, 332, 2606**
Ferry, Jules (1832-1893) **3228**
Fêtes **399, 468, 488, 1412, 3840**
Fêtes - France **2939**
Fêtes foraines **46**
Fêtes religieuses - Islam **3836**
Feu **577**
Feuilles **2662**
Filles **2210**
Filles - Dans l'art **2737**
Filles - Moyen Âge **3149**
Fin du monde **2400, 2401, 2403**
Fleurs **183, 2665**
Fleuves **3881**
Flibustiers **3200**
Fœtus - Croissance **3471**
Folie **328, 1865, 1958, 2019, 2070**
Folklore enfantin **718**
Football **94, 1693, 1723, 3810, 3863**
Forêt amazonienne **2791**
Forêts **311, 321, 414, 460, 461, 577, 815, 2548, 2556, 3614, 3623, 3660, 3798**
Formules de politesse **2980**
Fossiles **3413, 3414, 3436**
Fouilles archéologiques **3085, 3086, 3932**
Fouilles archéologiques - Égypte **3103**
Fourmis **779, 3508**
Fractures chez l'enfant **3469**
France **1865, 1931**
France - 476-1483 (Moyen Âge) **3152**
France - 1226-1270 (Louis IX) **3157**
France - 1610-1643 (Louis XIII) **2303**
France - 1643-1715 (Louis XIV) **2616, 3205, 3216**
France - 18e siècle **3206, 3210**
France - 1715-1774 (Louis XV) **3210**
France - 1774-1792 (Louis XVI) **3210**
France - 1789-1799 (Révolution) **3220**
France - 1799-1815 (Consulat et Empire) **3218**
France - 19e siècle **3235, 3242**
France - 1870-1940 (3e République) **3228**
France - 20e siècle **3226, 3235**
France - 1936-1938 (Front populaire) **3279**
France - 1940-1945 (Occupation allemande) **3278**
France - 1968 (Journées de mai) **3289**
France - Administration **2996**
France - Cartes **3009**
France - Civilisation - 1000-1328 **3157**
France - Civilisation - 1328-1600 **3167**
France - Civilisation - 17e siècle **3216**
France - Civilisation - 18e siècle **3210**
France - Civilisation -1830-1900 **3226**
France - Colonies - Administration - 1900-1945 **2940**
France - Conditions sociales **2951**
France - Départements **2999**
France - Émigration et immigration - Histoire **2932**
France - Géographie **3061**
France - Histoire **3071, 3078**
France - Histoire - Dictionnaires **3072, 3075**
France - Histoire -19e siècle **3226**
France - Institutions politiques **2985**
France - Mœurs et coutumes - 1900-1945 **3278**
France - Mœurs et coutumes - 1945-1970 **3281**
France - Ouvrages humoristiques **3067**
France - Politique et gouvernement **2990**
France - Politique et gouvernement - 1870-1914 **3259**
France - Politique et gouvernement - 1940-1945

3262
France - Régions **2997**
France (littérature) **1421, 1472**
France Académie (Antilles-Guyane) **3689**
France - Assemblée nationale constituante (1789-1791) **3219**
Francs - Histoire **3153**
Frank, Anne (1929-1945) **3268**
Fraternité **2982, 2983**
Frères et sœurs **226, 229, 230, 242, 253, 372, 386, 481, 525, 1612, 1656, 1676, 1777, 1804, 1846, 1966, 1980, 1996, 1997, 2001, 2010, 2017, 2039, 2046, 2049, 2069, 2078, 2097, 2149, 3819**
Freud, Sigmund (1856-1939) **3303**
Fruits **1642, 3618, 3668**
Fruits de mer **3533**

G

Galets - Décoration **3800**
Galilei, Galileo (1564-1642) **1743, 3312**
Gallo-romains **3136, 3137**
Gandhi, Mohandas Karamchand (1869-1948) - Citations **3243**
Garages **178**
Garçons - Dans l'art **2738**
Garçons - Moyen Âge **3149**
Gares **85**
Garros, Roland (1888-1918) **3695**
Gauguin, Paul (1848-1903) **2712, 2766**
Gaule **2436, 2447, 3139, 3140**
Gaulois **3138, 3141**
Géants **410, 1615, 2316, 3899**
Gènes **3472**
Génétique **3486**
Génie **3902**
Génie génétique **3470**
Géographie **2587**
Géographie économique **2930, 2941**
Géographie humaine **2930, 2941**
Géographie sociale **2930, 2941**
Géologie **2604, 2623, 2634, 2636**
Géométrie **3934**
Géopolitique - 1990 **3012, 3014**
Girafes **3551, 3566, 3568**
Gnou **1722**
Go (jeu) **2285**
Goélands **2134**
Golem **975**
Gond (peuple de l'Inde) **3057**
Goscinny, René (1926-1977) **2508**
Gourmandise **532, 730, 752, 755, 758, 1388**
Goût **3341, 3349, 3370, 3461**
Goya, Francisco de (1746-1828) **2779**
Graines **3655**
Grande-Bretagne **1858, 2021**
Grande-Bretagne - 18e siècle **1784, 1803**
Grande-Bretagne - 19e siècle **1835**
Grande-Bretagne - 20e siècle **2024, 2048**
Grands magasins **138**
Grands-parents **176, 208, 223, 326, 348, 353, 561, 596, 616, 1616, 1671, 1756, 1781, 1788, 1848, 1894, 1918, 1934, 1935, 1938, 1978, 1980, 1987, 1990, 1991, 2002, 2006, 2009, 2011, 2020, 2060, 2067, 2237, 3841, 3863, 3865, 3871**
Gravitation **3331**
Gravure - Technique **2826**
Gravures rupestres **3088**
Grèce - 20e siècle **1870**
Grèce - Civilisation **3114, 3116, 3117, 3118, 3121, 3122, 3123**
Grèce - Jusqu'à 395 **1818, 3115**
Grèce - Mœurs et coutumes - Antiquité **3116**
Grenouilles **392, 506, 1057, 1218, 1714, 1728, 2268, 2619, 3521, 3522**
Grèves et lock-out **601**
Groupes rock **2252, 2253, 2265**
Grue cendrée **3546**
Guatemala **1894**
Guerre **326, 606, 610, 612, 614, 615, 616, 1409, 1475, 1594, 1684, 1688, 1703, 1805, 1826, 1828, 1888, 1910, 1919, 2023, 2128, 2396, 2397, 2398, 2435, 2469, 2853, 2933, 3255, 3838**
Guerre - 21e siècle **3288**
Guerre - Aspect religieux – Études comparatives **2872**
Guerre de Cent ans (1337-1453) **2352, 3158**
Guerre des Zoulous (1879) **2360**
Guerre du Rif (1921-1926) **3925**
Guerre du Viêt-Nam (1961-1975) - Récits personnels **2247, 2259, 3246, 3253**
Guerre mondiale (1914-1918) **1561, 1845, 1847, 1999, 2095, 3247, 3254, 3256, 3257, 3258**
Guerre mondiale (1914-1918) - Grande-Bretagne **1846**
Guerre mondiale (1939-1945) **611, 613, 1810, 1854, 1856, 1864, 1869, 1872, 1873, 1874, 1876, 1877, 1879, 1885, 1890, 2480, 3266, 3273, 3275**
Guerre mondiale (1939-1945)-Allemagne **1889**
Guerre mondiale (1939-1945) - Campagnes et batailles - France - Normandie (France) **3251, 3261, 3269**
Guerre mondiale (1939-1945) - France **1859, 1860, 1865, 1875, 1878, 1883, 1884, 3278**
Guerre mondiale (1939-1945) - Grande-Bretagne **1770, 1858, 1867**
Guerre mondiale (1939-1945) - Japon **1887**
Guerre mondiale (1939-1945) - Mouvements de résistance - Danemark **1857**
Guerre mondiale (1939-1945) - Mouvements de résistance - France **1866, 3252, 3264, 3276**
Guerre mondiale (1939-1945) - Pays-bas **1855**
Guerre mondiale (1939-1945) - Pologne **1861, 1862, 1863, 1868, 1871, 1880, 1886**
Guerre mondiale (1939-1945) - Récits personnels **3246**
Guerre mondiale (1939-1945) - Suède **1882**
Guerre nucléaire **2403**
Guerres de religion (1562-1598) **1827, 3191**
Guerres puniques **3920**
Guyane **2305**
Gypaète **3542**

H

Habitations **3338**
Habitudes alimentaires **2942**
Habitudes alimentaires - Histoire **3077**
Haies **3615**
Halloween **2167**
Hama, Boubou (1906-1982) - Biographies **3864**
Handball **3813**
Handicap **179, 394, 1958, 2944, 3831, 3843, 3844**
Hannibal (247-183 av. J.-C.) **3920**
Haring, Keith (1958-1990) **2767**
Hauvette, Christian (1944 - ....) **3689**
Henri IV (roi de France ; 1553-1610) **3191**
Héraldique **3178**
Herbiers (livres) **3651**
Herbin, Auguste (1882-1910) **2705**
Hergé (1907-1983) **2497, 2500, 2504, 2505, 2507**
Hérissons **625, 3555**
Héros **464, 468, 486, 519, 520, 2212, 2398, 2399, 2405, 2408, 2412, 2413, 2414, 2415, 2427**
Hiboux **1716, 1727**
Hiroshima (Japon) - 1945 (Bombardement) **2279, 2471, 3267, 3271**
Histoire - 20e siècle **2641**
Histoire - Afrique **3853, 3854**
Histoire - Renaissance **2610**

Histoire ancienne **3916, 3920, 3923, 3924**
Histoire médiévale **3161**
Histoire religieuse **2868**
Histoire universelle - 1419-1820 **2612**
Histoire universelle - 1990-.... **2993, 3013, 3014**
Hiver **225, 266, 269, 271, 272, 273, 274, 276, 555, 570, 1687, 1711, 1716, 1779**
Hiver nucléaire **2404**
Hoban, Tana (1917-2006) **2817, 2818**
Hokusai (1760-1849) **2773**
Hollywood (Californie) **2379**
Homme - Évolution **3092, 3446**
Homme (philosophie) **2854**
Homo sapiens **3092, 3446**
Homosexualité **1974, 1981, 2008, 2022, 2097, 2100, 2958**
Hongrie **1849, 1863**
Hôpitaux **2034, 2085, 2946, 3465**
Horreur **2337**
Humour - Bandes dessinées **2180, 2181, 2184, 2185, 2186, 2200, 2202, 2204, 2205, 2208, 2215, 2216, 2221, 2226, 2234, 2410, 2417, 2419, 2422, 2452, 2455, 2456, 2472, 2482, 2483, 2491, 2492**
Humour - Documentaires **2849**
Humour - Livres d'images **3829, 3830**
Humour - Poésie et théâtre **1410, 1433, 1457, 1483, 1487**
Humour - Romans **1569, 1585, 1586, 1587, 1588, 1601, 1602, 1603, 1604, 1605, 1606, 1607, 1608, 1609, 1610, 1611, 1612, 1613, 1614, 1615, 1616, 1617, 1618, 1619, 1620, 1621, 1622, 1623, 1624, 1625, 1626, 1627, 1628, 1629, 1630, 1631, 1632, 1633, 1634, 1635, 1639, 1641, 1648, 1649, 1654, 1659, 1671, 1674, 1715, 1720, 1721, 1725, 1730, 1732, 1733, 1738, 1739, 1742, 1750,1758, 1775, 1798, 1821, 1835, 1976, 1998, 2001, 2005, 2008, 2038, 2119, 2152, 2154, 2157, 2168, 2173**

I

Ibn Battutat - Muhammed ibn'Abd Allâh (1304-1369 ?) - Voyages **3188**
Identité (psychologie) **147, 172, 304, 309, 314, 315, 321, 322, 341, 474, 545, 551, 552, 555, 560, 561, 565, 575, 580, 581, 583, 584, 586, 591, 1684, 2092**
Identité sexuelle **1965, 2117**
Îles **590, 1674, 1696, 1810, 1814**
Illusions d'optique **3383, 3385**
Illustrateurs pour la jeunesse **3921**
Imagier (livres) **1, 2, 3, 4, 5, 6, 7, 8, 9, 10, 11, 12, 13, 14, 15, 16, 17, 18, 19, 20, 21, 22, 23, 24, 2722, 2729, 2730, 2731, 2739, 2740, 2744, 2810, 2811, 2812, 2813, 3888**
Immeubles de grande hauteur - Conception et construction **3693**
Immigrés **248, 261, 596, 1489, 1723, 1934, 1935, 1936, 1937, 1938, 1941, 1952, 1953, 1959, 1961, 2121, 2177**
Immigrés - France 1945 - **2940**
Immigrés clandestins **596, 1564, 1955, 3860**
Incas **1826, 2597, 3142, 3144**
Inde **1570, 1769, 1791, 1897, 1928**
Inde - Civilisation **3049**
Inde - Histoire **3049**
Inde - Mœurs et coutumes - 20e siècle **3023**
Indiens **2364, 2366, 2368, 2372, 2426, 2433, 2438, 2445, 2448, 2457**
Indiens - Amérique du Nord **413, 433, 1664, 1784, 1800, 1912, 1991, 3040**
Indiens - Amérique du Nord - Citations **3041**
Indiens - Amérique du Nord - Mœurs et coutumes **3036, 3037**
Indiens - Amérique latine **1670, 2142**
Indonésie - Mœurs et coutumes **3017, 3043**
Informatique **1667, 1712, 2168**
Innovations **3714**
Inondations **1828, 3843**
Insectes **2161, 3512, 3513, 3514, 3515, 3517, 3518, 3520**
Institutions politiques - France **2990**
Instruments de musique **7**
Instruments nautiques -19e siècle **3317**
Intégration **1931, 1940, 1941, 1943, 1950, 1952, 2064**
Intégration sociale - France **2940**
Intelligence **1123**
Internats **491, 492, 493, 1682, 1711, 1784, 2021, 2075, 2077, 2080, 2084, 2114**
Internet **3713**
Intouchables - Inde **2976**
Inuit **358, 366, 627, 1763, 1788, 1795**
Inventions **2206, 3293, 3300, 3302**
Invertébrés **3516**
Irlande **1777, 1843, 1851, 2345, 2367**
Islam **2910, 2912**
Islam - Citations **2911**
Islande - Mœurs et coutumes **3054**
Italie **1587, 1873, 2252, 2610**
Italie - Guides **3053**
Italie - Descriptions et voyages **3055**
Izieu (Ain) - 1940-1945 **3246**

J

Jacobs, Edgar P. (1904-1987) **2502, 2504**
Jalousie **236, 242, 295, 2005, 3819, 3851**
Jamaïque **1591, 2098**
Japon **144, 1686, 1810, 2256, 2271, 2328, 2359, 2466**
Japon - Mœurs et coutumes - 1945- **3019**
Jardin (histoire et tendances) **3807**
Jardinage **88, 89, 183, 324, 2606, 3801, 3802, 3803, 3804, 3806**
Jardins **3, 123, 346, 1780, 1827**
Jardins publics **472**
Jaurès, Jean (1859-1914) **3259**
Jazz (musique) **608, 1946, 2084**
Jeanne d'Arc (sainte ; 1412-1431) **3147, 3154**
Jésus-Christ - Biographies **1178, 2904**
Jésus-Christ - Dans l'art **2890, 2894, 2895**
Jeux **100, 102, 130, 134, 139, 186, 204, 206, 207, 210, 211, 213, 272, 277, 443, 459, 479, 503, 551, 1473, 1691, 2004, 2118, 2144, 2576, 3802**
Jeux avec les mains **633, 634**
Jeux d'extérieur **3715, 3785**
Jeux d'intérieur **3715, 3784, 3786**
Jeux de doigts **692, 693**
Jeux éducatifs **3790, 3791**
Jeux graphiques **23, 32, 47, 48, 49, 50, 57, 61, 62, 64, 66, 68, 69, 72, 73, 74, 75, 76, 80, 81, 82, 86, 87, 90, 91, 92, 94, 95, 96, 97**
Jeux linguistiques **105, 120, 121, 131, 132, 1463, 1464, 1466, 1470, 1588, 1609, 1628, 1632, 1953, 2066, 3787**
Jeux littéraires **1465, 1467, 1614, 1628, 1993**
Jeux mathématiques **3324, 3327**
Jeux olympiques antiques **1818**
Jeux scientifiques **2588, 2589, 2609**
Jeux vidéo **1688, 2221**
Jinga (reine d'Angola ; 1582-1663) **3193**
Jonas (personnage biblique) **2882, 2903**
Jonglerie **113**
Joseph (personnage biblique) **2893**
Jouets **98, 160, 161, 201, 202, 203, 205, 237, 284, 1640, 1847, 1973**
Jouets - Fabrication **3788, 3826**
Journalisme **1720, 1924, 2648**
Journaux **2420**
Journaux intimes **1781, 1832, 1855, 1993, 1999, 2010, 2024, 2052, 2074, 2087, 2097, 3048**
Judaïsme **2863**
Juifs **1822**
Juifs - Extermination (1941-1945) **617, 1860, 1861, 1862, 1863, 1868, 1871, 1872, 1876,**

1877, 1878, 1885, 1890, 2002, 3263, 3270, 3274, 3280
Juifs - Extermination (1941-1945) - Récits personnels **3250, 3277**
Juifs - Mœurs et coutumes - Jusqu'à 70 **2906**
Juifs - Persécutions **1853, 1855, 1864, 1875, 1882, 1884**
Jumeaux **1690, 1782, 1785, 1970, 1983, 2015**
Jungle **1456, 3625**
Justice **429, 1613, 1926, 2981, 2988, 2995, 3000**
Justice sociale **1791**

K

Kahlo, Frida (1907-1954) **2768**
Kangourous **1723**
Kiefer, Anselm (1945-....) **2790**
Klee, Paul (1879-1940) **2706**
Klein, Yves (1928-1962) **2751**
Klimt, Gustav (1862-1918) **2769**
Krajcberg, Frans (1922-....) **2791**
Kuba (peuple d'Afrique) **2797**
Kuti, Féla (1938-1997) **3874**

L

Lacs **814**
Laïcité **3007**
Lamantins **3571**
Land art **2802**
Langage **1482, 1625, 1745, 1935, 2030, 2927**
Langage et histoire **2935**
Langage et langues **1606, 2935**
Langue française **1420, 1469**
Lapin **302, 1753, 2233, 3601**
Laponie - Descriptions et voyages - 18e siècle **3296**
Lascaux, Grotte de (France) **3091**
Laurens, Henri (1885-1954) - Expositions **2786**
Le Corbusier (1887-1965) **2806**
Le Douanier Rousseau (Rousseau, Henri dit) (1844-1910) **2782**
Lecture **127, 463, 537, 1606, 1702, 2026, 2102, 3822, 3870**
Légendes **818, 1794**
Légendes - Afrique **3853, 3854, 3856, 3876**
Légendes - Allemagne **1068, 1069, 1070, 1279**
Légendes - Angola **2798**
Légendes - Brésil **1172**
Légendes - Carthage **3916**
Légendes - Congo (République démocratique) **2798**
Légendes celtiques **1184**
Légendes hassidiques **684, 685, 968, 969, 970, 973, 974, 979, 980**
Légendes juives **975**
Léger, Fernand (1881-1955) **2707, 2753, 2780**
Légumes **133, 499, 3664**
Léonard de Vinci (1452-1519) **2206**
Léopard **110**
Lettres (alphabet) **28, 30, 2033**
Lettres (correspondance) **1480, 1577, 1888, 2029, 2052, 2069, 2083, 2101, 2125, 2148**
Lever **186**
Lézards **2300, 3526**
Liban **3931**
Liberté **403, 587, 588, 1699, 1700, 1701, 1707, 1711, 1760, 1769, 1846, 1867, 2111, 2134, 2982, 2983**
Liberté - Citations **1413**
Liberté religieuse - Europe -1500-1800 **3198**
Licornes **1195**
Lieux imaginaires **1561**
Lieux sacrés **2876**
Lièvres **626, 3850, 3852**
Lindbergh, Charles Augustus (1902-1974) **3702**
Linguistique comparée **2935**
Lion **299, 367, 458, 1665, 1743**
Listes **2005**
Littoral **3423, 3607**
Livres **1702, 1972**
Livres - Histoire **3707**
Livres - Jeux **54, 71, 79, 83, 93, 3720, 3787**
Livres animés **42, 46, 47, 48, 49, 50, 51, 52, 53, 54, 280**
Livres bilingues **694, 695, 696, 697, 698, 699, 823, 824, 877, 927, 956, 957, 958, 1209, 1210, 3886, 3887, 3888, 3892, 3893, 3894, 3895, 3896, 3897, 3900, 3901, 3903, 3904, 3910, 3911, 3912, 3913, 3914, 3915, 3921, 3922, 3923, 3924, 3928, 3929, 3933, 3934, 3935**
Livres d' heures - Enluminure **3176**
Livres objets **61, 75**
Livres tactiles **56, 2652, 2653**
Livres trilingues **3905, 3906**
Locomotives à vapeur **3696**
Logique **2577, 2578, 2579**
Loir **273**
Lombric **3505**
Londres (GB) **1698, 1821, 2158**
Londres (GB) - 19e siècle **1786, 1787**
Londres (GB) - Descriptions et voyages **3052, 3057**
Louis IX (roi de France ; 1214-1270) **3157**
Louis XIV (1638-1715) - Enfance et jeunesse **3202**
Louis XIV (roi de France ; 1638-1715) **1828, 3204, 3205, 3209, 3216**
Louis XV (roi de France ; 1710-1774) **3210**
Louis XVI (roi de France ; 1754-1793) **3210**
Loup **293, 302, 322, 514, 519, 520, 545, 587, 588, 591, 594, 1484, 1719, 1733, 1760, 1763, 1817, 2320, 3578, 3583**
Loup - Contes **722, 731, 734, 735, 737, 738, 1096, 1232, 1233, 1234, 1235, 1236, 1237, 1238, 1300, 1301, 1384**
Loutres **3567**
Lü, Dongbin (798-8..) **2913**
Lumière **3328, 3333, 3362**
Lune **369, 457**
Lutins **816, 1173, 2106**
Lynx **3577**

M

Machines **3367, 3375, 3676**
Madagascar - Indépendance **1920**
Mafia **2173**
Magasins **150**
Magie **111, 148, 161, 314, 453, 454, 456, 462, 478, 579, 1616, 1637, 1659, 1661, 1665, 1666, 1667, 1675, 1682, 1683, 1692, 1697, 1772, 1913, 2310, 2535, 2860, 3722, 3889**
Mahomet (prophète de l'Islam ; 570-632) **2909**
Maillol, Aristide (1861-1944) **2788**
Maïs **3719**
Maisons **39, 53, 168, 181, 450, 618, 1716, 2114**
Maladies **128, 171, 254, 391, 445, 507, 510, 1575, 1662, 1676, 1896, 1912, 1925, 2004, 2008, 2063, 2066, 2071, 2074, 2085, 2394, 2395**
Maladies - Prévention **3474**
Malevitch, Casimir (1878-1935) **2708**
Mali **3878, 3879, 3880**
Mammifères **3435, 3576, 3582**
Mammouths **3437, 3438**
Manchot empereur **3544**
Mandela, Nelson (1918-....) - Biographies **2967, 2975**
Manet, Édouard (1832-1883) **2760**
Mangas **2494**
Maquillage **3754**
Marais poitevin (France) **2156**

Marais salant **2633**
Marchands **3185**
Marginalité **1597, 1798, 1844, 1949, 2098, 2139**
Mariage **778, 3847, 3869, 3890, 3909**
Marianne (allégorie) - Dans l'art **3236**
Marie, Sainte Vierge - Dans l'art **2891, 2895**
Marie-Antoinette (reine de France ; 1755-1793) **2465, 3214**
Marine marchande **2299**
Marines de guerre **2359**
Marins **1779**
Marins - Biographies **3184**
Marionnettes **1975**
Marley, Bob (1945-1981) **3875**
Marmottes **3562, 3579**
Maroc **1932, 3890, 3891**
Maroc - Histoire **3925**
Mars (planète) **2396, 3404**
Martin (saint ; 316?-397) **2901**
Martins-pêcheurs **626**
Masques **2800**
Matali (1965) - Design **2822**
Mathématiques **2050, 3321, 3325, 3326, 3327**
Matière **3334**
Matisse, Henri (1869-1954) **2761, 2770, 2777**
Maupertuis, Pierre-Louis Moreau de (1698-1759) **3296**
Mayas **3144**
Méchanceté **1631, 2224**
Médecine **1821**
Médecins **2282, 2284, 2337, 2389, 2467**
Médias **2992, 2993, 3001**
Méditations zen **2918**
Méliès, Georges (1861-1938) **3706**
Mémoire **1678, 1710, 2002, 3473**
Mendel, Grégor (1822-1884) **3309**
Mendiants **2416**
Mer **360, 361, 362, 813, 1566, 1573, 1808, 2112, 2134, 2643, 3423, 3424, 3425, 3426, 3427**
Mer - Chansons **706**
Mères **216, 232, 237, 239, 349, 461, 475, 484, 508, 556, 730, 732, 768, 847, 850, 1037, 1038, 1039, 1040, 1048, 1049, 1050, 1051, 1159, 1474, 1657, 1964, 2019, 2020, 2025, 2037, 2070, 3827, 3828, 3834, 3859**
Mères - Dans l'art **2735**
Merlin (personnage légendaire) **2208**
Merveilles, Vallée des (France) **3088**
Merveilleux **1632, 1636, 1637, 1638, 1639, 1640, 1641, 1642, 1643, 1644, 1645, 1646, 1647, 1648, 1649, 1650, 1651, 1652, 1653, 1654, 1655, 1656**
Mésopotamie - Histoire **3095**
Mesure **3370**
Métallurgie **2280**
Métamorphose **41, 58, 60, 68, 69, 244, 453, 454, 490, 1657, 1658, 1664, 1675, 1685, 2248**
Métaphysique **566**
Météorologie **2636, 3357, 3429, 3430**
Métiers **51, 551, 622, 1449, 2016, 2920, 2943**
Métiers - Afrique **3882, 3883, 3884, 3885**
Métros **1731, 1813**
Meubles **531**
Meurtre **2172**
Mexique **1670, 1923, 2067**
Mexique - Descriptions et voyages **3042**
Minéralogie **3412, 3376**
Mines (explosifs militaires) **1895, 1919**
Mineurs de charbon **3229**
Miró, Joan (1893-1983) **2709, 2784**
Miroirs **3350**
Mode **2583, 2827, 2828**
Moïse (personnage biblique) **2905, 2906**
Molière (1622-1673) **3211**
Momies **2262, 3099, 3107**
Monde imaginaire **473, 476**
Mondes parallèles **1661, 1666, 1677, 1694, 1706, 2232, 2322**
Monet, Claude (1840-1926) **2762**
Mongolie **2196**
Monstres **42, 128, 166, 238, 441, 471, 1173, 1601, 1680, 1698, 2198, 2322, 2323, 2326, 2328, 2329, 2337, 2346, 2400, 2406, 3846, 3903**
Montagnes **587, 588, 815, 3415, 3416, 3417**
Mort - Documentaires **2842, 2843**
Mort - Livres d'images **57, 67, 339, 340, 341, 342, 343, 344, 345, 346, 347, 348, 349, 350, 351, 352, 353, 354, 355, 356, 403, 3827, 3828, 3841**
Mort - Poésie et théâtre **1477**
Mort - Romans **1561, 1754, 1762, 1887, 1965, 1987, 2003, 2022, 2033, 2057, 2059, 2066, 2072, 2074, 2078, 2082, 2096, 2097, 2126, 2129, 2131, 2133, 2135, 2137, 2138, 2139, 2314, 3871**
Mosaïque (Maroc) **3930**
Mosquées - Conception et construction **3192**
Mouches **2219**
Moulin, Jean (1899-1943) **3276**
Mousses (marine) - Histoire **3183**
Moutons **1484, 2231, 3596**
Mouvement **3355**
Mouvements de Résistance **1859**
Moyen Âge **1418, 1820, 1822, 1824, 1825, 2355, 2428, 2429, 2590, 2595, 2601, 3148, 3150, 3152, 3156, 3159, 3162, 3169, 3171, 3174**
Mozambique **1913, 1919**
Mozart, Wolfgang Amadeus (1756-1791) **2830**
Multiculturalisme **122, 578**
Munari, Bruno (1907-1998) **3676**
Musée d'Orsay (Paris) **2650, 2683, 2692**
Musée des Arts décoratifs (Paris) **2680**
Musée du Louvre (Paris) **2600, 2688, 2690, 2691, 2698**
Musée du Quai Branly (Paris) **2803**
Musée Guimet (Paris) **2694**
Musée national d'art moderne (Paris) **2678, 2682, 2693**
Musées **425**
Muséum national d'histoire naturelle (Paris) **628**
Musiciens **3874, 3875**
Musique **179, 402, 872, 1673, 1859, 1871, 1915, 1921, 1946, 1996, 2015, 2046, 2083, 2116, 2123, 2528, 2831, 2833**
Musique - Dictionnaire **2832**
Mutation **2412**
Mutilations sexuelles - Lutte contre - 1990-.... **2972**
Mystère **1780, 2148**
Mythes amérindiens **1321**
Mythologie **810, 1446, 1696, 2684, 2879**
Mythologie africaine **3846**
Mythologie classique **2877, 2878**
Mythologie grecque **2873, 2874, 2880**
Mythologie indienne **1321**
Mythologie phénicienne **3926, 3927**

N

Naissance **244, 250, 333, 334, 335, 336, 337, 366, 1473, 1964, 2045, 2062, 2654**
Namibie **1665**
Napoléon Ier (empereur des Français ; 1769-1821) **548, 2591, 3217, 3218, 3222**
Natation **2060, 2290**
Nationalité - France - 1990-.... **2986**
National-socialisme **1849, 1850, 1852, 1853, 1864, 1869, 1881, 2338, 2380**
Nations unies **3290**
Nature **3, 43, 44, 45, 140, 337, 465, 498, 1757, 1763, 1766, 1788, 1809, 2109, 2120, 3340**
Nature - Observation **3501, 3502, 3503, 3415, 3416, 3417, 3498, 3605, 3631, 3632**
Nature - Observation - France **3627**
Naufrages **416, 1573, 2082**
Navigation **2609**

Navigation à voile **2599, 2602**
Neige **64, 269, 272, 274, 276, 1687, 2622, 2660**
Néolithique **3087**
Nevelson, Louise (1899-1988) **2721**
New York (N.Y.) **122, 1565, 1777, 1813, 1815, 1947, 2413, 2414, 2415, 2416**
New York (N.Y.) (années 20) **2084**
New York (N.Y.) - Statue of Liberty **3231**
Newton, Isaac (1642-1727) **3314**
Nil (cours d'eau) **407**
Nil, Vallée du - Histoire **3105**
Noël **280, 281, 282, 283, 284, 285, 286, 287, 288, 289, 290, 1412, 1562 1565, 1669, 1967, 1981, 2006, 2027, 2166, 2247, 3781**
Nombres **3322, 3323**
Nonnes bouddhistes - Chine - Tibet (Chine) 1990-.... **2971**
Nonsense **2211, 2227, 2234**
Nouvelles **1559, 1560, 1561, 1563, 1564, 1565, 1566, 1567, 1568, 1569, 1570, 1571, 1572, 1573, 1574, 1575, 1576, 1577, 1578, 1579, 1580, 1581, 1582, 1583, 1584, 1585, 1586, 1587, 1588, 1589, 1590, 1591, 1592, 1593, 1594, 1595, 1596, 1597, 1598, 1599, 1600, 1608, 1646, 1655, 1718**
Nuages **445**
Nuit **33, 64, 65, 70, 138, 156, 184, 185, 187, 190, 192, 195, 198, 200, 297, 417, 422, 426, 438, 442, 448, 1458, 3344**
Numérisation **3322, 3323**

O

Obésité **2244**
Objets rituels - Niger **2799**
Objets transitionnels **1, 137, 143, 165, 205, 208, 212, 284, 313, 349, 470, 613, 1647, 2025**
Objets usuels **5, 6, 10, 24, 25, 87, 97, 149, 218**
Odorat **3339**
Odyssée **3119**
Œufs **59**
Œufs de Pâques **3783**
Ogres **130, 377, 484, 1478, 1604, 3849**
Ogres - Contes **729, 736, 921, 948, 949, 990, 991, 992, 1033, 1034, 1035, 1036, 1093, 1119, 1120, 1121, 1122**
Oies **84, 382**
Oiseaux **85, 273, 306, 393, 1493, 1650, 1662, 1720, 1730, 1732, 1820, 1988, 2620, 2627, 3539, 3540, 3545, 3547, 3549**
Oiseaux de cage **3543**
Oiseaux des rivages **3501, 3502, 3503**
Ombres **404, 3348**
11 septembre 2001, Attentats du (États-Unis) **3286**
Opéra **599**
Opinion publique - France - 1900-1945 **2940**
Orages **270**
Ordinateurs **3712**
Orientation **3310**
Orientation professionnelle **2943**
Origami **1887, 3728, 3737, 3738**
Ornithorynque **3569**
Orphelins **424, 491, 492, 493, 1615, 1619, 1627, 1635, 1645, 1660, 1661, 1664, 1668, 1682, 1747, 1772, 1774, 1779, 1782, 1786, 1789, 1790, 1792, 1803, 1841, 1867, 1900, 1969, 1978, 1982, 1984, 1985, 1997, 2006, 2008, 2016, 2075, 2084, 2114, 2121, 2217, 2238, 2239, 2240, 2259, 2301, 2349**
Orphelins - Récits personnels **3261**
Orphelins - Roumanie **2968**
Orque **3572**
Os **3445**
Otages **2164**
Ouïe **3343**
Orang-outang **3570**
Ours **115, 404, 412, 583, 626, 631, 1735, 2212, 2227, 3580, 3584**
Ours blanc **3563**
Ours - Contes **744, 745, 746, 747, 748, 751, 752, 1098**
Outils **3683**
Ouvrages d'art - Conception et construction **3693**

P

Paix **1409, 2933, 3838**
Paix - Aspect religieux – Études comparatives **2872**
Pakistan **1929**
Palestine **2273**
Palestiniens **3888**
Palmiers **3654**
Papauté **2304**
Papier **3726, 3727, 3729, 3730, 3731, 3734, 3735, 3736**
Papier, travail du **3681**
Papillons **60, 3510, 3511**
Papouasie - Nouvelle-Guinée **2801**
Pâques **3782** *Voir aussi* Œufs de Pâques
Parapsychologie **2325, 2333**
Parents et enfants **165**
Paresse **106, 870, 995**
Paresseux **3573**
Paris (France) **317, 458, 472, 491, 492, 493, 1621, 1866, 1876, 1938, 1950, 2121, 2152, 2329, 3064**
Paris (France) - 18e siècle **1834**
Paris (France) - 19e siècle **1838, 3232**
Paris (France) - 1871 (Commune) **1458, 1839, 2363, 3241**
Paris (France) - 20e siècle **1844, 1874**
Paris (France) -1930-1939 **1977, 1989**
Paris (France) - 1940-1944 (Occupation allemande) **3265**
Paris (France) - 1950-1959 **1988, 2016**
Paris (France) - Histoire **2591, 2614**
Paris (France) - Palais de Justice **3005**
Paris (France) - Tour Eiffel **436**
Parodies **1484, 1639, 1649, 1674, 1675, 1679, 1733, 1742, 1804, 2007, 2154, 2158, 2161, 2174**
Partage **170**
Pasteur, Louis (1822-1895) **3316, 3318**
Pasteurs **2385**
Pastiches **1472**
Pâte à sel **3718**
Pâtes alimentaires **3777**
Pâtisserie **3762, 3763**
Patrimoine culturel - Protection **2938**
Pauvreté **604, 1905, 1921, 1932, 1942, 1943, 1961, 1975, 2142**
Pauvreté - France **2951**
Pauvreté - France - 18e siècle **3212**
Pays-Bas - 17e siècle **1828**
Paysage **473, 629, 630**
Paysage - Philosophie **2850**
Paysannerie - France - 18e siècle **3221**
Paysannerie - France - 19e siècle **3221**
Paysannerie - France - 20e siècle **3221**
Pêche **84, 174, 3245, 3823, 3881**
Pêcheurs **1791**
Pédophilie **2945**
Peintres **483**
Peinture **1685, 1726, 1831, 2060, 2138, 2362, 3859**
Peinture - 19e siècle **2650**
Peinture – 20e siècle - France **2693**
Peinture - Détails **2722, 2744**
Peinture - Femme - XIXe siècle **2683**
Peinture - Histoire **2600**
Peinture - Rois et Reines **2746**
Peinture - Thèmes, motifs **2723, 2724, 2725, 2726, 2727, 2728, 2733**
Peinture aborigène d'Australie **3051**
Peinture chinoise **3750, 3751**
Pékin (Chine) **3045**

Peluches (jouets) **2218, 2236**
Perception du temps **2673, 2674**
Père Noël **2184**
Pères **194, 215, 220, 228, 253, 349, 463, 597, 1054, 1113, 1114, 1477, 1614, 1693, 1715, 1773, 1796, 1904, 1936, 1981, 1992, 2014, 2022, 2045, 2050, 2054, 2061, 2095, 2162, 2164, 2173, 2178, 2229, 2245, 2409, 3870**
Pères - Dans l'art **2736**
Pères et enfants **3822, 3824**
Perroquets **1622**
Persécutions-Chine-Tibet (Chine) - 1990-.... **2971**
Peste **3076, 3215**
Peste - 14e-18e siècles **3155**
La petite marchande d'allumettes **2820**
Le petit soldat de plomb **2820**
Peur **39, 53, 103, 167, 171, 192, 193, 194, 196, 197, 198, 200, 296, 309, 313, 387, 404, 414, 422, 430, 460, 562, 735, 2155, 2156, 2160, 2331**
Phares **3691**
Phéniciens **3916, 3931**
Phénix (oiseau fabuleux) **2469**
Philosophie **577, 1439, 1440, 1488, 1493, 1638, 1694, 1713, 1716, 1748, 1811, 1812, 1845, 2092, 2142**
Philosophie - Citations **2852**
Philosophie - Égypte - Antiquité - Citations **3113**
Philosophie africaine - Citations **3035**
Philosophie romaine - Citations **3135**
Phoques **626**
Photographie **701, 703, 2282, 2283, 2582, 2821**
Photographie - Histoire **3711**
Physiologie humaine **3452, 3462**
Physique **2589, 2626, 2629, 3334, 3335, 3336**
Piano **1851, 2012, 2116**
Picasso, Pablo (1881-1973) **2747, 2778**
Pingouins **40, 2477**
Pionniers **1665, 1806**
Pirates **1778, 1799, 2119, 2207, 2302, 2305, 2332, 2341, 2349, 2362, 2390, 2431, 2451, 2462, 3201, 3208**
Plages **158**
Plancton **3529**
Planètes **3373, 3398**
Plantes **3353, 3364, 3510, 3658, 3662**
Plantes aromatiques **3652**
Plantes carnivores **3653**
Plantes sauvages **3661**
Plein air **3631, 3632**
Pliages **3727, 3729, 3730, 3731, 3735, 3736**
Pluie **277, 1458, 1602, 1668, 3606, 3616**
Poésie **1559, 1922, 2033, 2054**
Poésie aborigène d'Australie **3051**
Poésie africaine **3837, 3858**
Poésie algérienne **3913**
Poésie arabe **3914, 3915**
Poésie épique africaine – Citations **3035**
Poésie islamique **2911**
Poètes **1414**
Poilus (guerre mondiale, 1914-1918) **3247**
Poisson rouge **2223, 2229**
Poissons **370, 706, 1624, 3530, 3532**
Poissy (Yvelines) - Villa Savoye **3688**
Policiers **2374, 2385, 2407, 2444**
Politique mondiale - 21e siècle **3288**
Politique mondiale - 2001 **3012**
Pollock, Jackson (1912-1956) **2710**
Pollution **1699, 1704, 2649, 3636, 3637, 3638, 3639, 3640, 3641, 3642, 3643**
Pologne - 20e siècle **1861, 1871, 1890**
Pologne - Ghetto (1940-1943) **1868, 1862, 1863, 1871, 1886**
Pologne - Juifs (20e siècle) **1589**
Pommes **60, 3674**
Pommes de terre **3665, 3672**
Pompéi (ville ancienne) **3126**
Poney **2585**
Ponts **431, 949**
Population - Dictionnaires **2936**
Portraits **3733**
Ports **417**
Postes **2029**
Poules **59, 575, 742, 743, 769, 771, 772, 773, 1445, 1602, 1748, 3585, 3603**
Poulpes **505, 3507**
Poupées **438, 451, 466, 1967, 3841**
Pourpre **3931**
Poux **777**
Pouvoir judiciaire **2995**
Prague (République tchèque) **419, 420**
Préhistoire **563, 1629, 1816, 1817, 2598, 2855, 3089, 3090, 3091, 3093, 3371, 3441, 3442, 3443**
Presse **2989**
Princesses **540, 541, 542, 1580, 1634, 1655, 3889**
Printemps **267, 273, 317**
Prisons **607, 1695, 1932, 1946, 2009, 2076**
Prisons - France **3004**
Progrès scientifique et technique **563, 3292**
Prohibition **1781**
Projection à la lanterne **3709**
Promenade **43, 44, 45, 63, 140, 144, 150, 175, 357, 405, 409, 437, 442, 448, 449, 524**
Propriété **164**
Prostitution **2338**
Protestantisme **2908**
Provence (France) **3058, 3066**
Puberté **3454**
Puces **777**
Puériculture **3467**
Punitions corporelles **1904**
Pyramides - Conception et construction - Égypte **3104**
Pyrénées **3416**

Q

Québec (Canada) **2303, 2448**
Querelles **301, 392, 429**
Questionnements **3873**
Quête **1660, 2344, 3845**
Quiétude **170**

R

Racisme - Lutte contre **1408, 1600, 1606, 1704, 1902, 1911, 1939, 1944, 1946, 1948, 1951, 1957, 1996, 2071, 2078, 2371, 2962, 2964**
Racisme - Histoire **3082**
Ramsès II (pharaon ; 1301-1235 av. J.-C.) **3102**
Randonnées **103, 104, 106, 107, 112, 115, 116, 3845, 3848, 3894**
Rapaces **3548**
Raton laveur **1766**
Rats **1223, 1649,1734, 1752, 1771**
Raynaud, Jean-Pierre (1939-....) **2792**
Réalité virtuelle **2407**
Récits bibliques **2883, 2884, 2906**
Récits personnels **255, 3857, 3864**
Récupération - Matériaux - Recyclage **3717**
Réforme **3198**
Réfugiés politiques - France - 1990-.... - Récits personnels **2978**
Reggae **3875**
Régions polaires **3294, 3622**
Reines - France **3071, 3075**
Relations économiques internationales - 1990-.... **3012**
Religion et morale - Études comparatives **2870**
Religions **2857, 2858, 2861, 2867**
Remariage **2953**
Renaissance **1827, 3181, 3195, 3196**

Renards **383, 402, 408, 443, 465, 562, 742, 743, 749, 750, 751, 950, 1230, 1232, 1233, 1234, 1235, 1236, 1237, 1238, 1721, 1744, 1757, 2128, 3559**
Repas - Dans l'art **2733**
Reproduction humaine **3466**
Requins **2159, 3531, 3534**
Ressources énergétiques **3677**
Restaurants **2186**
Réunion **1906**
Réunion - 1960-.... **2010**
Réunion - Descriptions et voyages **3062**
Rêves **195, 199, 238, 269, 315, 363, 437, 443, 445, 446, 448, 481, 1479, 1559, 1615, 2057, 2246, 2489, 3836, 3842, 3848**
Révolte **463, 595, 599, 604, 612, 2127, 2143**
Révoltes - 21e siècle **3288**
Révolution industrielle **3227, 3233**
Révolution industrielle-France - 19e siècle **3223**
Révolutions **603**
Rhinocéros **546**
Richesse **3907**
Rire **2849**
Rites et cérémonies **3862, 3871, 3890**
Riziculture **3043**
Robinsonnades **411, 1797, 1809, 1810, 1811, 1812, 1813, 1814, 1815, 1867, 1913, 3919**
Robots **2294, 2325, 2393, 2427, 2463, 3680**
Roches **3410, 3411, 3412**
Rois et souverains **2199, 2464**
Rois et souverains - Afrique **3842**
Rois et souverains - France **2465, 3071, 3075**
Roman animalier **3866**
Roman à suspense **2163, 2164, 2165**
Roman d'aventures **1765, 1771, 1772, 1773, 1774, 1775, 1776, 1777, 1778, 1779, 1780, 1781, 1782, 1783, 1784, 1785, 1786, 1787, 1788, 1789, 1790, 1791, 1792, 1793, 1794, 1795, 1796, 1797, 1798, 1799, 1800, 1801, 1802, 1803, 1804, 1805, 1806, 1807, 1808, 2136**
Roman épistolaire **1853, 1974, 2124, 2125**
Roman historique **1816, 1817, 1818, 1819, 1820, 1821, 1822, 1823, 1824, 1825, 1826, 1827, 1828, 1829, 1830, 1831, 1832, 1833, 1834, 1835, 1836, 1837, 1838, 1839, 1840, 1841, 1842, 1844, 1845, 1846, 1847, 1848, 1849, 1850, 1851, 1852, 1853, 1856, 1857, 1858, 1859, 1860, 1861, 1862, 1863, 1864, 1865, 1866, 1867, 1868, 1869, 1870, 1871, 1877, 1878, 1879, 1880, 1881, 1882, 1883, 1884, 1886, 1887, 1888, 1889, 1890, 1891, 1892, 1893, 1920**
Roman initiatique **1644, 1652, 1653, 1661, 1668, 1672, 1675, 1676, 1681, 1683, 1686, 1687, 1690, 1692, 1697, 1710, 1760, 1767, 1768, 1778, 1783, 1793, 1795, 1801, 1810, 1814, 1817, 1821, 1823, 1897, 1923, 1924, 1998, 2020, 2053, 2054, 2055, 2056, 2057, 2059, 2060, 2061, 2062, 2063, 2064, 2065, 2067, 2068, 2069, 2070, 2071, 2072, 2073, 2075, 2076, 2077, 2078, 2079, 2080, 2082, 2083, 2084, 2086, 2087, 2088, 2089, 2090, 2091, 2092, 2093, 2094, 2095, 2096, 2097, 2098, 2099, 2100, 2101, 2102, 2103, 2104, 2105, 2106, 2107, 2108, 2109, 2110, 2111, 2112, 2113, 2114, 2115, 2116, 2117, 2118, 2119, 2120, 2121, 2122, 2123, 2124, 2125, 2136, 2140, 2143, 3852, 3865**
Roman policier **1598, 2144, 2145, 2146, 2147, 2148, 2149, 2150, 2151, 2152, 2153, 2154, 2155, 2156, 2157, 2158, 2159, 2160, 2161, 2162, 2163, 2164, 2165, 2166, 2167, 2168, 2169, 2170, 2171, 2172, 2173, 2174, 2175, 2176, 2177, 2178, 2179**
Rome - 284-476 (Bas-Empire) - Civilisation **3134**
Rome - Citations **3135**
Rome - Civilisation **1706, 2615, 3125, 3129, 3130, 3131, 3132**
Rome - Histoire **2436, 3127, 3132, 3133**
Ronde (danse) **689**
Roumanie **1918**
Russie 1917 (Révolution) **3260**
Russie - Mœurs et coutumes - 20e siècle **1568, 3022**

S

Sacs - Fabrication **3795**
Sagesse **2132**
Sagesse - Citations **2847**
Saint-Denis (Seine-Saint-Denis) - Stade de France **3687**
Saint Empire romain germanique - 1519-1556 (Charles V) **3199**
Saint-Nicolas (fête) **3781**
Saints chrétiens - Dans l'art **2892**
Saisons **77, 119, 265, 266, 267, 268, 3373**
Samouraïs **2336, 2354, 2358, 2470**
Sanctuaires **2876**
Sans-abri **597, 604, 1813, 1945, 1949**
Sapeurs-pompiers **544, 2919**
Sara (personnage biblique) **2902**
Sarcophages égyptiens **3107**
Sardines **3527**
Sarkis (1938-...) **2772**
Savoir-faire - Étude et enseignement **3855**
Schwob, Marcel (1867-1905) **2332**
Science fiction **1596, 1699, 1700, 1701, 1702, 1703, 1704, 1705, 1706, 1707, 1708, 1709, 1710, 1711, 1712**
Sciences - Encyclopédies **3319**
Sciences arabes **3297, 3935**
Sciences de la vie **3320**
Sciences - Histoire **3295**
Sculpture **2067**
Sculpture - Technique **2689**
Sculpture chokwe **2798**
Sculpture égyptienne **2689**
Sécheresse **1984, 2588**
Secrets de famille **1790, 1837, 2006, 2069, 2088, 2146, 2150, 2157, 2167, 2178**
Sectes **2973**
Sécurité routière **2605**
Séduction **160**
Ségrégation **2071**
Seigneurs - Europe - Mœurs et coutumes **3175**
Séismes **2141**
Sel **2633**
Sénégal **159**
Sénégal - Descriptions et voyages **3025**
Sénégal - Mœurs et coutumes **3025**
Senghor, Léopold Sédar (1906-2001) **3877**
Sens et sensations **181, 206, 279, 305, 310, 319, 329, 337, 3359, 3376, 3449**
Sentiments **295, 297, 298, 306, 307, 308, 319, 595**
Serpents **521, 1224, 1714, 3526, 3847, 3853**
Sexualité **1590, 3868** *Voir aussi* Éducation sexuelle des enfants et Identité sexuelle
Sibérie (Russie) **1672, 1880, 3437**
Sicile (Italie) **1735**
Sida **1919, 1930, 2003, 2022**
Singe **549, 1225, 1621, 1658, 3561, 3575, 3833**
Sirènes (mythologie) **1106, 1645, 1736, 3846**
Sites archéologiques **3086**
Socialisme - France - 1870-1914 **3259**
Société **607, 608, 609, 1574, 1678, 1690, 1699, 1700, 1708, 1710, 1711, 1712, 1812, 1904, 1934, 1935, 1936, 1937, 1938, 1939, 1940, 1941, 1942, 1943, 1944, 1945, 1946, 1947, 1948, 1949, 1950, 1951, 1952, 1953, 1954, 1955, 1956, 1957, 1958, 1959, 1960, 1962, 1963**
Société - Afrique **3866, 3867, 3869**
Sociétés animales **1739, 1749, 1751, 1753, 3855**
Sociétés secrètes **2333**

Soie - Industrie et commerce **3931**
Soleil **1602, 2586, 3389, 3401, 3468**
Soleil - Prévention **2586**
Solidarité **254, 370, 404, 3844**
Soliman I (sultan ; 1494-1566) **3197**
Solitude **176, 317, 594, 1813, 1986, 2134, 3843**
Somalie **1959**
Sommeil - Rituels **118, 187, 188, 191, 192, 193, 194, 195, 196, 197, 201, 234**
Sons **402, 3347**
Sorcellerie **2176, 2860**
Sorcières **311, 312, 381, 414, 455, 478, 508, 538, 1173, 1628, 1642, 1643, 1644, 1677, 1830, 2068, 2203, 2312, 2318, 2319, 2418, 3818, 3829, 3830, 3865**
Sorciers **1660, 1661, 1674, 1675, 1682, 2345, 2429, 3898**
Soundiata Keita (....-1255) **3854**
Sourds - Langage par signes **2625**
Souris **1718, 1727, 1731, 1738, 1747**
Sous-marins **3701**
Souvenir **57, 67, 149, 180, 182, 326, 345, 346, 347, 483, 606, 609, 616**
Souvenirs d'enfance **173, 327, 419, 420, 1442, 1584, 1589, 1872, 1873, 1877, 1917, 1937, 2001, 2021**
Spationautes **3299**
Spectacles et divertissements **1975**
Sports **146, 1593, 1818, 3811**
Voir aussi au nom de chaque sport
Sports nautiques **1995**
Squelette **2201, 3445**
Steppes **2011**
Successions et héritages **2151, 2928**
Sucre **3669**
Suède **1882, 2037**
Suicide **2122, 2283**
Suisse **1955**
Surdité **1702, 2040, 2044, 2120, 3829**
Surf **2094**
Suricates **3565**
Surréalisme (littérature) **1419**
Survie **1704**
Survivants de l'Holocauste **3272**
Survivants de l'Holocauste - Récits personnels **3250**
Suspense **422, 427, 435, 1663, 2159, 2160, 2161, 2162, 2163, 2166, 2172, 2175**
Syrie **1924**
Système pileux **3450**
Système solaire **3392**

T

Tabagisme - Prévention **3477**
Tabou **3917**
Talismans **3848**
Tanguy, Yves (1900-1955) **2711**
Tao - Citations **2916**
Taoïsme **2913, 2916**
Tati, Jacques (1907-1982) **73**
Taupes **512, 513, 3556**
Tchétchénie (Russie) 1999-.... (Guerre russo-tchéchène) **3287**
Technique du livre **2929**
Télévision **2648, 3708**
Témoignage **1854, 1872, 1873, 1874, 1875, 1876, 1885**
Tempêtes **477**
Temps **3074**
Temps - Mesure **3298**
Temps - Perception **123, 126, 182, 216, 224, 564, 2140**
Tennis **3815**
Tennis de table **2288**
Terre **3377, 3378, 3398, 3408**
Terre - Figure - Histoire **3291, 3313**
Terre - Histoire **3409**
Terre-neuvas (navire) **3245**
Terre-Neuve (Canada) **1779**
Terreur **2172**
Terrorisme **2164**
Théâtre **213**
Tibet (Chine) **419, 1794, 2267, 3050**
Tibétains - Citations **2917**
Tigres **390, 398, 1570, 1672, 1769, 2218**
Titanic (paquebot) **416, 3698, 3700**
Tokyo (Japon) **352**
Tolérance **2064, 2969**
Torrès-Garcia, Joaquin (1874-1949) **2701**
Tortues **444, 1671, 2126, 3524**
Torture **2977**
Totalitarisme **2321**
Touaregs - Citations **2856, 3034**
Toucher **3345**
Toulouse-Lautrec, Henri de (1864-1901) **2763**
Tour de France (course cycliste) **2287**
Tourville (frégate) **2957**
Toutankhamon (pharaon ; 1361 ?-1346 ? av. J.-C.) - Tombeaux **3103**
Toxicomanie - France **2950**
Traces animales **79**
Tradition orale (Algérie) **3905, 3906**
Tradition orale (Maghreb) **3910**
Tradition orale (Tunisie) **3912**
Tragédie **3860**
Trains **289, 446, 482, 1442, 2404**
Traite des enfants **2174**
Traite des esclaves **1796 1836, 1837**
Transmission **248, 418, 617**
Transmission intergénérationnelle **183, 397, 398**
Transports - Choix de mode **47**
Transports - Histoire **3704**
Trappeurs **2366**
Travail **77, 170, 290, 432, 576, 583, 596, 602**
Travailleurs **2283**
Travaux au crochet **3793**
Travaux au tricot **3792**
Travaux manuels - Guides, manuels, etc. **3725**
Trèfle à quatre feuilles **2676**
Trésors **1567**
Trias **3434**
Trisomie **2039**
Tristesse **298, 379**
Trolls **657, 723, 1014, 1019, 1020, 1021, 1173, 1638, 1646, 2340, 3895**
Tromperie **514, 3849, 3850, 3892, 3893, 3897, 3903, 3905, 3906, 3908**
Tshokwe (peuple d'Afrique) **2798**
Tsiganes **1789, 1940**
Tsiganes - Europe - Histoire **3056**
Tueurs en série **2389**
Turquie **1955**
Tyrannie **102, 463, 524, 595, 599, 603, 1690**

U

Uniformes militaires **2921**
Union européenne **2640, 2987, 3013**
Univers **3377, 3378**
Univers - Histoire **3068**
Univers - Origines **3386**
Urbanisation **629, 630**
Urbanisme **2335**
Urbanisme - Rome **3128**
URSS **1428**
URSS (1945-1991) **1581**
Usines **1641, 2119**
Utopies **131, 553, 590**

V

Vacances **173, 180, 384, 450, 459, 489, 1625, 1730, 1757, 1875, 2028, 2183, 3839**
Vaches **2196, 2230, 3600**

Vampires **1679, 2241**
Van Gogh, Vincent (1853-1890) **2764, 2771, 2783**
Van Velde, Bram (1895-1981) **2712**
Véhicules prioritaires **3694**
Véhicules spatiaux **2235, 2348, 3406**
Vengeance **466, 1566, 2179, 2370**
Venise (Italie) **1659, 1671**
Vents **1696, 2656**
Vérité et mensonge **753, 1968, 2172, 2844**
Versailles (Yvelines) - Château **2616**
Vêtements **139, 142, 217, 382, 500, 563, 3797**
Vétérinaires **2584**
Viallat, Claude (1936-....) **2713**
Vie (biologie) **3457**
Vie à la campagne **2048**
Vie à la ferme **1618, 1721, 1737, 1746, 1748, 1754, 1755, 1757, 1768, 1984**
Vie à la ferme - Histoire **2924**
Vie des pionniers - États-Unis **3207, 3213**
Vie en mer **1573, 1771, 1779, 1792, 1799, 3183, 3207, 3213, 3245**
Vie en mer - Récits personnels **2957**
Vie extraterrestre **3393**
Vie quotidienne **1433, 1439, 1440, 1620, 1903, 1988, 2005, 2013, 2025, 2026, 2027, 2028, 2029, 2030, 2031, 2032, 2033, 2034, 2035, 2036, 2037, 2038, 2101, 2214**
Vie quotidienne (années 30) **1989**
Vie rurale **2213, 2381**
Vie urbaine - Europe - 14e siècle **3155**
Vieillesse **255, 2197, 2314**
Vienne (Autriche) – 1900-1910 **1789**
Vie - Origine **3369, 3376**
Viêt-Nam **1907, 1931**
Vikings **2347, 3151**
Vikings - Citations **2851**
Villages **3839**
Villes **30, 144, 150, 175, 223, 258, 368, 819, 3692**
Villes - Afrique **3879, 3880**
Villes - Histoire **3069, 3070**
Villes - Rome **3128**
Villes - Europe - Histoire - Moyen Âge **3155**
Villes médiévales - Europe **3155**
Violence **1491, 1492, 1684, 1688, 1689, 1695, 1705, 1812, 1899, 1956, 1962, 2072, 2077, 2081, 2086, 2091, 2099, 2105, 2115, 2118, 2124, 2165, 2169, 2949, 2956**
Violence exercée sur les enfants **330**
Violence familiale **1994, 2065, 2083, 2096**
Violence politique - Tchétchénie (Russie) - 1990- **3287**
Violon **1673**
Vis **3721**
Vision **3342**
Vitesse **3374**
Vizirs **2453**
Vocabulaire **3817**
Voisinage **1977**
Vol **3705**
Vol (droit) **2954**
Vol spatial **3391, 3406**
Volcans **2604, 2644, 3382, 3418, 3419, 3420, 3421, 3422**
Voleurs **424, 916, 1091, 2485, 3893**
Vols transatlantiques - 1900-1945 **3702**
Voltige (équitation) **3918**
Voyages **78, 81, 124, 125, 199, 364, 385, 401, 412, 1925, 2182, 2189, 2191, 2225, 2240, 2275, 2278, 2311**
Voyages autour du monde - 14e siècle **3188**
Voyages dans le temps **2391, 2392, 2397, 2435**
Voyages imaginaires **421**
Voyages interstellaires **2459, 2462, 2463, 2490**

W

Warhol, Andy (1928-1987) **2714**
Westerns **447**

X

Xénophobie **600**

Y

Yanomami (indiens) **3038**
Yéti **1794**
Yoga **3808**

Z

Zadkine, Ossip (1890-1967) **2789**
Zèbres **3560**
Zombis **2369**
Zoos **72, 367, 615, 1621, 2584**
Zoulous (peuple d'Afrique) **2360**

Le Centre de ressources

Un fonds documentaire unique en France, regroupant :

- l'intégralité de la production éditoriale française pour les enfants depuis les années 60,
- une ample représentation de la production francophone, notamment d'Afrique sub-saharienne et du Monde arabe,
- une collection en langues étrangères,
- un fonds de livres de référence,
- un fonds spécialisé sur le conte,
- un fonds de livres anciens, rares ou précieux.

Plus de 250 000 documents :

- Romans
- Documentaires
- Livres d'images
- Bandes dessinées
- Recueils de contes
- Livres étrangers pour enfants
- Ouvrages de références
- Revues
- Dossiers documentaires
- Cd-roms

Plus de 20 000 documents en libre-accès :

- Une vitrine de l'actualité éditoriale pour la jeunesse
- Un choix des meilleurs livres français pour enfants
- Une sélection internationale de livres pour enfants
- Des recueils de contes populaires
- Un fonds de livre de référence
- Des revues pour enfants et pour adultes

Accès au catalogue informatisé et aux ressources numériques de La Joie par les livres sur place ou à distance grâce au site Internet

www.lajoieparleslivres.com

☞ Le Centre de ressources est ouvert à tous ceux qui s'intéressent à la littérature de jeunesse et à la lecture des enfants et des jeunes.

☞ Des professionnels du livre pour enfants sont à votre disposition pour vous accompagner dans vos recherches.

☞ Le Centre est accessible gratuitement du lundi au vendredi, de 10h à 19h.

☞ L'accueil des groupes est possible sur rendez-vous.

La Joie par les livres
Centre national du livre pour enfants

La Joie par les livres - Centre national du livre pour enfants

25 boulevard de Strasbourg, 75010 Paris / Téléphone : +33 (0)1 55 33 44 44 / Fax : +33 (0)1 55 33 44 55

Courriel : contact@lajoieparleslivres.com

Métro : Strasbourg - Saint-Denis ou Château d'Eau (lignes 4, 8 ou 9) ou Château d'eau (ligne 4)

Bus : 38, 39, 47 (arrêt Château d'eau), 20 (arrêt Réaumur - Sébastopol)

Le Site Internet

Une fenêtre ouverte sur l'actualité du monde du livre pour la jeunesse :

www.lajoieparleslivres.com

Notre portail vous propose :

Un catalogue de plus de 250 000 documents pour effectuer vos recherches
Catalogue du Centre de ressources informatisé, avec des fonds jeunesse, fonds conte, fonds international, fonds ancien, fonds revues, fonds adultes

Une bibliothèque idéale
Une sélection de titres classés par genre : contes, bandes dessinées, documentaires, romans, albums, ouvrages de référence, multimédia, international

Les Rendez-vous
Formations, actualités, prix littéraires, à l'international, autour du conte

Une bibliothèque numérique
Accès à de nombreux documents numérisés, *La Revue des livres pour enfants* et *Takam Tikou*, dossiers auteurs, bibliographies

Un carnet d'adresses
Répertoire de tous les acteurs de la littérature de jeunesse

Un espace de travail personnalisé
Cet espace créé lors de votre inscription sur le site vous donne accès à :
- La sauvegarde de vos requêtes et de l'historique de celles-ci dans un panier personnalisé
- La recherche suivie qui vous alerte sur tout ce qui concerne votre sujet de recherche
- La consultation de votre dossier lecteur (en relation avec vos visites dans notre centre de ressources)

« Mon choix d'infos »
Ce service vous permet de recevoir par courriel une sélection d'actualités du livre jeunesse et du conte selon vos domaines d'intérêt :
- l'actualité du livre jeunesse, un choix de dépêches selon vos préférences
- les nouveautés de l'édition jeunesse classées par genre
- les derniers ouvrages et revues arrivés dans notre centre de ressources
- les nouveaux dossiers documentaires

La lettre d'information
Elle vous informe tous les mois de nos activités, de nos nouvelles publications, et des nouveaux services que nous proposons.

Retrouvez-nous sur www.lajoieparleslivres.com

www.lajoieparleslivres.com

Composé par Jouve, 11, bd de Sébastopol, 75001 Paris
Imprimé par IME à Baume-Les-Dames.
N° 433325S - Dépôt légal : Octobre 2007